제4판

2022년 시행 지방자치법 전부개정 반영

지방 자치학

최창호 · 강형기 · 이민규

三 英 社

제4판 머리말

2022년 두 번째 전부개정 지방자치법이 시행되었다. 1988년 단절되었던 지방자치법의 전부개정과 1991년 지방의회 선거, 1995년부터 현재까지 유지되는 동시지방선거를 통해 우리나라의 지방자치 체제가 정착·발전되어 온 지 30여년 만이다. 30년이라는 짧은 기간에 현실 지방자치는 엄청난 발전을 거듭해 왔다. 그러나 사람들에게 지방자치는 항상 불평과 불만의 대상으로 여겨지는 듯하다. 지방자치를 전공하고 연구하는 사람으로서 이러한 세간의 평가에 늘 아쉬움이 존재한다.

왜 이러한 평가를 받을까? 지방자치는 많은 희망으로 탄생하기에 그만큼 많은 실망도 만들어 낸다. 지방정부는 주민과 가까운 만큼 잘못이 크게 눈에 띄고, 친근한 만큼 더 쉽게 비난할 수 있다. 내가 태어나고, 삶을 영위하고 있는 곳이니만큼 소중하지만, 일차적이고 현실적인 생활 속 불만이 쌓이는 곳이다.

하지만 이러한 욕구 불만족 상태는 끊임없이 제도를 개선하고, 새로운 권한, 더 많은 재원을 지방에 끌어오는 원동력으로 작동하였고, 두 번째 전부개정 지방자치법 시대로의 전환도 이루어 냈다.

본서는 지방자치라는 말도 낯설었던 시대부터 우리나라 지방자치의 온갖 염원과 불만의 내용을 담아온 기록과도 같은 책이다. 장기간 유지돼 온 최창호 교수 원전(原典)의 틀 내에서 그 제자인 강형기 교수가 특유의 색을 첨가했고, 이제는 강형기 교수의 제자이자 최창호 교수의 손자 제자뻘인 이민규가 위대한 두 학자의 책에 공동 저자로 이름을 올리게 되었다.

최창호, 강형기 두 교수가 지방자치라는 학문과 현실의 영역에서 갖는 지명도와 역량은 굳이 말하지 않아도 충분할 정도로 대단하다. 이 때문에 본서의 세 번째 공저자로 이름을 올리는 것이 너무 부담스러웠으나, 이 책의 명맥을 이어야 한다는 의무감과 소명의식이 있었다고 생각된다.

마지막으로 이 작업이 현실적으로 가능하도록 도와준 신우리 박사와 충북대 행정학과 김다영 박사수료생, 권소영 석사과정생에게 말로는 하지 못한 감사를 전한다. 또 가슴이 타들어 가는 중에도 저자의 평온함을 지켜주기 위해 무한한 인내심과 배려를 보내주신 삼영사 고성익 대표님 이하 편집부에도 머리 숙여 사의(謝意)를 표한다.

2022년 8월

저자 씀

제3판 머리말

지난 20여 년간 지방의 예산 규모는 4배나 늘어 2015년에는 173조원을 넘어섰다. 나라의 경제 규모가 커졌고, 그 동안 잠복해 있던 사회적 빈곤, 양극화, 복지 수요 등에 대응하는 국고 보조 사업이 확대된 데 따른 결과다. 이러한 상황에서 이제 지방자치단체를 효율적으로 경영하는 것이야말로 삶의 질을 높이고 국가경쟁력을 키우는 핵심적 요소가 되었다.

지금 우리의 지역은 패러다임의 극적 변화를 겪고 있다. 경제활동의 글로벌화는 국민국가를 쇠퇴시키고 지방과 도시가 문제해결의 주역으로 등장하도록 요구하고 있다. 나라와 나라 사이의 국경이라는 커튼이 없어져도 남는 것은 지방이고 도시이기 때문이다. 그래서 많은 사람들이 이제 희망은 지방에 있다는 말을 하게 된 것이다.

오늘날의 사회문제는 중앙과 지방 그리고 지방과 그 주민들이 협력할 때에 비로소 해결될 수 있는 것이 늘어나고 있다. 또한 21세기의 국가경쟁력은 다양화와 다극화로 높여나갈 필요성도 날로 증가하고 있다. 단일민족을 앞세워 동질성을 강조하던 마을들이 이제는 다문화가 공존할 때 비로소 존속할 수 있는 곳도 늘어가고 있다.

지방자치시스템을 보다 효율적으로 개선함으로써 지방의 역량을 키워나가야 한다. 지방자치가 창생적인 협력을 가능케 하는 시스템으로 기능하게 해야 하며, 화이부동(和而不同)한 국토를 경작하고 다양화를 도모하는 바탕으로서, 그리고 새로운 시대의 국제화에 능동적으로 대응하는 시스템으로 기능하게 해야 한다.

지방자치제가 부활되고 지방자치단체장을 민선(民選)으로 선출한지도 만 20년이 지났다. 그러나 우리의 지방자치제도는 세월만큼 성장하지 못했고, 지방의 자율성은 더욱 약화되었다. 제정위기관리시스템의 전면적 개편으로 중앙의 지방재정통제는 더욱 강화되었고, 통합재정시스템의 도입으로 전문가가 아니면 지방재정을 이해하기가 어려울 정도로 복잡해졌다.

이러한 상황에서 본서의 제3판을 서둘러 출간하는 주된 이유는 지방재정시스템의 대폭적인 개편과 많은 법령개정에 대응한 교과서를 제공하기 위해서다. 제3판의 출간을 위해서도 법령을 검토하고 점검하는 역할은 이석표(李析杓)박사의 헌신적인 노력으로 이루어졌다. 이박사와 저자의 노력이 독자들의 학문적 성취에 도움이 되길 바라며, 모든 독자들의 성공을 기원한다.

2016년 2월
저자 씀

개정판 머리말

아름다운 돗자리는 '씨줄(經)'과 '날줄(緯)'의 조화로 만들어진다. 국가의 법률과 제도를 씨줄이라고 한다면, 지방자치단체의 개성 있는 정책을 날줄이라고 할 수 있다. 그러나 씨줄이 너무 촘촘하게 드리워져 있으면 개성 있는 무늬의 아름다운 직물을 짜낼 수가 없다. 아름다운 도시라는 직물은 씨줄의 토대 위에 개성 있는 날줄의 조화로 창조되는 것이다.

국가는 그 정책을 종축(縱軸)으로 움직이고 싶어 한다. 예컨대, 복지정책에 대한 지침을 전국에 하달하고, 모든 지방이 이에 의거해서 사업을 하도록 규정하려고 한다. 그러나 지역의 문제를 종축의 시각만으로는 대응할 수가 없을 뿐더러 현실의 미묘하고도 중요한 문제는 횡축(橫軸)에서 나온다. 따라서 현실에서 일어나는 일, 주민의 삶 속에서 요구되는 과제는 경(經)과 위(緯)를 살펴서, 즉 그 '경위(經緯)'를 알아야 제대로 보이기 시작한다.

일상행위에서 경위를 안다는 것은 쉬운 일이 아니다. 하물며 국가경영에 대한 경위를 알고 행동한다는 것은 간단한 일이 아니다. 그러나 이러한 어려운 과제도 지방자치제에 대한 학습으로 상당부분을 해결할 수 있다. 지방자치는 민주주의와 공동체의 기본원리로 시작하여 중앙과 지방 그리고 국가와 시민사회의 역할분담에 이르기까지를 종횡으로 연구하는 것이며, 그 결과 바른 판단과 행동의 경위를 바로 잡아주는 학문이다.

본서는 지방자치를 체계적으로 연구하려는 사람들에게 단 한권의 교과서로 거의 완결적인 정보를 제공하려는 생각에서 집필한 것이다. 특히 최근 우리의 지방자치환경은 엄청나게 변했다. 본서는 새롭게 바뀐 법령과 제도 그리고 새로운 문화에 알맞은 용어로 개정한 것이며, 또한 새롭게 추가한 내용도 상당하다.

이처럼 철저한 개정은 오랜 지방자치 실무봉사 후 대학강좌를 담당하고 있는 이석표(李淅杓)박사의 헌신적인 도움이 있었기 때문에 가능한 것이다. 그리고 이 책이 나오기까지 적극적인 지원을 해 주신 삼영사의 고덕환 사장님께 감사를 드리며, 이 책을 읽는 모든 독자들의 행복을 기원한다.

2014년 7월
저자 씀

머리말

지방자치제가 부활된 지 20여년이 지나면서 지방자치는 주민들의 일상생활뿐만 아니라 국가의 정치과정에도 큰 영향을 미치고 있다. 이제 지방자치는 현실과 생활의 문제로서 주민의 일상에 영향을 미치고 있다. 우리나라의 중앙집권적 소용돌이의 정치 그리고 천년의 구심적 역사라는 토양에서 다시 부활한 지방자치는 참으로 많은 난관과 시행착오를 거치면서 우리 나름의 특성을 형성해가고 있는 것이다.

그러나 지방자치의 본질과 그 이념을 실현하는 수단으로서의 자치제도를 온전히 이해하고 있는 사람은 많지 않다. 지방자치를 주민의 자율과 참여로 일구는 공동체의 경영시스템으로 이해하는 사람은 드물다. 지방자치를 내생적 발전과 고유한 문화를 경작하는 시스템으로 이해하는 사람도 많지 않다. 그보다는 지방자치를 중앙과 지방 간의 투쟁과 대립의 양상으로 전개되는 권력현상으로 보거나 그 정치적 속성에 초점을 두고 이해하려는 사람이 많다. 각자 저마다의 창문으로 지방자치를 들여다보고 자신의 편의대로 지방자치를 규정하고 있는 것이다. 본서는 이처럼 다양한 면모를 가진 지방자치를 종합적으로 정리한 총서이다.

지방자치제를 포함한 모든 제도는 문화의 소산이다. 따라서 국가 간에 제도적 유사성을 가지면서도 그 역사적 배경과 국민의 의식・인습 그리고 사회적 상황에 따라 제도의 작동이 다르게 전개되는 경우가 많다. 동일한 제도라 할지라도 그것을 운영하는 사람과 풍토에 따라 제도의 취지가 변하기 때문이다. 이렇게 볼 때 우리나라의 지방자치는 우리 나름의 독특한 '지방자치문화'를 형성해 가고 있는 것이다.

본서는 종래 최창호 교수가 주로 지방자치의 제도적 측면을 종합적으로 해설한 『지방자치학』을 제자인 강형기가 최근의 상황에 맞게 정리하고, 지방자치의 문화적 양상도 연구하려는 시도를 하면서 새롭게 펴내었다. 그러나 기존의 연구 토대를 존중하려는 취지에서 책 이름은 종전처럼 『지방자치학』으로 했다.

모든 제도가 다 문화의 소산이라고 한다면 지방자치도 그 제도적 측면만을 연구하는 것으로써는 실질을 규명하는 데에 한계가 있다. 지방자치의 제도를 둘러싼 자치문화도 연구하여 지방자치제도의 실질을 규정하는 우리의 자치문화가 어떠한 것인지, 그 본질이 어디에서 오는 것인지, 자치문화가 자치제도에 어떠한 변형을 초래하고 있는지, 그 자치문화의 개선 조건과 방향은 어떠한 것인지 등을 탐색하고 규명해 나가야 한다.

그러나 새로운 관점에서 지방자치학을 정립한다면서 너무 갑작스러운 변화를 가하면 본의 아니게 혼란을 초래할 우려도 있다. 따라서 이 책에서는 지방자치제도에 지방문화를 더하여 연구하는, 즉 제도와 문화를 함께 연구하는 물고를 트고, 다음 판부터 점진적으로 그 심도를 더해나갈 생각이다.

이상과 같은 시도를 담고 있는『지방자치학』이 독자 여러분의 기대에 부응하길 희망하며 독자 여러분의 많은 활용과 냉엄한 평가를 기대하는 바이다. 끝으로 이 책이 나오기까지 적극적인 지원을 베풀어 주신 삼영사의 사장님과 긴긴 세월 수고가 많으셨던 편집진 여러분에게 깊은 감사를 드린다.

2011년 2월
저 자 씀

차 례(한눈에 보기)

Contents

PART 1 지방자치의 이론적 배경

PART 3 지방자치의 대의제 조직

Chapter 5 지방자치정부 / 299

제3절 지방자치선거의 절차 / 419

제4절 지방자치선거 부정의 방지 / 439

PART 4 지방자치의 민주적 경영

Chapter 7 주민의 자치참여 / 457

제3절 주민참여 / 484

제4절 주민의 정부통제 / 514

제5절 로컬 거버넌스 / 520

Chapter 8 봉사적 자치행정 / 527

PART 5 지방자치의 재정적 기반

PART 6 지방자치의 광역적 협력

Chapter 11 중앙·지방간 관계 / 763

PART 1

지방자치의 이론적 배경

CHAPTER

1 지방자치의 기초이론

제 1 절 지방자치의 연구체계

I 지역과 지방에 관한 연구동향

1 지역과 지방에 관한 연구의 대두

인간은 대지의 품안에서 살아간다. 지역을 연구하는 것은 주민들이 자신의 터전에서 행복하게 살아가는 기반을 구축하고, 자연과 공생하면서 삶의 문화공동체를 형성하여, 그 공동체의 민주적 발전을 도모하려는 것이다. 그리하여 궁극적으로 개인의 행복을 증진시키고 더불어 지역의 발전을 통하여 국가발전에 이바지하려는 것이다.

세계적으로 산업화의 진전에 따라 농·어업의 발전은 정체되어 있는 반면 제조업과 서비스업은 비약적으로 발전하였다. 그리고 도시화의 진전에 따라 도시는 인구 및 산업의 집중으로 과밀의 폐해를 겪는 반면에 농촌은 과소의 폐해를 겪고 있다. 중앙집권의 과잉으로 국가는 과중한 업무를 감당하기 어려운 반면에 지방자치단체의 자율성은 약화되어 지방의 특성을 살리고 개성있는 경영을 하기가 어려운 실정이다. 이러한 상황에서 우리의 지역공동체는 파괴되고 지역의 고유문화도 멸실되어 그야말로 부분은 없고 전체만 존재하는 상황에 처해 있다.

이러한 문제상황에 봉착한 우리는 지역의 개성있는 발전을 도모하고, 중앙과 지방간의 창조적 협력을 증진하는 노력을 다방면으로 경주해야 한다. 인간의 행복이란 결코 개인과 가정, 그리고 지역사회를 떠나서 존재할 수 없다. 국가의 발전도 결국 개인이 행복해지고 각 지방이 발전해가면서 그 총합으로 이루어지는 것이다.

이에 따라 오늘날에는 지역·지방의 문제에 많은 관심이 모아지면서 지방과 지역을 보다 체계적으로 연구하는 경향이 여러 방면에서 전개되고 있다.

2 지역과 지방에 관한 연구동향

(1) 지역과 지방의 의미와 관계

지역과 지방이라는 말은 서로 대립하기보다는 유사한 의미로 사용되거나 때로는 동의어로도 사용되고 있다. 지역이나 지방은 국토 전체의 한 부분으로서, 지리적으로 일정한 토지의 범위를 지칭하는 말이다.

그러나 지역은 인간의 생활 속에서 자연스럽게 형성된 것으로서 그 경계선이 불명확하고 시간의 흐름에 따라 자연스럽게 변하는 데 비하여, 지방은 법제에 의하여 정해진 것으로서 그 경계선이 명확하고 법제로써 다시 개정하기 전까지는 변경되지 않는다는 점에서 다르다. 말하자면 지역은 경제·사회·문화적인 개념인 데 비하여, 지방은 정치·법제·행정적인 개념이라 할 수 있는 것이다.

그러나 통상적으로 지역과 지방을 특별히 구분하지 않고 그냥 지역 또는 지방이라고 할 때에는 양자는 모두 국토의 한 부분을 지칭하는 것으로 동의어를 의미하는 경우가 많다.

그런데 지방이라는 말은 지리적으로 국토의 한 부분을 지칭하는 뜻 외에, 기능적으로 국가 또는 중앙정부에 대응하는 인간활동의 단위를 의미하는 말로 사용되는 경우가 있다. 지방자치단체, 지방정부라고 할 때에 그 '지방'은 국가 또는 중앙정부에 대응하는 인간활동 단위로서, 정치·사회·행정 등 중요 기능의 단위가 된다(이때 서울이나 수도권도 국가 또는 중앙정부에 대응하는 지방을 의미한다).

이상 살펴본 바에서, 지방자치학에 있어서의 지방은 '지리적인 의미와 기능적인 의미를 동시에 가지고 있는 정치·법제·행정적인 단위'라고 요약할 수 있다.

[그림 1-1]에서 그림 'A'는 지방이 지리적으로 국토 전체의 한 부분을 의미하고 있고, 그림 'B'는 기능적으로 국가 또는 중앙정부에 대응하는 인간활동 단위를 의미하고 있다.

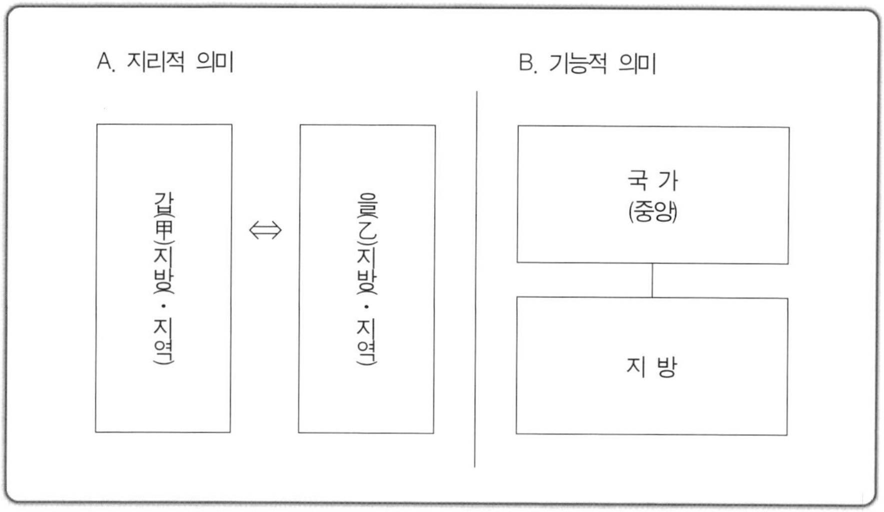

[그림 1-1 지방의 지리적 의미와 기능적 의미]

그러나 지역과 지방은 일정한 지리적 위치와 공간적 범위, 그리고 물리적 조건을 가지고 있는 자연적 실체인 동시에, 인간의 공동생활이 그 속에서 영위되는 사회적 실체라는 공통점을 가지고 있다.

(2) 지역과 지방에 관한 연구의 종합과학화 운동

지역과 지방은 일정한 지리적 조건 위에서 존립하기 때문에 지리학의 연구대상이 되고, 인간의 거주시설과 밀접한 관계가 있기 때문에 건축학 및 토목학의 연구대상이 되어 왔다. 또한, 일정한 경제 · 산업을 내포하고 있기 때문에 경제학의 연구대상이 되고, 사회집단 · 사회생활을 내포하고 있기 때문에 사회학의 연구대상이 되어 왔다.

특히 지방은 그 안의 행 · 재정이 중요한 문제이기 때문에 정치학, 행정법학, 행정학, 재정학의 연구대상이 되어 왔다. 또한 교통학, 생태학, 교육학, 복지학 등에서도 많은 연구가 진행되어 왔다.

이와 같이 지역과 지방은 실로 많은 복합적 요소를 내포하고 있기 때문에 어느 하나의 학문만으로써 그 모두를 연구할 수 없고, 모든 관련 학문분야로부터의 다각적인 연구가 행해져서 종합화 되어야 한다.

따라서 여러 측면에서 다양하게 발전하여 온 지방과 지역에 관한 많은 전문적인 이론과 학문들을 종합하여 하나의 독립과학으로 체계화하려는 노력이 근래에 활발히 경주되고 있다.[1)]

근래의 지역과 지방에 관한 연구의 동향은 단순히 각 개별과학의 연구를 취합하는데 그치는 것이 아니라. 단일 독립과학으로서의 지역과학(kommunal Wissen-shaft)을 형성해 보려는 데 뜻을 두고 있다.

그러나 우리가 단일 독립과학으로서의 지역과학의 성립을 안이하게 기대하기는 어려울 것 같다. 왜냐하면 그 연구의 대상이 되는 지역이나 지방 등이 복잡한 수많은 요소들을 내포하고 있는 복합체(complex)이고, 그 지역들 사이(예컨대 도시와 농촌 사이)에는 이질성이 너무 크고, 또한 종합과학으로서 제창된 새 학문들도 중립적인 종합과학이기보다 사실상 어느 특정 학문을 배경으로 함으로써 그 논리나 구성이 특정학문을 기초로 하여 전개되고 있기 때문이다.[2)]

이처럼 지역 등에 대한 연구의 종합화는 어려운 일이지만 결코 이를 포기하여서는 안 된다. 지역 등의 자연적 · 사회적 실체에 대하여 여러 측면에서의 연구를 융합하여 종합적으로 이해하려는 노력을 계속해 나가야 할 것이다.

Ⅱ 지방자치학의 성격과 발전

1 지방자치학의 의미와 성격

지방과 지역의 문제에 관한 사고 · 이론체계 중에서 지방자치학은 어떠한 학문인가? 지방자치학은 지방의 문제를 사회과학적, 특히 정치 · 법제 · 행정적 입장에서 연구해 나가는 이론체계다.

지방의 문제는 자연적 · 사회적 실체인 지역의 문제와 더불어 국가와의 관계에서

---

1) 지역 · 도시 등에 관한 연구를 하나의 독립과학으로 체계화하려는 노력들은 대체로 ㉠ 미국에서 발단하여 세계적으로 보급되고 있는 지역학(regional scicnce), ㉡ 그리스의 독시아디스(C. A. Doxiadis)에 의하여 주창된 인간정주학(ekistics), ㉢ 일본에서 성립한 도시학(urbanology)의 세 갈래 조류로 전개되었다고 할 수 있다.

2) 미국에서 제창된 지역학은 경제학을 배경으로 발전시킨 형태에 불과하고, Ekistics은 건축을 배경으로 인간거주지의 물리적 구조이론을 벗어나지 못하고 있으며, 일본에서 제창된 도시학은 주로 도시에 관한 학문이어서 광범위한 농촌문제에 답을 주지 못하는 학문이라 하겠다.

생겨나는 다양한 문제가 존재한다. 그러므로 지방자치학은 그곳에서 살아가는 주민들의 생활문제와 정치적 주체로서 자치를 행하는 무대로서의 문제, 사회·경제활동을 영위하는 거점으로서의 문제 등 다양한 문제와 관련된 연구를 하는 학문이다.[3]

지방자치학은 지리학의 연구대상인 지리, 기술공학의 대상인 시설, 지역경제학의 대상인 경제, 지역사회학의 대상인 사회, 그리고 특히 민주주의와 공동체에 관한 연구 및 인간문화에 관한 연구 등 실로 다양한 학문을 횡단하여 융합적인 관점에서 연구되는 학문이므로, 지방자치학은 그 자체가 다양한 분야를 융합한 종합과학이라고 할 수 있다.

지방자치학을 '지방'과 '자치' 및 '학'으로 나누어 살펴보면 다음과 같다.

첫째로, '지방'의 뜻은 무엇이며, 그 용어는 어디에서 유래하였는가?

지방자치학에서 '지방'이란, 도시가 도(都, 정치중심지)와 시(市, 경제중심지)의 합성어이듯이, '지(地)'와 '방(方)'의 합성어이다.

'지(地)'는 '천(天)'에 대칭되는 개념으로서, 예로부터 왕이 있는 서울을 높은 곳(天), 백성들이 사는 시골을 낮은 곳(地)이라고 인식하여, 서울로 '올라간다', 시골로 '내려간다'고 하면서, '지(地)'를 백성들이 사는 낮은 곳의 의미로 사용하여 왔다.

한편, '방(方)'은 '모서리', '귀퉁이'의 뜻과, 동·서·남·북 방향의 뜻을 가지는 말이었는데, 백제시대에 전국을 다섯 개의 방(方)으로 나누는 이른바 '5방제(五方制)'를 채택하면서부터는 나라의 일부분의 땅이라는 의미로 사용되었다.

이러한 '지'와 '방'이 합쳐져서 이루어진 '지방(地方)'은 백성들이 사는 곳(地)을 몇 개의 부분(方)으로 나눈 땅이라는 의미를 지니게 되었다.

지방이 '지역'이라는 말과 구분되지 않을 때에는 국토의 '한 부분'이라는 의미를 가진다.[4] 그러나 지방이 기능적으로 국가 또는 중앙정부에 대응하는 인간활동 단위를 의미할 때에는 국가 또는 중앙정부와 구분되는 기능수행 단위의 의미를 가지게 된다. 지방자치학에서의 '지방'은 바로 이러한 지방을 의미하는 것이다.

둘째로, '자치'의 뜻은 무엇이며, 그 내용은 어떤 것인가?

지방자치학에서 '자치'는 주민과 지방정부가 지역의 발전과 주민생활의 향상을

---

3) 이처럼 지방자치학이 지역의 문제를 정치·법제적 입장에서 연구하는 이론체계이기 때문에, 지역의 문제를 지리학적, 인구학적, 물리구조적, 경제학적 또는 사회학적으로 연구하는 다른 개별과학과 구별된다.

4) 다만, 지역은 지역사회 등과 같이 인간의 생활 속에서 자연스럽게 형성된 것으로서 그 경계선이 불명확하고 시간의 흐름에 따라 자연스럽게 변하는 데 비하여, 지방은 법제에 의하여 정해진 것으로서 그 경계선이 명백하고 법제로써 다시 개정하기 전에는 변경되지 않는 고정적인 실체이다.

위해 수행하는 일체의 활동 및 작용을 말한다.

이러한 자치는 주민의 참여를 핵심으로 하는 정치적 의미의 주민자치와, 지방의 자치권을 핵심으로 하는 법률적 의미의 단체자치라는 두 계보로 발전하였다.

주민자치나 단체자치의 어느 쪽에서든, 자치는 행정을 중심으로 수행된다. 이것은 지방자치가 자치행정(예: 독일에서의 Selbstverwaltung)을 중심으로 발달해 온 역사에서 증명될 수 있다.

그런데 여기에서의 행정은 법령이나 정책・계획의 집행만을 의미하는 것이 아니라, 정책・계획의 수립 및 입법작용, 더 나아가서는 사법작용까지를 포괄하는 광의의 행정임을 유의하여야 한다.[5)]

셋째로, '학'의 뜻은 무엇이며, 어떻게 발전하여 왔는가?

지방자치학에서 '학'은 어떤 대상에 대한 사고와 이론의 체계를 의미한다. 이러한 사고와 이론의 체계를 우리는 학문 또는 과학이라고 한다.

지방자치에 관한 사고・이론체계의 발전과정을 정리하여 보면, 제1단계는 '규범과학'(Normwissenschaft)의 정립단계였고, 제2단계는 '사실과학'(Seinwissenschaft)의 정립단계였으며, 제3단계는 '가치과학'(Wertwissenschaft)의 정립단계였다고 할 수 있다.[6)]

지방자치학은 이러한 사고・이론체계의 세 단계 발전과정을 거쳐서 오늘날 새로 정립되고 있는 과학으로서, 세가지 과학(즉, 규범과학, 사실과학, 가치과학)의 종합적인 학문이라고 할 수 있다.

---

5) 지방자치단체에서는 협의의 행정뿐만 아니라 입법과 사법작용도 수행한다. 지방의회의 조례제정, 지방자치단체장의 규칙제정, 각종 위원회의 규칙제정 등이 그 입법작용의 예이고, 지방자치단체에 정식 법원이 있는 경우는 물론, 그것이 없는 경우에도 공무원인사위원회의 징계결정, 공무원소청심사위원회의 재결, 이의신청에 대한 재정, 주민청원에 대한 결정 등은 실질적인 사법작용의 예이다.

6) 지방자치학 발전의 제1단계는 국가에 대한 지방의 자치권(Recht der Selbverwaltung) 확보에 관한 이론의 정립단계였다. 근대 자유국가 시대의 '지방권'론의 확립시기가 대체로 그러한 단계였다고 할 수 있다. 이 단계가 규범과학의 단계이다.
지방자치학 발전의 제2단계는 자치행정의 관리(management)에 관한 이론의 정립단계였다. 이 단계에서는 행정을 권력현상이 아닌 관리현상으로 파악하여, 그 관리과정의 능률화를 도모하려 하였다. 현대 복지국가 대두의 시기가 대체로 이러한 단계였다고 할 수 있다. 이 단계가 사실과학의 단계이다.
지방자치학 발전의 제3단계는 자치행정의 정책(policy)에 관한 이론의 정립단계라 할 수 있다. 최근 지역발전, 도시계획 등 각종 정책 및 계획이 수립・집행됨에 따라, 정책 및 계획에 관한 이론과 기법이 대대적으로 발전하고 있는 것이 이러한 제3단계를 의미한다고 할 수 있다. 이 단계가 가치과학의 단계이다.

2 지방자치학의 성립과 발전 전망

'지방자치학'이 하나의 독립된 학문으로 성립할 수 있을 것인가, 만약 그것이 성립할 수 있다면 그것은 어떠한 성격의 학문이 될 수 있을 것인가를 살펴볼 필요가 있다.

(1) 지방자치학의 성립

(가) 지방자치학 성립의 필요성

지방자치학은 지방을 분리시키고 독립시키려는 학문이 아니다. 지방자치학은 지역의 개성을 발현시키고 창조적 발전을 진전시키는 시스템의 경작에 관한 학문이다.

지금까지 우리는 천년의 중앙집권적 역사를 이어오면서 부분은 소홀히하고 전체에만 집착해왔다. 그러나 지방자치학은 부분이 활력과 개성을 키워서 전체의 활력을 증진시키는 시스템에 관한 학문이며 전체의 통일성과 부분의 고유성을 동시에 확립하려는 학문이다. 지방자치가 국가의 전체적인 것에서는 통일성을 확립하고, 부분적인 것에서는 현장의 특성을 살려 지역의 개성을 창조하려는 것이기 때문이다.

지방자치는 단순히 국정의 연장에서 전개되는 것이 아니다. 지방자치단체를 경영함에 있어서는 독특한 문제와 고유한 원리가 작동한다. 지방자치단체는 단순히 피동적으로 국가의 정책이나 방침 또는 계획을 집행하는 하부기관이 아니다. 지방자치단체를 경영한다는 것은 능동적으로 지역발전과 주민향상을 설계하고 사업을 선정하며 투자재원을 확보하고 주민과 협의하며 유관기관 및 중앙정부를 설득하는 일을 수행해 나가는 것이다.

따라서 지방자치에 관한 이론체계를 하나의 학문으로 승화시키는 일은 매우 중요하다.

(나) 지방자치학 성립의 가능성

지방자치학이 학문으로 성립하려면 그 필요성뿐만 아니라 가능성의 요건도 구비하여야 한다.

학문의 성립가능성은 연구대상과 접근방법의 특수성을 전제로 한다.[7)]

---

7) 田村德治, 理論行政學(東京 : 中央書房, 1971), p. 30 ; 김완식, "행정학의 주체성 위기 논의에 대한

a) **연구대상의 특수성** : 지방자치학의 연구대상인 지방자치는 국정에 비하여 여러 면에서 특수성을 가지고 있다.

첫째로, 지방자치 주체의 특수성을 들 수 있다. 오늘날 대부분의 민주국가에서는 각 지방에 국가의 직속기관(특별지방행정기관) 외에 일정한 범위의 독자적 자치권한을 헌법에 의하여 보장받고 있는 공법인인 지방자치단체를 설립하여, 행정사무를 이 지방자치단체가 자율적으로 처리하도록 하고 있다. 따라서 지방자치의 주체는 국가로부터 일정한 범위의 독립성을 가지고 있는 공법인인 지방자치단체라는 점에 특수성이 있다.

둘째로, 지방자치에 있어서 권한의 특수성을 들 수 있다. 지방자치단체의 권한이 궁극적으로는 국가의 주권에서 연원하는 것이지만 일정한 독자적 통치권능을 가지고 있으며, 국가와 지방자치단체간 권한의 배분이 행정적 차원에서가 아니라 통치구조적 차원에서 이루어진다.

셋째로, 지방자치의 업무의 특수성을 들 수 있다. 즉, 국정은 국가의 존립, 전체적 통일성에 관계되는 사무 또는 사업을 수행하는 데 비하여, 지방자치는 주민의 일상생활 및 지역의 발전과 관련되는 사무 또는 사업을 수행하는 것이다.

넷째로, 지방자치의 지역적 범위의 특수성을 들 수 있다. 즉, 국정은 전국적・총량적 견지에서 수행되는 데 비하여, 지방자치는 작은 규모의 일정한 지역적 범위를 기초로 하여 지방의 개별성과 특수성의 견지에서 수행됨을 특징으로 하는 것이다.[8)]

다섯째로, 지방자치의 담당자 및 재원의 특수성을 들 수 있다. 지방자치에 있어서는 지방자치단체 소속의 지방의원과 단체장 및 지방공무원과, 자주적 재원으로써 업무가 수행됨을 원칙으로 하며, 또한 그것을 이상으로 한다.

b) **연구방법의 특수성** : 지방자치학의 연구방법도 여러 가지 특수성을 가진다.

첫째로, 지방자치학은 자연과학과 사회과학을 넘나드는 종합과학적(interdisciplinary)인 접근방법을 사용한다. 즉, 지방 또는 도시는 자연적 존재인 동시에 사회적 실체이기 때문에, 그것을 대상으로 하는 연구에 있어서도 자연과학적 접근방법이나 사회과학적 접근방법 그 어느 한쪽만 가지고는 불충분하며, 양자를 동시에 사용하지 않으면 안 된다.

비판과 행정학의 패러다임", 행정논총 제17권 제2호(서울 : 서울대학교 행정대학원, 1979), p. 354.

8) 물론 국정도 일선행정 단계에서는 소규모의 지역적 단위별로 수행되기도 하나, 국정을 위한 행정구역은 국가의 행정상 편의를 기준으로 설정되는 데 비하여, 자치행정을 위한 자치구역은 지역공동사회를 기준으로 설정된다는 특성을 가지고 있는 것이다.

둘째로, 지방자치학은 규범적 접근방법과 사실적 접근방법을 동시에 사용한다. 즉, 제도와 운용의 연구가 불가분의 관계를 가지는 것이다. 그것은 지방자치에 있어서는 지방자치권 등의 제도 여하가 큰 변수로 되며, 또한 그 실제적 운용의 비중도 다른 어떤 사회현상에서보다 크기 때문이다.

셋째로, 지방자치학에서는 관리학적 접근방법과 정책학적 접근방법을 동시에 사용한다. 즉, 현실 보존·유지적인 관리와, 개발·창조·개혁적인 정책을 동시에 연구하는 것이다. 그것은 지방자치에 있어서는 소극적인 능률·절약과, 적극적인 사회목적의 달성이라는 두 가지가 항상 동시에 중요시되고 있기 때문이다.

넷째로, 지방자치학에서는 정치학적 접근방법과 행정학적 접근방법을 동시에 사용한다. 그것은 지방자치에 있어서는 행정적 현상뿐만 아니라 지방선거, 대립·견제, 주민참여 등의 정치적 현상도 항상 중요한 사항이 되고 있기 때문이다.

(2) 지방자치학의 발전전망

지방자치학 성립의 요건을 그 성립의 필요성과 가능성의 두 측면으로 나누어 볼 때에, 지방자치학은 성립의 필요성뿐만 아니라 가능성도 연구대상의 면에서 그 요건을 어느 정도 구비하고 있다. 다만 그 연구방법의 면에서는 앞으로 개발되어야 할 과제를 많이 안고 있다.

'학문'(사고·이론체계)의 성격에는 순수이론적 학문과 응용적 학문의 두 가지가 있는데, 지방자치학은 그 중에서 응용적 학문이다. 응용적 학문이란 원래 기존의 접근방법들을 종합적으로 사용하여 주어진 문제를 해결하는 사고·이론체계이므로, 응용과학으로서의 지방자치학의 성립·발전의 전망은 매우 밝다.

Ⅲ 지방자치학의 연구범위와 체계

1 지방자치학의 연구범위

지방자치학에서는 그 연구범위를 다음과 같이 넓게 잡는 것이 마땅하다.

첫째로, 지방자치의 제도뿐만 아니라 그 운용(관리 및 기능)까지 포괄적으로 연구한다.

둘째로, 지방자치의 운용을 행정과정뿐만 아니라 정치과정까지 포괄적으로 연구한다.

셋째로, 행정을 자치행정뿐만 아니라 위임행정까지, 그리고 필요에 따라서는 관치행정까지 포괄하여 연구한다.

넷째로, 지방의 일반행정뿐만 아니라 공기업경영의 문제까지 포괄적으로 연구한다.

다섯째로, 더 넓게는 지방의 자치문제뿐만 아니라 도시·지역의 발전문제도 연구한다.

여섯째로, 지역 발전(개발)의 문제뿐만 아니라 지역 보전(환경)의 문제도 연구한다.

이와 같이 지방자치학은 그 연구범위를 제도뿐만 아니라 운용까지, 행정과정뿐만 아니라 정치과정까지, 자치행정뿐만 아니라 위임행정과 관치행정까지, 일반행정뿐만 아니라 공기업경영까지, 지방자치뿐만 아니라 지역개발까지, 그리고 지역발전뿐만 아니라 지역보전까지 포괄하고 있다.

2 지방자치학의 연구체계

지방자치학에 있어서 이상과 같이 다종·다양한 연구대상들을 어떠한 논리 하에 보다 체계적으로 연구할 수 있을 것인가가 문제된다.

위와 같은 포괄적인 지방자치의 연구 체계는 그 관점에 따라서 여러 가지의 방안이 나올 수 있으나, 이를 다음과 같이 구상할 수 있다.

첫째로, 지방자치학을 그 고유한 연구영역과, 최근에 더 넓은 연구를 요하는 외곽적 내지 특수적 연구영역의 두 가지로 나눈다. 후자의 영역에 도시행정론, 지역개발론, 지역사회개발론 및 지역환경론 등을 포함시킨다.

둘째로, 지방자치학의 고유한 연구영역을 총론과 각론으로 나눈다.

지방자치 총론 부분에서는 지방자치에 관계되는 기초지식을 함양하는 것이며, 그 내용으로는 지방자치에 관한 기본개념과, 발달 및 현대경향 등이 포함된다.

지방자치 각론에서는 지방자치에 대한 접근 측면을 제도와 운용의 측면으로 나누어 각 측면별로 소상하게 연구해 나간다.

셋째로, 지방자치의 제도적 측면을 단체자치적 측면과 주민자치적 측면으로 나누어, 지방자치단체의 국가와의 관계와 지방정부의 주민과의 관계를 각각 연구한다.

지방자치의 단체자치적 측면에서 자치권, 지방사무, 기능배분, 재원배분, 중앙통제 등을 연구하고, 주민자치적 측면에서 지방정부 구성, 지방선거, 주민청구·투표, 주민참여 등을 각각 연구한다.

넷째로, 지방자치의 운용적 측면을 지방행정의 관리적 측면과 지방행정의 기능적 측면으로 나누어, 전자에서 행정내재적 문제를, 후자에서 행정외재적 문제를 각각 연구한다.

지방자치의 관리적 측면에서 목표설정, 정책·기획, 집행관리, 행정서비스, 행정정보공개, 조정·통제 등을 연구하고, 기능적 측면에서 지역산업, 지역경제, 지역문화, 지역복지 등을 연구한다.

이상의 지방자치의 연구체계를 정리하면 [그림 1-2]와 같다.

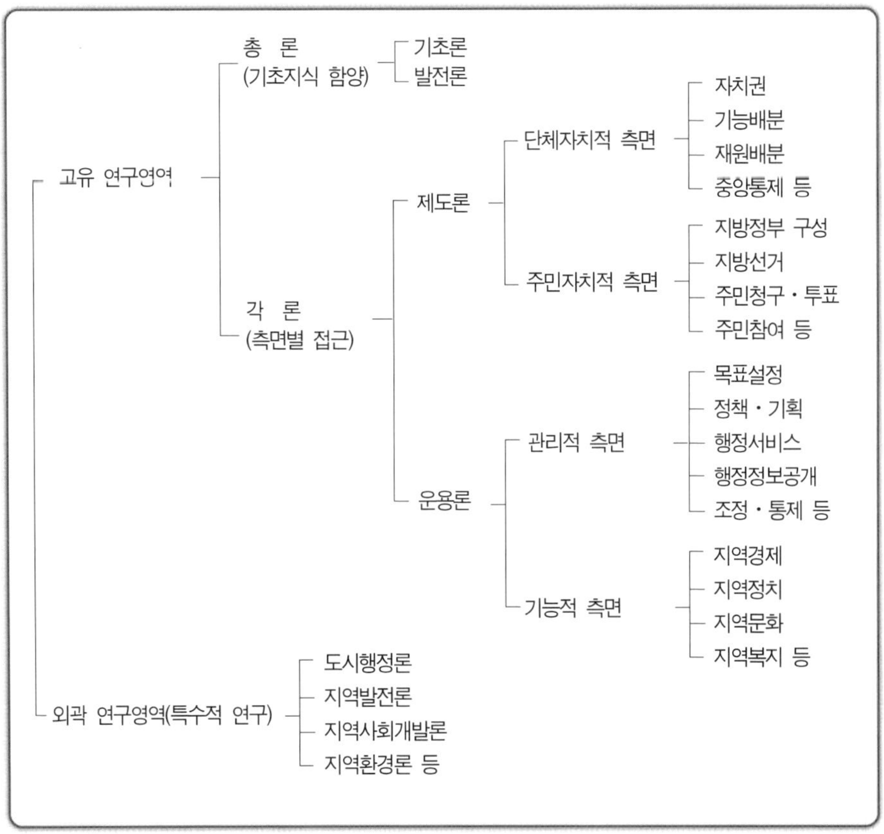

그림 1-2 지방자치 연구체계

제2절 지방자치의 의의와 자치권

I 지방자치의 의의

1 지방자치의 개념과 구성요소

(1) 지방자치의 개념

지방자치(local government, local self-government, local representative government, local autonomy, kommunale Selbstverwaltung)는 매우 다의적인 것으로서, 그 개념에 관하여는 그 견해가 반드시 일정하지 않다. 그것은 각 나라의 역사적 배경과 정치적 상황에 따라서 지방자치의 현실적인 형태가 서로 다르기 때문이다.

다양한 지방자치의 개념들을 종합하여 정의를 내려보면, 지방자치란 '일정한 지역의 주민이 지방자치단체를 구성하여, 국가와의 협력 아래 그 지역의 공동문제를 자기부담에 의하여 스스로(또는 그 대표자를 통하여) 처리함으로써, 주민복리와 국가발전에 기여하는 것'이라고 할 수 있다.[9]

(2) 지방자치 개념의 구성요소

지방자치 개념에는 다섯 가지의 요소가 내포되어 있다. 그 첫째가 지방자치단체이고, 둘째가 공동문제이며, 셋째가 자기부담이고, 넷째가 자기처리이며, 다섯째가 국가와의 협력이다. 이러한 다섯 가지는 현실적으로 지방자치단체, 자치사무, 자주재정, 주민참여, 국가관여의 문제를 의미하며, 이들은 결국 지방자치의 구성요소들이 된다.

이러한 지방자치개념의 구성요소들을 차례로 고찰해 보면 다음과 같다.

---

9) 현행 지방자치법 제1조는 지방자치를 " … 국가와 지방자치단체 사이의 기본적인 관계 … 지방자치행정을 민주적이고 능률적으로 수행하고, … 대한민국을 민주적으로 발전시키려는 … "이라고 규정하고 있다.

(가) 지방자치단체(자치구역)

지방자치는 지역주민에 의하여 실현되는데, 주민은 개개인으로서가 아니라 집합적으로 지방자치단체라는 독립적인 공법인(öffentlich-rechtliche Körperschaft)을 설립하여 공동적으로 지방자치를 실행한다. 전술한 지방자치 개념의 정의에서 '일정한 지역의 주민이 지방자치단체를 구성하여 … '라고 한 부분이 그러한 뜻을 내포하고 있다. 이러한 지방자치단체의 문제는 현실적으로는 자치구역의 문제가 된다.

(나) 공동문제(자치사무)

지방자치에는 그 지역의 주민이 공동적으로 처리해야 할 일정한 공동문제가 있어야 한다. 즉, 일정한 현안문제를 국가가 처리하지 않고 지방자치단체가 처리할 수 있도록 되어 있어야 한다. 전술한 지방자치 개념의 정의에서 ' … 그 지역 안의 공동문제를 … '이라고 하는 부분이 그것을 의미하고 있다. 이는 현실적으로 자치사무를 의미한다.

(다) 자기부담(자주재정)

지방자치에 있어서는 지역의 공동문제를 주민 자신의 부담으로 처리하는 것이 필수요건이 된다. 자기부담이 없는 외부의존은 진정한 자치일 수 없기 때문이다. 전술한 지방자치 개념의 정의에서 ' … 자기부담에 의하여 … '라고 하는 부분이 이에 해당한다. 이러한 자기부담의 문제는 현실적으로 지방자치단체의 자주재정의 문제가 된다. 자주적인 재정의 뒷받침이 없는 자치는 이미 자치라고 할 수 없다.

(라) 자기처리(주민참여)

지방자치에 있어서는 주민이 자신의 문제를 스스로 처리하는 것이 필수요건이다. 전술한 정의에서 ' … 스스로(또는 그 대표자를 통하여) 처리 … '라고 하는 부분이 이에 해당한다. 이는 현실적으로 지방자치가 주민의 의사에 따라 처리되는 것, 따라서 지방자치의 운용에 대한 주민의 참여 문제를 의미하고 있다. 오늘날 주민이 자치운용에 참여하는 방법에는 크게 간접참여와 직접참여의 두 가지 방법이 있다.

(마) 국가와의 협력(국가관여와 지방참여)

지방자치단체와 국가의 관계에 있어서 과거에는 독립적 지위와 독자적 사무처리에 역점을 두었다. 그러나 오늘날에는 국가도 민주적으로 구성된 민주적 권력체이고 국가와 지방자치단체는 다 같이 국가 통치구조의 일환으로서 국가운영의 동반자적 관계에 있으므로 서로 기능을 적절히 분담하여 긴밀히 협력하지 않으면 안 되게 되었다. 전술한 지방자치의 정의에서 '… 국가와의 협력 아래 …'라고 한 부분이 그것을 의미한다. 이러한 공동협력(기능적 협력)은 현실적으로 국가가 지방자치에 관여하고 지방이 국정에 참여하는 문제가 된다.

2 지방자치의 다의성

지방자치는 여러 측면에서 다양한 의미·내용을 가지고 있다.

(1) 이데올로기적 자치와 기술적 자치

지방자치는 일반적으로 민주주의와의 불가분 관계 속에서 시행되고 있지만, 민주주의와 관계없이도 존립할 수 있다. 지방자치가 민주주의를 지향하여 시행될 때에는 이데올로기적인 지방자치(ideologische Selbstverwaltung)가 되지만, 민주주의와 관계없이 시행될 때에는 기술적인 지방자치(technologische Selbstverwaltung)가 된다.

지방자치가 민주주의 국가에서 헌법에 의하여 보장받고 민주적 기본질서의 일환으로써 시행되는 것은 당연한 일이지만, 전제주의 국가나 독재주의 국가에서도 시행될 수 있는데, 구 소련이나 구 동구권 국가에서 지방자치가 시행되었던 것이 바로 그것이다.

지방자치가 민주주의 국가에서는 자기문제의 자기결정·자기책임, 권력의 제한·분산 등 민주주의 이념의 실현을 위하여 보장받고 있는 데 비하여, 전제주의 국가에서는 그러한 이데올로기적 의미에서보다도 국가통치의 기술적 차원에서, 즉 분업을 통한 능률화, 정책의 지역적 실험, 지역실정 적응행정 등 그 실용성 때문에 시행되는 것이다.

이처럼 지방자치는 실제에 있어서 거의 모든 국가에서 시행될 수 있는 제도인데, 다만 그 이념 여하에 따라 제도의 본지가 다를 수 있다(이에 관한 상세한 내용은 후술 Ⅲ. '지방자치와 민주주의의 관계' 및 제3절 Ⅰ. '지방자치의 효용' 부분을 참조).

(2) 단체적 자치와 주민적 자치

지방자치에는 두 가지 측면이 있다. 그 하나는 지방자치단체와 국가와의 관계의 측면이고, 다른 하나는 지역 안에서 지방자치정부와 지역주민과의 관계의 측면이다.

지방자치를 지방자치단체와 국가간 관계의 측면에서 이해할 때에 이를 단체자치(körperliche Selbstverwaltung)라 하고, 지방자치정부와 지역주민간 관계의 측면에서 이해할 때에 이를 주민자치(bürgerliche Selbstverwaltung)라고 한다. 단체자치는 '분권'을 핵심으로 하고, 주민자치는 '참여'를 핵심으로 한다. 즉, 단체자치는 지방자치단체가 국가와의 관계에서 독립성을 가지고 그 자신의 문제를 자주적으로 처리하는 것을 말하고, 주민자치는 지방자치단체 안에서 지방자치정부가 주민의 요구에 기초하여 그 사무를 주민의 참여 속에서 처리하는 것을 말하는 것이다.

단체자치는 원래 유럽대륙계 국가에서 절대군주에 대항하는 법률원리로서 발달하였고, 주민자치는 원래 영·미계 국가에서 민주주의의 실현을 위한 정치원리로서 발달하였다. 전자를 법률적 의미의 자치(Selbstverwaltung im rechtslichen Sinne)라고 하고, 후자는 정치적 의미의 자치(Selbstverwaltung im politischen Sinne)라고 한다. 전자를 대외적 자치라고 한다면, 후자는 대내적 자치라고 할 수 있다.

지방자치는 이러한 단체자치와 주민자치가 결합할 때에 완전한 자치가 될 수 있다. 그러므로 오늘날 대부분의 국가에서는 이 두 제도를 함께 채택·시행하고 있다(이에 관한 상세한 내용은 후술 제2장 제2절 '지방자치의 계보' 부분을 참조).

(3) 도피적 자치와 참여적 자치

지방자치가 근대의 선진민주국가에서 성립할 때에는, 국가권력(중앙권력)에 대항하여 지방의 자율성을 확보하려는 방어적·도피적 지방자치(Selbstverwaltung von Staat)에서 출발하였었다. 그것은 그 당시의 국가권력이 절대군주의 절대권력이었기 때문에 지방자치가 그 절대권력에 대항하여 쟁취된 데에서 연유한다.

그러나 전술한 바와 같이 오늘날의 중앙권력은 지방권력과 함께 민주주의 방식에 의하여 구성된 민주적인 권력이고, 국가와 지방자치단체는 다 같이 국가 통치구조의 일환으로서 주민복지와 국가발전에 이바지하는 동반자적 관계에 있다. 따라서 오늘날 국가와 지방자치단체는 주민복지와 국가발전이라는 공동목표를 위하여 적절히 기능을 분담하고, 긴밀히 협력하지 않으면 안 된다.

이러한 상황 속에서 지방자치가 종래와 같이 방어적·도피적이어서는 결코 그 의미를 찾을 수 없기 때문에, 참여와 협조를 지향하는 새로운 지방자치의 개념으로 전환하지 않으면 안 되게 되었다. 이리하여 오늘날의 지방자치는 지방자치단체와 국가가 수레의 양쪽 바퀴와 같은 동반자적인 관계 속에서 서로 적극 협력하는 참여적인 지방자치(Selbstverwaltung zum Staat)로 이해되고 있다(이에 관한 상세한 내용은 제2장 제3절 Ⅱ. '신지방자치분권화와 지방자치 개념의 재구성' 부분을 참조).

3 지방자치의 특성

지방자치의 의의를 보다 정확히 파악하기 위하여 지방자치제도를 기타의 지방제도와 비교해 보는 것이 필요하다.[10)]

(1) 봉건적 지방제도와의 차이

지방자치권은 중세의 봉건적 지방단체 및 자치도시가 향유하고 있었던 봉건적 특권 또는 도시자치권과 구별되어야 한다. 즉, 중세에 있어서의 지방단체 또는 자치도시의 특권은 중세국가의 특징인 '통일성 없는 국가'에서 권력이 다원적 분열상태에서 지방단체 또는 자치도시가 가지는 소국가(小國家)적 지위 또는 주권(主權)적 지위나 절대적 지위에서 유래되었다.

이에 비하여 지방자치권은 '근대'라는 역사적 무대에서 나타난 것이며, 근대적인 국민국가 안에서 존재하는 개념이다. 즉, 근대적인 지방자치는 하나로 통일된 국민국가를 전제로 하면서, 국가의 민주적 통제를 수용하는 것으로서, 그것은 중앙집권과의 관계에서 상대성을 내포하고 있다.

이러한 점에서 볼 때에 근대의 지방자치는 소국가성·주권성·절대성을 지녔던 중세의 봉건적 지방제도나 자치도시적 특권제도와는 근본적으로 다르다.

(2) 연방국가의 주제도와의 차이

지방자치권은 연방국가(federal state)를 구성하는 주(州)가 갖는 권능과 구별되어

10) 최창호, "지방자치론", 서울대학교 대학원(편), 행정학연구(서울 : 영문사, 1963), pp. 381~382.

야 한다. 연방국가에서는 모든 정치적 · 법적 권력이 연방과 주 사이에 분할되어 있다. 따라서 각 주는 헌법과 법률을 가지고 있어서, 명칭 그대로 하나의 준주권적인 '국가'(state)이며, 연방과 주는 수평적 · 대등적 관계를 구성한다.[11)]

이에 비하여 단일국가(unitary state)에서는 모든 정치권력이 국가에 소속되고 지방자치단체는 국가로부터 승인된 일정한 범위의 권한을 국가의 통제 아래 행사함에 불과하다. 이러한 국가와 지방자치단체의 관계가 연방국가에서는 주 안에서 주정부와 지방자치정부 사이에 나타난다.

요컨대 지방자치는, 그것이 중앙집권과의 관계에 있어서 상대적인 성격을 갖는다는 점에서, 중앙집권과 양립될 수 없는 연방국가의 주제도와는 다르다.

(3) 행정적 분권 및 권한분산과의 차이

지방자치는 이른바 행정적 분권(administrative decentralization) 및 분산(deconcentration)과 구별되어야 한다.

행정적 분권과 권한분산 및 지방자치는 근대적 통일국가를 전제로 한다는 점에서는 공통되나, 행정적 분권이나 권한분산은 중앙집권과 양립할 수 있는 데 반하여, 지방자치는 중앙집권과는 상대적인 관계를 갖는다는 점에서 차이가 있다.

즉, 행정적 분권과 권한분산은 각 행정기관이 일원적인 명령 · 복종관계로 계통화된 수직적 구조의 한 요소로 간주되는 데 비하여, 지방자치에 있어서 국가와 지방정부의 관계는 그러한 명령 · 복종적 수직관계에 있는 것이 아니라 어느 정도 독립적인 관계가 성립한다는 점에서 그 차이가 있다.

그리고 지방자치는 주민을 지방적 사무의 처리에 참여시키는 정치적 조직원리에 입각하고 있는 데 비하여, 행정적 분권 및 권한분산은 단지 행정능률을 위한 기술적 조직원리에 입각하고 있다.

---

11) 그러나 연방국가도 그 역사적 배경이나 지리적 · 사회적 조건 또는 정치적 이념 등에 따라서 한결같지 않다. 인도와 캐나다에 있어서의 주는 중국의 省 정도의 독자성밖에 갖지 못하며, 독일과 스위스의 주는 그 독자성이 가장 큰 것으로 평가되고 있다. 또한 연방국가라고 해서 반드시 분권주의가 강하고, 단일국가라고 해서 집권주의가 강하다고도 단정 지을 수 없다.

4 지방행정과의 관계

(1) 지방행정의 의의

지방자치와 관련하여 지방행정이라는 용어를 확실히 이해할 필요가 있다.

지방행정이라는 용어는 나라에 따라 쓰이기도 하고, 안 쓰이기도 한다.[12] 뿐만 아니라 이 용어가 사용됨에 있어서도 그 쓰이는 경우에 따라 그 의미와 내용이 다양하다.[13] 우리나라에서는 지방행정을 '지방에서 이루어지는 행정'이라는 포괄적인 의미로 사용하는 경우가 많다.

지방행정의 의미·내용을 보다 정확히 이해하기 위해서는 지방행정의 여러 수행 방식을 종합적으로 개관해 보는 것이 필요하다.

지방행정의 수행방식은 크게 두 가지로 나뉜다. 그 하나는 지방에 국가의 직속 기관(특별지방행정기관)을 설치하여 그 기관을 통하여 지방행정을 수행하는 방식이고, 다른 하나는 지방에 국가와는 별개의 법인격을 가진 지방자치단체를 설립하여 그 지방자치단체로 하여금 지방행정을 수행하도록 하는 방식이다.

위 지방행정의 수행방식 중 전자를 관치행정 방식이라고 한다. 한편 후자, 즉 지방자치단체에 의한 지방행정 수행방식에도 두 가지의 방식이 있다. 그 하나는 지방자치단체가 그 고유사무를 국가의 간섭이나 통제를 받지 않고 독자적인 입장에서 수행하는 방식이고, 다른 하나는 지방자치단체가 국가로부터 사무를 위임받아 국가의 간섭과 통제 하에서 수행하는 방식이다. 전자를 자치행정 방식이라 하고, 후자를 위임행정 방식이라고 한다.

지방행정의 수행방식은 결국 관치행정, 자치행정 및 위임행정의 세 가지 방식으로 나뉜다. 이 중 자치행정 방식이 지방자치에 해당함은 물론이다. 이처럼 다의적인 지방행정에 있어서 영·미 등 자치행정이 고도로 발달한 나라에서는 지방행정이란 곧 자치행정의 의미로 사용되고 있으나, 우리나라 등 관치행정과 위임행정이

---

12) 독일에는 kommunal Verwaltung이라는 용어가 있어 우리의 지방행정과 대체로 비슷한 뜻으로 사용되고 있으나, 영·미에는 우리의 지방행정에 해당하는 용어가 없다. 많은 나라에서는 지방행정 또는 local administration이라는 용어를 사용하지 않고, 지방자치 또는 지방정부라는 용어를 사용하고 있다.

13) 지방행정은 지방자치(local government or local self-gevernment)의 의미로 사용되기도 하고, 지방자치와 대립되는 관치행정(국가의 지방행정)의 의미로 사용되기도 한다. 또한 지방에 있어서의 통치활동(government)에 대립되는 의미의 행정활동(administration)이라는 의미로 사용되기도 하며, 경우에 따라서는 이상의 세 가지 모두를 포괄하는 광의적 개념으로 사용되기도 한다.

폭넓게 발달한 나라에서는 지방행정은 자치행정뿐만 아니라 위임행정과 관치행정까지를 포괄하는 의미로 사용되는 경우가 많다.

(2) 지방행정의 특성

(가) 국가의 지방행정

지방행정은 국가가 그 일선기관을 통하여 수행하는 행정과 지방자치단체가 수행하는 행정으로 나뉜다. 국가가 일선기관을 통하여 수행하는 지방행정은 관치행정 내지 위임행정이 될 것인데, 이러한 지방행정은 다음과 같은 기본적인 특성을 가지고 있다.

(a) **지역행정** : 지방행정은 국가 안의 작은 지역을 단위로 하여 각 지역이 가지고 있는 특수적 조건 속에서 개별적·다원적으로 시행되는 행정이다.

(b) **일선행정** : 지방행정은 주민과 직접 접촉하여 지방의 발전을 실제로 구현해 나가는 일선행정이다. 따라서 지방행정은 실제로 시행하여 현실적인 결과를 산출하는 실천행정이다.

(c) **생활행정** : 지방행정은 주민의 일상생활을 그 대상으로 하는 생활행정이다. 통근·통학, 소비생활, 뒷골목 청소, 영농 등 주민의 생활 그 자체가 곧 지방행정의 대상이 된다.

(나) 지방자치단체의 행정

지방자치단체가 수행하는 행정은 자치행정 내지 위임행정인데, 이러한 지방행정은 국가의 일선기관이 수행하는 행정에 비하여 다음과 같은 특성을 가지고 있다.

(a) **종합행정** : 지방자치단체의 행정은 그 지역 안에서 일어나는 모든 행정수요에 대응, 포괄적으로 문제를 해결하는 종합행정이다. 중앙 각 부처의 모든 행정도 결국 시·도, 시·군·자치구 단위에 집결되어 종합된다. 그렇기 때문에 지방행정은 용광로적 행정이라고도 할 수 있다.

(b) **자주행정** : 지방자치단체의 행정은 주민 또는 그 대표자의 참여 아래 지방자치단체의 이름으로 처리되는 자주행정이다. 법률상 당사자능력과 자주적인 조직·입법·재정·행정권을 가진 지방자치단체가 주민 또는 그 대표자의 의사에 입각하여 처리하는 행정이다.

(3) 지방행정의 이념

지방행정에는 그 추구하는 가치와 지향하는 이상 및 준수하여야 하는 원칙이 있다. 이를 지방행정의 (지도)이념이라 하며, 이는 곧 지방행정 발전의 지표가 된다. 지방행정의 이념으로는 여러 가지를 들 수 있겠으나, 그 가운데 중요한 것으로는 지방행정의 ㉠ 민주성과 능률성, ㉡ 합법성과 합목적성, ㉢ 종합성과 다원성을 들 수 있다.

(가) 민주성과 능률성

민주성은 주민의 권익보호를 위하여 분권·참여·책임·공개 등을 구현하는 것을 말한다. 능률성은 주민의 복리증진을 위하여 합리·절약·생산성을 도모하는 것을 말한다. 민주성과 능률성은 상충관계에 있으며, 이를 조화시키는 것이 지방행정의 중요한 과제가 된다.

(나) 합법성과 합목적성

합법성은 행정에 있어서 법령적합성을 도모하는 것을 말하고, 합목적성은 행정에 있어서 목표달성도(즉, 효과성)를 높이는 것을 말한다. 합법성에 위배되는 행정행위는 위법행위가 되고, 합목적성에 위배되는 행정행위는 부당행위가 된다.

(다) 종합성과 다원성

종합성은 지역 안의 모든 부문·요소들을 포괄적으로 고려하여 일관성 있고 체계성 있는 계획과 집행을 도모하는 것을 말한다. 다원성은 각 지역·기관·단체의 특수성에 따른 각각의 개별성을 도모하는 것을 말한다. 종합성은 동일 지역·기관·단체 안의 여러 요소의 융합의 문제이고, 다원성은 상이한 지역·기관·단체간의 내용과 특성 분화의 문제이다.

Ⅱ 지방자치권의 사상과 성질

1 자치권 사상

지방자치권(Recht der Selbstverwaltung)을 무엇으로 보느냐에 관하여 과거부터 지방권설(지방의 고유권설)과 국권설(국가로부터의 유래설)이 상호 대립되어 왔다. 오늘날에는 두 견해의 대립을 실익이 없는 논쟁으로 보고 지방자치권을 헌법에 의하여 보장된 권리라고 보는 제도적 보장설이 대두되어, 결국 세 견해가 정립되어 있는 셈이다.

(1) 지방권설(고유권설)

지방권설이란 지방자치권을 지방의 고유한 권리라고 보는 견해이다.[14] 이러한 견해의 논거는 자연법사상과 역사적 유래관에 두고 있다.

첫째로, 자연법사상을 토대로 하는 지방권설은 프랑스혁명 시대에 국권(pouvior national)과 구별되는 지방권(pouvoir municipal)을 강조한 데서 유래한다. 즉, 사람이 출생한 때부터 고유한 기본권을 가지며 국가권력으로써 이를 침해할 수 없는 것과 같이, 지방자치단체도 고유한 지방권을 가지며 국가권력으로써 이 권리를 침범할 수 없다는 것이다.[15]

둘째로, 역사적 유래관(由來觀)에서는 지방자치단체라는 사회적 실체는 국가의 지원이나 개입에 의해서 발생한 것이 아니라 국가의 성립 이전에 형성된 것으로서, 지방자치단체가 자기의 필요에 의하여 국가를 성립시켰던 것이며, 따라서 지방자치단체가 그 권리를 국가로부터 부여받은 것이 아니라 오히려 국가가 그 권리를 지방자치단체로부터 인수한 것이라고 주장한다.[16]

---

14) 星野光男, 地方自治論(東京 : ぎょうせい, 1982), pp. 27~35 ; 장지호, 지방행정론(서울 : 대왕사, 1982), pp. 32~34.

15) 이러한 지방권설은 18・19세기에 유럽대륙에서 Marguis d'Argenson, Turgot 등에 의하여 주장되었으며, 영국의 법학자인 William Blackstone도 이러한 사상을 전개하였다.
프랑스의 대표적인 이론가 Thouret에 의하면 지방자치단체는 지방이익을 위한 권력, 즉 지방권(pouvior municipal)을 가지고 있는 반면에, 국가에는 전국민의 공통이익을 위한 권력, 즉 국가권(pouvoir national)을 가지고 있는데, 전자는 개인의 기본권과 마찬가지로 지방단체에 고유한 권리이며, 국가에서 전래된 것이 아니라고 주장하였다. :沖田哲也, 地方自治要論(東京 : 評論社, 1968), pp. 16~17, 26~29.

이와 같은 지방권(고유권)설은 유럽 대륙계 국가에서는 중앙집권제에 대한 저항 내지 항쟁을 위한 개념으로 사용되어 왔고, 지방자치의 불완전성을 일소하는 데 이바지해 왔다.

지방권(고유권)설에 따르면 지방자치단체는 입법권·행정권(자주조직권, 인사권, 재정권포함)뿐만 아니라 사법권까지도 당연히 독자적으로 행사할 수 있다고 본다.[17]

(2) 국권설(전래설, 수탁설)

국권설은 19세기 후반 이후 독일 공법학자들에 의해서 주장된 이론으로서, 지방자치권은 국권으로부터 유래한 것이라고 보는 견해이다. 여기에는 전래설과 수탁설이 있으나, 둘은 결국 같은 이론이다.[18]

첫째로, 전래설은 지방(고유)권설에 반대하여, 지방자치단체는 법률의 창조물이며, 그의 자치권은 국가로부터 전래된 권리라고 주장한다. 이 학설에서는 설사 지방단체가 국가의 성립 이전에 형성되었다고 하더라도, 근대의 단일주권국가의 성립으로 국가에 포섭된 이상, 그 특권은 국법에 흡수되므로 지방단체의 존립은 국가로부터 전래하게 되었다고 주장한다.[19]

둘째로, 수탁설은 지방단체의 특권은 국가의 성립과 더불어 국법에 흡수되었고, 지방단체의 활동도 국가의 법률에 위반되지 않는 한도 안에서 인정되었으므로, 지방단체가 지방단체의 이익을 위하여 고유의 사무를 설정하였다고 하더라도, 그것은 어디까지나 국가의 법률에 의해서 위탁된 결과이기 때문에 사무의 집행은 국가의 감독을 받게 되는 것이라고 주장한다.[20]

---

16) 역사적 유래관의 대표자는 Aretin Rotteck, Otto Gierke, A. de Tocqueville이며, Anglo·Saxon계 국가에도 이에 동조하는 학자가 많다.
Aretin Rotteck는 국가 이전의 인간 소집회체의 존재를 전제로 하여 지방단체는 결코 국가가 창조한 것도, 국가에 의해서 창조될 수 있는 것도 아니며, 오히려 국가야말로 지방단체가 할 수 없는 안녕질서의 실현을 위하여 조성된 것으로서 지방단체의 보충 또는 보완수단에 불과하다고 주장하였다(위의 책, pp. 29~30).

17) 홍정선, 신지방자치법(서울 : 박영사, 2013), p. 9.

18) 星野光男, 앞의 책, pp. 19~23.

19) 전래설의 대표자는 독일의 C. Bornhak와 G. Jellinek이다.
① C. Bornhak는 지방단체는 오로지 국가가 지방단체를 원하는 경우, 또한 원하는 동안만 존재하게 되며, 이러한 의미에서 지방단체는 국가의 시설 이외의 아무 것도 될 수 없다고 하였고, ② G. Jellinek는 지방단체의 자치권은 고유한(ursprünglich) 것이 아니라 국가로부터 부여된 통치권을 가질 뿐이라고 하면서, 지방자치단체의 영역은 동시에 국가의 영역이고, 그 주민은 동시에 국가의 국민이며, 그 권력은 국가에서 위임된 권력이라고 하고 있다(위의 책, p. 36).

20) 장지호, 앞의 책, pp. 34~36.

이와 같은 국권설에서는 국가가 필요에 따라 지방제도를 바꾼다고 할지라도 그것이 지방자치의 기본취지에 반하지 않는다고 본다.

(3) 제도적 보장설

지방자치권의 본질에 관한 지방권설과 국권설의 실익없는 대립을 막고, 보다 현실적이고도 규범적인 관점에서 자치권을 인식하려는 것이 제도적 보장설이다.

제도적 보장설은 지방단체를 국가에 의해서 법적으로 승인된 것이라고 보는 점에서는 전래설 또는 수탁설과 같으나, 법적으로 승인된 지방자치제도는 반드시 보장되어야 한다고 하는 점에서는 그것과 다르다. 즉, 이 견해는 지방자치를 헌법으로 보장함으로써 입법에 의해서도 이 제도를 바꾸지 못하게 한다는 데에 특징을 두고 있다. 이 경우 그 보장은 지방자치라는 제도의 일정한 핵심(Kern) 내지 본질적 내용(Wesensgehalt)을 법률에 의해서도 침해할 수 없게 함을 의미한다고 한다.[21]

이와 같은 제도적 보장설에 의하면 자치권이 국가로부터 지방단체에 전래 또는 위탁된 것이기는 하나, 일단 지방단체에 주어진 이상 그것은 지방단체의 권리로서 지방단체는 그의 의사에 의해서 행사하게 된다고 한다.

이런 점에서 이 설은 지방단체의 권리의 보호를 그 기본으로 하고 있는데, 오늘날 많은 지지를 받고 있으며, 지방자치권 분야에 있어서 거의 통설로 되어 있다.[22]

2 자치권의 성질

자치권에 관한 이론들을 평가하면, 지방자치권을 지방단체의 지방권(고유권)으로 보는 견해는 그것이 지방자치를 강조한다는 이론적 의의는 있으나 국가의 전체적 통일성을 무시하고 있다는 점에서 정당한 이론이 될 수 없다. 반면 지방자치권을 국가로부터 부여된 것으로 보는 국권적 견해(전래설, 수탁설)는 그것이 지방자치가

21) 그런데 이 보장은 지방자치제도의 일반적 보장이지, 결코 개별적 지방단체의 존립을 보장하는 것은 아니다. 즉, 지방자치라는 제도가 존속되고 있는 한 특정한 지방단체를 법률에 의해서 폐지한다는 것은 헌법위반이 되지 않는다는 것에 유의하여야 한다(成田頼明, 現代社會と自治制度の變革, 東京 : 學陽書房, 1974, pp. 18~32).

22) 이러한 제도적 보장설은 Carl Schmitt에 의하여 확립되었다. Carl Schmitt는 헌법은 일정한 제도를 특별히 보호하는 경우가 있는데, 이 경우 보통의 입법절차에 의하여는 그 제도를 바꾸지 못하는 바, 지방자치제도도 헌법에 의해서 보장되고 있기 때문에 지방자치제도 그 자체를 침해하거나 지방자치의 실체적 내용(sachlicher Inhalt)을 파괴하거나 그 본질적 요소(wesentlicher Bestand)를 훼손하는 모든 입법은 헌법위반이 된다고 하였다(장지호, 앞의 책, pp. 36~37).

국가의 권력구조의 유기적 일환을 형성하고 있다는 점을 강조한 현실적 의의는 가지고 있으나 지방자치를 국가의 편의에 의하여 부정할 수도 있는 것으로 보고 있다는 점에서 지방자치권에 대하여 정당한 이해를 하지 못하고 있다고 할 수 있다.

지방자치권의 성질을 한 마디로 표현한다면 국가의 전체적 통일을 전제로 하되, 그러나 국가의 무제한의 통제와 간섭을 배제하고 그 지방의 문제를 그 주민들 스스로 처리하도록, 이를 제도적으로 보장하고 있는 권리라고 할 수 있다.

이러한 제도적 보장설의 입장에서 지방자치권의 성질을 다음과 같이 규명할 수 있다.

(1) 국가주권 아래의 권리

지방자치단체의 자치권은 주권을 가진 국가의 전체적 통일을 전제로 한 국가 주권 밑의(infra-sovereign) 권리이다. 따라서 지방자치단체의 자치권은 국가의 주권적 통제에서 완전히 벗어날 수 없다.

이러한 의미에서 지방자치단체의 자치권은 국가 안의 소국가적 지위를 누리고 있던 중세의 지방단체 및 자치도시의 봉건적 특권과 구별되는 동시에, 또한 오늘날의 연방국가 체제에서 주(state)가 누리고 있는 준주권적 권력(quasi-sovereign power)과도 구별된다.[23)]

(2) 수여된 권리

지방단체가 향유하는 자치권은 주권적 통일국가 통치구조의 일환으로 존재한다는 의미에서 국가 이전의 고유한 권리가 아니고, 국법에 의하여 수여된 권리이다. 18・19세기에 일부 논자들에 의하여 주장되었던 지방고유권의 이론은 당시의 전제군주정적 관료국가에 대한 항의적(polemik) 의미를 가졌던 것인데, 국가의 전제적 군주정치가 민주적 의회정치로 대체되어 이른바 국가와 사회의 동일화[24)]가 이룩된

---

23) 주권개념의 관점에서 볼 때 오늘날 세계에 있는 통치단위를 네 가지 유형으로 나눌 수 있다. 즉, 초주권적 통치체(super sovereign, 예 : 유럽공동체), 주권적 국가(sovereign, nation), 준주권적인 주(quasi-sovereign, federated state), 주권 아래의 지방단체(infra-sovereign, local gevernment)로의 구분이다. 지방단체는 그 어떠한 의미에서든 주권적인 국가 또는 준주권적인 주 안의 지역적 통치단위로서 주권 아래의 존재라는 점에 그 특징이 있다(Samuel Humes and Eileen M. Martin; The Structure of Local Gevernments throughout the World, The Hague : International Union of Local Authorities, 1961, pp. 1~2).

24) 국가와 사회의 동일화란 국가(정부)의 권력과 지방(사회)의 권력이 다 같이 보통선거에 의하여 선출된

오늘날에는 자연법 사상의 퇴조와 함께 차츰 그 자취를 감추게 되었다.

그리하여 오늘날에 있어서는 지방권(pouvoir municipal) 또는 고유권(einigeangeleg-enheiten Recht)의 주장이 중요한 것이 아니라, 각 나라에 있어서 지방분권(decentra-lization)의 구체적이고 실제적인 구현이 중요한 문제가 되고 있다.

(3) 보장된 권리

지방단체의 자치권이 국가로부터 수여된 것이라 할지라도, 그것은 국가의 지방기관(일선기관)이 갖는 권리와는 다르다. 지방단체의 지방자치권은 국가권력의 통제에서 완전히 벗어날 수는 없다고 하더라도, 그것은 일정한 범위 안의 자율성(autonomy)이 인정되도록 제도적으로 보장된 권리이다.[25)]

만일 지방자치단체의 자치권이 국가와의 명령・복종관계에 의거하여 상급기관의 무제한적인 지휘・감독을 받는 일선기관의 권리와 동일한 것이라면 구태여 헌법으로 이를 특별히 보장할 필요가 없을 것이다. 우리나라의 국법질서에 있어서도 지방(일선)기관의 설치 및 직무는 일반적인 법령규정사항으로 되어 있는 데 비하여, 지방자치단체의 설치 및 그 자치권은 헌법에 특별히 규정(제8장)되어 있는 이유가 이를 통치질서의 기본적 권리로서 특별히 보장하려는 데에 있다고 보아야 한다.

이와 같은 맥락에서 볼 때, 지방자치단체는 중세의 봉건적 지방단체나 현대의 연방국가의 주와 같은 주권적 또는 준주권적인 통치단위가 아님과 동시에, 국가의 일선기관과도 구별되는 지위를 가진다. 지방자치단체가 향유하는 자치권은 국가주권 밑의(infra-sovereign) 권리로서 국가에 의하여 수여되었지만, 헌법(국가기본법)에 의하여 제도적으로 특별히 보장되고 있는 권리라고 보아야 한다.

따라서 지방자치제도의 정립이나 그 운용에 있어서, 그리고 그 개혁이나 개편에 있어서는 항상 이와 같은 지방자치권의 본질에 어긋남이 없도록 하여야 한다.

대표자에 의하여 구성・행사되는 동질적 권력으로 전환되었음을 의미한다.

25) 제도적 보장(institutionelle Garantien)이라 함은 국가존립의 기반이 되는 일정한 제도를 헌법의 수준에서 보장함으로써 당해 제도의 본질을 유지하려는 것을 말한다. 제도적 보장에서의 '제도'란 헌법적 규정에 의해 비로소 창설되는 제도가 아니라 국가적 공동체 내에서 역사적으로 형성되어 온 기존의 전통적 제도를 말한다. '보장'한다는 의미는 특정한 제도의 본질적 내용을 보장한다는 의미이며, 기존의 제도를 현상 그대로 유지한다는 의미가 아니다. 현행 헌법이 보장하는 기본적 제도에 관하여는 견해가 갈리고 있으나 ① 복수정당제 ② 민주적 선거제도 ③ 직업공무원제도 ④ 지방자치제 ⑤ 민주적 교육제도와 대학자치제 ⑥ 민주적 군사제도 ⑦ 사유재산제 ⑧ 민주적 혼인제도와 가족제도 ⑨ 자율적인 언론・출판제도 등을 들고 있다(권영성, 헌법학원론, 서울 : 법문사, 2011, pp. 182~185).

Ⅲ 지방자치와 민주주의의 관계

지방자치는 국가의 정치적 통일성을 전제로 하면서, 중앙집권적 절대군주제에 항거하여 주민의 동의에 입각하는 통치구조(즉, 의회제·권력분립제)를 형성함과 아울러 지방행정을 그 주민의 동의에 기초하여 수행하고자 하는 데에서 형성된 것이었다. 따라서 지방자치제는 민주주의와 필연적인 결합관계를 가진다고 이해되어 왔다.

그러나 랭그로드(G. Langrod)와 벤슨(G. C. S. Benson) 등은 이러한 전통적인 견해와는 다른 주장을 하고 나섰다.26) 지방자치와 민주주의는 본질적인 상관관계가 없다는 것이다. 반면, 토크빌(A. de Tocqueville)과 팬터-브릭(K. Panter-Brick) 등은 지방자치는 민주주의의 본질 그 자체라고 주장하고 있다.

이러한 논쟁 중에서도 1953년에 랭그로드가 '지방자치와 민주주의는 상관관계가 없다'는 논문을 발표하자, 1954년 동일한 연구지에 랭그로드의 주장을 반박하는 논문을 게재 한 팬터-브릭27)의 주장은 지방자치와 민주주의를 이해하는 데에 좋은 참고가 되고 있다. 팬터-브릭은 영미계의 자치에, 그리고 랭그로드는 주로 대륙계의 자치에 근거를 두고 논의를 전개한 것이었다. 두 견해의 요지를 소개하면 다음과 같다.

1 상관관계 인정설

지방자치와 민주주의의 밀접한 관계를 주장하는 견해에서는 마치 초등학교가 학문의 길로 들어서는 첫걸음인 것처럼 지방자치는 민주주의의 기초이며, 주민이 민주주의에 손쉽게 접근할 수 있는 유효한 방법이고, 민주주의의 방파제가 되는 것이라고 주장한다.28) 이 견해에서도 요새설과 독립설이 나뉘어 있지만,29) 어느 것이든 그들이 주장하는 내용을 정리하면 다음과 같다.

---

26) George Langrod, "Local Government and Democracy", *Public Administration*, Vol. 31(1953), pp. 26~31. : G. C. S. Benson, *The New Centralization*(New York : Rinehart, 1941), p. 9.

27) Keith Panter-Brick, "Local Government and Democracy－A Rejoinder", *Public Administration*, Vol. 32(1954), pp. 438~440.

28) 星野光男, 地方自治の理論と構造(東京 : 新評論, 1970), pp. 130~138 ; 和田英夫, 現代地方自治論(東京 : 評論社, 1965), pp. 37~41 ; 久世公曉, 地方自治制度(東京 : 第一法規, 1976).

29) 星野光男, 地方自治論(東京 : ぎょうせい, 1982), pp. 132~141.

(1) 권력제한의 원리

근대 민주주의는 국가와 사회의 2원적 대립(der Gegensatz vom Staat und Gesellschaft)의 논리에 입각하여 국가의 권력을 제한하는 이른바 제한의 원리에 기초하여 성립하였는데, 지방자치도 국가의 권력을 제한하는 제한의 원리에 그 기초를 두고 성립한 것이다. 따라서 민주주의와 지방자치를 모두 전제주의에 대한 방파제라고 한다.

(2) 민선 · 자기처리

지방자치에 있어서는 주민이 선출한 대표기관을 통하여 지역의 공동문제를 스스로 처리하게 되는데, 이러한 민선 및 자기처리의 정치 · 행정적 원리는 바로 민주주의의 본질적인 내용이 된다. 따라서 지방자치에 있어서는 민주주의 원리가 그대로 적용되고, 민주주의는 지방자치를 통하여 신장된다는 것이다.

(3) 민주주의의 초등학교

지방자치는 민주주의의 기초적 역할을 한다. 즉, 지방에 있어서의 민주적 선거와 민주적 사무처리의 경험은 그대로 전국적인 민주주의의 발전에 밑거름이 된다. 이러한 지방자치는 주민의 정치 · 행정에의 참여의 기회를 확대하고 민주적인 정치 · 행정의 의식과 행태 및 능력의 향상을 도모하게 하는 등 민주주의의 산 교육장의 역할을 수행해 나간다. 따라서 지방자치를 '민주주의의 초등학교' 또는 '민주주의의 실험실'이라고 한다.

2 상관관계 부정설

지방자치와 민주주의의 필연적인 결합관계를 부인하는 견해에서는 대체로 다음과 같은 사실을 강조하고 있다.[30] 이 견해에도 역사적 변모설과 한정적 부정설이 있지만, 어느 것이든 그 주장의 내용을 정리하면 다음과 같다.

30) 星野光男, 地方自治の理論と構造(東京 : 新評論, 1970), pp. 138~147.

(1) 권력제한 원리의 무의미

근래에 국가와 사회의 대립 논리에 입각하여 민주주의와 지방자치가 다같이 전제권력에 항거하면서 결합되었던 것은 사실이다. 그러나 그것은 어디까지나 역사적 우연에 불과하였고, 둘 사이에 본질적인 관련은 없다. 즉, 전제권력에 항거할 당시에는 지방자치의 민주주의적 의의가 충분히 인정될 수 있었으나, 중앙정부가 이미 민주적으로 구성되어 있는 현대국가에서는 지방자치의 필요성이 소멸되었다는 것이다.

(2) 민선 · 자기처리의 형식성

민선 지방정부의 구성과 주민의 자기처리 원리가 전체주의적 중앙집권체제 아래에서도 어용적으로나마 실시 · 전개되고 있고, 반대로 민주주의적 지방분권체제 아래에서도 임명제와 국가의 개입이 실시 · 전개되고 있다. 따라서 지방자치와 민주주의적 정치 · 행정절차가 본질적으로 상관관계에 있다고 할 수 없다는 것이다.

(3) 민주주의 초등학교의 허구성

지방자치가 주민의 참여 · 통제에 의해서 운용된다고 하면서도 실질적으로는 전문직업관료(professional clerk)에 의해서 지방행정이 운영되고 있다. 따라서 지방자치가 민주주의의 산 교육장으로서 '민주주의의 초등학교'라든가, '민주주의의 실험실'이 된다는 것은 한낱 공상이며, 허구에 불과하다는 것이다.

3 두 견해와 지방자치의 효용

지방자치와 민주주의와의 관계에 관하여 결합관계 인정설과 부정설이 대립되어 있으나, 후술하는 바와 같이, 양쪽 모두가 지방자치의 효용성을 인정하고 있음에 유의하여야 한다.

대체로 결합관계 인정설에서는 이데올로기나 정치이념 등 가치체계상의 지방자치의 효용에 주목하는 반면, 결합관계 부정설에서는 절차나 방편 등 지방자치의 기술적 효용에 주목하고 있다.

제3절 지방자치의 효용과 한계

I 지방자치의 효용(이점)

1 정치 · 행정적 효용

지방자치의 효용 내지 가치에 관한 논의는 주로 지방자치가 민주성과 능률성에 미치는 영향력을 토대로 전개되어 왔다.

민주성 측면에서의 효용은 정치적 측면에서 살펴 본 지방자치의 효용성, 즉 이데올로기(ideology) 또는 가치체계(hierarchy of values)와 관련된 효용성이라고 할 수 있다.

능률성 측면에서의 효용은 행정적인 절차(process), 방편(means) 등 행정기술적인 측면의 효용성이라고 할 수 있다.

(1) 정치적(이데올로기적) 효용

(가) 민주주의 이념의 실현

지방자치는 지방분권을 전제로 하므로 지역주민의 참여를 보장하기 위한 권력이양의 요구를 충족시켜 줌으로써 민주주의의 이념을 실현하게 하는 기본 바탕을 제공한다. 즉, 지방자치는 일정한 지역 안의 공동문제를 그 지역주민의 참여와 협의를 통하여 자주적으로 결정 · 집행하는 것이므로 민주주의의 기본원리인 자기결정성과 자기책임성을 주민과 가장 가까운 정부단위에서 그리고 주민의 일상생활에서 실천하게 한다.

(나) 민주주의의 훈련장

지방자치는 민주주의의 실천을 통한 민주주의적 풍토의 조성에 이바지 할 수 있다. 즉, 지방자치는 지역의 주민과 그 대표자들에게 공동문제 처리에 참여하여 토론과 비판 및 협조를 실천하게 함으로써 공공심과 협동심을 길러나가게 한다. 민주주의는 공공·협동적인 의식과 행태의 뒷받침이 없이는 이루어질 수 없는 것인데, 지방자치야말로 이러한 의식과 태도의 개선을 위한 기본적 역할을 담당할 수 있다.[31]

(다) 민주주의의 방파제

지방자치는 지역의 민주주의를 방어하는 동시에 지역의 민주화를 통해서 국정의 민주화를 구현하는 수단이 된다. 중앙정부가 민주적으로 구성되었다 하더라도 국가기능의 확대에 따라 행정권이 강화되고 직업적 관료제가 비대해질 때에는 국정이 획일화하고 관료화되어 지방의 이해가 반영되지 못할 가능성은 언제나 잠복하고 있다. 지방자치는 국정의 획일화·관료화에 대한 견제의 역할을 수행한다.

(라) 정국혼란의 방지

지방자치는 중앙정부의 정권교체 등 정국변동에 따르는 국정의 전체적인 마비와 혼란을 방지하는 데에 이바지할 수 있다. 즉, 민주정치는 정당정치를 필연으로 하며 정권교체의 가능성을 필수조건으로 하기 때문에 정권교체에 따르는 일시적인 혼란과 마비를 그 숙명으로 하는 것인데, 지방자치는 이러한 국가적인 혼란과 마비를 극복하고 정국의 안정성을 도모하는 데에 이바지할 수가 있다.[32]

(2) 행정적(기술적) 효용

(가) 지역실정에 맞는 행정의 구현

지방자치는 각 지역의 특수성에 입각한 행정을 가능하게 한다. 물리·환경적 여

31) 토크빌(Alexis de Tocqueville)은 미국 뉴잉글랜드 지방의 지방자치를 시찰하고 그 유명한 '미국의 민주주의'를 저술하였다. 그는 "지방자치는 자유국민의 힘을 형성한다. 지방자치의 자유에 대한 관계는 초등학교의 학문에 대한 관계와 같다. 지방자치는 권력을 주민의 손이 닿는 곳에 가져오므로 주민들에게 권력을 어떻게 향유하고 어떻게 행사해야 하는가를 배우게 한다"고 하였다. "지방자치제도 없이도 국가는 자유로운 정부를 수립할 수 있을지는 몰라도 그 국민이 자유의 정신을 가질 수는 없다"는 말은 오늘날에도 절실하고도 적절한 것이다(Alexis de Tocqueville, *Democracy in America*, Phillips Bradley(trans.), New York : Alfred A. Knope, Inc., 1960, p. 61).

32) 1960년대에 주한 미국대사관에 근무했던 핸더슨(Gregory Henderson)은 당시의 한국정치를 '소용돌이의 정치'(The Politics of the Vortex)라고 표현했다. 소용돌이의 정치란 중앙정치의 권력구조가 변동하면 그 파장이 일시에 전국적으로 휘몰아치는 정치구조이며, 이러한 정치구조에서는 권력자의 의지에 의하여 기존 정치체제의 변혁이 손쉽게 시도될 수 있어 항상 불안한 상태를 벗어나지 못한다고 했다(Gregory Henderson, *Korea-The Politics of the Vortex*, Boston : Harvard university Press, 1968, pp. 29~31).

건이나 사회·경제적 수요는 지역에 따라 천태만상인데, 중앙집권적·획일적인 행정으로는 이러한 천태만상의 지역실정에 알맞은 행정을 수행해 나갈 수 없다. 각 지역의 여건과 주민의 요구는 그 지역의 지방정부가 이를 더 잘 알고 있으므로, 각 지역의 실정에 적응된 행정의 실현을 위해서는 그 지역주민의 참여에 의한 지방자치정부의 자주적인 행정이 절대적으로 필요하다.

(나) 정책의 지역적 실험

지방자치는 정책의 지역적 실험을 가능하게 하고, 따라서 그것의 전국적 실시에서 발생할지도 모르는 시행착오를 최소화할 수 있다. 즉, 각 지방자치단체가 새로운 정책을 창안하여 실시해 본 결과를 분석·비교·평가하여 좋은 정책만을 다른 자치단체 또는 국가가 활용함으로써 정책의 개선과 피해의 극소화를 동시에 기할 수 있다. 미국과 영국에서의 행정의 혁신은 주로 이와 같은 과정을 거쳐서 이루어지고 있음은 주지의 사실이다.

(다) 분업을 통한 효율행정

지방자치는 국가와 지방자치단체간의 행정기능 분담을 통하여 분업에 의한 행정효율의 증진을 기할 수 있게 한다. 행정기능 가운데 순수한 지방적 사항은 지방정부에 맡기고, 국가는 전국적·국가적 사항에만 전념함으로써 행정사무가 나날이 방대해지고 복잡해지는 오늘날에 국가의 과중한 업무부담을 경감시킴으로써 행정의 효율을 향상시킬 수 있게 한다. 그리고 국가와 지방의 공동관심 사항에 있어서는 국가는 정책수립에 전념하고, 지방자치단체는 수립된 정책의 집행에 진력하는 합리적인 분업체제를 확보할 수가 있다.

(라) 지역 안의 종합행정

지방자치는 일정한 지역 안에서의 종합행정의 실시를 위하여 필요하다. 지방정부는 일정한 지역 안에서 실시되는 여러 분야의 행정을 주민대표기관의 책임 아래 종합적으로 처리하기 위해서 설립된 것이다. 중앙정부의 행정은 분야별로 다기화되어 할거주의의 폐해를 일으킨다. 그러나 행정의 대상이 되는 지역이나 인간은 행정의 기능별, 목적별로 분할될 수 있는 것이 아니다. 지방의 문제를 지방정부가 맡아 처리하는 종합행정의 구현이 필요한 것이다.

2 경제 · 사회적 효용

(1) 경제적 효용

(가) 자원배분의 효율성

공공재 또는 공공서비스 중에는 국가에 의하여 제공되어야 할 것도 많지만 주민의 일상생활과 직접적으로 관련되거나 지역적 특성이 고려되어야 하는 것은 각 지방의 자치행정조직에 의하여 제공되어야 한다. 특히 일정한 지역적 범위 안에서만 혜택이 발생하는 공공재 또는 공공서비스는 지방의 자치행정조직에 의하여 제공될 때 자원배분의 효율성이 커질 수 있다.

(나) 후생의 극대화

공공재 또는 공공서비스는 지역 주민이 원하는 수요를 바탕으로 제공될 때에 그 효율이 극대화 된다. 분권적인 지방자치의 위력은 바로 이러한 효율을 극대화시키는 것에 있다. 그러나 일정한 공공재 또는 공공서비스를 국가가 관장하여 집권적으로 공급한다면, 어떤 지역에서는 그 지역주민이 희망하는 만큼의 공급을 받지 못하는 반면에, 다른 지역에서는 희망하는 공급량 이상을 공급받을 수 있다. 그렇게 되면 전자에서는 후생의 희생을 감수하여야 하고, 후자에서는 필요 이상의 후생비용을 부담하고 그 잉여후생을 무용화함으로써 양쪽에서 모두 후생의 손실을 가져오게 된다.

(다) 소비자 선호성의 구현

지방자치는 주민의 선호에 부응하는 공공재나 서비스를 제공할 수 있다. 예컨대 특정지역의 주민은 주민회관의 설립을 원하고, 다른 지역의 주민은 현대적인 도서관의 설립을 원하며, 또 다른 지역의 주민은 공원의 설치를 원한다고 할 때에, 이들의 각기 다른 선호에 부응하기 위해서는 지방자치제가 아니고서는 안 된다. 만약 이러한 상황에서 국가가 이들 각종 공공재 또는 공공서비스의 공급을 책임지는 경우에는 주민의 선호를 무시하고, 모든 지역, 모든 주민에게 획일적인 공공재 또는 공공서비스를 공급할 가능성이 높아진다.

(라) 지역의 고유산업과 문화 발전

지방자치는 지역의 고유한 문화, 자연, 산업, 생활, 인간공동체와 같은 지역 자산을 활용함으로써 지역을 경영하려는 시스템이다. 따라서 지역의 고유한 자원을 발굴하고 개발하여 창조적으로 고유한 문화를 육성하고, 지역산업을 효율적으로 진흥시키는 기반이 된다. 즉, 지방자치제 하에서의 각 지방은 자신의 지역이 가지고 있는 지리적 · 자연적 특성과 문화적 자산 및 다양한 인재의 창조력을 발휘시켜 지역에 매력 있는 취업기회를 넓혀 경제기반을 강화시키고 문화적 고유성을 함양하려고 노력하게 되는 것이다.

(2) 사회적 효용

(가) 경쟁성과 창의성의 제고

중앙집권이 결과의 평등을 지향하는 체제라면 지방분권은 기회의 평등을 보장하는 시스템이다. 지방자치의 전제인 지방분권은 지방에게 도전할 기회를 주고 그 결과에 대해 책임을 지게 하는 시스템이다. 따라서 지방자치제는 지방간 경쟁을 하게 하는 시스템이며 지방 스스로가 창의력을 발휘하게 하는 시스템이다.

21세기에 들어서면서 주민의 이동요인이 변했고, 주민이 지방자치단체를 선택하는 시대가 되었다. 이러한 시대에 있어서 지방이 존속하려면 마치 백화점이 고객을 끌기 위하여 다양한 유인책을 내놓듯이 지방자치단체도 치열한 경쟁을 해야 하는 것이다.

(나) 주체의식 · 책임의식의 함양

지방자치는 지역의 문제를 지역 스스로가 해결하려는 것이다. 지방자치제는 21세기의 경쟁사회에서 지역 스스로에게 존폐의 선택권을 부여한 제도다. 창조성을 상실한 주체, 그리고 스스로 책임감을 가지고 있지 않은 지방을 국가가 나서서 살릴 길은 없다. 인간은 외부의 환경으로부터 많은 영향을 받는다. 그러나 외부의 영향력보다 더 중요한 것은 얼마만큼 내부로부터 자기 자신을 잘 다스릴 수 있는가 하는 것이다. 이러한 논리는 지방자치에도 그대로 적용된다.

(다) 다양성의 증진

지방자치는 각 지역의 역사적 배경과 지리적 조건 그리고 주민간의 공동체의식과 유대감에 따라 그 지역만의 고유문화를 형성해 나가게 한다. 그리하여 각 지역은 자기지역의 고유한 문화에 관하여 자부심과 긍지를 갖게 되며, 전국적으로 볼 때에는 다양한 사회를 형성해 나가게 된다. 그러나 중앙집권체제에서는 중앙이 정책을 만들면 모든 지방은 이를 똑같이 적용하게 된다. 따라서 모든 지방은 똑같은 내용을 '더 빨리' 그리고 '더 많이' 달성하는 「넘버 원」(number one)의 논리에 갇히게 된다. 그러므로 전국 어디를 가더라도 개성 없이 획일적인 모습을 띠게 된다.

Ⅱ 지방자치의 한계(폐해)

모든 제도가 다 그러하듯이, 지방자치에 있어서도 밝은 면이 있는 반면에 어두운 면도 있다. 즉, 지방자치가 상술한 바와 같은 효용을 가지는 반면에, 그 운용의 묘를 이루지 못하면 정치·행정·경제·사회의 발전에 비효율적이라는 한계를 나타낼 수도 있다. 이를 살펴보면 다음과 같다.

1 정치·행정적 한계

(1) 정치적 한계

(가) 부분집착과 전체소홀

지방자치는 문제를 해당 지역의 입장에서 부분적으로 해결하는 데에 전념한 나머지, 국가 전체의 이익이나 전국적 차원에서의 효과를 소홀히 하는 경향을 가져올 수 있다. 이는 개개의 나무는 보되, 전체의 숲은 못 보는 것과 같은 것이다.

지방분권의 가치는 지방을 분리시키고 독립시키는 것에 있는 것이 아니다. 그것은 국가적인 통일성의 틀 속에서 지역의 고유한 문화를 발현시켜 개성 있는 발전을 도모하려는 것이다. 국가의 전체적인 것에서는 통일성을 확보하고 부분적인 것에서는 현장의 특성을 살려 지역마다의 개성을 창조해야 한다. 그리하여 서로 다른 것 간의 조화를 통한 상생의 묘를 연출해야 한다.

(나) 위기대응 능력의 저하

국가적인 위기상황에서 전국적인 인적·물적·정보적 자원의 신속한 동원력을 발휘하는 데에는 중앙집권체제가 더 효율적일 수 있다. 지방자치에서는 다수의 상반된 이해당사자간의 토론과 타협을 거쳐 갈등조정·문제해결을 하는 데에 오랜 시간을 소요하게 되므로 급박한 위기상황에 유효하게 대처할 수 없게 되기 때문이다.

지방자치제 하에서도 모든 지방은 국민국가의 구현이라는 대의(大義)를 위하여 단결하고 협력해야 한다. 그러나 그 협력의 방법이 국가의 지시와 통제가 아니라 지역마다의 개성과 특성을 강조하다 보면 전체의 필요성보다는 개체의 특수성을 부각하려는 경향이 커진다. 오히려, 지방자치제 하에서는 지방과 국가는 부분과 전체의 관계에서 더욱 더 협력하고 또 일체화를 도모할 필요가 있다.

(2) 행정적 한계

(가) 낭비와 비능률

지방자치는 지역 간 이해의 대립을 스스로 조정하고, 주민간의 토론과 협상, 그리고 타협이라는 민주적 과정을 거치는 행정과정을 중시한다. 따라서 때로는 각 주체간의 불필요한 경쟁과 마찰, 낮은 수준의 기술과 전문성으로 인한 비능률적인 정책·기획·집행으로 인해 물적·인적·시간적 손실 등 낭비와 비능률을 초래할 수도 있다. 따라서 일사불란한 중앙집권체제가 이러한 낭비와 비능률을 최소화하는 데에 더 유익할 수 있다는 생각을 하게 할 수 있는 것이다.

그러나 우리는 민주적 절차를 비능률로 매도하고, 민주적 경비를 낭비로 보며, 다양성을 혼란으로 호도해서는 안 된다. 모든 지방이 중앙의 명령에 복종하여 하나처럼 되면 겉으로는 일사불란한 것처럼 보일 수도 있으나 실제로는 화합하지 못하고 티격태격 다투게 된다. 지역의 특성과 개별적 수요가 무시되고, 모든 지역이 중앙의 논리에 따라 하나의 모델로 획일화되기 때문이다.[33]

(나) 외부효과와 사업기피

지방자치에 있어서는 이른바 외부효과로 인하여 지방자치단체가 투자를 기피하고 문제를 방치하며 책임을 전가하려는 경향을 나타낼 수 있다. 예컨대 부랑인들에게 따뜻한 구호를 열심히 하는 자치단체에 전국의 수많은 부랑인이 몰려든다든가, 많은 재정을 투입하여 높은 수준의 교육혜택을 받은 주민들이 외부로 이탈해 버린다든가 하는 경우에, 투자를 한 자치단체가 손해를 보게 되어, 지방자치단체들이 그러한 사업을 기피하는 것 등이 그것이다.

---

33) 강형기, 논어의 자치학(서울 : 비봉출판사, 2006), p. 355.

2 경제 · 사회적 한계

(1) 경제적 한계

(가) 규모경제의 한계

공공재 또는 공공서비스의 공급에 있어서도 규모의 경제를 살려야 한다. 공공재 또는 공공서비스의 공급에 있어서 일정규모 이상의 사람들이 수혜자일 경우에는 1인당 비용부담이 감소하지만 그 이하일 경우에는 비용부담이 늘어나는 경우가 있다. 예를 들어, 소방차 1대가 인구 1만명을 커버할 경우 인구 5천명인 지역도 소방차 1대를 운영할 수밖에 없다. 결국 인구 1만명인 지역에 비해 5천명인 지역의 주민들은 두 배의 세금을 내야 하는 것이다.

규모의 경제에 입각할 경우, 일정규모 이상이 되면서 오히려 그 비용부담이 급격히 늘어나는 경우도 있다. 그러나 지방자치단체는 각자 일정한 규모를 가지고 있으므로 서비스와 사업의 구역을 규모의 경제에 맞추어 적절히 조절 할 수 없는 경우가 많다.

(나) 분배 · 경제시책의 한계

지방자치단체가 독자적으로 분배시책과 안정화시책을 수행하기는 어렵다. 예컨대 A지역은 조세 및 지출정책을 통해 소득분배 개선을 적극적으로 추진하고, B지역은 이에 소극적일 경우, A지역에서는 세금을 부담하게 될 부유층들이 다른 지역으로 이전하고 그 자리에는 B지역의 가난한 사람들이 몰려오게 된다. 결국 A지역은 가난한 사람들의 집합지가 되어버리는 것이다.

이렇게 볼 때, 지방자치단체가 소득재분배 정책을 담당하는 것은 거의 불가능하다. 지방자치단체가 복지정책을 확대하면 할수록, 납세자는 이탈하고, 납세능력이 없는 빈곤층만 몰려올 가능성이 크기 때문이다. 지방정부가 갖는 이러한 한계는 납세 능력이 큰 주민들이 선호하는 정책에 지방자치단체의 재정활동을 집중시키게 한다. 정부의 재정기능은 크게 경제안정 및 성장기능, 소득재분배 기능, 자원배분 기능으로 나눌 수 있다. 그러나 지방자치단체는 경제안정 및 성장기능에 관심을 가지면서도 소득재분배에는 소홀할 수밖에 없는 것이다.

(2) 사회적 한계

(가) 지역주의와 배타성

지방자치는 주민의 향토의식과 애향심을 토대로 전개되는 것이다. 그러나 이것이 잘못된 방향으로 표출되어 지방색을 지나치게 부각시키고 배타적 지역감정을 고취하게 될 경우에는 지역간 갈등을 유발할 수가 있다. 특히 특정 지역의 주민이 깊은 소외감과 피해의식을 갖거나, 반대로 우월의식을 갖고 위화감을 조성할 때에 더욱 그렇게 된다.

(나) 지역이기주의로 인한 갈등의 분출

지방자치단체를 구성하는 주민들은 자신이 살고 있는 지역에 대한 귀속감과 일체감을 가지고 살아가면서 '우리'라는 공동체의 결속력을 가지게 된다. 그러나 공동체로서의 결속력이 지역의 특수이익을 극대화하는 것으로 잘못 분출되어 지역이기주의를 옹호하는 구심력으로 작용할 수도 있다.

그러나 오늘날처럼 다양한 가치관과 이해가 공존하는 시대에 특정지역의 수민들이 문제 사안의 당·부를 오직 지역의 편익이라는 기준에서만 판단하면서 타협과 양보가 없이 일방적 주장을 한다면 사회에 큰 부담이 될 수 있다. 특히 특정지역의 주민들이 자신들의 이익을 관철하기 위하여 극단적으로 시위·농성·점거 등 폭력적 수단을 동원할 경우에는 더욱 그러하다.

Ⅲ 21세기의 한국에 있어서 지방자치의 가치

1 국가경영의 패러다임 변화와 지방자치의 가치

(1) 국가경영의 패러다임 변화

(가) 국민국가의 쇠퇴

우리의 지역은 패러다임의 극적 변화를 겪고 있다. 경제활동의 글로벌화는 국민국가를 쇠퇴시키고 지방과 도시가 문제해결의 주역으로 등장하도록 요구하고 있다.

특히, 자유무역협정의 체결 등은 우리 국민들의 삶이 상상을 초월하는 거대시장 속으로 통합되는 속도를 가속화시키고 있다. FTA의 체결은 국민경제에 대한 국가의 기능을 국가의 경계를 넘는 공공공간으로 이관시키는 것이다. 먹고 살아가는 문제에 있어 나라와 나라 사이의 국경이 없어지는 것이다. 이제 국가라는 통일된 정치체제의 통제력이 약화되면서 산업에 대한 국가의 역할은 대폭 저하되고 있다. 국제경제의 파고가 국가의 여과장치를 거치지 않고 직접 지방으로 몰아치게 되는 것이다.

(나) 지방이 주역이 되는 시대

국민국가가 쇠퇴하는 상황에서는 역발상으로 지방의 역량을 키워야 한다. 나라와 나라 사이의 국경이라는 커튼이 없어져도 남는 것은 지방과 도시다. 지방과 도시가 주체가 되고 주도자가 되어 국제화의 혼란과 파고를 흡수해야 한다. 시장경제의 글로벌화가 진전되면 될수록 건실한 지역경제가 국가경제의 근간을 형성하도록 해야 한다. 세계질서의 혼란이 예측조차 못할 정도로 커져가고 있는 지금, 우리가 취해야 할 생존 전략은 지역경제라는 방파제를 탄탄하게 하고, 이를 기반으로 한 국민경제를 형성해 나가는 것이다.

그러나 우리의 국민경제는 수도권 일극의 경쟁력으로 지탱되고 있기 때문에 지역의 경제기반은 위약하다. 지금 우리의 국민경제는 지역경제라는 방파제도 없이 격변하는 세계경제의 소용돌이 속으로 직결되고 또 휘몰아쳐지고 있다. 이제부터라도 지역의 개성을 살려 지역에 뿌리를 둔 지역경제를 구축하고 이를 기반으로 한 국가경제를 구축해 나가야 한다. 지방자치는 바로 이러한 지역경제를 육성하는 기반인 것이다.

(2) 지방자치를 통한 경쟁력 있는 국토의 경작

(가) 문화적 다양성의 구축

21세기의 국가경쟁력은 분권화와 다극화로 도모해야 한다. 21세기는 '탈 중앙'의 세기로서 지방의 활력이 국가의 활력을 가늠하는 시대이기 때문이다. 따라서 우리는 중앙집권으로 일관한 한반도 천년의 구심적 역사를 뒤바꾸어 모든 지방이 주체가 되는 원심적인 새 역사 창조의 물꼬를 터야 한다.

문화가 다양성 속에서 꽃을 피울 수 있듯이 한 나라의 경쟁력도 다양성 속에서 더욱 키워질 수 있으며, 지방자치를 통한 참여는 경쟁과 창조의 바탕이 되는 다양화의 기본요건이 된다. 따라서 이제 지방의 의사가 국정에 전달되고, 지방은 스스로의 책임 하에 새로운 실험과 실천을 도모할 수 있어야 한다.

(나) 시민참여의 기반구축

주민의 삶과 지역사회의 존재양식이 중앙정부의 결정과 지배로 짜여지는 체제에서는 주민의 참여도 시민사회의 참여도 불가능해진다. 그리고 지역주민은 자신이 살고 있는 지역에 대한 애착을 가지거나, 공감과 공유 속에서 협동하고 인내할 수도 없게 된다. 특히 오늘날의 사회문제는 중앙과 지방, 지방과 그 주민들이 협력할 때에 비로소 해결될 수 있는 것이 늘어나고 있다. 따라서 우리는 중앙정부 주도의 획일적인 행정관행을 타파하고, 비정부 분야가 공공서비스의 영역에서 새로운 역할을 수행할 수 있는 사회적 기반도 마련해야 한다. 지방자치제의 실시는 바로 이러한 요청에 부응하는 최소한의 장치인 것이다.

(다) 다양한 국토의 경작

온 나라의 어디를 가더라도 똑같은 모습이면 그 나라는 작은 나라다. 온 나라의 어디를 가 보아도 새롭고 다양한 풍경이 있다면 그 나라는 큰 나라다. 그러나 중앙집권으로 일관한 우리 국토는 전국이 하나처럼 획일화 되고 있다. 우리의 상황이 이러할수록 우리는 지역마다의 고유한 문화를 가꾸고, 그 바탕에서 고유한 지역브랜드를 경작하는 역사적 과업을 실행해야 한다. 모든 지방이 하나의 모델을 따르면서 균질화되고 있는 '동이불화'(同而不和)의 국토는 아무리 여러 지방이 있다고 해도 양적인 숫자에 불과하다. 물에 물을 타는 것처럼, 거문고의 같은 줄을 두드리는 것처럼, 그 존재나 기능이 사회에 새로운 가치와 의미를 더 해주지 못한다.

모두가 똑같다면 작은 것은 큰 것에 질 수밖에 없다. 그러므로 대도시와 소도시 그리고 농촌과 도시는 상생할 길이 없다. 서로 다르지 않은 존재가 같은 이익을 좇을 때는 다툼도 그치지 않는다. 따라서 우리는 철저히 진행되고 있는 획일화의 와중에서 각 지방에 뿌리내린 고유한 문화를 경작해야 한다. 지역마다의 브랜드를 경작하여 '화이부동'(和而不同)한 국토를 경작해야 하는 것이다. 지방자치란 화이부동한 국토를 경작하는 정치・문화적인 틀이다.

2 국제화시대에 있어서 지방자치의 가치

(1) 지역의 국제화

우리가 살아가는 세상은 지금까지 우리가 경험하지 못했던 방식으로 변해가고 있다. 우리는 말 그대로 글로벌화한 세상을 살고 있다. 단일민족을 앞세워 동질성을 강조하던 마을들은 이제 다민족의 다문화가 공존하지 않으면 존속 할 수 없게 되었다. 오늘날 우리는 지구적 관점에서 사고(思考)하고 전 인류의 발전과 행복에도 공헌하려는 자세를 지닐 때 비로소 우리의 삶이 충실하게 영위되는 그러한 시대에 살고 있다. 실로 우리의 생활을 살펴보면 정보와 물자 그리고 인간교류 및 이러한 것의 총체로서의 문화가 국경을 초월하여 상호 의존함으로써만 살아갈 수 있다는 것을 실감할 수가 있다.

오늘날 우리는 역사와 이념, 민족과 영토, 그리고 정치적 갈등을 뛰어넘는 교류 속에서 살고 있다. 어느 한 지역에서 만들고 있는 상품도 이제는 그 원료의 다국적화에 의하여 원산지라는 개념이 모호해지고 있다. 이처럼 우리는 우리 개개인의 선택과 관계없이 「국제화의 시대」에 살고 있는 것이다. 그러나 이러한 인류적 보편성이 심화되고 확대되어 가는 시대의 물결 속에서 우리의 고유성과 특수성을 바탕으로 하는 문화적 정체성을 유지하면서도 범세계적인 인류적 보편성을 갖는 생활양식과 문화사회적 시스템을 창조해야 한다.[34)]

(2) 국제화의 양상 변화

(가) 국경이 없어지면 남는 것은 지역

오늘날 생산과 소비관계 및 커뮤니케이션 관계의 광역화로 나타나고 있는 국제화는 기술・산업・정보의 급격한 이동을 동반하고 있다. 그런데 오늘날 국경을 초월한 이러한 이동과 교류의 광역화 현상도 그것을 문명론적으로 볼 때 사회화・국가화・국제화라는 3단계를 거쳐서 나타난 것임을 알 수 있다.

즉, 오늘날의 국제화는 국내업계간의 경쟁 또는 국법의 준수 등과 같이 하나의 국경이라는 테두리를 그 영역으로 했던 '국가화'의 단계를 초월하는 것이다. 이것은 곧 우리가 근대적인 국가의 규범으로 설정했던 '국민국가'라는 이념으로부터의 탈

---

34) 강형기, 향부론(서울 : 비봉출판사, 2001), pp. 414~423.

각을 의미하며,[35] 국경의 해체를 의미하는 것이기도 하다.

국가와 국가간의 경계라는 커튼(國境)이 없어지면 남는 것은 지역과 도시이다. 오늘날 지방도시들이 직접 자신의 이름으로 국제무대에 나서야 하는 이유는 바로 이러한 점에 연유한 것이다. 따라서 오늘날 국제화의 실질적 주체는 지역과 지역간의 관계로 이루어지게 된 것이다. 우리가 지방의 국제화, 국제화를 위한 지방화, 국제화를 위한 자치단체와 주민의 역할 등을 목청 높여 논하는 이유도 바로 이러한 사실에 기인한 것이다.

(나) 생활자 중심의 국제화와 지방자치단체의 역할증대

오늘날의 국제화는 그 주역이 중앙정부의 관료 또는 일부의 엘리트가 아니라 지방자치단체와 주민을 중심으로 전개되고 있다. 지방자치단체와 주민이 국제화의 주역으로 나서야 하는 이유는 다음과 같다. 즉, 우리나라에서의 국제화는 크게 나누어 볼 때 다음과 같은 3단계로 진행되어 왔다.[36]

국제화의 첫 단계는 '일극집중형(一極集中型)'의 국제화이다. 국가가 국익을 추구하기 위해서 행하는 외교행위 또는 국가가 창구가 되어 수행하는 학술, 문화교류 등이 이에 속한다. 주로 중앙정부가 외국의 수도 또는 중앙엘리트를 그 파트너로 하고 있으므로 이를 '점(点)의 국제화'라고도 할 수 있다. '점의 국제화'는 외교관이나 정치가가 수행하는 국제관계 또는 문화인에 의한 국제교류라는 측면에서 소수의 엘리트에 의한 국제화인 것이다.

국제화의 두 번째 단계는 '다극분산형(多極分散型)'의 국제화이다. 과거 국제교류란 국가의 절대적 독점물은 아닐지라도 최소한 중앙정부를 통하여 이루어지는 것으로 인식되던 때가 있었다. 그러나 1980년대에 접어들면서 국제교류의 양상이 바뀌기 시작했다. 소위 '서울 일극집중형'에서 탈피하여 각 지방 또는 기업들이 직접 외국의 현장과 연결하는 국제화가 추진되기 시작한 것이다. 따라서 이를 다극분산형 국제화라고 할 수 있다. 다극분산형 국제화는 중앙의 엘리트 또는 국가차원에서 공식적으로 하는 국제화와는 달리 보다 빈번한 교류를 하는 관계로, 즉 왕래의 빈도상 점(点)이 선(線)으로 바뀌어 진 '선(線)의 국제화'단계라고 할 수 있다.

국제화의 세번째 단계는 '다면중첩형(多面重疊型)'의 국제화다. 이는 공공기관 또는 생산자중심의 교류차원을 넘어 지역사회에 있어서 생활자(주민)의 일상생활 그

---

35) 青木 保, 文化の否定性(東京 : 中央公論社, 1997), p. 94.

36) 강형기 · 허훈, "지방자치를 통한 충청북도의 세계화 실천", 국제관계연구, 제9집(청주 : 충북대학교 국제관계연구소, 1996), pp. 250~252.

자체가 국제화되는 단계이다. 예컨대, 주민이 마시는 우유는 미국에서 수입한 사료로 사육한 젖소에서, 학원은 영국인이 경영하는 곳, 보험은 프랑스의 회사가 지주기업으로 되어 있는 곳에 가입하는 등 일상생활 그 자체가 국제화되어 있는 단계다. 그리고 이와 더불어 한사람의 주민생활에 여러 나라의 영향력이 중첩적으로 미치는 다면중첩형의 양상을 띠기도 한다. 지역사회 그 자체가 다면·중첩적으로 국제화의 영향을 받고 또한 교류를 추진하므로 '면(面)의 국제화' 내지는 '다면중첩형'의 국제화라고도 할 수 있다.

'다면중첩형' 국제화의 단계가 되면 지역의 경영주체인 자치단체가 주민의 바람직한 국제화를 위하여 지원, 유도, 조성의 책임을 적극적으로 져야 한다. 그러나 지역의 주민들이 국제화의 주체가 된다는 점에서 새로운 어려움이 제기된다. 즉, 국제화를 위해서 특별히 훈련되거나 교육을 받은 엘리트층과는 달리 일반 주민의 일상생활 그 자체가 국제화된다는 사실 때문이다. 따라서 국가나 자치단체에 새로운 사명과 역할이 요청된다. 이제 우리의 생활은 이러한 제3단계의 국제화에 직면하고 있는 것이다.

(3) 국제화와 지방화의 상관성

우리는 일상생활의 한가운데에서 다면중첩형 국제화에 적극 대응해야 하는 환경에 직면하고 있다. 그리고 지역사회가 개별 구체적 상황에서 직면하고 있는 국제화에 대해서 국가가 더 이상 국민과 기업들의 행동규범을 설정한 교과서를 제시해 줄 입장에 있지도 못하다. 그것은 지방이 직면하고 있는 개별·구체적 문제들이 국가가 제시한 견본을 따라 행동하면 해결되는 그런 획일적이고도 단순한 것이 아니기 때문이다. 이제는 지방이 지혜를 창출하고 국가는 이를 지원해주는 즉, 지방이 주체성을 발휘하고 창조적으로 대응할 때에만 그 문제가 해결되는 상황인 것이다. 따라서 지방이 자신들의 상황에 입각하여 스스로의 책임을 다하도록 하는 분권적 시스템을 보장하지 않으면 안 된다. 지방화가 국제화의 전제조건이 되는 이유가 바로 여기에 있다.

즉, 현재 우리가 직면하고 있는 국제화의 핵심적 과제는 과거에 외교관이나 기업의 중진이 중심이 된 소위 '엘리트'에 의한 국제화가 아니다. 일반주민이 생활 가운데에서 대응해야 하는 생활자 중심의 국제화인 것이다. 또한 지방자치단체의 능동적 참여가 요청되는 국제화인 점에서 새로운 문제점과 과제가 제기된다.

CHAPTER

2 지방자치의 발달과 동향

제 1 절 지방자치의 역사적 전개

I 역사의 전반적 흐름

근대 지방자치제도의 모국들이라 할 수 있는 영·미 및 유럽대륙 선진민주국가들의 정치발전 경위를 중심으로 근세로부터 현대까지의 각 나라 지방자치제도의 성립과 그 후의 발전 및 변천과정을 개괄적으로 정리해 보면 다음과 같다.

18세기까지는 절대군주의 절대권력에 의한 국가의 권력적 지배가 지나치게 강하였고, 19세기에는 그러한 권력적 지배에 항거하는 시민혁명을 거쳐 자유·방임주의를 지향하면서 국가권력이 지나치게 억제되었으며, 20세기에는 이러한 자유·방임주의에 대한 반동으로 복지주의를 지향하면서 다시 국가권력이 강화되었다.

국가권력이 과도하게 강화된 21세기의 중앙집권국가는 개발국가와 복지국가를 지향하게 되었다. 그러나 중앙집권국가는 전국을 커버하려는 그 방대한 관료기구로 인하여 경직되고 변화에 대한 대응능력이 떨어졌다. 따라서 전국을 대상으로 한 그 후견적 지배기능은 결국 심각한 재정위기를 초래하고 있는 실정이다. 한편 과도하게 중앙집권적으로 국가를 운영해 오던 많은 발전도상국가들도 분권화, 분산화, 다양화 등을 도모하여 이른바 지방화를 추구하고 있다.

이처럼 국가권력의 강화와 약화의 경향에 따라 지방의 자율화도 신장과 쇠퇴의 반복적인 변천을 거쳐 왔다. 지금까지의 국가성격의 변천과 국가·지방간의 역학관계(집권화, 분권화)의 추이를 〈표 2-1〉과 같이 요약할 수 있다.

〈표 2-1〉 국가성격 변천과 집권·분권

18세기 이전 (근세 이전)	19세기 (근 대)	20세기 (현 대)	21세기 (최 근)
절대국가	자유방임국가	복지·직능국가	복지·분권국가
중앙집권	지방분권 (지방자치)	신 중앙집권	신 지방분권 (지방화)

Ⅱ 지방자치의 발달

1 근세 이전의 지방자치

서양 중세의 국가체제는 봉건국가체제(feudal system)로서 '통일성 없는 국가체제' 임을 그 특징으로 하였는데, 이러한 체제에 있어서는 지방단체가 하나의 '소국가(小國家)적' 그리고 '주권(主權)적' 지위를 향유하고 있었다.

이 시대에는 지방자치의 원류라고 할 수 있는 도시자치제가 실시되고 있었다. 유럽에서는 이미 11세기부터 도시특허장(Stadtprivileg) 및 시장개설권(Marktrecht) 등의 도시법(都市法, Stadtrecht)[1]을 갖는 도시가 발달하였다. 도시는 성벽을 쌓아 외적을 막고, 시장을 열고, 수공업자 및 상인의 거주구(居住區)를 설치하여 시민의 자유를 보장하였으며, 광범위한 자치권을 누렸다. 이러한 도시들은 '국가 속의 국가'로서 발달하였으며, 13세기 중엽부터는 도시동맹(Stadtsbund)을 결성하여 헌법과 더불어 입법·사법·행정의 3권을 가지게 되었다. 한자동맹(Hansabund)이 그 중 대표적인 것이었다.[2]

그러나 17·18세기에 절대군주의 세력이 강화됨에 따라 도시자치제는 점차 쇠퇴

1) 도시법은 11세기 말 이후 점차 형성되어 오던 유럽 중세도시의 기본법규를 의미한다. 그 내용은 도시자치의 내용을 이루는 도시참사회(都市參事會)의 권한, 도시의 재판권, 도시성벽 건설, 시장 개설, 화폐 주조, 시장에서의 거래 규정 등이 포함되었다. 도시법은 도시가 국왕특허장에 의해서 획득한 여러 특권과, 도시내부에서 자연히 성립한 관습법 등이 모체가 되어 완성되었다. 도시법에서는 영주에 대한 의무면제 조항이 규정되어 있었다(成田頼明, 現代社會と自治制度の變革, 東京 : 學陽書房, 1974, pp. 3~5).

2) 한자동맹은 12~13세기에 만연했던 한자(Hansa)라는 행상인 단체들이 14세기 중반에 서로 동맹체를 이루기 시작하여 독일의 Hamburg, Bremen, Köln 등을 중심으로 하여, 한때는 프랑스, 네덜란드, 덴마크, 벨기에, 러시아 등지의 77개 도시를 포괄하는 경제적 동맹체로 발전하였다.

하였다. 이와 같은 중세의 도시자치제는 독일 외의 유럽의 다른 지역에서도 대체로 비슷한 상황이었다.

중세의 도시자치가 근대의 지방자치와 다른 점은, 그 도시가 근대적 통일국가 성립 이전의 다원적·복합적 권력구조 속에서 '국가 속의 국가'로서의 성격을 가졌던 점, 따라서 그 자체가 지방법을 제정하고 재판을 행하며 행정을 고유한 권능으로 행사하였고 그에 대한 상급의 감독권력이 없었던 점, 도시 안의 시민의 자유는 보장되었으나 시민참여적 주민자치는 시행되지 아니하였던 점 등을 들 수 있다.[3)]

2 근대국가의 지방자치

중세의 정치적 분열상태를 극복하면서 성립한 근세의 절대군주국가는 전제군주를 정점으로 통일국가적 통치체제를 확립함으로써 중세적 지방단체의 봉건적인 특권을 완전히 배제하고, 지방단체를 국가의 중앙집권적 계층구조 속으로 흡수함으로써 지방의 자주성이나 독립성을 전혀 허용하지 않았다.

근대국가의 지방자치는 이와 같은 근세의 절대권력적 군주제도를 부정하는데서 성립한 것이다. 즉, 국가와 사회의 이원적 대립(der Gegensatz vom Staat und Gesellschaft) 사상에 입각하여 절대군주제를 타도하고 성립한 근대 자유민주제 아래에서, 국가(권력)에 대립하는 사회(자유)의 보호를 위해서 의회주의를 채택함과 아울러 통치권력을 분립하면서 지방의 고유성과 자주성을 인정하는 지방자치제가 채택되었다.[4)]

이와 같이 근대 자유민주제 아래에서 지방자치제가 채택된 것은 국가의 권력을 지방단체에 내면화함으로써 정치적 통일을 이루어 보려는 데 그 뜻이 있었다. 지방자치는 국가 전체적인 민주주의의 성립·발전과의 관련 속에서 존립하며 지방자치가 존립하는 그 자체가 민주주의의 하나의 징표로서 인정되었다.[5)]

이 시기에 영국에서는 자치행정에 대한 주민의 참정에 중점을 두는 이른바 주민자치(bürgerliche Selbstverwaltung)제가 발달하였는 데 비하여,[6)] 독·불 등 유럽대

---

3) 成田頼明, 앞의 책, pp. 6~7.
4) 위의 책, p. 10.
5) 최창호, "지방자치론", 서울대학교 대학원(편), 행정학연구(서울 : 영문사, 1963), pp. 387~388.
6) 지방자치의 고전국가로 알려진 영국에서는 11세기 이전의 앵글로 색슨(Anglo-Saxon)적인 지방분권과, 11세기 이후의 노르만(Norman)적 중앙집권의 타협물로서 지방자치가 발전하였다고 할 수 있다.

륙 제국에서는 국가 간섭으로부터의 지방단체의 독립성 확보에 중점을 두는 단체자치(köperliche Selbstverwaltung)제가 발달하였다.[7)]

지방단체의 자치권의 성질에 관하여 전술한 바와 같이, 처음에는 국가와 사회의 2원론에 입각하여 사회(지방)는 국가(중앙권력)와는 별개로 성립·발전하였다는 지방권설이 지배적이었으나, 국가 통치구조가 민주화되고 지방자치가 국가 통치구조의 일환으로 인정됨에 따라 차츰 국권설이 보편화되어 갔다.

그 후 1830년의 벨기에 헌법과 1919년의 바이마르공화국 헌법이 지방자치권을 헌법의 본질적 내용(Wesengehalt)이며 핵심적 부분(Kernbereich)으로 규정하여 제도적으로 보장함에 따라, 지방자치권은 국가의 이른바 3권과 더불어 어떠한 법률로써도 침해될 수 없는 본질적 권리라는 제도적 보장설이 등장하여 많은 지지를 받게 되었다.[8)]

3 현대국가의 지방자치

현대국가에서는 지방자치를 국가구성의 기본원리로 하고, 그것을 보호하기 위하여 헌법에 규정하는 경향이 늘어났다. 특히 제2차 세계대전 이후에는 지방자치제를 헌법에 규정하는 경향이 대대적으로 늘어났으며, 독일이나 이탈리아 및 일본과 같은 경우에는 세계대전 중의 강력한 중앙집권체제에 대한 반동으로서 헌법에 지

그 사무는 처음에는 재판사무를 중심으로 하였으나, 점차 빈민구제사무가 늘어났다. 13~14세기의 보안관(sheriff)·치안판사(justice of peace)제, 17~18세기의 교구(parish)·구빈위원회(board of guardian)제가 그것을 말한다.

그 후 1888년과 1894년의 지방자치법(Local Government Act)이 제정됨에 이르러, 영국의 근대적 지방자치제도가 완성단계에 들어섰다. 이들 지방자치법에 의하여 도시·농촌을 포함한 전국에 걸쳐 주민의 선거에 의한 지방의회(councils)가 구성되었다. 이리하여 영국에 있어서는 지방자치가 국가 재판사무와 종교적 구빈사무를 중심으로 발달한 것이기 때문에 국가사무와 지방사무의 명확한 구별이 없었다.

7) 프랑스, 독일 등 유럽대륙 국가의 단체자치는 강력한 절대군주적 국가체제와 새로운 입헌주의 국가체제의 타협의 산물로서 성립된 것이었다.

프랑스에서는 많은 정치적 변동을 겪었음에도 불구하고 그 정치제도의 바탕에 흐르고 있는 특색은 나폴레옹 1세가 남긴 고도의 중앙집권적 관료제가 유지되어 왔다는 점이다.

독일에서는 중세의 도시 전성시대를 거쳐, 17~18세기에 있어서의 중앙집권적 전제국가 시대를 겪은 다음, 19세기 초 이래 근대적 지방자치제도가 확립된 것이다. 1808년의 이른바 슈타인 시제(Städteordnung)가 그것인 바, 그 후 1831년의 개정 시제, 1850년의 프로이센 지방단체법(Gemeindeordnung) 등을 통하여 독일적 단체자치의 기본 특색이 형성되었다.

8) 成田頼明, 앞의 책, pp. 18~19.

방자치에 대한 특별한 보장규정을 상세하게 두었다.

물론 지방자치를 헌법에 규정하지 않고 있는 나라도 있으나, 그것은 지방자치를 경시 내지 부인해서가 아니다. 지방자치가 이미 역사적·사회적으로 확고하게 정착되어 있어서 구태여 헌법으로 보장할 필요가 없는 경우(예 : 스위스, 스웨덴 등), 불문법의 나라이기 때문에 그런 규정을 두지 않고 있는 경우(예 : 영국 등), 또는 연방국가이기 때문에 지방자치의 보장이 주의 소관사항이어서 연방헌법에 규정하지 않는 경우 등이다(예 : 미국 등).[9)]

오늘날 헌법에 지방자치규정을 두는 경우에도 그 형식과 내용은 다양하다. 지방단체의 지위·구성·권한 등에 관하여 상세한 규정을 두는 나라도 있고(예 : 이탈리아, 대만 등), 일반적·개괄적인 규정만을 두는 나라도 있다(예 : 프랑스, 독일, 벨기에, 일본 등).[10)]

나라 중에는 그 헌법의 규정과 현실적 운용이 반드시 일치하지 않는 경우도 있다. 현대국가에 있어서 지방자치의 위상은 중앙정부나 입법부의 간섭만큼이나 강력한 전국적 조직망을 가진 각종 정치·사회단체(예: 정당, 언론기관 등)의 관여에 의하여 크게 영향을 받기도 한다.[11)]

20세기 말에는 국제적으로 지방자치의 보장을 위하여 '지방자치헌장' 또는 '지방자치선언[12)]'을 제정·채택하는 현상이 나타났다. 유럽연합(E.U.)의 '지방자치헌장',[13)] 국제지방자치연합(I.U.L.A.)[14)]의 '세계지방자치선언' 등이 그 예이다.[15)]

---

9) 지방자치를 헌법에 규정하지 않고 있는 나라의 경우에도 그것을 헌법으로 보장하고 있는 나라의 경우와 같이, 또는 그보다도 더 보장하고 있다고 보아야 할 경우가 많다.

10) 법제처, 역대헌법 및 외국헌법비교(서울 : 1980), pp. 714~723.

11) 成田頼明, 앞의 책, p. 32.

12) 지방자치헌장은 12~13세기 유럽 일부지역에서 시작된 헌장(Stadtprivileg)제가 영국의 도시들(런던, 리버풀 등)을 거쳐 미국의 도시들(뉴욕, 필라델피아 등)에서도 채택되어 헌장(Charter)을 통한 자치정부가 수립되었다. 즉 영국 국왕으로부터 특정형태의 헌장(Charter)을 부여받아 지배권을 행사하는 '특별허가 식민지'형태를 취해오다 점차 '법적 정당성'과 '법인격'을 확보하여, 부여받은 권한의 범위 안에서 '자치'를 행하게 되었다.
특허장의 형태도 지역별·도시별로 다양한 형태였으나, 대체로 '특별헌장'방식-'일반헌장'방식-'분류헌장'방식을 거쳐 1875년 '홈-룰(home-rule)', 즉 자치헌장(Home-rule charter)제가 도입되었다.

13) 유럽연합지방자치헌장의 핵심내용은 ① 지방자치는 자치사무·자치권·자치능력을 바탕으로 성립되며 ② 지방자치는 주민의 자유의지에 의해 성립된 지방정부에 의해, 또는 주민의 직접참여에 의해 운영되는 현상이며 ③ 지방자치는 국가체계를 벗어나 존재할 수 없음을 선언하고 있다.

14) IULA는 2004년에 국제자매교류도시연맹에 통합되어 세계지방정부연합(United Cities and Local Governments: UCLG)으로 새롭게 발족하였다.

15) 日本地方自治基本法研究會, 地方自治基本法構想(東京 : 유인물, 1998); 日本 地方自治推進會, 地方自治憲章(案)(東京 : 유인물, 1997) 참조.

제2절 지방자치의 계보와 유형

I 지방자치의 발달 계보

1 지방자치의 두 계보

(1) 주민자치와 단체자치

지방자치제도는 원래 근대 시민적 민족통일국가를 건설한 유럽에서 성립된 것으로서, 이는 크게 두 가지 대립적인 계보로 발전하였다. 하나는 영국을 중심으로 발전한 영·미형 지방자치이고, 다른 하나는 독·불을 중심으로 발전한 유럽 대륙형 지방자치이다.

영·미에서 발달한 지방자치의 특징을 한 마디로 주민자치의 유형이라 하고, 유럽 대륙에서 발달한 지방자치의 특징을 한 마디로 단체자치의 유형이라고 하는데, 그 내용은 다음과 같다.16)

주민자치(bügerliche Selbstverwaltung)는 지방적 사무를 국가에 의하지 않고, 그 지방의 주민에 의해서 처리하는 형태를 말한다. 이때 그 지방의 주민은 스스로의 대표자를 선출하여 이들에게 그 지방의 행정처리를 맡기는 간접민주정치의 방식을 택하면서, 동시에 특정한 문제에 대해서는 주민이 직접 스스로의 의사를 실현하는 직접민주정치의 방식을 병용하는 것이 일반적이다. 말하자면 지방자치에 있어서 주민의 참여에 의해서 자치를 운용해 나가는 것이 주민자치이다. 이러한 의미의 지방자치를 정치적 의미의 자치(Selbstverwaltung in politschen Sinne)라 한다.

단체자치(köperliche Selbstverwaltung)란 국가로부터 독립한 지방자치단체에 의해서 자치를 운용해 나가는 것이라는 뜻이다. 즉, 국가와는 별개의 법인격을 갖는 지방자치단체의 존재를 인정하고, 지방적 사무는 가능한 한 국가의 관여 없이 이 단체가 처리하게 하는 방식이다. 국가가 국권을 가지고 있는 것과 마찬가지로 지방자치단체도 자치권을 갖고 있어, 이를 토대로 지방자치단체가 자주적으로 그 의사

16) 장지호, 지방행정론(서울 : 대왕사, 1982), pp. 24~26.

를 결정하고 그것을 실현하는 형태의 단체자치이다. 이러한 의미의 지방자치를 법률적 의미의 자치(Selbstverwaltung in rechtlichen Sinne)라 한다.

주민자치는 지방자치단체와 주민과의 관계에 초점을 두고 주민의 자치행정참여(민주주의)를 강조하는 데 비하여, 단체자치는 지방자치단체와 국가와의 관계에 초점을 두고 지방자치단체의 자치권(분권주의)을 강조한다.

그러나 주민자치와 단체자치는 모두 다 지방자치에 있어서 없어서는 안 될 요소들이다. 즉, 주민의 참여에 의한 자치라 하더라도 국가로부터 독립된 법인격을 갖는 지방단체가 인정되지 않으면 자치를 실현할 수 있는 주체가 없게 되고, 반면에 독립적인 지방단체가 존립하더라도 그 단체의 정책이 주민의 참여에 의하여 수립되고 집행되지 않는다면 참된 지방자치가 실현될 수 없게 된다.

주민자치가 지방자치의 내용적·본질적 요소라고 한다면, 단체자치는 지방자치를 실현하기 위한 형식적·법제적 요소라고 할 수 있겠다.

(2) 두 계보의 성립배경

주민자치가 주로 영·미에서 발달하고, 단체자치가 주로 독·불 등 유럽대륙에서 발달하였던 것은, 영·미계와 유럽대륙계의 정치제도의 전통이 다르기 때문이었다.

영국에 있어서는 통일국가가 성립하기 이전인 앵글로 색슨(Anglo - Saxon)시대부터 각 지방사회는 주민이 참여하는 주민총회를 중심으로 자치를 운용하고 있었고, 통일국가가 성립된 후에도 역대의 왕조는 이러한 주민자치의 관습을 그대로 존중해 왔다. 19세기에 이르러 지방자치의 법제가 근대적으로 정비될 때에도 지방의 문제는 당연히 주민이 스스로 처리해야 한다는 주민자치의 관념은 그대로 변함이 없었다. 영국에서는 이러한 주민자치의 전통 때문에 정치는 모두 주민의 참여 속에서 실시되어야 한다는 사상이 일찍이 보급되어, 주민의 정치참여는 기본적 권리로서 인정되어 왔다.[17]

이에 비하여, 독·불은 관료주의적 집권국가로서의 전통성이 깊은 나라들로써, 모든 정치는 군주와 관료의 손에 장악되어 주민의 생활문제의 해결이 전적으로 국가 군주와 관료의 손에 의존되어 왔다. 이러한 배경 속에서 지방자치는 국가로부터 독립적인 인격을 인정받은 지방단체가 행하여야 한다는 사상이 대두되었다.[18]

---

17) 佐久間 彊, 地方自治制度講義(東京 : 良書普及會, 1966), pp. 12~13 ; 星野光男, 地方自治・理論・構造(東京 : 新評論社, 1976), p. 55.

2 두 계보의 차이점

(1) 근본성격상의 차이

주민자치와 단체자치 두 계보의 근본적 차이점은 다음과 같다.

(가) 자치권의 인식

두 계보는 자치권을 인식하는 데 차이가 있다. 즉, 주민자치에서 지방의 자치권은 자연적·천부적 권리(고유권)이며 당연히 국가 이전의 권리라고 인식하는 데 비하여, 단체자치에서는 지방의 자치권이 국가에 의하여 수여 내지 위탁된 것으로 보는 전래권·수탁권(국권) 사상이 우세하다.

(나) 자치의 중점

두 계보는 자치의 중점에 차이가 있다. 주민자치는 자치운용에의 주민의 참여, 즉 지방정부와 주민과의 관계에 중점을 두고 있는 데 비하여, 단체자치는 지방단체의 국가로부터의 독립성, 즉 국가와의 관계에 중점을 두고 있다.

(다) 사무의 구분

두 계보는 국가적 사무와 지방적 사무의 구별에 차이가 있다. 즉, 주민자치에서는 국가적 사무나 지방적 사무가 모두 주민 자신에 의하여 자치적으로 처리되기 때문에 국가적 사무와 지방적 사무를 굳이 구별하려 하지 않는 데 비하여, 단체자치에서는 국가적 사무와 지방적 사무를 엄격히 구별하여 지방적 사무에 대해서는 국가의 간섭을 받지 않으려 한다.

따라서 주민자치에 있어서는 지방정부의 사무를 자치사무와 위임사무로 구별할 필요가 없는 데 비하여, 단체자치에 있어서는 자치사무와 위임사무의 구별을 엄격히 하여 지방자치단체가 국가의 위임사무를 처리할 때에는 국가의 하부기관으로서 국가로부터 엄격한 감독을 받도록 한다.

18) 和田英夫 外, 現代地方自治論(東京 : 評論社, 1965), pp. 41~44.

(2) 방법 · 제도상의 차이

근본적 차이를 가진 두 계보는 지방자치를 운용하는 구체적인 방법 내지 제도상에 다음과 같은 차이를 가지고 있다.[19]

(가) 권한배분 방식

영국에서는 주민자치의 관념이 발달하여 공공문제는 주민에 의하여 처리되며 모든 사무가 궁극적 · 국가적 이익을 위한 사무인 것으로 인식하고, 일정한 사무를 중앙정부가 처리하느냐 그 지역의 지방정부가 처리하느냐는 국회가 각 지방정부의 사정을 고려하여 개별 법률로써 정하는 개별적 수권방식(principle of enumeration)을 채택하였다.

이에 비하여 독일, 프랑스 등 유럽 대륙에서는 단체자치의 관념이 발달하여 지방단체가 지방적 공공사무의 처리기능을 포괄적으로 부여받는 것으로 인식하고, 국가적 이익에 관계되는 사무는 국가의 권한사항으로 하고, 그 이외의 사무는 포괄적으로 지방단체의 권한사항으로 하는 개괄적 수권방식(principle of universality)을 채택하였다.

(나) 중앙통제 방식

영국에서 지방단체의 기능은 법률에 의하여 부여되었다는 점에서 지방단체의 사무처리에 대한 국가의 통제는 입법적 그리고 사법적 통제를 중심으로 한다. 즉, 지방단체가 무엇을 어떻게 할 것인가에 대하여 국회가 결정하며, 지방단체의 업무처리가 위법한 경우에 법원이 재판을 통하여 통제를 가하게 된다.

이에 비하여, 유럽 대륙에 있어서는 권한배분이 개괄적 수권방식에 의하는 결과, 지방단체에 대한 국가의 통제는 주로 행정적 통제의 방법에 의존한다. 즉, 자치기능의 범위가 개괄적으로 규정되어 있는 제도 아래에서 지방의 자치기능 수행에 관하여서는 중앙정부의 각 부처가 적극적으로 관여하고 통제하는 기관이 된다.

(다) 지방단체의 내부구조

주민에 의한 자치가 시행되는 영국에서는 지방단체의 정부조직에 있어서도 주민의 대표기관인 지방의회에 지방자치 운용의 모든 실권을 집중시켰다. 그리하여 주

19) 그러나 영 · 미적 주민자치와 유럽대륙적 단체자치의 차이점은 개념상의 차이이고, 실제에 있어서는 반드시 그와 같이 대칭적인 차이를 가지는 것만은 아니라는 점에 유의하여야 한다. :山下 茂 · 谷 聖美, 比較地方自治(東京 : 第一法規, 1982), pp. 274~278.

민의 대표기관인 지방의회는 의결기관으로서 뿐만 아니라 집행기관으로서, 그 각종 위원회(committee)를 통하여 집행기능도 수행한다. 말하자면 기관통합주의를 채택하고 있다.

그러나 유럽 대륙에서는 지방단체에 있어서 의결기관과 집행기관을 대립시키는 기관대립주의를 채택하되, 대체로 집행기관의 상대적 우위를 인정하고 있다. 이와 같이 지방단체의 집행기관이 우월한 지위에 서 있는 것은 그 기관이 국가의 하부기관적 성격과 지방자치단체의 기관적 성격을 겸유하고 국가의 위임사무와 지방의 고유사무를 동시에 집행하고 있다는 점에서도 이해될 수 있다.

3 두 계보의 접근

두 계보의 차이는 근대적 지방자치의 발전과정상・연혁상의 차이에 불과하게 되었다. 왜냐하면 두 차례의 세계대전을 거치는 동안 두 계보는 상호 접근하여, 오늘날의 모든 국가에서는 이러한 지방자치의 두 계보적 특징들을 적절히 혼합하여 채택하고 있기 때문이다.

오늘날 두 계보가 접근하게 된 데에는 여러 가지 이유가 있으나, 그 가운데 중요한 것으로는 다음과 같은 것을 들 수 있다.

첫째로, 제2차 세계대전의 패전국인 독일・이탈리아・일본 등이 과거의 관료주의적 중앙집권체제를 청산하고 민주적 지방분권체제를 채택함으로써 영・미계의 주민자치적 요소를 많이 도입・가미하였다. 그리고 유럽 대륙계 지방제도의 대표국가라 할 수 있는 프랑스에서는 1982년에 지방분권적 지방제도의 실현을 위한 대대적인 개혁을 단행하였다.

둘째로, 영국과 미국 등에서는 반대로 전통적인 지방자치에 많은 수정을 가하여 유럽대륙계의 단체자치적 요소를 채택함과 아울러, 신중앙집권화의 경향을 보여왔다.

셋째로, 제2차 세계대전 이후에 독립한 많은 신생 독립국들은 지방자치제를 도입하면서 유럽 대륙계의 단체자치적 요소와 영・미계의 주민자치적 요소를 동시에 혼합적으로 채택하였다.

넷째로, 원리면에서도 완전한 지방자치가 이루어지려면 주민의 참정과 지방의 독자성이 결합되어야 하기 때문에 대내적 참여를 기조로 하는 주민자치와, 대외적 독립을 기조로 하는 단체자치는 결국 하나로 통합되어야 할 성질의 것이라고 하겠다.

이상과 같은 이유에 의하여 주민자치와 단체자치가 오늘날에는 상호 접근·조화를 이루고 있다.

Ⅱ 지방자치의 현대적 유형

1 유형분류 방법론

(1) 전통적 분류론과 현대적 분류론

지방자치의 유형에 관하여 전통적으로 주민자치와 단체자치로 나누어 그들간의 성질 및 내용의 차이를 논하였다. 그러나 오늘날에는 이와 같은 두 계보적 요소가 각국의 지방자치제도에 혼합되어 있어서 이를 엄밀히 구분할 수도 없고, 또한 구분의 실익도 별로 없다. 따라서 각국 지방자치의 현실적 존재양식을 비교연구하고 그들 사이의 유사성과 차이성을 발견하는 현대적 지방자치 유형의 분류론이 대두하였다.

(2) 유형분류의 유익성과 가능성

(가) 유형분류의 유익성

각 국가의 지방자치제도는 그 나라의 역사적 전통과 정치·경제·사회·문화적 환경 속에서 형성·발전하는 것이기 때문에 그 양식이 다양하다. 이와 같이 다양한 각국 지방자치제도의 존재양식을 비교·검토하여 유형을 분류하는 것은 자기 나라의 지방자치제도의 특성을 명백히 인식시켜 준다는 의미에서 유익하다.

(나) 유형분류의 가능성

유형분류의 가능성 문제는 유익성 문제와 다른 문제이다. 유형분류가 아무리 유익하다고 하더라도 그 분류가 실제로는 불가능할 수 있기 때문이다.

각국의 지방자치제도를 비교하여 유형화하는 것은 매우 어려운 일이다. 그것은 복수의 다양한 사회를 비교하는 데 있어서 그 비교의 방법이 문제가 될 뿐만 아니라, 각기 다른 특성을 가진 여러 나라의 지방제도를 하나의 유형으로 묶는 데에는 논리비약과 사실왜곡의 무리가 따르게 마련이기 때문이다. 따라서 각국 지방자치제도의 유형분류에 대하여는 각 측면에서 반론의 여지가 얼마든지 있을 수 있다는 것에 유의하여야 한다.

그러나 다행히 각 나라의 지방제도는 다른 나라와의 교류를 통해 발전해 왔다. 특히 영국, 미국, 프랑스, 독일, 스페인, 구 소련 등의 강대국이 세계사 무대에서 그들의 지도적 역할을 통하여 약소국·식민지·신생국들에게 자기 나라의 지방자치제도를 모형으로 제시하였다. 아울러 그 언어세력을 통하여 그것을 국제적으로 널리 전파시켜 온 연유로, 오늘날 대부분의 나라의 지방제도는 이들 강대국 가운데 1개국 또는 2개국 지방제도의 모방형이라 볼 수 있는 측면도 가지고 있기 때문에, 각국 지방자치제도의 유형분류는 가능할 뿐만 아니라 생각보다는 쉬운 일면도 가지고 있다.

(3) 유형분류의 방법과 기준

각국 지방자치의 유형을 분류하는 데에는 각 지방자치를 비교할 수 있는 방법이 정립되어야 한다. 그러나 아직까지 지방자치 분야에는 이를 위한 독자의 특별한 방법이 정립되어 있지 않다.

각국 지방자치제도의 유형을 분류함에 있어서 고려하여야 할 중요한 기준으로는 대체로 다음과 같은 것을 들 수 있다.[20)]

① 지리적 접근성 또는 지정학적 위치
② 문화권 또는 문화적 동질성
③ 국가발전수준
④ 식민·점령 등에 의한 강제적 이식
⑤ 의식적인 자진모방

(4) 유형분류의 시도

현대 각국 지방자치제도의 유형분류를 시도한 사람으로 앨더퍼(H. F. Alderfer)와 야마시다 시게루(山下 茂)·다니 기요미(谷 聖美)·가와무라 다카시(川村 毅), 그리고 흄즈(S. Humes)와 마틴(E. M. Martin) 등을 들 수 있다.

---

20) S. Humes and E. M. Martin, *The Structure of Local Gevernment throughout the World* (The Hague : International Union of Local Authorities, 1961), pp. 30~34.

앨더퍼는 각 나라의 지방자치제도를 영국 그룹, 프랑스 그룹, 소련 그룹, 전통 그룹의 4개 유형으로 나누었고,[21] 야마시다 시게루・다니 기요미・가와무라 다커시는 영국 그룹, 프랑스 그룹, 소련 그룹의 3개 유형으로 나누었다.[22] 그리고 흄즈와 마틴은 영국 그룹, 북유럽 그룹, 중・서유럽 그룹, 동유럽 그룹, 남유럽 그룹, 서아시아・북아프리카 그룹, 중남아시아・동아프리카 그룹, 남미 그룹, 극동 그룹 등의 9개 유형으로 나눈 바 있다.[23]

그러나 앨더퍼의 구분론에서의 '전통 그룹'은 어떤 특정 유형을 의미한다기보다 다양한 원시적 자치제도를 총칭한 것이므로 결국 영・불・소 그룹의 3분법이 됨으로써 야마시다 시게루 등의 3분법과 같은 것이 되는데, 그것은 결국 종래의 영・미계와 독・불계의 2대 계보에다가 사회주의 유형 하나를 첨가한 것으로서 지나친 대분류법이 된다.

또한 흄즈와 마틴의 구분론은 너무 지리적 구분론이 되어 중남아시아・동아프리카 그룹(특히 인도, 말레이시아 등)은 영국 그룹에 가깝고, 극동 그룹(특히 필리핀 등)은 미국 그룹에 가까우며, 서아시아・북아프리카 그룹(특히 아랍계, 터키, 레바논 등)은 프랑스 그룹에 가까운 점 등을 간과하고 있어 불합리하다.

따라서 이하에서는 현대 각국의 지방자치제도를 영국・미국・프랑스・독일・구소련의 5개 그룹 유형으로 나누어서 살펴보려고 한다.

2 각 유형의 특징

(1) 영국 그룹

영국을 위시하여 캐나다, 오스트레일리아, 뉴질랜드, 인도, 파키스탄, 스리랑카, 말레이시아, 수단, 남아프리카공화국, 케냐, 탄자니아, 말라위, 잠비아 등의 지방자치제도가 이에 속한다. 영국의 지방자치제도가 근래에 대폭 개혁되었으나, 여기에서는 그 '모형'으로서의 영국형을 말하고 있다.

---

21) H. F. Alderfer, *Local Government in Developing Countries*(New York : McGraw・Hill, 1964).

22) 山下 茂・谷 聖美・比較地方自治－諸外國の地方自治制度(東京： 第一法規, 1992), pp. 228~234.

23) S. Humes and E. M. Martin, *op. cit.*, part Ⅱ.

이 그룹의 특징은 다음과 같다.

① 자치사무와 위임사무의 구별 없이 지방정부가 그 지역 안의 거의 모든 사무를 처리한다.

② 지방의회가 의결기관인 동시에 집행기관이다(기관통합 주의). 즉, 여기에서는 의회의 각 분과위원회 위원장이 각 집행부문의 국장이 되어 행정을 집행하며, 자치단체의 장이 따로 없고 의회의장이 상징적으로 단체장의 지위를 겸하고 있다.

③ 국가의 지방통제는 약하며, 필요한 한도 안에서의 통제도 협조적이고 서비스적이다.

④ 주민자치의 관념이 강하며, 지방 공공사무의 처리에 주민이 참여하는 폭이 넓다.

(2) 미국 그룹

미국을 위시하여 전후 일본, 독일 일부, 캐나다, 멕시코 등 중미와 남미제국 등의 지방자치제도가 이에 속한다.

이 그룹의 특징은 다음과 같다.

① 집행부와 의회를 대립시키는 2원주의를 취하고 있다.

② 집행기관의 장과 의회의원을 주민이 직접 선거한다.

③ 집행기관의 장으로부터 독립한 지위를 가지고 있는 각종 행정위원회제도를 채택하고 있다.

④ 주민발안, 주민소환, 주민투표 등 주민의 직접적 참정방식이 널리 인정되고 있다.

(3) 프랑스 그룹

프랑스를 위시하여 스페인, 포르투갈, 이탈리아, 아랍제국, 그리스, 레바논, 튀니지, 모로코, 알제리, 니제르, 브라질, 에콰도르, 콜롬비아, 엘살바도르, 아르헨티나, 파라과이, 페루, 이란, 타이, 베트남, 한국 등의 지방자치제도가 이에 속한다.

프랑스의 지방자치제도가 1980년대에 대폭 개혁되었으나, 여기에서는 그 '모형'으로서의 프랑스형을 말한다.

이 그룹의 특징은 다음과 같다.

① 기관대립주의를 취하되, 집행기관 우위주의에 입각하고 있다.

② 중앙집권성이 특히 강하여 자치단체의 기관은 국가의 하급기관으로서의 성격을 강하게 지니고 있다. 즉, 자치사무와 위임사무를 구분하는데, 위임사무의 양이 많음은 물론, 위임사무를 기관위임사무 중심으로 하여 그에 대한 지방의회의 관여를 배제하는 경우가 많다.

③ 기초자치단체와 광역자치단체 사이에 순수한 국가의 행정구역(그 구역을 관할하는 행정기관)이 끼여 있다.

④ 국가의 권력적 통제가 강하여 국가에 의한 직원의 임면, 의회의 해산·기능정지, 의원의 면직, 의결사항의 취소·정지, 예산의 증감 등이 행해진다.

(4) 독일 그룹

독일을 위시하여 오스트리아, 스위스, 벨기에, 네덜란드, 룩셈부르크, 스웨덴, 노르웨이, 덴마크, 핀란드, 아이슬란드, 터키, 인도네시아 등의 지방자치제도가 이에 속한다.

이 그룹의 특징은 다음과 같다.

① 기초자치단체에는 특히 명문으로 제한되어 있는 경우를 제외하고는 모든 권한이 부여되고 있어, 광범위한 실질적인 자치가 행해진다.

② 국가의 감독은 위법성의 감독에 그치고 있어, 중앙통제가 강력하지 않다.

③ 나라마다 다르나, 일반적으로 의회가 위원회와 자치단체장을 선거하고 위원회와 자치단체장이 집행권을 담당하는데, 대부분의 경우 자치단체장은 하나의 의례적인 존재이고, 위원회가 집행권의 실질적 담당기관으로 되어 있다(기관 3원주의).

④ 위임사무와 자치사무를 구별하며, 위임사무는 원칙적으로 지방자치단체의 집행기관에 위탁된다.

(5) 구 소련 그룹

구 소련을 위시하여 폴란드, 불가리아, 루마니아 등 동유럽제국과 중국 등의 지방자치제도가 이에 속한다. 구 소련은 이미 해체되고 없으나, 여기에서는 그 지방자치 '모형'으로서의 소련형을 말한다.

이 그룹의 특징은 다음과 같다.

① 형식상으로는 인민에 의하여 선출되는 지방대의원회의에 의하여 통치되는 기관통합주의에 입각하고 있다.

② 그러나 대의원회의는 명목상의 존재에 불과하고, 실제로는 그 회의에서 선출되는 간부회가 거의 모든 사항을 집행한다. 그러나 이러한 권력체계 뒤에서 공산당이 모든 것을 조정한다.

③ 사회주의의 속성상 지방정부가 공장이나 상점 등 경제부문의 관리기능도 수행한다.

④ 하급 지방행정단위의 각 기관은 상급단위의 해당 기능별 담당기관의 지휘·감독 아래 움직이며 그에 대하여 책임을 지기 때문에, 피라미드적 계층구조의 중앙집권체제를 형성하고 있다.

제3절 지방자치의 현대적 경향

I 지방자치의 쇠퇴와 신중앙집권화

1 지방자치의 쇠퇴

(1) 지방자치 쇠퇴의 경향

서구에서 근대 자유민주주의 시대에 그 번영의 극치를 이루었던 지방자치는 복지행정의 격증, 국가보조금의 증대, 생활권역의 확대, 국가적 사무의 증대 등으로 인하여 국가의 권한이 계속 확대됨에 따라 점점 약화되었다.

특히 20세기 초두에 발발한 세계대전, 세계대공황, 냉전과 국제긴장 등에 따라 자유방임의 시대는 물러가고 국가의 기획과 조정에 의한 복지추구의 시대가 도래하여, 한 국가 안의 문제 중에서 국가적·종합적 견지에서 통일적·능률적으로 처리되어야 하는 것이 많아졌다.

(2) 지방자치 쇠퇴의 요인

지방자치는 다음과 같이 여러 면에서 위기에 봉착하게 되었다.[24] 현대국가에서 나타난 지방자치의 위기론의 구체적 내용은 다음과 같다.

(가) 이념적 기반의 상실

국가와 사회의 대립을 전제로 하던 지방자치의 이념적 기반이 상실되었다. 지방자치는 근대 초기에 국가와 사회의 2원적 대립에서 출발한 것으로서, 사회의 국가에 대한 투쟁의 일익을 담당하는 장치였다. 이것은 국가를 절대적 권력으로 보고 그에 대립하는 시민의 자유를 보장하려는 것이었다. 그러나 국가의 절대적 권력이 해체됨으로써 국가와 사회가 동일화된 현대의 민주주의 아래에서 지방자치는 그 투쟁적 · 저항적 의의를 상실하게 되었다.

(나)정신적 기초의 약화

주민의 정주성이 약화되면서 지방자치의 기반인 향토애(Heimatsinn)가 약화되었다. 지방자치단체는 단순한 지역적 단체가 아니라 지역에서 함께 살아온 향토인들끼리의 인보적 단체라는 성격을 지니고 발전한 것이다. 그러나 산업화와 더불어 취업기회에 따른 유동 인구의 증가로 향토애가 없는 단순한 거주자가 늘게 되었다. 주민(inhabitant)이란 마을의 관습(habit) 속으로 들어온(in) 사람(-ant)을 말하는 것이다. 그러나 주민의 정주성이 약화되면 관습도 약화되고 지방자치의 도덕적 기반이 흔들려 자율도 어렵게 된다.[25] 주민이 단순한 거주자(dweller)가 되고 있는 현실에서는 자치와 자율이 어렵게 되고 있는 것이다.

(다) 재정적 기반의 약화

지방재정의 궁핍으로 인하여 지방자치의 재정적 기반이 약화되었다. 산업 · 교통의 발달로 각 지역 고유의 독자적 경제가 점차 전국적 국민경제에 편입됨에 따라 지방의 고유한 세원이 위축되었다. 또한 지역경제가 불균형하게 발전함에 따라 지역간 세입의 격차가 초래되었다. 이에 국가는 지역간 불균형의 조정을 위하여 보조금 등을 교부하면서 지방자치단체의 경영에 개입하게 되었고, 그 결과 지방의 자립성은 크게 상실되었다. 따라서 지방자치단체의 재정적 자주성을 전제로 하는 지방

24) 김도창, 일반행정법론, 하(서울 : 청운사, 1981), pp. 105~106 ; 최창호, "지방자치론", 서울대학교대학원(편), 행정학연구(서울 : 영문사, 1963), pp. 400~403.

25) 강형기, 논어의 자치학(서울 : 비봉출판사, 2006), p. 369.

자치가 심각한 위기에 봉착하게 된 것이다.

(라) 중앙정당의 지방자치에의 개입

정당의 지배로 인하여 지방자치가 중앙에 예속되는 결과를 가져왔다. 지방자치를 위해서는 중앙정부로부터의 행정적인 자립과 분권을 확보하는 것도 중요하지만, 동시에 정당으로부터의 정치적 자립과 분권을 확립하는 것도 중요하다. 그러나 전국적 조직망을 가진 중앙정당이 지방정치에 개입할 때에는 지방자치가 지역의 과제와 정책에 몰두하기 보다는 중앙정치의 분위기에 압도되게 된다. 그리고 그러한 경향은 우리나라처럼 지방의원과 단체장을 정당이 공천하는 경우에 그 폐해는 극도로 커져서 지방자치는 형해화(形骸化)의 길을 걷게 된다.

2 신중앙집권화

지방자치의 쇠퇴는 결국 중앙집권화와 동전의 앞·뒷면과 같은 관계를 가진다. 그러나 현대의 중앙집권화는 과거 절대주의 시대의 전제적인 중앙집권과 다르므로 이를 '신중앙집권'(new centralization)이라고 한다.[26)]

(1) 신중앙집권화의 형태

신중앙집권화는 각 나라에서 여러 가지 복합형태로 나타났으며,[27)] 미국을 중심으로 한 '지방자치개편론'[28)]도 이러한 상황에서 비롯된 것이다.

(가) 자치구역의 확대

지방자치단체의 구역이 확대되면서 권한의 집중화가 이루어지게 되었다. 소규모 지방자치단체의 통·폐합, 중심도시와 주변지역의 통합, 광역행정체제의 발전 등 구역의 확대화 현상이 도처에서 나타났다.

---

26) 磯村英一・星野光男, 地方自治讀本(東京 : 東洋經濟新聞社, 1973), pp. 227~228 ; 최창호, 앞의 논문, p. 402.

27) 成田賴明, 現代社會と自治制度の變革(東京 : 學陽書房, 1974), p. 36.

28) A. F. Leemans, *Changing Patters pf Local Government*(The Hague : IULA, 1970).

(나) 공동소관적 사무의 증대

많은 행정사무가 국가와 지방자치단체 사이의 공동소관사무로 되면서 국가의 관여가 늘어나게 되었다. 이는 현대국가에 있어서 대부분의 사무가 지방적 이해관계를 가지는 동시에 국가적 이해관계를 가지는 것으로 발전하였기 때문이다.

(다) 국가 직속기관의 증설

국가의 일선기관인 특별지방행정기관 또는 국가의 외곽단체의 성격을 갖는 특수법인의 설치가 늘어났다. 이에 따라 지방자치단체의 권한사항이 기관의 권한사항으로 이관되는 경향이 늘게 되었다.

(라) 위임사무의 증대

국가가 지방자치단체 또는 그 기관에 위임하는 위임사무가 증가하여, 지방자치단체의 사무 가운데 고유사무보다는 위임사무의 비중이 커지게 되었다.

(마) 국가계획기능의 확대

지역경제 및 지역개발에 대한 국가의 계획기능이 확대됨으로써 중앙집권적인 국정운용이 강화되었다.

(바) 중앙통제의 강화

지방자치단체에 대한 국가의 관여 내지 통제가 강화되었다. 현대에는 과거와 같은 후견적 감독보다는 재정·기술의 원조 등 비권력적 지도의 폭이 넓어졌지만, 보조금과 교부금에 의한 행정이 늘어나면서 중앙의 사전적·사후적 조정과 통제가 늘어나고 있다.

(2) 신중앙집권화의 촉진요인

현대사회에서 중앙집권화를 특히 촉진하는 요인을 들면 다음과 같다.[29)]

(가) 행정기능의 양적 증가와 질적 복잡화

산업사회의 발달에 따라 행정기능의 양적 증가와 동시에 질적 복잡화가 초래되었다. 그러나 지방자치단체가 이러한 상황에 적응할 수 있는 행정적·재정적·기술적

29) 成田頼明, 앞의 책, pp. 34~36.

능력이 부족하여 국가의 지방자치단체에 대한 관여 및 통제가 늘어나게 되었다.

(나) 교통 · 통신수단의 발달

교통·통신수단의 발달로 과거에는 불가능하였던 국가의 전국 방방곡곡에 대한 즉각적인 지시와 통제가 가능하게 되었다. 따라서 국가의 지방자치단체에 대한 관여가 쉬워졌다.

(다) 주민 생활권역의 확대

산업혁명과 자본주의의 발달에 따라 대량생산·대량소비가 보편화되면서 주민의 생활권역이 확대되었다. 이러한 상황에서 주민들과 관계된 사회·경제적 문제도 전국적인 규모에서 그 해결이 가능하게 된 영역이 늘어나게 되었다. 따라서 개별지역에서 지방자치단체가 담당하는 업무만큼이나 국가가 처리해야 할 업무도 늘어나게 되었다.

(라) 국민적 최저수준(national minimum)의 유지

국민국가가 발전하면서 그 나라의 모든 국민은 일정한 사항에 있어서 국민적 최저수준이 유지되도록 할 필요성이 생겼다. 이에 국가는 지역간의 경제적·사회적 불균형을 전체의 입장에서 조정하고, 지방자치단체의 행정수준이나 내용을 법제화하며, 기타 국가 직속의 특별지방행정기관을 설치하는 것 등을 통하여 국가의 관여를 확대하게 되었다.

(마) 공공재정의 비중 증대

현대국가에서는 공공재정의 계획적 운용 없이는 물가의 안정, 고용기회의 증대, 생산성의 향상, 국제수지의 개선, 경제성장 등을 유지하기 어렵다. 그런데 공공재정은 국가재정과 지방재정의 공동보조 속에서 운용되어야 하므로, 국가가 전체의 견지에서 지방자치단체의 재정을 조정하고 통제함으로써 국가의 관여가 늘게 되었다.

(바) 국제적 긴장

핵무기 등 대량살상 무기를 배경으로 하는 오늘날의 국제적 대치상황에서는 유사시에 언제든지 전 국민이 일시에 총동원될 수 있는 집권체제를 필요로 하게 되었다.

(3) 신중앙집권의 성격

현대에는 중앙집권화의 경향이 나타났으나, 그 중앙집권은 과거 절대군주국가 시대의 절대적 중앙집권과는 그 성격이 다른 신중앙집권임에 유의하여야 한다.

즉, 신중앙집권은 첫째로 과거 절대주의 국가에 있어서의 중앙집권이 지배적 집권이었던 것과는 달리 '지도적' 집권이다. 둘째로 과거의 중앙집권이 억압적 집권이었는 데 비하여 '협동적' 집권이다. 셋째로 과거의 관료적 집권이었는데 비하여 '사회적' 집권이다. 넷째로 과거의 윤리적 집권이었는 데 비하여 '기술적' 집권이라는 특질을 가지고 있다 하겠다.

이것은 밀(J. S. Mill)의 이른바 '권력의 분산, 지식의 집중' 현상으로서, 분권의 단점인 비능률성과 집권의 단점인 비민주성의 두 가지를 함께 극복하는 새로운 형태의 집권이며, 지방자치의 민주화와 행정의 능률화를 조화하기 위한 지방제도의 재편성을 의미한다.

이러한 의미의 중앙집권은 국가와 지방자치단체의 기능과 능력의 차이에 착안하여, 국가는 지식면에 있어서 지방자치단체보다 우월하고, 지방자치단체는 실천면에 있어서 국가보다 유리하므로, 국가는 정책계획 등 지식의 업무를 분담하고, 지방자치단체는 집행·실현 등 행동의 업무를 분담하도록 하는 이른바 하나의 분업적 협동이라 할 수 있다.

이처럼 신중앙집권은 지방자치(지방분권)의 이점을 전연 무시하고 지방자치를 전적으로 부인하는 과거 절대주의 시대의 중앙집권과 같은 것이 아님을 유의하여야 한다.

지방자치의 역사적 공헌은 논외로 하더라도, 주민으로 하여금 그들의 문제를 그들 자신이 스스로 처리하게 함으로써 그 지방의 실정에 맞는 시책을 실시할 수 있게 하는 지방자치의 가치를 결코 부인할 수는 없다. 따라서 현대의 지방제도에 있어서 집권화를 필연적인 것으로 받아들이면서 여기에 분권화의 요구를 어떻게 조화시키느냐 하는 것이 중대한 문제로 대두되었다. 따라서 신중앙집권화의 일반적인 추세 가운데서도 중앙집권은 적절한 수준에 머물러야 한다.[30)]

30) 長濱政壽, "地方自治·區域", 日本行政學會(編), 地方自治·區域(東京 : 勁草書房, 1957), pp. 126~129.

Ⅱ 신지방분권화와 지방자치개념 재구성

1 신지방분권화

(1) 신지방분권의 전개

(가) 지방분권화 개혁

신중앙집권화의 물결 속에서, 중앙집권제의 폐해를 제거하기 위한 노력도 부단히 전개되어 왔다. 즉, 중앙집권 일변도에서 오는 또 하나의 역사적 시행착오를 방지하기 위하여 상대적인 의미의 지방분권화를 실현하려는 노력이 세계 도처에서 꾸준히 경주되었다. 이를 신지방분권화(new decentralization)의 경향이라고 한다.

특히 21세기에 접어들면서 서방 선진국에서는 '관에서 민으로', '중앙에서 지방으로'라는 슬로건 하에서 새로운 개혁이 전개되었다. 따라서 21세기의 정치행정적 특징을 한 마디로 말한다면 신지방분권화의 시대라고 정의할 수도 있을 것이다. 그러나 이러한 신지방분권의 경향은 다음과 같이 이미 제2차 세계대전이 종식되면서 새롭게 발아하기 시작한 것이다.

(a) 독일 · 이탈리아 · 일본의 분권화 개혁 : 제2차 세계대전의 패전국이었던 독일과 이탈리아 및 일본에서는 종전 후에 과거의 과도했던 중앙집권적 국정운용의 폐해에 대한 반성을 토대로 새로운 민주적인 지방분권체제의 도입을 위하여 각별한 노력을 경주하였다. 즉, 지방자치를 정치적 기본질서의 하나로 헌법에서 보장하고, 주민참정, 지방자치단체의 기능 및 내부조직, 국가감독 등에 있어서 전면적인 개혁을 단행하였다.[31)]

---

31) 독일 · 이탈리아 · 일본 등 제2차 세계대전의 주축동맹국들은 종전 후에 영 · 미적인 민주적 지방자치제도를 대폭 도입하여 행정의 민주화에 크게 노력하였다.

(a) 독일 – 독일의 연방헌법 제28조는 "각 주헌법은 공화 · 민주 · 사회적 법치국가의 원칙에 일치하여야 한다. … 각 지방자치단체의 지방자치권을 보장하여야 한다"고 규정하였다. 이와 같은 연방헌법에 입각하여 각 주는 1950년부터 1956년 사이에 각각 지방자치법을 제정하였다. 주에 따라 다소의 차이는 있으나 대체로 지방단체는 주의 단순한 행정구역으로서가 아니라 지방자치단체로서 그 스스로의 책임 아래 그 지역 안의 행정사무를 처리하게 하였으며, 주민의 자치참여를 보장하였다.

(b) 이탈리아 – 제2차 세계대전 후 전체주의적이며 독재주의적인 정치제도를 폐지하고 1947년의 이탈리아 헌법에 의하여 자유민주주의적 기본질서를 구축함과 동시에 지방자치를 헌법으로 보장하였다. 지방에는 mandamento를 비롯한 여러 계층의 지방자치제를 인정하고, 지방자치단체의 권

(b) **프랑스·미국의 분권화 개혁** : 또 한편으로 제2차 세계대전의 승전국에서도 지방분권화 경향의 노력이 경주되었다. 종전 후 프랑스는 종래의 나폴레옹적 중앙집권체제의 전통을 타파하고 지방분권적인 새로운 지방제도를 확립하기 위하여 꾸준히 노력하여 왔다. 그리하여 1982년에는 '코뮌(Commune)', '데파르트망(Département)' 및 '레지옹(Région)'의 권리와 자유에 관한 법률'(약칭 지방분권법)을 제정하여 지방자치계층, 지방자치단체의 내부조직, 국가와 지방과의 관계 등에서 획기적인 지방분권화 개혁을 단행하였다. 이어서 1983년에는 '국가와 지방간 사무권한의 재분배'(약칭 신권한배분법) 및 '지방공무원의 신분규정의 정비법'(약칭 신지방공무원법)을 제정하여 기능배분과 지방인사제도를 개편하였다. 그리고 신지방재정법을 제정하고, 또한 선거제도·주민참여제도 등을 입법화하여 전면적인 개혁을 단행하였다.[32)]

미국에서도 제2차 세계대전을 전후해서 한동안 주춤했던 이른바 홈룰운동(home rule movement)[33)]을 1950년대 이후에 다시 대대적으로 추진하였다. 그리고 1970년대 이후에는 연방정부의 권한을 주(州)정부로 반환하는 것을 내용으로 하는 이른바 신연방주의를 추진하였다.[34)]

(c) **소련(소비에트연방)의 분해** : 20세기에 들어와서 많은 민족들로 연방을 구성하

한을 확대하고, 주민의 주민투표권을 인정하는 등 행정의 민주화를 도모하였다.

(c) 일본 – 관료적·전제적 전통을 갖고 있는 일본은 종전 이후 영·미적 민주사조의 도입과 더불어 민주적 헌법을 제정하고 행정개혁을 수차 단행하여 지방행정의 민주화를 도모하였다. 즉, 지방자치단체의 장을 주민이 선거하고, 지방자치단체에 대한 국가의 감독권을 축소하였고, 주민의 자치운용에의 직접참여제(조례발안, 의회해산, 의원과 자치단체의 장의 해직요구 등의 제도)를 채택하였으며, 국가와 지방자치단체간 권한의 재분배, 지방재정의 확충, 지방사무종류의 재편성 등 지방분권화를 위하여 많은 노력을 경주하였다. 특히, 1995년에 제정된 '지방분권추진법'에 의거하여 구성된 지방분권추진위원회의 4차례권고안을 기초로 '지방분권추진계획'을 추진하였으며, 2000년부터 '지방분권일괄법'을 제정·시행하여 기관위임사무를 폐지하고, 국가의 법률 또는 정령(政令)에 의한 관여만 인정하며, 상급기관에 의한 감사를 폐지하는 등 지방분권을 추진하고 있다.

32) 磯部 力, "フランスの新地方分權法", 上·下, 自治研究 第58卷 第5號(東京 : 良書普及會, 1982), pp. 40~67 ; 同7號, pp. 23~41 ; 磯部 力, "フランスの新權限配分", 自治研究 第60卷 第3號(1984), pp. 85~91 ; 大山禮子, "フランス地方制度改革の現狀と新地方分權法", 自治研究 第60卷 第3號(1984), pp. 92~99.

33) home rule 운동이란 지방자치단체가 주의회의 입법적 통제에서 벗어나 그 스스로 자신의 헌장을 제정할 수 있는 완전한 자치권을 획득하는 운동을 말한다. 이러한 운동은 1875년 미국의 Missouri주에서 그 헌법에 home rule규정을 둔 것을 시점으로 하여 1936년까지 18개 주에서 이를 채택하였는데, 그 후 제2차 세계대전 와중에는 그 채택이 주춤해지다가, 1950년대 이후 다시 전개되기 시작하여 오늘날에는 대부분의 주에서 이를 채택하고 있다.

34) 신연방주의는 1973년에 닉슨 미국대통령이 발표하고, 1982년에 레이건대통령, 그리고 2001년 부시대통령이 발표한 분권화 정책으로서, 그 내용은 연방소관의 교육, 지역개발, 교통, 사회복지 등의 사무종목을 주에 반환하며, 이에 따라 세원, 회계 등의 재조정을 행한 것이다.

여 인류역사를 지배하려 했던 소비에트연방(소련)도 각 민족의 자주독립 투쟁으로 일시에 무너지고 말았다. 이러한 소련의 분해도 분권화의 현상을 의미한다고 하겠다.

(나) 지방화 운동

오늘날 발전도상국을 포함한 대부분의 나라에서는 지금까지의 중앙집권적인 개발추진과 국정운용의 결과로 나타난 여러 가지의 폐해현상을 시정하는 방책의 일환으로서 이른바 '지방화' 운동을 맹렬히 전개하는 경향을 보였다. 이러한 발전도상국의 지방화 운동은 대체로 다음과 같은 내용을 포함하고 있다.[35)]

(a) **정치·행정적인 분권화** : 종래의 지나친 중앙집권적인 국정운영의 시행착오를 극복하기 위하여 하향적 계획에 상향적 계획을 가미하고, 획일성에서 다양성으로의 변화를 소중히 여기며, 주민의 자발적인 참여와 연대를 강조하면서 지방자치제를 실시하게 된 것이다.

(b) **경제·사회적인 분산화** : 대도시, 특히 수도권에 지나치게 집중되어 있는 경제·사회적 기능을 지방도시에 분산시키려는 균형발전정책을 추진하게 되었다. 이러한 균형발전정책은 국토의 효율적 경영으로 국가경쟁력을 높이고, 동시에 각 지방마다 고유문화를 토대로 개성있는 발전을 추구하게 함으로써 지역주민이 자부심을 가질 수 있게 하려는 의도에서 전개된 것이다.

(c) **시민생활의 개성화** : 대량생산·대량소비에 기초한 공업사회 그리고 대기업중심의 경제체제에서 개인의 개성과 지역의 특수성 등 사회 각 부문의 고유가치성이 상실되고 시민생활이 획일화되자 이에 염증을 느끼는 계층이 늘어나게 되었다. 따라서 다양성과 개성을 존중하고 문화적 특성을 귀중하게 여기는 풍조가 싹트기 시작한 것이다.

(2) 신지방분권화의 촉진요인

오늘날 신지방분권화를 촉진하고 있는 요인으로는 다음 사항을 들 수 있다.

---

35) 최창호, "지방시대의 참뜻", 지방행정 1985년 11월호(서울 : 대한지방행정공제회, 1985), pp. 14~15 ; 김의원, "지방화시대의 도시개발", 지방화시대의 도시개발심포지엄(1984. 6. 21~22), 기조발표, pp. 1~3 참조.

(가) 중앙집권의 한계

중앙집권적 국정운용은 전국적·총량적 성과는 거두었지만 지역간의 불균형 발전과 소득격차의 확대라는 폐해를 낳았다. 특히 인구와 산업 그리고 자본과 기회를 중앙(수도권)으로 불러들여, 수도권은 과밀의 폐해로 진통을 겪는 반면, 지방(특히 농촌)은 과소의 폐해가 극에 달하여 지역사회 파괴의 현상을 초래하게 되었다. 이러한 과정에서 국가는 전국을 대상으로 하는 그 후견적 기능을 수행하기 위하여 관료제적 장치에 과도하게 의존함으로써 더욱 경직된 획일화의 길을 걷게 되었다. 반면, 지방자치단체는 자주적 권한을 상실하여 자립적이고 내발적인 발전을 도모할 수 없게 되어 점점 더 국가에 의존하게 됨으로써 국가의 부담은 더욱 커지게 되었다. 오늘날 지방분권화가 중요시되는 것은 이러한 폐해를 해결하려는 것이다.

(나) 대중문명에 대한 염증

대량생산·대량소비·대중매체 등에 의하여 개인의 개성과 지역사회의 특수성이 상실되고, 획일적인 기준으로 모든 현상을 단순 비교하는 이른바 비교의 비극(the tragedy of comparison)이 산출되는 것이 대중문명의 특징이다. 이러한 상황 속에서 인간은 대중매체가 제시하는 암시에 따라 타율적으로 판단하고 대량생산품을 피동적으로 소비하는 무력한 존재가 되기 쉽다. 그러나 상황이 그러할수록 자신의 고유한 가치와 개성을 추구하고 싶어 하는 사람도 늘어난다. 이처럼 개성과 고유한 문화를 중시하려는 마음이 지역사회의 고유성·자주성을 중시하는 지방화의 정신적 기초가 되고 있다.

(다) 국제화·세계화의 대두

오늘날 국제적 분업에 의하여 경제의 국경은 허물어지고 있고 기술의 진보에 따라 공간의 의미도 달라지고 있다. 우리는 말 그대로 글로벌화한 세상으로 행진하고 있다. 단일민족을 앞세워 동질성을 강조하던 마을은 다민족의 다문화가 공존하는 마을로 바뀌고 있다. 국가 간의 분업과 교역의 확대는 국가의 전통적 역할을 크게 바꾸어 국민경제에 대한 국가의 기능을 국가의 경계를 넘는 공공공간으로 분기시키고 있다. 이제 국제경제의 파고가 국가의 여과장치를 거치지 않고 직접 지방으로 몰아치게 되면서, 우리 국민들의 삶이 상상을 초월하는 국제시장 속으로 통합되고 있다.

경제와 국민의 삶에 대한 국가의 기능이 저하되면 지방자치단체의 역할과 책임은 더욱 커진다. 나라와 나라 사이에 국경이라는 커튼이 없어질수록 지방이 주체가 되고 주도자가 되어 세계화의 혼란과 파고를 흡수해야 하기 때문이다. 시장경제의 글로벌화가 진전될수록 지역경제가 건실하여야만 국가경제의 근간도 탄탄하게 된다. 따라서 국제화가 진전되면 될수록 지역경제라는 방파제를 탄탄하게 하고 이를 기반으로 한 국민경제를 형성해 나가야 한다. 국제화에 대비해서도 지방화가 이루어져야 할 이유가 여기에 있다.

(라) 인간정주패턴의 변화

도시화가 계속 진전함에 따라 인간의 정주 패턴이 바뀌고 있다. 도시의 발달추세를 보면, 현재 우리의 인구와 산업은 대도시에 집중하는 이른바 메트로폴리스(metropolis: 거대도시)의 단계에 있다. 그러나 앞으로 도시발전이 더욱 진행되면 이러한 인구·산업이 고속도로나 고속전철의 역세권을 따라 분산되면서 도시와 도시가 연접하는 허리띠형 도시를 형성하는 메갈로폴리스(megalopolis: 대상도시)의 시대를 맞이하게 될 것이다. 그리고 이러한 단계가 심화되면 전국토가 도시가 되는 에큐메노폴리스(ecumenopolis: 세계도시)의 시대를 맞이할 것이다. 오늘날 이미 인간의 정주 패턴이 변하여 대도시의 도심에서 교외지역으로 소산하는 현상을 보이고 있다. 이러한 경향은 앞으로 더욱 더 심화될 것이며, 이러한 지방분산은 동시에 지방분권을 동반하게 될 것이다.

(마) 정보기술의 발전

컴퓨터 등 정보기술의 발달로 인간의 직장 근무양식이 바뀌고 있다. 과거에는 직장에 근무한다는 것은 반드시 하나의 사무실에 출근하여 서로 대면하면서 업무를 처리하는 형식으로 이루어졌다. 그러나 이제는 모든 직원들이 각자 개인용 컴퓨터를 가지고 근무하는 방식으로 바뀌었다. 따라서 컴퓨터시대에는 직종에 따라서는 재택근무가 가능한 분야가 늘어나고 있으며, 재택근무 현상은 곧 인간의 지방분산을 가능하게 하고 있다. 물론 정보기술의 발전은 현장에 대한 통제력 강화로 집권의 가능성도 키웠다. 따라서 정보화의 진전은 그 활용방향에 따라서 중앙집권을 강화시키는 요인이 될 수도 있고, 분산화를 촉진하면서 동시에 지방분권을 촉진하게도 한다.

(3) 신지방분권의 성격

신지방분권화의 징조와 경향은 20세기 후반부터 나타나기 시작했다. 그러나 신지방분권화와 과거 방임국가 시대에 고도로 발달하였던 지방분권과는 그 성격이 다름에 유의하여야 한다.

최근의 신지방분권은 첫째 과거 방임주의 국가에 있어서의 지방분권이 절대적 분권을 이상으로 하였던 것과는 달리 '상대적' 분권이다. 둘째로 과거의 분권이 항거적 분권이었는데 비하여 '협조적' 분권이다. 셋째로 과거의 그것이 도피적 분권이었다고 한다면 이것은 '참여적' 분권이다. 넷째로 과거의 것이 중앙권력에 대한 방어를 지향하는 소극적 분권이었던 것과는 달리 국가발전에의 동참을 지향하는 '적극적' 분권이라는 특징을 가지고 있다.

신지방분권은 신중앙집권과 배치되는 개념으로서의 지방분권이 아니라, 중앙집권에 조화·적응해 나가는 의미의 지방분권이다. 따라서 신중앙집권과 신지방분권은 상호보완관계에 있는 것이다. 오늘날의 신중앙집권은 지방분권을 전적으로 부인하는 절대적인 의미의 중앙집권이 아니라, 지방자치의 가치와 역사적 공헌을 인정하고, 그러한 토대 위에서 국가의 지도라는 시대적 수요에 적응해 나가는 상대적 중앙집권이다.

한편 신지방분권도 중앙집권을 전적으로 배척하는 절대적인 지방분권이 아니라 중앙정부와의 역할분담을 중시하면서, 지방정부가 국가발전에 적극적으로 동참해야 하는 시대적 소명을 다하려는 상대적 지방분권이다. 따라서 신지방분권화도 신중앙집권화와 마찬가지로 능률화와 민주화의 조화를 도모하고자 하려는 경향에서는 같은 맥락을 가지고 있는 것이다.[36)]

2 지방자치 개념의 재구성

오늘날과 같이 중앙집권화와 지방분권화가 교호하고 있는 시대에 있어서는 어떠한 내용의 지방자치가 바람직한 것인가? 오늘날의 지방자치는 국가의 전체적인 것에서는 통일성을 확보하고 부분적인 것에서는 현장의 특성을 살려 지역마다의 개성을 창조하는 시스템이어야 한다. 21세기에 있어서 모든 지방은 국민국가의 구현이라는 대의(大義)를 위하여 단결하고 협력해야 한다. 그러나 그 협력의 방법은 국

36) 얼핏 보기에는 지방분권화 경향과 중앙집권화 경향은 상반되는 것 같이 보인다. 그러나 이 두 가지의 움직임은 실은 일치점을 향한 교호적인 지향이다. 즉, 중앙집권의 전통이 깊은 국가에서는 그러한 토대 위에 지방분권주의를 지향해가고 있는 반면에, 이미 민주적인 지방자치의 기반이 다져진 국가에서는 그러한 토대 위에 중앙정부의 지도성이라는 사회적 요구에 대응해 가고 있는 것이다.

가의 지시와 통제가 아니라 지역 스스로의 이름으로 지역마다의 개성과 장점을 독특하게 발휘하는 장치로서 기능하는 것이어야 한다.[37)]

이처럼 지방자치가 시대환경에 적극적으로 적응해 나가기 위해서는 무엇보다도 그 개념의 재구성부터 이루어져야 한다. 과거의 지방자치는 국가의 권력을 절대군주나 관료의 지배적 권력으로 보고 그것에 대한 항거적이고 방어적인 의미를 가지고 있었다. 그러나 오늘날의 국가는 지방자치단체와 함께 민주주의 방식에 의하여 구성된 민주적인 권력체이며, 국가와 지방자치단체는 다 같이 국가 통치구조의 일환으로서 주민복지와 국가발전에 이바지하는 동반자적인 관계에 있다.[38)]

따라서 오늘날 국가와 지방자치단체는 주민복지 및 국가발전이라는 공동목표를 추구하기 위하여 적절히 기능을 분담하고 긴밀히 협력해야 한다.[39)] 이러한 의미의 지방자치를 '참여적' 지방자치 또는 '적극적' 지방자치라고 할 수 있는데, 과거의 도피적이고 방어적이며 항거적인 지방자치와는 확실히 다른 새로운 의미의 지방자치인 것이다. 이러한 새로운 지방자치의 개념을 오늘날 독일에서는 기능적 자치행정(funktionales Selbstverwaltung)이라 하고 있다.[40)]

이러한 의미의 지방자치는 신중앙집권화와 모순・배치되는 것이 아니라, 신중앙집권과 신지방분권에 적응하고 민주화와 능률화를 융화하는, 말하자면 '조화적'인 지방자치라고 할 수 있다.

---

37) 강형기, 논어의 자치학(서울 : 비봉출판사, 2006), p. 361.

38) 成田頼明, 앞의 책, pp. 35~36.

39) 분권화가 과거에는 자유, 평등에 그 기본가치를 두었는 데 비하여, 20세기부터는 '복지'에 그 기본가치를 두고 있다고 할 수 있다. 오늘날에는 복지의 증진을 위하여 국가는 civil minimum의 설정 및 그 지도를 담당하며, 지방자치단체는 그 직접적인 실천을 담당하기 때문에, 국가와 지방자치단체는 각각 그 독자성을 전제로 하여 상호 긴밀히 협력하는 관계에 있게 된다(片岡寛光, "集權化と分權化", 政經學雜誌 제244호, 東京 : 早稻田大學, 1976, pp. 398~403).

40) 새로운 지방자치의 개념인 독일의 '기능적 자치행정'은 전술한 자주책임의 원칙에 입각한 종래의 지방자치의 개념은 국가와 사회의 2원적 구분에서 유래한 것으로서 국가와 지방이 동일화한 오늘날의 국가통치구조 속에서는 이미 그 성립의 기반을 상실하였으며, 오늘날에는 국가와 지방이 기능적으로 일체화되어 복합행정(Verbundsverwaltung)을 수행하고 있으므로, 이제는 지방자치를 이와 같은 기능적 관점에서 새로이 정의하지 않으면 안 된다는 것을 내용으로 하고 있다.

제4절 한국 지방자치의 발전

I 한국 지방자치의 역사적 배경

1 한국 지방자치사의 개관

우리나라에 있어서 지방자치제가 채택된 것은 최근의 일이다. 따라서 그 이전에는 국가의 지방행정은 있어도 지방의 자치는 없었다. 이하에서는 지방자치의 원류인 지방행정사부터 역사를 정리해 보기로 한다.

(1) 중앙집권적 통치체제

(가) 중앙집권적 통치체제의 전통

우리나라에서는 일찍이 중앙집권체제가 확립되었다. 즉, A.D. 1~4세기(삼국시대 초기)에 벌써 중앙집권체제가 확립되었다.[41] 그 후 국력의 성쇠에 따라 강약의 차이는 있었으나, 대체로 우리나라에서는 중앙집권적 통치체제가 일관되게 시행되어 왔다.

지방행정은 역대 왕조가 파견한 외관(지방관)에 의하여 수행되었고, 그 행정에 주민의 의사를 반영하는 길은 거의 마련되어 있지 않았다. 일제 강점기에는 외관상으로는 근대적인 지방자치제를 실시하는 듯 하였으나 실제는 식민통치적 관료행정이었고, 대한민국 수립 후에는 근대적 지방자치제도를 채택하였으나 그 시행에 많은 우여곡절과 시행착오를 겪고 있다.

(나) 중앙집권적 통치체제의 촉진요인

우리나라에 있어서 중앙집권체제가 일찍이 성립하여 발달하게 된 요인은 무엇인가? 이에 관하여 일반적으로 다음과 같은 특수한 요인이 있었기 때문이라고 인식되고 있다.[42]

41) 내무부, 지방행정장기발전계획 : 1976~1990(서울 : 1975), pp. 45~48.

(a) **지정학적 요인** : 우리나라는 강대국들 사이에 위치하여, 무수한 전란을 겪으며 생존을 위한 투쟁을 하는 가운데 지방분권과 자치를 도모할 여유가 없었다.

(b) **기후적 요인** : 몬순 기후성 집중호우로 인한 홍수가 반복되어 그 대비를 위한 대대적인 수리사업(대대적인 노력동원)이 계속 실시되는 과정에서 왕권의 신장이 초래되었다.

(c) **사상적 요인** : 사군이충(事君以忠, 충성으로 임금을 섬김), 사친이효(事親以孝, 효성으로 부모를 섬김) 등 수직적인 유교윤리를 강조하는 사상체계 및 생활구조의 영향을 받아, 지방은 마땅히 중앙에 복종하도록 하는 통치체제가 굳어져 왔다.

(2) 지방자치의 시원적 제도

우리나라는 중앙집권적 통치체제로 일관된 역사였다. 그러나 우리나라의 역사에도 지방분권과 지방자치의 시원적(始原的) 유사제도가 전혀 없었던 것은 아니다. 고려 초기의 사심관 제도와 향직단체, 조선시대의 향청 · 향약 · 향회 제도, 일제 강점기의 도제 · 부제 · 읍제 등은 우리나라 역사상 지방자치의 시원적 제도로서 기능한 것이다. 이러한 제도들의 내용에 관하여는 뒤에서 시대별로 나누어 고찰한다.

2 한국 지방자치의 원류

(1) 고대와 통일신라 시대

(가) 고대국가 시대

고대 부족국가 시대의 지방제도는 대체로 우리 민족 고유의 색채가 농후한 것이었다. 고구려, 백제, 신라는 모두 부족연맹체에서 출발하여 부족국가로 발전한 후, 점차 중앙집권적 전제왕정체제를 확립한 나라들이다. 전제왕권이 확립됨에 따라 종래의 부족단위는 왕국의 행정구역으로 개편되었고, 그 족장은 전제왕권 아래 귀족이 되었으며, 각 행정구역은 왕족이나 귀족 가운데서 임명 또는 세습된 자에 의하여 통할되었다. 3국 사이의 군사대결에 따라 각 행정구역의 수장(首長)은 군사권과 민사권을 동시에 쥐고 있었다.

---

42) 이한빈, 국가발전의 이론과 전략(서울 : 박영사, 1969), pp. 113~115.

(나) 통일신라 시대

신라가 삼국을 통일한 이후에는 중국의 지방제도가 대거 도입되어 우리의 고유한 지방제도와 혼합상태를 이루었다. 신라는 삼국을 통일한 후 전국을 9주(州)로 나누고, 주를 다시 군·현(郡·縣)으로 나누었으며, 요지에 소경(小京)을 두었다. 9주는 신라 본토와 백제·고구려의 옛 땅에 각각 3주씩을 두었다. 소경은 주와는 독립된 일종의 특별행정구역이었으며, 중원경(충주), 북원경(원주), 서원경(청주), 남원경(남원), 금관경(김해)이 그것이었다. 말단 행정구역으로는 향읍(鄕邑)과 촌락(村落)이 있었고, 일종의 특별행정구역으로 부곡(部曲)이 있었다.

(2) 고려 시대

고려 건국초기에는 신라의 지방제도를 답습하면서 지방토호들을 회유하기 위하여 준자치적 지방제도를 도입했다. 그러나 제6대 성종 때부터 당나라 제도를 도입하여 중앙집권적 관료제도를 확립하였다.

(가) 지방제도

초기에 12목(牧)제, 10도(道)제를 채택하는 등 몇 차례의 변경을 거쳐 제8대 현종(1009~1031) 때에 이르러 전국을 경기와 5도(道)·2계(界)[43]로 나누는, 이른바 5도양계(五道兩界) 제도로 정착하였다. 도에 안찰사(按察使)가, 계에 병마사(兵馬使)가 파견되었는데, 처음에는 순회제 또는 수시 파견제였다가, 차츰 상주하는 전임제로 되었다.

5도·2계 밑에 경(京), 도호부(都護府), 목(牧), 부(府), 그리고 군(郡), 현(縣), 진(鎭)이 있었다.[44] 군·현에는 영군현(領郡縣)과 속군현(屬郡縣)의 구별이 있었는데, 영군현은 지방장관이 파견된 군·현이고, 속군현은 영군현에 예속되거나 경·도호부·목에 직속되어 운영되는 것이었다. 진은 군사적 요지로서 양계 밑에 설치되어 있었다. 그리고 중요한 지방행정사무로는 민생구휼사업과 교육사업을 들 수 있다.

---

43) 5도는 일반행정구역으로서 양광도(현재의 충청도와 경기도 일부), 경상도, 전라도, 교주도(강원도 일부), 서해도(황해도)로 구분되었고, 2계는 군사적 목적을 위한 특수지역으로서 국경지대에 설치된 동계(함경도·강원도 일부)와 북계(평안도 일부)가 그것이었다.

44) 京은 처음에는 개경(개성), 서경(평양), 동경(경주)이었다가, 뒤에 동경 대신에 남경(서울)이 들어가게 되었고, 도호부는 안남(전주), 안서(해주), 안북(안주), 안동의 넷을 말하는 것이며, 8목은 광주(廣州), 충주, 청주, 상주, 진주, 전주, 나주, 황주의 여덟이었다.

(나) 자치적 제도

지방행정제도 가운데 지방자치의 유사제도로서 사심관과 향직단체가 있었다.

(a) **사심관(事審官)제** : 사심관제도는 건국공신에게 그 출신지방의 통치를 맡겨 어느 정도의 독립성을 가지고 다스리게 한 제도로서, 지방분권적 요소를 가지고 있었다. 이러한 최초의 사심관으로는 경주를 식읍으로 한 경순왕이었다.

그러나 사심관제도에는 주민의 참여가 전혀 허용되지 않았을 뿐 아니라 주민복지의 증진보다는 착취·수탈에 급급하였으므로, 자치행정이라고 할 수는 없다. 이러한 사심관 제도는 그 후 국가의 중앙집권적 통치력이 강화됨에 따라 중기(14세기)에 폐지되고, 국가의 외관으로 완전히 대치되었다.

(b) **향직단체(鄕職團體)제** : 향직단체는 지방토호의 협조 없이는 노력동원이나 조세징수 등이 어려웠던 고려 초기에, 그들에게 중앙관직의 위계와 같은 명칭과 직위를 주고, 목, 군, 현 단위에서 소규모의 조직을 갖고 지방행정을 담당하게 한 일종의 행정조직으로서, 말하자면 지방세력가를 중심으로 한 일종의 자치기관이었다.

한편 기인(其人)제도가 있었는데 이는 향직단체가 지방행정의 권능을 부여받는 대신에 국왕에 대한 충성의 보증으로 지방토호의 자녀를 중앙에 인질로 보냈던 제도이다. 이와 같은 향직단체도 11세기부터 중앙집권의 강화에 따라 중앙정부의 지방기구로 편입되었다.

(3) 조선 시대

역성혁명에 의하여 성립된 조선은 초기에 그 통치조직과 지방제도를 거의 고려시대의 것을 답습하였다. 조선의 통치규범은 제3대 태종(1401~1419) 때에 왕권이 확립되면서부터 만들어지기 시작하여, 제9대 성종(1470~1495) 때에 이르러 경국대전이 완성됨으로써 확립되었다.

조선의 통치구조는 유교사상에 입각한 가산국가(家産國家)적 중앙집권 체제라고 할 수 있다. 조선시대 지방제도의 특징은 중앙집권체제를 확립하기 위하여 가산적 관료체제를 확립하고, 지방에는 왕의 대리인으로서의 지방관(외관)을 파견하여 그 관할구역 안에서 행정·사법·군사상의 권력을 장악하도록 함과 아울러, 그 지방관에 대한 엄격한 집권적 통제를 가한 것이다.

조선 시대에는 중앙집권체제의 확보를 위하여 그 수단을 다방면으로 강구하였다. 그러한 수단 가운데 중요한 것으로는 ㉠ 관리의 채용시험에 있어서 엄격한 수직적 원리를 내용으로 하는 유교교리를 출제하였던 점, ㉡ 지방관의 임명을 본적회

피제(本籍回避制)와 상피제(相避制)에 입각하여 행하였던 점, ㉢ 지방관에게 임기제와 독신제를 적용하였던 점, ㉣ 지방관에 대한 감시를 위하여 고과(考課)와 암행어사 파견을 행하였던 점 등을 들 수 있다.

(가) 지방제도

(a) **지방조직** : 지방행정구역을 태종 13년(1413)에 전면적으로 개편하여 중앙직할지(한성부, 수원부, 개성부, 광주부, 강화부)를 제외한 전국을 8도(경기, 강원, 충청, 전라, 경상, 평안, 함경, 황해)로 나누고, 8도 밑에 부(府), 대도호부(大都護府), 목(牧), 도호부(都護府), 군(郡), 현(縣)을 두었다. 이러한 행정구역들도 역시 고려의 제도가 바탕이 되어 발전한 것이었다.

부, 대도호부, 목, 도호부, 군, 현은 모두 도의 관할 아래 있는 병렬적인 단위로서, 다만 거기에 부임하는 지방관의 품계에 차이가 있을 뿐이었다. 그 품격은 부, 대도호부, 목, 도호부, 군, 현의 순위였는데, 군이 도호부로 승격한다든가 반대로 군이 현으로 강등하는 것은 인구나 가호(家戶), 그리고 지역의 발전이나 도시의 형성 등에 의하는 경우도 있었나. 그러나 그 지역에서 공신이나 효자가 나왔다든가, 반대로 역신이나 반란이 발생하였을 경우에 그 지역에 대한 상벌로 격이 승강하는 이른바 승강지법(昇降之法)에 의하는 경우도 있었다.

각 지방관은 그 품계 여하를 불문하고, 모두 왕의 대리인으로서 왕과 직결되어 있었다. 따라서 예컨대 군수의 보고가 도의 관찰사를 경유하여 왕에게 도달하는 식의 상·하 계통도 없었고, 중앙의 6조 가운데는 지방행정 주무관서도 없었다.

관찰사는 감사(監事), 도백(道伯), 방백(方伯)이라고도 불리웠고, 관찰사를 제외한 목사, 군수 등을 수령(守令)이라고 총칭하였다.[45] 지방행정의 말단 행정구역으로서 면(面) 또는 방·사(坊·社), 동·리(洞·里), 5가통(家統)[46]이 있었다.

(b) **지방사무** : 조선시대의 지방행정사무의 주요내용은 민생구휼사업과 교육사업이었다.

(c) **지방재정** : 조선시대의 국가 및 지방의 재정수입의 원천은 전적으로 조세에

45) 수령으로 통칭되는 지방관들은 중앙의 6조를 본따 조직된 6방(六方:이(吏)·호(戶)·예(禮)·병(兵)·형(刑)·공(工))을 두어 업무를 처리하였고, 수령 밑의 이속(吏屬 : 裨長 포함)은 토착민 가운데서 임명되었으며, 이들을 아전(衙前), 향리(鄕吏) 또는 서리(胥吏)라고도 하였다. 그들은 낮은 지위에도 불구하고 지방행정의 실무면에서는 큰 비중을 차지하고 있었다. 이들에게는 일정한 급료가 지급되지 아니하였으므로 부정의 자행도 많았을 것으로 보인다.

46) 동·리제(洞·里制)의 확립은 국가통치권력이 향·촌(鄕·村)까지 침투하였음을 의미하는 것이며, 5가통(家統)은 행정조직이라기보다는 상부상조를 주요목적으로 하는 주민자치조직의 성격을 띠었으나 범법자(犯法者) 색출등 기존의 통치기제를 심화시키는 수단으로 활용되기도 하였다.

있었다. 조세 가운데도 상공세는 거의 없고, 대부분이 농민의 경작지에 부과하는 조세였다.

(나) 자치적 제도

조선시대의 지방자치의 유사제도로는 다음과 같은 것들이 있었다.

(a) **향청**(鄕廳) : 향청은 조선 초기의 유향소(留鄕所)[47]를 일시 폐지하였다가 이를 향청으로 개칭하여 공인하였다. 수령(守令, 사또)의 감영(監營) 다음가는 관아(官衙)라 하여 이를 이아(貳衙. 제2관청)라고도 일컬었으며, 지방의 대표적인 문벌·세력가들로 구성되어 수령에 대한 자문, 아전규찰, 관리천거, 정령전달, 민정대변, 풍속교정 등의 기능을 수행하였다.

향청의 조직은 좌수 또는 좌장(座首·座長)을 수장으로 하고, 그를 보좌하는 임원으로 3인 내지 5인의 별감(別監)을 두었는데, 이들은 명예직이고 그 임기는 대개 2년이었지만 수령이 경질되면 다시 선출될 수도 있었다. 좌수는 향내에서 가장 덕망이 있고 연로한 자로서 민선으로 선임되었다.

향청이 비록 지방을 대표하는 기관이었다고는 하나, 그 설치목적이 지방민의 권익보다 지방문벌과 세력가들의 지위와 권위를 지방관의 전횡으로부터 보호하자는 데 있었으므로, 오늘날의 지방자치 관념과는 거리가 먼 것이었다. 그러나 그 조직이 민선제이고 명예직이었다는 점에서 주목할 만하다.

(b) **향약**(鄕約) : 조선 중기 이후 지방의 양반, 토호, 유림 등의 상류계급에 의하여 전개된 향약운동은 민간인에 의하여 자발적으로 수행된 교화운동으로서, 자치운동의 일면을 지니고 있었다. 이 향약운동이 처음에는 향교(鄕校)를 중심으로 전개되다가, 점차 향청(鄕廳)을 중심으로 활동하게 되었다.

향약의 4대 강목(綱目)은 ㉠ 지방민들의 선행을 장려하며 생업을 충실하게 하고(德業相勸), ㉡ 상호간의 허물을 비판·경고하여 잘못을 개선하게 하며(過失相規), ㉢ 유교윤리를 보급하고 사회생활을 바르게 하고(禮俗相交), ㉣ 질병과 재난을 당했을 때 서로 보호하고 돕는다(患難相恤)는 것이었다. 이는 송나라의 여씨(呂氏)의 4대강령을 본딴 것으로서, 우리나라의 대표적인 향약은 이율곡이 지금의 청주에서 행한 서원향약이다. 그러나 향약은 당초의 의도와는 달리 허례허식과 형벌권의 남용으로 또 하나의 악정기관이 되었다.

---

47) 조선 초기의 유향소는 관직을 그만두고 귀향한 자 또는 향리에 있는 세력가들의 재향단체였지만, 수령에 대한 지방행정의 고문으로서 주로 유교적 풍교를 교정하는 임무를 담당하는 한편, 중앙에 재경소(在京所)라는 출장소를 두고 지방민의 여망 또는 부정관리의 행패 등을 중앙에 전달하는 역할도 하였다.

(c) **면・방・사**(面・坊・社)**와 동・리**(洞・里) : 조선시대의 면(面, 서북지방에서는 坊, 동북지방에서는 社라고도 하였고 또한 어떤 곳에서는 部 또는 面이라 불리기도 하였음)과 동・리(洞・里, 이 외에 浦・坪・村・鄕・峴・店・合・川 등 명칭이 다양하였음)는 주민이 피치자로서의 의무를 다하기 위하여 스스로 구성한 행정단위라 할 수 있으며, 면장과 동・리장 등의 선임에 있어서는 그 주민의 의사가 많이 반영되고, 면과 동・리의 경비도 주민이 갹출하여 충당된 외에, 동・리민 사이에는 연대책임제가 실시되었다.

특히 동・리에 관하여 주목할 만한 것은 동・리 자체가 경지・산야・제언 등 재산을 소유・관리하고 있었던 점이다. 동・리재산의 관리는 동・리장이 맡되, 그 처분은 동・리민 전부 또는 유지들의 협의에 의해 행해졌으며, 동・리 안에 거주하는 자는 당연히 이러한 재산으로부터 생기는 이익을 향유할 권리를 가지고 있었다.[48]

3 근대적 지방자치의 생성

(1) 갑오경장기

조선왕조의 조선다움은 갑오경장으로 끝났다고 볼 수 있다. 그것은 종래의 중국식 가산국가(家産國家) 체제가 서구식 근대국가 체제로 전환하는 계기가 이 시대에 마련되었다고 보기 때문이다.

이 시대의 국가체제 전환은 1894년(갑오년) 6월 1일의 내정개혁5개조(內政改革五個條), 6월 8일의 내정개혁방안강목(內政改革方案綱目), 10월 23일의 개혁20개조(改革二十個條), 12월 12일의 홍범14조(洪範十四條)를 거쳐, 이듬해(을미년) 3월부터 5월까지 사이에 내각 각부에서부터 지방관제에 이르기까지 대규모적인 개혁을 거쳐 이루어졌다.

이 시대의 지방제도 개혁을 보면 갑오년(1894) 6월 8일에 일본 오토리(大鳥)공사가 제시한 내정개혁방안강목에 "현재의 부・군・현은 그 수가 과다하므로 마땅히 이를 작량 폐합하여 민치에 무방토록 소수로 할 것"(제1조 제5항)이 들어 있었고, 동년 10월 23일에 이노우에(井上)공사가 제시한 개혁20개조에 "지방관의 권한을 축소하여 이를 중앙정부에 이관할 것"(제13조)이 들어 있었다. 또한 동년 12월 12일에

48) 김보현・김용래, 지방행정의 이론과 실제(서울 : 법문사, 1982), pp. 150~157.

국왕이 반포한 홍범14조에 "지방관제를 개정하고 지방관리의 직권을 한정한다"는 내용이 포함되어 있었다.

(가) 지방제도

(a) **지방조직** : 갑오경장기 지방제도는 조선 본래의 그것과 현격히 달랐다. 지방조직으로서 1895년에 전국을 23부로 나누는 23부제(府制)[49]를 채택하였는데, 이 제도는 이론적으로는 상당히 합리성을 지닌 것으로 보이나, 종래의 뿌리 깊은 8도제를 무시한 생소한 획정이었기 때문에 오랜 전통과 현실 사이에 마찰이 일어, 그 실시 1년 만에 폐지되고 13도제(道制)가 채택되었다.

13도는 대체로 종래의 8도에 바탕을 둔 것이었다. 수도인 한성부(漢城府)는 정부 직할지로서 도와 격을 같이 하였다. 한성부에는 판윤(判尹), 도에 관찰사(觀察使), 부에 부사(府使), 목에 목사(牧使), 군에 군수(郡守)를 두었다.[50] 그 후 13도 밑에 목(牧)·군(郡)·현(縣) 등 다양했던 구역의 명칭을 군(郡)으로 통칭하였다.

(b) **지방사무** : 지방행정사무의 주요내용은 사회복지사업과 교육사업이었다.

(c) **지방재정** : 1895년에 회계법(會計法), 수입조규(收入條規), 지출조규(支出條規) 등이 제정되어 역사상 처음으로 예산편성이 이루어졌으며, 1906년에 지방세규칙(地方稅規則)이 공포되었다(이 규칙은 실시되지 못한채 그 후의 지방비법으로 대체됨). 1909년에 지방비법(地方費法)이 공포·실시됨으로써 각 도·부 재정의 기반이 형성되었다.[51]

(나) 자치적 제도(향회 : 鄕會)

1895년(고종 32년) 11월 3일 반포된 향회조규(鄕會條規) 및 향약판무규정(鄕約辦務規定)에 의하여 채택된 향회(鄕會)제도는 주민으로 하여금 지방 공공사무 처리에 참여할 수 있게 함으로써[52] 우리나라에 있어서 근대적 지방자치의 첫 시작을 이루었다. 즉, 군·면(실제로 坊·社 등 명칭 다양)·리(실제로 洞·浦·坪·村 등 명칭 다양)에 각

---

49) 23부제는 1895년 5월 26일에 채택되었으며, 이때에 내무아문(內務衙門)이 지방행정의 주무부로 되고, 내무대신 – 도관찰사 – 군수 사이의 피라미드적 지휘·감독 계서제(階序制)가 채택되었다. 이와 같은 개혁은 지방행정의 근대화 과정에 있어서 획기적인 것으로 평가되고 있다. 23부제 관할하에 336개 군(郡)을 두었다.

50) 갑오기에 이룩한 또 하나의 근대화 조치는 각 행정구역 수장의 권한에서 군사권과 사법권 및 경찰권을 제외하였다는 점이다.

51) 이 지방비법은 불완전하나마 지방단체의 독자적 재원과 그 운영권을 인정하는 한편, 일본의 중앙집권적 식민통치의 재정적 기반을 마련하였다.

52) 향회는 기본적으로 해당지역에서 자치적으로 처리할 수 있는 일을 심의하는 일과 함께 군수로부터 위임받은 교육, 호적 및 지적, 위생, 사창(社倉), 법령정비, 도로·교량 등의 공동작업, 면·리의 세금배분 등의 일을 처리하였다.

각 그 주민으로 구성되는 군회(郡會)·면회(面會)·리회(里會)를 두어 공공적 성질을 가진 사항을 의결하게 하고, 면·리의 집행기관인 집강(執綱) 및 존위(尊位)를 1년 임기로 하여 주민이 선출하도록 함과 아울러, 집강·존위가 그 임무에 위배할 때에는 그 임기에 불구하고 다시 선출할 수 있도록 하였다.

이러한 향회는 마치 오늘날의 지방의회와 비슷한 의결기능을 수행하였는데, 군회를 대회(大會), 면회를 중회(中會), 리회를 소회(小會)라 지칭하였다. 그 조직은 군회는 군수와 각 면의 집강 및 각 면에서 천거한 2인으로써 구성되고, 면회는 집강과 각 리의 존위 및 각 리에서 천거한 2인으로써 구성되며, 리회는 존위와 리 안의 각 가호별 1인으로써 구성되는데, 징역 또는 조세체납처분을 받은 자는 이에서 제외되었다.

이와 같은 향회제도는 의결기능, 자기선임제, 임기제 및 명예직제 등 근대적 지방자치제를 내용으로 하는 획기적인 제도였다. 그러나 한·일합방과 더불어 더 발전하지 못하고 폐지되었다.

(2) 일제 강점기

일본은 1905년의 을사보호조약을 통하여 우리나라의 외교권을 박탈하고, 1907년 정미7조약을 통하여 행정권을, 1909년 기유각서를 통하여 사법권을, 1910년 경찰권이양조약을 통하여 경찰권을 빼앗은 후, 드디어 동년 8월 29일 한국을 합병하여, 조선총독부(朝鮮總督府)를 설치하고 본격적인 식민통치에 착수하면서 지방제도의 개편을 단행하였다.

(가) 지방제도

(a) **지방조직** : 1910년에 조선총독부지방관제(朝鮮總督府地方官制)로 도(道)의 하부행정구역으로 부(府)·군(郡)을 두며, 부·군에 면(面)을 두도록 하였다. 한편 동년 '면(面)에 관한 규정(規程)'으로 종전의 면·방·사 기타 다양한 명칭의 행정구역을 면(面)으로 통칭하였다. 그리고 한성부를 경성부(京城府)로 개칭함과 아울러 경기도 관할 아래에 두었다.

1913년에 군·면·리의 명칭 및 관할지역을 대폭 조정하였는데,[53] 이때에 정해진 명칭과 규모가 대체로 오늘날까지 이어져 오고 있다. 1917년에 면(面) 중 일부가

53) 1913년 12월 29일 공포(1914년 3월 1일 시행)된 지방행정제도개편(조정)의 핵심내용은 당시 13도 12부 317군 4322면을 13도 12부 220군 2521면으로 조정(군 97개와 면1801개를 줄였다.)한 것이다.

지정면(指定面)으로 되었다가, 1931년에 읍(邑)으로 개칭되었다. 각 구역의 지방행정기관으로서 도에 도지사(道知事), 부에 부윤(府尹), 군에 군수(郡守), 읍에 읍장(邑長), 면에 면장(面長)을 두었다.

(b) **지방사무** : 역시 일제 강점기에도 지방행정사무의 주요내용은 사회복지사업과 교육사업이었다. 사회복지사업의 그 집단성과 사회책임성을 더욱 높여 각종 복지시설을 설립하였다. 교육사업에 있어서 한국민 동화정책을 그 기조로 하여 관학의 육성과 사학의 탄압을 도모하며 한국고유의 문자와 언어를 말살하려 하였다.

(c) **지방재정** : 지방세제를 정비하고, 지방예산·결산제를 체계화하였다. 지방세제 면에서 세제의 체계화 및 세수의 증대를 도모하는 개혁을 단행하였는데, 대체로 지세(地稅)와 호세(戶稅) 계통이 종합적으로 세원을 이루었으며, 1940년에는 지방재정조정보급금 제도가 창설되었다.

지방예산·결산의 면에서, 예산을 경상부와 임시부로 나누고 다시 관·항으로 구분하여 도·부·읍·면의 장이 편성하여 각각 의결기관(또는 자문기관)을 거치도록 하였다. 결산은 도·부·읍·면의 장이 회계연도 종료 후 2개월 이내에 작성하여 각각 의결기관(또는 자문기관)에 보고한 후 상급단체에 보고하도록 하였다.

(나) 자치적 제도(도·부·읍회)

지방자치적 단위로서, 1913년 '부제'에 의하여 부(府)가 최초로 법인격을 부여받았고, 학교조합(學校組合)제가 실시되었으며, 1917년 '면제'에 의하여 면(面)이 사업능력을 갖춤과 동시에 지정면(指定面)에게는 재정주체성이 인정되었고, 1920년에는 도지방비(道地方費)제와 학교비(學校費)제가 실시되었다.[54] 1930년에는 전면적인 지방제도 개정이 단행되어 과거의 지정면이 읍(邑)으로 승격되고 도(道)와 읍(邑)이 공법인으로 되었으며, 도·부·읍에 의결기관(지방의회)인 도회(道會), 부회(府會), 읍회(邑會)가 설치되고, 면에는 자문기관인 면협의회(面協議會)가 설치되어, 그런대로 거의 전면적인 지방자치가 시행되게 되었다(학교조합과 학교비는 부에 통합됨).[55]

54) 학교조합은 일본인 자녀의 교육을 위한 단체(법인)이고, 학교비는 한국인 자녀의 교육을 위한 단체(비법인)였다. 전자에는 조합회가, 후자에는 학교평의회가 구성되어 있었다. 전자는 1914년부터, 후자는 1920년부터 각각 실시되었다가, 1930년의 지방제도 전면 개정시에 부(府)제에 모두 흡수되었다.

55) 일제 강점기의 지방제도는 형식상으로 지방자치 골격을 갖춘 것 같이 보였다. 즉, ㉠ 도·부·읍을 법인으로 하여 독자적인 사무와 재정권, 그리고 조례 및 규칙 제정권을 인정하였다는 점, ㉡ 도·부·읍의 조직을 집행기관과 의결기관으로 나누어 의결기관인 도회·부회·읍회를 임기 4년의 선출된 명예직 의원으로 구성하게 하였다.
그러나 일제 강점기의 지방자치제도는 ㉠ 의회의 의결사항이 법령에 의하여 극히 제한되어 있었고, ㉡ 총독이나 도지사에게 도·부·읍·면에 대한 예산비목 및 금액의 증가 또는 삭감명령권이 인정되

각급 의결기관인 도회·부회·읍회와 자문기관인 면협의회의 구성 및 권한을 살펴보면 다음과 같다.[56)]

(a) **도회**(道會) : 도회는 20~50인의 의원으로 구성되며, 그 정수의 3분의 2는 부회·읍회·면협의회 의원에 의한 간접선거로, 나머지는 도지사의 임명으로 선임되었고, 도지사가 그 도회의 의장이 되었다.

도회는 의결기관으로서 의결권, 선거권, 의견제시권, 회의규칙 제정권 등을 가졌다. 그러나 그 권한이 법령에 열거된 것에 한정되었다.

(b) **부회**(府會) : 부회는 12~30인의 의원으로 구성되는 민선의 대표기관으로서, 부윤(府尹)이 그 의장이 되었다. 부회 의원선거권은 25세 이상의 남자로서 부세(府稅)를 연 5원 이상 납부하는 자에 한정되었고, 그 피선거권의 경우도 같았다.

부회는 의결기관으로서 의결권, 선거권, 의견제시권, 행정감사권 등을 가졌다. 그러나 부회는 명목상의 의결기관에 불과하였는데, 그 의결권이 한정되어 있었고, 부윤에게 그 사회권, 재의회부권, 재선거권, 의결취소권, 전결권이 부여되었으며, 도지사에게 예산증감명령권이, 총독에게 해산권이 부여되는 등 한계를 가지는 것이었다.

(c) **읍회**(邑會)**와 면협의회**(面協議會) : 읍회와 면협의회는 각기 읍장과 면장이 그 의장이 되었으며, 그 선거권과 피선거권은 부회의원의 경우와 같았다.

읍회는 의결기관이었으나 그 의결권이 법령에 의하여 한정되어 있었을 뿐만 아니라, 읍장이 그 의장이 되었고, 군수·도지사에게 정회권이, 도지사에게는 예산증감권이, 총독에게는 해산권이 부여되어 있었다.

면협의회는 전술한 도회, 부회, 읍회의 경우와는 달리, 제도적으로도 면장의 자문기관에 불과하였다.

(3) 미군정기

일제의 패망 후 우리나라에 진주한 미군은 1945년부터 1948년까지 3년간 군정을 실시하면서 서구식 자유민주주의 정치·행정제도를 우리나라에 소개하였다. 그

어 있었으며, ㉢ 도·부·읍회의 의장을 도지사·부윤·읍장이 겸하고, ㉣ 도의회 의원의 3분의 1을 도지사가 임명하였으며, ㉤ 의원선거권을 납세액 5원 이상의 자에 한정하여 부여하였으며, 더구나 ㉥ 1943년의 지방선거에서의 자유로운 의원입후보를 금지하고 의원정수와 같은 수의 후보자를 행정당국에서 추천하여 추천받은 후보자는 득표의 다과에 불구하고 모두 당선되게 하였던 점 등에서 식민통치의 수단에 불과하였음을 알 수 있다.

56) 김보현·김용래, 앞의 책, pp. 172~178.

러나 미군정은 어디까지나 군정이기 때문에 그 정치·행정제도의 개혁은 필요한 최소한도에 그쳤고, 지방제도상의 변혁도 다음과 같은 몇 가지 외에는 별다른 것이 없었다.

첫째로, 서울시를 경기도의 관할에서 분리하여 도와 동등한 지위로 승격시키고 서울특별시로 개칭하였다.

둘째로, 제주도(島)를 전라남도의 관할에서 분리하여 도(道)로 승격시켰다.

셋째로, 도회·부회·읍회·면협의회를 해산하였고, 도지사와 부윤, 그리고 읍·면장이 집행기관과 의결기관의 기능을 겸하도록 하였다.

넷째로, 교육구와 교육위원회를 설치하였다.

Ⅱ 민주적 지방자치의 발전경위

1 지방자치의 성립·중단과 부활

(1) 지방자치제 성립

한반도에서 민주적인 지방자치제도는 대한민국 수립 후에나 기대해볼 수 있었다. 그러나 대한민국 수립 후의 지방자치의 여정은 수난과 곡절의 연속이었다.[57]

1948년 정부수립 후 우선 지방행정에 관한 임시조치법을 제정하여 행정구역과 행정기구에 관한 약간의 조치를 한 외에는 종래의 지방제도를 그대로 답습하다가, 1949년 7월 4일에 역사적인 '지방자치법'을 제정·공포(동년 8월 15일 시행)하였다.

이 지방자치법은 ㉠ 지방의 주민자치를 선언하고, ㉡ 지방자치단체의 종류로서 서울특별시·도와 시·읍·면으로 하며, ㉢ 지방정부 형태를 의결기관과 집행기관을 분립시키는 기관대립제로 하고, ㉣ 시·읍·면장은 당해 지방의회에서 간선제로, 서울특별시장·도지사는 임명제로 하며, ㉤ 지방의원의 임기를 4년으로 하되, 시·읍·면의회에게는 단체장 불신임권을 시·읍·면장에게는 의회 해산권을 인정하고, ㉥ 지방자치단체의 사무를 자치사무·단체위임사무·기관위임사무로 구분하였다. ㉦ 이외에도 선출직인 시·읍·면장에 대해 중앙정부(국무총리)와 상급지방정

57) 최창호, 한국 지방자치의 허와 실(서울 : 삼영사, 2004), pp. 20~24.

부(도지사)에게 징계권(신임투표제)을 부여하였다.

그러나 계속되는 정치적 불안과 6·25동란 등으로 지방선거를 실시하지 못하다가, 1952년에 전시 중 선거실시 가능지역에서 시·읍·면의회의원선거(1952. 4. 25) 및 서울시·도의회의원 선거(1952. 5. 10)를 실시하였다. 그리하여 1952년에 제1대 지방의회가 구성되고, 1956년에 제2대 지방의회가, 1960년에 제3대 지방의회가 구성되는 등 지방자치시대가 이어졌다.

지방자치법은 수차에 걸쳐서 개정을 거듭하였는데, 그 개정의 중점은 지방자치를 위한 기본조건의 확충보다는 지방정부 구성방법이나 권력구조를 정치권 특히 집권당의 정략에 따라 그때그때 바꾸는 것이었다. 지방자치제도의 발전보다도 지방자치를 정치적으로 악용하는 것으로 점철되었던 것이다.

자치의 운용면에서도 선거를 둘러싼 씨족적 분열, 정당간 파쟁, 감정적 대립 등이 연속되었다. 그리하여 의회의 단체장에 대한 불신임권이 남용되어 임기를 만료하지 못한 단체장이 40%에 달하였고, 심지어는 한 임기에 3명의 단체장이 교체되는 경우도 있었다. 1960년 4·19의거 이후에는 중앙정치권의 혼란과 정당의 혼미에 따라 지방정치도 혼란을 겪어야 했다.

이와 같은 지방자치의 실패의 역사는 정치권의 이해에 따른 제도의 빈번한 변개는 물론이고 지방자치단체의 장이나 의원, 그리고 공무원들의 자질과 능력 등에도 그 원인이 있었다. 그러나 그 외 지방자치의 환경도 당시에는 전쟁을 하는 중에 출발했었고, 또 전후복구를 하던 비상시기, 1인당 국민소득이 60불에 불과한 경제 빈궁기, 식민지배에서 벗어난 신생국으로서 국민의 민주적 훈련이 전무하였던 점 등에도 그 요인이 있었던 것이다.

(2) 지방자치의 중단

전쟁 중에 시작한 지방자치는 미숙한 운영으로 많은 난맥을 초래했지만 그럼에도 불구하고 지방자치제의 실시는 국민의 민주적 훈련을 쌓아가고 있었다. 그러나 1961년 군사정부에 의하여 지방자치는 중단되고 말았다. 5월 16일 군사정부의 포고령(제4호)에 의하여 지방의회가 해산되고, 6월 6일 국가재건비상조치법(제20조)을 통해 서울특별시장과 도지사 및 인구 15만 이상 시의 시장은 국가재건최고회의의 승인을 얻어 내각이 임명하고, 그 외의 자치단체장은 도지사가 임명하는 체제로 전환되었다. 그리고 동년 9월 1일에 '지방자치에 관한 임시조치법'이 제정되어 지방자치법의 효력이 정지당함으로써 지방자치는 그 때부터 긴 동면에 빠져들게 되었다.

지방자치에 관한 임시조치법은 ㉠ 지방행정 능률지향 선언, ㉡ 읍·면 자치제 대신 군 자치제의 채택, ㉢ 지방의회의 해산 및 그 기능의 상급 감독기관의 대행, ㉣ 지방자치단체장의 임명제와 국가공무원에 의한 충원, ㉤ 임시조치법과 상충되는 지방자치법 규정의 효력상실 등을 규정하였다.

이때, 지방자치 중단의 구실은 지방자치 여건의 미숙이었다. 따라서 1960년대에는 지방자치 여건 조성에 노력하는 듯한 모습을 보였다. 그러나 1970년대에는 이른바 유신체제로서 지방자치를 능률적 국정운용의 저해요인으로 지목하고 지방자치라는 용어의 언급조차 금기사항으로 할 정도로 철저한 중앙집권적인 국가의 길을 지향했다.

그러나 국가경제와 국민의식이 점차 향상됨에 따라 1980년대에는 지방자치의 실시 여부가 정치권에서도 논의의 대상이 되기 시작하였다. 1984년 말에 여·야간에 지방자치 실시의 준비에 합의가 이루어졌고, 1985년에 「지방자치제도 연구위원회」가 구성되어 연구와 준비작업을 하기 시작하였다.

(3) 지방자치의 부활

한국이 1960~80년의 이른바 개발연대에 '한국의 기적'을 낳으면서 크게 발전을 이룩한 것은 명백한 사실이다. 그러나 국가의 총량적 발전과 물량적 성장을 도모했으나 많은 부작용도 동반했다. 산업간·지역간·도시농촌간·사회계층간의 배분적 발전이 소홀히 되고, 물질적으로는 풍요하면서도 심리적으로는 불만이 팽배하여 성장한 만큼 국민의 행복감은 증진되지 않았다. 특히 중앙집권적인 관료국가의 폐해가 크게 나타났고, 국민의 참여욕구를 수용하지 못하는 경직된 정치행정체제에 대한 반발이 분출되기 시작했다. 각계에서의 1980년대 전반의 학생·지식인의 항거, 후반의 노동자·일반 시민층의 항쟁, 그로 인한 사회의 혼란 등은 그러한 참여욕구의 봉쇄에서 연유하는 것이었다.

사회발전의 단계상 이제는 과거 개발연대에서처럼 집권적이고 획일적이며 총량적인 발전전략으로는 국민의 다양한 욕구에 부응할 수 없는 단계에 이르렀던 것이다. 국민들이 과거에는 체제의 안정과 경제성장을 위하여 기본 욕구를 억제하고 살아왔지만 이제는 각자 개성(다양성)을 가지고 자율(분권성)을 요구하며 참여의 기회보장을 외치게 되었다. 이에 능률이라는 단일가치만을 맹종하던 정치권에서도 다양성과 분권 및 참여를 중요한 발전지표로 추가하게 되었다.

이러한 국민의 다양한 욕구에 대응하는 가장 핵심적인 수단이 바로 지방자치제의 실시였다. 그리하여 1980년대 후반에 들어서면서 지방자치제 실시를 협의하기 시작하였고, 드디어 1988년 4월 6일에 지방자치법을 전문(全文)개정함으로써 지방자치제의 부활을 이룩하게 되었다.[58)]

그러나 지방자치법 전문개정으로 30년간 중단되었던 지방자치제를 부활시킬 토대가 마련되었음에도 불구하고, 중앙집권체제를 유지하려는 세력들에 의하여 법률이 정한 지방의회 구성과 지방자치단체장 선거의 시기가 몇 차례 늦추어져 왔다. 반복되는 정치권의 위법적 지방자치 실시지연 상황을 참다못한 지방자치학회 회원들이 1991년에 헌법소원을 내기도 하였다.[59)]

그리하여 드디어 1991년에 지방의회를 구성하고, 1995년이 되어서야 지방자치단체장도 민선으로 선출하게 되었다. 지방자치가 부활한 후 2000년대 초기에도 지방자치에 역행하는 입법이나 정책의 추진은 여전히 많았다. 기초자치단체의 부단체장 국가직화, 기초단체장 임명제화, 지방자치단체장 징계제도의 추진 등이 그것이었다.[60)] 그리고 2005년에는 지방세인 재산세 중 상당한 재원을 종합부동산세(국세)화하고, 기초의회의원을 정당이 공천함으로써 중앙정당이 지방의회와 단체장을 지배하고 조종하는 구조를 만들었다.

이러한 지방자치 저해기도에 경고를 하고 지방자치의 발전조치를 촉구하는 움직임도 활발하였다. 즉, 300여개 시민사회단체의 대표들이 청주에 모여서 행한 자치헌장 선포,[61)] 한국지방자치학회의 지방분권 선언, 전국에서 모인 2757명의 지식인이 행한 분권촉구 선언, 시·도지사협의회와 시장·군수·구청장협의회의 선언문 및 지방자치의 발전을 위한 법률개정촉구 건의문, 변호사협의회의 법치주의 결의문, 그리고 각 단체의 연구발표·토론회 등이 연달아 개최·발표되었던 것이다.[62)]

이러한 와중에서 기초 및 광역의회 의원과 단체장을 동시에 선거하는 이른바 4대 동시선거가 1995년부터 실시되어, 지방자치가 착실히 뿌리를 내려가고 있다. 그

58) 지방자치 전문개정법률의 핵심내용은 ① 서울특별시와 직할시 및 도를 광역지방자치단체로 하고, 시·군·특별시와 직할시내의 구(區)를 기초지방자치단체로 규정하고, ② 지방자치단체장과 지방의회의원을 모두 선거에 의해 선임하는 기관대립형을 채택하며, ③ 행정사무배분을 예시적·포괄주의 방식으로 하는 것 등이다.

59) 이때에 정치권의 계속되는 위법적인 지방자치 실시지연에 대하여 헌법소원을 청구한 지방자치학회 회원들은 회장인 노융희 서울대 교수와 부회장인 최창호 건국대 정치대학장, 김동훈 충남대 행정대학원장, 서원우 서울대 교수, 정세욱 명지대 교수, 김종표 단국대 교수, 박종순 전주우석대 교수, 강형기 충북대 교수였다.

60) 최창호, "2001년 지방자치의 회고", 자치발전(한국자치발전연구원), 2001년 12월호, pp. 60~71.

61) 지방자치헌장은 전문(前文) 9개 항목에 21개 실천방안을 제시하고 있으며(전문내용은 부록참조), 현재 충청북도 청주시 예술의 전당 옥외에 지방자치헌장탑이 설치·보존되어 있다.

62) 위의 책, pp. 29~31 ; 시도지사협의회, 시·도 뉴스레터, 창간호(2006) 등.

러나 2004년부터 일부 국회의원들이 집요하게 추진하고 있는 도(道)자치제의 폐지, 광역권역 창설, 시·군 합병 등 지역의 의사와는 관계가 없는 구역개편 추진으로 지방자치제의 근간을 흔들기도 했으나 도도히 흐르는 지방자치의 물결을 막지는 못하였다.

2 기능이양 및 분권화의 추진상황

(1) 기능이양의 추진

지방자치제 부활 후, 1991년에 총무처가 중심이 되어 '기능이양합동심의회'를 구성하여 1999년까지 중앙에 집중되어 있는 행정권한을 지방에 이관하는 작업을 계속하였다. 그러나 당시의 지방이관은 법적 뒷받침 없이 행해진 것으로서, 중앙부서들의 저항이 극심하여 말초적인 사무의 비체계적인 이관에 그쳤고, 권한을 지방에 완전히 이양(devolution)하는 것이 아니라 중앙의 감독권을 유보한 채 위임(delegation)하는 데 불과한 것이 대부분이었다.

이에 1998년에 '중앙행정권한의 지방이양촉진 등에 관한 법률'을 제정하여(동법은 2008년에 폐지되고 지방분권촉진에 관한 특별법으로 대치되었다) 보다 체계적인 지방이양 작업에 들어갔다. 1999년에 대통령 소속의 지방이양추진위원회(동 위원회는 2008년에 정부혁신지방분권위원회와 통합되어 지방분권촉진위원회로 개편되었다)를 설치하여 지방이양 대상사무의 조사 및 이양결정을 꾸준히 추진하여 상당한 지방이양의 실적을 올렸다. 그러나 그 방식이 이양 대상사무를 하나하나 발굴해서 이양하는 이삭줍기식이었기 때문에 많은 노력과 시간을 투자한 것에 비해 큰 실적을 올리지는 못했다.

(2) 지방분권의 추진

2003년에는 정부가 정부혁신의 기치를 들고 지방분권을 적극 추진하였는데, 2004년에 5년간 한시법인 '지방분권특별법'을 제정하였고, 2008년에 동법을 역시 5년간 한시법인 '지방분권촉진에 관한 특별법'으로 법명을 변경하여, 지방자치와 관련되는 입법을 하는 경우에 이 법에서 정한 지방분권의 이념에 부합하게 하도록 하고, 지방분권의 추진과제로 특별지방행정기관의 정비, 지방재정의 확충, 감사제도의 개선, 국가와 지방자치단체간 협력체제의 정립 등으로 정하고, 대통령 소속의 '정부혁신지방분권위원회'를 설치하여 지방분권을 정부혁신의 차원에서 추진하였다.

그러나 이 지방분권 추진도 우리나라의 오랜 중앙집권적 전통과 중앙집권 세력의 집요한 반대에 봉착하여 제대로 진척되지 못하였다. 또한 지방분권일괄법 제정을 추진하였으나 물거품이 되고 말았고, 재정분권, 특별지방행정기관 정비도 부진하였다.

(3) 지방행정체제개편의 추진

지방분권화에 대한 논의가 끊이지 않고 있는 가운데, 행정의 효율성을 높이고 지방과 국가의 경쟁력을 높이기 위해 급속한 환경변화에 제대로 부응하지 못하는 지방행정체제를 개편해야 한다는 주장이 제기되었다.

이에 따라 2009년에 국회에서 '지방행정체제개편특별위원회'를 구성하여 행정계층 감축(도 폐지), 시・군・구의 광역화, 지방광역행정기구 설치 등을 과제로 제시하고 활동을 전개하여, 2010년에 '지방행정체제 개편에 관한 특별법'을 제정하고, 대통령 소속의 '지방행정체제개편추진위원회'를 설치하였다.

2013년 '지방분권촉진에 관한 특별법'과 '지방행정체제개편에 관한 특별법'을 통합하여 '지방분권 및 지방행정체제개편에 관한 특별법'을 제정하였고, 동법에 의거하여 대통령 직속으로 지방자치발전위원회를 설치하였으며, 2018년 자치분권 추진을 강화하기 위하여 「지방분권 및 지방행정체제개편에 관한 특별법」을 「지방자치분권 및 지방행정체제개편에 관한 특별법」으로 개정하였다. 이 법에 근거한 새로운 자치분권 추진체계로서 자치분권위원회를 설치하여 운영하고 있다.

3 지방자치 시행의 명・암

지방자치 부활 후 우리나라의 지방자치제 시행과정에는 밝은 면과, 어두운 면이 동시에 있다.

(1) 지방자치 시행의 밝은 면

우리나라에서 중앙집권은 제한된 자원과 인력을 한 곳에 집중시키고 중앙의 의

지에 따라 그것을 부문별·지역별로 집중적으로 배분할 수 있게 했다. 이러한 중앙집권은 후진적인 상태의 국가를 근대화시키는 데에는 강력하고도 효율적인 제도였다. 중앙집권 시스템은 여당의 강력한 지배, 서울 일극집중(一極集中), 대기업 중심주의 등과 그 궤를 같이 하면서 우리나라를 국민소득 1만 달러의 시대로 이끌어 왔다. 그러나 한편에서 이제 이러한 중앙집권이 우리의 균형발전을 가로막는 억제장치가 되었고, 우리 국토를 작고 좁게 만들며 무기력하게 만들었다.

한 나라의 정치와 경제 그리고 문화는 그것이 다차원적으로 구성되어 있으면 그만큼 다양한 경쟁력과 안정된 구조를 취하게 된다. 우리는 우리의 국토를 다양하고 다채롭게 개발하여 경쟁력 있는 큰 나라로 만들어야 한다. 그러나 중앙정부가 직접 나서서 지방의 개성을 만들고 다양성을 창조할 수는 없다. 만약 중앙정부가 그렇게 하려고 노력한다면 기껏해야 '획일적 다양화' 를 양산할 수 있을 뿐이다.

21세기에 들어서면서 산업입지를 결정하는 핵심적인 요소는 도시의 물리적 환경수준에서 지적 환경수준으로 바뀌었다. 그러나 개별도시의 지적 환경수준을 국가가 앞장서서 높일 수는 없다. 도시의 지적 환경수준은 지역의 개성을 살리고 매력을 높이기 위한 내생적 노력을 통해서만 개선될 수 있기 때문이다.

따라서 지방의 산업인프라를 국가가 주도하여 개선해야 하고 시민의 행복도 국가가 책임져야 한다는 종래의 발상에서 과감하게 벗어나야 한다. 이제는 지방 스스로 산업구상의 주체가 되고, 지적 환경정비의 주체가 되어야 하는 것이다. 오늘날은 국가를 개혁하면 자연히 지방자치단체도 개혁될 것이라는 기존의 상식이 비상식으로 바뀌었다. 오히려 지방자치단체를 개혁함으로써 국가가 개혁되는 시대를 맞이하고 있는 것이다.

20세기의 인류는 나라와 나라 사이에 경계를 긋고 국내적으로 통용되는 규칙만을 준수하면서도 살아갈 수가 있었다. 그러나 지금 우리는 지식과 정보 그리고 금융과 인력의 국제간 이동이 자유로운 21세기를 살고 있다. 전 지구적으로 시장과 정보를 공유하는 세계화의 시대를, 그리고 나라와 나라 사이에 경계선이 없는 시대를 살아가고 있는 것이다. 나라와 나라 사이에 국경이라는 커튼이 없어져도 남는 것은 지방과 도시이다. 따라서 이제 우리는 지방과 도시의 이름으로 국제무대에 나서야 한다. 우리가 20세기를 국가의 시대라고 불렀다면 21세기는 도시의 시대라고 부르는 이유가 여기에 있다.

오늘날 우리는 중앙과 지방 그리고 지방과 그 주민이 협력할 때에 비로소 공공과제가 해결될 수 있는 사회에 살고 있다. 그러나 주민의 삶과 지역사회의 존재양식이 중앙정부의 결정과 지배로 짜여지는 체제에서는 주민의 참여도 시민단체의 설 자리도 없어지게 된다. 그리고 지역의 주민은 자신이 살고 있는 지역에 애착을 가지고 공감과 공유 속에서 협동하고 인내할 수도 없게 된다. 따라서 중앙과 지방이 협력하고 현장의 행정과 주민이 힘을 합하여 창조적으로 문제 해결에 임할 수 있게 하는 '상향적 참여형' 시스템을 새롭게 구축해야 한다. 이러한 상황에서 지방자치의 부활은 부분은 없고 전체만 강조하던 중앙집권적 구심의 역사에서 지방분권적인 참여의 역사를 새롭게 구축하는 계기가 되었다.

(2) 지방자치 시행의 어두운 면

현대사회에서 선진국들이 분권개혁을 단행했던 것은 중앙집권이라는 제도 그 자체가 나쁜 것이기 때문은 아니다. 그것은 돌이 고갈되어 석기시대가 마감된 것이 아니듯이 새로운 시대의 소명에 응답하려는 것이었다. 그런데 중앙집권의 역사적 사명이 끝났음에도 불구하고 중앙집권으로 현장의 문제를 해결하려 한다면, 그러한 사람은 마치 아직도 돌이 많은데 왜 석기시대를 버리느냐고 항변하는 것과 다를 바 없다.

그러나 지방분권을 주장하는 것은 지방을 분리시키고 독립시키자는 것이 아니다. 그것은 통일성이라는 틀 안에서 발현과 분화를 통한 발전을 도모하게 하자는 것이다. 이처럼 우리가 추진하려는 지방분권은 통일성과 고유성을 동시에 확보하려는 것이다. 이제 우리는 국가의 전체적인 것에서는 통일성을 확보하고 부분적인 것에서는 현장의 특성을 살려 지역마다의 개성을 창조해야 한다. 그리하여 서로 다른 것 간의 조화(調和)를 통한 상생(相生)의 묘를 연출해야 한다. 21세기에 있어서도 여전히 모든 지방은 국민국가의 구현이라는 대의(大義)를 위하여 단결하고 화해하며 협력해야 한다. 그러나 우리는 아직 지방자치의 미숙으로 인하여 지역이기주의·집단이기주의에 얽매어 지역간·집단간 분쟁을 야기하는 경우가 많았고, 지방의 부분적인 이익에 집착하여 국가의 기본정책과 기간산업의 추진을 저해하는 경우도 있었다.

한편, 지방자치단체의 장과 지방의회의원이 중앙정당에 예속되어 정당적 파쟁에 앞장서거나, 비전도 없이 정치적 이해타산에만 몰두하여 선심행정·예산낭비·정실인사 등을 낳는 부작용도 나타났다. 특히 지방의회가 그 본래의 기능인 민의반영·정책심의·행정감시 등을 제대로 수행하지 못하고, 무능과 월권으로 기대를 저버리는 경우도 많았다.

지방이 분권과 자치를 주장하려면 자립을 지향해야 하며, 그 전제는 지역에 관한 일은 지역사람들이 가장 잘 알고 있다는 것을 정책적으로 증명해 보여야 한다. 결국 지역을 위하여 무엇을 해야 하는지를 추론해 내는 능력과 그러한 행위를 수행하도록 촉발시키는 능력으로서의 자치력(自治力)을 키울 때 비로소 자유를 구가할 수 있게 된다. 그러나 우리의 지방에는 아직 정책입안 능력을 포함한 자치적 능력이 부족하여 능력은 없고 의욕만 과도한 결과로서 많은 문제가 나타나고 있다.

Ⅲ 한국 지방자치의 발전조건

1 지방자치의 제도적 보장

(1) 헌법과 지방자치

(가) 헌법의 지방자치에 관한 규정

1987년 개정된 현행 헌법은 그 제8장(제117조와 제118조)에서 지방자치에 관하여 다음과 같이 규정하고 있다.[63)]

제117조 : ① 지방자치단체는 주민의 복리에 관한 사무를 처리하고, 재산을 관리하며, 법령의 범위 안에서 자치에 관한 규정을 제정할 수 있다.
② 지방자치단체의 종류는 법률로 정한다.

---

63) 헌법본문의 지방자치에 관한 규정의 변천을 살펴보면 다음과 같다.
- 1948년의 개정 헌법
  제96조 ① 지방자치단체는 법령의 범위 안에서 지방자치에 관한 행정사무와 국가가 위임한 행정사무를 처리하며, 재산을 관리한다.
  ② 지방자치단체는 법령의 범위 안에서 자치에 관한 규정을 제정할 수 있다.
  제97조 ① 지방자치단체의 조직과 운영에 관한 사항은 법률로써 정한다.
  ② 지방자치단체에는 각각 의회를 둔다.
  ③ 지방의회의 조직, 권한과 의원의 선거는 법률로써 정한다.
- 1960년의 개정 헌법
  제97조 ① 종래의 ①과 같음.
  ② 지방자치단체의 장의 선임방법은 법률로써 정하되, 적어도 시・읍・면의 장은 그 주민이 직접 이를 선거한다.
  ③, ④ 종래의 ②를 ③으로, 종래의 ③을 ④로 함.
- 1962년, 1972년, 1980년의 개정 헌법
  현행 헌법의 규정과 동일한 내용을 규정함.

제118조 : ① 지방자치단체에 의회를 둔다.
② 지방의회의 조직·권한·의원선거와 지방자치단체의 장의 선임방법, 기타 지방자치단체의 조직과 운영에 관한 사항은 법률로 정한다.

과거 1962년, 1972년, 1980년의 개정 헌법에서는 그 부칙에 지방의회 구성의 유예에 관한 규정을 두고 있었다.[64)]

1987년 개정된 현행 헌법은 그와 같은 부칙 규정을 두지 않고 있다.

(나) 지방자치에 관한 헌법적 보장의 내용

헌법은 지방자치권을 직접 보장함과 아울러, 일정한 사항을 법률로 정하도록 유보하고 있다.

첫째로, 지방자치단체의 '주민 복리에 관한 사무'[65)] 처리권을 보장한다. 현행 헌법은 1962년 개정 전의 헌법과는 달리, 지방자치단체의 사무의 처리를 '법령의 범위 안에서' 행해야 한다는 제약을 두지 않고 있다. 이는 자치사무 처리의 자주성을 더욱 보장함을 뜻한다.

둘째로, 지방자치단체의 '재산' 관리권을 보장한다. 이는 지방자치단체의 자주적인 재정력의 토대 위에서만 지방자치의 실질이 보장될 수 있기 때문에, 그 자주재정권을 보장하고 있는 것이다.

헌법은 여기에서도 1962년 개정 전의 헌법과는 달리, '법령의 범위 안에서'라는 제약 없이 지방자치단체의 자주재정권을 보장하고 있다. 이 또한 지방자치단체의 자주재정권을 더욱 보장하고 있음을 뜻한다.

셋째로, 지방자치단체의 '자치에 관한 규정' 제정권을 보장한다. 지방자치단체는 일종의 통치단체이기 때문에 그러한 통치의 기준 내지 근거가 되는 입법권을 자주적으로 행사할 수 있도록 보장하고 있는 것이다. 다만, 자치입법에는 자치사무 처리나 자주재정의 경우와는 달리 '법령의 범위 안에서' 행해져야 한다는 제약이 따르

---

64) 헌법부칙의 지방자치에 관한 규정의 변천을 살펴보면 다음과 같다.
- 1962년의 개정 헌법 : 부칙 제7조 ③ 이 헌법에 의한 최초의 지방의회의 구성시기에 관하여는 법률로 정한다.
- 1972년의 개정 헌법 : 부칙 제10조 : 이 헌법에 의한 지방의회는 조국통일이 이루어질 때까지 구성하지 아니한다.
- 1980년의 개정 헌법 : 부칙 제10조 : 이 헌법에 의한 지방의회는 지방자치단체의 재정자립도를 감안하여 순차적으로 구성하되, 그 구성시기는 법률로 정한다.

65) 주민의 복리에 관한 사무가 무엇을 뜻하느냐에 관하여 해석의 여지는 있으나, 대체로 자치사무를 의미한다고 볼 수 있다 : 김도창, 일반행정법론「하」(서울 : 청운사, 1981), p. 116.

고 있다.

넷째로, 지방자치단체에 '의회'의 설치를 보장한다. 지방자치에 있어서 주민참정의 왕도는 주민대표기관인 지방의회의 설치에 있기 때문에, 헌법이 이를 보장하고 있는 것이다.

헌법은 지방의회의 설치에 '법령의 범위 안에서'라는 제약을 두지 않고, 다만, 지방의회의 조직, 권한 및 의원선거는 이를 법률로써 정하도록 하고 있다. 현행 헌법은 과거의 헌법들이 그 부칙에서 지방의회의 구성에 관하여 '조국통일시까지' 또는 '지방자치단체의 재정자립도를 감안하여' 등과 같은 조건 없이 지방의회를 구성하도록 하고 있다.

다섯째로, 헌법은 ㉠ 지방자치단체의 종류, ㉡ 지방의회의 조직·권한 및 의원선거, ㉢ 지방자치단체의 장의 선임방법, ㉣ 기타 지방자치단체의 조직과 운영에 관한 사항을 법률로써 정하게 함으로써 지방자치단체의 구성에 관하여 법률유보를 행하였다.

헌법이 이와 같은 사항을 법률로 유보한 뜻은, 이와 같은 중요한 사항들은 반드시 국민의 대표기관인 국회를 통과한 법률로써만 정할 수 있고, 법률 이외의 행정명령이나 행정규칙으로써 이를 정할 수 없도록 한 것이다.

(다) 지방자치에 관한 헌법적 보장의 뜻

지방자치에 관한 사항을 헌법에서 규정한 의의는 다음과 같다.

첫째로, 지방자치에 관한 사항을 헌법에 명시함으로써 지방자치가 우리나라에 있어 '헌법적 사항'으로 인정받고, '국가의 기본질서'의 일부분으로서 보장받고 있음을 보여 주고 있다. 지방자치가 헌법에 있어서 하나의 장(제8장)의 비중으로 규정되어 개인기본권, 정부조직 등과 나란히 헌법의 기본부분을 형성하고 있음도 그것을 뜻하는 것이다.

둘째로, 지방자치에 관한 사항이 헌법에 규정됨으로써 지방자치는 우리나라에 있어 국가의 일반행정과는 다른 특별한 '정치적 제도'로서 채택되고 있음을 보여 주고 있다. 만약 지방자치가 국가의 순수한 행정의 한 부분으로 인식되고 있다면 구태여 국가기본법인 헌법으로 이를 특별히 규정할 필요가 없을 것이고 법률이나 일반명령 속에 이를 규정하여도 무방하였을 것이다.

셋째로, 지방자치에 관한 사항을 헌법에 명시함으로써, 지방에 '자치권'이 부여되고 있음을 명백히 보여 주고 있다. 지방의 자치권이 지방고유권인가, 국권인가에 관한 인식 여하에 따라, 지방자치에 관한 헌법의 규정이 국가 이전에 존재하고 있던 자치권을 확인·선언한 것인가, 아니면 헌법규정으로 비로소 창설·수여한 것인가의 해석이 달라질 것이나, 오늘날에는 통상적으로 자치권을 '주권 아래의 권리'로 인식하고 있으므로, 헌법이 지방자치에 관한 사항을 규정하고 있음은 지방자치권을 부여하고 있음을 명백히 하는 것이다.

넷째로, 지방자치단체가 주민복리에 관한 사무를 처리하고, 재산을 관리하며 자치법규를 제정할 수 있도록 규정함으로써, 지방자치단체를 공법상 독립성이 보장되는 행위 주체임을 인정하고 있다. 이는 지방자치단체가 법률상 권리능력의 주체가 되고 있음을 의미하는 것으로서, 권리능력 주체인 지방자치단체는, 법률에 의한 권리제한 이외의 어떠한 침해에 대하여도 권리를 주장할 수 있는 법적 지위를 가진다고 해석된다. 분쟁조정신청, 권한쟁의, 헌법소원 등의 문제가 바로 그것이다.

다섯째로, 헌법에 의한 지방자치의 보장은 전체로서의 지방자치제도의 일반적 보장[66]이고 개개의 지방자치단체의 존립과 권리에 관한 개별적 보장은 아니라는 것에 유의하여야 한다. 즉, 전체로서의 지방자치제도가 존속하는 한 특정 지방자치단체의 폐지 또는 권리제한을 법률로 정한다 하더라도 헌법위반은 되지 않는다.[67]

(2) 지방자치의 법체계

(가) 지방자치의 법원

지방자치에 관한 법원(法源 ; Rechtsquelle)은 성문법(제정법)이 원칙이나, 불문법(비제정법)의 형식으로 존재하는 수도 있다.

(a) **성문법원**(成文法源) : 지방자치에 관한 성문법원으로는 헌법, 법률, 국제조약, 명령 등의 국가의 제정법과, 지방자치단체의 제정법으로서 조례와 규칙이 있다.

① 헌법 : 헌법은 국가의 통치권 전반의 조직과 작용을 규율하는 기본법이므로, 지방자치의 조직과 작용에 관하여도 그 기본적 법원이 된다.

② 법률 : 헌법 제118조 제2항에서 "지방자치단체의 조직과 운영에 관한 사항은 법률로 정한다"고 규정하여 법률이 지방자치의 주요 법원이 됨을 명백히 하고 있다.

---

66) 헌재 2008. 5. 29 2005헌라3전원재판부: 헌법 제117조와 제118조에서 '지방자치단체의 자치'를 제도적으로 보장하고 있는바 그 보장의 본질적 내용은 ① 자치단체의 보장 ② 자치기능의 보장 ③ 자치사무의 보장이라고 하고 있다.

67) 그러나 일본헌법 제95조는 "하나의 지방공공단체에만 적용되는 특별법은 법률이 정하는 바에 따라 그 지방공공단체의 주민의 투표에 의하여 그 과반수의 동의를 얻지 못하면 국회는 이를 제정할 수 없다"고 규정함으로써 개개 지방자치단체의 권능에 관한 개별적 보장도 명백히 하고 있다.

지방자치 법원으로서의 현행 성문법률에는 지방자치법, 지방교육자치에 관한 법률, 지방자치분권 및 지방행정체제개편에 관한 특별법, 공직선거법, 주민투표법, 지방재정법, 지방자치단체를 당사자로 하는 계약에 관한 법률(지방계약법), 지방세기본법, 지방세법, 지방교부세법, 지방공기업법, 지방공무원법, 국가경찰과 자치경찰의 조직 및 운영에 관한 법률(경찰법), 지방교육재정교부금법 등이 있다.

③ 국제조약 : 헌법 제6조 제1항은 "이 헌법에 의하여 체결·공포된 조약과 일반적으로 승인된 국제법규는 국내법과 동일한 효력을 가진다"고 규정하고 있는바, 지방자치와 관련하여도 이러한 조약 및 국제법규가 법원이 되는 경우가 있을 수 있다. 한·미 상호방위조약에 따른 시설·구역 등에 관한 협정(1967. 2. 9.)이 그 예이다.

④ 명령 : 오늘날 지방자치의 내용은 날이 갈수록 그 전문성·기술성·임기성을 더해가고 있기 때문에 법률은 지방자치에 관하여 그 대강만을 정하고 그 세부적인 시행사항은 명령에 위임하지 않을 수 없게 되었으므로, 명령은 지방자치에 관한 법원으로서의 중요성이 크다. 지방자치에 관한 법원으로서의 명령의 예로는 지방자치법시행령 등 각 관계법률의 시행령이 있다.

⑤ 자치법규 : 자치법규는 지방자치단체가 자치에 관하여 법령의 범위 안에서 제정하는 법규로서(헌법 제117조 제1항), 지방자치단체의 구역 안에서 지방자치에 관한 중요한 법원이 된다. 자치법규에는 조례와 규칙의 두 가지가 있다.

(b) 불문법원(不文法源) : 지방자치의 구체적이고 세세한 사항의 전반에 걸쳐 성문법으로 완비될 수 없으므로, 이러한 경우에는 불문법이 법원이 된다. 불문법원의 예로는 관습법, 판례법 및 조리법 등을 들 수 있다.

① 관습법 : 지방자치에 관한 관습법으로는 두 가지 경우로 나누어 생각할 수 있다. 그 하나는 일반주민들 사이에 일정한 관행이 오래 계속됨으로써 그것이 법규범으로서의 법적 확신을 얻게 되는 경우(주민관습법)로서, 실례는 희소하나 입어권, 관개용수리권에서 볼 수 있다.

다른 하나는 행정기관이 일정한 행정례를 오래 반복함으로써 그것이 법규범으로서의 법적 확신을 얻게 되는 경우(행정선례법)에 지방자치에 관한 법규의 해석 및 처분에서 발생한다.

② 판례법 : 지방자치에 관한 법원의 판결은 직접적으로는 구체적 사건의 해결에 효력을 한정하고 있지만 그 속에 포함되어 있는 원리는 그와 유사한 다른 사례에도 적용될 수 있다는 의미에서 일반적인 법원이 될 수도 있는 것이다. 특

히 대법원의 판결례는 지방자치에 관한 권위 있는 법원이 될 수 있다. 영・미에서는 판례법의 법원성이 거의 절대적이다.

③ 조리법 : 조리는 사회일반의 건전한 상식 및 정의관에 비추어 볼 때 '그러하여야 할 것'으로 판단되는 사회규범을 말하는 것으로서, 법해석의 기본원리가 된다. 지방자치에 관하여 성문법, 관습법, 판례법이 정립되어 있지 않은 경우에 그 보충적 법원으로서 중요한 의미를 지닌다. 특히 자치행정은 종합적이고도 복잡・다기하여 성문법이나 관습법 및 판례법이 정립되지 않은 경우가 많기 때문에 조리법이 법원이 되어야 할 여지가 많다.

(나) 지방자치에 관한 법률들

(a) 지방자치 분야별 법률들 : 지방자치에 관한 법률들이 많이 있는데, 이를 몇 가지 부류로 나누면 다음과 같다.

첫째로, 기본법으로서 지방자치법, 지방교육자치에 관한 법률 등이 있다.

둘째로, 특별법으로서 지방자치분권 및 지방행정체제개편에 관한 특별법, 서울특별시 행성특례에 관한 법률, 각 광역시・세종특별자치시・제주특별자치도 설치에 관한 법률 등이 있다.

셋째로, 분야법으로서 공직선거법, 주민투표법, 지방재정법, 지방자치단체를 당사자로 하는 계약에 관한 법률, 지방자치단체기금관리기본법, 공유재산 및 물품관리법, 지방세기본법, 지방세법, 지방교부세법, 지방교육재정교부금법, 국세와 지방세의 조정 등에 관한 법률, 지방공기업법, 지방공무원법 등이 있다.

넷째로, 지방자치의 외곽법으로서 교육기본법, 지역보건법, 국토의 계획 및 이용에 관한 법률, 도시개발법 등이 있다.

(b) 지방자치법의 지위 : 지방자치법은 1949년 7월 4일에 제정되어, 1961년 9월 1일 지방자치에 관한 임시조치법에 의해 그 효력을 정지당하였다가, 1988년 4월 6일 그 전문(全文) 개정으로 효력을 회복하였다.

2021년 1월 12일 변화된 지방행정 환경을 반영하여 주민중심의 지방자치를 구현함과 동시에 지방자치단체의 자율성 강화와 이에 따른 투명성 및 책임성을 확보하기 위하여 전부개정 후 2022년 1월 13일 시행되었다. 그 법체계상의 지위는 다음과 같다.

첫째로, 헌법의 프로그램적 법률이다.

둘째로, 지방재정법, 지방공무원법 등 각 분야별 법률들에 비하여 종합법, 이북5도에 관한 특별조치법 등 각 특별법 등에 비하여 일반법의 성격을 지니고 있으며,

본질적으로 지방자치에 관한 기본법이다.

셋째로, 이른바 개별수권주의적 법률이 아니라 모든 종류의 지방자치단체를 통일적으로 규정하고 있는 개괄법이다.

넷째로, 지방자치에 관한 법률인 동시에 국가의 지방행정법의 지위를 겸하고 있다.

2 지방자치의 발전과제

우리나라 지방자치를 정착시키는 데 있어서 발전시켜야 하는 기본적인 과제는 지방분권의 확대, 자치시스템의 정비, 지역 간 경쟁체제의 확립이다.

(1) 지방분권의 확대

지방분권화 과제로서는 다음 사항들이 중요하다.

(가) 지방자치권의 확대

오늘날 대부분의 민주주의 국가에서는 개인의 기본권과 아울러 지방자치단체의 자치권을 헌법으로 보장하고 있다. 그러나 우리나라의 경우, 지방자치단체의 자치입법권은 그 범위가 모호하고, 특히 법률의 개별위임을 필요로 하는 경우가 많고, 자치조직권도 대통령령이 정하는 바에 따라 또는 감독관청의 승인을 얻어 제정할 수 있게 하고 있으며, 자치운용권도 고유사무가 협소하여 제한적이다. 또한 자치계획권은 그 개념조차 형성되지 못하고 있는 형편이다.

(나) 명확한 기능배분

우리 지방자치법은 지방자치단체가 처리하는 사무의 범위를 예시하고 있으나, 그 속에는 지방자치단체의 고유사무가 아닌 것도 포함되고 있다. 또한 각 개별법에 다르게 규정되어 있을 때에는 그에 따르게 하여 지방자치단체 사무의 실제 내용을 불분명하게 하고 있다.

사무의 배분에 있어서도 자치계층별로 획일적으로 배분하고 있어서 구체적 타당성을 결여하는 경우가 많다. 그동안 일부의 사무를 지방자치단체에 이관해 왔지만,

그 이관의 내용이 이양이 아니라 위임인 경우가 많았고, 위임의 경우에도 단체위임인지, 기관위임인지 불분명하여 그 이관사무에 대한 지방의회의 관여 여부, 소요 경비의 부담, 중앙정부의 통제범위 등이 불분명한 경우가 많다.

(다) 재원배분의 추진

우리나라의 경우에는 재원배분이 중앙편중적이다. 그러나 많은 사무가 지방자치단체에서 처리되고 있는 현실을 감안할 때, 지방자치단체의 재원을 획기적으로 확충하여야 한다.

특히 국세와 지방세의 배분에 있어 지방세원을 보강해 주어야 한다. 그러나 국세인 종합부동산세를 신설하면서 지방세원을 국세원으로 전환했고, 국고보조금의 지급절차를 까다롭게 규정하고 있다. 따라서 지방교부세의 지급률을 향상시키는 것과 아울러 국가보조금의 포괄보조금화를 도모하여야 하며, 법정외세의 도입도 필요하다.

(라) 중앙통제의 개선

지방에 대한 국가의 관여는 국가의 통일성 유지를 위하여 필요한 최소한의 보완적 수준에 그쳐야 하며, 그것이 과도하거나 지배적이어서는 안 된다. 그러나 우리나라의 중앙통제는 전통적으로 강력하고 권력적이다.

중앙통제를 지방자치단체의 사무가 고유사무냐, 단체위임사무냐, 기관위임사무냐에 따라 합법성·합목적성 감독, 사후적·사전적 통제의 진폭을 체계화하고 비권력적 통제 중심으로 개편하여야 한다.

(2) 자치시스템의 정비

지방자치제가 안착을 하도록 하기 위해서는 다음과 같은 자치시스템의 정비도 필요하다.

(가) 주민참여의 확립

지방자치의 본질이 주민에 의한 자치에 있으므로 지방자치에 있어서 주민의 관심을 확보하고 주민의 참여를 확대하여 사업에 대한 주민의 지지를 얻는 것이 무엇보다 중요하다.

우리나라에서 주민투표제, 주민감사청구제, 주민발안제, 주민소송제, 주민소환

제 등 주민참여제도가 많이 보강되었다. 그러나 그 권리의 실현에 많은 주민의 연서를 요구하고 있고, 특히 오래된 중앙집권과 관료행정에 익숙한 주민들이 지역문제에 적극 참여하지 않기 때문에 적절히 활용되지 못하고 있다. 그러나 앞으로는 주민이 참여의 수준을 넘어, 정부와 공동으로 자치를 운용하는 이른바 거버넌스(governance)의 확립이 요청된다.

(나) 지방의 국정참여 확대

국가의 지방자치관련 정책결정이나 입법에 있어서는 국가가 일방적으로 결정하지 말고 지방과 긴밀히 협의하여 하는 것이 중요하다. 물론 시장・군수・구청장협의회 등 전국협의체[68]에 자치관련법률 등에 관한 의견제출권이 부여되어 있고, 또 그 협의회의 제출의견을 국정에 반영하도록 하고 있으나 실제에 있어 별로 그 효과를 거두지 못하고 있는 것도 개선할 필요가 있다.

(다) 교육자치의 개선

교육행정과 일반행정과의 통일성 확보도 시급한 과제이며, 기초자치단체 수준에서 교육자치를 실시함으로써 현장의 수요에 더욱 철저히 대응하는 것과 교육감의 직선제의 폐해를 개선하는 것도 시급한 과제다.

(라) 정당공천제의 폐해 시정

오늘날 지방선거에서 정당이 지역대표 후보자를 공천하게 함과 아울러 비례대표 후보자를 추천하여, 모든 지방선거에 전폭적으로 관여하고 있다. 그러나 정당이 지방선거에 공천권을 행사하면서 지방선거는 지방의 문제를 해결하기 위한 정책경쟁이 아니라 중앙정치의 대리전을 치르는 양상으로 변질되고 있다. 따라서 지방정치가들이 정책을 강구하고 봉사하는 모습으로 평가받으려 하기보다는 중앙정치에 줄을 대고 기회를 노리는 잘못된 풍토를 노정시키고 있다.

(3) 지역 간 경쟁체제의 확립

지역 간 경쟁체제의 확립을 위해서는 다음 사항들이 중요하다.

68) 전국협의회란 전국 시・도지사 협의회, 전국시장・군수・구청장 협의회, 전국 시・도의회의장협의회, 전국 시・군・구의회의장협의회를 말한다.

(가) 위기감의 공유

지방이 자치를 하려는 것은 지역의 운명에 대하여 스스로 책임을 지려는 것이다. 그러나 현실적으로 지역사람들이 지역의 운명을 스스로 책임지려 할 때에 따르는 무거운 책임감을 공유하지 못하고 있다. 지역주민들이 지역의 문제를 스스로 해결하려고 자구책을 강구하고자 노력할 때 정부의 지원도 효력을 발휘할 수 있다는 것을 알아야 한다. 주체적이지도 그리고 창조적이지도 못한 지방의 운명은 결국 국가의 처분에 따를 수밖에 없다는 것을 알아야 한다.

(나) 내발성의 확립

지역이 자립을 추구하려면 그 발전은 내발성에 기반을 두어야 한다. 내발성에 기반을 두어야 한다는 것은 지역 그 자체가 주체성을 확립해야 한다는 것이다. 따라서 우리는 발전과 개발을 엄밀히 구분해야 한다. 농장을 개발하고 산을 개발하는 것처럼 지역은 행위의 대상이 아니라 활동의 주체이다. 인간을 포함한 지역사회를 대상으로서 그리고 수단으로 받아들이는 개발의 사상에서 벗어나 스스로가 주체로서 거듭나야 한다.[69]

(다) 고유문화의 창조

지방자치는 지역의 주민들이 자신의 터전에서 생활할 수 있는 기반을 구축하려는 것이며, 생활자의 인권을 보장하려는 것이다. 지방자치는 자연과 공생하는 지역을 창조해 나가려는 것이며, 지역에 사는 사람들이 그 지역의 주역으로 살아가는 환경을 창조하려는 것이다. 따라서 지방정부는 지역의 자원을 창조적으로 발굴하여 활용하고, 성장력을 강화시키며, 지역의 자활기반을 스스로 확보하면서 개성 있는 고유문화를 창조하는 것으로 지역 간 경쟁력을 키워나가야 한다.

---

69) 강형기, 지역창생학(서울 : 생각의 나무, 2010), pp. 309~310.

PART

2

지방자치의 기본적 체계

CHAPTER

3 지방자치단체

제 1 절 지방자치구역

I 지방자치구역의 의의

1 지방자치구역의 의미

지방자치는 일정한 구역을 토대로 하여 설립된 지방자치단체 단위로 시행된다. 그렇기 때문에 지방자치는 현실적으로 각 구역 단위에서 실행되고, 구역과 구역의 관계체계로써 그 나라의 지방자치제도가 형성되는 것이다.

구역(area, district or boundary)이란 '일정한 공공의 기관 또는 단체의 관할권이 미치는 지역적 범위'를 말한다. 이에는 육지뿐만 아니라 하천・호수・소택지(沼澤地) 등의 수면과 그 지역에 접속하는 해역도 육지의 연장으로서 포함된다.[1)]

이와 같은 구역은 다음과 같이 몇 가지로 나눌 수 있다.

첫째로, 구역은 그 법적 성격에 따라 자치구역(autonomous area or district)과 행정구역(administrative area or district)으로 나뉜다. 자치구역은 지방자치단체의 자치권이 미치는 지역적 범위를 말하며, 그것은 대체로 공동사회를 토대로 한다. 반면에 행정구역은 국가 또는 지방자치단체가 그 행정상의 편의를 위하여 그 내부에 설정하여 놓은 지역적 단위를 말하며, 그것은 자치구역에 비하여 인위성이 강하다고 볼 수 있다.

---

1) 최창호, 지방행정구역론(서울 : 법문사, 1981), p. 13 ; 최창호, 한국지방행정의 재인식(서울 : 삼영사, 1983), p. 165.

둘째로, 구역은 그 속에서 수행되는 기능의 복합성 여부에 따라 일반구역(general purpose area or district)과 특별구역(special purpose area or district)으로 나뉜다. 일반구역은 일정한 지역 안에서의 일반적 사무를 종합적으로 처리하기 위하여 설치된 구역을 말하고, 특별구역은 그 지역 안의 특수사무를 보다 전문적으로 처리하기 위하여 설치된 구역을 말한다.

도·시·군 등의 지방자치단체는 국가의 지방기관의 지위를 겸하고 있으므로 그 관할구역은 일반자치구역과 일반행정구역의 의미를 동시에 가지고 있다.[2] 지방자치단체의 구역은 지방자치의 장소적 요소로서, 소극적으로는 지방자치단체의 권능을 지역적으로 한정시키며, 적극적으로는 그 구역 안에 주소나 거소를 둔 사람 및 그 구역과 일정한 장소적 관계를 가진 사물을 해당 지방자치단체의 권능에 복종시키는 효과를 가져온다.

2 지방자치구역의 성격

자치구역을 중심으로 구역의 성격을 고찰하면 다음과 같다.[3]

첫째로, 지방자치단체의 구역의 문제는 지방자치단체의 기능(functions)의 문제와 분리하여 생각될 수 없다. 구역을 용기(容器)라고 한다면 기능은 그 용기에 담을 물건과도 같다. 용기는 그 곳에 담을 물건을 전제로 논의해야 한다. 1948년 영국의 지방자치경계위원회(Local Government Boundary Commission)의 제2차 보고서에서 "구역의 문제는 기능배분(distribution of functions)의 문제와 긴밀히 결합되어 있는 것이며, 양자는 결코 분리하여 생각될 수 없다"고 지적한 것도 바로 그 때문이다. 즉, 그 수행되는 행정기능의 성격과 내용에 따라 그 기능 수행을 위한 지역적인 범위가 달라져야 하며, 그 기능의 변동에 따라 지역적 범위는 항상 적응해 나가야 한다.

둘째로, 지방자치구역의 문제는 지방자치단체의 계층구조(tier system)와 밀접한 관련을 가진다. 지방자치는 지역사회 주민과 가까운 데서 주민의 일상생활에 관련된 공공업무를 처리하는 것이기 때문에, 자연히 소규모적·기초적인 지방자치단체

---

2) 구역에 있어서, 일제 강점기에는 국가의 지방행정구역에 지방자치단체의 구역이 따르도록 되어 있었는데 비하여, 오늘날에는 그와 반대로 지방자치제도를 본위로 하여 지방자치단체의 자치구역에 국가의 지방행정구역이 따르도록 되어 있다.

3) 최창호, 지방행정구역론(서울 : 법문사, 1981), pp. 15~17.

를 그 기본으로 한다.

그러나 대규모적이고도 광역적인 공공업무의 처리를 위하여 광역적인 자치단체의 설립을 필요로 하며, 기초적 자치단체간 유기적인 협조를 위해서 광역자치단체에게 기초자치단체에 대한 지도·원조·조정 등의 기능을 부여함으로써 광역자치단체와 기초자치단체간에 계층적 관계가 형성된다. 따라서 지방자치에 있어서 구역의 문제는 지방자치(또는 행정)계층구조의 문제를 떠나서 생각할 수 없다.

셋째로, 지방자치구역의 문제는 집권·분권체제와 밀접한 관련을 가진다. 즉, 지방자치구역은 공동사회적 기초를 가지는 동시에 능률적인 행정운용을 보장하는 것이어야 한다. 전자는 지방행정의 민주화를 기하기 위한 요건이고, 후자는 지방행정의 능률화를 기하기 위한 요건이라고 할 수 있다.

지방자치구역의 문제는 이러한 민주화와 능률화의 두 가지 상반되는 요청과 관련되며, 그것은 결국 중앙집권 및 지방분권과 밀접한 관련을 가진다. 따라서 자치구역의 개편은 결국 그 나라의 지방제도(지방자치계층 및 지방행정체계) 전반의 개편과 관련된다.

넷째로, 지방자치구역은 전통적이고도 보수적인 속성을 가지고 있다. 그것은 다분히 역사적 산물일 뿐만 아니라 주민의 오랜 터전이고, 주민의 공동의식의 단위이기 때문이다. 일단 설정된 구역은 시일의 경과에 따라 주민생활과 밀접한 관계를 가지게 되고, 주민의 소속의식과 연결되어 애착의 대상이 되면서 점차 고정되어 간다. 이처럼 한번 설정된 구역은 세월과 더불어 정체성, 소속감, 연대의식 등을 형성하는 기반으로서 구심력과 정신적 일체감 그리고 상징적 가치를 축적하는 토대가 된다. 그리하여 한 지역의 지명은 그 자체가 '역사의 기억장치로 들어가는 출입구'가 된다. 따라서 구역은 사회적·문화적 차원에서 접근할 필요가 있는 것이다. 어느 나라에서나 구역개편에 임할 때 경제적 합리성만큼이나 정서적 합리성도 신중히 고려하는 이유가 여기에 있다.

그러므로 구역의 전통성과 보수성에 대한 충분한 연구가 없는 경솔한 구역 개편이나 재편성은 실패로 돌아가게 마련이다. 우리나라에서 오랜 전통을 가지고 있는 8도(道)제를 갑오경장기에 23부(府)제로 바꾸었다가 1년 후에 다시 도제로 돌아간 것이 그 대표적인 예이다.

Ⅱ 지방자치구역 문제의 대두

1 지방자치구역에 대한 관심의 대두

(1) 구역문제에 대한 관심

건국 후 지방자치법을 제정할 때만 하더라도 "지방자치단체의 명칭과 구역은 종전의 부(府)를 시(市)로 개칭하는 이외에는 모두 종전에 의하고…"라고 규정할 정도로 지방자치에 있어서 구역의 문제는 그리 심각한 문제로 취급되지 않았다. 그 후에도 몇 개의 읍을 시로 승격시키는 것 이외에는 구역은 큰 문제로 부상하지 않았다.

그러나 1961년에 기초자치단체를 읍・면에서 군(郡)으로 확대함에 따라 기초자치단체의 적정규모에 관한 논쟁이 전개되기 시작했다. 한편 경제권역의 설정과 국토개발의 추진에 따라 도(道) 구역 개편의 문제도 거론되었다. 1990년대에는 중심 시(市)와 그 주변의 군(郡)을 하나로 통합하는 시・군통합이 행해졌고, 지방자치・행정의 여러 계층 가운데 한 계층을 축소할 수 없겠느냐 하는 문제도 제기되었다.

세계적으로 20세기 후반에 들어서면서 각 국가에서 지방자치구역을 포함한 지방자치체제의 전반적 재편성에 관한 논의가 활발히 전개되었고, 특히 1970~90년대에는 구역개편이 실제로 단행되는 예도 많아졌다. 그것은 산업화가 고도로 진행되고 도시화가 가속화됨에 따라 지방자치구역이 시대에 뒤떨어지는 경우도 발생했기 때문이다. 따라서 새로운 시대의 수요에 대응하기 위한 구역개편이 지방자치체제 전반에 관한 개혁과 더불어 행해지게 되었다.

(2) 우리나라의 지방자치구역 개편

우리나라에 있어서 자치구역의 규모는, 도의 경우에는 1896년에 13도제로 개편할 때 설정된 것이 대체로 그대로 지금까지 유지되어 오고 있고, 군의 경우에는 1914년에 40평방리, 1만호를 기준으로, 면의 경우는 4평방리, 8백호를 기준으로 설정된 것이 지금까지 거의 그대로 유지되고 있다. 따라서 오늘날 지방자치 계층구조의 재검토와 함께 그 규모의 전면적인 재조정의 필요성이 제기되고 있다.

실제로 1961년 군사정부에 의하여 당시 자치구역이었던 읍과 면의 법인격을 폐지하고 단순히 행정구역이었던 군에 법인격을 부여하면서, 기초자치구역 1,492개(읍 85, 면 1,407)를 140개(군 140)로 통합하였다. 일거에 기초자치구역의 크기를 10배 가까이 확대시킨 것이었다. 이러한 획기적 구역개편은 다양한 평가를 받고 있다. 기초지방자치단체로서는 세계에 유례가 없이 너무 넓으며, 특히 공동체로서의 구심력과 문화적 일체감을 공유하기에는 그 구역이 너무 넓다는 주장이 있다. 반면, 과거의 군 구역이 통치구역으로서 생성된 것이기는 하지만 교통통신이 발달하고 생활권이 확대된 현재의 시점에서 볼 때 비교적 적절한 규모라고 평가하는 주장도 있다. 합병 초기에는 공동체의 관점에서 볼 때 형식적인 구역에 불과하였으나 50여년의 시간이 지나면서 실질적인 구역으로 정착하고 있고, 따라서 지금은 부분적인 경계조정만이 과제로 남았다라는 것이다.

한편 1995년에서부터 1997년 사이에는 4차례에 걸쳐 43개의 시와 40개의 군을 41개의 시로 통합하였다. 당시의 시·군 통합은 읍을 시로 승격시키면서 분리되었던 곳을 도농통합식으로 재결합하는 것이 주류였지만, 여수시와 여천시 및 여천군처럼 지역의 자발적인 노력으로 통합을 실현한 곳도 있다.

그러나 그러한 통합의 결과를 두고 상반되는 평가가 나타나고 있다. 역사적 뿌리가 같고 생활권역이 동일한 중심부와 주변부를 통합한 것은 행정능률을 높이고, 생활권에 대응한 통합된 행정서비스의 제공이라는 측면에서 아주 적절했다는 평이 있다. 반면, 통합 이후 농촌지역이 정치적으로도 경제적으로도 더욱 소외되고 있으며, 기대했던 행정경비의 절감이나 행정능률의 향상은 이루어지고 있지 않다는 주장도 있다. 특히 여수시의 경우처럼 통합을 한지 15년이 지났지만 아직도 시 청사가 세 곳에 나누어져 있어 비능률적이며 지역 내에서 다양한 갈등이 나타나고 있다는 평가도 있다.

2010년에 마산·창원·진해가 통합한 창원시가 출범하였다. 창원시에는 부시장을 복수로 두는 보조기관의 특례와 아울러 행정적·재정적 지원에 관한 특례를 인정하고 있다.

또한, 동년 「세종특별자치시 설치 등에 관한 특별법」 공포됨에 따라 2012년 충청남도 연기군이 폐지되고 세종특별자치시가 출범하였다. 세종특별자치시에는 지역개발을 위한 행·재정상 특별지원 및 재정과 조직상의 특례를 인정하고 있다.

한편 2012년 6월 27일 청주시와 청원군이 주민투표에 의한 자율통합이 이루어져 2014년 7월 1일 통합된 청주시로 출범하였다.

(3) 근래의 구역개편에 대한 논의

우리나라에서 전면적인 구역개편 논의는 1988년 지방자치제의 실시를 앞둔 시점에서 당시의 내무부를 중심으로 진행되어 오다가, 2000년대에 들어와서는 정치권을 중심으로 다양한 안이 제시되었다. ① 시·군·구를 통합하여 30~70개의 통합시라는 자치 단계층으로 하자는 의견, ② 시·군을 통합하고 도를 소수로 통합하여 광역권역으로 하자는 의견, ③ 시·군을 통합하되 도는 존치시키자는 의견 등 다양한 개편안이 국회에 제출되었다.

그러나 이명박 정부시절 제출된 각종 개편안들을 살펴보면, 지방을 자치의 주체로 보고 주민참여와 자치권의 신장을 도모하는 개편이 아니라, 지방을 단지 관리의 대상으로 인식하면서 중앙의 관점에서 개편을 시도하는 경향이 있었다.

전면적인 구역개편은 주민들의 일상생활과 국민정서 및 정치참여에 엄청난 파장을 일으키는 것이며, 한 나라의 지방제도뿐만 아니라 국가경영의 근간을 뒤흔드는 것이다. 따라서 종합적이고도 다차원의 영향을 고려하여 신중히 처리해야 한다.

도와 시·군간의 기능 중첩을 이유로 도(道) 폐지를 주장하는 사람들이 있다. 그러나 도를 폐지할 경우 그간 노력해 온 특별지방행정기관의 기능을 지방으로 이양할 바탕이 없어지며, 당장 교육자치의 구역 및 도 단위로 구성되어 있는 각종 산하단체의 거점도 재조정해야 한다. 뿐만 아니라 현재 도가 수행하고 있는 광역행정기능을 국가가 회수할 때 지방문제에 국가가 직접 개입하는 현상을 초래할 수 있다. 도와 시군간의 기능중첩문제는 기능분담을 조정함으로써 해결할 수 있는 것인 데에도 전반을 뒤흔드는 구역개편을 하려는 것도 문제다.

한편 도를 존치하고 시·군을 통합 할 경우, 기존의 시·군은 통합시 밑에 출장소 또는 구청의 형식으로 남게 되어 결국 계층이 늘어나게 된다. 그리고 공동체로서의 동질성이 없는 여러 지역을 무리하게 통합한 결과로서 구심력과 일체감도 없는 가운데 새로운 지역이기주의를 분출시키고 주민간의 갈등을 일상화시킬 우려도 크다.

실제로 우리나라에서 1984년부터 2006년까지 단행된 시·군통합의 효과에 대한 시계열 분석 결과를 보면, 그 동안의 시·군 통합이 지방자치단체의 효율성과 경쟁력제고에 기여하지 못했다는 연구결과도 나왔다.[4)]

4) 유재원·손희정, "시·군통합의 효과에 대한 경험적 분석 : 단절적 시계열모형(ARIMA)의 적용, 한국행정학회보 제 43권 4호(서울 : 한국행정학회, 2009), pp. 285~306.

2 지방자치구역 조정의 필요성

지방자치단체의 구역은 고정되어가는 반면 주민의 생활권과 행정서비스의 공급형태는 끊임없이 변한다. 따라서 구역개편의 문제는 어느 나라에서나 가장 오래된 개혁의 주제이며 또한 가장 최신의 과제가 되고 있다. 우리나라에서도 현행 지방자치구역은 역사적 관점과 현실의 생활적 관점 그리고 미래지향적인 관점에서 볼 때에 그 조정을 고려할 필요가 있다.[5)]

(1) 구역조정사적 관점에서의 고려

구역조정의 역사적 관점에서 볼 때 지방자치구역은 다음과 같은 이유에서 그 조정 내지 개편을 검토해야 한다.

(가) 사회 · 경제적 여건의 변화

현행의 도(道)구역과 군(郡)구역은 조선 말기와 일제 강점기 초기의 우리 농업사회를 배경으로 한 구역으로서, 오늘날의 산업 · 도시사회에는 맞지 않는 현상을 노출하고 있다. 구역개편 후 지금까지 급변과 격변이 연속되어 왔는데, 그동안 급격히 진행된 산업화와 도시화는 인간생활의 구조를 완전히 바꾸어 놓았기 때문이다.

(나) 구역획정 기준의 변화

오늘날의 구역획정 기준은 과거의 그것과 다르게 되었다. 즉, 과거에는 지방구역이 일정한 하천이나 산맥을 경계선으로 하여 정해졌었기 때문에 하천이나 산맥이 구역의 변방이 되었다. 그러나 오늘날에는 하천이나 산맥을 중심으로 하는 평야와 산림이 개발의 대상이 되고 있다. 따라서 하천이나 산맥은 구역의 중심부가 되고 있다.

(2) 생활여건적 관점에서의 필요성

지방자치구역은 국토의 지리적 조건과 인간생활권역의 변화에 따라 재조정을 불가피하게 하고 있다.

---

5) 최창호, "지방행정구역 조정에 있어서의 주요문제와 그 해결", 행정연구 제16집(서울 : 건국대학교 행정문제연구소, 1990), pp. 7~9.

(가) 자연적 조건의 변화

근래 계속적인 국토개발의 추진으로 국토의 자연적·지리적 조건이 크게 변화하였다. 간척사업과 댐건설, 직강공사, 고속도로건설, 교량건설 등 각종 건설공사로 인하여 자연조건과 지리상의 거리가 변동하였고, 이에 따라 주민들의 경제·사회적 생활권역도 변하여 지방자치구역의 재조정이 필요해지고 있다.

(나) 도시권역의 확대

급격한 도시화의 진행에 따라 도시권역이 계속 확대되고 있으므로 이에 따라 구역을 재조정할 필요성이 커지고 있다. 교통·통신수단의 발달에 따라 도시의 주변지역은 그 중심도시와 경제·사회·문화적으로 더욱 더 긴밀한 관계를 갖게 되었고, 도시와 도시 사이에 있어서도 연담화(conurbation)가 이루어지고 있다.

(3) 미래지향적 관점에서의 필요성

지방자치구역은 앞으로 변하게 될 행정시스템에 부응하여 그 조정을 고려할 필요성이 있다.

(가) 행정기술의 발달

자치행정의 전자화와 행정기술의 발달이 가져오는 일련의 변혁들이 지방자치구역의 변화를 촉진하게 될 수도 있다. 행정의 전자화로 인하여 각급 지방자치계층의 행정능력이 향상되고, 참여와 통제의 범위(관할구역 수)가 확대된다면 지방자치·행정의 계층구조(계층수)를 조정할 필요가 있게 될 것이다.

(나) 남북통일에의 대비

한반도의 재통일이 도래할 것에 대비하여 지방자치구역에 있어 남북간 조화의 길을 강구해 두는 것은 중요하다. 남북이 재통일되는 경우에 반드시 거쳐야 할 절차로서 남북총선거를 생각하지 않을 수 없다. 그러한 경우 주요 쟁점이 될 선거구는 대체로 지방자치·행정구역을 기초로 할 것임을 염두에 두어야 한다.

Ⅲ 지방자치구역 조정상의 주요사항

지방자치구역 조정에 있어서는 구역조정의 목표를 무엇으로 할 것인가, 그 조정의 준거(기준)를 어디에 둘 것인가, 구역의 규모를 어느 정도로 할 것인가, 구역의 적정형태를 무엇으로 할 것인가를 정하여야 한다.

따라서 구역조정에 있어 중요문제는 ㉠ 구역조정의 목표와 준거, ㉡ 구역의 적정규모, ㉢ 구역의 적정형태가 된다.[6)]

1 지방자치구역 조정의 목표와 준거

(1) 구역조정의 목표

지방자치구역을 조정함에 있어서 그 개편의 목표를 어디에다 둘 것인가를 최우선적으로 고려하여야 할 중요한 문제이다. 지방자치구역 조정의 목표로 여러 가지가 있을 수 있으나, 그 중 중요 목표로 ㉠ 지역개발의 촉진과, ㉡ 주민편의의 제고 및 ㉢ 행정능률의 향상의 세 가지를 든다.[7)]

그러나 이 세 가지 목표는 언제나 상호 비례하는 것이 아니고, 때로는 상호 모순적일 수 있다는 데에 문제가 있다. 즉, 지역개발의 추진에 초점을 둔 구역조정이 반드시 주민편의와 행정능률을 동반하지 않으며, 주민에게 편리하도록 조정된 구역이 언제나 개발이나 능률의 방향과 일치하지 않으므로, 여러 목표들 간의 조정이 문제된다.

(2) 구역조정의 준거

지방자치구역 조정의 목표가 정립된 다음에는 그 목표에 기여할 수 있는 조정의 준거가 설정되어야 한다.

지방자치구역 조정의 준거로 중요한 것으로는 ㉠ 생활권역 연결성(nodality : 결절성)과, ㉡ 행정의 동질성(homogeneity : 등질성) 및 ㉢ 정책적 의도성(intention : 정책

---

6) 위의 논문, pp. 9~15.
7) 최창호, 지방행정구역론(서울 : 법문사, 1981), p. 97.

성)의 세 가지를 들고 있다.[8)]

첫째로 '생활권역 연결성'은 각 권역단위들이 이질적이지만 그들이 하나의 지점을 중심으로 생산·유통 등 여러 기능의 면에서 결합되어 있는 경우에 이들 지역들을 하나의 구역으로 편성하는 것을 말한다.

둘째로 '행정의 동질성'은 지형·지세, 역사적 전통, 사회구조와 문화적 속성, 경제활동의 양상, 주민의 풍습·행태 등이 공통하여 행정내용이 동일성을 지닌 지역단위를 하나의 구역으로 편성하는 것을 말하는 것이다.

셋째로 '정책적 의도성'이란 일정한 지역을 일정한 방향으로 발전시키려는 의지적 노력 내지 국가적 정책에 따라 구역을 편성하는 것을 말한다.

자치구역은 복합적인 목표에 기여할 수 있도록 획정되어야 하기 때문에 위와 같은 세 가지 준거는 모두 중요하다. 그러나 이러한 세 가지 준거들은 각각 독자적인 의의와 기능을 가진 것으로서 상호간에 모순될 수 있다는 데에 문제가 있다. 즉, 생활권역 연결성을 준거로 할 때에는 중심도시와 그 주변농촌이 하나의 생활권역에 속하므로 이를 하나의 구역으로 편성하여야 한다. 그러나 행정의 동질성을 준거로 할 때에는 주변의 농촌지역과 중심의 도시지역은 그 행정내용을 달리하므로 별개의 구역으로 분리되어야 한다. 그리고 정책적 의도성을 준거로 할 때에는 정치·행정적 지향에 따라 구역의 편성이 변할 수 있다. 여기에서 특히, 지방자치구역의 조정에 있어서 생활권역 연결성의 준거에 입각하여 '도·농통합식'으로 개편할 것인가, 행정의 동질성의 준거에 입각하여 '도·농분리식'으로 개편할 것인가 하는 것은 상반(相反)되는 개편전략이다.

2 지방자치구역의 적정규모

지방자치구역 조정에 있어서 그 구역의 규모를 어느 정도로 할 것인가 하는 것은 무엇보다도 중요한 문제이다. 왜냐하면 지방자치에 있어서 구역의 규모는 주민의 자치참여·행정통제, 행정의 능률적 수행, 자치재원의 확보 등을 도모하는 기반이 되므로 지방자치 성·패를 가름하는 관건이 되기 때문이다.

8) 김안제, 국토와 환경(서울 : 박영사, 1979), pp. 563~564.

(1) 적정규모의 기준

(가) 규모제한론

주민이 참여하여 경영하는 지역공동체의 적정규모(optimum size)에 관한 논의는 이미 기원전 4세기경 플라톤(Plato)이 그의 저서 법(*The Laws*)에서 도시의 규모를 5,040명으로 구성하는 것이 가장 이상적이라고 주장한 것을 그 효시로 한다. 멈포드(Lewis Mumford)는 플라톤이 도시의 규모를 작게 하려했던 것은 당시의 도시국가들이 직접민주주의제도를 채택하고 있었고, 육성에 의하여 전달하는 커뮤니케이션, 제한된 식량을 외부에 의존하지 않고 자급자족으로 조달하기에 적절한 규모를 설정하려 했기 때문이라고 설명하고 있다.[9)]

아리스토텔레스(Aristotle)는 인간의 신체적 조직원리(human organism)를 도시의 구조에 적용하여 도시의 기능과 규모를 유기적으로 규명하려 했다. 즉, 도시기능을 보트(boat)에 비유하여, 보트가 너무 작으면 본래의 기능인 승객과 화물을 운반할 수 없고, 그렇다고 지나치게 크면 선체를 운반하기가 어렵다고 하면서 보트는 운항하기에 적절한 크기를 유지해야 한다고 했다. 아리스토텔레스도 플라톤과 마찬가지로 기능수행에 적절한 규모여야 한다는 점을 강조하고 있는 것이다. 그러나 아리스토텔레스는 시민이 참여하여 경영하려는 도시가 너무 비대해서는 안되지만 생활의 쾌적성을 유지할 만큼 다양성을 지닐 필요가 있다고 한 점에서 플라톤보다 신축성 있는 규모를 주장했다.[10)]

도시의 적정규모에 있어서 플라톤과 아리스토텔레스가 공통으로 제시하고 있는 것은 '상한규제' 적인 관점을 제시했다는 점이며, 그러한 관점은 향후 많은 이론가들에게 영향을 미쳤다.[11)] 그러한 관점에서 도시의 규모를 가장 체계적으로 적용한 것은 하워드(E. Howard)였다. 하워드는 6,000에이커의 공간에 30,000명이 사는 것이 적정한 인구라고 했다. 여기에서 흥미로운 사실은 하워드가 6,000에이커의 공간을 6개의 구(parts)로 구획하여 각 지구에 5,000명 정도의 인구를 수용하려 했다

---

9) Lewis Mumford, *The City in History*(New York : Harcourt Brace & World, 1961), pp. 178~179.

10) 김원, 도시행정론(서울 : 박영사, 1981), p. 82.

11) 영국의 공상주의자 토머스 모어(Thomas More, 1478~1535)는 지방자치단체의 규모를 규제한 공상적 도시를 구상했고, 영국의 오웬(Robert Owen, 1771~1858)은 무질서한 도시성장을 규제하고 도시의 각 기능을 입지적으로 잘 배치함으로써 적정규모를 유지할 수 있다고 믿었다. 그 후 플라톤과 아리스토텔레스의 적정이론은 다빈치(Leonardo da Vinci, 1450~1519)와 하워드(Ebenezer Howard, 1850~1928)의 이상적인 도시건설에 적용된 바도 있다(Lewis Mumford, *Ibid.*, p. 180. : 김원, 위의 책, pp. 82~83).

는 점에서 결국 플라톤의 5,000명으로 돌아가고 있다는 점이다.[12)]

(나) 규모경제이론

고전적인 규모제한이론과는 달리 오늘날에 와서는 지방자치단체 규모의 적정성을 규모경제이론(Economies of Scale)에 입각하여 측정하려는 움직임도 활발하다. 규모경제이론의 기초는 지방자치단체의 규모(인구와 면적)가 지나치게 작을 경우 1인당 행정비용이 많이 들고, 반대로 너무 비대하게 되어도 같은 원리로 1인당 비용이 높아지게 된다는 것이다. 따라서 1인당 공공비용이 가장 낮은 규모의 구역을 설정해야 한다는 논리인 것이다. 지방자치를 중시하여 그 역사성·문화성·전통적 배경을 토대로 구역을 획정하더라도 지나치게 소규모일 경우나 큰 구역일 경우 이른바 경영과 관리에 한계가 있다는 것이다.

실제로 많은 경험적 연구들이 기초지방자치단체의 규모와 효율성 사이에 밀접한 관계가 있다는 것을 증명하고자 했다. 가츠야마(B. Katsuyama)는 지방자치단체의 통합사례를 연구한 학자들의 의견을 종합한 결과 일반적으로 "기초지방자치단체의 서비스와 활동의 약 80%가 2만명 이상의 인구규모에서 규모경제를 나타내지 않는다는 사실에 동의했다"고 했다. 한편 미국 연방정부 정부간관계자문위원회(ACIR)가 1987년 발간한 '지방공공경제조직'이라는 보고서는 선행연구에 기초하여 "1인당 서비스비용이 일반적으로 2만 5천명 규모가 될 때까지는 감소하며, 2만 5천명에서 25만명에 이를 때까지는 거의 변동이 없다가, 25만명 이상이 되면 크게 증가한다"고 결론지었다.[13)]

이러한 선행연구들이 확인한 또 하나의 사실은 규모와 서비스의 관계가 자본집약적 서비스와 노동집약적 서비스에 따라서 크게 다르다는 점이었다. 상하수도와 같은 공익사업과 공공투자사업은 규모가 증가할수록 효율성이 높아지는 경향이 있었다. 그러나 교육, 소방, 경찰, 문화, 복지서비스 등과 같은 노동집약적 서비스는 그 규모가 커질수록 효율성이 떨어진다는 것이 확인된 것이다.[14)]

따라서 적정규모의 산출에 있어서 그 구역 내에서의 기능, 즉 자치계층간의 역할분담과 주변지역과의 관계 등을 포함한 공간적 역할분담, 인구밀도패턴, 재정적

---

12) 김원, 위의 책, p. 83.

13) M. Holzer, et al., *Literature Review and Analysis Related to Optimal Municipal Size and Efficiency*(The School of Public Affairs and Administration at Rutgers University, 1997). p. 7. : 안성호, "한국의 지방자치체계 개편 방향 – 정치권 지방자치체제 개편안의 문제점과 과제", 지방정부연구 제 14권 제 1호(2010년 5월), pp. 13~14.

14) 안성호, 위의 논문, pp. 10~13.

바탕, 주민참여와 통제, 역사적 전통과 가치관 등의 다양한 변수를 무시하고 획일적으로 그 인구규모나 평면적 규모를 산출하려 해서는 안 된다. 그리고 한 기준이 다른 기준과 상충되는 적정선을 가져오게 할 수 있는 모순을 안고 있다는 것에도 유의해야 한다.[15)]

(2) 지방자치구역의 실제

구역설정의 기준에 대한 다양한 논의가 전개되고 있는 가운데 적정구역을 설정하는 기준으로서 국제기구 및 학자들은 여러 변수를 제시하고 있다.[16)] 그 중에서 가장 중요한 것으로는 ㉠ 공동사회, ㉡ 행정량, ㉢ 재정적 자주성, ㉣ 편의성, ㉤ 주민참여・통제의 다섯 가지를 들 수 있다.[17)]

---

15) 미국에서 구역에 관하여 다양한 주장들이 제기된 바 있다(김석태, "지방정부체계에 대한 공공선택론적 견해에 대한 재조명- 신거버넌스와 관련하여", 지방정부연구 제11권 2호, 2007, pp. 15~17). 미국의 대기업 대표들로 구성된 경제발전위원회(Commity for Economic Development)는 1966년 지방자치구역의 세분화로 인한 행정의 비효율을 해결하기 위해 지방자치구역의 수를 80% 정도 삼축해야 한다고 주장했지만 학계의 반대에 직면하여 1970년대에 대도시 지역의 2자치계층을 인정하는 등 당초의 주장을 수정했다.
1980년 미국행정학회는 흡수・통합과 같은 중앙집권적 행정구역개편을 비판하고, 지방분권적 체제를 유지하면서 광역행정수요에 대처하는 중층적 정부구조를 지지하는 입장을 밝혔다.
한편, 미국의 정부간관계자문위원회(ACIR)는 종래 통합론을 지지하던 입장을 철회하고 소규모 지방정부들로 구성된 분절된 정부구조를 옹호하는 입장을 천명하였다. 이러한 분위기에 따라 현재 미국에는 특별지방자치단체를 포함하여 약 8만 7천 여 개의 복수목적 및 단일목적의 지방자치단체들이 있다.

16) 구역설정기준에 관한 제견해

구 분	제시한 기준
밀스포우 (A.C.Millspaugh)	① 공동사회적요소 ② 행정의 경제성과 능율성 제고 ③ 자주적재원 조달능력 ④ 행정적 편의성
훼슬러 (J.W Fesler)	① 자연・지리적조건 및 교통・통신의 발달수준 ② 행정을 가장 능율적으로 수행할 수 있는 적정규모 ③ 필요한 재원의 자주적 확보능력 ④ 효율적인 주민참여와 주민통제
리프만 (V.Lipman)	① 동일한 면적・인구규모의 구역 ② 지리적・경제적・전통적요소의 결합정도 ③ 경제적・사회적 생활의 중심지
UN보고서(1964)	① 기초구역은 공동체의식이 존재하고, 주민의 직접적 행정참여가 가능 ② 광역구역은 지방의원이 자주 회합 할 수 있는 구역내에서 행정능율을 최대화할 수 있는 구역
영국지방자치위원회 (1958)	① 공동사회 ② 장래발전성 ③ 산업경제적 특성 ④ 재정수요 조달 ⑤ 교통・통신수단 ⑥ 인구규모 분포・특성 등 ⑦ 지방관청의 행정실적 ⑧ 구역의 규모와 형태 ⑨ 주민의 소망 등

자료: 박응격, 지방자치론(서울 : 신조사, 2011), pp. 81~82.

17) 최창호, 지방행정구역론(서울 : 법문사, 1981), pp. 81~85.

즉, 지방자치구역은 대체로 공동사회를 단위로, 적정한 행정량을 가지고, 재정적으로 자립할 수 있고, 주민측과 행정측이 모두 편리하며, 자치행정에의 주민의 참여와 통제가 가능한 정도의 규모가 적합하다. 그러나 이러한 여러 기준들은 모두 추상적이며, 그들 사이에 상호 모순되는 것들이 있다. 따라서 그 적용에 있어서는 어느 하나의 기준에만 의존할 수 없고 여러 기준들을 종합하여 판단하여야 한다. 실제로 자치구역을 적정하게 설정하기 위해서는 ㉠ 지방자치단체가 제공하는 행정서비스의 성격, ㉡ 서비스공급의 비용, ㉢ 서비스 공급에 대한 주민의 참여와 통제범역 등을 종합적으로 고려하여 설정하여야 한다.

오늘날 각 나라에서는 지방자치구역의 규모는 그 구역이 담당해야 할 기능, 그 구역의 지방자치계층상의 위계, 그 나라의 역사적 전통, 현실적 여건 등을 모두 고려한 가운데 설정하고 있다.

먼저, 지방자치제를 실시하고 있는 주요 선진국과 우리나라 기초자치단체의 평균규모(인구와 면적)를 구체적으로 비교해 보면 다음 〈표 3-1〉과 같다.

〈표 3-1〉 주요 선진국과 우리나라 기초자치구역의 평균 규모

구 분	기초자치구역 수(개)	기초자치구역 평균인구(명)	기초자치구역 평균면적(km^2)
프 랑 스	36,763	1,743	15
스 위 스	2,681	2,835	15
스 페 인	8,109	4,998	62
독 일	14,805	5,452	24
미 국	39,006	6,623	240
이탈리아	8,104	7,040	37
핀 란 드	416	12,620	713
스 웨 덴	290	31,240	1,417
덴 마 크	98	56,127	433
일 본	1,772	67,313	210
영 국	433	128,061	560
한 국	226	221,436	451

자료 : 안성호, "한국의 지방자치체계 개편과 방향", 지방정부연구 제 14권 제1호 ; 2013 안전행정백서.

각 나라의 지방자치구역의 적정규모는 결국 그 나라의 국토면적, 인구수, 인구분포상황, 개발정도, 사회구조, 문화, 전통 등에 따라 일정하지 않다. 그러나 외국의 경우와 우리를 비교해 볼 때에 우리나라 지방자치구역의 규모는 세계에 유례가 없을 만큼 크다는 점을 알 수 있다. 현재 우리나라 전국 75개 시의 평균인구는 32만명을 넘고 있고, 82개 군의 평균인구만도 5만 3천명 수준이며, 69개 자치구의 경우도 평균 31만 4천명 수준이다.[18)]

우리나라의 기초자치구역의 수는 읍・면자치제를 군자치제로 개편한 이래, 지속적으로 감축을 추진하여 2021년 현재 226개로 대폭 줄었고, 그 면적도 6.4배로 넓어졌다. 이러한 사실은 일본과 비교할 때에도 여실히 드러난다. 일본의 경우 1999년 3,232개였던 기초지방자치구역을 2013년에 1,719개로 감축시켰지만 아직도 인구 1만 명 미만의 지방자치구역이 491개가 있다.

3 지방자치구역의 공간형태

지방자치구역 조정에 있어서 그 구역의 공간형태 문제 또한 중요한 문제가 된다. 왜냐하면 지표상에서 발생하는 모든 사회현상은 그 지표상의 공간형태에 의하여 영향을 받게 마련이기 때문이다.

지방자치구역의 공간형태는 구역의 ㉠ 형상, ㉡ 경계선, ㉢ 중심지의 세 가지에 의하여 결정된다.[19)]

자치구역의 형상은 그 구역이 원형인가 각형인가 분리형(비지형, 공동형)인가 하는 등의 문제이고, 자치구역의 경계선은 다른 자치구역과의 접촉선의 직곡도의 문제이며, 행정구역의 중심지는 변방으로부터 관청소재지까지의 거리, 인구・산업의 중심점과 행정관청과의 거리의 문제이다.

(1) 구역의 형상

지방자치구역의 형상은 그 ㉠ 구역의 단괴도와 ㉡ 구역의 조성형태에 따라 분석될 수 있다.

---

18) 지방자치단체 행정구역 및 인구현황(세종: 행정안전부, 2021).
19) 최창호, 앞의 논문, pp. 13~15.

지방자치구역의 단괴도(團塊度)는 자치구역의 면적과 동일한 면적의 원(圓)을 그렸을 때 나타나는 원둘레의 길이에 대한 그 자치구역의 경계선 길이의 비율로써 측정된다. 이때에 원형의 구역이 경계선의 길이를 가장 짧게 하고 모든 변방으로부터 중심점으로의 거리가 동일하여 가장 이상적이기는 하지만, 인접 자치구역과의 사이에 잔여공백이 생기기 때문에 자치구역의 이상형으로 채택될 수 없다.

반면에 3각형, 4각형, 6각형 등은 인접 자치구역과의 사이에 잔여공백을 적게 발생시키거나 발생시키지 않는 점에서 공통하다. 그러나 육각형에 비해서는 사각형이, 사각형에 비해서는 삼각형이 각각 변방으로부터 중심점까지의 거리에 더 큰 불균형을 발생시킨다. 결국 6각형이 잔여공백을 발생시키지 않음과 동시에 변방으로부터 중심점까지의 거리의 불균형을 최소화할 수 있다는 점에서 가장 이상적인 형상으로 인정되고 있다.[20]

지방자치구역의 조성형태(造成形態)는 하나의 자치구역은 하나의 단괴(團塊)를 이루어야 하는데, 경우에 따라서는 두 개 이상으로 분리되어 비지형(飛地形)을 이루는 경우가 있고, 중심지를 잃어 공동형(空洞形)을 이루는 경우가 있다.

(2) 구역의 경계선

지방자치구역의 경계선은 다른 자치구역과의 접촉선의 직곡도(直曲度)에 의하여 분석될 수 있다. 직곡도는 자치구역 면적 1㎢당 경계선의 길이의 비율로써 측정된다. 우리나라 지방자치구역은 산맥과 하천 등을 그 경계선으로 하기 때문에 그것이 사각형인지 육각형인지 판단하기 어려울 만큼 그 경계선의 굴곡이 심하여 면적 1㎢당 경계선의 길이의 비율이 매우 높다.

---

20) 구역의 형상별 중심점-변방 간 거리, 잔여지역발생 상황을 비교하면 다음 그림과 같다.

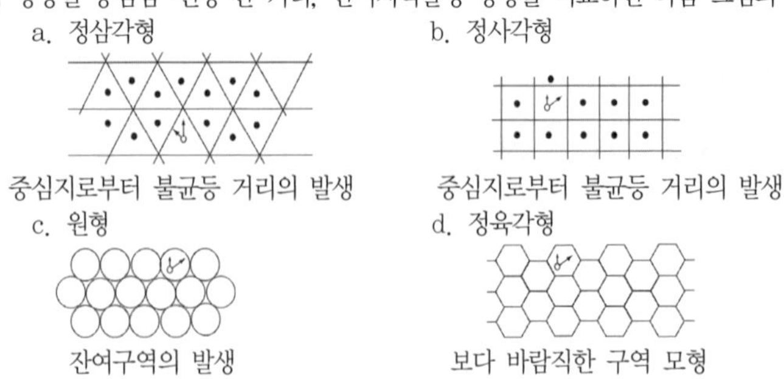

(3) 구역의 중심지

지방자치구역의 행정중심지(行政中心地)는 그 구역의 사실상의 인구중심지(人口重心地)에 있는 것이 이상적이다. 따라서 구역중심지의 입지유형은 행정중심지의 인구중심으로부터의 편의도(偏倚度)에 의하여 분석될 수 있다.[21]

Ⅳ 지방자치구역 조정의 형식과 방식

1 지방자치구역 조정의 형식

지방자치구역의 조정에는 크게 ㉠ 경계변경, ㉡ 폐치분합, ㉢ 규모재편의 세 가지 방식이 있다.

(1) 경계변경

경계변경은 지방자치단체의 존폐와는 관계없이 단지 그 경계의 변경만을 가져오는 구역개편을 말한다. 일반적으로 관할구역 조정이라고 할 때에는 이러한 경계변경을 말한다.

(2) 폐치분합

폐치분합은 단체의 신설 또는 폐지를 수반하는 구역의 개편을 의미한다. 폐치분합에는 기존의 지방자치단체를 없애는 경우(폐지), 새로운 지방자치단체를 설립하는 경우(신설), 하나의 지방자치단체를 수 개의 자치단체로 나누는 경우(분립), 둘 이상의 지방자치단체를 하나의 자치단체로 합하는 경우(합병)로 나뉜다.

---

21) 편의도는 편의지수로 측정될 수 있는데, 편의지수가 0.0인 경우를 균형형이라고 할 때에, 편의(偏倚)형(0.2) 내지 고도편의형(0.3)도 상당수 있는 것이 현재의 우리나라 자치구역의 실정이다. 뿐만 아니라 더 나아가서 행정중심지가 자치구역 안에 있지 않는 비지형의 경우도 상당수 있다. 군청이나 도청이 중심의 다른 구역에 위치하는 경우가 그것이다.

(3) 규모재편

규모재편은 지방자치구역의 전면적 재구획이라고도 하는데, 구역을 일정한 기준에 의거하여 전면적으로 다시 획정함으로써 지방자치구역의 규모를 전반적으로 재정립하는 것을 말한다. 규모재편에 의하여 설치되는 지방자치구역은 그 규모가 재편 이전의 지방자치단체의 그것에 비하여 현격히 달라지는 것이 보통이다.

2 도·농분리식 구역조정

(1) 도·농분리식 구역조정의 특징

도·농분리식 구역조정은 일정한 구역 안에 인구가 특별히 집중하는 도시지역이 형성되어 지역의 인구규모가 커지고 도시성이 높아지면 그 지역의 도시행정수요에 대응하기 위하여 그 도시지역을 별도로 분리하는 방식이다. 과거 우리나라의 읍승격이나 시승격, 광역시승격 등의 구역조정이 여기에 해당한다.

우리나라에서는 일정한 지역의 인구가 2만명의 규모에 달하면 이를 읍으로 승격시키고, 인구 5만명의 규모에 달하면 이를 시로 승격시키며, 인구 100만명 정도를 초과하면 이를 광역시로 승격시키는 등의 방식으로 구역조정을 해왔다.

2004년 개정을 통해 50만 이상 대도시의 행정, 재정 운영 및 국가의 지도·감독에 대해서는 그 특성을 고려하여 관계 법률로 정하는 바에 따라 특례를 둘 수 있게 하고 있다.

2021년 지방자치법 전부개정을 통해 기존 50만 대도시 특례와는 별도로 100만 대도시 특례를 새롭게 마련하고 그 명칭을 '특례시'로 부여하였다. 이는 현실적으로 새로운 광역시 승격이 불가능한 상황이 고려된 것으로 볼 수 있다.

(2) 도·농분리식 구역조정의 폐해

도·농분리식 구역조정으로 시나 광역시로 승격하고 난 나머지 지역(잔여지역)인 군과 도는 행·재정력이 크게 위축된다. 즉, 시와 군 사이, 광역시와 도 사이의 행·재정력에 큰 불균형을 초래하고, 잔여지인 군이나 도의 구역을 비지형(飛地型)이나 공동형(空洞型)으로 만들며, 군청이나 도청이 자기구역 안에 위치하지 못하거나

그것을 피하기 위하여 청사를 이전해야 하는 문제를 낳는다.[22)]

3 도 · 농통합식 구역조정

(1) 도 · 농통합식 구역조정의 시도

교통 · 통신수단의 발달로 주민의 생활권역이 확대되고 도시의 영향권역이 주변 농촌지역에까지 확대되었다. 이에 도시와 농촌의 연계성이 높아지고 있음을 반영하여 도시와 농촌을 통합하는 도 · 농통합식 구역조정을 추구하는 경향이 나타났다.[23)]

우리나라에 있어서도 1980년대에 도 · 농분리식 지방자치구역 조정의 문제점을 비판하면서 농촌을 도시에 필요한 노동력과 식량공급기지로 보아온 종래의 시각에서 탈피하여 도시와 농촌지역에 걸친 인간정주생활권역을 지방자치구역과 일치시키려는 연구가 시작되었다.[24)] 이러한 구역조정이 '도 · 농통합식' 구역조정방식이다.

이러한 구역조정은 먼저 인간의 정주생활권역을 설정하고, 그러한 생활권역 단위로 자치구역을 정하는 것이다.[25)] 즉, 먼저 정주생활권역을 설정함에 있어서는, 인간의 생활중심지(예컨대, 군청소재지, 지방도시 등)를 선정하여 그 중심지로부터 일정한 공간범위(예컨대, 반경 16km의 정주생활권역, 반경 64km의 지역생활권역 등)를 원형으로 그리고, 그 원과 다른 원이 중복되거나 원과 원에서 떨어진 부분에는 중간선을 그려서 인간의 생활권역을 그린다. 한편 그려진 인간의 생활권역을 토대로 자치구역을 정함에 있어서는, 원형 또는 직선인 생활권역 경계선을 자연조건 등에 따라 곡선화하고, 그것을 기존의 행정구역 경계선을 참작하여 조정함으로써 생활권역에 기초한 자치구역을 설정한다.

이러한 구역조정방식은 생활권역의 연결성이라는 준거에 충실한 조정이라 할 수 있다. 즉, 인간의 실제 생활권역과 제도적인 자치구역의 일치화를 도모하고, 도시와 농촌을 연계하여 잔여지의 취약화를 해소하고, 도 · 농간의 균형발전을 도모하려는 것이라는 점에 그 의미가 있다.

---

22) 최창호, "도시와 인접군의 행정구역조정문제", 지방행정연구, 제4권 제4호(1989. 8), p. 41.

23) 山下 茂 · 谷 聖美 · 川村 美, 比較地方自治(東京 : 第一法規, 1992), p. 247.

24) 내무부, 지방정주생활권의 설정 및 개발에 관한 연구(1981) ; 한국농촌경제연구원, 농촌지역 종합개발과 그 정책과제(1985) ; 한국농촌경제연구원, 행정구역의 합리적 조정방안(1988) ; 한국지방행정연구원, 지방행정연구, 제8권 제2호(1993).

25) 한국농촌경제연구원, 행정구역의 합리적 조정방안, 1988, pp. 70~116.

(2) 도·농통합식 조정방식의 문제점

도·농 통합식 구역조정 방식에도 여러 가지 문제점이 내재되어 있다.[26)]

첫째로, 지방자치구역은 본질적으로 복합적인 기능을 수행하는 것이기 때문에 생활권역 연결성(결절성)과 행정의 동질성(등질성) 및 정책적 의도성(정책성)의 세 가지 구역조정 준거를 모두 고려할 필요가 있다. 그러나 이 방식은 생활권역의 연결성(결절성)에만 중점을 두고 있는 것이다.

둘째로, 도·농통합방식은 자치구역의 규모와 형태를 인간의 실제 생활권역과 일치시키려 하고 있으나, 인간의 실제 생활권역은 항상 유동하는 것이기 때문에 제도적인 자치구역과 생활권을 항상 일치시키기는 원천적으로 어렵다.

셋째로, 도·농통합방식을 채택하려 할 때 인간 생활권역 설정방법에도 한계가 있다. 즉, 인간생활의 중심지가 어디인지를 실제로 판단하기가 어렵고, 인간의 생활권역이 기계적으로 반경 몇 km인가를 설정하기도 쉽지 않다. 그리고 생활권역의 경계선을 도식적·기계적으로 직선화, 곡선화로 표현하기도 어렵다.

넷째로, 도·농통합방식에서 도식적으로 설정된 생활권역의 규모에도 문제가 있고, 그 생활권역을 자치구역의 계층구조와 연계시키기 위하여 기계적으로 정주생활권역과 지역생활권역을 2분화하여 계층화하는 데에 무리가 따를 수 있다.

따라서 실제의 구역조정에 있어서는 도시와 농촌의 연계성과 이질성을 복합적으로 반영하여야 하며, 도·농 분리식과 통합식 그 어느 쪽도 절대적인 선(善)일 수가 없다. 결국 양자의 조화가 중요하다.

26) 최창호, "행정구역의 조정", 자치행정 제30호(1990. 5), pp. 56~67 ; 최창호, "도시와 인접군의 행정구역 조정문제", 지방행정연구 제4권 제4호(1989. 8), pp. 46~47.

제2절 일반지방자치단체

I 일반지방자치단체의 의의

1 지방자치단체의 의미

지방자치는 지방자치단체를 단위로 하여 시행된다. 이러한 지방자치단체의 업무를 현실적으로 수행하는 주체는 지방자치정부다. 이는 국가의 업무를 현실적으로 (중앙)정부가 수행하는 것과 같은 이치이다.

지방자치단체(local authority, local self-government, kommunal Verband)란 '국가 영토의 일부를 그 구역으로 하고, 그 구역 안의 모든 주민을 구성원으로 하여, 그 구역 안의 모든 사람 및 사물에 대하여 국법이 인정하는 범위 안에서 지배권(자치권)을 가지는 법인격 있는 단체'를 말한다.

지방자치단체는 ㉠ 장소적 요소로서 구역(area, district)과, ㉡ 인적 요소로서 주민(inhabitants, residents, dweller) 및 ㉢ 그 법제적 요소로서 자치권(right of local autonomy)을 그 구성요소로 한다(이 책에서 구역에 관하여는 앞의 제1절에서, 자치권에 관하여는 제4장 제1절에서, 주민에 관하여는 제7장 제1절에서 상세히 서술).

지방자치단체에는 일반지방자치단체와 특별지방자치단체가 있으나, 일반적으로 지방자치단체라고 할 때에는 일반지방자치단체를 말한다. 일반지방자치단체를 보통지방자치단체라고도 한다. 이러한 지방자치단체를 간략히 자치단체, 지방자치체, 지자체라고 부르기도 한다. 일본에서는 이를 지방공공단체라고 한다.

2 지방자치단체의 특성

지방자치단체는 아래에서 보는 바와 같이 법인, 특히 공법인으로서의 특성, 그리고 지역단체 및 통치단체로서의 특성을 가진다.[27)]

---

27) 久世公堯 地方自治制度(東京: 第一法規, 1976), pp. 125~127 ; 손재식, 현대지방행정론(서울 : 박

(1) 법 인

지방자치단체는 법인이다. 우리나라 지방자치법도 지방자치단체가 법인임을 명백히 규정하고 있다(지방자치법 제3조 제1항, 제176조 제2항). 이처럼 지방자치단체가 법인이라는 점에서 국가 또는 지방자치단체 소속의 법인격 없는 기관인 '지방행정기관'과 구별된다.

지방자치단체는 법인으로서, 국가와는 별개의 권리·의무의 주체가 된다. 즉, 소송당사자능력, 계약체결능력, 재산소유능력 등을 가지며, 그 자신 고유한 명칭을 가진다.

(2) 공법인

지방자치단체는 공법인이다. 즉, 지방자치단체는 공공사무를 처리하기 위하여 설립된 공법인이다. 그러한 점에서 지방자치단체는 법인 가운데서도 사적 활동을 수행하기 위하여 설립되는 사법인(私法人)과 구별된다.

지방자치단체는 공법인이기 때문에, ㉠ 그 단체의 목적과 기능이 법률에 의하여 규정되고(동법 제11조~제15조, 제176조), ㉡ 그 단체의 설립·해산·구역변경·사무소이전 등이 모두 법령규정 사항이며(동법 제5조~제10조·제176조~제181조), ㉢ 그 단체의 목적달성을 조성·보호하기 위하여 공용부담특권·강제징수권·경찰권 등 일정한 국가적 공권과, 면세·보조금지급 등 각종의 특전이 부여되고, ㉣ 반면에 예산, 결산, 보고의무 등 행정목적 수행의 의무가 부여되며, ㉤ 국가로부터의 검사·취소·정지·승인 등 특별한 감독을 받는 등의 특색을 가진다.

(3) 지역단체

지방자치단체는 지역단체이다. 즉, 지방자치단체는 일정한 지역 안의 공공문제를 그 주민이 자치적으로 처리하기 위하여 설립된 단체이다. 그러한 점에서 지방자치단체는 공공단체 가운데서도 일정한 조합원의 결합을 기초로 하는 공공조합 및 공공목적에 제공된 인적·물적 종합시설인 영조물법인과 구별된다. 물론 공공조합도 일정한 지역을 단위로 설립되는 것이기는 하지만, 그 지역은 공공조합의 구성요소가 되는 것이 아니고 그 조합원의 자격을 정하는 기준에 불과하다.

영사, 1991), pp. 72~73 ; 김보현·김용래, 지방행정의 이론과 실제(서울 : 법문사, 1982), pp. 276~277.

(4) 통치단체

지방자치단체는 통치단체이다. 즉, 지방자치단체는 일정한 지역안의 주민과 사물에 대하여 통치권 내지 지배권(governmental power)을 행사하는 단체이다. 그러한 점에서 지방자치단체는 국가를 제외한 기타의 모든 단체들과 구별된다.

지방자치단체가 통치단체이기 때문에 그것은 ㉠ 통치적 공권을 행사함은 물론, ㉡ 국가나 기타 어떠한 외부단체의 간섭이나 통제를 받지 않고 자주적으로 입법권과 조직권, 행정권 및 재정권을 내용으로 하는 자치권(right of autonomy, Recht der Selbstverwaltung)을 가지며, ㉢ 그러한 자치권을 헌법에 의하여 보장받고, ㉣ 행정의 수행에 관하여 고도의 공공적 책임을 진다.

3 지방행정기관과의 차이

지방에는 지방자치단체 외에, 그와는 성격이 다른 지방행정기관이 설치되어 있다. 지방행정기관(local agency, local office)이란 국가(또는 지방자치단체)의 공공사무를 지역적으로 분담·처리하기 위하여 현지에 설치된 국가(또는 지방자치단체)의 하급기관으로서의 행정기관을 말한다. 세무서, 검찰청, 경찰서, 국가사무수임기관으로서의 시장·지사·군수, 그리고 읍장·면장·동장 등이 그 예이다.

이러한 지방행정기관은 그 지위, 성격 등의 면에서 지방자치단체와는 다르다. 즉, 지방행정기관은 국가(또는 지방자치단체)가 그 사무처리상의 편의를 위하여 일정한 지역에 설치해 놓은 국가(또는 지방자치단체)의 하급기관으로서, 그 지위상의 독립성을 가지고 있지 아니하며, 공법인인 통치단체가 아니라 그 단체의 공공사무를 지역적으로 분담·처리하기 위하여 현지에 설치된 순수한 지방일선행정기관에 불과하다.

지방행정기관은 이처럼 법적으로 독립성을 부여받지 않은 순수한 행정기관이기 때문에, 국가(또는 지방자치단체) 행정체계의 피라미드적 구조 속에 완전히 편입되어 다른 행정기관들과 계층제적인 상·하관계를 형성한다.

Ⅱ 일반지방자치단체의 계층구조

1 중층제와 단층제

(1) 중층제와 단층제의 의미

하나의 일반지방자치단체가 다른 일반지방자치단체를 그 구역 안에 포괄하고 있어서 지방자치단체가 중첩되어 있는 경우에 이를 중층제 또는 중층구조(multi-tier system)라 한다. 반면, 하나의 구역에 그 구역 안의 모든 지방적 사무를 도맡아 처리하는 하나의 일반지방자치단체만이 존재하고 있는 경우에는 이를 단층제 또는 단층구조(single-tier system)라 한다.

지방자치단체가 2층구조(two-tier system)를 가지는 경우에, 하층 지방자치단체를 기초자치단체(basic unit of local government) 또는 제1차적 자치단체(primary unit)라 하고, 상층 지방자치단체를 국가와 기초자치단체의 중간에 위치하고 있다는 의미에서 중간자치단체(intermediate unit)라고 한다. 이러한 중간자치단체는 기초자치단체를 포괄하는 넓은 지역을 기초로 하고 있다는 의미에서 광역자치단체(wide-area unit)라 칭하기도 하고, 또는 기초자치단체의 상위에 있다는 의미에서 상급자치단체(upper unit), 그리고 제1차적 자치단체에 대칭하여 제2차적 자치단체(secondary unit)라 부르기도 한다.

지방자치단체가 3층 구조를 가지는 경우에 광역자치단체와 기초자치단체의 중간에 있는 자치단체를 중간자치단체(intermediate unit)라고 한다.

기초자치단체는 주민의 생활과 밀착된 공공사무를 처리하는 소규모의 자치단위이다. 이러한 단위에 광범위한 자치권을 부여하는 것은 지방자치제를 채택하고 있는 나라들의 일반적인 경향이다. 다만 영국, 미국, 일본 등에서는 광역자치단체에도 기초자치단체와 같은 넓은 자치권을 부여하고 있다. 광역자치단체에 어떠한 기능을 부여할 것인가 하는 문제는 국가와 지방간의 역할분담을 논하는 핵심적인 문제의 하나다.

(2) 중층제와 단층제의 장단점

지방자치단체의 계층구조를 중층제 또는 단층제로 할 경우, 각각의 제도에는 장점과 단점이 있다. 그 장단점을 고찰해 보면 다음과 같다.

(가) 중층제의 장점(단층제의 단점)

먼저 중층제의 채택이유, 즉 중층제의 장점을 살펴본다.

첫째로, 인류의 역사가 자연스럽게 지방중층제를 형성하였는데, 중층제는 그러한 역사적 유래를 존중하고 그것과 조화를 이루는 제도다. 즉, 인간의 지연적 사회생활의 역사를 회고해 보면, 인간은 먼저 동·리나 촌락과 같은 근린 지역사회를 형성하여 거기에서 공동생활을 영위하였다. 그러한 근린지역사회가 발전하여 오늘날의 기초적 지방자치단체를 형성하게 되었다. 한편 고대국가에서 종래의 부족단위를 국가의 하부구역으로 하였던 내력, 또는 그 후 교통·통신수단의 불편으로 국가영토를 몇 개 구역으로 나누어 지방관을 파견해서 통치권을 행사하였던 내력 등이 오늘날의 광역적 지방자치단체로 발전하게 되었다.

둘째로, 중층제는 공공기능의 분업적 수행을 가능하게 한다. 오늘날과 같이 공공기능이 양적으로 방대해지고 질적으로 복잡해진 사회에 있어서는 어느 구역 안의 모든 공공사무를 하나의 지방계층에서 전담한다는 것이 거의 불가능한 일이 되어 있다. 주민의 일상생활에 직결되는 사항의 처리에는 주민과 가까이 있는 소규모의 지방단위가 더욱 적절하다. 반면에 치산·치수·종합개발계획과 같이 광역을 대상으로 하는 사무나, 넓은 지역에 걸쳐 통일적인 처리를 요하는 사무를 담당·처리하기 위해서는 큰 규모의 지방단위가 요구된다. 그리하여 기초자치단체는 주민의 일상생활에 직결되는 공공사무를 담당·처리하고, 광역자치단체는 광역적 사무를 담당·처리하도록 하기 위하여 중층구조가 필요하다.

셋째로, 중층제는 국가와 기초자치단체간의 원활한 관계의 유지를 가능하게 한다. 즉, 국가가 모든 기초적 지방자치단체를 직접적으로 관장할 수는 없기 때문에 중간적 기관을 하여금 국가를 대신하여 기초자치단체를 관장하게 할 필요가 있다. 한편, 국가의 강력한 간섭과 감독으로부터 기초자치단체를 보호하게 하기 위해서도 국가와 기초자치단체를 매개하는 중간적 기관을 필요로 한다.

(나) 단층제의 장점(중층제의 단점)

중층제가 다양한 장점을 가지고 있듯이 단층제도 다음과 같은 장점을 가지고 있다.

첫째로, 중층제를 채택할 경우 유발되기 쉬운 2중행정, 2중감독의 폐단을 방지할 수 있다. 특히 기초자치단체와 광역자치단체간에 사무배분이 명확하지 않은 경우에는 이중행정의 현상이 일어날 수 있고, 국가가 광역자치단체를 경유하지 않고 직접 기초자치단체의 업무수행에 관여할 경우,[28] 기초자치단체는 광역자치단체와 국가라는 두 계층으로부터 중복적인 간섭을 받게 된다. 그 결과 행정의 비능률과 낭비 및 책임의 불명확화를 초래하기 쉽다. 그러나 단층제에는 그러한 문제가 없다.

둘째로, 단층제는 각 자치단체의 특수성을 그대로 살릴 수 있다. 중층제의 경우, 예컨대 광역자치단체의 구역이 대부분 농촌구역으로 이루어져 있을 때에 그 광역자치단체가 주로 농촌문제에 집중하므로 그 구역 안에 있는 도시의 특수성이 희생되거나 경시되는 폐단이 생긴다. 그러나 단층제는 그러한 문제를 발생시키지 않는다.

셋째로, 단층제는 업무수행의 신속성을 확보할 수 있다. 중층제의 경우, 각 자치단체가 상부보고나 하부시달을 하는 데에 경유하는 계층이 많기 때문에 업무수행의 신속도가 저해되고 누수와 왜곡의 정도가 높아진다. 그러나 단층제는 그러한 문제를 발생시키지 않는다.

2 계층구조의 동향

(1) 계층구조에 대한 논의

하나의 구역 안에는 단층의 지방자치단체를 설립하는 것이 이상적이라고 주장하는 학자들도 있다. 공공사무는 그것을 상·하 자치계층의 소관사항으로 명백히 분리하기가 어렵기 때문에 모든 사무를 단일의 지방단위에 전속시킬 때 그 사무를 효율적으로 처리할 수 있다는 것이다. 그러한 주장은 특히 좁은 구역 안에 많은 인구가 밀집되어 있고, 주민의 경제적·사회적 생활관계가 불가분의 관계에 있으며, 각종 서비스를 종합적으로 제공할 재정적·행정적 능력을 가지고 있는 도시지역에서는 타당할지 모른다. 그러나 농촌지역에서는 기초자치단체의 인구규모가 적고 행·재정능력이 부족하여 광역자치단체의 보완적 역할이 필요하므로 그 실현이 불가능하다는 주장도 많다.[29]

---

28) 중앙행정기관의 장이 직접 시장·군수를 소집하여 지시하는 경우 또는 중앙행정기관의 장이 직접 시·군의 행정상황이나 재정운용상황을 감독하는 경우가 그 예이다.
외국의 경우에도 기초자치단체에 대하여 국가가 직접 통제하는 경우가 적지 않다(山下 茂·谷聖 美·山村 毅, 比較地方自治, 東京 : 第一法規, 1992, pp. 281~282).

29) 위의 책, p. 243.

특히 근래에 와서는 인간의 생활권역이 도시와 주변농촌지역에 걸쳐 있어 도·농통합식 구역조정을 필요로 하므로 농촌지역뿐만 아니라 도시지역에 대하여도 중층제를 적용하여야 한다는 의견이 대두되고 있다.[30)]

(2) 계층구조의 채택동향

지방자치의 계층제는 그 나라의 국토면적, 인구수, 인구분포, 개발정도, 경제·사회구조, 역사·전통 등 여러 요인을 감안하고 현실적인 실정에 적합하도록 설정해야 한다.

실제로 각 나라에서 채택하고 있는 계층구조를 살펴보면 지방행정의 계층수를 늘리는 나라가 있는가 하면 반대로 줄이는 나라도 있다.[31)] 1970년대에 들어서면서 각국의 지방제도 개혁을 살펴보면 2계층제를 채택하는 것이 대체적인 경향이다.[32)] 다만 대도시에 있어서는 단층제를 채택하기도, 중층제를 채택하기도, 또는 양자를 혼용하기도 하는 등 다양하다([그림 3-1] 참조).[33)]

우리나라에서 줄곧 자치 2계층제가 채택되어 오고 있으나, 상급계층인 도를 폐지하고 이를 국가의 하급행정계층으로 하려는 시도도 자주 있어 왔다.

세계 주요국가의 지방자치단체 계층구조의 개요는 [그림 3-1]과 같다.[34)]

---

30) 위의 책, p. 247.

31) 프랑스의 1982년 지방제도개혁에 있어서는 기존의 2계층 외에 région이라고 하는 광역자치단체를 새로 설립하여 3계층제로 바뀌었고, 영국에서는 1990년대 후반에 많은 지역에서 단층제화하는 개혁이 행해졌다.

32) 최창호, "최근 외국의 지방행정제도 개혁동향에 관한 연구", 학술지 제24집(서울: 건국대학교 학술원, 1980), pp. 303~332; A.F. Leemans, *op. cit.*, p. 77; Dept. of Economic and Social Affairs of U.N., Decentralization for National and Social Development(New York: United National 1962), p. 21.

33) 영국에서는 1970년대의 지방제도 전반적 개혁에서 대도시지역에도 Greater London과 metropolitan county 밑에 district를 두어 2계층제로 하였었는데, 1986년에 Greater London과 metropolitan county의 의회를 해체함으로써 단층제로 전환하였고, 2000년에 일부 metropolitan county와 Greater London에 다시 광역정부를 설치하여 2층제로 환원하였다.

34) 지방행정체제개편추진위원회, 선진외국의 지방행정개편사례(2012): 행정안전부·한국지방행정연구원, 선진지방자치제도(2012): 최창호, 지방자치학(서울: 삼영사, 2009), pp. 703~766.

a) 영 국

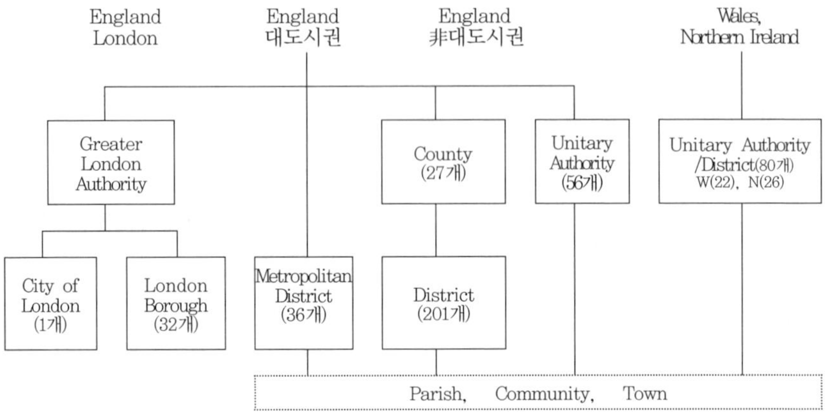

① Parish란 기초단위의 행정구역이자 자치정부로서, England, Wales 지역에 9,500개 정도가 있다. Community는 Wales, Scotland 지역에 1,000개 정도가 있다.
② County는 광역지방행정단위이다. England 외의 지역에서는 District 또는 Borough로 불린다.
③ Greater London Authority는 1986년 폐지되었다가 2000년 부활되었으며 Metropolitan county는 1986년 폐지되었다.

b) 미 국

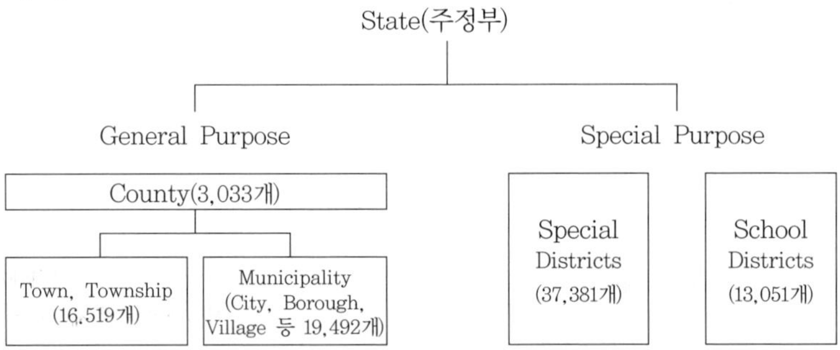

① 각 주마다 지방제도가 다르기 때문에 계층구조가 다양하다
② County는 상급자치단체이나(전국에 3,033개), 자치권이 제한적이며 상급-기초간의 수직관계는 아니다.
③ 기초지방정부는 Municipality와 Township으로 대별되는데, Municipality는 원칙적인 기초자치단체이고, Township은 County를 구성하는 지리적 영역의 하나로 정부를 구성하지 않는 곳도 있다.
④ 카운티에 속하지 않는 City+County(독립시)가 있다.
⑤ Special District는 Districts, Authorities, Boards, Commission 등 다양한 이름을 가지고 있다.

C) 프랑스

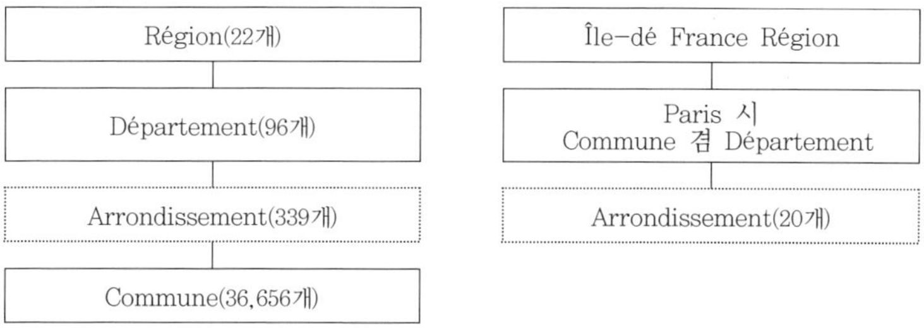

① 1982년 신지방분권법에 의해 Region이 광역지방정부로 됨으로써 3계층의 지방자치제가 되었다.
② Département은 중간지방자치단체이다.
③ Arrondissement, Cantons은 지방정부가 아니며 최소한의 기능만 수행한다.
④ Commune은 지방자치의 기본단위(시・읍・면)이다.

d) 독 일

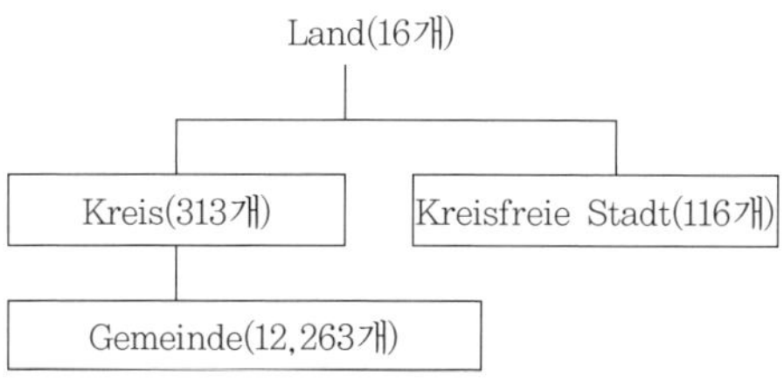

① 독일은 연방국가로, 지방자치는 Land에 따라 다양하다.
② Gemeinde는 기초지방정부를, Kreis는 광역지방정부를 말한다.
③ Kreisfreie Stadt는 특별시를 의미한다.

e) 일 본

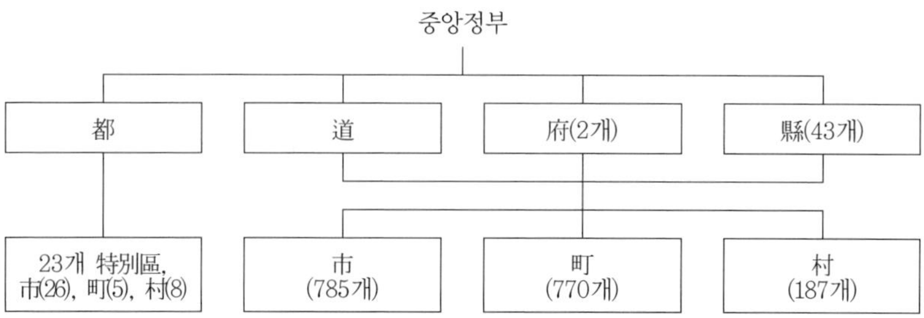

① 도시 중 大阪, 京都는 '府'로서 縣으로부터 독립되어 있다. 시(市)의 구분은 인구 50만 이상은 政令指定市, 30만 이상 시는 中核市, 20만 이상 시는 特例市, 일반시로 구분되고 있다.
② 特別區는 東京의 일체성 및 통일성확보를 위해 도입한 제도이다.

f) 중 국

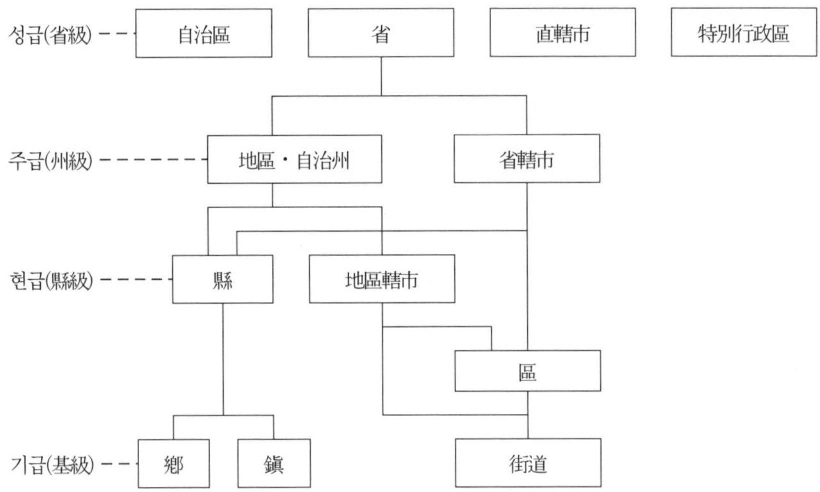

① 기본적인 지방계층은 省-州-縣-基層單位의 4계층이다.
② 自治區는 內蒙古・新疆維吾爾・西藏・廣西壯族・寧夏回族 자치구이다.
③ 直轄市는 北京市, 上海市, 重慶市, 天津市이고, 特別行政區는 홍콩・마카오이다.
④ 인구 50만 이상 市를 省轄市로, 인구 10만 이상 市를 地區轄市로 한다.
⑤ 自治州는 소수민족 거주지의 자치를 보장하기 위해 설치(55개)

[그림 3-1 주요국가 지방자치단체의 계층구조]

3 기초자치단체와 광역자치단체의 지위

지방자치단체의 중층적 구조에 있어서 기초자치단체와 광역자치단체는 각기 다른 지위(내지 성격)를 가진다.

(1) 기초자치단체의 지위

기초자치단체는 주민의 일상생활과 가장 관련이 깊은 자치단체이다. 지방자치란 원래 주민이 오랫동안 일상적으로 접촉하면서 생활과 활동을 함께 해 나가는 가운데 공통적인 경험을 가지게 되고, 이러한 경험을 공유해 나가는 동안에 그들 사이에 공동의식을 키워, 그들 사이의 공동적인 문제를 협력 처리해 나가는 데서 성립되었다. 지방자치를 '풀뿌리 민주주의'(grass-root democracy)라고 하는 것도 그 때문이다. 이렇게 볼 때 주민을 대표하고 그 주민에게 책임을 지며 주민을 위하여 최대한의 서비스를 제공하기 위하여 설립되는 지방자치단체는 소규모인 것이 이상적인데, 이와 같은 요청에 가장 적합한 자치단체가 기초자치단체이다.

기초자치단체는 주민의 일상적 생활과 직결되어 있는 공동사회적 단체로서, 그 규모는 공동사회의 지역적 범위를 의미하며, 지방자치에 있어서는 가장 본래적인 단체가 된다.

(2) 광역자치단체의 지위

지방자치의 본래의 취지에 따른다면 지방자치에 있어서는 기초자치단체 하나로써 충분하다고도 할 수 있다. 그러나 앞에서 중층제와 단층제의 장단점을 살펴본 바와 같이, 국가가 전국을 여러 개의 구역으로 구분하여 구역별로 통치권을 행사하였던 역사적 유산, 그리고 현대에 있어서의 일상생활 관련 사무와 치산·치수 등 광역적 사무의 분업적 처리의 요청, 국가의 직접적인 통제로부터의 기초자치단체의 보호 및 연락·조정의 필요 등에 의하여, 기초자치단체 외에 광역자치단체를 설립하여 지방자치계층을 2계층으로 하는 것이 세계의 일반적인 현상이다.

지방자치의 2층구조에 있어서 광역자치단체의 필요성에 관하여는 각국에서 논란이 많다.[35] 우리나라에 있어서 ① 2층구조를 반대하는 입장에서는 도(道)를 일반지방자치단체라고 규정한 것은 법상의 가상 내지 의제에 불과하다고 하고,[36] ② 반대로 2층구조를 찬성하는 입장에서는 도의 자치방어적 기능을 강조하고 있다.[37]

어떻든 지방자치계층에 있어서 기초지방자치단체를 본래적인 자치계층이라 할

35) 영국에서 역사적인 2층구조를 개혁하여 책임있고 능률적인 행정을 기하기 위하여 단층제로 하자는 주장이 있었다.
일본도 부·현제 폐지안을 중심으로 한 논쟁에서 2층구조의 단점으로서 행정상의 2중행정, 2중감독, 행정계통과 책임의 혼란, 재정낭비 등이 지적된 바 있다.
또한 미국의 W. Anderson 교수의 '1구역 1자치체의 원칙'도 그것이 직접적으로는 직능별 자치의 부인을 의미하는 것이긴 하나, 이것 역시 2층구조에 대한 반대로서 이해될 수도 있을 것이다.

36) 자치단체인 시·군이 있는데도 또 다른 자치단체인 도가 중복 존재한다는 것은 이론적으로 모순일 뿐만 아니라, 실제적으로도 도는 도민 사이에 공동의식이 결여되고 있고, 서비스행정보다도 감독행정에 치우치고 있으므로 자치단체로서 인정받을 만한 적극적 요소를 결여하고 있다고 주장한다(대한지방행정협회, 지방행정구역조사보고서, 서울 : 1967, p. 194).

37) 만약 기초자치단체로서의 시·군과 국가 사이에 도가 없으면 시·군의 능력으로써 처리할 수 없는 사무를 곧 국가가 처리하게 되어 중앙집권화에의 문호를 개방하는 결과가 되며, 국가의 시·군에 대한 직접적인 지시·감독으로부터 시·군을 보호할 여과장치가 없어지게 된다고 주장하고 있다(위의 책, pp. 193~194).

수 있는 반면에, 광역자치단체는 그 보충적·보완적인 자치계층이라고 할 수 있다.

Ⅲ 한국의 일반지방자치단체

1 지방자치단체의 종류

현재 우리나라의 지방자치단체는 ㉠ 특별시, 광역시, 특별자치시, 도 및 특별자치도와, ㉡ 시(행정시 제외)와 군 및 자치구로 되어 있다(지방자치법 제2조 제1항)([그림 3-2]). 이 중에서 ㉠에 속하는 자치단체는 광역자치단체이고, ㉡에 속하는 자치단체는 기초자치단체이다. 특별시는 서울시이고, 광역시는 부산·대구·인천·광주·대전·울산시이며, 특별자치시는 세종시이다. 도는 경기·강원·충북·충남·전북·전남·경북·경남도이고, 특별자치도는 제주도이다.

2021년 7월 1일 현재 우리나라 지방자치단체 수는 광역자치단체 17개, 기초자치단체 226개, 총 243개이다.

특별시, 광역시, 특별자치시, 도 및 특별자치도(이하 시·도라 한다)는 정부의 직할 아래 두고, 시는 도의 관할구역 안에, 군은 도 또는 광역시의 관할구역 안에 두며, 자치구는 특별시와 광역시의 관할구역 안에 둔다(동법 제3조 제2항). 여기에서 시·도를 정부의 직할 아래 둔다는 뜻은 이들을 정부직속의 산하단체로 한다는 의미가 아니라, 이들 위에는 더 상위 자치단체를 두지 않는다는, 즉 이들을 최상위 자치단체로 하여 이들과 중앙정부가 직접 교섭한다는 뜻이다.[38]

그리고 시는 도의 관할구역 안에 두고, 군은 광역시 또는 도의 관할구역 안에 두며, 자치구는 특별시와 광역시의 관할구역 안에 둔다는 뜻은 시·군·자치구를 특별시·광역시·도의 하급기관으로 한다는 의미가 아니라 시·군·자치구의 관할구역이 그 시·도구역의 범위 안에 존재하며, 따라서 2 이상의 시·도 구역에 걸쳐 존재하지 않는다는 것을 의미하는 것이다.[39]

---

38) 조재승, 지방자치의 기초이론(서울 : 세문사, 1955), p. 376.
39) 김보현·김용래, 앞의 책, p. 279 ; 최창호, 지방행정구역론(서울 : 법문사, 1981), p. 76.

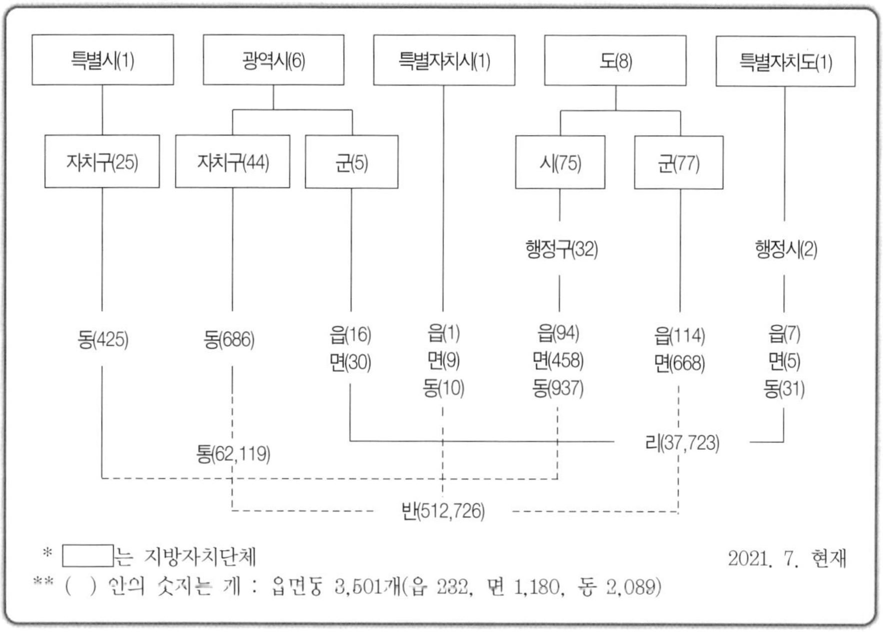

[그림 3-2 한국 지방자치행정 계층구조]

(가) 특별시(特別市)

특별시는 나라의 수도(首都)로서 수행되는 행정의 특수성에 입각하여 그 지위·조직·인사 및 운영에 특례를 인정받고 있는 서울시를 말한다.

서울시는 조선 개국 후 태조 4년(1395)에 이곳으로 천도함과 동시에 한성부(漢城府)로 지정되어 정부직할이 되었으며, 일제 강점기인 1910년에 경성부(京城府)로 개칭되면서 경기도의 관할 아래 들어가게 되었다가, 1946년 미군정기에 정부직할의 특별시로 다시 승격되었으며, 1962년에 '서울특별시 행정에 관한 특별조치법'에 의하여 국무총리의 직접적인 감독을 받는 특별한 지위를 갖게 되었다.

현재에도 서울특별시는 수도로서의 특수성을 고려하여 '서울특별시 행정특례에 관한 법률'(1991)에 의하여 그 지위, 조직 및 운영에 특례를 인정받고 있다.

(나) 광역시(廣域市)

광역시는 대도시 가운데 법률에 의하여 도(道)로부터 분리되어, 도와 동격의 지위를 갖는 지방자치단체이다. 이는 인구 100만을 초과하는 대도시가 농촌 중심의 지방자치단체인 도의 관할 아래 있음으로써, 도의 통할의 굴레 속에서 대도시의 특수성과 발전성을 기할 수 없는 문제점을 해결하기 위하여 채택된 제도이다.

우리나라에 이러한 시제(市制)가 채택된 것은 1962년 부산시가 직할시로 되면서부터이다. 이러한 직할시의 명칭이 1994년부터 광역시로 바뀌었다. 1981년에 대구시와 인천시가, 1986년에 광주시가, 1989년에 대전시가, 1997년에 울산시가 광역시로 승격되어 각각 정부직할이 되었다.

(다) 특별자치시(特別自治市)

특별자치시는 수도권의 과도한 집중에 따른 부작용을 완화하여, 국가균형발전을 도모할 목적으로 특별법에 의하여 설치된 광역자치단체이다. 2012년에 설치된 세종특별자치시가 특별자치시의 예이다.

세종특별자치시는 중앙행정기관 지방이전 정책의 일환으로 추진해온 행정중심복합 도시로 2012년 7월 1일 출범한 광역자치단체이다(세종특별자치시 설치 등에 관한 법률).

광역자치단체임에도 불구하고 시·군·구 등 기초자치단체가 없는 단층제이며, 관할구역에 도시형태를 갖춘 지역에는 동(洞)을 두고, 그 밖의 지역에는 읍·면을 두고 있다. 세종특별자치시는 법령적용상, 행·재정상, 공직선거상 특례를 인정하고 있다.

(라) 도(道)

도는 우리나라 지방자치단체들 가운데 최광역의 지방자치단체이다.

오늘날의 이러한 도에 해당하는 지방구역은 멀리 통일신라 때의 주(州)제에 연원하는 것으로 보고 있다. 그러나 우리나라에서 '도'(道)라는 명칭이 처음 사용된 것은 고려시대의 10도(道)제와 5도양계(五道兩界)제에서였다. 그 후 조선 초기(1413)에 8도제가 채택되고, 갑오경장기(1896)에 13도제가 채택되어 오늘에 이르고 있다.

이러한 도는 일제 강점기에 이른바 '도(道)제'(1930년부터 실시)에서 법인격을 부여받고, 대한민국 수립 후 1949년에 지방자치법이 제정되면서 지방자치단체로 된 것이다.

(마) 특별자치도(特別自治道)

특별자치도는 도(道) 중에서도 자치권이 특별히 광범위하게 인정되고 그 지방사업에 국가로부터 특별지원을 받는 지방자치단체이다. 2006년에 제주도가 최초의 특별자치도로 되었다.

제주도는 옛 탐라(耽羅) 지역으로서 조선시대에 목(牧)이었으며, 일제 강점기에 도(島)로 되었다가, 미군정기에 도(道)로 승격하였다. 제주도의 관할구역 안에 시·군을 두었는데, 2006년에 특별자치도로 되면서 군은 폐지되고 시는 단순한 행정단위가 되어 도 단위 광역자치 단층체계로 되었다.

(바) 시(市)

시는 원래 그 구역의 대부분이 도시의 형태를 갖추고 인구 5만 이상인 지역이다.

시에 관한 기록이 뚜렷이 나타나기 시작한 것은 통일신라 시대의 5소경(小京)제부터이나, 그것은 지방세력의 통제를 목적으로 하는 것이었다. 그 후 고려시대의 4경·도호부, 조선시대의 부·대도호부·도호부로 이어져 왔으나, 이들은 지방중심지였던 것은 사실이지만 목·군·현 등 다른 지방단위에 비하여 그곳에 배치되는 관원들의 품계에만 차이를 두는 것 뿐이었다.

제도적으로 오늘날과 같은 시(市)제는 일제 강점기의 부(府)제에서부터 찾을 수 있다. 이때의 부는 농촌의 구역과는 달리 법인격을 부여받고 자치적 기능을 수행하였던 것이다. 1930년의 부제 개정에 이르러서는 부는 의결기관을 둔 자치단체가 되었다. 이러한 부가 건국 후 '지방자치법'의 제정과 동시에 시로 개칭되고, 도 관할구역 안의 기초적 지방자치단체로 되었다.

1995년부터는 '도·농복합형태'의 시라는 새로운 형태의 시가 탄생하였다.[40)]

2004년부터는 인구 50만 이상 대도시에 대해 행정·재정운용·중앙통제상의 특례를 인정하였으며, 2021년 지방자치법 전부개정을 통해 서울특별시·광역시 및 특별자치시를 제외한 인구 50만 이상 대도시의 행정, 재정 운영 및 국가의 지도·감독에 대해서는 그 특성을 고려하여 관계 법률로 정하는 바에 따라 특례를 둘 수 있도록 하여 인구 100만 이상 대도시를 '특례시'로 하였다.

2006년에 제주특별자치도가 탄생하면서 그 도 관할구역 안의 시는 도의 단순한 하부행정구역이 됨으로써 자치권 없는 시가 생겼다. 이러한 시를 '행정시'라 한다.

---

40) 도·농복합형의 시는 ㉠ 시·군을 통합하거나, ㉡ 인구 5만 이상의 도시형태를 갖춘 지역을 포함하고 있는 군, ㉢ 인구 15만 이상의 군으로서 그 군 안에 인구 2만 이상의 도시형태를 갖춘 지역이 2개 이상인 군, ㉣ 국가정책으로 도시가 형성되고 도의 출장소가 설치된 지역으로서 그 지역의 인구가 3만 이상이고 인구 15만 이상의 도·농복합형태의 시의 일부인 지역을 포괄하여 말한다.
도·농복합형의 시를 흔히 통합시라고도 하지만, 통합시는 위의 여러 경우 중 ㉠의 경우만을 말하므로, 엄밀한 의미에서는 도·농복합형태의 시와 통합시가 같은 것은 아니다.

(사) 군(郡)

군은 주로 농촌지역에 설치된 기초적 지방자치단체이다.

이러한 군은 우리나라 지방행정구역 가운데서 가장 오랜 역사를 지니고 있다. 삼국시대의 기록에도 군·현의 명칭이 많이 발견되고, 통일신라시대의 군·현제는 상당히 완비된 것이었다. 갑오경장기에 그때까지 부·대도호부·도호부·목·군·현 등 다양하던 구역명칭이 부(府)와 군(郡)으로 통칭되면서 군의 지위가 더욱 확고해졌다.

그러나 군은 역사적으로 국가의 순수한 지방행정구역으로서, 일제 강점기에 도·부·읍제가 실시될 때에도 자치적 기능을 인정받지 못하였고, 건국 후 '지방자치법'이 제정될 때에도 도의 하부 행정구역으로만 인정되었다.

이러한 군이 1961년에 '지방자치에 관한 임시조치법'에 의하여 읍·면자치제가 폐지되면서 종래의 읍·면 대신 기초적 지방자치단체로서의 지위를 가지게 되었던 것이다. 이것이 이른바 군자치제의 시작이었다.

(아) 자치구(自治區)

자치구는 특별시와 광역시 구역 안에 있는 기초적 지방자치단체이다.

구(區)제는 1943년에 경성부(京城府)에 중구·종로구 등 구가 설치된 데서 비롯되었다. 그 후 대도시 지역에 많은 구가 설치되었으며, 현재에는 인구 50만 이상의 시에 구를 설치할 수 있도록 하고 있다.

1988년의 지방자치법 전문개정에 의하여 특별시와 광역시 지역 안의 구(區)만은 법인격을 부여받음과 동시에 기초적 지방자치단체로서의 지위를 취득하게 되었다. 따라서 구에는 자치구역으로서의 구와, 종전과 같은 순수한 행정구역으로서의 구(행정구)의 두 가지가 있게 되었는데, 이를 명확히 구분하기 위하여 전자를 '자치구'라 한다.

대도시지역의 구에 해당하는 구역을 자치단위로 하는 예는 물론 그 배경과 성격은 각각 다르지만 외국에서도 찾아볼 수 있다. 즉, 영국에서는 1970년대에 지방제도를 대폭 개편하면서 대런던(Greater London Council)의 구역 안에 기초자치단체로서 런던시(City of London)와 32개의 런던구(London borough)를 두었고, 또 대도시지역(metropolitan county) 안에 기초자치단체로서 디스트릭트(district)를 둔 바 있다. 일본에서는 도쿄도(東京都)에 특별지방자치단체로서의 23개 특별구(特別區)를 설치하고 있다.

우리나라의 자치구는 일본 도쿄도(東京都)의 특별구와는 달리 일반지방자치단체이다. 그러나 그 자치권의 범위가 법령에 의하여 시·군과 다르게 정해질 수 있게 되어 있는 점에 비추어 볼 때에 이른바 제한된 지방자치단체라 할 수 있다.

2 지방자치단체간 관계구조

특별시 · 광역시 · 특별자치시 · 도 · 특별자치도와, 시 · 군 · 자치구는 법상으로는 대등한 법인이고 그 사이에는 원칙적으로 상 · 하의 관계가 존재하지 않는다. 그러나 ㉠ 시 · 군 · 자치구의 조례 · 규칙이 시 · 도의 조례 · 규칙에 위반해서는 아니 되고(지방자치법 제30조), ㉡ 시 · 군 · 자치구는 조례의 제정 · 개정 · 폐지, 예산 · 결산 확정 등을 시 · 도에 보고하며(동법 제35조, 제149조, 제150조), ㉢ 시 · 도지사는 시 · 군 · 자치구의 사무 등의 처리에 대하여 지도 · 시정명령 · 재의요구 등을 할 수 있는 점(동법 제184조~제192조) 등을 고려해 볼 때에, 시 · 도와 시 · 군 · 자치구는 상 · 하층의 관계에서, 국가 전체의 통치구조 속에 포함되는 위치에 있다고 할 수 있다.

따라서 각 지방자치단체는 독립법인으로서 각각 대등한 지위를 가지는 것이지만, 광역자치단체와 기초자치단체는 전체와 부분의 입장에서 지도 · 수용의 관계를 형성하고 있다고 하겠다.

3 지방행정기관과의 관계

지방자치단체와 밀접한 관계를 가진 지방행정기관은 국가 또는 지방자치단체의 공공사무를 지역적으로 분담 · 처리하기 위하여 현지에 설치된 기관으로서, 지방자치단체와는 달리 법인격을 가지고 있지 않다.

지방행정기관에는 국가 소속으로서 지방자치단체와 별개로 존재하는 것도 있고, 지방자치단체 소속으로서 지방자치단체의 업무를 보조하는 것도 있다. 지방행정기관에도 일반지방행정기관과 특별지방행정기관이 있다.

(1) 일반지방행정기관

일반지방행정기관은 국가 또는 지방자치단체의 관할구역 안에서 시행되는 공공사무를 포괄하여 종합적으로 처리하며, 국가 또는 지방자치단체의 일반적인 지휘 · 감독을 받는 지방행정기관을 말한다.

시 · 도와 시 · 군 · 자치구 등 지방자치단체(더 정확히는 그 자치단체의 집행기관인 장)도 국가 또는 상급 자치단체의 위임사무를 처리하는 한도 안에서는 국가 또는 상급 자치단체의 지방행정기관이 된다. 그러나 일반지방행정기관의 전형은 지방자치단체의 관할구역 안에 설치되어 국가 및 지방자치단체의 행정을 보조하는 행정시(장), 자치구 아닌 구(청장), 읍(장), 면(장), 동(장)이다.

인구 50만 이상의 시(특례시)에는 자치구가 아닌 구(행정구)를 둘 수 있고, 군에는 읍·면[41]을 두며, 시와 구(자치구를 포함한다)에는 동을, 읍·면에는 리를 둔다(지방자치법 제3조 제3항).

도·농복합형태의 시에는 도시의 형태를 갖춘 지역에는 동을, 그 밖의 지역에는 읍·면을 두되, 그 시에 자치구가 아닌 구를 두는 경우에는 그 구에 읍·면·동을 둘 수 있다(동법 제3조 제4항).

인구감소 등 행정여건의 변화로 필요한 경우 2개 이상의 면을 하나의 면(행정면)으로 운영할 수 있고(동법 제7조 제3항), 동·리[42]도 행정능률과 주민편의를 위하여 하나의 동·리를 2개 이상으로 나누거나, 2개 이상의 동·리를 하나(행정동·행정리)로 합할 수 있다(동법 제7조 제4항).[43]

행정시에 시장, 자치구가 아닌 구에 구청장, 읍에 읍장, 면(행정면 포함)에 면장, 동(행정동 포함)에 동장을 둔다(동법 제131조).[44] 이들은 일반직 지방공무원으로 보하되, 그 관할 지방자치단체의 장이 임명한다(동법 제132조). 이들은 그 관할 지방자치단체의 장의 지휘·감독을 받아 소관 국가사무 또는 지방자치단체의 사무를 맡아 처리하고 소속직원을 지휘·감독한다(동법 제133조).[45]

---

41) 읍과 면은 그 원천을 같이 하는 것이었다. 면은 원래 조선시대에는 面·坊·社·部·曲 등 그 명칭이 다양하였는데, 일제 강점기에 들어와서 명칭이 면으로 통일되었고, 1917년에 총독이 지정하는 면(지정면)에 사업능력이 인정되고, 1930년에 이러한 지정면을 읍(지정면 23개와 신규로 18개, 도합 41개 읍)으로 칭함으로써 읍과 면이 구분되기 시작한 것이다.
건국 후 1949년에 '지방자치법'이 시행되면서 이러한 읍·면이 시와 함께 기초적 지방자치단체로 되었던 것이다. 이것이 읍·면 자치시대의 개막이었다.

42) 조선시대에 동·리는 그 자체가 경지·산야 등 재산을 소유·관리하는 주체였다. 이 경우 재산의 관리는 동·리장이 맡고, 이를 처분할 때에는 동·리민 전부 또는 유지들과의 협의를 거쳐야만 하였다. 동·리 안에 거주하는 자는 당연히 이러한 재산으로부터 생기는 이익을 향수할 권리를 가지고, 일단 동·리를 떠난 자는 이러한 향익의 권리를 상실하였다. 동·리가 직접 재산의 소유주가 되었다는 것은 동·리가 관습법상 권리·의무의 주체인 법인체로 인정되어 있었음을 의미하는 것으로서, 주의를 끄는 사실이다. ; 김보현·김용래, 지방행정의 이론과 실제(서울 : 법문사, 1982), pp. 155~157.

43) 1997년에는 통합의 부작용이 적은 인구 5천명 미만의 과소동 321개를 대상으로 추진하여 1999년 말까지 271개 동으로 통폐합하였다. 또한 1997년에 읍·면에도 행정읍, 행정면제도 도입을 검토한 바 있으나 지역의 역사성, 지역공동체성 등을 고려하여 실시하지 않고 읍·면출장소 89개소를 폐지하였다.

44) 현행법은 읍·면·동장의 경우와는 달리 리장의 규정을 두지 않고 있다. 그리하여 리(장)를 지방행정 보조계층으로 볼 수 있느냐에 관하여 의문을 자아내고 있다.

45) 이러한 행정보조계층과, 위에서 살펴본 자치 2계층을 합하면, 우리나라에서는 지역에 따라 지방행정계층이 3~5계층이 되어, 계층수가 과다하다.

(2) 특별지방행정기관

특별지방행정기관은 국가 또는 지방자치단체에 소속하여 특수한 전문분야의 행정사무를 처리하는 지방행정기관을 말한다. 이를 특별지방행정관서 또는 특별관서라고도 하고, 또한 학문상 일선기관(field office)이라고도 한다.[46]

지방에 일반행정기관이 설치되어 있음에도 불구하고 특별행정기관을 별도로 설치하는 이유는 현대의 행정기능이 날로 양적으로 팽창하고 있을 뿐만 아니라 질적으로 전문화와 기술화의 도를 더해 가고 있어, 전문분야의 행정을 보다 효율적으로 수행해 나가기 위해서이다. 그러나 특별지방행정기관은 그 사무의 전문성이나 관할구역의 특수성 등으로 인하여 특히 '필요한 경우'에 한하여 설치되는 일종의 예외적인 기관이다.

특별지방행정기관에는 ㉠ 국가에 소속하는 기관과 ㉡ 지방자치단체에 소속하는 기관이 있다.

(가) 국가 소속의 특별행정기관

우리나라의 경우 지방에 많은 국가 소속의 특별행정기관이 설치되어 있다. 지방경찰청(경찰서・파출소), 지방보훈청, 지방중소기업청, 지방고용노동청(지청), 지방환경청, 지방국토관리청(국토관리사무소), 지방산림청(국유림관리소), 지방통계청(통계사무소), 지방기상청(기상대) 등이 그것이다.

지금까지 우리나라의 특별지방행정기관은 그 사무의 전문성이나 관할구역의 불일치로 인하여 불가피하게 설치한다는 명분하에, 중앙 각 부처의 할거주의 내지 직할주의로 인하여 설치되는 경우도 많았다.

특별지방행정기관이 난립되어 있는 경우에는 지방행정에 다음과 같은 문제점을 야기한다.

첫째는, 지방행정의 종합성의 상실을 초래한다. 즉, 행정에 있어서 할거성이 강화되어 행정간의 중복을 야기하고, 상충적인 행정수행을 초래하게 된다.

둘째는, 지방행정의 민주성의 상실을 초래한다. 즉, 특별지방행정기관은 그가 속해 있는 중앙행정기관의 구체적인 지시에 따라 행정을 수행할 뿐, 주민의 행정참여나 주민에 대한 행정책임 등 주민으로부터의 민주적 통제를 거의 허용하지 않게 되

지방행정 계층수 감축책의 일환으로서 그 동안 읍・면・동의 폐지론이 비등하던 끝에 2000년부터 그 사무소 기능의 일부를 '주민자치센터'로 개편하였다.

46) 최창호・하미승, 새 행정학(서울: 삼영사 2006), pp. 372~377.
행정기관의 조직과 정원에 관한 통칙 제2조 제2호.

는 것이다.

따라서 지방행정에 있어서는 지역종합적이고 민주통제적인 일반지방행정기관(특히 지방자치단체)이 중심이 되고, 특별지방행정기관은 어디까지나 그 '보완적'인 것이 되어야 한다.

그러므로 특별지방행정기관의 설치를 필요로 하는 경우에도 다른 지방행정기관과의 협조관계를 고려하여 여러 기관을 한 지점에 모아 설치하여야 하며, 특히 업무의 관련성이나 지역적 사정에 비추어 여러 기능을 통합하여 수행함이 효율적이라고 인정되는 경우에 여러 중앙행정기관의 소관사무를 통합하여 하나의 기관으로 하여야 한다(정부조직법 제3조 제2항).

(나) 지방자치단체 소속의 특별지방행정기관

특별지방행정기관에는 지방자치단체 소속의 기관도 있다.

지방자치단체 소속의 특별지방행정기관으로서 중요한 것으로는 교육감, 교육장, 소방본부(장), 소방서(장), 농업기술원(장), 농업기술센터(소장), 보건소(장) 등을 들 수 있다.[47] 이 가운데 교육감은 광역자치단체의 집행기관이고, 소방본부장·농업기술원장·농업기술센터소장·보건소장은 지방자치단체의 소속기관이며, 교육장·소방서장은 지방자치단체의 하급행정청이다.

(다) 특별지방행정기관의 정비

특별지방행정기관의 정비에 관한 논의는 1991년 지방자치제가 부활된 이후 항상 정부개혁과제로 대두되어 왔었다. 국민의 정부에서 100대 국정과제로 선정하여 검토하기 시작했고, 참여정부는 특별법을 제정했으며, 선도적으로 제주도의 특별지방행정기관을 정비하였다. 특히 지방자치분권촉진에 관한 특별법에서는 "국가는 특별지방행정기관이 수행하고 있는 사무 중 지방자치단체가 수행하는 것이 더 효율적인 사무는 지방자치단체가 담당하도록 하여야 하며, 새로운 특별지방행정기관을 설치하고자 하는 때에는 그 기능이 지방자치단체가 수행하고 있는 기능과 유사하거나 중복되지 아니하도록 하여야 한다"고 규정하고 있다(지방자치분권 및 지방행정체제개편에 관한 특별법 제12조 제1항).

특별지방행정기관의 정비는 안정적인 국정운영을 위해 지방이 진정한 '국정운영

47) 행정기관에는 객관적 기관과 주관적 기관이 있다. 객관적 기관은 소방본부, 경찰서, 보건소, 세무서 등 형식적 기구를 말하고, 주관적 기관은 소방본부장, 경찰서장, 보건소장, 세무서장 등 실질적인 담당·책임자를 말한다.

의 파트너'가 될 수 있도록 지방분권을 강화하고, 시민사회 및 지역공동체의 참여를 진작시키기 위한 개혁과제이다. 또한 지방자치단체와 유사하거나 중복된 사무를 지방정부에 이양함으로써 비효율을 제거하고 주민서비스를 강화할 수 있다는 점에서도 시급한 과제이다.

이러한 관점에서 볼 때 현재 특별지방행정기관이 수행하고 있는 업무 중 시급히 이양해야 할 대표적인 분야는 환경청, 고용노동청, 중소기업청, 국토관리청, 식약청, 항만청 등의 업무가 해당된다.

제3절 광의의 특별지방자치단체[48)]

I 특별지방자치단체의 의의

1 특별지방자치단체의 의미

특별지방자치단체(local authority for special purpose ; special district : ad hoc authority)란 '그 구역, 업무, 조직 등이 특수하고, 그 존재가 보편적이 아닌 지방자치단체'를 말한다. 이는 지방자치단위로서는 예외적 존재에 속한다. 그러나 특별지방자치단체는 비록 예외적 존재이기는 하지만 지방자치에 있어서 중대한 기능을 수행하는 경우가 많기 때문에 결코 이를 경시할 수 없다. 다만, 2021년 지방자치법 전부개정을 통해 법률적 용어로써 '특별지방자치단체'가 규정되었기 때문에 본서에서는 '특별지방자치단체'로 사용할 경우에 한하여 지방자치법상의 '특별지방자치단체'를 지칭한 것으로 한다.

48) 지금까지 특별지방자치단체라는 용어는 학문적 의미로써 일반지방자치단체를 제외한 형태의 다종다양한 지방자치단체 형태를 의미하는 용어로 사용되어왔다. 그러나 2021년 지방자치법 전부개정을 통해 '특별지방자치단체'라는 용어가 우리나라의 지방자치단체 형태 중 하나로 규정되었다. 따라서 본 절에서 사용되는 특별지방자치단체는 기존의 학문적 정의에 근거한 분류로 사용되고 있음을 밝히며, 지방자치법에서 규정하고 있는 '특별지방자치단체'에 관해서는 본 절의 Ⅲ. 한국의 특별지방자치단체 사례에서 다루기로 한다.

2 특별지방자치단체의 필요성

일반지방자치단체가 존립하고 있음에도 불구하고 특별지방자치단체의 설립을 새로이 필요로 하는 이유는 나라에 따라, 또한 시대와 사정에 따라 다양하다.

영국에 있어서 과거에 많이 설치되었던 특별자치체(ad hoc authority)들은 기존의 일반지방자치체의 능력이 중앙정부나 주민으로부터 신용을 얻지 못하여 '새 술은 새 포대에'의 뜻에서 자주 설립되었으며, 미국에서 많이 발견되는 학교구(school district)는 지방자치단체 안의 정치적 투쟁으로부터 학교교육을 보호하기 위하여 설립되었다.

특별지방자치단체 설립의 가장 일반적인 이유는 특정한 지방공공사무를 지역주민에게 보다 편리하면서도 효율적으로 수행하기 위하여 별도의 관할구역과 행정조직이 필요하기 때문이다(예컨대 상·하수도사무와 공중위생사무 등은 각각 그 적정 구역과 필요 조직을 달리한다). 즉, 교통 및 통신의 발달, 도시의 확장 등으로 광역 행정 수요 및 광역경제권 확립을 통한 지역 성장동력의 확보 필요성이 증가하고 있다. 또한 기존의 일반지방자치단체의 구역과 조직은 오랜 역사를 통하여 설정된 것으로서 유연한 행정서비스 및 새로운 지방공공사무의 효율적 처리에는 적합치 않는 경우가 있을 수 있는데, 이러한 경우에 특별지방자치단체의 설립을 필요로 하게 된다.

지방에 특별지방자치단체가 설립되면 다음과 같은 문제를 야기한다.

즉, ㉠ 지방자치단체의 난립을 가져와 구역·조직·재무 등 지방제도의 복잡·혼란을 초래하고, ㉡ 공공기능 간의 종합·조정을 곤란하게 하고 할거주의를 조장하며, ㉢ 책임소재를 불분명하게 하고 행정에 대한 주민의 관심 및 통제력을 약화시키고, ㉣ 특수기능 중심의 정책으로 인하여 정책이 특수전문가나 이해당사자의 특수이해에 의하여 좌우되기 쉽다.

따라서 지방자치에 있어서는 정책과 행정의 종합성의 실현이라는 것이 중요하므로 특별지방자치단체는 특히 필요한 경우 예외적으로 그 설립을 인정하게 된다.

Ⅱ 특별지방자치단체의 유형

1 특별지방자치단체의 분류

(1) 행정사무단체와 기업경영단체

특별지방자치단체는 행정사무의 처리를 위하여 설립되는 것이 보통이지만, 공기업의 경영을 위하여 설립되는 경우도 있다. 미국의 상수도구, 공원 및 레크레이션구, 묘지구 등 대부분의 특별구와, 일본의 재산구, 지방개발사업단 등이 그 예에 해당한다고 할 수 있다. 우리나라에서도 이러한 기업경영적인 특별지방자치단체의 설립이 허용되고 있다(지방공기업법 제44조, 제45조).

(2) 특수사무단체와 광역사무딘체

특별지방자치단체에는 특수전문분야의 사무를 수행하기 위하여 설립된 것과, 광역적 협력에 관한 사무를 처리하기 위하여 설립된 것의 두 가지가 있다. 전자는 지역주민을 구성원으로 하여 설립되는 데 비하여, 후자는 기존의 일반지방자치단체를 구성원으로 하여 설립된다. 또한 전자는 처음부터 특수분야의 독자적인 사무처리 주체로 설립되는 데 비하여, 후자는 기존 일반지방자치단체의 본래기능의 일부를 승계하여 설립된다.

2 외국의 특별지방자치단체

주요국가들에 있어서의 특별지방자치단체의 예를 보면 다음과 같다.

(가) 영 국

영국에서는 과거에 빈번히 설립되었던 특별자치체(ad hoc authority)와 공동협의회(joint board)가 특별자치단체의 예가 될 수 있다.

특별지방자치단체(ad hoc authority)는 일반지방자치단체가 새로운 행정수요에 대응하지 못하는 경우에 특별 성문법에 의하여 별개로 설립되는 특별목적 지방자치체의 총칭으로서, 17~19세기에 특히 중요한 역할을 수행하였으며, 주로 구빈, 교육, 보건·위생, 치안, 도로, 도시개량 등의 분야에 설립되었다. 이것이 지방세 등 자치행정 전체를 복잡하게 하였기 때문에 20세기에 들어서면서 점차 정리되어 현재에는 그 예가 별로 없다.

합동이사회(joint board)는 20세기에 들어와서 광역적 협력문제를 해결하기 위하여 설립이 인정된 특별자치체이다. 관계 지방자치단체를 구성원으로 하고 설립규약에 의하여 기능이 부여되는 별개의 독립법인이다. 그러나 역시 자치행정체계의 혼란을 가져오는 등 문제점을 안고 있기 때문에 많은 비판의 대상이 되어 오고 있다.[49)]

(나) 미 국

미국에는 특정사무의 처리를 위한 각종 특별구역(special district)이 무수히 난립되어 있다. 특별구역은 지역주민의 청원과 주민투표를 거쳐 설립된다.

특별구역의 수는 현재 총 5만여개에 이르며, 그 가운데 학교구(school district)가 13,000여개로서 전체의 약 26%를 차지하고, 기타 소방, 도로, 묘지, 병원, 자연자원, 주택 및 도시재개발, 도서관, 공원, 레크리에이션, 상수도, 하수도 등 많은 분야에 설립되어 있다. 미국에서도 이러한 특별구역의 무한정 증설에 대하여 많은 비판이 제기되고 있다.[50)]

(다) 프랑스

프랑스에서는 광역행정의 수요에 대처하기 위한 코뮌(commune)조합, 연합구, 도시공동체 등의 특별자치단체가 설립되어 있다.

코뮌(commune)조합(syndicate)은 1890년부터 제도화되었으며, 법인격을 가지고, 주로 가스, 전기, 상·하수도, 교통, 치수 등의 분야에서 설치되고 있다.

연합구(district)는 1959년에 도시연합구의 방식으로 채택되었으나, 사실상 농촌지역에서 많이 적용되었기 때문에 1970년부터 연합구라고 부르게 되었다. 가스, 전기, 상·하수도, 수송, 도시계획 등의 분야에 많이 설치되고 있다.

---

49) 山下 茂·谷 聖美·川村 毅, 比較地方自治(東京 : 第一法規, 1992), p. 51 ; Peter G. Richards, *The Local Government System*(London : George Allen & Unwin, 1983), pp. 16~23.

50) Charles R. Adrian, *State and Local Government* (New York : McGraw·Hill, 1976), pp. 193~196 ; Carl Vinson Institute of Government, *Local Government in Georgia*(Atlanta : The University of Georgia, 1986), pp. 4, 180~182.

도시공동체(communaut-urbaines)는 1966년부터 채택된 것으로서, 연합구가 도시지역에서 성공을 거두지 못해 성립된 제도이다. 도시공동체는 광역단체로서 도시권역 전체에 관련되는 행정서비스 및 공공시설 등을 담당한다.[51]

(라) 독 일

독일에도 광역적 사무를 처리하기 위한 특별자치단체로서 중요한 것으로 목적조합, 게마인데(Gemeinde)연합 및 광역연합이 구성되어 있다.

목적조합(Zweckverband)은 특정사무를 공동적으로 처리하기 위하여 복수의 게마인데(Gemeinde)에 의하여 설립된 사단(社團)이다. 교육・소방・가스・전기, 상・하수도, 교통 등의 분야에 그 예가 많다.

게마인데(Gemeinde)연합(Samtgemeinde, Amt)은 게마인데(Gemeinde)사무의 일부 또는 전부를 공동적으로 처리하는 단체로서, 특히 농촌지역에서 게마인데(Gemeinde)와 클라이스(Kreis)의 중간에서 징세・회계 등의 사무를 처리하며, 특히 약소 게마인데(Gemeinde)의 능력을 보완하여 광범위한 사무를 처리한다.

광역연합(Bezirkverband, Landschaftsverband)은 상급지방자치단체인 클라이스(Kreis)와 도시형지방자치단체인 클라이스프라이에 슈타트(Kreisfreie Stadt)를 구성원으로 하는 지방단체연합체이다. 이 광역연합도 자치권은 가지고 있으나 제한된 사무만을 처리한다.[52]

(마) 일 본

일본에는 기초자치단체 급에 해당하는 제한적 자치단위로서 특별구와 재산구가 있고, 또한 광역적 사무를 처리하는 단체로서 지방공공단체조합과 지방개발사업단 및 광역연합이 있다.

특별구는 대도시인 도쿄도(東京都)의 내부 지역단위로서 제한적 자치권을 가진 구를 말한다. 1947년에 구장(區長)을 민선하였으나 1952년에 구장민선제가 폐지되고 구에 대한 도(都)의 통제력이 강화되었다가, 1964년에 도・특별구간 사무재배

51) commune조합, 연합구 및 도시공동체는 모두 법인격을 가지고 구성원인 commune들은 자신의 지위를 상실하지 아니하는 점 등에서 공통하다. 그러나 commune조합은 구성원인 commune들의 의견을 토대로 한 권한만을 가지고 그 재원을 commune들의 분담금에 의존하는 점, 연합구는 최소한의 법적 권한을 가지고 commune세의 일부를 연합구의 재원으로 결정할 수 있는 점, 도시공동체는 보다 더 광범위한 권한을 가지고 고유의 도시공동세를 부과할 수 있다는 점 등에서 각각 차이가 있다(A. F. Leemans, Changig Patterns of Local Government, The Haigue : IULA, 1970, p. 135).

52) 山下 茂・谷 聖美・川村 毅, 比較地方自治(東京 : 第一法規, 1992), pp. 109~110 ; 장지호, 지방행정론(서울 : 대왕사, 1982), pp. 228~233.

분, 1974년에 구장 민선, 도직원제 폐지 등이 단행되어 특별구의 자치권이 점차 강화되었다.[53] 그러나 특별구는 도 전체의 통일성확보 수요에 따라 그 자치권에 많은 제한을 받고 있다.

재산구는 일부 지역에서 재산을 소유하거나 공공시설을 설치하며, 또한 시・정・촌 및 특별구의 폐치분합・구역변경 시에 그 재산 및 시설의 관리 및 처분을 위하여 설립되는 단체로서, 메이지(明治)유신 이후 시・정・촌 합병의 과정에서 인정된 제도이다.

지방공공단체조합은 여러 지방자치단체가 그 사무를 공동적으로 처리하기 위하여 설립하는 법인으로서, 일부사무조합과 전부사무조합이 있다. 일부사무조합은 치산, 치수, 항만, 위생, 교육 등의 분야에서 많이 이용되고 있으며, 전부사무조합은 실제로 설립된 예가 없다.

지방개발사업단은 일정한 지역의 종합개발을 위한 공공시설의 건설, 그 시설용지의 취득・조성 및 토지구획정리사업에 관련된 공사를 종합적으로 실시하기 위하여 여러 지방자치단체 공동으로 설치하는 단체로서, 구성원인 지방자치단체로부터 위탁된 사업만을 처리하며, 수탁사업의 완료와 동시에 해산한다.

광역연합은 1994년의 지방자치법 개정에서 채택된 것으로서, 도・도・부・현간 또는 시・정・촌・특별구간의 규약에 의하여 광역행정 수요에 대응하고, 국가 또는 도・도・부・현으로부터의 권한이양에 대비하는 연합체이다.

(바) 스위스

스위스에는 특정한 공공사무의 처리를 위한 학교 게마인데(Gemeinde), 교회 게마인데(Gemeinde), 구빈 게마인데, 시민권 게마인데 등의 특별지방자치단체가 일반지방자치단체의 구역과 동일구역에서 설립되어 있다. 이들 특별지방자치단체들은 독자적 과세권을 가지고 있다. 스위스에서도 이러한 단체들이 자치행정을 복잡・혼란하게 하므로 차츰 이를 일반지방자치단체에 통합되어가는 경향이 있다.[54]

---

53) 久世公堯, 地方自治制度(東京：第一法規, 1976), pp. 181~205；森 祐二郎, "都區制度の變遷：特別區の位置つけを中心に," 地方自治, 第471號(東京：地方自治制度研究會, 1987. 2), pp. 82~113.

54) 손재식, 현대지방행정론(서울 : 박영사, 1991), p. 90.

Ⅲ 한국의 특별지방자치단체 종류

1 제도의 변천경위

우리나라에서는 1949년 지방자치법에서 특별지방자치단체로서 '시·읍·면조합'의 설치를 인정하였고, 한편 동년 교육법에서 군에 특별지방자치단체인 교육구[55]를 두어, 특별지방자치단체로서 광역사무단체인 시·읍·면조합과, 특수사무단체인 교육구의 두 종류가 갖추어졌었다. 그 후의 법률개정 과정에서 시·읍·면조합이 모든 자치단체간의 조합으로 확대되어 광역사무단체는 발전하는 데 반하여, 교육구가 폐지됨으로써 특수사무단체는 소멸되었다.

한편 1992년의 지방공기업법에서 지방직영기업 경영사업을 광역적으로 처리하기 위하여 필요한 때에 지방자치단체간 공동으로 규약을 정하여 지방자치단체조합(지방공기업조합)을 설립할 수 있게 하였다(지방공기업법 제44조).

2021년 지방자치법 전면개정을 통해 '특별지방자치단체'의 설치·운영과 관련한 세부 내용을 규정하여 광역행정수요에 효과적으로 대응할 수 있도록 '특별지방자치단체'의 설치 근거는 있으나, 구체적인 규정이 없어 '특별지방자치단체'를 설치·운영할 수 없었던 문제를 보완하였다.

2 지방자치단체조합

(1) 지방자치단체조합의 의의와 종류

지방자치단체조합은 둘 이상의 지방자치단체가 그 하나 또는 둘 이상의 사무를 공동으로 처리하기 위해 협의하여 설립하는 공법인으로서(지방자치법 제176조), 특별지방자치단체의 대표적인 예이다.[56]

---

55) 교육구는 일제 강점기의 학교조합과 학교비, 미군정시대의 교육구의 유산 위에서 성립한 공법인으로서의 특별지방자치단체이다.

56) 그러나 우리나라에서 지방자치단체조합이 특별지방자치단체냐에 관하여 의문이 제기되고 있다. 그것은 지방자치법 제2조에서 특별지방자치단체의 설치·운영에 관하여 필요한 사항을 대통령령으로 정하도록 하고 있는데, 자치단체조합은 법률로 정하고 있기(동법 제176조~181조, 지방공기업법 제44조) 때문이다. ; 한국지방행정연구원, 특별지방자치단체의 설치·운영의 활성화 방안, 1993, pp. 152~158.

지방자치단체조합은 ㉠ 그 처리하는 사무가 행정사무냐 기업사무냐에 따라 행정사무조합과 기업사무조합으로 나뉘고, ㉡ 그 처리사무가 하나의 사무냐 둘 이상의 사무냐에 따라 일부사무조합과 복합사무조합으로 나뉜다.[57] 그러나 어떠한 조합이든 우리나라에서 지방자치단체조합이 실제로 설립된 예는 극히 드물다.

(2) 지방자치단체조합의 설립과 해산

지방자치단체조합은 둘 이상의 지방자치단체가 사무를 공동으로 처리할 필요가 있을 때에 규약을 정하여 관계 지방의회의 의결을 거쳐 감독관청의 승인을 얻어 설립한다.

조합의 규약을 변경하거나 조합을 해산하는 경우에도 조합설립 절차와 동일한 절차가 적용된다. 조합을 해산하는 경우에 그 재산의 처분은 관계 지방자치단체의 협의에 의한다(동법 제181조).

조합의 규약에는 지방자치단체조합의 명칭, 조합을 구성하는 지방자치단체, 조합의 사무, 조합의 조직과 임원 선임방법, 조합의 운영과 사무처리에 필요한 경비의 부담과 지출방법 등의 중요사항을 포함한다(동법 제179조).

(3) 지방자치단체조합의 조직과 권능

지방자치단체조합에는 조합회의와 조합장 및 사무직원을 둔다. 조합회의 위원과 조합장 및 사무직원은 조합규약이 정하는 바에 따라 선임한다. 관계 지방자치단체의 장과 지방의회의 의원은 지방자치단체조합회의 위원이나 조합장을 겸할 수 있다(동법 제177조).

조합회의는 사무처리와 관련한 중요사항을 심의·의결하며, 조합이 제공하는 서비스에 대한 사용료, 수수료, 부담금 등을 정한다. 조합장은 자치단체조합을 대표하며, 조합의 사무를 총괄한다(동법 제178조). 지방자치단체조합은 규약으로 정하는 사무를 처리하며, 지방채를 발행할 수 있다(동법 제139조).

2006년에 특별자치단체제도 확립의 차원에서 지방자치단체조합에 조례 및 규칙의 제정권을 부여하는 입법예고까지 있었으나 실현되지 못하였다.

---

57) 지방자치단체조합에 관하여, 1949년 제정 지방자치법에서는 지방자치단체의 사무의 일부 또는 전부에 관한 조합을 인정하였고, 1988년의 개정법에서는 지방자치단체의 '특정'사무의 일부 또는 전부에 관한 조합을 인정하였으며, 1989년의 개정법에서부터 지방자치단체의 하나 또는 둘 이상의 사무에 관한 조합을 인정하고 있다.

(4) 지방자치단체조합에 대한 지도 · 감독

시 · 군 · 자치구가 구성원인 자치단체조합은 1차로 시 · 도지사, 2차로 행정안전부장관의 지도 · 감독을 받으며, 시 · 도가 구성원이거나 2개 이상의 시 · 도에 걸치는 시 · 군 · 자치구가 구성원인 조합은 행정안전부장관의 지도 · 감독을 받는다. 행정안전부장관은 공익상 필요한 때에는 지방자치단체조합의 설립 · 해산 또는 규약 변경을 명할 수 있다(동법 제180조).

제4절 자치제의 특례

I 제주특별자치도 자치 특례

1 제주특별자치도의 특수여건

제주특별자치도는 사방이 해양에 면한 도서로서, 국제교역과 국제교류의 중심지로 육성함으로써 국제경쟁력과 국가발전에 크게 기여할 소지가 많은 지역이다. 따라서 제주도에 국제자본, 물자, 관광객 유치를 위한 자율권을 특히 확대하고 국가의 지원을 대폭 강화할 필요가 있는 지역이다.

이에 2006년에 '제주도행정체제 등에 관한 특별법'을 제정하여 제주도에 특별자치제를 채택함과 아울러, '제주특별자치도 설치 및 국제자유도시 조성을 위한 특별법'을 제정(2006. 2. 21 제정, 2007. 1. 1 시행)하여 국가의 집중적인 지원을 통하여 제주도의 개발을 촉진하게 되었다.

2 제주특별자치도의 자치 특례

제주특별자치도에는 법률이 정하는 바에 의하여 자치행정의 특례를 둘 수 있는데(지방자치법 제197조 제2항), 법률(제주특별자치도 설치 및 국제자유도시 조성을 위한 특별법 : 2021. 10. 8., 타법개정, 2022. 1. 13. 시행)이 정하는 특례는 다음과 같다.

(1) 자치체계

(가) 자치행정체계

2005년 7월 실시한 주민투표에서 주민이 선택한 대안에 따라 기초자치단체인 시・군을 폐지하고 도 단위 단일의 자치체계로 한다. 도 안에 자치단체가 아닌 시(행정시)를 두고, 시장은 도지사가 임명한다. 행정시에 읍・면・동을 두고, 읍・면・동에 주민자치센터를 설치한다.

(나) 특별행정기관

제주특별자치도 안에 설치되어 있는 국가 특별지방행정기관 중 국토관리, 중소기업, 해양수산, 보훈, 환경 및 노동사무를 담당하는 기관을 통폐합하여 도에 이관했다.

(2) 자치조직・자치운용

(가) 자치조직

도의회를 확대 개편하여 의원정수를 일반 도의 경우보다 많은 41인(교육의원 5인 포함) 이내에서 도의회 의원선거구획정위원회가 정하는 바에 따라 조례로 정한다. 그 지역선거구도 동 위원회가 하는 바에 따라 조례로 정한다.

의회의 기능을 강화하여 부지사・감사위원장 등의 임용에 도의회 인사청문회를 거친다. 그리고 지방의회 및 집행기관의 구성을 따로 법률이 정하는 바에 따라 정하되, 그 경우에는 주민투표를 실시하여 주민의 의견을 듣는다.

부지사의 정수 및 사무분장에 관한 사항, 행정기구의 설치・운영기준, 지방공무원의 정원기준, 직속기관・사업소・출장소의 설치요건, 하부행정기구의 설치 등에 관하여 필요한 사항은 도조례로 정한다.

(나) 자치권

국가의 외교·국방 등 국가존립사무를 제외한 사무를 단계적으로 이양하며, 특히 국토관리(도로, 광역상수도, 산업단지개발 등), 중소기업지원, 해양수산, 보훈, 환경, 노동 관련 분야의 중앙행정권한을 대폭 이양한다.

일반직 지방공무원 2급 내지 4급의 직군·직렬을 조례가 정하는 바에 의하여 통합하고, 도 인사위원회의 구성, 외국인의 임용, 개방형 직위의 운영에 관한 사항을 조례로 정한다. 그리고 도 소속 공무원의 정원관리에 대하여는 기준인건비 제도를 적용하지 아니하며, 예외적으로 행정시에도 인사위원회를 설치하기로 하였다.

(다) 주민권리

조례가 정하는 일정한 규모 이상의 예산이 소요되는 투자사업에 대하여 주민투표를 실시한다. 조례로 정하는 일정 수 이상 주민의 청구에 의하여 도지사, 교육감, 도의회의원에 대한 주민소환투표를 실시한다.

(3) 재정·지원

(가) 자치재정

도는 종전의 도세 및 시·군세의 세목을 '제주특별자치도세'로 부과·징수하며, 표준세율이 적용되는 지방세목에 대하여 세액·세율을 가·감조정을 행할 수 있다. 국가는 보통교부세의 100분의 3에 해당하는 금액을 제주특별자치도에 교부한다.

중앙권한의 이양과 국고보조사업의 수행 등에 소요되는 비용에 대하여 '국가균형발전 특별법'의 지역발전특별회계에 별도계정(제주특별자치도 계정)을 설치하여 지원한다. 그리고 제주특별자치도 발전 관련 사업 등에 필요한 경우 도의회의 의결로 지방채 발행한도액을 초과하여 지방채를 발행할 수 있다.

(나) 특별지원

국가는 제주특별자치도에 대하여 그 구역 안 지역간 균형발전 또는 낙후지역의 효율적 개발을 위하여 따로 개발계획을 수립하거나 보조금을 지급하거나 재정투자를 하는 등 재정상 특별지원을 한다. 국가는 개발촉진지구, 오지개발지구, 도서개발 지정도서 등 특정지역의 개발을 위한 지구·지역의 지정에 있어 제주특별자치도 구역 안의 지역을 우선적으로 지정한다.

(4) 교육 · 경찰

(가) 지방교육자치

교육자치제에 있어 교육위원회를 도의회의 상임위원회로 하여 의결기관을 일원화하고, 교육감과 교육의원을 주민이 직접 선출한다(이 제도가 시범이 되어, 후에 지방교육자치에 관한 법률의 전문개정으로 전국에 확대 실시되었다. 그러나 현재 교육의원 주민선출제도는 제주특별자치도에서만 존속하고, 타시 · 도에서는 2014년에 모두 폐지되었다).

(나) 자치경찰단

경찰제에 있어 제주특별자치도는 도지사 소속의 제주특별자치도자치경찰위원회 소속으로 자치경찰단을 두고 있다. 자치경찰단은 주민의 생활안전활동 및 지역교통활동에 관한 사무 등의 지역주민밀착형 사무를 수행하며, 국가경찰과 자치경찰 간의 사무분담과 사무수행방법은 도지사와 제주자치도경찰청장이 협약으로 정하여 공표하여야 한다.

(5) 국제자유도시 여건조성

국제관광 진흥을 위하여 관광정책을 적극 개발하고, 외국인 투자기업에 대한 각종 규제를 완화한다. 외국 교육기관의 설립을 대학과정에서 초 · 중등과정까지 확대허용하고, 국 · 공 · 사립 초 · 중등학교의 교육과정, 도서사용, 교원자격 등 독자적 운영을 허용한다.

외국인의 의료기관 개설을 허용하고, 의료사업에 대한 행정규제를 완화한다. 도지사에게 일정한 범위의 토지 용도지구 지정 또는 변경을 허용하고, 개발사업 시행자에게 개발사업 필요 토지 · 건물 등에 대한 제한적 수용 또는 사용을 허용한다.

3 제주특별자치도 자치 특례의 문제점

제주특별자치도 제도의 채택은 우리나라에서 지방자치제의 다양화를 실험한 효시이며, 강력한 지방분권을 실천하는 시범적 제도이기도 하다. 그러나 이러한 제주도특별자치에는 문제점도 있다.

첫째, 광역자치단체 밑에 존치하던 시와 군을 폐지함으로써 주민의 참여욕구를 수용하지 못하는 한계가 있다. 따라서 도 단위 단일 광역자치체제 하에서는 특히 읍·면·동이 행정단위인 동시에 주민이 참여하는 단위로 육성되어야 한다. 그러나 제주도특별자치제에서는 주민자치를 특별보강하지 않고 있는 것이 문제이다. 영국 지방제도개편 후의 패리쉬(parish), 일본 시·정·촌 합병 후의 지역자치구가 모두 자치구역 확대에 따른 주민자치를 보강하는 것을 참고로 주민참여의 채널을 확대할 필요가 있는 것이다.

둘째, 제주특별자치도에 대한 국가의 권한이양을 비록 단계적으로 추진한다고는 하나 그 이양이 포괄적이지 못하고 부분적인 이양이다 보니 업무의 시너지 효과를 발휘할 수 없게 되어 있다.[58)]

셋째, 제주특별자치도 안에 설치되어 있는 국가의 특별지방행정기관(국토관리, 중소기업, 해양수산, 보훈, 환경, 고용노동사무 담당기관)의 상당업무를 도에 이관하였다. 그러나 다른 지방에 존치되고 있는 특별지방행정기관에 제공하는 정보를 제주도에는 제공하지 않아서 중앙정부와의 협력이 되지 않는 등의 문제가 발생하고 있다. 또한 전문분야의 직원을 적절히 교육시키지 못하는 문제점도 나타나고 있다.

넷째, 모든 제도는 그것을 활용하는 주체의 능력과 의지에 의하여 그 의미가 달라진다. 국제자유도시를 지향하는 제주특별자치도는 다른 광역지방자치단체가 가지고 있지 않는 막대한 권한을 효율적으로 활용하려는 의지와 능력이 필요하다. 그러한 의지와 능력이 전제될 때 비로소 '특별자치도'의 제도적 의미가 실현될 수 있다는 점을 주민과 공무원들이 공감하고 노력해야 한다.

Ⅱ 세종특별자치시 자치 특례

1 세종특별자치시 설치의 특수여건

세종특별자치시의 설치는 그 설치배경부터 특수여건의 상황을 안고 있었다.

수도권의 과도한 집중에 따른 부작용을 시정하고 국가균형발전을 위해 '신행정

58) 예컨대, 배가 움직이면 국가의 업무이고, 제주항에 정박하면 제주도의 업무로 되어 있다.

수도건설을 위한 특별조치법(2004. 1. 16 제정공포)'으로 추진하려던 수도이전이 헌법재판소에서 헌법위반으로 결정(2004. 10. 21)되었다. 따라서 당시 정부는 이를 대체할 '행정중심복합도시건설 특별법'을 제정(2005. 3. 18.)하고, 중앙행정기관의 이전계획 고시(2005. 10. 8), 정부청사 건축공사 착공, '행복도시'의 명칭을 '세종시'로 확정(2006. 12. 21)하는 등 세종시의 건설을 추진해왔다. 한편, 세종시 건설을 중단시키기 위해 마련된 '세종시 건설 수정안'이 발의되었으나 국회에서 부결(2010. 1. 11)되기도 하였다.

그러한 우여곡절 끝에 2012년 7월 1일에 '세종특별자치시(1읍 9면 14동)'가 출범하였다. 세종특별자치시는 충남 연기군과 공주시 의당면・장기면・반포면일원과 충북 청원군 부용면 일원을 자치구역으로 하여 성립하였다.

2012년 12월 중앙행정기관의 1단계 이전을 시작으로 국무총리실을 비롯한 16개 중앙부처와 36개의 공공기관이 이전토록 되어 있으므로 행정중심복합도시로서의 면모를 갖추어가고 있다.

2 세종자치시의 자치 특례

세종특별자치시에도 법률이 정하는 바에 의하여 자치행정의 특례를 둘 수 있다(지방자치법 제197조 제2항). 법률('세종특별자치시 설치 등에 관한 특별법': 이하 '세종시법' 이라 한다 : 2020. 10. 20 전부개정・시행)이 정하는 특례는 다음과 같다.

(1) 법적지위상의 특례

특별자치시는 특별시・광역시・도・특별자치도와 함께 광역자치단체로 하고(지방자치법 제2조 제1항 제1호) 정부직할 하에 둔다(동법 제3조 제2항). 또한 정부의 직할로 세종특별자치시를 설치한다(세종시법 제6조).

(2) 조직구조상의 특례

세종특별자치시의 관할구역에는 기초자치단체인 시・군・구를 두지 아니하며, 도시의 형태를 갖춘 지역에는 '동(洞)'을 두고, 그 밖의 지역에는 읍・면을 둔다(동법 제6조 제2항, 제3항).

지방자치법상 읍·면·동에 관한 규정은 세종특별자치시에 두는 읍·면·동에 대하여 적용한다(동법 제6조 제4항).

(3) 법령적용상의 특례

세종특별자치시는 행정체제의 특수성을 고려하여 지방자치법 관계법령 적용에 대하여 여러 가지 특례를 인정하고 있다(동법 제8조).

① 먼저, 다른 법령에서 지방자치단체(장), 시·도(시·도지사) 또는 시·군·구(시장·군수·구청장)를 인용하고 있는 경우 ② 지방의회(의원), 시·도의회(의원), 시·군·구의회(의원)의 경우 및 교육감을 인용하는 경우 ③ 지방자치단체의 조례·규칙, 시·도의 조례·규칙, 시·군·구의 조례·규칙을 인용하는 경우 ④ 지방세, 광역시세, 구세를 인용하고 있는 경우에는 각각 세종특별자치시의 및 그 관계기관(장)을 포함하는 것으로 보며 해당 법령을 적용한다.

(4) 세종특별자치시 지원위원회 설치

세종특별자치시의 중·장기적 발전에 관한 사항, 행정·재정자주권의 제고 및 사무처리에 관한 사항, 새로 편입된 지역자치단체의 행·재정적 지원과 공동화 방지 지원 대책에 관한 사항, 그 밖에 지원에 필요한 사항 등을 심의하기 위해 국무총리를 위원장으로 하는 지원위원회(25인 이상 30인 이하)와, 실무위원지원단을 설치·운영하도록 규정하였다(동법 제9조).

(5) 행정·재정 등 운영상의 특례

① 중앙행정기관의 장은 세종특별자치시의 관할구역안의 도시계획 등 각종 지역개발을 위하여 행·재정상 특별한 지원 및 각종 시책사업시 우선적으로 지원할 수 있도록 하였으며(동법 제13조) ② 지방세기본법 제8조 제1항 및 제3항에도 불구하고 광역시세 및 구세 세목을 세종특별자치시세의 세목으로 보아 부과·징수하며, 지방교부세액 및 지방교육재정교부금을 보정지원(최초 도래시부터 5년간에서 8년간으로 연장)하는 등 재정의 특례(동법 제14조)와 ③ 행정기구설치 및 지방공무원에 대한 특례와 함께 시장·교육감선거, 시의원의 정수(15인), 조례의 제정·개정 및 청구요건(18세 이상 청구권자 총수의 150분의 1 이하 범위에서 조례로 정한다), 감사위원회 설치,

지역발전특별회계에 별도계정(세종특별자치시계정) 설치 등을 특례로 인정하고 있다(동법 제15조, 제16조, 제19조~제28조).

Ⅲ 지방자치단체 자치 특례

1 도시화와 자치행정

(1) 인류와 도시

(가) 도시와 창조에너지

도시는 다양한 사람들이 서로 만나고, 다른 문화와의 접촉을 통한 충격이 새로운 문화를 창조하게 하는 공간이다. 농촌에 비하여 도시는 다양한 생각과 생활양식이 용인되고 다양한 주체들의 자유로운 경쟁이 용인되는 곳이다. 따라서 인간의 창조적 활동이 주로 대도시에서 전개되는 것이다.[59)]

인간이 도시를 형성·발전시킨 데에는 외적대항, 공동체보호 등의 소극적 목적 외에 집적의 이익(accumulation benefits)이라는 적극적인 목적이 작용했다. 즉, 인간이 모이는 곳에는 일터가 발생하고, 정보의 집중, 시장의 형성, 규모의 경제, 연관산업의 효과, 선택의 편익 등이 발생하는 것이다. 인간은 다른 사람과 접촉하여 인간관계를 가지는 속에서 새로운 에너지를 창조하게 된다. 사람과 사람간에 형성되는 인간관계의 수는 다음의 수식과 같다.

$$S_n = \frac{n(n-1)}{2}$$

즉, 단 두 사람 사이에는 인간관계가 하나밖에 없으나, 세 사람 사이에는 셋이 되고, 네 사람 사이에는 여섯이 되며, 다섯 사람 사이에는 열로 늘어난다. 수많은 인구가 함께 사는 대도시에서는 사람 사이의 인간관계 수가 천문학적인 숫자로 늘어나게 된다.

이와 같은 수많은 인간관계가 에너지를 창조하여 진화와 발전을 낳게하는 것이 도시의 생태다. 즉, 인간이 접촉하면서 상대방을 자극 긴장시키게 되고, 자극과 긴장이 경쟁을 유발하며, 경쟁이 창조를 낳고, 창조를 모태로 문화가 발전하게 되는

59) 도시라는 용어는 옛날 중국에 인간이 취락을 성(城) 또는 진(鎭)이라 불렀는데, 성은 정치중심지를 그리고 진은 상업중심지를 말하는 것이었다. 이후 이 정치중심지를 도(都)라 하고, 상업중심지를 시(市)라 하게 되면서, 이 둘을 합하여 '도·시(都·市)'라 하게 된 것이다.

것이다. 이러한 접촉관계(인간관계)의 수를 무한대로 가지고 있는 대도시를 '인간에너지의 원자로'라고 한다.

(나) 도시와 두뇌산업

인류의 문명은 인간의 신체와 관련하여 크게 3단계를 거쳐 발달하여 왔다.

제1단계는 인간의 손이 해방되는 단계이다. 도구가 발명되고 기계가 발명되어 인간의 손을 편하게 해준 것이다. 이러한 도구화, 기계화는 곧 제2차 산업의 발달을 의미하였다.

제2단계는 인간의 발이 해방되는 단계였다. 자동차, 비행기 등이 등장하고 전화, TV 등이 이용되면서 인간이 쉽게 이동하고, 앉아서 쉽게 소식을 교환할 수 있게 된 것이다. 이러한 사실들은 제3차 산업의 발달을 의미한다.

제3단계는 인간의 머리가 해방되는 단계이다. 망원경, 전파탐지기, 컴퓨터 등이 등장하여 인간이 보고 듣고 생각하고 판단해야 하는 일을 이들이 대신해 주게 된 것이다. 이러한 인간의 두뇌 관련 산업을 '제4차 산업'이라고 하는데, 지식산업, 아이디어산업, 정보산업, 관리산업 등이 이에 해당한다.

도시산업의 추이를 보면, 초기에는 주로 농산물을 저장·가공·교환하는 저축형도시로 발전하였다. 그리고 공업화를 통한 제2차산업 중심의 생산형도시가 등장하였고, 그 후 탈공업화를 통하여 제3차산업을 중심으로 하는 소비형도시가 활기를 띠었다. 그런데 최근에는 제4차산업을 주요 산업으로 하는 도시가 나타났으니, 관리형도시가 그것이다. 대도시에서 이러한 관리형도시의 특징이 나타나는데, 공장은 지방에 두고 대도시에서는 수요판단, 제품기획, 판매관리, 자금관리, 인사관리 등 주로 관리업무를 수행하고 있는 것이다.

(다) 도시와 농촌의 차이

도시를 농촌과 비교해 봄으로써 도시의 특성을 명확히 이해할 수 있다.

도시와 농촌은 그 사회성격과 주민생활의 면에서 〈표 3-2〉와 같은 여러 가지 차이점을 가진다.

〈표 3-2〉 도시와 농촌의 비교

구분		도 시	농 촌
사회 성격	산업구조	2, 3, 4차산업	1차산업
	사 회	동적, 유동적	정적, 고착적
	문 화	최신문화	전통문화
	환 경	인위적, 복잡, 오염·오탁	자연적, 단조, 청신
주민 생활	인 구	다수, 고밀도	소수, 저밀도
	주민구성	이질적	동질적
	인간관계	2차집단적, 기계적, 형식적	1차집단적, 도의적, 정감적
	지배규범	법규	관습

(2) 도시의 시대

오늘날은 세계적인 도시화로 인하여 이른바 도시의 시대가 되고 있다. 인류역사상 도시화(urbanization)는 19세기 산업혁명을 기점으로 대대적으로 일어나기 시작하였다. 도시화란 인구의 집중에 의하여 지역적 구조와 사회적 관계에 변화가 일어나는 현상을 말하는 것으로서, 좁게는 농촌이었던 지역이 도시적인 지역으로 변화하는 경우를 의미하지만, 넓게는 도시지역에 있어서 그 도시적인 요소(예컨대, 인구밀도, 건물, 시설, 기능집중, 인구유동, 주민의식 특수성 등)를 점점 더 증대해 나가는 경우도 포함한다.

산업혁명기에 영국에서부터 시작된 도시화 현상이 그 후 세계로 전파되어, 19세기 후반에는 유럽지역, 20세기 전반에는 미주지역, 20세기 후반에는 아시아·아프리카지역으로 전파되었다. 각 지역의 도시화 중에서도 인구조밀지역인 아시아 지역에서의 도시화는 급격히 늘어났다.

아시아 등 후진지역의 도시화는 도시의 노동력수요와 관련 없는 도시화, 즉 가도시화(pseudo urbanization) 현상을 그 특징으로 하고 있다. 그리고 인구가 몇몇 소수의 도시에만 집중되어 도시규모별 인구의 분포가 정상이 아닌, 이른바 종주형 도시체계[60]를 형성하고 있다.

우리나라에서는, 과거 일제 강점기에도 식민지경영의 행정중심지나 대륙진출의

60) 종주형 도시체계를 나타내는 산식으로는 ① 최대도시집중도(종주도시인구/전체도시인구), ② 종주화지수(종주도시인구/하위 3개(2~4위) 도시인구, ③ 수위도(종주도시인구/2위 도시인구) 등이 있다.

군사거점지 등에 도시화가 진전되었지만, 해방 후 월남동포, 피난민 등의 도시집중, 불균형성장정책에 따른 농촌인구의 대도시집중 등에 의하여 도시화가 매우 급격하게 일어났다. 즉 우리나라의 도시화는 다른 후진국가들의 도시화와 마찬가지로, 도시가 농촌인구를 흡인(pull-in)함으로써 일어나는 건전한 도시화가 아니었다. 농촌의 잠재적 실업자가 도시로 밀려(push-out)남으로써 일어나는 불건전한 도시화였던 것이다. 그리고 특히 인구가 몇몇 대도시에만 집중되어, 대도시에서는 기반시설과 서비스가 미처 인구증가를 따라가지 못했고, 농촌지역은 인구유출로 인하여 침체하게 된 것이다.

(3) 도시화와 행정과제

일정한 지역에 인구나 산업 등이 적당하게 집중되면 이른바 집적의 이익(accumulation benefits)이 발생하지만, 그 집중이 과도하게 되면 오히려 집적의 불이익이 차츰 누적되고, 결국 그 지역의 안정적 성장을 저해할 뿐만 아니라 다른 지역의 균형적 성장도 저해하게 된다. 즉, 일정한 도시지역에 인구나 산업이 집중되어 과밀현상이 나타나면 도시 내·외적으로 다음과 같은 문제가 발생한다.

첫째로, 도시 내부적으로는 ㉠ 주택사정의 악화, ㉡ 극심한 교통난, ㉢ 상·하수도 시설의 부족, ㉣ 공해문제의 격증, ㉤ 각종 범죄·비행 등 사회병리의 증가, ㉥ 시가지의 무질서한 확대, ㉦ 도시재정부담의 과중 등 주요 문제가 산적하게 된다.

둘째로, 도시 외부적으로는 ㉠ 상대적으로 도시 외 지역의 과소현상(過疏現象)을 초래하여 지역 균형발전을 저해하고, ㉡ 과도한 사회간접자본시설(도로, 지하철 등)의 투자수요로 인하여 비경제를 초래하며, ㉢ 후진지역의 잠재재원을 활용하지 못하고 시장의 협소화를 초래하여 결과적으로 국가발전의 저해요인이 된다.

이러한 문제의 해결책은 크게 두 가지 방면에서 찾아야 한다. 그 하나는 인구나 산업의 과도한 편중을 시정하는 것이고, 다른 하나는 편중된 인구나 산업을 용인하는 것이다. 말하자면 도시편중을 시정하는 것은 대도시 과밀인구 분산책이 되고, 도시편중을 용인하는 것은 대도시 과밀인구 수용책이 되는 것이다.

첫째로, 인구의 분산책에서는 ㉠ 국토계획과 지역계획의 조정·조화, ㉡ 산업의 균형적 발전의 추진, ㉢ 산업 및 공공시설의 분산, ㉣ 대도시에서의 중과세 등을 강구하게 된다.

둘째로, 인구의 수용책에서는 ㉠ 도시구조개편, ㉡ 토지이용 합리화, ㉢ 가로확장, ㉣ 주택건설, 상·하수도 건설, ㉤ 공해방지, ㉥ 지하철 등 대중교통수단의 확충을 강구하게 된다.

이러한 인구·산업의 일정지역 편중에 대한 해결책들 중에서, 인구의 분산책은 지방자치단체와 국가 모두가 적극 추진하여야 하는 과제이다. 그리고 인구의 수용책은 주로 해당 대도시 지방자치단체에서 담당하여야 할 과제이다. 대도시의 존재를 긍정하고 그 대도시의 기능의 중요성을 인식하는 바탕 위에서, 대도시가 그 기능을 효율적으로 수행할 수 있도록 직접·간접적인 제반여건과 조건을 만들어 주기 위한 여러 가지 방법 중의 하나가 대도시 행정특례제도이다.

2 대도시 자치 특례의 논리

(1) 자치 특례의 필요성

지방자치단체의 규모와 역량에 부합하는 기능 및 역할부여를 통한 차등적인 분권의 필요성이 제기되어 왔다. 특히 대도시는 농촌지역과는 물론, 중소도시와도 다른 특징을 가지고 있다. 대도시는 공간적으로나 사회·경제적으로나, 주민의 생활·의식구조적으로나 거대성·다양성·복잡성·익명성·합리성 등의 여러 가지 특징을 뚜렷이 가지고 있다. 뿐만 아니라 대도시는 일정한 권역의 중심지로서 중요한 기능을 수행하며, 그 권역발전의 거점이 되는 곳이다. 그렇기 때문에 그 도시에 있어서의 행정수요는 양적으로 막대할 뿐만 아니라 질적으로도 고도의 전문성을 필요로 하는 것이다.

따라서 대도시는 그러한 행정수요에 대응하기 위해서 어느 정도 대규모의 행정조직과 고도의 행·재정 능력을 갖추고 있어야 한다. 따라서 대도시는 일반 중소도시와는 다른 지위와 권한을 요구하며, 또한 고도의 자율성을 요구하게 된다. 대도시 중에서도 수도는 그 정치적 특수기능의 수행에 따라 보다 더 높은 특례를 인정할 필요가 있다. 따라서 각 나라에서는 도시 중 대도시, 특히 수도에 대하여는 행정상의 특례를 일반적으로 인정하고 있으며, 우리나라에서도 그 특례를 둘 수 있게 하고 있다(지방자치법 제197조~제198조).

도시 중 어떠한 규모 이상의 도시를 대도시라고 볼 것인가가 문제가 된다. 일반적으로는 인구 50만 이상의 시를 대도시라고 보고, 인구 100만 이상의 도시는 거대도시라고 규정하면서 그 특례를 인정하고 있다. 그러나 대도시나 거대도시는 인구만을 기준으로 할 것이 아니라, 그 도시가 수행하는 경제·사회적 기능과 문화·역사적 전통과 국가·사회에서 가지는 위상 등을 종합적으로 고려하여 구별할 필요가 있다.

(2) 자치 특례의 내용

대도시에 인정되는 특례의 내용으로는 다음과 같은 몇 가지를 생각할 수 있다.

첫째는 그 법적 지위상의 특례이다. 시를 도의 관할에서 분리·독립(광역시로 승격)시킨다든가, 특별한 지위를 부여(특별시)한다든가 하는 것이 그것이다.

둘째는 그 조직구조상의 특례이다. 계층구조, 기구 및 직무분장, 공무원 인사 및 배치 등의 특례가 그것이다.

셋째는 그 행정·운용상의 특례이다. 사무·권한의 배분, 지도·감독의 범위, 재원의 배분, 재정운용의 특례가 그것이다.

3 대도시의 자치 특례

(1) 인구 50만 이상 시의 자치 특례

우리나라에서 시의 설치요건은 인구 5만 이상이다. 따라서 시 중에는 인구 5만을 겨우 넘는 작은 시[61]가 있는가 하면, 인구 100만을 초과하는 큰 시도 있다. 그러나 대도시들은 인구밀도, 행정의 전문성, 주민요구의 다양성, 개발수요의 특수성, 재정규모 등의 면에서 소도시의 행정과는 그 내용과 질에서 큰 차이를 가진다. 그럼에도 불구하고 대도시가 다른 소도시들과 함께 도의 관할 하에서 획일적으로 관장되거나 도의 지시·통제 하에 사무를 수행하게 되면 대도시 행정의 전문성을 살리지 못하게 된다.

그러나 대도시를 도에서 분리하여 광역시로 승격시키면 분리에서 오는 여러 가지 폐해(광역행정의 취약, 경비의 증대, 잔여 도세의 취약 등)를 발생시키는 문제가 생긴다. 따라서 대도시를 도의 관할구역 안에 그대로 두고, 그 조직과 구조, 행정운영상 특례를 인정하여 일정한 범위 안에서는 도의 지시·통제를 받음이 없이 대도

61) 우리나라에서 인구규모가 가장 작은 시는 인수 4만인 강원도 태백시이며, 가장 큰 시는 인구 118만명인 경기도 수원시다.

시가 독자적으로 처리하도록 함이 필요하다.[62]

우리나라 지방자치법에서도 이러한 취지에서, 인구 50만 이상의 대도시에 행·재정운용 및 국가의 지도·감독에 있어 특례를 둘 수 있도록 하고 있다(지방자치법 제198조).[63]

우리나라에서 인구 50만 이상 시의 행정특례 내용은 다음과 같다.

(가) 조직구조상의 특례

인구 50만 이상의 시에는 구(자치구가 아닌 행정구)를 둘 수 있다. 그 구에는 동을 두되, 다만 그 시가 도·농복합형의 시인 때에는 구에 읍·면·동도 둘 수 있다(동법 제3조 제3항, 제4항).

(나) 행정운용상의 특례

(a) **사무배분** : 인구 50만 이상의 시는 도가 처리하는 사무 중 다음의 사무(18개 분야, 42개 사무)를 직접 처리할 수 있다(동법 제14조 제1항 제2호 단서, 동법 시행령 제10조 제2항 및 별표 3). 그러나 다른 법령에 이와 다른 규정이 있을 때는 그러하지 아니하다(동법 시행령 제10조 제2항).

18개 분야는 ① 보건의료, ② 지방공기업, ③ 주택건설, ④ 토지구획정리사업, ⑤ 도시계획, ⑥ 도시재개발사업, ⑦ 환경보전, ⑧ 건설기계관리, ⑨ 자동차운송사업, ⑩ 공무원 인사 및 정원관리, ⑪ 지적, ⑫ 열사용 기자재, ⑬ 식품제조업, ⑭ 묘지·화장장·납골당 운영·관리, ⑮ 사회복지시설, ⑯ 고압가스, ⑰ 도시가스, ⑱ 지방채발행 승인신청이다.

(b) **재정보전** : 인구 50만 이상의 시에 있어서는 그 시가 징수한 도세(지역자원시

---

62) 박수영, "수도권 행정구역의 개편", 지방행정연구 제8권 제2호(1993), pp. 59~60.

63) 일본에서는 우리나라의 특례시에 해당하는 시를 '지정시', '중핵시', '특례시'로 세분하고 있다. 일본의 지정시, 중핵시, 특례시제도는 다음과 같다.

① 지정시 : 인구 50만 이상의 시 중에서 政令에 의하여 지정된 도시. 이 제도는 1956년에 채택되었다. 시로서 처리하는 사무 이외에, 도·도·부·현의 소관사무 중 주민들의 일상생활과 직결되는 많은 사무(예 : 사회복지, 보건위생, 도시계획 등 15개 항목의 사무)와 기타 법률이 정하는 사무를 이양받아 처리하며, 이 이양받은 사무의 처리에 있어서는 도·도·부·현의 지휘·감독을 받지 아니하고 국가의 직접적인 지도·감독을 받는다. 그리고 하급 행정보조단위로서 구(區)를 둘 수 있게 하는 등 많은 특례가 인정되고 있다.

② 중핵시 : 인구 30만 이상의 시 중에서 정령으로 지정된 도시. 이 제도는 1994년에 채택되었으며, 중핵시가 되면 약 700개 정도의 신규사무를 이양받아서 처리하게 된다.

③ 특례시 : 인구 20만 이상의 시 중에서 정령으로 지정된 도시. 이 제도는 1999년에 채택되었다. 원칙적으로 중핵시와 같은 사무를 처리할 수 있다.

설세, 소방분 지역자원시설세 및 지방교육세를 제외)의 47%(일반 시·군의 경우는 27%)에 해당하는 금액이 도의 시·군조정교부금(종전의 재정보전금을 말한다)으로 된다(지방재정법 제29조).

(다) 지도·감독상의 특례

인구 50만 이상 시에 대한 국가(또는 상급 자치단체)의 지도·감독에 관하여 지방자치법에서 구체적인 규정은 두고 있지 아니하나, 해석상 적어도 인구 50만 이상의 시가 직접 처리하는 시·도의 사무에 있어서는 국가의 직접적인 감독을 받는 것으로 해석되어야 할 것이다.[64)]

(2) 인구 100만 이상 시의 자치 특례

2022년 1월 13일 지방자치법 전부개정 법률이 시행됨과 동시에 기존 50만 특례와는 별도로 인구 100만 이상 시(기초자치단체)에 대해 '특례시'라는 명칭을 부여하여 새로운 대도시 특례를 규정하였다(지방자치법 제198조 제2항 제1호).

이는「지방자치법」에서 정한 지방자치단체의 종류에는 없고, 기초자치단체인 시(市)의 지위를 유지하지만, 시중에서 인구 100만 명 이상인 대도시에만 부여된 행정적인 명칭이다.

그동안 인구 50만 명이나 100만 명 이상인 시의 경우에는 일부 특례를 주었으나, 자치분권 측면에서 미흡하다는 문제가 제기되어 왔다. 특히 인구 100만 이상 시는 광역시와 유사한 수준의 행정수요가 있으나, 기초자치단체의 지위에 머물고 있어 개선책이 필요하다는 지적이 많았다.

인구 100만 이상 시를 광역시로 승격하기는 현실적으로 쉽지 않다. 시의 광역시 승격이란 현재 광역자치단체인도(도)로부터의 분리를 의미하는데, 이로 인해 해당 시와 도내 다른 시들과의 정치적 갈등이 초래 될 가능성이 적지 않기 때문이다.

결국, 절충적 방안으로써 광역시급에 해당되는 인구 100만 이상 대도시에 특례시란 행정 명칭을 주고 광역적 행정수요 및 지역개발에 적절히 대응할 수 있도록 권한을 부여한 것이다. '특례시' 제도의 도입은 지방자치단체의 규모에 따라 차등적으로 분권하기 위한 제도적 방편으로 볼 수 있다.[65)]

---

64) 한국지방행정연구원, 대도시(인구 100만명 미만)의 특별범위(세미나 보고서, 1989), p. 50.

65) 하혜영&류영아, "인구 100만 특례시 출범 의의와 향후과제", 국회입법 조사처 이슈와 논점 제1914호(2022)

특례시의 등장은 우리나라 상황을 고려할 때 상당히 현실적인 제도보완으로 볼 수 있으나 결코 광역시의 수준을 넘어설 수 없는 이상 한계는 존재할 수밖에 없다. 예를 들어 수원시는 울산광역시보다 인구가 많음에도 불구하고 경기도에 소속한 기초자치단체일 뿐이다.[66]

또한 인구 100만이라는 기준은 사실상 수도권 대도시 특례로 이루어질 가능성이 매우 높다. 특례시 출범시점에서도 경상남도 창원시를 제외한 수원시, 고양시, 용인시는 모두 경기도에 속해있으며, 향후에도 특례시 지정 가능성은 수도권 일부 도시에 국한되어 있는 상황이다. 이는 수도권 집중현상을 가속할 수 있는 기제로 작용할 가능성이 상존한다.

(가) 법적근거

구체적으로 특례시의 인구 인정기준은 대통령령으로 정하도록 하였다(동법 제198조 제3항). 2022년 1월 13일 「지방자치법 시행령」에 따르면, '특례시'는 전년도 말일 기준 인구수가 2년간 연속해 100만 이상이어야 한다. 인구수는 해당 지방자치단체의 주민등록인구, 외국국적동포, 등록외국인이 포함된다. 만약, 해당 지방자치단체의 인구가 감소해서 분기별 평균이 2년 연속 100만 명에 미달할 경우에는 그 다음 해부터 특례시에서 제외된다(동법 시행령 제118조).

(나) 지방자치법 시행령상의 특례

지방자치법 시행령 제10조 제4항에서는 인구 100만 이상 대도시가 직접 처리할 수 있는 도의 사무를 동시행령 별표4로 규정하고 있다.

66) 2021년 12월 행정안전부의 주민등록인구 통계기준 수원시는 총인구 1,183,714명 울산광역시는 1,121,592명으로 집계됨

1. 「건축법」 제11조 제2항 제1호에 따른 건축물에 대한 허가. 다만, 다음 각 목의 어느 하나에 해당하는 건축물의 경우에는 미리 도지사의 승인을 받아야 한다.
   가. 51층 이상인 건축물(연면적의 100분의 30 이상을 증축하여 층수가 51층 이상이 되는 경우를 포함한다)
   나. 연면적 합계가 20만제곱미터 이상인 건축물(연면적의 100분의 30 이상을 증축하여 연면적 합계가 20만제곱미터 이상이 되는 경우를 포함한다)
2. 「소방기본법」 제3조 및 제6조에 따른 화재 예방·경계·진압 및 조사와 화재, 재난·재해, 그 밖의 위급한 상황에서의 구조·구급 등의 업무(경상남도 창원시만 시범 실시한다)
3. 「지방공기업법」 제19조 제2항에 따른 지역개발채권의 발행. 이 경우 미리 지방의회의 승인을 받아야 한다.
4. 「지방자치단체출연 연구원의 설립 및 운영에 관한 법률」 제4조에 따른 지방연구원의 설립 및 등기
5. 「택지개발촉진법」 제3조 제1항에 따른 택지개발지구의 지정(도지사가 지정하는 경우로 한정한다. 이 경우 미리 관할 도지사와 협의해야 한다.
6. 도지사를 거치지 않고 「개발제한구역의 지정 및 관리에 관한 특별조치법」 제4조에 따른 개발제한구역의 지정 및 해제에 관한 도시·군관리계획 변경 결정 요청. 이 경우 미리 관할 도지사와 협의해야 한다.
7. 도지사를 거치지 않고 「농지법」 제34조에 따른 농지전용허가 신청서 제출
8. 법 제125조 제2항에 따른 지방자치단체별 지방공무원의 정원의 범위에서 책정하는 5급 이하 직급별·기관별 정원

(다) 기타 특례

지방자치법과 동 시행령 상의 특례시 특례 조항 외에 지방일괄이양법안을 통해 특례시 특례사무를 발굴하여 중앙행정 권한 및 사무의 이양을 추진하고 있으나 전부개정 지방자치법의 시행일 기준으로 확정되지 못하여 추후 보완이 필요하다.

(3) 광역시의 자치 특례

도시 중 대체로 인구 100만이 넘는 거대도시는 그 도시권의 크기로나 지역에 미치는 영향력으로나 국토전체에서 수행하는 기능으로나 일반 대도시들과는 그가 차지하는 위계가 다르고, 또한 그가 수행하는 도시행정의 내용과 질은 농촌적 행정을 수행하는 도의 행정과는 판이하게 다르다. 따라서 이러한 거대도시를 도와 분리하여 별도의 주체성을 인정하고 그 도시행정을 전문적으로 수행해 나가도록 하고 있다.

광역시제는 영국의 과거 카운티-바러(county-borough), 독일의 클라이즈프라이

에 슈퇴트(kreisfreie Stadt), 일본의 부(府) 등에서도 그 예를 찾아볼 수 있는 제도이다. 그러나 거대도시를 도에서 분리하여 도와 동격인 광역시로 할 경우에는 다음과 같은 문제점도 나타난다. 첫째, 대도시를 광역시로 승격시키면 권역에 있어서의 광역행정을 수행하기가 어려워진다. 둘째, 역사적으로 하나의 공동체의식으로 뭉쳐 있던 지역을 인위적으로 분리시키는 부작용이 나타난다. 셋째, 나머지 도의 행·재정력을 급격히 저하시키는 등의 문제점이 발생한다. 넷째, 그 분리(광역시 승격)의 기준에 대한 명문의 규정이 없고 또 이행절차가 법령으로 규정되어 있지 않다. 따라서 정치적 타협의 산물로 남용될 가능성도 크다.

우리나라 광역시에 인정되고 있는 행정특례의 내용은 다음과 같다.

(가) 법적 지위상의 특례

광역시를 특별시, 특별자치시, 도, 특별자치도와 함께 광역자치단체로 하고 있다(지방자치법 제2조 제1항). 전술한 인구 50만 이상 시의 경우와는 달리 광역시를 정부의 직할 하에 두어(동법 제3조 제2항) 그 법적 지위 자체를 특례로 인정하고 있는 것이다.

(나) 조직구조상의 특례

(a) **자치구제** : 광역시의 관할구역 안에 자치구와 군을 둔다(동법 제3조 제2항). 즉, 광역시는 광역자치단체이므로 그 구역 안에 기초자치단체인 자치구 및 군을 두는 것이다. 과거에는 광역시 구역 안에 자치구만을 두었던 것인데, 1994년부터 군도 둘 수 있게 되었다.

(b) **행정기구** : 광역시에는 광역자치단체 규모의 행정기구를 둔다.

(다) 행정운용상의 특례

(a) **사무배분** : 광역시는 일반시와는 달리 광역자치단체의 사무를 수행한다. 뿐만 아니라 광역시 지역에서는 도시 전체의 일체성으로 인하여, 기초자치단체인 시·군이 처리하는 사무 중 14종 43개의 사무를 광역자치단체인 시가 직접 처리하도록 되어 있기 때문에(동법 제2조 제2항, 동법시행령 제10조 제2항 및 별표2), 광역시는 같은 광역자치단체인 도보다도 많은 기능을 수행하는 것이다.

(b) **재원배분** : 광역시는 광역자치단체 세목의 조세를 부과 징수한다. 뿐만 아니라 앞에서 본 바와 같이 많은 사무를 구가 아닌 시 자체에서 직접 처리하기 때문에 도가 부과·징수하는 세금보다 폭 넓은 보장받고 있다(지방세기본법 제8조 제1항 단서).

광역시장은 시세수입 중의 일정액(보통세 수입액)을 재원으로 확보하여 조례가 정하는 바에 의하여 그 관할구역 안의 자치구 상호간의 재원을 조정(자치구조정교부금이라 한다)한다(지방자치법 제196조, 동법시행령 제117조, 지방재정법 제29조의2).

(라) 지도・감독상의 특례

광역시는 도의 관할에서 벗어나 도와 동격으로서 국가의 직접적인 관할 하에 있기 때문에 도의 지도・감독을 받는 것이 아니라 국가의 지도・감독을 받는다(지방자치법 제3조 제2항).

(4) 특별시의 자치 특례

수도 서울의 특례제도는 오랜 역사를 가지고 있다. 조선이 한성부를 중앙직할지로 한 이래 서울은 500여년 동안 중앙직할지였다. 한성에는 다른 지방과는 달리 판윤(判尹 : 시장)에 외관이 아닌 내관(內官 : 중앙직)으로 보해졌고, 그 직급도 종2품이 이닌 정2품(징관급)이었다. 이러한 서울이 일제 강점기(1910)에 경성부로 개명되면서 경기도의 관할 아래 들어갔지만, 미군정시대(1946)에 서울로 개칭되면서 다시 국가직할의 특별시로 되었다.

외국에서도 '수도는 중앙정부에 속한다'(La capitale appartient au government)는 말에서 알 수 있는 것처럼 수도를 국가의 직속으로 하고 있는 예(Washington, D.C., Canberra)나 수도경찰을 국가경찰로 하고 있는 예(파리 경찰)가 있다.[67]

우리나라에서는 1962년에 '서울특별시 행정에 관한 특별조치법'이 제정되어, 서울특별시를 국무총리 소속하에 두고, 그 행정조직과 운용에 있어 다른 시・도와 다르게 하였다. 1988년에 전문개정된 지방자치법에서도 서울특별시의 지위, 조직 및 운용에 특례를 인정하였다(지방자치법 제161조). 1991년 5월 31일에 제정된 '서울특별시 행정특례에 관한 법률'에 의하여 종래의 특별조치법은 폐지되고, 새로운 각도에서의 서울특별시의 특례가 인정되었다. 동법은 한편에서는 서울시의 자율성을 인정하면서도, 다른 한편에서는 국무총리의 관여를 남겨두어, 두 요구간의 균형을 도모하고 있다.

수도 서울시 행정의 특례는 수도 서울시의 세 가지 특성에 비추어 결정되어야 한다. 즉, 서울시는 자치단체성(自治團體), 대도시성(大都市) 및 수도성(首都)의 세 가지 특성을 가지고 있다. 이 중 서울시의 자치단체성에 비추어 볼 때에는 서울시는

---

67) 노융희, "서울특별시 자치행정의 정도", 자치행정 제44호(서울 : 지방자치연구소, 1991), p. 2.

일반자치단체와 구별되는 특례를 가질 필요가 없다. 그러나 서울시의 대도시성에서 보면 서울시는 보다 높은 자치권을 부여받아야 한다. 반면, 서울시의 수도성에서는 서울시는 국가의 보다 강한 감독·통제를 받아야 한다. 수도 서울의 이러한 세 가지 특성에 입각하여 서울특별시의 특례범위를 강구하여야 하는 것이다. 그러나 우리는 서울시의 수도성을 강조하면서 거꾸로 서울시의 자율권 확대를 주장하는 모순을 보여 왔다. 또한 서울시가 국무총리의 지휘·감독을 받으면 서울시의 지위가 향상되는 것으로도 오인해 왔다. 서울시의 수도성이라는 측면을 강조하면 국가예속성을 강화해야 하며, 국무총리의 지휘·감독을 받으면 오히려 자치성보다는 국가기관성이 높아지는 것이다.[68]

서울특별시 행정특례에 관한 법률에 의한 서울시 행정특례의 내용은 다음과 같다.

(가) 법적 지위상의 특례

서울특별시를 광역시·도와 함께 광역자치단체로 하고 있다(동법 제2조 제1항). 서울특별시 행정특례에 관한 법률 제2조에서는 "서울특별시는 정부의 직할로 두되, 이 법에서 정한 범위에서 수도로서의 특수한 지위를 가진다"라고 규정하고 있다. 이 뜻은 서울특별시는 광역자치단체이되 그 지위를 일반 광역자치단체와는 다소 다르게 한다는 뜻이다. 그런데 여기서 '수도로서의 특수한 지위'의 뜻이 무엇이냐가 문제이다.

전술한 바와 같이 수도성을 강조할 때에는 서울특별시의 지위가 국가에 더 예속되는 결과를 가져오는 것이다. 따라서 여기서의 '수도'라는 의미는 '국가의 정부소재지로서 국내 최대의 거대도시'라는 뜻으로 해석되어야 할 것이다. 말하자면 전술한 수도성과 대도시성을 포괄하는 넓은 의미의 수도를 말하고 있는 것이다. 그렇기 때문에 서울특별시는 한편에 있어서는 자율성을 더 보장받지만, 또 다른 한편에서는 주무감독관서인 행정안전장관 외에 국무총리의 관여를 필요로 하고 있는 것이다.

(나) 조직구조상의 특례

(a) **자치구제** : 서울특별시는 광역자치단체이기 때문에 그 관할구역 안에 기초자치단체인 자치구를 두고 있는 점에서는 광역시와 같다. 그러나 특별시에는 광역시의 경우와는 달리 기초자치단체로서 군을 둘 수 없는 것(지방자치법 제3조 제2항)이 특징이다.

68) 국회입법조사국, "서울시의 법적 지위문제", 참고회담 제23호(서울 : 국회도서관, 1967), pp. 15~18 ; 박수영, 앞의 논문, pp. 56~58.

(b) **행정기구** : 그 행정기구로서 광역자치단체의 기구를 두는 점에서는 광역시의 경우와 같다. 다만 도시규모와 수도성에 따라 특별시의 행정기구의 규모가 크고 방대할 수밖에 없다.

(c) **인사・서훈** : 특별시 소속 국가공무원 중 4급 이하 일반직 및 기능직, 그리고 연구직에 대한 임면・징계 기타 임용에 관한 권한은 국가공무원법에 규정된 사항(제32조, 제78조, 제82조)임에도 불구하고 특별시장이 행하고, 그와 관련된 행정소송의 피고는 특별시장이 된다(서울특별시 행정특례에 관한 법률 제4조 제5항).

특별시 소속 공무원에 대한 서훈의 추천은 상훈법의 규정(제5조)에도 불구하고 특별시장이 행한다(동법 제4조 제7항).

(다) 행정운용상의 특례

(a) **사무배분** : 특별시는 광역자치단체의 사무를 수행한다. 뿐만 아니라 도 지역 기초자치단체인 시・군이 처리하는 사무를 자치구에서 처리하지 않고 광역시의 경우와 같이 특별시가 직접 처리하기도 한다.

(b) **재원배분** : 특별시는 광역시의 경우와 마찬가지로 9개 세목의 조세를 부과할 수 있다(지방세기본법 제8조 제1항).

특별시장은 광역시장의 경우와 마찬가지로 그가 징수한 취득세의 수입액을 재원으로 하여 조례가 정하는 바에 의하여 그 관할구역 안의 자치구 상호간의 재원을 조정한다(지방자치법 제196조, 동법시행령 제117조).

(라) 지도・감독상의 특례

특별시는 광역자치단체이기 때문에 국가의 직접적인 지도・감독을 받는 점에서는 광역시의 경우와 같다. 다만, 행정안전부장관이 특별시의 자치사무에 감사를 하고자 할 때에는 국무총리의 조정을 거쳐야 한다(서울특별시 행정특례에 관한 법률 제4조 제2항).

4 지역특성에 따른 맞춤형 특례

지방자치법 제198조 제2항의 2에서는 실질적 행정수요, 국가 균형발전 및 지방소멸위기 등을 고려하여 시・군・구가 특례를 신청할 수 있도록 하고 있다. '시・

군·구 특례'는 국회 심의 시 인구로 포괄되지 않는 다양한 요소도 특례 기준으로 고려되어야 한다는 취지에서 규정된 조항이다.

이 조항은 인구와 같은 특정 조건이나 서울, 제주, 세종과 같이 개별법을 통해 특례가 부여되는 형태가 아니고, 사실상 모든 시·군·구가 대상 범위이므로 모든 지역에 공통적인 특례를 특정하는 것도 불가능하다.

모든 시·군·구로 대상범위가 개방되어 있기 때문에 개별 시·군·구에 맞춤형 특례를 부여하는 것을 기본방향으로 하고 있다. 무엇보다 기존의 특례 방식이 하향식이었던 점에 비해 이 특례는 상향식, 즉 개별 지방자치단체 스스로의 발굴과 신청이 필수적이라는 특징을 갖고 있다. 최종적으로는 행정안전부장관의 지정이 필요하며 법령 개정을 요하는 경우 국회 통과, 시·도의 조례 개정, 제정 등을 요하는 경우도 충분히 상정할 수 있으며, 이와 관련한 구체적인 기준과 절차는 대통령령으로 정하도록 하고 있다.

(1) 특례 신청 기준

특례 신청 사유 중 실질적 행정수요는 모든 기초지방자치단체가 신청할 수 있으며, 해당 시·군·구에 특례가 필요하다고 인정할 수 있는 자연적·사회적인 행정수요가 분명하게 존재해야 한다(지방자치법 시행령 제119조 제1호).

국가균형발전 역시 전체 기초지방자치단체를 대상으로 한다. 해당 시·군·구의 지역적 여건에 입각한 발전전략 이행에 특례가 필요하다고 인정되는 경우로서 인접 시·군·구의 발전에도 기여할 수 있어야 한다(동시행령 제119조 제2호).

반면, 지방소멸위기를 특례 신청 사유로 할 경우는 국가균형발전 특별법에 따른 "인구감소지역"으로 그 대상을 한정하고 있다(동시행령 제119조 제3호). 인구감소지역이란 인구감소로 인한 지역소멸이 우려되는 시·군·구를 대상으로 출생률, 65세 이상 고령인구, 14세 이하 유소년인구 또는 생산가능인구의 수 등을 고려하여 정하며, 국가균형발전 5개년계획 수립시 포함되어야 할 사항 중 하나이다(〈표 3-3〉 참조).

〈표 3-3〉 국가균형발전 특별법 상 인구감소지역

부산 (3)	동구 서구 영도구
대구 (2)	남구 서구
인천 (2)	강화군 옹진군
경기 (2)	가평군 연천군
강원 (12)	고성군 삼척시 양구군 양양군 영월군 정선군 철원군 태백시 평창군 홍천군 화천군 횡성군
충북 (6)	괴산군 단양군 보은군 영동군 옥천군 제천시
충남 (9)	공주시 금산군 논산시 보령시 부여군 서천군 예산군 청양군 태안군
전북 (10)	고창군 김제시 남원시 무주군 부안군 순창군 임실군 장수군 정읍시 진안군
전남 (16)	강진군 고흥군 곡성군 구례군 담양군 보성군 신안군 영광군 영암군 완도군 장성군 장흥군 진도군 함평군 해남군 화순군
경북 (16)	고령군 군위군 문경시 봉화군 상주시 성주군 안동시 영덕군 영양군 영주시 영천시 울릉군 울진군 의성군 청도군 청송군
경남 (11)	거창군 고성군 남해군 밀양시 산청군 의령군 창녕군 하동군 함안군 함양군 합천군

자료 : 행정안전부 인구감소지역 지정 고시(2021.10.19.).

(2) 특례 신청 절차

(가) 지방의회 의결

시장・군수・구청장은 '특례를 둘 수 있는 시・군・구' 지정 신청을 위해 그 지방의회 의결을 받아야 한다.

(나) 시・군・구 특례협의회 설치 요청

시장・군수・구청장은 행안부령으로 정하는 설치 요청서에 시・군・구의 특성을 고려한 행정, 재정 운영과 국가의 지도・감독에 대한 특례[69]를 첨부하여 해당 시・군・구를 관할하는 특별시장・광역시장・도지사에게 시・군・구 특례협의회 설치 요청해야 한다. 요청을 받은 특별시장・광역시장・도지사는 지체 없이 특례협의회를 구성하고, 요청을 받은 날부터 90일 이내에 협의를 해야 하며, 특별시장

69) 전문가 자문, 관련 연구용역 등을 통해 발굴된 지역특화발전을 위한 비전 실현에 필요한 특례 권한

· 광역시장 · 도지사와 시장 · 군수 · 구청장이 협의한 경우 그 기간을 30일의 범위에서 한 차례만 연장 가능하다.

시장 · 군수 · 구청장은 행안부령으로 정하는 지정 신청서에 특례협의회의 협의 결과를 첨부하여 행안부장관에게 특례를 둘 수 있는 시 · 군 · 구로의 지정을 신청해야 하는데, 특례협의회의 구성을 요청한 날부터 120일이 지났음에도 협의가 완료되지 않거나, 특별시장 · 광역시장 · 도지사가 특례협의회를 구성하지 않은 경우에는 협의 결과를 첨부하지 않고 행안부장관에게 지정 신청이 가능하다.

행정안전부장관은 신청이 형식적 요건을 갖춘 경우 접수 후 지체 없이 그 신청 내용을 해당 시군구를 관할하는 특별시장 · 광역시장 · 도지사와 관계 중앙행정기관장에게 통보하여야 한다.

〈표 3-4〉 시 · 군 · 구 특례협의회

구분	주 요 내 용
소속	특별시장 · 광역시장 · 도지사
구성	위원장 1명을 포함하여 15명 이내의 위원으로 구성
위원	특별시장 · 광역시장 · 도지사가 다음 각 호에 해당하는 사람 중에서 동수(同數)로 임명하거나 위촉 1. 특별시 · 광역시 · 도 소속 공무원 2. 시 · 군 · 구 소속 공무원 3. 지방자치에 관한 학식과 경험이 풍부한 사람 중에서 특별시장 등이 추천하는 사람 4. 지방자치에 관한 학식과 경험이 풍부한 사람 중에서 시 · 군 · 구청장이 추천하는 사람
위원장	제4호의 위원 중에서 호선

(다) 시 · 군 · 구 특례 심의

시 · 군 · 구에서 제출된 특례는 행정안전부 소속 지방자치단체 특례 심의위원회에서 심의하게 된다. ('지방자치단체 특례 심의위원회'는) 시 · 군 · 구에서 제출된 사항을 토대로 특례를 둘 수 있는 시군구 지정기준 충족 여부, 신청한 내용의 실현가능성 등을 고려하여 심의하되, 심의기구에서 필요로 할 경우 시 · 군 · 구청장에게 신청내용의 보완을 요구할 수 있다.

〈표 3-5 특례심의위원회 실무위원회〉

구분	주 요 내 용
구 성	위원장 1명을 포함하여 7명의 위원으로 구성
위원장	행정안전부차관
위 원	기획재정부, 교육부, 행정안전부, 국무조정실, 법제처의 고위공무원단에 속하는 공무원 중에서 해당 기관의 장이 지명하는 공무원
간 사	1명(행정안전부 소속 3급 또는 4급 공무원 중에서 실무위원회 위원장이 지명)

특례심의위원회 심의에 앞서 심의·의결할 사항을 미리 검토하기 위하여 특례심의위원회에 실무위원회를 두며, 실무위원회의 위원장은 업무수행을 위하여 필요한 경우에는 관계 공무원과 관계 전문가 등에게 실무위원회 참석을 요청하거나 자료 및 의견 제출을 요구할 수 있다.

실무위원회의 위원장 역시 특례심의위원회에서 의결할 사항을 미리 검토하는 과정에서 필요한 경우 특례를 신청한 시장·군수·구청장에게 자료의 보완 및 제출을 요구할 수 있으며, 그 밖에 실무위원회의 운영에 필요한 사항은 특례심의위원회의 의결을 거쳐 위원장이 정할 수 있다.

(라) 시·군·구 특례 지정 및 관계기관 통보

행안부장관은 지방자치단체 특례 심의위원회의 심의·의결을 거쳐 그 시·군·구를 특례를 둘 수 있는 시·군·구로 지정하게 된다. 행안부장관은 지정 사실과 지방자치단체 특례 심의위원회의 심의·의결 내용을 관보에 고시하고, 해당 시장·군수·구청장, 해당 시·군·구를 관할하는 특별시장·광역시장·도지사와 관계 중앙행정기관의 장에게 통보한다.

(마) 법령·조례 개정 등 필요조치 권고

행안부장관은 지방자치단체 특례 심의위원회의 심의·의결 결과 법령 또는 조례의 개정 등의 조치가 필요한 경우에는 관계 중앙행정기관의 장이나 지방자치단체의 장에게 필요한 조치를 하도록 권고해야 한다. 권고를 받은 관계 중앙행정기관의 장이나 지방자치단체의 장은 그 권고사항을 이행하도록 노력하여야 하며, 이행하기 곤란한 경우에는 그 사유를 행안부장관에게 통보해야 한다.

(바) 지정 해제 및 추가신청 등

행안부장관은 시·군·구의 특례가 지정 해제 사유에 해당하면 지방자치단체 특례 심의 위원회의 심의·의결을 거쳐 지정을 해제할 수 있다.[70] 행안부장관은 특례를 두는 시·군·구를 지정한 경우 그 지정 사실을 관보에 고시한 날부터 5년마다 지방자치단체 특례 심의위원회의 심의·의결을 거쳐 지정기준 충족 여부를 확인하며, 지정기준이 미달된 것으로 확인된 경우 지방자치단체 특례 심의위원회의 심의·의결을 거쳐 지정을 해제할 수 있다.

또한 시·군·구의 특례 신청 횟수를 제한하지 않고, 재신청 및 추가신청을 허용하고 있기 때문에 신청 불수용 및 미지정에 대한 이의신청 절차는 별도로 두지 않고 있다.

70) 해당 시장·군수·구청장이 지정의 해제를 신청하는 경우, 지방자치법 시행령 제119조에 따른 지정기준을 더 이상 충족하지 않는다고 인정되는 경우, 그 밖에 특례 지정 당시에 예상하지 못한 사정 변경으로 더 이상 특례 지정의 목적을 달성하기 어려운 경우로서 행정안전부장관이 필요하다고 인정하는 경우 등이 그 사유에 해당한다.

CHAPTER

4 지방자치기능 · 사무

제 1 절 지방자치권

I 지방자치권의 의의

1 지방자치권의 의미

지방자치단체가 그 존립목적을 실현하기 위하여 가지는 일정한 범위의 권리 또는 권한을 (지방)자치권(rights of local autonomy, Recht der Selbstver-waltung)이라고 한다. 이러한 지방자치단체의 자치권은 지방자치의 제도적 구성요소이다.

자치권의 본질에 관하여는 앞에서 고찰한 바와 같이(제1장 제2절 Ⅱ) 지방권설과 국권설이 대립되어 있었으나, 오늘날에는 제도적 보장설이 통설로 되어 있다. 이 제도적 보장설에서는 지방자치단체의 자치권을 국가주권 아래의 권리(또는 권한)로서 국가에 의하여 수여된 것이기는 하지만, 국가의 지방행정기관이 갖는 그것과는 달리, 정치적으로 결단되어 제도적으로 보장된 일정한 범위의 자율적인 통치기능을 수행하는 권리 또는 권한이라고 보고 있다.

오늘날 대부분의 민주주의 국가에서는 개인의 기본적 인권과 아울러 지방자치단체의 자치권을 인정하고, 헌법으로 보장하고 있다. 우리나라의 헌법도 이러한 추세에 발맞추어 지방자치단체의 자치권을 보장하고 있다(헌법 제8장).

2 지방자치권의 특성

지방자치권은 다음과 같은 특성을 가진다.

(1) 예속성

지방자치단체의 자치권은 국가주권 아래의 권한이며 그 범위는 국법(헌법)에 의하여 정하여진다. 국가와 지방자치단체 사이의 권한의 배분도 국가에 의하여 정하여지며, 그 권한의 행사도 국가로부터 일정한 감독과 통제를 받는다.

(2) 자주성

지방자치단체의 자치권은 국가의 통치권으로부터 어느 정도의 독립성을 갖고 있다. 물론 그 독립성의 정도는 시대, 나라에 따라 또한 상황변동에 따라 다양하지만, 지방자치단체는 일정한 범위 안에서 자주적으로 입법, 조직, 인사, 재정, 그리고 행정운용상의 권한을 행사한다.

(3) 포괄성

지방자치단체의 자치권은 원칙적으로 해당 자치단체의 관할구역 안에 있는 모든 사람과 재화·물자 및 사항에 포괄적으로 미친다. 즉, 그 관할구역 안에 있는 한 해당 자치단체의 주민뿐만 아니라 일시 체재하는 외부인, 그리고 일시 반입된 재화·물자에도 그 효력이 미치며, 또한 명문의 특별한 금지규정이 없는 한 주민의 복리에 관한 모든 사항이 지방자치단체의 자치권의 대상이 된다.

Ⅱ 자치입법권

1 자치입법권의 의의

자치입법권이란 지방자치단체가 자치법규(autonome Satzung)를 자주적으로 정립하는 권리(또는 권한)를 말한다. 우리 헌법 제117조 제1항은 "지방자치단체는 … 법령의 범위 안에서 자치에 관한 규정을 제정할 수 있다"고 규정하여 지방자치단체의 자주입법권을 명백히 보장하고 있다. 여기서의 '자치에 관한 규정'이 지방자치단체의 자치법규이다.

지방자치단체의 자치법규로는 현행법상 조례와 규칙이 인정되고 있다. 협의의 자주법은 조례만을 의미하지만, 보통 자치법규라고 할 때에는, 조례와 규칙을 모두 포함한다.

2 조례제정권

(1) 조례의 의의

조례는 지방자치단체가 법령의 범위 안에서 그 권한에 속하는 사무에 관하여 지방의회의 의결로써 제정하는 규범이다(지방자치법 제28조, 제47조 제1항).

조례는 그 기준 여하에 따라 다음과 같이 여러 가지로 나뉜다.

첫째로, 조례의 효력을 기준으로 하여, 주민의 권리·의무에 관한 조례와, 지방자치단체의 내부조직·운영에 관한 조례로 나뉜다.

둘째로, 조례의 제정근거를 기준으로 하여, 위임조례(조례제정의 근거가 법령의 위임에 있는 것)와 직권조례로 나뉜다.

셋째로, 조례의 제정의무를 기준으로 하여, 필수조례(지방자치단체가 반드시 제정하여야 하는 조례)와 임의조례로 나뉜다.

넷째로, 조례의 규정사항을 기준으로 하여, 조례로써만 규정될 수 있는 사항에 관한 조례와, 규칙으로써도 규정될 수 있는 사항에 관한 조례로 나뉜다.

(2) 조례의 법적 지위

법규의 체계에 있어서 조례의 위계는 어떠한가?

(가) 조례의 지위에 관한 기본견해(학설)

조례의 지위에 관하여 각 견해(학설)들이 난무하고 있는데,[1] 이러한 견해들의 성

1) 김홍대, 지방자치입법론(서울 : 박영사, 2001), pp. 99, 112, 118, 142, 150, 170.

격을 종합하여 보면 크게 다음과 같이 세 가지로 나누어 볼 수 있다.

첫째는, 조례법률설이다. 이는 조례는 지방의 고유권에 입각하여 주민의 대표기관인 지방의회에 의하여 제정되는 법이므로 지역적 사무에 관하여는 법률과 동등하다는 설이다.[2] 이를 조례자주입법설이라고도 한다.

둘째는, 조례행정입법설이다. 이는 지방의 조례제정권은 국가로부터 전래된 것이며 지방의회는 국가의 헌법과 법률의 수권에 의하여 조례를 제정하는 것이므로 그 제정된 조례는 행정기관의 명령과 마찬가지로 행정입법에 속한다는 설이다. 이를 조례위임입법설이라고도 한다.

셋째는, 조례준법률설이다. 이는 대립되는 두 설의 중간입장에 서서 조례는 국가의 법령질서에 포섭되는 것이기는 하지만, 자주법으로서 주민의 대표기관에 의하여 제정되는 것이기 때문에 법률에 준하는 법이라는 설이다. 이를 제한적 자주입법설 또는 전래적 자주입법설이라고도 한다.

이러한 견해(학설)들은 근원적으로는 지방자치권의 본질에 관한 견해의 차이에서부터 유래한 것이라 할 수 있는데, 대체로 ㉠ 지방자치권을 지방고유권으로 보는 견해에서는 조례법률설(또는 조례자주입법설)을 주장하고, ㉡ 지방자치권을 국권으로 보는 입장에서는 조례행정입법설(또는 조례위임입법설)을 취하며, ㉢ 지방자치권의 제도적 보장설의 입장에서는 조례준법률설(제한적 또는 전래적 자주입법설)을 신봉하고 있다고 할 것이다.[3]

(나) 각 견해의 법해석 차이

이러한 견해(학설)들은 실제로 지방자치권의 범위와 한계를 규정한 헌법 제117조와 지방자치법 제28조를 해석하는 데 있어 차이를 나타낸다.

(a) **조례법률설**(또는 조례자주입법설)에서는 헌법 제117조가 국회에 의한 법률제정을 규정한 헌법 제40조와는 별개로 지방자치단체의 자주적인 입법권을 선언한 것이다. 이는 전국에 걸친 일반적 사항이 아닌 지역적 사항에 관하여는 조례가 법률과 동등하므로, 헌법 제117조와 지방자치법 제28조의 '법령의 범위 안에서'는 지방의 위임사무에는 의미가 있겠지만 고유사무에 관하여는 의미가 없는 것으로 보고, 그 해석을 극히 완화하여야 하며 더구나 법률의 개별적 위임을 요하는 법률유보의

2) 미국에서는 지방적 사무에 관하여는 주법이나 연방법이 이를 규정할 수 없으며, 지방정부가 그 권한의 범위 안에서 지방적 사무에 관하여 정한 조례는 법률과 동일한 효력을 가지도록 하고 있다.

3) 김해룡, "자치입법권의 확대와 실효성", 21세기 지방의회 발전과제와 전망(서울 : 한양대 지방자치연구소, 2001), pp. 114~118.

원칙은 적용될 수 없다고 해석하고 있다.[4)]

(b) **조례행정입법설**(또는 조례위임입법설)에서는 헌법 제117조와 지방자치법 제28조의 '법령의 범위 안에서'라는 것이 국가와 지방자치단체의 입법권의 관계를 직접 선언한 것으로 보고, 이 규정에 의하여 조례는 법령의 하위법규가 되는 것이며, 조례에는 행정입법의 경우와 마찬가지로 주민의 권리·의무나 벌칙에 관한 사항을 규정할 때에는 법률의 개별적인 위임을 요하게 하는 법률유보의 원칙이 당연히 적용된다고 해석하고 있다.[5)]

(c) **조례준법률설**(제한적 또는 전래적 자주입법설)에서는 지방자치단체의 자치입법은 국가전체와 부분지역간 관계의 조화를 위하여 불가피하게 제한이 따라야 하는 것이지만, 행정입법의 경우와는 달리 위임입법의 원칙에 의해서가 아니라 헌법이 규정한 자치입법권에 근거하여 자주적으로 정립될 수 있는 것이기 때문에 헌법 제117조와 지방자치법 제28조의 '법령의 범위 안에서'는 바로 그러한 제한적 자주성을 지적한 것으로 보고, 법령 여하에 따라 지방자치단체의 자치입법권에 제한이 가해질 수 있으나 그 제한이 지방자치의 본질을 침해해서는 안 되며, 특히 지방자치단체의 고유사무에 관하여는 법률의 개별적인 위임을 요하는 법률유보의 원칙을 적용해서는 안 된다고 보고 있다.[6)]

(다) 각 견해에 대한 평가

이상과 같은 조례의 지위에 관한 견해의 차이에 있어서, 지방자치단체의 조례는 국가의 법령과 완전히 단절될 수 없고 결국 넓은 의미의 국가 법령체계에 포섭될 수밖에 없는 것이기 때문에 전술한 조례법률설은 타당하다고 할 수 없다. 반면에 조례는 좁은 의미의 국가 법령이 아니고 독립적인 공법인인 지방자치단체에서 주민의 대표기관에 의하여 정립되는 것으로서 제한적이나마 독자성을 인정받아야 하기 때문에 전술한 조례행정입법설도 결코 타당하다고 할 수 없다. 지방자치단체의 조례는 넓은 의미의 국가법령체계에 포함될 수밖에 없으나, 지방자치단체의 고유사무, 지역적 사무, 주민권익증진사무에 있어서는 특히 그 자주성을 인정받아야 하므로 조례준법률설이 타당하다고 보아야 할 것이다.

이러한 평가는 지방자치권의 본질에 관하여 오늘날 지방권설이나 국권설의 극단적인 대립을 극복하고 제도적 보장설이 지배적인 견해로 되고 있는 것과 그 궤를

---

4) 서원우, "조례제정권의 헌법적 보장", 헌법논총 제5집(1994), pp. 125~129.
5) 이상규, 행정법론, 하(서울:법문사, 1991), p. 160.
6) 박윤흔, 앞의 책, pp. 131~132. 김철용, 행정법, Ⅱ(서울 : 박영사, 2001), p. 80.

같이 한다고 하겠다.

(3) 조례제정권의 범위(행사영역)

지방의회의 조례제정권은 다음과 같은 범위에 한정하여 행사되어야 한다.[7] 조례의 제정에 있어서 그 범위에 위반할 때에는 월권의 문제가 발생한다.

(가) 지방자치단체의 소관사무에 한정

지방자치법은 제13조에서 지방자치단체의 소관사무의 예시로서 주민의 복지증진 등 7개 분야 61개 종류의 사무를 규정하고 있는데, 조례는 이러한 사무에 관하여 제정될 수 있다. 따라서 지방자치단체의 조례는 지방자치법 제15조가 규정하는 국가사무(예 : 외교, 국방, 사법, 국세에 관한 사무 등)를 규정할 수 없고, 기초자치단체의 조례는 동법 제14조에 의하여 광역자치단체(시・도)에 배정된 사무를 규정할 수 없다.

그런데 지방자치단체의 사무로서 지방자치법 제13조에 예시된 7개 분야 61개종류의 사무가 모두 조례규정의 대상이 되느냐 하면 반드시 그렇지는 않다는 데에 유의하여야 한다. 그것은 동법 제13조 제2항의 단서가 "다만 법률에 이와 다른 규정이 있으면 그러하지 아니하다"고 규정하고 있기 때문에, 지방자치법이 정한 61개 사무 중에서도 각 개별 법률에 의하여 국가 또는 상급 지방자치단체의 사무로 될 수도 있고, 반대로 그 61개 사무에 속하지 않은 사무가 개별 법률에 의하여 지방사무로 될 수도 있기 때문이다.

(나) 고유사무와 단체위임사무에 한정

조례는 지방자치단체 관할구역 안의 자치사무(고유사무)와 법령에 의하여 지방자치단체에 속하는 사무(단체위임사무)에 관하여 규정할 수 있다. 지방자치단체의 고유사무가 조례규정의 대상이 되는 것은 당연하고, 단체위임사무는 원래 지방자치단체의 고유한 사무는 아니지만 법령에 의해 지방자치단체에 위임되어 지방자치단체의 사무가 됨으로써 지방자치단체의 의결기관인 지방의회가 관여할 수 있으므로 지방의회가 제정하는 조례의 규정대상이 되는 것이다.

따라서 지방의회는 법령에 의하여 지방자치단체의 집행기관인 단체장에게 위임된 이른바 기관위임사무와, 단체장에게 전속되어 있는 이른바 단체장 전속사항에

---

7) 최창호, "지방의회 조례제정권의 범위와 한계", 지방자치연구 제6권 제1호(서울 : 한국지방자치학회, 1994), pp. 127~149.

관하여는 조례로 규정할 수 없다.

첫째로, 기관위임사무는 지방자치단체의 사무가 아니라 집행기관의 사무이기 때문에 의결기관의 관여사항이 아니라는 데에서 조례의 규정대상에서 제외되는 이유를 찾을 수 있다.

그러나 기관위임사무가 전적으로 조례규정의 대상에서 제외되는 것은 아니라고 해석된다. 즉, 기관위임사무의 처리에 소요되는 경비는 전액 위임기관이 부담하는 것이 원칙인데(지방재정법 제21조 제2항), 만약 기관위임사무의 처리에 해당 지방자치단체의 경비가 사용되는 경우가 있다면(이른바 지방비부담의 경우), 그러한 경우에는 그 지방자치단체가 경비를 부담한 범위 안에서는 주민의 대표기관인 지방의회가 관여하는 것이 논리적으로 타당하다고 생각되는 것이다.

둘째로, 지방자치단체장에게 전속되어 있는 사무, 예컨대 지방자치단체장의 취임, 대표, 지방의회의 소집 또는 소집요구, 직원의 임면 및 지휘·감독, 규칙제정, 예산의 편성·집행, 의원 보궐선거일 공고 등에 대하여는 조례로 규정할 수 없다.

(4) 조례제정권의 한계(행사수준)

이상과 같은 조례제정권의 범위에 속하는 사항에 대하여도 조례는 일정한 수준 안에서만 제정·개정될 수 있다. 조례의 제정에 있어서 이러한 제정의 한계에 위반할 때에는 위법의 문제가 발생한다.

(가) 상위법규 우위에 의한 한계

지방자치단체의 조례는 국가의 법령이나 상급 지방자치단체의 법규에 위반하여서는 아니 된다.

ⓐ **국가의 법령에 위반 불가** : 우리 헌법 제117조에서 "법령의 범위 안에서 자치에 관한 규정을 제정할 수 있다"고 규정하고 있고, 지방자치법 제28조에서도 "법령의 범위에서 그 사무에 관하여 조례를 제정할 수 있다"고 규정하고 있다. 이것이 법령우위원칙의 문제이다.

여기에서 여러 가지 문제점이 제기된다.

⑴ 법률 아닌 '법령'의 범위 안이라고 규정하고 있다는 점이다. 원래 지방자치가 중앙 행정부의 자의적인 관여를 방지하고 국민의 대표기관인 국회의 심의를 거친 법률로써만 관여받도록 한 취지에서 보면, 이는 기본적인 문제가 아닐 수 없다.

그러나 지방자치단체의 조례가 국가의 법령과 함께 국법질서의 일환이 되는 것으로서 전국적으로 시행되는 법률과 명령에 저촉되거나 모순되어서는 안되므로, 조례가 '법령'의 범위 안에서 제정되어야 하는 것은 피할 수 없는 일이다.[8] 다만 이 경우 법령과 조례는 상·하관계에 있다고 하기보다는 전체와 부분의 관계에 있다고 하여야 할 것이다.

(2) 법령의 '범위 안'의 뜻이 무엇이냐에 관하여 많은 의문이 제기되고 있다. 이 '법령의 범위 안에서'의 뜻을 '법령의 위임 하에서'로 해석할 수도 있고, '법령에 근거하여'로 해석할 수도 있으며, 또한 '법령에 위반하지 아니하는 한도에서'로 해석할 수도 있는데, 이를 '법령의 위임 하에서'로 해석하는 것은 너무 엄격한 해석이 되고, '법령에 근거하여'는 여전히 그 뜻이 모호하며, '법령에 위반하지 아니하는 한도에서'는 관대한 해석이 된다고 하겠다.

이에 관하여, '법령에 위반하지 아니하는 한도에서'로 해석하는 것이 타당하다는 의견이 지배적이고,[9] 판례도 "지방자치단체는 법률의 수권이나 위임이 없을지라도 법령에 위반되지 않는한 그의 사무에 관하여 조례로 규정할 수 있다"고 판시하고 있다.[10] 일본에서는 이를 아예 '법령에 위반하지 아니하는 한도에서'라고 규정하여 의문의 여지를 없게 하고 있다.

'법령의 범위 안에서 … '를 구체적 사례에서 해석하여 그 사안의 '법령의 범위 안' 해당 여부를 판단하기란 여간 어려운 일이 아니다. 결국 법령과 조례의 대상사항과 규정문언을 대비할 뿐만 아니라, 각각의 취지, 목적, 내용, 효과 등을 종합적으로 비교하고 양자간에 모순·저촉이 있는가 없는가를 검토하여 판단할 수밖에 없다.

이때에 특히 문제되는 것이 법령의 미비(입법미비, 국법공백 또는 법령공백)와 법령초과·추가 규제의 경우이다.

법령미비, 즉 법령에 규정이 없는 사안을 조례로 정하는 경우에, 그 사안이 그 지방의 자치사무 및 단체위임사무 관련이고, 주민의 권리를 제한하거나 의무를 부과하는 것이 아니라 오히려 주민에게 유익하게 하는 것일 때에는 그 입법이 허용된다고 할 것이다.[11]

---

8) 여기에서 법령이라 함은 법률과 법률의 위임에 의하여 제정되는 대통령령, 총리령, 부령, 대법원규칙, 중앙선거관리위원회규칙 외에, 이러한 법령의 명시적 위임에 의하여 중앙행정기관의 장이 정하는 예규·지침·고시, 그리고 조약 등 국제법규도 포함된다 할 것이다(박봉국, "입법기술론", 자치발전 2006년 6월호, pp. 45~46).

9) 후술 4) '조례제정권의 사회성' 부분 참조.

10) 대판 94추28, 전북공동주택입주자보호를위한조례, 1995. 5. 12 선고.

11) 청주시 의회가 1991년 12월 26일에 의결한 '청주시 행정정보공개조례'에 대한 1992년 6월 23일의 대법원 판결에서 동 조례가 지방의 자치사무 및 단체위임사무를 대상으로 하고 있다고 해석되며 주민의

그리고 법령초과·추가규제, 즉 조례가 법령이 정한 규제기준보다 높은 규제를 규정하거나 법령이 정한 규제 외의 새로운 규제를 규정하는 경우에, 법령의 규정이 규제의 최고한도를 정한 것일 때에는 그 조례규정이 허용될 수 없으나, 반대로 규제의 최저한도를 정한 것일 때에는 그 조례규정이 허용된다고 할 것이다.[12)]

(b) **상급 지방자치단체의 조례·규칙에 위반 불가** : 지방자치법 제30조에 "시·군·자치구의 조례나 규칙은 시·도의 조례나 규칙에 위반해서는 안 된다"고 규정하고 있고, 제12조 제3항에서는 "지방자치단체는 …시·군 및 자치구는 해당 구역을 관할하는 시·도의 조례를 위반하여 사무를 처리할 수 없다"고 규정한 것이 그 것을 의미한다.

이것은 지방자치단체의 조례가 국가의 법령에 저촉되거나 모순되어서는 안 된다는 경우와 같은 취지이지만, 시·도와 시·군·자치구는 독립적인 법인으로서 상·하 관계에 있지 아니하므로, 이 원칙은 시·군·자치구의 고유한 자치사무가 아닌 시·도로부터 위임받은 단체위임사무에 특히 적용된다는 의미를 가지고 있다고 할 것이다.[13)]

(나) 법률유보에 의한 한계

지방자치단체의 조례는 주민권리 침해의 사항에 대해서는 국회의 의결을 거친 법률의 위임이 있는 경우에 한하여 제정될 수 있다. 이것이 법률유보원칙[14)]의 문제이다. 지방자치법 제28조 단서에서 "주민의 권리제한 또는 의무부과에 관한 사항이나 벌칙을 정할 때에는 법률의 위임이 있어야 한다"고 규정한 것이 그것이다.

이처럼 조례의 규정에 개별법률의 위임을 요하도록 하는 것이 헌법위반이냐 아니냐의 논란을 불러일으키고 있다.

(a) **주민의 권리제한·의무부과에 대한 법률유보** : 우선 "조례로써 주민의 권리제한·의무부과에 관한 사항을 규정할 때에는 개별 법률의 위임이 있어야 한다"고 규

권리제한이나 의무부과를 내용으로 하지 않고 주민의 '알 권리'를 보호하고 있는 것인 바, 국가의 입법미비가 지방자치단체의 자주입법권 행사를 막을 수 없다고 판시하였던 것이다(대판92추17, 1992. 6. 23 판결).

12) 정세욱, 앞의 책, p. 150 ; 박봉국, 앞의 논문, p. 53.

13) 시·도와 시·군·자치구는 모두 국가의 법령에 의하여 설치된 독립적인 법인으로서 법적으로는 상·하 관계에 있지 않는 것이며, 각 지방자치단체의 조례는 각 지방자치단체의 자치권의 작용으로 제정되는 것이므로, 시·도가 자신의 조례나 규칙으로써 시·군·자치구의 자치사무에 관하여 임의로 규제할 수 있다면 시·군·자치구의 자치권은 무의미한 것이 되고 만다.

14) 법률유보란 일정한 사항을 조례로 규정하는 데에는 반드시 법률의 위임을 근거로 하도록 한다는 의미이다.

정한 지방자치법 제28조 단서의 위헌성 여부에 관하여 위헌론과 합헌론이 첨예하게 대립되어 있다.

위헌론에서는 지방자치단체의 자치입법권은 헌법에 의하여 보장받고 있는 지방자치단체의 기본적 권리이며, 조례는 주민의 대표기관인 지방의회에서 제정되는 민주적 정당성을 갖는 준법률적인 법규인데, 헌법(제117조 제1항)에서 '법령의 범위 안에서' 보장받는 자치입법권이 헌법의 하위법인 지방자치법에서 '법률의 위임이 있는 경우에'만 행사될 수 있도록 '법률유보'로까지 제한하는 것은 헌법위반이라고 하고 있다.[15)]

반대로, 합헌론에서는 헌법 제117조 제1항은 지방자치권의 본질적 보장을 규정한 것이고, 그 규정상의 표현인 '법령의 범위 안'이란 두 가지 의미를 내포하고 있는데, ㉠ 조례가 적극적으로 법령에 위반할 수 없을 뿐만 아니라, ㉡ 특히 침해적 조례인 경우(헌법 제37조 제2항 침해적 행정입법의 경우 참조)와, 법률이 직접 규율하고 있는 사항의 경우에는 법률의 위임을 받아서만 조례가 규율할 수 있는 것이라고 한다.[16)]

생각건대, 헌법 제117조 제1항은 지방자치단체의 포괄적 자치입법권을 보장한 것으로서 법령우위의 원칙을 정하였을 뿐 법령유보까지 규정하고 있다고 해석할 수 없고, 권리제한의 법률유보를 정한 헌법 제37조 제2항 등은 행정부의 행정입법에 의한 권리제한을 방지하려는 것이지 지방자치단체의 자치입법을 제한하려는 의미가 아니며, 주민의 대표기관인 지방의회가 주민의 권리·의무에 관하여 조례로 정하는 것은 치자와 피치자의 자동성원리를 내용으로 하는 민주정치원리의 핵심이 되는 것이므로, 지방자치단체는 법률의 위임이 없더라도 법령에 위반하지 않는 한 당연히 주민의 권리·의무에 관한 사항을 조례로 정할 수 있다고 보아야 할 것이다. 따라서 주민의 권리·의무사항을 조례로 규정함에 개별 법률의 위임이 있어야 한다고 규정한 지방자치법 제28조 단서는 충분히 위헌의 소지가 있다고 할 것이다.[17)]

---

15) 김남진, 행정법Ⅱ(서울 : 법문사, 1992), p. 116; 박윤흔, 앞의 책, p. 125.

16) 합헌론에서는 '법령의 범위 안'을 경우에 따라 그 판단을 달리하여야 한다고 하고 있다.
① 주민의 권리에 침해를 주지 않는 조례일 때에는 조례가 법률의 위임이 없이도 규율할 수 있으나, 그것이 기본권의 제한 등 침해적인 조례일 때에는 헌법 제37조 제2항의 침해적 행정입법의 경우와 마찬가지로 특히 법률의 근거를 필요로 한다는 견해이다(이기우, 지방자치행정법, 서울 : 법문사, 1991, p. 227).
② 법령의 규율이 없는 사항에 대하여는 조례가 법령의 위임이 없이도 규율할 수 있으나, 법령이 직접 규율하고 있는 사항에 대하여는 특히 법령의 위임을 받아서만 규율할 수 있다는 견해이다(류지태, "지방자치의 제도적 보장론", 고시연구 1993년 11월호, pp. 93, 95).

(b) **벌칙규정의 법률유보** : 법률유보와 관련하여 "조례로써 벌칙을 정할 때에는 개별 법률의 위임이 있어야 한다"고 규정한 지방자치법 제28조 단서의 위헌성 문제와 아울러, 구 지방자치법 제20조 "시・도는 당해 지방자치단체의 조례로써 3월 이하의 징역 … 을 정할 수 있다"는 규정의 죄형법정주의 위배의 문제가 제기되고 있다.

(1) 조례 벌칙규정의 법률유보에 대한 위헌성 여부에 관한 논쟁의 기조는 전술한 권리제한・의무부과의 법률유보와 같다.

(2) 조례에서 벌칙을 규정하는 것이 죄형법정주의[18]에 위반하느냐에 관하여 주장이 갈린다.[19]

위배론(위헌론)에서는 조례에서 벌칙을 규정하는 것은 범죄와 처벌은 반드시 법률로써 정하여야 한다는 죄형법정주의 본질에 위반하며, 벌칙위임에는 권리제한이나 의무부과의 경우와 달리 법률의 포괄적인 위임이 허용되지 않고 구체적인 범위를 정하여 위임하여야 한다고 주장한다.[20]

이에 대하여 불위배론(합헌론)에서는 지방자치단체의 벌칙규정권은 헌법 제117조의 자치입법권에 포함되어 있으므로 지방자치단체는 법률의 수권 없이도 조례로써 벌칙을 정할 수 있다고 주장한다.[21]

생각건대, 죄형법정주의의 취지는 원래 행정부의 형벌권 남용을 방지하려는 데 있었던 것이지 지방자치단체의 자치입법권을 제한하려는 데 있는 것이 아니며, 조

---

17) 이러한 조례의 법률유보는 우리나라에만 있는 것으로서 특별한 주의를 요하는 사항이다. 일본의 이른바 '일괄법' 제정에 따른 신지방자치법(1999)에서는 침해적 규정에 법률유보를 요하느냐 하는 것보다도, 그 침해적 규정은 반드시 (규칙이 아닌)조례로 규정하여야 한다고 하고 있으니, 우리와는 그 차원이 너무 다름을 알 수 있다.

18) 죄형법정주의란 "법률이 없으면 형벌도 없다"는 것으로 무엇이 범죄인가, 그 범죄에 어떤 형벌이 부과되는가를 미리 법률로 정하여 국민의 예측가능성에 따른 법적 안정성을 보호하고, 국가의 법질서를 확립하는 법치국가의 기본원칙이다.

19) 조례의 벌칙규정에 관하여 구 지방자치법(1994년 이전의 지방자치법) 제20조(벌칙의 위임)의 규정을 놓고 논쟁이 특히 치열하였다. 즉, 구 지방자치법 제20조에서 "시・도는 당해 자치단체의 조례로써 3월 이하의 징역 또는 금고, 10만원 이하의 벌금, 구류, 과료 또는 50만원 이하의 과태료를 정할 수 있다"고 규정하고 있었는데, 이것이 죄형법정주의에 위배된다는 주장에서는 이는 죄의 구성요건을 정함이 없이 조례에 벌칙을 백지위임하고 있어, 죄형법정주의의 요건을 명백히 결여한다고 하였다.
반대로 이를 긍정하는 주장에서는 동법 제20조의 규정은 헌법 제117조의 자치입법권에 포함된 벌칙규정권을 확인한 데 불과하고, 더구나 동법 제15조(현행법에서는 제28조) 단서가 정한 구성요건을 전제로 그에 대한 형벌의 상한을 정한 것이므로 이른바 백지위임으로 인한 죄형법정주의 위배가 아니라고 하였다. 이 주장에서는 오히려 동법 제20조가 벌칙제정권을 시・도에만 부여하고, 차별적 취급을 받아야 할 법적인 이유가 없는 시・군・자치구에는 부여하지 않고 있는 것이 헌법위반이라고 하였다.

20) 박봉국, 앞의 논문, p. 50.

21) 홍준형, "조례의 실효성 확보장치로서의 벌칙제정권", 자치행정 1999년 10월호, pp. 45~55.

례는 민주적 정당성을 가지는 것으로서 그 실효성을 보장받기 위해서는 벌칙의 규정도 필요로 하는 것이므로, 위 합헌론이 더 설득력을 가지고 있다고 하겠다.[22] 죄형법정주의의 모국인 영국에서도 지방정부의 조례에 벌칙규정을 두고 있고, 미국에서도 지방정부 조례에 위반한 행위에 형벌(벌금), 과태료를 과하고 있으며, 일본에서도 지방자치단체의 조례에 형벌이나 과태료의 규정을 둘 수 있게 하고 있다.[23]

(c) **벌칙한도** : 조례의 벌칙규정과 관련하여 또 하나 문제되는 것은, 조례에 벌칙규정을 위임한 (개별)법률과 그 벌칙의 일반근거를 규정한 지방자치법 사이에 벌칙의 한도가 다른 경우에 어느 법률의 한도를 따라야 하느냐 하는 것인데, 이 문제에 있어서는 (개별)법률이 정한 한도를 따라야 하며, (개별)법률에서 한도를 정하지 아니한 때에 지방자치법이 정한 한도를 따르는 것이 옳다고 생각된다. 왜냐하면 개별위임이 일반위임에 우선하기 때문이다.

(5) 조례제정권의 사회성(가변성)

조례의 지위문제는 정확히는 헌법과 법률의 규정 여하(즉 입법 여하)에 따라 달라질 것이지만, 더 근원적으로는 그 사회와 시대의 수용 여하에 따라 달라질 수 있다.

(가) 일본의 조례제정권 변천

일본에서 사회상황의 변화에 따라 조례제정권에 대한 해석이 변동하여 왔음은 주목할 일이다.

일본에서 1960년대까지는 조례를 법령 하위의 법규로 보는 경향이 강하여 조례를 법령의 시행규칙적인 것으로 해석하였다. 이때에 조례는 중앙관청이 제시하는 모범・규범・준칙조례를 그대로 복사한 수동적인 것이었으며, 겨우 자주적으로 조례가 제정되는 경우에도 이른바 법령의 선점이론(국법선점이론)이 엄격히 적용되어 국가가 법령으로 규정하고 있는 사항에 대하여 동일 목적으로 조례로 규정할 수 없었다.

이때에 조례로 규정할 수 있는 규제의 범위는 ㉠ 국가의 법령에 규정이 완전히

22) 헌법 제12조의 죄형법정주의에서 말하는 법률에 조례가 포함된다는 주장도 있으나 이를 판례는 수용하지 않고 있다(대판 93 누 113, 서울특별시 의회에서의 증언・감정 등에 관한 조례, 1995. 6. 30 선고).

23) 구 지방자치법 제20조(벌칙의 위임)를 1994년의 개정에서 삭제하고 대신 과태료(행정벌) 부과규정으로 바꾸었다(현행법 제34조). 그러나 헌법 제12조에서 말하는 '처벌'에는 형벌뿐만 아니라 행정상의 과태료 등 개인의 불이익 또는 고통이 되는 모든 경우를 포함하는 것이기 때문에, 이러한 개정으로써 죄형법정주의 논쟁이 종식되었다고 볼 수 없다.

없는 공백상태의 사항, ㉡ 법령이 규정하고 있는 사항에서 다른 목적으로 규정하는 것, ㉢ 법령과 같은 목적에서도 규정의 범위 밖의 사항 등에 한정되어 있었다.

따라서 ㉠ 법령이 일정한 기준을 설정하여 규제하고 있는 경우, 동일목적, 동일사항에 법령이 정한 규제기준을 초과(上乘せ)한다든가(이른바 법령초과규제), ㉡ 새로운 형식으로 규제를 추가(橫出し)하는 (이른바 법령추가규제) 등을 모두 위법한 것으로 해석하였다.

그러나 1960년대 후반에 들어와서, 지방자치단체가 행정의 중점을 주민의 복지증진에 두고 자치권을 적극적으로 활용함에 이르러서는 법률과 조례의 관계에 관하여 종래의 일률적인 선점이론이 대폭 수정을 보게 되었다.

즉, 공해방지, 환경보전, 토지이용, 소비자보호, 재해방지 등 긴급과제에 직면하여, 지방자치단체가 조례로써 국가 법령의 소극적 규제기준을 초과하거나 새로운 형식으로 규제를 추가하는 규제를 정하는 사태가 속출하여, 많은 논란 끝에 결국 국가가 법률을 개정하여 조례의 그러한 규제를 허용하였고, 또한 최고재판소(대법원)도 재해방지 등 필요시에는 (법률이 아닌)조례로써 재산권을 제약할 수 있다는 판시를 하기에 이르렀다.[24] 이에 조례가 헌법이나 법률에 정면으로 충돌한다든가 직접적으로 저촉하는 경우 이외에는 그 자주성을 존중하려는 새로운 이론(선점이론 수정론)들이 속속 등장하였는데, ㉠ 국가 법령의 선점영역을 가능한 한 한정적으로 해석하여, 합리성이 인정되는 법령의 규정에 저촉하는 것이 아닌 한 조례로 정할 수 있다고 보아야 한다[다나까 지로(田中二郎)]. ㉡ 선점이론을 인정하는 경우에도, 그 범위를 해당 법령이 조례에 의한 규제를 명백히 인정하지 않는 것으로 해석되는 경우에 한하여야 한다[나리따 나리아끼(成田賴明)]. ㉢ 전국 일률적으로 적용되는 국민적 최저수준(national minimum)에 해당하는 법령에 의한 규제로써 불충분하다고 지방자치단체가 해석하는 경우에는 그 목적・수단이 불합리하지 않는 한 조례로써

---

24) 일본에 있어서, 1960년대부터 도시화・공업화 등에 따라 공해방지, 소비보호 등 긴급과제에 직면하여 지방이 국가 법령의 규제를 상회하는 규제를 조례로 정하기 시작하였다.
1969년의 東京都의 공해방지조례가 공장설치의 신고제를 인가제로 하고, 시설별 규제기준을 공장단위의 총량규제로 하는 등 명백히 위법한 조례였는데, 이에 대한 전국적인 논란 끝에 국가가 대기오염방지법과 수질오탁방지법을 개정하여 조례의 초과(上乘せ)규제・추가(橫出し)규제를 허용하는 입법으로 해결하였다. 이는 국가가 지방조례의 위법성 문제를 해당법률 자체의 개정으로써 해소하고 승인하는 획기적인 사건이었다.
이어 1972~73년의 열도개조에 따른 난개발에 대하여 지방이 독자적인 조례를 제정하는 풍조가 높아져, 자연환경보호조례(北海道, 長野縣), 토지보전조례(岡山縣) 등 국가 법령을 상회하여 재산권을 규제하는 조례가 속속 등장하였는데, 이는 재산권의 제약이 법률의 전속규율사항이던 것을 주민의 안전과 건강보호를 위해 조례로써 규제하는 것이어서, 논란이 있었던 끝에 최고재판소가 적어도 재해방지 등 필요시에는 조례로써 재산권에 제약을 가할 수 있다는 판결을 하기에 이르렀다.

초과 또는 추가규제를 규정할 수 있도록 하여야 한다(하라다 쯔네히조(原田尙彦))는 등의 이론이 그것이다.[25)]

그리하여 2007년에 설치된 지방분권개혁추진위원회는 조례에 의한 법령 보정(上書き)규제를 허용하는 중간보고서를 발표하였다.

(나) 한국의 조례제정권 상황

우리나라에서도 사회상황에 따라 조례제정권에 대한 이해가 달라짐에 주목하여야 한다.

지방의회가 부활한 1991년에 청주시가 제정한 '행정정보공개조례'는 국가 법령에서는 아직까지 행정정보공개법을 제정하지 않고 있는 입법미비(국법공백 또는 법령공백) 상태에서 지방자치단체가 선도적으로 행정정보공개를 규정한 것으로서 법령위반조례로 법원에 제소되었다가, 대법원으로부터 "전국적 통일을 요하는 사무가 아닌 지역적 사무에 관하여는 국가의 입법미비가 지방자치단체의 자주적인 조례의 제정을 방해할 수 없다"는 승소판결을 받았고, 이어 국가가 1996년에 「공공기관의 정보공개에 관한 법률」을 제정한 바 있다.

또한 1992년에 부천시가 제정한 '담배자동판매기 설치금지조례'가 국가의 법령인 담배사업법에서 청소년들에게 담배판매를 금지한 규정을 초과하여 부천시 전역에서 성년(成年)이 출입하는 업소 외에는 담배자동판매기 설치를 전면 금지하여 이른바 초과규제로서 헌법 및 법령에 위반하였다고 법원에 제소되었는데, 국가가 곧 법령(담배사업법 및 동법법시행령)을 개정하여 동 조례를 합법화하였고, 또한 헌법재판소로부터 합헌이라는 결정을 받은 바 있는 것이다.

그리하여 지방자치단체의 조례제정에 관하여 우리나라에 있어서도 일본에서와 같이, 헌법과 법률이 인정하는 지방자치의 본질에 입각하여, 조례가 헌법이나 법률에 정면으로 충돌하거나 직접적으로 저촉하는 경우 외에는 지역성을 감안하고 그 자주성을 존중하여 그 지위를 높게 이해하려는 이론이 지배적이며, 따라서 지방자치법 제28조의 '법령의 범위 안에서'를 '법령에 저촉되지 아니하는 한도에서'로 개정하여야 한다는 입법정책론도 거세게 주장되고 있다.[26)]

그러나 조례의 지위에 관한 이러한 이해나 이론이 아직까지 충분히 통일되어 있지 않고, 판례도 소구(訴求)사항에 대해서만 판시하기 때문에 조례의 지위에 관한

25) 坂田期雄, 地方制度の構造と實態(東京 : きようせい, 1979), pp. 211~217; 遠藤文夫, 地方行政論(東京 : 良書普及會, 1988), pp. 133~135.

26) 최창호, 앞의 논문, pp. 20~21 ; 박윤흔, 앞의 책, pp. 133~134 ; 정세욱, 앞의 책, pp. 151~153.

전면적인 정의를 부여하였다고 볼 수 없어, 조례제정권의 범위와 한계가 실제로는 계속 명확하지 않은 상태에 있다.

2008년에 전문 개정된 지방분권촉진에 관한 특별법에서 "국가는 지방자치단체의 자치입법권을 강화하기 위하여 조례제정범위가 확대되도록 하는 등 필요한 법적 조치를 하여야 한다"고 규정하였으며, (지방분권촉진에 관한 특별법 제13조 제1항, 2019. 12. 31. 개정된 지방자치분권 및 지방행정체제개편에 관한 특별법 제14조 제1항). 2021년 지방자치법 전부 개정을 통하여 "법령에서 조례로 정하도록 위임한 사항은 그 법령의 하위 법령에서 그 위임의 내용과 범위를 제한하거나 직접 규정할 수 없다"는 내용을 추가하여 지방자치단체의 자치입법권을 강화하였다(지방자치법 제28조).

(6) 조례의 제정절차

조례의 제정 및 그 개폐는 지방의회의 의결에 의하여 행해진다.

(가) 제안과 의결

조례는 지방자치단체의 장(교육 · 학예에 관하여는 교육감)이나 조례로 정하는 수 이상의 지방의회의원의 찬성에 의하여 제안되며(지방자치법 제76조, 지방교육자치에 관한 법률 제20조 1호), 제안된 조례안은 지방의회 재적의원 과반수의 출석과 출석의원 과반수의 찬성으로써 의결된다(지방자치법 제73조, 지방교육자치에 관한 법률 제3조).[27] 자치단체장이 제출하는 조례안은 사전에 집행부의 간부들로 구성되는 조례 · 규칙심의회의 심의를 거친다(지방자치법 시행령 제28조).

우리나라의 조례제정에 있어서는 외국에서와 같이 공청회 제도가 없고, 감독기관(시 · 군 · 자치구에 있어서는 시 · 도지사, 시 · 도에 있어서는 행정안전부장관)의 사전승인을 받아야 하는 경우가 있다(지방자치법 제7조).

(나) 이송과 공포

조례안이 의회에서 의결되었을 때에는 의장은 의결된 날부터 5일 이내에 그 자치단체장에게 이를 이송하여야 하고(동법 제32조 제1항), 의결된 조례안을 이송받은 자치단체장은 20일 이내에 이를 공포하여야 한다(동법 제32조 제2항).

---

27) 그러나 조례의 의결에 특별다수를 요하는 경우도 있다. 지방자치단체의 사무소 소재지를 정하는 조례의 의결(재적의원 과반수의 찬성) 등이 그 예이다(지방자치법 제9조 제2항).

만약 지방자치단체장이 그 이송받은 조례안에 대하여 이의가 있을 때에는 같은 기간 안에 이유를 붙여 지방의회로 환부하여 그 재의를 요구할 수 있으며, 이 때에 조례안의 일부에 대하여 또는 조례안을 수정하여 재의를 요구할 수 없다(동법 제32조 제3항).[28)]

지방자치단체장이 그 기간 안에 공포나 재의요구를 하지 않은 때에는 그 조례안은 조례로서 확정된다(동법 제32조 제5항).

재의요구된 조례안을 지방의회에서 재의한 결과 재적 과반수의 출석과 출석의원 3분의 2 이상의 찬성으로 전과 동일한 의결이 이루어졌을 때에는 그 조례안은 조례로서 확정된다(동법 제32조 제4항).

공포 또는 재의요구의 기간이 경과하였거나 재의요구에 대한 의회의 재의결이 있은 때에는 지방자치단체장은 지체 없이 이를 공포하여야 하며, 만약 그 조례의 확정 이후에도 공포하지 않을 때에는 지방의회의 의장이 이를 공포한다(동법 제32조 제6항).

지방의회에서 의결된 조례(안)가 법령에 위반되거나 현저히 공익을 해친다고 판단될 때에는 감독기관(시·군·자치구에 있어서는 시·도지사, 시·도에 있어서는 주무부장관, 2 이상의 부처와 관련되거나 주무부장관이 불분명한 경우는 행정안전부장관)은 해당 지방자치단체장으로 하여금 지방의회에 재의요구를 하게 할 수 있고, 지방자치단체장이 이에 불응하거나 재의요구 지시를 받기 전에 법령에 위반된 조례를 공포한 때에는 직접 대법원에 소를 제기할 수 있다.

그리고 지방자치단체장의 재의요구에 대하여 지방의회가 전과 동일한 재의결을 한 때에는 지방자치단체장 또는 감독기관이 대법원에 소를 제기할 수 있다(동법 제192조).

조례를 제정 또는 개폐하는 경우에 지방자치단체의 장은 의회로부터 이송된 날부터 5일 이내에 감독기관(시·군·자치구에 있어서는 시·도지사, 시·도에 있어서는 행정안전부장관)에 보고하여야 하며(동법 제35조), 조례를 공포한 때에는 즉시 지방자치단체장은 지방의회 의장에게, 의장은 지방자치단체장에게 통지하여야 한다(동법 제32조 제7항).

28) 지방자치단체의 장이 의회에서 조례안의 이송을 받은 후 20일 이내에 의회가 폐회되는 경우에도 재의를 요구할 수 있는가가 문제인데 이 경우도 의회가 활동을 정지하고 있을 뿐이고, 그 존재가 없어진 것은 아닌만큼 의회에 재의를 요구할 수 있다고 본다. 그리고 의회 폐회 중에 제출된 재의요구는 회기불계속의 원칙을 규정한 회의규칙에 대한 예외로 인정하여 다음 회기의 의회에 계속되는 것으로 보아야 할 것이다. 왜냐하면 회기불계속의 원칙을 규정한 회의규칙은 20일 이내에 재의를 요구할 수 있음을 규정한 지방자치법에 우선하는 효력을 가질 수 없기 때문이다.

(다) 효력의 발생

조례는 특별한 규정이 없는 한 공포된 날부터 20일이 경과함으로써 효력을 발생한다(동법 제32조 제8항). 즉, 조례는 시행기일이 정하여져 있는 경우에는 그에 의하여 시행되고, 시행기일이 정하여져 있지 않은 경우에는 공포한 날부터 기산하여 20일을 경과한 날부터 시행되는 것이다.

3 규칙제정권

(1) 규칙의 의의

규칙은 지방자치단체장이 법령이나 조례가 위임한 범위에서 그 권한에 속하는 사무에 관하여 제정하는 규범이다(지방자치법 제29조). 다만 시・도의 교육사무에 관한 규칙(이를 '교육규칙'이라 한다)은 교육감이 제정한다(지방교육자치에 관한 법률 제25조).

규칙은 조례와 마찬가지로 다음과 같이 여러 가지로 나눌 수 있다.

첫째로, 그 효력을 기준으로 하여, 법규적인 것(예 : 조례의 위임에 따라 제정된 지방세・수수료 등의 징수에 관한 규칙 등)과, 단순히 행정규칙적인 것(예 : 지방공무원 정원에 관한 규칙 등)으로 나뉜다.

둘째로, 제정근거를 기준으로 하여, 법령 또는 조례의 위임에 의하여 제정되는 것과, 직권에 의하여 제정되는 것(직권규칙)으로 나뉜다.

셋째로, 제정의무를 기준으로 하여, 제정을 필수적으로 하는 것과, 제정을 임의로 하는 것으로 나뉜다.

넷째로, 규정사항을 기준으로 하여, 규칙으로써만 제정될 수 있는 사항에 관한 것과, 조례로써도 제정될 수 있는 사항에 관한 것으로 나뉜다.

다섯째로, 대상사무를 기준으로 하여, 단체의 사무(고유사무와 단체위임사무 포함)에 관한 것과, 기관의 사무(기관위임사무)에 관한 것으로 나뉜다.

(2) 규칙제정권의 범위와 한계

(가) 규칙제정권의 범위

규칙으로써 규정할 수 있는 사항의 범위는 다음과 같다.

첫째로, 지방자치단체의 장(또는 교육감)의 권한에 속하는 모든 사무에 걸친다. 이에는 고유사무와 단체위임사무뿐만 아니라 기관위임사무도 포함된다. 기관위임사무는 지방자치단체의 사무가 아니고 그 지방자치단체의 집행기관에 위임된 사무인 만큼 이를 지방의회가 제정하는 조례로 규정할 수 없고 반드시 집행기관이 제정하는 규칙으로 규정하여야 한다.

둘째로, 지방자치단체의 사무(고유사무와 단체위임사무)로서 법령에 의하여 조례규정대상으로 지정된 사항, 의회의 전속권한의 사항을 제외한 기타의 모든 사항을 규칙으로 제정할 수 있다.

셋째로, 조례가 규칙에 위임한 사항 또는 조례의 실시를 위하여 필요한 사항도 규칙으로 규정할 수 있다.

(나) 규칙제정권의 한계

규칙의 제정에는 다음과 같은 한계가 있다(지방자치법 제28조~제30조).

첫째로, 규칙은 법령 및 그 제정을 위임한 조례에 위반하여서는 안 된다.

둘째로, 시장・군수・자치구의 구청장이 제정하는 규칙은 시・도의 조례나 시・도지사가 제정하는 규칙에 위반하여서는 안 된다.[29)]

셋째로, 규칙은 법령의 개별적인 위임이 없는 한 주민의 권리제한 또는 의무부과를 규정할 수 없고, 벌칙을 규정할 수도 없다.

만약 규칙이 위법 또는 현저히 부당(고유사무에 있어서는 위법에 한함)하다고 인정될 때에는 감독기관(시・군・자치구에 있어서는 시・도지사, 시・도에 있어서는 주무부장관)은 기간을 정하여 서면으로 그 시정을 명하고, 그것이 시정되지 아니할 때에는 이를 취소 또는 정지할 수 있다(동법 제188조).

(3) 규칙의 제정절차

규칙은 지방자치단체의 장이 제정하되, 집행부의 간부들로 구성되는 규정심의회의 심의를 거친다(지방자치법 시행령 제28조). 지방자치단체의 장은 규칙의 공포 예정 15일 전에 이를 감독기관에 보고하여야 하며(지방자치법 제35조), 때로는 사전에 감독기관(시・군・자치구에 있어서는 시・도지사, 시・도에 있어서는 행정안전부장관)의

29) 엄밀히 말하여 이 한계는 시장・군수・자치구청장이 시・군・자치구의 고유사무에 관하여 제정되는 규칙에는 적용되지 아니하고, 시장・군수・자치구청장이 시・도로부터 위임받은 사무에 대한 규칙을 제정하는 때에 한하여 적용된다고 해석하여야 할 것이다.

승인을 받아야 하는 경우도 있다(동법 제7조).

규칙의 공포절차·효력발생 등은 조례의 경우와 같다(동법 제32조).

4 조례와 규칙의 효력

(1) 조례와 규칙 사이의 효력의 우열

지방자치단체의 자치법규가 정립될 수 있는 사항 가운데, 조례 또는 규칙의 어느 쪽으로 규율될 사항이 명확히 구분되어 있을 때에는 조례로써 규율될 사항이 규칙으로 정해지거나, 반대로 규칙으로써 규율될 사항이 조례로 정해지면 그 조례나 규칙은 무효가 된다. 다만 어느 쪽으로 규율할 것인가가 명확히 구분되어 있지 않은 사항에 대하여는 조례나 규칙의 어느 쪽으로 정하여도 무방하다 할 것이다.[30)]

조례와 규치 사이에는 일반적인 의미의 형식적 효력의 우열관계는 없다. 다만 ㉠ 조례와 규칙의 규정내용이 상호 모순될 때, ㉡ 조례가 그 세부사항을 규칙으로써 정하도록 위임하였을 때에는 조례의 효력이 우월한다.[31)]

(2) 조례와 규칙의 효력의 범위

(가) 공간적 범위

법에는 일반적으로 속지법과 속인법이 있는데, 조례와 규칙은 지방자치단체의 관할구역 안에서 시행되는 법이므로 원칙적으로 속지법이라 할 수 있다. 즉, 그 효력의 범위는 원칙적으로 해당 지방자치단체의 구역에 한정되고 구역 밖에는 미치지 않는 동시에, 구역 안에서는 모든 사람과 사물에 대해서 효력을 가진다.

다만 예외적으로 조례와 규칙이 속인법적으로 지방자치단체의 관할구역 밖에서 효력을 가지는 경우가 있는데, 지방자치단체와 특별근무관계에 있는 지방공무원에 관한 조례, 구역 밖에 설치하는 공공시설에 관한 조례(지방자치법 제161조 제3항) 등

---

30) 일반적으로 주민에게 부담을 부과하거나 권리를 제한하는 것, 그리고 공공시설을 설치하는 것 등에 관하여는 조례로써 정하고, 지방자치단체의 집행기관의 직제, 지방자치단체장의 전속권한의 사항과 기관위임사무에 관한 것은 규칙으로 정하는 것이 원칙이라 할 수 있다.

31) 대판 95.7.11, 94누4615. "지방자치단체의 사무에 관한 조례와 규칙은 조례가 규칙보다 상위규범이라 할 수 있다."

이 그 예가 될 수 있다.

(나) 시간적 범위

조례와 규칙은 일반법령과 마찬가지로 공포·시행되어서 폐지될 때까지 그 효력을 가진다. 조례와 규칙의 소급효는 인정되지 않는다. 다만 주민의 권리·자유의 침해 또는 규제를 내용으로 하지 않는 것, 특히 주민에게 이익을 주는 내용을 가진 조례나 규칙은 그 소급효를 인정하여도 무방하다.

Ⅲ 자치행정권

자치행정권은 이를 자치조직권, 자치재정권, 자치실행권(협의의 자치행정권) 및 자치계획권으로 나눌 수 있다.

1 자치조직권

(1) 자치조직권의 의의

자치조직권은 지방자치단체가 그 행정기구·정원·보수·사무분장 등을 자신의 조례 또는 규칙을 통하여 자주적으로 정하는 권리(또는 권한)를 말한다. 이 자치조직권은 지방자치단체가 자치행정을 구현하기 위한 자신의 행정조직을 자주적으로 정하는 권리(·권한)이므로 넓게는 자치행정권에 포함된다.

헌법에 기초한 지방자치법 등에서는 지방자치단체의 행정조직에 관한 대강만을 정하고 구체적이고도 개별적인 행정조직의 세부사항은 각 지방자치단체의 자주적인 결정에 맡기는 것이 획일성을 탈피하는 데 필요할 뿐만 아니라 지방자치의 뜻에도 맞기 때문에 각국은 지방자치단체에 자주적인 행정조직의 결정권을 인정하고 있다.

(2) 외국의 자치조직권

국가가 지방자치단체에게 자치조직권을 인정하는 범위는 국가마다 그 양상이 다르다. 대체로 영·미계 국가에서는 지방자치단체에 자치조직권을 광범하게 인정하고 있는 데 비하여, 유럽 대륙계 국가에 있어서는 지방자치단체의 자치조직권을 상당히 제한하고 있다.

미국에서는 지방자치단체의 정부조직 및 행정조직이 지역의 주민들이 자주적으로 형성하는 헌장에 따라 결정되거나(자치헌장제 : home rule), 주정부가 마련한 여러 가지 헌장 가운데 지역의 주민들이 선택하는 헌장에 따라 결정되고 있다(선택헌장제 : optional charter). 또한 분류헌장·개별헌장 제도에 의하는 경우에도 지방자치단체의 자치조직이 주민의 의사에 따라 결정되도록 확보되어 있다.[32] 뿐만 아니라 미국에서는 지방자치단체에 공무원의 정원, 보수와 선임에 있어서 대폭적인 자주결정권이 인정되어 있다.

영국에서는 의회의원의 정수, 의회 상임위원회의 종류, 사무국의 기구, 공무원의 정원·인사·급여 등에 거의 완전한 자주적 결정권이 지방자치단체에 인정되고 있으며, 최근에는 지방정부의 조직형태도 과거처럼 의회중심으로 통일되지 아니하고 주민의 의사에 따라 결정되고 있다.

프랑스에서는 근래에 대대적인 지방분권화 개혁이 단행된 경우에도 레지옹(région)의 지방장관(국가위원)을 비롯한 주요 간부, 데파르트망(département)의 지방장관(국가위원)을 비롯한 주요 간부, 수도 파리(Paris)와 각 코뮌(commune)의 주요 간부들이 국가공무원으로 임명되고, 레지옹, 데파르트망, 코뮌 및 파리의 특정직원 및 위원의 임명에 내무부장관의 승인을 요하게 하고 있다.

독일에서는 주의 법률은 게마인데(Gemeinde) 정부조직의 대강만을 정하고 그 구체적 내용에 관하여는 각 게마인데의 기본조례(Hauptsatzung)로써 정하게 되어 있으나, 게마인데 공무원의 정원, 보수, 수당, 근무 등을 주의 법률 또는 노동협약 등으로 정하는 경우가 많다.

우리와 정치문화가 비슷한 일본에서는 헌법에 의하여 법률이 지방자치단체의 자

---

32) 미국 자치단체의 조직은 「헌장」(charter)에 의해 결정된다고 할 수 있다. 이는 ① 자치헌장제(home rule)자치단체가 자주적으로 헌장을 마련하여 채택하는 헌장이다(자세한 것은 p. 89 주 31 참조). ② 선택헌장제는 주(州)가 몇 개의 지방단체 조직형태(헌장유형)를 정해놓고 자치단체 주민들의 투표에 의하여 그 중 하나를 선택하는 제도이다. ③ 분류헌장제는 일반헌장제의 획일성의 폐해를 막기 위하여 자치단체를 몇 등급으로 나누어서 각 등급마다 다른 헌장을 부여하는 제도이다. ④ 일반헌장제는 州가 일반헌법에 의하여 모든 자치단체에 동일한 헌장을 부여하는 제도이다. ⑤ 개별헌장제는 주(州)가 개개의 자치단체에게 별개의 헌장을 부여하는 제도이다.

치조직의 대강만을 정하도록 되어 있으나, 지방자치법 등 각 법률이 지방자치단체의 조례 또는 규칙으로 정하는 자치조직의 세목까지를 지정하는 경우가 많아, 실제에 있어 지방자치단체의 자주조직권이 제한되어 있다.

(3) 한국의 자치조직권

우리나라의 경우, 그 동안 법령의 개정 및 중앙권한의 지방이양에 따라 변동이 있기는 하였지만, 지방자치단체의 행정조직 및 공무원 인사에 관한 많은 사항들이 법률 또는 대통령령으로 규정되고, 지방자치단체의 조례 또는 규칙으로 정하는 경우에도 법령으로 정하는 바에 따라 또는 그 범위 안에서 정하거나, 또 감독기관의 승인을 받거나 보고하여야 하는 등을 조건으로 하는 경우가 많으며, 또한 그 조직・정원이 적정하게 운영되고 다른 자치단체와 균형이 유지되도록 하기 위해 중앙정부가 필요한 권고를 할 수 있도록 하고 있는 등 지방자치단체의 자치조직권의 범위가 매우 제한되어 있는 것이 특징이다.

현재 우리나라에 지방자치단체에 인정된 자치조직권의 내용은 다음과 같다.

(가) 지방자치단체 및 그 하부조직

지방자치단체의 구역을 변경하거나 폐치・분합할 때에는 법률로 정하고, 시・군・자치구의 경계를 변경할 때에는 대통령령으로 정하되, 이때에는 관계 지방의회의 의견을 들어야 한다(지방자치법 제5조).

행정구와 읍・면・동의 폐치분합을 감독기관의 승인을 받아 조례로 정한다(동법 제7조 제1항). 다만 행정구와 읍・면・동의 명칭과 구역의 변경을 조례로 정하고 감독기관에 보고한다(동법 동항 단서).

지방자치단체와 행정구・읍・면・동 소재지 변경(동법 제9조), 리(里)의 명칭과 구역 변경 및 폐치・분합(동법 제7조 제2항), 행정면의 설치(동법 동조 제3항), 행정동・리의 설치 및 그 하부조직(동법 동조 제4항~제6항)을 조례로 정한다.

(나) 지방의회

지방의회 회의 연간 총일수와 정례회 및 임시회의 회기(지방자치법 제56조), 위원회의 설치・운영(동법 제64조), 사무처・국・과의 설치(동법 제102조) 및 그 소속 직원의 정수(동법 제103조), 지방의회 의원의 의정활동비 지급기준, 의원의 정책지원 전문인력 및 상해・사망보상금(동법 제40조~제42조)을 조례로 정한다.

의회의 운영(동법 제83조), 방청인 단속(동법 제95조), 지방의회 의원의 징계(동법 제101조)에 관한 사항을 법률이 정하는 것을 제외하고는 의회 회의규칙으로 정한다.

지방의회 위원회 전문위원의 직급과 정수는 대통령령으로 정한다(동법 제68조).

(다) 집행기관

시·도 부시장·부지사 2명(특별시 및 800만명 이상의 시·도는 3명) 중 지방정무직 또는 별정직 부지사 자격기준(지방자치법 제123조), 직속기관(동법 제126조), 사업소(동법 제127조) 및 출장소(동법 제128조)의 설치를 대통령령으로 정하는 바에 따라 조례로 정한다.

지방자치단체 행정기구의 설치와 지방공무원의 정원을 대통령령으로 정하는 기준에 따라 조례로 정하되, 행정안전부장관의 권고를 받아서 행한다(동법 제125조). 합의제 행정기관의 설치·운영 및 자문기관의 설치를 법령 또는 조례로 정한다(동법 제129조, 제130조).

행정구와 읍·면·동 행정사무분장기구의 설치를 조례로 정한다(동법 제134조).

지방자치단체 공공시설의 설치·운영에 관하여 다른 법령에 규정이 없으면 조례로 정한다(동법 제161조).

소관사무의 위임·위탁, 위임사무의 재위임·재위탁(동법 제117조), 공무원의 임면·교육훈련·복무·징계 등(동법 제118조)을 법령과 조례·규칙으로 정한다.

(라) 교육자치조직

교육장의 분장사무를 법률과 조례로 정하고(지방교육자치에 관한 법률 제35조), 교육감 보조기관의 설치·운영(동법 제30조), 교육기관의 설치(동법 제32조), 교육 및 교육행정공무원 정원(동법 제33조), 지방교육행정협의회 설치·조직·운영(동법 제41조), 교육특별부과금 부과·징수(동법 제40조)에 관한 사항을 조례로 정한다.

2 자치재정권

(1) 자치재정권의 의의

자치재정권이란 지방자치단체가 그 행정의 수행에 필요한 경비에 충당하기 위한 재원을 자주적으로 조달하고, 이를 자유로운 의사와 판단 아래 사용하는 권리(또는 권한)를 말한다. 헌법은 제117조 제1항에서 "지방자치단체는 … 재산을 관리하며 …"라고 규정하여 지방자치단체의 자주적인 재정권을 보장하고 있다.

자치재정권은 지방자치단체의 자주성을 실질적으로 보장하기 위한 것으로서, 이러한 지방재정의 자주성(fiscal independence)의 보장이 없이는 참된 의미의 지방자치가 실현될 수 없다.

(2) 외국의 자치재정권

지방자치단체의 재정적 자주성이 완전히 실현되는 나라는 거의 없다. 영국에서는 자치단체의 소요경비를 주로 지방채 수입으로 충당하지만 그 재정위기를 해결하지 못해 국고보조금에 의존하는 정도가 높아지고 있고, 미국에서도 누적되는 재정적자로 파산하는 자치단체가 속출하여 주 및 연방의 보조금이 증가하고 있으며, 프랑스도 최근에 지방분권법으로 자치단체의 재정적 자주권이 강화되었지만 국가의 보조에 크게 의존하고 있고, 일본에서도 그러한 사정은 마찬가지이다.

지방자치단체의 자치재정권 확립의 핵심은 지방자치단체의 자주적 과세권확립에 있다. 그러나 이른바 조세법률주의에 따라 자주적 과세권에는 본질적으로 한계가 있는 데다가, 특히 오늘날에는 경제의 국민경제화 경향에 따라 지역을 경계로 하는 지역경제가 나날이 취약해짐으로써 지방자치단체의 과세권(재정권)에 원칙적인 제한이 따르고 있다(현대 지방자치단체의 자주적 과세권에 관하여는 후술 제10장 제1절 Ⅱ. '지방세' 부분을 참조할 것).

(3) 한국의 자치재정권

지방자치단체의 자치재정권에는 두 가지 측면이 있다. 그 하나는 지방자치단체가 재원을 취득하기 위하여 주민에게 명령하고 강제하는 권력적 작용이고, 다른 하나는 그 재산을 관리하고 수입·지출을 실행(회계·경리)하는 관리적 작용이다. 이 두가지 작용 모두가 주민의 일상생활과 밀접한 관련성을 가지고 있으므로, 자치재정권에 관한 중요한 것은 의회의 의결에 의하도록 되어 있다.

(가) 재정권력 작용

지방자치단체는 재정적 수입을 얻기 위하여 권력으로써 주민에게 명령·강제하는 권한을 가지는 바, 그 내용은 다음과 같다.

첫째로, 지방자치단체는 주민에게 작위·부작위 또는 수인의 의무를 명한다. 신고·영업금지를 명하거나 장부검사를 행하는 등이 그 예이다.

둘째로, 지방자치단체는 지방세·사용료·수수료 및 분담금을 부과·징수한다(지방자치법 제152조~제155조).

셋째로, 지방자치단체는 재정적 수입을 확보하기 위하여 재정강제권을 발동한다. 즉, 지방세 등의 체납에 대하여 강제집행을 행하며(동법 제157조). 이를 위해서 체납처분과 담보권실행을 한다.

넷째로, 지방자치단체는 재정범에 대하여 재정벌을 과한다. 사기 기타 부정행위로써 조세 등을 포탈한 자, 공공시설 등을 부정사용한 자 등에 대한 형벌금(벌금·과료) 또는 과태료의 징수가 그 예이다(동법 제156조 제2항, 지방세기본법 제102조~제109조).

(나) 재정관리 작용

지방자치단체는 재산 및 수지를 관리하는 권한을 가진다. 이러한 재정관리작용은 본질적으로는 경제적인 작용으로서 민간의 회계·경리작용과 다를 바 없다. 다만 그 작용이 주민의 이해와 밀접한 관련을 가지기 때문에 그 처리의 공정성을 확보하기 위하여 각 법령에 의해 특별한 규제를 받도록 하고 있다.

지방자치단체의 재정관리작용의 내용은 다음과 같다.

첫째로, 지방자치단체는 행정목적을 달성하기 위하여 또는 공익을 달성하기 위하여 필요한 경우에 재산을 보유하거나, 특정한 자금의 운용을 위한 기금을 설치할 수 있다(지방자치법 제159조).[33]

둘째로, 지방자치단체는 공기업을 경영한다(동법 제163조, 지방공기업법). 지방공기업에는 독점적 사업도 있고, 그렇지 않은 것도 있다. 전자의 예로는 수도, 농수산물 도매시장 등이 있다.

셋째로, 지방자치단체는 회계연도마다 예산을 편성하고 결산을 행하며(지방자치법 제140조~제151조), 법령이 정하는 바에 따라 수입과 지출을 행한다(동법 제152조~제158조).

33) 여기에 재산이라 함은 현금 외의 모든 재산적 가치가 있는 물건 및 권리를 말하고, 기금은 자금 가운데서도 특히 지출목적이 특정되어 있는 것을 말한다.

3 자치실행권(협의의 자치행정권)

(1) 자치실행권의 의의

자치실행권은 지방자치단체가 자기의 사무를 원칙적으로 국가의 간섭을 받지 않고 처리하는 권리(또는 권한)를 말한다. 이는 자주적인 조직권과 재정권을 제외한 좁은 의미의 자치행정권을 의미한다.

여기에서 자치실행권의 대상사무는 좁게는 '지방자치단체 관할구역 안의 자치사무'를 의미하지만, 넓게는 '법령에 의하여 지방자치단체에 속하는 사무', 즉 단체위임사무도 포함된다고 해석된다(지방자치법 제13조 제1항).

헌법은 그 제117조 제1항에서 "지방자치단체는 주민의 복리에 관한 사무를 처리하고…"라고 규정하여 지방자치단체의 자주적인 행정실행권을 보장하고 있다.

(2) 외국의 자치실행권

지방자치단체의 자치실행권을 인정하는 범위도 나라에 따라 큰 차이를 보이고 있다. 영·미에서는 지방자치단체가 처리하는 사무는 원칙적으로 모두 자치사무로 하고 이에 대한 국가의 관여도 입법적·사법적 관여와 기술적 조언 및 재정적 지원을 중심으로 하고 있으므로 자치실행권의 범위가 넓은 데 비하여, 유럽 대륙계 국가에서는 지방자치단체가 처리하는 사무 가운데 국가사무가 상당히 큰 비중을 차지하고 지방자치단체에 대한 국가의 관여도 매우 엄중하므로 자치행정권의 범위가 좁다.

(3) 한국의 자치실행권

우리나라의 경우 지방자치단체는 주민의 복리에 관한 사무를 처리하는데, 그 사무에는 사회복지사무, 산업진흥사무, 지역개발 및 생활환경 시설사무, 교육·문화·학예사무, 안전방위 및 지방소방사무, 국제교류 및 협력 사무 등이 포함된다(지방자치법 제13조 제2항). 그러나 우리나라의 경우는 후술(제12장)하는 바와 같이, 국가와 지방의 관계가 상·하 수직적인 데다가, 지방자치단체에 대한 중앙통제가 권력적·관료주의적이어서, 지방자치단체의 자치실행권의 범위가 협소하다.

지방자치단체의 자치실행권에도 권력작용적 측면과 관리작용적 측면의 두 가지가 있다. 오늘날의 자치행정에 있어서 권력적 작용도 중요하지만, 주민에 대한 서비스의 제공을 내용으로 하는 비권력적 작용, 즉 관리적 작용도 매우 중요시되고 있다.

(가) 권력적 실행작용

지방자치단체는 주민의 안전과 사회・경제질서의 유지, 생활환경의 정화 등을 위하여 권력으로써 주민에게 명령・강제하는 권한을 가진다.

첫째로, 주민의 안전을 위하여 각종 통제작용을 행한다. 소방・교통 등의 분야에서 행하는 통제가 그 예이다.

둘째로, 경제・사회의 질서를 유지하기 위하여 각종 규제작용을 행한다. 물가안정, 양곡관리, 공정거래, 노동조건, 위생・건강 등의 분야에서 행하는 규제가 그 예이다.

셋째로, 환경의 정화를 위하여 각종 부담을 과한다. 국토건설・이용, 도시・지역계획, 환경오염방지 등을 위하여 공용제한, 공용수용, 공용환지, 작위・부작위명령을 행하는 것 등이 그 예이다.

(나) 관리적 실행작용

지방자치단체는 주민에게 보다 적극적인 서비스를 제공하기 위하여 비권력적인 관리작용도 행한다.

첫째로, 지방자치단체는 공공시설을 설치・관리한다. 공공시설은 해당 자치단체의 구역 안에 뿐만 아니라, 관계 지방자치단체의 동의를 얻어 그 자치단체의 구역 밖에도 설치할 수 있다(지방자치법 제161조 제3항). 공공시설은 주민의 복지증진을 위하여 설치하는 것으로서, 주민에게는 평등한 이용권이 부여되어 있다(동법 제17조 제2항). 공공시설의 예로는 초등학교, 중・고등학교, 공원, 녹지, 하수도, 운동장, 도서관, 극장 등을 들 수 있다.

둘째로, 지방자치단체는 민간의 활동을 지원・보조한다. 즉, 산업・문화의 진흥 및 주민의 생활안정을 위하여 민간의 기업활동 및 문화활동에 대하여 자금지원 및 장려・조장을 행한다.

셋째로, 지방자치단체는 사회복지행정을 수행한다. 즉, 공적부조, 사회보험, 보건・위생, 교육, 주택 등에 걸쳐서 광범위한 사회개발을 추진하는 것이다.

넷째로, 지방자치단체는 국제교류 및 협력 활동을 수행한다. 이를 통해 자치단체 차원에서 해외자본의 투자와 외국인 관광객 유치등의 활동에 참여하고, 해외 사무소의 효율적 운영을 도모한다.

4 자치계획권

(1) 자치계획권의 의의

자치계획권은 지방자치단체가 그 사무를 수행하기 위하여 구속력있는 계획을 자주적으로 수립하고, 지방자치단체와 관련되는 상위계획의 수립에 참여하는 권리(또는 권한)를 말한다. 이러한 자치계획권은 과거에는 전술한 자치실행권 속에 포함시켜 별도로 논의되지 않았으나, 오늘날의 행정에 있어서 계획업무가 확대되고, 그 중요성이 커짐에 따라서 지방자치권의 영역에 있어서 별도의 중요한 의미를 갖고 등장하게 되었다.

아직까지 지방자치단체의 계획권이 자치입법권이나 자치조직권 등과 같이 침해될 수 없는 고도의 자치권이 될 수 있는 것인지, 어느 범위까지 침해될 수 없는 권한인지에 대하여 확립된 이론은 없으나, 오늘날의 행정에 있어서 계획업무의 비중이나 그 계획효과의 중대성에 비추어 자치행정에 있어서 지방자치단체에 계획상의 자주성이 없는 지방자치는 의미가 없다고 생각될 정도로, 자치계획권의 지위가 높아졌다.[34)]

(2) 자치계획권의 내용

자치계획권은 그 계획의 대상 여하에 따라 물리계획·사회계획, 경제계획·복지계획, 도시계획·농촌계획, 총괄계획·개별계획, 상용계획·단용계획 등 여러 가지로 나눌 수 있으므로, 그만큼 다종·다양하고 광범위한 적용분야를 가지고 있다. 그러나 그 중에서 오늘날 특별히 중요한 문제로 대두되고 있는 것은 국토공간계획과 관련하여 지역계획, 특히 도시계획에 있어서의 지방자치단체의 자주성이다.

일본의 도시계획은 풍토보존지구 등 도시계획을 지사가 특별히 입안·결정하는 경우를 제외하고는, 원칙적으로 시·정·촌장이 시·정·촌 도시계획위원회의 심의를 거쳐 결정하는데, 그 입안 시에는 일본 의회의 의결을 거친 국가의 시·정·촌 건설기본구상 및 도(都)·도(道)·부·현 지사가 결정한 도시계획에 적합하게 입안하여 공청회 등을 거쳐서 행하며, 그 결정시에는 지사와 협의한다. 이때에 지사

---

34) 이기우, 지방자치행정법론(서울 : 법문사, 1991), p. 71 ; 이기우, "중앙과 지방의 관계", 지방자치연구 제4권 제2호(서울 : 한국지방자치학회, 1991), pp. 144~145.

는 해당 시・정・촌의 의견을 듣고 도・도・부・현 도시계획위원회의 심의를 거쳐서(지사가 결정하는 도시계획은 건설대신과 협의하여 결정) 동의한다. 일본에서는 그렇게 함으로써 도시계획의 합리성과 상・하계획의 연계성을 보장하고 있다.

우리나라는 이러한 공간계획 분야가 과거 중앙집권 시대에 국가 주도적으로 운용되었던 대표적인 분야이기 때문에, 새로운 지방분권 시대에 특별히 개선되어야 할 현안의 분야로 부상하고 있다.

그리하여 2002년에 공간계획의 법제를 대폭 개편하여, 종래에 도시지역에는 도시계획법, 비도시지역에는 국토이용관리법을 2원적으로 적용 운영하여 오던 것을, 양법을 폐지하고 '국토의 계획 및 이용에 관한 법률'을 새로 제정하여 도시지역과 비도시지역을 통합하여 용도지역별로 도시기본계획 및 도시관리계획 등을 수립하도록 하였다. 종래에는 시장・군수(예외적으로 국토교통부장관)가 도시계획을 입안하고 국토교통부장관이 결정하던 것을, 새 제도에서는 시장(광역시장・특별시장 포함)・군수가 계획을 수립하여 국토교통부장관의 승인을 받도록 하였다.

이러한 제도 개편을 통하여 우리나라에서도 지방의 공간계획에 많은 개선이 이루어졌으나, 지방의 자주성과 민주적 절차의 면에서, 선진 외국의 각종 공간계획에 비하여, 아직도 더 연구되고 개선되어야 할 사항이 산적해 있는 실정이다.

Ⅳ 자치사법권

지방자치단체가 자치사법권을 행사하는 경우가 있다. 어떻게 보면 '지방자치'라고 하는 것이 자치사법 활동에서 연유하였다고 할 수 있다. 영・미에서 지방자치가 처음에 보안관 또는 치안판사의 보안・재판활동을 중심으로 하였던 사실과, 대부분의 나라에서 과거에 촌장이 주민들 사이의 분쟁의 조정 및 해결을 그의 주요 임무로 하였던 사실들이 그것을 증명하는 것이다. 오늘날 영・미의 일부에서 시청을 city court라고 하고 있는 것도 그러한 역사적인 유래에 기인하는 것이다.

오늘날 지방자치단체가 공식적으로 사법기관인 자치법원(municipal court)을 가지고 있는 곳도 있다. 대체로 이 자치법원은 자치단체 조례위반자에게 벌금 또는 구류처분을 하는데, 교통규칙 위반이나 공공질서 위반사건이 그 대부분을 차지한다.[35] 그러나 영・미를 제외한 대부분의 나라에서 오늘날 사법자치는 지방자치제 논의의 대상에서 제외되어 있다.

제2절 계층간 기능배분

I 기능배분의 의의

1 기능배분의 의미

(1) 지방자치와 기능배분

국민의 생활과 직결되는 공공사무를 국가와 각급 지방자치단체간에 어떻게 배분하여 처리하게 하느냐에 따라 공공서비스의 양상이 달라진다. 양적으로 팽창되고 질적으로 전문화되고 있는 현대의 행정이 국민의 다양한 욕구에 적극 부응하기 위해서는 각급 지방자치단체의 능력에 맞는 공공사무의 배분이 전제되어야 한다.

무릇 모든 정책과 기획은 주민의 의사와 요구에 기초해서 수립되고, 모든 공공서비스는 주민의 희망과 협조 속에서 공급되어야 한다. 따라서 공공사무는 가능한 한 주민과 가까운 기초자치단체에서 처리하고, 기초자치단체의 능력으로써 처리할 수 없는 것을 광역자치단체에서 처리하며, 그 광역자치단체의 능력으로써 처리할 수 없는 것에 한하여 국가가 처리하는 것이 이상적이다.

그러한 경우에 반드시 국가가 처리하여야 할 사무가 무엇인가, 또한 광역자치단체가 처리하여야 할 사무는 어떤 것이며, 기초자치단체가 처리할 수 있는 것은 어떤 것인가를 구별하는 것이 필요하다. 이러한 국가와 각급 지방자치단체간 사무의 배분 문제가 기능배분의 문제이다.

---

35) Mary A. Hepburn, *Local Government in Georgia*(Athens : The University of Georgia, 1986), p. 148.

(2) 기능과 사무

그런데 왜 사무배분이라 하지 않고 기능배분이라고 하는가? 기능과 사무는 다르면서도, 밀접한 관련을 가지고 있어 엄격히 구별하기 곤란한 관계에 있다. 지방자치법의 규정에서도 그 구별을 모호하게 하고 있다. 즉, 지방자치법 제1장 제3절(제11조~제15조)은 제목을 '지방자치단체의 기능과 사무'라 하고 있으면서도 그 각 조문의 내용에는 사무만을 규정하고 기능에 관하여는 전혀 언급이 없다.

기능(function)이라는 용어는 그 용도가 다양하며 그 의미도 다기하다.[36)]

기능과 사무의 관계에 관하여 여러 가지 견해가 있으나, 사무를 '개개의 단위업무'로, 기능을 '대단위업무'로 보는 견해[37)]와, 사무를 '처리될 것이 요청되는 공공사항'으로, 기능을 '그 사무를 처리할 권한과 책임'으로 보는 견해[38)]가 대표적이다. 실제에 있어서 기능을 전자에서는 개개 업무를 통합처리하는 조직단위별 역할로 보게 되고, 후자에서는 사무를 처리하는 권한으로 보게 되는 것이다. 어느 견해에서든 사무와 기능은 '개개업무-조직역할' 또는 '처리대상-처리권한'의 관계에서 보는 바와 같은 불가분의 관계에 있으며, 둘은 결국 동전의 양면과 같은 하나의 현상을 이룬다고 하겠다.

국가와 각급 지방자치단체간 사무의 배분은, 현상적으로는 사무를 배분하는 것이지만 내용적으로는 그 사무배분을 통하여 각 계층간의 역할과 권한을 배분하는 것이기 때문에, 이를 통상 기능배분이라고 하는 것이다.[39)] 이렇게 볼 때에, 중앙과 지방간의 기능의 배분이라 함은 '각종의 공공사무를 국가와 각급의 지방자치단체에 분담시켜, 국가와 각급 지방자치단체의 역할과 권한을 배분하는 것'을 말한다고 할 수 있다.[40)]

---

36) 기능이란, 어떤 한 부문의 활동이 다른 부문이나 전체에 초래하는 결과(consequences)의 의미로 쓰이기도 하고, 역할(role) 또는 기여(contribution)의 의미로 쓰이기도 하며, 전체 가운데 어떤 변하는 국면(changing aspects of something)의 의미로 쓰이기도 한다. 지방자치에 있어서는 정적인 제도에 대칭되는 동적인 운영의 의미로 쓰이기도 하고, 지방정부의 통치·행정작용의 의미로 쓰이기도 하며, 단순한 사무의 의미로 쓰이기도 한다.

37) 오희환, 한국의 정부간 기능분배 평가와 발전방향에 관한 연구(서울 : 건국대학교 대학원, 1993), pp. 7~8, 및 김재훈, 중앙과 지방간 기능분배에 관한 연구(서울 : 한국행정연구원, 1993), pp. 8~9.

38) 최창호, 지방자치제도론(서울 : 삼영사, 1988), p. 301.

39) 室井 力, 行政事務再分配の理論と現状(東京 : 勁草書房, 1980), pp. 40~41.

40) 그러나 여기에서 우리가 주의할 점은 오늘날의 산업사회에서 국가와 각급 지방자치단체가 다원적인 정책과정에 서로 연결되어 긴밀한 협력체계를 형성하고 있으며, 그 어느 쪽도 자기완결적으로 존재할 수 없으므로, 공공사무를 어느 한 계층의 정부에서만 전속 배타적으로 처리하게 하는 사무 또는 기능의 '배분'은 불가능하다는 점이다.
오늘날에 있어서는 거의 모든 공공사무가 국가와 각급 지방자치단체간에 공동으로 처리되고 있으며,

2 기능배분의 성격

국가와 각급 지방자치단체간의 기능배분의 문제는 다음과 같은 여러 가지 제도와 밀접한 관련을 가지고 있는, 매우 복합적인 성격을 가진 문제이다.

첫째로, 기능배분의 문제는 지방자치의 계층구조(tier system)와 밀접한 관련을 가진다. 즉, 지방자치 계층이 단층구조(single-tier system)인 경우에는 국가와 단일의 지방자치단체간 기능의 이원적 배분이 문제되는 것이고, 지방자치 계층이 이층구조(two-tier system)인 경우에는 국가 – 광역자치단체 – 기초자치단체간 삼원적 배분이 문제되며, 지방자치 계층이 삼층구조인 경우에는 국가와 자치 삼계층간 사원적 배분이 문제된다.

둘째로, 기능배분의 문제는 지방자치단체의 구역(area or district)과도 또한 밀접한 관련을 가진다. 즉, 지방자치단체의 사무처리는 그 지방자치단체의 능력을 전제로 하고 있는 것이며, 그 능력은 현실적으로 구역의 크기에 의하여 결정된다.

셋째로, 기능배분의 문제는 중앙집권 및 지방분권과도 밀접한 관련을 가진다. 즉, 기능이 국가 또는 상급 자치단체에 집중 배분되면 중앙집권체제가 되고, 반대로 지방자치단체, 특히 기초자치단체에 분산 배분되면 지방분권체제가 된다. 기능배분의 문제는 이처럼 중앙집권화와 지방분권화를 통하여 지방제도 전체와 직결되는 매우 포괄성 있는 문제가 된다.

Ⅱ 기능배분의 방식과 원칙 · 기준

1 기능배분의 방식

국가와 지방자치단체간 그리고 지방자치단체 가운데 광역자치단체와 기초자치단체간에 기능을 배분하는 방식은 나라에 따라 다르나, 이를 대체로 개별적 수권방식, 개괄적 수권방식, 그리고 절충적 수권방식의 세 가지로 대별할 수 있다.

따라서 국가와 각급 지방자치단체간의 기능의 단절을 전제로 하는 '사무배분론'보다는, 그 기능의 연계를 내용으로 하는 '기능분담론'이 더 타당하다는 의견이 제시되기도 하는 것이다(위의 책, pp. 21~28 ; 坂田期雄, 地方制度の構造と實態(東京 : ぎょうせい, 1976), pp. 147~161).

(가) 개별적 수권방식

개별적 수권방식(principle of enumeration)은 개개의 지방자치단체별로 개별법을 통하여 사무종목을 지정하여 배분하는 방식을 말한다. 영국을 비롯한 오스트레일리아, 캐나다, 스웨덴, 덴마크, 미국의 일부 자치단체 등에서 이 방식을 쓰고 있다.

이 방식의 전형인 영국의 경우를 살펴보면, 각 지방자치단체는 지방자치에 관한 일반법인 지방자치법(Local Government Act) 외에, 하나의 지방자치단체에만 적용되는 무수한 개별법을 통하여 사무를 배분받고 있다. 각 지방자치단체는 어떠한 일을 하고자 할 때에 법률에 의하여 주어진 권한이 불충분하다고 판단되면 새로운 권한을 수여받기 위하여 개별 법률안을 의회에 제출하여 해당 자치단체에만 적용되는 법률의 제정을 추진한다.

이러한 개별적 수권방식은 각 지방자치단체의 책임한계를 명백하게 하는 장점을 가지고 있으나, 반면에 지나친 개별성의 남용으로 인하여 통일성을 저해하는 단점을 가지고 있다.

(나) 개괄적 수권방식

개괄적(또는 포괄적) 수권방식(principle of universality)은 지방자치에 관한 일반법에서 지방자치단체의 구별없이 모든 자치단체에 포괄적으로 배분하는 방식을 말한다. 독일, 1983년 이전의 프랑스[41] 등을 비롯한 유럽 대륙계의 많은 나라에서 이 방식을 채택하고 있다. 1988년 이전의 우리나라 지방자치법에서 이 방식을 채택하였다.

이러한 개괄적 수권방식에 의하면 지방자치단체에 보다 광범위한 권한이 부여될 것같이 보이나, 각 분야에서 제정되는 각종의 특별법을 통하여 국가 또는 상급 자치단체의 소관사항으로 규정되는 사무가 늘어남으로써 실제에 있어서는 개별적 수권방식에서보다 지방자치의 기능이 협소한 것이 일반적이다.

개괄적 수권방식은 융통성이나 탄력성을 가진다는 장점을 가지고 있는 반면에, 각 계층간 사무배분의 불명확과 그로 인한 사무처리의 중복 및 상급단체의 무제한적인 통제를 초래하기 쉽다는 단점을 가지고 있다.

---

41) 프랑스는 1983년 'commune, département, région 및 국가간 권한배분에 관한 법률'을 제정하고 지방자치단체가 수행할 수 있는 권한을 예시함으로써 국가와 지방자치단체간의 사무배분방식을 과거의 개괄주의 방식에서 절충적 수권방식(예시적 개괄주의)으로 전환하였다(박응격, 지방자치론, 서울 : 신조사, 2011, p. 213).

(다) 절충적 수권방식

기능배분에 있어서 개별적 수권방식과 개괄적 수권방식의 특징을 절충한 방식(principle of eclecticism)을 채택하고 있는 나라가 있다. 나이지리아와 일본 및 우리나라가 그 예가 될 수 있다.

나이지리아(Nigeria)에서는 지방자치단체가 처리할 수 있는 대상사무 약 80개 종목을 선정하여 일련번호를 붙여 목록화하고, 각 지방자치단체의 규모, 행정수요, 재정능력 등을 단체별로 심사하여 공청회를 거쳐 각 지방자치단체가 처리할 수 있는 사무를 지정하고 있다. 건축에 관한 사무의 배분을 예로 든다면, 일정한 지방자치단체에 건축사무목록(번호 9~12) 가운데 모든 사무를 배분할 것인가, 일부만 배분할 것인가, 아니면 전혀 배분하지 않을 것인가를 해당 자치단체의 규모, 능력, 다른 자치단체와의 관계 등을 종합적으로 검토하여 정한다.

일본에서는 개개의 지방자치단체별로 사무배분을 하지는 않고, 지방자치단체를 광역적 자치단체와 기초적 자치단체로 나누어 자치사무를 일괄배정하되, 지방자치법의 별표를 통하여 법정수탁사무로서 광역자치단체가 처리할 사무(제1호)와, 기초자치단체가 처리할 사무(제2호)를 각 개별법의 근거조문을 찾아 일일이 열거하는, 이른바 '열거적 개괄수권방식'을 채택하고 있는데, 이것도 절충방식의 하나라 할 수 있다.

우리나라에서도 1988년의 개정 지방자치법에서 광역적 자치단체가 처리할 사무와 기초적 자치단체가 처리할 사무를 개략적으로 예시하여 일괄배정하고, 동법 시행령에서 별표를 통하여 그 예시사무를 광역자치단체와 기초자치단체별로 구분하여 열거하고 있는데, 이는 '예시적 개괄수권방식'이라고 할 수 있다(지방자치법 제13조, 제14조).

2 기능배분의 원칙과 기준

(1) 국가 · 지방의 기능

지방자치 중층제는 국가와 각급 지방자치단체간 기능의 차이를 전제로 한다. 아래에서 우선 기초자치단체와 광역자치단체 및 국가가 담당하고 있는 기능의 차이를 고찰한다.

(가) 기초자치단체의 기능

기초자치단체는 주민의 일상생활과 가장 가까이 접해 있는 자치단체이기 때문에 주민의 일상적 생활 및 생산활동과 관련된 직접적인 서비스를 제공하는 것을 그 기본적 기능으로 한다.

풀뿌리적 민주주의의 실현을 그 이념으로 하는 지방자치에 있어서 기초자치단체는 가장 본래적이고 원칙적인 자치단체이기 때문에, 지방적 사무에 관하여 특별한 제한조치가 없는 한 모든 사무는 당연히 이 기초자치단체의 권한에 귀속하게 된다.

따라서 기초자치단체에는 광범하고 개괄적인 권한이 부여되는 것이 일반적이고, 그렇게 함으로써 실질적인 지방자치의 실시가 가능해지는 것이다.

기초자치단체가 수행하는 기능의 골격은 대체로 다음과 같다.

① 주민의 생활환경정비

② 주민에 대한 서비스제공

③ 주민의 권익보호

④ 주민의 의식구조 및 생활방식 개선

⑤ 지역사회개발의 추진

(나) 광역자치단체의 기능

광역자치단체는 대체로 다음과 같은 기능을 수행함으로써 오늘날 그 존립의 의의를 인정받고 있다고 볼 수 있다.[42]

첫째로, 광역행정기능을 들 수 있다. 광역행정기능이란 기초자치단체의 구역을 넘어서 광범한 지역에 걸쳐 수행될 성질의 사무를 계획하고 집행하는 기능을 말한다. 이러한 광역적 사무는 기초자치단체간 의사소통과 협력관계를 촉진하고 주민의 관심과 협조를 환기하면서 수행되어야 한다.

둘째로, 보완·대행기능을 들 수 있다. 보완·대행기능이란 기초자치단체의 능력으로써 처리할 수 없거나 처리하기 곤란한 사무 또는 기초자치단체가 처리하는 것이 비경제적인 사무를 광역자치단체가 처리하는 기능을 말한다. 이러한 보완·대행기능은 기초자치단체의 규모와 능력의 한계로 인하여 발생하기도 하고, 또한 대상 사무의 편재성 때문에 필요해지기도 한다.

---

42) 吉富重夫, 地方自治(東京 : 勁草書房, 1960), pp. 190~198.
광역자치단체의 기능을 광역행정기능, 보완·대행기능, 연락·조정기능, 지도·감독기능의 네 가지 기능으로 구분하는 것이 일반적이나, 이를 선도적 기능, 종합적 기능, 광역적 기능 및 고도기술적 기능의 넷으로 구분하는 주장도 있다(自治制度研究會, "新しい行政課題と府縣", 地方自治, 第313號, 東京 : 地方自治研究會, 1973. 12, pp. 76~91).

셋째로, 연락·조정기능을 들 수 있다. 연락·조정기능이란 국가와 기초자치단체의 중간에 서서 양자 간의 의사소통을 원활히 하고, 기초자치단체간의 행·재정상의 불균형을 시정하는 기능을 말한다. 이러한 연락·조정기능은 기초자치단체가 모두 국가와 직접 연락을 유지하는 것이 비경제적이고, 지역경제의 변동으로 인하여 지역간 행·재정능력 격차의 시정이 필수적이라는 데서 중요한 기능으로 간주되고 있다.

넷째로, 지도·감독기능을 들 수 있다. 광역자치단체와 기초자치단체는 모두 대등한 공법인이지만 국가사무를 처리하는 한도 안에서는 국가행정조직의 일부분으로서 계층관계에 있는 것도 사실이기 때문에, 광역자치단체는 기초자치단체를 지휘·감독하는 기능을 수행하고 있는 것이다. 광역자치단체의 이러한 지도·감독기능은 지방자치의 이상에서 볼 때에는 축소되는 것이 바람직하다.

(다) 국가의 기능

국가는 다음과 같은 기능을 수행한다.

첫째로, 국가존립의 유지기능이다. 외교·국방·사법·국세 등의 기능이 그것이다.

둘째로, 전국적으로 기준의 통일이나 조정에 관한 기능이다. 화폐·도량형·근로기준 등이 그 예이다.

셋째로, 전국적인 규모 사업의 수행기능이다. 대하천·우편·철도 등이 그 예이다.

넷째로, 지방자치단체의 구역을 넘거나 자치단체의 능력으로써 수행할 수 없는 사업의 수행기능이다. 국토개발, 고도기술의 연구·실험, 원자력개발 등이 그 예이다.

(2) 기능배분의 원칙

국가와 각급 지방자치단체간에 기능이 합리적으로 배분되기 위해서는 일정한 원칙의 정립이 필요하다.

(가) 배분원칙의 논의

1949년에 미국의 샤프(Carl S. Shoup)사절단이 일본의 실정을 조사하여 연합군사령부에 권고한 '일본조세에 관한 보고서'에서는 기능배분의 원칙으로서, 행정책임 명확화의 원칙과 능률의 원칙 및 기초자치단체 우선의 원칙을 제시한 바 있고,[43] 1964년에 일본의 임시행정조사회가 연구·보고한 '사무배분에 관한 개혁의

견'에서는 현지성의 원칙과 종합성의 원칙 및 경제성의 원칙을 제시하였다.

실제로 각 나라에서 사용하고 있는 기능배분의 원칙은 다양하다.[44)]

각 나라의 여러 가지 원칙들을 종합하여 국가와 각급 지방자치단체간에 기능을 배분하는 원칙으로서 중요한 것을 정리해 보면 다음과 같다.

(a) **불경합의 원칙** : 국가와 각급 지방자치단체가 그 사무를 처리함에 있어서 서로 경합하지 아니하도록 사무의 소속과 그 처리의 책임을 명백히 하여야 한다. 이 원칙을 '권한・책임 명확화의 원칙'이라고도 한다.

(b) **현지성의 원칙** : 사무를 현지실정에 맞게, 그리고 민주적으로 수행하기 위하여 기초자치단체에 많이 배분하여야 한다. 이 원칙을 '기초자치단체 우선의 원칙'이라고도 한다.

(c) **종합성의 원칙** : 사무를 종합적으로 처리하기 위하여 국가의 특별지방행정기관보다도 일반지방자치단체에 사무를 집중적으로 배분하여야 한다. 이를 '지역종합성의 원칙'이라고도 한다.

(d) **경제성의 원칙** : 정책의 능률적 집행을 위하여 사무를 각 단체의 규모, 행・재정능력, 인구수 등을 고려하여 최소의 비용으로 최대의 효과를 도모할 수 있는 단체에 배분하여야 한다. 이 원칙을 '능률적 집행의 원칙'이라고도 한다.

(나) 배분원칙의 규정

지방자치법이 전부개정된 2021년 이전까지, 우리나라는 사무배분의 원칙을 '지방자치분권 및 지방행정체제개편에 관한 특별법'에서 규정하고 있었다(제9조). 그러나 전부개정 이후 기본법인 지방자치법에 사무배분의 기본원칙이 규정되어 보다 명확한 자치권이 보장되었다(지방자치법 제11조).

① 불경합의 원칙
② 기초자치단체 우선의 원칙
③ 종합성・포괄성의 원칙
④ 국가관여 최소화의 원칙

43) 坂田期雄, 地方制度の構造と實態(東京 : ぎょうせい, 1979), pp. 87~88.
44) 和田英夫, 現代地方自治論(東京 : 評論社, 1965), pp. 247~249.

(3) 기능배분의 기준

(가) 배분기준의 논의

국가와 각급 지방자치단체간 기능배분에 관하여 지금까지 보편적인 기준들이 많이 제시되어 왔다.[45]

한국지방행정연구원이 국가와 각급 지방자치단체단 기능배분의 기준으로서 ㉠ 영향의 범위, ㉡ 사무의 성격, ㉢ 사무수행의 효율, ㉣ 사무수행능력 등 네 가지를 제시하고 있는데, 이는 매우 주목받을 만한 제시라고 할 수 있다.[46]

(a) **영향의 범위** : 국가와 지방자치단체간의 기능배분에 있어서 일차적으로 가장 중요한 기준은 그 사무가 미치는 영향의 범위이다.

이러한 영향의 범위를 판단하는 요소로는 ㉠ 사무를 수행하기 위한 전국적 계획수립에 의한 조정이 필요한가, ㉡ 사무수행에 따른 결과 또는 파급효과가 전국에 미치는가, ㉢ 전국 통일적 기준의 설정이 필요한가, ㉣ 전국적 규모의 사업추진 또는 수급조절이 필요한가 여부를 들 수 있다.

(b) **사무의 성격** : 사무가 정책결정적 사무이냐 정책집행적 사무이냐에 의하여 배분한다.

사무의 성격을 판단하는 요소로는 ㉠ 기준 설정의 성격을 가지느냐 아니면 정해진 기준에 따르는 집행의 성격을 가지느냐, ㉡ 사무처리에 있어서 제3자적 공정성이 요구되느냐, ㉢ 사무처리에 있어서 지방자치단체간의 형평이 요구되느냐 등을 들 수 있다.

(c) **사무수행 효율** : 국가 전체적인 측면에서 볼 때 일정한 사무를 어느 계층에서 수행하는 것이 효과적인가를 기준으로 배분한다.

이 경우 사무수행 효율성의 판단요소로는 ㉠ 경비의 절약, ㉡ 능률성의 제고, ㉢ 주민의 편의, ㉣ 행정의 편의 등을 들 수 있다.

(d) **사무수행 능력** : 특정한 사무를 효과적으로 처리하기 위해서는 그 사무를 처리할 수 있는 능력을 갖춘 정부단위에서 처리하게 하여야 한다.

사무처리 능력의 판단요소는 ㉠ 지방공무원의 전문적 지식과 기술, ㉡ 그 사무처리에 소요되는 경비를 충당할 재원, ㉢ 사무수행에 필요한 기기, 통신수단 등 장

45) 吉富重夫, 地方自治(東京 : 勁草書房, 1960), pp. 143~149 ; 原龍之助, 地方制度改革の諸問題(東京 : 評論社, 1957), pp. 247~249 ; 地方制度研究會, 國・地方公共團體の行政改革(東京 : ぎょうせい, 1978), pp. 237~239 ; 한국행정연구원, 중앙과 지방간의 행정사무배분을 위한 기준 및 지표개발(서울 : 1992), pp. 28~74.

46) 한국지방행정연구원, 중앙과 지방정부간 사무배분에 관한 입법화 방안(서울 : 1994), pp. 114~127.

비가 된다.

(나) 배분기준의 규정

국가와 각급 지방자치단체간의 기능배분의 기준에 관하여 우리나라 지방자치법은 다음과 같이 규정하고 있다(지방자치법 제14조 제1항, 제15조).

① **국가와 지방자치단체 간의 사무배분 기준** : 지방자치단체는 특별한 경우를 제외하고는 다음과 같은 국가사무를 처리할 수 없다. 다만 각 법률에 이와 다른 규정이 있는 경우에는 그러하지 아니하다(동법 제15조).

㉠ 외교·국방·사법·국세 등 국가의 존립에 필요한 사무

㉡ 물가정책·금융정책 등 전국적으로 통일적 처리를 할 필요가 있는 사무

㉢ 농림·축산·수산물 및 양곡의 수급조절과 수출입 등 전국적 규모의 사무

㉣ 경제계획, 국가하천, 국유림, 국도, 우편, 철도 등 전국적 규모의 사무

㉤ 근로기준·측량단위 등 전국적으로 기준의 통일 및 조정을 요하는 사무

㉥ 고도의 기술을 요하여 지방자치단체의 능력으로 감당하기 어려운 사무

② **시·도와 시·군·자치구 간의 사무배분 기준** : 지방자치단체에서 처리할 사무를 광역자치단체인 시·도와, 기초자치단체인 시·군·자치구 사이에 배분하는 기준은 다음과 같다(동법 제14조 제1항).

첫째로, 시·도는 다음과 같은 사무를 처리한다.

㉠ 행정처리 결과가 2개 이상의 시·군 및 자치구에 미치는 광역적 사무

㉡ 시·도 단위로 동일한 기준에 따라 처리되어야 할 성질의 사무

㉢ 지역적 특성을 살리면서 시·도 단위로 통일성을 유지하여야 할 사무

㉣ 국가와 시·군 및 자치구 사이의 연락·조정 등의 사무

㉤ 시·군 및 자치구가 독자적으로 처리하기에 어려운 사무

㉥ 2개 이상의 시·군 및 자치구가 공동으로 설치하는 것이 적당하다고 인정되는 규모의 시설을 설치하고 관리하는 사무

둘째로, 시·군·자치구는 시·도가 처리하는 사무를 제외한 모든 사무를 처리한다. 다만, 인구 50만 이상의 시에 대하여는 도가 처리하는 사무의 일부를 시가 처리하게 할 수 있고, 특별시·광역시의 자치구에 있어서는 시·군의 경우와 달리 도시의 일체성 확보를 위하여 그 사무의 일부를 특별시·광역시에서 직접 처리하게 할 수 있다.

셋째로, 다음의 사무는 시·도와 시·군·자치구의 공통사무이다.

㉠ 관할구역 내 행정구역의 조정 등에 관한 사무

㉡ 조례·규칙의 제정·개폐 및 그 운영에 관한 사무
㉢ 산하 행정기관 및 단체의 지도·감독 사무
㉣ 소속 공무원의 인사·후생복지 및 교육에 관한 사무
㉤ 지방세와 세외수입의 부과·징수에 관한 사무
㉥ 예산·회계 및 재산에 관한 사무
㉦ 행정장비 및 행정관리 개선에 관한 사무
㉧ 호적 및 주민등록에 관한 사무
㉨ 지방자치단체의 조사·통계 사무

Ⅲ 기능배분의 실태

1 각급 지방자치단체별 배분사무

각급 지방자치단체에 배분되는 사무를 우리나라에서는 지방자치법 시행령에서 그 별표로써 비교적 상세히 명시하고 있다(지방자치법 제14조 제2항, 동법시행령 제10조).

첫째로, 그 〈별표 1〉에서는 지방자치단체의 종류별 사무를 배분하고 있는데, 공통사무인 지방자치단체의 구역, 조직, 행정관리 등에 관한 사무를 제외하고, 시·도의 사무로서 51종 319건을, 시·군·자치구의 사무로서 51종 357건을 규정하고 있다.

둘째로, 그 〈별표 2〉에서는 위 별표 1의 시·군·자치구가 처리하는 사무 중에서 자치구가 처리하지 않고 광역자치단체인 특별시·광역시에서 처리하는 사무로서, 지방공무원 인사·교육, 지방토목·주택건설, 도시계획, 도로개설·유지·관리, 상·하수도, 지방궤도사업, 대중교통, 지역경제육성 등 14종 41건을 규정하고 있다.

셋째로, 그 〈별표 3〉에서는 별표 1의 시·도 사무 중에서 인구 50만 이상의 시가 직접 처리할 수 있는 사무로서, 보건·의료, 도시계획, 도시재개발·토지구획정리사업, 주택건설, 환경보전, 지적, 사회복지시설, 고압·도시가스, 지방채발행, 지방공무원 인사·정원관리 등 25종을 규정하고 있다.

그러나 각급 지방자치단체에 배분되는 사무를 국민의 대표기관인 국회의 의결을 거친 법률의 규정사항으로 하지 않고 대통령령의 규정사항으로 하는 것은, 물론 그 입법기술상의 어려움은 있겠지만, 사무배분 문제의 중요성과 지금까지의 실제 사무이양에 비추어 볼 때에 지방분권화의 실효성 면에서 의문이 제기되고 있다. 대통령령 규정의 효력이 그와 다르게 규정하고 있는 다른 개별 법률의 규정의 효력과 다툴 수가 없기 때문에 더욱 그렇다.[47]

우리나라 지방자치법시행령이 규정하고 있는 지방자치 계층간 사무배분은 사무를 종류별 세트(뭉치)로 배분하지 않고 동일 종류의 사무를 그 종합계획이나 기본계획, 지원·조정 등의 종합적 업무는 시·도에 배분하고, 그 세부사업계획이나 시행계획, 설치·운용, 시행, 홍보·계도 등의 시행업무는 시·군·자치구에 배분하여, 시·도와 시·군·자치구가 서로 일부씩 분담(연결·협력)하게 하고 있다.

2 기능이관 및 분권의 추진

(1) 기능이관의 추진

우리나라에 있어서 국가와 각급 지방자치단체간 기능의 재배분은 주로 국가로부터 지방자치단체로, 상급 자치단체로부터 하급 자치단체로의 사무이관 형태로 나타난다. 그것은 오래 계속되어 온 중앙집권체제 하에서 사무처리 권한이 지나치게 국가 또는 상급 자치단체에 집중되어 있었기 때문이다.

기능·사무의 지방이관 추진이 보다 본격화된 것은 1988년에 지방자치법이 전문개정되고, 1991년에 지방자치제가 부활된 후에 중앙정부의 기능과 사무를 지방으로 이관하는 작업이 진행되면서부터였다.

1991년에 지방자치제가 30년만에 부활되면서 당시의 총무처가 주동이 되어 '기능이양합동심의위원회'를 설치하고 범정부적으로 이관대상이 될 사무를 선정하고 합동심의위원회의 검토·심의·조정을 거쳐 이관을 확정하고, 그 이관결과를 확인하면서 중앙기능의 지방이양을 추진하였다.

그러나 오랜 중앙집권의 전통으로 너무나 많은 권한이 중앙에 집중되어 있었기

47) 이에 비하여 일본에서는 지방자치법 자체의 별표에서 법정수탁사무로서 광역자치단체가 처리할 사무(제1호)와 기초자치단체가 처리할 사무(제2호)를 각 개별법의 근거에 따라 구체적으로 하나하나 분류 정리하여 상세히 규정하고 있어, 그 명확성과 실효성 및 편리성의 면에서 우리보다 월등히 적극적인 방식을 취하고 있다.

때문에 이관작업량이 막대한데다가, 기능·사무 이관에 대한 중앙부서의 저항도 만만치 않아 그 이관이 신속하고도 명쾌하게 이루어지지 못하였다.

이러한 상황 속에서 그 이관은 자연히 부분적인 이관이 될 수밖에 없고, 그것도 권한을 지방에 완전히 이전시켜주는 이양(devolution)이기보다는 국가에 감독·통제권을 유보하는 위임(delegation)인 경우가 허다하며, 그 이양으로 지방에 권한보다도 책임만 더 가중시키는 결과를 가져오고, 또한 그 이관에 반드시 수반되어야 할 재원의 이관 없이 업무만 지방에 배분하는 현상들이 허다하였다.[48)]

(2) 지방분권의 추진

중앙정부 기능·사무의 이양을 보다 효율적이고도 체계적으로 이양할 수 있는 제도적 장치를 마련하기 위해 1998년에 '중앙행정권한의 지방이양촉진 등에 관한 법률'을 제정하였다.

1999년에 동법에 의거하여 대통령직속의 '지방이양추진위원회'를 설치(국무총리와 민간위원장 1명을 공동위원장으로 하고 행정안전부장관(당시 행정자치부장관)을 비롯한 관계부처장관과 지방자치단체대표, 민간위원을 포함하여 20명 이내로 구성)하여 기능배분에 관한 기본계획을 수립하고 이양대상 사무의 조사·심사·결정하는 등의 이양사무를 체계적으로 추진하였다. 그러나 이양작업도 지나치게 작은 단위사무로 이양되는 등 실질적인 분권화의 추진에는 미치지 못하였다.

2003년에 정부가 정부혁신의 기치를 내걸고 '지방분권특별법'을 제정하여 기능·사무의 지방이양을 포함한 지방분권화를 적극 추진하였다. 동법률에 의해 '정부혁신지방분권위원회'를 설치하여 규모가 큰 사무의 이양과 지방자치관련 제도(제주특별자치도, 자치경찰제 등)의 개혁을 추진하였다.

2008년에 이 법을 '지방분권촉진에 관한 특별법'(5년간의 한시법)으로 바꾸고, 대통령소속의 '지방분권촉진위원회'(앞의 '지방이양추진위원회'의 중앙권한의 지방이양 기능과 '정부혁신지방분권위원회'의 정부혁신 기능을 통합)를 설치하여 정부혁신적 분권화를 적극 추진하였다.

지방분권촉진위원회는 총체적인 지방분권 방향설정 및 분권과제 추진, 지도·점검 등 분권추진의 내실화를 기하기 위해 노력하였다. 지방자치부활 이후 지방분권을 지속적으로 추진해 온 결과 국가사무 대비 지방사무의 비중을 살펴보면 1994년 13%, 2002년은 22%, 2009년은 24%, 2013년은 32% 수준으로 지속적으로 증가하

48) 한국지방행정연구원, 앞의 책, pp. 56~60.

고 있는 것으로 조사되고 있다.[49]

이에, 국가의 권한 및 사무의 지방이양을 위해 필요한 법률들을 한 개의 법률안으로 종합하여 개정하기 위하여, 2020년 1월 9일 국회 본회의에서 「중앙행정권한 및 사무 등의 지방 일괄 이양을 위한 물가안정에 관한 법률 등 46개 법률 일부개정을 위한 법률안」이 통과되었다.

이러한 상황에서 원래 5년간의 한시법인 '지방분권촉진에 관한 특별법'을 '지방행정체제개편에 관한 특별법'과 통합하여 2013년 5월에 '지방분권 및 지방행정체제개편에 관한 특별법'을 제정하였고, 2018년 3월 '지방자치분권 및 지방행정체제개편에 관한 특별법'으로 개정하였다.

동법률에 의거하여 대통령 소속의 자치분권위원회를 설치하여, 지방자치단체의 자치사무의 비율을 선진국수준인 40% 수준까지 재배분한다는 목표 아래, 국가총사무(2013년 현재 법령 총사무 46,005건 : 국가사무 68%, 자치사무 32% 수준)를 원점(zero

---

49) 1994년~2013년까지 국가와 지방자치단체간의 기능배분상황은 다음과 같다.

중앙 · 지방간의 기능배분 총괄 (단위: %)

연도	총계	국가사무				지방사무				
		계	국가사무	위임사무	공동사무	계	광역사무	기초사무	공동사무 국가+지방	공동사무 광역+기초
1994	15,774	13,664 (87.0)	11,744 (75.0)	1,920 (12.0)		2,110 (13)	지방사무 2,110(13)		—	—
2002	45,349	35,297 (77.8)	30,240 (66.6)	1,311 (2.9)	3,746 (8.3)	10,052 (22.2)	지방사무 6,306(13.9)		공동사무 3,746(8.3)	
2009	44,640	33,864 (75.9)	30,325 (67.9)	1,215 (2.7)	2324 (5.2)	10,776 (24.1)	3,854 (8.6)	3,888 (8.7)	2,324 (5.2)	710 (1.6)
2013	46,005	31,161 (67.7)	30,143 (65.5)	1,018 (2.2)		14,844 (32.3)	7,707 (16.7)	7,137 (15.5)	0	0

* 1994년 중앙 · 지방사무 총람, 2002년 지방이양추진위원회 조사, 2009년 행정자치부주관사무조사, 2013년 지방자치발전위워회 조사

자료: 행정자치부, 지방자치20년사에 의거 저자 재작성.

중앙행정권한의 지방이양 추진실적

구분	계		지방이양합동심의회 (1991~1998)		지방이양추진위원회 (2000~2008)		지방분권촉진위원회 (2009~2012)	
	이양확정	이양완료	이양확정	이양완료	이양확정	이양완료	이양확정	이양완료
총건수	5,109	3,621	2,008	1,639	1,568	1,511	1,533	471

자료: 행정자치부, 지방자치 20년사, pp. 6~7.

base)에서 재검토하여 재배분 기준을 마련하는 등 지방분권을 지속적으로 추진하기로 하였다.

Ⅳ 기능배분의 문제점과 발전방향

1 기능배분의 문제점

국가와 각급 지방자치단체간의 기능배분에는 다음과 같은 문제점이 있다.[50)]

(1) 기능·사무에 관한 규정의 모호성

(가) 사무범위 예시의 모호성

지방자치법 제13조에서는 지방자치단체의 사무범위를 개괄적으로 예시하고 있어 실제로 어떤 사무가 지방자치단체의 사무의 범위 안에 속하는 것인지 모호하며, 또한 자치사무와 (단체)위임사무를 일괄하여 예시하고 있기 때문에 자치사무와 (단체)위임사무의 한계가 더욱 모호하다.

(나) 사무배분 예시의 모호성

지방자치법에서 예시하고 있는 사무를 동법 시행령이 그 별표를 통하여 광역자치단체와 기초자치단체별로 배분함을 규정하고 있으나, 그 배분사무도 개괄적 표현으로 규정하고 있어 구체적으로 어디까지가 광역자치단체 사무이고 또한 기초자치단체의 사무인지 분명하지 않다.

(다) 법령규정 표현의 모호성

각 개별법령에 표현방식과 용어가 통일되어 있지 않고, 또한 "시·도지사가 …를 시행한다"고 한 규정의 뜻이 단체위임사무인지, 기관위임사무인지 불명확한 경우가 많다.

---

50) 한국지방행정연구원, 앞의 책, pp. 42~56.

(2) 사무배분규정 실효성의 미흡

(가) 사무배분의 대통령령 사항

우리나라에서 자치단체 종류별 사무배분을 지방자치법 시행령에서 규정하고 있는데, 대통령령에 의한 기능배분제는 오랜 중앙집권적 전통에 젖어 있는 관료문화와 행정문화에 비추어 그 효력이 약하다. 특히 대통령령 규정이 다른 개별법(법률)에 그와 다르게 규정하는 경우에 이에 우월할 수가 없다.

일본에서는 그 배분사항을 지방자치법(별표)에서 하나 하나씩 구체적으로 규정하고 있다.

(나) 배분규정 실효성 포기

지방자치법 및 동법 시행령에서 지방자치단체의 소관사무의 범위와 계층별 배분을 규정하고 있지만, 같은 조문의 단서규정에 의하여 그 규정의 실효성을 포기하고 있다. 즉, 동법 제13조 제2항 단서와 동법시행령 제10조 단서가 "다만 법령에 이와 다른 규정이 있는 경우에는 그러하지 아니하다"고 규정함으로써 사실상 사무배분의 실효성 관철을 포기하고 있으며, 실제 조사에서도 많은 배분사무가 각 개별법령에 의하여 저해되고 있는 것이 발견되고 있다.[51)]

(3) 획일적 · 중복적 배분

(가) 획일적 기능배분

우리나라에서는 기능배분을 광역자치단체(시 · 도)와 기초자치단체(시 · 군 · 자치구)별로 배분기준을 정하여 배분하고 있다. 그러나 인구 50만 이상의 시와 자치구에 대한 특례를 두는 것(동법 제14조 제1항 제2호 단서, 동법시행령 제10조 제3항) 외에는 기능배분이 자치계층별로 획일적이어서 구체적 적실성이 결여되어 있다.

---

51) 위의 책, pp. 44~47.

2 기능배분의 발전방향

(1) 기본적 체제와 시각의 정립

국가와 각급 자치단체간 기능배분에 있어서는 각 계층간에 구체적으로 사무를 배분하기 이전에 국가통치의 기본체제와 시각에 대한 합의가 선행되어야 한다. 이때 중요한 과제는 공공·민간부문 간의 역할분담과, 중앙·지방간의 역할분담의 설정이다. 전자가 행정 수비범위의 문제이고, 후자가 정부간 관계의 문제이다.

(가) 행정 영역범위의 설정

먼저 공공부문(public sector)과 민간부문(private sector)간의 역할분담을 설정하여 행정영역을 한정하여야 하는 것이다.

(a) 공공부문의 담당[52)]

① 외교·국방·안보·국민경제 등 국가의 유지를 내용으로 하는 기능.

② 민생치안·구제·보호 등 국민의 권리보호를 내용으로 하는 기능.

③ 마약단속·범인체포·경제규제 등 공권력의 발동을 필요로 하는 기능.

④ 규모나 기술, 재정능력 등에서 민간이 담당하기 어려운 기능.

(b) 민간부문의 담당[53)]

① 공급자 상호간의 경쟁을 통하여 경제적 효율성을 높일 수 있는 기능.

② 고객에게 보다 많은 선택성을 제공할 필요가 있는 기능.

③ 고객에게 대한 응답성을 높일 수 있는 기능.

④ 비용·편익성을 높일 수 있는 기능 등.

(나) 정부간 관계의 정립

공공·민간부문간의 역할분담을 설정한 후에는, 국가와 각급 지방자치단체간의 관계에 대한 기본적인 합의를 이루어야 한다.

첫째로, 각급 정부간 관계에 관한 기본적 시각이 정립되어야 한다. 국가와 각급 지방자치단체는 각각 독립적이면서도 전체와 부분이라는 동전의 양면과 같은 관계에 있으며, 각각은 대등하면서도 포괄·종속적인 관계에 있다. 따라서 각각은 서로

52) 하미승, "정부기능 민간이관의 논리와 추진전략", 한국행정연구 제3권 제2호(서울 : 한국행정연구원, 1994), pp. 63~65.

53) 위의 논문, p. 85.

독립하면서도 필히 긴밀히 협력하지 않으면 안 되는 공동운명적인 관계에 있다.

둘째로, 지방화 시대의 진정한 의미에 대한 인식을 정립해야 한다. 지방화 시대에는 지방이 자부심을 토대로 지방 고유의 문화와 산업을 발전시켜 국내적으로 다양한 사회를 형성하며 국제적으로 세계시장에서 국가의 경쟁력을 드높이게 되므로, 지방의 발전을 위해 지방은 창의력을 다해야 하고 국가는 이에 적극적인 지원을 해주어야 한다. 말하자면 지방의 발전을 통해서 국가의 발전을 구현한다는 기본적인 공동인식이 정립되어야 한다.

(2) 기능배분의 지속적 추진

지방자치란 본래 일정한 지역의 주민이 그 지역내의 사무를 자기책임하에 스스로 처리하는 것이기 때문에, 지방자치에 있어서는 지방사무의 확대가 본질적 요건이다. 그러한 의미에서 지방화 시대의 도래와 때를 같이하여 그동안 우리나라에서 사무기능의 지방이관 사업을 꾸준히 추진하여 왔으나 그 지방이관작업이 전술한 바와 같이 기능의 '이양'보다는 기능의 '위임'에 많이 치중하였고, 권한과 책임의 불일치, 사무와 재원의 불일치 등 많은 문제점을 야기하고 있다.

따라서 앞으로는 국가기능의 지방이관작업을 계속하되, 이를 더 종합적이고 더 적극적으로 추진하여야 하겠다. 위임보다는 이양에 주력하고, 권한과 책임의 일치, 사무와 재원의 일치를 도모해야 함은 물론이다.

(3) 제도의 개선

기능배분 작업의 지속적 추진과 함께 기능배분에 관한 제도의 개선이 필요하다.

첫째로, 사무범위의 개괄적 예시(지방자치법 제13조)는 불가피하다 하더라도, 자치사무와 (단체)위임사무를 구별하여 자치사무의 범위를 명확히 예시해 주어야 한다.

둘째로, 광역자치단체와 기초자치단체간 사무배분(동법 시행령 제10조 제1항, 별표 1)을 좀 더 분명히 하여야 하며, 그것을 시행령에서 규정할 것이 아니라 법률에서 규정하여야 한다.

셋째로, 각 개별 법령의 사무관장에 관한 규정 표현방식을 통일하여 해당 사무의 처리주체를 명백히 하고, 그 각 개별 법령을 지방자치법상의 지방자치단체의 사무범위 규정에 맞추어 조정하여야 한다.

넷째로, 각 개별 법률을 모두 검토하여 지방자치법에 반영하고 난 후에 지방자치법상의 지방자치단체의 사무범위 및 사무배분 규정에 대한 단서조항, 즉 "다른 법령(률)에 이와 다른 규정이 있는 경우에는 그러하지 아니하다"(동법 제13조 제2항)를 삭제하는 것이 바람직하다.

제3절 교육 · 경찰 기능

교육기능과 경찰기능은 일반행정기능의 자치와 별도로 고려되어야 할만큼 특수성을 가지고 있다.

I 교육자치제

1 교육자치의 의의

(1) 지방자치와 교육자치의 관계

헌법은 "교육의 자주성 · 전문성 및 정치적 중립성을 보장 … "한다고 선언하고(제31조 제4항) 있다. 이에 근거하여 '교육기본법'에서는 "국가와 지방자치단체는 교육의 자주성과 전문성을 보장하여야 하며, 지역실정에 맞는 교육을 실시하기 위한 시책을 수립 · 실시하여야 한다"고 규정하고 있다(제5조 제1항). 또한 '지방교육자치에 관한 법률'은 "교육의 자주성 및 전문성과 지방교육의 특수성을 살리기 위하여 지방자치단체의 교육 · 과학 · 기술 · 체육 그 밖의 학예에 관한 사무를 관장하는 기관의 설치와 그 조직 및 운영에 관한 사항을 정함"을 규정하고 있다(제1조).

이처럼, 우리나라에서는 국가와 지방을 막론하고 교육의 자주성 · 전문성과 중립성을 보장하며, 특히 지방수준에서 교육의 자치가 보장되고 있다. 그런데 우리나라의 법체계상 지방교육자치는 국가로부터의 자치와, 일반행정으로부터의 분리라는 두 가지 요소가 복합되어 있는 것처럼 보인다. 즉, 지방교육자치는 국가의 간섭과 통제로부터 벗어나서 지방이 자율적으로 자치를 전개하려는 것이다. 그리고 지방에서의 교육활동은 전문적인 지식과 기술을 갖춘 요원들에 의하여 지원되어야 한다는 것이다.

(2) 지방교육자치의 기본지향

지방교육자치는 각 나라의 사정, 시대에 따라 그 존재형태가 다양하기 때문에, 그 개념을 한 마디로 정의하기란 매우 어렵다. 그러나 지방교육자치의 가장 보편적인 정의를 내려보면 다음과 같다.

지방교육자치란 '교육의 자주성・전문성 및 정치적 중립성을 보장하여, 일정한 지역 안의 실정과 민의에 따른 교육을 구현하는 것'을 말한다. 그런데 지방교육자치에 있어서의 자치활동이 교수(가르침)의 자치인가 교육행정의 자치인가, 더 구체적으로는 교사(가르치는 사람)의 자치인가, 교육기관의 자치인가를 음미해 볼 필요가 있다. 이러한 관점을 한마디로 정리한다면 교육자치제의 근본취지에서 볼 때에 교육자치는 교수(가르침)의 자치와 교사의 자치를 기본목표로 한다.

논자에 따라서는 '교육의 자주성'이 의미하는 바를 교육행정기관이 일반행정기관으로부터의 자주성 내지는 자율성을 갖는 것으로 해석하려는 경우도 있다. 그러나 이러한 해석은 자주성의 주체를 교육행정청으로 보게 되는 것으로서 결국 교육관료의 자치를 의미하게 된다. 따라서 교육의 자주성은 교사가 외부세력에 의한 부당한 간섭이 없이 교육의 내용과 방법을 법령의 범위 안에서 자유롭게 결정할 수 있는 자율성을 의미한다고 해석해야 할 것이다. 이 경우 교육자주성의 주체는 당연히 교사와 학교이다.[54]

한편 '교육의 전문성'을 보장한다는 의미는 교육의 질적 수준을 보장하기 위하여 교사의 전문성을 높여야 하며, 교사의 전문적인 판단에 교육기관이 획일적으로 간섭하는 것을 배제하여 교육의 전문성이 훼손되지 않도록 해야 한다는 것이다. 그런데 교육의 질적 수준을 보장하기 위해서는 교육활동을 지원하는 지원시스템이 전문화될 필요가 있다. 이에 따라 우리나라 '지방교육자치에 관한 법률' 제1조에서 지방자치단체의 교육・학예에 관한 사무를 처리하는 기관의 설치와 그 조직 및 운영 등에 관한 사항을 정함 … 을 목적으로 한다"고 규정하고 있다. 일본에서는 법의 명칭 자체를 '지방교육행정의 조직 및 운영에 관한 법률'이라고 하고 있다.

오늘날 교육행정뿐만 아니라 모든 행정이 전문화되고 있다. 그럼에도 불구하고

54) 이기우, 교육자치의 본질과 과제, 민주법학 제27호(서울 : 민주법학회, 2005), pp. 108~109.

헌법이 유독 교육의 전문성을 요구한 이유는 교육의 질적 수준을 보장하기 위해서는 교육을 담당하는 교사의 전문성이 보장되어야 한다는 것을 강조한 것이다. 따라서 교사의 전문적인 판단에 교육행정청이 획일적으로 간섭하여 교육의 전문성을 훼손하지 않도록 해야 한다는 것을 천명한 것이다.

그러나 현재 OECD 국가 중 일반행정과 교육행정이 완전히 분리된 사례는 미국과 스위스의 일부지역에서만 찾아 볼 수 있다.[55] 그리고 지방자치분권 및 지방행정체제개편에 관한 특별법 제12조에서 "국가는 교육자치와 지방자치의 통합을 위하여 노력하여야 한다"고 규정함으로써 교육행정과 일반행정의 통합을 지향하고 있음을 알 수 있다.

'교육의 정치적 중립성'이란 교육활동에 특정 정치이데올로기를 주입한다거나, 특정 정치세력을 위해 교육활동이 이용되어서는 안 된다는 의미이다. 그런데 교육의 정치적 중립성을 근거로 지방자치단체의 일반행정기관으로부터 교육행정기관의 분리·독립을 주장하는 견해가 있다. 정당이 관여하는 일반지방자치단체로부터 독립해야 교육의 정치적 중립이 보장된다는 것이다. 그러나 이러한 견해를 확대하면 정당이 참여하는 국회가 교육정책을 심의하고 결정하는 것도 문제가 된다.

결국 교육의 정치적 중립성의 향유 주체는 교육행정청이 아니라 교사와 학교로 보아야 한다. 즉, 교육의 정치적 중립성은 정치권이 부당하게 교사와 학교에 압력을 행사하여 교육의 내용이나 방법을 특정정치세력이 이용하는 것을 방지하고자하는 것이며, 이는 곧 교육의 자주성에 대한 또 다른 표현이라고 할 수 있다.[56]

2 교육자치의 원리와 유형

(1) 교육자치의 원리

지방교육자치제의 뜻을 보다 명확히 파악하기 위하여는 지방교육자치제의 기본원리를 살펴볼 필요가 있다. 일반적으로 지방교육자치제의 기본원리로는 다음의 네 가지를 들 수 있다.[57]

---

55) 스위스의 일부 지방자치단체에서 분리형의 교육자치를 실시하는 이유는 기초자치단체의 규모가 100명 미만인 경우도 있어서, 여러 지방자치단체가 연합하여 교육자치를 실시하고 있기 때문이다.

56) 이기우, 전게논문, pp. 109~110.

57) 노종희, 교육행정학(서울 : 문음사, 1992), pp. 463~465.

(가) 지방분권의 원리

지방교육은 국가에 의한 획일적인 지시와 통제를 지양하고 지방의 실정과 특수성을 고려하여 정책이 수립되고 집행되는 가운데 실시되어야 한다. 이는 교육에 대한 지방의 자율을 중시하는 원리로서, 교육자치의 가장 기본이 되는 원리이다.

(나) 전문적 지원의 원리

교육활동은 덕성과 전문적인 지식 및 기술을 갖춘 교사들에 의하여 이루어져야 한다. 그리고 이러한 교사들이 수행하는 교육활동을 지원하는 교육행정은 관료제적 폐습에 빠지지 않고, 창의적인 사고와 도전을 조성할 수 있는 전문적인 시스템으로 뒷받침되어야 한다.

(다) 정치적 중립의 원리

교육은 본질적으로 가치창조적 활동이기 때문에 외부의 간섭이나 통제로부터 벗어나야 하며, 특히 정치적 간여에서 벗어나야 한다. 이는 교육활동의 정치적 중립을 중시하는 원리로서, 교육에는 어떠한 외부적인 통제나 정치적 이용 또는 파당적 간섭이 허용되어서는 안 된다는 교육자치의 본질적인 원리이다.

(라) 주민통제의 원리

교육자치는 원래 주민의 수요에 부응하는 교육의 실시를 위해 존재하는 것이다. 따라서 그 교육정책의 심의결정과정과 집행과정에 주민이 최대한 참여하여야 한다. 주민참여는 주민 각자가 직접 할 수도 있겠지만, 그 대표자를 통하여 간접적으로 할 수도 있다. 이는 교육의 민주성을 중시하는 원리로서, 지역의 실정에 적합한 다양하고도 특색 있는 교육운용을 가능하게 하는 원리이다.

(2) 교육자치제의 유형

지방교육자치제에는 여러 가지 유형이 있을 수 있다. 그러나 여기에서는 교육행정의 일반행정으로부터의 분리 여부를 기준으로, 분리형과 통합형 그리고 절충형의 셋으로 나누어 고찰하기도 한다.

(가) 분리형(미국)

지방교육자치를 일반지방자치와 완전히 분리하에 별도로 실시하는 제도를 지방교육자치의 분리형이라고 한다. 분리형은 교육행정에 일반행정의 간여와 지역의 정치세력들이 교육행정에 간섭하는 것을 배제할 수 있는 장점이 있다. 특히 교육위원 등을 주민직선에 의하여 선출하는 경우 교육에 주민의 의사를 충분히 반영할 수 있는 장점도 가진다.

그러나 교육조직을 일반행정과 별도로 운용함에 따라 행·재정상의 혼란과 낭비를 가져오기 쉽고, 특히 일반행정과의 협력관계 속에서 지역교육정책을 강력하게 추진하기 어려운 한계가 있다.

분리형의 대표적인 예는 미국에서 찾아볼 수 있다. 물론 미국에서도 교육자치제가 주마다 다르기 때문에 획일적으로 말할 수는 없지만, 미국의 전 지역에는 학교구(school district)라는 특별지방자치단체가 약 1만 3천여개가 있다. 이 학교구가 일반지방자치단체인 시티(city)나 카운티(county)로부터 분리·독립하여 교육을 전문적으로 수행하고 있으므로 이를 분리형이라 하는 것이다.

미국 조지아(Georgia)주의 경우, 학교구는 주에 의해서, 카운티(county)에 의해서, 또는 시티(city)에 의해서 설립되는데, 그 구역은 일반적으로는 카운티(county)나 시티(city)의 구역과 일치하지만, 근래에는 구역의 확대화가 진행되고 있다. 원래는 학교구의 설립은 자유로웠으나, 학교구가 많이 증가하면서 1945년 이래 그 설치가 제한되어 있다. 학교구를 설치하는 이유는 교육의 전문성 확보, 정치성 관여의 배제라는 목적 외에 자금조달의 편법적 수단도 작용하고 있다(시티(city)나 카운티(county)가 자금조달의 한계에 부딪혀 채권발행 및 세금징수권을 가지는 새 단체를 창설하는 것이다). 학교구 운영의 정책 및 재원의 지원은 원래는 시티(city), 카운티(county)와 주가 분담하였으나, 1950년대부터는 거의 주가 담당하고 있다.

학교구의 운영은 학교구 이사회가 담당하는데, 이사는 대체로 5명이며, 주민에 의하여 선출된다. 학교구의 운영을 지원하는 주 정부에는 교육감(superintendent)이 있는데, 교육감은 주민에 의하여 선출되며, 주 교육국의 국장이 된다.[58]

미국의 경우, 교육자치조직은 주마다 다르나, 텍사스(Texas), 미시간(Michigan), 하와이(Hawaii) 등 대부분의 주에는 주의회와 별도로 주교육위원회를 두고, 교육전문집행기관인 주교육감을 두고 있다. 교육위원과 교육감의 선임방법은 주민직선, 간선, 임명 등 다양하다.

58) Mary A. Hepburn, *Local Government in Georgia*(Athens : The University of Georgia, 1986), pp. 180~192.

(나) 통합형(영국)

지방교육의 조직을 일반지방행정조직에 통합시켜 일반행정과 교육행정이 밀접한 연계를 가지고 수행되도록 하는 제도를 지방교육자치의 통합형이라고 한다. 통합형은 전술한 분리형의 장·단점과 반대의 장·단점을 가진다.

통합형의 대표적인 예는 영국에서 찾아볼 수 있다. 영국에서는 대부분의 지방정부에서 의결기관과 집행기관을 구분하지 않고, 의회가 집행기능까지 수행하며, 의회의 각 분과위원회가 집행기관의 부·국의 지위에서 행정사무를 처리하고 있다. 따라서 지방의회에 그 하나의 분과위원회인 교육위원회를 두고, 교육위원회가 교육사무를 처리하고 있는 곳이 대부분이다. 다만, 그 교육위원회를 지방의원들만으로 구성하는 것이 아니라, 그 위원 정수의 절반정도까지 지방의회가 선출하는 교육전문가들로 구성함으로써 교육행정의 전문성을 보장하고 있는 점이 특징적이다.

지방의회의 교육위원회에는 교육행정의 전문적 관리를 담당할 교육감을 두고 있는데, 그 교육감은 해당 교육위원회가 국가의 교육과학부장관과 협의하여 임명한다.

(다) 절충형(일본)

지방교육의 조직을 일반지방행정조직에 통합하되, 완전 통합하지 않고 그 의결기관과 집행기관을, 또는 집행기관만을 일반행정기관과 분리하여 교육행정의 전문성을 유지하도록 하는 제도를 절충형이라 할 수 있다. 이러한 절충형은 완전분리에서 오는 혼란과, 완전통합에서 오는 교육사무 전문성의 매몰을 방지할 수 있다. 그러나 일반행정과 교육행정간의 경계가 모호해질 수 있다.

절충형의 대표적인 예는 일본에서 찾아볼 수 있다. 일본에서는 광역자치단체인 도·도·부·현과 기초자치단체인 시·정·촌에 교육위원회를 두고, 지방자치단체가 처리하는 교육에 관한 사무를 관리·집행(일본 지방교육행정의 조직 및 운영에 관한 법률 제2조 5항)하고 있다.[59] 즉, 지방자치단체에 의결기관(의회)은 하나이지만, 집행기관은 일반집행기관인 자치단체의 장과, 교육집행기관인 교육위원회를 2원적으로 두고 있다. 교육위원은 5인(정·촌의 경우는 조례로 3인으로 할 수 있다)으로 구성되며, 해당 자치단체의 장이 의회의 동의를 얻어 임명하며, 그 임기는 4년이다.

일본에 있어서 교육사무의 처리기관은 교육위원회이며, 교육장(教育長)은 그 사무장으로서 사무를 총괄한다. 교육장은 교육위원회의 지휘·감독 하에 교육사무를

59) 기초지방자치단체는 초·중등학교의 교육을 담당하고, 광역자치단체는 고등학교와 특수학교를 담당한다. 한편 각급학교의 교사는 都·道·府·県 소속의 교육공문원이다.

총괄 처리한다. 교육장은 광역자치단체의 경우에는 해당 교육위원회가 문부대신의 승인을 얻어 임명하고, 기초자치단체의 경우는 해당 교육위원 중에서 호선하여 상급 자치단체 교육위원회의 승인을 얻어 임명한다. 문부대신은 각급 지방자치단체의 교육위원회에 대하여, 광역자치단체의 교육위원회는 기초지방자치단체의 교육위원회에 대하여 지도·조언·지원 및 감독을 행한다.

3 한국 교육자치제도의 변천과 현행제도

(1) 교육자치제도의 변천

우리나라에서 교육자치제의 시초는 일제 강점기의 학교조합과 학교비에서 찾을 수 있다. 학교조합은 일본인 자녀들의 교육을 담당하는 특별공공단체였는데, 조합원들이 직선하는 조합회(의결기관)가 구성되어 있었다. 학교비는 한국인 자녀들의 교육을 위한 단체로서 자문기관인 평의회를 두었다(도시에서는 선출제, 농촌에서는 임명제).

건국 후 1949년에 제정된 교육법에서는 시(서울특별시 포함)에 합의제 행정기관으로서의 교육위원회를, 군에 특별자치단체로서의 교육구를 두어 교육행정을 일반행정으로부터 독립하여 수행하게 하였다. 이 교육구(教育區)제는 분리형의 형태라고 할 수 있다.

1952년에 교육법시행령을 제정하여, 법인체인 군(郡)교육구를 설치하고 의결기관인 군교육위회와 집행기관인 교육감을 두었다. 한편, 도지사의 자문기관으로 도교육위원회를 두도록 하였고, 서울특별시 및 기타의 시에는 의결기관으로 시의회를 두고, 합의제 집행기관으로 시교육위원회를 두었으며, 그 사무장격으로 교육감을 두었다.

1961년의 개정 교육법에서는 교육위원회와 교육구를 모두 폐지하고 이들을 일반자치단체인 서울특별시·직할시·도, 시·군 내부의 국 또는 과로 통합하였다. 교육행정을 내무행정에서 흡수한 것이다.

1963년의 개정 교육법에서는 교육·학예사무에 관하여 특별자치단체를 설치하지 않고 일반행정조직에 통합하되, 그 집행기능을 지방자치단체의 장으로부터 독립시켰다. 이는 절충형에 해당한다. 이때에 시·도에 합의제 집행기관인 교육위원회를, 시·군에 독임제 집행기관인 교육장을 두었다.

1991년에 제정된 '지방교육자치에 관한 법률'에 의하여 새로운 지방교육자치제가 실시되었는데, 교육특별자치단체를 설치하지 않고 지방교육자치기관으로서 시·도 단위에 의결기관인 교육위원회와 집행기관인 교육감을 별도로 두었다. 이는 그 의결기관과 집행기관을 모두 일반행정조직에서 분리하는 절충형이다. 이때에 시·군·자치구에 교육사무의 하급행정청으로서 교육청을 두고, 교육청에 교육장을 두도록 하였다.

이러한 제도의 시행과정에서 의결기관인 교육위원회와 지방의회간의 중복관계, 교육위원과 교육감의 선출과정 등에 문제가 발생했다. 이에 따라 2000년에 '지방교육자치에 관한 법률' 전문(全文)을 개정하여 교육위원회의 의결사항 중 시·도의회에의 이송(의안제출)사항을 조절하고, 교육위원과 교육감의 선출을 학교운영위원회 위원 전원을 선거인으로 하는 선거인단에서 행하도록 변경하였다.

2006년에 '제주특별자치도 행정체제 등에 관한 특별법'과 '제주특별자치도 설치 및 국제자유도시 조성을 위한 특별법'을 제정하였다. 이에 따라 제주특별자치도에는 독립 교육위원회를 폐지하고 도의회의 교육상임위원회를 교육자치사무 중 일정한 사항(조례안, 예산·결산안, 사용료 등 부과·징수안을 제외한 의안)에 관하여 독자적 의결권을 갖는 특수한 지위의 위원회로 하고, 교육감을 교육사무 집행기관으로 하며, 교육의원과 교육감을 주민이 직접 선출하도록 하였다. 이어 2007년에 '지방교육자치에 관한 법률'을 전문(全文) 개정하여 이러한 도의회 교육위원회제와 교육의원·교육감 주민직선제를 전국에 확대 실시하고, 아울러 교육감과 시·도지사간의 지방교육행정협의회의 설치를 제도화하였다.

2010년에 개정된 '지방교육자치에 관한 법률'에서 지방의회(본회의)에 대한 예비심사권 외에 교육사무 중 일정한 사항(조례안, 예산·결산안, 사용료 등 부과·징수안을제외한 의안)에 관하여 독자적 의결권을 갖는 특수한 지위의 교육위원회를 2014년 7월 1일부터 폐지하기로 하여, 지방자치에 있어서 의결기관이 지방의회로 일원화되고, 집행기관은 시·도지사(일반행정사무 처리)와 교육감(교육행정사무 처리)으로 이원화하는 절충형이 채택되었다.[60]

60) 이로써 우리나라에 있어서는 1949년에 시·군에 교육구라는 지방교육자치 특별자치단체를 두는 분리형을, 1961년에 교육자치사무를 일반행정사무에 통합하는 통합형을 채택하는 외에는, 모든 교육자치제 개정에 있어서 절충형을 채택하여 왔다.
1949년 … 시·도의 자치사무 의결기관을 시·도의회로 하고, 집행기관을 도지사와 교육위원회로 2원하는 통합적 절충형
1991년 … 시·도에 2원적 의결기관(지방의회와 교육위원회)과, 2원적 집행기관(도지사와 교육감)을

(2) 현행 교육자치제도

(가) 교육자치 단위

현행법에서는 지방자치단체의 교육사무를 시·도의 사무로 함으로써(지방교육자치에 관한 법률 제2조), 시·도 단위 지방교육자치제를 채택하고 있다.

(나) 교육자치 조직

지방교육자치조직은 시·도 의회와, 교육감 및 그 하급 교육지원청, 그리고 지방교육행정협의회로 구성하고 있다.

(a) **의회** : 2014년 6월 30일까지는 지방교육자치사무에 관한 심사·의결기관으로 지방의회와 교육위원회가 중첩되어 있어, 지방교육위원회는 지방의회의 한 상임위원회이면서, 지방교육자치사무에 관하여 의회(본회의)의 예비심사권 외에, 일정한 사항(조례안, 예산·결산안, 사용료 등 부과·징수안을 제외한 의안)에 관하여 독자적 의결권을 갖는 기관이었다.[61)]

그러나 이러한 제도의 운영에 있어서, 지방의회와 교육위원회, 교육감과 교육위원회간 관계의 복잡성, 교육자치 운영의 지체와 비능률성 등 많은 문제점이 야기되었다.

2010년 2월 26일 개정된 '지방교육자치에 관한 법률'에서 2014년 7월 1일부터 특수한 지위의 (지방)교육위원회를 폐지하고, 교육의원 선거제도도 폐지하여, 지방교육자치사무의 의결기관을 지방의회로 일원화하고, 그 구성도 교육의원 없이 지방의회 의원으로 구성하도록 하였다(단, 제주특별자치도는 교육의원제 존치).

(b) **교육감** : 교육감은 시·도 교육사무의 집행기관으로서, 교육·학예에 관한

두는 분리적 절충형

2000년 … 1991년의 분리적 절충형에 교육위원회의 의결사항 중 시·도의회에의 이송(의안제출) 사항을 조절한 분리조절적 절충형

2006년과 2007년 … 시·도의회의 상임위원회인 교육위원회에 지방의회(본회의) 예비심사권 외에 일정사항의 독자적 의결권을 부여하고, 2원적 집행기관(도지사와 교육감)을 두는 통합조절적 절충형

2014년 … 시·도의 자치사무 의결기관을 시·도의회로 하고, 집행기관을 도지사와 교육감으로 2원화하는 통합적 절충형

61) 2006년부터 2014년까지의 시·도 교육위원회는 의회의원과 교육의원으로 구성되며, 교육의원은 교육경력 또는 교육행정경력을 합하여 5년 이상을 가지고 과거 1년간 정당원이 아닌 자로서 정당공천 없이 입후보하여 주민의 보통·평등·직접·비밀선거에 의하여 선출되는데, 시·도의원과 똑같은 임기, 지위와 권한을 가지며, 겸직이 금지되고, 정치적 중립 및 정치자금법 적용과 주민소환의 대상이 되었다.

사무를 총괄관리하며(동법 제20조), 소속 공무원을 지휘·감독한다(동법 제27조).

교육감은 주민의 보통·평등·직접·비밀선거에 의하여 선출되는데(동법 제43조), 그 선거에 정당이 후보자 추천을 할 수 없다(동법 제46조 제1항).

교육감은 국회의원, 지방의회의원, 국가공무원, 지방공무원, 사립학교 교원, 사립학교 경영자, 학교법인 임·직원을 겸할 수 없다(동법 제23조).

교육감의 임기는 4년이고, 계속 재임은 3기에 한하여 할 수 있다(동법 제21조).

(c) **교육지원청** : 교육지원청은 1 또는 2 이상의 시·군·자치구를 관할구역으로 하여 시·도의 교육·학예사무를 지역적으로 분장하는 하급교육행정기관이다. 교육지원청에 교육장을 두되, 장학관으로 보한다(동법 제34조).

(d) **지방교육행정협의회** : 지방교육행정협의회는 지방의 교육·학예 사무를 효율적으로 처리하기 위하여 교육감과 시·도지사의 협의에 의하여 설치되며, 그 구성과 운영 사항을 조례로 정한다(동법 제41조).

(다) 교육자치 재정

지방교육의 재정에 충당하기 위하여 시·도는 목적세로서 지방교육세를 부과·징수한다.[62] 지방교육세는 취득세, 등록면허세, 레저세, 담배소비세, 주민세(균등분), 재산세, 자동차세의 과세표준액에 각각 일정한 세율을 곱하여 계산한 금액을 세액으로 하는 조세이다(지방세법 제151조).

교육·학예에 관한 경비는 지방교육세 외에, 교육에 관한 특별부과금·수수료·사용료, 지방교육재정교부금 및 해당 지방자치단체의 일반회계로부터의 전입금, 육아교육지원특별회계에 따른 전입금, 기타 교육·학예에 속하는 수입으로 충당된다(지방교육자치에 관한 법률 제36조).

의무교육 관련 경비는 국가로부터의 지방교육재정교부금으로 충당하고, 의무교육 외의 교육관련 경비는 지방교육재정교부금, 전입금, 수업료 및 입학금 등으로 충당된다(동법 제37조, 지방교육재정교부금법 제11조).

시·도의 교육에 관한 경비를 관리하기 위하여 해당 지방자치단체에 교육비특별회계를 둔다(지방교육자치에 관한 법률 제38조).

62) 이 지방교육세는 2001년에 종래에 국세인 교육세 중 지방세(재산세, 자동차세, 등록세, 담배소비세, 레저세)에 부가하여 징수하던 교육세를 지방세로 전환함과 아울러, 담배소비세와 레저세에 부가하여 징수하는 지방교육세의 세율을 각각 10%씩 인상하여 형성된 것이다.

(라) 교육자치에 대한 지도·감독

지방교육행정에 대한 국가의 지도·감독은 다음과 같다(동법 제3조).

교육부장관은 시·도의 교육사무에 대하여 조언·권고 또는 지도할 수 있고, 이를 위해 필요한 경우 교육감에게 자료제출을 요구할 수 있으며(지방자치법 제184조), 교육자치사무에 대하여 보고를 받거나 서류·장부 또는 회계를 감사할 수 있다(동법 제190조, 지방교육자치에 관한 법률 제3조).

교육감은 국가로부터 위임받은 사무에 관하여 교육부장관의 지휘·감독을 받는다.

교육부장관은 교육감의 명령 또는 처분이 법령에 위반되거나 현저히 부당하여 공익을 저해한다고 인정되면 기간을 정하여 서면으로 시정명령을 하고, 기간 내에 이행하지 아니할 때에는 그 명령 또는 처분을 취소하거나 그 집행을 정지할 수 있다. 이 경우 자치사무에 대한 명령이나 처분은 법령을 위반하는 것에 한 한다(지방자치법 제188조).

교육감이 국가위임사무의 관리와 집행을 명백히 게을리하고 있다고 인정되면 교육부장관은 기간을 정하여 서면으로 이행할 사항을 명령할 수 있고, 기간 내에 이행하지 아니할 때에는 그 시·도의 비용부담으로 대집행하거나 행·재정상의 필요한 조치를 할 수 있다(동법 제189조 제1항·제2항).

교육감은 자신의 명령·처분에 대한 국가의 취소 또는 집행정지 처분에 대해서 이의가 있을 때에는 그 취소 또는 정지처분을 통보받은 날부터, 국가위임사무에 대한 이행명령에 이의가 있을 때에는 그 이행명령서를 접수한 날부터 15일 이내에 대법원에 제소할 수 있다(동법 제188조 제6항, 제189조 제6항).

교육감이 직무이행명령을 받아 이의가 있어 대법원에 소를 제기한 경우에는 국가의 이행명령의 집행을 정지하게 하는 집행정지 결정을 대법원에 신청할 수 있다(동법 제189조 제6항).

4 한국 교육자치제도의 발전방향

(1) 교육자치 단위

지방교육자치를 시·도에 한정하고 있는데, 지방자치 이념이 지향하는 분권화의 취지에서 볼 때에 시·군·자치구 단위에서까지 교육자치가 실시되어야 할 것이다. 일본이나 미국 등에서는 우리보다 규모가 더 작은 기초자치단체 수준에서 지방교육자치가 실시되고 있다.

(2) 교육자치 조직

교육행정조직을 일반행정조직에 완전히 통합하는 경우와 반대로 완전히 분리하는 경우 그 어느 쪽도 한계가 있다. 따라서 현재 우리나라는 교육집행기관을 일반지방행정조직에서 분리하되, 의결기관은 통합한 방식을 취하고 있다.

우리나라의 경우 1991년부터 집행기관과 의결기관을 모두 분리하는 방식을 채택하여 왔는데, 교육사무의 의결기관까지 지방의회에서 분리함으로써 일반행정과의 협조가 미흡하고 또한 교육위원회의 결의사항 중 중요 부분을 다시 지방의회에 회부하는 업무절차의 번거로움이 문제되어 왔다.

이에 2006년에는 교육사무의 집행기관만을 일반행정기관과 분리하고 의결기관을 의회로 통합하되, 교육사무 중 특정사항에 관하여 교육위원회의 독자적 의결사항으로 하는 '통합 속의 분리'라는 기묘한 절충방식을 채택하였으나, 이 제도에서도 교육위원회와 의회, 교육위원회와 교육감, 의회와 교육감, 교육위원회와 시・도지사의 관계 등이 복잡하여 교육사무 처리의 지연, 비능률, 낭비 등의 문제가 불식되지 아니하였다.

2014년에 교육사무의 의결기관을 의회로 일원화하였으나, 이제 이 제도에 의해 교육의 전문성이 훼손되고 교육사무의 정치화가 나타날 수 있어 우려되는 상황이다.

지방교육자치의 기본방향은 교육업무와 일반행정업무간의 원활한 협조를 확보하면서 교육자치의 전문성을 제고하는 데 두어야 하는데, 우리나라의 교육행정은 일반행정과의 연대・협력도 부족하고, 학교의 자율성도 확보되고 있지 못하다. 교육자치조직은 학교경영의 자율 등 학교자치와 교사의 자율 등 교사의 자치를 지원하는 시스템으로 발전해야 한다.

(3) 교원・주민

현행 지방교육자치제는 공립학교 교원을 국가직으로 하고 있는데, 이는 종래 중앙집권제의 유산과 지방재정의 빈약에 그 원인이 있다. 교원에 대한 인건비부담과 인사권행사를 지방자치단체가 제대로 할 때에만 진정한 지방교육자치가 실현될 수

있을 것이다.[63)]

한편, 교육정책수립 및 교육실시 과정에 학부모의 참여가 활발하지 못하다. 교육자치의 근원이 학부모의 요구에 부응하는 교육의 실현에 있음을 고려할 때에 민의에 의한 교육의 실현이 강화되어야 한다.

(4) 교육자치 재정

현행 지방교육재정은 2001년에 지방교육세가 신설되고, 2005년에 시·도의 일반회계예산에서 교육비특별회계예산으로 전출되는 의무적 교육비 배정비율을 대폭 상향조정하는 등으로 지방자치단체의 자체조달을 도모하였다.

또한 2004년에 지방교육양여금을 폐지하고 이를 지방교육재정교부금에 통합하여 교부금의 재원을 확충하였으며, 그 산정방식을 합리화하였고, 2019년에 교부율을 20.79%로 상향조정하는 등 국가지원체제를 많이 개선하였다.[64)]

그러나 아직까지 이러한 제도적 보완으로써 지방교육재정의 충분한 향상을 가져오지 못하고 있다. 앞으로 특히 교원의 지방직화가 이루어지고 진정한 지방교육자치가 구현되려면 보다 획기적인 재정확충의 결단이 요망되고 있는 상황이다.

(5) 교육자치에 대한 지도·감독

우리나라의 교육자치는 중앙통제를 그 기조에 깔고 있다. 따라서 진정한 교육자치의 실현을 위해서는 국가의 통제가 원천적으로 개선되어야 한다. 이는 지방자치단체의 경영에 농림수산부와 환경부가 직접관여하지 않듯이, 교육부도 지방교육자치에 일일이 관여하고 통제하는 폐단을 시정해야 한다.

---

63) 지방공무원 없는 지방자치나 지방경찰공무원 없는 자치경찰, 지방소방공무원 없는 지방소방이 있을 수 없듯이, 지방교육공무원 없는 지방교육자치는 있을 수 없는 것이다.

64) 지방교육재정교부금의 재원은 ① 당해년도의 내국세(목적세,종합부동산세, 기타특별회계의 재원으로 사용되는 세목의 당해금액은 제외) 총액의 1만분의 2,079에 해당하는 금액과 ② 당해년도의 교육세법에 의한 교육세 세입액 중 「유아교육지원특별회계법」 제5조 제1항에서 정하는 금액을 제외한 금액으로 한다(지방교육재정교부금법 제3조).

Ⅱ 자치경찰제

1 경찰의 의의

경찰(police)이라는 용어는 멀리 그리스 시대에서부터 사용되었다고 하며, 그 쓰이는 의미가 국가성격의 변천에 따라 헌정 전반을 의미하기도 하고, 내무행정을 의미하기도 하였으며, 치안작용을 의미하기도 하는 등 다양하게 변천해왔다. 우리나라에서 경찰이라는 용어가 처음 쓰인 것은 갑오경장 때에 새 관제(官制) 속에 경찰이라는 용어가 들어가면서부터였다.

그러나 오늘날에도 경찰의 의미가 명확하지 않다. 전통적 의미로는 개인권리의 보호, 사회질서의 유지 등 소극적 기능만을 의미하였으나, 근래에는 이러한 소극적 기능 외에 공공복리의 증진이라는 적극적 기능까지 포함하는 넓은 개념으로 확대되는 경향이 있고, 또한 이론적으로 정립된 실질적 의미의 경찰과, 실제 제도상의 형식적 의미의 경찰이 일치하지 않고 있다.

실질적 의미의 경찰이란 국민의 생명·재산을 보호하고 사회의 안녕질서를 유지하며 공공복리의 증진을 위하여 일반통치권에 기하여 국민에게 명령·강제하고 지도·봉사하는 행정기능을 말한다. 여기에는 개인의 생명·재산을 보호하고 사회의 일반적 안전을 유지하는 보안경찰, 도로·운송·교통을 규제하는 교통경찰, 식품·마약 등을 규제하는 위생경찰, 영업·산업을 규제·보호하는 산업경찰 등이 포함된다.

이러한 보안경찰, 교통경찰, 위생경찰, 산업경찰 등은 범죄수사·피의자 체포 등의 형사작용으로 검찰권에 종속하는 사법경찰과는 달리, 넓은 의미의 행정경찰이라고 할 수 있다.

이에 비하여 형식적 의미의 경찰이란 실정법상 경찰관서에서 담당하는 기능으로서, 여기에는 전술한 보안경찰과 교통경찰 및 사법경찰이 포함되어 있고, 그 외의 위생경찰이나 산업경찰 기능은 각각 별개의 행정기관에서 수행하는 경우가 있는 것이다.[65]

---

65) 良書普及會, 앞의 책, p. 156.

2 국가경찰과 지방경찰

(1) 지방자치와 경찰

경찰활동은 본래 원시사회에서 여러 사람이 공동으로 외적의 침입에 대비하고, 공공의 질서를 유지하면서 각자의 생명과 재산을 보호하는 활동에서 비롯되었다. 가까운 역사 속에서도 지역의 주민들이 보안관(sheriff)을 중심으로 외부의 침략을 막고 지역의 질서를 유지하면서 개인의 권리를 보호하였던 사실을 알 수 있다. 이처럼 경찰활동은 본래는 지방자치적 활동에서 출발한 것이었다. 즉, 지방자치라는 것이 주민의 생명과 재산을 보호하기 위해서 생성되었던 점을 비추어 볼 때, 자치경찰은 지방자치의 기본이라고 할 수 있다.

그러나 인류의 역사가 발달하면서 인간의 공동생활의 규모가 확대되고 국가질서체계가 확립됨에 따라 경찰활동은 점차적으로 국가의 중요한 기능으로 자리를 잡아가게 되었다. 경찰국가(Polizeistaat)에 이르러서는 경찰은 국가활동 그 전체의 의미로까지 확대되었다. 이러한 역사의 진전 속에서도 각 국가는 그 사회적 배경에 따라 경찰활동의 성격을 달리 발전시켰다. 이러한 경찰제도의 발전유형을 대별하면 크게 두 가지 유형으로 나눌 수가 있는 바, 그 하나가 영·미계이고, 다른 하나가 대륙계이다.

영·미계에서는 경찰활동을 개인의 생명·재산의 보호 및 사회의 안녕·질서의 유지에 국한하여, 그 책임을 지방자치단체가 맡게 하는 지방경찰제를 발전시켰다.

대륙계에서는 경찰활동을 개인권리의 보호와 사회질서의 유지뿐만 아니라 국가시책의 추진까지 포함하여 경찰을 국가권위의 상징으로까지 발전시키는 국가경찰제를 발전시켰다.

그러나 실제에 있어서 국가경찰이나 지방경찰 어느 한쪽만 가지고는 국가와 사회의 수요에 효율적으로 대응할 수가 없다. 따라서 오늘날에는 국가경찰과 지방경찰을 병존시키는 것이 일반적이다. 이중에서 특히 자치경찰제도는 지역특성에 적합한 치안서비스를 제공함으로써 주민의 안전을 제고하고, 지방행정과의 연계를 통한 효율적인 치안행정 구현으로 주민의 안전과 안심을 도모하는 제도라는 점에서 지방자치의 핵심사항인 것이다.

(2) 경찰제도의 유형

각국의 경찰제도는 자치경찰과 관련하여 다음과 같이 국가경찰 중심형, 지방경찰 중심형, 절충형의 세 유형으로 나눌 수 있다.

(가) 국가경찰 중심형(유럽 대륙계)

유럽 대륙계 국가에서는 거의 공통적으로 경찰조직을 국가의 관할하에 두고 경찰행정을 전국 통일적으로 수행하고 있다. 이러한 국가경찰제는 경찰이 국가권력을 배경으로 강력한 집행력을 가지고 능률성을 확보할 수 있으며, 국가 긴급사태나 광역적 사건에 효율적으로 대처할 수 있는 장점을 가진다. 그러나 경찰행정의 관료화와 경찰의 정치화의 우려가 있고, 전국적인 통일성에 치중한 나머지 지방의 실정에 소홀히 할 수 있는 단점을 가지고 있다.

이러한 국가경찰제를 가지고 있는 대표적인 나라로는 독일과 프랑스가 있다.

(a) 독일 연방경찰제도 : 독일연방경찰은 주로 특수경찰사무를 담당하고, 일반적인 경찰사무는 주경찰의 관할에 속한다. 연방경찰에 대해서는 연방경찰법이 있고, 주경찰에 대해서는 주의회가 제정하는 경찰법이 있다. 주경찰에 대해서 연방정부는 입법권은 물론 감독권도 가지고 있지 않다. 경찰권력은 대부분 주정부소관에 속하고 연방경찰은 예외적인 특수경찰에 한정된다. 이 점에 독일경찰은 매우 분권화된 체계를 갖추고 있다.

연방경찰은 연방내무부에 소속되어 있다. 연방경찰에 속하는 분야로는 국경수비, 철도경찰, 항공경찰, 헌법기관경호, 비상사태 및 방위경찰업무, 연방범죄국 지원, 연방헌법보장지원 등 연방경찰법에 규정된 것에 한정된다. 각 주의 경찰법이나 질서법은 주에 따라 매우 다양한 내용을 가지고 있으며 주마다 차이가 크다.

주경찰은 주정부의 내무부장관소속이다. 주 산하의 경찰관서는 대부분 지방자치단체에 소속되어 있으며, 질서청(Ordnungsbehörden), 경찰청(Polizeibehörden) 혹은 안전청(Sicherheitsbenhörden)으로도 불린다. 지방자치단체장은 이러한 경찰사무를 기관위임사무로 수행한다.

(b) 프랑스 경찰제도 : 프랑스의 경찰제도는 부분적으로 자치경찰을 두고 있으나 원칙적으로는 국가경찰제이다. 즉, 기초자치단체인 코뮌(commune)에 자치경찰을 두고 있으나 국가로부터 일반적인 직무감독을 받고 있고, 더구나 인구 1만명 이상의 코뮌 경찰은 국가의 직접적 통제 하에 있으므로 국가경찰과 다를 바 없다. 파리경시청도 국가경찰이다.

국가경찰은 내무부소속이며, 행정경찰과 사법경찰로 나누이는데, 이들 간에는 인사교류도 안 되고 있다.[66]

(나) 지방경찰 중심형(영 · 미계)

영 · 미계 국가에서는 유럽 대륙계 국가와는 달리 지방경찰제도를 가지고 있다. 즉, 경찰기관의 설치 · 운영을 국가(연방이나 주)가 아닌 지방자치단체가 담당하고 있다.

이러한 지방경찰제는 주민의 권리보호를 중심으로 하는 생활치안을 책임성있게 실현할 수 있고, 민 · 경간의 협조체제를 긴밀히 할 수 있으며, 분권화와 민주화를 구현할 수 있는 장점을 가지고 있다. 그러나 경찰행정이 일반행정에 지나치게 예속되고, 집행력이 약하며, 지역간의 격차, 광역사건 처리의 비능률 등의 단점을 가지고 있다.

(a) 영국 경찰제도 : 영국에서는 전국의 경찰이 지방경찰로 운영되고 있다. 과거에는 런던경시청은 국가 내무부 직속으로 되어 있었으나, 2000년의 런던시정부 개혁시에 창설된 수도경찰청(Metropolitan Police Authority)은 다른 지역과 마찬가지로 지역경찰위원회 소속으로 되어 있으며, 위원회의 의장과 부의장은 런던시장이 임명한다. 의장은 런던시 부시장이 겸직하고 있다.

지방경찰은 원칙적으로 카운티(county; 도)의회의 경찰위원회(시민의 대표)에 의하여 조직되고 관리됨으로써 경찰행정의 민주성과 중립성이 보장되고 있다. 다만 전국적인 통일을 요하는 경찰업무 및 경찰기관간의 협조를 요하는 업무 등에 관하여는 내무부의 조정 · 통제를 받는다.

경찰의 5원칙 중 제1원칙이 "경찰은 왕이나 정부의 관료가 아니다"이며, 경찰권의 주체는 국민으로 인식되어 있다. 그러나 근래에는 지방경찰에 대한 국가의 지도 · 감독이 확대 · 강화되는 경향이 있다.[67]

(b) 미국 경찰제도: 미국의 경찰제도는 건국이념인 인권주의와 영국제도의 유산을 바탕으로 한 지방분권주의적 제도를 취하고 있다.

경찰조직은 연방경찰, 주경찰, 지방경찰로 나누어져 있으며, 지방경찰은 자치체인 시티(city)경찰과 준자치체인 카운티(county)경찰로 나누인다. 이 중 지방경찰의 중심은 시티(city)경찰이지만, 카운티(county)경찰도 중요한 역할을 하고 있으며, 카

66) 안홍도, "지방자치제 실시에 따른 자치체경찰제도의 수용방안에 관한 연구"(서울 : 건국대 행정대학원, 1991), pp. 39~40.

67) 위의 논문, pp. 43~47 ; 이상안, 앞의 책, pp. 133~134.

운티에는 전통의 유산인 민선의 보안관(sheriff)이 있다.[68]

그 밖에 많은 특별구경찰(예 : 공원경찰 등)이 있고, 대학이나 병원, 공공단체 등에 청원경찰이 있으며, 작은 시골마을 등에는 자원경찰이 있어, 매우 다원적이고 자율적인 경찰제도를 가지고 있는 것이 특징이다.[69]

(다) 절충형(일본 등)

절충형이란 경찰행정이 국가적 성격과 지방적 성격을 공유하고 있음에 입각하여 국가경찰과 지방경찰의 균형과 조화를 이루는 제도를 말한다.

절충형을 채택하고 있는 나라로는 전통적인 국가경찰제에 영·미적 지방경찰제를 발전적으로 가미한 스위스, 네덜란드, 오스트리아와, 제2차 세계대전 후 전통적 국가경찰제에 지방경찰제를 타율적으로 가미한 독일, 일본 등이 있다. 그러나 이 중 지방경찰 원칙 하에 국가경찰과의 조화를 도모한 대표적인 나라로 일본을 꼽을 수 있다.

일본의 경우는 도·도·부·현에 공안위원회가 설치되어 그 위원회의 관리 하에 수도경시청 및 도·부·현 경찰본부가 경찰사무를 처리하고 있다. 일본의 경찰제도는 국가경찰과 도·도·부·현 경찰의 이원적 경찰체제이다. 원래는 1953년의 경찰법에서 종래의 국가경찰제를 개혁하여 시·정·촌 경찰제를 채택하였었다. 그러나 그것이 비능률적일 뿐만 아니라 시·정·촌 재정을 압박한다는 이유에서 1959년에 경찰법을 개정하여 도·도·부·현 경찰제로 개편하였다.

국가경찰조직으로는 중앙정부(총리대신 관할 아래)에 경찰관리기관인 국가공안위원회와, 경찰행정청인 경찰청을 두고, 그 산하에 관구경찰국을 두고 있다. 한편 지방경찰조직으로는 도·도·부·현(지사 관할 아래)에 경찰관리기관인 도·도·부·현 공안위원회와 경찰행정청인 수도경시청 및 도·부·현 경찰청본부를 두고, 그 산하에 경찰서를 두고 있다.

경찰업무는 원칙적으로 도·도·부·현에서 처리하고, 국가는 긴급사태 등의 경우를 제외하고는 직접 경찰권을 행사하지 아니한다. 그러나 경찰업무의 성격상 전국 통일적으로 처리하는 것이 요구되는 사항에 대하여는 국가가 지방경찰을 지휘·감독할 수 있다.

---

68) 미국에서 sheriff(보안관)은 본래는 범죄수사·범인체포·교도소관리 등 사법경찰 기능을 수행하였으나, 오늘날에는 그 외에 개인보호·치안유지 등의 행정경찰기능도 수행하고 있다. county경찰과 city 경찰이 모두 개인보호, 치안, 교통, 도박, 매춘, 포르노, 알콜, 마약, 범죄 등을 같이 다루고 있어, 여러 경찰조직 간에 기능상 중복이 있어 보인다.

69) Mary A. Hapburn, *op. cit.*, pp. 41~42, 96~100.

3 한국 경찰제도의 변천과 현행제도

(1) 경찰제도의 변천

우리나라에 있어서 갑오경장기 이전에는 경찰업무라는 것이 분리됨이 없이 군사기관이나 일반행정기관의 기능의 일부로서 수행되어 왔다. 조선시대의 경우, 중앙에서는 병조·형조 및 한성부 등이 국가기능의 일환으로서 치안업무를 수행하였고, 지방에서는 관찰사, 부사, 목사, 군수, 현령, 현감 등이 그 일반행정업무와 함께 치안업무를 수행하였다.

근대적인 경찰제도가 시행되고, 경찰이라는 용어가 등장한 것은 갑오경장기에 내무아문(內務衙門)에 경찰국이 설치되면서부터이다. 일제 강점기에는 조선총독부에 경무국이 설치되어 경찰과 헌병의 기능을 통합 수행하였다. 미군정기에는 미군정청에 경무국을 두었다가 경무부로 승격되어 경찰조직이 독립부서로 되었다.

건국 후, 1948년에 중앙에는 내무부 산하에 치안국이, 지방에는 시·도(지사) 산하에 경찰국이 설치되고, 경찰국 밑에 경찰서를 두었다. 1974년에는 내무부 치안국이 치안본부로 승격하였다.

1991년에 경찰기본법인 경찰법이 제정되어 경찰의 조직·기능에 새 기틀이 마련되었다. 이때에 내무부의 외청으로서 경찰청이 설립되고, 시·도 단위에 지방경찰청이 설립되었으며, 경찰행정의 의사기관으로서 경찰위원회가 설치되었다. 1998년 정부조직법 개정으로 내무부가 총무처와 합쳐서 행정자치부로 되었고, 2008년에 행정안전부로 되었으며, 2013년에 안전행정부로 되었다가, 2014년에 다시 행정자치부로 바뀌었다.

우리나라에서 지방경찰 또는 자치경찰제[70] 도입에 관하여 많은 논의가 이어져 왔다. 먼저 시·도 단위의 지방경찰제로서 1991년에 지방경찰청이 설치되었으나 그것은 국가경찰의 지방조직에 불과하여 그 개선이 계속 논의되다가, 2006년에 제주특별자치도제가 채택되면서 도단위 자치경찰제가 채택되었다. 한편 전국 시·군·자치구 단위에 자치경찰제를 두는 법률안이 2005년에 국회에 상정되었으나, 복

70) 지방경찰과 자치경찰은 엄밀한 의미에서 그 뜻이 다르다.
지방경찰은 국가경찰과의 대칭개념으로서 국가적 사무가 아닌 지방적인 경찰사무를 처리하는 경찰이라는 뜻에 중점을 두는 데 비하여, 자치경찰은 주민의 생활안전과 관련된 경찰사무에 주민이 참여하여 주민과 같이 하는 경찰이라는 뜻이 짙은 개념이다. 그러나 경찰제의 실제에 있어서는 대개의 제도가 지방경찰이면서 자치경찰을 겸하고 있어, 그 구분의 실익이 없는 경우가 많다. 그러나 우리나라의 경우 아직 국가경찰과 대칭되는 지방경찰은 현재 제주특별자치도에만 있다고 할 수 있다.

잡한 정치상황과 여당·야당 모두의 당내문제 등으로 인하여 심의가 계속 뒤로 미루어지다가 2006년에 중단되고 말았다.[71]

이후 2018년 11월 대통령소속 자치분권위원회 자치경찰제 특별위원회에서 자치경찰제 도입 방안을 발표하였고, 2020년 12월 자치경찰제를 도입하는 국가경찰과 자치경찰의 조직 및 운영에 관한 법률(약칭 경찰법) 전부개정안이 국회를 통과했다. 그리고 2021 7월 1일부터 자치경찰제도가 전면 시행되었다.

(2) 현행 경찰제도

현행 제도는 경찰사무 의사기관으로서 국가경찰위원회와(경찰법 제7조), 시·도자치경찰위원회(동법 제18조)를 두고, 경찰행정기관으로서 치안에 관한 사무를 관장하기 위한 경찰청과, 경찰사무의 지역적 분장기관으로 시·도에 시·도경찰청과 그 소속으로 경찰서를 두고 있다(동법 제12조, 제13조).

(가) 국가경칠 조직

(a) **국가경찰위원회** : 행정안전부에 경찰행정에 관한 의사기관으로서 경찰위원회가 설치되어 있다. 국가경찰위원회를 행정기관으로 하느냐, 의결기관으로 하느냐의 두 가지 방법 중에 우리나라에서는 후자를 택하고 있다. 이 점이 전자를 택한 일본의 공안위원회의 경우와 다르다.

국가경찰위원회는 ㉠ 국가경찰의 인사·예산·장비·통신 등에 관한 주요 정책 및 경찰업무 발전에 관한 사항, ㉡ 국가경찰사무에 관한 인권보호와 관련된 경찰의 운영·개선에 관한 사항, ㉢ 국가경찰사무 외 다른 기관으로부터의 업무협조요청에 관한 사항, ㉣ 제주특별자치도의 자치경찰에 대한 경찰의 지원·협조 및 협약체결의 조정 등에 관한 주요 정책사항, ㉤ 시·도자치경찰위원회 위원 추천, 자치경찰사무에 대한 주요 법령·정책 등에 관한 사항 및 의결에 대한 재의 요구에 관한 사항, ㉥ 비상사태 등 전국적 치안유지를 위한 지휘·명령에 관한 사항, ㉦ 기타 중요한 사항을 심의·의결한다(동법 제10조).

국가경찰위원회는 위원장 1인, 상임위원 1인, 비상임위원 5인으로 구성되며, 위원은 행정안전부장관의 제청으로 국무총리를 거쳐 대통령이 임명한다. 위원 중 2

---

71) 지방 또는 자치경찰을 기초자치단체 단위로 하는 외국 사례는 프랑스, 이탈리아, 그리스 등에 있고, 광역자치단체 단위로 하는 외국 사례는 일본, 영국, 캐나다 등에 있다. 영국과 일본은 기초단위 경찰제로 운영하다가 광역단위로 전환하였다.

인은 법관의 자격이 있는 사람이어야 하며, 정당인은 위원이 될 수 없다. 위원의 임기는 3년이며, 연임될 수 없다(동법 제7조~제9조).

(b) **경찰청** : 치안에 관한 사무를 관장하기 위하여 경찰청이 설치되어 있다(동법 제12조). 경찰청은 행정안전부의 외청으로서 경찰행정기관이다. 경찰청장은 국가경찰위원회의 동의를 얻어 행정안전부장관의 제청으로 국무총리를 거쳐 대통령이 임명한다. 경찰청장은 국가경찰에 관한 사무를 총괄하고 경찰청 업무를 관장하며, 그 소속 공무원 및 경찰기관의 장을 지휘·감독한다(동법 제14조).

(C) **국가수사본부** : 2020년 형사소송법과 검찰청법 개정법률안이 통과됨에 따라 2021년 수사권 개혁의 일환으로 국가수사본부가 설치되었다. 국가수사본부는 경찰 수사 사건과 시·도경찰청, 경찰서 수사부서를 지휘하며, 국가수사본부장은 2년 임기로 중임할 수 없다.

(나) 지방경찰 조직

(a) **시·도자치경찰위원회** : 자치경찰사무를 관장하기 위하여 시·도지사 소속으로 시·도자치경찰위원회를 두고 있다. 시·도자치경찰위원회는 ㉠ 자치경찰사무에 관한 목표의 수립 및 평가, ㉡ 자치경찰사무에 관한 인사, 예산, 장비, 통신 등에 관한 주요정책 및 그 운영지원, ㉢ 자치경찰사무 담당 공무원의 임용, 평가 및 인사위원회 운영, ㉣ 자치경찰사무 담당 공무원의 부패 방지와 청렴도 향상에 관한 주요 정책 및 인권침해 또는 권한남용 소지가 있는 규칙, 제도, 정책, 관행 등의 개선, ㉤ 자치경찰사무와 관련된 중요사건·사고 및 현안의 점검, ㉥ 자치경찰사무에 관한 규칙의 제정·개정 또는 폐지, ㉦ 지방행정과 치안행정의 업무조정과 그 밖에 필요한 협의·조정, ㉧ 국가경찰사무·자치경찰사무의 협력·조정과 관련하여 경찰청장과 협의, ㉨ 국가경찰위원회에 대한 심의·조정 요청, ㉩ 그 밖에 시·도지사, 시·도경찰청장이 중요하다고 인정하여 시·도자치경찰위원회의 회의에 부친 사항에 대한 심의·의결 등을 소관사무로 한다(동법 제24조).

시·도자치경찰위원회는 위원장 1인, 상임위원 1인, 비상임위원 5인으로 구성되며, 위원은 시·도지사가 임명한다. 위원은 특정 성(性)이 10분의 6을 초과하지 않도록 노력해야 하며, 임기는 3년으로 연임할 수 없다(동법 제18조, 제19조, 제23조).

(b) **시·도경찰청** : 경찰청의 사무를 지역적으로 분담 수행하기 위하여 시·도지사 소속하에 시·도경찰청을 두고 있다. 이 경우 인구, 행정구역, 면적, 지리적 특성, 교통 등의 조건을 고려하여 시·도지사 소속으로 2개의 지방경찰청을 둘 수 있다(동법 제13조). 시·도경찰청장은 국가경찰사무에 대해서는 경찰청장의 지휘·감

독을, 자치경찰사무에 대해서는 시·도자치경찰위원회의 지휘·감독을 받아 관할구역 안의 경찰사무를 관장하고, 소속 공무원 및 소속 경찰기관의 장을 지휘·감독한다. 다만, 수사에 관한 사무에 대해서는 국가수사본부장의 지휘·감독을 받아 관할구역의 소관 사무를 관장하고 소속 공무원 및 소속 경찰기관의 장을 지휘·감독한다(동법 제28조).

(b) 경찰서 : 지방경찰청의 사무를 지역적으로 분담 수행하기 위하여 일정한 지역단위에 경찰서를 둔다(동법 제13조). 경찰서장은 시·도경찰청장의 지휘·감독을 받아 관할구역 안의 소관사무를 관장하고, 소속 공무원을 지휘·감독한다(동법 제30조 제2항). 경찰서 소관사무의 지역적 분담을 위하여 경찰지구대 또는 파출소(필요시는 출장소)를 두고 있다(동법 제30조 제3항).

4 자치경찰제도의 도입과정과 운영

(1) 추진경과

우리나라에서 건국 후 자치경찰제의 채택에 관한 논의는 여러 차례 있었지만, 그때마다 좌절되어 왔다. 예컨대, 2004년에 정부에서 '지방분권특별법'에 자치경찰 도입을 의무화하고, 주민생활 중심의 자치경찰제 도입 방안을 확정하여, 당·정협의 등을 거쳐 국회에 법안이 제출되었으나 국회의 임기종료로 자동폐기됨으로써 실현되지 못했다. 2009년에 국회 '행정체제개편특별위원회'의 주도로 기초자치단위에 생활안전, 교통(면허 제외) 등의 업무를 자치경찰로 이관하고, 이를 전면적으로 실시하는 방안을 마련했으나 실현시키지 못했다.

이러한 상황에서 2013년에 정부가 국정과제인 '지방분권 강화 및 시민사회·지역공동체 활성화'를 위한 과제로 자치경찰제 도입을 명시했으며, 2018년 11월 대통령소속 자치분권위원회 자치경찰제 특별위원회에서 자치경찰제 도입 방안을 발표하여, 2020년 국가경찰과 자치경찰의 조직 및 운영에 관한 법률 전부개정안이 통과되었고, 2021 7월 1일 자치경찰제도가 전면 시행되었다.

(2) 자치경찰제의 운영

(가) 자치경찰제의 정립

자치경찰제를 도입한 법적근거는 '지방자치분권 및 지방행정체제개편에 관한 특별법'이다. 동법 제12조에서 '국가는 지방행정과 치안행정의 연계성을 확보하고 지역특성에 적합한 치안서비스를 제공하기 위하여 자치경찰제도를 도입하여야 한다.'고 규정하였다. 이에 따라 시행하게 된 자치경찰제는 다음과 같이 운영되고 있다.

(a) **도입단위 및 범위** : 전체 경찰사무 중 주민의 생활과 밀접한 지역의 생활안전·교통·경비·수사 등에 관한 사무를 시·도지사 소속의 합의제 행정기관인 자치경찰위원회의 지휘·감독에 따라 수행하는 제도로, 국가경찰행정과 관련해서는 국가경찰위원회를, 자치경찰사무와 관련해서는 시·도자치경찰위원회를 두고 있다.

다만, 제주특별자치도는 「제주특별자치도 설치 및 국제자유도시 조성을 위한 특별법」을 우선하여 적용하며, 제주특별자치도 자치경찰단을 운영한다.

(b) **자치경찰 조직** : 자치경찰사무를 관장하기 위하여 시·도지사 소속으로 시·도자치경찰위원회를 두고(경찰법 제18조), 사무의 지역적 분담을 위하여 시·도에 시·도경찰청을 두고, 인구, 행정구역, 면적, 지리적 특성, 교통 등의 조건을 고려하여 시·도 경찰청장 소속으로 경찰서를 둔다(동법 제13조).

시·도자치경찰위원회는 자치경찰사무에 관한 목표 수립 및 평가, 인사·예산·규칙 제정 등의 사항, 지방행정과 치안행정의 업무조정과 그 밖에 필요한 협의·조정, 국가경찰사무·자치경찰사무의 협력·조정과 관련하여 경찰청장과 협의할 사항 및 국가경찰위원회에 대한 심의·조정 등의 사무를 수행한다(동법 제24조).

(c) **자치경찰 사무** : 자치경찰은 종래 국가경찰이 수행하던 업무 중 지역 내 주민의 생활안전 활동에 관한 사무, 지역 내 교통활동에 관한 사무, 지역 내 다중운집 행사 관련 혼잡 교통 및 안전관리, 학교폭력, 가정폭력, 아동학대, 교통사고 및 교통 관련 범죄, 경범죄 및 기초질서 관련 범죄 등 주민 생활과 밀접한 사무를 수행한다(동법 제4조).

(d) **자치경찰 인사** : 시·도경찰청에 시·도경찰청장을 두며, 시·도경찰청장은 치안정감·치안감 또는 경무관으로 보하며, 시·도경찰청장은 경찰청장이 시·도자치경찰위원회와 협의하여 추천한 사람 중에서 행정안전부장관의 제청으로 국무총리를 거쳐 대통령이 임용한다(동법 제28조).

시·도자치경찰위원회는 합의제 행정기관으로 시·도지사가 임명하며, 위원장 1

명을 포함한 7명의 위원으로 구성되며, 위원장과 1명의 위원은 상임으로, 5명의 위원은 비상임으로 한다(동법 제18조~제20조).

(e) **자치경찰 분쟁조정 및 지원·감독** : '시·도 자치경찰위원회'의 설치를 통해 지방행정과 치안행정의 업무조정과 그 밖에 필요한 사항의 협의·조정, 전국적 치안유지를 위한 경찰청장의 지휘·명령에 관한 사무, 국가경찰사무·자치경찰사무의 협력·조정과 관련하여 경찰청장과 협의할 사항, 국가경찰위원회에 대한 심의·조정 요청, 시·도지사, 시·도경찰청장이 중요하다고 인정하여 시·도자치경찰위원회의 회의에 부친 사항에 대한 심의·의결의 처리 한다.

(나) 제주특별자치도의 자치경찰제 운영

2006년 7월 1일 제주특별자치도는 자치입법·자치재정·자치조직 및 인사 등 자치행정, 자치경찰 등 전분야에 걸쳐 특례적 자치권을 갖는 특별도로 출범하였다. 제주특별자치도 자치경찰의 도입목적은 제주특별자치도의 국제 관광도시 등의 지역 특성에 적합한 치안수요에 효율적으로 대처하기 위함이라고 할 수 있으며 운영현황은 다음과 같다.[72)]

(a) **자치경찰사무** : 자치경찰은 주민 생활 안전활동에 관한 사무, 지역교통활동에 관한 사무, 공공시설 및 지역행사 등의 지역 경비에 관한 사무 등이다.

① 주민생활안전활동에 관한 사무는 생활안전을 위한 순찰 및 시설의 운영, 안전사고 및 재해재난으로부터의 일상생활에서의 질서유지 등의 업무이며, ② 지역교통에 관한 사무는 교통안전 및 교통소통에 관한 사무, 사회적 약자 보호 및 가정·학교 폭력 등의 예방, 교통법규위반 지도·단속에 관한 사무 등이 포함된다. ③ 공공시설과 지역행사장 등의 지역경비에 관한 사무 등이다(제주특별자치도 설치 및 국제자유도시 조성을 위한 특별법 제90조 : 이하 '제주특별자치도법'이라 한다.).

(b) **자치경찰사무의 처리** : 자치경찰 사무의 처리는 국가경찰과 자치경찰 간의 사무분담 및 사무수행방법에 대하여 제주특별도지사와 제주특별자치도 지방경찰청장이 협약으로 정하고 공표하도록 규정(동법 제91조) 하고 있다.

(c) **자치경찰의 조직과 재정** : 자치경찰기구로 제주특별자치도자치경찰위원회 소속으로 자치경찰단을 두며, 단장은 자치경무관으로 하고 제주특별자치도지사가 임명한다. 조직 및 정원은 조례로써 정하며(동법 제88조) 자치경찰단 설치·운영에 필요한 경비를 국가가 지원할 수 있도록 규정하였다(동법 제103조). 2006년 제주특별자치도의 자치경찰 창설시에 제주도에는 자치경찰단을, 제주·서귀포시에는 자치

72) 홍정선, 신지방자치법(서울 : 박영사, 2013), pp. 679~681.

경찰대를 설치하였으나, 2012년에 비효율성을 이유로 제주도자치경찰단으로 통폐합하여 운영 중이다.

(d) **자치경찰사무에 관한 감사** : 제주특별자치도 감사위원회가 자치경찰 사무에 대한 감사를 실시한다. 이 경우에는 제주자치도 지방경찰청장 또는 경찰서장에게 참여를 요청할 수 있다(동법 제105조, 제131조).

제4절 지방행정사무

I 지방행정사무의 의의

지방행정사무는 '지방자치단체가 수행할 것으로 기대되는 일정한 공공서비스 업무'를 말한다. 이를 흔히 지방사무라고 한다. 여기에서 지방자치단체에 의하여 수행될 공공서비스 업무의 내용은 주민의 복리증진에 관련된 사항들이다.

우리 헌법 제117조는 "지방자치단체는 주민의 복리에 관한 사무를 처리하고 … " 라고 규정하여, 지방자치단체의 존립목적이 주민복리에 관한 사무의 처리에 있음을 명백히 하고 있다.

주민의 복리는 주민의 모든 일상생활과 관련된 것으로서 그 내용은 매우 광범하며, 지역에 따라, 개인에 따라 다르게 나타날 수도 있다. 그러나 주민의 복리는 대체로 ㉠ 경제적으로 풍요하고 평등한 생활, ㉡ 사회·문화적으로 인간다운 생활, ㉢ 환경적으로 편리하고 위생적인 생활의 영위를 그 주요 골자로 하고 있다.

이러한 주민복리의 중점도 시대에 따라 변한다. 즉, 과거에는 주민복리를 주로 경제면에 치중하였으나, 오늘날에는 복리의 중점이 점차로 사회면과 환경면으로 옮기는 경향이 늘어가고 있다. 그리하여 오늘날에는 지방자치단체가 주민의 생활에 관하여 G.N.P.와 같은 경제지표(economic indicator) 외에, 사회지표(social indicator)·환경지표(environmental indicator) 등 지표[73]를 설정하거나, 주민생활의

73) 지표란 한 사회 주요국면의 조건에 대하여 간결하고도 포괄적이며, 균형적인 판단을 가능하게 하는 직접적이고도 규범지향적인 통계로서, 복지측정의 척도를 말한다. 지표는 본래 기술적인 것, 즉 사회

최저수준을 의미하는 시민적 최저수준(civil minimum)[74]을 기준으로 사무를 처리하도록 하는 경향이 늘어가고 있다.

주민의 생활에 관한 지표나 최저수준이라는 것은 결국 행정수요(service needs)와 밀접한 관련을 가진 것으로서, 그 설정이나 측정에 있어서는 정밀한 계량을 통한 과학적이고도 체계적인 방법이 요청되고 있다. 지방자치란 결국 주민생활에서 일어나는 사회적 수요에 대한 공공적 대응을 의미하는 것이다.

의 현재의 상태를 파악하는 데서 출발하였으나, 오늘날에는 규범적인 것, 즉 바람직한 상태를 표시하는 데도 사용되고 있다. 어떤 의미에서는 후자가 지표설정의 기본 동기이기도 하다.

사회지표의 대상을 무엇으로 할 것인가가 문제이다. 우리나라에서는 사회체계화에 관한 UN(UN통계위원회)의 권고(1972년)에 의거하여 UNFPA의 자금지원을 받아 한국개발연구원(KDI)과 경제기획원 조사통계국이 공동으로 「인구통계개선: 개발계획작성을 위한 사회경제지표」에 관한 연구를 수행하여 1978년에 350개 지표를 최초로 체계화하였다. 이것을 토대로 1979년에 8개분야(인구, 소득・소비, 고용・노사, 교육, 보건, 주택・환경, 사회, 공안) 128개지표를 작성하여 최초로 공표한 이후 매년 그 체계와 지표수를 개선하여 측정・발표해오고 있다. 사회변화에 부합하는 새로운 사회지표체계의 필요에 따라 1987년, 1995년, 2004년, 2012년에 4차로 지표체계를 개편하였다. 2012년에는 저출산・고령화, 사회통합, 다문화가구, 공정사회구현 등 국민들의 관심영역을 반영하여 11개분야(인구, 건강, 가구・가족, 교육, 노동, 소득・소비, 주거・교통, 환경, 안전, 문화여가, 사회통합) 255개 지표체계로 개편하였다.

이러한 우리나라의 사회지표의 특징은, 생활의 질에 관한 객관적 측면에 비하여 주관적 측면이 미약하고, 긍정적 지표 위주로서 부정적 지표(예컨대 수질오염 등)의 개발이 부족하다는 점 등에 있다고 하겠다. 미국에서는 사회적 무질서와 소외 등도 지표에 포함시키고 있는 것이다.

일본에서는 인간생활의 영역을 주거, 소비, 근로, 양육, 의료, 여가, 학습, 사교의 8개 분야로 나누고, 인간생활의 수준을 안전, 공정, 자유, 쾌적의 4개 평가축으로 측정하여 다양한 국민생활 측면을 정확히 파악하고자 하고 있다(통계청, 2012한국의 사회지표).

74) civil minimum이란 주민이 안전, 건강, 쾌적, 능률적인 생활을 영위해 나가는 데 필요한 최저의 조건으로서, 지방자치단체가 이를 위하여 수행하지 않으면 안 되는 최저 행정수준을 말한다. 이러한 civil minimum이 설정됨으로써 지방자치단체의 입장에서는 시책의 방향, 정책의 우선순위, 책임범위 등을 명시할 수 있고, 주민의 입장에서는 주민복지시책을 보장받고 그에 관한 객관적인 비판 및 통제를 행할 수 있게 된다.

civil minmum과 유사한 용어로서 national minimum이 있다. 그러나 후자는 사회보장(공적 부조, 사회보장)을 중심으로 하는 데 비하여, 전자는 사회보장뿐만 아니라 사회자본 및 사회보건을 포함한 광범한 영역을 대상으로 하며, 후자는 국가적 수준의 정책과제를 표현하는 데 비하여 전자는 지방자치단체적 수준의 정책기준을 표현하는 것이다.

이러한 civil minimum이 중앙집권을 전제로 하는 national minimum에 대한 반발개념으로서 정립된 점은 좋으나, 개별 지방자치단체의 책임을 강조한 나머지 모든 지방자치단체간 공동협력의 면을 간과하고 있고, 지역간 균등발전을 고려하지 아니한 대도시 중시의 결과를 가져오기 때문에, 각 지방자치단체간의 연계와 균등발전을 고려하는 local minimum개념의 정립이 필요하다는 주장도 있다(이창균 "로칼미니멈론의 검토", 최창호 화갑기념논문간행위원회, 지방자치와 행정, 삼영사 1995, pp. 153~175).

Ⅱ 지방행정사무의 종류

1 지방행정사무종류의 구별

지방자치단체의 사무는 그 분류기준 여하에 따라 여러 가지로 나눌 수 있으나, 가장 일반적인 분류방법은 지방자치법 제13조 제1항과 제115조 및 제116조의 법률상 규정에 따른 ㉠ 고유사무, ㉡ 단체위임사무 및 ㉢ 기관위임사무의 3대 분류법이다.

(1) 자치사무와 위임사무의 구별

(가) 구별의 근거

지방자치법 제13조 제1항은 "지방자치단체는 관할 구역의 자치사무와 법령에 따라 지방자치단체에 속하는 사무를 처리한다"고 규정하고 있는데, 이는 지방자치단체의 사무의 종류 및 범위를 규정한 것이다.

법문에서 말하는 '자치사무'란 그 지방자치단체 본래의 고유사무(eigener Wirkungskreis)를 뜻하고, '법령에 따라 지방자치단체에 속하는 사무'는 법령에 따라 지방자치단체에 위임된 위임사무(auftragener Wirkungskreis)를 뜻한다.

원래 지방자치단체의 사무를 자치사무와 위임사무로 구별하는 이론은 자연법적인 지방권의 사상을 근거로 하여 19세기 이래 유럽 대륙에서 발전되어 온 것으로서, 지방자치단체가 고유하게 가지고 있는 사무를 국가로부터 위임된 사무와 구별하기 위하여 사용되어 온 방법인데, 이러한 구별이론이 일본에 전승되어 통설의 지위를 차지하게 되었고,[75] 이러한 이론이 우리나라에 그대로 받아들여진 것이다.

현대국가에 있어서는 전국적인 이해관계가 있어 국가가 직접 집행하여야 할 사무 외에는 모두 지방자치단체로 하여금 처리하도록 하되, 전국적인 이해관계와 지방적인 이해관계가 동시에 있는 사무는 지방자치단체에 위임하여 국가는 필요한 일정한 통제를 행한다는 데에 자치사무와 위임사무의 구별의 의의가 있다.

---

75) 久世公堯, 地方自治制度(東京 : 第一法規, 1976), pp. 221~222.

(나) 구별의 곤란성

자치사무와 위임사무의 구별 이론은 원래 자연법적인 지방권 사상에 그 근거를 두고 전개되었던 것으로서, 그 후 자연법론이 쇠퇴함에 따라 점차 그 근거가 모호하게 되었다.

일본에서는 두 사무의 구별에 관하여 지방자치단체 '존립목적'의 이론을 발전시켰다.[76] 그러나 이 이론이 이론적으로는 아무리 결함이 없다고 하더라도 그 지방자치단체의 '존립목적'의 범위가 어디까지냐를 실제적으로 명확히 할 수 없는 한 의미를 상실한다.

자치사무와 위임사무의 한계는 고정적인 것이 아니라 시대의 변천에 따라 변동한다. 즉, 종전에는 순수한 지방적 사무로 인식되었던 사무가 시대의 변천에 따라 대규모적・전국적 이해관계의 사항이 되면 이를 국가로부터 위탁받아서 국가의 엄격한 감독 아래 처리하는 것으로 해석될 수 있으며, 반대로 종래에 국가적 사무로 인식되었던 사무가 지방자치단체의 지위와 능력의 향상에 따라 이를 자주적으로 처리할 수 있게 되면 이를 지방자치단체의 자치사무로 해석할 수 있게 된다.

뿐만 아니라 고유사무와 위임사무의 한계는 일률적인 것이 아니라 국가에 따라 상이할 수 있다. 즉, 민주주의의 전통이 깊고 지방자치의 기초가 확고한 나라에서는 지방자치단체 자치사무의 폭이 넓은 데 비하여, 민주주의와 지방자치가 발달하지 못한 나라에서의 지방자치단체는 국가의 많은 위임사무를 처리하는 데 불과한 경우가 있다.

오늘날에는 그 이해관계가 전적으로 국가나 지방자치단체에만 있는 사무는 많지 않고, 그 이해관계가 국가와 지방자치단체 모두에게 있어 중앙정부와 지방정부가 상호 긴밀히 협력하여 처리하는 사무가 그 대종을 이루고 있다. 따라서 어떤 사무가 지방자치단체에 고유한 사무이고, 어느 사무가 국가로부터 위탁된 사무인지 구별하기가 어려울 뿐만 아니라 또한 그것이 거의 무의미하게 되었다.

오늘날 자치사무와 위임사무를 구별하는 실익이 있다면 그것은 각 사무에 대한 국가감독의 강약 등 주로 기술적 이유에 있다. 그러나 실제에 있어서는 자치사무도 포괄적으로나마 국법에 의하여 위탁된 사무로서 그 처리에 일정한 규제가 가해지는 점에서 위임사무와 다른 점이 없고, 반대로 위임사무라 하더라도 지방자치단체의 사무로서 지방의회의 관여 아래 처리되는 만큼 고유사무와 다를 바 없으므로,

---

76) 즉, 지방자치단체의 존립에 관한 사무는 그 연유야 어떻든 그것이 해당 지방자치단체에 전속한 사무임이 명백하므로 이를 지방자치단체의 자치사무로 보고, 그렇지 아니한 사무는 국가로부터 위탁된 위임사무라고 보아도 좋다는 것이다(앞의 책, pp. 222~223).

그러한 기술적 이유도 그 의미를 거의 상실하고 있다.

결국 자치사무와 위임사무의 구별은 국법이 지방자치단체에게 사무를 개별적으로 위임한 것이냐(위임사무), 포괄적으로 위임한 것이냐(고유사무)에 따라 구별할 수밖에 없게 되었다.[77)]

(2) 단체위임사무와 기관위임사무의 구별

한편, 위임사무에도 그 수임자가 서로 다른 두 가지의 사무가 있다. 그 하나는 지방자치단체 자체에게 위임되는 이른바 단체위임사무이고, 다른 하나는 지방자치단체의 장 기타 집행기관에게 위임되는 이른바 기관위임사무이다.

위임사무의 개념을 넓게 파악할 때에는 이러한 두 가지를 모두 포함하나, 이를 좁게 파악할 때에는 전자, 즉 지방자치단체에 위임한 사무만을 의미한다.

단체위임사무란 지방자치법 제13조의 '법령에 따라 지방자치단체에 속하는 사무'로서, 국가 또는 상급자치단체로부터 지방자치단체 자체에게 위임된 사무를 말한다. 전술한 자치사무와의 구별에서 논의의 대상이 되었던 위임사무란 주로 이러한 단체위임사무를 일컫는 것이었다.

이러한 단체위임사무는 일단 위임되고 난 뒤에는 그 지방자치단체의 자치사무와 마찬가지로 지방의회와 집행기관의 상호 협력을 통하여 처리되며, 그 처리에 대한 국가 또는 상급자치단체의 감독도 자치사무의 경우와 결국 정도의 차이에 불과해지므로, 단체위임사무는 오히려 자치사무와 유사하며 오늘날 그 구별이 지극히 곤란해져 가고 있다.

기관위임사무는 지방자치법 제115조의 "시·도와 시·군 및 자치구에서 시행하는 국가사무는 시·도지사와 시장·군수 및 자치구의 구청장에게 위임하여 수행하는 것을 원칙으로 한다. 다만, 법령에 다른 규정이 있는 경우에는 그러하지 아니하다."에 근거한 것으로서, 이 경우 국가사무를 처리하는 시·도지사 등 지방자치단체의 장은 그 사무를 위임한 국가의 하급기관의 지위에서 국가의 엄격한 통제 아래서 이를 처리하게 되고, 그 사무의 처리에 관하여는 해당 지방의회의 관여가 배제된다.[78)]

---

77) 김보현·김용래, 지방행정의 이론과 실제(서울 : 법문사, 1982), p. 380.

78) 지방자치단체의 사무 유형 및 구분(「지방자치법」)

2 지방행정사무의 특성

지방자치단체의 자치사무(고유사무)와 위임사무(단체위임사무) 및 기관위임사무는 각각 다음과 같은 특성을 가지고 있다.

(1) 자치사무(고유사무)

(가) 의 의

자치사무는 일반적으로 지방자치단체의 존립을 목적으로 하는 사무를 말한다. 지방자치단체는 원래 그 주민의 복리증진을 위하여 지방적 공공사무를 처리하는 것을 기본임무로 하는데, 이러한 사무는 지방자치단체가 자기의 책임과 부담으로 처리하여야 한다는 의미에서 이를 '고유사무'라고 부르기도 한다. 법령에 "지방자치단체는 … 를 행한다"(예 : 청소년기본법 제47조 등)라고 규정되어 있는 사무가 이에 해당한다.

구분	자치사무	단체위임사무	기관위임사무
정의	· 주민복리 등 자기 책임하에 처리하는 고유사무	· 법령에 의해 자치단체에 위임된 사무	· 법령에 의해 단체장에게 위임된 사무
법적 근거	· §13 ① "지방자치단체는 그 관할 구역의 자치사무를 … 처리한다"	· §13 ① "지방자치단체는 … 법령에 의하여 지방자치단체에 속하는 사무를 처리한다"	· §115 "시도와 시군구에서 시행하는 국가사무는 … 시도지사와 시장군수구청장에게 위임하여 행한다."
경비 부담	· 지방비+국가장려적 보조금	· 지방비+국가 부담금	· 전액 국가 부담
의회 관여	· 가능	· 가능(조례제정권 포함)	· 불가능(단, 국회 등이 감사하기로 한 부문 이외의 사항에 대해 가능)
국가 감독	· 소극적 위법성 감독 §184 조언 · 권고, 자료요구 §188 위법한 명령의 시정 §190 보고, 위법사항 감사 §192 재의요구지시, 제소	· 포괄적 합목적성 감독	· 포괄적 합목적성 감독 §185 지도 및 감독 §189 직무이행명령, 대집행 §192 재의요구지시, 제소 *위임위탁규정§6취소 · 정지
규정 형식	· "시도지사는 …을 하여야 한다."	· "시도에 …을 위임한다."	· "시도지사에게 …을 위임한다."
사례	· 학교급식시설의 지원에 관한 사무(96추84)	· (판례없음)	· 골재채취업등록 및 골재채취허가 사무(2004추34)

* 자치사무와 국가위임사무로 대별, 감독범위 · 비용부담 · 의회 관여 등에 따라 자치사무 · 단체위임사무 · 기관위임사무로 구분

자치사무는 법령에 특별한 규정이 없는 한 지방자치단체가 처리하는 것이 원칙이다.

(나) 지방의회의 관여

자치사무는 지방자치단체의 고유사무이므로 그 사무의 처리에 주민의 대표기관인 지방의회가 당연히 관여하게 된다.

(다) 경비부담

자치사무의 처리에 소요되는 경비는 지방자치단체가 전액 부담하는 것이 원칙이고(지방재정법 제20조), 국고보조금을 받는 경우에는 그것은 장려적 보조금의 성격을 가지게 된다.

(라) 감 독

자치사무에 대한 국가의 감독은 소극적 감독, 즉 합법성에 관한 교정적 감독에만 한정되고, 적극적 감독, 즉 예방적 감독과 합목적성의 감독은 배제되는 것이 원칙이다. 왜냐하면 자치사무는 지방자치단체가 그 의사와 책임과 부담으로 이를 자율적으로 처리하는 사무이기 때문이다.

(2) 위임사무(단체위임사무)

(가) 의 의

단체위임사무는 법령에 의하여 국가 또는 상급 자치단체로부터 그 지방자치단체에 위임된 사무를 말한다. 법령에 "… 가 지방자치단체에 위임한다"고 규정하고 있는 사무 및 "시・도지사, 시장・군수 및 자치구청장이 … 를 시행한다"고 규정하고 있는 사무 중, 국가적 이해관계와 지방적 이해관계가 있는 사무가 이에 해당한다. 개개의 법령에 의하여 지방자치단체에 위임된 사무이므로, 처리하지 않으면 안 되는 필요사무가 일반적이다.

(나) 지방의회의 관여

단체위임사무는 국가 또는 상급 자치단체로부터 위임된 사무이지만 해당 자치단체 자체에 위임된 사무이기 때문에 해당 자치단체의 의결기관인 지방의회가 그 사무의 처리에 참여하게 된다.

(다) 경비부담

단체위임사무는 지방적 이해관계와 전국적 이해관계를 동시에 가지고 있는 것이므로, 이 사무의 처리에 소요되는 경비는 해당 지방자치단체와 국가가 공동 부담하는 것을 원칙으로 하며, 이 경우 국가가 교부하는 국고보조금은 부담금의 성격을 갖는다(동법 제21조 제1항).

(라) 감 독

단체위임사무에 대한 국가의 감독은 합법성과 합목적성의 교정적 감독에 한정되고, 그 예방적 감독은 배제된다.

(3) 기관위임사무

(가) 의 의

기관위임사무란 법령에 의하여 국가 또는 상급 지방자치단체로부터 지방자치단체의 집행기관(단체장, 교육감)에게 위임된 사무를 말한다. 법령에 "시·도지사, 시장·군수 및 자치구의 구청장이 … 를 시행한다"고 규정하고 있는 사무 중 전국적 통일을 요하는 사무 및 "… 가 시·도지사, 시장·군수 및 자치구의 구청장에게 위임한다"고 규정하고 있는 사무가 이에 해당한다.

우리나라의 경우 지방자치단체에서 시행되는 국가사무는 법령에 다른 규정이 없는 한 지방자치단체의 장 등 집행기관에게 위임하여 처리하도록 되어 있다(지방자치법 제115조). 즉, 기관위임 우선이다. 기관위임사무는 그 성질이 일반적으로 지방적 이해관계보다도 전국적 이해관계가 큰 사무이다.

지방자치단체의 집행기관이 기관위임사무를 처리할 때에는 국가(또는 상급 자치단체)의 하급행정기관과 동일한 지위에 서게 된다.

(나) 지방의회의 관여

기관위임사무는 해당 지방자치단체에 위임된 것이 아니라 그 집행기관에게만 위임된 사무이므로 그 처리는 집행기관의 전권에 속하는 것이며, 따라서 이에 관하여 지방의회는 관여할 바가 못 된다. 다만 그 사무의 처리를 위하여 경비를 부담할 때에는 이는 해당 지방자치단체의 경비부담이 되는 것이므로 이에 지방의회가 관여할 수 있다 할 것이다.

(다) 경비부담

기관위임사무의 처리에 소요되는 경비는 그 전액을 위임기관이 부담하는 것이 원칙이다. 이 경우에 수임기관에 교부되는 보조금은 의무적인 교부금으로서의 성격을 가진다(지방재정법 제21조 제2항).

(라) 감 독

기관위임사무에 있어서는 수임기관이 위임기관의 하급행정기관으로서의 지위에서 사무를 처리하는 것이므로 위임기관은 이에 대하여 거의 전면적인 직무감독을 행할 수 있다. 이때의 감독은 합법성뿐만 아니라 합목적성의 감독도, 그리고 교정적 감독뿐만 아니라 예방적 감독도 모두 가능하게 된다.

3 기관위임사무의 문제점

기관위임사무는 지방자치단체가 지방사무를 국가의 간섭을 받음이 없이 독자적으로 처리한다는 지방자치의 본지와는 거리가 먼 것으로서, 여러 가지 문제를 야기하고 있다.[79)]

첫째로, 지방자치단체를 국가의 하급기관으로 전락시키는 중요한 요인이 된다.

둘째로, 국가의 지방자치단체에 대한 광범하고도 강력한 통제의 통로가 된다. 특히 그 사무처리에 소요되는 경비의 교부가 그러한 상황을 촉진한다.

셋째로, 국가와 지방자치단체 사이의 행정적 책임의 소재를 불명확하게 한다. 이것은 지방정부의 각 국·과와 중앙정부의 각 국·과가 직접 관련됨으로써 지방자치단체장의 책임을 형식화하는 데서 더욱 촉진된다.

넷째로, 행정에 대한 지방의회의 관여와 주민의 의사개진의 통로를 폐쇄한다. 즉, 주민통제를 받지 않는 행정을 확대한다.

다섯째로, 전국적인 획일행정의 그늘에서 지방적 특수성과 배분적 형평이 희생된다. 이에 지방의 창의성이 묵살되고 지방의 불만이 고조된다.

이상과 같은 여러 현상들을 통하여 기관위임사무는 결국 지방자치를 형식화하고 중앙집권을 가속화하게 된다. 기관위임사무가 증가한다는 사실은 지방자치제

79) 坂田期雄, 地方制度の構造と實態(東京 : ぎょうせい, 1979) pp. 198~200 ; 장지호, 지방행정론(서울 : 대왕사, 1982), pp. 432~433.

의 채택에도 불구하고 실질적으로 중앙집권을 초래하게 된다는 점에서 심히 우려하지 않을 수 없는 것이므로,[80] 오늘날 그 존치 여부가 논란의 대상이 되고 있다.

4 지방행정사무종류의 개편

(1) 자치적 사무의 확충

자치사무와 단체위임사무는 그 구별이 모호하고, 기관위임사무는 많은 문제점을 안고 있는데다가, 우리나라에서는 지방자치단체의 사무구성에 있어 기관위임사무의 증대로 인하여 자치사무의 비중이 극히 낮은 실정이므로, 자치사무의 혁신적인 확대조치가 없는 한 지방자치는 명목화·형식화 할 수밖에 없는 상황이다. 따라서 현재의 단체위임사무를 가능한 한 자치사무로 전환시키고, 기관위임사무 가운데 순수한 국가사무 이에는 모두 단체위임사무로 개편하여야 한다.

(2) 지방행정사무종류의 재편성

(가) 지방행정사무종류의 재편성 논의

현재와 같은 고유사무·단체위임사무·기관위임사무의 구분을 완전히 없애고 지방자치단체의 사무를 재편성 하자는 대안이 제기되고 있다.

(a) **기관위임사무 폐지안** : 기관위임사무란 지방자치단체를 국가의 하급기관으로 전락시키는 근원으로서 그 폐해가 크기 때문에 이를 완전히 폐지하고, 지방자치단체의 사무를 고유사무와 단체위임사무로 이원화하여 어느 경우든 그 처리에 주민의 대표기관인 지방의회가 관여하도록 하려는 대안이다.[81]

(b) **단체위임사무 폐지안** : 단체위임사무는 일단 해당 지방자치단체에 위임된 후에는 고유사무의 경우와 꼭 같이 주민의 대표기관인 지방의회의 관여 아래 처리되는 것이므로 이를 모두 고유사무화 하여 단체위임사무제를 폐지함으로써, 지방자치단체의 사무를 고유사무와 기관위임사무로 이원화하자는 것이다.[82]

---

80) 星野光男, 地方自治の理論と構造(東京 : 新評論社, 1970), pp. 93~94 ; 鈴木 武, 地方行財政制度と政策(東京 : 教育出版, 1971), pp. 111~112 ; 小瀧敏之, 政府間關係論(東京 : 第一法規, 1983), pp. 80~83.

81) 坂田期雄, 앞의 책, pp. 201~204.

(c) **사무종류 전면재편안** : 지방자치단체의 사무종류에 관하여 새로운 차원에서의 재편성을 도모하는 안으로서, 그 사무를 고유사무와 공동소관사무로 하자는 대안이다.[83] 여기에서 공동소관사무는 그 처리에 국가와 지방자치단체가 대등한 지위에서 협력하게 되며, 양쪽의 합의에 의하여 지방자치단체에 일임될 수도 있다. 지방의회의 관여는 처음부터 고유한 권리에 속한다. 국가의 감독은 협력의 의미를 띠며 그 범위는 교정적 감독에 그친다.

(나) 지방행정사무종류의 재편성 방향

2008년에 전문개정된 지방분권촉진에 관한 특별법(2013. 5. 28 지방자치분권 및 지방행정체제개편에 관한 특별법으로 대치)에서는 국가와 각급 지방자치단체간 사무배분 과정에서 국가사무 또는 시・도사무로서 시・도 또는 시・군・구의 장에게 위임되는 사무는 원칙적으로 폐지하고, 자치사무와 국가사무로 이분화하여야 한다고 규정하고 있다(지방자치분권 및 지방행정체제개편에 관한 특별법 제11조 제1항).

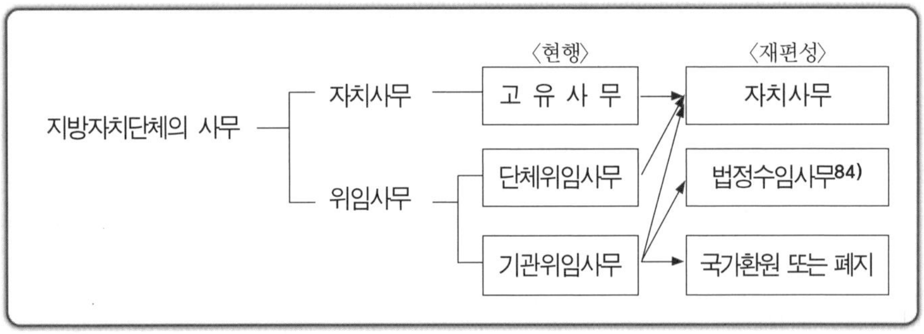

[그림 4-1 현행 지방자치단체의 사무종류와 그 재편성 방안]

---

82) 이 단체위임사무 폐지안에는 기관위임사무제가 폐지되면 국가는 오히려 그 해당 사무를 자신의 일선기관(특별지방행정관서)의 소관으로 할 것이므로 이를 존속시킬 필요가 있다는 견해가 내포되어 있는 것이다.

83) 최창호, "지방자치단체의 사무종류의 재분류", 행정연구, 제8집(서울 : 건국대학교 행정문제연구소, 1984), p. 29.

84) 법정수임사무란 본래 국가 또는 시・도에서 처리해야 하는 사무이나 적정한 처리를 위하여 법령 또는 조례로 시・도 또는 시・군・구가 수임하여 처리하는 사무를 말한다. 국가수임사무는 국가가 전액을 보조하고 조례제정을 통해 지방의 자율성 확보 및 지방의회의 관여를 인정할 수 있으며, 지방자치법상 감독만을 받을 수 있는 사무 등을 말한다.

지방자치단체의 지방행정사무종류를 재편성하는데 있어서 그 방향은, 첫째로 지방자치단체의 사무는 원칙적으로 자치사무로 하되 본질상 국가사무인 것은 존치하여 그 사무를 2원화하고, 둘째로, 단체위임사무 및 기관위임사무는 폐지하되, 그 적정한 처리를 위하여 부득이 위임여야 할 때에는 이를 ① 법령 또는 조례로써만 수임하고(법정수임사무), ② 그 처리에 지방의 자율성을 보장하고, ③ 지방의회의 관여를 허용하며, ④ 지방자치법상의 감독만을 허용하고, ⑤ 위임자가 비용 전액을 부담하도록 하는 것이다.

현행 지방자치단체의 사무종류와 그 재편성을 정리하면 앞의 [그림 4-1]과 같다.

(다) 일본의 지방행정사무종류 재편성

일본은 1994년에 지방분권추진위원회를 구성하여 5년간 연구한 동 위원회의 권고에 따라, 1999년에 지방분권추진을 위한 관계 법률의 정비 등에 관한 법률을 제정하여 지방자치법을 포함한 475개 법률을 동시 개정하였다.

이에 지방자치단체의 사무에 있어, 위임사무를 자치사무화하고, 기관위임사무 자체를 폐지하되 그에 속했던 사무의 일부는 국가사무화하거나 또는 폐지하고 나머지 존속사무는 법정수탁사무가 되는 것 외에는 모두 자치사무로 하여, 사무종류를 모두 자치사무와 법정수탁사무로 이원화하는 재편성(기관위임사무 폐지)을 단행하고([그림 4-2]), 지방자치단체에 대한 국가의 관여(통제)방식을 그 사무종류에 따라 다르게 체계화하였다.[85]

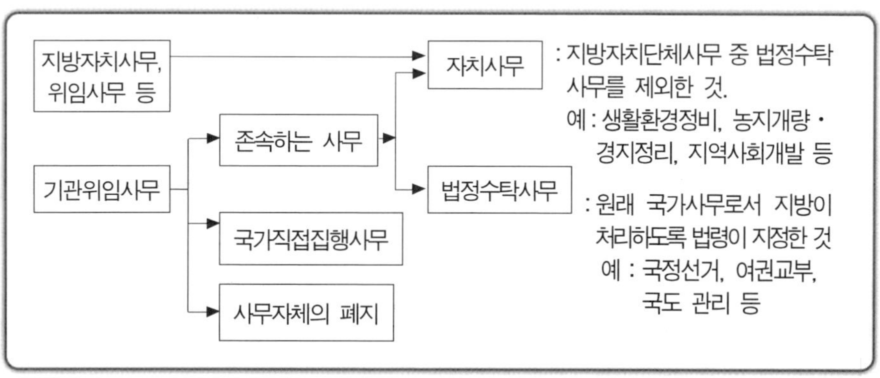

[그림 4-2 일본의 지방자치단체 사무종류 재편성]

85) 兼子 仁, 新地方自治法(東京 : 岩波書店, 1999), pp. 165~180.

Ⅲ 지방행정사무의 범위와 내용

1 지방행정사무의 확대와 복잡화

현대 지방자치에 있어서 지방자치단체가 처리하는 사무의 범위는 매우 광범위하고 그 내용 또한 복잡·다기하다. 그것은 오늘날의 국가는 복지국가(welfare state)·직능국가(positive state)·봉사국가(service state)·행정국가(administrative state)임을 그 특징으로 하고 있는데, 이러한 국가에 있어서는, 국가와 지방자치단체는 이른바 '요람에서 무덤까지' 국민과 주민의 거의 모든 생활을 보호·규제하고, 분배·급부하며, 중재·조정하고, 향상·촉진하고 있기 때문이다.

오늘날 지방자치단체는 주민에 대한 서비스를 제공할 뿐만 아니라, 지역의 발전과 진흥을 위하여 많은 일을 하고 있으며 또한 국가(또는 상급 자치단체)로부터 많은 사무를 위임 받아서 그것도 처리하고 있다.

오늘날과 같은 공공사무 확대의 상황 속에서 지방자치단체가 처리하여야 하는 사무의 범위를 어디까지로 하며, 그처럼 많은 사무의 복잡한 내용들을 어떠한 기준에 의하여 분류해서 어떻게 체계화 하느냐가 중대한 과제가 아닐 수 없다.

2 지방행정사무의 범위

(1) 지방행정사무 범위의 예시

(가) 예시 규정

지방자치단체의 사무범위에 관하여, 지방자치법 제13조가 7대 분야 61개의 사무를 예시하고 있지만, 그 단서에서 "법률에 이와 다른 규정이 있으면 그러하지 아니하다"고 규정함으로써 본문에서 예시한 사무들이 다른 법률에 의하여 지방자치단체의 사무가 안될 수도 있게 하고 있다.

이에 이 단서조항을 폐지해야 한다는 의견이 있다. 그러나 특별법이 일반법에 우선하는 것은 법의 기본원리이므로, 이 단서조항을 폐지하더라도 일반법인 지방자치법과 특별법인 각 개별법의 효력관계는 마찬가지일 수 밖에 없는 상황이다.

또한 이 단서조항을 "법률에 이와 다른 규정이 있는 경우에도 그러하다"로 고쳐야 한다는 의견이 있다. 이는 지방자치법을 지방자치 분야의 기본법으로 보는 것을 전제로 하는 것인데, 그러나 그 기본법이라는 것의 다른 개별법령과의 관계가 모호한 점[86]에 비추어, 그렇게 효력우위를 선언하는 것은 무리한 일이다. 그리고 그 어떠한 경우에든 후법에서 이 법과 다르게 규정하는 경우에 그 후법의 우위를 막을 길이 없다.

(나) 예시 의미

지방자치법 제13조에서 지방자치법의 사무로 7대 분야 61개 종목을 예시한 것은 다음과 같은 의미를 지니는 것으로 생각된다.

첫째로, 여기에 제시된 사무에는 지방자치단체의 자치사무와 (단체)위임사무가 포함되어 있다.

둘째로, 지방자치단체의 종류별 또는 계층별 사무의 구별을 하지 않고 모든 지방자치단체의 사무를 일괄적으로 예시하고 있다.

셋째로, 지방자치단체가 처리할 수 있는 사무 가운데 중요한 것을 예로 들은 것이며, 이 외에도 지방자치단체가 처리할 수 있는 사무는 실제로 더 있을 수 있다.

넷째로, 여기에 예시된 모든 사무가 반드시 지방자치단체에 의하여 처리되는 것이 아니고, 그 단서의 규정에 따라 지방자치단체에 의하여 처리되지 아니하는 사무도 있을 수 있다.

(2) 예시된 지방행정사무 범위

지방자치법 제13조가 예시하고 있는 지방자치단체 사무의 범위는 다음과 같다.

① 지방자치단체의 구역, 조직, 행정관리 등

㉠ 관할 구역 안 행정구역의 명칭・위치 및 구역의 조정

㉡ 조례・규칙의 제정・개정・폐지 및 그 운영・관리

㉢ 산하 행정기관의 조직관리

㉣ 산하 행정기관 및 단체의 지도・감독

---

86) 우리나라에서 '… 기본법'이라는 명칭을 가진 법률들의 다른 법률과의 관계를 보면, 다른 개별법률과 관계없이 자기 법률의 규정만을 정하고 있는 것이 대부분이고(고용정책 기본법, 농업・농촌 및 식품산업기본법, 전기통신기본법, 해양수산발전기본법), 다른 법률에 그와 다른 규정이 있을 때에는 그 다른 법률을 적용하도록 한 것이 몇 개 있으며(건설산업기본법 제4조, 행정규제기본법 제3조), 반대로 다른 법률에 그와 다른 규정이 있을 때에도 본법을 적용한다고 한 법률의 예로 민방위기본법이 있다.

㉤ 소속 공무원의 인사·후생복지 및 교육
㉥ 지방세 및 지방세 외 수입의 부과 및 징수
㉦ 예산의 편성·집행 및 회계감사와 재산관리
㉧ 행정장비관리, 행정전산화 및 행정관리개선
㉨ 공유재산 관리
㉩ 주민등록 관리
㉪ 지방자치단체에 필요한 각종 조사 및 통계의 작성

② 주민의 복지증진

㉠ 주민복지에 관한 사업
㉡ 사회복지시설 설치·운영 및 관리
㉢ 생활이 어려운 사람의 보호 및 지원
㉣ 노인·아동·장애인·청소년 및 여성의 보호와 복지증진
㉤ 공공보건의료기관의 설립·운영
㉥ 감염병과 그 밖의 질병의 예방과 방역
㉦ 묘지·화장장 및 봉안당의 운영·관리
㉧ 공중접객업소의 위생을 개선하기 위한 지도
㉨ 청소, 생활폐기물의 수거 및 처리
㉩ 지방공기업의 설치 및 운영

③ 농림·수산·상공업 등 산업 진흥

㉠ 못·늪지·보 등 농업용수시설의 설치 및 관리
㉡ 농산물·임산물·축산물·수산물의 생산 및 유통 지원
㉢ 농업자재의 관리
㉣ 복합영농의 운영·지도
㉤ 농업 외 소득사업의 육성·지도
㉥ 농가 부업의 장려
㉦ 공유림 관리
㉧ 소규모 축산개발 및 낙농진흥사업
㉨ 가축전염병 예방
㉩ 지역산업의 육성·지원
㉪ 소비자보호 및 저축 장려
㉫ 중소기업의 육성
㉬ 지역특화산업의 개발과 육성·지원

㉮ 우수지역특산품 개발과 관광민예품 개발

④ 지역개발과 자연환경보전 및 생활환경시설의 설치·관리

㉠ 지역개발사업

㉡ 지방 토목·건설사업의 시행

㉢ 도시·군계획사업의 시행

㉣ 지방도(地方道), 시도(市道)·군도(郡道)·구도(區道)의 신설·개선·보수 및 유지

㉤ 주거생활환경 개선의 장려 및 지원

㉥ 농어촌주택개량 및 취락구조개선

㉦ 자연보호활동

㉧ 지방하천 및 소하천의 관리

㉨ 상수도·하수도의 설치·관리

㉩ 소규모급수시설의 설치 및 관리

㉪ 도립공원, 광역시립공원, 군립공원, 시립공원 및 구립공원 등의 지정 및 관리

㉫ 도시공원 및 공원시설, 녹지, 유원지 등과 그 휴양시설의 설치 및 관리

㉬ 관광지, 관광단지 및 관광시설의 설치 및 관리

㉭ 지방 궤도사업의 경영

㉮ 주차장·교통표지 등 교통편의시설의 설치 및 관리

㉯ 재해대책의 수립 및 집행

㉰ 지역경제의 육성 및 지원

⑤ 교육·체육·문화·예술의 진흥

㉠ 어린이집·유치원·초등학교·중학교·고등학교 및 이에 준하는 각종 학교의 설치·운영·지도

㉡ 도서관·운동장·광장·체육관·박물관·공연장·미술관·음악당 등 공공교육·체육·문화시설의 설치 및 관리

㉢ 지방문화재의 지정·보존·관리

㉣ 지방문화·예술의 진흥

㉤ 지방문화·예술단체의 육성

⑥ 지역민방위 및 지역소방

㉠ 지역 및 직장 민방위조직(의용소방대를 포함한다)의 편성과 운영 및 지도·감독

㉡ 지역의 화재예방·경계·진압·조사 및 구조·구급

⑦ 국제교류 및 협력

㉠ 국제기구·행사·대회의 유치·지원

㉡ 외국 지방자치단체와의 교류·협력

3 지방행정사무의 처리

지방자치단체가 그 사무를 다음과 같은 원칙에 따라 처리하여야 한다(지방자치법 제12조).

① 주민의 편의와 복리증진을 위하여 노력하여야 한다.

② 지방자치단체의 조직과 운영을 합리적으로 하고 그 규모를 적정하게 유지하여야 한다.

③ 지방자치단체는 법령을 위반하여 사무를 처리할 수 없으며, 시·군 및 자치구는 해당 구역을 관할하는 시·도의 조례를 위반하여 사무를 처리할 수 없다.

PART

3

지방자치의 대의제 조직

CHAPTER

5 지방자치정부

제 1 절 지방자치정부의 형태

I 지방자치정부 유형분류의 기준

한 나라에는 국가의 업무를 수행해 나가는 (중앙)정부가 있듯이, 지방자치단체에도 그 지방의 업무를 수행하는 지방자치정부가 있다. 지방자치단체는 자치권을 가진 법인이고, 지방자치정부는 그 법인의 자치권을 실제로 행사하는 기관이다. 이러한 지방자치정부를 흔히 '지방정부'라고 한다.

세계 각국에서 채택하고 있는 지방자치정부의 조직형태는 실로 다양하다. 그것은 각 국가의 역사적 전통과 각 지방의 경제·사회적 환경이 다양한 데에 연유한다. 모든 제도는 그 역사와 문화의 소산이기 때문이다.

지방자치단체의 정부조직 형태를 전국적으로 통일하고 있는 나라(획일형)도 있다. 지방자치의 계층에 따라 조직형태를 달리하거나, 도시지역과 농촌지역에 따라 달리하는 국가, 동일한 국가 내에서도 지역마다 그 정부형태를 달리하고 있는 나라(다원형)[1]도 있다.

따라서 지방자치단체의 정부조직형태를 몇 가지 유형으로 그룹화(grouping)한다는 것은 어떤 의미에서는 불가능한 일이기도 하다. 다만 지방자치단체의 정부조직형태에 관한 우리의 전반적인 이해에 보탬을 주기 위하여 사소한 특수성이나 차이점을 접어두고 각 형태의 기본적인 특징에 따라 그 분류를 시도해 본다면 그런대로 그 분류를 할 수는 있다.

1) 이러한 다원형의 대표적인 나라는 미국이라 할 수 있다. 미국은 '지방자치의 전시장'이라고 일컬을 만큼 다양한 지방정부형태를 가진 나라이다. 미국에는 지방자치단체의 정부조직의 형태가 지방자치단체의 수만큼 있다고 할 수 있을 정도이다.

지방자치단체의 정부조직형태의 유형을 분류함에 있어서 일반적으로 고려되어야 할 기준(즉, 분류기준)으로서 중요한 것으로는 다음과 같은 사항을 들 수 있다.

① 정부를 구성하는 각 기관의 권능 ┬ 지위체계
　　　　　　　　　　　　　　　　　└ 권한관계
② 정부를 구성하는 각 기관의 조직 ┬ 조직관계
　　　　　　　　　　　　　　　　　└ 선임방법

이러한 분류기준을 종합 적용하여 각 나라에서 채택하고 있는 지방자치단체의 정부조직 형태를 그룹화하여 보면 다음과 같이 4대 유형으로 요약할 수 있다.

Ⅱ 지방자치정부의 4대 유형

1 기관통합형(기관 일원형)

(1) 기관통합형의 특징

기관통합형은 지방자치정부 조직에 있어서 의결기능과 집행기능을 모두 단일의 기관에 집중시키는 유형이다.

이러한 기관통합형은 여러 가지 장점과 단점을 가지고 있다. 즉, 지방자치상의 모든 권한이 주민대표기관에 집중되어 있어서 책임정치를 실현할 수 있고, 의결·집행기관 사이의 알력을 피할 수 있으며, 복수인의 의사에 따라 신중하고도 공정한 통치를 행할 수 있는 등 많은 장점을 가지고 있다. 반면에, 단일의 기관에서 모든 권한을 행사하므로 견제와 균형이 결여되어 권력을 남용할 우려가 있고, 행정의 전문성을 발전시킬 수 없으며, 단일의 지도자·책임자가 없으므로 책임소재의 명백화를 기하기 곤란한 점 등 단점도 가지고 있다.

이와 같은 기관통합형에 속하는 것으로서 가장 전형적인 실례는 영국의 의회형(parliamentary system)과, 미국의 위원회형(commission or board system), 그리고 프랑스의 의회의장형(council－presidential system)을 들 수 있다.

(2) 기관통합형의 내용

(가) 의회형

영국의 많은 지방자치단체를 위시하여 인도, 호주, 뉴질랜드, 남아프리카공화국 등 영연방국가에서 채용하고 있는 유형으로서, 의회가 입법기능과 집행기능 전반을 관장하고 있다[2].

의회형에서는 지방자치단체의 장은 별도로 존재하지 않으며, 의회의 의장이 해당 자치단체를 대표한다. 의회에 각 전문기능별로 분과위원회가 설치되어, 분과위원장이 각 행정부서의 장이 되고, 분과위원이 각 행정부서의 간부가 됨으로써 각 분과위원회가 사무조직인 행정각부서와 긴밀한 관계를 가지고 자치단체의 행정업무를 수행하고 있다([그림 5-1] 참조).

(나) 위원회형

미국의 카운티(county)에서 흔히 볼 수 있는데, 주민에 의하여 직선되는 복수의 위원으로 구성되는 위원회가 입법권과 행정권을 모두 행사하는 유형이다.

위원회(commission)는 이사회(board)라고도 불리는데, 보통 3~5인 정도의 소수위원으로 구성되며,[3] 위원 가운데 1인이 자치단체 장의 직무를 담당하지만, 그 실질적 권한은 그리 크지 않다. 각 위원은 각각 담당하는 전문기능 분야를 갖고 각 행정부서책임자로서의 역할을 수행하는 것이 특징이다([그림 5-2] 참조).

(다) 의회의장형

프랑스의 1982년 지방분권법에 의하여 중간자치단체인 데파르트망(département)과 광역자치단체인 레지옹(région)에서 채용되고 있는 유형으로서, 지방의회의 의장이 집행기관의 장으로서의 지위를 겸하고, 그 의장 밑에 집행의 사무조직을 두고 있다.

프랑스에서는 종래에 데파르트망(département)에 지사(프레페 : préfet)가 있어 자

---

2) 종래 영국의 지방자치단체는 의회의 각 위원회가 집행기관이 되는 기관통합형을 채택했으나, 2000년과 2007년의 지방자치법의 개정에 의해 지방자치단체는 기관통합형과 기관대립형 중에서 주민투표로 채택할 수 있게 했다.

3) 위원회 또는 이사회가 의회와 다른 점은, 그 구성원이 소수인 점(보통 7인 이하), 해당 자치단체의 전구역을 선거구로 하여 선출되는 점 등이 있다.
그러나 의회도 소수인으로 구성되는 경우가 있고(위원회 또는 이사회도 반대로 100명의 구성원을 가지는 경우도 있음), 의회의원의 선거도 전구역단위로 행해지는 경우가 있으므로, 양자의 구별은 그 어느 경우에든 절대적인 것이 못된다.

치단체의 수장으로서의 직무와 국가의 대표기관으로서의 직무를 수행하였는데, 1982년의 지방제도개혁에서 그 데파르트망 지사를 폐지하고, 종래에 지사가 관장하던 자치단체의 수장으로서의 직무를 의회의장으로 하여금 처리하게 하였고,[4] 이와 같은 조직형태를 레지옹(région)에도 적용하고 있다([그림 5-3] 참조).

2 기관대립형(기관 이원형)

(1) 기관대립형의 특징

기관대립형은 지방자치정부 조직에 있어서 의결기능과 집행기능을 각각 다른 기관에 분담시켜, 각 기관의 상호 견제와 균형을 통하여 지방자치를 운용해 나가도록 하는 유형이다.

이러한 기관대립형은 전술한 기관통합형과 정반대의 장단점을 가지고 있다. 즉, 견제와 균형을 통한 권력남용의 방지, 집행기능 전담기관을 통한 행성의 전문화, 단일의 지도자·책임자를 통한 행정책임의 명백화를 기할 수 있는 장점을 가지는 반면에, 기관간 대립·알력의 심화, 주민대표기관에의 책임귀일의 약화, 단일 지도자·책임자의 편견적 의사결정 가능성 등의 단점을 안고 있다.

기관대립형에 속하는 것으로서 의회·개별행정관형, 위원회·수석행정관형 등 여러 가지 유형이 있으나, 그 가운데서 각국에서 가장 보편적인 것은 의회와 자치단체장이 대립하는 의회·수장형(presidential system or mayor-council system)이다.

(2) 기관대립형의 내용

(가) 의회·개별행정관형

의결권을 행사하는 의회의 의원을 주민이 직선하는 것 이외에, 각 분야별로 각기 집행권을 행사하는 보안관(sheriff), 법무관(attorney), 재무관(treasurer), 검시관

4) 종래의 지사가 관장하던 직무 가운데 국가의 대표기관으로서의 직무는 국가로부터 département에 파견되어 département 안에서 국가의 지방기관의 행정사무처리를 지휘·감독하는 département 지방장관(le représentant de l'Etat dans le département)이 처리한다. 따라서 종래의 지사가 처리하던 사무 가운데 자치단체 수장으로서의 사무와 국가의 대표기관으로서의 사무 구분의 필요성이 대두되어, 1983년에 국가와 지방 사이의 사무배분을 규정하는 새로운 법률이 제정되었다.

[그림 5-1] 의회형

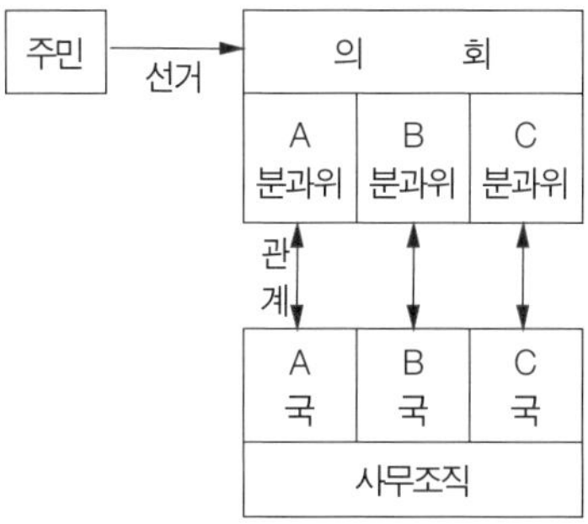

[그림 5-2] 위원회형

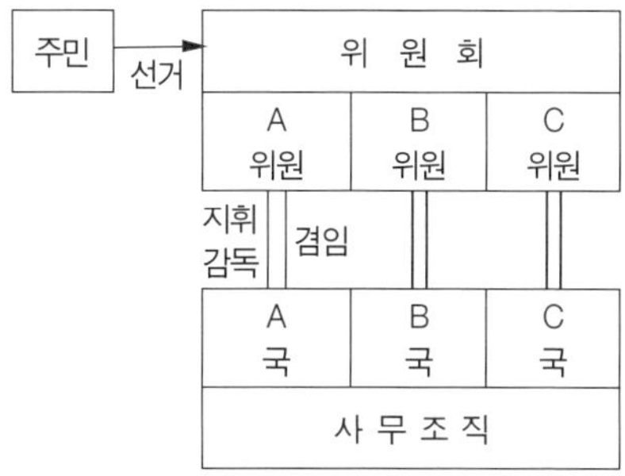

[그림 5-3] 의회의장형

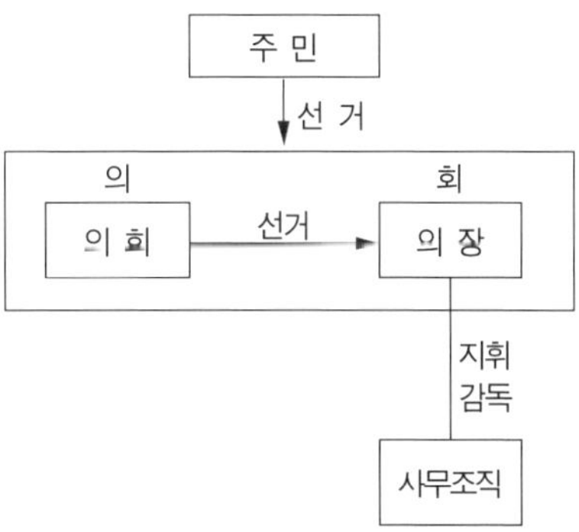

[그림 5-4] 의회 · 개별행정관형

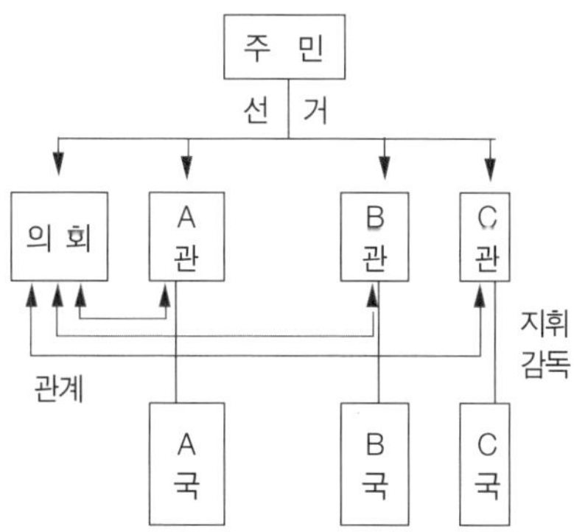

[그림 5-5] 위원회 · 수석행정관형

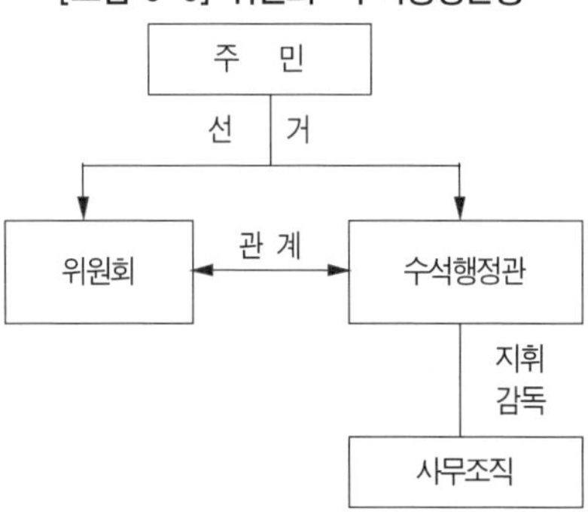

[그림 5-6] 의회 · 수장형

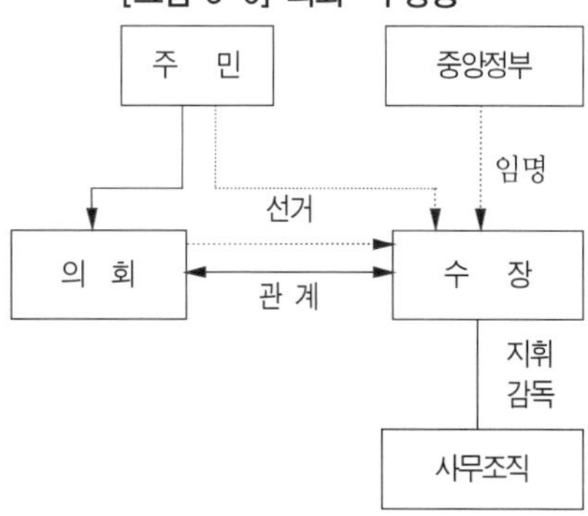

범례 : ┈┈► 은 선택적 선임방법을 나타냄
◄──► 은 상호 견제 · 균형을 나타냄

(coroner), 자산평가관(assessor) 등을 따로 주민이 직선하여, 의회와 이들이 견제와 균형을 유지하면서 지방자치를 운용해 나가도록 하는 유형이다([그림 5-4] 참조). 이러한 유형은 미국의 일부 카운티(county)에만 있고, 다른 나라에는 거의 없다.

(나) 위원회 · 수석행정관형

위원회에 대립하는 수석행정관[5)]을 주민이 별도로 직선하여 의결기관과 집행기관이 견제 · 균형을 유지하도록 하는 특별한 유형이다([그림 5-5] 참조). 이것도 미국에 소수의 예가 있을 뿐이다.

(다) 의회 · 수장형

의회 이외에, 해당 자치단체를 대표하며 집행에 관하여 궁극적 책임을 지는 수장을 별도로 두어, 의회와 수장간에 견제와 균형이 유지되도록 하는 유형으로서, 일본, 독일, 미국 등 많은 나라에서 채용하고 있다([그림 5-6] 참조).

(3) 의회 · 수장형의 분류

기관대립형의 가장 보편적인 유형은 의회 · 수장형이다.

그러나 의회 · 수장형에 있어서도 수장의 지위 및 권한은 각 나라, 각 자치단체의 특수성에 따라 다양성을 보이고 있다. '지방자치제도의 전시장'이라고 일컬어지고 있는 미국 각 시의 정부형태는 그 다양성의 전형이다.

수장의 지위와 권한이 허약한 경우를 약수장형(weak mayor plan) 또는 의회우위형이라 하고, 수장의 그것이 강력한 경우를 강수장형(strong mayor plan) 또는 수장우위형이라고 하며, 의회 · 관리인형(council-manager plan)과 수장 · 관리인형(mayor-manager plan)을 그 각 변용형이라 할 수 있다.

미국에 있어서 19세기의 자유주의 시대에는 약수장형(내지 의회 · 관리인형)이 지배적이었으나, 오늘날의 복지주의 시대에는 능률적 행정처리의 요청에 따라 강수장형(내지 수장 · 관리인형)이 채용되는 경향이 늘어났다. 세계의 대부분의 나라에서는 오늘날 강수장형을 채택하고 있다.

이러한 각 유형의 지방정부조직을 비교하여 보면 다음과 같다.

---

5) 수석행정관은 직업행정관으로서 행정의 전문가라는 점에서, 일반적으로 정치가로서 명망가인 지방자치단체 수장과 다르다. 그러나 주민의 직접선거를 통하여 선출되는 행정관은 정치적 명망성을 띠게 마련이므로 결국 수장과 수석행정관의 구별은 상대적이라고 할 수밖에 없다.

(가) 약수장형(의회우위형)

의회가 입법권을 행사할 뿐만 아니라 많은 행정관의 임명을 포함하여 직접 집행업무에 관여하는 폭이 넓기 때문에, 수장은 지극히 제한된 범위의 행정권한만을 가지거나 극단적으로는 명목상·형식상의 존재에 불과한 경우도 있는 유형이다.

수장은 주민에 의하여 직선되거나 국가에 의하여 임명되는 경우도 있지만, 의회에 의하여 간선되는 경우가 대부분이다. 수장은 의회의 의결사항에 관하여 거부권(veto power)을 행사하지 못하며, 제한된 범위의 지방공무원 임명권만을 가지되, 그것도 의회의 동의를 요하는 경우가 대부분이고, 지방예산도 의회에 의하여 편성되며, 의회에 의하여 관리되는 경우가 대부분이다. 의회는 심지어 집행부의 사무조직에 의원을 배속시켜 각 국·과의 운영을 담당하도록 하는 경우도 있다. 이러한 유형은 극단적으로는 기관통합형에 가까워진다고 할 수 있다([그림 5-7] 참조). 약수장형은 19세기적 집행부 불신사조의 한 표현이라고 할 수 있다.

행정 비전문인들로 구성된 의회의 집행권 행사에는 한계가 있기 때문에, 미국에서는 이러한 의회우위형을 수정하는 의미에서 의회·관리인형을 채용하기도 한다.

의회·관리인형은 위의 약수장형의 한 변용형이라 할 수 있는데, 자치단체의 행정운영 전반에 대하여 책임을 지는 전문가인 관리인(지배인, 사무장, city manager)을 의회가 고용하여, 그를 통하여 집행권을 행사한다.

이 유형에 있어서 수장은 행정적 권한을 가지고 있지 않으며, 오직 대민관계에서 정치적 지도자이며, 대외관계에서 자치단체를 대표하는 의례적 존재에 불과하다. 의회는 관리인의 임명 및 해임권을 가지고, 조례제정권, 조정권, 재정권 등을 가지고 있음으로써, 관리인의 집행업무를 통제한다.

관리인은 자치단체 행정 전반에 걸쳐 지시권과 감독권을 가지며, 국·과장의 임명권, 예산편성권, 대 의회권고권 등 광범위한 권한을 가지고 있음으로써, 사실상 지방자치단체의 지도자가 되고 있다.

의회·관리인형은 행정전문가에 의한 능률적인 행정의 실현 등 장점을 가지고 있으나, 주민의 선출을 거치지 아니한 자에게 막중한 권한을 집중시키는 결과를 가져와 독선화할 위험을 가지고 있으므로 이러한 제도에 대하여는 오늘날 많은 비판이 가해지고 있다([그림 5-8] 참조).

(나) 강수장형(수장우위형)

수장이 해당 자치단체의 집행업무에 관한 실질적 책임자일 뿐만 아니라, 의회와의 관계에서 지도자적 지위에 있는 유형이다. 즉, 수장은 자치단체의 행정 전반에 대하여 책임을 지며, 지방공무원에 대하여 폭넓은 임명·전보권을 가지고, 예산안 제출 및 예산관리권을 가지며, 입법안의 제출 및 입법과정상의 권고권을 가질 뿐만 아니라, 의회의 의결사항에 대하여 강력한 거부권을 행사한다([그림 5-9] 참조). 수장은 주민에 의하여 직선되거나 국가에 의하여 임명되는 것이 일반적이다.

오늘날 세계 도처의 의회·수장형은 대체로 강수장형에 가까운 것이다. 이러한 강수장형은 오늘날 방대하고 복잡한 행정업무와 정치적 지도업무를 수장 1인에게 부담시킴에 문제가 있어, 미국에서는 이를 수정하는 의미에서 수장·관리인형을 채용하는 경향을 보이고 있다.

수장·관리인형은 강수장형의 한 변용형이라 할 수 있는데, 수장은 해당 지방자치단체의 형식상의 장으로서의 지위에 머물고, 실질적 권한은 그 수장에 의하여 임명되어 수장을 보조하는 행정의 전문가인 관리인(지배인, 사무장, city manager)에게 귀속시킨다.

이 유형에 있어서 관리인은 행정운용에 관한 감독권, 예산편성·관리권, 국·과장 임명권, 수장에 대한 권고권 등 행정상의 거의 전권한을 가지고 있다. 이 유형은 수장은 대 의회관계 및 정치적 지도업무를, 관리인은 실질적 행정업무를 각각 분담함으로써 수장의 정치·행정적 과부담을 경감시켜 줌과 동시에 행정전문가에 의한 행정의 전문적 처리를 보장하는 유형이라 할 수 있다([그림 5-10] 참조).

이 유형은 강수장형과 의회·관리인형의 장점만을 결합시킨 것이라고 일컬어지나, 이 유형에 대한 평가는 아직까지 초보적인 단계를 벗어나지 못하고 있다 하겠다.

3 절충형(기관 삼원형)

(1) 절충형의 특징

절충형은 지방자치정부 조직에 있어서 기관통합형적 요소와 기관대립형적 요소를 상호 조화시키고 있는 유형이다. 즉, 의결기관과 집행기관을 따로 두고 있되, 이들이 서로 대립되지 않는 유형이다. 의결기관과 집행기관을 따로 두고 있는 점에서는 기관대립형적인 요소를 가지고 있으나, 그들이 대립되지 않고 있는 점에서는 기관통합적인 요소를 가지고 있다 할 수 있다.

대체로 보아 절충형은 의회와 수장(이사회·단체장 등) 이외에, 행정위원회 등 집행기능을 실제로 수행하는 기관을 따로 두어 집행기관을 이원화하고 있어, 결과적으로 기관 삼원형이 되고 있는 것이 특색이다. 결국 절충형은 집행기관을 이원화하고 있는데, 집행기관의 하나로 수장을 두기도 하고 그것을 두지 않기도 한다.

이러한 절충형은 대립과 알력・마찰을 피하면서 기관 상호간의 협조체계를 유지할 수 있고, 민의를 충실히 반영하면서 공정하고도 신중한 행정을 도모하는 등 장점을 가지고 있는 반면에, 기관 통합형과 대립형의 각 장점을 상실, 기관 삼원제로 인한 혼란과 지체・비능률, 책임소재의 불명확 등 많은 결점을 가지고 있다.

(2) 절충형의 내용

집행기관을 이분함에 있어서 두 기관 모두 독임제로 하는 경우, 두 기관 모두 합의제로 하는 경우, 한쪽은 독임제, 다른 한쪽은 합의제로 하는 경우 등 그 유형이 다양하다.

(가) 수장・관리인형

집행의 두 기관을 모두 독임제로 하는 경우로는 전술한 수장・관리인형(또는 강수장・행정관리관형)이 이에 해당하는데, 관리인은 수장에 의하여 임명되어 집행기능을 실제로 담당하고, 수장은 집행전반에 관하여 책임을 지며 대외적으로 자치단체를 대표한다. 이러한 수장・관리인형은 미국의 일부 지역에서 채용되고 있다.

(나) 이사회・행정위원회형

집행의 두 기관을 모두 합의제로 하는 경우로는 이사회・(부문별)행정위원회형을 둘 수 있다. 이사회는 참사회 또는 집행위원회라는 이름을 가지기도 한다.

이 유형에서 이사회는 의회에 의하여 선출되며, (부문별)행정위원회는 의회에 의하여 간선되는 것이 일반적이지만, 직선 또는 임명되는 경우도 있다. 이사회는 집행에 관한 전반적 책임을 지고, 집행정책을 수립하며, 각 (부문별)행정위원회의 집행에 대한 일반적 감독을 행한다. 집행기능을 실제로 수행하는 기관은 (부문별)행정위원회이다. 수장을 따로 두지 않고, 의회의장은 대외적으로 의결기관을, 이사회 이사장은 집행기관을 각각 대표하는 것이 특색이다([그림 5-11] 참조).

이러한 이사회・(부문별)행정위원회형은 스웨덴, 노르웨이, 덴마크 등 주로 스칸디나비아 각국의 기초자치단체에서 채용되고 있다.

[그림 5-7] 약수장형

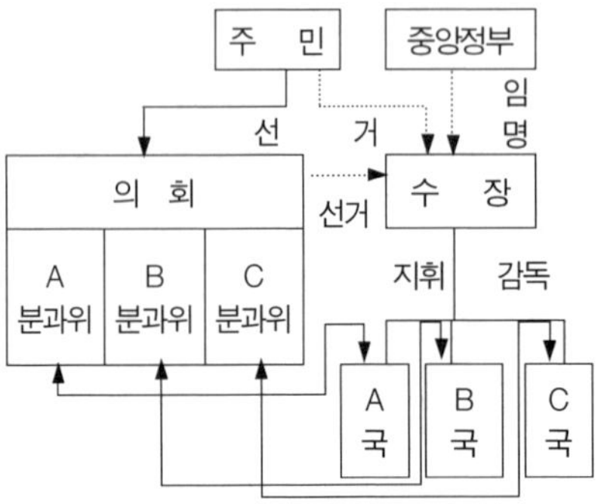

[그림 5-8] 의회 · 관리인형

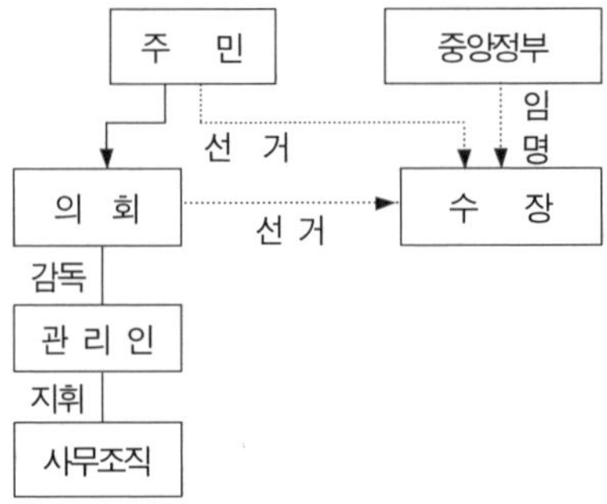

[그림 5-9] 강수장형

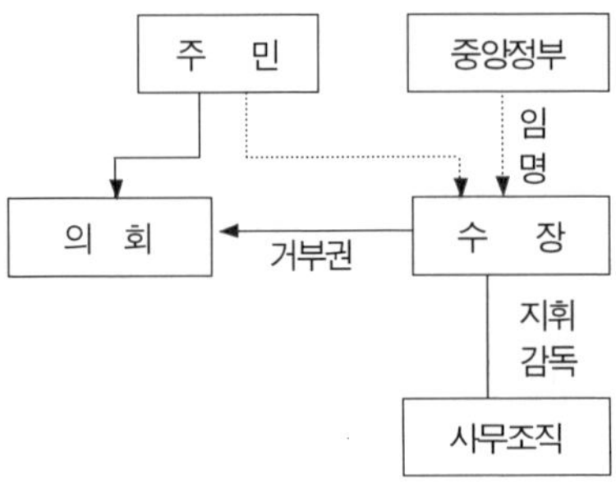

[그림 5-10] 수장 · 관리인형

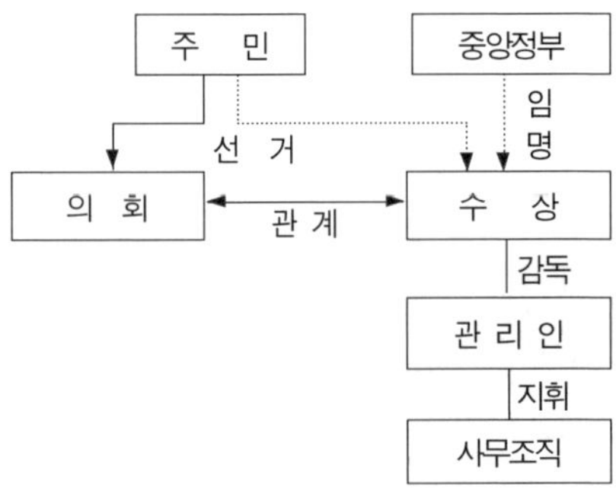

[그림 5-11] 이사회 · 행정위원회형

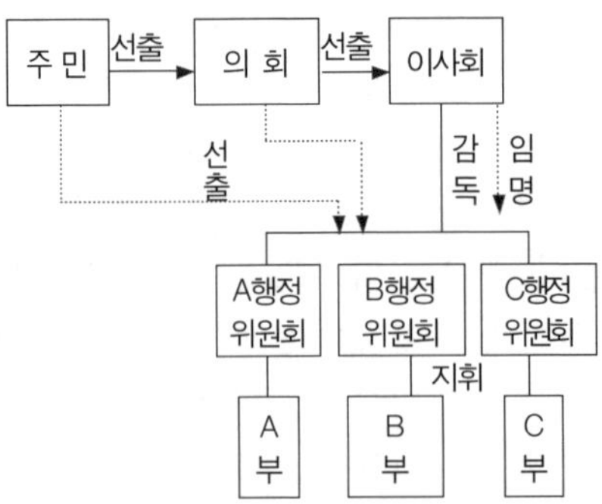

[그림 5-12] 수장 · 행정위원회형

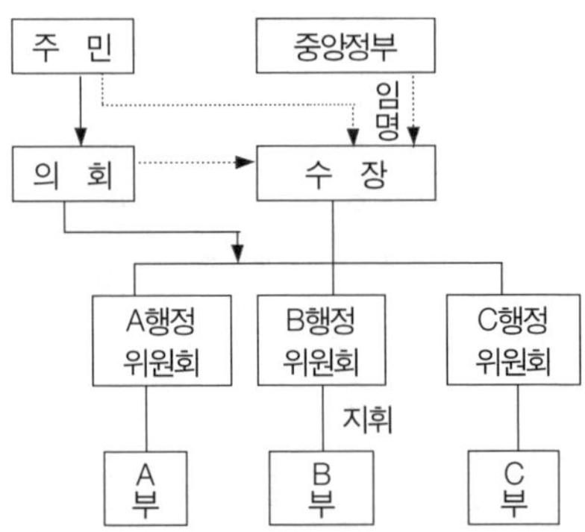

범례 : ·········► 은 선택적 선임방법을 나타냄
◄——► 은 상호 견제 · 균형을 나타냄

(다) 수장 · 행정위원회형

집행의 두 기관을 독임제와 합의제의 이원체제로 하는 경우로는 수장 · 행정위원회형을 들 수 있다. 이 경우 수장의 선임방법은 직선, 간선, 임명제 등 다양하고, 행정위원회의 구성방법은 일반적으로 간선제이다. 어느 경우이든 집행에 관한 실질적 권한은 행정위원회에 있고, 수장의 지위는 집행에 관한 전반적 책임자인 경우 또는 단순한 의례적 존재인 경우 등 일정하지 않다([그림 5-12] 참조).

직선 수장 · 행정위원회형은 캐나다의 시에서 그 예를 볼 수 있고, 간선 수장 · 행정위원회형은 독일의 일부 기초자치단체와 덴마크의 시 및 이탈리아의 일부 시에서, 임명 수장 · 행정위원회형은 네덜란드의 기초자치단체에서 그 예를 볼 수 있다.

4 주민총회형

지방자치정부형태는 간접민주제의 원리에 입각하고 있는 데 비하여, 주민총회형(popular assembly system)은 직접민주제의 원리를 현실적으로 적용한 조직유형이다. 즉, 해당 지방자치단체의 유권자 전원으로 구성되는 주민총회(popular assembly or folk moot)가 해당 지방자치단체의 최고기관으로서 자치단체의 기본정책, 예산, 인사문제 등을 직접 결정하며 집행한다.

일본의 정 · 촌총회(町村總會), 미국의 타운미팅(town meeting), 스위스의 게마인데훼르잠룽(Gemeindeversammlung : 기초자치단체 주민총회(assemblée communale)) 등이 그 예가 될 수 있다. 특히 스위스는 직접민주제의 전형적인 나라로서, 농촌지역 기초자치단체(commune)의 9할 정도는 주민총회가 구성되어 있다.

그러나 오늘날에는 인구가 계속 증가하고, 자치단체의 구역도 확대되며, 공공사무도 매우 복잡해지고 있기 때문에, 유권자 전원의 직접참여와 그들에 의한 공공사무의 직접처리를 내용으로 하는 직접민주제는 사실상 실현불가능해지고 있다. 그렇기 때문에 주민총회제를 채용하던 미국의 큰 타운(town)에서는 주민의 대표자회의를 구성하여 이를 주민총회에 대치시키고 있다. 이러한 주민대표자회의를 제한적 주민총회(limited town meeting) 또는 대표적 주민총회(representative town meeting)라고 한다.[6)]

6) 미국의 인구규모별 자치단체 기관구성 형태 현황

대표적 주민총회의 의원은 타운(town)을 몇 개의 선거구로 나누어 각 선거구로부터 선출된다. 유권자도 주민총회에 참석하여 의견을 발표할 수 있으며, 다만 투표권은 의원에게만 주어진다.7)

Ⅲ 한국의 지방자치정부조직

우리나라는 1949년 7월에 제정·공포된 지방자치법에 의하여 모든 지방자치단체의 정부조직형태를 의결기관인 의회와 집행기관인 자치단체장이 분립하는 기관대립형으로 정하였으나, 2021년 전부개정된 지방자치법에서 기관구성의 다양화를 규정하고 있다.

1949년 제정된 지방자치법에서는 특별시와 도의 수장을 임명제로 하고, 기초자치단체인 시·읍·면의 수장을 간선제로 하였는데, 1956년에 시·읍·면장을 직선제로 바꾸었다가 1958년에 임명제로 하였다. 1960년 4·19 이후에는 모든 자치단체의 장을 주민직선제로 하였다가, 1961년 5·16 이후에 제정된 지방자치에 관한 임시조치법에서는 다시 모든 자치단체의 장을 국가가 임명하도록 하였다. 1988년 전부 개정된 지방자치법에서 직선제를 채택하여 1995년부터 실시해오고 있다.

주민수	자 치 단체수	기관구성형태		
		시장-의회형	의회-책임행정관형	위원회형
100만명 이상	9	6	3	–
50만~100만	23	15	7	1
25만~50만	36	18	17	1
10만~25만	179	59	117	3
5만~10만	408	18	266	4
2.5만~5만	765	252	497	16
1만~2.5만	1,702	690	966	46
5천~1만	1,764	833	892	39
2천 5백~5천	1,936	1,134	769	33
계	6,822	3,145	3,534	143

자료: International City Management Association, *The Municipal Year Book 2009*
선진지방자치제도[미국], 행정안전부·한국지방행정연구원, 2012, p. 82.

7) 대표적 주민총회는 집행기능을 담당할 행정위원회를 선출하는데, 행정위원회는 그 밑에 관리인을 고용하기도 한다(Wisconsin Taxpayers Alliance, *The Framework of Your Wisconsin Government*, Madison : W.T.A., 1987, pp. 9~10 참조).

지방의회와 자치단체장간의 견제·균형의 수단으로서 의회의 자치단체의 장에 대한 불신임의결권과 자치단체의 장의 의회해산권도 그간 수차례 변천하였다. 즉, 1949년의 제정 지방자치법에서 이 제도가 채용되었다가, 1956년의 개정에서 폐지되고, 1958년의 개정에서 다시 부활되었다가, 1960년의 개정에서 폐지되었으며, 1988년의 전문개정 지방자치법에서도 이를 인정하지 않고 현재에 이르렀다.

이와 같은 제도의 변천에 있어, 자치단체장에 대한 의회의 불신임의결 위협, 정당의 압력 등이 대체로 간선 단체장제에서는 가장 강력하였고, 자치단체의 장의 지위를 가장 안정시킨 것은 직선 단체장제에서였다.

현재 우리나라의 지방정부 형태는 전부개정 지방자치법에서 기관구성 다양화를 규정하고 있어 향후 다양한 형태의 기관구성이 가능해 졌다(지방자치법 제4조). 그러나 현시점(2022년 3월)에서는 구체적인 법률이 제정되어 있지 않아 기관대립형 단일체제를 채택하고 있는 형국이며 모든 자치단체의 지방의회에 그 권한을 일률적으로 통일하고 있다.

제2절 의결기관(지방의회)

I 지방의회의 의의

1 지방의회의 의미

지방의회(council of local government, Kommunal-versammlung)란 근대적인 대표의 관념에 기초한 지방자치단체의 의사기관(議事機關)으로서, 원칙적으로 주민에 의하여 선출된 의원을 그 구성원으로 하여 성립하는 합의제 기관을 말한다.[8)]

여기에서 대표란 근대정치의 산물로서, 일정한 구역이나 신분 또는 이익의 대리인이 아니라 전구역·전주민의 일체적 이익의 대표를 의미한다. 그리고 의사기관

8) 久世公堯·浜田一成, 議會(東京：第一法規, 1976), p. 3.

이란 지방자치단체의 의사를 결정하고 지방자치의 운용에 결정적으로 참여하는 권한을 가진 기관을 말한다. 다수의 의원에 의한 기관의사의 결정을 보장하는 수단으로서 다수결의 원리가 채택되는데, 다수결의 원리에 의한 기관의사의 결정제도를 합의제라 한다.

지방자치제를 실시하고 있는 나라 중에서도 단체장을 직선으로 뽑지 않는 나라도 많다. 그러나 주민의 직선에 의한 합의체의 의사기관을 두지 않는 지방자치제는 없다. 합의제의 대표가 없다면 자치제도라고 불리지 않는다. 지역의 과제를 놓고서 다양한 입장과 견해가 표명되고, 다양한 의견이 교환된 결과 일정한 결론으로 집약되어 가는 과정 그 자체가 자치이다. 그러나 주민이 선출한 사람이라도 독임제(獨任制)의 장이라는 기관에는 그러한 자치의 과정이 전개되는 무대가 없다. 그래서 의회가 정치의 중심이 되는 것이다.

지방의회는 오늘날의 간접민주제에 있어서는 필수적인 통치기관이다. 원래 지방자치에 있어서는 법적으로 평등한 주민의 총의에 의하여 자치단체의 의사가 결정되고 지방자치가 운용되는 직접민주제가 이상적이라고 할 수 있다. 그러나 오늘날의 지방자치에 있어서는 지역의 규모와 주민수 등에 비추어 현실적으로 그것이 불가능하기 때문에, 주민총의를 대신할 수 있는 주민대표기관으로서의 의회를 구성하고, 그 의회를 통하여 주민의 의사를 자치운용에 반영하는 이른바 간접민주제(대표제)가 보편화되고 있다.

이론적·이념적으로 볼 때에는 어디까지나 직접민주주의가 주된 것이고 간접민주제는 직접민주제를 보완하는 것이지만, 현실에서는 간접민주제가 주된 것이고 주민청구·투표 등 직접민주제가 대의제의 보완책으로 시행되고 있는 것이다. 그러나 대의제에 있어서도, 지방의회의 실제적 지위와 권한은 지방정부조직이 기관통합주의인 경우와 기관대립주의인 경우에 각각 다르다.

2 권력구조와 지방의회

(1) 권력분립과 지방의회

지방자치에 있어서도 국가에 있어서와 마찬가지로 권력의 집중으로 인한 전제적 권력의 남용을 방지하기 위하여 권력의 분립을 통한 권력간의 상호 견제와 균형을 필요로 한다. 그러나 지방자치에 있어서 권력분립은 모든 나라에 일률적이지 않고, 나라에 따라 시대에 따라 그 구체적인 형태를 달리한다. 즉, 권력의 분립과 견제·균형을 엄격히 실현하고 있는 경우가 있는가 하면, 권력을 분립하되 어느 한 쪽의 우위를 인정하는 경우, 권력을 분립하되 상호 대립하지 않게 하는 경우도 있고, 심지어는 권력을 분립하지 않고 통합하는 경우도 있다.

(2) 현대행정과 지방의회

현대국가에 들어와서 행정의 전문화와 복잡화로 인하여 의회의 기능은 점차 형해화되고 있다. 이러한 현상은 비단 지방의회에만 해당한 것이 아니라 국정에 있어서 국회에도 그대로 나타나고 있다. 전통적으로 국회는 국정에 있어 유일한 입법기관이며 통치의 최고기관으로서 문자 그대로 권력의 중추였다. 그것은 국민이 그들의 대변자들에 의한 토론과 결정을 통하여 국정 전반에 관한 입법기능과 행정부 통제기능이 수행되고, 그럼으로써 국민통합을 이루고 국정의 정통성을 확보하는 기관이있다.

그러나 정부기능의 적극화에 따른 이른바 행정국가화[9]의 경향을 배경으로 행정부의 기능은 나날이 비대해지는 데 비하여, 의회의 기능은 나날이 쇠미해지게 되었다. 정부기능의 양적인 확대·강화와 질적인 전문·기술화 등으로 인하여, 포괄적인 협상과 타협을 그 활동의 기본과정으로 하는 의회보다는 전문적인 능력을 토대로 구체적인 이해관계를 규정하고 실천하는 행정부로 권력의 주도성이 옮겨간 데서 나타난 현상이다.

이와 같은 의회의 기능저하 현상은 지방자치에 있어서 더욱 두드러지게 나타나고 있다. 기관위임사무의 증가도 그러한 현상의 한 측면을 부채질 하고 있다. 뿐만 아니라 자치단체장에게 의회의 임시회의소집요구권·예산안제출권·조례안발의권·재의요구권·의회해산권·제소권 등의 권한이 부여되고 있는 경우에 단체장의 권한은 막강하다. 그리고 단체장을 국가가 임명한다든가 또는 주민이 직선하는 경우, 단체장에는 개괄주의적으로 권한을 부여하는 데 비하여 의회에는 제한열거주의적으로 권한을 부여하는 경우, 의회에 대한 보완 내지 견제의 수단으로 주민에게

9) 행정국가란 여러 가지 의미를 지니고 있는데, 행정법학에서는 사법국가에 대칭되는 개념으로 행정재판소가 사법부 소속이 아닌 행정부 소속으로 되어 있는 경우를 말하고, 행정학에서는 입법국가의 대칭개념으로 입법기능과 행정기능간 중요도 또는 입법부와 행정부간 주도성의 변화를 기준으로 하여 행정기능의 중요도가 높아지거나 행정부의 주도성이 강해진 경우를 일컫고 있다(최창호, "행정국가의 개념", 연구논총, 제4집, 서울 : 건국대학교 행정대학원, 1976, pp. 137~149).

발안권(initiative)·투표권(referendum) 및 소환권(recall)을 부여하는 경우, 정당제도가 발달하여 중앙당이 지구당에 대하여 강력한 통제력을 발휘하는 경우 등에도 지방의회의 기능저하가 초래된다.[10)]

한편, 최근에는 시민단체의 활동이 활발해짐에 따라, 간접민주제에 뿌리를 두고 있는 지방의회가 직접민주제적 시민운동의 압력에 의하여 그 지위를 크게 위협받고 있다. 따라서 현대지방자치에 있어서는 형해화되고 있는 지방의회의 기능을 어떻게 회복하느냐가 중대한 과제이다.

3 한국의 지방의회

(1) 지방의회 구성의 연혁

우리나라에 있어서 지방에 주민들의 대표기관과 유사한 제도를 도입했던 역사는 길다. 조선시대의 향청제도, 갑오경장 이후의 향회제도, 일제 강점기의 도회·부회·읍회 제도 등은 지방의회의 유사제도로 볼 수 있다. 그러나 조선시대의 향청(鄕廳)은 주민들의 대표기관이라기보다는 양반·토호들의 대표기관으로서 의결권이 아닌 일종의 자문권을 가지는 것이었다.

갑오경장 이후의 향회(鄕會)는 의결권을 가진 근대적 지방의회의 첫 출발이었으나 시행을 못보고 국망과 함께 폐지되고 말았다. 일제 강점기의 도·부·읍회(道·府·邑會)는 형식상으로는 근대적 지방의회의 조건을 거의 갖춘 것이었으나 내용상으로는 일본제국의 조선식민지통치를 위한 수단으로서 여러 가지 제약조건이 붙은 것이었다.[11)] 결국 우리나라에 있어서 제대로 근대적 지방의회 제도가 채택된 것은 대한민국 수립 후 1949년에 지방자치법이 제정된 이후부터였다.

지방자치법이 제정된 후에도 지방의회의 구성은 많은 우여곡절을 겪으면서 오늘에 이르고 있다. 즉, 1949년의 지방자치법의 제정 후 6·25동란으로 지방의회를 구성하지 못하고 있다가, 1952년에 비로소 지방의회의 구성을 보게 되었다. 그러나 1961년에 군사정부에 의하여 지방의회가 해산되었고, 그 후 헌법 부칙에 의하여 구

10) 阿部 齊, "地方議會の機能と限界", 成田頼明, 現代社會と自治制度の變革(東京：學陽書房, 1974), pp. 267~302.

11) 일제 강점기 한국지방제도의 식민통치 수단으로서의 여러 가지 조건에 관하여는 전술 제2장 제4절의 '한국지방자치의 발전조건' 부분을 참조하기 바란다.

성시기를 뒤로 미루어 지방의회가 구성되지 못하여 왔다. 이처럼 지방의회가 구성되지 않은 시기에 지방의회의 의결을 요하는 사항은 중앙감독기관의 승인을 얻어 시행하도록 되어 있었다.

1988년에 지방자치법이 전문개정 되었고, 1991년 3월 26일에 기초의회 의원의 선거를, 동년 6월 20일에 광역의회 의원의 선거를 실시하여, 오랜만에 지방의회를 구성하였다.

(2) 지방의회의 지위

"지방자치단체에 주민의 대의기관인 의회를 둔다."고 지방자치법에 규정(동법 제37조)함으로써 지방의회의 법적지위가 지역주민의 대의기관임을 명문화하였다. 또한 지방의회가 지방자치단체의 독립된 기관임을 밝히고 지방의회의 지위와 권능을 명확히 하였다. 우리나라에서의 지방의회는 다음과 같은 지위를 가진다.

(가) 대표기관

지방의회는 주민이 선출한 의원에 의하여 구성되어 자치단체의 의사를 심의·결정하는 것이므로, 주민의 대표기관으로서의 지위를 가진다. 직선으로 선출된 대표로서의 의원은 주민전체의 의사를 대표하는 사람이다. 그러나 여기에서 문제가 되는 것은 주민전체의 의사란 어떤 것인가 하는 것이다.

현실적으로 '확정된 민의'는 선거과정에서 표현되는 것이므로, 대표자가 무엇을 대표해야 할 것인가는 선거의 시점에서 명확히 확정하려는 것이 메니페스토가 지향하는 선거방식이다.

그러나 지역사회에서 생활하는 사람의 의견은 참으로 다양하다. 따라서 가장 많은 표를 얻어 당선된 자의 공약에 지역주민 모두의 의견이 반영되어 있는 것도 아니다. 특히 국가적인 큰 쟁점에 관한 선택이 선거를 지배해버린 경우는 지역문제에 대한 유권자의 의사가 선거의 결과로서 표현되어 있지 않을 수가 있다. 뿐만 아니라 지역의 문제는 유동적이어서 선거 시점과는 사정이 달라지기도 하고, 새로운 정책과제가 부상하기도 한다. 선거를 통하여 일정한 민의가 표시되더라도 그것만이 민의라고 단정할 수가 없는 것이다.

민의는 다양하고 변화무쌍하여 언제나 명시적으로 표현되는 것도 아니다. 그래서 민의를 흡수하는 일에 있어서는 이것으로 완성이고, 이만하면 충분하다는 단계가 성립하지 않는다. 유권자와 대표자 사이에 끊임없이 계속되는 쌍방향의 교감 그 자체가 대표민주주의인 것이며, 그러한 커뮤니케이션의 과정에서 민의형성을 촉진하기도 하고, 민의의 표현기회를 만들어 나가야 하는 것이다.[12)]

(나) 의결기관

지방의회는 의결기관으로서의 지위를 가진다. 의결기관으로서의 의회는 지방자치단체의 정책과 입법, 주민의 부담, 기타 지방자치단체의 운영사항에 관하여 지방자치단체의 의사를 최종적으로 확정하는 권한을 가지고 있다. 그러한 점에서 지방의회는 단체의사의 결정에 관하여 의견을 제시하는 데 그치는 자문기관과 다르다. 의결기관으로서의 의회는 지방자치단체의 의사를 확정하는 기관이기 때문에 이를 의사기관이라고도 한다.

(다) 입법기관

지방의회는 지방자치단체 안의 입법권과 집행권의 분립체제 아래서 입법권의 행사를 그 기본적인 기능으로 하고 있으므로, 입법기관으로서의 지위를 가진다. 지방자치단체의 자치법규의 근간인 조례의 제정권이 지방의회의 전속적 권한에 속하기 때문이다. 물론 지방자치단체의 장에게도 규칙의 제정권이 부여되어 있기는 하나, 규칙이란 조례의 시행을 위하여, 아니면 자치사무가 아닌 국가사무의 집행을 위하여 제정되는 경우도 있으므로, 자치단체의 입법권은 조례 제정권의 귀속을 기준으로 판단하여야 한다.[13)]

---

12) 복수의 대표가 모이는 합의제기관에는 다양한 목소리가 반영될 수 있다. 다양한 영역에 존재하는 다양한 목소리가 개별 의원을 통하여 각각 반영되고, 그것이 의회에 집약됨으로써 의회전체로서 지역전체를 대표하는 기능을 수행하게 되는 것이다. 이러한 의회에 있어서 무엇보다 중요한 것은 토론의 과정이 공개되고, 무엇이 과제이며, 어떠한 선택지가 있는지를 제시하는 것을 통하여 민의의 형성을 촉진시키는 것이다. 처음부터 민의가 있고, 그것을 반영한 토론이 의회에서 전개되는 경우도 있을 것이다. 그러나 의회의 토론에 의하여 논점이 명확하게 되고, 그것을 듣고 보는 과정을 통하여 민의가 서서히 형성되어 가게 하는 것이야 말로 대표민주주의의 취지이다.

13) 행정법학자 중에는 지방의회를 행정기관으로 보는 의견이 있다.
(가) 지방의회의 행정기관성을 주장하는 견해.
"지방의회는 국회와 같은 의미의 의회는 아니며, 지방자치단체의 구성부분의 하나로서 중앙 행정부에 귀속되는 행정기관의 지위를 가진다"(석종현, 일반행정법, 하, 서울 : 삼영사, 1990, p. 172).
"지방의회는 국회와 같은 의미의 의회는 아니다. 왜냐하면 지방의회는 국가 집행부에 속하는 지방자치단체의 한 구성부분이고, 그 입법기능이 시원적인 입법권이 아니라 법령의 자치권승인에 근거하기 때문이다"(홍정선, 지방자치법론, 서울 : 법영사, 1991, p. 111).
(나) 지방의회의 제한적 행정기관성을 인정하는 견해.
"지방의회를 행정기관으로 보려는 견해는 종래의 독일 학계의 영향을 받은 것으로, 독일에서도 근래에는 변화가 일어나고 있는데, 지방의회의 입법기관성을 부인하고 행정기관으로서의 지위만을 인정하는 견해에는 찬성하기 어려우며, 지방의회의 입법기관성을 긍정하고, 부수적으로 행정기관적 측면을

(라) 행정감시기관

지방의회는 의회의 결정사항이 집행기관에 의하여 그대로 실현되고 있는가를 감독・확인하는 행정감시기관으로서의 지위를 가진다. 지방의회에 그와 같은 감독・확인의 기능이 부여되지 않을 때에는 의회의 대표기능과 의결기능이 제대로 보장될 수 없기 때문에 지방의회의 행정감시기관적 지위도 중요한 지위의 하나로 인정되어 있다.

Ⅱ 지방의회의 조직

1 지방의회의 구성

(1) 의원(議院)

지방의회를 단원제로 할 수도 있고, 양원제로 할 수도 있으나, 세계 각국에서는 모두 단원제로 하고 있다. 우리나라에서도 단원제를 채택하고 있다.

(2) 의회 규모(의원 정수)

지방의회의 규모를 크게 하여 그 의원수를 많게 하는 경우와, 그것을 작게 하여 적은 수의 의원으로 구성하는 경우가 있다. 보통 미국계에서는 작은 의회제를 채택하고, 유럽계에서는 큰 규모의 의회제를 채택하고 있다.[14] 소규모의회에서는 소수의 의원이 충분한 보수를 받으면서 의원의 직무에 전념할 수 있는 데 비하여, 대규모의회에서는 다수의 의원이 자신의 본업에 종사하면서 명예직(무보수직)으로 의원의 직무에 종사하는 경우가 많다. 다수주민의 참여를 통해서 자치행정을 민주화 하는데는 대규모의회제가 바람직하지만, 그 규모가 커지면 의원들의 책임의식이 저하되고 능률이 저해되는 등의 폐단이 따른다.

우리나라의 경우, 의원의 정수는 지방자치법의 개정에 따라 그 증감이 반복되었으

인정하는 것이 옳다고 생각한다"(김남진, "지방의회의 법적지위", 월간고시, 1994년 1월호, p. 104).

14) 미국, 캐나다, 필리핀 등에서는 기초자치단체의 의원이 3~8명, 광역자치단체의 의원이 3~20명인 데 비하여, 영국, 프랑스, 독일 등에서는 그것이 각각 9~100명, 20~130명이다. 각국의 구체적 의원정수에 관하여는 후술 제6장 제2절 Ⅱ의 '의원정수' 부분 참조할 것.

나, 대체로 대규모형을 채택하고 있다고 보아야 할 것이다.[15] 의원정수에 관한 외국의 예 및 한국제도에 관하여는 후술 제6장 제2절 '의원정수' 부분에서 설명한다.

(3) 의원선거

지방의회의 의원을 선임하는 데에는 당연직 또는 임명의 방법도 있지만, 주민에 의한 선출이 가장 원칙적이고 기본적인 방법이다. 지방선거에는 직능대표제나 비례대표제가 채택되는 경우도 있기는 하나, 인구비례에 의한 지역대표제가 가장 일반적이다. 우리나라의 경우도 지역대표제를 기본으로 하고, 이에 비례대표제도를 가미하고 있다.

2 지방의회의 의원

(1) 의원의 지위

(가) 신 분

의원(議員)은 주민에 의하여 직접 선출되며, 주민의 대표기관인 지방의회의 구성원인 정무직 지방공무원이다. 의원은 주민의 대표기관인 지방의회의 구성원으로서 자치단체의 의사결정에 투표권으로써 참여하는 지위에 있다.

지방의회가 주민의 대표기관이라고 할 때에 그 '대표'는 주민전체의 대표이지 주

15) 한국 지방의회의 의원 수는 다음과 같이 변동하였다.

한국 지방의회 의원 수의 변동

구분	총의원수	광역의원수	기초의원수
제1대(1952~1956)	17,850명	306명(20~46명)	17,544명(10~46명)
제2대(1956~1960)	17,391명	437명(15~61명)	16,954명(11~26명)
제3대(1960~1961)	17,338명	487명(18~80명)	16,851명(11~27명)
제4대(1991~1995)	5,170명	866명(17~132명)	4,304명(7~45명)
제5대(1995~1998)	5,513명	972명(17~146명)	4,541명(7~45명)
제6대(1998~2002)	4,180명	690명(14~ 94명)	3,490명(7~44명)
제7대(2002~2006)	4,167명	682명(22~112명)	3,485명(7~41명)
제8대(2006~2010)	3,626명	738명(17~102명)	2,888명(7~35명)
제9대(2010~2014)	3,731명	855명(15~131명)	2,888명(7~55명)
제10대(2014~2018)	3,692명	794명(15~128명)	2,898명(7~43명)

* 제1대부터 제3대까지의 광역의원은 특별시・도의원이며, 기초의원은 시・읍・면의원임.

민 개개인의 대표가 아니다. 그러한 대표기관의 구성원인 의원은 당연히 주민전체에 봉사하여야 하며, 출신 선거구의 이익이나 주민 개개인의 이익에 봉사하여서는 안 된다.

(나) 권리 · 의무

의원은 의원의 직무를 수행하기 위하여 회의소집을 요구하고, 의사에 참여하며, 의안을 제출하고, 청원을 소개하며, 신분보호를 받고, 모욕한 의원에 대한 징계를 요구하는 등의 권리를 가진다(지방자치법 제45조, 제54조, 제72조, 제76조, 제85조, 제95조).

의원은 회의에 출석하고 규율을 준수함은 물론(동법 제94조), 공공이익우선으로 양심에 따라 성실히 직무를 수행하고, 청렴하며, 품위를 유지하고, 이권에 개입하지 아니하는 등의 의무를 진다(동법 제43조, 제44조).

지방의회는 의원윤리강령 및 윤리실천규범을 조례로 정하여야 한다(동법 제46조).

(다) 신분보호

의원의 지위와 관련하여 중요한 사항은 의원에게 면책특권과 불체포특권을 인정하느냐이다. 외국의 경우 이를 인정하는 나라도 있고(예 : 대만), 이를 인정하지 않는 나라도 있다(예 : 일본). 우리나라의 경우는 이를 인정하지 아니하고, 체포 · 구금된 의원이 있을 때에 수사기관의 장이, 형사사건으로 공소되었을 때에 법원장이 해당 의회의장에게 통지하도록 하는 통지제를 채택하고 있다(동법 제45조).

의원이 회기 중 직무로 인하여 상해를 입거나 사망한 때에는 보상금을 지급받는다(동법 제42조).

(2) 의원의 역할

(가) 역할의 분류

의원은 대체로 다음과 같은 여섯 가지의 역할을 담당한다.

① 주민의 요망을 파악하고, 이를 시정(施政)에 반영한다(민의반영).
② 주민의 심부름을 하고 그의 상담역이 된다(주민상담).
③ 집행기관의 집행을 감시 · 비판한다(행정감시).
④ 자치단체의 정책을 심의하고 결정한다(정책심의).
⑤ 자치단체의 정책을 입안한다(정책입안).
⑥ 시정에 관한 정보를 주민에게 알리고 계몽한다(시정홍보).

이러한 역할을 수행하기 위한 활동을 의정활동(광의)이라고 할 때에, 그 의정활동에는 의회활동과 지역사회활동이 포함되어 있다고 할 수 있다.

(나) 중시 · 기대 · 현실 역할의 차이

의원의 역할도 ㉠ 의원 자신이 중시하는 역할, ㉡ 주민들이 기대하는 역할, ㉢ 의원들이 현실로 실행하고 있는 역할 사이에 차이가 있다. 일본에서 지방의회 의원의 역할을 조사한 바가 있는데, 그것이 우리에게도 참고가 될 수 있다([그림 5-13] 참조).

[그림 5-13 지방의회의 중시 · 기대 · 현실 역할]

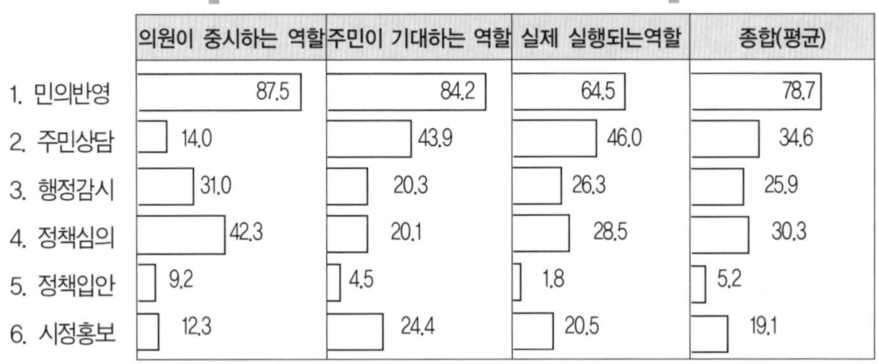

범례: 숫자는 $\frac{\text{답지응답자}}{\text{조사에 응한자}}$×100임

자료 : 한국지방자치학회, 자치통신 제12호(1991), p. 7.

이 조사결과에 의하면, 의원은 중시하고 있으나 주민이 크게 기대하지 않는 역할로는 정책심의, 행정감시, 정책입안, 민의반영을 들 수 있고, 주민은 기대하고 있으나 의원이 그만큼 중시하지 않는 역할로는 주민상담, 시정홍보를 들 수 있으며, 의원과 주민이 모두 중시 · 기대하는 만큼 현실적으로 실행이 안 되고 있는 역할로는 민의반영, 정책입안을 들 수 있고, 반대로 중시 · 기대보다 현실적 실행이 앞서는 역할로 주민상담을 들 수 있다.

종합적으로 볼 때에, 의원의 중시와 주민의 기대 및 현실적 실행의 모든 면에서 지방의회 의원의 역할로 중요한 것으로는, 민의반영이 가장 크고, 그 다음이 주민상담, 정책심의, 행정감시, 시정홍보의 순이며, 정책입안은 지방의회의원의 역할로서는 최하위에 머물고 있다.

(다) 농촌형 · 도시형 역할의 차이

같은 지방자치제도 아래에서도 농촌지역사회와, 도시지역사회에서의 의원의 역할에 차이가 있다.

농촌형 자치에서는 지연 · 혈연 등 끊기 어려운 연대감 속에서 유지(有志)들이 무한책임의 지도자로서 자치를 운영해 나가기 때문에 지방의회 의원들은 대체로 그 지역 유지들로서 상당한 권위를 가지고 주민을 지도해 나갈 수 있다.

반면에 도시형 자치에서는 주민의 직업과 이해가 다양하고 주민들이 모두 고도의 지식과 능력을 가지고 있기 때문에 의원들의 권위가 미약하고 주민지도에 한계가 있는 것이 일반적이다.

(라) 준수사항

지방의회 의원이 이와 같은 역할을 수행함에 있어서, 다음과 같은 사항을 준수하여야 한다.

첫째는 준법성이다. 법령에 의하여 지방자치단체의 권한에 속하는 사항으로서 의회의 권한사항으로 법령에 열거된 것에 한하여 관여하여야 한다.

둘째는 공인성이다. 주민전체를 대변하는 공인(公人)으로서, 출신지역의 이익을 대변하거나 개인적인 이권 · 특혜를 추구해서는 안 된다.

셋째는 주체성이다. 주민에 의하여 선출된 자로서, 정당의 공천에 연연하여 정당의 사병이 되어 파당을 일삼아서는 안 된다.

넷째는 봉사성이다. 지역의 발전과 주민의 복지를 위하여 봉사하고자 의원이 된 것인 만큼 봉사를 실천함으로써 그 의의를 찾아야 한다.

(3) 의원의 임기

(가) 기 간

의원의 임기를 6년으로 하는 나라(예 : 프랑스, 스페인), 5년으로 하는 나라(예 : 태국, 미국의 일부 시), 4년으로 하는 나라(예 : 일본, 독일, 영국, 이탈리아, 대만, 미국의 대부분 자치단체), 3년으로 하는 나라(예 : 말레이시아), 1~2년으로 하는 나라(예 : 미국의 일부 시) 등 다양하다.[16)]

16) 국회입법조사국, 각국의 지방의회제도(서울 : 1966) 및 최근 각국의 지방행정제도(서울 : 1971) 참조;

우리나라의 경우 1949년의 지방자치법 제정시에 임기를 4년으로 하였다가, 1956년의 개정시에 3년으로 바꿨으며, 1958년에 다시 4년으로 환원하였다. 1988년의 개정에서도 이를 4년으로 정하였다(동법 제38조).

의원의 임기가 길면 의회기능의 계속성, 선거경비절감, 의원 직무숙달 등의 장점을 가질 수 있고, 반대로 그것이 짧으면 주민참정기회 확대, 주민통제 강화, 의원태만 방지 등의 장점을 가질 수 있다. 의원의 임기가 장기일 때에는 2~3년 단위로 의원의 일부를 교대식으로 개선(改選)함으로써 그 장기에서 오는 폐단을 방지하는 방법도 있다.

(나) 개시와 종료

총선거에 의한 의원의 임기는 전임의원의 임기가 만료된 다음 날부터 개시된다. 보궐선거와 증원선거에 의한 의원의 임기는 당선이 결정된 때부터 개시되고 전임자 또는 같은 종류의 의원의 잔임기간 만료시에 종료한다(공직선거법 제14조).

의원의 신분은 임기만료 외에 사직(지방자치법 제89조)·퇴직(제90조)·자격상실의결(제92조)·제명(제100조) 주민소환(제25조) 등으로 인하여 소멸한다.

(4) 의원의 보수

(가) 명예직과 유급직

지방의회의 규모를 대규모로 하는 나라에서는 의원을 명예직으로 하는 경우가 많고, 소규모로 하는 나라에서는 의원을 유급직으로 하는 경향이 있다.[17] 그러나 일본에서는 지방의회를 대규모로 하면서도 유급직으로 하고 있다. 의원을 명예직으로 하는 경우에는 회의참가 수당 또는 회기 중 일비와 여비를 지급하는 것이 일반적이다.

의원을 명예직으로 하는 근거는 주민에 대한 진정한 봉사를 통하여 주민의 존경을 받을 수 있으며, 의원의 직무가 고정급을 받을 만큼 많거나 전문성을 요하지 않고, 자치단체의 재정적 부담을 경감시켜 준다는 취지에서다. 반대로 의원을 유급직으로 하면 의원으로 하여금 그 직무에 전념할 수 있고, 품위를 유지할 수 있으며,

---

Samuel. Humes and Eileen. M. Martin, *The Struture of Local Government throughout the World*(The Hague : International Union of Local Authorities, 1961) 및 *The Structure of Local Government : A Comparative Survey of 81 Countries*(The Hague : International Union of Local Anthorities, 1969) 참조.

17) 손재식, 현대지방행정론(서울 : 박영사, 1991), p. 276.

유능한 인사의 의회진출을 촉진시킨다.

(나) 의원활동비

지방의회 의원의 보수에 관하여, 우리나라에서는 전통적으로 의원을 명예직으로 하는 것을 기본으로 하여 왔다. 그러나 의원들의 유급화 운동이 맹렬하여 명예직으로 하되, 1988년에는 여비와 회의수당을, 1994년에는 여비와 회의수당 외에 매월 의정활동비를, 1999년에는 회의수당 대신 회기수당을 지급하는 것으로 개정했었다.

그러나 지방의회 의원을 명예직이라 선언하여 놓고 매월 고정적으로 의정활동비를 지급하는 것은 모순되는 것이 아니냐는 의문제기가 되어왔다. 이에 2003년에 법률을 개정하여 '명예직'이라는 용어를 삭제함으로써 의원의 유급직을 공식적으로 인정하였고, 2005년에는 지방의회 의원의 수를 약 16% 정도 줄임과 아울러, 종래의 회기수당을 월정수당으로 바꾸어 정규보수제로 하였다. 2014년부터는 임기만료에 의한 지방의회의원 선거가 있는 해에 선거를 마친 후 해당 지방자치단체에 구성되는 '의정비심의위원회'에서 결정하는 범위안에서 조례로 정하여 4년간 적용키로 하였다.

현재 지방의회 의원에게는 다음과 같은 비용이 지급된다(지방자치법 제40조, 제34조, 동법시행령 제33조, 별표 5~6).

① 의정자료의 수집・연구와 이를 위한 보조활동에 소요되는 비용을 보전하기 위하여 매월 지급되는 의정활동비

② 본회의 또는 위원회의 의결이나 의장의 명에 의하여 공무로 여행할 때 지급되는 여비

③ 의원의 직무활동에 대하여 지급되는 월정수당

(5) 의원의 겸직 및 거래 금지

의원이 공정하고 충실한 직무수행을 하도록 하기 위하여 의원직 외의 다른 직위의 겸임을 금지하고, 해당 자치단체와 영리목적의 거래를 금지하는 것이 일반적이다.

의원의 겸직금지 및 거래금지의 범위는 나라에 따라 다르다. 대체로 의원을 명예직으로 하는 제도 아래에서는 겸직 및 거래의 금지의 범위가 좁다. 반면, 의원을 유급직으로 하는 제도 아래에서는 겸직 및 거래 금지의 범위가 넓다.[18)]

겸직 및 거래의 금지 범위를 넓게 하면 의원의 청렴성, 의원 직무의 공정·충실한 수행 등을 확보할 수 있다. 그러나 금지의 범위를 좁게 하면 유능한 인사의 의회진출, 주민의 참여기회의 확대, 직능대표제적 효과의 확보 등을 기할 수 있게 된다.[19] 결국 이 문제는 의원보수제와 의원기능 및 주민요망 등을 종합적으로 검토하여 결정되어야 할 문제이다.

우리나라에 있어서는 지방의원의 유급제가 강화되면서 겸직 및 거래금지의 대상이 확대되어 왔다. 현재 지방의회 의원의 겸직금지 및 거래금지의 대상은 다음과 같다.

(가) 겸직금지

겸직금지의 대상은 ㉠ 국회의원, 다른 지방의회 의원, ㉡ 헌법재판소 재판관, 각급 선거관리위원회 위원, ㉢ 국가공무원·지방공무원(정당원이 될 수 있는 공무원은 제외), ㉣ 정부가 출연 또는 지원하는 공공기관 임·직원, ㉤ 지방공사·지방공단 임·직원, ㉥ 농협·수협·산림조합·엽연초생산협동조합·신용협동조합·새마을금고의 상근 임·직원과 이들 조합·금고의 중앙회·연합회의 회장 및 상근 임직원, ㉦ 정당원이 될 수 없는 교원, ㉧ 다른 법령에 따라 공무원 신분을 가지는 직, ㉨ 그 밖에 다른 법률에서 겸임할 수 없도록 정하는 직이다(동법 제43조 제1항).[20]

또한, ㉠ 정당원이 될 수 있는 교원이 의원으로 당선되면 그 교원직은 휴직을 해야 하고, ㉡ 의원이 당선 전부터 위의 직을 제외한 다른 직을 가진 경우에는 임기개시 후 1개월 이내에, 임기 중 다른 직에 취임한 경우에는 취임 후 15일 이내에 의회의장에게 서면으로 신고하여야 하며, ㉢ 의회의장은 지방의회의원의 겸직신고를 받으면 그 내용을 연 1회 이상 해당 지방의회의 인터넷 홈페이지에 게시하거나 지방자치단체의 조례로 정하는 방법에 따라 공개하여야 한다(동조 제2항~제4항).

의원이 이에 위반하여 겸직하였을 때에는 퇴직 또는 징계의 사유가 된다(동법 제90조, 제98조).

(나) 거래 등 금지

거래금지 등의 대상은 ㉠ 해당 지방자치단체 및 공공단체와 영리를 목적으로 거래를 하는 것, ㉡ 이와 관련된 시설 및 재산의 양수인 또는 관리인이 되는 것, 그리

---

18) 吉田雅彦, 外國の地方制度(東京 : ぎょうせい, 1977).

19) 久世公堯·浜田一成, 앞의 책, pp. 325~331.

20) 이러한 겸직금지는 제2차 산업부분보다 제1차 산업부분에 엄격하다는 비판이 있어 왔다.

고 ㉢ 소관 상임위원회의 직무와 관련된 영리행위를 하는 것이다(동법 제44조 제4항). 의원이 이에 위반하여 거래 등을 하였을 때에는 징계의 사유가 된다(동법 제98조).

(6) 의원의 정당관계

의원의 정당참여를 허용하느냐 하는 문제는 지방자치에 미치는 영향이 지대하므로 이를 신중히 검토하여야 한다. 의원의 정당참여 문제는 의원의 당적보유의 허용 여부와, 선거시 정당공천 또는 정당표방의 허용 여부 문제를 포함한다.

의원의 정당참여를 허용하는 근거는 정당정치는 민주정치의 근간이라는 점, 지방자치에 정당이 관여함으로써 견제와 균형의 활성화, 주민의 후보자 선택의 용이화 등을 기할 수 있다는 점이다. 반대로 의원의 정당참여를 금지하는 근거는 격심한 정쟁의 방지, 중앙당의 통제력을 통한 중앙집권화의 방지, 주민의사의 충실한 반영, 행정의 중립성 확보 등을 기할 수 있다는 점이다.[21]

우리나라에 있어서 지방의회 의원의 정당관여는 과거 1950년대의 지방자치 실시에서도 허용되었고, 현행의 지방자치제도에서도 의원의 공천제 등으로 허용되고 있다(공직선거법 제47조).

3 지방의회의 내부조직

지방의회는 그 기능을 수행하기 위하여 일정한 내부 조직기구를 가진다. 지방의회의 조직기구에는 일반적으로 의장단과 위원회 및 사무조직이 있다.

(1) 의회의 의장단

의회에는 의장이 있다. 의장은 기관대립형에 있어서는 의회를 대표할 뿐이지만, 기관통합형에 있어서는 그 자치단체를 대표한다. 우리나라에 있어서는 의장은 지방의회를 대표하고, 의사를 정리하며, 회의장의 질서를 유지하고, 의회의 사무를 감독한다(지방자치법 제58조).

우리나라의 경우 시·도의회 의회에서는 의장 1명과 부의장 2명을, 시·군·자

21) 秋山陽一郎, 選擧(東京 : 第一法規, 1976), pp. 353~356 ; H. F. Alderfer, *Local Geovernment in Developing Countries*(New York : McGraw·Hill, 1964), pp. 125~148.

치구의 의회에서는 의장과 부의장 각 1명씩을 의원 중에서 무기명투표로 선거한다(동법 제57조 제1항). 부의장은 의장이 사고가 있을 때에 그 직무를 대리한다(동법 제59조). 의장과 부의장의 임기는 2년이다(동법 제57조 제3항).

의장 또는 부의장이 법령을 위반하거나 정당한 이유 없이 직무를 수행하지 않을 때에 지방의회는 그에 대하여 불신임을 의결할 수 있다. 그 불신임 의결은 의원 4분의 1 이상의 발의와 재적의원 과반수의 찬성으로써 행한다(동법 제62조).

(2) 의회의 위원회

(가) 위원회 제도

지방의회는 일반적으로 그 내부에 위원회(committee)를 설치하고 있다. 위원회는 일부 의원으로 구성되는 소회의체이다. 의회 내부에서 위원회를 설치하는 이유는 그것이 본회의의 부담을 경감시킬 수 있고, 소규모 회의체에서 토론이 보다 활발히 행해질 수 있으며, 행정의 전문화에 부응하도록 의회를 전문화시킬 수 있다는 데 있다.[22)]

위원회의 종류는 상임위원회(standing committee)와 특별위원회(special or ad hoc committee), 그리고 분과별 위원회(vertical committee)와 관리적 위원회(horizontal committee) 등이 있다. 상임위원회는 통상적인 안건을 심의하기 위하여 상설되어 있는 위원회이고, 특별위원회는 비통상적인 안건을 심의하기 위하여 임시로 설치하는 위원회를 말한다. 분과별 위원회는 각 행정분야의 업무를 관장하는 위원회로서 일반적으로 상설되어 있으며, 관리적 위원회는 공통관리적 업무를 관장하는 위원회로서 예산결산위원회, 행정조사위원회 등이 그 예에 속한다.

위원회의 권한은 다양하나, 크게 본회의의 예비적 심의권만을 가지는 경우와, 독자적인 결정권을 가진 경우로 나뉜다. 의회가 의결권만 가지고 있는 경우(기관대립형)에는 전자가, 의회가 의결권과 집행권을 모두 가지고 있는 경우(기관통합형)에는 후자가 일반적이다.[23)]

위원회는 의원인 위원으로 구성되는 것이 일반적이다. 그러나 집행권까지 가지고 있는 의회(기관통합형)에서는 본래의 위원 외에 전문적인 지식과 경험을 가진 특별위원을 두어 의사결정에 참여시키기도 한다.

---

22) 山下 茂・谷 聖美・川村 毅, 比較地方自治(東京 : 第一法規, 1992), p. 265.

23) 위의 책, pp. 265~266.

(나) 위원회의 설치

우리나라의 지방의회는 조례가 정하는 바에 의하여 위원회를 둘 수 있는데, 위원회는 상임위원회와 특별위원회 2종으로 하고 있다. 상임위원회는 조례로 정하는 바에 따라 설치할 수 있다(동법 제64조 제1항, 제2항). 특별위원회에는 여러 가지가 있을 수 있으나 의원의 윤리심사 및 징계를 심사하기 위하여 윤리특별위원회 두어야 한다(동법 제65조). 위원회의 위원은 본회의에서 선임한다(동법 제64조 제3항).

우리나라에서 기관대립주의를 취하고 있음에도 행정의 전문화에 대응하기 위해 위원회의 활동에 큰 비중을 두고 있다. 즉, 지방의회와 그 위원회는 의안의 심의를 위해 자치단체의 장에게 관계 서류제출을 요구할 수 있고(동법 제48조), 지방자치단체의 사무를 조사할 수 있으며(동법 제49조), 집행기관의 행정사무처리 상황에 관하여 보고를 듣고 질문할 수 있다(동법 제50조). 또한 청원을 심사・처리할 수 있다(동법 제85조~제88조). 그러기에 우리의 지방자치법은 위원회의 권한으로 본회의에서 회부한 안건을 심의할 뿐만 아니라, 더 나아가서 그 소관 의안과 청원 등도 심사・처리하도록 하고 있다(동법 제64조 제2항).

위원회에는 전문위원을 두는데, 전문위원은 위원회에서 의안과 청원 등의 심사, 행정사무감사 및 조사, 그 밖에 소관사항 관련 검토・보고, 자료의 수집・조사・연구를 수행한다. 전문위원의 직급과 정수 등은 대통령령으로 정한다(동법 제68조).

(3) 의회의 사무조직

지방의회에는 지방의회의 사무를 담당하는 사무조직이 있다. 그러나 그 사무조직의 설치가 필수사항으로 되어 있는 경우와 임의사항으로 되어 있는 경우, 그리고 그 조직을 의회의 소속하에 두는 경우와 집행기관의 소속하에 두는 경우 등 다양하다.

우리나라의 경우, 시・도의회에는 사무처를, 시・군・자치구의회에는 사무국 또는 사무과를 둘 수 있다. 사무직원은 해당 지방의회 의장의 추천에 의하여 지방자치단체의 장이 임명하되, 별정직공무원・지방공무원법 제25조의 5에 따른 임기제 공무원에 대한 임용권은 의회 사무처(국・과)장에게 위임하도록 하고 있다(동법 제102조~제104조).

Ⅲ 지방의회의 권한

지방의회의 권한은 지방의회의 유형에 따라 다양할 뿐만 아니라, 나라에 따라서는 지방자치단체의 종류와 계층에 따라 다르기도 하고, 심지어는 각 지방자치단체마다 다른 경우도 있다. 그러나 우리나라의 경우에도 전부개정 지방자치법에서 기관구성 다양화를 규정하고 있어 향후 다양한 형태의 기관구성이 가능해졌다(지방자치법 제4조). 그러나 현시점(2022년 3월)에서는 구체적인 법률이 제정되어 있지 않아 기관대립형 단일체제를 채택하고 있는 형국이며 모든 자치단체의 지방의회에 그 권한을 일률적으로 통일하고 있다.

지방의회는 지방자치단체장의 기관위임사무와 법령에 의하여 지방자치단체장의 전속사항으로 된 사무를 제외하고는 원칙적으로 해당 지방자치단체의 사무 전반에 걸쳐 관여할 수 있다.

지방의회의 권한은 여러 가지로 나눌 수 있으나, 여기에서는 이를 의결권, 행정감시권, 선거권, 청원수리·처리권, 자율운영권으로 나누어 고찰하기로 한다.

1 의결권

(1) 의결권의 행사형식

의결권은 문자 그대로의 '의결'외에, 결의, 제정, 개폐, 승인, 동의, 선언, 건의, 권고, 촉구, 요구, 회부, 이송, 선임, 해임, 결정, 처리 등 다양한 명칭으로 행해진다.

(가) 의결 또는 결의

지방의회 의결권이 문자 그대로 의결 또는 결의의 형식으로 행사되는 경우가 대부분이다.

① **의 결** : 의안의 의결(동법 제47조, 제73조), 예산안의 의결(지방자치법 제47조) 등

② **결 의** : 선언결의, 촉구결의 등

'의결'과 '결의'가 어떻게 다르냐에 관하여는 여러 가지 설이 있다. 첫째로 전자는 법령에 근거한 의사형성 행위인 데 비하여 후자는 법령의 근거와는 관계없는 사실상의 의사형성 행위라는 설, 둘째로 전자는 지방자치단체의 의사의 형성행위인 데

비하여 후자는 지방의회라는 기관의 의사의 형성행위라는 설, 셋째로 전자는 그 효력을 발생하기 위하여 지방자치단체장의 별도의 표시행위를 필요로 하는 데 비하여 후자는 지방의회의 결정행위만으로써 그 효력을 발생한다는 설 등이 있다.[24)]

이러한 여러 설 중에서 이론적으로는 제2설이 타당하다고 생각된다(제3설은 제2설의 연장이라고 할 수 있다). 우리 지방자치법이 과거에는 의결 외에 결의 규정도 두고 있었다(예 : 의장불신임 결의). 그러나 근래의 개정에서 결의를 모두 의결로 바꾼 점으로 미루어 보아, 결의를 사실상의 의사형성 행위에 한정시키고자 하는 것 같다. 따라서 위의 첫 번째 설이 일단 현행제도에서는 설득력을 가진다고 볼 수 있다.

(나) 승인 · 동의 · 의견(표명)

이러한 행위들은 지방의회가 다른 기관의 행위에 대하여 승낙, 허락, 효력부여 또는 인지의 뜻을 표시하는 절차를 의미하는 데에 공통점이 있다.

① **승인** : 결산의 승인(동법 제150조) · 예비비 지출의 승인(동법 제144조), 선결처분의 승인(동법 제122조)

② **동의** : 간부 공무원의 임명의 동의

③ **의견**(표명) : 지방자치단체의 구역 · 명칭변경, 폐치분합에 대한 의견(동법 제5조), 읍의 시승격에 대한 의견(동법 제10조).

(다) 제정 · 개폐

이러한 행위들은 지방자치 운용의 기준이 되는 규범을 정립하는 것으로서, 그 중에서도 이른바 법규성을 가진 조례의 제정과 개폐에는 복잡한 의결절차가 필요한 경우가 있다(동법 제32조 제4항).

① **제 정** : 조례의 제정(동법 제13조, 제47조), 회의규칙의 제정(동법 제83조) 등

② **개 폐** : 조례의 개정 · 폐지(동법 제47조) 등

(라) 선언 · 선포 · 촉구 · 건의 · 권고

이러한 행위들은 법적인 것은 아니지만, 사실상 지방의회의 의사를 관철하기 위한 압력의 수단으로 쓰이는 것이다. 그리고 상대방의 의사와 관계없이 지방의회의 일방적인 주장이나 의사를 표시하는 점에서 공통점이 있다. 이와 같은 형식의 의사를 표시하는 데에는 전술한 '결의'의 절차를 거치는 것이 일반적이다.

---

24) 久世公堯 · 浜田一成, 議會(東京 : 第一法規, 1976), pp. 87~88.

① **선언 · 선포** : 미관도시 선언, 차 없는 거리 선포, 문화거리 선포 등
② **촉 구** : 철거 촉구, 지원 촉구 등
③ **건 의** : 해임 건의, 철회 건의 등
④ **권 고** : 사퇴 권고, 해체 권고 등

(마) 요구 · 회부 · 위임 · 이송

이러한 행위들은 다른 기관에 일정한 행위의 의무를 부과하여 해당 사안에 대한 보다 책임 있는 처리를 도모하는 데에 그 공통점이 있다. 이러한 형식의 권한을 행사하는 데에는 '의결'의 절차를 거치는 경우가 많으며, 경우에 따라서는 의회의 의장이 직권으로 행하는 경우도 있다.

① **요 구** : 출석증언 요구(동법 제49조), 질문에 대한 답변 요구(동법 제51조) 등.
② **회 부** : 징계위원회 회부(동법 제99조) 등
③ **위 임** : 분과위원회에의 위임(동법 제67조) 등
④ **이 송** : 자치단체장에의 청원 이송(동법 제88조) 등

(바) 선임 · 해임

이러한 행위들은 토론을 거치지 않고 표결하는 점, 그 행위의 대상이 사람이며, 그 행위의 효력에 피행위자(당선자)의 수락행위를 요하는 점, 하나의 행위로써 복수의 결정(복수 당선자 선출)을 하는 경우가 있는 점 등에서, 일반적인 의결이나 결의와 다른 특수성이 있다.

① **선 임** : 의장 · 부의장의 선출(동법 제57조), 분과위원회 위원의 선임(동법 제64조), 검사위원의 선임(동법 제150조) 등
② **해 임** : 의장 · 부의장의 불신임 의결(동법 제62조) 등

(사) 결정 · 처리

이러한 행위들 중, 결정은 주로 지방의회의 내부문제를 자율적으로 해결하는 것과 관련되고, 처리는 지방의회가 일정한 사안을 직접 실행하는 것으로서 의결기관인 의회에는 예외적인 현상이다.

① **결 정** : 회의 개 · 폐 결정(동법 제56조), 회의 비공개의 결정(동법 제75조) 등
② **처 리** : 청원의 처리(동법 제47조)

(2) 의결권의 범위

의결권의 범위를 넘는 의결은 월권이 된다. 의결권의 범위는 그 의결의 대상이 되는 사무와 사항의 두 측면에서 한정된다.

(가) 의결의 대상사무

지방의회는 해당 지방자치단체의 소관사무의 범위 안에서, 이른바 고유사무와 단체위임사무에 관하여서만 의결권을 행사할 수 있다.

첫째로, 지방자치법은 지방자치단체의 소관사무로서 7개 분야 61개 종류의 사무를 예시하고(동법 제13조 제2항), 그러한 사무를 광역자치단체와 기초자치단체에게 배분하는 기준을 정하고 있다(동법 제14조, 동법 시행령 제10조). 지방의회는 이러한 지방자치단체 소관사무의 범위 안에서만 의결권을 행사할 수 있다.

그러나 지방자치법이 예시한 61개 종류의 사무와, 광역・기초자치단체에 배분된 사무가 모두 지방의회의 의결사항이 되는 것은 아니다. 지방자치법과 동법 시행령에서 "다만 다른 법령에 이와 다른 규정이 있는 경우에는 그러하지 아니하다"라는 단서 규정을 두고 있어(동법 제13조 제2항 단서, 동법 시행령 제10조 단서), 다른 개별 법령의 규정 여하에 따라 지방자치단체의 소관사무 및 각급 지방자치단체에의 배분사무가 달라질 수 있기 때문이다.

둘째로, 지방의회는 지방자치단체의 자치사무(고유사무)와, 법령에 의하여 지방자치단체에 속하는 사무(단체위임사무)에 관하여서만 의결권을 행사할 수 있다. 따라서 이른바 기관위임사무와 자치단체장의 전속권한사항(예 : 자치단체 대표권, 의회소집요구, 직원의 임면・지휘・감독 등)에 관하여는 의결권을 행사할 수 없다.

그러나 기관위임사무라고 해서 무조건 지방의회의 의결사항에서 제외되는 것이 아니다. 기관위임사무의 처리에 소요되는 경비는 그 전액을 위임기관이 부담하도록 되어 있는데(지방재정법 제21조 제2항), 만약 그 기관위임사무의 처리에 해당 자치단체의 경비가 사용되었거나 사용될 것이라면(이른바 지방비부담의 경우) 그 부담한 사항에 관하여 주민의 대표기관인 지방의회가 관여하는 것이 논리적으로 타당하다.

(나) 의결의 대상사항

위에서 살펴본 바와 같은 사무가 모두 지방의회의 의결의 대상 사항이 되느냐 하면 그렇지 않다. 지방의회는 위에서 살펴본 사무 중에서도 특히 주민의 대표기관인 지방의회의 심의와 의결을 거쳐야 할 만큼 중요한 사항만을 심의·의결하고, 구체적이고 일상적이며 경미한 사항은 집행기관에 일임하는 것이 일반적이다.

따라서 지방의회의 의결사항에 관하여, 지방자치단체의 운영에 관한 기본적인 사항을 지방의회의 의결사항으로 명시하는 이른바 열거주의(enumeration)를 택하게 되는데, 이러한 열거주의의 결과 지방의회의 의결권은 그 열거사항에 한정되는 결과를 가져온다.

우리나라에 있어서 지방의회의 의결사항으로 열거된 것에는 다음과 같다(지방자치법 제47조).

첫째는 조례의 제정 및 개폐이다. 조례는 지방자치단체의 자치입법의 근간으로서 주민의 권리·의무에 관한 사항이나 지방자치단체의 운영에 관한 기본적인 사항을 규정하는 것이므로 주민의 대표기관인 지방의회가 이를 의결하는 것은 당연하다.

둘째는 예산의 심의·확정 및 결산의 승인이다. 예산은 지방자치단체의 정책의 계수적 표현으로서 해당 회계연도에 있어서의 지방자치단체의 사업계획과 재원배분을 규정하는 것이므로 지방의회의 기본적인 의결의 대상이 되며, 집행기관의 결산보고를 승인하는 것도 지방의회의 고유한 권한이 된다.

셋째는 중요정책의 결정이다. 지방의회는 주민의 이해와 밀접한 관계가 있거나 기타 지방자치단체에 중요한 의미를 가지는 정책사항을 심의·결정하는 권한을 가지는데, 이에는 다음과 같은 것들이 포함된다.

① 법령규정 외의 사용료·수수료·분담금·지방세·가입금의 부과와 징수
② 기금의 설치·운용
③ 대통령령으로 정하는 중요재산의 취득·처분
④ 대통령령으로 정하는 공공시설의 설치·처분
⑤ 법령과 조례에 규정된 것을 제외한 예산 외의 의무부담이나 권리의 포기
⑥ 청원의 수리와 처리
⑦ 외국 지방자치단체와의 교류·협력에 관한 사항

넷째는 기타 법령이 규정하는 사항의 의결이다. 각 개별 법령에서 지방의회의 의결사항으로 규정하고 있는 것 중 중요한 것을 예로 들어보면 대체로 다음과 같다.

① 지방자치단체의 폐치분합과 명칭·구역의 변경 및 사무소 소재지의 의결, 시 설치 의결(지방자치법 제5조 제3항, 제9조 제2항, 제10조)
② 추가경정예산의 확정(동법 제145조), 계속비의 설정(동법 제143조), 예비비지출의 승인(동법 제144조)

③ 지방채무 및 채권의 관리(동법 제139조), 일시차입금(지방회계법 제24조), 지방세의 감면(지방세법 제3조, 제9조)

④ 지방자치단체조합의 설립(지방자치법 제176조), 행정협의회의 구성(동법 제169조)

⑤ 지방자치단체조합 임원선임(동법 제177조), 행정협의회 임원선임(동법 제170조)

⑥ 의장・부의장 및 임시의장의 선출(동법 제57조, 제60조), 검사위원의 선임(동법 제150조)

⑦ 행정조사의 실시(동법 제49조)

⑧ 의원의 징계(동법 제98조), 의원자격의 상실(동법 제92조), 의장・부의장의 불신임(동법 제62조)

다섯째는 조례가 정하는 사항의 의결이다. 지방의회는 전술한 법령의 규정에 의한 의결권의 행사 외에, 조례가 규정하는 사항에 대하여도 의결권을 행사할 수 있다(동법 제47조 제2항).

(다) 결의권의 범위

결의는 그것이 법령상의 효력을 발생하지 아니하는 사실상의 의사형성행위에 불과하기 때문에, 의회가 필요할 때에 언제든지 결의를 할 수 있다. 보건환경선언, 미관도시선언, 차없는 거리선언, 진상해명 촉구, 해직권고 등이 그 예가 될 수 있다.

그러나 이러한 사실적인 결의에도 사실상 일정한 범위가 있다고 보아야 할 것이다. 즉, 그 결의의 대상이 해당 지방자치단체의 공공사무에 해당하거나 적어도 해당 지방자치단체 또는 지역주민의 공적인 이해와 관련이 있는 사항에 한정되어야 한다. 예컨대 지방의회가 특정 외국과의 외교단절 결의를 한다든가, 국제정치・전쟁에 관한 결의를 한다든가 하는 것은 있을 수 없다.[25]

(3) 의결권의 한계

지방의회가 이상과 같은 범위 안에서 의결을 행하는 경우에도, 거기에는 또한 지키지 않으면 안 될 일정한 한계가 있다. 의결권의 이러한 한계를 위반한 의결은 위법이 된다.

(가) 상위법규 우위에 의한 한계

지방의회의 의결은 국가의 법령이나 상급 지방자치단체의 법규에 위반해서는 안

25) 浜田一成・川村仁弘, 今日の地方議會(東京 : 第一法規, 1984), p. 75.

된다.

첫째로, 지방의회의 의결은 국가의 법령에 위반해서는 안 된다. 헌법 제117조에서 "법령의 범위 안에서 … ", 지방자치법 제28조에서 "법령의 범위 안에서 … "라고 규정한 것은 모두 지방의회의 의결이 헌법을 비롯하여 법률과 명령에 위반해서는 안 된다는 것을 뜻한다.[26] 지방의회의 의결이 원칙적으로 그 지방자치단체의 구역 안에서만 효력을 가지는 것일지라도 국가의 법령과 아울러 국법질서의 일환이 되는 것이므로, 전국적으로 시행되는 국가의 법령과 모순되거나 저촉되어서는 안 되기 때문이다.

둘째로, 지방의회의 의결은 상급 지방자치단체의 조례나 규칙에 위반해서는 안 된다. 지방자치법 제30조에 "시 · 군 · 자치구의 … 는 시 · 도의 조례나 규칙에 위반하여서는 안 된다"고 규정한 것이 이를 의미한다.[27]

셋째로, 지방의회의 의결은 또한 당해 지방자치단체의 조례나 규칙에 위반해서는 안 된다. 지방의회의 의결이라고 해서 해당 지방의회가 정한 조례나 회의규칙을 무시하고 행해질 수 없기 때문이다.

(나) 법률유보에 의한 한계

지방의회의 의결은 특히 자치입법 분야에 있어서, 일정한 사항은 반드시 국회의 의결을 거친 법률의 위임에 의해서만 또는 법률을 근거로 하여서만 규정할 수 있도록 되어 있다.

첫째로, 현행 지방자치법은 지방의회가 주민의 권리제한이나 의무부과에 관한 사항을 조례로써 정할 때에는 법률의 위임이 있어야 한다고 규정하고 있다(동법 제28조). 그러나 조례에 관한 이러한 제한에는 그것이 헌법위반이라는 많은 논란이 있다(전술 제4장 제1절 '조례제정권의 한계' 부분 참조).

둘째로, 현행 지방자치법은 벌칙에 관한 사항을 조례로써 규정할 때에는 법률의 위임이 있어야 한다고 규정하고 있다(동법 제28조). 그러나 조례에 관한 이러한 제한에도 전술한 주민의 권리 · 의무에 관한 조례제정 제한의 경우와 같이 헌법위반이라는 많은 논란이 있다(전술 제4장 제1절 '조례제정권의 한계' 부분 참조).

---

26) '법령의 범위 안에서'의 뜻이 무엇이냐에 관하여 의문이 있을 수 있기 때문에 일본에서처럼 '법령에 위반하지 아니하는 한도에서'로 규정하여 그 뜻을 보다 명백히 할 필요가 있다.

27) 일본에서는 과거에 상급 자치단체인 도 · 도 · 부 · 현이 하급 자치단체인 시 · 정 · 촌의 사무에 관하여 법령에 특별히 규정된 경우를 제외하고 그 조례로써 필요한 규정을 할 수 있고, 시 · 정 · 촌의 조례가 이러한 도 · 도 · 부 · 현의 조례에 위반할 때는 당연히 무효로 되도록 하였었는데, 1999년의 분권화 일괄법의 제정에 의한 지방자치법 개정에서 이를 삭제하였다.

(다) 사실상의 한계

지방의회의 의결권에는 이상과 같은 제도상의 여러 한계 외에도, 사실상의 여러 가지 사정에 의하여 한계가 있을 수 있다.

첫째는 전문성의 부족이다. 지방의회는 전문위원제를 두고 있지만 집행기관에 비해 그 전문성이 열세를 면치 못하는 데다가, 그 전문적 보조인력도 부족하여 의회가 주도적으로 행정을 선도하거나 편달하지 못하고, 집행기관에서 마련한 의안을 소극적으로 심의하는 데 머무르는 경우가 많다.

둘째는 조례준칙이다. 중앙정부가 조례에 관한 준칙 또는 모범조례(안)를 제시함에 따라 지방의회의 의결에 한계를 가져올 수 있다. 독일 등에서도 주정부가 규범조례(Mustersatzungen)를 지방자치단체에 마련해주고 있기는 하지만, 우리나라와 같이 중앙정부의 조례준칙이 지방자치단체의 조례에 거의 그대로 반영되는 경우에는 지방자치단체의 독자성이 크게 훼손된다. 이러한 조례준칙의 법적 성격은 일종의 행정지도로 해석된다.[28)]

2 행정감시권

(1) 의회의 행정감시 방식

기관통합형의 경우에는 지방의회가 직접 집행권을 행사하지만, 기관대립형의 경우에는 집행권을 담당하는 기관이 별도로 있고 지방의회는 그 집행기관의 집행행위에 대하여 감시권을 행사하게 된다.

지방의회의 행정감시는 여러 방식으로 행해질 수 있다.

(가) 의안심의와 관련된 자료요구

가장 평범한 방식은 의회의 의안심의와 관련된 정보·자료를 집행기관에 요구하는 것이다. 우리나라 지방자치법 제48조 제1항에서 "본회의나 위원회는 그 의결로 안건의 심의와 직접 관련된 서류의 제출을 지방자치단체의 장에게 요구할 수 있다"고 규정하고 있다. 이러한 요구를 받은 지방자치단체의 장은 법령이나 조례에서 특

28) 김남진, "조례준칙이 법규명령인가", 자치행정 2000년 1월호, pp. 30~33.

별히 규정한 경우를 제외하고는 이에 응하여야 하는데(동법시행령 제40조 제2항), 이러한 요구를 통하여 지방의회는 집행의 실태를 파악할 수 있게 된다. 그러나 이러한 서류제출의 요구는 의안의 효율적인 심의를 주목적으로 하며, 집행기관에 대한 행정감시는 부수적인 효과이다.

(나) 행정사무처리상황 보고요구

집행기관에 대한 행정감시의 가장 전형적인 방식은 집행기관으로부터 사무처리상황에 관하여 보고를 받는 것이다. 우리나라 지방자치법 제51조에서 "지방자치단체의 장이나 관계 공무원은 지방의회나 그 위원회에 출석하여 사무의 처리상황을 보고하거나 의견을 진술하고 질문에 응답할 수 있다. 지방자치단체의 장이나 관계 공무원은 지방의회나 그 위원회가 요구하면 출석·답변하여야 한다. 다만, 지방자치단체의 장은 특별한 이유가 있으면 일정한 절차를 거쳐 관계 공무원으로 하여금 대리출석·답변하게 할 수 있다"고 규정하고 있는 것이 그것이다. 그러나 이러한 보고의 청취는 가장 전형적이고 본래적인 방식이기는 하지만, 강력한 행정감시의 효과를 거두시 못하는 데에 한계성을 가진다.

(다) 행정감사 또는 조사

이 방식의 내용에 대하여는 아래 (2) 행정감사 및 조사권에서 상세히 고찰한다.

(라) 지방자치단체장 불신임의결

집행기관에 대한 행정감시의 가장 강력한 방식은 지방자치단체장에 대한 불신임권의 행사이다. 지방자치단체장에 대한 불신임결의의 문제는 각 나라의 사정에 따라 일정치 않고, 우리나라에 있어서도 과거에 이를 부여하였다가 폐지하는 등 많은 변천을 겪어 왔다. 즉, 1988년의 전문개정 지방자치법에서부터 현재까지 지방자치단체장에게 의회해산권을 부여하지 않음에 발맞추어, 지방의회에 지방자치단체장에 대한 불신임의결권을 부여하지 않고 있다.

(2) 행정감사 및 조사권

(가) 의의 및 성격

집행기관의 행정사무 처리상황을 지방의회가 적극 파악하여 그 결과를 처리하는 활동을 지방의회의 행정감사 또는 행정조사라고 한다.

감사와 조사는 성질상 서로 다르다. 즉, 첫째로 전자는 집행기관의 행정사무처리 상황 전반에 관하여 실정을 파악하고자 하는 것인 데 비하여, 후자는 특정의 사안에 대하여 집중적인 자료를 수집하는 활동이다. 둘째로 전자는 권한의 발동에 특별한 절차적 요건을 필요로 하지 않는 데 비하여, 후자는 특별한 절차적 요건을 필요로 한다. 셋째로 전자는 정례회에서의 예산심의 등 주요 정책심의를 위한 자료수집 활동, 즉 부수적 행정감시 활동의 성격을 가지는 데 비하여, 후자는 행정감시 자체를 목적으로 자료를 수집하는 활동, 즉 독립적 행정감시 활동의 성격을 가진다. 넷째로 전자는 집행의 포괄적 책임(responsibility)을 확보하는 활동이라고 한다면, 후자는 구체적 책임(accountablility)을 확보하는 활동이라고 할 수 있다.

오늘날 세계 각국에서는 감사권과 조사권 중 어느 한쪽만을 인정하고 있으며, 대부분의 나라에서 감사권보다 조사권을 인정하는 경향이 있다. 즉, 영국, 프랑스, 태국, 대만 등이 모두 지방의회에 감사권을 부여하지 않고 있다. 일본은 감사위원에 대하여 감사의 실시 및 그 결과의 보고를 요구하는 이른바 감사청구권을 지방의회에 부여하고 있다.

우리나라의 경우, 과거 1950년대에는 지방의회에 감사권을 부여한 바 있었고, 1988년 개정 지방자치법에서는 조사권을 부여하였다가, 1989년 개정 지방자치법에서는 감사권과 조사권을 모두 부여하여 오늘에 이르고 있다(동법 제49조).

(나) 범위와 한계

지방의회의 감사·조사권에도 전술한 의결권의 경우와 같이 일정한 범위와 한계가 있다.

(a) **범위** : 감사 및 조사권의 범위는 다음과 같다.

(1) 지방의회의 감사 또는 조사권이 지방자치단체의 고유사무를 대상으로 할 수 있다(동법 제49조 제1항).

(2) 이른바 단체위임사무와 기관위임사무를 대상으로 할 수 있느냐가 문제된다. 이론적으로는 단체위임사무는 일반적으로 지방의회의 감사·조사의 대상이 되는데 비하여, 기관위임사무는 그 사무의 처리에 지방비부담이 있는 범위에서 지방의회의 감사·조사대상이 될 수도 있다. 그러나 원칙적으로는 위임기관(국가 또는 상급 지방자치단체)의 감사·조사 대상이 된다고 보아야 할 것이다.[29] 일본에서는 기관위임사무가 폐지되기 이전의 지방자치법에서 지방자치단체의 사무(고유사무 및 단체위임사무를 포함)에 대하여는 해당 지방의회에 검사 및 조사권을 부여하고 있는 데

29) 홍정선, “지방의회의 사무감사 및 조사권”, 지방자치 제49호(서울 : 지방행정연구소, 1992), p. 65.

비하여, 기관위임사무에 대하여는 설명요구권 및 의견제시권을 부여한 바 있었다.

우리나라에서 지방자치단체의 위임사무에 대한 감사 및 조사권을 둘러싸고 국회와 지방의회 사이에 다툼이 있어오다가, 1994년의 개정 지방자치법에서 이를 입법적으로 해결하였다. 즉, 지방자치단체 및 그 장이 위임받아 처리하는 사무에 대하여 국회와 상급 지방자치단체 의회가 직접 감사하기로 한 사무를 제외하고는 그 감사는 해당 지방의회가 행할 수 있고, 이 경우 국회와 상급 지방의회는 해당 지방의회에 필요한 자료를 요구할 수 있도록 한 것이다(지방자치법 제49조 제3항).

그러나 이러한 입법적 해결에도 불구하고 문제는 여전히 남아 있다고 생각된다. 즉, ㉠ 이 규정에는 기관위임사무뿐만 아니라 단체위임사무도 포함하고 있어,[30] 기관위임사무에 대한 지방의회의 감사권을 원칙적으로 인정하면서, 반대로 단체위임사무를 지방의회의 감사·조사 대상사무에서 제외할 수도 있게 하고 있다. ㉡ 또한 감사권에 관해서만 규정하고 있어,[31] 조사권에 관하여는 문제를 해결하지 않고 있고, ㉢ 국회 및 상급 지방의회가 감사하지 않기로 한 부분만 해당 지방의회가 감사할 수 있어[32] 해당 지방의회의 감사대상 여부가 국회 및 상급 의회의 결정에 의존하며, 언제든지 그 감사권이 회수될 수 있게 되어 있는 점 등이 문제로 지적된다.

(3) 지방의회의 감사 또는 조사권이 지방자치법 제47조에 열거된 지방의회의 의결사항에 한정되느냐도 문제가 된다. 그러나 지방의회의 감사 또는 조사권을 규정한 동법 제49조가 "지방자치단체의 사무에 대하여"라고 하고 있는 점에 비추어, 지방자치단체의 사무이면 감사 또는 조사의 대상이 되는 것이지, 꼭 지방의회의 의결사항으로 열거된 것이어야 한다고 할 수는 없는 것으로 생각된다.

(b) 한계 : 지방의회가 위의 대상범위 안에서 감사 또는 조사를 할 때에도 거기에는 지켜야 할 일정한 한계가 있다(동법시행령 제48조).

첫째로, 헌법이 보장하고 있는 개인의 사생활을 침해해서는 안 된다.

둘째로, 계속 중인 재판에 관여하지 못한다.

셋째로, 수사 중인 사건에 관여할 목적으로 행사되어서는 안 된다.

---

30) 지방자치법 제49조 제3항에 "지방자치단체 및 그 장이 위임받아 처리하는 사무"라고 규정하고 있는 것은 단체위임사무와 기관위임사무를 말하는 것이다.

31) 지방자치법 제49조 제3항에 "직접 감사하기로 한 사무 외에는 그 감사는 …"하고 규정하고 있어, 감사만을 규정하고, 조사는 규정에서 제외하고 있다.

32) 지방자치법 제49조 제3항에 "직접 감사하기로 한 사무 외에는 … 해당 지방의회가…"라고 규정하고 있어 국회 및 상급 지방의회가 직접 감사하지 아니하는 부분만 해당 지방의회가 감사할 수 있다.

(다) 주체와 대상기관

감사 및 조사의 주체 및 대상기관은 다음과 같다.

(a) **주체** : 감사 또는 조사의 주체는 물론 지방의회이다. 지방의회는 본회의에서 할 수도 있고, 소관 상임위원회별로 또는 특별위원회를 구성하여 이를 행하게 할 수 있다(동법 제49조 제1항, 동법시행령 제42조).

이 감사 또는 조사에 참여하는 의원에게는 제척 및 회피의 사유가 적용된다(동법시행령 제49조).

(b) **대상기관** : 감사 또는 조사의 대상기관은, ㉠ 해당 지방자치단체, ㉡ 그 소속 행정기관 및 하부행정기관, ㉢ 교육·과학 및 체육에 관한 기관, ㉣ 지방공기업, ㉤ 지방자치단체 사무 수탁기관(·단체), ㉥ 지방자치단체가 4분의 1이상 출자하거나 출연한 법인 등이다(동법시행령 제44조).

(라) 절차와 방법

감사는 매년 1회, 시·도에서는 14일, 시·군·자치구에서는 9일이 범위 안에서 실시하며, 조사는 특정사안에 관하여 본회의 의결로써 실시한다. 감사와 조사의 절차와 방법은 다음과 같다.

(a) **절차** : 감사는 매년 정례회의 회기 내에 행하고(동법시행령 제41조 제1항), 조사는 재적의원 3분의 1 이상의 연서로 발의하여 본회의의 의결을 거쳐 행한다(동법 제49조 제2항, 동법시행령 제41조 제2항).

감사 또는 조사는 감사 또는 조사계획서를 작성하여 본회의의 승인을 거쳐 지방자치단체장에게 통보하고 시행한다(동법시행령 제43조).

(b) **방법** : 감사 또는 조사를 위하여 필요한 때에는 현지확인을 하거나 서류제출을 요구할 수 있으며, 관계인을 출석시켜 증인으로서 선서한 후 증언하게 하거나 참고인으로서 의견진술(감정)을 요구할 수 있다(동법 제49조 제4항, 동법시행령 제46조 제1~3항).

감사 또는 조사는 공개함을 원칙으로 한다(동법시행령 제51조). 그러나 감사 또는 조사를 할 때에는 대상기관의 활동이 현저히 저해되거나 기밀이 누설되지 않도록 주의하여야 한다(동법시행령 제50조). 일본에서는 이러한 기밀누설 방지에 관하여 세밀한 규정을 두고 있다.

(c) **결과처리** : 지방의회는 본회의 의결로 감사 또는 조사결과를 처리한다. 감사·조사결과가 필요한 때에는 해당 지방자치단체 또는 해당 기관에게 시정을 요구하고, 처리를 이송한다. 요구 또는 이송을 받은 기관은 지체 없이 시정 또는

처리하고 그 결과를 지방의회에 보고하여야 한다(동법 제50조, 동법시행령 제52조).

(마) 실효성 확보

감사 또는 조사를 위해 서류제출을 요구받은 자가 정당한 사유 없이 서류를 정해진 기한까지 제출하지 아니한 경우, 출석요구를 받은 증인이 정당한 이유 없이 출석하지 않거나, 증언을 거부 또는 허위증언을 한 경우에는 500만원 이하의 과태료를 부과할 수 있다(동법 제49조 제5항).

3 청원 수리 · 처리권

지방의회는 청원을 접수 · 처리한다(헌법 제26조, 지방자치법 제47조 제1항).

청원이란 주민이 지방자치단체에 대하여 불만 또는 희망을 진술하고 그 시정 또는 구현을 요구하는 것을 말한다.

청원사항은 법령에 어긋나는 것, 재판에 간섭하는 것, 국가원수를 모독하는 것을 제외하고(청원법 제6조, 지방자치법 제86조), 피해구제 · 법령개폐 · 공공시설운영 및 기타 지방자치단체의 기관의 권한에 속하는 사항이다(청원법 제5조).

해당 지방자치단체의 주민이면 이해당사자이든 아니든 누구나 청원인이 될 수 있으며, 청원의 기간이나 형식에도 제한이 없다. 다만 지방의회에 청원하는 자는 의원의 소개를 받고, 청원서에 청원자의 성명 및 주소를 기재하여야 한다(지방자치법 제85조).

청원을 접수한 지방의회는 이를 성실 · 공정 · 신속히 심사 · 처리하고, 90일 이내에 그 결과를 청원인에게 통지하여야 한다(청원법 제18조, 제21조, 지방자치법 제87조, 민원 처리에 관한 법률 제17조~제27조).

수리한 청원이 그 자치단체의 장이 처리함이 적당하다고 인정될 때에는 의견서를 첨부하여 이를 지방자치단체의 장에게 이송한다. 이 경우 지방자치단체장은 그 청원의 처리상황을 지체 없이 의회에 보고하여야 한다(지방자치법 제88조).

4 기관선출 및 자율운영권

(1) 의장 등 선출권

지방의회는 법령이 정하는 바에 의하여 일정한 기관 또는 기관 구성원의 선거권을 가진다. 지방자치단체의 장을 간선제로 하는 제도 아래에서는 지방의회는 지방자치단체장을 선거하는 등 지방자치단체의 의사를 형성하는 행위를 한다. 그러나 지방자치단체의 장을 직선제로 하는 제도 아래에서는 지방의회는 그 의장 등 내부기관을 선출하는 기관의사형성 행위를 함에 그친다.

지방자치단체장 직선제를 채택하고 있는 우리나라의 경우는 지방의회는 다음과 같은 내부기관을 선출한다.

① 의장・부의장의 선거, 임시의장의 선출(지방자치법 제57조, 제60조)

② 분과위원회 위원의 선임(동법 제64조 제3항)

③ 검사위원의 선임(동법 제150조)

이러한 선출행위도 다수결에 의하는 의결의 한 형태에 속하는 것이지만, 다음과 같은 점에서 일반 의결행위와 다르다.

① 그 방법에 있어서 토론을 거치지 않는다.

② 결정의 대상이 사람이다.

③ 결정의 효력에 피결정권(피당선자)의 수락행위를 필요로 한다.

④ 하나의 결정으로서 복수 의사결정(복수당선자 결정)을 하는 경우가 있다.

(2) 자율운영권

지방의회는 내부사항을 외부의 간섭을 받음이 없이 독자적으로 결정 운영한다.

(가) 내부조직

첫째로 의장단을 구성한다. 즉, 지방의회는 의장・부의장을 선거하고, 임시의장을 선출하며(동법 제57조, 제60조), 의장 또는 부의장에 대하여 불신임의결을 할 수 있다(동법 제62조).

둘째로 위원회를 설치한다. 즉, 지방의회는 조례로써 위원회를 설치할 수 있으며(동법 제64조 제1항, 제2항), 위원회의 위원을 선임한다(동조 제3항).

셋째로 사무조직을 설치한다. 즉, 지방의회는 조례로써, 시・도에 있어서는 사무처와 직원을, 시·군·자치구에 있어서는 사무국·과와 직원을 둘 수 있으며(동법 第102조), 사무직원의 정수를 조례로써 정한다(동법 제103조).

(나) 의사자율

첫째로 회의규칙을 제정한다. 즉, 지방의회는 의사진행·징계 등에 관하여 회의규칙을 정한다(동법 제52조, 제83조, 제101조).

둘째로 개·폐회 등을 결정한다. 즉, 지방의회는 개회·휴회·폐회와 회기를 자주적으로 결정하고, 그 회의 연간 총일수 및 정례회·임시회의 회기를 조례로 정한다(동법 제56조).

셋째로 회의공개를 정지한다. 즉, 지방의회의 회의는 공개함이 원칙이지만, 필요한 경우 자율적 결정에 의하여 이를 공개하지 않을 수 있다(동법 제75조).

(다) 의원신분 사정

첫째로 의원의 사직을 허가한다. 즉, 지방의회는 의원의 사직을 허가하며, 다만 의회의 폐회 중에는 의장이 그 허가를 행한다(동법 제89조).

둘째로 의원의 자격에 관하여 심사·의결한다. 즉, 의원의 자격의 유무에 관하여는 법원의 판결로 확정되는 경우를 제외하고는, 지방의회가 자율적으로 심사·의결한다(동법 제91조, 제92조). 의원의 자격의 유무에 관한 지방의회의 의결은 일종의 쟁송상의 판단행위라고 보아야 할 것이다.

셋째로 의원에 대해 징계한다. 즉, 지방의회는 지방자치법 또는 자치법규에 위반하는 행위를 한 의원에 대하여 윤리특별위원회 또는 본회의의 의결로써 징계할 수 있다(동법 제95조, 제98조). 징계의 종류로는 경고, 사과, 출석정지, 제명이 있는데, 제명에 있어서는 재적의원 3분의 2 이상의 찬성이 있어야 한다(동법 제100조).

(라) 의원경찰

지방의회는 자율적으로 원내의 질서와 안녕을 유지하기 위하여 필요한 조치를 할 수 있다.

지방의회의 이러한 경찰권은 의장을 통하여 행사된다. 즉, 의원이 회의 중에 지방자치법 또는 회의규칙에 위반하여 회의장의 질서를 문란하게 할 때에는 의장은 이를 경고, 제지 또는 발언취소를 명하며, 그 명령에 따르지 않을 때에는 당일의 회의에서 발언을 금지하거나 퇴장시킬 수 있고, 회의장이 소란하여 질서를 유지하기 곤란한 때에는 회의를 중지하거나 산회를 선포할 수 있다(동법 제94조~제97조).

그리고 방청인이 회의장 안의 질서를 방해할 때에는 의장은 그의 퇴장을 명하고, 필요한 때에는 경찰관서에 인도하며, 또한 방청석이 소란할 때에는 모든 방청인을 퇴장시킬 수 있다(동법 제97조).

Ⅳ 지방의회의 운영

의회의 운영에 있어서 기본적인 방법은 법령으로 정하지만, 그 구체적인 운영에 있어서는 지방의회의 자율성을 최대로 보장하는 것이 기본원칙이다.

1 지방의회의 소집

(1) 의회성립

지방의회는 의원정수의 과반수가 재적함으로써 성립한다고 일반적으로 인정되고 있다. 이 지방의회의 성립조건은 개의정족수나 의결정족수보다 원천적인 조건이다.

(2) 집 회

지방의회의 집회에는 정례회와 임시회가 있다. 정례회의 개최시기와 임시회의 소집요건은 나라에 따라 다르다.

우리나라의 정례회는 매년 2회 개최한다. 정례회의 집회일 및 기타 운영에 관하여 필요한 사항은 지방자치단체의 조례로 정한다(지방자치법 제53조).

지방의회의원 총선거 후 최초로 집회되는 임시회에는 임기개시일로부터 25일 이내에 의회사무처(국·과)장에 의하여 소집되고, 지방자치단체의 폐치분합으로 새로운 지방자치단체가 설치된 경우 최초의 임시회는 해당 지방자치단체가 설치된 날에 소집한다. 또한, 지방자치단체의 장이나 재적의원 3분의 1 이상의 소집요구가 있은 때에 그 요구가 있은 후 15일 이내에 의회의장이 소집하며, 의장유고시는 부의장이, 의장과 부의장이 모두 유고시는 의원 중 최다선 의원이, 최다선 의원이 2명 이상인 경우에는 그 중 연장자 순으로 소집한다(동법 제54조 제1항~제3항).

임시회의 소집은 긴급을 요할 때를 제외하고는 집회일 3일전에 공고되어야 한다(동법 제54조 제4항). 지방자치단체장이 지방의회에 안건을 발의하는 때에는 그가 부의할 안건을 미리 공고하여야 한다(동법 제55조).

(3) 회 기

소집된 의회는 개회로써 그 활동을 개시하고, 휴회로써 일시 중지하며, 폐회로써 종료하는데, 개회부터 폐회까지의 사이를 회기라고 한다. 회기의 장·단 및 회의의 총일수는 지방의회의 기능과 함수관계를 가진다.

회기가 길거나 회기 총일수가 많은 것은 지방자치에 있어서 민의반영의 철저화, 집행기관에 대한 강력한 견제력의 발휘 등의 효과를 가져오고, 회기가 짧거나 회의 총일수가 적은 것은 행정의 능률화, 경비절약 등의 효과를 가져온다. 대체로 대의회주의 아래에서는 회기가 짧고, 소의회주의 아래에서는 회기가 긴 경향이 있다.

우리나라에 있어서 지방의회의 개회·휴회·폐회와 회기는 그 의회가 의결로 정하고, 회의 총일수와 정례회 및 임시회의 회기는 해당 지방자치단체의 조례로 정한다(동법 제56조). 과거에는 지방의회의 연간 회의 총일수와 정례회 및 임시회의 회기를 법으로 제한하였으나, 2005년과 2006년에 각각 그 제한을 모두 철폐하였다.

2 지방의회의 회의

지방의회가 본질적으로 중요한 것은 회의방식이다. 발의, 의사진행, 의결, 회의록 등이 그 주요 내용이 된다.

발의권을 의원에게만 주느냐, 집행기관에게만 주느냐, 의원과 집행기관 양자에게 주느냐, 또 더 나아가서 주민에게도 주느냐 하는 것은 지방자치에 있어서 중요한 변수가 된다. 또한 의사를 공개로 하느냐 비공개로 하느냐, 의사정족수 및 의결정족수를 어떻게 하느냐, 회의록을 어떻게 작성·서명하며 보관하느냐 하는 것 등도 지방자치에 있어서 중요한 사항이 되는 것이다.

(1) 발 의

지방의회에서 의결할 의안은 지방자치단체의 장이나 조례로 정하는 수 이상의 지방의회의원의 찬성으로 발의된다(동법 제76조). 의안 가운데서도 일반적인 의안과 예산안을 구분하여 그 발의권자를 달리하는 것이 일반적인데, 우리나라의 경우 예산안의 발의권은 지방자치단체의 장에게 전속되고 있다(동법 제142조). 의안의 제출 방법에 대하여 발의, 제안, 제의, 제출 등 여러 가지 용어가 쓰이고 있으나 그 성질은 같다.

(2) 의 사

지방의회의 회의는 공개함이 원칙이나 의원 3명 이상이 발의하고 출석의원 3분의 2 이상이 찬성한 경우 또는 의장이 사회의 안녕질서 유지를 위하여 필요하다고 인정하는 경우에는 이를 공개하지 않을 수 있다(동법 제75조).

의사는 재적의원 3분의 1 이상의 출석으로 개의(開議)되며, 회의 중 출석의원이 의사정족수에 미치지 못 할 때에는 의장은 회의를 중지하거나 산회를 선포한다(동법 제72조). 의사에 있어서 지방자치법에 특별히 규정되어 있는 경우를 제외하고는 재적의원 과반수의 출석과 출석의원 과반수의 찬성으로 의결한다.

의장은 의결에 표결권을 가지며 가부 동수인 때에는 부결된 것으로 본다(동법 제73조). 의장이나 의원은 본인·배우자·직계 존비속 또는 형제자매와 직접 이해관계가 있는 안건에 관하여는 그 의사에 참여할 수 없으며, 다만 의회의 동의가 있으면 의회에 출석하여 발언할 수 있다(동법 제82조).

회의에 지방자치단체의 장 또는 관계 공무원이 출석하여 사무의 처리상황을 보고하거나 의견을 진술하고 질문에 응답할 수 있다(동법 제51조). 지방의회에 제출된 의안은 의원의 임기가 만료되는 경우를 제외하고는 회기계속의 원칙에 따라 회기 중 의결되지 못한 이유로 폐기되지 않는다(동법 제79조).

지방의회에서 부결된 안건은 일사부재의(一事不再議)원칙에 따라 같은 회기 중에 다시 발의 또는 제출될 수 없으며(동법 제80조), 위원회에서 부결된 의안은 의장 또는 일정 수 이상의 의원의 특별한 요구가 없는 한 본회의에 부의됨이 없이 폐기된다(동법 제81조).

(3) 회의록

지방의회는 회의록을 작성하고, 회의의 진행내용 및 결과와 출석의원의 성명을 적고, 의장과 의회에서 선출된 2인 이상의 의원이 이에 서명한다(동법 제84조 제1항,

제2항). 의장은 회의록 사본을 첨부하여 회의의 결과를 지방자치단체의 장에게 통고하여야 한다(동법 제84조 제3항). 특히 회의록 공개와 관련하여 의원에게의 배부와 공개하지 않을 수 있음만을 규정하였던 과거와 달리 의장은 회의록을 지방의회의원에게 배부하고 주민에게 공개하도록(동법 제84조 제4항) 투명성 제고를 위한 조치를 도입하였다. 물론 비밀로 할 필요가 있다고 의장이 인정하거나 지방의회에서 의결한 사항의 비공개는 동일하게 존재하더라도 동 조항이 의사활동의 투명성을 제고한다는 점을 부정할 수 없을 것이다.

3 위원회의 운영

전술한 지방의회(본회의)의 운영원칙과 방식은 위원회의 운영에도 준용된다. 위원회의 개회는 회기 중에는 본회의의 의결이 있거나 의장 또는 위원장이 필요하다고 인정하거나 재적위원 3분의 1 이상의 요구가 있을 때에 개회하고, 폐회 중에는 본회의의 의결이 있거나 의장이 필요하다고 인정할 때, 재적위원 3분의 1 이상의 요구 또는 지방자치단체의 장의 요구가 있을 때에 개회한다(지방자치법 제70조). 위원회에 관하여 필요한 사항은 조례로 정한다(동법 제71조).

V 지방의회 역량 및 책임성 강화

2021년 지방자치법 전부개정을 통하여 지방의회의 역량강화 및 의정활동 투명성을 위한 조치가 마련되었다. 지방행정의 복잡 및 전문화에 대응한 지방의회의 권한 및 자율성 확대와 의회의 투명성 및 신뢰성 확보를 동시에 추구하고자 하였다.

1 의회조직에 대한 의회의장의 인사권

의회의장에게 의회 사무직원 인사권을 부여함으로써 의회에서 강하게 요구하여 왔던 의회의 인사권 독립이 실현되었다. 구체적으로 시·도의회에는 사무를 처리하기 위하여 조례로 정하는 바에 따라 사무처를 둘 수 있으며, 사무처에는 사무처장과 직원을 두도록 하고 있고(지방자치법 제102조 제1항), 시・군・자치구의회에는 사무국이나 사무과 및 사무직원을 둘 수 있도록 하고 있다(동조 제2항).

지방의회의 의장은 지방의회 사무직원을 지휘・감독하고 법령과 조례・의회규칙으로 정하는 바에 따라 그 임면・교육・훈련・복무・징계 등에 관한 사항을 처리한다(동법 제103조).

2 정책지원 전문인력

이번 전부개정에서 지방의회의 전문성 향상 및 의정활동 지원을 위해 전 지방의회에 새롭게 도입된 제도가 의원의 정책지원 전문인력이다(지방자치법 제41조). 정책지원 전문인력은 지방의회의원의 의정자료 수집・조사・연구 및 지방자치법 제47조에서 제52조, 즉 지방의회의 권한으로 규정된 내용과 제83조(회의규칙)에 관련된 의정활동을 지원한다(동법 시행령 제36조).

3 의정활동의 책임성 및 투명성

대폭 확대된 의회의 권한에 비례하여 그동안 많은 비판이 일었던 지방의회의 폐쇄적 의사시스템과 윤리적 문제 등을 완화할 수 있는 장치도 동시에 강화되었다. 대표적으로 윤리특별위원회의 의무화와 기록표결제도의 도입, 의원의 겸직 관련 규정 강화와 회의록 공개를 들 수 있다. 이 중 의원의 겸직 관련 사항과 회의록 공개는 앞서 설명하였기에 여기서는 윤리특별위원회의 의무화와 기록표결제도에 관해 살펴보기로 하자.

(1) 윤리특별위원회의 의무화

전부개정 전의 지방자치법에서도 윤리특별위원회의 규정은 존재하였으나, 의무사항이 아니었기에 다양한 비판이 일었다. 전부개정된 지방자치법 제65조 제1항에서는 지방의회의원의 윤리강령과 윤리실천규범 준수 여부 및 징계에 관한 사항을 심사하기 위하여 윤리특별위원회를 둔다고 정하여 그 설치를 강제하였다.

또한 제2항에서는 윤리심사자문위원회의 의견을 들어야 하며 그 의견을 존중하여야 한다고 규정함으로써 민간전문가의 의견을 청취하여야 하는 절차 역시 강제하고 있다. 이 윤리심사자문위원회는 지방의회의원의 겸직 및 영리행위 등에 관한 지방의회 의장의 자문과 지방의회의원의 윤리강령과 윤리실천규범 준수 여부 및 징계에 관한 윤리특별위원회의 자문에 응하기 위하여 윤리특별위원회에 두며, 민간전문가 중에서 지방의회 의장이 위촉하도록 하고 있다(동법 제66조).

(2) 지방의회 기록표결제도

과거 회의 공개 원칙만을 규정하고 의회와 의원의 의정활동에 대한 공개 규정이 없었던 점, 윤리특별위원회의 의무 설치 부재, 윤리심사자문위원회의 근거 규정 결여 등의 문제점 등을 보완하기 위해 기록표결제도를 도입하였다.

기록표결이란 지방의회가 의결 과정에서 투표자 및 찬반의원 성명을 회의록에 기록하는 표결로서, 현재 기록표결을 도입하고 있지 않은 지방의회의 경우 안건에 대한 의원 개별 찬반 여부 등 의원별 표결 결과를 알 수 없었다.

기록표결제도의 도입을 통해 사업계획 등의 의결과정에서의 투명성 및 책임성 확보하고, 각종 선거, 징계, 인사에 관한 사항 등의 예외적인 사항에 한해 무기명 투표를 진행한다(동법 제74조).

제3절 집행기관(자치단체장과 교육감)

I 집행기관

1 집행기관의 의의

지방자치단체의 집행기관이란 의결기관이 결정한 의사에 따라 지방자치단체의 목적을 구체적·적극적으로 실현하는 기관을 말한다.

집행기관은 오늘날과 같이 양적으로 확대된 집행업무를 수행하기 위하여 매우 거대화되고 있으며, 또한 질적으로 복잡해진 업무를 전문적으로 처리하기 위하여 많은 단위기관으로 분화되고 있다. 이러한 많은 단위기관들의 업무수행이 하나의 통일성 있는 업무수행으로 종합되고 조정되게 하기 위하여 각 기관들을 일정한 피라미드(pyramid)적·계층제(hierarchy)적 체계로 계통화하고 있는 것이 오늘날의 집행기관의 특징이다.

집행기관은 지방자치단체의 의사를 대외적으로 표시하는 권한을 가진다.

지방자치단체의 집행기관은 자치단체의 사무(고유사무 및 단체위임사무)뿐만 아니라, 국가 또는 상급 자치단체로부터 위임받은 사무(기관위임사무)도 처리하고 있다. 그러한 경우, 지방자치단체의 집행기관은 자치단체의 기관으로서의 지위와, 국가 또는 상급 자치단체의 기관으로서의 지위를 동시에 가지게 된다.

2 권력분립과 집행기관 유형

지방자치단체의 정부조직 형태에 있어서 입법권과 행정권을 엄격히 분리하는 기관대립형에서는 의결기관에 대칭하는 집행기관이 명백히 따로 존재한다. 그러나 입법권과 행정권을 엄격히 분리하지 않고 그것을 통합하고 있는 이른바 기관통합형에 있어서는 의결기관과 대칭되는 집행기관이 따로 존재하지 않는다.

영국의 경우 대부분의 지방자치단체에서 지방의회가 입법권과 행정권을 모두 관장하고 있다. 미국의 일부 지방자치단체에서는 위원회(혹은 이사회)가 역시 입법·행정권을 모두 관장하고 있다. 그러나 이러한 기관통합형을 채택하는 일부 국가의 경우를 제외하고는 대부분의 국가에서 지방자치단체에 의결기관과 구별되는 집행기관을 따로 두고 있다.

의결기관과 집행기관을 분립시키는 경우에도 집행기관을 하나로 하는 경우와, 두 개로 하는 경우가 있다. 집행기관을 하나로 하는 경우(전술한 기관 이원형의 경우)에는 하나의 집행기관이 해당 자치단체의 대표자와 실제적 행정담당자의 지위를 겸한다. 집행기관을 둘로 하는 경우(전술한 기관 삼원형의 경우)에는 두 집행기관 가운데 한 쪽은 해당 자치단체의 대표자가 되고 다른 한 쪽은 실제적 행정담당자가 된다. 그러나 이러한 지방자치단체의 여러 가지 정부조직 형태 가운데 가장 보편적인 것은 기관 이원형(기관 대립형)이고, 지방자치단체의 장(수장)을 집행기관으로 하는 것이 일반적이다.

3 한국 집행기관의 구성

우리나라에서는 서울특별시에 서울특별시장, 광역시에 광역시장, 특별자치시에 특별자치시장, 도와 특별자치도에 도지사, 시에 시장, 군에 군수, 자치구에 구청장을 두어(지방자치법 제106조), 이들이 각각 해당 지방자치단체를 대표하면서 집행사무를 총괄하도록 하고 있다(동법 제114조).

지방자치단체 수장의 선임방법에 관하여 건국 후 직선제와 간선제 및 임명제를 여러번 바꾸어 채택하여 실시해 왔으며, 현재에는 직선제를 채택하여 실시하고 있다(동법 제107조).

우리나라 지방자치단체의 집행기관으로는 이러한 지방자치단체장 외에, 교육·학예에 관한 집행기관으로서 시·도에 교육감이 따로 있다. 결국 하나의 지방자치단체 안에 두 계통의 집행기관이 병립하고 있는 셈이다. 이것은 교육·학예사무의 처리를 일반지방자치단체로부터 분리하느냐에 관하여 찬·반의 양론이 대립되어 오다가, 교육·학예사무를 별도의 사무수행계통을 두도록 한 데서 연유하는 것이다.

Ⅱ 지방자치단체장

1 지방자치단체장의 지위와 권한

(1) 지방자치단체장의 지위

지방자치단체장은 지방자치단체의 목적을 적극적으로 실현하는 최고 집행기관으로서, 해당 자치단체를 대표하며, 교육·학예사무를 제외한 지방자치단체의 일반적 집행업무를 총괄한다(지방자치법 제114조).

또한 지방자치단체장은 국가(또는 상급 자치단체)가 직접 또는 그 직속의 지방행정기관(특별지방행정기관)을 통하여 처리하는 사무를 제외하고는 원칙적으로 국가(또는 상급 자치단체)의 지방행정사무를 수임·처리한다(동법 제115조).

따라서 지방자치단체장의 지위는 다음과 같이 크게 둘로 나눌 수 있다.

(가) 지방자치단체의 수장 및 행정수반

지방자치단체장은 지방자치단체의 수장으로서의 지위와 행정수반으로서의 지위를 가진다.

첫째는, 지방자치단체의 수장(首長)으로서의 지위다. 지방자치단체장은 지방자치단체의 수장으로서 외부에 대하여 그 자치단체를 대표하는 지위에 있다(동법 제114조).

기관 이원형에 있어서는 지방자치단체의 장이 자치단체의 수장인 동시에 행정수반으로서의 지위를 겸하는 것이 일반적이다. 이에 비하여 기관 삼원형에서는 자치단체의 실제적 행정담당자(행정수반 포함)와 자치단체 대표자를 분리하여 자치단체의 장은 오직 의례상의 대표권만 가지는 것이 일반적이며, 또한 자치단체의 장이라는 직위를 별도로 두지 않고, 의회의장은 의회를, 집행책임자는 집행기관을 각각 대표하도록 하는 경우도 있다(예 : 스웨덴의 기초자치단체장 등).[33)]

둘째는, 지방자치단체의 행정수반(집행기관의 장)으로서의 지위이다. 지방자치단체장은 자치단체의 행정사무(고유사무 및 단체위임사무)를 실제적으로 집행하는 최고

---

33) S. Humes and E. M. Martin, *The Structure of Local Government throughout the World*(The Hague : International Union of Local Authorities, 1961) 및 *The Structure of Local Government : A Comparative Study of 81 Countries*(The Hague : International Union of Local Authorities, 1968) ; 山下 茂·谷 聖美·川村 毅, 比較地方自治(東京 : 第一法規, 1992).

책임자의 지위에 있다(동법 제115조, 제116조).

지방자치단체장의 이러한 행정집행권에 기초하여 그는 그 소속 행정청 및 그 관할구역 안의 지방자치단체를 지도・감독하고, 소속 직원을 임면・지휘・감독하며, 상근의 다른 직을 겸할 수 없고, 재직 중 그 자치단체와 영리목적의 거래를 하거나 그 자치단체와 관계있는 영리사업에 종사할 수 없게 된다.

(나) 국가(또는 상급 자치단체)의 하급행정기관

지방자치단체장의 지위의 또 하나는 국가(또는 상급 자치단체)의 하급 지방행정기관으로서의 지위이다. 즉, 지방자치단체의 장이 국가(또는 상급 자치단체)의 사무(기관위임사무)를 수임・처리하는 때에는 그 위임기관의 하급행정기관이 되는 것이다(동법 제115조, 제116조).

지방자치단체장의 이러한 국가기관성은 영・미계 국가에서보다는 유럽 대륙계 국가에서 더 강하며, 또한 기초자치단체에서보다는 광역자치단체에서 더 강하다.

지방자치단체장이 지방자치단체의 수장이면서 국가(또는 상급 자치단체)의 하급기관을 겸한다는 것은 지방자치단체를 국가(또는 상급 자치단체)에 예속시키고 지방자치를 위축시킬 우려가 있다. 그러나 국가의 특별지방행정관서 설치를 억제하여 지방에서의 이중행정의 폐해를 방지하는 일면도 있다.

(2) 지방자치단체장의 권한

지방자치단체장의 권한은 전술한 지방의회의 경우와는 달리 열거주의에 의하지 않고 개괄주의에 의하기 때문에 광범위하다. 더구나 지방자치단체장은 지방자치단체 사무의 전반적 총괄권자(수장)일 뿐만 아니라 사무의 실제적 집행권자(행정수반)도 되기 때문에 그 권한은 강력하다. 또한 자치단체의 장은 자치단체의 사무인 고유사무와 단체위임사무뿐만이 아니고 집행기관만의 사무인 기관위임사무도 처리하기 때문에, 어떤 의미에서는 지방자치단체의 사무보다 더 광범위한 사무를 관장하고 있다고 할 수 있다.

우리나라 실정법에 규정된 지방자치단체장의 권한사항의 중요내용은 다음과 같다.[34)]

34) 자치단체장의 여러 권한 중 '자치단체의 대표 및 사무총괄권'은 수장으로서의 권한이고, 나머지 권한들은 행정수반으로서의 권한이라고 하겠다.

(가) 자치단체의 대표 및 사무총괄권

지방자치단체장은 그 자치단체를 대표하고 사무를 총괄한다(동법 제114조). 여기서의 대표란 자치단체장의 행위가 그 자치단체의 행위로서 효과를 발생하는 것(즉 의사의 대외적 표시행위)을 말하고, 사무총괄이란 자치단체의 사무 전반에 대하여 기본방향을 설정하고 종합성과 통일성을 확보하는 것을 말한다.

(나) 사무의 관리 · 집행권

지방자치단체장은 자치단체의 사무(고유사무와 단체위임사무)와 법령에 의하여 그 단체장에게 위임된 사무(기관위임사무)를 처리한다(동법 동법 제115조, 제116조). 자치단체장의 이러한 권한은 지방자치단체의 사무를 실질적으로 처리하는 것으로서, 외국의 경우 이른바 시정관리인(시지배인) 등이 갖는 권한이다.

(다) 소속행정청 · 관할자치단체에 대한 지도 · 감독권

지방자치단체장은 소속 각급 행정청과 그 관할구역 안에 있는 지방자치단체를 지도 · 감독한다.

첫째로, 그 소속의 각급 행정청을 지도 · 감독한다. 즉, 시장이 구청장 또는 읍 · 면 · 동장을, 자치구청장이 동장을, 군수가 읍장 또는 면장을 지도 · 감독하고, 시 · 도지사가 소방본부장 또는 소방서장을, 시장 · 군수 · 자치구청장이 보건소장을 지도 · 감독하는 것이 그것이다.

둘째로, 그 관할구역 안의 자치단체를 지도 · 감독한다. 즉, 시 · 도지사는 ㉠ 그 관할구역 안에 있는 시 · 군 · 자치구의 사무에 관하여 조언 또는 권고하거나 지도할 수 있으며, 이를 위하여 필요한 때에는 자료제출을 요구할 수 있고(동법 제184조), 보고를 받거나 서류 · 장부 또는 회계를 감사할 수 있으며(동법 제190조), ㉡ 시장 · 군수 · 자치구청장의 명령이나 처분이 법령에 위반되거나 현저히 부당하여 공익을 해친다고 인정할 때에(자치사무에 있어서는 그것이 위법한 것에 한하여) 서면으로 그것의 시정을 명하고 그것이 시정되지 아니할 때에는 그것을 취소 또는 정지할 수 있고(동법 제188조), ㉢ 시 · 군 · 자치구 또는 그 장이 시 · 도 또는 그 장으로부터 위임받아 처리하는 사무에 대하여 지도 · 감독하며(동법 제185조), 그 사무의 처리가 명백히 해태되고 있다고 인정되는 때에는 직무이행명령 및 대집행을 할 수 있다(동법 제189조).

(라) 소속직원에 대한 임면 및 지휘·감독권

지방자치단체장은 소속 직원을 지휘·감독하고, 법령이 정하는 바에 따라 그 임면·교육훈련·복무·징계 등에 관한 권한을 가진다(동법 제118조).

(마) 지방의회에의 발안권

지방자치단체장은 지방의회에 조례안·예산안을 제출하며, 기타 지방의회의 의결사항에 관하여 의안을 제안하는 권한을 가진다(동법 제76조, 제142조).

(바) 규칙제정권

지방자치단체장은 법령 또는 조례가 위임한 범위 안에서 그 권한에 속하는 사무에 관하여 규칙을 제정할 수 있다(동법 제29조, 제30조).

(사) 지방의회에 대한 견제권

지방자치단체장은 지방의회와의 관계에 있어서, ㉠ 의회 임시회의 소집을 요구하고(동법 제54조), ㉡ 의회 부의안건을 공고하며(동법 제55조), ㉢ 의안 및 예산안을 발의하고(동법 제76조, 제142조), ㉣ 조례를 공포하며(동법 제32조), ㉤ 재의요구 및 제소하고(동법 제32조, 제192조), ㉥ 선결처분(동법 제122조)을 하는 등의 권한을 가진다.

이상에서 본 바와 같이 지방자치단체장의 권한은 매우 광범위하다. 그러나 실제에 있어서 지방자치단체장의 권한의 행사에는 지방의회의 통제, 주민의 통제, 감독기관의 통제, 정당에 의한 통제, 재정적 제약 등에 의하여 제약을 받는다.[35)]

---

35) 지방자치단체장의 권한을 제약하는 요인은 다음과 같다.

① 법령과 조례에 의한 규제 : 지방자치단체장도 법령과 조례의 범위 안에서, 그 법령과 조례가 정하는 방법과 절차에 따라서 사무를 처리해야 한다.

② 지방의회에 의한 견제 : 지방의회의 조례·예산·결산의 의결, 중요정책의 심의, 행정감사 및 조사, 질문·자료제출요구 등에 의하여 견제를 받는다.

③ 주민에 의한 통제 : 주민에 의하여 선출되고 주민의 감시를 받는다. 주민감사청구, 주민투표 및 주민소환제가 채택되는 경우, 그리고 시민단체의 활동이 활발할수록 더욱 강한 통제를 받는다.

④ 감독기관에 의한 통제 : 감독기관의 조언·권고, 지도·감독을 받고, 위법 또는 현저히 부당한 명령·처분에 대한 시정명령 및 취소·정지 조치를 받으며, 관리·집행의 해태에 대한 직무이행명령 및 대집행 조치를 받는다.

⑤ 정당에 의한 통제 : 정당의 공천을 받아 주민에 의하여 선출되므로, 실질적으로 정당의 지원과 통제를 받는다.

⑥ 재정적 제약 : 지방자치단체의 재정력의 한계에 따르는 제약과, 중앙정부로부터 재정지원을 받음에 따르는 제한을 받게 된다.

2 지방자치단체장의 선임방식과 위상

(1) 지방자치단체장의 선임방식

지방자치단체장은 그 단체장의 선임방식에 따라 이를 직선 단체장형, 간선 단체장형 및 관선(임명) 단체장형으로 나눌 수 있다. 지방자치단체장의 이러한 선임방식은 각각 일장·일단을 가지고 있다.[36)]

(가) 직선 단체장형

지방자치단체장을 주민이 직접 선출하여 의결기관과 집행기관을 명실 공히 분립시키고 견제·균형을 이루어 나가도록 하는 유형이다. 자치단체장뿐만 아니라 집행기관의 주요 간부들도 주민이 직접 선출하는 경우도 있다.

이 유형은 미국과 일본 및 독일 등에서 그 예를 찾아 볼 수 있다. 미국에서는 이 유형이 가장 오래된 지방정부조직 형태로서, 오늘날 지방자치단체 가운데 반수 이상에서 이 유형을 채택하고 있으며, 그 외 주요직위들을 거의 주민이 직접 선출하고 있다. 일본에서는 모든 지방자치단체에서 이 유형을 채택하고 있다. 독일에서는 각 주의 입법에 따라 일부 주에서 이 유형을 채택하고 있고, 단체장이 의회의 의장을 겸임하는 경우도 있다.

이러한 직선 단체장형은 대체로 지방자치에 대한 주민통제(popular control)의 확보, 단체장 임기보장을 통한 소신 있는 행정의 실현, 의결·집행기관간의 철저한 견제·균형의 실현 등의 장점을 가지고 있는 반면에, 의회의 다수당과 단체장의 정치기반이 다른 경우에는 의회와 단체장간의 대립·마찰로 인한 지방자치의 마비를, 반대로 의회 다수당과 단체장의 정치기반이 일치하는 경우에는 견제·균형의 무용화를 초래하고, 단체장의 선거·인기에의 영합으로 인한 예산의 낭비, 행정의 비능률화가 초래되는 등의 단점을 가지고 있다.

(나) 간선 단체장형

단체장 또는 집행기관의 주요 책임자를 주민의 대표기관인 지방의회가 선출하는 유형으로서, 프랑스의 기초자치단체(commune), 독일의 일부 주의 지방자치단체 등에서 그 예를 볼 수 있다. 프랑스의 코뮌(commune)에서는 단체장뿐만 아니라 단체장의 보조기관(adjoint)들까지 의회가 선출하고 있다. 독일의 일부 주에서는 간선

36) 최창호, 지방자치제도론(서울 : 삼영사, 1994), pp. 481~482.

단체장이 의회의장을 겸하고 있다.

이러한 간선 단체장형은 덕망 있는 인사의 선출가능성, 단체장의 주민대표기관에 대한 책임의 확보 등의 장점을 가지고 있으나, 반면에 집행기관의 의회 예속화를 통한 견제·균형의 파괴, 단체장 지위의 불안정으로 인한 소신있는 행정의 불가능 등의 단점을 가지고 있다.

(다) 관선(임명)단체장형

지방자치단체장 또는 집행기관의 주요 책임자를 국가가 임명하는 유형으로서, 스페인, 네덜란드, 말레이시아, 인도네시아 등에서 채택되고 있으며, 특히 광역자치단체의 정부조직에서 이 유형이 많이 발견된다.

이러한 관선(임명) 단체장형은 단체장의 행정 전념을 통한 행정전문화에의 기여, 국가와 지방자치단체 사이의 협조의 원활화 등의 장점을 가지고 있으나, 반면에 관료주의적 행정운용, 민의반영의 약화, 지방자치단체의 국가에의 예속화 등의 단점을 가지고 있다. 말하자면 관선 단체장형은 행정의 능률성 확보의 면에서는 장점을 가지고 있으나, 행정의 민주성을 구현한다는 측면에서는 문제점을 안고 있다.

(2) 한국 지방자치단체장 선임제도

(가) 지방자치단체장 선임제도의 변천

우리나라에서는 지금까지 지방자치단체장의 선임방식으로 관선(임명)제와 간선제 및 직선제를 번갈아 채용하여 왔다(〈표 5-1〉 참조).

〈표 5-1〉 한국 자치단체장 선임제도의 변천

연도 / 자치단체종류	1949	1956	1958	1960	1961	1988
서울특별시	임명제	임명제	임명제	직선제	임명제	직선제
광역시	—	—	—	—	임명제	직선제
도	임명제	임명제	임명제	직선제	임명제	직선제
시	간선제	직선제	임명제	직선제	임명제	직선제
군	—	—	—	—	임명제	직선제
자치구	—	—	—	—	—	직선제
읍	간선제	직선제	임명제	직선제	—	—
면	간선제	직선제	임명제	직선제	—	—

광역자치단체장의 선임에 있어서는 1960년에 주민직선제를 채택한 것 이외에는 계속 임명제에 의하다가 1988년에 주민직선제가 채택되었다. 기초자치단체장의 선임에 있어서는 1949년 지방자치법 제정시에 간선제를 채택해 본 바도 있고, 그 후 집권당의 정략에 따라 주민직선제와 임명제가 번갈아 채택되어 왔다.

광역자치단체와 기초자치단체의 모든 단체장이 1960년에 주민에 의하여 직선된 후, 1961년부터 계속하여 임명제에 의하다가, 1988년에 주민직선제가 회복되었으나, 정치권의 사정으로 계속 미루어져 오다가, 1995년에야 그 주민직선제가 실현되었다.

지방자치단체장의 임명제가 시행되는 시기에는, 시・도 지사는 내무부장관(현재의 행정안전부장관)의 제청으로 국무총리를 거쳐 대통령이, 시장・군수・자치구청장은 시・도지사의 추천으로 내무부장관의 제청에 의하여 국무총리를 거쳐 대통령이 각각 이를 임명하였다.

(나) 현행 지방자치단체장 선임제도

현재 우리나라에서는 지방자치단체의 장을 주민이 직접 선출한다(지방자치법 제107조). 그 피선거권을 선거일 현재 계속하여 60일 이상 그 지방자치단체의 관할구역 안에 주민등록이 된 자로서 25세 이상으로 하며(공직선거법 제16조), 그 임기를 4년으로 하고, 계속 재임은 3기에 한한다(지방자치법 제108조). 지방자치단체의 폐치・분합에 따른 지방자치단체장의 선거와 임기에 관하여는 별도의 조치를 취하도록 하고 있다(동법 제110조).

(3) 직선 자치단체장의 위상

직선 자치단체장은 관선(임명) 자치단체장이나 간선 자치단체장에 비하여 막강한 위상[37]을 갖는다. 이 경우 자치단체장의 권력의 정당성의 근거가 주민의 선출에 있으므로 자치행정에 대한 주민의 영향력이 크다. 주민은 국가행정보다도 그들의 생활행정을 수행하는 지방행정에 더 친근감을 느끼고, 더 중요시하게 된다.

(가) 자치단체장의 권력

주민직선의 자치단체장은 다음과 같은 이유에서 막강한 힘을 가진다.

37) 여기에서 위상이란 법적으로 부여된 권한과 기대되는 역할을 자율적으로 그리고 효율적으로 수행하는 정도를 말한다(한국지방행정연구원, 지방행정정보 제45호, 1994, p. 18).

첫째로, 직선 자치단체장은 임기의 보장을 받는다. 임명 또는 간선 자치단체장처럼 돌연 전임하거나 불신임으로 퇴임함이 없이 주어진 임기동안 안정된 속에서 소신껏 시책을 구상·실천해 나갈 수가 있다.

둘째로, 우리의 지방자치단체장에게는 신분상의 외부 견제가 미약하다. 지방의회의 불신임의결 제도도 채택되어 있지 않고, 국가에 의한 징계제도도 채택되어 있지 않다.

셋째로, 직선 자치단체장은 과거 관선 자치단체장이 주로 행정적인 힘만 가지고 있었는 데 비하여, 행정적인 힘과 정치적인 힘을 동시에 가지고 있어 그 힘이 막강하다.

넷째로, 지방화 시대의 직선 자치단체장은 국가에 대하여 지방을 대표하여 지역의 이익을 보호하고, 분권운동을 전개해 나가게 되므로, 지방과 국가의 정치·행정문화에 막대한 영향을 미친다.

(나) 지방자치단체장의 역할

지방자치단체장은 지방경영의 최고 책임자로서 다음과 같은 역할을 수행해야 한다.

첫째로, 지방정치의 지도자로서 주민의 의사를 정책에 반영하고, 주민의 화합과 단결을 도모하며, 주민 참여를 진작시켜서, 주민의 긍지와 행복을 증진시킨다. 이 경우 지방의회와의 조화·협력을 통한 동반자 관계를 연출하는 것도 중요하다.

둘째로, 지방경영의 최고 책임자로서, 지역발전의 비전을 세우고, 이를 지역사회가 공유하게 하며, 지역발전을 위한 인적·물적·제도적 자원을 개발해야 한다. 이를 위하여 지방자치단체장은 세상의 재능과 자원을 활용하고, 전략적인 방향과 초점을 제시할 수 있는 비전을 가진 교섭자가 되어야 한다. 또한 다양한 주체들 간의 네트워킹을 구축하고, 이들이 목표를 공유하도록 의욕을 환기시키며, 성찰적으로 반성하게 해야 한다.

셋째로, 지방행정조직의 최고 수반으로서 비효율적인 관료조직의 한계를 타파하면서 효율적인 경영을 도모해야 한다. 특히 기관대립주의에 있어서는 지방자치단체장은 전반적인 사무총괄권뿐만 아니라 사무의 관리·집행권도 가지기 때문에, 지방자치단체장은 정책의 개발뿐만 아니라 그것을 집행·실천하는 역할도 수행한다.

넷째로, 지방자치단체장은 지방의 경영자로서 지역경제를 활성화하고, 지방자치단체의 재정적 기반을 강화하며, 지방의 경쟁력을 향상시킴으로써 지방의 발전을 이루어 나간다. 이를 위하여 지방자치단체장은 지역의 산업을 육성하며, 지역고유의 브랜드를 정착시켜야 한다.

다섯째로, 지방자치단체장은 지역 내부에서 상호 대립·충돌되는 수많은 의견을 조정하고, 합의를 형성하여 주민을 통합시키고, 지역이 활용할 수 있는 힘을 키우면서 이를 지방발전의 원동력으로 만들어 나간다.

여섯째로, 국가 및 외부와 적극 교섭하는 역할을 수행한다. 특히 국가의 부당한 간섭에 대항하면서도 국가와 유기적인 관계를 유지해 나가야 한다.

3 지방자치단체장의 신분과 의무

(1) 지방자치단체장의 신분 발생 및 소멸

임명제 지방자치단체장은 정무직(시·도의 경우) 또는 일반직(시·군·자치구의 경우) 국가공무원인 데 비하여, 민선제 지방자치단체의 장은 주민의 보통·평등·직접·비밀선거에 의하여 취임하는 정무직 지방공무원이다(지방자치법 제107조).

민선제 지방자치단체장의 임기는 4년이며, 그 계속 재임은 3기에 한한다. 그 임기는 선임자의 임기만료 다음 날로부터 개시된다(동법 제108조).

지방자치단체의 폐치·분합에 따라 새로 지방자치단체장을 선거하여야 하는 경우에는 그 지방자치단체장이 선거될 때까지 그 직무를 대행할 자를 시·도지사의 경우에는 행정안전부장관이, 기초자치단체장의 경우에는 시·도지사가 지정한다. 다만 2개 이상의 지방자치단체를 통합하는 경우에는 지방자치단체장들 중에서 해당 지방자치단체장의 직무를 대행할 자를 지정한다(동법 제110조).

지방자치단체장이 체포·구금되었을 때에는 그 수사기관의 장이, 형사사건으로 판결이 확정되었을 때에는 그 법원장이 이를 지체 없이 해당 지방자치단체에 통지하여야 하며, 이러한 통지를 받은 지방자치단체는 그 사실을 즉시 (시·도지사를 거쳐) 행정안전부장관에게 보고하여야 한다(동법 제113조).

민선제 지방자치단체장은 사임(동법 제111조), 당연퇴직(동법 제112조), 임기만료, 선거무효 또는 당선무효(공직선거법 제224조), 주민소환(지방자치법 제25조), 사망 등에 의하여 그 신분을 상실한다. 지방자치단체장이 사임하고자 할 때에는 해당 지방의회 의장에게 미리 사임일을 기재한 서면으로 통지하여야 한다(동법 제111조).

주민소환투표에 의하여 소환이 확정된 지방자치단체장은 즉시 그 직을 상실하며, 그 보궐선거에 후보자로 등록할 수 없다(동법 제25조, 주민소환에 관한 법률 제22조, 제23조).

(2) 지방자치단체장의 겸직 및 거래의 금지

(가) 겸직금지

지방자치단체장은 ㉠ 대통령, ㉡ 국회의원, 헌법재판소 재판관, 각급 선거관리위원회 위원, 지방의회 의원, ㉢ 국가공무원, 지방공무원, ㉣ 다른 법령에 의하여 공무원의 신분을 가지는 직, ㉤ 정부가 출연 또는 지원하는 공공기관 임・직원, ㉥ 농협・수협・산림조합・엽연초생산협동조합・신용협동조합・새마을금고의 임직원과 그 중앙회・연합회의 임・직원, ㉦ 교원, ㉧ 지방공사・지방공단의 임・직원, ㉨ 기타 다른 법률이 겸할 수 없도록 정한 직을 겸할 수 없다(지방자치법 제109조 제1항).

이는 대체로 지방의원의 경우와 비슷하나, 그 금지범위가 의원의 경우보다 넓은 것이 특징이다. 즉, 대통령도 겸임금지 대상이 되고, 공무원과 교원의 경우 정당원이 될 수 있는 공무원・교원도 겸임금지하며, 농협 등 임・직원의 경우 상근직뿐만 아니라 비상근직도 겸임할 수 없다.

(나) 거래 등 금지

지방자치단체장은 재임 중에 해당 자치단체와 영리를 목적으로 하는 거래를 할 수 없고, 해당 자치단체와 관계있는 영리사업에 종사할 수도 없다(동법 제109조 제2항). 이것도 지방의원의 경우와 유사하지만, 단체장의 경우 '재임중'을 명시하고 있는 것이 특징이고, 의원의 경우는 영리목적의 거래행위 및 그와 관련된 시설이나 재산의 양수인 또는 관리인이 되는 것을, 단체장의 경우는 영리목적거래를 하거나 그 자치단체와 관계있는 영리사업에 종사하는 것을 금지하고 있다.

(3) 지방자치단체장의 정당관계

지방자치단체장의 정당관여 허용 여부는 지방자치의 운용에 지대한 영향을 미친다. 여기에서 단체장의 정당관여 문제는 단체장의 당적보유 허용 여부와 정당공천 또는 정당표방의 허용 여부 문제를 포함한다.

지방자치단체장의 정당관여에 대한 허용 여부를 놓고 그동안 많은 논란이 있어 왔다. 그러나 우리나라에 있어서 지방자치단체장의 정당관여는 과거에는 소극적으로 허용되었고, 현행의 지방자치제도에서는 정당공천을 통하여 적극 허용되어 있다(공직선거법 제49조).

4 지방자치단체장의 권한위임 · 위탁

지방자치단체장은 그 소관사무의 일부를 다른 주체에게 위임 또는 위탁하여 처리하게 할 수 있다.

(가) 권한(사무)의 하부위임 · 위탁

지방자치단체장은 조례 또는 규칙이 정하는 바에 의하여 그 사무의 일부를 그 보조기관, 소속 행정기관 또는 하부 행정기관에 위임할 수 있고, 그 관할구역 안에 있는 하급 지방자치단체나 공공단체 또는 그 기관(사업소 · 출장소를 포함한다)에 위임 또는 위탁할 수 있다(지방자치법 제117조 제1항, 제2항).

(나) 권한(사무)의 수평적 위탁

지방자치단체장은 그 권한에 속하는 사무의 일부를 다른 지방자치단체 또는 그 장에게 위탁할 수 있다. 지방자치단체장이 이러한 수평적 사무위탁을 하고자 할 때에는 관계 자치단체와의 협의에 의하여 규약을 정하여 고시하여야 하고, 그 위탁이 시 · 도 사이의 위탁인 경우에는 행정안전부장관 및 관계 중앙행정기관의 장에게, 시 · 군 · 자치구 사이의 위탁인 경우에는 시 · 도지사에게 보고하여야 한다(동법 제168조).

(다) 권한(사무)의 민간위탁

지방자치단체장은 그 권한에 속하는 사무 중 조사 · 검사 · 검정 · 관리업무 등 주민의 권리 · 의무와 관련되지 아니하는 사무를 민간의 법인 · 단체 또는 그 기관이나 개인에게 위탁할 수 있다(동법 제117조 제3항). 위탁한 사무의 처리에 관하여 지방자치단체의 장은 일정한 감독(필요한 지시 · 조치명령 · 보고, 취소 · 정지)을 행하여야 한다(행정권한의 위임 및 위탁에 관한 규정 제14조).

(라) 권한(사무)의 재위임

지방자치단체장은 다른 주체로부터 위임 또는 위탁받은 사무의 일부를 다른 주체에 재위임·재위탁할 수 있는데, 그 때에는 미리 그 사무의 위임·위탁기관의 장의 승인을 얻어야 한다(지방자치법 제117조 제4항).

5 행정보조조직

(1) 보조기관

(가) 지방자치단체장의 보조조직

지방자치단체에는 그 자치단체장의 직무를 내부적으로 보조하여 당해 자치단체의 목적을 구체적·적극적으로 실현하기 위한 조직이 마련되어 있다. 이를 자치단체장의 보조기관이라 하며, 우리나라의 경우에는 부단체장, 행정기구 및 직원이 있다.

(나) 부단체장

(a) 부단체장의 중요성 : 지방자치단체장을 보좌하여 사무를 총괄하고, 소속 직원을 지휘·감독하며, 지방자치단체장 유고시 그 직무를 대리하도록 하기 위하여 특별시·광역시 및 특별자치시에 부시장을 두고, 도와 특별자치도에 부지사, 시에 부시장, 군에 부군수, 자치구에 부구청장을 둔다.

민선으로 선출되는 지방자치단체장은 일종의 정치인으로서 행정에는 문외한일 가능성이 있고, 그는 행정능률보다는 민의반응과 정치적 해결에 더 주력하는 경향을 가진다. 말하자면 지방행정의 정치화를 가져오게 된다. 그러나 지방행정은 서비스행정으로서 정치중립적이고 지속적인 추진을 요한다. 이에는 정치적 감각보다는 실무적 봉사를 중요한 요소로 하며, 민주성도 중요하지만 능률성도 중요한 원리로 한다.

이와 같은 서비스행정에 대하여 지방자치단체장이 행정전문성을 결여할 때에는 그에 대한 전문적인 보조를 필요로 한다. 그러기 때문에 많은 외국에서는 민선 자치단체장의 능력보완과 지방행정의 능률적 수행을 위하여 그 분야의 오랜 경험과 깊은 지식 및 실질적인 기술을 갖춘 인사를 초빙하여 행정을 총괄하는 직위에 임명하고, 지방자치단체장은 대외적 · 의례적 · 정치적 업무에 전념하고 있다. 미국의 시정관리인(city manager) 또는 수석행정관(chief administrative officer), 영국의 수석행정관(chief executive), 독일의 수석행정관(Gemeindedirektor) 또는 행정책임관(Beigeord-nete) 등이 그 예가 된다. 일본의 도 · 도 · 부 · 현 부지사(副知事)나 시 · 정 · 촌 조역(助役)은 우리나라의 부단체장과 같은 기능을 수행한다고 볼 수 있다.[38)]

지방자치단체장 민선제를 채택하고 있는 우리나라에 있어서도 이러한 지방행정의 전문성과 능률성 보장을 위한 외국의 사례를 참고할 필요가 있다. 그러나 우리나라에 있어서 부단체장이 있는데도 별도로 전문적인 행정관리인을 따로 두는 것은 옥상옥이며 기능배분을 복잡하게 할 것이다.[39)]

(b) **부단체장의 정수 · 신분 · 권한** : 현행의 지방자치단체 부단체장 제도는 다음과 같다(지방자치법 제123조).

(1) 부단체장의 정수는 특별시에 있어서는 3명 이내이고, 광역시와 특별자치시, 도와 특별자치도에 있어서는 2명(인구 800만 이상의 시 · 도에서는 3명) 이내이며, 시 · 군 · 자치구에 있어서는 1명(인구 100만 이상의 시는 2명: 지방자치분권 및 지방행정체제개편에 관한 특별법 제42조)이다.

(2) 부단체장은 특별시 · 광역시 및 특별자치시의 부시장, 도와 특별자치도의 부지사는 대통령령으로 정하는 바에 따라 정무직 또는 일반직 국가공무원으로 보한다. 이러한 부단체장은 시 · 도지사의 제청으로 행정안전부장관을 거쳐 대통령이 임명한다. 다만 2명이나 3명의 부단체장을 두는 경우에 1명은 대통령령으로 정하는 바에 따라 정무직 · 일반직 또는 별정직 지방공무원으로 보하되, 정무직과 별정직의 자격기준은 해당 지방자치단체의 조례로 정한다.

시의 부시장, 군의 부군수, 자치구의 부구청장은 일반직 지방공무원으로 보하되, 그 직급은 대통령령으로 정하며, 시장 · 군수 · 구청장이 임명한다.

(3) 부단체장의 권한은 지방자치단체장을 보좌하여 사무를 총괄하고, 소속직원을 지휘 · 감독하며, 자치단체장의 궐위 · 구금 · 60일 이상 계속 입원 · 단체장선거입후보 · 출장 · 휴가 등의 사유가 있을 때에 그 직무를 대행 또는 대리한다. 부단체장이 2인 이상의 경우 그 사무관장 및 직무대리 순서는 대통령령이 정하는 바에 따른다(지방자치법 제124조, 동법시행령 제72조 제5항).

38) 최창호, "주요국 지방행정의 중립 · 전문화와 직업관리인제", 지방행정연구 제6권 제2호(서울 : 한국지방행정연구원, 1991), pp. 127~140.

39) 한국지방행정연구원, 지방자치단체 부단체장제도 연구(1991) ; 임경호, "기관장 직선제에 따른 부기관장의 지위와 권한에 관한 고찰", 지방행정연구 제4권 제3호(서울 : 한국지방행정연구원, 1989), pp. 46~62.

(다) 행정기구

지방자치단체의 행정사무를 분장하기 위하여 필요한 행정기구를 둔다. 그 행정기구의 설치는 자치단체의 조례로 정하되, 행정안전부장관은 지방자치단체의 행정기구가 적정하게 운영되고 다른 자치단체와의 균형이 유지되도록 하기 위하여 필요한 사항을 권고할 수 있다(동법 제125조 제2항, 제3항).[40]

우리나라 지방자치단체의 행정기구는 지방자치단체의 종류별로만 다를 뿐, 같은 종류의 지방자치단체에 있어서는 그것이 거의 획일적이어서 지역적 특수성이나 행정수요의 차이를 별로 반영하지 못하고 있다. 다만 시의 경우에 그 규모의 차이에 따라 약간의 행정기구의 규모의 차이와 시장·부시장의 직급의 차이를 두고 있다.

(라) 공무원

(a) **지방공무원** : 지방자치단체는 그 경비로써 부담하는 지방공무원을 둔다. 지방공무원의 정원을 그 지방자치단체의 조례로 정하되, 행정안전부장관은 지방자치단체 지방공무원의 정원이 적정하게 운영되고 다른 자치단체와의 균형이 유지되도록 하기 위하여 필요한 사항을 권고할 수 있다(동법 제125조 제2항, 제3항). 지방공무원의 임용과 시험·자격·보수·복무·신분보장·징계·교육훈련 등에 관하여는 따로 지방공무원법이 정하는 바에 따른다(동조 제4항).

(b) **국가공무원** : 지방자치단체에는 지방공무원 외에, 법률이 정하는 바에 의하여 국가공무원을 둘 수 있는데, 이 국가공무원은 국가공무원법의 규정에도 불구하

---

40) 정권관리제도는 개별승인제 → 총정원제(1995) → 표준정원제(1997) → 총액인건비제(2007) → 기준인건비제(2014)로 변천되어 왔다.

제도명칭	주요내용
총정원제	· 인구, 면적, 행정구역 등을 고려하여 자치단체별로 총정원을 산정 · 총정원의 범위 안에서 정원을 책정·관리
표준정원제	· 도농통합시와 일반시로 구분하여 인구, 면적, 기관의 수의 단순 변수만을 적용하던 것을 최근 6년간의 변화추세, 일반회계 등 총결산액 등을 추가 적용하여 산정(3년마다 산식을 개선)하고, 자율성을 부여하기 위해 보정정원을 적용 · 시도 4급이상, 시군구 5급이상, 한시정원 책정 등 권한은 행정자치부 보유
총액인건비제	· 인력과 예산운영의 효율성을 제고하고 조직의 성과를 향상시키기 위하여 각 시행기관이 당해 연도에 총액인건비 예산의 범위 안에서 기구, 정원, 보수 등 예산의 운영에 관한 자율성을 가지되 그 결과에 대해서도 책임을 지는 제도(총정원과 인건비 총액을 2중으로 관리) · 2008년에는 총액인건비제와 기준인력총정원제 상한제를 도입
기준인건비제	· 총정원관리제를 폐지하고 기준인건비(기준인력×단가)를 산정하는 제도로써 인건비 총액기준만을 제시하고 자율운영범위(재정여건에 따라 1~3% 범위)를 제시하여 정원관리의 자율성 및 탄력성을 제고

고 5급 이상 또는 고위공무원단에 속하는 공무원은 해당 자치단체장의 제청으로 소속 장관을 거쳐 대통령이 임명하고, 6급 이하는 해당 자치단체장의 제청으로 소속 장관이 임명하도록 되어 있다(동조 제5항, 제6항).

(2) 소속행정기관 및 하부행정기관

지방자치단체장의 지휘·감독 아래 어느 정도 독자성을 가지고 그 자치단체의 사무를 기능별 또는 지역별로 분담·처리하는 이른바 표현기관[41]이 있다.

(가) 소속행정기관

소속행정기관은 지방자치단체의 소관사무의 범위 안에서 주로 전문분야의 행정사무를 담당·처리하는 기능적 분장기구로서 직속기관, 사업소, 출장소, 합의제행정기관 및 자문기관 등이 있다. 이러한 기관들은 대체로 지방자치단체 소속의 특별지방행정기관들인데 이에 관하여는 이미 앞(제3장 제2절)에서 설명하였다.

(a) **직속기관** : 지방자치단체는 대통령령이나 대통령령으로 정하는 바에 따라 당해 자치단체의 조례로 자치경찰기관(제주특별자치도에 한함), 소방기관(소방본부·소방서), 교육훈련기관, 보건진료기관(보건소·보건진료소 등), 시험연구기관(농업기술원·농업기술센터 등), 중소기업지도기관 등을 직속기관으로 설치할 수 있다(동법 제126조).

(b) **사업소** : 지방자치단체는 특정업무를 효율적으로 수행하기 위하여 필요하면 대통령령으로 정하는 바에 따라 조례로 사업소를 설치할 수 있다(동법 제127조). 다만 자치사무만을 수행하는 사업소는 정원범위 안에서 당해 자치단체의 조례로써 설치할 수 있다.

(c) **출장소** : 지방자치단체는 원격지 주민의 편의와 특정지역의 개발촉진을 위하여 필요하면 대통령령으로 정하는 바에 따라 조례로 출장소를 설치할 수 있다(동법 제128조). 사업소는 특정업무를 위한 것이지만 출장소는 일반적인 권한을 가진 종합적인 행정기관의 성질을 갖는 점이 다르다.

(d) **합의제행정기관** : 지방자치단체는 그 소관사무의 일부를 독립하여 수행할 필요가 있는 때에는 법령 또는 그 지방자치단체의 조례로 정하는 바에 따라 합의제행정기관을 설치할 수 있다(동법 제129조). 합의제행정기관은 업무진행의 독립성과 공정성에 기여한다. 선거관리위원회, 인사위원회, 소청심사위원회, 행정심판위원회

---

41) 이러한 기관들은 자치단체장의 단순한 보조기관과는 달리, 자치단체장에 소속하면서도 행정사무를 자기의 명의로 처리하는 일종의 행정청들이다.

등이 설치되어 있다.

(e) **자문기관** : 지방자치단체는 그 소관사무의 범위에서 법령이나 그 지방자치단체의 조례로 정하는 바에 따라 「심의회」, 「위원회」 등의 자문기관을 설치・운영할 수 있다(동법 제130조).

(나) 하부행정기관

하부행정기관이라 함은 지방자치단체장에 소속되어 지휘・감독을 받으나, 어느 정도 독립성을 갖고서 소속지방자치단체의 사무를 지역적으로 분담・처리하는 기관을 말한다. 시・도의 하부행정기관으로서의 시장・군수・자치구청장과, 시・군・자치구의 하부행정기관인 구청장・읍장・면장・동장을 둔다(동법 제131조). 이러한 기관들은 지방자치단체의 사무를 지역별로 담당하는 이른바 일반 지방행정기관들인데, 이에 관하여도 이미 앞(제3장 제2절)에서 설명하였다.

6 지방자치단체장협의체

시・도지사 상호간, 시장・군수・자치구청장 상호간에 그 교류와 협력의 증진 및 공동문제의 협의를 위한 협의체가 구성되어 있다. 이 협의체는 지방자치에 직접적인 영향을 미치는 법령이나 정책 등에 관하여 중앙정부에 의견을 제시한다.

국가는 지방자치단체장 등 협의체의 의견을 수렴하여 지방분권추진・지원정책을 수립・시행하고 이에 필요한 행・재정상의 법・제도적 조치를 마련하여야 하며(지방자치분권 및 행정체제개편에 관한 특별법 제3조 제1항), 협의체와 관련 지방자치단체의 의견이 국정에 적극 반영될 수 있도록 한다(동법 제17조).

Ⅲ 교육감

1 교육감의 지위와 권한

(1) 교육감의 지위

교육감은 시·도의 교육·학예에 관한 사무를 처리하는 집행기관이다(지방교육자치에 관한 법률 제18조). 1991년까지는 교육감은 합의제 집행기관인 교육위원회 소속하의 행정청에 불과하였는데, 1991년에 제정된 지방교육자치에 관한 법률에 의하여 교육위원회가 의결기관이 되고, 교육감이 지방자치단체(시·도)의 교육사무에 관한 독립적인 집행기관이 되었다.

국가는 시·도에서 시행하는 국가의 교육사무를 교육감에 위임하여 처리하게 되어 있으므로(동법률 제19조), 교육감은 시·도의 교육사무 집행기관인 동시에 국가의 교육사무 집행수임자로서 국가의 하급행정기관도 된다(전술 Ⅱ. '자치단체장' 부분 참조).

(2) 교육감의 권한

(가) 교육사무 관리·집행권

지방자치단체장의 경우는 그 관장사무가 개괄주의에 의하여 배정되는 데 비하여, 교육감의 경우는 관장사무가 열거주의에 의하여 배정되고 있다.

교육감은 교육에 관한 다음 사무를 관장한다(동법률 제20조).

① 조례안의 작성 및 제출
② 예산안의 편성 및 제출
③ 결산서의 작성 및 제출
④ 교육규칙의 제정
⑤ 학교 그 밖의 교육기관의 설치·이전 및 폐지
⑥ 교육과정의 운영
⑦ 과학·기술교육의 진흥
⑧ 평생교육 및 그 밖의 교육·학예 진흥
⑨ 학교체육·보건 및 학교환경정화
⑩ 학생통학구역

⑪ 교육・학예의 시설・설비 및 교구(敎具)

⑫ 재산의 취득・처분

⑬ 특별부과금・사용료・수수료・분담금 및 가입금

⑭ 기채・차입금 또는 예산외의 의무부담

⑮ 기금의 설치・운용

⑯ 소속 국가공무원 및 지방공무원의 인사관리

⑰ 그 밖에 당해 시・도의 교육・학예사항과 위임된 사항

(나) 기타 권한사항

(a) **교육규칙 제정・공포권** : 교육감은 법령 또는 조례의 범위 안에서 그 권한에 속하는 교육사무에 관하여 교육규칙을 제정하고 공포할 수 있다(동법률 제25조).

(b) **소속직원에 대한 임용 및 지휘・감독권** : 교육감은 소속 공무원을 지휘・감독하고, 법령과 조례 및 교육규칙이 정하는 바에 의하여 공무원의 임용・교육훈련・복무・징계 등을 처리한다(동법률 제27조). 시・도의회의 사무처에 두는 교육・학예에 관한 지원조직의 사무직원을 시・도의회의장의 추천에 따라 임명한다(동법률 제29조의3).

(c) **사무위탁** : 교육감은 조례 또는 교육규칙이 정하는 바에 따라 그 권한에 속하는 사무의 일부를 보조기관, 소속교육기관, 하급교육행정기관에 위임할 수 있고, 당해 지방자치단체의 장과 협의하여 구・출장소장, 읍・면・동장에게 위임하여 그 사무의 집행을 지휘・감독할 수 있으며, 조사・검사・검정・관리 등 주민의 권리・의무와 직접 관계되지 아니하는 사무를 법인・단체 또는 개인에게 위탁할 수 있다(동법률 제26조).

(d) **의안발의권 및 의결기관 견제권** : 교육감은 시・도의회에 교육・학예에 관한 의안을 발의할 수 있고(동법률 제20조), 지방의회의 의결에 대한 재의요구권과 재의결된 사항이 법령에 위반되었을 때에는 대법원에 제소 할 수 있는 권한을 가진다(동법률 제28조 제3항). 교육감은 시・도의회의 의결을 거쳐 긴급히 처리해야할 사항에 대하여 일정한 요건이 충족될 때에는 선결처분을 할 수 있다(동법률 제29조).

2 교육감의 선출과 의무

(1) 교육감의 선출

교육감을 1991년부터 해당 교육위원회에서 선출하였는데, 이에 대한 수많은 논란이 있어 1997년에 교육감선거인단(학교운영위원회 선거인과 교원단체 선거인으로 구성)에서 선출하도록 하였고, 2000년에 그 선거인단의 구성을 변경하였다(학교운영위원회 위원 전원으로 구성하도록 함).

그러나 교육감 선거를 둘러싼 많은 잡음과 주민의사 왜곡 등의 문제가 있어 이를 해결하기 위하여 2006년에 제주특별자치도를 시작으로 교육감을 주민의 보통·평등·직접·비밀선거로 선출하는 제도가 채택되고, 이것이 2007년에 전국적인 지방교육자치제 개편으로 확대 시행되었다. 이 교육감 선거에 있어서는 정당공천제가 배제되어 있다(동법률 제43조, 제46조).

교육감의 임기는 4년이며, 재임은 3기에 한한다(동법률 제21조). 교육감은 학식과 덕망이 높고, 시·도지사의 피선거권이 있는 자로서, 후보자등록신청개시일부터 과거 1년 동안 정당원이 아니어야 한다.

(2) 교육감의 의무

교육감은 국회의원·지방의회의원·교육의원, 국가공무원·지방공무원·사립학교 교원, 사립학교 경영자 및 사립학교법인의 임·직원을 겸할 수 없다(동법률 제23조).

지방교육자치에 관한 법률에는 교육감의 영리목적 거래금지의무 규정은 없으나, 지방자치법 준용 규정(동법률 제3조)에 의하여 영리목적 거래금지 의무도 적용된다고 보아야 할 것이다.

3 교육행정보조조직

(1) 보조기관

(가) 부교육감

교육감 밑에 고위공무원단에 속하는 일반직 국가공무원 또는 장학관으로 보하는 부교육감 1인(인구 800만 이상이고 학생 150만 이상인 시·도는 2인)을 두는 바, 부교육감은 교육감이 추천한 자를 교육부장관의 제청으로 국무총리를 거쳐 대통령이 임명한다(동법률 제30조 제1항, 제2항). 부교육감은 교육감을 보좌하여 사무를 처리하고(동조 제3항), 교육감 유고시에 그 직무를 대행한다(지방교육자치에 관한 법률 제31조).

(나) 공무원

교육감 소속 보조기관과 교육기관 및 하급교육행정기관에 지방공무원을 두되, 그 정원은 법령에 따라 시·도의 조례로 정한다. 교육감 소속 보조기관과 교육기관 및 하급교육행정기관에 대통령령이 정하는 바에 의하여 국가공무원을 둘 수 있다(동법률 제33조).

(2) 소속 교육기관

교육감은 그 소관 사무에 있어 필요한 때에 대통령령 또는 조례가 정하는 바에 따라 교육기관을 설치할 수 있다(동법률 제32조).

(3) 하급교육행정기관

(가) 교육지원청

시·도의 교육사무를 지역적으로 분장하기 위하여 1개 또는 2개 이상의 시·군·자치구를 관할구역으로 하는 교육지원청을 둔다. 교육지원청에는 교육장을 두되, 장학관으로 보한다(동법률 제34조).

교육장은 시·도의 교육사무 중 각급 학교의 운영·관리에 관한 지도·감독 등의 사무를 교육감으로부터 위임받아 분장한다(동법률 제35조).

(나) 구·읍·면·동장

교육감은 그 소관사무의 일부를 해당 시·도지사와 협의하여 구·출장소 또는 읍·면·동의 장에게 위임할 수 있다. 이 경우 사무위임을 받은 구·출장소 또는 읍·면·동의 장은 교육감의 하급교육행정기관의 지위에서 교육감의 지휘·감독을 받는다(동법률 제26조).

4 교육감협의체

교육감은 그 상호간의 교류와 협력을 증진하고 공동문제를 협의하기 위하여 전국적인 협의체를 설립할 수 있다. 교육감 협의체는 지방교육자치에 직접적인 영향을 미치는 법령 등에 관하여 교육부장관을 거쳐 정부에 의견을 제출할 수 있다(동법률 제42조).

제출된 협의체의 의견이 타당하다고 인정되면 관계법령 등에 그 내용이 반영될 수 있도록 적극 협력해야 한다. 또한 지방교육자치와 관련된 법률의 제정·개정 또는 폐지에 관하여 국회에 서면으로 의견을 제출할 수 있다(동법률 제42조).

제4절 의결기관과 집행기관의 관계

I 의결기관과 집행기관의 기본·평상적 관계

1 의결기관과 집행기관의 기본적 관계

(1) 기관대립형과 의결·집행기관 관계

기관통합형에 있어서는 의결기관과 집행기관이 분립되어 있지 않으므로 의결기관과 집행기관간의 문제는 발생하지 않는다. 그리고 절충형에 있어서도 의결기관과 집행기관이 별개로 존립은 하고 있으나 집행기관의 분립으로 인해 대립관계가 완화되어 심각한 문제로 부각되지 않는다.

따라서 의결기관과 집행기관간의 관계의 문제는 주로 기관대립형의 경우를 중심으로 고찰하게 되며, 우리나라에서는 기관대립형을 채택하고 있기 때문에 이러한 두 기관간의 관계의 문제는 중요한 관심의 대상이 되고 있다.

(2) 단체장 우위형과 의회 · 단체장 관계

개정된 지방자치법에 의해 기관구성의 다양화과 규정되어 있으나, 제8회 전국동시지방선거로 선출 · 구성된 단체장 및 의회 의원의 임기(2026년 6월)까지는 기관대립형을 채택하고 있는 상태로 간주하여도 무방하다. 그 중에서도 우리나라 지방자치단체의 정부조직은 다음과 같은 이유에서 단체장우위적 기관대립형이라고 보아야 할 것이다.

첫째로, 지방의회의 권한에는 열거주의가 채택되어 있는 데 비하여(지방자치법 제47조) 지방자치단체장의 권한에 있어서는 개괄주의가 채택되어 있어 권한이 광범하다(동법 제116조).

둘째로, 지방자치단체장은 행정전반을 총괄하고 있을 뿐만 아니라, 집행권의 실질적 책임자로서 공무원 인사권, 예산안 · 조례안 제출권을 가지고 있고, 의회소집요구권, 의안공고권을 가지고 있으며, 또한 재의요구권(거부권)과 선결처분권 등을 가지고 있다.

셋째로, 지방의회는 당해 자치단체의 고유사무와 단체위임사무만을 토의 · 의결할 수 있는 데 비하여, 자치단체장은 고유사무와 단체위임사무 외에 의회가 관여할 수 없는 기관위임사무를 관장하고 있고, 더욱이 국가사무의 기관위임 원칙(동법 제115조)에 따라 각 개별법에 의하여 지방자치단체의 장은 광범위한 권한을 부여받고 있다.

2 의결기관과 집행기관의 평상적 관계

지방의회와 지방자치단체장은 각각 독립하여 자신의 직무를 수행하되, 평상적으로 상호 접촉하여 협조 또는 견제의 관계를 가진다.

(1) 지방의회의 지방자치단체장에 대한 관계

지방의회는 그 업무수행에 있어 지방자치단체장과 다음과 같은 여러 가지 관계를 가진다.

첫째로, 조례제정권, 예산의결권, 결산승인권을 가지는 것 이외에, 자치단체의 재산 · 공공시설 · 의무부담 · 권리포기 등 중요 정책사항에 관한 의결권을 행사한다

(지방자치법 제47조).

둘째로, 의안심사를 위해 서류제출을 요구하고(동법 제48조), 행정사무의 처리상황에 대해 질문하고, 집행기관의 출석·답변을 요구한다(동법 제51조).

셋째로, 행정사무 감사·조사를 행하며, 그것을 위해 관계인의 출석증언·의견진술을 요구하고, 현지확인을 행한다(동법 제49조).

넷째로, 결산을 위한 검사위원의 선임(동법 제150조) 등을 통하여 집행기관의 재정사무를 감시·통제한다.

다섯째로, 채택된 청원 중 일정한 청원을 집행기관에 이송하여(동법 제88조) 그 사무처리를 촉진한다.

(2) 지방자치단체장의 지방의회에 대한 관계

지방자치단체장은 그 업무수행에 있어 지방의회와 여러 가지 관계를 가진다.

첫째로, 지방의회 임시회의 소집요구(동법 제54조) 및 지방의회 부의안건의 공고(동법 제55조) 등을 통하여 지방의회의 회의소집에 관여한다.

둘째로, 조례안을 비롯한 지방의회 의안의 발의(동법 제76조) 및 예산안의 편성·제출(동법 제142조 제1항) 등을 통하여 지방의회의 의사를 촉진한다.

셋째로, 지방의회의 의결을 거친 조례의 공포(동법 제32조) 등을 통하여 지방의회의 의결의 효력을 대외적으로 발생시킨다.

Ⅱ 의결기관과 집행기관의 비상적 관계

1 비상적 관계 해결의 필요성과 방법

지방의회와 지방자치단체장이 이상과 같이 평상적으로 협조와 견제의 관계를 유지하는 것이 이상적이나, 실제에 있어서는 둘이 서로 대립·반목하여 알력과 마찰과 갈등을 가져옴으로써 지방자치의 운용에 심각한 파국이 초래되는 경우가 있을 수 있다. 이러한 경우에 자치단체 내부에서 자율적으로 문제를 해결하도록 하기 위한 비상적 수단이 강구되지 않으면 안 된다.

이러한 지방자치단체 내부에서의 비상적 대립·마찰·갈등 해결수단으로서 ㉠ 자치단체장의 재의요구권·선결처분권, 의회의장의 조례공포대행권, ㉡ 지방의회의 자치단체장 불신임의결권과 자치단체장의 의회해산권이 인정될 수 있고, ㉢ 주민의 자치단체장 및 의회의원에 대한 소환권(해직청구권), 의회에 대한 해산청구권까지 인정하는 경우가 있다.

우리나라에서는 주민의 의회해산청구권은 지금까지 채택되어 본 바가 없고, 주민소환제(해직청구권)는 2006년에 처음 채택되었다.

의회의 자치단체장 불신임의결권과 자치단체장의 의회해산권은 1949년의 지방자치법 제정시에 인정되었다가 1956년의 동법 개정시에 시·읍·면의 경우 폐지되었고, 1958년의 개정시에 다시 부활되었다가 1960년의 개정시에 전면 폐지되었으며, 1988년의 전문개정에서 그것이 인정되지 않은채 오늘에 이르고 있다.[42] 따라서 현재 우리나라에서 지방의회와 지방자치단체장간의 관계에 관한 비상적 수단으로는 자치단체장의 재의요구권과 선결처분권, 그리고 의회의장의 조례공포대행권이 인정되고 있다.

이하에서 현재 인정되고 있는 재의요구권과 선결처분권 및 조례공포대행권을 먼저 고찰하고, 다음에 현재에는 인정되고 있지 않지만 중요한 비상적 수단인 단체장 불신임 의결권과 의회해산권을 고찰하기로 한다.

2 재의요구

(1) 재의요구의 의의

재의요구라 함은 지방자치단체장(또는 교육감)이 지방의회의 의결에 대하여 이의

---

42) 지방의회와 자치단체장의 주요권한 변천

시 기		1952	1956.	1958	1960	1991	1995-현재
의 회		제1대	제2대		제3대	제4대	제5대~
자치단체장	광역단체	임명제			직선제	임명제	직선제
	기초단체	간선제	직선제	임명제	직선제	임명제	직선제
의회해산권	광역단체	○	○	○	×	×	×
	기초단체	○	×	○	×	×	×
단체장 불신임권	광역단체	○	○	○	×	×	×
	기초단체	○	×	○	×	×	×

가 있어 이의 수리를 거부하고 의회에 반송하여 다르게 의결해 줄 것을 요구하는 것을 말한다. 이러한 권한을 거부권(veto power)이라고도 한다. 그러나 거부권은 의결효과 정지의 효과를 가져오는 데 비하여, 재의요구권은 의결효과 정지뿐만 아니라 다시 심의하여 다른 의결을 구하는 효과까지 가진다는 점에서 꼭 같은 것은 아니다.[43)]

재의요구권 혹은 거부권은 그 이의의 조건에 제한이 있는가, 요구기간에 한정이 있는가, 재의결의 정족수가 어떠한가, 재의결의 효과가 확정적인가 등 그 구체적인 내용이 다양하다.

(2) 재의요구의 종류

우리나라 지방자치단체장이 지방의회의 의결에 대하여 행할 수 있는 재의요구에는 네 가지의 경우가 있다(〈표 5-2〉 참조).

〈표 5-2〉 재이요구이 종류

구 분 / 종 류	이의조건	요구기한	재의결 정족수	재의결 효과	일부수정 재의요구	수정 재의결
일반의결에 대한 재의요구(법 제120조)	월권·위법 또는 공익을 현저히 해친다고 인정될 때	20일 이내	과반수 출석과 2/3 이상 찬성	확정적	불가능 (시행령 제69조)	가능 (해석상)
경비의결에 대한 재의요구(법 제121조)	집행불가능경비 포함 또는 필수 경비 삭감	상동	상동	상동	상동	상동
조례제정에 대한 재의요구(법 제32조)	이의가 있을 때	상동	상동	상동	상동 (법 제32조)	상동
감독기관의 요청에 의한 재의요구(법 제192조)	위법 또는 현저히 부당하다고 인정될 때	상동	상동	상동	불가능 (해석상)	상동

(가) 일반의결에 대한 재의요구

지방의회의 의결이 월권 또는 법령에 위반하거나 공익을 현저히 해친다고 인정되면 지방자치단체장은 그 의결사항을 이송 받은 날부터 20일 이내에 이유를 붙여 재의를 요구할 수 있다.

43) 그러나 거부권 행사의 결과도 재의절차가 따르게 되므로, 실제상으로는 재의요구와 별 차이가 없다고 할 것이다.

지방자치단체장의 재의요구에 대하여 의회가 재의한 결과 재적과반수의 출석과 출석의원 3분의 2 이상의 찬성을 얻어 재의결한 경우에는 의결이 확정되는 데, 그 재의결된 사항이 법령에 위반된다고 인정되면 자치단체의 장은 대법원에 소를 제기할 수 있다(지방자치법 제120조).

이러한 일반의결에 대한 재의요구권은 이의조건이 월권·법령위반 또는 공익을 현저히 해친 경우로 제한되어 있고, 재의요구기간이 한정되어 있으며, 일부재의나 수정재의의 요구는 명문으로 금지되어 있고 재의요구서가 도착한 날로부터 10일 이내에 재의에 부쳐야 한다(동법시행령 제69조). 의회의 재의결에는 수정의결이 가능하다고 해석된다.[44] 그 수정의결은 원의결의 재의결이 아니라 새로운 의안의 의결로 보아 특별다수의 찬성을 요하지 않는 것으로 하고, 그 (재)의결의 효과는 확정적인 것이 아니어서 이에 대한 (재)재의를 요구할 수 있는 것으로 해석된다.[45]

(나) 경비의 의결에 대한 재의요구

지방의회의 의결이 예산상 집행할 수 없는 경비를 포함하고 있을 때 또는 반드시 포함되어야 할 일정한 경비(법령에 의한 자치단체의 의무적 부담경비 또는 비상재해로 인한 시설의 응급복구 필요경비 등)가 삭감되었을 때에는 그 자치단체장은 그 의결사항을 이송받은 날부터 20일 이내에 이유를 붙여 재의를 요구할 수 있고, 그에 대한 지방의회의 재의절차 및 재재의 요구 절차는 전술한 일반의결에 대한 재의요구의 경우에 준한다(지방자치법 제121조).

이러한 경비의결에 대한 재의요구권도 이의조건이 예산상 집행할 수 없는 경비가 포함되어 있거나 반드시 포함되어야 할 일정한 경비가 삭감되어 있는 경우로 제한되어 있다. 그 외 요구기간 등의 사항에 있어서는 일반의결에 대한 재의요구의 경우와 같다.[46]

---

44) 월권이나 위법 또는 공익저해를 이유로 한 재의요구에 있어서는 그 월권 또는 위법을 교정하자는 데 재의요구의 취지가 있는 것이므로 그 월권 또는 위법한 부분을 교정한 재의결, 즉 수정재의결을 용인하는 것이 타당하다고 해석되고 있는 것이다(김보현·김용래, 지방행정의 이론과 실제, 서울, 법문사, 1982, p. 463 참조).

45) 수정의결에 대한 (재)재의요구가 불가능한 때에는 의회에 의하여 그 수정된 내용이 또한 월권이나 위법 또는 공익저해인 경우에 대한 교정의 기회가 없음으로써, 재의요구제도 본래의 취지에 어긋나는 결과를 가져올 수 있을 것이다.

46) 다만 경비에 관한 의회의 재의의 결과 재적의원 과반수의 출석과 출석의원 3분의 2이상의 찬성으로써 재의결되지 못한 때에는 재의요구된 경비의 부분만 폐기 또는 부활된다고 보아야 할 것이다.

(다) 조례의 제정에 대한 재의요구

조례안이 의회에서 의결된 후 지방자치단체장에게 이송되면 자치단체의 장은 이를 20일 이내에 공포하여야 하는데(동법 제32조 제1항, 제2항), 이 경우 이의가 있으면 그 기간 안에 이유를 붙여 지방의회에 재의를 요구할 수 있되, 조례안의 일부에 대하여 또는 조례안을 수정하여 재의요구를 할 수 없다(동법 제32조 제3항).

이처럼 재의요구권에는 이의조건은 제한이 없이 이의만 있으면 되고, 요구기간이 제한되어 있으며, 일부·수정재의요구가 명문으로 금지되어 있고, 의회의 재의결에서는 일부수정의결이 가능하다고 해석된다. 만약 자치단체의 장이 재의요구기간 안에 조례안을 공포하지도 않고 재의요구도 하지 않은 때에는 그 조례안은 조례로서 확정된다(동법 제32조 제5항).

재의의 결과 재적의원 과반수의 출석과 출석의원 3분의 2 이상의 찬성으로 전과 동일한 의결을 한 때에는 그 조례안이 조례로서 확정되는 것은 일반재의요구의 경우와 같다(동법 제32조 제4항).[47]

지방자치단체장 등이 확정된 조례를 공포하지 않을 때에는 지방의회의 의장이 이를 공포한다(동법 제32조 제6항).

(라) 감독기관의 요청에 의한 재의요구

지방의회의 의결이 법령에 위반되거나 공익을 현저히 해친다고 판단될 때에 감독기관(시·도에 있어서는 주무부장관, 시·군·자치구에 있어서는 시·도지사)이 해당 자치단체의 장에게 의회에 대한 재의요구를 하도록 할 수 있고, 이 지시를 받은 자치단체의 장은 의결사항을 이송받은 날부터 20일 이내에 재의요구를 하여야 한다(동법 제192조 제1항, 제2항).

이 재의요구권은 지방의회와 지방자치단체장간의 견제관계에서보다도 감독기관의 지방의회에 대한 감독·통제의 수단으로 인정되고 있는 것이라는 점에서 그 성격이 특수한 것이다.

이 재의요구권에는 이의조건이 법령위반과 현저한 공익저해이고, 재의요구기간이 제한되어 있으며, 해석상 자치단체장의 재의요구에 일부·수정재의요구는 인정되지 않으나, 반대로 의회의 재의결에서는 일부수정의결이 가능하다고 해석된다.

이 재의요구에 대하여 지방의회에서 재의한 결과 재의결된 때에는 그 의결이 확정되

47) 일반의안 재의결의 경우(제120조 제3항)와는 달리, 조례안 의결의 경우 의회에서 재의결된 조례안이 월권 또는 법령에 위반되거나 공익을 현저히 해한다고 인정되는 데도 자치단체장이 법원에 제소할 수 있다는 규정이 없는데(제32조), 이는 입법의 미비로 보아야 할 것이다.

는 점은 일반의결에 대한 재의요구의 경우와 같으며(동조 제3항), 그 재의결된 사항이 법령에 위반된다고 판단될 때에는 자치단체장은 재의결된 날로부터 20일 이내에 대법원에 소를 제기할 수 있고 필요한 경우에는 집행정지결정을 신청할 수 있다(동조 제4항).

3 선결처분

(1) 선결처분의 의의

선결처분이라 함은 지방의회가 의결을 할 수 없거나 의결을 하지 아니하는 경우에 지방자치단체의 존립 또는 효율적 운영을 위하여 그 자치단체장이 의회의 의결을 거치지 않고 일정한 사항을 독자적 판단에 의하여 우선 처분하는 것을 말한다. 이것은 대의민주정치에 있어서 극히 예외적인 것으로서 결코 남용되어서는 안 된다(〈표 5-3〉 참조).

〈표 5-3〉 선결처분의 종류

구분 / 종류	처분조건	선결처분	
일반사항의 선결처분	의회가 성립하지 않은 때, 긴급한 사항으로 의회소집 여유 없거나 의회의 의결이 지체되고 있는 때	필요한 처분	지체없이 의회 보고하여 승인 받음
예산의 선결처분	회계연도 개시까지 의회에서 예산안이 의결되지 아니한 때	기관·시설의 최소한 유지비, 지출의무 경비, 계속사업비를 전년도에 준해 지출	예산안에 반영

(2) 선결처분의 종류

우리나라의 경우 지방자치단체장(및 교육감)의 선결처분권은 필요·부득이한 다음과 같은 두 가지의 경우에만 인정되고 있다.

(가) 일반적 사항에 대한 선결처분

지방자치단체장은 지방의회가 성립되지 않은 때와, 지방의회의 의결대상사항 가운데 주민의 생명과 재산의 보호를 위하여 긴급하게 필요한 사항으로서 지방의회를 소집할 시간적 여유가 없거나 지방의회의 의결이 지체되어 의결되지 않은 때에는 선결처분을 할 수 있다. 선결처분을 한 경우에는 지체 없이 지방의회에 보고하여 그 승인을 받도록 되어 있다(지방자치법 제122조).

이 선결처분권은 일본의 이른바 전결처분권(專決處分權) 제도를 참고하여 채택된 것이다. 이러한 선결처분권을 행사하는 데에는 크게 기본적 한계와, 사항 및 상황적 한계, 그리고 사후처리적 조건의 세 가지 제약이 있다.

첫째는, 기본적 한계이다. 지방의회가 성립되지 않는 것, 즉 의원의 구속 등의 사유로 의회의 의결정족수(의회의 성립조건인 의원정수의 과반수로 해석됨)에 미달하게 되어야 한다.

둘째는, 사항 및 상황적 한계이다. 의회의 의결대상사항 가운데 주민의 생명과 재산의 보호를 위하여 긴급하게 필요한 사항으로서 지방의회를 소집할 시간적 여유가 없거나, 지방의회 의결의 지체로 의결되지 않은 상황에 처해있는 때에만 이를 행사할 수 있는 것이다.

여기에서 "주민의 생명과 재산의 보호를 위하여 긴급하게 필요한 사항"이란 ㉠ 천재지변이나 대형화재 등으로 인한 피해의 복구 및 구호, ㉡ 중요한 군사 안보상의 지원, ㉢ 급성 감염병에 대한 예방조치, ㉣ 기타 긴급하게 조치하지 아니하면 중대한 피해가 발생할 우려가 있는 사항을 말한다(동법 시행령 제70조 제1항).

셋째는, 사후처리적 조건이다. 선결처분을 한 때에는 지체 없이 지방의회에 이를 보고하여 그 승인을 얻어야 한다. 만약 지방의회에서 승인을 얻지 못한 때에는 그 선결처분은 그 때부터 효력을 상실한다(동법 제122조 제3항).

(나) 예산에 대한 선결처분

지방자치단체장은 비정상적으로 법정기한에 예산이 성립되지 않은 때에는 우선 필요한 수입과 지출을 행하고 사후에 처리를 할 수 있다.

이는 예산성립이 지체되고 있을 때의 선결처분이다. 즉, 지방자치단체의 장은 지방의회에서 새로운 회계연도의 개시까지 예산안이 의결되지 않은 때에는 그 의결이 있을 때까지 ㉠ 법령이나 조례에 의하여 설치된 기관과 시설물의 최소한의 유지비, ㉡ 법령 또는 조례상 지출의무가 있는 경비, ㉢ 이미 예산으로 승인된 계속사업비를 전년도예산에 준하여 지출할 수 있다(동법 제146조).

4 조례공포대행

의회의 의결을 거친 조례안에 대한 재의요구 기간이 경과되었거나 재의요구에 대해 의회가 재의결하였을 때에는 그 조례안은 조례로서 확정되므로, 지방자치단체장은 지체 없이 이를 공포하여야 하는데, 이때에 만약 지방자치단체장이 조례를 공포하지 않을 때에는 의회의 의장이 이를 공포한다(지방자치법 제32조 제6항, 동법 시행령 제30조).

5 불신임의결과 의회해산

(1) 불신임의결 · 해산의 의의

기관대립형에 있어서 지방의회와 지방자치단체장간에 알력과 마찰이 심한 경우에, 의회는 지방자치단체장을 불신임하는 의결을 할 수 있고, 그에 대응하여 단체장은 의회를 해산할 수 있도록 하여, 서로 견제 · 균형하도록 하고, 궁극적으로 선거를 통하여 주민의 심판을 받게 한다.

이러한 지방자치단체장 불신임의결과 지방의회 해산은 지방자치단체장 간선제에서는 본질적인 제도이고, 임명제에서도 채택될 수 있으나, 직선제에서는 채택하지 않는 것이 그 직선제의 논리상 옳다.

따라서 지금까지 우리나라는 지방자치단체장 직선제하에서는 이를 채택하지 않았으며, 외국의 경우도 일본의 경우만 예외일 뿐 자치단체장 직선제하에서는 채택하지 않고 있다.

(2) 불신임의결 · 해산의 내용

(가) 불신임의결

지방의회는 일정한 특별정족수에 의하여 지방자치단체장에 대한 불신임의결을 할 수 있다. 지방의회에서 지방자치단체장 불신임의결을 한 때에는 일정기간 안에 이를 단체장에게 통지한다.

(나) 의회해산

지방자치단체장은 불신임의결의 통지를 받은 후 일정기간 안에 의회를 해산할 수 있다. 이때에 지방자치단체장이 그 의회해산권의 기간 안에 의회를 해산하면 그 해산 즉시 지방의회 의원은 그 직을 상실하며, 지방자치단체장이 의회를 해산하지 않으면 해산권 기간만료와 동시에 자신이 그 직을 상실한다.

의회해산 후 총선거에 의하여 새로 구성된 의회에서도 지방자치단체장을 불신임하는 (재)의결을 할 때에는 그 자치단체장은 즉시 그 직을 상실한다. 이때에 지방자치단체장은 의회를 재해산하지 못한다.

Ⅲ 교육감과 시 · 도의회 및 시 · 도지사의 관계

1 교육감과 시 · 도의회의 관계

(1) 시 · 도의회와 교육감의 평상적 관계

교육감은 시 · 도의회에서 심사 · 의결할 교육 · 학예에 관한 의안을 발의한다(지방교육자치에 관한 법률 제29조의2).

의안이 시 · 도의회에서 의결된 때에는 5일 이내에 교육감에게 이송되며, 교육감은 조례안을 의회로부터 이송받은 때에는 20일 이내에 공포하여야 한다(동법률 제29조의2, 지방자치법 제32조 제1항, 제2항).

의회가 채택한 청원으로서 교육감이 처리할 청원은 의장이 교육감에게 이송한다. 교육감은 청원을 처리하고 그 결과를 지체 없이 시 · 도의회에 보고하여야 한다(지방교육자치에 관한 법률 제29조의2, 지방자치법 제88조).

(2) 시 · 도 의회의 의결에 대한 재의와 대법원 제소권

교육감은 교육 · 학예에 관한 시 · 도의회의 의결이 법령에 위반되거나 공익을 현저히 저해한다고 판단될 때에는 그 의결사항을 이송받은 날부터 20일 이내에 이유를 붙여 재의를 요구할 수 있다. 교육감이 교육부장관으로부터 재의요구를 하도록 요청받은 경우에는 시 · 도의회에 재의를 요구하여야 한다.

교육감의 재의요구가 있을 때에는 재의요구를 받은 시・도의회는 재의에 붙이고 시・도의회 재적의원 과반수의 출석과 출석의원 3분의 2 이상의 찬성으로 전과 같은 의결을 하면 그 의결사항은 확정된다. 시・도의회에서 재의결된 사항이 법령에 위반된다고 판단될 때에는 교육감은 재의결된 날부터 20일 이내에 대법원에 제소할 수 있다.

교육부장관은 시・도의회에서 재의결된 사항이 법령에 위반된다고 판단됨에도 해당 교육감이 소를 제기하지 않은 때에는 해당 교육감에게 제소를 지시하거나 직접 제소할 수 있다(지방교육자치에 관한 법률 제28조).

(3) 교육감의 선결처분권과 의회의 승인권

교육감은 소관 사무 중 시・도의회의 의결을 요하는 사항에 대하여 ① 시・도의회가 성립되지 아니한 때(시・도의회의원의 구속 등의 사유로 지방자치법 제73조의 규정에 따른 의결정족수에 미달하게 된 때를 말한다) ② 학생의 안전과 교육기관 등의 재산보호를 위하여 긴급하게 필요한 사항으로서 시・도의회가 소집될 시간적 여유가 없거나 시・도의회에서 의결이 지체되어 의결되지 아니한 때에 선결처분을 할 수 있다.

교육감은 선결처분 한 내용에 대하여 지체 없이 시・도의회에 보고하여 승인을 얻어야 한다. 교육감의 선결처분에 대하여 시・도의회에서 승인을 얻지 못한 때에는 그 선결처분은 그 때부터 효력을 상실한다. 교육감은 의회의 승인을 받은 사항이나 승인을 받지 못한 사항을 지체 없이 공고하여야 한다(동법률 제29조).

2 교육감과 시・도지사의 관계

교육감이 주민의 재정적 부담이나 의무부과에 관한 조례안, 자치단체의 일반회계와 관련되는 사항을 지방의회에 제출하고자 할 때에는 미리 시・도지사와 협의하여야 한다(동법률 제29조의2).

교육감과 시・도지사는 지방교육사무를 효율적으로 처리하기 위하여 상호 협의하여 지방교육행정협의회를 설치할 수 있다. 지방교육행정협의회의 구성・운영에 관하여 필요한 사항은 교육감과 시・도지사가 협의하여 조례로 정한다(동법률 제41조).

CHAPTER

6 지방자치선거

제 1 절 지방자치선거의 의의

I 지방자치선거의 의미

1 지방자치선거와 민주주의

선거란 일반적으로 일정한 조직이나 집단에 있어서 특정의 직위에 취업할 사람을 그 조직이나 집단의 구성원들이 집합적인 의사에 의하여 선정하는 행위를 말한다. 이러한 의미에서의 선거는 사회의 많은 공·사집단에서 널리 채택되고 있는 제도이다.[1)]

지방자치에 있어서 선거란 지방자치단체의 기관이 되는 의회의원이나 단체장을 주민이 선정하는 것을 말한다. 이를 '지방자치선거'라 하며, 간단히 '지방선거'라고도 한다.

선거가 민의를 평가하는 중요 수단이지만, 선거의 방식(방법과 절차)에 따라 민의 반영의 결과는 달라질 수 있다. 따라서 선거방식을 정하는 선거제도는 민주정치의 초석이라고 할 수 있는 만큼 중요하다.

오늘날의 지방자치는 주민의 직접적인 참정보다는 간접적인 참정에 의해서 수행되는 것을 기본으로 하고 있기 때문에, 대표자를 선출하는 방법과 절차를 정하는 지방선거제도는 지방자치제의 핵심사항에 해당한다고 할 수 있으며, 또한 지방자치의 성패를 결정하는 핵심적 요소이다.

지방선거는 선거권을 가진 지역주민이 자신의 대변자를 뽑는 것 이상의 기능을

1) 谷合靖夫, 選擧制度論(東京 : 第一法規, 1983), p. 1.

수행한다. 지역사회에서 제기되는 중요한 정책쟁점들을 부각시켜 정책의제(policy agenda)로 만들고, 선출된 공직자 및 지방정부에 권력의 정당성(legitimacy of power)을 부여하며, 주민으로 하여금 지방자치에 관심을 가지게 하고, 자치 당국자들로 하여금 주민의 의사와 요구에 귀를 기울이게 하는 등 정치훈련(potitical training)의 기회를 제공한다.[2)]

2 지방자치선거의 기본원리

(1) 현대선거의 지도원리

선거는 직접적으로는 국민의 대변자를 선출하는 수단이며, 간접적으로는 정부구성을 국민의 의사에 따라 행하는 방법인데, 현대선거에 있어서는 국민주권과 개인 기본권 사상을 토대로 하여 다음과 같은 사항을 그 지도원리로 삼고 있다.[3)]

첫째는 선거평등이다. 이것은 인간은 법 앞에 평등하다는 평등사상을 기초로 한다. 이러한 선거평등을 실현하기 위한 선거제도가 보통선거제와 평등선거제이다.

둘째는 투표자유이다. 이는 인간의 기본적 자유권을 그 기초로 한다. 이러한 투표자유를 실현하기 위한 선거제도가 직접투표제와 비밀투표제이다.

셋째는 선거공정이다. 이는 국민주권 및 다수결원리를 그 기초로 한다. 이러한 선거공정을 기하기 위한 선거제도가 선거공영제, 다수대표제, 비례대표제 등이다.

(2) 지방자치선거의 기본원칙

현대 민주국가에 있어서 공통적으로 적용되고 있는 선거제도의 기본원칙으로서는 보통선거, 평등선거, 직접투표, 비밀투표 등을 들 수 있는데, 이러한 원칙들이 지방선거에 있어서도 그대로 적용된다.

(가) 보통선거

보통선거(universal suffrage)는 제한선거에 대칭되는 것으로서, 재산과 교양, 성별

---

2) 안성호, "지방선거와 지방민주주의", 지방자치연구, 제3권 제1호(서울 : 한국지방자치학회, 1991), p. 88.

3) 정요섭, 선거론(서울 : 박영사, 1984), pp. 27~30.

및 사회적 신분 등에 의한 제한이 없이 원칙적으로 모든 성년자에게 선거권을 인정하는 제도이다. 우리나라에서도 현재 재산·신분·학식·성별 등의 구별 없이 일정한 자격요건을 갖춘 모든 자에게 선거권을 부여하는 보통선거 제도가 채택되어 있다.

보통선거제도가 채택되어 있는 곳에서도 일정한 결격요건에 해당하지 않는 주민이어야 할 것과, 일정한 연령에 이를 것, 또한 특정한 지역에서 일정 기간 정주할 것 등의 자격요건을 두고 있는데, 이러한 선거권자 자격제한은 보통선거의 원칙에 위배되는 것이 아니라고 평가되고 있다.

(나) 평등선거

평등선거(equal suffrage)는 차등선거에 대칭되는 것으로서, 선거인의 투표의 가치를 모두 평등하게 취급하고 누구나 다 같이 한표씩 투표하는 제도이다. 차등선거는 일정한 사람에 대하여 선거권을 전적으로 인정하지 않는 것이 아니고 선거권을 인정하면서 선거인의 투표의 가치에 차등을 두는 점에서 제한선거와 다르다.

우리나라에서도 평등하게 1인 1투표주의를 채택하고 있다(공직선거법 제146조 제2항). 그러나 선거구 제도 여하에 따라서는 보통선거나 평등선거의 원칙이 사실상 왜곡될 수 있다는 점에 주의하여야 한다. 같은 1표가 인구비례나 선거구획 또는 의원정수의 불균형에서 생기는 불평등이 바로 그러한 문제이다.

(다) 직접투표

직접투표(direct vote)는 간접투표에 대칭되는 것으로서, 일반선거인이 피선거인을 직접 선출하는 제도이다. 직접투표에 의한 선거방식을 직접선거라 한다. 우리나라에서도 직접투표제도를 채택하고 있다(동법 제146조 제2항). 오늘날 일반적인 정치의식의 향상과 민주정치의 진전에 따라 간접투표는 점차 그 존재이유를 상실해 가고 있다고 할 수 있다.

간접선거에서는 일반선거인은 중간선거인을 선거하는 데 그치고, 이 중간선거인이 대변자를 선출한다. 그러나 간접선거에 있어서 중간선거인이 일반선거인의 의사와 합치되는 결과를 가져 온다면 그것은 무용의 절차가 될 것이고, 반대로 일반선거인의 의사와는 다른 결과를 초래한다면 그것은 유해한 것이 될 것이다.

간접선거 제도는 일본에서 과거에 부·현회 의원을 군·시회에서 선거하고, 군회 의원을 정·촌회에서 선거하는 방법이 채택된 바가 있었다.

(라) 비밀투표

비밀투표(secret ballot)는 공개투표에 대칭되는 것으로서, 선거인이 누구에게 투표하였는가를 제3자가 알지 못하게 하는 제도이다. 비밀투표에 의한 선거방식을 비밀선거라 한다.

공개투표는 거수·기립·박수 등의 형태로 오랜 옛날부터 실시되었으며, 선거인에게 투표에 대한 책임을 충분히 지운다는 데에 근거를 두고 있다. 그러나 그것은 선거간섭·매수·위협·정실 등에 의하여 자유롭고 공정한 선거를 침해할 위험성을 안고 있다.

우리나라에서도 지방자치선거에 있어서 비밀투표제를 채택하고 이를 보장하고 있다(동법 제146조 제3항, 제151조, 제167조, 제241조). 비밀투표를 보장하기 위해서는 무기명투표, 투표비밀 유지와 그 침해에 대한 벌칙, 투표용지 공급, 투표에 관한 증언 거부 등 여러 가지 제도가 필요하게 된다.

Ⅱ 지방자치선거의 입법체계

1 입법체계의 유형

지방자치선거에 관한 입법체계는 각 종류의 선거마다 개별법을 두는 경우와, 각종 선거를 하나의 통일법 속에 규정하는 경우가 있다.

개별법 제도는 각 선거의 특성을 살리면서 실시에 편리를 도모할 수 있는데 비하여, 통일법 제도는 각 선거마다 유사한 내용을 중복하여 규정함으로써 오는 혼란을 피하고, 선거제도 전체에 대한 통일적 이해를 도우며, 특히 이른바 동시선거의 실시를 용이하게 한다.

2 외국의 입법체계

대체로 영미법 계통의 나라에서는 법제도의 통일성보다는 각종 선거의 특성을 살리고 지방자치단체의 자율성을 중시하는 쪽으로 개별법주의를 채택하고 있고,

대륙법 계통인 프랑스, 일본, 대만 등에서는 법제도의 통일성을 추구하기 위해 통일법전의 형태를 취하고 있다.[4)]

(1) 미 국

미국 연방은 지방선거에 관한 부문을 주법에 위임하고 있고, 주법은 또한 상당히 많은 사항을 카운티(county) 혹은 시(city)에 위임하고 있다. 따라서 미국의 각 지방자치단체에게는 지역특성에 맞는 제도의 길이 열려 있다. 그러나 민권 관련 부문에 대해서는 연방에서 일괄적으로 통일성 있게 규제하고 있다.

(2) 영 국

영국은 불문법이어서 통일법전이 존재하지 않는 것과 마찬가지로 지방선거관련 법규가 산재해 있었는데, 1983년과 1985년의 영국 국민대표법, 그리고 1985년의 북아일랜드 선거법이 영국 선거제도의 골격을 형성하였다. 따라서 지방선거제노의 다양성은 부족하지만 그렇다고 통일법전을 갖추고 있는 것은 아니다.

(3) 프랑스

프랑스는 선거제도에 관하여 통일법전을 갖추고 있다. 그러나 이와 같은 통일법전의 완비는 지방자치제도의 다양성에 역행될 수 있어, 통일법전 안에서도 지방선거제도를 데파르트망(département), 코뮌(commune) 등 여러 계층에 따라 달리 하고, 코뮌도 인구수에 따라 분류하여 법 운영의 다양성을 도모하고 있다.

(4) 대 만

대만은 선거파면법(選擧罷免法)이라는 통일법전에서 선거와 해임을 함께 규정하고 있다. 그러나 대만에서도 지방자치단체마다 의원정수를 달리하는 등 다양성을 살리기 위한 배려를 하고 있다.

4) 최창호・허만형, "지방선거제도의 비교연구", 지방자치연구, 제4권 제1호(서울 : 한국지방자치학회, 1992), pp. 30~32.

(5) 일 본

일본은 지방자치법과 공직선거법(公職選擧法)에서 지방선거에 관한 규정을 하고 있다. 그러면서도 지방자치단체의 자율성을 살리기 위해 기초자치단체에서는 조례로써 선거구를 정할 수 있도록 하고 있다.

3 한국의 입법체계

지방선거제도는 1949년에 제정된 지방자치법 속에 지방선거에 관한 규정을 두는 형식으로 성립하였다. 이러한 법제 하에서 지방선거가 국회의원선거와 공통된 점에 관하여는 국회의원선거법을 의용 또는 준용하였다.

1988년에 전문개정된 지방자치법에서 "지방선거에 관하여는 별도의 법률을 제정한다"라고 규정함에 따라 지방의회의원선거법(1988년)과 지방자치단체장선거법(1990년)이 제정되었는데, 이 두 법은 해당 선거에 관하여 각 자기완결적으로 규정함으로써 국회의원선거법 등을 의용 또는 준용하는 일이 없게 하였다. 말하자면 개별법주의를 택한 것이다.

그러나 1994년에 제정된 공직선거 및 선거부정방지법과 2005년에 법명변경된 공직선거법은 종래의 대통령선거법, 국회의원선거법, 지방의회의원선거법, 지방자치단체장선거법의 규정을 흡수통합 규정하였다. 아울러 임기만료일이 같은 지방의원 및 자치단체장의 선거와, 각종 보궐선거 등에 관한 동시선거 규정도 두었다. 이로써 현재 우리나라에서는 철저한 통일법주의가 채택되어 있다.

Ⅲ 지방자치선거의 종류

1 지방자치선거의 분류

지방자치선거는 선거대상을 기준으로 하여 의회의원선거와 단체장선거로 나눌 수 있고, 선거절차를 기준으로 직접선거와 간접선거로, 선거목적을 기준으로 총선거, 재선거, 보궐선거, 증원선거 등으로, 그리고 선거시기를 기준으로 개별선거와 동시선거로 이를 나눌 수 있는 것이다.

(1) 지방의회의원선거 · 지방자치단체장선거 등

지방의회 의원은 지방선거의 거의 필수적인 대상이 되고 있다. 이에 비하여 지방자치단체장의 선임은 선거제에 의하는 경우와 임명제에 의하는 경우가 혼재하고 있어, 지방자치단체장이 지방선거의 대상이 되는 경우와, 그렇지 않은 경우가 있다. 우리나라에 있어 현재는 지방의회 의원과 지방자치단체장의 선임을 모두 주민의 직접선거제에 의하도록 하고 있다.

외국의 경우는 지방자치단체장 외에 집행위원(commissioner), 판사(judge), 징세관(tax commissioner), 재무관(treasurer), 검시관(coroner), 보안관(sheriff), 교육위원(board member of education) 등 집행기관을 모두 주민이 직접선출하는 경우가 있다.[5)]

(2) 직접선거와 간접선거

직접선거제는 이론상 주민대표성의 원리에 가장 적합할 뿐만 아니라, 실제상 주민참정의 욕구를 가장 잘 충족할 수 있어, 이른바 '풀뿌리 민주주의'(grass-root democracy)의 실현을 위한 가장 이상적인 방법으로 평가되고 있다. 반면에 간접선거제는 자치행정의 전문가를 선출할 수 있고, 자치의 내실 있는 수행에 기여할 수 있다.

의회의원 선거의 경우는 주민에 의한 직선제를 채택하는 것이 일반적이지만, 지방자치단체의 장의 경우는 나라에 따라 직선제, 간선제 또는 임명제가 다양하게 채택되고 있다.

(3) 총선거와 부분선거

총선거(general election, Hauptwahl)란 선거에 있어서 기관구성원 정수의 전원을 동시에 선출하는 선거를 말하고, 부분선거(partial election)란 기관구성원 정수의 일부(예컨대 3분의 1 또는 2분의 1)를 교대적으로 개선(改選)하는 선거를 말한다.

---

5) Mary A. Hepburn, *Local Government in Georgia*(Athens : The University of Georgia, 1986), pp. 34~42.

총선거는 전부교대식(general rotation) 선거를 말하고, 부분선거는 일부교대식(partial rotation) 선거를 말한다. 전자를 전원개선제라 하고, 후자를 부분개선제라고도 한다. 부분선거는 예컨대 의원의 임기를 4년으로 할 때, 2년마다 의원 정수의 2분의 1씩을 개선하는 방식과 같은 선거인 것이다.

전원개선제는 일정 임기동안의 전반적인 업적에 대한 주민의 명확한 심판, 민의 소재에 대한 정확한 파악, 일괄적인 선거의 실시를 통한 선거비용의 절감 등을 기할 수 있는 장점을 가지고 있는 반면에, 전원개선에 따른 정책의 지속성 유지의 곤란, 선거과열화 등의 단점을 안고 있고, 부분개선제는 그 반대의 장·단점을 가지고 있다.

지방자치선거에 있어서 전원개선제가 일반적이며, 부분개선제는 영국, 프랑스, 미국 등 몇 나라에서 그 예를 찾아볼 수 있다.[6)]

(4) 본선거와 재선거

본선거란 선거에 있어서 기관구성원의 임기가 끝났을 때 또는 의회의 해산이나 자치단체장의 해임(불신임결의, 불신임투표 등)과 같은 사유가 발생하였을 때에 그 기관구성원 정원의 전부 또는 일부를 선출하기 위하여 실시되는 선거를 말하고, 재선거(re-election, Wiederholungswahl)란 본선거의 실시 후 일정한 사유의 발생으로 인하여 당선인의 수가 그 선거구의 기관구성원 정수에 미달하거나 그 선거 또는 당선의 효력이 적법하게 발생하지 못함에 따라 그 기관구성원 선거를 재차 실시하는 것을 말한다.

우리나라의 지방자치선거에 있어서 재선거의 사유는 ㉠ 당해 선거구의 후보자가 없는 때, ㉡ 당선인이 없거나, 당해 선거구의 당선인 정수에 미달한 때, ㉢ 선거 전부무효의 판결이 있는 때, ㉣ 당선인이 그 임기 개시 전에 사퇴 또는 사망한 때, ㉤ 피선거권의 상실 등으로 당선의 효력이 상실되거나 당선이 무효로 된 때, ㉥ 선거비용의 초과지출 또는 선거범죄로 인하여 당선이 무효로 된 때 등이다(공직선거법 제195조).

그 외에, 일정한 사유가 있을 때에 연기선거, 일부재선거 또는 재투표가 실시되기도 하는데, 그 실시 사유는 다음과 같다(동법 제196조~제199조).

---

6) 영국의 metropolitan area의 district에서는 4년 임기 의회의원 정수의 3분의 1씩을 4년 가운데 1년을 제외한 매년 개선하고 있고, 프랑스의 département에서는 6년 임기 의회의원의 2분의 1씩을 3년마다 개선하고 있다. 그리고 미국 Los Angeles County에서는 Board of Supervisors의 4년 임기 5명의 위원 가운데 2인 내지 3인씩을 2년마다 개선하고 있다.

① 천재지변 기타 부득이한 사유로 인하여 투표를 실시할 수 없거나 실시하지 못한 때(연기선거의 실시)
② 선거의 일부무효의 판결이 있는 때(일부재선거의 실시)
③ 천재지변 등으로 인하여 일부 투표구의 투표가 실시되지 못한 때와 투표함의 소멸·분실 등의 사유가 발생한 때(재투표의 실시)

재선거·연기선거·재투표는 선거에 의하여 당선될 자의 임기가 1년 미만일 때에는 실시하지 않을 수 있다(동법 제201조).

(5) 보궐선거와 증원선거

보궐선거(by-election, Ersatzwahl)란 본선거에 의하여 당선자가 적법하게 확정된 후 결원이 생겼을 때에 이를 보충하기 위하여 실시되는 선거를 말하고, 증원선거란 지방자치단체의 구역변경(폐치분합 또는 승격)에 따라 종전의 구역에서 선출된 당선자가 새로 산정된 기관구성원 정수의 3분의 2에 미달하는 경우에 그 미달되는 기관구성원 정수를 새로이 선출하기 위하여 실시되는 선거를 말한다.

우리나라의 지방선거에서도 보궐선거제와 증원선거제가 채택되어 있다. 다만 보궐선거는 원칙적으로 해당 선거구에서 기관구성원 정수 4분의 1 이상의 궐원이 발생하고, 그 당선자의 잔여임기가 1년 이상이 될 때에만 실시되며(동법 제200조, 제201조), 증원선거는 그 재적의원의 수가 새로 산정된 의원 정수의 3분의 2에 미달하는 경우에만 실시된다(동법 제28조, 제29조).

보궐선거 및 증원선거에 의한 당선자의 임기는 전임자의 잔임기간으로 한다(동법 제14조).

비례대표의 정수에 결원이 발생하는 경우에는 잔여임기가 120일 이상이 될 때에 한하여 본선거에서 정당이 제시한 비례대표 후보자 명부의 등재순위에 따라 계승자가 결정되고 보궐선거는 따로 실시되지 않는다(동법 제200조).

(6) 개별선거와 동시선거

개별선거란 위의 각 종류의 선거를 각각 다른 선거일에 별도로 실시하는 선거를 말하며, 그렇게 하는 것이 일반적이다. 동시선거란 다른 종류의 선거를 같은 선거일에 함께 실시하는 선거를 말한다.

동시선거를 실시하는 이유는 개별선거제에 의하는 경우 선거가 빈번함으로 인하여 막대한 비용과 노력이 소모되며, 그로 인하여 경제·사회에 비생산 등 영향을 미치기 때문에, 이러한 선거들을 동시에 실시함으로써 선거 횟수를 줄이려는 데 있다. 그러나 다른 종류의 선거를 동시에 실시함으로써 선거관리, 투표, 개표, 그리고 선거운동 감시 등에 혼란이 따르고, 선거인의 후보자 선택에 혼란이 초래되는 것이 문제이다.

지방자치선거에서 동시선거를 실시하는 예는 미국의 워싱턴(Washington, D. C.), 필라델피아(Philadelphia)시, 스위스의 취리히(Zürich)시, 일본의 각 자치단체 등에서 찾아볼 수 있다. 미국과 스위스의 경우는 연방·주·지방의 선거를 동시에 실시하며, 일본의 경우는 동급 자치단체의 장과 의원의 선거를 동시에 실시하고 있다.[7]

우리나라의 경우 1994년에 동시선거제를 채택하여, 1995년의 지방선거에서부터 실시하고 있는데, 동시선거의 범위는 ㉠ 각급 지방의회의원과 자치단체장의 임기만료에 의한 총선거, ㉡ 국회의원·지방의회의원·자치단체장의 보궐선거이다(동법 제203조).

2 한국 지방자치선거의 실시경위

1949년에 지방자치법이 제정되고, 곧 이어 지방자치선거를 실시할 예정이었으나 6.25사변의 발발로 선거실시가 지연되다가 1952년에 전란 중 선거실시가 가능한 한강이남 지역에서 첫 지방총선거를 실시하고 이어 1956년에 제2회, 1960년에 제3회 총선거를 실시하였다.

그러나 1961년에 군사정부가 그 포고령으로 지방의회를 해산하고, 이어 지방자치에 관한 임시조치법을 제정하여 지방자치법의 효력을 정지하고 지방의회의 기능을 상급 감독기관이 대행하고 지방자치단체의 장을 국가공무원으로 임명하도록 함으로써 중앙집권적 시대가 되었다. 1972년에는 이른바 유신헌법에 의하여 지방의회의 구성을 남북통일시까지 정지하였다.

그 후 시대상황이 변하고 민주화운동이 계속되어, 1988년에 지방자치법이 전문개정되면서 지방의회의 구성과 지방자치단체장 선거제가 부활하여 지방자치선거가 곧 실시되었다. 그러나 복잡한 정치적 사정으로 선거의 실시를 계속 미루다가 법률이 정한 지방선거 실시 시기를 넘김에, 학자들이 지방선거실시 촉구 헌법소원을 제

7) 내무부, 외국선거제도 및 운영실태 : 미국·프랑스·스위스·일본(서울 : 1992), pp. 34~36.

기하기도 하였다.

1991년에 지방자치선거 정지 30년만에 지방자치선거를 실시하여 지방의회를 구성하게 되었고, 1995년에 지방의회의원과 지방자치단체장을 동시에 선거하는 지방자치선거가 실시되었다. 이어 1995년에 당선된 지방의원과 지방자치단체장은 임기 3년 단축경과조치로 1998년에 지방자치선거가 실시되었고, 이어 2002년의 지방자치선거가 실시되었다. 2006년의 지방자치선거부터는 후보자에 대한 투표와 동시에 그 후보자를 공천한 정당에 대한 투표도 동시에 실시하는 동시선거가 실시되었다.

그리고 2010년의 지방자치선거에서는 지방교육자치제의 실시에 따른 교육의원선거와 교육감선거도 동시에 실시하였고, 2014년의 지방자치선거부터는 교육의원선거가 폐지되었다.

이러한 과정을 거쳐 우리나라에 이제는 지방자치선거가 4년마다 실시되어 지방자치제도가 정착되어 가고 있는 듯하다. 그러나 아직까지도 이른바 구역개편 논의 등 돌발적인 사정으로 지방자치선거의 정례적 실시에 차질이 따를 수 있는 위험요소는 상존하고 있다고 하겠다.

한국에서 정부수립 조기부터 지금까지 지방자치선거가 실시된 경위를 요약·정리하면 〈표 6-1〉과 같다.

〈표 6-1〉 한국 지방자치선거의 실시 경위

선거회수	선 거 일	선거구분		투표율 (%)	비 고
		지방의회의원	지방자치단체장		
1952(제1회)	1952. 4. 25 5. 10	시·읍·면 의원 선거 도의회의원 선거		90.7 81.2	전시중 선거실시 가능지역 실시
1956(제2회)	1956. 8. 8 8. 8 8 .13	시·읍·면 의원 선거 서울시·도의원 선거	 시·읍·면장 선거 	79.5 54.6 86.0	정부수복후 실시 580개 시·읍·면 실시
1960(제3회)	1960.12. 12 12. 19 12. 26 12. 29	서울시·도의원 선거 시·읍·면 의원선거 	 시·읍·면장 선거 서울시장·도지사 선거	78.9 67.4 75.4 38.8	4·19 이후 실시
1991(제4회)	1991. 3. 26 6. 20	시·군·자치구 의원선거 시·도 의원 선거		55.0 58.9	30년만의 지방 의회 구성

1995(제5회)	1995. 6.27	시·군·자치구 및 시·도 의원선거	시·군·구청장 및 시·도지사 선거	68.4	4대 동시선거
1998(제6회)	1998. 6. 4	〃	〃	52.7	〃
2002(제7회)	2002. 6. 13	〃	〃	48.8	〃
2006(제8회)	2006. 5. 31	〃	〃	51.3	4대 동시선거, 후보자·정당투표
2010(제9회)	2010. 6. 2.	시·군·자치구 및 시·도 의원, 교육위원 선거	시·군·구청장 및 시· 도지사, 교육감 선거	54.5	6대 동시선거 후보자·정당투표
2014(제10회)	2014. 7. 4.	시·군·자치구 및 시·도 의원 선거	〃	56.8	5대 동시선거, 후보자·정당투표
2018(제11회)	2018. 6. 3.	〃	〃	60.2	제7회 전국동시지방선거, 후보자·정당투표

제2절 지방자치선거의 기초

I 대표제와 정당참여

1 대표제

(1) 대표제의 유형

선거에 있어서 선거구를 어떻게 할 것인가, 하나의 선거구에서 당선인의 수를 몇 사람으로 할 것인가, 1인의 선거인이 몇명의 후보자에 대해서 투표하도록 할 것인가, 당선인의 결정을 어떻게 할 것인가 등에 따라서 선거의 결과는 현저하게 다르게 된다. 이러한 것이 선거의 대표제 문제이다.

선거의 대표제는 다음과 같은 유형으로 이를 분류할 수 있다.[8)]

(가) 다수대표제

다수대표제란 1선거구에 있어서 총 유효투표의 다수를 차지한 후보자를 당선자로 결정하는 제도로서, 이것은 다수파(정당)의 이익을 최대로 보호하는 방법이다. 소선거구제에서는 일반적으로 다수대표제가 채택된다.

이와 같은 제도는 당선의 조건이 되는 다수를 비교다수로 하느냐, 절대다수로 하느냐에 따라 비교다수대표제(상대다수대표제)와 절대다수대표제(과반수제)로 나뉜다.

(a) **비교다수대표제** : 비교다수대표제란 총투표수에 대한 득표율과 관계없이 후보자 가운데서 최다수표를 얻은 자를 당선자로 하는 제도이다. 이러한 비교다수대표제는 극단적인 경우 당선자와 낙선자의 득표 차가 단 1표일 경우도 있을 수 있다.

이와 같은 비교다수대표제는 소선거구제에 의한 단기투표(單記投票)로 하느냐, 중·대선거구제에 의한 연기투표(連記投票)로 하느냐에 따라서 단기(單記) 다수대표제와 (완전)연기(連記) 다수대표제로 나뉜다.

(b) **절대다수대표제** : 절대다수대표제는 총투표수에 대한 과반의 득표자를 당선인으로하는 제도이다. 이 제도는 비교다수대표제가 가지고 있는 결함을 시정하기 위하여 채택된 제도로서, 한번의 투표에서 과반수 득표자가 나오지 않는 경우에 결선투표(재투표 : second ballot) 등[9)] 여러 방법이 강구되어야 한다.

이 제도는 비교다수가 아니라 과반수의 표를 얻은 자를 당선자로 하는 점에서 합리성이 인정되나, 이 제도도 다수대표제 그 자체가 가지는 '소수의견의 무시'라는 결함을 제거할 수 없으며, 주로 그 형식적 결함을 기술적으로 보정한 것에 불과하다.

---

8) 谷合靖夫, 選擧制度論(東京 : 第一法規, 1983), p. 6.

9) 절대다수대표제의 대표적인 선거체제에는 결선투표제, 대안투표제, 보완투표제등이 있다. ① 결선투표제는 1차투표에서 50% 이상을 득표한 후보자가 없는 경우 1차투표결과 상위 2인 간에 실시하는 투표를 말하며, ② 대안투표제는 후보자들의 선호서열을 기입하도록 하여 어느 후보가 50% 이상 얻게 될 때까지 표를 이양하는 투표제를 말하며(일명선호투표제라고도 한다) 모든 후보자들의 선호순서를 전부 기입하여야만 유효표가 된다. ③ 보완투표제는 가장 선호하는 후보와 그 다음으로 선호하는 후보를 선택하게 하는 선거체제이다(안순철, 선거체제비교, 서울 : 법문사, 1998, pp. 144~155. : 중앙선거관리위원회, 외국의 선거제도 비교분석집, 2008).

(나) 소수대표제

소수대표제란 한 선거구에서 2인 이상의 대표를 선출하는 제도이다. 민주정치는 토의의 정치로서, 거기에서는 다수파의 존재도 중요하지만 소수파의 존재도 무시되어서는 안 된다. 따라서 다수파에게는 물론이지만 소수파에게도 역시 그 세력에 따라서 대표자를 선출할 기회를 주려는 것이 소수대표제의 원리이다. 이러한 소수대표제는 대·중선거구제를 전제로 할 때 가능한 것으로서, 이러한 소수파 보호의 목적을 실현하기 위해서 단기(單記)투표, 연기(連記)투표, 누적(累積)투표 방법이 고안되었다.

(a) **단기투표제** : 이는 2명 이상의 정수를 가진 선거구에서 선거인은 단기(單記)투표밖에 할 수 없고, 그 비교다수표를 얻은 후보자를 정수까지 당선시키는 제도이다. 이 제도는 다수파의 당선독점을 저지하고 소수파에게도 당선의 기회를 보장함을 목적으로 하고 있으나, 사표(死票)를 많게 하는 결점을 가지고 있다.

(b) **(제한)연기투표제** : 이는 3명 이상의 정수를 가진 선거구에서 1인의 선거인이 연기(連記)할 수 있는 후보자의 수를 정수보다 적게 하여 소수파에게도 당선의 기회를 부여하는 제도이다. 그러나 이 제도가 소수파 보호의 목적을 어느 정도 달성할 수 있으나, 부자연스러운 인공적 방법으로 다수파의 세력을 약화시킨다는 결점을 가지고 있다.

(c) **누적투표제** : 이는 선거인이 그 선거구의 당선자 정수의 범위 안에서 연기(連記) 투표를 하되, 원한다면 동일후보자의 성명을 누적(累積)적으로 연기할 수 있게 하는 제도이다. 누적투표제에서는 투표권을 어느 한 후보자에게 전부 행사하거나, 수명의 후보자에게 1표 또는 2표씩 나누거나 모두 선거인의 자유이다. 그러나 이 제도에서는 한 후보자에게 투표가 전부 집중되어, 당선점을 초과하는 득표를 하게 된 결과, 2명 이상을 당선시킬 투표를 가지고서도 1명밖에 당선시키지 못하는 경우가 있는가 하면, 유력한 정당이 한명도 당선시키지 못하는 경우가 발생할 수도 있다.

(다) 비례대표제

비례대표제란 다수의 후보자를 보유하는 정당의 존재를 전제로 하여, 선거인의 의사를 당선인의 구성비에 정확히 반영시키고 사표(死票)를 가능한 한 적게 하기 위하여 일정한 당선기본수(당선점)를 산출하여 그 당선점을 초과한 경우의 표를 다른 정당 또는 다른 후보에 이양하는 기술적 원리를 채택하는 제도이다.

그런데 여기서 당선기본수란 후보자가 당선인으로 되기에 필요·충분한 최저한도의 득표수를 말하며, 이 당선기본수를 정하는 방법에는 여러 가지가 있으나 일반

적으로는 초과득표의 이양방법에 따라서 ㉠ 단기이양식 비례대표제와 ㉡ 명부식 비례대표제로 대별된다.[10)]

(a) **단기이양식 비례대표제** : 이는 한 선거구의 당선자 정수가 2명 이상이며, 후보자의 수가 정수를 초과하는 경우에 사용된다.

이 대표제에서는 투표용지에 모든 후보자의 성명을 인쇄하고 그 성명의 앞부분란을 순위기입란으로 하여, 선거인이 투표시에 각자가 당선을 희망하는 후보자의 순으로 순위란에 1·2·3 … 을 기입하여 투표하며, 제1순위로 기입한 것을 조사하여 당선 기본수 이상을 득표한 자를 당선인으로 하고, 당선기본수를 초과한 표는 제2순위로 지명된 자에게 이양해 주게 되는 것으로서, 그 초과표를 이양해 주는 분배방식에는 Hare식과 Hare·Clark식 및 Gregory식의 3종이 있다.

(b) **명부식 비례대표제** : 이는 선거인이 각자가 지지하는 정당의 후보자명부에 일괄하여 투표하는 제도로서, 표의 이양을 동일한 정당에 속하는 후보자나 또는 정견을 같이 하는 자에게 해 주며, 그 이양해 주는 순서도 원칙적으로 각 정당에서 결정하는 제도이다. 이 대표제에는 강제명부식 투표제도와 자유명부식 투표제도가 있다. 우리나라 지방의회 의원 비례대표 정당투표제는 전자에 속한다.

(라) 직능대표제

근대 민주정치에 있어서 대표제는 전국민의 대표제를 지향하는 것이므로 지역대표제 외에 직업적 또는 경제적 단체를 기초로 하는 직능대표제의 도입도 중요하다.

직능대표제는 산업과 직업이 고도로 분산·발달한 오늘날에 있어서는 국민의 대표를 선거구별로 지역대표를 선출하는 것보다는 직업·직능별로 선출하는 것이 더 의미 있다는 취지에서 채택된 제도로서, 의사회, 변호사회, 노동조합, 농민조합, 경제인단체 등을 선거모체로 하는 대표제도이다.[11)]

현대사회에서 직능대표제가 대두되고 있는 이유는 ㉠ 교통의 발달에 따라 과거처럼 인간의 지역적 기속이 약화된 점, ㉡ 산업의 발달에 따라 산업조직, 기능조직이 발달했고 인간의 직장과 직업간의 교섭 및 결합이 촉진된 점, ㉢ 노동자의 이익을 옹호하고 노·사의 분쟁을 조정하여 분쟁의 방지를 지향하게 된 점, ㉣ 현대국가의 기능 가운데 경제적·사회적 기능의 증대로 인한 경제적·사회적 입법의 증

10) 비례대표제의 종류는 300 내지 500개에 달한다고 한다.

11) 직능대표제는 18세기의 오스트리아의 하원의원, 바이마르공화국의 국회의원, 1928년의 이태리 하원의원의 선거 등에서 채택된 바 있고, 지방자치단체에 있어서는 스페인의 지방의회 의원의 선거에서 그 예를 찾아볼 수 있다(伊藤 勳, 近代政治學の基本問題, 東京 : 成友堂書店, 1963, pp. 306~307).

대에 전문적으로 대응할 필요성이 높아진 점 등을 들 수 있다.

그러나 직능대표제는 ㉠ 대표가 특수이익에 구애되어 일반공익을 소홀히 할 우려가 있고, ㉡ 직업적 소수자에게는 그 대변자를 파견할 가능성이 희박하며, ㉢ 선거인의 직업적 분류가 기술적으로 어렵고 실제로 거의 불가능한 점, ㉣ 직업 간, 노·사 간의 대립 등을 오히려 제도적으로 자극하여 분쟁을 조장하고, 경우에 따라서는 이익단체·계급의 독재를 초래할 위험성이 있다는 점 등을 들 수 있다.[12)]

직능대표제는 지역대표제 일변도의 선거제도에 대한 보완책으로서 오늘날 활발히 논의 내지 연구되고 있다. 그러나 그 취지에 일리가 없는 것은 아니지만, 그것을 실제로 적용하는 데 있어서는 한계가 많다.

(2) 외국의 대표제

주요 국가의 지방자치선거에서 채용되고 있는 대표제는 다음과 같다.[13)]

(가) 미 국

미국에서는 대표제의 유형이 크게 비교다수대표제와 단기투표식 소수대표제의 두 가지로 나뉜다. 즉, 지방자치단체를 지역구로 나누고 지역구에서 다수득표자가 당선되도록 하는 제도와 지방자치단체 전체를 하나의 선거구(at-large system)로 하여 다수득표자 순으로 당선자를 결정하는 두 제도를 지역에 따라 혼용하는 곳도 있고, 둘 중의 하나를 택하는 곳도 있다.

(나) 영 국

비교다수대표제와 단기이양식 비례대표제를 혼용하고 있다. 즉 북아일랜드 이외의 지역에서는 한 선거구에서 최다득표자가 당선되는 제도를 채택하고 있고, 북아일랜드에서는 유권자가 후보자에 대한 선호 순위를 1·2·3으로 기입하면, 제1순위표로 당선기준수 이상을 얻은 자를 제1당선자로 하고, 제1당선자의 당선기준수 초과표를 제2순위로 기입된 자에게 이양하여 당선자를 정하는 제도를 채택하고 있다(이 경우 당선기준 수는 총유효투표수를 후보자 수로 나눈 수에서 1을 더한 수이다).

---

12) 정요섭, 선거론(서울 : 박영사, 1984), pp. 291~298.

13) 최창호·허만형, "지방선거제도의 비교연구", 지방자치연구 제4권 제1호(서울 : 지방자치학회, 1992), pp. 32~33.

(다) 프랑스

절대다수대표제와 비례대표제를 혼용하고 있다. 즉, 레지옹(région)과 데파르트망(département) 의원선거에서는 1차투표에서 득표수가 투표수의 과반수이어야 당선되고, 1차투표에서 당선자가 없는 경우에는 2차투표를 실시하여 최다득표자가 당선자가 된다. 이때에 최다득표자가 2인 이상인 경우에는 최연장자를 당선자로 한다.[14)]

(라) 대 만

다수대표제와 아울러 여성대표제를 실시하고 있다. 즉, 절대다수가 아닌 다수표를 얻은 자를 당선자로 하는 비교다수득표자 당선제를 채택하고 있으며, 또한 여성대표제를 도입하여 여성당선 보장제도를 실시하고 있다.

(마) 일 본

다수득표자가 당선자가 된다. 다수득표는 절대다수가 아니나 당선에 소요되는 득표율의 하한을 법제화하고 있기 때문에 준절대다수대표제이다.

(3) 한국의 대표제

지방선거에 있어서는 원칙적으로 단기(單記)투표식 비교다수대표제를 채택하고 있다(공직선거법 제157조 제4항, 제190조 제1항). 그러나 시·군·자치구의회 의원선거에 있어서는 하나의 선거구에서 의원 2인 이상 4인 이하를 선출하는 중선거구제하에서 단기식 소수대표제가 채택되어 있다(동법 제26조 제2항, 제157조 제4항, 제190조 제1항).

그리고 비례대표제를 1995년에 시·도의회 의원 선거에 채택하였고, 2005년에 시·군·구 의회 의원선거에도 채택하였다(동법 제20조 제2항, 제22조 제4항, 제23조 제3항).

---

14) Commune 의원선거에서는 절대다수대표제와 비례대표제를 혼용한다. 1차투표에서 유효투표의 과반수를 얻은 후보자명부에 과반수 의석을 배정하고 나머지 의석은 득표율 5% 이하인 후보자명부를 제외한 나머지 후보자명부에 비례배분한다. 1차투표에서 과반수 득표에 실패하면 득표율 10% 이하인 후보자명부를 제외한 나머지 후보자명부를 대상으로 2차투표를 실시하여 최다득표명부에 과반수 의석을 배분하고 나머지 의석은 득표비례로 배분한다.

2 정당참여

선거에서 후보자를 추천하고, 선거인의 지지를 호소하며, 투표·개표 과정을 참관하고, 선거쟁송을 전개하는 것 등은 정당의 중요한 활동이다. 오늘날의 민주정치에 있어서는 정당이 수행하는 기능의 비중이 매우 확대되고 강화되었다.

선거에 있어서 정당제도와 불가분의 관계를 가지는 제도로는 ㉠ 대표제, ㉡ 선거구제, ㉢ 투표제, ㉣ 입후보와 선거운동을 들 수 있다.

첫째로, 대표제는 다수대표제가 다수파(제1당)에게 유리하고, 소수파를 보호하기 위해서 소수대표제가 채용되며, 득표수와 당선자수의 비례를 확보하기 위해서 비례대표제를 채용하는 것 등을 통하여 정당제도와 불가분의 관계를 가진다.

둘째로, 선거구제는 소선거구제가 1구 1인 선출제에 의해서 다수파(제1당)에게 안정을 부여하는 반면에, 중선거구 내지 대선거구제가 1구 복수인 선출제에 의해서 소수대표제 내지 비례대표제의 가미를 가능하게 하는 등을 통하여 정당제도와 불가분의 관계를 가진다.

셋째로, 투표제는 단기(單記)식 투표제와 각종의 연기(連記)식 투표제 등을 통하여 정당제도와 불가분의 관계를 가진다.

넷째로, 입후보와 선거운동에 있어서는 정당공천, 정당표방, 투표용지 양식, 선거운동자, 선거운동방식(선거운동기구, 기관지, 당원대회 등), 선거쟁송 등이 정당제도와 밀접한 관계 하에서 행해진다.

정당의 지방선거 및 지방자치 운용에의 참여는 현실적으로 ㉠ 정당공천제, ㉡ 정당표방제, ㉢ 당적보유제 등을 통하여 이루어지게 된다.

(1) 정당참여의 순기능과 역기능

(가) 정당참여의 순기능(효용)

선거에 정당이 참여함으로써 유익한 점은 다음과 같다.

첫째로, 정당의 본래적 기능을 통하여 다원적이고 산만한 주민의사를 조직화하여 이를 자치행정에 중개·반영하는 데 공헌한다.

둘째로, 지방선거에 정당인을 참여시킴으로써 정당인들에게 민의의 수렴과 선거의 진행 등에 관한 훈련을 시킬 수 있고, 이를 통하여 정당의 육성과 정치의 활성화를 기할 수 있다.

셋째로, 정당의 정강·정책을 통하여 주민의 지지와 비판을 받고, 지방선거의 결과를 받아들임으로써 이른바 책임정치의 실현을 기할 수 있다.

넷째로, 지방선거에 있어서 선거인의 후보자선택 및 선거관리기관의 선거집행의 간편화를 기할 수 있다.

(나) 정당참여의 역기능(폐해)

지방선거에 정당이 참여하면 다음과 같은 문제점들이 발생한다.

첫째로, 정당은 전국적 조직망을 가지고 중앙 과두제에 의하여 운영되므로 중앙당의 지시에 의하여 자치행정이 좌우됨으로써 제도상의 지방분권이 사실상의 정당지배에 의하여 저해되기 쉽다.

둘째로, 자치행정은 주민에 대한 서비스의 제공을 주 내용으로 하는 것인데, 선거에 정당이 개입함으로써 자치행정의 불안정이 초래되기 쉽다.

셋째로, 지방선거에 정당이 개입함으로써 선거가 과열되고 정당간의 대립이 격화되기 쉽다.

넷째로, 자치의 운용과정에 있어 정당의 대립으로 의회의 기능이 마비되고, 의회와 단체장간의 마찰로 자치행정 전반에 걸쳐 크게 혼란에 빠지는 경우가 있다.

(2) 정당참여에 관한 외국 제도

(가) 정당참여제도의 유형

각국의 제도를 크게 지방선거에 정당의 참여를 보장하는 유형과, 이를 배제하는 유형으로 나눌 수 있다.

참여 보장형에는 후보자의 정당공천 및 정당표방을 허용하는 유형과, 그것을 필수요건으로 하는 유형이 있다. 전자가 일반적이며 영국, 독일, 프랑스, 스위스, 벨기에, 스웨덴, 이탈리아, 일본, 대만 등 그 예를 많이 찾아볼 수 있다.

참여 배제형에는 지방선거에 정당공천 및 정당표방을 금지하는 유형과, 거기에 그치지 않고 의회의원의 당적보유까지도 금지하는 유형이 있다. 전자는 미국의 약 3분의 2의 시 정부에서 그 예를 찾아볼 수 있고, 후자는 태국, 말레이시아 등 몇몇 나라에서만 그 예를 볼 수 있다.

(나) 각국의 정당참여제도

지방선거에 대한 정당참여의 주요 국가별 제도는 다음과 같다.[15)]

(a) 미 국 : 미국의 선거에 있어서 정당참여의 여부는 해당 지방자치단체에서 스스로 결정하도록 하고 있는데, 일반적인 추세는 약 3분의 2 정도가 정당참여를 배제하고 있다. 전국도시연맹(National Municipal League)은 1961년에 표준도시헌장(Model City Charter)을 제정하고 지방선거에서의 정당참여 배제를 규정하고 있다.

정당참여 배제에는, 대체로 세 가지 유형이 있다. 첫째, 입후보자가 정당표시를 하지 않는 유형(예 : Chicago시), 둘째, 정당이 선거운동을 하지 않는 유형(예 : Detroit시와 Dallas시), 셋째, 모든 정당활동을 지방선거에서 배제하는 유형이다.

(b) 영 국 : 지방선거에 있어서 정당참여를 폭넓게 인정하고 있다. 지방선거에 있어서 정당참여의 계기가 된 것은 제2차 세계대전 후 복지국가 실현 분위기가 조성되면서 부터였다. 그러나 영국 국민의 52%는 지방선거에 있어서 정당참여를 반대하고 있고, 34%만이 선호하고 있으며, 나머지는 무응답이다.

(c) 프랑스 : 지방선거에 있어서 후보자의 결격사유만을 규정하고, 정당공천이나 정당표방 또는 정당가입에 관한 금지규정을 두지 않음으로써 묵시적으로 정당참여를 인정하고 있다. 인구 2,500명 이하의 코뮌(commune)에서 무소속 입후보를 금한다고 명시하기도 하고, 국민의회의원과 상원의원이 그의 출신 선거구인 레지옹(région), 데파르트망(département) 또는 코뮌(commune)의원을 겸직할 수 있도록 하는 등 중앙정치가 지방정치에 영향을 미치는 것에 개의치 않고 있다.

(d) 독 일 : 독일은 지역정당이 매우 다양하고 그 종류도 대단히 많은 것이 특징이라고 할 정도로 지방정치가 상당히 발달되어 있다. 지방선거에 있어서 정당참여가 당연시 되고 있으며, 정당후보자의 공천은 지구당이 담당한다.

(e) 캐나다 : 선거입후보자의 정당표방이나 의원의 당적보유를 금지한다는 규정을 두고 있지는 않으나, 지방자치에 정당의 관여를 배제할 때에 폭넓은 행동의 자유가 보장된다는 의식이 일반화되어 있기 때문에, 정당이 후보자를 공천하지 않고 선거인이 정당표방자에게 투표하지 않는 것이 보편화되어 있다.

(f) 스웨덴 · 덴마크 · 네덜란드 · 이탈리아 · 스페인 : 이들 대부분의 유럽 국가들에 있어서는 지방선거에 비례대표제를 채택하고 있기 때문에, 정당참여가 활발히 이루어지고 있다.

(g) 대 만 : 지방선거에 대한 정당참여 규정을 찾을 수 없다. 관계 학자들 사이에서 찬 · 반 논란이 지속되어 오고 있으나, 명문규정의 부재로 인하여 각 정당은 공개적으로 후보자를 추천하고 지방선거에 관여하고 있다.

(h) 일 본 : 선거법에서 지방선거에 정당이 정치활동을 할 수 있도록 하고 있고,

15) 최창호 · 허만형, 앞의 논문, pp. 34~35.

정당인이 출마할 경우, 정당표시를 원칙으로 하고 있다. 그러나 이러한 정당참여 보장에도 불구하고 일본의 지방선거에서 정당활동은 활발하지 못하며, 특히 기초자치단체인 시·정·촌의원 선거에서 무소속 당선자가 80~90%에 이르고 있다.

(3) 한국의 정당참여

(가) 정당참여제의 변천경위

과거 1950~1960년대에는 지방자치법상 지방선거와 관련하여 정당의 선거관여에 관한 아무런 제한규정을 두지 않음으로써 후보자의 정당공천·표방 등이 묵시적으로 허용되었다.

1988년에 제정된 지방의회의원선거법에서도 정당의 선거참여에 관하여 아무런 규정을 두지 않음으로써 사실상의 정당참여를 허용하고 있었는데, 1990년의 개정 선거법에서 광역자치단체의 의원선거 및 단체장 선거에 후보자 정당공천제를 채택함으로써, 정당의 선거참여를 적극적으로 허용하였다. 이어서 1991년의 광역의회 의원 선거에서 정당공천자의 당선률이 전의원의 86.7%가 되었다.

1994년에 제정된 공직선거법에서 광역 및 기초자치단체의 의원선거 및 단체장선거 모두에 후보자의 정당공천제를 채택하였다가 1995년의 개정 선거법에서 기초자치단체의 의원선거에서만은 정당공천이 배제되었는데 2005년에 이를 부활하였다.

다른 한편, 1995년에 광역의회 의원선거에 지역구 의원정수의 100분의 10에 해당하는 수의 비례대표의원을 정당이 추천하는 비례대표제가 채택되고, 2002년에는 그 비례대표 선거를 위한 정당투표제가 새로이 채택되었으며, 2005년에는 기초의회 의원선거에도 비례대표제와 정당투표제가 채택되었다. 이로써 우리나라에 있어서 정당이 모든 지방선거에 적극 참여하고 지방자치의 운용을 실질적으로 좌우할 수 있게 되었다.

(나) 현행법상의 정당참여

현행법상 정당이 선거에 관여할 수 있는 범위는 다음과 같다.

(a) **후보자추천** : 정당은 모든 지방선거에 후보자를 추천(공천)할 수 있으며(공직선거법 제47조), 의회의 비례대표후보자 명부를 제출하여 등록신청을 할 수 있다(동법 제49조 제2항).

(b) **선거운동** : 정강·정책을 신문·방송·인터넷에 광고하고, 홍보물을 배부하고, 방송연설을 할 수 있다(동법 제69조~제71조).

(c) **정당투표** : 비례대표 의회의원 선거에서 비례대표를 추천한 정당에 대한 투표제가 채택되었으며, 그 득표율에 의해 의회의석이 배분된다(동법 제146조 제2항, 제157조 제4항, 제190조의2 제1항, 제2항).

(d) **기타 활동** : 투표용지관리 입회(동법 제151조 제5항), 투·개표 참관(동법 제161조, 제162조, 제181조), 선거쟁송(동법 제219조~제223조)을 할 수 있다.

(4) 정당공천제에 대한 찬·반 의견

(가) 찬·반 논쟁

정당의 후보공천제에 관하여 지금까지 우리나라에서는 찬·반의 의견이 백출하고 있다. 대체로 찬성하는 견해에서는 전술한 정당참여의 순기능을 강조하고 있고, 반대하는 견해는 그 역기능을 강조하고 있다.

그 찬·반 논생의 요섬을 정리하면, 대체로 ㉠ 정당과 지방자치의 본질에 대한 인식의 측면, ㉡ 정당참여의 역학관계의 측면, ㉢ 현실 정치와 자치에 대한 평가의 측면에서 견해 차이가 보인다고 하겠다.[16)]

찬성측 주장	반대측 주장
정당과 지방자치의 본질에 대한 인식의 측면	
① 대의정치란 바로 정당정치를 의미하는데, 이러한 원리는 지방자치에서도 결코 다를 바 없다. ② 정당이란 선거에 참여하여 대표자를 통하여 그 의사를 정책에 반영하고 권력을 획득·보존하기 위해 존재하는 것이다. ③ 지방자치에도 어떤 사안의 의미와 해결방안에 관해 의견을 달리하는 사람들 간에 마찰이 생기고 조직(정당)이 생기게 마련이다.	① 지방자치란 주민에 서비스(쓰레기 수거 등)를 제공하는 것인데, A당 방식과 B당 방식이 무슨 의미가 있는가. ② 오늘날의 정당이란 전국적 조직망을 가지고 과두적으로 운영되고 있기 때문에 정당이 지방자치에 관여하면 제도적인 분권이 사실상 저해된다. ③ 사안이 전국적 조직망을 가진 중앙당의 지시에 따라 처리됨으로써 주민들의 의사에 따라 처리하고자 하는 주민자치와는 거리가 멀어지게 된다.

16) 정당의 선거참여 찬성론 : 김병준, 한국지방자치론(서울 : 법문사, 1994), pp. 186~205.
정당의 선거참여 반대론 : 정세욱, 지방행정학(서울 : 법문사, 1990), pp. 497~505.

정당의 선거참여의 역학관계 측면	
① 정당참여가 배제될 때에는 집합적으로 책임을 질만한 단체가 없으므로 책임정치의 실현이 어려워진다. ② 지방의회의 힘이 분산됨으로써 집행기관에 대한 견제력이 약화된다. ③ 지방의원들을 개별화함으로써 지역사회 전체의 정책방향을 제시하기 보다 개별적인 민원의 해결에 치중하게 된다.	① 의회와 단체장의 지배정당이 동일하면 견제·균형이 파괴되고, 지배정당이 다르면 중앙정치 대치상황이 지방에까지 연장된다. ② 정권교체 등으로 인한 중앙정국의 격변이나 혼란이 지방에 파급된다. ③ 선거에 정당이 참여하면 선거가 과열되고, 막대한 조직력을 동원한 부정·혼탁한 선거가 자행되기 쉽다.
현실적 정치와 자치에 대한 평가의 측면	
① 우리 정당의 구조와 운영이 과대 성토되고 있고, 반대로 바람직한 측면과 개선·발전 경향도 있다. ② 당원들의 자질이 높다고는 할 수 없지만, 정치와 정책에는 정돈된 인식이 관건이며, 민주적 훈련에는 기회가 그 관건이다. ③ 후보자공천이 후보자 경선제로 바뀌고 있어 차츰 지역구 중심으로 개선되고 있고, 공천 부조리도 현저히 줄어들고 있다.	① 우리의 정당은 정강·정책 중심의 정당이 못되며, 지방의 조직기반이 약하고, 의미 없는 대립만을 일삼는다. ② 우리의 정당가입이 법으로 금지되기도 하고, 엘리트층이 가입을 기피하기도 하여 당원의 자질이 낮고 또한 민주적으로 훈련되어 있지 않다. ③ 후보자 공천이 하향식으로 이루어지거나 공정하게 이루어지지 아니하며, 부조리가 개재하는 경우가 많다.

(나) 저자의 견해

모든 제도에는 그 순기능과 역기능이 있듯이, 지방선거에 정당이 공천제를 행사할 경우에도 장점과 단점이 있다. 그러나 오늘날 지방자치 발달의 일반적 저해요인으로 정당정치의 발달을 들고 있음에 비추어 볼 때(제2장 제3절 참조), 지방선거에 정당이 후보자의 공천형식으로 참여할 경우 많은 문제점이 나타나는 것은 분명하다.

민주주의의 기본원리에 입각할 때, 지방선거에 정당이 관여하는 것은 정당의 풀뿌리화와 민주적 훈련에 도움이 되는 것은 사실이다. 그러나 지방자치를 정당과 그 당원을 위한 수단으로 보는 것은 근본적으로 본말전도된 사고에서 나온 것이다.

정당공천제를 통해 정당이 지방선거에 개입하고 있는 우리나라의 경우, 정당참여의 순기능 보다는 역기능이 크게 부각되고 있다. 우리나라에서 정당참여의 순기능으로 기대되는 가치 중에는 책임정치라는 덕목이 있다. 그러나 우리나라에서 정당들이 지방정치와 정책에 책임을 진적도 없고, 앞으로 그렇게 될 가능성도 없다. 그러한 결과는 각종의 여론조사에도 반영되고 있다. 한국행정학회가 2013년 8월에 조사한 바에 의하면, 우리나라의 기초단체장의 86.1%, 기초의원의 71.0%, 전문가의 83.8%가 정당공천제 폐지를 찬성하였다. 한편 대통령 선거를 앞두고 후보 모두가 정당공천제 폐지를 공약하기도 했었다.

우리는 정당공천제 폐지와 정당참여 배제를 혼돈하지 말아야 한다. 오늘날 정당참여는 헌법상 인정된 권리로서 정당의 자발적이고도 합법적인 참여를 배제하기는 어렵다. 이러한 관점에서 2001년과 2008년에 헌법재판소가 정당지지 또는 추천금지 조항이 위헌이라고 판단한 결정을 참고할 필요가 있다. 또한 정당표방을 금지하면 주민들은 '장님투표'를 해야 하고, 정당 대신 지연, 혈연, 각종 이익단체가 지방선거를 지배할 가능성이 있다는 사실에도 주목할 필요가 있다.

그럼에도 불구하고 우리가 외면하기 어려운 더 큰 현실은, 특히 기초선거에 있어서 정당공천제는 지방자치의 중앙정치 예속화, 공천비리의 발생, 의회와 집행부의 비효율적인 갈등유발 등의 문제점을 노정시키고 있다. 이에 정당참여는 가능하게 하면서도 정당공천제를 폐지하여 정당참여의 순기능은 살리고 역기능은 최소화하는 방안을 모색할 필요가 있다.

대통령선거에서도 쟁점이 되었던 정당공천제의 대안은 여러가지가 있을 수 있다. ① 공천제 폐지, ② 공천제를 폐지하되 정당 임의표방 인정, ③ 공천제 폐지와 정당 임의표방 금지, ④ 공천제 유지와 정당표방제 혼합, ⑤ 공천제 유지 등이 그것이다.

이러한 다양한 대안 중에서 저자는 한시적으로 정당공천제를 폐지하되 정당 임의표방을 인정함으로써 역기능의 최소화와 순기능의 발휘를 모색할 필요가 있다고 생각한다. 그리고 정당공천제의 폐지에 따른 여성참여의 위축을 해소하기 위해서 정당명부제 대신에 여성명부제를 도입하는 방안을 생각할 수 있으며, 이 경우 일정 비율을 여성의석으로 할당하는 방안을 고려할만하다. 그리고 선거구를 중선구제로 하면서 남·여동반선출제(예: 3명 중 최소 1인은 여성으로)를 도입하는 것도 하나의 방안으로 생각할 수 있다.

Ⅱ 선거구와 의원정수

1 선거구

(1) 선거구의 획정

선거구(electoral circumscription, constituency)는 전체의 선거인을 몇 개의 그룹으로 나누는 표준이 되는 지역적인 단위를 말한다. 선거구는 선거절차상의 편의에 따른 지역적 단위에 불과하며, 따라서 당선인과 선거인 간의 강제적 위임관계를 설정하는 단위는 아니다.

선거구는 선거의 기본목적을 원만히 달성하기 위하여 마련되는 것이므로 그 획정에 있어서는 다음과 같은 점에 주의하여야 한다.[17)]

첫째로, 각 선거구를 통하여 선거인수와 당선자 정수와의 비율이 되도록 한결같아야 한다. 이는 평등선거제의 정신과도 관련이 있는 것이다.

둘째로, 선거구가 특정 정당에 부당하게 이익이 돌아감이 없도록 공평하게 획정되어야 한다. 즉, 이른바 게리맨더링(gerrymandering)을 가능한 한 피하여야 하는 것이다.[18)]

선거구의 획정에는 일정한 기준이 있어야 하는데, 이러한 기준에는 행정구역을 단위로 하는 경우와, 일정한 인구수를 단위로 하는 경우가 있으며, 또한 지방선거에 있어서는 국회의원의 선거구를 단위로 하는 경우가 있다. 이러한 선거구의 획정 근거로는 법률 또는 명령으로 하는 경우와, 시·도의 조례 또는 규칙으로 하는 경우 등이 있다.

---

17) 정요섭, 앞의 책, pp. 173~175.

18) gerrymandering이란 특정후보자나 특정정당에 유리하도록 선거구를 획정하는 것을 말한다. 1812년 미국 매사츄세츠주 주시사였던 엘브리지 게리(Albridge-Gerry)가 자기정당(연방에)에 유리하도록 선거구를 분할하였는데 그 모양이 마치 Salamander(샐러맨더: 불속에서 산다는 그리스의 신화 불도마뱀)와 비슷하다고 하여 이를 합성하여 gerrymandering이라고 불리게 되었다.

우리나라의 사례로는 ① 1996년 국회의원 선거구 획정시에 충북 옥천군·보은군·영동군 선거구를 옥천군선거구와 옥천군을 사이에 두고 멀리 떨어져 있는 보은군·영동군 선거구로 분리한(위헌결정) 사례와, ② 경남 창원시 성산구 반송동은 의창구에 둘러싸인 공동지(空洞地)로 되어 있는데 1992년 국회의원 선거구를 2개 선거구로 분리시에 의창구선거구가 아닌 성산구선거구로 획정한 사례가 있다.

(2) 선거구제의 종류

선거구제에는 소선거구제와 중선거구제 및 대선거구제가 있다. 일반적으로 소선거구제는 소규모의 지역을 단위로 하여 거기에서 1인을 선출하는 선거구제이고, 대선거구제는 지역전체를 하나의 단위로 하여 대표자를 선출하는 선거구제이며, 중선거구제는 중간적 규모의 지역을 단위로 하여 2~4인을 선출하는 선거구제를 말하나, 이 구별은 어디까지나 상대적인 것이다.[19)]

각 선거구제는 장·단점을 가지고 있는데, 여기서는 상호 대조도가 높은 대선거구제와 소선거구제만을 살펴보되, 혼란을 피하기 위하여 대·소선거구제의 장점만을 살펴보면 다음과 같다.

(가) 소선거구제의 장점

① 다수당의 대두로 자치정국 안정을 도모할 수 있다.

② 선거인의 입장에서, 후보자의 인물이나 식견에 대한 파악을 용이하게 하고, 투표참여도(투표율)를 높인다.

③ 후보자의 입장에서, 선거인에 대한 후보자 정견의 주지가 용이하고, 선거비용을 절감할 수 있으며, 대선거구제에 비하여 후보자의 난립이 적어진다.

④ 선거운동의 규칙위반에 대한 단속이 용이하고, 선거공영제의 실시가 용이하며, 투표결과의 집계에 편리를 기할 수 있고, 재선거 또는 보궐선거의 실시가 용이하다.

(나) 대선거구제의 장점

① 소수대표제 내지 비례대표제를 가미할 수 있고, 신인 또는 신정당의 출현을 용이하게 하며, 득표수와 당선자수의 비례를 유지할 수 있고, 사표(死票)를 감소시킬 수 있으며, 대표의 지역적 이해에의 기속을 완화할 수 있다.

② 선거인의 입장에서, 후보자의 선택범위가 넓어진다.

③ 후보자의 입장에서, 선거인에 대한 투표매수를 억제하고, 선거운동의 과열을 방지할 수 있다.

④ 선거관리의 면에서, 선거구의 당략적 획정(gerrymandering)을 방지할 수 있고, 선거에서의 관권의 개입을 완화할 수 있다.

---

19) 예컨대, 시·군·자치구의 관할구역 전체가 하나의 선거구로 되어, 거기에서 시·군·자치구의회의 의원을 선출하는 경우에는 그것이 대선거구가 되지만, 거기에서 시·도의회의 의원을 선출하는 경우에는 그것이 중선거구(1구 2인 이상 선출시) 또는 소선거구(1구 1인 선출시)가 된다.

이상과 같은 대·소선거구제의 장·단점의 비교를 통해 볼 때에 대선거구제는 선거결과의 면에서 많은 장점을 가지고 있고, 반면에 소선거구제는 선거인의 입장과 후보자의 입장, 그리고 선거관리의 면에서 많은 장점을 가지고 있음을 알 수 있다.

(3) 외국의 지방자치선거구제

지방자치선거구제에 관하여 대선거구제를 채택하고 있는 대만을 제외하고는 일반적으로 몇 가지의 선거구제도를 혼용하고 있다.[20]

(가) 미 국

1965년 투표권법 제정 이전에는 대부분의 도시에서 대선거구제를 채택하고 있었다. 그러나 특정 지역에 소수민족이 많이 거주하고 있는데도 대선거구제로 인하여 인구의 절대다수를 차지하는 백인만이 당선된다는 비판을 받아, 많은 도시들이 소선거구제로 선회했다. 그러나 현재 대체로 약 15% 정도가 소선거구제, 약 66%가 대선거구제, 그리고 나머지 19%가 병용제를 취하고 있으며, 소수민족이 많은 텍사스주의 오스틴과 같은 도시는 대선거구제를 고수하고 있다.

(나) 영 국

북아일랜드에서는 대선거구제를 택하고 있고, 나머지 지역에서는 대체로 소선거구제를 채택하고 있다.

(다) 프랑스

데파르트망(département)의 경우 캉통(canton)을 선거구로 하고, 한 선거구에서 1명을 선출하는 소선거구제를 채택하고 있다. 코뮌(commune)의 경우는 대선거구제와 중선거구제를 혼용하고 있다.

(라) 대 만

행정구역을 중심으로 선거구를 구분한다. 행정구역 안에 생활습관이 특수한 원주민 고산족(山地族)에 대해서는 그 지역을 선거구로 구분하고 있다. 각 선거구에서 여러 명을 선출하는 대선거구제를 채택하고 있다.

---

20) 최창호·허만형, 앞의 논문, pp. 39~41.

(마) 일 본

대선거구, 중선거구, 소선거구제를 혼용하고 있다. 광역자치단체에서는 1인선출 선거구가 있는가 하면 18인선출 선거구까지 있어 다양하다. 기초자치단체에서는 조례로써 선거구를 정할 수 있도록 하고 있어, 각 지역마다 다르다.

(4) 한국의 지방자치선거구제

1949년의 지방자치법은 지방자치선거에 중선거구제를 채택하였다. 서울시・도 의원에 있어서는 시・군・구를 선거구로 하고 선거구에서 선출할 의원의 수는 각 선거구의 인구비례에 의하여 대통령령으로 정하였으며 시・읍・면 의원에 있어서는 인구를 기준으로 도규칙으로 정하게 하였다.

1956년 시・도 의원 선거구에서 소선거구제를 채택하고, 그 선거구의 책정기준을 민의원 의원선거구를 분할하도록 하되, 인구와 지리관계를 침작하여 내무부령으로 정하게 하였다가, 곧이어 인구와 지리관계를 참작하여 '시・군・구의 구역'을 분할하도록 하였다.

그 후 1960년에는 시・도의회 의원 선거구를 역시 소선거구제로 하고, 그 선거구는 민의원 의원선거구의 구역으로 분할하되 인구와 지리관계를 참작하여 내무부령으로 정하도록 하였다.

1988년의 선거법은 지방의회의원 선거구를 원칙적으로 소선거구제로 하고, 그 선거구는 시・군・구 또는 읍・면・동의 행정구역 단위로 인구・지세・교통 기타 여건을 고려하여, 시・도 의회의원의 경우는 대통령령으로 정하고, 시・군・자치구 의회의원의 경우는 시・도조례로 정하도록 하였다.

1990년에는 시・도 의회의원 선거구를 동법의 별표로 정하였다.

1994년의 선거법에서는 역시 소선거구제를 채택하고, 그 선거구의 획정기준을 전과 동일하게 하였다(공직선거법 제26조).

2005년에 동법을 개정하여 시・군・자치구의회 의원 선거구를 중선거구제로 하고 지역구에서 선출할 의원정수를 2인 이상 4인 이하로 하며, 구역 및 의원정수를 시・도 조례로 정하도록 하였다(동법 제26조).[21]

---

21) 헌재 2007. 3. 29, 2005헌마985: 시・도의원 지역선거구의 획정에는 투표가치의 평등요소인 인구비례의 원칙과 시・도의원의 지역대표성 및 인구의 도시집중으로 인한 도시와 농촌간의 극심한 인구편차 등 3개의 요소를 합리적으로 참작하여 결정되어야할 것임. 현시점에는 60%의 인구편차(상한인구수와 하한 인구수의 비율은 4:1)를 적절한 것으로 판시하였다.

(5) 투표구와 개표소

(가) 투표구

투표구란 선거인의 일단이 투표를 하는 지역적 단위를 말한다. 선거구가 선거집행을 위한 지역단위이므로 투표구도 선거구를 단위로 해야 할 것이지만, 다수 선거인이 한 지역에 집중하여 투표를 진행하면 많은 불편과 문제점이 발생하므로 투표구를 선거인이 편리하고 투표관리가 용이하도록 선거구를 몇 개로 나누어 설정해 놓는다.

일반적으로 투표구의 획정기준으로는 인구수, 지역면적, 교통편의 등 여러 가지를 참작해야 할 것이지만, 대체로 선거인이 하루동안에 투표를 원만히 완료할 수 있는 편의와 해당 선거의 투표를 하루에 완료할 수 있는 정도를 기준으로 하여 설치하는 것이 상례이다.

지방선거의 투표구는 읍·면·동을 단위로 하며, 경우에 따라서는 읍·면·동에 2개 이상의 투표구를 둘 수 있다. 이 경우 읍·면의 리(里:행정리를 말한다)의 일부를 분할하여 다른 투표구에 속하게 할 수 없다(동법 제31조).

(나) 개표소

개표소란 투표된 표를 집계하는 지역적 단위를 말한다. 하나의 선거구에 선거인이 많을수록 선거구 안의 모든 투표지를 일괄해서 개표하기 어렵게 된다. 이때에 선거구와 투표구의 중간 규모의 개표소를 설치할 필요가 있게 된다.

개표소를 획정하는 기준은 표의 집계를 용이하게 하기 위하여 투표수의 분포와 거리를 감안하고 투표함을 관리하는 데 편리한 정도의 범위로 하는 것이다. 투표구나 개표소의 문제는 전적으로 투·개표라는 사무의 수행을 위한 기술적인 문제라고 볼 수 있다.

2 의원 정수

(1) 외국의 의원 정수

의원정수에 관하여 미국과 영국에서는 지방자치단체가 스스로 정할 수 있는 데 반하여, 프랑스, 대만, 일본은 인구비례에 따라 정하도록 되어 있다.

의원의 총 정수는 나라마다 그리고 한 나라 안에서도 자치계층마다, 도시 · 농촌별로, 또는 각 자치단체마다 다르기 때문에 이를 한 마디로 말할 수 없으나, 대체로 미국 · 캐나다에서는 그 수가 적고, 영국 · 유럽대륙 제국 · 일본 등에서는 그 수가 많다고 할 수 있다.[22)]

(가) 미 국

의원 정수가 지방자치단체의 재량에 속하기 때문에 각 지방자치단체마다 다르다. 다수주의를 택하는 지방도 있고, 소수주의를 택하는 지방도 있는데, 일반적으로는 소수주의가 지배적이다.

(나) 영 국

광역의회 의원 정수는 60명 내지 100명 사이이고, 기초의회 의원의 수는 30명 내지 80명 선이다. 의원 정수의 조정은 자치단체의 자율권에 속한다.

(다) 프랑스

의원 정수를 인구에 비례하여 정한다. 의원 수가 9명인 코뮌(commune)도 있고, 60명인 코뮌도 있다. 파리(Paris)시의회 의원 수는 190명이다.

(라) 대 만

의원 정수를 인구비례로 정한다. 각 행정구역마다 인구에 비례하여 선거구를 나누어 의원을 선출하기 때문에 의원 정수가 지방자치단체마다 다르다. 또한 선거 때마다 의원 정수의 변경이 있기 때문에 의원 정수도 일정하지 않다.

---

22) 의원의 총정수가 나라마다 다르다.

기초자치단체	영 국 : 50~80인(도시지역) 30~60인(비도시지역)	캐나다 : 7~20인
		대 만 : 11~19인(향 · 진) 11~30인(현할시)
	미 국 : 3~9인	
	프랑스 : 6~69인	일 본 : 12~30(정 · 촌) 30~100인(시)
	독 일 : 3~5인(소의회형) 30~80인(대의회형)	
광역자치단체	영 국 : 60~100인	독 일 : 20~50인
	미 국 : 3~51인	대 만 : 19~65인
	프랑스 : 20~68인	일 본 : 40~120인

(마) 일 본

의원 정수를 인구비례로 정한다. 1990년대 후반에 지방의회의원 정수를 약 4분의 1 감축하였다. 광역의회의 경우 법에서 규정한 의원 정수를 조례로써 하향조정하는 것은 가능하지만 상향조정은 할 수 없다. 기초자치단체의 의원 정수는 12인에서 64인까지 다양하다.

(2) 한국의 의원 정수

(가) 광역의회

시・도의회에 지역구의원과 비례대표의원이 있다.

시・도 지역구의원의 정수[23]는, 그 관할구역 안의 시・군・자치구(시・군・자치구가 2 이상의 국회의원 선거구로 된 경우에는 국회의원 선거구를 말하며, 행정구역의 변경으로 국회의원 선거구와 행정구역이 합치되지 않는 때에는 행정구역을 말한다)수의 2배수로 하되, 인구・행정구역 등의 조건을 고려하여 100분이 20범위에서 조정할 수 있다. 시・도 지역구 의원 정수의 하한은 19명으로 한다(공직선거법 제22조 제1항~제3항).[24] 비례대표 시・도 의원의 정수는 지역구 의원정수의 100분의 10으로 하되, 이 경우 단수는 1로 보며, 그 정수의 하한은 3인이다(동법 제22조 제4항).

(나) 기초의회

시・군・자치구의회에도 지역구의원과 비례대표의원이 있다.

시・군・자치구의회 지역구의원 정수는, 2005년 이전에는 그 관할구역 안의 읍・면・동마다 1인으로 되어 있었는데, 2005년에 이를 공직선거법이 정한 시・도별 총 정수의 범위 안에서 시・도에 설치하는 시・군・자치구의원 선거구획정위원회가 시・군・자치구의 인구와 지역대표성을 고려하여 정하도록 하였다.

---

23) 지방의회의원정수 책정시 고려사항: 지방의회 의원정수 책정은 '공직선거법'으로 규정한 것 이외에 주요 고려사항으로는 ㉠ 인구수 비례원칙에 행정구역별 기본정수제나 인구비례 체감제 등을 보완하고, ㉡ 지방의회의 기능과 성격, ㉢ 종류(광역・기초, 도시・농촌형 등), ㉣ 자치단체간 균형유지(상한제, 하한제 적용 등), 의회운영방식(본회의 중심・위원회 중심), ㉥ 의원의 신분(명예직・유급직), ㉦ 의회주의의 전통과 문화 등 정치적 고려 등이다(이승종 편, 지방자치의 쟁점(서울 : 박영사, 2014), pp. 105~114).

24) 2018년 6월 13일에 실시된 지방자치선거에서 광역의회의원 총정수는 824명(지역의원 737명, 비례의원 87명, 교육의원5명(제주))이다. 지역별로는 서울 110명, 부산 47명, 대구 30명, 인천 37명, 광주 23명, 대전 22명, 울산, 22명, 세종 16명, 경기 129명, 강원 41명, 충북 32명, 충남 42명, 전북 39명, 전남 58명, 경북 60명, 경남 58명, 제주 38명이다.

비례대표의원의 정수는 지역구 의원정수의 100분의 10으로 하되, 이 경우 단수는 1로 본다(동법 제23조 제1항). 2005년에 시·군·자치구의원 총 정수가 종래의 3,485명에서 2,922명으로 감축(약 16.2%)된 이후, 그 수준의 의원정수를 유지(2010년 지방선거시 2,888명, 2014년 지방선거시 2,898명)하고 있다. 시·군·자치구의원정수의 하한은 7인이다(동법 제23조).

Ⅲ 선거권과 피선거권

1 선거권

(1) 선거권의 요건

선거권은 참정권의 내용을 이루는 것이지만, 참정권은 주민의 기본권을 의미하는 데 비하여, 선거권은 일정한 조건(연령, 주소 등)을 갖춘 자에게만 인정되는 권리인 점에 차이가 있다. 선거권의 조건으로 적극적 요건과 소극적 요건의 충족을 요구하고 있는데, 이러한 요건들은 보통선거의 원칙에 위배되지 않는 것으로 해석되고 있다.

(가) 적극적 요건

선거권의 적극적 요건으로는 일반적으로 국적, 연령, 거주기간을 들고 있다.

첫째로, 그 나라의 국민에게만 선거권을 부여하는 것이 일반적이었으나 최근에는 정주외국인에게도 선거권을 부여하는 경향으로 바뀌고 있다.

둘째로, 자치단체의 주민 가운데 일정한 연령에 도달하는 자에게만 선거권이 부여된다. 각국에서 이러한 연령요건을 두고 있는 것은 투표가 정치적 판단력을 전제로 하기 때문이다. 그런데 그 연령의 수준을 어느 정도로 하느냐에 관하여는 17세 이상, 18세 이상, 20세 이상, 21세 이상 등 그 예가 다양하다.[25)]

---

25) 각국의 선거연령을 보면 다음과 같다.(외국의 선거제도비교분석집, 중앙선관위편)
16세 이상으로 하는 나라 : 오스트리아, 쿠바, 니카라과, 브라질 등.
17세 이상으로 하는 나라 : 인도네시아, 이란, 수단, 북한
18세 이상으로 하는 나라 : 영국, 미국, 프랑스, 독일, 호주, 남아메리카공화국 등
20세 이상으로 하는 나라 : 일본, 대만, 말레이시아, 필리핀 등.

셋째로, 일정한 기간 해당 지방자치단체의 구역 안에 거주한 자에게만 선거권이 부여되는 경우가 있다. 이러한 계속적인 거주요건을 두고 있는 것은 투표가 해당 지역의 사정에 대한 인지와 선거의 결과에 대한 부담을 전제로 하기 때문이다. 그런데 그 거주 기간의 최저수준을 어느 정도로 할 것인가에 관하여는 6개월 이상, 3개월 이상, 1개월 이상 또는 단순한 거주 등 나라에 따라 다양하다.[26)]

(나)소극적 요건

선거권자는 일정한 결격사유가 없어야 하는데, 그 결격사유의 내용으로는 일반적으로 법적 무능력, 범법으로 인한 처벌 등을 들고 있다.

(2) 외국의 선거권

외국선거권의 적극적 요건은 대체로 다음과 같다.[27)]

각국은 모두 국적소유자만을 지방선거의 선거권자로 규정하고 있었으나, 세계화가 확산되는 과정에서 지방자치선거에 외국인 거주자의 참여를 허용하는 국가와 지방자치단체가 늘어나고 있다[28)]. 특히 유럽연합조약(제19조)에서 '회원국내에 주소를 가진 모든 연합시민은 그 국가의 국적을 갖지 아니하여도 그 국가에 주소를 가짐으로써 지방자치선거의 선거권과 피선거권을 갖는다'고 규정하고 있다.

선거연령을 미국, 영국, 프랑스 등에서는 18세로 하고, 일본과 대만 등 아시아 국가에서는 20세로 하고 있다.

거주기간은 국가에 따라 1개월, 3개월, 혹은 6개월 등 다양하지만, 미국에서는 이를 주법에 위임하고 있기 때문에 다양하다. 프랑스에서는 거주지가 아니더라도

21세 이상으로 하는 나라 : 싱가포르, 쿠웨이트, 파키스탄, 가봉 등.

26) 각국의 선거권요건으로서의 거주기간은 다음과 같다.
1개월 이상으로 하는 나라 : 미국(42개주에서 적용)
3개월 이상으로 하는 나라 : 독일, 일본, 영국(북아일랜드)
6개월 이상으로 하는 나라 : 프랑스, 필리핀 등.

27) 최창호·허만형, 앞의 논문, pp. 36~39.

28) 정주외국인에게 선거권을 인정하는 예가 늘어나고 있다(徐龍達, 定住外國人の 地方參政權, 東京 : 日本評論社, 1992, pp. 161~165. : 임채주, 정치관계법, 서울 : 박영사, 2008, p. 62).
① 1948년에 영국, 뉴질랜드, 호주에서 영연방시민에게 선거권 인정, ② 1960년대에 아일랜드, ③ 1970년대에 스웨덴, 스페인, 스위스(취리히 등), ④ 1980년대에 노르웨이, 네덜란드, 덴마크, 스위스(뉘샤텔주 등), 프랑스, 독일, ⑤ 1990년대에 핀란드, 미국(토즈마파크시 등), ⑥ 2000년대에 일본(아이치현 다카하마시), 오스트리아(비엔나), 유럽연합(EU기본권헌장을 통해 선거권부여) 등으로 그 인정 예가 확대되었다.

직접세 납세지에서 선거권을 가질 수 있고, 대만에서는 호적지에서 선거권을 가질 수 있다. 외국인거주자(정주외국인)의 거주요건은 자국민선거권의 거주기간(1~6개월)보다는 긴 거주기간(3~5년)을 요건으로 하고 있다[29].

선거권에 관한 소극적 요건을 보면, 각국에서는 대체로 유죄판결을 받고 복역중인 자와 무능력자(파산선고를 받고 복권되지 않는 자 등)에게는 선거권을 부여하지 않고 있다.

(3) 한국의 선거권

(가) 적극적 요건

선거권의 적극적 요건은 다음과 같다(공직선거법 제15조 제2항).

첫째, 대한민국 국민은 선거권을 가진다. 2005년부터 일정한 요건(주로 연령과 거주요건)을 갖춘 외국인에게도 선거권을 부여하였다.

둘째, 연령요건에 관하여, 1949년에 제정된 지방자치법부터 선거일 현재 21세 이상으로 하여 오다가, 1960년에 이를 20세로 낮추었고, 2020년에 18세로 하향하였다.

셋째, 거주요건에 관하여, 1949년에 6개월 이상의 계속거주를 요건으로 하였고, 1956년에 이를 90일 이상의 계속거주로 하여 왔는데, 1988년부터 피선거권의 경우와는 달리 계속거주요건을 두지 않고 선거인명부 작성일 현재(선거일 전 22일) 해당 자치단체의 관할구역 안에 주민등록이 되어 있으면 되도록 하고 있다.

재외국민은 해당 지방자치단체의 '주민등록표'에 3개월 이상 계속하여 올라 있고, 해당 지방자치단체의 관할구역에 '주민등록'이 되어 있어야 한다(재외동포의 출입국과 법적 지위에 관한 법률(제6조, 제7조 등), 출입국관리법(제33조, 제34조), 주민등록법(제6조, 제10조의 2 등)을 개정하여 재외동포 중 재외국민은 '주민등록신고'를 하도록 하고, 외국국적동포에게는 현행과 같이 '국내거소신고'를 하도록 구분하였다).[30] 한편, 외국

29) 정주외국인에게 선거권부여를 위한 거주기간은 다음과 같다.
① 6개월 이상 : 영국, 아일랜드, 오스트리아 등, ② 1년 이상 : 뉴질랜드, 스위스(뇌사텔주 등), ③ 3년 이상 : 스웨덴, 덴마크, 노르웨이 등, ④ 5년 이상 : 프랑스, 네덜란드 등

30) 재외동포란 재외국민과 외국국적동포를 말한다. 이에 비하여 재외국민이란 대한민국의 국민으로서 외국의 영주권을 취득한자 또는 영주할 목적으로 외국에 거주하고 있는자를 말한다. 외국국적동포란 대한민국의 국적을 보유하였던 자(대한민국 수립 전에 국외로 이주한 동포를 포함) 또는 그 직계비속으로서 외국국적을 취득한 자 중 대통령령으로 정한 자를 말한다. 재외국민에 대한 선거권 부여는 주민등록만을 기준으로 재외국민에 대한 참정권을 제한하거나 국외거주자에게 부재자투표를 인정하지 않는 것은 위헌이라는 판결이 내려졌다. 따라서 국외체류자를 포함

인이 지방선거의 선거권을 갖기 위해서는 영주체류자격 취득일 후 3년이 경과하고 선거인명부작성일 현재 해당 자치단체의 '외국인등록대장'에 등재되어 있어야 한다(출입국관리법 제10조, 제34조, 공직선거법 제15조).

(나) 소극적 요건

선거권 결격자는 다음과 같다(동법 제18조).

① 금치산 선고를 받은 자.

② 1년 이상의 징역 또는 금고의 형을 받고 그 집행이 종료되지 아니한 자(단, 집행유예 중인 자 제외).

③ 선거사범으로 형을 받은 일정한 자.

④ 법원의 판결에 의하여 선거권이 정지 또는 상실된 자이다.

2 피선거권

(1) 외국의 피선거권

외국 피선거권의 적극적 요건도 대체로 다음과 같다.[31]

각국은 오랫동안 국적소유자에게만 피선거권을 갖도록 하였으나, 1970년대 중반부터 아일랜드, 스웨덴, 덴마크, 스위스 등 일부국가에서 일정요건을 갖춘 정주외국인에게도 피선거권을 부여하였다. 그리고 최근 들어 유럽연합(EU)회원국가에서 자국 내에 거주하고 있는 다른 회원국 국민들에게도 지방선거 피선거권을 부여하는 국가가 늘어나고 있다.

연령은 선거권자의 그것보다 약간 높게 규정되어 있다. 미국은 대체로 25세이지만 각 주마다 다른 것이 특징이고, 일본은 25세, 프랑스는 23세이며, 영국・러시아는 21세이다.

거주요건은 대체로 선거권자의 그것과 동일하다. 프랑스에서는 거주하지 않더라

하여 외국영주권자인 재외국민에 대해 주민등록이 안 되었다는 이유만으로 선거권행사를 불가능하게 해서는 안 되고, 원칙적으로 국정선거권과 지방선거참여권 및 국민투표권을 행사할 수 있도록 해야 하며, 부재자투표도 인정해야 한다(헌재 2007. 6. 28. 2007헌마644・2005헌마360 병합). 헌재의 헌법불합치 결정으로 2009. 2. 12 법률을 개정하였다.

31) 최창호・허만영, 앞의 논문, pp. 36~39.

도 직접세를 납부하는 경우 출마할 수 있고, 대만에서는 일정한 학력과 공직경력을 요건으로 하고 있으며, 영국에서는 직장 소재지에서 출마할 수 있다.

피선거권에 관한 소극적 요건을 보면, 대체로 금치산자, 일정한 형의 선고를 받은 자를 결격자로 하고 있다. 프랑스와 일본에서는 그 요건이 선거권자의 그것과 대체로 동일하고, 미국에서는 또한 유죄판결로 복역 중인 자 및 전과자에 대해서도 각 주마다 태도를 달리하고 있다. 대만에서는 신체검사 불합격자, 재학 중인 학생에게 피선거권을 부여하지 않고 있고, 영국에서는 농아자, 정신이상자, 성직자는 출마할 수 없게 하고 있다.

(2) 한국의 피선거권

(가) 적극적 요건

피선거권의 적극적 요건은 다음과 같다(공직선거법 제16조 제3항).

첫째, 대한민국의 국민이어야 한다. 외국인에게는 선거권의 경우와 달리 피선거권이 부여되지 않는다.

둘째, 연령요건은 지방의회의원의 경우는 처음부터 지금까지 선거일 현재 25세 이상으로 변동이 없으며, 지방자치단체장의 경우는 처음에는 25세 이상으로 지방의회의원의 경우와 같았으나, 1960년부터는 시・도지사를 30세 이상으로 상향조정하였고, 1990년에는 구・시・군의 장을 30세 이상, 시・도지사를 35세 이상으로 조정하였다가, 2022년에 이를 모두 선거일 현재 18세 이상으로 통일하였다(동법 제16조, 제17조).

셋째, 거주요건에 관하여 종래에는 제한을 두지 않았는데, 1988년부터는 이를 선거일 현재 그 자치단체의 구역 안에 계속하여 60일 이상 주민등록이 되어 있을 것으로 하여, 오늘에 이르고 있다. 지방의회 의원선거의 경우 그 자치단체의 관할구역 안에만 주민등록이 되어 있으면 되고 반드시 해당 선거구 안에 주민등록이 되어 있어야 하는 것은 아니다.

(나) 소극적 요건

피선거권의 결격자는 다음과 같다(동법 제19조).

첫째, 선거권이 없는 자.

둘째, 금고 이상의 형의 선고를 받고 그 형이 실효되지 아니한 자.

셋째, 법률 또는 법원판결에 의하여 피선거권이 정지되거나 상실된 자.

넷째, 국회회의 방해죄(국회법 제166조)를 범한 자로서 일정기간이 경과하지 아니한 자(500만원 이상의 벌금형은 5년, 형의 집행유예선고 및 금고이상의 형의 선고를 받은 경우는 10년).

제3절 지방자치선거의 절차

I 선거일 결정

지방자치 선거일의 결정이 정략적으로 이용되는 것을 방지하기 위하여 세계적으로 지방 총선거일을 법정화하는 경향이 있다.

1 외국의 지방선거일

외국에 있어서 지방자치선거일을 미리 법으로 정하는 예가 있다.[32)]

일　본 : 광역자치단체의 선거일 : 4월 두 번째 일요일
　　　　기초자치단체의 선거일 : 4월 네 번째 일요일
미　국 : 워싱턴D. C.(Washington, D. C.) : 짝수 연도 11월 첫 번째 화요일
　　　　펜실베니아(Pennsilvania)시 : 짝수 연도 5월 세 번째 화요일
스위스 : 취리히 관구(Zürich Canton) : 10월 끝에서 두 번째 일요일
영　국 : 원칙적으로 5월 첫 번째 목요일

---

32) 내무부, 외국 선거제도 및 운영실태 : 미국 · 프랑스 · 스위스 · 일본, 서울 : 1992, pp. 34~36.

2 한국의 지방자치선거일

우리나라에서는 임기만료 등 일정한 사유가 발생한 날부터 일정한 기간 안에 실시하되, 그 실시를 지방자치단체의 장이 일정기간 이전에 공고하도록 하는 것이 전통적인 방법이었다. 그러나 선거일을 지방자치단체의 장이 정략적으로 결정하는 것을 방지하기 위하여 1994년부터 총선거 등 주요선거의 선거일을 법정화하고, 기타의 경우 선거관리위원장이 결정·공고하도록 하고 있다.

(1) 법정 선거일

총선거, 재선거, 보궐선거 및 증원선거의 선거일은 법으로 정하고 있다(공직선거법 제34조, 제35조 제2항 제1호, 제203조).[33]

① 총선거 : 임기만료일 선 30일 이후 첫 번째 수요일(1998. 2. 6개정 이후 같다)

② 보궐선거, 재선거 및 증원선거 : 4월 중 첫 번째 수요일(2015. 8. 13 이전은 4월·10월 중 마지막 수요일 실시)에 실시, 단 임기만료나 대통령선거와 관련 있을 때에는 그 선거일에 동시 실시.

(2) 선정 선거일

다음 선거의 선거일은 각 기준에 의거 관할 선거관리위원장이 정하여 공고한다(동법 제35조, 제36조).

① 지방자치단체의 폐치분합으로 인한 지방자치단체장 선거 : 그 사유 확정일부터 60일 이내

33) 선거일 제정·개정 연혁

	1994. 3. 16	1998. 2. 6	2002. 2. 16	2004. 3. 12	2005. 8. 4	2015. 8. 13
총선거 (공직선거법 제34조)	임기만료일 전 60일 이후 첫 번째 목요일	임기만료일 전 30일 이후 첫 번째 수요일	(좌동)	(좌동) (단서) 민속절, 공유일 (전·후일 포함) 인 때에는 1주일 뒤 수요일	(좌동)	(좌동)
보궐·재·증원 선거 (동법 제35조)	-의원 증원선거 -長 보궐·재선거 -사유확정된 때부터 60일 이내 -180일 이내	(좌동)	-의원 보궐·재·증원선거 -長 보궐·재선거 -4, 10월 마지막 수요일	4, 10월 마지막 토요일	4, 10월 마지막 수요일	4월 첫번째 수요일

② 선거 일부무효로 인한 재선거 : 확정판결 후 30일 이내
③ 천재지변 등으로 인한 연기선거 및 일부재투표 : 그 관할 선거관리위원장이 정하는 선거(재투표)일

Ⅱ 선거인명부 작성

선거인이 선거권을 가지고 있을지라도 실제로 투표를 하기 위해서는 선거인 명부에 등재되어야 한다. 선거인명부는 선거인의 범위를 확정하기 위하여 선거인명을 등재한 공부이다. 즉, 선거인명부는 일정한 기일을 기준으로 하여 선거인으로서의 자격을 구비한 자의 성명을 등록함으로써 누가 선거인인가를 문서에 의하여 확정・공증하는 공부인 것이다.

1 선거인명부제

(1) 선거인명부의 유효기간

선거인명부제에는 선거가 실시될 때마다 작성하는 수시명부제와, 일정한 시일에 작성하여 일정한 기간 동안 그 효력을 계속시키고 그 기간 안의 모든 선거에 사용되는 계속명부제가 있다. 그리고 계속명부제에는 부단히 또는 정기적으로 명부에 정정・증보를 가하여 영구비치하여 두는 영구명부제와, 일정한 기간마다 명부를 작성하여 일정기간 비치하는 정기명부제가 있다.[34)]

수시명부제와 계속명부제의 장・단점을 보면, 전자에 있어서는 작성된 명부의 정확도가 높고, 평상시에는 명부작성을 할 필요가 없으므로 인력・예산이 적게 소요되는 데 비하여, 후자에 있어서는 평상시 명부작성작업을 계속하므로 유권자의 기본 통계관리가 잘되고, 급히 명부를 작성함으로써 오는 누락 등의 오류를 방지할 수 있다는 점 등을 들 수 있다.

34) 계속명부제를 채택하고 있는 나라로는 미국, 프랑스, 일본, 이탈리아, 스페인, 스웨덴, 멕시코, 브라질, 필리핀, 호주 등이다. 수시명부제를 채용하고 있는 나라로는 독일, 캐나다 등을 들 수 있다.

(2) 선거인명부의 작성기관

선거인명부를 읍・면・동장 등 일반행정기관이 작성하도록 하는 경우와, 선거관리위원회 등 선거관리를 위하여 특별히 설치된 합의제기관이 작성하도록 하는 경우가 대조를 이룬다.[35] 전자의 경우에는 평상시에 공부의 관리를 행하는 행정기관이 선거인 명부작성을 행하므로 명부의 정확도를 높일 수 있는 데 비하여, 후자의 경우에는 선거인 명부작성의 공정성을 기할 수 있다는 데에 장점이 있다.

(3) 부재자명부

선거에 있어 부재자란 선거권자로서 투표구 밖에 장기여행 중인 자, 법령에 의하여 영내 또는 함정에 장기 기거하는 군인, 병원・요양소・수용소・교도소・선박 등에 장기 기거하는 자 등 선거일에 자신이 투표소에서 투표할 수 없는 자를 말한다. 이러한 부재자는 일정한 절차에 따라 신고를 하면 부재자명부에 등재되어, 부재자투표라는 우편을 통한 특수한 투표방식에 의해 투표할 수 있게 된다.

2 외국의 선거인명부

선거인명부 작성방법에 관하여 각국은 그 전통에 따라 각기 다른 유형을 갖고 있다.[36]

미국에서는 그 등재시기 및 방법을 지방자치단체에서 정할 수 있다. 노스다코타(North Dakota) 주는 등재를 투표권 행사의 전제조건으로 삼지 않고 있다. 등록기간도 각 주 혹은 지방자치단체의 자율에 맡겨져 있다.

영국은 정기명부제를 채택하고 있기 때문에 매년 작성하여 공표한다.

프랑스는 계속명부제를 채택하고 있다. 등재방법은 신청등록제를 취하고 있다.

일본도 계속명부제를 채택하고 있고, 등재방법은 직권주의를 취하고 있다.

---

35) 선거인명부를 일반행정기관이 작성하고 있는 나라로는 독일, 이탈리아, 영국 등을 예로 들 수 있고, 합의제기관이 작성하는 나라로는 일본, 인도, 말레이시아 등을 들 수 있다.

36) 최창호・허만형, "지방선거제도의 비교연구", 지방자치연구 제4권 제1호(서울 : 한국지방자치학회, 1992), pp. 45~46.

대만은 선거가 실시될 때마다 작성하는 수시명부제를 채택하고 있고, 등재방법은 직권주의와 강제등재주의를 취하고 있다.

3 한국의 선거인명부

선거인명부는 선거를 실시하는 때마다 구·시·군의 장이 선거인명부작성기간(선거일 전 22일부터 5일 이내)에 작성하는 '수시명부제'를 채택하고 있다. 투표구별로 작성된 선거인명부와 거소투표선거인명부·선상투표신고인명부, 통합선거인명부, 재외선거인명부 등이 있으며, 선거인 명부 확정일은 선거일 전 12일(1994년 제정시는 7일전, 2012년에 9일 전으로 규정)에, 거소·선상투표신고인명부는 선거인명부작성기간 만료일의 다음 날에 확정된다.

1949년에는 선거인명부의 효력이 차기 총선거시까지 지속되도록 하였고, 1956년에는 6개월 이내의 같은 종류의 선거에 계속 사용할 수 있게 하였으나, 1988년부터 해당 선거에 한하여 효력을 가지도록 하였고, 1994년 3월 16일 제정·시행된 '공직선거 및 선거부정방지법'(2005년 8월 4일 '공직선거법'으로 개명)에서 이를 승계하고 있다(동법 제44조).

1949년에 선거인명부를 투표구 선거관리위원회가 작성하도록 하였으나, 1956년 이래 지금까지 일반행정기관이 작성하도록 하고 있다.

1960년부터 부재자명부 제도가 채택되어 오고 있었다. 그러나 2014년부터는 이를 거소투표신고인명부·선상투표신고인명부로 개명하고(공직선거법 제38조), 사전투표제에서 사용하는 통합선거인명부[37] 제도를 채택하고 있다(동법 제44조의2).

37) 통합선거인명부는 명부작성권자인 구·시·군의 장으로부터 송부받은 선거인명부를 중앙선거관리위원회가 거소·선상투표신고 없이 사전투표일(법정선거일 전 5일부터 2일간)에서 사용하기 위하여 전산조직을 이용하여 작성(전산자료 복사본을 이용한다)한 하나의 선거인명부를 말한다. 2013년 4월 24일 국회의원 재·보궐선거시에 도입·작성한 후 2014년 6월 4일 지방자치선거시에도 도입·작성하고 있다.

Ⅲ 후보자 등록

1 후보자와 등록

(1) 후보자등록 방식

후보자란 일정한 기관구성원에 당선되려는 것을 일정한 절차에 따라 공인받은 자를 말한다. 원래 선거인은 피선거권을 가진 어떠한 사람에게도 임의로 투표할 수 있는 것이다. 그러나 그렇게 되면 다수의 선거인과 피선거인이 있는 선거에 있어서는 혼란으로 인하여 그 선거의 목적을 효율적으로 달성할 수 없으므로 일정한 법적 절차에 따라 후보자를 공인하는 제도가 발달하게 되었다. 후보자 공인제도 가운데 가장 대표적인 것이 선거관리기관에의 후보자등록 제도인데, 오늘날 대부분의 선거에서 이 제도를 채용하고 있다.

후보자등록을 후보희망자 본인의 신청으로 하면 될 것이지만, 후보적격의 공증성을 높이기 위해 그 신청에 타인의 추천을 받게 하는 것이 일반적인데, 타인의 추천을 받아 등록신청을 함에 있어서 정당의 추천(공천)을 필수요건으로 하는 방식과, 선거인의 추천으로 하는 방식이 있다.

지방선거의 후보자 등록신청에 있어서 정당공천제에 의할 때에는 정당정치의 실현을 기할 수 있는 반면에 정당 과두제로 인한 중앙집권화의 폐해를 가져오기 쉽고, 반대로 선거인추천제에 의할 때에는 민의의 반영을 높일 수 있는 반면에 후보자의 난립 등 혼란을 초래할 우려가 있다.

오늘날에는 정당공천과 선거인추천을 선택하도록 하는 방식이 일반적으로 채택되고 있다.

(2) 후보자 제한

후보자등록(입후보)에 있어서 중요한 문제의 하나는 입후보제한의 문제이다. 즉, 선거의 공정을 저해할 우려가 있는 일정한 신분을 가진 자가 입후보하여 부당히 당선되거나, 전연 당선의 가망이 없는 자가 만용 또는 다른 목적으로 입후보하여 선거를 혼란하게 하는 것을 방지하기 위하여, 입후보를 제한하느냐가 중요한 문제로 된다.

(가) 공직자의 입후보제한

선거의 공정성 확보를 위하여 공무원 등 공직자의 입후보를 제한하는 제도를 두기도 한다. 그러나 이 제도에 의하면 사실상 유능한 지도자로서 기대되는 인물임에도 불구하고 그 신분이 공무원 등 공직자이기 때문에 입후보할 수 없게 된다. 따라서 입후보의 제한문제는 각 나라 각 시대의 사회적 사정 여하에 따라 적절하게 결정되어야 할 문제이다.

(나) 기탁금제

지방선거에 있어서 입후보의 난립을 방지하기 위하여 후보자등록시에 일정한 기탁금을 선거관리위원회에 기탁하였다가, 후보자가 일정 수 이상 득표할 때에는 이를 후보자에게 반환하고, 그러하지 못한 때에는 이를 몰수하는 제도를 두기도 한다. 그러나 이 제도는 매우 유능한 인물임에도 불구하고 재력이 없어 입후보할 수 없게 되는 결함을 가지고 있다.

2 외국의 후보자등록

후보자등록 방법은 나라에 따라 다양하다.[38)]

미국은 후보자 등록방법을 지방자치단체의 재량에 맡기고, 대체로 정당참여를 허용하는 지방에서는 정당추천을 우선으로 하고, 비정당인은 유권자의 서명을 얻어 공탁금을 납부하고 선거사무소에 등록하도록 하고 있다. 공탁금이나 서명 중에서 하나를 요구하는 지방도 있다. 정당참여를 배제하는 지방에서도 공탁금, 서명 중에서 하나 혹은 모두를 요구하는 지방이 있다.

영국에서는 공탁금과 유권자의 서명을 얻어 등록한다.

프랑스와 일본에서도 공탁금을 납부하고 등록하며, 대만에서는 정당인이라도 정당인의 자격이 아닌 개인의 자격으로 등록한다.

---

38) 최창호 · 허만형, 앞의 논문, pp. 46~47.

3 한국의 후보자등록

(1) 후보자등록

우리나라에서도 후보자 등록제가 채택되어 있다.

후보자등록은 지역구의 경우는 후보자는 본인이, 비례대표의 경우는 추천정당이 신청한다(공직선거법 제49조 제2항). 등록신청은 선거일 전 20일부터 2일간 관할선거구선거관리위원회에 한다(동법 제49조 제1항).

모든 지방자치선거에 정당공천제가 채택되어 있다(시・군・자치구의회 의원선거에는 정당공천제가 배제되어 있었는데, 2005년부터 그 선거에도 정당공천제가 채택되었다). 정당은 선거구별로 선거할 정수범위 안에서 후보자를 추천할 수 있다. 다만 시・군・자치구의회 의원선거의 경우는 중선거구제이므로 그 정수 범위를 초과하여 추천할 수 있다(동법 제47조 제1항). 정당이 후보자를 추천하는 경우에는 경선 등 민주적인 절차에 따라야 한다(동법 제47조 제2항, 제57조의2~제57조의7).

정당원인 경우는 소속정당의 추천장을 첨부하지만, 무소속인 경우는 선거권자 일정 수 이상의 추천장을 첨부하여 후보자가 등록을 한다(동법 제48조, 제49조 제3항). 비례대표의 경우는 추천정당이 그 순위를 정한 후보자명부를 함께 첨부하여 등록하여야 한다(동법 제49조 제2항).

지방의회 의원선거에 있어서, 비례대표의 경우는 후보자 수의 100분의 50 이상을 여성으로 추천하되, 매 홀수에는 여성을 추천하여야 하며, 지역구의 경우는 후보자의 100분의 30 이상을 여성후보자로 추천하도록 노력하여야 한다(동법 제47조 제3항, 제4항).

후보자 등록 후에는 정당이 추천을 취소하거나 변경할 수 없으며, 비례대표에 있어서도 후보자 명부를 추가하거나 그 순위를 변경할 수 없다(동법 제50조 제1항). 또한 선거권자도 후보자 추천을 취소 또는 변경할 수 없다(동법 제50조 제2항).

정당원인 자는 무소속으로 등록할 수 없으며, 후보자등록기간 중 당적을 이탈・변경하거나 이중 당적을 가지고 있는 때와, 소속 정당의 해산이나 그 등록의 취소 또는 중앙당의 시・도당 창당승인 취소가 있을 때, 그리고 무소속 후보자가 당원이 된 때에는 등록이 무효로 된다(동법 제49조 제6항, 제52조 제1항).

(2) 후보자 제한

(가) 공직자의 입후보 제한

공무원 등 일정한 공직자가 지방선거에 후보자가 되려고 할 때에는 선거일 전 90일까지(단, 비례대표지방의회의원선거・보궐선거 등・국회의원이 지방자치단체장 선거・지방의회의원이 다른 지방자치단체의 의회의원이나 장의 선거에 입후보하는 경우에는 선거일 전 30일까지) 그 직을 그만두어야 한다. 다만 지방의회의원이나 지방자치단체장이 당해직 선거에 그 직을 가지고 입후보하는 때에는 미리 사임하지 않아도 된다(동법 제53조 제1항, 제2항).[39]

지방선거에 있어서 이러한 입후보의 제한을 받는 공직자의 범위는, ㉠ 국가공무원과 지방공무원, ㉡ 선거관리위원과 교육위원, ㉢ 다른 법령의 규정에 의하여 공무원의 신분을 가진 자, ㉣ 정부가 1/2 이상의 지분을 가지고 있는 공공기관(한국은행 포함)의 상근 임원, ㉤ 농협・수협・산림조합・엽연초협의 상근 임원 및 중앙회장, ㉥ 지방공사・지방공단의 상근 임원, ㉦ 정당원이 될 수 없는 사립학교의 교원, ㉧ 일정한 언론인 등이다.

이와 같은 공직자들의 입후보제한은 선거의 공정을 기하기 위함일 뿐, 그들의 기본권을 제한하려는 것이 아니므로, 그 해임의 절차를 간이하게 하여 사직원이 접수된 때에 해임된 것으로 본다(동법 제53조 제4항).

(나) 기탁금

후보자 등록을 신청하는 자는 등록 신청시에 일정한 금액(시・도지사 5천만원, 시・군・구의 장 1천만원, 시・도의원 3백만원, 시・군・구의원 2백만원)을 관할 선거관리위원회에 기탁하여야 한다(동법 제49조 제4항, 제56조).

기탁금 기탁 후 후보자가 당선되거나 사망한 때, 후보자의 득표수가 유효투표 총수의 100분의 15 이상인 때에는 기탁금에서 공영선거비용, 과태료, 불법시설 대집행료 등의 비용을 빼고 나머지를 기탁자에게 반환하고, 후보자가 유효투표총수의 100분의 10 이상~100분의 15 미만을 득표한 경우는 기탁금의 100분의 50에 해당하는 금액에서 일정비용을 공제하고 반환한다. 후보자가 사퇴・등록무효로 된 때, 후보자의 득표수가 위의 수준에 미달한 때에는 이를 지방자치단체에 귀속시킨다(동법 제57조).

---

39) 지방자치단체의 장이 해당 자치단체의 장에 재선되기 위하여 입후보 할 때에는 너무 미리 사임하면 사무에 지장이 있고, 반면에 그 직에 그대로 있으면서 입후보하면 선거의 공정에 문제가 있으므로 적절한 대책이 필요한 바, 1956년에는 선거일 공고일 후 50일 이내에 사임하도록 하였고, 1960년에는 선거일 공고일 후 5일 이내에 사임하도록 규정한 바 있었다.

(3) 등록무효

후보자등록을 한 후에도 다음과 같은 사유가 발생하면 그 등록이 무효로 된다(동법 제52조).

① 피선거권이 없는 것이 발견된 때
② 정당의 후보자 추천이 당선인 정수를 초과(비례대표 시 · 군 · 구의원은 예외)하거나, 비례대표의회의원 여성후보자 추천의 비율과 순위를 위반하거나, 선거권자의 후보자 추천인 정수에 미달한 것이 발견된 때
③ 등록제출된 재산 · 병역 · 납세 · 벌금 100만원 이상의 전과 및 학력 등 후보자 정보공개 자료를 제공하지 아니하거나 제출한 관계서류에 문제 있는 것이 발견된 때
④ 공무원 등이 후보자 규정에 위반하여 등록된 것이 발견된 때
⑤ 정당추천 후보자가 당적을 이탈 · 변경 또는 이중 당적을 가지거나 소속정당의 해산 · 등록취소 또는 중앙당의 시 · 도당 창당승인 취소가 있는 때
⑥ 무소속 후보자가 당원이 된 때
⑦ 선거범죄로 인하여 공무담임이 제한된 자가 등록한 것이 발견된 때
⑧ 동시에 실시되는 같은 선거구의 다른 선거구나 다른 선거의 후보자로 등록된 때(양쪽 모두 무효로 함) 등이다.

(4) 예비후보제

2004년의 공직선거법 개정에서 예비후보제가 신설되었다.

예비후보자가 되려는 자(시 · 도의원 비례대표는 제외)는 선거 전 일정일(시 · 도지사 선거에서는 120일, 시 · 도의원 선거 및 시 · 자치구 의회의원 및 장 선거에서는 90일, 군 의회의원 및 장 선거에서는 60일)부터 관할 선거관리위원회에 예비후보자등록을 하여야 한다(동법 제60조의2).

예비후보자는 선거사무소 · 현수막 설치, 어깨띠 착용, 명함 · 인쇄물 배포, 전화 이용 등 일정한 범위 내에서 선거운동을 할 수 있다(동법 제60조의3, 제60조의4).

예비후보자의 선거비용은 지방자치단체에서 보전하지 아니한다(동법 제122조의2 제2항).

Ⅳ 투표 · 개표

1 투표와 개표

(1) 투표의 방법

선거에 있어서 각 선거인은 투표(ballot)를 통하여 의사표시를 행한다. 투표의 방법에는 본인의 직접투표 방법과 대리투표 방법이 있다.

투표는 후보자에 대하여 하는 경우와, 후보자를 추천한 정당에 대하여 하는 경우가 있다. 지역대표의 경우는 전자가 일반적이나, 비례대표의 경우 후자가 채택될 수 있다. 또한 전자와 후자를 동시에 실시하는 '1인 2표제'투표가 채택될 수도 있다.

현대 선거에 있어서 중요한 문제의 하나가 투표의 비밀보장인데, 투표비밀의 보장을 위해서 직접투표제가 채택되는 것이 일반적이며, 무기명식 투표제나 기표식 투표제도 그러한 보장의 수단으로서 채택되고 있다.

투표를 선거인의 권리로만 하지 않고 이를 의무화하여, 그 불이행자에게 벌금 등 벌칙을 과하는 나라도 있다(이에 관하여는 제7장 제1절 '주민의 의무' 부분을 참조하기 바란다).

투표의 방식에는 크게 서류식과 기계식 · 전자식이 있다.

(가) 서류식 투표

서류식 투표에는 기명식 또는 무기명식, 단기식 또는 연기식, 자서식 또는 기표식이 있다.

첫째, 기명식과 무기명식은 투표에 있어 투표자의 성명을 밝히느냐의 여부에 의한 구분으로서, 전자는 공개투표제를, 후자는 비밀투표제를 의미한다.

둘째, 단기식과 연기식은 선거인이 후보자 1인에게 투표하느냐, 2인 이상에게 투표하느냐에 의한 구분으로서, 반드시 그러한 것은 아니지만, 일반적으로 단기식(單記式)은 소선거구제와, 연기식(連記式)은 대 · 중선거구제와 밀접한 관련을 가진다.

셋째, 자서식과 기표식은 투표용지에 자기가 투표하고자 하는 후보자의 성명을 자필로 기입하느냐, 자기가 투표하고자 하는 후보자의 성명에 일정한 기호(예: ○, × 등)를 기입하느냐에 의한 구분으로서, 투표비밀 보장의 면에서 기표식이 유리하다.

(나) 기계식과 전자식 투표

서류식이 투표의 집계 및 개표에 많은 시간을 요하고 또한 부정확한 경우가 있기 때문에, 근래에는 이를 기계식 또는 전자식으로 전환하는 경향이 있다.

첫째, 기계식에는 펀치 카드식과 레버 머신 방식이 있다.

펀치 카드(punch card)식은 투표용지를 펀치 카드식 투표기에 삽입한 후 원하는 후보에 펀칭(구멍 뚫음)하는 방식으로서, 개표할 때에 투표용지를 카드 리더기에 읽혀 짧은 시간 내에 집계를 완료할 수 있다.

레버 머신(lever machine)방식은 투표실에 설치된 기계에 표시되어 있는 후보자를 선택하는 레버(지레대)를 당겨서 투표하는 방식으로서, 개표할 때에 기계 뒤의 팬널(덮개판)을 떼어내어 집계판을 읽을 수 있다.

둘째, 최근 전자식으로서 D.R.E.(direct recording electronics)방식이 많이 보급되고 있는데, 이는 투표자가 전자기 판에서 원하는 후보란을 손가락으로 짚으면 자동으로 기록 저장되는 방식으로서, 개표할 때에 집계 버튼을 누르면 후보자별 득표수가 자동 인쇄출력되고, 만일에 대비하여 자기 디스크에 별도 기억 보관된다.

(2) 부재자투표의 방법

부재자투표의 방법에는 크게 우편투표(postal voting, mail voting)와 위임투표(대리투표 : proxy voting)의 두 가지가 있다.

우편투표는 미리 부재자로 신고된 선거인에게 투표용지를 송부하여 투표 마감시간까지 선거인이 투표봉투를 우편으로 송달함으로써 투표하게 하는 방법이고, 위임투표는 미리 부재자로 신고된 선거인에게 위임장용지를 송부하여 대신 투표할 자의 지정신청을 받아 두었다가 선거일에 위임(대리)투표인으로 하여금 투표하게 하는 방법이다. 우편투표에는 선거인이 직접 우송하는 방법과, 선거인이 소재 투표소에 가서 투표를 하고 그 투표관리기관이 본래의 투표소에 우송해 주는 방법이 있다.

우편투표와 위임투표에는 모두 행정상의 어려움이 따르고, 또한 전자에는 투표의 비밀보장상, 후자에는 선거인의 의사반영상 문제성이 있다.

(3) 개표의 방법

개표란 개표참관인의 입회하에 개표관리자에 의하여 투표의 결과를 확인하고 투표의 효력을 확정하는 과정을 말한다.

개표는 신속하고 정확하게 그리고 공정하게 하여야 한다. 그러기 위해서 개표는 투표가 끝나고 개표의 여건이 갖추어지는 즉시 개시하며, 개표참관인, 개표관람인 등이 보는 앞에서 공개리에 일정한 절차를 거쳐 행하게 되고, 득표수 낭독, 개표록 작성, 개표결과 보고, 관계서류 보존 등의 방법을 사용하게 된다.

2 외국의 투·개표

미국, 대만, 일본은 직접투표와 부재자투표 방법을 채택하고 있다. 부재자투표에 있어서 영국과 프랑스는 대리투표제를 택하고 있다.

투·개표의 관리는 미국에서는 주선거관리위원회에서, 영국에서는 선거관리관, 프랑스에서는 개표감시위원회, 대만에서는 선거위원회, 일본에서는 선거관리위원회가 행한다.[40)]

투·개표의 방식은 미국의 워싱턴 D.C.(Washington, D.C.)는 펀치 카드식을 사용하고 있고, 필라델피아(Philadelphia)시는 레버 머신 방식을 사용하며, 버지니아 주의 페어팩스(Fair Fax)카운티와 펜실바니아주의 각 카운티는 D.R.E.(전자식)방식을 사용하고 있다. 일본의 경우는 기명자서식을 사용하고 있으며, 한때 부재자투표의 요건을 완화한 결과 유권자의 약 68%가 투표일 하루전에 투표를 끝내는 기현상이 나타나기도 하였다.[41)]

3 한국의 투·개표

(1) 투표비밀

우리나라에서 투표의 비밀이 철저히 보장된다. 선거인은 자기가 투표한 후보자의 성명을 누구에게도 진술할 의무가 없으며, 국가 또는 어떠한 기관도 이를 질문하거나 그 진술을 요구할 수 없다(공직선거법 제167조). 만약 투표의 비밀을 침해하거나 투표하고자 하는 또는 투표한 후보자의 표시를 강요한 자는 징역 또는 벌금형으

40) 최창호·허만형, 앞의 논문, pp. 47~48.
41) 내무부, 앞의 책, pp. 37~39.

로 처벌한다(동법 제241조).

(2) 투표방법

(가) 서류식 · 무기명식 투표

(a) **서류식** : 투표에 아직까지는 서류식을 채용하고 있으며, 전자식 채용은 연구 중에 있다. 1960년 시·읍·면의회 의원선거에 제한연기식 투표제를 채용한 것 외에는 지금까지 계속 단기식투표제를 채용하였으며, 현재에도 단기식을 원칙으로 하고 있다.

(b) **무기명·기표식** : 지금까지 기명식투표제를 채용한 적은 한번도 없었으며, 현재에도 무기명식을 채용하고 있다(동법 제146조 제3항). 그리고 1960년에 서울특별시장 선거에서 자서식(自書式) 투표제를 채용한 것 외에는 지금까지 계속 기표식 투표제를 채용하였으며, 현재에도 그 제도를 채용하여 '㊅' 표시의 기표를 하도록 하고 있다. 다만, 거소투표와 선상투표를 하는 경우에는 'ㅇ'를 할 수 있다(동법 제146조 제1항, 제159조).

(나) 정당 투표

후보자에 대한 투표 외에, 비례대표 후보를 추천한 정당에 대하여도 투표한다.

지방자치선거에 비례대표제를 채택하여 지역구의원 선거와 비례대표의원 선거의 두 가지 선거를 실시하고 있음에도, 비례대표의원 선거(정당지지투표)는 별도 로 실시하지 않고 지역구의원 선거(후보자지지투표) 결과를 그대로 비례대표 추천정당에 대한 지지도로 의제(擬制)하여 왔는데, 이것이 헌법위반이라는 헌법재판소의 결정이 2001년에 내려져(헌재결정 2001. 7. 19. 2000헌마91. 112, 34),[42] 2002년 개정된 선거법에서 정당투표제를 채택하고, 2004년 지방자치선거에서부터 실시하고 있다.

---

42) 별도의 정당투표 없이 지역구 후보자에 대한 선거의 결과를 그대로 정당에 대한 지지의사로 의제하는 것이 헌법위반이라는 2001년 7월 19일의 헌법재판소 결정 이유는 다음과 같다.
① 비례대표의원 선거를 지역구의원 선거에 의존하는 것은 유권자들의 직접적인 비례대표의원 선거를 막는 것이다.
② 분명히 후보자에 대하여 투표한 선거인의 의사를 정당에 대한 지지로 해석하는 것은 선거의 의사를 왜곡하는 것이다.
③ 무소속후보자에 대한 투표는 정당지지도에 반영할 수 없으므로 투표가치에 불평등을 초래한다.
④ 신생 정당은 지역구후보자 수에 열세이므로 지역구후보자 득표의 합계로써는 정당에 대한 지지도를 제대로 반영할 수 없다.

(다) 사전투표와 거소 · 선상투표

2014년 지방자치선거부터 선거인이 선거일에 주소지 선거구 투표소에 나가지 않고 투표할 수 있는 제도로써 사전투표제와, 거소 또는 선상투표제를 실시하고 있다.

사전투표제는 투표의 편의를 위해 선거일 5일 전부터 2일간 별도의 사전신고절차없이 전국 어디서나 사전투표함이 설치된 곳(사전투표소라고 한다: 읍 · 면 · 동마다 1개소)에 가서 투표(기표한 후 회송용 봉투에 넣어 봉합한 후 투표함에 투입)하고, 투표소관리관이 그 투표지를 등기우편으로 관할선거관리위원회에 발송하는 제도이다(동법 제158조). 사전투표제는 미국, 일본, 호주, 뉴질랜드, 캐나다, 스위스, 스웨덴 등에서 실시하고 있다.

거소투표 또는 선상투표제는 종전의 부재자투표제와 같은 것으로서, 영내 또는 함정에 장기 기거하는 군인 또는 경찰공무원, 병원 · 교도소 기거자, 신체장애자 등의 거소 또는 선상투표 신고선거인이, 거소투표소 또는 선상투표소에 나가 선거관리위원회로부터 받은 투표용지에 기표한 후, ㉠ 거소투표자는 투표지를 회송용 봉투에 넣고 봉합하여 등기우편으로(동법 제158조의2), ㉡ 선상투표자는 직접 팩시밀리로 선거관리위원회에 송부하는 제도이다(동법 제158조의3)[43].

(3) 개표 방법

개표사무는 선거사무 중에서 종국적이고 핵심적인 사무로서 시 · 군 · 구 선거관리위원회가 행한다. 선거일 5일전까지 공고한 개표소(2개 이상의 개표소 설치가능)별로 투표함을 모아놓고 집합개표한다.

개표개시는 개표소에 투표함이 1개 이상 도착되면 시 · 군 · 구 선거관리위원장이 개표참관인의 참관하에 투표함의 봉쇄와 봉인을 검사한 후 도착순위와 관계없이 개함하여 개표를 개시할 수 있다.

우편투표함(사전투표지와 거소 · 선상투표지를 투입 · 보관하고 있는 함을 말한다)은 개표참관인의 참관하에 선거일 오후 6시(보궐선거 등은 오후 8시) 이후에 개표소로 옮겨 일반투표함의 투표지와는 별도로 먼저 개표할 수 있다.

유효 · 무효투표의 구별은 법률이 정한 기준에 따라 행하며, 투표의 효력에 관하여 이의가 있을 때에는 선거관리위원 과반수의 출석과 출석위원 과반수의 찬성으

43) 거소투표와 선상투표는 다 같이 주소지 선거구 투표소가 아닌, 선거권자가 '현재 머물며 살고 있는 곳(생활현장)'에서 하는 투표라는 뜻에서 이를 '현장투표'라 이름할 수 있지 않을까 생각한다.

로 결정한다. 개표에 있어서 개표록·집계록을 작성·보관하여야 한다(동법 제172~186조).

V 당선인 결정

1 당선인 결정방법

선거에 있어서 선거인이 행한 의사표시의 다수의사에 따라 선거인단의 의사가 결정되는데, 그 선거인단의 의사가 당선인 결정으로 나타난다.

당선인을 결정하는 데에는 비교다수대표제, 절대다수대표제, 비례대표제 등에 따라 다르다.

2 외국의 당선인 결정

외국의 당선인 결정제도는 대선거구제·소선거구제, 비례대표제 등 선거제도에 따라 다양한데, 대부분의 경우 대선거구에서는 다수득표자 순, 소선거구에서는 최다득표자로 당선인을 결정하고, 프랑스에서는 절대다수득표제에 따라 결선투표제가 채택되어 있다.

영국의 북아일랜드, 프랑스의 코뮌(commune)에서는 비례대표제를 채택하여 이양식 또는 명부식 의석배분을 하고 있고, 대만에서는 여성의석 배분에 관한 특례를 두고 있다. 일본의 경우는 법정득표수 이상 득표제를 채택하고 있다.[44]

---

44) 최창호·허만형, 앞의 논문, pp. 48~49.

3 한국의 당선인 결정

(1) 당선인 결정

(가) 비교다수대표제

지역구 선거의 당선인 결정에 있어서는 비교다수대표제가 채택되어 있다.

지방자치단체장 선거와 지역구 지방의회의원 선거에 있어서 선거구 선거관리위원회가 당해 선거구에서 유효투표의 다수를 얻은 자(시·군·자치구의원 선거에 있어서는 유효투표의 다수를 얻은 자의 순으로 의원정수에 이르는 자)를 당선인으로 결정한다. 만약 최고득표자가 2인 이상인 때에는 연장자의 순으로 당선인을 결정한다(공직선거법 제190조 제1항, 제191조 제1항).

당선인이 투·개표를 실시하지 않고 결정되는 경우도 있다. 이른바 무투표당선의 경우가 이를 말하는데, 지방의회의원선거의 경우, ㉠ 후보자등록 마감시각에 후보자수가 당해 선거구에서 선거할 의원정수를 넘지 아니할 때, ㉡ 후보자등록 마감후 선거일 투표개시 시각까지 후보자가 사퇴·사망하거나 등록이 무효로 되어 후보자수가 당해 선거구에서 선거할 의원정수를 넘지 아니할 때에는 투표를 실시하지 아니하고, 선거일에 그 후보자(전원)를 당선인으로 결정한다(동법 제190조 제2항). 지방자치단체장 선거의 경우도 후보자가 1인일 때에는 투표를 실시하지 아니하고 선거일에 그 후보자를 당선인으로 결정한다(동법 제191조 제3항).

(나) 비례대표제

2002년부터 비례대표 지방의회의원 선거에 정당투표제를 채택하여 그 정당득표율에 따른 의석배분을 하고 있다.

비례대표 의회의원 선거에 있어서 유효투표 총수의 100분의 5 이상을 획득한 정당(의석할당 정당이라 함)에 대하여 당해 선거에서 얻은 득표비율에 비례대표 의원정수(定數)를 곱하여 산출된 정수(整數)의 의석을 그 정당에 먼저 배분하고, 잔여의석은 단수(端數)가 큰 순으로 각 의석할당 정당에 1석씩 배분하되, 같은 단수가 있는 때에는 그 득표수가 많은 정당에 배분하고, 그 득표수가 같은 때에는 당해 정당간의 추첨에 의한다(동법 제190조의2 제1항).

비례대표 시·도의원선거에 있어서 하나의 정당에 의원 정수의 3분의 2 이상의 의석이 배분될 때에는, 그 정당에 3분의 2에 해당하는 의석을 먼저 배분하고, 잔여

의석은 나머지 의석할당 정당의 득표비율에 잔여의석을 곱하여 산출된 정수의 의석을 각 의석할당 정당에 배분한 다음 잔여의석이 있는 때에는 그 단수가 큰 순위에 따라 각 의석할당 정당에 1석씩 배분한다(동조 제2항).

비례대표 의회의원 선거에 있어서 당선인 결정은, 추천정당별 비례대표후보자명부에 게재된 순위에 따라 그 정당에 배분된 비례대표의원 의석수 만큼의 인원으로 정한다(동조 제4항).

(2) 당선 시정 · 재결정 · 재배분

당선결정 후 일정한 사유의 발생으로 당선인을 변경결정하는 경우가 있다.

(가) 당선시정 및 재결정

선거관리위원회는 ㉠ 당선인 결정에 명백한 착오가 있음을 발견한 때에는 선거일 후 10일 이내에 당선인의 결정을 시정하여야 하며(동법 제193조), ㉡ 당선무효의 판결 또는 결정이 확정된 때에는 지체 없이 당선인을 재결정하여야 한다(동법 제194조 제1항).

당선인 시정은 선거관리위원회가 스스로 착오를 시정하는 것인 데 비하여, 당선인 재결정은 법원의 판결에 따라 당선인을 다시 결정하는 것인데, 후자는 전자의 위법을 이유로 하여 행해질 수도 있다.

(나) 비례대표 의석재배분

비례대표의원이 그 임기개시 전에 사퇴·사망하거나 당선 효력상실·무효로 된 때와, 임기 중 결원되었을 때에는 그 선거 당시의 소속 정당이 제출한 비례대표후보자명부에 기재된 순위에 따라 당선인을 재결정한다(동법 제194조 제3항).

(3) 당선의 효력

당선의 효력이란 당선의 법적 효과가 발생하여 당선인으로서의 지위가 확정되는 것을 말한다.

(가) 당선효력의 발생

당선의 효력발생에 당선인의 승낙을 필요로 한다는 설도 있으나, 일반적으로 선거관리위원회가 당선인 성명을 공고함으로써 당선의 효력이 발생하는 것으로 보고 있다.

당선인과 공선직(재직)자는 동일한 것이 아니다. 양자의 차이는 그의 일정한 사유로 재선거가 실시되느냐, 보궐선거가 실시되느냐가 달라진다. 즉, 당선인이 사퇴 또는 피선거권이 없게 된 때에는 재선거가 실시되는 데 비하여(동법 제195조), 공선직자가 궐원 또는 궐위된 때에는 보궐선거가 실시되는 것이다(동법 제200조).

(나) 당선효력의 상실

당선인일지라도 일정한 사유가 있을 때에는 그 당선의 효력이 상실되거나 무효로 된다(동법 제192조, 제224조, 제263조~제265조).

첫째로, 선거일에 피선거권이 없는 자는 당선인이 될 수 없다.

둘째로, 임기개시 전에 피선거권이 없게 된 때에는 당선의 효력이 상실된다.

셋째로, 임기개시 전에 피선거권이 없거나, 등록무효 사유에 해당하는 사실이 발견된 때에는 그 당선을 무효로 한다.

넷째로, 비례대표의원이 소속 정당의 합당·해산 또는 제명 이외의 사유로 당적을 이탈·변경하거나 2중 당적을 가지고 있는 때에는 퇴직한다.

다섯째로, 선거비용 초과지출(제한액의 200분의 1 이상 초과지출)이나 선거범죄로 징역형 또는 100만원(선거사무장 또는 회계책임자가 300만원 이상의) 이상의 벌금형 선고를 받았을 때에는 당선무효가 된다(동법 제263조~제265조).

여섯째로, 당선무효소송에서 법원의 판결 또는 결정에 의하여 당선무효가 된다(동법 제224조).

4 한국의 당선인 인수위원회

전부개정된 지방자치법은 중앙-지방간 협력관계 정립 및 행정 능률성 제고를 위해 단체장 인수위원회 구성과 운영, 그리고 위원의 권한과 의무에 대해 정하고 있다.

(1) 인수위원회 제도화의 필요성

기존 광역자치단체 및 단체장이 교체된 다수 기초자치단체에서 법적 근거가 없는 상태로 단체방직 인수위를 임의적·비공식적으로 운영하고 하였다.[45)]

또한 이 중 일부지역에서 50명이 넘는 인원(대통령 인수원 26명)으로 인수위를 구성 하는 등 인수위원회의 적정 규모에 대한 논란이 발생하는 등 인수위의 운영기간, 업무범위, 책임소재, 비용지원 여부, 비밀 유출에 대한 문제 등으로 인수위 제도화 필요성이 지속적으로 제기되었다.

이에 따라, 광역 및 기초자치단체장의 인수위 규모 및 운영기간, 기능 위원의 결격사유, 비밀엄수 의무 등 인수위 운영에 관한 사항을 지방자치법에 규정하고, 인수위의 합리적이고 실효성 있는 운영을 도모 비공식적 인수위 운영에 따르는 부작용을 미연에 방지하였다.

(2) 인수위원회의 업무 및 권한

가. 인수위원회의 규모 및 운영기간

「공직선거법」 제191조에 따른 지방자치단체의 장의 당선인은 이 법에서 정하는 바에 따라 지방자치단체의 장의 직 인수를 위하여 필요한 권한을 갖는다. 당선인을 보좌하여 지방자치단체의 장의 직 인수와 관련된 업무를 담당하기 위하여 당선이 결정된 때부터 해당 지방자치단체에 지방자치단체의 장의 직 인수위원회 설치할 수 있다.

설치된 인수위원회는 지방자치단체의 장의 임기 시작일 이후 20일의 범위에서 존속한다. 인수위원회는 위원장 1명 및 부위원장 1명을 포함하여 시·도는 20명 이내, 시·군은 15명 이내로 구성한다. 이때 위원장, 부위원장 및 위원은 명예직으로 하고, 당선인이 임명하거나 위촉한다.

나. 위원의 결격 사유 및 비밀 엄수의 의무 외

지방공무원법 제31조 각 호의 어느 하나에 해당하는 사람은 인수위원회의 위원장, 부위원장 및 위원이 될 수 없다. 또한 그 직에 있었던 사람은 그 직무와 관련하여 알게 된 비밀을 다른 사람에게 누설하거나 지방자치단체장의 직 인수 업무 외의 다른 목적으로 이용할 수 없으며, 직원을 남용해서는 안된다. 지방자치법 제105조

45) 민선 7기 초선 기초자치단체장 중 104개 지역(74.2%)에서 인수위원회 구성

제1항~제9항까지에서 규정한 사항 외에 인수위원회의 구성 운영 및 인력 예산지원 등에 필요한 사항은 해당 지방자치단체의 조례로 정한다.

제4절 지방자치선거 부정의 방지

I 선거운동

1 선거운동의 범위

(1) 선거운동의 개념

선거운동이란 특정의 선거에 당면하여 특정 후보자가 당선되거나 되게 하거나 되지 못하게 하기 위하여 직접 또는 간접으로 필요하고도 유효한 행위를 하는 것을 말한다(공직선거법 제58조 제1항).[46]

이러한 선거운동의 개념을 구성하는 요소로는, 일정한 행위가 ㉠ 특정의 선거에 당면하여 행해지는 것일 것, ㉡ 특정의 후보자를 위하여 행해지는 것일 것, ㉢ 당선되거나 되게 하거나 되지 못하게 하기 위하여 직접 또는 간접적으로 필요하고도 유효한 것일 것 등을 들 수 있다.

여기에서 특정의 선거란 ㉠ 선거기간만을 의미하는 것이 아니라, 사회통념상 어떤 선거라고 객관적으로 인식될 정도에 해당하는 경우라고 해석된다. ㉡ 그리고 특정의 후보자를 위한 것이어야 하기 때문에 통상적인 정치·정당활동과는 구별된다. ㉢ 또한 당선을 목적으로 하는 것이어야 하기 때문에 그러한 목적 없이 단순히 선거에 관하여 의견을 진술하거나 의사를 표시하는 행위와 구별된다. ㉣ 그리고 득표하거나 득표를 시키거나 못하게 하기 위하여 직접 또는 간접적으로 필요하고도 유효한 행위여야 하기 때문에 단순히 입후보와 선거를 위한 준비행위와도 구별된

46) 谷合靖夫, 選擧制度論(東京 : 第一法規, 1983), p. 161.

다. ⓜ 또한 일당을 받고 포스터를 붙이거나 후보자를 승차시키는 등 단순한 노무 또는 영리행위도 선거운동이라 볼 수 없는 것이다(동법 제58조 제1항 단서).[47]

그러나 구체적으로 어떤 행위가 선거운동에 해당되느냐의 여부는 그 행위의 실제, 즉 그 행위가 전개된 시기, 장소, 방법, 대상 등의 실태를 엄밀히 분석하여 그 행위의 실질에 입각하여 판단하여야 한다.

(2) 한국 선거운동의 허용범위

선거운동은 법률의 규정에 의하여 금지 또는 제한되지 아니하는 한 이를 자유롭게 하는 것을 원칙으로 하고 있다(동법 제58조 제2항). 그러나 선거운동이 무한정하게 인정되는 경우의 무질서 내지 불균등을 방지하기 위하여 그 '허용범위'를 상세하게 규정하고 있다.

우리나라의 지방선거에서 허용되고 특별히 보호되는 선거운동방법에는 다음과 같은 것이 있다([표 6-2]) 참조).

㉠ 선거벽보(동법 제64조), ㉡ 선거공보(제65조), ㉢ 현수막(제67조), ㉣ 어깨띠(제68조), ㉤ 신문광고(제69조) 및 방송광고(제70조), ㉥ 방송연설(제71조, 제72조), ㉦ 경력방송(제73조, 제74조), ㉧ 공개장소에서의 연설 · 대담(제79조), ㉨ 단체 및 언론기관의 후보자초청 대담 · 토론회(제81조, 제82조), ㉩ 선거방송토론위원회의 후보자초청 대담 · 토론회(제82조의2), ㉪ 선거방송토론위원회의 정책토론회(제82조의3), ㉫ 통신망이용(제82조의4), ㉬ 인터넷광고(제82조의7) 등이 있다.

2 선거운동의 방법

(1) 공영제와 사영제

선거운동에는 공영제(公營制) 방식과 사영제(私營制) 방식이 있다.

선거운동의 공영제 방식은 선거운동에 있어서 기회균등의 보장, 선거과열의 방지, 선거운동 경비의 절감을 기할 수 있는 등의 장점을 가지고 있는 데 비하여, 사영제 방식은 활발한 선거운동, 자유스러운 선거분위기, 선거인의 후보자에 대한 확

47) 秋山陽一郎, 選擧(東京 : 第一法規, 1983), pp. 246~249.

실한 파악을 가능하게 하는 등의 장점을 가지고 있다.

지방선거에 있어서 무질서한 선거운동과 선거의 과열 및 타락된 선거 등을 억제할 수 있는 제도적 장치가 중요하므로, 선거운동에 있어서는 공영제를 원칙으로 하고 사영제는 공영제의 보충수단으로 하는 것이 가장 바람직하다 하겠다. 그러나 선거운동 공영제로 인해 지방자치단체에 경비부담의 압박을 주는 것은 큰 문제이다.

(2) 외국의 공영제와 사영제

공영제와 사영제에 관한 외국의 예는 나라마다 다르다.

미국에서는 후보자 스스로 선거운동을 하는 사영제를 원칙으로 하고 있고, 프랑스는 선거선전위원회에서 선거운동을 대행할 만큼 공영제를 폭넓게 도입하고 있으며, 영국은 사영제를 원칙으로 하되, 공영제를 제한적으로 도입하고 있다.

대만과 일본은 공영제와 사영제를 혼용하고 있다. 이들 혼용 국가에서는 선거공보, 장소사용, 문서발송에 대해서는 국고부담을 원칙으로 하고 있다. 일본에서는 선거운동기간 중 교통비의 일부를 국가가 부담한다.[48]

(3) 한국의 선거공영제

선거운동에 있어서 사영제와 공영제를 혼용하되, 가능한 한 공영제를 확대하여, 후보자 등의 부담을 줄이고 선거질서를 유지하려는 것이 공직선거법의 기본정신이다.

(가) 선거비용 보전

후보자(또는 추천정당)의 회계책임자가 제출・보고한 선거비용으로서 정당하게 지출된 것으로 인정되는 선거비용을 선거비용 제한공고액의 범위 안에서 선거일 후에 해당 지방자치단체가 다음과 같이 보전(補塡)한다(공직선거법 제122조의2 제1항).

첫째로, 지역구선거의 경우에는 ㉠ 후보자가 당선되거나 사망한 경우 또는 후보자의 득표수가 유효투표 총수의 100분의 15 이상인 때에는 후보자가 지출한 선거비용의 전액, ㉡ 후보자의 득표수가 유효투표 총수의 100분의 10 이상 100분의 15 미만인 때에는 후보자가 지출한 선거비용의 100분의 50에 해당하는 금액을 보전

48) 최창호・허만형, "지방선거제도의 비교연구", 지방자치연구 제4권 제1호(서울: 한국지방자치학회, 1992), pp. 42~44.

한다.

둘째로, 비례대표선거의 경우는 후보자명부에 올라 있는 후보자 중 당선인이 있는 경우에 당해 정당이 지출한 선거비용의 전액을 보전한다.

(나) 선거비용 부담

후보자가 정당하게 지출한 일정한 비용을 지방자치단체 또는 국가가 부담한다(동법 제122조의2 제3항).

첫째로, 후보자가 지출한 선거비용 중 ㉠ 선거벽보의 첩부 및 철거 비용, ㉡ 선거공보의 발송비용, ㉢ 선거방송토론위원회 주관 대담·토론회 개최비용, ㉣ 투·개표 참관인 수당 등을 국가 또는 지방자치단체가 부담한다.

둘째로, 활동보조인의 수당과 실비, 선거방송토론위원회 주관 정책토론회 개최비용을 국가가 부담한다(〈표 6-2〉 참조).

〈표 6-2〉 한국의 선거운동 공영제

선거운동			공영제		
운동방식	적용선거	근거	비용보전	비용부담	근거
선거벽보	모든 선거	공선법 제64조	선거비용일정범위 지자체가 보전	첩부,철거비용 국가·지자체 부담	공선법 122조의2
선거공보 (점자형)	모든 선거	제65조	상 동	점자형은 작성·발송비용 책자형은 발송·우편비용 국가·지자체 부담	상 동
선거공약서 (점자형)	모든선거	제66조	상 동	점자형 작성비용 국가·지자체부담	상 동
활봉보조인 수당·실비	모든선거	제122조의2	상 동	국가부담	상 동
현수막	비례대표선거 제외	제67조	상 동	—	상 동
어깨띠	모든 선거	제68조	상 동	—	상 동
신문·방송광고	지사 선거	제69조 제70조	상 동	—	상 동
방송연설	단체장선거및 비례대표선거	제71조, 제72조	상 동	—	상 동

경력방송	단체장선거	제73조, 제74조	상 동	—	상 동
가두연설	비례대표선거 제외	제79조	상 동	—	상 동
초청간담회 (단체·언론기관 주관)	모든 선거	제81조, 제82조	상 동	—	상 동
대담·토론회 (선거방송토론위 주관)	모든 선거	제82조의2	상 동	개최비용 국가·지자체 부담	상 동
정책토론회 (선거방송토론위 주관)	임기만료로 인한 선거	제82조의3	상 동	개최비용 국가가 부담	상 동
통신망이용	모든 선거	제82조의4	상 동	—	상 동
인터넷광고	모든 선거	제82조의7	상 동	—	상 동

3 선거운동의 규제

(1) 선거운동의 자유와 규제

선거운동은 자유로운 것이 이상적이며, 따라서 이를 제한하지 않는 것이 원칙이다. 그러나 그렇게 할 경우 선거의 공정을 해하고 선거의 타락과 부정을 초래할 우려가 있으므로, 선거운동 공영제와 아울러, 선거운동에 대한 각종의 규제를 행하는 것이 일반적이다.

선거운동을 규제하는 데에는 운동의 방법을 법으로 한정하는 방식과, 법에 금지사항만을 정하고 그 외에는 자유롭게 하는 방식이 있는데, 전자에 의하면 선거운동이 과도히 제약될 염려가 있기 때문에 일반적으로 후자를 채택한다. 그러나 후자의 경우에는 금지 외의 방법을 악용한 무질서한 선거운동이 전개될 염려가 있다.

(2) 외국의 선거운동 규제

외국에서는 일반적으로 선거비용의 제한을 엄격히 할 뿐, 선거운동 그 자체는 불가피한 경우 외에는 제한하지 않는다.[49)]

49) 최창호·허만형, 앞의 논문, pp. 43~44.

(가) 미 국

미국에서는 ㉠ 선거활동에 있어 호별방문 등이 자유로운 반면에 확성기를 통해서 가두에서 선거운동 하는 것을 금지하고 있고, ㉡ 운동장소에 있어 공원, 거리, 보도 등에서 정치의사 표현은 가능하지만 도서관이나 정부청사 등 공공건물 내에서의 활동은 금지되고 있으며, ㉢ 운동방법과 내용에 있어 치안방해적 발언(seditious speech)이나 허위선전(deceptive speech)에 대해서 금하고 있다.

(나) 영 국

1983년 영국 국민대표법은 ㉠ 선거집회를 문란하게 한 자 뿐만 아니라 그렇게 하도록 선동한 자도 처벌하도록 하고 있고, ㉡ 공무원의 선거운동을 제한하고, 특히 경찰관의 선거운동을 금지하고 있으며, ㉢ 후보자에 대한 허위진술, 후보자의 부정사퇴 등을 금지하며, ㉣ 선거기간 중 보수를 지급하고 선거운동원을 고용하는 것을 금지하고 있다.

(다) 프랑스

프랑스에서는 ㉠ 선거선전위원회에서 선거운동을 대행하고 있기 때문에 후보자가 개별적으로 회보, 기타 서류를 배부하는 것을 금지하고 있다. ㉡ 선거운동 기간 중에는 출판물에 의한 선거운동 목적의 모든 광고수단 이용을 금지하고 있다.

(라) 대 만

대만에서는 ㉠ 선거운동원 수를 제한하고 있다. ㉡ 선거운동은 정견발표회 뿐만 아니라 호별방문할 수도 있고 명함 돌리는 것 또한 허용하고 있다.

(마) 일 본

선거법에서 ㉠ 공무원, 교육자, 미성년자의 선거운동을 금지하고 있다. ㉡ 선거운동원의 수는 제한하지 않지만, 선거사무소의 수는 제한하고 있다. ㉢ 합동연설회는 폐지되었고 개별연설회만 허용하고 있다.

(3) 한국의 선거운동규제

지방선거에 있어서는 선거운동의 자유를 원칙으로 하고(공직선거법 제58조 제2항), 예외적으로 각종 금지 또는 제한을 명시하고 있다(동법 제84조~제118조). 그러나 그

금지·제한이 대단히 엄격하여 결국 선거운동을 엄격히 규제하는 방식을 취하고 있는 셈이다. 이러한 규제에 위반할 때에는 벌칙이 적용됨은 물론이다.

선거운동에 대한 규제는 ㉠ 운동기간의 규제, ㉡ 운동주체의 규제, ㉢ 운동방법·행위의 규제, ㉣ 정당활동의 규제로 나누어 볼 수 있다.

(가) 운동기간의 규제

선거운동은 선거기간개시일(후보자등록 마감일 후 6일부터)부터 선거일 전일까지만 할 수 있다(동법 제33조, 제59조). 말하자면 사전운동과 사후운동을 금하고 있는 것이다. 선거운동의 기간은 13일간이다(선거기간은 14일간임).

그러나 예비후보자로 등록된 자는 선거일전 일정일(시·도지사는 120일전, 지역구 시·도 및 시·자치구의원 및 시장·자치구청장은 90일전, 지역구 군의원 및 군수는 60일전)부터 ㉠ 선거사무소 설치 및 간판·현판·현수막 설치, ㉡ 명함 직접주기, ㉢ 세대수의 10% 이내에서 예비후보자 홍보물(선거공약 등)발송, ㉣ 어깨띠 착용, ㉤ 전화 직접통화방식으로 지지호소 등 일정한 한도의 선거운동을 할 수 있다(동법 제60조의 2, 제60조의3).

(나) 운동주체의 규제

원칙적으로 누구든지 자유롭게 선거운동을 할 수 있다(동법 제58조 제2항).

그러나 ㉠ 대한민국 국민이 아닌 자, ㉡ 미성년자, ㉢ 선거권이 없는 자, ㉣ 공무원(국회의원과 지방의회의원 제외), ㉤ 입후보제한자, ㉥ 향군중대장 이상의 간부, ㉦ 통·리·반장, 주민자치위원, ㉧ 국가·지방자치단체의 출연 또는 보조를 받는 단체(바르게살기운동협의회, 새마을운동협의회, 한국자유총연맹)의 상근 임·직원과 대표자 등, ㉨ 선상투표신고를 한 선원이 승선하고 있는 선박의 선장은 선거운동을 할 수 없다(동법 제60조 제1항).

향토예비군 중대장급 이상의 간부나 통·리·반장 또는 주민자치위원이 선거사무장, 선거연락소장, 선거사무원, 활동보조인, 회계책임자, 연설원, 대담·토론자, 투표참관인 등이 되고자 하는 때에는 선거일 전 90일까지 그 직을 사임하여야 하며, 선거일 후 6월 이내(주민자치위원은 선거일까지)에는 종전의 직에 복직될 수 없다(동법 제60조 제2항).

(다) 운동방법의 규제

선거운동에 있어서 방법·행위상 금지 또는 제한되어 있는 사항은 다음과 같이 광범위하다(동법 제84조~제118조).

무소속 후보자의 정당표방 제한(제84조), 공무원 등을 이용한 선거운동 금지(제85조), 공무원 등의 선거에 영향을 미치는 행위 금지(제86조), 단체명의의 선거운동금지(노조 제외)(제87조), 타후보자를 위한 선거운동 금지(제88조), 유사기관의 설치 금지(제89조), 시설물(선전탑 등)설치 금지(제90조), 확성장치와 자동차 사용 제한(제91조), 영화 등을 이용한 선거운동 금지(제92조), 탈법적 문서・도화의 배부・게시금지(제93조), 방송・신문 등에 의한 광고금지(제94조), 신문・잡지 등의 통상방법 외의 배부금지(제95조), 허위논평・보도금지(제96조), 방송・신문 등 불법이용 행위 제한(제97조), 선거운동을 위한 방송이용 제한(제98조), 구내방송에 의한 선거운동 금지(제99조), 녹음기 등의 사용금지(제100조), 타연설회 등 금지(제101조), 야간연설회 등 제한(제102조), 각종 집회 등 제한(제103조), 연설회장 소란행위 등 금지(제104조), 행렬・연호행위 등 금지(제105조), 호별방문 제한(제106조), 서명・날인 운동 금지(제107조), 여론조사의 결과공표금지(제108조), 정책・공약 평가결과의 공표제한(제108조의3), 서신・전보 등 사용 금지(제109조), 후보자 등 비방금지(제110조), 의정활동 등 보고 제한(제111조), 기부행위 기간 제한(제112조), 후보자 등 기부행위 제한(제113조), 제3자의 기부행위 제한(제115조), 기부권유・요구 등 금지(제116조), 기부 받는 행위 등 금지(제117조), 선거일후 답례 금지(제118조) 등을 규정하고 있다.

(라) 정당활동의 규제

또한 다음과 같은 선거 관련 정당활동을 규제하고 있다(동법 제137조~제145조).

정강・정책의 신문공고등 제한(제137조), 정강・정책의 방송연설 제한(제137조의2), 정강정책홍보물 배부제한(제138조), 정책공약집의 배부제한 등(제138조의2), 정당기관지 발행・배부 제한(제139조), 창당대회 등 개최・고지 제한(제140조), 당원집회의 제한(제141조), 당원모집 제한(제144조), 당사게시・선전물 등 제한(제145조).

Ⅱ 선거비용

1 선거비용의 범위

선거비용이라 함은 선거운동을 위하여 소요되는 금전・물품 및 채무 등 기타 모든 재산상의 가치가 있는 것으로서 후보자(비례대표의원 선거에 있어서는 추천정당)가 부담하는 비용을 말한다.

이 경우 위법한 선거운동을 위하여 지출한 비용과 기부행위제한규정을 위반하여 지출한 비용 및 제3자가 후보자 등과 통모하여 해당 후보자의 선거운동을 위하여 지출한 비용 등을 모두 선거비용으로 보게 된다(공직선거법 제119조).

다만 다음과 같은 비용은 선거비용에서 제외된다(동법 제120조).

㉠ 선거준비 비용, ㉡ 정당활동 비용, ㉢ 기탁금·납부금·수수료, ㉣ 선거사무소 유지비로서 선거전부터 지출해 온 경비, ㉤ 선거사무소 설치·유지비, ㉥ 자동차 등 운영비용, ㉦ 소형인쇄물 작성 비용 ㉧ 제3자가 후보자 등과 통모함이 없이 특정 후보자의 선거운동을 위해 지출한 통신료 등, ㉨ 기부행위가 아닌 의례적 또는 직무상 행위 소요비용, ㉩ 선거일 후의 지출원인에 의한 잔무처리 비용 등.

2 선거비용의 제한

(1) 선거비용 제한의 중요성

선거에 있어서 선거의 공정성을 확보하고, 선거타락 및 부정을 방지하기 위하여 선거운동의 공영제를 채택하고, 부정한 선거운동을 규제함과 아울러 과도한 선거비용을 제한할 필요가 있다.

외국에 있어서 선거운동은 자유롭게 방임하면서, 반대로 선거비용을 엄격히 제한함으로써 공명한 선거를 실현하려고 노력하는 경향이 있다. 실제로 공명선거의 실현에 있어서 선거운동의 규제보다는 선거비용의 제한이 더 본질적이라 할 수 있겠다.

(2) 외국의 선거비용 제한

선거비용에 관한 각국의 제도를 보면, 미국에서는 대체로 20달러 이상의 모금과 지출에 대해서 엄격한 공개주의를 채택하고 있고, 영국, 프랑스, 대만, 일본 등에서는 선거비용의 상한선을 제한하여 엄격히 규제하고 있다.

이러한 제한된 비용으로 선거운동을 제대로 해 나갈 수 없기 때문에 이들 나라에서는 선거운동 자원봉사자들의 도움을 많이 받고 있다. 이들 자원봉사자들은 특정 후보자의 선거운동을 도울 뿐만 아니라, 선거관리기관의 선거사무(선거인명부 작성, 후보자 등록, 불법선거운동감시, 투・개표관리 등)도 광범위하게 돕고 있다.

선거비용 규제에 관한 각국의 제도는 매우 엄격하다.[50)]

(가) 미 국

연방선거운동법에서 개인별로 선거헌금의 총액을 제한하고, 각 주는 이에 준해 독자적으로 헌금총액을 제한하고 있다. 후보자는 헌금모금 캠페인을 할 수 있는데, 모금시에는 철저한 공개를 하여야 한다. 헌금은 반드시 개인수표로 하도록 되어 있어, 누가 얼마를 헌금했으며, 누구로부터 얼마를 받아 어디에 썼는지 그대로 기록되게 된다. 주에 따라 다르지만, 대체로 20달러 이상이면 모금뿐만 아니라 지출도 공개하도록 하고 있다. 미국에서는 선거운동뿐만 아니라 정당조직에서도 자원봉사자들의 봉사가 큰 기여를 하고 있다.

(나) 영 국

선거비용의 상한선을 기본금액 120파운드에, 해당 선거에 사용되는 선거인명부의 선거인당 2.4펜스를 추가한 금액으로 하고, 2인의 공동후보자의 경우 공동후보자 각기 상한선에서 4분의 1을, 3인의 경우 3분의 1을 감액한 금액으로 하고 있으며, 선거비용 규정을 위반한 자에게는 엄중한 처벌을 하고 있다. 영국에서도 선거운동에 자원봉사자들의 활동이 활발하다.

(다) 프랑스

영국의 경우와 비슷하게 선거운동 자체의 규제보다도 선거비용의 규제를 통하여 공명선거를 보장하고 있다. 선거자금의 투명성 확보에 주력하며, 선거비용 규정위반시에는 선거를 무효로 하고 범법자를 중형으로 처벌하도록 하고 있다. 자원봉사자의 활발한 활동도 영국의 경우와 비슷하다.

(라) 대 만

선거비용에 관한 상한선 규정을 두고, 그 수입・지출 상황에 대한 엄격한 통제를 하고 있다. 후보자 본인 또는 그가 지정하는 회계책임자는 수입과 지출에 관한 장부를 작성하여 선거후 30일 내에 선거관리위원회에 보고하며, 선거관리위원회는 그 보고서에 부실한 내용이 있다고 인정되는 때에는 검찰에 고발한다.

---

50) 최창호・허만형, 앞의 논문, pp. 49~50.

(마) 일 본

선거운동 방법의 제한을 제외하고는 거의 영국의 선거제도를 도입하여 선거비용에 대한 엄격한 규제를 하고 있다. 그러나 일본국민들의 높은 준법정신에도 불구하고 '5당 4락' 등의 말이 공공연히 나돌고 있는 형편이다.

일본의 선거비용 상한선은 선거종류별로 정해진 고정액에 선거별 선거인수 할액을 가산한 금액으로 하고 있고, 지출방법과 보고서의 제출 등은 우리나라의 경우와 비슷하다.

(3) 한국의 선거비용 제한

(가) 선거비용액의 제한

선거비용 제한액은 중앙선거관리위원회가 정하는 산정방법에 따라, 선거구 선거관리위원회가 선거별로 선거운동방법에 소요되는 비용 등을 감안하여 선거기간 개시일 30일 전까지 산정하여 공고한다(공직선거법 제121조, 제122조).

(나) 선거비용의 수입 · 지출

선거비용의 수입은 정당(비례대표의원 선거의 경우) 또는 후보자의 선거운동 목적의 자산(차입금 포함)과 후원회가 기부한 금품 및 소속 정당의 지원금에 한하고, 지출은 공직선거법이 정하는 방법에 의하여 하지 않으면 안 된다(동법 제121조).

선거비용의 수입과 지출은 원칙적으로 정당 또는 후보자가 선임 · 신고한 회계책임자가 금융기관에 개설 · 신고한 예금계좌를 통해서만 할 수 있다(정치자금법 제36조). 회계책임자는 회계장부를 비치 · 기재하고, 증빙서류를 구비하여, 선거일 후 20일까지 비용을 정산 · 마감하여, 선거일 후 30일까지 관할 선거관리위원회에 보고서를 제출하여야 한다(동법 제37조~제40조).

(다) 자료요구 · 조사 및 고발

수입 · 지출 보고서를 받은 관할 선거관리위원회는 필요하다고 인정되는 때에는 회계장부 기타 증빙서류를 검사하거나 정당 · 후보자 · 회계책임자 또는 선거비용지출 이해관계자 기타 관계인에 대하여 보고 · 자료 제출을 요구할 수 있고 조사할 수 있으며, 출납서류 또는 보고서에 허위사실 · 불법지출이나 초과지출 기타 위법사실이 있다고 인정되는 때에는 관할 수사기관에 고발 또는 수사의뢰를 하고, 기타 필요한 조치를 할 수 있다(동법 제43조).

Ⅲ 벌칙과 선거쟁송

1 선거사범의 처벌

(1) 선거사범 처벌의 의의

선거에 있어서, 선거의 공정성과 공명성을 보장하기 위하여 선거공영제와 선거운동 규제, 선거비용 제한과 수입·지출의 공개 등을 규정하고 있지만, 그러한 것들이 제대로 지켜지도록 하기 위해서는 원칙에 위배되는 행위에 대하여 엄중한 처벌이 가해져야 한다. 처벌에 있어서는 죄형법정주의가 요청되므로, 선거법에는 선거범죄의 구성요건과 형벌 및 선거벌을 명문으로 규정한다.

선거사범이란 선거의 자유, 공정, 공명을 직접 또는 간접적으로 침해하는 행위 또는 침해하는 자를 말한다. 여기에서 직접적인 침해란 선거의 자유, 공정, 공명성을 현실적으로 침해하는 경우로서, 매수, 투표비밀 침해 등이 그 예에 속한다. 간접적인 침해란 현실적으로 그와 같은 법익의 침해는 없으나 그러한 침해의 우려가 있는 작위 또는 부작위를 금지하는 법령에 위배되는 경우로서, 선거사무소나 현수막 규제위반 등이 그 예이다. 직접적 침해가 실질범죄인 데 비하여 간접적 침해는 형식범죄이라 할 수 있고, 전자를 자연범죄라 한다면 후자를 법정범죄라 할 수 있겠다.

(2) 외국의 선거사범 처벌

각국의 선거사범 처벌은 매우 엄격하다. 특히 선거비용에 관한 벌칙에 저촉될 때에는 당선무효 내지 피선거권 박탈을 하기도 한다.[51]

(가) 미 국

모금 및 선거비용 지출에 대한 벌칙이 확고하다. 이를 위반할 경우 선거일 이전에 발각되면 출마할 수 없고, 선거 후면 비록 당선되었더라도 자격이 박탈된다. 허위선전에 대해서도 확고하다.

---

51) 최창호·허만형, 앞의 논문, pp. 50~51.

(나) 영 국

선거 위법사례의 종류보다도 그 위법사례가 선거의 결과에 미친 영향에 따라 벌칙의 경중을 가려내고 있다. 1983년 국민대표법은 부패행위, 위법행위, 불법지급, 불법고용 또는 불법임차가 선거결과를 좌우할만 하였다는 사실이 입증되면 당선무효가 된다고 명시하고 있다.

(다) 프랑스

선거 자체를 저지할 목적으로 행해지는 범법행위에 대해서 중형이 과해진다. 또한 후보자가 선거운동 규제사항을 위반했을 경우 6천프랑 이하의 벌금형이나 6월 이하의 징역형에 처하거나, 양자 모두 적용할 수 있도록 하고 있다.

(라) 대 만

공연취중(公然聚衆)하여 폭등으로 사회질서를 문란시킨 자, 선거방해자, 뇌물 기타 부정이익의 제공·수리·요구 또는 기약자, 선거관계자에 폭력·협박 기타 불법적 방법 사용자, 도서·녹영(圖書·錄影) 등으로, 요언(謠言) 또는 부사실(不事實)를 퍼뜨린 자, 투·개표 교란·파괴자, 공직자로서 공직을 사임하지 않고 후보자등록한 자 등에 대하여 엄격히 처벌하고 있다.

(마) 일 본

매수죄, 기부제한위반죄 등 다양한 벌칙을 정하고, 선거주관자, 출납책임자, 후보자 가족 등이 매수 등 선거범죄·선거비용 법정액 위반죄로 형벌을 받았을 때에 당선인의 당선을 무효로 하는 연좌제를 채택하고 있다.

(3) 한국의 선거사범 처벌

공직선거법에서의 벌칙규정은 매수·이해유도죄(동법 제230조~제236조), 선거자유방해죄(제237조~제239조의2), 벽보 등 선전시설 방해죄(제240조), 투표비밀침해죄(제241조), 투·개표 간섭·방해죄(제242조), 폭행·교란죄(제244조), 투표소 등에서의 무기휴대죄(제245조), 다수인의 선거방해죄(제246조), 사위·위조죄(제247조~제249조), 허위사실 공표죄(제250조), 비방죄(제251조), 방송신문등 부정이용죄(제252조), 성명 등 허위표시죄(제253조), 선거운동기간위반죄(제254조), 부정선거운동죄(제255조), 제한규정위반죄(제256조), 기부행위금지제한 위반죄(제257조) 등 매우 광범위하다.

또한 공직선거법은 선거범죄의 특칙으로서, 선거범죄로 인한 당선무효(동법 제264조), 연대책임으로 인한 당선무효(제263조, 제265조), 선거범죄로 인한 공무담임 제한(제266조), 재정신청권(제273조), 공소시효 및 재판기간(제268조~제270조) 등을 규정하고 있다.

2 선거에 관한 쟁송

선거란 선거인명부의 작성, 후보자 등록, 투표, 당선인결정 등 일련의 행위의 집합적 과정으로서, 그러한 과정에 있어서 선거의 관리, 당선인의 결정이 법규에 위배되었거나 선거인의 의사를 정확히 반영하지 못하였다고 인정되는 경우에는 이의를 제기하여 이를 시정하는 것이 공정하고도 공명한 선거의 실현을 위해서 필요하다.

우리나라에 있어서 그러한 다툼은 ㉠ 선거인명부에 관한 것, ㉡ 선거 또는 선거의 효력에 관한 것의 두 가지가 있다.

선거에 관한 다툼은 보통쟁송의 경우와는 달리 일정한 행위에 의하여 권리를 침해당한 당사자에 한하지 않고 널리 선거인에게도 이의제기의 권리가 부여되어 있는 것이 특징이다. 말하자면 선거쟁송은 학문상 민중쟁송이다.

(1) 선거인명부에 관한 이의제기

선거인명부를 작성하는 기관은 그 작성함에 있어서 일정기간(3일간) 선거권자에게 열람 또는 공람하게 되어 있는데, 이때에 선거권자는 누구든지 선거인명부에 누락 또는 착오가 있다고 인정되는 때 그 열람기간 내에 구술 또는 서면으로 그 작성기관에 이의를 제기할 수 있고, 이 이의에 대한 명부작성기관의 결정에 불복하는 때 그 결정통지를 받은 다음날까지 관할 선거관리위원회에 불복신청을 할 수 있다(공직선거법 제40조~제46조).

(2) 선거 또는 당선에 관한 쟁송

선거에 관한 쟁송에는 선거쟁송과 당선쟁송이 있다.

선거쟁송은 선거의 절차에 하자가 있음을 이유로 선거의 전부 또는 일부의 효력을 다투는 쟁송을 말하고, 당선쟁송은 당선인의 결정에 하자가 있음을 이유로 그 당선인 결정의 효력을 다투는 쟁송을 말한다. 선거쟁송이 선거(의 전부 또는 일부) 자체의 효력을 다투는 것인 데 비하여, 당선쟁송은 그 선거 자체의 유효 여부와 별개로 당선인 결정의 효력을 다투는 것에 차이가 있다.

선거 자체가 무효로 되면 선거의 전부 또는 일부의 재선거 또는 재투표가 실시되어야 하는 데 비하여, 당선인 결정이 무효로 되면 새로운 당선인만 결정하면 된다. 그러나 당선쟁송에 있어서 선거의 유효 여부가 당선쟁송의 존부의 전제가 되므로 그 심리기관은 당선 심리와 함께 선거유효 여부도 함께 심리하지 않을 수 없을 것이다.

쟁송의 절차는 먼저 소청(所請)의 절차를 거쳐서 진행한다.

소청은 선거일부터 14일 이내에 관할 선거관리위원회 위원장을 피소청인으로 하여 그 직근 상급 선거관리위원회에 제기한다(동법 제219조).

소청의 결정에 불복이 있는 소청인(당선인 포함)은 선거의 효력에 관하여는 선거구 선거관리위원회 위원장을 피고로 하여, 당선의 효력에 관하여는 당선인(선관위원장이 피소청인인 때에는 선관위원장을 말함)을 피고로 하여, 그 결정서를 받은 날부터 10일 이내에 시·도지사 선거 및 비례대표 시·도의원 선거에 있어서는 대법원에, 기초단체장 선거, 지역구 시·도의원선거 및 구·시·군의원선거에 있어서는 고등법원에 소를 제기할 수 있다(동법 제223조).

위의 결정·재판기관은 결정·판결에 있어, 선거규정에 위반된 사실이 있는 때라도 그것이 선거의 결과에 영향을 미쳤다고 인정되는 때에 한하여 선거무효 또는 당선무효로 선언한다(동법 제224조).

PART

4

지방자치의 민주적 경영

CHAPTER

7 주민의 자치참여

제1절 주민의 지위와 권리

I 주민의 의의

1 주민에 의한 자치

지방의 주민은 구역, 자치권과 함께 지방자치단체의 3대 구성요소 중의 하나이다. 그 지방의 공공사무를 그 지방의 주민이 자율적으로(주민 스스로 또는 그 대표자를 통하여) 처리하는, 이른바 주민자치에 있어서는 정부와 주민의 밀접성, 특히 주민의 참여와 통제는 지방자치의 본질적인 요소가 된다. 지방자치단체는 본질적으로 주민의 복리증진을 목적으로 주민에 의하여 설립된 단체이기 때문이다. 따라서 지방자치에 있어서는 주민의 지위와 권리·의무, 주민의 자치정부에 대한 참여와 통제 등은 지방자치의 핵심적 문제이다.

2 주민의 요건

지방자치단체의 구역 안에 주소를 가진 자는 그 지방자치단체의 주민(inhabitant)이 된다(지방자치법 제16조). 이에는 인종·국적·성별·연령 및 행위능력의 여하를 불문하며, 자연인뿐만 아니라 법인도 포함된다.

자연인의 경우 주소란 생활의 근거가 되는 곳(민법 제18조 제1항), 즉 일반 생활관계에 있어서 그 중심을 이루는 장소를 말한다. 법인의 주소는 일반법인의 경우는 그 주된 사무소의 소재지가 되고(동법 제36조), 기타 특별법에 의한 특별법인의 경우는 그 특별법이 정하는 바에 의한다(한국은행법 제7조, 대한석탄공사법 제3조 등). 그리고 시·군·자치구는 시·도의 구역 안에 있으므로 시·군·자치구의 주민은 동시에 시·도의 주민이 된다.

민사법상 주소의 설정 및 변경은 거주의 사실만으로 족하고 등록 등의 공증적 행위를 요하지 않으며, 동시에 두 곳 이상의 주소가 인정되고(민법 제18조 제2항), 일정한 경우 거소나 가주소[1]도 주소로 인정되고 있다(동법 제19조~제21조).

이에 비하여 공법상의 주소는 다른 법률에 특별한 규정(예 : 지방세기본법 제28조~제33조)이 없는 한 주민등록법이 정하는 바에 의하도록 되어 있다. 주민등록법은 30일 이상 거주할 목적으로 일정한 지방자치단체의 관할구역 안에 주소(또는 거소)를 가진 자는 주민등록을 하여야 하고(주민등록법 제6조), 주민등록지를 공법관계에서의 주소로 보며(동법 제23조), 주민등록의 이중신고를 금지하고 있다(동법 제10조 제2항).

다만 주민등록을 주민자격의 취득요건으로 보아야 하는지, 아니면 거주사실의 공증요건으로 보아야 하는지에 관해서는 후술하는 주민의 지위와 관련하여 그 해석을 달리하여야 한다.

Ⅱ 주민의 지위

1 주민의 지위 분류

주민은 지방자치단체의 구성원이며 동시에 지방자치단체의 주체가 된다. 지방자치단체는 본래 주민의 복리증진을 목적으로 주민에 의하여 설립된 단체이기 때문에 주민은 지방자치단체의 중핵으로서 지방자치단체의 모든 권한의 원천인 것이다. 이러한 주민의 지위는 주체적 지위와 구성원으로서의 지위로 대별하여 볼 수 있다.

---

1) ① 거소란 일정기간 계속하여 거주하지만 그 장소의 밀접한 정도가 주소에 미치지 못하는 곳을 말한다. 민법에서는 주소를 알 수 없으면 거소를 주소로 보고 있다.
② 가주소란 거래의 편의를 위해 인정되는 것으로, 거래행위에 관하여는 주소로 본다.

(1) 주체적 지위

주민은 주민 전체로서 지방자치단체의 통치권의 주체가 된다. 이에 기하여 주민은 선거권·피선거권, 청원권, 소청권 등 이른바 참정권을 행사하는 것이다.

(2) 구성원적 지위

주민은 개개인으로서 지방자치단체의 구성원이 된다. 이러한 구성원적 지위에는 다음과 같은 지위가 포함되어 있다.

(가) 수익자로서의 지위

주민은 지방자치단체의 활동으로부터 혜택을 받는다. 지방자치단체의 재산 및 공공시설을 이용하고, 각종 서비스의 제공을 향수하는 경우가 그 예이다.

(나) 의무부담자로서의 지위

주민은 지방자치단체의 구성원으로서 일정한 의무를 부담한다. 자치업무의 수행에 소요되는 비용을 분담하는 경우가 그 예이다.

(다) 피통치자로서의 지위

주민은 지방자치단체의 구성원으로서 그 통치권의 대상이 된다. 주민이 지방자치단체의 작위·부작위의 명령에 복종하는 경우가 그 예이다.

2 주민의 지위와 주민등록

주민이 그 주체적 지위(또는 참정권을 행사하는 자치단체의 기관으로서의 주민)를 행사하려면 반드시 주민등록을 해야 한다. 따라서 주민등록을 주민자격의 취득요건으로 보아야 한다. 그러나 구성원적 지위(즉, 수익자·의무부담자 및 피통치자로서의 주민)를 취득하는 데에는 주민등록이 불가결의 필수조건은 아니다. 이 경우에는 주민등록을 거주사실의 공증요건으로 볼 수 있다.[2)]

2) 어떤 의미에서는 일정한 지방자치단체로부터의 수익, 지방자치단체에 대한 의무부담 및 지방자치단체의 권한에의 복종은 해당 자치단체의 주민만이 행하는 것이 아니라 다른 자치단체의 주민이나 주민등

물론 30일 이상 거주할 목적으로(의사를 가지고) 해당 자치단체의 관할구역 안에 거주하는 자는 주민등록을 하여야 하므로(주민등록법 제6조), 좁은 의미로는 주민등록을 한 사람만을 해당 자치단체의 주민으로 볼 수 있다.

Ⅲ 주민의 권리와 의무

주민은 그 주민의 지위에서 당연히 발생하는 다양한 권리와 의무를 가진다. 그러나 구체적인 권리·의무는 각 나라 및 해당 자치단체의 법규가 정하는 바에 의한다. 우리나라의 경우 지방자치단체의 주민이 갖는 일반적인 권리와 의무는 다음과 같다.

1 주민의 권리

주민은 지방자치단체의 주체로서 또는 그 구성원으로서 선거권·피선거권·공무담임권, 주민투표권·조례제정청구권·청원권·소청권·주민감사청구권·행정참여권, 공공시설 이용권, 행정서비스 향수권, 납세자불복권 및 배상·변상청구권 등을 가진다.

이러한 권리들 가운데 선거권·피선거권·공무담임권·주민투표권·주민청구권·청원권 등은 참정권에 해당하고, 공공시설 이용권과 행정서비스 향수권은 수익권에 해당하며, 납세자 불복권과 배상·변상청구권은 쟁송권에 해당한다.

(1) 참정권

주민은 일정한 요건 아래 해당 지방자치단체의 자치업무에 참여하는 권리를 가진다. 이에는 선거에 관한 권리와 공무를 담당하는 권리 및 일정한 사항의 직접적

록을 하지 아니한 외국인도 해당 자치단체의 구역 안에서 비록 일시적이나마 행하는 경우가 있다. 오늘날과 같이 도시화가 대대적으로 진행된 시대에는, 특히 대도시의 도심지에서는 해당 자치단체의 주민뿐만 아니라 외부인이 도시시설을 이용하거나, 통행료·주차료 등을 부담하거나, 또는 해당 자치단체가 정한 질서 등 규칙을 준수하는 경우가 많다.

인 청구권과 주민투표권이 포함된다.

(가) 선거권 · 피선거권

선거일 현재 18세 이상의 국민(일정한 조건을 갖춘 외국인 포함)으로서 선거인 명부 작성기준일 현재 해당 지방자치단체의 구역 안에서 주민등록을 한 주민은 그 지방자치단체의 의회의원 및 장의 선거권 가진다(공직선거법 제15조 제2항). 또한 선거일 현재 계속하여 60일 이상 그 지방자치단체의 관할구역 안에 주민등록이 된 자로서 18세 이상인 자는 해당 지방의회의원 및 지방자치단체의 장의 피선거권을 가진다(동법 제16조).

(나) 공무담임권

모든 국민은 헌법에 의하여 그 기본권으로서 법률이 정한 바에 따라 공무를 담임할 권리를 가진다(헌법 제125조). 지방자치법은 지방자치단체에 그 지방자치단체가 보수를 부담하는 지방공무원을 두도록 하고 있고(지방자치법 제18조), 지방공무원법은 지방공무원의 임용 · 보수 · 복무 · 신분보장 · 징계 · 교육훈련 등에 관하여 상세하게 규정하고 있다.

(다) 주민투표권

지방자치단체의 관할구역 안에 주민등록이 되어 있는 주민은 지방자치단체의 주요사항 결정에 주민투표권을 가진다(동법 제18조). 우리나라에서 주민투표권은 일정한 조건을 갖춘 외국인에게도 허용된다(주민투표법 제5조).

(라) 주민청구권

18세 이상 주민은 일정 수 이상의 연서로써 조례제정 및 감사를 청구할 수 있다(주민조례발안에 관한 법률 제2조, 지방자치법 제19조, 제21조,). 이 청구는 조례제정청구의 경우에는 지방자치단체의 장에게, 감사청구의 경우에는 그 지방자치단체의 감독기관에 대하여 한다.

(마) 청원권

주민은 지방의회에 조례 · 규칙의 개폐나 공공시책의 개선 등 지방자치단체의 자치업무에 관하여 청원할 수 있다(동법 제85조~제88조). 청원사항은 자치에 관한 것이면 모두 가능하다.

(2) 수익권

(가) 공공시설이용권

주민은 법령으로 정하는 바에 따라 소속 지방자치단체의 재산과 공공시설을 이용하는 권리를 가진다(지방자치법 제17조 제2항 전단).

여기에서 '재산'이란 이른바 공공용재산을 의미하며, 따라서 공용재산과 수익재산 및 기타 사법상 지방자치단체가 소유하는 재산은 이에 포함되지 않는다. '공공시설'은 병원・공원・운동장・학교 등과 같이 지방자치단체가 주민의 복지향상을 위하여 경영・관리하는 공공용의 시설을 말한다. '이용'이란 누구나 필요에 따라 균등하게 사용하는 것을 말한다.

주민의 공공시설 이용권은 주민이 그 주민인 지위에서 공공용시설 등을 이용할 수 있다는 뜻이며, 주민이 아닌 자의 이용을 방해하는 의미는 아니다. 이러한 권리는 엄격한 의미에서 권리라기보다는 일종의 반사적 이익이라고 할 수 있다.

(나) 행정서비스 향수권

주민은 지방자치단체로부터 균등하게 행정의 혜택을 받을 권리를 가진다(동법 제17조 제2항 후단). 전염병의 예방접종, 오물수거, 부조, 원호, 생활보호, 방범, 교육 등 실로 그 범위는 무한히 넓다.

주민의 행정서비스 향수(享受)권은 해당 자치단체의 주민에게만 부여되고 주민이 아닌 자에게는 부여되지 않는 것이 원칙이지만, 지방자치단체의 행정서비스의 범위가 매우 광범위하고, 종류가 다종다양하기 때문에, 경우에 따라서는 주민이 아닌 자에게도 그러한 수혜를 배제하지 않는 경우도 있다.

(3) 쟁송권

(가) 납세자 이의신청권

지방세, 사용료・수수료 또는 분담금의 부과・징수에 관하여 이의가 있는 주민은 그 처분의 통지를 받은 날로부터 90일 이내에 그 지방자치단체장에게 이의신청을 할 수 있고, 그 신청에 대한 지방자치단체장의 결정에 불복이 있을 때에는 그 상급 감독청 또는 법원에 계속하여 쟁송할 권리를 가진다(지방세기본법 제118조~제119조, 지방자치법 제157조).

(나) 주민소송권

지방자치단체장 및 그 소속 공무원의 공금지출 등 재무행위에 대하여 감독기관에 감사청구를 한 주민은 그 감사결과의 조치에 불만이 있거나 불복하는 경우에 법원에 소송을 제기할 수 있다(지방자치법 제22조).

또한 주민은 일정한 사유가 있을 때에 지방자치단체의 장과 기타 기관을 상대로 손해배상 또는 변상을 청구할 수 있다(동법 제23조, 제24조).

2 주민의 의무

주민은 일정한 의무를 부담한다. 주민의 의무에는 여러 가지가 있으나, 이를 크게 비용분담과 법규준수의 의무 및 선거·투표의 의무로 나눌 수 있다.

(1) 비용분담 의무

주민은 법률이 정하는 바에 따라 그 소속 지방자치단체의 비용을 분담할 의무를 진다(지방자치법 제27조). 여기에서의 '비용'이란 지방자치단체가 그 자체의 존립과 자치업무의 수행에 필요로 하는 비용을 말하고, '분담'이란 균등한 부담을 말하는 것이 아니라 주민으로서 누구나 그 수익 또는 능력에 따라 응분의 부담을 하는 것을 말한다.

비용분담의 형태는 지방세·사용료·수수료·분담금 등으로 나타난다(동법 제152조~제155조). 이러한 비용분담의무의 불이행에 대하여는 행정상의 강제집행(질서위반행위규제법)이 행해진다(지방자치법 제156조).

(2) 법규준수 의무

주민은 법령이나 조례·규칙이 정하는 바에 따른 작위의무(예: 신고이행)·부작위의무(예: 진입금지) 또는 감수의무(예: 장부검사를 받음)를 진다. 그 분야는 사회안전의 유지에서부터 주민복지의 향상에 이르기까지 공공생활의 거의 모든 분야에 걸친다. 이러한 법규준수의무의 불이행에 대하여는 행정상의 벌칙이 적용되는 것이 일반적이다.

(3) 선거 · 투표의무

주민의 선거 · 투표를 권리로서만이 아니라 의무화하는 나라도 다수 있다.[3] 그 의무 위반자에게 벌금을 부과하는 것은 기본이고, 그 외에 공직시험 · 채용, 은행거래, 여권 · 주민증소지, 해당 연도의 결혼을 금지하기도 하고, 위반자 명단을 공개하기도 한다. 선거 · 투표를 의무화함은 개인의 기본권을 보장하는 헌법의 기본원리에 배치된다는 논란의 여지가 있으나, 투표율 저조의 방지책으로서 검토해 볼 필요가 있다.

제2절 주민의 직접참정

I 간접민주제와 직접민주제

주민이 자치운용에 참여하는 데에는 직접참정 방식과 간접참정 방식의 두 가지가 있다. 지방자치(주민자치)는 지역 안의 공공업무를 주민의 의사와 책임 아래 처리하는 제도이므로 직접참정 방식이 이상적이라고 할 수 있다.

3) 외국에서 주민의 투표를 의무화하고, 그 위반자에게 벌금 등 제재를 과하는 사례를 보면 다음과 같다.

외국의 의무투표제 사례

제재유형	제 재 내 용
벌금형	호주, 룩셈부르크, 이집트, 튀르키예, 베네수엘라, 에콰도르, 우루과이, 파나마, 엘살바도르, 필리핀, 몽골, 가봉 등
금고형	그리스, 키프로스 등
벌금형 및 여타제재	브 라 질 : 벌금, 은행대부, 공직시험, 여권 · 주민증소지 등 제한 단, 16~17세, 70세 이상은 임의투표 멕 시 코 : 벌금, 1년간 은행거래 금지 벨 기 에 : 벌금, 명단공개, 15년간 4회 위반시 10년간 선거인명부말소 아르헨티나 : 벌금, 3년간 공직취임 · 고용 제한 오스트리아 : 벌금, 2주 이내 구류 페 루 : 벌금, 은행대부, 해당 연도 결혼금지

자료 : 중앙선거관리위원회 제공

그러나 오늘날과 같이 복잡·다원화한 사회에서 전문·기술화한 자치업무에 일일이 주민의 직접적인 의사를 들어 처리한다는 것은 사실상 불가능하다. 따라서 현대 민주정치에 있어서는 간접민주주의에 입각한 간접참정 방식이 기본적인 참정방식으로 평가되고 있다.4)

간접민주주의에 있어서 주민은 선거 시점에서만 자기의 의사를 표시할 수 있는데 그치고, 대표자를 선출한 후에는 주민의 의사가 대표자의 의사에 종속되는 결과를 낳게 된다. 따라서 오늘날에는 간접민주주의에 입각한 간접참정 방식을 기본적인 참정방식으로 하되, 이러한 간접참정 방식의 결함을 시정하기 위한 보충적인 수단으로서 직접참정 방식이 채택되고 있다. 즉, 민주주의의 이론상 이념적으로는 직접민주주의가 기본이지만, 현실에 있어서는 대의제민주주의를 기본으로 하고 그러한 대의제민주주의에 이상사태가 발생할 경우에 이를 보완하고 교정하는 수단으로 직접참정을 하는 것이 일반적이다. 오늘날 이러한 보충적 수단으로 채택되고 있는 직접참정 방식의 주된 방식이 바로 주민청구와 주민투표제도이다.

이와 같은 주민의 직접참정제도는 여러 가지 순기능을 발휘한다. ㉠ 주민참정기회의 확대로 실질적 주민자치의 수준을 향상시키고, ㉡ 주민의 의사에 어긋나는 대의기관의 정책이나 행정에 제재를 가할 수 있으며, ㉢ 주민이 지방자치의 궁극적 주체임을 현실화하는 제도적 장치가 될 수 있는 것이다. 그러나 이러한 주민직접참정 제도는 여러 가지 역기능도 가지고 있다. ㉠ 이해관계 등의 부당한 압력수단으로 악용의 소지가 있고, ㉡ 번잡한 절차로 낭비적이고 때로는 분열적인 상황을 조성할 우려도 있다.

직접참정제가 성공적으로 운용·정착되기 위해서는 청구요건 및 가결요건(최저투표율이나 최저득표율 등), 투표결과의 집계방식이나 효력 등 제도 자체의 합리적 정립은 물론이고, 주민의 판단을 위한 충분한 정보의 공개 및 제공, 공정한 투표운동, 의견발표의 보장, 부담·수혜관계의 명확한 제시 등 그 효율적 운용이 요구된다.

---

4) 스위스 commune의 약 90%가 선거권자 전원으로 구성되는 의결기관인 주민총회(assemblée communale, Gemeindeversammlung)를 가지고 있다. 미국의 경우 Connecticut주, Massachusetts주 및 Wisconsin주 등의 일부 town이 선거권자들로 구성되는 주민총회(town meeting)를 각각 가지고 있다. 그러나 대부분의 국가에서는 모두 간접참정제도를 기본으로 하고 있다(International City Management Association, The Municipal Year Book : 1982, pp. 14~15, 23~24).

Ⅱ 주민청구

주민청구란 지방자치 운용에 있어서 주민이 자치정부에 대하여 일정한 사항의 결정 및 실행을 요구하는 것을 말한다. 여기에서 일정한 사항이란, 조례의 제정 및 개폐, 사무의 감사, 의회의 해산, 지방의원・지방자치단체장 등 주요직의 해직(소환), 회계의 감사, 위법처분의 시정, 기타 주민에게 중대한 영향을 미치는 사항 등을 뜻한다.

대의제 민주주의에 있어서는 주민이 선출한 지방자치단체장이나 지방의회 의원에게 지방자치의 운용을 맡기는 것이 원칙이지만, 중대한 사항에 대해서는 주민이 직접 처리하거나 처리를 청구할 권한을 보유하는 것을 의미한다.

주민청구의 방식에는 크게 두 가지가 있다. 소극적으로 위법・부당한 입법・행정행위로부터 주민을 보호하기 위한 쟁송적 방식과 적극적으로 치자와 피치자의 동일성을 확보하기 위한 참정적 방식이 있다.[5)]

1 주민쟁송적 청구(청원・감사청구・소송)

쟁송적 청구란 지방정부의 위법 또는 부당한 입법・행정행위를 주민이 감시하여 적법하고도 공정한 입법・행정을 확보하려는 주민의 청구라는 뜻이다. 이러한 청구는 위법 또는 부당한 입법・행정행위의 피해당사자인 주민만이 할 수 있는 것이 아니라 주민이면 누구나 할 수 있다는 점에서 일반적인 청구와 다르다.

(1) 주민청원・소청

(가) 주민청원

주민청원이란 주민이 지방정부의 기관에 대하여 일정한 사항에 관한 희망을 진술하는 것을 말한다. 대부분의 나라에서 이를 채택하고 있으며, 우리나라에서도 채택하고 있다.[6)]

5) 지방자치에 있어서 이러한 주민의 직접참정의 방식 중 후자를 특히 일본에서는 '직접청구제'라고 하고 있다.

주민은 재판에 간섭하거나 법령에 위배되는 내용이 아닌 한 어떤 사항에 대하여도 지방의회에 청원을 할 수 있다(지방자치법 제86조). 청원은 문서로 하여야 하나, 그 전달방법, 문서형식 등에는 제한이 없다. 다만 지방의회에 청원을 하려는 자는 의원의 소개를 받아 청원서를 제출해야 한다(동법 제85조).

청원이 접수되면 지방의회의 의장은 위원회 또는 본회의에 회부하여 심사하게 한다(동법 제87조). 다만 그 지방자치단체장이 처리함이 타당하다고 인정되는 청원은 그 의견서를 첨부하여 지방자치단체장에게 이송하며, 지방자치단체장은 그 처리결과를 지체 없이 지방의회에 보고하게 되어 있다(동법 제88조).

(나) 주민소청

주민소청이란 자치단체의 자치입법 또는 행정행위에 이의가 있는 주민이 일정 수 이상의 연서로써 지방자치단체의 감독기관에게 시정조치를 요청하는 것이다.

우리나라에서는 일찍부터 이 제도가 입법·행정 전반에 걸쳐 채택되었으나, 현재는 선거에 관한 소청만 채택되고 있다. 즉, 선거 또는 당선의 효력에 관하여 이의가 있는 선거인·후보자·정당은, 선거 자체에 관하여는 선거일로부터, 당선에 관하여는 당선인 공고일로부터 14일 이내에, 선거관리위원회에 소청을 제기할 수 있다(공직선거법 제219조).

(2) 주민감사청구

주민감사청구제는 지방자치단체(및 그 장)의 사무처리가 법령에 위반하거나 공익을 현저히 해친다고 인정되는 경우에 주민이 그 감사기관에 감사를 요청하는 것을 말한다.

주민감사청구에 있어서, ㉠ 청구대상행위를 회계 등 재무행위에 한정하느냐 일반사무행위에까지 확대하느냐, ㉡ 위법한 행위에 한정하느냐, 부당한 행위에까지 확대하느냐, ㉢ 주민 1인이라도 청구할 수 있게 하느냐, 다수인 연서로써만 하도록 하느냐, ㉣ 청구대상기관을 어디로 하느냐 등 여러 가지 문제가 있을 수 있다.

우리나라에서는 1991년 지방자치제 부활 이후 각 지방자치단체에서 조례로 주민감사청구제를 두는 경향이 늘었고, 그 제도의 내용도 다양했지만, 1999년 개정된

---

6) 주민의 청원권은 헌법(제26조)상 보장되는 기본권이다. 청원에 관한 법체계는 헌법(제26조)을 기본법으로 한다. 그리고 일반법으로서는 청원법이, 특별법으로서는 국회법(제123조~제126조)과 지방자치법(제85~제88조)이 있다. 지방자치단체의 집행기관을 비롯한 일반행정기관에 대한 청원은 청원법에 의하고, 지방의회를 통한 청원은 지방자치법에 의한다(홍정선, 전게서, pp. 185~186).

지방자치법에서 법률로 정함으로써 주민감사청구의 법적 기초를 마련하였다.

즉, 주민은 지방자치단체 및 그 장의 사무처리가 법령에 위반하거나 공익을 현저히 해친다고 인정되는 경우에, 18세 이상 주민이 시·도에서는 300명, 인구 50만 이상의 대도시 200명, 그 밖의 시·군·자치구에서는 150명의 범위 안에서 조례가 정하는 주민수 이상의 연서로써, 시·도에 있어서는 주무부장관에게, 시·군·자치구에 있어서는 시·도지사에게 감사를 청구할 수 있다(지방자치법 제21조).

다만 감사청구의 대상에서 ㉠ 수사 또는 재판에 관여하게 되는 사항, ㉡ 개인의 사생활을 침해할 우려가 있는 사항, ㉢ 다른 기관에서 감사하였거나 감사 중인 사항, ㉣ 그리고 사무의 처리가 있었던 날 또는 종료된 날부터 2년이 경과된 사항에 대해서는 감사를 청구할 수가 없다.

이러한 우리나라의 주민감사청구는, 청구자 요건을 주민 개개인이 아니라 다수 주민의 연서로 하고 있고, 감사청구 대상영역을 재무행위뿐만 아니라 일반행정행위를 포괄하고 있는 점에서 일본의 주민감사청구와 다르다.[7)]

우리의 주민감사청구는 그 감사기관을 지방자치단체 내의 기관이 아니라 그 자치단체에 대한 외부 감독기관으로 하고 있는 점에서 지방자치의 본지를 훼손하고 있다는 문제가 있다.[8)]

(3) 주민소송

주민소송이란 지방자치단체의 기관 및 직원의 공금지출·회계 등 재무행위가 위법하다고 인정되어 주민이 감사기관에 감사를 청구하고도 그 감사결과에 불만족하는 경우에 법원에 재판을 청구하는 것을 말한다.

이처럼 주민소송은 주민의 감사청구를 전심절차로 하되, 그 청구대상사항을 재무행위 분야에 한정하고 있다. 주민소송에서 감사청구의 경우와는 달리 위법한 행위만을 대상으로 하는 것은 소송의 성격상 당연하다.

주민소송은 청구인의 권리·이익의 보호라는 관점에서 지방자치단체의 적법·

---

7) 우리나라의 주민감사청구는 일본의 (재무)감사청구와 사무감사청구를 포괄하는 청구라고 할 수 있다.

8) 2000년 주민감사청구제도 시행 이후 2013년까지 총 276건이 청구되었다.

연도별 주민감사 청구상황 (단위 : 건)

구 분	합 계	'00	'01	'02	'03	'04	'05	'06	'07	'08	'09	'10	'11	'12	'13	'14	'15	처리상황
합 계	307	5	12	20	9	7	12	30	24	30	35	26	25	34	18	12	8	완료: 158 각하: 142 진행 중: 7

자료: 2015 행정자치백서. ; 지방자치20년사

공정한 재무행위를 확보하기 위하여 행하는 것이다. 따라서 일반적인 권리구제의 소송절차와 다른 객관적 소송으로서, 행정소송법에서 말하는 이른바 민중소송[9]으로 이해되고 있다.[10]

주민소송은 다수 주민의 연서로써 청구할 수도 있고 주민 개개인의 청구로써도 할 수 있다.[11] 주민소송에 있어서 손해배상이나 부당이득반환 등의 청구를 그 담당 직원에게 직접 할 수 있느냐, 자치단체 또는 그 소속기관을 상대로 소송을 하느냐가 문제된다.

우리나라에서는 1999년에 주민감사청구제를 도입하고(지방자치법 제21조), 2005년에 자치행정에 대한 주민의 감시를 더 철저히 하기 위하여 주민소송제를 채택하였다(동법 제22조). 이로써 주민감사청구를 한 주민이 그 감사청구의 결과조치에 대하여 불만이 있거나 또는 불복하는 경우에 법원에 소송을 제기할 수 있게 된 것이다.[12]

(a) **소송제기** : 지방자치단체 및 그 장의 권한에 속하는 사무 중, ㉠ 공금지출, ㉡ 재산의 취득・관리・처분, ㉢ 매매・임차・도급 등 계약의 체결・이행, ㉣ 지방세・사용료・수수료・과태료 등 공금부과・징수의 해태행위에 관하여 감사를 청구한 주민은 그 감사결과의 조치 또는 그 이행에 불복이 있는 경우에 일정한 기간 내에 해당 지방자치단체장(또는 그의 위임을 받은 소속기관장)을 상대방으로 하여, 법원에 소송을 제기할 수 있다(동법 제22조 제1항).[13]

주민이 제기하는 소송은 ㉠ 행위의 전부 또는 일부의 중지를 구하는 소송, ㉡ 행위의 취소・변경을 구하거나, 그 행위의 효력 유무 또는 존재여부의 확인을 구하는 소송, ㉢ 해태사실의 위법확인을 구하는 소송, ㉣ 손해배상, 부당이득반환 또는 변

9) 민중소송이란 "국가 또는 공공단체의 기관이 법률에 위반되는 행위를 한 때에 직접 또는 자기의 법률상 이익과 관계없이 그 시정을 구하기 위하여 제기하는 소송을 말한다(행정소송법 제3조 제3호). 행정소송법상 행정소송은 항고소송, 당사자소송, 민중소송, 기관소송으로 구분하고 있다.

10) 久世公堯, 地方自治制度(東京 : 第1法規, 1976), p. 349; 日本 良書普及會, 地方自治辭典(1986), p. 609.

11) 鈴木正明・中川浩明・橋本 昌, 地方自治法(東京 : 良書普及會, 1985), p. 43.

12) 주민소송제는 미국의 납세 소송과 일본의 주민소송제를 모델로 하여 2005년 개정된 지방자치법에서 도입한 것으로, 이는 1988년 이전의 지방자치법에 규정되어 있던 '소청'제와는 다른 것이다.

13) 2005년 주민소송제 시행 이후 2020년까지 총 45건의 주민소송이 제기되었다.

연도별 주민소송 제기상황 (단위 : 건)

구 분	합 계	'06	'07	'08	'09	'10	'12	'13	'15	'16	'17	'18	'19	'20	처리상황
합 계	27	6	3	5	5	7	2	1	5	4	2	3	1	1	종결: 39, 진행: 6(1심:1, 2심: 1)

* 출처: 행정안전부. 2020년 주민소송 현황.(https://www.mois.go.kr/)

상명령을 구하는 소송의 네 가지 유형으로 나누인다(동조 제2항).

주민소송의 원고적격은 감사청구를 한 주민에 한한다. 주민은 1인일 수도 있고, 연서에 의한 다수인일 수도 있다. 소송의 진행 중에 소송을 제기한 주민이 사망하거나 주민자격을 잃은 때에는 소송절차가 중단되는데(동조 제6항), 이때에 주민감사청구에 연서한 다른 주민이 6개월 이내에 소송절차를 이어받을 수 있다(동조 제7항).

주민소송의 피고는 지방자치단체의 장이다. 다만 해당 사무를 소속기관에 위임한 경우에는 그 소속기관의 장이 피고가 된다(동조 제1항). 해당 사무를 담당한 직원에 대한 손해배상·부당이득반환·변상을 청구하는 소송에 있어서도 소송의 피고는 자치단체의 장 또는 그 소속기관의 장이며, 이 경우 자치단체장 또는 소속기관장은 그 책임 있는 직원에 대하여 구상권 또는 변상명령권을 행사하게 된다(동법 제23조, 제24조).

(b) **소송제한** : 소송의 남용이나 혼란을 방지하기 위하여 소의 제기나 유지에는 일정한 제한이 따른다.

첫째로, 소송제기의 기한이다. 즉 소송의 제기는 전술한 소송의 유형에 따라, 감사종료, 결과조치 통지 등 사유가 있은 날부터 90일 이내에 제기하여야 한다(동법 제22조 제4항).

둘째로, 소송제기의 금지이다. 즉 소송에 있어 해당 행위를 중지함으로써 생명·신체의 위해나 공공복리의 현저한 저해의 우려가 있거나, 동일한 사항에 대한 다른 주민의 소송이 진행되고 있을 때에는 소송을 제기하지 못한다(동조 제3항·제5항).

셋째로, 소송포기의 금지이다. 즉 소송 중에는 당사자가 법원의 허가 없이 소의 취하, 소송의 화해 또는 청구의 포기를 할 수 없다(동조 제14항).

주민소송 관할은 해당 지방자치단체의 소재지를 관할하는 행정법원 또는 지방법원본원이다(동조 제9항).

2 주민참정적 청구(주민발안·주민소환)

참정적 청구란 지방자치에 있어 입법·행정행위의 적법·공정성 확보에서 더 나아가서, 치자와 피치자의 동일성 확보를 위한 적극적인 주민자치적 청구라는 뜻이다. 보통 직접청구라고 할 때에는 이러한 청구를 말한다. 오늘날 각 나라에서 채택되고 있는 이러한 적극적 청구제도는 크게 주민발안과 주민소환 두 가지로 나눌 수 있다.

(1) 주민발안

주민발안(initiative, Bügerbegehr)은 지방선거 유권자 일정 수 이상의 연서에 의하여 지방자치단체의 자치헌장이나 조례의 제정 또는 개·폐 등에 관하여 주민이 직접 의안을 발의하는 제도이다.

이 주민발안은 지방자치의 기본정책과 행정이 주민의 의사대로 실현되는 것을 확보하고, 대의기구에 대하여 평소에 주민의사를 존중하도록 촉구하는 압력수단이 되기도 한다. 그러나 주민발안은 실제에 있어서 일반주민들의 능력으로써는 이를 실행할 수가 없는 것이고, 사실상 일부 극성자들의 특수 이익보호의 수단이 되기 쉽다는 문제점을 가지고 있다.

주민발안에는 직접적 주민발안과 간접적 주민발안의 두 가지가 있다. ㉠ 직접적 주민발안은 주민의 발안이 있으면 이를 반드시 주민투표에 붙이도록 되어 있는 제도이다. 대표적인 예는 미국 워싱턴 D. C.(Washington, D. C.)와 대만의 각 자치단체의 주민발안제에서 찾을 수 있다. ㉡ 간접적 주민발안은 이를 일단 지방의회에 회부하여 의회가 그 내용을 수용할 때에는 주민투표에 부치지 않고 바로 성립되며, 의회가 그 내용을 수용하지 않을 때에 이를 주민투표에 부치는 제도이다. 대표적인 예는 미국 콜로라도(Colorado)주 잉글우드(Englewood)시와 일본 각 자치단체의 주민발안제에서 볼 수 있다.

우리나라에서는 1999년의 지방자치법 개정에서 주민 조례제정·개폐청구제가 채택되었고, 2021년 지방자치법 전부개정에 따라 동년 「주민조례발안에 관한 법률」(약칭: 주민조례발안법, 2021. 10. 19., 제정, 2022. 1. 13., 시행)이 제정되어 「지방자치법」 제19조에 따른 주민의 조례 제정과 개정·폐지 청구에 필요한 사항을 규정하고 있다. 이에 따라 18세 이상의 주민(일정한 조건을 갖춘 재외동포와 국내거주 외국인 포함)은 해당 법령에서 정하는 기준에 따라 해당 지방자치단체의 조례로 정하는 청구권자 수 이상이 연대 서명하여 조례의 제정이나 개폐를 청구할 수 있다(주민조례발안법 제5조).

청구를 받은 지방자치단체장은 의견이 제출된 날부터 30일 이내에 검토결과를 그 의견을 제출한 주민에게 통보하여야 한다(지방자치법 제20조 제3항).

다만, 그 청구에 있어 법령을 위반하는 사항과 지방세·사용료·수수료·부담금 등의 부과·징수 또는 감면에 관한 사항, 행정기구를 설치하거나 변경에 관한 사항이나 공공시설의 설치를 반대하는 사항은 청구대상에서 제외된다(주민조례발안법 제4조).

(2) 주민소환

주민소환(recall, Bügerabwahr)은 소환투표권자 일정 수 이상의 연서에 의하여 지방자치단체장, 의회의원, 기타 일정한 주요 간부공무원의 해직이나, 의회의 해산 등을 그 임기만료 전에 청구하여 주민투표(또는 의회의 동의)로써 결정하는 제도이다.

주민소환의 사유는 범죄나 비행 외에도 정치적 무능력, 공약 불이행, 독단전횡, 비효율, 파렴치 행위, 수뢰혐의 등 다양한 사실을 그 이유로 한다. 따라서 범죄나 비행만을 이유로 하는 이른바 탄핵제도와 다르고, 또한 그 성격면에서 반드시 대의제(간접민주제)를 전제로 하여 공직자의 책임성을 확보하는 제도인 점에서 정책과정에의 주민의 직접참여를 보장하는 주민발안이나 주민투표 제도와도 다른 측면을 가지고 있다.

주민소환제는 정책결정을 보완해 주는 주민발안이나 주민투표 제도와는 달리 공직자의 신분을 규제하고 업무수행을 억제하는 효과를 가져오는 것이기 때문에 그 제도의 운용에 있어서 각별히 신중을 요한다. 이러한 주민소환제도는 ㉠ 공직자 윤리의 확보, ㉡ 평상시의 민의반영, ㉢ 주민의 공공문제 관심촉진 등의 이점을 가지고 있다. 반면에, ㉠ 공직자의 위축, ㉡ 감정적인 운동, ㉢ 남용으로 인한 지방자치의 파행화 등의 우려를 안고 있다.

따라서 직접민주주의의 관행이 발달한 국가에 있어서도 주민소환제의 활용에는 매우 신중한 입장을 보이고 있다. 실제로 주민소환 제도는 미국의 50개 주(州) 중에서 단지 18개의 주에서만 채택되고 있을 뿐이며 일본, 대만, 필리핀 등에서도 채택되고 있지만 제도채택을 통한 심리적 효과를 거두는 것이 일반적이고 실제로 행사된 경우는 아주 드물었다.[14]

일본에서의 소환청구는 ㉠ 의회해산 청구, ㉡ 선거직공무원(자치단체의 장 및 지방의회 의원) 해직청구, ㉢ 비선거직공무원(부지사, 조역, 출납장, 수입역, 선거관리위원, 감사위원, 공안위원) 해직청구, ㉣ 그 외에 약간의 행정위원회 위원(예 : 교육위원, 농

14) 주민소환이 실제로 행사되는 경우에 큰 파장이 일어난 예로는 1957년 일본 福岡縣知事의 해직청구, 1965년 東京都議會의 해산청구 사건을 들 수 있다. 전자의 경우 큰 현규모에서 서명운동이 벌어지는 과정에서 서명수집의 곤란성, 중앙 정치권으로부터의 압력, 찬・반파 간의 갈등・불매운동 등 복잡한 양상을 낳았고, 후자의 경우 역시 사태가 복잡해져 결국 의회해산특별법의 제정을 통하여 정치적으로 해결되고야 말았던 것이다.

업위원회 위원 등) 해직청구로 나누인다.

이 중 위의 ㉠, ㉡의 경우는 선거권자 3분의 1 이상의 연서로써 선거관리위원회에 청구하고, 선거관리위원회는 이를 즉시 주민투표에 붙여 과반수의 찬성이 있는 때에는 의회해산 또는 공직자 해직이 확정된다. ㉢, ㉣의 경우는 선거권자 3분의 1 이상의 연서로써 대표자가 지방자치단체장에게 청구하고, 지방자치단체장은 이를 즉시 지방의회에 회부하여 의원 3분의 2 이상의 출석과 출석의원 4분의 3 이상의 찬성이 있는 때에는 해당 공직자의 해직이 확정된다.

위의 어느 경우이든 의회나 공직자의 임기개시 또는 취임한 날부터 1년 이내와 해산 또는 해직청구 주민투표가 있은 날부터 1년 이내에는 해산청구 또는 해직청구를 할 수 없다.

우리나라에서는 2006년에 주민소환제를 채택하였고(지방자치법 제25조), 2007년에 주민소환에 관한 법률이 제정되었다. 해당 지방자치단체 구역에 주민등록이 되어 있는 19세 이상의 주민 및 일정한 자격을 갖춘 외국인은 주민소환투표권을 가지도록 하였는데 그 구체적 내용은 다음과 같다.

(a) **소환 대상** : 주민소환의 대상은 지방자치단체장과 지방의회의원(비례대표의원은 제외), 및 교육감(지방자치법 제25조, 주민소환에 관한 법률 제7조, 지방교육자치에 관한 법률 제24조의2)이다. 우리의 주민소환에 관한 법률은 그 소환의 사유를 명시하지 않고 있으나, 지방자치단체장과 의회의원 및 교육감의 직권남용, 직무유기, 위법・부당행위, 기타 비효율적・비합리적 자치운용 등이 될 것이다.

(b) **소환 청구** : 주민소환 청구권자는 전년도 12월 31일 기준으로 주민등록표 및 외국인등록표에 등록된 주민투표권자이다. 소환청구권자는 그 일정 수(시・도지사에 대하여는 그 자치단체 구역 안 주민투표권자 총수의 100분의 10, 시장・군수・자치구의 구청장에게는 그 100분의 15, 지역구시・도의원 및 지역구시・군・자치구의원에는 그 의회의원의 선거구 안의 주민투표권자 총수의 100분의 20) 이상의 서명으로 관할 선거관리위원회에 소환청구를 할 수 있다(주민소환에 관한 법률 제7조 제1항).

주민소환청구는 당해 지방자치단체 관할구역 안의 시・군・자치구 전체의 수가 3개 이상인 경우에는 3분의 1 이상의 시・군・자치구에서 각각 소환투표청구권자 총수의 5/10000 – 10/1000의 범위 안에서 대통령령이 정하는 수 이상의 서명(다만, 관할구역 수가 2개인 경우에는 소환청구권자 총수의 1/100 이상의 서명)을 받아야 한다(동조 제2항, 제3항).

주민소환청구는 선출직 지방공직자 임기개시 후 1년 이내, 임기만료 예정일 1년 미만, 해당 공직자에 대한 소환투표 실시 후 1년 이내에는 할 수 없다(동법 제8조).

(c) **소환 투표** : 소환청구를 받은 관할 선거관리위원회가 청구서를 심사하여 적법하다고 인정하는 경우에 해당 소환대상자에게 소명의 기회를 주는 절차를 거친 후에 투표발의와 동시에 투표안과 투표일을 공고하여 시행한다(동법 제12조, 제14조).

주민소환투표는 투표공고일로부터 20일 이상 30일 이내에 실시한다. 다만 주민소환투표대상자가 자진사퇴, 피선거권 상실 또는 사망 등으로 궐위된 때에는 실시하지 아니한다(동법 제13조 제1항). 그러나 주민소환투표 공고일 이후 90일 이내에 ㉠ 주민투표법에 의한 주민투표나 ㉡ 공직선거법에 의한 선거・재선거 및 보궐선거(대통령 및 국회의원 선거 제외) ㉢ 동일 또는 다른 선출직 지방공직자에 대한 주민소환투표가 있을 때에는 주민소환투표를 그에 병합하거나 동시에 실시할 수 있다(동법 동조 제2항).[15)]

(d) **소환 결정** : 주민소환은 소환투표권자 총수의 3분의 1 이상의 투표와 유효투표 총수 과반수의 찬성으로 확정된다(동법 제22조 제1항). 주민소환투표자의 수가 주민소환투표권자 총수의 3분의 1에 미달하는 때에는 개표를 하지 않는다(동법 동조 제2항).

소환이 확정된 때에는 소환대상자는 그 확정 공표가 있는 시점부터 그 직을 상실하며, 그 보궐선거에 후보자로 등록할 수 없다(동법 제23조).[16)]

---

15) 2007년부터 2020년까지 총 99건에 대해 주민소환이 추진되어, 실제 소환투표가 이루어진 것은 10건(2명 소환, 8명 소환무산)이다. 나머지 89건에 대한 주민소환건은 소환사유해소, 서명부미제출 등의 사유로 미투표 종결되었다.

주민소환투표 청구상황

지 역	소환 대상	투표일	추진사유	투표율 (%)	투표결과
경북 포항	시의원	'19.12.18.	생활폐기물 에너지화시설(SRF) 운영에 따른 주민피해 직무유기	21.7	소환 무산
	시의원			21.7	소환 무산
전남 구례	군수	'13.12.4.	법정구속으로 인한 군정공백 유발	8.3	소환 무산
강원 삼척	시장	'12.10.31.	원자력발전소 건립 강행 등	25.9	소환 무산
경기 과천	시장	'11.11.16.	보금자리지구 지정 수용 등	17.8	소환 무산
제주	도지사	'09.8.26.	제주해군기지 건설관련 주민의견 수렴 부족 등	11	소환 무산
경기 하남	시장	'07.12.12.	화장장 건립 추진 관련 갈등	31.1	소환 무산
	시의원			23.8	소환 무산
	시의원			37.6	소환
	시의원			37.6	소환

자료 : 행정안전부(https://www.mois.go.kr/)

16) 지방자치단체장의 해직에 따른 재선거에 해직된 자가 출마할 수 있는가에 관하여, 일본에서는 지방공

소환투표의 효력에 관하여 이의가 있는 해당 소환대상자 또는 소환투표권자는 투표권자 총수의 100분의 1 이상의 서명으로 투표결과가 공표된 날부터 14일 이내에 관할 선거관리위원회 위원장을 피소청인으로 하여 그 직근 상급선거관리위원회에 소청을 제기할 수 있고, 소청에 대한 결정에 불복이 있는 소청인은 결정서를 받은 날부터 10일 이내에 관할 선거관리위원회 위원장을 피고로 하여 법원(시·도지사는 대법원에, 그 외의 대상자는 고등법원)에 소송을 제기할 수 있다(동법 제24조).

(e) **소환 경비** : 소환투표 사무관리에 소요된 경비는 지방자치단체가 부담하고, 투표운동에 지출된 경비는 소환청구인대표자와 소환투표대상자가 부담한다(동법 제26조).

Ⅲ 주민투표

1 주민투표의 의의

주민투표(referendum, Bügerentscheid)란 지방자치단체의 중요한 사안에 대하여 주민이 직접 결정권을 행사하는 것을 말한다. 대의민주제 하에서도 사안에 따라서는 주민 전체의 의사를 직접 확인할 필요가 있다.

지방자치에 있어서 주민투표는, 주민이 자치의 주체이며 중요사안의 궁극적 결정권자라는 것을 보여 주는 것이기도 하다. 그것은 전술한 주민발안이나 주민소환이 모두 종국에 가서는 주민투표로 귀결되는 데서도 알 수 있다. 주민의 투표를 주민의 권리로 하는 데 그치지 않고 그에 의무를 부과하여, 그 위반자에게 벌금 등 제재를 과하는 경우도 있다(전술 제1절 Ⅲ. 주민의 권리·의무 부분 참조).

세계 각국에서 시행하고 있는 주민투표에는 여러 가지가 있다.

첫째로, 주민투표에는 자치운용의 중요사안에 대한 것과, 주민들의 주민투표 청구에 의한 것이 있다. 자치운용의 중요사안에 대한 주민투표에는 의무적 주민투표와 임의적 주민투표의 두 가지가 있다. 의무적 주민투표(compulsory referendum)는 구역개편, 헌장제정 등 특별히 중요한 사항을 반드시 주민투표에 부쳐 주민의사에

공단체장 해직에 따른 재선거는 특정 정책에 대한 주민투표의 성격을 띠기 때문에 재출마할 수 있다고 보는 견해가 유력하며, 또한 실제로 재출마하여 재당선된 예가 있다.

따라 최종결정하는 것이고, 임의적 주민투표(optional referendum)는 해당 사안에 대한 주민투표의 실시 여부가 선택적으로 결정되는 것이다.

주민의 주민투표청구에 의한 주민투표에는 적극적 주민투표와 항의적 주민투표의 두 가지가 있다. 적극적 주민투표(positive referendum)는 일정한 사항에 관하여 주민이 스스로 결정하고자 하는 적극적 참정욕구에 의하여 실시되는 투표이고, 항의적 주민투표(protest referendum)는 의회에서 의결한 사항에 대하여 그 효력 여부를 주민투표에 의하여 결정하는 투표이다.

둘째로, 주민투표의 사안에 따라서는 지방의회 의결을 대체하는 경우와, 지방의회의 결과와 병행하는 경우가 있다. 전자의 경우를 대체적 주민투표라 하고, 이 경우에는 주민투표가 행해지는 사안에 대하여는 지방의회의 의결절차가 생략된다(이는 간접민주제에서는 극히 예외에 속한다). 후자의 경우를 병행적 주민투표라 하고, 이 경우에는 주민투표의 결과와 지방의회 의결의 효력의 우열이 문제된다. 주민투표의 결과가 우세하는 경우에는 지방의회의 의결을 '의견'이라고 하는 것이 일반적이다.

셋째로, 주민투표에는 그 투표의 효력에 법적 효력을 부여하는 기속적 주민투표(binding referendum)와 법적 효력을 부여하지 않는 권고적 주민투표(consulting referendum)가 있다. 전자가 일반적이지만, 후자를 채택하고 있는 나라도 많다.[17)]

2 주민투표의 득실과 성공조건

(1) 주민투표제의 득실

지방자치에 있어서 주민투표제는 대체로 다음과 같은 이점을 가지고 있다.

첫째로, 주민투표는 민주주의의 기본원리인 '자기결정'을 보장하는 제도적 장치이다.

둘째로, 주민투표는 주민의 참정기회의 확대에 따라 주민의 지방자치에 대한 관심을 향상시킬 수 있다.

셋째로, 주민투표는 주민의 투표행위를 통해 정치교육의 효과를 가져와 주민의 자치능력 향상을 기할 수 있다.

---

17) 한국지방행정연구원, 지방행정정보, 제97・6호(1997), pp. 5~8.

넷째로, 주민투표는 지방의회와 지방자치단체장의 대립관계를 중립적 위치에서 해결해 주는 제도적 장치가 될 수 있다.

주민투표제는 상기와 같은 유효한 기능을 수행할 수 있는 반면 그것을 잘못 활용하면 다음과 같은 폐해점도 있다.

첫째로, 종합적이고도 전문적인 판단을 요하는 정책문제를 찬·반의 피상적 흑백반응에 맡기는 위험성을 안고 있다.

둘째로, 주민들은 모두 조세를 덜 부담하고 서비스를 많이 받기를 원하기 때문에, 자치단체의 재정에 차질을 주는 결정을 가져올 우려가 있다.

셋째로, 투표에 다수자의 횡포가 휩쓸어서 진정으로 보호받아야 할 소수자의 의견이나 이익이 무시될 가능성이 있다.

넷째로, 주민투표는 의회의 성가신 문제 회피수단이나, 집행기관의 문제처리 정당화의 수단으로 이용되기 쉽다.

(2) 주민투표의 성공조건

주민투표는 그 운용 여하에 따라 민주주의의 좋은 수단이 될 수 있지만, 반대로 그 파국의 원인이 될 수도 있다. 자치단체장이 의회를 무력화하고 정당이나 이익집단이 그들의 이익보호를 위하여 악용할 때에는 더욱 그러하다.

따라서 주민투표제에는 다음과 같은 조건이 구비되어야 한다.[18)]

첫째는, 정책 및 행정정보가 정확히 공개되어야 한다. 정책방향이나 행정시책의 배경·내용이 투표권을 행사할 주민에게 정확히 전달될 때에만 합리적이고 이성적인 주민투표가 가능해지는 것이다.

둘째는, 주민의 자치의식 수준이 높아야 한다. 주민들이 지방자치의 궁극적인 주체는 자신이고, 자신이 중요 사안을 정확히 판단하여 결정하여야 한다는 주인의식과 책임의식을 가지고 있을 때에 비로소 주민투표가 순기능을 발휘하게 되는 것이다.

셋째는, 지방의회의 활성화가 이루어져야 한다. 오늘날 간접민주제하에서 지방의회야말로 주민들의 다양한 이익을 통합·조정하는 곳이다. 주민투표의 본질은 대의제를 보완하려는 것이지, 결코 이를 대체하려는 것이 아니다.

---

18) 김병국, “지방자치와 주민투표”, 자치행정, 1993년 10월호(서울 : 지방행정연구소), pp. 22~24; 강명구, “지방자치와 주민투표제”, 지방자치정보 제40호(서울 : 한양대학교, 지방자치연구소, 1994), pp. 8~9.

넷째는, 정당이 민주화되어야 한다. 지방자치에 정당이 적극 관여하고 특히 중앙당이 과두화 하여 지방정치에 깊숙이 관여할 때에, 투표는 지방문제의 해결보다는 중앙정치의 대리전의 수단이 될 수도 있다.

3 외국의 주민투표

(1) 미 국

미국은 대부분의 지방자치단체에서 주민투표제를 채택하고 있다. 주민투표에 회부될 중요한 사안을 조례에 열거하는 경우도 있고(예: New York시), 의회가 중대한 사안이라고 판단하여 주민투표에 붙이는 경우도 있으며(예: 콜로라도주 Adams카운티), 주민청구에 의하여 주민투표에 붙이는 경우도 있다(예: Washington D. C.).

New York시의 경우에는 조례안, 정부조직안, 의회의결 정족수, 시장의 거부권 행사, 공무원의 봉급 등에 관하여 주민투표를 실시하고 있다.

콜로라도주 Adams카운티의 경우, 인접한 Denver시가 국제공항을 확장함에 있어 그 카운티의 일부를 시에 편입시켜 주기를 요청한 사안에 관하여 의회가 이를 주민투표에 붙이기로 결정하고 투표실시한 결과 그 편입을 승인받은 바 있다.[19)]

Washington, D. C.의 경우에는 선거권자 10% 이상의 서명에 의한 주민투표청구를 D. C. 선거 및 윤리위원회가 받아 114일 이내에 주민투표를 실시하는데, 이미 계획된 선거가 그 청구를 받은 날부터 54~114일 사이에 실시될 때에는 그 선거시에 주민투표를 실시한다. 투표결과 선거권자 과반수의 찬성을 얻은 때에는 그 의안을 확정되며, 그 투표에 붙여진 사안에 관하여 의회는 향후 1년간 여하한 조치도 취할 수 없다.

한편, 조세의 대폭 인하 또는 증세제한에 관한 주민투표가 실시되어 자치단체의 재정적 위기를 초래하는 경우가 있는데(예: 캘리포니아주 주민투표안 제13호), 이러한 조세부담 사안을 대상으로 하는 것이 적합한가에 대하여 논의가 분분하다.[20)]

---

19) 허만형, "주요국가의 선거제도에 관한 연구", 연구논총 제20집(서울 : 건국대 행정대학원, 1991), p. 11.

20) 전술한 주민발안의 경우, 일본에 있어서 조세의 부과・징수와 분담금, 사용료의 징수에 관한 조례의 발안을 제외한 것도 그러한 맥락에서 이해될 수 있는 것이다.

(2) 스위스

스위스에서는 연방수준에서 매년 4회 정도의 국민투표가 실시되고, Canton과 Commune의 단계에서 매년 20회 정도의 주민투표가 실시되고 있어, 스위스를 '직접 민주제의 나라'라고 할 정도이다. 그 투표의 사안은 큰 안건에서 아주 세세한 문제에 이르기까지 다양하며, 투표의 효력은 대의 민주주의 체제를 변형시킬 만큼 크다.[21]

(3) 대 만

대만에서는 주민에게 헌법에 의하여 주민투표(대만에서는 이를 複決이라 함)권이 보장된다. 대만 주민투표제의 구체적 내용은 공공 긴급위난의 사항이나 특정 소수계층의 이해관계 사항에 주민투표를 제외하는 것 외에는, 그 주민투표의 범위, 제한, 발의여건 등이 전술한 주민발안의 경우와 동일하다.[22]

(4) 일 본

일본의 주민투표는 크게 제도적으로 보장되어 있는 주민투표와 단지 사실상 실시되는 주민투표의 두 가지로 나눌 수 있다. 전자는 법률에 근거를 둔 주민투표와 지방자치단체의 조례에 근거를 둔 주민투표로 나눌 수 있다.

첫째로, 법률에 근거를 둔 주민투표는 하나의 자치단체에만 적용되는 지방자치특별법의 제정에 수반되는 주민투표(주민투표에서 부결되면 국회는 해당 법률을 제정할 수 없음)와 주민의 의회해산·공직자 해직청구에 따른 주민투표의 두 가지가 있다. 후자에 관하여는 이미 앞에서 주민소환 부분에서 설명하였고, 전자에 관하여 살펴보면 지금까지 히로시마 평화기념 도시건설법 등의 예가 있으나, 1950년 이후에는 별로 시행된 예가 드물다.[23]

---

21) 20세기에 전세계에서 실시된 국(주)민투표는 800여회나 되는데, 그 중에서 스위스에서 실시된 횟수가 그 절반을 넘는다고 한다(안성호, "시민투표의 이론적 기초와 쟁점", 자치행정 2000년 12월호, pp. 32~52).

22) 한국지방행정연구원, 외국의 지방자치제도비교연구(서울 : 1986), p. 393.

23) 하나의 자치단체에만 적용되는 지방자치 특별법의 제정에 수반되는 주민투표의 절차는 의회에서 법률안이 통과되면 내각총리와 자치대신을 거쳐 해당 자치단체에 통지되고, 해당 자치단체의 장은 그 통지를 받은 날로부터 31~60일 사이에 그 법률안에 대한 찬·부의 주민투표를 실시하며, 그 투표의 결과가 가결인 경우에는 자치대신과 내각총리에 보고되어 총리가 이를 공표한다. 그 투표에는 선거규정이 준용된다.

둘째로, 조례에 근거를 둔 주민투표는 근래에 많이 나타나고 있다. 그 예로는 東京都 특별구의 구장 준공선(準公選)에 관한 주민투표조례[24) 등과 원자력 발전소의 시설입지에 관한 주민투표조례[25) 등을 들 수 있다.

셋째로, 법률과 조례에 근거를 두지 않은 사실상의 주민투표는 다양한 형태로 나타나고 있다. 자치단체의 합병 및 명칭변경, 원자력발전소 입지, 동계올림픽 유치 등에서 그 예를 찾아볼 수 있고, 도로건설의 가・부에 관한 주민투표도 논의된 바가 있다.

어떠한 형태로든 현대 일본의 지방자치에 있어서는 중요한 정책・시책이나 주민에게 부담이 되는 사업, 의회와 단체장간의 대립이 있는 사안에 대한 주민의 직접 참정이 늘어나는 경향이 있다.

4 한국의 주민투표제

(1) 주민투표제의 채택

우리나라는 1994년에 주민투표제를 도입하였다. 즉, 지방자치법 당시 제14조 제1항에 "지방자치단체의 장은 주민에게 과도한 부담을 주거나 중대한 영향을 미치는 지방자치단체의 주요 결정사항 등에 대하여 주민투표에 붙일 수 있다"고 규정한 것이다. 2004년에 드디어 주민투표법이 제정되었다.

주민투표의 투표권자는 18세 이상의 주민으로서 투표인명부작성일 현재 그 지방자치단체의 관할구역 안에 주민등록이 되어 있는 자이다. 외국인도 국내에 계속 거주할 수 있는 자격을 갖춘 자로서 조례가 정하는 자는 투표권을 가진다(주민투표법 제5조).

24) 구장 준공선제란 구의회가 구장의 후보자를 선정함에 있어 주민투표를 실시하여 그 결과를 구의회의 구장 후보자 선정에 어떠한 형태(참고, 존중, 기속)로든 반영하고자 하는 것을 말한다. 1967년에 練馬區, 1971년에 中野區, 1972년에 品川區에서 이러한 구장 준공선조례가 성립하였다.

25) 시설입지에 관한 주민투표 조례의 예로는 1982년 高知縣 窪川町 원자력발전소 입지에 관한 주민투표조례, 1984년의 神奈川縣 逗子市의 미군주택건설계획에 관한 주민투표조례, 1985년 青森縣의 핵연료 사이로 시설 입지에 관한 주민투표조례 등을 들 수 있다.

(2) 주민투표의 대상 및 실시발의

(가) 주민투표의 대상

주민발안이나 주민소환의 후속절차로서 주민투표가 실시되는 외에, 주민에게 과도한 부담을 주거나 중대한 영향을 미치는 중요사안은 조례가 정하는 바에 따라 주민투표의 대상이 된다(동법 제7조 제1항).

그러나 다음의 사항은 주민투표의 대상에서 제외된다(동조 제2항).

① 법령에 위반되거나 재판 중인 사항
② 국가 또는 다른 지방자치단체의 권한 또는 사무에 속하는 사항
③ 지방자치단체의 예산・회계・계약 및 재산관리에 관한 사항과 지방세・사용료・수수료・분담금등 각종 공과금의 부과 또는 감면에 관한 사항
④ 행정기구 설치・변경과 공무원의 인사・정원 등 신분과 보수에 관한 사항
⑤ 주민대표가 결정에 참여할 수 있게 되어 있는 공공시설의 설치 사항
⑥ 동일 사항에 대한 주민투표가 실시된 후 2년이 경과되지 아니한 사항

(나) 주민투표의 실시발의

주민투표는 주민 또는 지방의회의 청구에 의하여, 또는 국가시책에 관한 중앙행정기관장의 요구에 의하여, 또는 지방자치단체장의 직권에 의하여 발의함으로써 실시된다(동법 제8조~제13조).

주민의 주민투표청구는 주민투표청구권자 총수의 20분의 1 이상 5분의 1 이하의 범위 안에서 조례로 정하는 수 이상의 서명으로 자치단체장에게 행한다.

지방의회의 주민투표청구는 재적의원 과반수의 출석과 출석의원 3분의 2 이상의 찬성으로 지방자치단체장에게 행한다.

지방자치단체장은 직권에 의하여 주민투표를 실시할 수 있는데, 이때에는 지방의회의 동의를 얻어야 한다.

중앙행정기관의 장은 국가정책의 수립에 관하여 필요한 경우에 주민투표실시구역을 정하여 관계 지방자치단체의 장에게 주민투표의 실시를 요구할 수 있다. 중앙행정기관장의 주민투표실시 요구를 받은 지방자치단체장은 지체 없이 이를 공표하고 지방의회의 의견을 들어 그 협의결과를 중앙행정기관의 장에게 통지하여야 한다.

지방자치단체장이 주민투표를 발의할 때에는 투표일과 주민투표안을 공고한다. 그러나 선거가 있는 경우에는 그 선거일전 60일부터 선거일까지의 기간에 주민투표를 발의하거나 실시할 수 없다(동법 제13조 제3항, 제14조 제2항).

(3) 주민투표의 방식 및 운동

(가) 주민투표의 방식

주민투표는 특정한 사항에 대한 찬성 또는 반대의 의사표시를 하거나, 두 가지 사항 중 하나를 선택하는 형식으로 실시한다(동법 제15조). 투표는 직접(부재자는 우편으로) 무기명 기표방법으로 행하되, 1인 1표로 한다(동법 제18조).

(나) 주민투표의 운동

주민투표운동은 법률로 금지 또는 제한되는 경우를 제외하고는 누구든지 자유롭게 할 수 있다(동법 제20조). 그러나 주민투표권이 없는 자, 공무원, 선거관리위원, 방송사업이나 정기간행물사업 종사자는 주민투표운동을 할 수 없다(동법 제21조).

주민투표운동에 있어서 야간호별방문 및 야간옥외집회, 서명날인 받는 행위 등 일정한 행위는 금지된다(동법 제22조).

(4) 주민투표의 결과 및 쟁송

(가) 주민투표의 결과확정

주민투표의 결과 찬성과 반대 중 투표권자 총수의 4분의 1 이상의 투표와 유효투표수 과반수의 득표를 한 쪽으로 확정된다. 전체 투표수가 투표권자 총수의 4분의 1에 미달(개표를 하지 않는다)하거나 유효득표수가 동수일 때에는 찬성과 반대를 모두 수용하지 아니한 것으로 본다(동법 제24조).[26)]

주민투표의 결과는 해당 지방자치단체를 기속한다(동법 제24조). 그러나 국가시책에 관한 주민투표 결과의 효력은 권고적 효력밖에 없다(동법 제8조 제4항). 주민투표의 결과가 확정된 사항에 대하여 2년 내에 이를 변경하거나 새로운 결정을 할 수 없다.

(나) 주민투표에 관한 쟁송

주민투표의 효력에 관하여 이의가 있는 투표권자는 투표권자 총수의 100분의 1 이상의 서명으로 투표결과가 공표된 날부터 14일 이내에 관할 선거관리위원회 위원장을 피소청인으로 하여 그 직근 상급선거관리위원회에 소청할 수 있고, 소청에

---

26) 2004년 주민투표제도 도입 이후 2020년까지 주민투표가 10(투표실시 10건, 미투표종결 3건)회 실시되었다.

대한 결정에 관하여 불복이 있는 소청인은 관할 선거관리위원회 위원장을 피고인으로 하여 법원에 소를 제기할 수 있다(동법 제25조).

(5) 주민투표의 관리 및 경비

(가) 주민투표의 관리

주민투표사무는 해당 지방자치단체의 구역을 관할하는 선거관리위원회가 관리한

주민투표 실시상황 (2019. 12. 31. 기준)

<table>
<tr><th>지 역</th><th>청구권자</th><th>투표일</th><th>주민투표명
(추진사유)</th><th>투표율
(%)</th><th colspan="2">투표결과(%)
(추진상황)</th></tr>
<tr><td>경남
거창군</td><td>거창군수</td><td>'19.10.16.</td><td>거창구치소
신축사업 관련
위치 결정</td><td>52.8
※ 사전투표
22.6</td><td colspan="2">거창구치소 입지
원안(거창읍) 찬성
(찬성 65 반대 35)</td></tr>
<tr><td>강원
평창군
미탄면
※ 실시지역 제한</td><td>평창군민
(1/10, 10%)</td><td>'19.2.1.</td><td>평창군 폐기물처리장
주민지원기금 분배방식
결정</td><td>61.7
※ 사전투표
42.0</td><td colspan="2">기금을 미탄면 13개리의
인구비율대로 분배하는
안에 찬성
(찬성 97.3, 반대 2.2 /
유효표)</td></tr>
<tr><td>전북
완주군</td><td>안전행정부
장관</td><td>'13.6.26.</td><td>완주•전주통합</td><td>53.2
※ 사전투표
20.11</td><td colspan="2">통합 반대 확인
(찬성 44.7, 반대 55.3)</td></tr>
<tr><td>경남
남해군</td><td>남해군수</td><td>'12.10.17.</td><td>남해 화력발전소
유치동의서 제출</td><td>53.2</td><td colspan="2">유치 무산
(찬성 48.9, 반대 51.1)</td></tr>
<tr><td>(구)충북
청원군</td><td>행정안전부
장관</td><td>'12.6.27.</td><td>청원·청주 통합</td><td>36.8</td><td colspan="2">통합 찬성 확인
(찬성 79.0, 반대 21.0)</td></tr>
<tr><td>경북
영주시
평은면
※ 실시지역 제한</td><td>영주시민
(1/9, 11%)</td><td>'11.12.7.</td><td>영주시 면사무소 이전
관련
(평은면사무소 이전 지역
선정)</td><td>39.2</td><td colspan="2">평은리 일대 선정
(평은리 90.9,
오운리 8.2 / 유효표)</td></tr>
<tr><td>서울특별시</td><td>서울시민
(1/20, 5%)</td><td>'11.8.24.</td><td>서울시 무상급식
지원범위</td><td>25.7</td><td colspan="2">미개표
(투표권자 1/3 미만 투표)</td></tr>
<tr><td>전북
군산시</td><td rowspan="4">산업자원부
장관</td><td rowspan="4">'05.11.2.</td><td rowspan="4">중•저준위
방사성폐기물
처분시설 유치</td><td>70.2</td><td>(찬성 84.4,
반대 15.6)</td><td rowspan="4">경주시
선정</td></tr>
<tr><td>경북
포항시</td><td>47.7</td><td>(찬성 67.5,
반대 32.5)</td></tr>
<tr><td>경북
경주시</td><td>70.8</td><td>(찬성 89.5,
반대 10.5)
경주시 선정</td></tr>
<tr><td>경북
영덕군</td><td>80.2</td><td>(찬성 79.3,
반대 20.7)</td></tr>
<tr><td>(구)충북
청주시</td><td rowspan="2">행정자치부
장관</td><td rowspan="2">'05.9.29.</td><td rowspan="2">청주·청원 통합</td><td>35.5</td><td>(찬성 91.3,
반대 8.7)</td><td rowspan="2">통합 무산</td></tr>
<tr><td>(구)충북
청원군</td><td>42.2</td><td>(찬성 46.5,
반대 53.5)</td></tr>
<tr><td>제주특별자치도</td><td>행정자치부
장관</td><td>'05.7.27.</td><td>단일광역자치안</td><td>36.7</td><td colspan="2">단일광역자치안 채택
(찬성 57.0, 반대 43.0)</td></tr>
</table>

다. 행정기관 등 공공기관은 선거관리위원회의 요청이 있을 때에는 우선적으로 응하여야 한다(동법 제3조).

(나) 주민투표의 관리경비

주민투표의 관리에 관한 경비는 해당 지방자치단체가 부담한다. 다만 국가정책에 관한 주민투표의 경우에는 국가가 부담한다(동법 제27조).

제3절 주민참여

I 주민참여의 의의

1 주민참여의 의미

(1) 주민참여의 개념

주민이 행정과정에 참여하는 것을 한마디로 주민참여(citizen participation)라 한다. 주민참여란 '지방자치단체 또는 그 기관의 정책형성과 결정 및 집행과정에 공식적인 권한을 가지지 않은 주민이 그 결정 및 집행에 직접 또는 간접적으로 영향력을 행사하기 위하여 행하는 일련의 행동'이라고 할 수 있다.[27)]

주민참여를 광의로 해석하여 선거와 주민청구・주민투표 등 주민의 정치적 참여를 포괄하는 의미로 이해하는 경우도 있다. 그러나 근래에 활발하게 전개되고 있는 주민참여는 행정국가 체제 속에서 극도로 비대해지고, 전문화되어 사실상 민주적 통제권의 밖에 놓여있게 된 직업관료조직의 정책결정과 집행과정에 주민이 행정적으로 적극적으로 참여하고 통제함으로써 관료조직의 책임성을 확보하려는 것이다.

주민참정은 주민들이 대표민주주의 시스템에 이상사태가 발생했을 때 그 광정(匡

27) 강형기, 지방행정에 있어서 시민참여의 결정요인에 관한 연구(서울 : 건국대학교 대학원, 1984), p. 37.

正)을 위하여 참여하는 것이다. 이에 비하여 주민참여는 관료제의 업무처리과정에 그 이해의 당사자들이 참여하는 일상적인 행위인 것이다. 따라서 주민참여는 주민참정과는 그 맥락과 참여 동기에 있어서 차이가 있다. 그러나 주민참정과 주민참여는 주민의 의사를 충분히 반영하지 못하는 상황을 전제로 한 보완적 기능을 수행하는 것이라는 점에서는 동일한 것이다.

(2) 주민참여의 유사어

주민참여에 관하여 참여의 주체, 대상, 영향 등에 관한 여러 입장에서 그 개념규정이 시도되어 왔다.[28] 이러한 주민참여는 다음과 같은 용어들과의 구별이 모호하여 혼용되는 경우가 있다.

(가) 시민참여

주민참여를 시민참여와 구별하는 견해와, 구별하지 않는 견해가 있다. 또한 구별하는 경우에도 그 구별의 관점이 다양하다. 시민은 도시지역의 거주인을 말하기도 하지만, 일반적으로는 근대정치에 있어서 국가주권의 연원적 지위의 소유자를 말한다.

따라서 시민참여는 주권의 연원자로서 정치와 행정과정에 참여하는 것을 말하며, 특히 특정지역이나 개별적 이익을 전제로 하지 않고 시민 전체의 이익 또는 일정한 이념을 중심으로 참여하는 것을 말한다. 이에 비하여 주민참여는 지방자치단체의 주민이 그 지방자치단체 또는 그 기관의 특정 사무나 사업의 결정과 집행과정에 개별적 이익 또는 지역단위의 공동이익을 중심으로 참여하는 것을 말한다.[29]

---

28) 주민참여 개념정의 입장을 정리하면 다음과 같다(岩崎忠夫, 住民參與論 : 住民參加の理論と實務(東京 : 第一法規, 1984), pp. 32~34.

첫째, 종래 정치・행정과정에서 소외되었던 소수집단 및 일반주민 등을 정치・행정과정에 참여시키고자 하는, 즉 공평성(impartiality) 증진의 입장에서의 정의이다. 이는 주민참여를 참여의 주체에 초점을 두고 규정한 것이다(Sherry R. Arnstein, Edgar S. Cahn, Sidney Verba, Milton Kotler 등).

둘째, 정책결정 및 집행의 모든 과정에 대한 주민들의 접근성(access)을 증진시키고자 하는 뜻의 정의이다. 이는 참여의 대상에 초점을 둔 정의이다(Edmund M. Burke, Henry D. Harrel 등).

셋째, 주민운동의 진전에 따라 정부에 대한 많은 응답성(responsiveness)을 요구하는 뜻의 정의이다. 이는 참여의 영향에 초점을 둔 정의라 할 수 있다(Clifford W. Graves, Robert R. Alford, David Smith와 Volerie Roce 등).

29) 岩崎忠夫, 위의 책, pp. 37~39 ; 佐藤 竺・渡邊保男, 住民參加の實踐(東京 : 學陽書房, 1975), pp. 3~4.

그러나 시민참여와 주민참여는 실제에 있어서는 동의어로 쓰이는 경우가 많다. 또한 이론적으로도 전자가 후자를 포괄하기도 하고, 후자가 전자를 포괄하기도 하기 때문에, 이를 엄격히 구별하기란 어렵다. 본서에서도 주민참여의 개념을 광의로 이해하고, 시민참여를 배제하지 않기로 한다.

(나) 주민포섭

주민참여는 주민포섭(citizen involvement)과 구별되어야 한다. 주민포섭이란 지방자치단체 또는 그 기관의 일방적인 필요와 요구에 따라 주민이 그 정치·행정과정에 수동적으로 협력하는 것이다. 즉, 주민이 행정에 영향력을 행사하는 것이 아니라 반대로 행정에 의하여 동원되거나 통제되는 상태에 있는 것이다. 이러한 주민포섭을 '주민흡수'라고 표현하기도 한다. 이에 비하여 주민참여는 주민이 지방자치단체 또는 그 기관의 정치·행정과정에 자발적·적극적으로 참여하여 영향력을 행사하는 것으로서, 거기에는 주민과 정부당국간에 쌍방적인 교류와 대등한 관계를 형성하는 것이다.

그러나 주민참여도 그 참여의 형태와 정도에 여러 가지가 있으므로, 경우에 따라서는 그 명칭에도 불구하고 실질적으로는 주민의 수동적인 협력을 내용으로 하는 것도 있을 수 있다. 따라서 주민참여가 주민포섭 또는 주민흡수를 의미하는 경우도 있는 것이다. 특히 발전도상국에 있어서는 그러한 경우가 흔히 있다.

2 주민참여의 대두와 전개

(1) 참여문제의 대두

주민들이 행정에 참여하려는 욕구는 기본적으로 행정과 주민간의 거리감에서 분출하는 것이다. 지역사회에서 어떤 변화나 새로운 환경에 직면할 때, 행정과 주민은 그것을 인식하고 포착하며 수용하는 자세가 서로 다르기 때문이다.

행정은 법령과 제도 그리고 관례와 행정편의에 입각하여 문제를 접수한다. 즉, '제도라는 창구'를 통해서 문제를 인식하는 것이다. 따라서 개별주민의 관점에서 볼 때에는 해결이 요망되는 문제라고 할지라도 그것이 공식적으로 접수되지 않거나 쟁점화되지 않는 한 공식적인 대응을 하지 않으려는 경향이 있다.

이러한 입장에서 일하는 공무원들은 주민들의 개별적인 요구를 묵살하려는 경향이 있다. 주민들은 공익이 아니라 사익을 주장하고, 전체의 이익과 행정과정을 이해하지 못하는 근시안적 존재이며, 제도와 절차를 넘어 행정에 관여하려 함으로써 무익한 낭비와 행정지연을 초래하는 존재라고 생각하는 경우도 많기 때문이다. 따라서 공무원들의 생각 속에는 은연 중에 주민을 무시하는 인자가 숨어 있다.

이에 비하여 일반주민들은 행정의 공급능력이나 공익이라는 관점보다는 자신의 개별이익을 매개로 행정에 관심을 가지게 되고 참여하려 한다. 따라서 행정이 자신의 이해를 공식적인 문제로 수용하지 않더라도 개인의 입장에서 영향력을 행사하려 하는 것이다. 이러한 가운데 주민들은 자신의 의사를 관철하기 위하여 다양한 형태로 행정에 접근하고, 자신의 활동이 영향력을 발휘하지 못하면 무력감과 이질감을 느낀다. 그렇게 되면 행정기관이 주민의 수요를 적절히 파악하지 못하고 있고, 특정 계층 또는 그 사회의 지배적 집단의 이익만을 위하는 존재이며, 제도와 법을 앞세워 자의적인 행정을 일삼는 존재라고 생각한다.

따라서 주민들의 생각 속에는 행정을 불신하는 인자가 숨어 있다. 그런데 행정이 주민을 무시하면 할수록 제도와 절차는 강화되며, 주민이 행정을 불신하면 할수록 협조는 줄어든다. 따라서 지역사회의 문제를 인식하고 포착하며 수용하는 기본자세에 있어서 그 시각 차이를 극복하기 위하여 인류는 민주주의제도를 발전시켜 왔다. 주민참여는 바로 그러한 민주적 행정시스템을 보완해가는 하나의 통로인 것이다.

(2) 공중참여와 민중참여의 전개

오늘날 주민참여에 많은 관심이 주어지고 있는 요인은 대의민주주의의 기능부전을 보완하는 기능 때문이다. 우리의 정치와 행정은 관료제의 합리성과 대의민주주의의 대표성을 토대로 구축된 것이다. 그러나 행정의 전문화·복잡화로 인하여 지방의회가 의결하는 조례의 내용은 포괄입법 내지는 위임입법이 늘어났다. 주민들이 자신의 대표를 의회에 보냈지만, 그 대표는 단지 포괄적인 결정만 할 뿐이고, 주민들의 일상에 직접 영향을 미치는 보다 중요한 결정은 임기도 없는 영원한 정치가인 관료들이 담당하고 있는 것이다.

따라서 주민들은 자신이 선출한 사람도 아닌 관료의 지배에 대하여 그 정당성과 정통성에 회의를 갖게 된다. 이러한 상황, 특히 법안의 대부분을 집행부가 제출하고 행정권은 비대할 대로 비대해진 상황에서, 집행부는 그들의 행위에 대한 정통성을 부여받기 위하여 의회에 주민의 대표가 참여하듯이 집행부에도 주민의 대표를 참여시키려는 시도를 하기 시작했다. 이러한 시도의 대표적인 사례가 뉴딜(New Deal)

정책을 수행하면서 미국의 행정부가 도입했던 공중참여(Public Participation)와 민중참여(Popular Participation)이다.

1950년대의 미국사회에서 많이 활용된 공중참여와 민중참여는 관료제의 정통성을 확보하기 위하여 집행부가 자의적으로 도입한 참여시스템이다. 우리나라에서도 흔히 활용되고 있는 정책자문위원회나 심의회 등도 그러한 유형의 하나이다. 그러한 참여에는 행정행위로 인하여 직접적인 영향을 받는 이해당사자가 아니라 지역사회의 유지급인사가 참여를 한다. 그리고 참여자의 조직적 배경은 지역의 주민조직이 아니라 직능집단이 대부분이다. 그 소집과 참여자의 선정도 관료가 자의적으로 행한다. 그리고 문제의 규정과 토의의제를 관료가 주도하는 만큼 그것은 어디까지나 행정의 방패막이로 활용하기 위해 만들어진 것이 많다.

그러나 지역사회에 이러한 참여가 이루어진다고 해도 그것만으로 행정과 주민사이의 괴리가 좁혀지지 않는다. 지역사회의 문제를 인식하는 정책의제의 설정 그 자체에서부터 많은 사람들이 소외되기 때문이다. 정책이 논의되는 테이블에 자신들의 대표를 보내지 못하거나 정치적 자원을 가지고 있지 못한 사람은 지역사회에서 자신의 문제를 공식적으로 논의할 기회조차 부여받지 못하는 것이다. 소위 무결정이론(Non-Decision Making Theory)을 통하여 우리는 이러한 사실을 잘 이해할 수 있다.

(3) 주민참여 개념의 생성

미국사회에 있어서도 행정이 정책자문회의나 심의회 등을 개최하려는 원래의 의도는 전문적인 지식과 지혜를 구하는 창구가 필요했기 때문만은 아니었다. 그러한 참여는 관련 사업에 대한 주민의 이해와 협조를 구하는 수단이었고, 주민의 입장에서는 적절한 서비스를 받기 위한 노력의 일환으로 받아들여졌던 것이다.

그러나 실제의 운영과정을 살펴보면 그러한 참여를 통해서는 주민의 요구나 기대의 투입은 아주 미약할 뿐이었고, 단지 행정이 주민을 설득하고 동원하는 방편으로 활용되는 것이었다. 이름은 참여를 표방하고 있어도 실제의 내용은 사회치료적이거나 반발의 여지가 많았던 비인기적 사업을 추진하는 방패막이로 활용되었던 것이다.

이러한 상황이 전개되는 가운데, 1960년대에 접어들면서 미국의 여러 도시에서는 빈민층과 소외계층을 중심으로 한 대규모의 폭동이 일어났다. 미국의 존슨정부가 이러한 환경에 대처하려고 했던 정책이 바로 정의로운 사회건설을 기치로 들고 나왔던 소위 '위대한 사회계획'(The Great Society Program)이다.

위대한 사회계획 하에서 미국정부는 공공정책 내지는 사업의 결정과정에 시민들의 참여, 특히 이해당사자인 빈민층과 소수집단의 참여를 보장하려고 노력했다.[30] 이러한 노력의 결과 미국사회에서는 광범위한 주민참여가 실행되기 시작했으며, 종전과는 달리 행정이 수행하는 사업의 이해당사자인 지역의 주민 그리고 소수민족과 같은 소외계층이 참여의 주체가 되었다.

그러나 아무리 민주주의체제 하에서라도 시민이 그 정치나 행정에 참여하려면 정치적 자원을 가지고 있어야 한다. 지식, 정보, 조직, 경비, 시간, 경험, 사회적 인정 등과 같은 정치적 자원을 가지지 못한 사람들은 미국이 그렇게 외치고 있던 '기회의 나라'에서 조차도 소외되었던 것이다. 따라서 중요한 것은 정치적 자원이 없는 사람도 소외되지 않고 참여할 기회를 제도적으로 부여하는 것이다.

참여의 제도화를 통하여 정치적 자원이 없는 사람에게도 참여의 기회를 권리로서 부여하려는 노력은 지금까지의 민주주의이론을 초월하는 것이다. 그것은 사회적 형평(social equity)을 도모하고 사회적 약자를 배려하는 것이 정의라는 개념 하에 생성된 것이며, 구성원의 '동의의 폭'을 넓히는 새로운 시도로서 민주주의의 지평을 넓힌 개념이다. 이처럼 주민참여 내지는 시민참여(Citizen Particition)는 종전의 공중참여나 민중참여와는 전연 다른 의미와 성격을 가지는 것이다.[31]

(4) 주민참여의 진화

미국에서 사회적 형평을 실현하는 개념과 수단으로서 강구되고 실천되어 오던 주민참여는 그 핵심과제가 바뀌기 시작했다. 1960년대에 커뮤니티활동사업과 모델도시사업의 시행에 있어서 연방정부의 보조금과 연동하여 장려되던 주민참여의 핵심과제가 진화한 것이다.

1970년대에 접어들면서 미국의 지방정부들은 시민참여를 불경기에 직면한 도시의 문제를 해결하는 장치로서 활용하기 시작했다. 그리고 특히 마약문제와 교육문제 등 인간복지서비스를 행정과 주민이 공동으로 대처하는 수단으로서 활용하려 했다. 시민참여는 행정과 주민이 다양한 방식으로 공동생산을 도모하는 채널이 되

30) 미국연방정부는 1964년에 경제기회법(The Economic Opporunity Act of 1964)을 제정하여, 지방자치단체가 지역사업과 시범도시사업을 추진함에 연방정부의 재정지원을 받는 조건으로서 관련 주민의 최대한 참여(maximum feasible participation)를 실행하도록 요구했다(강형기, 앞의 논문, pp. 32~33).

31) 강형기, 위의 논문, pp. 28~35.

었던 것이다.

그리고 1980년대에 접어들면서, 종래까지 모두 행정이 담당해 오던 공공과제의 처리를 민간과 분담하려는 노력의 일환으로 시민참여의 영역이 넓어지기 시작했다. 이러한 움직임은 당시 분출하던 NGO 그리고 NPO의 등장과 그 궤를 같이하는 것이기도 했다. 특히 오늘날의 지역사회가 직면하고 있는 공공과제, 즉 생활의 질을 향상시키려는 과업을 행정의 대응만으로는 이룰 수가 없는 것은 단지 재정력 때문만이 아니다. 복지문제를 비롯한 오늘날의 고차적인 지역문제는 주민이 지역에 참여하는 단계를 초월하여, 주민 자신이 지역의 주역으로서 주체적인 행동을 하게 해야 하기 때문이다.

(5) 사회환경과 주민참여의 분출

오늘날 주민의 참여 욕구는 다양한 분야에서 맹렬히 분출하고 있다. 주민참여가 선진국에서 뿐만 아니라 발전도상국에서도 날이 갈수록 활발해지고 있다. 오늘날 주민참여의 분출을 촉진하는 요인으로는 다음 사항을 들 수 있다.[32]

(가) 소득수준과 주민의식의 향상

근래에 주민의 소득수준이 향상됨에 따라 인간의 가치관 및 행동양식이 생산 중심에서 생활 중심으로 바뀌고, 지역문제 해결에 연대하는 모임의 증가는 지역정치·행정에의 참여를 자극하고 있다. 그리고 주민의 교육수준이 향상됨에 따라 정치·행정에 대한 관심과 요구가 높아지고, 이에 따라 정치·행정문제에 관하여 의사를 표명하고 의견을 교환하는 사람들의 수가 증가하고 있다. 특히, 주민의 납세자 의식이 강화되면서 정치·행정에 '고객으로서의 참여'가 아니라 '주인으로서의 참여'를 지향하는 사람이 늘고 있다.

(나) 여가시간의 증가

오늘날 인간의 평균수명의 신장, 자녀수의 제한, 노동시간의 단축 등에 따른 여가시간의 증대가 지역사회활동 참가기회의 확대, 지역정치·행정에서의 발언의 증대를 가져오고 있다. 특히 오늘날의 핵가족화, 저출산·조기단산, 가전품의 보급 등으로 인한 여성의 가사노동 경감에 따라 취미활동과 학습 활동의 증가와 아울러, 지역사회활동, 자원봉사활동 등이 활발해지고 있다. 또한 오늘날의 고령화

32) 岩崎忠夫, 앞의 책, pp. 24~30.

사회에서 고령자의 지식과 경험을 토대로 한 지역사회에서의 봉사가 확대되는 경향이 있다.

(다) 커뮤니티의 재구축 운동

급격한 산업화와 도시화로 인한 지역사회의 붕괴경향이 서서히 완화되고, 각 지역의 문화제·공공행사가 빈번해지고, 지역사회개발 운동이 활발히 전개되는 등 새로운 지역사회의 형성을 위한 노력이 경주되면서 주민참여의 새로운 계기가 만들어지고 있다.

Ⅱ 주민참여의 유형과 형태

1 주민참여의 유형

주민참여 내지 시민참여라는 말은 실로 다양한 의미로 통용되고 있고 또 논자에 따라서 자의적으로 쓰이고 있는 용어다. 일반적으로 주민참여는 종래 주민들이 행정에 동원된 것을 의식하여 '의사결정과정에 영향력을 미치는 활동'으로 한정된 개념을 정립하려는 학자들에서부터 공동체의 발전을 위하여 참여하는 제반의 모든 활동을 주민참여로 보고 포괄적으로 해석하는 경우도 있다. 실로 주민참여는 다종·다양하게 이루어지기 때문에 이를 분류하는 방법도 다양한 것이다.

그러나 지역주민의 다양한 주체적 활동을 망라한 것으로 주민참여 개념의 외연을 확대할 경우 주민과 행정과의 관계, 참여의 대상, 참여의 제도성, 영향력의 정도, 참여의 주도성 등을 기준으로 다음과 같이 분류할 수 있다.

(1) 주민과 행정의 관계모형에 따른 분류

지방자치단체에의 주민참여는 주민이 수행하는 역할을 중심으로 나누어 볼 때, 대립관계와 협력관계라는 두 측면으로 성립한다.[33] [그림 7-1]에서 화살표의 방향은 활동의 자주성을 갖고 행동하는 방향을 의미하는 것이다.

---

33) 西美 勝,"行政過程における對抗運動", 日本政治學會(編), 政治參加の理論と現實(東京 : 岩波書店, 1974), p. 80. : 강형기 앞의 논문, pp. 52~57.

(가) **대립관계**

주민과 행정이 대립관계를 노정할 경우 그 대립의 내용을 다시 저항형과 요구형으로 나누어 볼 수 있다.[34)]

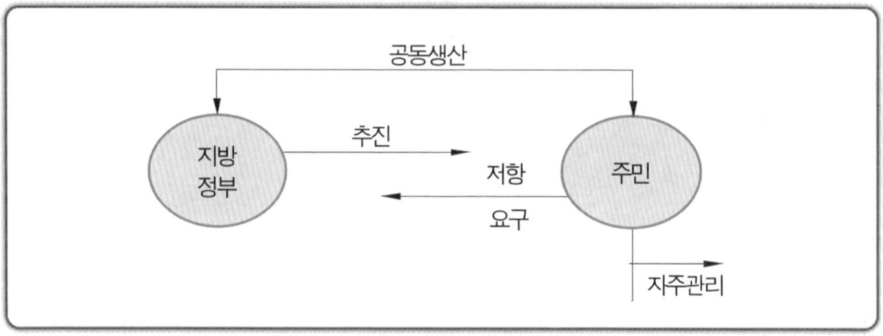

[**그림 7-1 지방정부와 주민간의 관계**]

(a) 저항형

저항적 참여는 주민운동에서 잘 나타나듯이 행정이 어떤 행위를 추진하려 할 때 주민들이 그 행위에 반대하여 저항하는 대결관계로서, 행정행위에 대한 주민들의 수동적 반응을 그 특징으로 한다. 이러한 저항의 원인은 사업의 결정과정에 대한 불만, 사업의 내용에 대한 불만, 관리상의 문제에 대한 불만, 공익의 충돌 등에 기인한다.

(b) 요구형

요구적 참여는 주민들이 지방정부의 활동을 자신들이 기대하는 방향으로 움직이게 하려고 영향력을 미치는 관계이다. 주민들이 지방정부의 정책제기나 활동을 기다리기 보다는 능동적으로 정책제안 등을 행하는 것이다. 주민들이 행정의 책임영역의 확대, 서비스수준의 향상, 제도개혁을 요구하는 것 등이 이에 해당한다. 이러한 요구가 대립관계를 노정하는 이유는 정책우선순위의 차이, 예산상의 한계, 공익의 충돌 등에 기인한다.

---

34) 강형기, "서울의 자치행정과 시민참여", 서울, 지방자치와 시민의 삶(서울 : 서울시립대학교, 1995), pp. 43~46.

(나) 협력관계

주민과 행정이 협력관계를 형성할 때, 그 협력의 양상을 크게 나누면 공동생산과 자주관리로 나누어 볼 수 있다.

(a) 공동생산

공동생산이란 주민과 행정이 상호 대등한 입장에서 협동하여 문제를 해결하는 방식을 의미한다. 오늘날 공동생산으로 해결해야 할 지역사회의 과제는 인간복지서비스, 환경문제, 지역문화의 창달, 지역경제의 활성화 등에 이르기까지 수없이 많다. 그리고 그 공동생산을 위한 파트너가 될 수 있는 것은 주민으로서의 등록을 필한 등록자 주민만이 아니라 '이용자인 주민' 그리고 자연인만이 아니라 법인도 포함된다.

(b) 자주관리

자주관리란 지역이라는 '생활의 장'을 공유하는 주민들이 그 곳에서 발생하는 특정문제에 관하여 행정의 직접적인 관여나 지원과는 관계없이 스스로의 주체의식에 입각하여 지혜를 힘하고 노력을 제공하여 해결해 나가는 것을 말한다. 자주관리는 지역의 문제를 주민들이 '스스로 통치하는 것'이다. 그러나 커뮤니티의 붕괴는 지역의 문제를 스스로 해결하려는 주민계층을 축소시키고 있다. 따라서 오늘날에 있어서는 행정이 이런 주민을 육성하고 스스로 통치할 수 있는 영역을 확대시키기 위한 제도적 뒷받침을 강구할 때 비로소 자주관리의 영역이 확보될 수 있다.

(2) 참여의 대상에 의한 분류

(가) 행정과정별 참여

자치행정에 있어서 주민참여는 행정의 방향설정에서부터 계획수립, 사업집행을 거쳐 사업평가에 이르기까지 모든 행정과정에 걸쳐서 행해진다. 이러한 행정의 각 과정에의 주민참여를 [그림 7-2]에서와 같이 여러 단계로 나눌 수 있다. 즉, 행정이 (A)에서 (H)까지의 과정을 거쳐 행해지는데, 여기에서 (가)에서 (아)까지의 각 단계에서 주민참여가 행해지는 것이다.

[그림 7-2]는 주민참여의 각 단계에 따라서 그 참여의 대상이 되는 문제의 성질이 다름을 나타내고 있다. 여기에서 주민이 행정에 참여한다는 것, 즉 그 참여가 행정의 어느 과정에 대한 참여인가, 각 과정에서의 참여의 형식과 내용이 어떻게 다른가를 잘 설명해 주고 있다.

(나) 사무 · 사업별 참여

주민참여의 대상은 지방자치단체의 모든 사무 및 사업을 그 대상으로 할 수 있지만, 특히 그것이 필수적인 사무 및 사업에 따라 이를 다음과 같이 나눌 수 있다.[35]

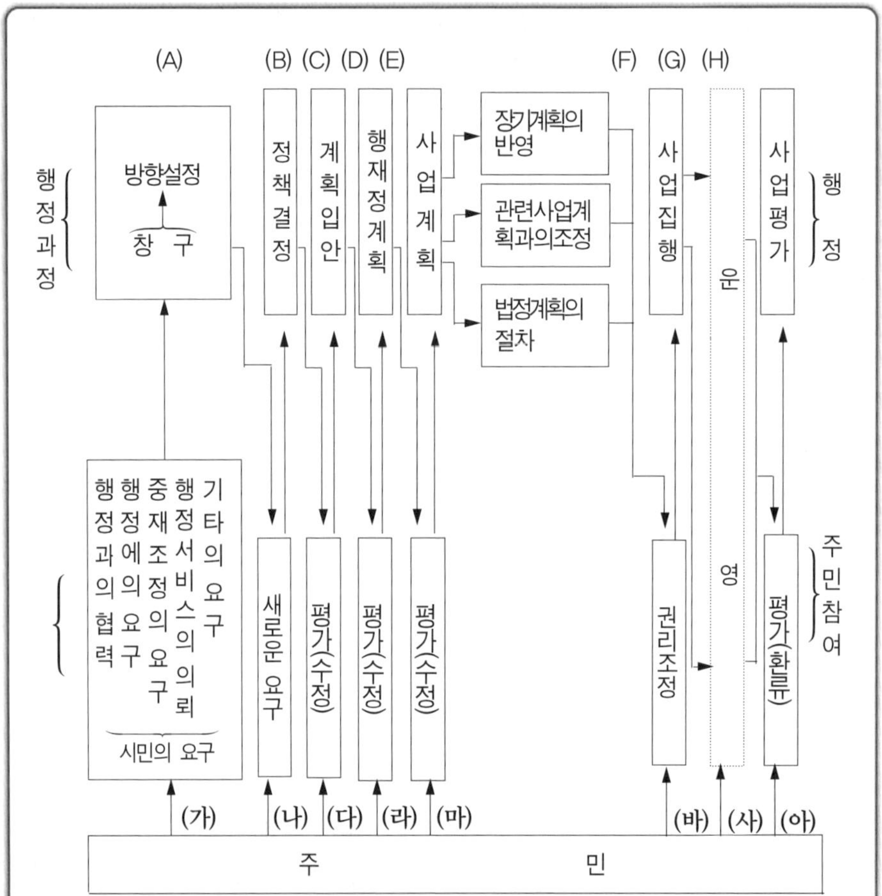

資料 : 東京都, "廣域と青空の東京構想", (1971), p. 72 이하 및 篠原一, "市民參加制度と運動", 伊東光晴(編), 現代都市政策 Ⅱ : 市民參加(東京 : 岩波書店, 1973), pp. 16~24를 참고하여 변형 작성.

[그림 7-2 행정과정별 주민참여]

35) 佐藤 竺, "行政システムと市民參與", 伊東光晴(編), 現代都市政策Ⅱ : 市民參加(東京 : 岩波書店, 1973), pp. 167~177 ; 大原光憲, 都市自治の革新(東京 : 中央大出版部, 1975), pp. 195~199.

(a) 장기계획에의 참여

주민은 지방자치단체의 장기종합계획 등과 같은 미래상의 구상과 설정에 연구조사단원의 일원으로 참여하거나 청문·공청회 등에 참여하여 영향력을 행사할 수 있다.

(b) 개발사업에의 참여

주민은 각자의 권리와 재산 및 생활에 직접적인 영향을 받는 지역개발사업에 파트너로서 또는 감시자로서 참여할 수 있다.

(c) 주민복지사업에의 참여

주민은 주택, 보건·위생, 생활보호 등의 사회복지 사업에 이해관계인으로서 사업에 참여할 수도 있고, 그러한 사업의 감시자로서 의견을 제시할 수 있다.

(3) 참여의 제도성에 의한 분류

주민참여의 방식에는 크게 제도에 의한 참여와 비제도적인 참여로 나눌 수가 있다. 제도적인 참여는 이를 법제도에 의한 참여와 임의적 제노에 의한 참어로 나누어 볼 수 있다. 그리고 비제도적인 참여의 전형은 주민운동으로 나타난다.

(가) 제도적 참여

지방자치단체를 경영한다는 것은 그 주민의 의사에 토대를 두고 정책을 결정하고, 그러한 결정에 기초하여 공공재와 서비스를 공급하는 일련의 활동인 것이다. 따라서 행정은 주민의 의사를 제도 속으로 흡수하도록 다양한 참여 채널을 열어야 한다. 행정이 이러한 참여채널을 개설하는 것을 두고 참여의 제도화라고 한다.

제도적인 참여 채널에도 참여자가 권리로서 참여할 수 있도록 법적 뒷받침을 하는 것과 지방자치단체의 장이나 기타 행정이 임의로 설정한 임의적 제도에 의한 참여가 있다. 참여의 제도화에서 가장 핵심적인 내용은 주민참여가 행정의 편의에 따라서 이루어지는 것이 아니라 참여자가 권리로서 참여하게 하며, 정치적 자원이 없는 사회적 약자들에게도 참여의 폭을 넓히는 제도화이다. 미국에서 생성된 주민참여(Citizen Particition)가 과거의 공중참여나 민중참여와는 본질적으로 다른 개념인 것은 그 참여를 법적으로 보장하여 권리로서의 참여를 보장하는 것에 있다.

우리나라의 경우 주민이 권리로서 참여하는 경우로서는 도시계획과 도시재개발사업을 추진할 때 공청회에 참여하는 권리를 들 수 있다. 그러나 우리나라에서 다양하게 도입되고 있는 정책자문위원회나 심의회 등은 행정기관이 임의적으로 설정한 제도이다. 특히 그 참여자와 토론주제 등이 행정에 의하여 설정되는 것이라는 점에서 사회적 형평과 소수자의 권리도 옹호하려는 차원에서 전개된 주민참여와는 그 본질을 달리한다.

그러나 최근 우리나라의 여러 지방자치단체에서도 소위 '주민참여기본조례'를 제정하여 지방자치단체에게는 행정행위의 설명책임을 부여하고 주민에게는 행정의 다양한 단계에서 참여를 할 수 있도록 보장하려는 움직임이 활발하게 전개되고 있다.

(나) 비제도적 참여(주민운동)

행정이 공식적으로 개설한 참여의 채널이 미약할수록 행정기관과 주민간의 의사소통이 원활하지 못하게 되기 때문에 비공식적 참여의 욕구가 증대하게 된다. 이러한 비공식적인 참여를 비제도적 참여라고 한다. 비제도적 참여에도 여러 가지로 전개되지만 이는 주로 운동으로 출발하여 행정의 대응여부에 따라서 교섭으로 진화한다.

(a) 주민운동의 발생

주민운동은 일반적으로 개별적·구체적·국지적인 쟁점을 둘러싸고 전개되는 것이기 때문에 다양하고도 무정형하기 때문에 이를 일의적으로 규정하기가 어렵다. 그러나 이를 대체로 정의하면, 주민운동이란 어떤 특정한 요구의 실현이나 쟁점의 해결을 둘러싸고 그 결정이나 변경에 영향을 미치기 위해 행해지는 주민의 집단행동이라고 할 수 있다.

이러한 주민운동은 다음과 같은 특질을 가진다.[36)]

① 구체적인 문제의 해결을 목표로 한다.

② 권익의 옹호·증진을 위하여 대체로 자연발생적으로 일어난다.

③ 지역이기주의의 요소를 다분히 지니고 있다.

④ 지도자의 자질에 의해 그 방법이 좌우되기 쉽다.

⑤ 기존 질서를 벗어나는 행동양태를 취하기 쉽다.

⑥ 사회발전의 과도기에 빈번하게 발생하는 경향이 있다.

⑦ 어떤 형태로든 정부의 정책결정에 영향을 미치는 경우가 많다.

주민운동의 요구사항도 시대의 흐름에 따라, 대체로 개발·성장기에는 대형프로젝트 문제를 중심으로 하다가, 안정·정리기에는 주변 생활환경 문제로 전환한다.

---

36) 한국지방행정연구원, 지방화시대의 주민참여(서울 : 1994), pp. 104~106.

(b) 주민운동의 방법

주민운동은 그 쟁점의 내용에 따라서 저항적 주민운동과 요구적 주민운동 그리고 실천적 주민운동으로 구분해 볼 수 있다. 저항적 주민운동은 이를 대증요법적 저항운동과 예방투쟁적 저항운동으로 나누어 볼 수가 있다.

이러한 주민운동은 개인적으로 전개될 수도 있고 집단적으로 전개될 수도 있으며, 그것이 표출되는 양태는 실로 다양하다. 그러나 그 중 흔히 사용되는 방법으로는 ㉠ 청원·진정, ㉡ 의원·유력자를 동원한 운동, ㉢ 시민단체를 통한 운동, ㉣ 행정기관에 대한 직접적 행동(농성, 집단교섭, 실력행사 등), ㉤ 매스컴의 이용, 여론의 환기 등을 들 수 있다.

(c) 주민운동의 변화

주민운동은 일방적으로 의견과 주장을 제시하는 것으로 시작하지만, 이에 행정이 대응하게 되면 행정과 의견 및 가치를 교환하는 이른바 교섭의 단계로 발전한다.[37] 주민운동은 단편적이며 사적인 이익을 보호하는 차원의 항의적인 운동으로 출발하는 경우가 많다. 그러나 시민단체와의 연대 등을 통하여 행정개혁, 정치개혁, 환경보전 등과 같은 공익적 차원의 요구운동으로 전개되는 경우도 있다. 즉, 주민운동은 지역이기주의 또는 집단이기주의에서 출발하는 것도 많지만 공익적 차원의 운동으로서 소비자보호운동, 환경보전운동, 깨끗한 거리조성, 질서확립 등이 전개되는 경우도 많다.

(4) 참여의 영향력에 의한 분류

(가) 주민참여의 8단계

지방자치단체가 주민의 참여욕구에 부응하여 다양한 참여의 채널을 만들고, 주민들이 그러한 통로를 통하여 참여한다고 하더라도 그 영향력은 다양하게 나타난다. 실로 똑같은 법과 제도 아래에서 이루어지는 참여라도 누가 참여하며 어떻게 참여하는가에 따라서 그 결과는 전혀 다른 의미를 가질 수 있다.

이러한 사실을 예리하게 분석한 연구로는 아른스타인(Arnstein)이 미국의 연방보조사업의 결과를 분석한 것이다. 미국 연방정부는 1964년에 경제기회법(The Economic Opportunity Act)을 제정하고, 지방자치단체가 수행하는 도시재개발사업과 빈곤퇴

---

37) 광의의 주민운동에는 '협의의 운동'과 '교섭'의 두 가지가 있다. 협의의 운동은 상대방이 제시하는 가치와는 관계없이 일방적으로 자기의 요구를 주장하는 데 비하여, 교섭은 상대방이 제시하는 가치와 자기가 제시하는 가치를 교섭·거래하는 점에서 다르다.

치사업, 모델도시사업에 연방정부의 보조금을 지원 받으려면 소위 관련 주민의 최대한 참여(maximum feasible participation)를 그 조건으로 했다. 그러나 동일한 제도 하에서 실시된 약 150건의 보조사업에 대한 주민참여의 효과를 분석한 결과 그 영향력은 실로 다양하게 나타났던 것이다.

그렇다면 동일한 제도 하에서 수행하는 참여라도 그 효과가 다양하게 나타나는 이유는 무엇인가? 주민참여와 주민권력은 참여의 채널이 확보되는 것만으로 그 전제조건이 충족되는 것이 아니다. 정치나 정책에 영향을 미치려면 힘의 원천으로서 정치적인 자원(political resources)이 있어야 한다. 모든 참여에는 자금, 지식, 사회적 인정, 지지단체, 정보, 조직력, 정치·행정적 경험 등이 필요하다. 그리고 이러한 자원의 차이가 영향력의 차이를 만드는 것이다.[38)]

아른스타인은 참여의 결과로 나타난 영향력의 크기에 따라 주민참여의 효과를 다음과 같이 ㉠ 조작적 참여, ㉡ 임시치료적 참여, ㉢ 정보제공적 참여, ㉣ 상담적 참여, ㉤ 위무적 찬여, ㉥ 대등협력적 참여, ㉦ 권한위양적 참여, ㉧ 자주관리적 참여라는 여덟 가지 유형으로 나누었다.[39)]

아른스타인이 분류한 여덟 단계의 주민참여가 가지는 특징은 다음과 같다

① **조작**(manipulation) : 참여를 흉내낸 것일 뿐 주민은 행정의 의사에 따라 수동적으로 움직이는 단계이다. 행정이 일방적인 입장에서 주민을 교육시키고 지시하며 계도하고 있는 것이다.

② **임시치료**(therapy) : 행정기관이 책임회피를 위하여 임시방편으로 심의회 등에 주민을 참여시키고 있으나 실제는 주민은 정책결정에 아무런 영향을 미치지 못하고 있는 단계이다.

③ **정보제공**(informing) : 행정은 알리고 싶은 정보만 주민에게 제공하고 있다. 정보회로가 쌍방적이 아니라 행정기관으로부터 주민으로 통하는 일방적인 것이어서 환류를 통한 협상과 타협으로 연결되지 못하고 있다.

④ **상담**(consultation) : 주민이 근린집회, 공청회 등에 참여하여 정책에 관련하여 발언하는 채널은 열려 있다. 그러나 그러한 참여는 요식적 절차를 거치는 형식에 지나지 않는 수준이다.

⑤ **위무**(placation) : 주민이 정보를 제공받고, 각종 위원회 등에서 의견을 제시, 권고하는 등의 역할을 하고 있다. 그러나 아직 주민이 정책결정에 영향력을

38) Robert Presthus, *Public Administration*(New York : The Ronald Pess, 1971), p. 115.
39) 篠原一, "市民參加の制度と運動", 伊東光晴(編), 現代都市定策 II : 市民參加, 東京 : 岩波書店, 1973). p. 25.

행사하는 능력은 갖지 못하는 수준이다.

⑥ **대등협력**(partnership) : 행정기관이 최종결정권을 가지고 있지만 주민이 필요하다고 판단될 경우 행정기관과 대등한 입장에서 자신의 주장을 내세울 만큼의 영향력을 갖고 있는 수준이다.

⑦ **권한위양**(delegated power) : 주민이 정책의 결정·실시에 우월한 권력을 가지고 참여하는 경우이다. 주민의 영향력이 강하여 행정기관은 문제해결을 위하여 주민을 협상으로 유도하는 것이다.

⑧ **자주관리**(citizen control) : 주민이 위원회 등에서 행정을 지배하고 있는 경우이다. 주민에 의한 완전자치를 실현하는 수준이다.

(나) 참여효과의 3대 분류

아른스타인이 분류한 주민참여 8단계의 유형을 3개 수준으로 통합하여, ㉠ 비참여의 수준과 ㉡ 형식적 참여의 수준 및 ㉢ 주민권력의 수준으로 대별할 수도 있다. 이러한 주민참여의 3대 유형은 다음과 같다.[40)]

(a) **비참여의 단계** : 이는 행정기관이 사실의 주지에 노력하여 행정기관과 주민간의 갈등이나 오해를 최소화할 뿐, 결정과정에의 주민참여가 허용되지도 않고, 주민이 결정의 수정이나 변경을 실현할 능력을 가지고 있지도 않는 단순한 주민포섭(citizen involvement)에 머무르고 있는 수준이다.

전술한 아른스타인의 조작과 임시치료 등의 수준이 여기에 속한다.

(b) **형식적 참여의 단계** : 이는 행정의 일정한 단계에 주민의사를 반영시키는 데 초점을 두는 수준으로서, 각계 각층의 대표가 참여하는 심의회·위원회, 지역주민과의 대담, 주민운동단체와의 교섭 등이 이루어지는 수준이다. 그러나 그 참여는 형식적인 수준을 넘지 못한다.

전술한 아른스타인의 정보제공, 상담, 위무의 수준이 여기에 속한다.

(c) **주민권력의 단계** : 이는 정책결정 과정에만 주민을 참여시키는 것이 아니고 결정 후의 관리·운용의 권한도 지역주민에게 이양한 단계이다. 행정기관이 일정한 범위의 권한을 주민에게 이양하여 주민이 자주적으로 관리를 수행하는 단계이다. 전술한 아른스타인의 대등협력, 권한위양, 자주관리의 수준이 여기에 속한다.

---

40) 奧田道大, "住民運動と市民參加", 伊東光晴, 現代都市政策 Ⅱ : 市民參加, 東京 : 岩波書店, 1973, pp. 103~105, 109 ; 강형기, 지방행정에 있어서 시민참여의 결정요인에 관한 연구(서울 : 건국대학원, 1983), pp. 61~63.

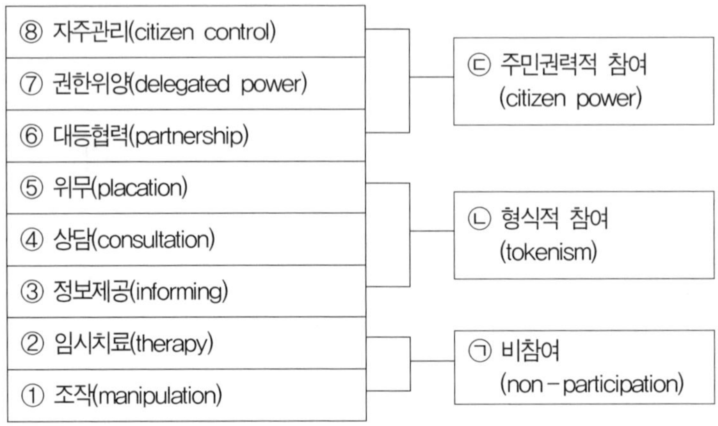

자료 : S. R. Arnstein, "A Ladder of Citizen Participation", in Journal of American Institute for Planning, July, 1969, p. 217.

[그림 7-3 주민행정참여의 정도(8수준)의 구분]

(5) 참여의 주도성에 의한 분류

주민의 행정참여에 있어서 그 참여의 주도성이 행정측에 있는가, 주민측에 있는가, 또는 기업측에 있는가에 따라 ㉠ 행정주도형, ㉡ 주민주도형, ㉢ 수평형 및 ㉣ 밸런스형으로 나눌 수 있다.

이러한 관점에 따라서 일본의 고베(神戸)시에서는 주민참여의 유형을 [그림 7-4]와 같이 분류한 바 있다.[41)]

선진 민주국가에서는 수평형 또는 주민주도형이 보편화되어 있고, 또한 기업의 참여하는 밸런스형이 활발한 데 비하여, 민주적 전통이 얕고 관료주의의 뿌리가 깊은 신생·후진국에서는 아직도 행정주도형이 지배적이라는 것이 숨길 수 없는 사실이라고 하겠다.

41) 柴田啓次, 經營·管理 : 新地方自治講座 XI(東京 : 第一法規, 1975), pp. 432~433.

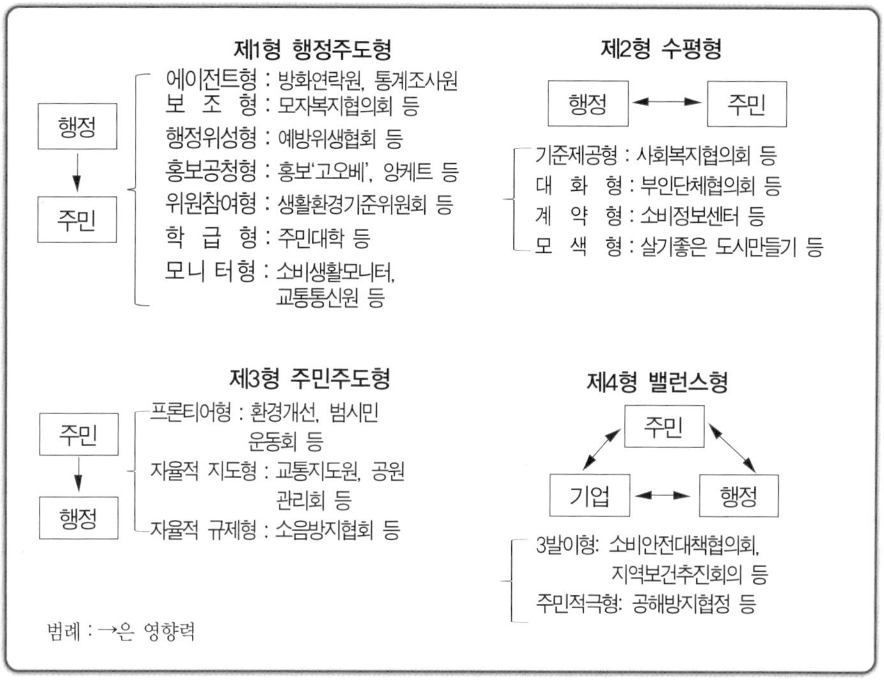

[그림 7-4 주도성별 주민행정참여의 유형]

2 주민참여의 형태

오늘날 주민참여는 단순히 저항적인 운동의 양상을 띤 것부터 자주관리에 이르기까지 실로 다양하게 전개되고 있다. 그러나 그 형태를 대별하여 보면 광청형, 대화형, 위원회형, 주민토의형, 주민운영형, 자주관리형 등으로 나누어 볼 수 있다.

(1) 광청형

(가) 광청형 주민참여의 양식

광청형 주민참여는 행정이 주민의 의견과 태도 및 요구와 실정을 정확히 파악하기 위하여 행하는 광청활동을 통하여 실현되는 주민참여를 말한다. 이러한 광청활동으로서 실제 운영되고 있는 대표적인 방식은 여론조사와 모니터제도 그리고 공청회 등이다.

여론조사는 그 의견이나 태도를 나타내지 않는 침묵하는 다수자(silent majority)를 포함한 주민 전체의 의견이나 태도를 체계적으로 파악하는 장점을 가지고 있다. 또한 여론조사는 동일한 설문을 정기적으로 행함으로써 주민의 의향의 추이를 파악할 수 있다.

모니터제도는 지방자치의 운용에 관심을 갖고 있는 주민을 모니터(monitor)로 위촉하여 자치행정에 대한 그의 의견이나 요망을 정기적으로 또는 수시로 청취함으로써 행정에 대한 주민의 반응과 의향의 추이를 파악하는 것이다. 여론모니터는 행정기관이 실시하는 설문에 회답하고, 자치행정에 관한 의견과 요망 등을 수시로 제언하며, 모니터회의 등에 참석한다. 따라서 모니터는 자치행정의 이해자·협력자·추진요원으로서, 장차 그 지역의 건전한 여론지도자로 성장할 것이 기대되는 자이다. 여론모니터는 지역, 성별, 연령, 직업 등을 고려하여 주민의 각계 가층을 대표할 수 있도록 공모하거나 추천에 따라 지방자치난체의 장이 위촉한다.

특정한 주제에 대하여 주민과 전문가의 의견을 청취하는 방식인 공청회도 광청형 주민참여의 하나이다. 공청회는 행정기관이 공개적인 토론을 통하여 일정한 예정된 행정행위에 대하여 당사자·이해관계인·전문가·기타 일반인의 의견을 널리 듣는 절차를 말한다. 이러한 공청회도 도시계획 등에 있어서처럼 법률에 의거한 공청회와 지방자치단체장이 주민의 의견을 듣기 위하여 설치한 임의의 공청회로 나누어 볼 수 있다.

공청회가 정식 행정절차인 점에서는 청문과 같으나, ㉠ 행정처분과정뿐만 아니라 행정입법, 계획확정, 행정예고의 절차에서도 이용되는 점, ㉡ 특정인에게 불이익한 특정 처분에 국한하지 않고 처분의 영향이 광범하게 미치는 일반처분에 주로 이용되는 점, ㉢ 처분의 상대방이 되는 당사자의 권리구제에 국한하지 않고 다중의 의견을 널리 수렴하는 데 주안점을 두는 절차라는 점에서 청문과 다르다.

(나) 광청형 주민참여의 한계

광청형 주민참여는 주민의 입장에서 볼 때 단순히 의견진술의 기회를 부여받고 있는 것에 지나지 않는 경우가 많다. 공청회의 경우에도 원래는 관계 주민의 의향을 청취하려는 것이지만, 대부분 토론 없는 일방적인 의견진술, 즉 일방통행제(one way system)식 의견청취방식에 머무른다는 점에서 그 한계가 있는 것이다.

또한 공청회 등에서 자주 나타나는 현실적인 문제점은 참여자 특히 의견진술자를 행정이 자의적으로 선택한 결과 의견진술자의 대표성에 대한 문제가 제기되고 행정측이 자의적으로 그 개최의 여부를 결정하는 점 등에 의하여 주민참여로서는 한계가 있다.

(2) 대화형

(가) 대화형 주민참여의 양식

대화형 주민참여는 이동시청, 이동구청, 직능집단 등과의 간담회, 주민과의 대화 등과 같은 형식으로 전개되는 것이다. 이러한 주민참여는 행정과 거리가 원격화 되고 있는 대도시에서부터 농촌자치단체에 이르기까지 주민참여의 가장 전형적인 방법으로 도입되고 있다.

대화집회 등 여러 명칭으로 행해지는 간담회는 주민과 행정기관의 직접적인 대화를 통하여, 주민의 일상생활의 체험으로부터 얻어진 의견이나 요망을 행정기관이 청취하여 행정에 이를 반영함과 아울러 행정에 대한 주민의 이해를 높이는 채널이 된다. 따라서 간담회는 주민과 행정기관의 상호 신뢰를 높이고, 행정에 대한 주민의 의향을 들어 행정의 문제점을 발견하여 시정하며, 주민의 행정에 대한 관심과 참여의식을 높이고, 공무원의 적극적인 봉사의식을 증진하는 등의 효과를 가져오는 제도이다.

(나) 대화형 주민참여의 한계

대화형 주민참여의 특징은 광청형 주민참여가 가지고 있는 일방통행성이라는 결점을 탈피한 점이다. 그러나 현실적으로 운영되고 있는 그 양태를 보면 주민들이 행정측에 요구하고 진정하는 것으로 채워질 뿐 실제로 주요한 의사결정에 관여하고 영향을 미치는 경우가 드물다.

대화형 주민참여 방식은 그 실시가 용이하고 또한 지방자치단체장의 선거운동 등 정치활동에도 도움이 된다는 점에서 널리 도입되고 있다. 그러나 주민들이 주체성을 가지고 정책결정에 영향을 미치는 기회가 되기보다는 단지 행정에 의존하려는 체질을 강화시킬 우려도 있다.

(3) 위원회형

(가) 위원회형 주민참여의 양식

위원회형 주민참여는 자문위원회, 심의회, 행정위원회, 협의회 등 다양한 명칭으로 도입되고 있다. 위원회의 형식으로 도입되고 있는 참여제도도 법률이나 조례에 의하여 설치된 것과 단체장 등이 임의로 설치한 것이 있다. 심의형 참여제도는 주민참여제도가 등장하기 이전부터 전문지식의 도입이나 이해 조정을 도모하기 위하여 일찍이 도입된 것이기도 하다.

지방자치행정에 대하여 의견을 제시하고 시책의 방향을 건의하는 자문위원회는 우리나라에서 거의 모든 자치단체에서 다양하게 활용되고 있다. 그리고 그 참여자도 학식과 경험을 소유한 자를 중심으로 하는 위원회에서부터 평범한 주민의 입장에서 참여를 하도록 하는 위원에 이르기까지 다양하다.

위원회의 한 형식으로서 심의회를 활용하는 경우도 많다. 일반적으로 심의회의 구성멤버는 학식과 경험의 소지자, 이익대표, 의회의원, 관계 행정기구 공무원 등으로 이루어지는 것이 일반적이다. 심의회는 일반적으로 자문에 응하여 보고·의견·답신을 행하는데 그치는 경우도 있다.

위원회형 참여의 양식으로서 행정위원회도 다양하게 활용되고 있다. 미국의 경우 이미 20세기 초에 시정개혁운동을 통하여 정당정치로부터 독립한 도시계획위원회 등의 위원회가 창설되었으며, 오늘날에는 많은 나라에서 주민참여의 중요한 수단으로서 활용되고 있다. 우리나라에서도 지방자치단체에 지방인사위원회, 지방공무원소청심사위원회, 도시계획위원회, 토지수용위원회 등의 행정위원회가 설치되어 있다.

이러한 행정위원회는 특정한 행정분야에 있어서 자치단체장으로부터 독립하여, 정당·정파의 영향을 받음이 없이 공정·중립적으로 행정을 수행하거나, 합리적인 재정(裁定)이나 중재 등의 심판적 기능을 수행하는 데 있어서 매우 유용하다. 행정위원회는 지방자치단체 집행기관의 일부로서 정책결정 및 집행의 권한을 행사하는 것이므로, 주민이 그 위원회에 위원으로 참여하는 것은 직접 정책결정 및 집행을 행하는 것이라는 점에서 그 의의가 크다.

(나) 위원회형 주민참여의 한계

주민참여제도로서 위원회를 활용하는 것은 주민이 가지고 있는 전문능력을 활용하고 각종 이해관계를 조정하는 장치로서 그 의미가 있다. 그러나 실제 그 활용양태를 보면 행정측이 준비한 원안을 있는 그대로 인정하는 행위를 하는, 즉 행정의 방패막이 내지는 권위부여 수단으로 이용되는 경우도 많다. 따라서 그것이 시민참여를 표방한 것이라면 그러한 결함을 극복하는 방안을 마련해야 할 것이다.

(4) 토의형

(가) 토의형 주민참여의 양식

토의형 주민참여는 주민의 자주적 참여에 의하여 주민 상호간의 커뮤니케이션을 촉진하고, 토의 결과를 시정에 반영하는 것이다. 토의형은 단체장이나 공무원과 시민 개인 간에 전개하는 대화형의 주민참여가 가지고 있는 한계를 보완한 제도라고 할 수 있다. 우리나라에서는 종전부터 반상회가 개최되어 왔고 최근에는 전자주민회의와 주민참여예산제도를 도입한 지역에서 토의형 주민참여가 시행되고 있다. 일찍이 일본의 고베시(神戸市)가 도입한 구민회의도 여기에 해당한다.[42]

오늘날 정보화로 인한 정보교류 수단의 변화는 주민참여의 형태를 변화시키고 있다. 인터넷을 통하여 행정과 주민 간의 정보공유영역이 더욱 넓어졌고, 행정과 주민이 지역을 공동경영하기 위한 공동참여의 방식도 새롭게 개발되고 있다. 오늘날 인터넷을 통한 정보공유는 3단계의 양상으로 진화해 왔다. 행정 내부에 있어서의 정보공유단계를 거쳐 행정과 시민간의 정보공유단계 그리고 이제는 시민간의 정보공유단계에 이른 것이다. 이러한 정보시스템을 활용하여 지방자치단체를 주민과 공동경영하려는 움직임은 일본 가나가와현 후지사와시(藤澤市)가 도입한 전자주민회의제도에서 잘 살펴 볼 수 있다.[43]

(나) 토의형 주민참여의 한계

주민회의, 반상회 등의 토의 방식에 의한 주민참여제는 참여자가 과다할 경우 토론이 어려울 수가 있다. 반면 참여자가 과소할 때에는 참여자의 고정화에 따른 문제점이 나타날 수도 있다. 따라서 주민의 자주적·적극적 참여를 위한 정보제공이 필요하며, 시민참여예산제나 전자주민회의 등을 생산적으로 활용하려면 엄정한 참여의 룰과 아울러 참여자의 책임성을 인식시켜야 한다.

---

42) 강형기, "서울의 자치행정과 시민참여", 서울, 지방자치와 시민의 삶(서울 : 서울시립대학교, 1995), pp. 50~51.

43) 강형기, 향부론(서울 : 비봉출판사, 2001), pp. 471~476.

(5) 주민운영형

(가) 주민운영형의 참여양식

지역사회에서 주민이 자조적으로 협동함은 물론, 주민과 행정기관, 주민과 외부 인사가 협동하여 지역의 문제들을 주민이 주도적으로 해결하는 방식이다. 이러한 참여방식은 현장의 문제는 그 필요와 수요를 잘 알고 있는 현장에 맡김으로써 효율성과 책임성을 동시에 확보하고, 현장의 소외감을 해소하는 효과를 동시에 확보할 수 있는 참여방식이다.

우리나라에서 주민이 지역사회의 문제에 주도적으로 참여하여 지역의 문제를 자조적으로 해결하는 거점으로서 기능하는 가장 대표적인 공간은 주민자치센터이다. 읍·면·동마다 설치되어 있는 주민자치센터는 15~25명으로 구성되는 주민자치위원회가 주도하여 운영하고 있다. 주민자치센터의 운영에 필요한 경비는 지방자치단체가 부담하지만, 주민자치센터의 운영프로그램은 주민들이 주도하여 결정하고 집행한다. 주민은 주민자치위원회에 위원으로 참여할 수 있고, 위원회의 프로그램 활동에 참여할 수도 있다.

(나) 주민운영형의 한계

주민운영형 참여방식은 현장의 문제를 주민이 책임지게 하는 시스템으로써 주민의 이웃에 작은 관청(little city hall)인 근린정부(neighborhood government)를 두고, 그 경영을 주민이 주도함으로써 관료주의를 타파하면서 아울러 주민의 책임성도 확보할 수 있게 하는 시스템이다. 따라서 지방분권의 궁극적 이념인 권한을 주민에게 돌려준다는 관점에서 앞으로 보다 많은 분야에 적용되어야 할 것이다.

그러나 이러한 참여가 그 이념적 방향과 합치하려면 '자율적인 주민층'의 양성이 함께 해야 한다. 이러한 관점에서 우리나라 주민자치센터의 운영실태를 보면 자율적인 주민의 양성이 시급하다는 것을 알 수 있다. 주민자치센터의 프로그램이 주로 주민의 취미활동이나 레크리에이션에 편중되어 있을 뿐이기 때문이다. 따라서 주민 스스로가 자율적으로 지역의 방범활동, 청소년보호, 주차질서 확립, 미화운동 등과 같은 근린사회의 과제를 해결하는 주체로 나서게 하는 시스템과 아울러 스스로 지역의 주인으로 살아가려는 주민이 육성되어야 한다.

(6) 자주관리형

(가) 자주관리형의 참여양식

자주관리형은 지방자치단체가 해결해야 할 과제 중에서 그 행정의 개별 부문 또는 복수의 부문에 주민이 주도적으로 참여하여 해결하는 시스템이다.

이러한 사례로는 1978년, 일본 도쿄도(東京都) 무사시노시(武藏野市)가 추진하다가 주민의 반대에 직면하여 표류하던 쓰레기소각장 건설을 위해 시민위원회를 만들어 운영한 것을 들어 볼 수 있다. 무사시노시는 동 위원회가 시설건설용지의 위치, 시설의 내용, 주변환경의 정비에 이르기까지의 사항을 결정하게 했다. 시민으로 구성된 시민위원회에 일체의 권한을 부여하고 그 집행을 직접 감독하는 권한도 부여한 것이었다.[44]

일본의 아비코(我孫子)시는 시가 수행하고 있는 행정업무를 1,100개의 사무로 분류하고, 각 사무에 소요되는 경비를 소상히 공개하였다. 그리고 시민들에게 현재 공무원이 담당하고 있는 것보다 더 효율적으로 처리할 수 있는 업무를 선정하여 민간이 처리할 수 있는 분야를 제안하게 했다. 민간에게 위탁할 수 있는 행정업무의 대상과 내용을 행정이 정하지 않고 시민이 제안하게 하는 소위 '시민제안민간위탁제'를 시행한 것이다. 민간으로부터 제시된 행정업무의 수탁제안이 관련 위원회에서 평가하여 채택되면, 행정은 그 업무를 민간의 조직이 담당하도록 업무를 넘기고 경비를 시가 부담하도록 한 것이다.

(나) 자주관리형의 한계

자주관리형 주민참여는 아른스타인이 주민참여의 최고 단계로 평가했던 모델이다. 이러한 참여는 행정을 비판 감시하려는 참여의 단계를 넘어, 지역문제를 공동경영하는 주체로서 주민의 역할을 상정한 것이다. 오늘날은 지역사회가 해결해야 할 문제를 행정이 모두 책임지기가 어려운 상황이다. 특히 지방재정의 경직성이 커지고, 사회의 양극화현상이 가중되는 상황에서 이제 주민의 사회적 참여와 책임영역을 넓혀 나가야 한다는 점에서 자주관리모델의 중요성은 더욱 커지고 있다.

그러나 자주관리형 참여의 실현은 참여의 제도적인 채널을 확보하는 것만으로 이루어지는 것이 아니다. 파트너십을 실천하는 공무원, 경쟁적인 민간조직, 책임지는 주민의식이 함께 해야 한다. 이러한 요건을 충족하지 못하면서도 성급하게 자주관리형 주민참여제를 도입할 경우에는 낭비와 비능률만이 아니라 혼란과 공익에

44) 강형기, 앞의 논문, p. 51.

반하는 결과를 초래할 수 있다.

Ⅲ 주민참여의 효과

1 주민참여의 순기능과 역기능

(1) 주민참여의 순기능

주민참여는 정치·행정적 측면에서 다음과 같은 순기능을 발휘한다.

(가) 정치적 측면

(a) **대의제의 보완** : 주민참여는 대의제의 미비점을 보완하여 준다. 주민청구·주민투표, 주민소환이 대의제의 시스템에 이상사태가 발생한 경우에 그 치료를 위한 수단이라고 한다면, 주민참여는 상시적으로 대표민주주의의 한계를 보완하는 제도인 것이다. 그러나 주민참여는 대의제 기능을 '대체'하는 것이 아니라 대의제를 '보완'하는 기능을 수행한다는 데에 유의하여야 한다.

(b) **일반시민의 참여** : 주민참여는 지방자치단체 또는 그 기관의 정책결정 및 집행과정에서 소외되던 일반주민이 참여함으로써 평범한 보통 사람들이 의견과 이익을 표명할 수 있게 하여 민주주의의 폭을 넓히는 제도이다.

(c) **성숙한 시민의 육성** : 주민참여는 참여활동의 경험을 통하여 주민의 민주적 시민의식과 공공의식을 성숙하게 하여 주민의 자치능력을 향상시켜 주는 교육장이 된다.

(d) **진정한 주민자치의 실현** : 주민참여를 통하여 주민이 자치단체의 중요한 정책결정에 참여하고 정책의 집행에 통제력을 발휘함으로써, 주민의 주체적 지위를 확보하여 진정한 주민자치를 실현하게 한다.

(나) 행정적 측면

(a) **행정서비스의 개선** : 주민참여를 통하여 행정기관이 주민의 행정수요를 정확히 파악하여 행정서비스를 개선하고 행정조직, 절차, 형태 등의 개혁을 추진하게 한다.

(b) **주민과 행정의 협조 증진** : 주민참여를 통하여 주민은 공익우선의 정신과 공공심을 함양하고, 행정기관은 주민의 희망을 파악하게 하여, 주민과 행정기관이 행정의 목표설정과 그 달성과정에 서로 협력하게 된다.

(c) **주민간 이해갈등의 조정** : 주민참여는 이해당사자들이 각자의 의견을 개진하고 토론하는 가운데 상호 이해를 도모하고, 쟁점들을 올바르게 이해하게 함으로써 공공이익에 도달할 수 있게 된다.

(d) **행정집행의 용이성 제고** : 참여한 주민이 정책이나 프로그램이 집행될 때에 적극 협조할 것이기 때문에, 주민참여를 통해서 이루어진 정책이나 프로그램 집행의 용이성을 높일 수 있게 된다.

(2) 주민참여의 역기능

주민참여는 다음과 같은 역기능도 가지고 있다.

(가) 높은 비용의 문제

참여하는 사람들이 대개 대상분야에 대한 비전문가들이고 민주적 훈련이 부족하기 때문에 장기적인 이익을 분별하기 어렵고 자기 입장만을 내세움으로써 합의를 어렵게 할 가능성도 있다.

(나) 지체와 비능률

주민참여는 많은 절차를 거치면서 많은 시간과 노력을 소요하여 행정의 지체를 초래할 수 있다. 뿐만 아니라 주민참여에 의하여 노정되는 찬성측과 반대측의 복잡한 갈등으로 인하여 때로는 행정의 비능률을 초래할 수 있다.

(다) 대표성의 문제

참여하는 주민이 주민 전체를 대표하는 것이냐에 의문이 있는 경우가 있다. 특히 소수의 적극참여자나 일부의 특수이익을 대표하는 자들이 주도하는 경우에 참여자의 대표성이 문제되고, 행정의 공정성을 저해할 위험성이 있다.

(라) 지엽적 이익에의 집착

참여자들이 자기 지역의 발전과 이익에만 매달리기 때문에 거시적인 안목에서 국가 전체의 이익을 도외시할 가능성이 높다.

(마) 권력에의 흡수 · 포섭

행정기관이 정책이나 프로그램에 반발하는 주민을 무마하고 정책이나 프로그램을 정당화하기 위해서 주민을 흡수 · 포섭하는 경우에 참여가 형해화될 위험성도 있다.

(바) 행정책임의 회피 · 전가

공무원들의 직무에 대한 소극적 태도를 조장하고 창의성과 책임성을 둔화시키며, 행정책임의 소재를 불분명하게 하고, 그 책임회피와 전가의 수단으로 이용될 우려가 있다.

2 주민참여 효과의 측정지표

주민참여의 효과를 측정하기 위해서는 먼저 그 측정지표의 설정이 필요하다.

주민참여 효과의 측정지표는 그 주민참여의 목적 여하에 따라, 그리고 행정기관측과 주민측의 입장에 따라 달라질 수 있다. 그러나 이러한 모든 것을 고려한 종합적인 주민참여의 효과측정이 필요하므로, 여기에서는 종합적인 입장에서 특히 중요시되는 다음과 같은 네 개의 지표를 고려해 보기로 한다.[45)]

(1) 공평성(참여자 범위)

누가, 어떤 사람이 참여하느냐가 문제된다. 주민참여의 본질이 풀뿌리(grass-root)적 민주주의의 실현에 있는 것이므로 참여의 저변을 확대해서 가능한 최대의 참여가 이루어져야 하는데, 그 참여가 지방의 유력자나 일부 활동가(grass-top)에 한정되었다면 주민참여의 효과를 제대로 거두었다고 볼 수 없는 것이다.

(2) 접근성 I (참여대상 행정영역)

행정의 복잡하고도 다양한 영역 가운데 어느 영역에까지 참여하느냐가 문제된

45) 지방행정연구소, 대도시 행정체제 정립에 관한 연구(서울 : 1981), pp. 302~312.

다. 이는 근원적으로 지방자치단체의 권한의 범위 및 행정공개의 정도와 관련되는 것이나, 적어도 도시계획, 재개발, 복지대책 등 주민생활과 직접적인 관련이 있는 행정영역에는 반드시 주민참여가 이루어져야 하는 데도 불구하고 그것이 이루어지지 않았다면 효과적인 주민참여가 행해졌다고 볼 수 없다.

(3) 접근성 II(참여대상 행정과정)

행정의 어느 과정에까지 참여하느냐가 문제된다. 주민참여는 행정의 전과정에의 참여를 그 이상으로 하는 것이므로 정책의 결정단계에서부터 실시, 평가에까지 일련의 참여가 이루어져야 하는데, 행정의 그 어느 한 두 과정에만 참여가 이루어졌다면 주민참여의 효과를 제대로 거두었다고 볼 수 없다.

(4) 응답성(참여영향력)

주민의 참여활동이 행정에 얼마나 영향력을 행사하였느냐가 문제된다. 주민참여는 주민의 의사에 따른 행정의 실현을 그 이상으로 하는 것인데, 그 주민참여가 조작이나 임시치료의 수단으로 이용되는 데 불과하였다든가, 정보제공이나 상담 또는 위무의 수준을 벗어나지 못했을 때에는 주체적인 주민참여가 실현되었다고 볼 수 없다.

3 주민참여의 요건

효과적인 주민참여가 이루어지려면 많은 여건들이 정립되어야 할 것이나, 그러한 여건들 가운데 가장 중요한 것을 정리해 보면 다음과 같다.[46]

(1) 정보의 공개

주민참여가 활발해지려면 무엇보다 행정기관에 의한 정확하고 구체적인 행정정보의 적극적인 공개가 이루어져야 한다. 행정정보의 적극적 공개는 주민의 무지를

46) 강형기, 지방행정에 있어서 시민참여의 결정요인에 관한 연구(서울 : 건국대학교 대학원, 1984), pp. 69~139.

해소하고 무관심을 관심으로, 단편적인 관심을 지속적인 관심으로 그리고 관심을 실제의 참여행동으로 전환시키는 원동력이 될 수 있는 것이다. 그래서 '참여 없이는 자치가 없고, 정보 없이는 참여도 없다'는 말이 성립하는 것이다.

우리나라에 있어서 국민의 행정정보공개의 요구가 점증함에 따라 1996년에 행정정보 공개에 관한 일반법으로서 '공공기관의 정보공개에 관한 법률'이 제정되었다. 지방자치단체 수준에서 행정정보공개에 관한 조례가 처음 제정된 것은 1991년의 청주시의 행정정보공개조례이다.[47]

그러나 주민참여에 있어서 정작 중요한 것은 소극적인 정보공개가 아니라 적극적인 정보제공이다. 주민참여와 연계하여 특히 공개되어야 할 정보는 정책형성정보, 정책결정정보, 정책집행정보, 정책평가정보이다. 그러나 일반주민들은 행정정보의 존재 그 자체를 잘 모르기 때문에, 주민의 공개청구에 의한 정보공유만으로는 주민참여에 본질적인 한계가 있다. 따라서 주민의 공유재산인 행정정보를 적극 제공하는 정보제공이 중요하다고 할 수 있다.

2021년 지방자치법(제26조) 전부개정을 통하여 행정안전부장관이 주민의 지방자치정보에 대한 접근성을 높이기 위해 정보공개시스템을 구축·운영할 수 있다고 명시하고 있다. 정보공개법이 있음에도 불구하고 지방자치법에 주민에 대한 정보공개를 신설한 이유는 지방자치단체에게 보다 종합적이고 적극적인 정보공개를 촉진하기 위함으로 생각할 수 있다.

(2) 분권화의 추진

주민참여가 활발해지려면 또한 그 나라의 통치 내지 행정상의 권한이 중앙에서 지방으로, 지방에서도 현장으로 이양하는 분권이 이루어져야 한다. 주민들은 자신들과 접촉하고 있는 기초자치단체나 일선기관 또는 일선공무원이 자기의 이해와 관련 있는 문제에 관하여 권한과 재량을 가지고 있지 않을 때에는 그들과 대화나 논의를 하려 하지 않는다. 그 대화나 참여는 결국 집행과정에 동원되는 것에 불과하다는 것을 잘 알기 때문이다.

지방분권의 궁극적 이념을 주민에게 권한을 돌려주는 것이라고 하는 것도 결국은 주민참여를 전제로 한 말이다. 주민운영형의 참여와 자주관리형의 참여를 실천

47) 청주시의 정보공개조례는 국가법률로서 정보공개법이 제정되지 아니한 상태에서 제정된 것이기 때문에 위법론이 제기되어 대법원에 의해 적법 판결을 받음으로써(1992) 지방자치단체의 자치입법권을 확인받은 역사적인 조례이다(전술 제4장 제1절 '조례제정권' 부분과, 제8장 제3절 '행정정보공개' 부분 참조).

하려면 주민이 참여하는 현장에 그 권한이 이양되어야 한다.

(3) 공무원 행태의 개선

주민참여를 실효성 있게 전개하여 주민의 의사에 기초한 행정을 실현하려면 공무원의 행태가 이에 부응하여야 한다. 오늘날의 주민들은 고객으로서 참여하는 것에 만족하지 않고 주인으로서 참여하려는 지향을 가진다. 이러한 상황에서 지역사회의 문제를 주민과 협동하여 해결하려면 먼저 공무원들이 행정은 지역사회의 문제를 해결하는 여러 주체 중의 한 부분임을 인식해야 한다. 지역사회의 문제를 주민과의 파트너십을 형성하여 처리하는 과정에서 주민의 의사를 존중하고 주민의 요구에 대응하는 봉사정신과 태도를 가질 때에만 실효성 있는 주민참여가 실현될 수 있다.

(4) 주민의 자세 확립

주민참여의 질과 양을 결정하는 근본적인 힘은 주민 자신에 있다. 아무리 정보가 공개되고 분권화가 실현되고 공무원의 행태가 개선되었다 하더라도 주민 자신이 자치행정의 주체로서의 자각과 그 주도적인 자세를 가지지 않을 때에는 주민참여의 질과 양이 향상·발전될 수 없다.

근대 민주정치의 발전과정을 보더라도 시민이나 주민이 주체로서의 자각과 주도적인 자세를 가지지 않고는 권익이 보호되지 않았으며 새로운 역사가 창조되지 않았다. 주민참여를 실현하려면 주민들이 지역사회의 주체로서 감당해야 할 의무감을 인식해야 한다. 행정과 주민이 협동하려면 주민 측에 일정한 수평적 조정능력도 요구된다. 주민이 그러한 조정능력을 가진 주체적 존재일 때 비로소 행정과 대등한 존재가 될 수 있는 것이다.[48]

48) 여기서 말하는 대등이란 동원할 수 있는 자원의 대등함을 말하는 것이 아니다. 공동목표를 지향하는 문제인식과 역할분담에 주체적 자세를 견지하는 정신적 대등함을 의미한다.

제4절 주민의 정부통제

I 주민통제의 의의와 수단

1 주민통제의 의의

지방정부의 업무에 대하여는 여러 측면에서의 통제가 가해져야 한다. 지방의회에 의한 통제, 국가에 의한 통제, 주민에 의한 통제 등이 모두 그러한 것들이다. 그 가운데에서도 주민에 의한 지방정부 업무에 대한 통제를 주민통제(popular control)라고 한다.

2 주민통제의 수단

지방정부의 업무에 대한 주민통제의 수단에는 여러 가지가 있을 수 있으나, 그 가운데에서 중요한 것으로는 다음과 같은 것을 들 수 있다.

(1) 직접적 통제

(가) 청구 · 청원

주민은 지방자치단체의 장에게 조례의 제정이나 개폐를 청구할 수 있고, 해당 지방자치단체에 대한 감독기관에게 지방자치단체의 업무에 대한 감사를 청구할 수 있으며, 또한 지방의회에 지방자치단체의 업무에 관하여 청원하여 의견을 제시할 수 있다. 주민의 이러한 청구 · 청원이 직접적인 통제방법이기 때문에 더욱 유효한 방법이 될 수 있다.

(나) 주민참여

주민은 지방자치의 운용과정에서 행정의 이해당사자로서 열람・의견제출・청문참여를 하거나 주민조직・주민회의, 각종 위원회・간담회・공청회 등에 참여하여 의견을 개진함으로써 지방정부의 행정처리에 통제를 행한다.

(다) 주민투표

주민은 지방자치단체의 폐치・분합이나 주민에게 과도한 부담 또는 중대한 영향을 미치는 사항 등 중요한 사안에 대하여 주민투표로써 직접 결정을 행함으로써 지방정부의 업무처리에 결정적인 통제를 행한다.

(라) 선 거

주민은 선거권을 행사함으로써 자치행정에 대하여 통제를 행할 수 있다. 지방의회 의원이나 자치단체 장은 다음 선거에서의 득표를 의식하게 되어 있으므로, 선거야말로 조직화되어 있지 않은 일반주민이 가지고 있는 통제방법 가운데 가장 유효한 방법이 된다.

(2) 간접적 통제

(가) 여 론

주민은 여론의 형성을 통하여 지방정부의 업무에 대하여 통제를 행사할 수 있다. 여론이란 일정한 공공문제에 관하여 다수인이 가지고 있는 요구 및 의견의 포괄적 표출이라고 할 수 있다. 오늘날 이러한 여론의 형성 및 그 영향력 증대에 있어서 매스컴의 역할이 매우 크므로, 주민은 특히 매스컴의 활용을 통하여 지방정부의 업무에 대하여 강력한 통제를 행할 수 있다.

(나) 이익집단・정당의 이용

주민은 이익집단이나 정당을 조직하거나 이에 가입 또는 이용하여 지방정부의 업무에 대하여 강력한 통제를 행할 수 있다. 이익집단은 구성원들의 특수이익을 옹호하기 위하여, 정당은 구성원들의 정치적 의사를 관철하기 위하여 자치업무의 수행과정에 강력한 영향력을 행사하므로 주민이 이를 통하여 통제력을 발휘할 수 있다.

(다) 인터넷(internet)

주민은 인터넷에서의 자유로운 의사의 교환이나 주장을 통하여 지방정부의 정책 및 행정에 대하여 비판을 표시하고 또한 이를 조성할 수 있다. 오늘날에는 이러한 인터넷의 기능이 무엇보다 활발하며, 그러한 경향은 앞으로 날이 갈수록 강화될 전망이다.

(라) 시민단체(NGO)

시(주)민사회의 권익을 보호하기 위하여 각 부문에 시(주)민단체가 구성되어 지방정부의 정책 및 행정과 관련하여 의사를 표명하고 시민운동을 전개함으로써 지방자치 운용에 강력한 영향력을 발휘한다. 21세기에는 이러한 시민단체의 활동이 날이 갈수록 활발해지고 있다.

Ⅱ 주민통제의 조건과 시민단체

1 주민통제의 사회적 조건

지방정부의 업무에 대한 주민통제 수단이 제도적으로 완비되어 있다 하더라도 그것이 행해질 수 있는 다음과 같은 사회적 기본조건이 갖추어지지 않으면 그 실효를 거둘 수 없다.

(1) 사회적 다원성

지방정부의 업무에 대한 효과적 주민통제는 사회적 다원성(social pluralism)을 그 기본조건으로 한다. 사회적 다원성이란 사회 안의 단일지도자의 통제력이 미치지 않는 자율적인 사회집단 및 조직들이 복수로 병존하는 것을 의미한다. 주민통제는 다양한 집단의 이해가 표출되고, 그러한 이해를 반영하고 합의하는 과정에서 실현되는 경우가 많다.

농촌지역에 비하여 도시지역에서 사회의 다원화의 정도가 높으므로, 지방정부에 대한 주민의 통제가 도시지역에서 더 효과적으로 보장될 수 있는 조건을 가지고 있다 하겠다.

(2) 기본적 합의

지방정부의 자치업무에 대한 효과적 주민통제는 민주주의 원리에 대한 기본적인 합의 또는 동의(agreement or concensus)를 기본조건으로 한다. 만약 지방정부와 주민 사이에 민주주의 기본원리인 평등과 다수결을 자치업무의 기본원리로 하는 합의 또는 동의를 이루지 못했을 때에는 지방정부의 효율적인 경영을 기대하기 어렵다.

전술한 사회적 다원화가 이러한 기본적 합의를 어렵게 할 것으로 생각할 수도 있다. 그러나 고도의 사회적 다원화 속에서 오히려 높은 수준의 기본적 합의가 이루어질 수가 있다.

(3) 사회적 교화

지방정부의 업무에 대한 효과적 주민통제는 사회적 교화(social indoctrination)를 그 기본조건으로 한다. 사회적 교화(敎化)란 일정한 사회체계를 유지하고 사회가치와 문화를 계승하는 데에 필요한 윤리·규범·관습·양식을 교습시키는 학습과정을 말한다. 개인의 사생활에서부터 국가·사회적 공동생활에 이르기까지 거의 모든 생활영역이 사회적 교화의 대상이 된다. 이러한 사회적 교화가 이루어지지 않으면 주민통제는 물론이고 사회체제 자체의 유지마저 어렵게 되는 것이다.

(4) 주민참여와 권력순환

지방정부의 업무에 대한 효과적 주민통제는 주민의 참여(citizen participation)와 권력의 순환(circulation of power)이 소망스러울 정도로 이루어지는 것을 기본조건으로 한다. 지방정부의 업무에 각계 각층의 상당수 주민이 참여함으로써 자치업무에 주민의 대표성이 확보되고 주민의 영향력이 높을 때에만 진정한 지방자치가 가능해지는 것이다.

또한 선거 등의 정치과정을 통하여 기존의 지도층에 포함되지 않은 인사가 새로 등용됨으로써 지도층의 구조가 점차적으로 쇄신될 때에 지방자치의 질적 발전과 주민통제의 영향력이 강화된다.

(5) 기타 조건

이상과 같은 조건들 외에도, ㉠ 정주성의 확보, ㉡ 소득의 안정화, ㉢ 교육의 보편화 등을 그 중요한 선행요건으로 한다.

2 주민통제와 시민단체

(1) 시민단체의 의의

행정의 전문화·복잡화, 관료조직의 거대화가 진전됨에 따라 행정에 대한 주민참여나 통제는 주민 개인의 신분으로 하기가 어렵게 되었다. 이에 따라 오늘날 주민의 행정통제를 위해서는 시민단체(non-governmental organization)가 적극적으로 활동하는 것이 중요해졌다. 시민(주민)단체(N.G.O.)[49]가 사회의 각 부문에 조직되어 적절한 영향력을 행사해야 하는 것이다.

시민단체란 정부(때로는 기업)의 기능수행과 관련하여 시민(때로는 소비자)사회의 권익을 보호하기 위하여 의사를 표시하고, 필요한 활동을 전개함으로써 정부부문(때로는 시장부문)에 영향력을 행사하는 단체이다.

시민단체에는 전국적 규모의 시민단체가 있는가 하면, 지역사회에 기반을 둔 시민단체(C.B.O.: Community Based Organization)도 있다. 또한 환경보호단체나 소비자보호단체와 같은 '기능적 시민단체', 의사회나 미용사회와 같은 '직능단체', 마을친목회와 같은 '지연단체'로 그 종류를 구분할 수도 있다. 이러한 시민단체는 정부부문뿐만 아니라 때로는 시장부문에 대하여도 큰 영향력을 행사하여 촉진 또는 견제기능을 수행하기도 하며, 때로는 지역사회의 문제를 직접 해결하기도 한다.

(2) 시민단체의 기능

각종의 시민단체는 그야말로 다종·다양한 기능을 수행한다. 이러한 수많은 기

49) NGO 개념은 1900년대 이후 급속히 사용되기 시작하였다. ① NGO(비정부기구)와 유사한 단체로는 NPO(비영리조직), VO(자원조직), PVO(사적자원조직), 제3섹터, GONGO(정부설립NGO) 등 다종 다양하다. 미국에서는 NPO, PVO 중심으로 영연방국가에서는 VO, NPO 중심으로, 일본에서는 NPO, 제3섹터 중심으로 활용되고 있다. 우리나라에서 널리 사용되고 있는 NGO는 외국에서 수입된 것으로 개념상 혼란이 있으며, 비정부기구, 민간단체, 시민단체, 사회단체, 시민사회단체, 이익집단 등과 개념상 구분이 모호하다. ② NGO의 특성으로는 정부, 후원기업, 기부기관들로 부터의 독립성을 유지하여, 자율적이며, 신뢰를 기반으로 하고, 비정부성·공공성·자발성·비영리성·비당파성 등을 기본으로 한다. ③ 우리나라에서는 '비영리민간단체지원법'(2000년 제정)에 근거하여 비영리민간단체(2015년 현재 12,252개 등록)의 공익사업활동을 지원하고 있다.

능들을 정리해 보면 ㉠ 시민사회발전 촉진기능, ㉡ 정부기능 보완・견제기능으로 분류할 수 있다.

첫째로, 시민단체는 시민사회 자체의 발전을 촉진하는 기능을 수행한다. 시민들의 협동을 촉진하고, 시민들에 대한 교육을 시행하며, 그것들을 통하여 시민사회 자체의 성숙을 도모한다.

둘째로, 정부(때로는 기업 등 단체)의 기능을 보완 또는 견제하는 기능을 수행한다. 정부(또는 기업 등)의 기능상 한계를 시민단체가 보완하여 국가・사회의 발전에 공동으로 기여할 수 있으며, 정부(또는 기업 등)의 권력비대와 독과점, 비밀주의, 자의성을 견제하여 시민(때로는 소비자)의 권익을 보호하고 국가・사회가 올바른 방향으로 나가도록 통제한다.

(3) 시민단체의 문제점과 정부와의 관계

(가) 시민단체의 문제점

오늘날의 시민단체에는 다음과 같은 많은 문제점들이 잠재해 있다.

첫째로, 시민으로부터 선출되지 않은 시민단체의 잘못된 운동에 대한 책임성이 결여되기 쉽다. 특히, 일부 적극성을 가진 시민의 부분이익보호를 위한 압력단체적 시민단체도 있을 수 있다. 이 경우 시민단체의 대표성에 문제가 제기된다.

둘째로, 해당 문제에 대한 전문성이 결여되거나, 단체 내부의 의사결정 과정이 왜곡되기 쉽다. 시민단체 회원의 의견보다는 시민단체의 일부 전문직업적 사무요원이 실질적인 결정권을 행사하는 경우도 있다. 실로 시민 없는 시민단체가 영향력을 행사하는 문제가 발생하고 있는 것이다.

셋째로, 시민단체의 대형화에 따른 중소 시민단체가 소외되거나, 시민단체의 난립과 편가르기식 사회갈등이 조장될 수도 있다.

넷째로, 단체의 경제적 기반의 취약으로 정부(또는 기업)의 보조를 받음으로써 그 운동방향이 왜곡되기 쉽다.

(나) 시민단체와 정부의 관계

시민단체 등 비제도권이 할 일(영역)과 정부 등 제도권이 할 일(영역)이 엄연히 다른 것임에도 불구하고, 개념혼선, 인식혼란, 의도적 왜곡, 시행착오 등으로 인하여 그 경계영역에 의문을 낳는 경우가 있다.

첫째로, 시민단체가 제도권의 기능을 저해하는 경우가 있다. 행정기관의 행정처리를 특정이익 옹호행위라고 비난한다든가, 의회의 의결에서 찬성 또는 반대한 의원을 성토하는 경우 등이 그 예가 될 수 있다.

둘째로, 정부주도의 관제운동에 시민단체들을 흡수·활용하려는 경우에 혼란이 일어난다. 정부가 시민단체를 정부산하 단체로 끌어들이는 경우나, 제도권의 고유업무를 시민단체에 맡기는 경우 등이 그 예가 될 수 있다.

셋째로, 시민단체에 대한 정부의 지원(보조금, 법제화 등)으로 시민단체가 정부 산하단체화할 우려는 물론, 사이비단체의 난립을 초래할 우려가 있다.

제5절 로컬 거버넌스

I 거버넌스의 의의와 대두

1 거버넌스의 의의

정부 또는 통치를 의미하는 거번먼트(government)라는 용어는 민간부분이나 시민사회에 대한 정부·공공부문의 우위에 기초하여 위계질서적인 통제와 지배의 의미를 짙게 풍긴다. 따라서 그러한 의미의 통치체제와 차별화하기 위하여 생겨난 용어가 거버넌스(governance)이다.

최근 지방경영의 새로운 모델로 인식되고 있는 로컬 거버넌스(local governance)란 자치행정의 중요한 의사결정에 있어서 지방정부와 시장(市場) 및 시민의 3자가 공감과 공유 속에서 문제를 공동으로 처리하는 일련의 행태 및 제도를 의미한다.[50] 이는 종래의 권위적인 정부를 부인하고 사회의 중요한 행위자로서 정부와 기업, 그리고 그 중간에 위치한 시민의 수평적인 협조관계의 형성을 촉구하는 것으로서, 단순한 시민참여의 수준을 훨씬 넘는 것이다.

50) 문병기, "거버넌스의 뜻 : 로컬 거버넌스를 중심으로", 자치행정 2002년 1월호, pp. 25~28.

거버넌스에는 그 의미를 특히 권위적인 정부를 부인하는 데에 초점을 두는 이른바 '정부 없는 거버넌스'(governance without government)와, 정부·기업·시민의 공동처리에 초점을 두는 '정부와 함께 하는 거버넌스'(governance with government)의 개념이 구분되기도 한다. 그러나 어느 것이든 종래의 공공부문과 민간·사회부문의 엄격했던 경계가 무너지면서 공·사부문 간의 새로운 관계형성을 모색하는 점에서는 공통하다.

2 거버넌스의 대두

거버넌스는 1970년대 이후 서구의 경제적 재구조화 과정에서 나타난 정치적·경제적·사회적 변화를 사회과학적으로 설명하고자 시도된 다양한 연구를 통해 등장한 개념이다. 서구에 있어 거버넌스 개념이 등장한 배경에는 1970년대 이후 나타나기 시작한 복지국가의 재정위기, 이러한 재정위기에 대한 시장주의적 대응, 정보혁명과 경제·정치의 세계화 현상, 신공공관리라는 행정조직 내의 관리혁명, 그리고 환경문제와 같은 새로운 도전의 출현 등과 같은 것들이 존재하고 있다.[51] 즉, 세계화, 정보화, 신자유주의 등의 등장으로 인한 국가의 지위 및 기능변화가 거버넌스 등장의 가장 중요한 원인이라고 할 수 있다.

이렇게 볼 때, "거번먼트(government: 통치)에서 거버넌스(governance: 협치)로"라는 21세기적 명제는 정부가 시장과 시민사회에 대해 더 이상 우월적 위치에 있지 못한다는 것을 전제로 하여 생성된 개념이다. 바꿔 말하면, 정부가 주도적 역할을 하는 전통적 거버넌스(old governance) 체제가 정부와 시민사회 간의 파트너십 및 수평적 네트워크가 주도적 역할을 하는 새로운 거버넌스(new governance) 체제로 바뀌어 가고 있다는 것이다. 이와 같은 새로운 거버넌스의 특징은 확장된 정책 네트워크, 강해진 공·사 부문간 파트너십, 공공부문의 위계적 패턴의 약화 등으로 요약할 수 있다.[52]

---

51) Jon Pierre(ed.), *Debating Governance*(London: Oxford University Press, 2000), pp. 52~65.

52) Alistair Cole & John Peter, *Local Governance in England and France*(NY: Routledge, 2001), pp. 4~5.

Ⅱ 거버넌스의 유형과 로컬 거버넌스

1 거버넌스의 유형

거버넌스는 그 참여하는 행위주체들의 활동영역 범위 또는 그 참여방식 여하에 따라, 초국가적 거버넌스, 국가적 거버넌스, 지방적 거버넌스 및 가상공간적 거버넌스 등으로 이를 나눌 수 있다.

초국가적 거버넌스는 오늘날의 세계화 추세 속에서 당면문제를 국가간의 협력으로 적극 해결하는 거버넌스이다. 이에는 범세계적 수준의 글로벌 거버넌스(global governance)와, 인접국가간의 협력문제를 해결하는 리저널 거버넌스(regional governance)가 있을 수 있다.

국가적 거버넌스(national governance)는 개별국가에서 국가주권에 기초한 전통적인 통치체제를 대신하여 새로운 방식의 국정운영을 도모하는 거버넌스이다.

지방적 거버넌스(local governance)는 시민생활관련 문제를 국가 하위의 지역공동체(지방자치단체)를 중심으로 해결하는 거버넌스이다. 이를 '로컬 거버넌스'라고 한다.

가상공간적 거버넌스(cyber governance)는 현실공간 밖에서 가상공간을 통하여 형성·운영되는 거버넌스이다.

2 로컬 거버넌스의 작동조건과 모형

이상의 여러 가지 유형 중에서 어느 것이 다른 것에 비하여 더 중요한 것이라고 말할 수는 없다. 그러나 지방자치의 관점에서는 로컬 거버넌스의 중요성에 특히 유의할 필요가 있다. 로컬 거버넌스는 시민생활과 관련된 보다 많은 영역에서 거버넌스를 적용할 수 있다. 또한 거버넌스의 정신을 일상적으로 실현함으로써 보다 진정한 거버넌스를 실현시킬 수 있어 거버넌스 형성의 출발점이 될 수 있다.

(1) 로컬 거버넌스의 작동조건

로컬 거버넌스는 네트워크 참여자들이 어떻게 서로 간에 자율적인 협력체제를 구성하고 이를 운영하는가가 성공의 관건이라고 할 수 있다. 즉, 거버넌스 능력을 결정하는 요인으로서 네트워크 참여자들의 내적 역량, 제도적인 중재장치, 참여자들 사이의 상호신뢰관계, 리더십 그리고 유인체계의 적절성을 확보하는 것이 중요하다.[53)]

이러한 로컬 거버넌스가 효율적으로 작동하려면 다음과 같은 문제가 해결되어야 한다.

첫째로, 개별참여자들이 자율적으로 조직을 관리하고, 다른 이해관계자들과의 갈등상황에서 원만하게 문제에 접근하고 해결할 능력을 갖추어야 한다. 거버넌스 체제 속에서 지방정부 외의 가장 주된 참여자는 시민사회, 구체적으로 시민단체들이다. 시민단체들이 일반 시민의 이해를 대변하고, 다른 민간단체 혹은 정부와 파트너로서 존재하려면 자체적 역량을 확보하고 있어야 한다. 즉, 민간단체들이 자신들이 대표하는 일반시민들에 대한 대표성과 관건이 되는 의제들을 다룰 수 있는 전문성을 확보해야 하는 것이다.

둘째로, 제도적으로 중재장치가 존재해야 한다. 거버넌스 체제 내의 참여자들이 상호 대립할 때 그 갈등을 중재할 수 있는 제도적인 장치가 마련되어 있어야 한다는 것이다. 일반적으로 그러한 중재자로서 가장 적합한 것이 바로 정부기구이다. 그러나 종종 정부가 다른 참여자들과 갈등·경쟁관계에 놓이거나 새로운 참여자가 되는 경우도 있다. 이러한 경우에는 제3의 중재기구를 설치하는 것이 중요하다.

셋째로, 거버넌스 체제내부에 관여하고 있는 참여자들 간에는 상호의존적 신뢰관계가 형성되어 있어야 한다. 이는 가장 포괄적이고도 추상적인 조건이면서도 동시에 성공적인 거버넌스 체제 작동의 가장 중요한 전제요건이다.

조직 내 상사와 부하 사이에서, 각 부서 사이에서, 그리고 조직과 조직사이에서 발생하는 불신의 원인 가운데 가장 주된 것은 '권력의 불균형(power asymmetry)'과 '정보의 불균형(information asymmetry)'이다. 그러므로 신뢰구축에 있어서 정보의 공유는 매우 중요하다.

넷째로, 리더십이 발휘되어야 한다. 로컬 거버넌스 체제에 있어 참여자들 사이의 협력체제를 구축하려면 지방정부 조직의 리더들이 리더십을 발휘하는 것도 결정적인 요건이 된다.

53) 강황성·최병대 외, 서울시정의 로컬 거버넌스 도입방안(서울시정개발연구원, 2001), pp. 35~45.

다섯째로, 유인적 요소이다. 네트워크 참여자들의 자율적인 협조체제를 구축하기 위해서는 이들이 네트워크 안에 머물도록 하는 유인요소로서 보상이 있어야 하는 것이다. 이러한 유인요소로서는 실질적인 이익이라는 유형적 요소와 자긍심, 소속감과 같은 무형적인 것이 있다.

(2) 로컬 거버넌스의 모형

로컬 거버넌스의 모델은 스토커(Stoker)가 영국 지방정부의 역할이 변화하는 현상을 설명하기 위하여 사용한 이래 널리 쓰이기 시작하였다. 스토커는 지방정부의 복지서비스 공급을 설명하기 위해 이 용어를 사용했는데, 지방정부가 민주성 부족으로 인한 정당성의 위기에 있으므로 로컬 거버넌스의 개념은 지방정부의 서비스 전달기능보다는 지방정부의 정치적 역할에 초점을 두어야 한다고 강조하고 있다[54]. 즉, 지방정부가 일방적으로 결정하고 집행하던 비민주적인 역할을 축소하고, 다양한 이해관계자들이 참여하는 네트워크를 형성, 이를 조정하는 정치적 역할을 증대해 나가야 한다는 것이다.

이러한 관점에서 많은 학자들이 다양한 로컬 거버넌스 모형을 제시하고 있다. 그 대표적인 모형으로서 삐에르(Pierre)의 정치 경제적 유형에 따른 로컬 거버넌스 모형 분류를 살펴보기로 하자.

삐에르는 각기 다른 형태의 거버넌스 과정은 각기 다른 형태의 정책참여와 영향력을 가져오므로 로컬 거버넌스 연구에서는 그 과정에 함축된 정치경제적·이념적인 분석이 선행되어야 한다고 주장하고 있다.[55]

삐에르는 각 국가의 제도적 맥락과 정치·경제적 모형에 따라 각기 달리 적용될 수 있는 로컬 거버넌스 모형을 제시하고 있는데, 관리적 거버넌스(managerial governance), 조합주의적 거버넌스(corporatist governce), 성장지향적 거버넌스(pro-growth governance), 그리고 복지 거버넌스(welfare governance)가 그것이다. 이들 모형은 로컬 거버넌스의 제도적 요인들, 즉 정책목표와 문화적 가치, 정치행태 등 다양한 제도적 요인들을 포괄하고 있으며 실제로는 국가가 처한 제도적 요인으로 인해 복합적 양상을 보인다. 각 모형의 형태와 정책목표 및 특징, 그리고 대표적 사례들은 〈표 7-1〉과 같다.

---

54) Gerry Stoker, "Local Government in Britain after Thatcher", in Jan Erik Lane(ed.). *Public Sector Reform*(London: Sage, 1997), pp. 10-11.

55) Jon Pierre(ed.), *op. cit.*, 377.

〈표 7-1〉 Pierre의 로컬 거버넌스 모형

거버넌스 모형	형 태	정책목표 및 특징	대표적 사례
관리적 거버넌스	시장원리에 입각하여 공사부문 간 구분이 없어지며, 지방정치인의 역할이 미약한 거버넌스 형태	공공서비스의 효율성을 높이는 것이 주된 목표	신공공관리운동
조합주의적 거버넌스	도시정치과정에서 정부를 비롯한 많은 사회단체와 이익집단의 참여가 이루어지는 거버넌스 형태	거버넌스 참여집단들을 위한 분배정책 형성에 초점이 있음	서부유럽 선진국들의 조합주의
성장지향적 거버넌스	지역경제를 발전시키기 위한 지방정부와 지방기업 간의 구조화된 협력체제로서의 거버넌스 형태	토지의 교환가치 및 이용가치 증대 및 소규모 지식기반기업을 통한 지역경제부흥	성장기구 및 도시레짐
복지 거버넌스	민간영역의 영향을 최소화하고 국가로부터 오는 재정적 지원을 통해 복지향상을 꾀하는 형태의 레짐	단기적으로는 국가의 재정적 지원을 통한 지역경제 및 복지의 향상	영국의 리버풀 등 역사가 오래되고 성장가능성이 미약한 산업도시들

자료 : Jon Pierre(ed.), *Debating Governance*(London : Oxford University Press, 2000), pp. 377-389. : 배유일, "지방 거버넌스와 제도주의적 시각", 정부학 연구 제9권 제2호(2003), pp. 321~322.

(가) 관리적 거버넌스

관리적 거버넌스(managerial governance)의 신공공관리운동은 한국에서도 1990년대 김대중 정부 이후 행정분야에 도입되기 시작했으나, 지배적인 행정원리가 되지는 못하고 있다. 또 공익추구라는 행정의 목표가 이윤만을 추구하는 기업적 경영논리와 병존하기 어렵다는 점에서 그 적용 가능성이 낮다.

(나) 조합주의적 거버넌스

조합주의적 거버넌스(corporatist governance)는 조합주의적 전통이 강한 서부 유럽국가에서 그 적용사례를 발견할 수 있다. 하지만 이러한 전통이 거의 부재하고, 시장과 기업에 대한 중앙정부의 개입과 통제가 많은 반면 지역경제 및 지역기업에 대한 권한이 미약한 우리나라 지방정부에는 이와 같은 모형을 적용하기 어렵다.

(다) 성장지향적 거버넌스

성장지향적 거버넌스(progrowth governance)는 지방정부의 능력부재로 인하여 발생하는 문제들을 공사부문의 통치연합 형성을 통해 해결하고자 하는 현상에 주목하여 이와 같은 이론을 발전시켰다. 그러므로 지방정부의 운영을 정부부문에만 의존하는 것이 아니라 기업 등 비정부 부문이 정책결정 과정에 적극적으로 참여시킨다는 점에서 로컬 거버넌스와 연계된 이론이라 할 수 있다.

(라) 복지적 거버넌스

복지적 거버넌스(welfare governance)는 영미를 비롯한 일부 선진 서구사회와 같이 복지국가의 성숙단계에 이른 지방정부에나 적용될 수 있는 것으로 이 또한 한국 지방정부의 거버넌스 모형으로 차용하기에는 적합하지 않다.

Ⅲ 한국의 로컬 거버넌스

앞에서 살펴본 거버넌스와 로컬 거버넌스의 개념적 등장 배경은 우리의 현실과 상당 부분 차이가 난다. 영국에서 생성된 거버넌스는 그 등장 배경이 궁극적으로 국가의 실패, 보다 구체적으로 말하면 복지국가의 실패로 인한 것이다. 그러나 아직 우리나라는 완숙한 복지국가 단계에 이르기보다는 이제 막 복지국가의 입구를 겨우 통과한 상황이기 때문이다. 이러한 의미에서 볼 때, 복지서비스의 비효율성, 그로 인한 국가 나아가 지방정부의 정통성 위기타파를 위한 거버넌스의 등장이라는 설명은 우리에게 맞지 않는다.

우리나라의 지방정부는 중앙정부로부터 과도한 감독과 통제를 받고 있다. 그리고 지방정부가 제공하고 있는 복지서비스도 그 대부분이 중앙정부의 대행자로서 단순히 전달하는 정도에 머물러 있는 것이 많다. 뿐만 아니라 지방정부의 기능과 권한이 매우 한정적이어서 거버넌스적 운영의 정책적 대상도 한정적이다.

이러한 측면들을 고려할 때 우리의 거버넌스는 그 필요성의 대두가 서구적 맥락과는 달리, 1987년 민주화 이후 과속화된 시민사회의 급성장과 시민사회단체의 급격한 세력화 그리고 1991년 지방자치제 부활 이후 활발해진 지역사회의 분권화와 지역발전의 요구 등이 거버넌스의 대두 배경이라고 해야 할 것이다.

CHAPTER

8 봉사적 자치행정

제1절 자치행정과 지방공무원

I 자치행정의 좌표와 과제

1 자치행정의 좌표

20세기의 신중앙집권 체제가 21세기의 도래와 함께 신지방분권 체제로 전환된 이때에, 우리나라의 지방자치는 어떠한 방향으로 발전되어야 할 것인가 하는 자치행정의 좌표설정이 중요하다.

지방자치행정이 추구해야 할 좌표는 다음과 같이 설정할 필요가 있다.

첫째로, 지방자치행정은 중앙중심의 논리에서 벗어나 지방중심의 논리로 일대전환을 가져와야 한다. 21세기의 경쟁력은 다양화와 다극화에서 찾아야 한다. 21세기는 '탈 중심'의 세기로서 지방의 활력이 국가의 활력을 결정하는 시대이기 때문이다.

오늘날의 세계화는 국민의 삶에 대한 국가의 기능을 국가의 경계가 넘는 공공공간으로 이관시키고 있다. 국민의 삶에 관한 국가의 기능이 저하되면 지방자치단체의 역할과 책임은 더욱 커진다. 나라와 나라 사이에 국경이라는 커튼이 없어질수록 지방이 주체가 되고 주도자가 되어야 하기 때문이다[1]. 뿐만 아니라 개인의 행복을 중시하는 21세기에 공동체를 재구축하고 지방의 고유한 문화를 창생시키기 위해서도 지방이 중심무대가 되어야 한다. 20세기가 '국가의 시대'였다면, 21세기는 '도시의 시대'인 것이다.

1) 강형기, 향부론(서울 : 비봉출판사, 2001), pp. 494~502.

둘째로, 지방자치행정은 관청중심의 행정에서 벗어나 주민중심의 행정으로 일대 전환을 가져와야 한다.[2] 오늘날의 우리는 중앙과 지방 그리고 지방정부와 그 주민이 협력할 때에 비로소 우리 사회의 공공과제가 해결될 수 있는 사회에 살고 있다. 따라서 우리는 관주도적인 행정을 타파하고, 지방정부와 비정부분야가 공공서비스의 영역에서 새로운 역할을 수행할 수 있는 사회적 기반을 마련해야 한다.

따라서 과거의 행정 중심적인 사고에서 벗어나 행정도 지역사회의 문제를 해결하는 하나의 주체일 뿐이라는 인식하에 다양한 주체와 연대하고 협동하는 자세를 확립해야 한다. 이를 위해서는 주민참여를 활성화 시키고 적극적인 정보제공을 실행해야 한다.

셋째로, 지방자치행정은 지역의 발전에 그 좌표를 두어야 한다. 지방분권과 지방화 시대에 지방의 생존과 발전은 그 지방 스스로의 책임에 맡겨져 있다. 따라서 지방은 지역의 특성을 살린 발전목표를 정립하고, 지역사회가 활용할 수 있는 자원을 발굴하고 개발해야 한다. 이를 위해서는 스스로 필요한 인재를 획득하고 육성해야 한다.[3]

오늘날 주민의 이동요인이 변했고, 주민이 지방자치단체를 선택하는 시대에서는 자치행정의 경영패턴도 근본적으로 바뀌어야 한다. 백화점이나 기업이 고객을 끌기 위해서 갖가지 유인책을 내놓듯이 차별성 있는 정책을 통해서 개성있는 발전을 도모해야 한다. 지역간 치열한 경쟁을 해야 하는 시대에는 지역 그 자체가 하나의 상품으로서 선택받는 시대이기 때문이다. 지방자치단체가 이러한 시대적 요구에 부응하기 위해서는 스스로가 경영의 주체임을 자각하여 창조적으로 지역발전을 도모해야 한다.

2 자치행정의 과제

지방자치행정은 많은 변화와 혁신을 해야 한다. 이러한 변화와 혁신의 과제들은 우리나라 지방자치행정이 이루어나가야 할 기본방향을 의미한다.

지방자치행정의 과제는 전술한 자치행정의 기본좌표에 따라 다음과 같이 정립되

2) 姜瑩基, “韓國における地方自治制度確立の問題點”, 行政管理研究, 1990年 12月號(東京 : 行政管理研究センター, 1990), pp. 29~37.

3) 강형기, 지역창생학(서울 : 생각의 나무, 2010), p. 17.

어야 한다. 즉, 3대 좌표에 따른 3대 과제로서 첫째 지방중심 논리로의 전환을 위하여 분권화를 이룩하여야 할 것이고, 둘째 주민중심적인 자세로의 전환을 위하여 민주화를 실현하여야 할 것이다. 셋째 지방의 발전을 위하여 경영화를 도모하여야 한다.

위 과제 중 자치행정의 분권화는 단체자치의 확립을 의미하고, 민주화는 참여하는 주민자치의 확립을 의미하며, 경영화는 지역발전의 실현을 의미한다고 하겠다(〈표 8-1〉).

〈표 8-1〉 지방자치행정의 좌표와 과제

좌 표	과 제	의 미
지방중심의 논리 주민중심의 사고 지역의 발전	분권화 민주화 경영화	단체자치의 확립 주민자치의 확립 지역발전의 실현

(1) 분권화(단체자치의 확립)

지방이 주체가 되고, 지역의 여건과 주민의 요구를 기초로, 지역발전과 주민의 복지증진을 위하여 지방이 스스로의 책임하에 사업계획을 수립하고 이를 능동적으로 수행해 나갈 수 있는 시스템을 구축해야 한다. 이를 위해서는 중앙정부가 장악하고 있는 권한을 보충성의 원칙에 입각하여 지방에 이양함으로써 지방정부가 주민의 생활문제와 생산활동에 관한 문제를 해결하는 정치·행정의 중심이 되도록 해야 한다.

(가) 지방자치단체 권한의 강화

지방자치단체의 권한강화는 지방자치단체의 자치권의 확대, 사무의 재배분, 그리고 중앙통제의 개선 등을 통하여 이루어져야 한다.

(a) **자치권의 확대** : 지방자치단체의 자치입법권의 범위와 한계를 개선하고, 자치조직권을 확대하며, 자치운용권을 최대한 보장해야 한다. 또한 자치계획권도 확대 정비하여야 한다. 뿐만 아니라 중앙에서 지방에 중요한 영향을 미치는 사항을 결정할 경우, 제도적으로 지방의 의사가 국정에 전달되게 해야 한다.

(b) **사무의 재배분** : 지방자치단체 사무의 범위와 종류로서 지방자치법에 61종이 규정되어 있으나, 자치사무의 범위가 명확하지 않고, 사무배분에 있어서도 법에 예

시만 하고 있어 그 내용이 명확하지 않다. 뿐만 아니라, 사무 '이관'의 뜻이 불명확하므로, 지방사무의 범위와 국가·지방간 사무배분을 전반적으로 개선해야 한다.

(c) **중앙통제의 개선** : 중앙통제의 범위와 정도가 오랜 중앙집권적 전통으로 인하여 넓고 강하게 운용되고 있으므로, 자치사무와 위임사무에 대한 중앙통제의 방식과 진폭의 개선·조정 등이 이루어져야 한다.

(나) 지방자치단체 능력의 보강

지방자치단체의 능력 보강은 지방자치단체의 재원 및 인력의 보강, 광역협력의 확대를 통해 이루어져야 한다.

(a) **지방재원의 보강** : 지방재원의 보강은 세입과 세출에 걸쳐 이루어져야 한다. 이를 위해서는 세입면에서 국세를 지방세로 이양하는 것과 동시에 지역간 불균형 해소를 위한 지방교부세의 기능확대도 중요하다. 새로운 지방세목을 신설하는 것을 고려하면서도 그것으로 인해 주민부담이 과중해지는 것은 경계해야 한다. 세외수입의 확충과 아울러 지방공기업의 수입증대도 도모하면서 민간과의 과다한 경쟁이 되는 것은 삼가해야 한다.

세출면에서의 개선도 매우 중요하다. 예컨대 국가사무의 처리경비는 국가가 확실히 부담하도록 하고, 지출(서비스)의 성격과 수입원의 연계(즉, 일반서비스는 조세수입으로, 공익서비스는 세외수입으로, 사회서비스는 이전수입으로 충당)를 확실히 하는 것도 중요하다.

(b) **인력의 보강** : 지방자치행정을 담당할 정책형 인재를 육성해야 한다. 지방자치단체의 능력을 결정하는 3대 요소는 권한과 재원 그리고 인력이다. 지방경영의 시대를 창조적으로 전개하려면 인력의 양적보강뿐만 아니라 질적 발전을 도모해야 한다. 지방자치의 핵심인 '자율하는 지방'을 위해서는 정책적인 자립능력이 전제되어야 하기 때문이다.

(c) **광역협력의 확대** : 개별적인 자치단체의 능력으로써 처리할 수 없는 사안에 대해서는 여러 자치단체가 협력해서 처리하는 광역협력체제를 확대해 나가야 한다. 지방자치 발전과 지역문제해결을 종래와 같이 수직적인 상호의존관계에만 매달려서는 안 된다. 이제는 기존의 행정단위를 초월한 광역적 연대와 협업이 중요하다. 그러나 이러한 체제의 확립에 있어서 또한 중요한 것은 지역이 자립하면 할수록 연대할 수 있는 힘도 커진다는 사실이다.

(2) 민주화(주민자치의 확립)

지방자치행정의 민주화는 근본적으로 행정의 대민시각 변화로부터 시작하여, 행정정보의 공개, 주민참여의 확대 등을 통하여 이루어져야 한다.

(가) 대민시각의 변화

지방자치행정의 발전은 대민시각의 변화로 시작해야 한다. 자치행정 시대에 있어서의 지역주민은 행정서비스의 대상으로서 수혜자와 피계몽자만이 아니라, 지역의 주인이라는 사실을 직시해야 한다. 지방자치단체는 주민에 의하여 구성되었고, 공무원은 주민을 위하여 일하며 주민에게 책임을 져야한다. 그리고 주민은 고객으로서 참여하는 것이 아니라 주인으로서 참여하는 것이라는 사실을 인식해야 한다.

(나) 행정정보의 공개와 제공

행정정보의 공개와 제공이 확대되어야 한다. 주민이 행정정보에 접근할 수 없을 때에는 지방자치행정에 관하여 정확한 판단을 하기 어려워서 자치행정에 대한 감시를 못할 뿐만 아니라, 정보를 독점하고 있는 지방정부에 의하여 조종되는 결과를 가져온다. 주민과 행정간의 정보공유에 있어서 무엇보다도 중요한 것은 주민의 공개청구에 의한 소극적인 정보공개가 아니라 적극적인 정보제공이다. 진정한 주민자치를 위해서는 계몽형 홍보가 아니라 행정내부의 문제점도 공개하는 '문제제기형 정보제공'을 실천해야 한다.

(다) 주민참여의 확대

풀뿌리민주주의를 실현하기 위해서는 대의민주주의의 한계를 보완하기 위한 주민참정이 보다 적극적으로 작동할 수 있게 해야 한다. 그리고 대의민주주의의 이상사태가 발생한 경우가 아니더라도 주민에게 과도한 부담을 주거나 중대한 영향을 미치는 주요정책결정에는 주민참여가 보장되어야 한다.

주민참여는 정책결정과정에 절차적 정당성의 확보라는 차원에서만 중요한 것이 아니다. 지방정부와 시장(市場) 및 주민의 삼자가 공감과 공유 속에서 협력하고 연대하기 위한 기반이다. 따라서 이러한 참여를 위해서 거버넌스를 중시하는 행정행태와 자율하는 주민의 양성이 필요하다.

(3) 경영화(지역발전의 실현)

지방자치시대에 있어서 지방은 스스로 그 지역의 발전을 추진해 나가야 한다. 중앙집권시대와는 달리 이제는 지역의 주인은 지역주민이고, 지역의 발전은 지방자치단체의 책임사항이다.

(가) 지방의 경영화

지방자치단체는 소통과 협력을 통하여 행정 내부적으로 절감과 능률을 기하면서, 지역이 가지고 있는 자원(물적자원, 인적자원, 지적자원)을 발굴하고 개발하여 활용함으로써 지역의 발전과 주민의 복리향상을 적극 전개해 나가야 한다.

지방자치단체의 중요한 사명은 지역이 활용할 수 있는 자원을 발굴하고 이를 창조적으로 개발하는 것이다. 이를 위해서는 구태의연하게 제도에 입각한 발상을 하고, 주어진 예산의 범위 내에서 사업을 추진하며, 권한의 범위 내에서 활동하는 예산소화행정과 결별해야 한다. 이제는 새로운 발상으로 제도를 구상하고, 새로운 사업을 위하여 예산을 만들어야 하며, 새로운 활동을 위해서 권한을 부여받으려고 노력하는 경영화의 길을 걸어야 한다.

(나) 지역의 발전

지방자치제의 목적은 지역을 발전시켜 주민을 행복하게 하려는 것이다. 지방자치단체가 추구하는 발전의 방향은 전국에서 최고가 되는 넘버 원(Number One)이 아니다. 지방자치단체는 지역의 특성을 살리고 고유한 개성을 최대한 발휘하여 유일한 특성을 가진 온리 원(Only One)을 추구해야 한다. 지방자치단체가 '온리 원'을 추구할 때에는 다음과 같은 기본요소의 충족을 지향하는 것이어야 한다.

즉, 지역이 발전한다는 것은 그곳에서 살아가는 사람들의 삶이 윤택해진다는 것이며, 지역의 자립성이 높아진다는 것이다. 그리고 문제해결능력을 위한 힘이 내성적으로 생성되는 기운이 커진다는 것이다. 또한 발전한다는 것은 생태적으로 건전해져서 존재의 지속가능성이 증진된다는 것이며, 지역의 품격이 높아진다는 것이다.[4)]

(다) 주민행복의 증진

지방경영, 지역발전은 결국 주민행복의 증진으로 귀결되는 것이다. 지방자치단체

4) 위의 책, pp. 299~329.

가 제공하는 공공서비스는 본질적으로 주민의 복리증진과 관련된 사항으로서 주민이 풍요롭고, 행복한 생활을 영위하도록 보장하는 것이 그 목적이다.

지금까지 우리나라에서 발전과 행복의 문제는 주로 개인과 국가레벨에서 고찰해 왔다. 그러나 인간의 발전과 행복추구는 지방자치단체의 차원에서 대응해야 할 부분도 많다. 주민들이 살아가는 일상생활의 눈높이에서 개인의 행복추구가 가능한 사회를 만들려면, 지방자치단체가 생활자의 관점에서 개인이 가진 잠재능력을 발휘할 수 있는 환경을 만들어야 하기 때문이다. 지방자치단체는 주민 각자가 자신의 행복실현을 위해 노력하는 것을 지원하는 장치다. 지방행정은 주민이 행복할 수 있도록 지원을 하고, 주민의 노력에 의하여 행복해질 수 있도록 하는 환경을 창조해야 한다.

Ⅱ 지방공무원

1 지방공무원의 의의

(1) 지방자치와 지방공무원

(가) 지방공무원제의 중요성

지방자치제란 지역주민의 행복을 증진시키고, 지역사회의 문제를 자주적으로 해결해나가는 시스템이며, 그러한 시스템을 운영해나가는 행정요원을 충원・관리・훈련하며 인사교류를 수행하는 시스템이 지방공무원제이다. 지방공무원제는 국가공무원제와 비교되는 시스템으로써, 그 가장 큰 특징은 특정한 지역(구역)의 현실에 입각하여, 그 지역의 현장에서 구체적인 업무를 수행한다는 점이다.

지방자치단체의 경영은 선거에 의하여 선출된 단체장과 민의를 반영하는 지방의회의 의원에 의하여 이루어진다. 그러나 오늘날 행정의 전문화와 복잡화 등에 의하여 실질적으로 지방자치단체의 경영은 지방공무원에 의하여 크게 좌우되고 있다. 따라서 지방공무원들의 지역사회에 대한 공헌의욕과 창조적인 능력 그리고 생산적인 활동은 지방자치의 성패에 있어서 무엇보다도 중요하다. 지방공무원제는 그러한 지방공무원을 구성하는 제도이다.

(나) 지방공무원제의 특수성

(a) **국가공무원제와의 차이성** : 지방공무원제는 국가공무원제에 비하여 다음과 같은 특수성을 가진다.[5)]

(1) 지방공무원제는 지방적 사무를 처리하기 위한 공무원제이다. 여기에서 지방적 사무란 해당 지역 안의 공공적 사무를 말하며, 그것은 그 지역 또는 지역사회 특유의 사무를 말한다.

(2) 지방공무원제는 주민생활과 밀접하게 관련된 사무를 처리하기 위한 공무원제이다. 모든 지방적 공공사무는 그것이 어떠한 연유에서 출발한 것이든 종국적으로는 주민의 실제 생활과 관련되는 실천사무로 귀결된다. 지방공무원제는 이러한 주민생활과 직접 관련되는 실천적 사무를 담당하는 공무원제인 것이다.

(3) 지방공무원제는 지역의 자주성을 그 기본적인 내용으로 하는 공무원제이다. 즉, 지방공무원제는 지역에 의하여 자주적으로 선임되고 지역의 자체부담으로 그 보수 기타 경비가 지출되는 공무원제인 것이다.

(4) 지방공무원제는 반드시 상근의 유급공무원제일 것을 요하지는 않는다. 또한 시간제나 비상근 그리고 명예직 공무원도 포함될 수 있는 것이 특징이다. 그러나 오늘날에는 지방행정의 능률적인 수행을 위하여 많은 직위에 유급의 직업공무원으로 충원하는 경향이 늘어가고 있다.[6)]

(b) **국가공무원제와의 공통성** : 지방공무원제는 여러 가지 면에서 국가공무원제와 공통된 점도 가지고 있다. 즉, 민주적 공무원제와 직업적 공무원제의 동시추구, 공무원의 복지와 공무의 능률성 확보, 노동력관리 · 능력개발 · 사기관리 등의 면에서는 지방공무원제라고 해서 국가공무원제와 크게 다를 바 없다.[7)]

역사적으로 과거에는 국가공무원제와 지방공무원제의 구별은 중요한 역사적 의의를 가진 것이었다. 즉, 지방의 공공사무는 주민이 선출한 명예직 공무원에게 맡긴다고 하는 것, 지방적 사무의 처리는 지방적 특수성을 고려하여 그 지역 내 거주자들이 담당하도록 한다는 것(거주지제한) 등이 그것이었다.

그러나 오늘날 국가공무원과 지방공무원의 성격이나 그에 대한 인사절차상의 차

---

5) 최창호, 한국지방행정의 재인식(서울 : 삼영사, 1983), pp. 277~278.

6) Samuel Humes and E.M. Martin, *The Structure of Local Government throughout the World* (The Hague : International Union of Local Authorities, 1961); 鹿兒雁重治, 地方公務員制度(東京 : 第一法規, 1975), pp. 3~21.

7) 정채진, "지방공무원제도개선", 지방행정, 제20권, 제11호(서울 : 대한지방행정협회, 1971), pp. 68~69; 오석홍, "우리나라 지방공무원제도의 발전방향", 지방행정(서울 : 대한지방행정공제회), 1980년 6월호, pp. 56~57; 鹿兒雁重治, 人事管理(東京 : 第一法規, 1977), pp. 17~18.

이가 어느 나라에서나 줄어들고 있어 국가공무원과 지방공무원의 구별은 인사행정상 큰 의미를 상실하고 있다.

(2) 지방공무원의 개념

지방공무원의 개념과 범위는 다양하고 또한 각국의 실제도 다양하기 때문에, 이를 한 마디로 말하기는 어렵다. 지방공무원의 개념은 국가공무원과의 구별기준을 살펴봄으로써 어느 정도 규명될 수 있다.

국가공무원과 지방공무원의 구별에 관하여, 전자는 국가에 의하여 임명되고 국무를 집행하는 데 비하여, 후자는 지방자치단체에 의하여 임명되고 지방자치단체의 사무를 집행한다는 임명주체와 사무귀속을 구별기준으로 삼는 이론이 있다. 그러나 공무원 중에는 임명이 아닌 선거에 의하여 선임되는 경우도 있고, 또한 국가공무원이 지방자치단체의 사무를 집행하는 경우도 있다. 반대로 지방공무원이 국가의 사무를 집행하는 경우도 있기 때문에 이러한 구별기준은 완벽하다고 볼 수 없다.

국가공무원이냐 지방공무원이냐의 구별은 해당 공무원이 근무의무를 지는 대상정부와, 그 공무원에 대한 보수를 부담하는 주체의 여하에 따라 종합적으로 판단하는 것이 타당하다. 즉, 국가공무원이란 국가에 대하여 근무의무를 지고 국가로부터 보수를 받는 공무원이다. 이에 비하여, 지방공무원이란 지방자치단체에 대하여 근무의무를 지고 지방자치단체로부터 보수를 받는 공무원이다.[8)]

(3) 지방공무원의 범위

지방공무원의 범위는 지방공무원의 종류를 살펴봄으로써 규명될 수 있다. 우리나라의 지방공무원은 크게 경력직공무원과 특수경력직공무원의 두 가지로 나뉜다(지방공무원법 제2조).[9)]

---

8) 최창호, "지방공무원제도의 확립방향에 관한 연구", 학술지 제26집(서울 : 건국대 학술원, 1982), p. 5 ; 김도창, 일반행정법론, 하(서울 : 청운사, 1992), p. 207 ; 이상규, 신행정법론, 상(서울 : 법문사, 1978), pp. 534~535.

9) 우리나라의 공직을 전체적으로 분류할 때(공무원 직종개편) 수직적으로는 '계급'으로 구분하고 수평적으로는 '직종'으로 구분한다. 실적주의와 신분보장을 기준으로 하는 '직종' 구분이 여러 차례 바뀌어 왔다.

① 1949년에 일반직과 별정직으로 시작되었다. 이때 별정직에는 현행 정무직·특정직 성격의 직종이 포함되었다.

(가) 경력직 공무원

경력직 공무원이란 실적과 자격에 따라 임용되고 그 신분이 보장되는 공무원으로서, 이에는 다음과 같은 공무원이 포함된다.

(a) **일반직 공무원** : 이는 기술·연구 또는 행정 일반에 대한 업무를 담당하는 공무원으로서, 이들은 1급부터 9급까지의 계급으로 구분하며, 다시 직군·직렬별(행정직군은 8개 직렬로, 기술직군은 21개 직렬로, 관리운영직군은 16개 직렬로 구분)로 구분된다(동법 제2조, 제4조).[10)]

(b) **특정직 공무원** : 공립대학 및 전문대학에 근무하는 교육공무원, 교육감소속의 교육전문직원, 자치경찰공무원 및 지방소방공무원과 그밖에 특수분야의 업무를 담당하는 공무원으로서 다른 법률에서 특정직공무원으로 지정하는 공무원이다.

(나) 특수경력직 공무원

특수경력직 공무원이란 경력직공무원 이외의 공무원으로서, 이에는 다음과 같은 공무원이 포함된다.

(a) **정무직 공무원** : 선거로 취임하거나 임명할 때 지방의회의 동의가 필요한 공무원, 고도의 정책결정 업무를 담당하거나 이러한 업무를 보조하는 공무원으로서 법령 또는 조례에서 정무직으로 지정하는 공무원이다.

(b) **별정직 공무원** : 비서관·비서 등 보좌업무를 수행하거나 특정한 업무를 담당하기 위하여 법령에서 별정직으로 지정하는 공무원이다.

---

② 1963년에 일반직에서 기능직이 분리하였고,
③ 1973년에 공무원이 아닌 계약직(1년 계약)제도가 신설되었다.
④ 1981년에 현행과 같은 방식의 직종체계는 확립되었는데, 경력직(일반직·특정직·기능직), 특수경력직(정무직·별정직·계약직·고용직)으로 세분하였다.
⑤ 2011년에 고용직을 폐지하였고,
⑥ 2012년에 기능직과 계약직을 폐지하고 일반직으로 통합함으로써 현재는 경력직(일반직·특정직), 특수경력직(정무직·별정직) 4개 직종체계로 되어, 2013년 2월 2일 시행되었다.

10) 실적주의 적용을 받는 경력직 공무원을 분류하는 대표적인 방식으로는 계급을 중심으로 공직의 계층구조를 설명하는 '계급제'와 각 공무원이 담당하는 직무적 요소(직무의 종류와 책임도)를 기준으로 하는 '직위분류제'가 있다(지방공무원법 제4조, 제22조~제24조).
계급제는 독일(고위직·상급직·중급직·단순업무직), 프랑스(A·B·C·D), 일본 등에서 운영하고 있다. 우리나라는 9계급으로 구분하고 있다(단 국가공무원 중 1~3급 공무원은 고위공무원단으로 하여 직무등급(가, 나)제로 운영하며, 경찰공무원과 소방공무원은 11계급제로, 외무공무원은 14직무등급제로 운영되고 있다.
우리나라의 일반직 공무원의 직군·직렬은 3개 직군(행정직군, 기술직군, 관리운영직군), 45개 기술직렬로 구분되어 있다.

2 지방공무원제

(1) 지방공무원제의 법체계

지방공무원제의 법체계는 이를 크게 다원체계 유형과 일원체계 유형으로 나눌 수 있다.[11)]

(가) 다원체계 유형

다원체계형은 지방공무원제도가 각 지방자치단체마다 독립된 법체계로 이루어져 있는 유형으로서, 미국의 지방공무원제가 그 대표적인 예가 된다.

미국의 경우, 지방정부의 공무원제는 주의 법률이나 자치단체의 헌장 또는 조례에서 규정하고 있어, 각 지방정부는 각기 나름대로의 독립된 인사행정을 해 나가고 있다. 그러나 각 지방정부간에 인사행정이 통일성도 있다. 연방공무원법이나 정부간 인사법 및 인사행정 모범법이 정하는 기본원칙이나 표준을 각 지방정부가 수용하고 있기 때문에 각 정부의 인사제도에는 어느 정도의 일관성은 있는 것이다. 그러나 그러한 기본원칙이나 표준의 수용은 각 지방정부의 자주적 판단에 의하는 것이고, 그것이 결코 강요되는 것은 아니다.

(나) 일원체계 유형

일원체계형은 지방공무원제도가 국가의 법률인 지방공무원법에 의하여 규정되어 전국의 모든 자치단체에 일률적으로 적용되는 유형으로서, 일본의 지방공무원제가 그 대표적인 예이며, 우리나라도 이 유형에 속한다.

이 유형에서는 각 지방정부는 국가의 법률인 지방공무원법이 정하는 기본원칙과 기준을 준수하여야 하며, 그에 저촉되는 인사행정은 허용되지 않는다. 그러나 이러한 유형에 있어서도 지방정부에 임용, 급여, 교육 등 다방면의 자율권을 넓게 인정하는 경우와, 좁게 인정하는 경우가 있는데, 일본의 경우를 전자라 한다면, 우리나라의 경우는 후자라고 할 수 있다.

우리나라의 경우 공무원제가 국가공무원법과 지방공무원법으로 형식상 이원체계로 되어 있으나, 그 실질에 있어서는 지방공무원제가 거의 국가공무원제와 유사하며, 그 자율성이 미흡하다고 하겠다.

---

11) 오성호, "지방공무원제의 기본이념과 법체계에 관한 고찰", 지방자치연구 제4권 제2호(서울 : 한국지방자치학회, 1992), pp. 46~47.

(2) 한국 지방공무원제의 발전

(가) 지방공무원제의 유래

우리나라의 지방공무원제는 역사적으로 국가공무원제의 하나의 부수적인 제도로 존재하여 왔다.[12] 지방공무원제는 최근까지지도 경시되어 관심의 대상에서 제외되어 왔다.

지방관제의 유래를 멀리 삼국시대까지 소급해보면, 지방관에 관하여 단편적인 기록밖에 없어 그 내용을 확실히 알 수 없으나, 지방장관인 욕살(褥薩, 고구려)·방령(方領, 백제)·군주(軍主, 신라) 등은 중앙에서 파견되고, 그 이하의 성주(城主)·촌주(村主) 등은 지방토호 중에서 임명되었을 것으로 추측되고 있다.

통일신라에서도 지방장관은 중앙에서 파견되고 그 밑의 촌주 등은 지방의 토호 중에서 임명되었던 점에서는 전술한 삼국과 같으나, 특이한 것은 지방에 중앙관인 지방장관 외에 외위관(外位官)이 따로 마련되어 있었던 전과, 일종의 기인(其人)제도인 상수리(上守吏)제가 채택되어 있었던 점이다.

다음 고려시대에는 절도사(節度使 또는 按察使), 병마사(兵馬使), 유수(留守), 부사(府使), 목사(牧使) 등 지방장관은 왕실에서 파견하는 지방관으로 보임되었다. 국초에는 지방향리들로서 구성되는 향직단체에 소규모의 지방의 통치를 맡겼었으나, 국가기반이 확고해짐에 따라 향직을 점차 제한·통제하였다. 고려시대의 지방관제와 관련하여 특기할 만한 것으로는 사심관(事審官)제도와 기인(其人)제도가 있었다.

조선시대에는 관찰사, 부사, 목사, 군수, 현령 등 지방장관은 중앙에서 파견하는 지방관으로 보임되었고, 이들 지방장관을 보조하는 관리로서 지방인으로 임용되는 향리(鄕吏 또는 衙前)가 있었다. 조선시대의 지방관제와 관련하여 특기할 제도로는 평안·함경지방의 토착민 회유책으로 그들에게 부여하던 토관직과, 지방토호들을 회유하기 위하여 설치된 향청의 간부직인 향임(鄕任)을 들 수 있다.

조선조 후기에는 갑오경장에 따라 비록 외생적(exogenous)이기는 하지만 법적으로 지방관제가 독립하게 되었다. 즉, 이때부터 지방관리직제(1895), 지방관리직무권한(1896), 지방관관제(1906), 지방관등봉급령(1906) 등이 공포되어 지방관제가 형식상 독립하게 되었다.[13]

일제 강점기에는 갑오경장 이후와 대동소이하나, 지방관제에 있어서 보수·승

12) 내무부, 지방행정사(서울 : 1966), pp. 316~353 ; 정시채, 한국관료제도사(서울 : 화신출판사, 1978), pp. 80~81.

13) 내무부, 위의 책, pp. 357~364.

진·신분보장 등 다방면에서 일본인과 한국인 사이에 차등이 심했다는 것이 특징이었다.

미군정시대에는 식민지체제를 해소하고 새로운 민주적인 독립정부를 수립하는데 교량역할을 하는 것 이상의 지방관제 개혁은 없었다.

(나) 근대적 지방공무원법의 제정과 개정

(a) **지방공무원법의 제정** : 우리나라는 조선말기에 이르기까지 지방관제에 관한 별도의 법제가 없다가, 갑오경장 이후에 지방관제가 법제상 독립하기는 하였으나, 그것도 법률이 아닌 명령에 근거하고 있었던 것이 특색이다.

대한민국 수립 후, 지방자치법을 제정(1949년)하면서 그 제115조에서 지방공무원제를 대통령령으로 정하도록 규정하였고, 이 규정에 근거하여 1956년에 지방공무원령이 제정되었다. 그러나 이 지방공무원령도 법률 아닌 명령이기 때문에 지방공무원제는 아직까지 법률적 기초를 확립하지 못한 것이었다.

우리나라의 지방공무원제가 법률적 기초 위에 확립된 것은 1963년부터이다. 즉, 1963년 11월 1일에 역사상 처음으로 법률로서의 지방공무원법이 제정되었고, 이어서 동년 12월 12일에는 동법의 시행법규인 지방공무원임용령이 제정되었다. 이로써 우리나라에서는 1963년에 비로소 근대적인 지방공무원제가 법적으로 확립되었다고 할 수 있다. 동 법제는 지방공무원의 주민전체에 대한 봉사자적 지위, 실적주의, 공무원의 신분보장과 정치적 중립 등을 주 내용으로 하였다.

(b) **지방공무원법의 개정** : 1963년에 제정된 지방공무원법은 그 후 지금까지 수차에 걸쳐 개정되었는데, 그 중 1981년의 개정에서는 국가공무원법의 대폭적인 개정과 더불어, 지방공무원제에 큰 발전을 가져왔다.

1981년의 지방공무원법 골자는 ㉠ 공무원의 종류·계급 및 직위분류 재조정, ㉡ 특수분야 특별임용, 한지(限地) 공무원제 확대, ㉢ 승진시험 종류, 승진후보자명부 배점, 승진소요 연수의 조정, ㉣ 시험실시, 보직관리기준 조정, ㉤ 징계종류, 직위해제 사유, 명예퇴직제의 재조정 및 신설, ㉥ 겸임·파견 범위 확대, ㉦ 고충처리제도의 신설 등 다방면에 걸친다.

1993년의 개정에서는 지방공무원의 직위분류를 조정하였다.

1994년의 개정에서는 ㉠ 5급 이상 지방공무원의 소청심사기관이 총무처 소청심사위원회에서 시·도 소청심사위원회로 개편되고, ㉡ 5급 승진임용에서 시험을 원칙으로 하되 필요시에 인사위원회 심의를 거쳐 임용할 수도 있도록 하였으며, ㉢ 육아휴직 및 간병휴직 등을 채택하였다.

1997・1998・1999년의 개정에서는 인사교류, 정년, 파견근무, 직권면직, 휴직, 명예퇴직 등에 관한 개정이 있었다.

특히 2000년에는 지방공무원법에 개방형 직위제가 신설되어 개방형 직위에 대하여는 직위별로 직무의 내용・특성 등을 고려하여 직무수행요건을 설정하고, 그 임용후보자의 선발을 일반선발시험과 별도로 해당 지방자치단체의 인사위원회에서 행하게 하였으며, 근무에 가족친화적 근무제 내지 유연근무제를 도입하여, 주5일 근무제, 가사휴직 및 가사휴무제, 휴가임대차제, 분할근무제, 변동근무시간제, 파트타임제, 재택근무제 등을 적극 모색하였다.

2007년에는 종래의 계급중심 인사를 직무중심 인사로 전환하여, 직군, 직렬, 직급 이외에 직무등급별로 직위를 분류하고, 직무분석을 실시하여 직무등급에 따른 보수지급 등을 행하도록 하였다.

2008년에는 6급이하 및 기능직공무원 정년을 57세에서 60세로 연장하고, 징계의 종류로 '강등'을 신설하며, 징계유효기간을 3년에서 5년으로 연장하였다.

2012년에는 공무원 종류 중 기능직공무원과 계약직공무원을 폐지하고, 기술분야 우수인재의 추천채용 및 견습근무제를 채택하였으며, 전문지식기술이 요구되거나 임용관리에 특수성이 요구되는 업무에 임기제공무원제를 도입하였다.

2014년에는 '총액인건비제'를 '기준인건비제'로 변경하고 지방재정 여건에 따라 정원의 1~3%를 자율조정토록 하였다. 또한 지방공무원법령상의 의무위반 사항에 대한 벌칙을 강화(시험・임용・인사규정 위반시는 1년 이항의 징역 또는 500만원 이하의 벌금을, 정치운동금지행위 위반시는 3년 이항의 징역과 자격정지)하였다.

2015년에는 엄정한 공직기강을 확립한다는 차원에서 비위공무원, 자질부족 공무원에 대해서는 직위해제 및 면직시킬 수 있도록 강화하였다(동법 제62조, 제65조의 2). 또한, 업무상위력 등에 의한 성폭력범죄자에 대한 결격사유(금고 이상의 형 → 300만원 이상의 벌금형), 당연퇴직요건(금고 이상의 형의 선고) 강화(동법 제31조 제6호의3, 제61조 제1호 단서), 희망퇴직자에 대한 징계사유 확인 및 징계의결 요구(동법 제69조의4), 강등 또는 정직처분기간의 보수를 전액삭감(동법 제71조, 종전에는 2/3 삭감)토록 개정하였다(2015.12.29. 시행).

2016년에는 지방자치단체 간에만 인사교류를 할 수 있도록 한 것을 그 대상을 확대하여 교육기관 연구기관, 그 밖의 공공기관과도 인사교류를 할 수 있도록 하였다(동법 제30조2 제2항).

2019년에는 공직사회 내 성관련 임용결격사유를 강화하고 알권리 보장을 강화하는 개정이 시행되었다. 미성년자에 대한 성폭력범죄 행위 또는 아동・청소년 대상

성범죄 행위로 파면·해임되거나 형 또는 치료감호를 선고받아 그 형 또는 치료감호가 확정된 사람은 영구적으로 공무원으로 임용될 수 없도록 하고(제31조 제6호의4).

2020년에는 공직 내 다양성 확대 및 형평성 강화를 위하여 임용시 불합리한 차별금지의 원칙을 신설하였다. 공무원 임용 시 합리적인 이유 없이 성별, 종교, 사회적 신분 등을 이유로 차별하지 못하도록 함(제25조의6), 또한 임기제공무원의 경우 남은 임기에 관계없이 육아휴직을 할 수 있도록 하는 등의 개정이 이루어 졌다(제63조 제3항).

2021년에는 지방자치단체의 공무원이 주민 전체의 봉사자로서 적극적으로 직무를 수행할 수 있는 기반을 조성하기 위하여 적극행정 공무원에 대한 인사상 우대 및 징계 면제 근거를 마련하고(제75조의2), 공직 채용비리를 근절하기 위하여 공무원 채용과 관련된 비위로 합격한 사람에 대하여 합격 및 임용을 취소할 수 있는 단서를 마련하였다(제43조의3).

2022년에는 지방의회 사무기구 인력운영의 자율성을 높이기 위하여 지방의회의 의장에게 소속 사무직원 임용권을 부여하여 지방의회의 인사권을 독립시켰다(지방자치법 제103조, 제118조).

(3) 한국 지방공무원제의 이념

지방공무원법은 그 제1조에서 "… 지방자치행정의 민주적이며 능률적인 운영을 도모함을 목적으로 한다"고 규정하여 지방공무원제의 기본목표를 명시하고 있다. 이러한 기본목표에 따른 지방공무원제의 이념은 이를 다음과 같이 나누어 설명할 수 있겠다.[14]

(가) 전체주민에의 봉사

헌법 제7조의 정신에 따라, 지방공무원법은 그 제51조에서 "공무원은 주민 전체의 봉사자로서 친절하고 공정하게 집무할 것"을 규정하는 등, 제6장에서 지방공무원의 주민에 대한 봉사자로서 지켜야 할 복무의무(성실·복종·친절공정·종교중립·청렴·품위유지·영리업무 및 겸직금지·직장이탈금지·정치운동금지·집단행위금지의무)를 상세히 규정하고 있다.

14) 오성호, 앞의 논문, pp. 41~46.

(나) 실적주의에의 충실

지방공무원법은 그 제25조에서 "공무원의 임용은 시험성적·근무성적·경력평정 기타 능력의 실증에 의한다"고 규정하여, 임용이 공무원의 능력과 업적을 기준으로 행해지는 실적주의를 선언하고, 제4장(임용과 시험)에서 예외적인 부분을 제외하고는 시험을 통한 임용이 원칙임을 상세히 규정[15)]하고 있다.

(다) 직업공무원제의 확립

지방자치에 있어서도 지방정부에 근무하는 공무원이 공직에 봉사하는 것을 보람으로 알고 생애를 그에 바치는 헌신성이 필요하므로, 지방공무원법은 그 제56조에서 "공무원은 공무 외에 영리를 목적으로 하는 업무에 종사하지 못하며, 소속 기관장의 허가 없이 다른 직무를 겸할 수 없다"고 규정하고, 합리적인 승진을 보장함과 동시에, 적정한 보수(제5장), 신분보장(제7장), 권익보장(제8장), 사회보장(제68조), 능률(제10장) 등을 상세히 규정[16)]히고 있다.

(라) 정치적 중립의 의무

지방행정은 어느 정당의 이해에 치우쳐 편파적으로 수행되어서는 안 되며, 주민 전체의 이익을 위하여 불편부당하게 수행되어야 하기 때문에 그 공무원의 정치적 중립이 요구된다. 그것은 지방행정의 본질 자체가 서비스행정이기 때문에 더욱 그렇다. 지방공무원법은 그 제57조에서 "공무원이 정당 기타 정치단체의 결성에 관여하거나 가입할 수 없으며, 선거에서 특정 정당이나 특정인을 지지하거나 반대하기 위한 일정한 행위를 할 수 없다"고 규정하고 있다.

(마) 균형인사원칙

지방공무원법(제25조)에서는 실적주의를 기본으로 하면서도 장애인, 이공계 전공자, 저소득층 등에 대한 임용·승진·전보 등 인사관리상의 우대와 실질적 양성평등을 실현하기 위한 적극적인 정책을 실시할 수 있도록 규정하고 있다. 이는 공직

---

15) 임용이란 공무원 직에 결원이 생겼을 때 충원하는 것을 말한다. 이에는 신규임용·승진임용·강임·전직·전보·전입 등이 있다. 넓은 의미에서의 임용에는 휴직·복직·직위해제·정직·면직·해임·파면 등과 같은 신분상 변동을 포함한다.

16) 보수란 근무의 대가로 지불되는 보상 중 하나의 방법이다. 일반적으로 보수체계는 ㉠ 봉급(기본급)+수당(부가급)으로 구성되며, ㉡ 직급제에 생활급제를 가미하고, ㉢ 연공급에 성과급(연봉제, 성과상여금제)을 가미하고 있다. 보수수준은 정부의 재정력을 상한선으로 하고 공무원의 생계비를 하한선으로 하여 직책·능력·자격에 따라 결정한다.

내 다양성 확대 및 형평성 강화을 강화하고 인사관리상의 우대조항을 신설하여 적극적 인사관리를 수행하도록 한 것이다.

3 인사행정기관

(1) 지방공무원 임용권과 인사기관

지방공무원의 임용권은 해당 지방자치단체장과 시·도 교육감에 있다(지방공무원법 제6조 제1항). 지방자치단체에 인사기관으로서 인사위원회와 소청심사위원회를 두되, 자치단체의 임용권자별로 설치한다(동법 제7조, 제13조). 이들 기관들은 인사에 관한 일정한 사무를 지방자치단체장 또는 교육감으로부터 독립하여 결정 또는 집행하는 특별기관이다.

(2) 인사위원회

지방인사위원회는 지방공무원 인사에 관한 일정한 사무를 그 임용권자로부터 어느 정도 독립하여 결정·집행하는 합의제집행기관, 즉 행정위원회이다.[17)]

지방인사위원회는 지방공무원 임용권자별로 설치되며, 2021년 지방자치법 전부개정을 통해 지방의회의 인사권이 독립됨에 따라(지방자치법 제103조), 지방자치단체의 장과 지방의회의 의장이 인사위원회를 설치하며, 광역자치단체에는 필요한 경우 제1인사위원회와 제2인사위원회를 설치할 수 있다(지방공무원법 제7조 제1항).

(가) 인사위원회의 구성

지방인사위원회는 16명 이상 20명 이하의 위원으로 구성(단 임용권을 위임받은 기관 및 인구 10만 미만인 자치단체는 7명 이상 9명 이하)되며(동조 제2항), 위원은 해당 자치단체의 공무원(국가공무원을 포함한다)과 인사행정에 관한 학식과 경험이 풍부한

17) 행정위원회(administrative committee or commission)라 함은 준입법권 및 준사법권을 가지고 집행권도 가지면서 행정수반으로부터 어느 정도 독립한 지위에 있는 합의제 행정기관을 말한다. 따라서 행정위원회는 다음과 같은 요건을 갖추고 있어야 하는 것이다.
 첫째, 집행권을 가지고 있을 것(즉, 행정관청일 것)
 둘째, 준입법권 및 준사법권을 가질 것.
 셋째, 행정수반으로부터 어느 정도 독립한 지위에 있을 것.

자 중에서 자치단체의 장이 임명 또는 위촉하는 바(동조 제5항), 이 중 위촉되는 위원이 전체위원의 2분의 1 이상이어야 한다(동조 제3항).

정당원 및 지방의회 의원은 인사위원회 위원으로 위촉될 수 없으며, 위촉되는 위원의 임기는 3년이고, 1차에 한하여 연임될 수 있다(동조 제6항, 제7항).

지방인사위원회에 위원장과 부위원장 각 1명을 두며, 위원장은 해당 자치단체의 부단체장이 되고, 부위원장은 위원회에서 호선한다(동법 제9조).

(나) 인사위원회의 기능

지방인사위원회는 다음 사무를 관장한다(동법 제8조 제1항).

① 공무원 충원계획의 사전 심의 및 각종 임용시험의 실시.

② 보직관리・승진・전보 기준의 사전 의결.

③ 승진임용의 사전 심의.

④ 공무원에 대한 징계 의결 또는 징계부가금의 부과 의결.

⑤ 공무원 인사와 관련된 조례안 및 규칙안의 사전 심의.

⑥ 임용권자의 인사운영에 대한 개선권고

⑦ 기타 법령 또는 조례의 규정에 의한 그 관장 사항.

지방인사위원회는 그 사무의 처리에 필요하다고 인정할 때에는 관계 서류의 제출을 요구하거나 사실조사 또는 증인에게 증언을 요구할 수 있다(동법 제8조 제2항).

(3) 소청심사위원회

소청심사위원회는 징계, 기타 그 의사에 반하는 불이익처분에 대한 지방공무원의 소청을 심사・결정하는 준사법적 합의제기관이다.

소청심사위원회는 각 시・도에 공무원 임용권자별로 지방소청심사위원회 및 교육소청심사위원회를 둔다(동법 제13조).

(가) 소청심사위원회의 구성

소청심사위원회는 16명 이상 20명 이하의 위원으로 구성한다. 법률에 관한 전문지식과 경험이 풍부한 자 중에서 자치단체장이 임명 또는 위촉하며, 위촉되는 위원이 전체위원의 2분의 1 이상이어야 한다(동법 제14조 제1항, 제2항).

정당원, 지방의회 의원, 지방인사위원회의 위원은 이 소청심사위원회의 위원이 될 수 없다(동조 제2항).

소청심사위원회에 위원장 1명을 두며, 해당 소청심사위원회에서 위촉위원 중에서 호선한다(동법 제15조 제1항).

(나) 소청심사위원회의 심사

소청심사위원회는 재판절차에 준하는 심사를 행한다. 위원회는 심사를 함에 있어서 필요하다고 인정할 때에는 사실조사 또는 증인을 소환하여 질문하거나 관계 서류의 제출을 명할 수 있고, 필요한 경우에는 전문가의 검증 또는 감정을 의뢰할 수 있다(동법 제17조).

소청사건을 심사할 때에는 소청인 또는 그 대리인에게 진술의 기회를 부여한다. 진술 기회를 주지 아니한 결정은 무효로 한다(동법 제18조). 위원에게는 일정한 제척사유가 적용된다(동법 제19조 제3, 4, 5항).

(다) 소청심사위원회의 결정

소청심사위원회는 재판절차에 준하는 심사과정을 거쳐 엄격한 회의원칙에 따라 결정한다.

소청심사위원회의 회의는 시・도지사 또는 교육감이 회의마다 지정하는 6명의 위원(법률전문가로 위촉된 위원이 5명이상)으로 구성하며(동법 제14조 제4항), 소청심사위원회의 결정은 회의 구성원(매회의시마다 6명) 3분의 2 이상의 출석과, 출석위원 과반수의 합의에 따르되, 의견이 나뉜 경우에는 출석위원 과반수에 이를 때까지 소청인에게 가장 불리한 의견에 차례로 유리한 의견을 더하여 그 중에서 가장 유리한 의견을 합의된 의견으로 본다(동법 제19조 제1항).

다만 위항에도 불구하고 파면・해임・강등 또는 정직에 해당하는 징계처분을 취소 또는 변경하려는 경우와 효력 유무 또는 존재 여부에 대한 확인을 하려는 경우에는 심사위원 3분의 2 이상의 출석과 출석위원 3분의 2 이상의 합의가 있어야 한다. 이 경우 구체적인 결정의 내용은 출석위원 과반수의 합의에 따르되, 의견이 나뉘어 출석위원 과반수의 합의에 이르지 못하였을 때에는 과반수에 이를 때까지 소청인에게 가장 불리한 의견에 차례로 유리한 의견을 더하여 그 중에서 가장 유리한 의견을 합의된 의견으로 본다(동법 제19조 제2항).

소청심사위원회의 결정은 청구 각하(법률요건에 적합지 않는 경우), 청구 기각(이유 없는 경우), 처분의 취소・변경(또는 취소・변경의 명령), 처분효력 확인(효력유무, 존재유무), 처분(또는 처분명령)으로 구분된다(동조 제6항).

소청심사위원회의 결정은 처분행정청을 기속한다(동법 제20조).

4 바람직한 지방공무원상

(1) 지방공무원의 위상

(가) 지방공무원의 지위

지방공무원은 지역의 문제를 주민의 기대와 의사에 따라 능동적으로 해결함으로써 지역의 발전과 주민복지의 증진을 창조적으로 도모하는 지역의 역군이며, 봉사자이다. 따라서 오늘날의 지방공무원은 다음과 같은 지위를 가지고 있다.[18]

(a) **대민봉사자** : 지방공무원은 주민의 요람에서부터 무덤에 이르기까지 주민의 생활과 직접 관련있는 지방정부 서비스를 모든 주민에게 유익하게 처리함으로써, 주민에 봉사하는 주민의 공복이다.

(b) **정책의 결정 · 집행자** : 지방공무원은 지역발전과 주민의 복리증진을 위한 정책을 주도적으로 개발하여 그 최선의 대안을 선택하고, 또한 그 정책을 직접 집행함으로써, 지역경영을 실제로 담당하는 지역의 역군이다.

(c) **이해 조정자** : 지역 내에는 개인간, 계층간, 집단간에 이해관계가 대립되고 갈등과 분쟁이 발생하는 경우가 많다. 지방공무원은 이러한 대립 · 갈등 · 분쟁을 조정하고 해결하는 조정자가 된다.

(d) **지방행정의 실행자** : 주민참여를 조성 · 지원하고, 지방의회의원에게 충분한 의안 관련 자료를 제시함으로써 합리적인 의안심의를 가능하게 하며, 결정된 사항을 구체적으로 집행하는 지방행정의 실행자가 된다.

(나) 지방공무원의 역할

이상과 같은 지위에서 지방공무원은 새 시대에 있어서는 다음과 같은 역할을 수행한다.

(a) **지방자치의 선도** : 지방자치에 있어서 그 주인은 주민이라고 하지만 실제에 있어서 그 지방자치를 직접 운용해 나가는 것은 지방공무원이다. 특히 지방자치의 초기에는 주민이 지방자치에 대하여 이해나 인식을 깊이 가지고 있지 못하기 때문에 지방자치의 성공적 정착 여부는 지방공무원의 창의적이고 선도(先導)적인 노력 여하에 달려 있다.

---

18) 김동현, "지방화시대의 지방공무원상", 고시계, 1993년 12월호(서울 : 국가고시학회, 1993), pp. 149~151.

(b) **지역발전의 추진** : 지역의 발전은 그 지역주민과 지방의회의원 및 자치단체장의 공동적인 노력을 통해서 이루어지는 것이다. 그러나 지역주민은 상호간 이해가 대립되기도 하고, 지방의회의원과 자치단체장은 지역구, 선거 · 인기 등 정치적 이해에 따라 부침할 수도 있다. 그러나 지방공무원은 그 전문직업성과 보장된 신분을 통하여 안정적인 입장에서 장기적인 지역발전 계획을 수립하고 이를 집행 · 관리할 수 있다.

(c) **문제의 전문적 해결** : 오늘날의 공공행정이 점점 복잡하고 전문적인 지식과 기술을 요하고 있고, 특히 지역의 문제는 주민간 그리고 지역간 복잡하고도 첨예한 이해관계로 얽혀 있어, 그 문제의 해결에 오랜 경험과 구체적인 실무적 지식과 기술을 요하게 되는 것이다. 따라서 지역에 있어서의 대소의 모든 문제들은 지방공무원에 의한 전문적인 해결이 필요하다.

(d) **주민의사의 반영** : 지역발전과 주민복리의 증진을 위한 정책 · 계획의 수립에 있어서 주민의사의 반영은 필수적인 전제조건이다. 지방자치행정은 주민참여를 통하여 주민의 실제적 요구에 부응하는 주민봉사적 행정이다. 따라서 공무원의 주요 역할은 주민의사의 정확한 반영이다.

(e) **정보 · 서비스 등의 제공** : 지방자치단체는 그 관할구역 안에 있는 주민 · 단체 · 기업집단들에게 그들이 필요로 하는 정보와 기술과 자본 · 시설 및 역무를 제공 · 지원하여야 한다. 지방공무원은 이러한 지방자치단체의 임무를 현실적으로 실천하는 사람이다. 지방자치단체는 주민복리에 필요한 정보 · 시설 · 서비스를 제공하기 위하여 설립되어 존속하는 것이며, 지방공무원은 그러한 지방자치단체의 기본업무를 실천하기 위해서 일하는 사람이다.

(2) 지방공무원의 소요능력(지식과 기술)

지방공무원이 바람직한 역할을 수행하려면 그에 상당하는 능력이 필요하다. 일반적으로 공무원의 자질은 지식과 기술이라는 객관적 능력, 그리고 가치관과 태도라는 주관적 능력으로 구성된다. 따라서 지방공무원은 지식과 기술에 관한 실무능력의 향상뿐만 아니라 잠재능력의 향상 및 공직마인드의 확립도 해야 한다.

(가) 지 식

지식(knowledge; Wissen)이란 어떤 대상이나 실체에 대한 명확한 인식이나 이해를 말하며, 엄격하게는 원리적 · 통일적으로 조직화된 객관적 판단의 체계라는 뜻에서부터 넓게 사물에 관한 단편적인 사실적·경험적인 인식이라는 뜻에 이르기까지 그 의미가 다양하다.

지방공무원이 특히 갖추어야 할 지식에는 다음과 같은 여러 가지가 있을 수 있다.

첫째로, 일반교양이다. 공무원은 보편적이고도 조화된 인격의 완성을 기하여 넓은 시야를 갖추고 사회 전체 속에서 자기가 차지하는 위치와 역할을 이해하는 폭넓은 교양을 갖추어야 한다.

둘째로, 전문지식이다. 공무원은 공공업무에 종사하고 있는 직업인으로서 자신이 담당하는 업무에 관하여 전문적인 능력을 갖추어야 하는 것이다.

셋째로, 사회의 변화와 발전에 대한 이해이다. 공무원은 사회의 변화·발전을 이해·예측하고 이를 해석하면서 적응하는 능력을 갖추어야 한다.

(나) 기　술

기술(technique)은 어떤 일을 이치에 맞도록 솜씨 좋게 해내는 재간을 말한다. 이러한 기술은 좁게 볼 때는 과학을 실지로 응용하여 자연과 사물을 인간 생활에 유용하게 만들거나 또는 가공하는 능력을 의미한다. 그리고 넓게는 생산적 실천에서 객관적인 법칙성을 의식적으로 적용하여 생산성을 높이는 수단의 체계라는 뜻에 이르기까지 그 의미가 다양하다.

지방공무원이 특히 갖추어야 할 기술에는 행정의 프로로서의 전문(specialist)적 기술과, 일반행정인(generalist)적 기술 두 가지가 있을 수 있다.

첫째로, 공무원이 전문기술자로서 갖추어야 할 기술은 그 공무원이 담당하는 직무의 내용에 따라 다종·다양하다.

둘째로, 공무원이 일반행정인으로서 갖추어야 할 기술로는 지역이 필요로 하는 인재와 조직을 이끌어가는 리더십(leadership), 정책을 수립·결정하는 능력, 기획하는 능력, 조정하는 능력, 지역사회 및 조직원들과 소통하는 능력 등을 들 수 있다.

(3) 지방공무원의 소요자세(가치관과 태도)

국가공무원과는 달리 지방공무원은 주민과 직접 대화하면서 주민의 기대와 요구를 파악하여 그에 대한 공공서비스를 직접 제공하는 위치에 있다. 따라서 지방공무원은 주민의 마음을 가슴으로 읽고 주민의 아픔을 마음깊이 느낄 수 있어야 한다.

(가) '카르마' 정신

지방공무원은 지역주민들과 생·사와 고·락을 함께 함을 피할 수 없는 업(業 : 羯磨 ; karma[19])으로 삼고, 지금의 공직에 자신의 일생을 바침으로써 삶의 보람을 찾는 '카르마법칙'의 신봉자가 되어야 한다. 카르마(karma) 법칙이란 사람 사이에 어떤 상호작용을 하면 그에 들어간 만큼 되돌려 받는다는 법칙으로서, 다른 사람에게 행복을 주면 행복을 되돌려 받고, 슬픔을 주면 슬픔을 되돌려 받는다는 이치이다. 그러므로 내가 지역을 사랑하면 그만큼 지역은 나를 사랑하게 된다는 법칙의 신봉이다.

지방공무원이 자신의 직분을 천명(天命), 즉 업(業)으로 받아들이는 카르마 정신을 가질 때에 지역발전과 주민행복을 위해 헌신하고자 하는 사명감을 가지게 된다. 지방공무원이 이러한 깊은 사명감을 뿌리로 하여 다음과 같은 자세를 갖추어야 한다.

첫째로, 주민에 대한 봉사자로서의 자세이다. 이에는 공복으로서의 자세와 태도가 뒷받침되어야 한다.

둘째로, 역사적 역군으로서의 자세이다. 이에는 미래지향적 자세와 창조적 자세가 뒷받침되어야 한다.

셋째로, 공조직 구성원으로서의 자세이다. 이에는 직무전념 자세와 청렴적 자세가 뒷받침되어야 한다.

(나) 가치관과 태도

지방공무원이 기본자세와 아울러, 다음과 같은 가치관과 태도를 갖출 때에 그 서비스맨십을 십분 발휘할 수 있다. 가치관과 태도는 불가분의 관계에 있는 것으로서, 전자는 보다 심층심부적인데 비하여, 후자는 표상심부적인 것이라고 할 수 있다.

가치관이란 생활이나 행동의 당부를 판단하는 기준을 말하는데, 지방공무원이 특히 갖추어야 할 가치관으로는 ㉠ 공익 정신, ㉡ 발전 의지, ㉢ 윤리의식을 들 수 있다.

태도란 일정한 대상이나 상황에 대한 지속적인 반응 내지 선택의 경험에 의하여 체계화된 일정한 행동경향의 심리적 준비상태를 말하는데, 지방공무원이 특히 갖추어야 할 태도로는 ㉠ 봉사적 태도, ㉡ 쇄신적 태도, ㉢ 준수적 태도를 들 수

19) 카르마(karma)란 불교의 갈마(羯磨)에서 나온 말로, 전세(前世)에서 지은 선·악의 소행으로 말미암아 현세(現世)에서 받는 응보를 말하며, 우리는 이를 업(業)이라고 하는데, '그렇게 짐 지워진 것, 하지 않으면 안 되는 것, 운명적으로 피할 수 없는 것'을 의미하며, 따라서 지방공무원의 경우는 남이 알아주든 않든 묵묵히 해나가야 하는 것을 말한다.

있다.

이러한 가치관과 태도는 밀접한 관련을 가지고 있는 것으로서, ㉠ 봉사적 태도는 공익정신이라는 심층심리에서 우러나오는 것이고, ㉡ 쇄신적 태도는 발전을 지향하는 심층의지에서 발원하는 것이며, ㉢ 준수적 태도는 깊은 윤리의식에서 비롯되는 것이다.

위에서 살펴본 지방공무원의 자세와, 그에 소요되는 가치관 및 태도의 관계를 정리해 보면 〈표 8-2〉와 같이 된다.

〈표 8-2〉 지방공무원의 소요 자세와 가치관 및 태도

소요 자세	소요 가치관	소요 태도
주민에 대한 봉사자로서의 자세 ① 민주적 자세 ② 책임적 자세	공익 정신	봉사적 태도
역사적 역군으로서의 자세 ① 미래지향적 자세 ② 창조적 자세	발전 의지	쇄신적 태도
공조직 구성원으로서의 자세 ① 직무충실적 자세 ② 청렴적 자세	윤리 의식	준수적 태도

제2절 지방공공서비스

I 지방공공서비스의 의의

1 지방자치와 서비스행정

지방자치단체는 주민의 생명과 재산을 보호하고, 주민에게 편리하고 위생적이며, 풍요롭고 문화적인 생활을 보장하기 위해 존립하는 것이다.

우리 지방자치법은 지방자치단체가 그 업무를 수행함에 있어서 준수하여야 할 기본원칙으로서 다음과 같이 규정하고 있다(지방자치법 제12조).

① 지방자치단체는 그 사무를 처리함에 있어서 주민의 편의와 복리 증진을 위하여 노력하여야 한다.

② 지방자치단체는 그 조직과 운영을 합리적으로 하고, 그 규모를 적정하게 유지하여야 한다.

③ 지방자치단체는 그 사무를 법령이나 상급 지방자치단체의 조례를 위반하여 처리할 수 없다.

각국의 지방자치행정의 주요 경향을 보면 세 가지로 요약될 수 있다. 첫째로 지방자치단체가 제공하는 행정서비스가 확대되고, 둘째로 확대되는 소요재원을 확보하기 위한 조세증대에 주민의 저항이 드세며, 셋째로 이러한 행정서비스의 확대와 조세저항의 딜레마 속에서 지방자치단체의 자구책으로 경영혁신을 추진하고 있다.

2 지방공공서비스의 특성

지방공공서비스도 공공서비스의 한 부분이므로, 여기에서는 공공서비스의 본질과 특징을 고찰하기로 한다.

(1) 공공서비스의 본질

공공서비스란 국가나 지방자치단체, 기타 공공단체에 의하여 원칙적으로 제한없이 일반 공중이 모두 이용할 수 있게 널리 공급되는 서비스를 말한다.[20]

여기에서 서비스는 크게 재화(goods)와 역무(services)로 구분되는데, 재화는 물리적 객체로서 소유・저장・양도될 수 있는 데 비하여, 역무는 다른 주체의 활동결과에 의해 초래되는 변화로서 소유・저장・양도가 불가능하다는 차이가 있다. 그러나 역무와 재화는 그 구분기준이 항상 맹백한 것도 아니고 또한 실제로 구분의 실익도 별로 없기 때문에 역무와 재화를 함께 하나로 보아 공공서비스의 특징을 파악

20) 엄밀한 의미에서는 그 공급주체가 누구이든, 즉 정부이든 민간이든 관계없이 공공이 이용할 수 있게 공급되는 서비스이면 이를 공공서비스라고 하여야 할 것이다.

하는 것이 일반적이다.[21)]

지방자치단체가 공급하는 공공서비스에는 다음과 같은 내용이 포함되어 있다.[22)]

첫째는, 일상적 서비스(routine services)이다. 대부분의 사람들에게 제공되는 서비스로서, 상·하수도, 쓰레기 수거 및 처리, 도로와 교통 등 많은 서비스가 그 예다. 이런 서비스는 그 서비스가 개인적으로 제공되며, 사용료 때문에 서비스 이용이 제한될 수도 있다.

둘째는, 보호적 서비스(protective services)이다. 사람과 재산을 보호하며 공공의 질서를 유지하는 서비스로서, 경찰, 소방, 홍수통제 등이 포함된다. 이러한 보호적 서비스는 두 가지 기능을 하는데, 그 하나는 사고를 사전에 예방하는 예방적 기능이고, 다른 하나는 사건이 일어났을 때 구제하는 구제기능이다.

셋째는, 발전적 서비스(developmental services)이다. 개인의 육체적·지적·정신적 잠재력의 향상을 목적으로 하는 서비스로서, 교육, 도서관, 공원, 체육시설, 위락시설 등의 서비스가 이에 속한다. 이러한 서비스는 거의 모든 사람에게 제공되나 그 서비스의 사회적 기능은 각 개인에게 상당히 다르게 나타난다.

넷째는, 사회보장적 서비스(social minimum services)이다. 인간생활의 최저수준을 보장하는 서비스로서 공적부조, 공중보건, 직업훈련, 공공주택 프로그램 등이 이에 속한다.

이상과 같은 서비스 중에서 일상적 서비스와 보호적 서비스는 기본적 공공서비스로서 주민의 폭넓은 계층들에게 혜택을 주는 데 비하여, 발전적인 서비스는 서비스 대상자의 선호나 선택에 의해 제공되며, 사회보장적 서비스는 주민 중에서 특정한 하류계층의 집단에게만 직접적인 편익을 주게 된다는 점 등에 차이가 있다.

(2) 공공서비스의 특징

공공서비스는 일반적으로 다음과 같은 특징을 가진다.[23)]

첫째로, 공공서비스는 비경합성(non-rivalness)을 가진다. 여기에서 비경합성은 공동소비성(joint consumption)이라고도 하며, 그 서비스를 다수인이 공동으로 소비하는데 이때에 한 사람의 소비가 다른 사람의 소비량을 감소시키지 않는 것을 의미한다.

---

21) 한국지방행정연구원, 공공서비스의 공·사간 비용분석(서울 : 1994), pp. 4~6.

22) 위의 책, pp. 12~13.

23) 위의 책, pp. 6~7.

둘째로, 공공서비스는 비배제성(non-excludability)을 가진다. 여기에서 비배제성이란 공공서비스가 어느 특정인에게만 독점적으로 제공되지 않는 것을 의미한다.

셋째로, 공공서비스는 많은 무임승차자(free riders)를 산출한다. 여기에서 무임승차란 서비스를 제공받을 아무런 이유가 없는 자가 공공서비스의 공공재적 성격으로 인하여 그 서비스에 소요되는 비용을 부담함이 없이 서비스의 수혜자가 되는 것을 말한다.

넷째로, 공공서비스는 막대한 외부효과(externalities)를 가진다. 여기에서 외부효과란 하나의 서비스의 공급이 그로 인하여 막대한 다른 파급효과를 불러오는 것을 말한다.

다섯째로, 공공서비스는 사회복지(social welfare)적 차원에서 제공되는 경향이 강하다. 즉, 그 서비스가 비용부담에 비례하여 공급되기보다는 사회형평적 기준에서 배분되는 경우가 많은 것이다.

3 지방공공서비스의 수급과정

지방공공서비스의 특성을 보다 깊이 이해하기 위해서는 지방공공서비스의 수요와 공급의 과정에 대한 인식이 필요하다.

지방공공서비스의 수요・공급과정을 정리하여 보면 대체로 [그림 8-1]과 같다.

(1) 지방공공서비스의 수요

지방공공서비스 수요의 발생근원은 주민의 수요(needs)이다. 주민이 바라는 욕구수준과 현재까지 달성된 욕구수준의 차이, 즉 주민욕구의 미충족분(gap)이 주민의 요구가 되며, 이러한 주민의 요구가 주민수요를 형성한다. 이러한 주민수요는 공공수요 범위의 판단에 의하여 민간에게 요구할 부분과 정부기관에 요구할 부분으로 나뉘는데, 이때에 정부에의 요구분이 공공서비스 수요가 된다. 정부에의 요구부분은 다시 국가에 요구할 부분과 지방자치단체에 요구할 부분으로 나눌 수 있다. 이 중 지방자치단체에의 요구분이 지방공공서비스 수요가 된다. 이러한 과정에서 주민간의 복잡한 협의와 합의절차가 작동한다.

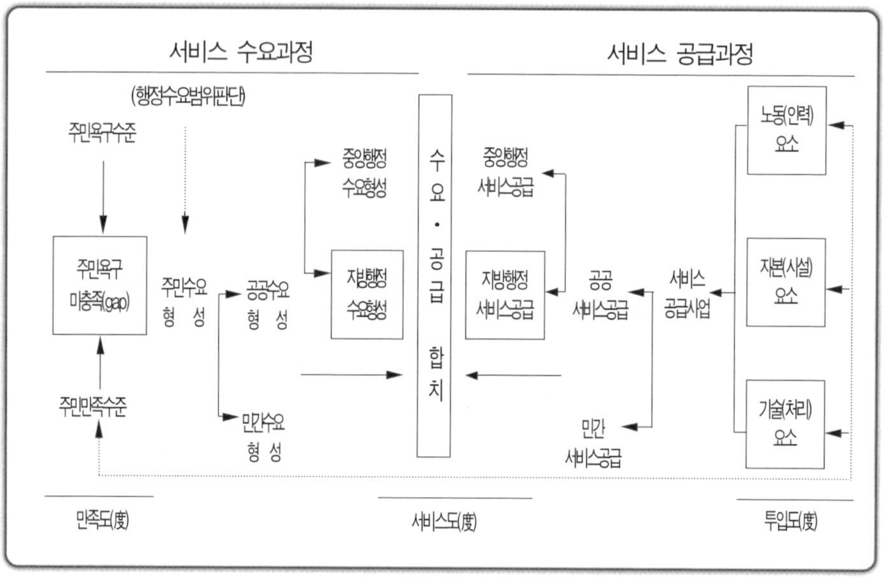

[그림 8-1 지방공공서비스 수요·공급과정]

(2) 지방공공서비스의 공급

전술한 지방공공서비스 수요에 대응하기 위하여 서비스 공급체계에서는 서비스 공급사업에 필요한 각종 자원요소(노동·자본·기술)를 투입한다. 이때에 각종 자원요소는 서비스 공급사업 여하에 따라 적절하게 배합된다.

한편 지방공공서비스 공급사업은 민간책임분과 공공책임분으로 나뉘고, 공공책임분은 전술한 기능배분의 과정을 거쳐 국가책임분과 지방책임분으로 나뉜다. 이 중 지방책임분이 지방공공서비스 공급이 되는데, 이러한 지방공공서비스 공급이 전술한 지방공공서비스 수요를 어느 정도 해결하는가에 따라 서비스 수요와 공급의 합치 수준이 결정된다.

이때에 지방공공서비스 수요와 공급의 합치 수준이 주민에게 어느 정도 만족을 주는지, 주민욕구 미충족(gap)이 아직도 어느 정도 남아 있는지를 파악하며, 그에 따라 지방공공서비스의 재공급을 위한 자원요소의 동원방책이 강구·결정된다.

Ⅱ 지방공공서비스의 유형

공공서비스는 여러 가지 내용을 다양한 방식으로 제공하기 때문에 그 유형을 다양하게 분류할 수 있다. 그러나 여기에서는 그 중에서도 특히 중요한 의미를 가지는 몇 가지의 유형분류만을 소개한다.

1 지방공공서비스의 공급주체별 유형

공공서비스의 유형을 그 공급주체에 따라 [그림 8-2]와 같이 나눌 수 있다.

구 분		행정서비스
공공 공급형	공공	〈정부직할형〉 : 경찰, 소방서 〈공기업형〉 : 상 · 하수도, 전기, 지하철
공공 · 민간 병합공급형	공공 · 민간	병원, 학교, 사회교육, 미술관, 박물관, 주택공급, 택지개발, 주차장, 체육시설, 삼림사업
공공 · 민간 협력형	공공 · 민간	〈사업분담형〉 : 복합프로젝트, 공항, 해양휴양기지 〈자금분담형〉 : 유통센타, 장애자 고용시설
민간 위탁형	공공 → 민간	쓰레기 수거, 분뇨수거, 거리청소 서비스, 공공시설유지 · 관리
민간 공급형	민간	시장공급, 공급허가, 이용권발행, 보조금지급

자료 : 한국지방행정연구원, 공공서비스의 공사간 비용분석(1994), p. 41; 한국지방행정연구원, 지방행정연구 제7권 제4호(1992), p. 74.

[그림 8-2 공공서비스의 공급주체별 유형]

(1) 공공 공급형

정부가 직접 국·과의 형태나 사업소를 통해 공공서비스를 제공하거나, 공기업 또는 정부간 계약에 의한 서비스 공급형태 등이 이에 포함한다.

(2) 공공·민간 병합공급형

공공서비스 공급에 있어 공공공급과 민간공급이 병존하는 형태로서, 병원, 학교, 사회교육, 주택, 주차장, 도시교통 서비스 등이 그 예이다.

(3) 공공·민간 협력형

공공부문과 민간부문이 협력하여 공공서비스를 생산하는 형태로서, 정부와 민간기업이 사업을 분담하는 사업분담형태, 자금을 공동출자하는 제3섹터, 정부와 주민이 협력하는 공동생산형태 등이 그 예이다.

(4) 민간위탁형

정부가 민간기업과 계약을 맺어 공공서비스를 시민에게 공급하는 형태로서, 일반적으로 민간부문이 서비스를 생산하고 지방정부는 기획과 재정부담을 한다. 쓰레기·분뇨 수거, 거리청소, 공공시설 유지·관리 등에 그 예가 많다.

(5) 민간 공급형

민간부문이 서비스를 생산, 공급하는 형태로서, 가스, 도로운송 등이 그 예가 된다. 이에는 시장공급, 공급허가, 서비스 이용증서, 보조금 지급 등이 포함된다.

2 지방공공서비스의 비용부담별 유형

공공서비스는 서비스 편익이 미치는 범위에 따라 공익적 서비스(편익이 시민전체에 귀속)와 사익적 서비스(편익이 개인에게 귀속)로 구분하고, 시민생활과 관련하여 시민생활에 꼭 필요한 필수적 서비스(기초적 서비스)와 선택적 서비스(제2차적 이상의 서비스)로 구분할 수 있는데, 이때에 공공서비스의 유형과 그 비용부담의 관계는 [그림 8-3]과 같이 정리될 수 있다.

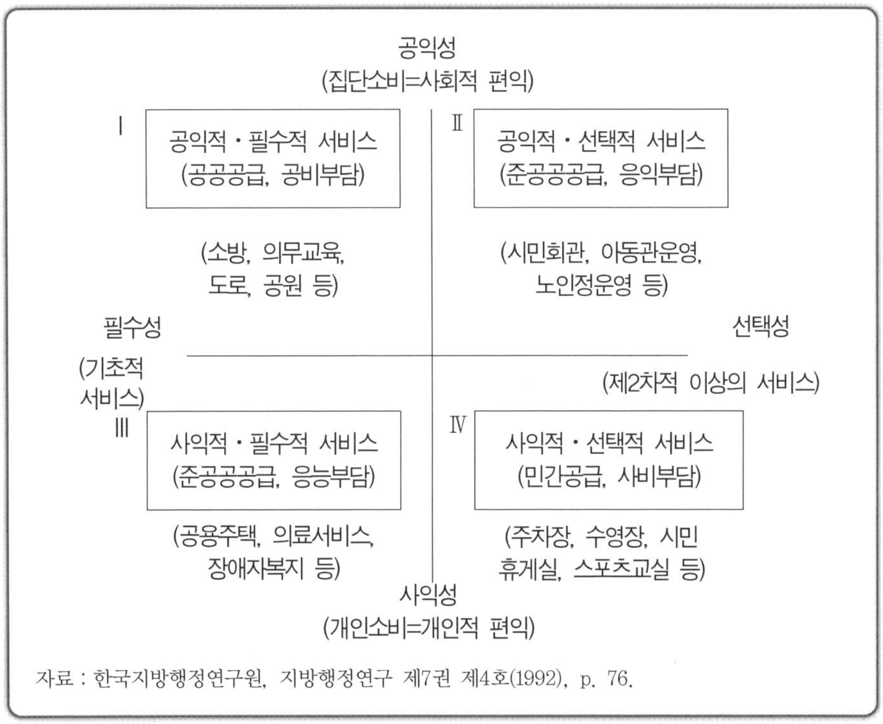

[그림 8-3 공공서비스의 성격별 비용부담]

(1) 공익적・필수적 서비스(Ⅰ)

공익성이 높고 시민생활을 영위하는 데 기초적, 필수적인 서비스 분야이다. 편익의 사회적 귀속과 주민전체의 삶과 밀접하게 관련되는 기초적 서비스이기 때문에 공공부문이 공급하며 비용은 조세에 의해 조달된다.

(2) 공익적 · 선택적 서비스(II)

공익성이 높지만 주민생활에 제2차적 이상의 선택적 서비스 분야이다. 편익의 특정지역 귀속이 많으며, 2차 이상의 서비스 특성 때문에 준공공부문이 공급하고 응익부담의 원칙이 적용된다.

(3) 사익적 · 필수적 서비스(III)

사익성이 높지만 주민생활에 기초적, 필수적인 서비스 분야이다. 편익의 개인적 귀속이라는 특성으로 인해 공공부문의 공급에 한하지 않고 다양한 공급주체가 고려될 수 있다. 따라서 이러한 서비스는 준공공부문에 의해 공급되며 응익부담의 원칙이 적용된다.

(4) 사익적 · 선택적 서비스(IV)

사익성이 높고 주민생활의 영위에서 제2차적 이상의 선택적 서비스 분야이다. 편익의 개인적 귀속이라는 특성으로 인해 민간부문이 공급하고 개인이 서비스 비용을 부담한다.

III 지방공공서비스의 성과측정

1 지방공공서비스와 성과측정

지방공공서비스에 있어서는 그 목표인 공익이 추상적이고, 그 활동의 산물을 직접 금전으로 환산할 수 없는 부분이 많기 때문에 그 성과측정이 매우 어렵다. 그러나 지방공공서비스의 성과측정이 어렵다고 해서 이를 방치할 수는 없다. 특히 지방공공서비스가 잘 되고 있는지, 잘 못되고 있는지는 주민 모두의 이해에 관계되는 것이며, 지방공공서비스가 보다 바람직한 결과를 가져 오도록 하기 위해서는 지방공공서비스의 정확한 측정을 실현하여야 한다.

지방공공서비스의 정확한 측정을 실현하기 위해서는 그 서비스의 목표를 분명히 하고, 그 서비스의 산물을 정확히 확인하며, 그 평가에 사용되는 합리적인 방법을 개발하여야 한다.

2 지방공공서비스 성과의 지표

(1) 지방공공서비스의 제공과정과 지표

지방공공서비스의 제공과정에는 여러 가지 단계가 있지만, 이를 크게 서비스의 배분과정과 서비스의 전달과정의 두 단계로 나누어 볼 수 있다.[24)]

서비스 배분(service allocation)은 공공재원의 기능별 배분과 그 배분된 재원의 지역별·계층별 또는 집단별 할당과정을 의미하며, 이러한 과정은 성격상 일반적으로 정책적 과정이라고 할 수 있다.

서비스 전달(service delivery)은 위와 같은 배분과정을 통해 할당된 서비스를 관료가 주민에게 실제로 제공하는 과정을 의미하며, 이러한 과정은 성격상 관리적 과정이라고 할 수 있다.

지방공공서비스 제공에 관하여 전통적으로는 서비스의 전달에만 관심이 집중되었었다. 즉, 어떻게 하면 같은 서비스를 적은 재원으로 제공할 수 있는가(능률성), 또한 어떻게 하면 적은 재원으로 보다 많은 서비스를 제공할 수 있는가(효과성)가 전통적인 행정에서는 가장 중요한 고려사항이었다.

그러나 오늘날의 행정에 있어서는 지방공공서비스가 단순히 능률적·효과적인 것에 머무르지 않고, 더 나아가서 누구를 위한 능률이고 효과인가에도 관심을 기울이게 되었다. 즉, 서비스 공급의 능률성과 효과성의 측면은 비록 그 측정이 정확하다고 하더라도 그 서비스가 어떤 집단에 얼마만큼 제공되고 있는가(형평성), 또한 서비스의 수요에 정확히 대응하고 있는가(대응성)에 대하여는 해답을 주지 못하기 때문에, 지방공공서비스의 배분의 문제도 이를 중요한 고려사항으로 삼게 되었다.

이러한 능률성과 효과성을 포괄하는 차원을 경제적 차원이라 한다면, 형평성과 대

24) 김안제 등, 한국의 지방자치와 지역개발(서울 : 박문각, 1993), pp. 24~25 참조 ; Emanuel S. Savas, Privatization : *The Key to Better Government*(Chatham : Chatham House Publishers, 1987), p. 61도 같은 취지임.

응성을 포괄하는 차원을 정치적 차원이라고도 할 수 있겠다. 전자를 생산성(performance productivity)의 차원이라 한다면,[25] 후자를 정당성(justness of performance)의 차원이라고 할 수 있을 것이다.[26]

이렇게 볼 때에 지방공공서비스의 성과(측정)지표에 있어서는 관리적 측면에서의 생산성(즉, 능률성·효과성)과 정책적 측면에서의 정당성(즉, 형평성·대응성)이 그 주요 지표가 된다고 하겠다.[27]

(2) 지방공공서비스의 관리적 지표

지방공공서비스의 관리적 측면에서 능률성과 효과성을 그 측정의 지표로 삼을 수 있다.

(가) 능률성(efficiency)

능률성이란 산출(output)과 투입(input) 사이의 비율, 즉 일정한 산출을 위한 투입의 양을 말하며, 이때에 그 투입은 화폐적 비용으로 파악된다.

그런데 산출의 경우, 사기업에 있어서는 그것이 이윤으로 파악되기 때문에 그 이윤(산출)과 비용(투입)의 비율로써 능률성의 측정이 비교적 용이하지만, 정부활동에 있어서는 그 산출이 비화폐적인 편익(benefits)이기 때문에 이 편익(산출)과 비용(투입)의 비율로써 능률성을 측정할 수밖에 없다. 그러나 정부활동의 편익을 파악한다는 것이 현실적으로 쉬운 일이 아니기 때문에 정부활동(공공서비스)의 능률성 측정에 있어서는 그 비용·편익분석(cost-benefits analysis)보다는 비용·효과분석(cost-effectiveness analysis)을 통하여 행하는 경우가 많다.

(나) 효과성(effectiveness)

효과성이란 일정한 활동을 통하여 달성하고자 하는 목표를 얼마나 달성하였는가를 말한다.

---

25) 이 효, "도시서비스 전달과 생산성에 관한 연구", 지방행정연구 제7권 제4호(서울 : 한국지방행정연구원, 1992), p. 78 ; 이재성, "지방행정 생산성 측정방안에 관한 고찰", 지방행정연구 제2권 제2호(서울 : 한국지방행정연구원, 1987), p. 42.

26) John Rawls, *A Theory of Justice*(Cambridge : Harvard University Press, 1971), p. 135 ; David K. Hart, "Social Equity, Justice and Equitable Administrator", *Public Administration Review*(Jan·Feb., 1974), pp. 9~10.

27) 김영기, 공공서비스 성과에 대한 수혜자평가의 결정요인(부산 : 부산대학교 대학원, 1991), pp. 58~72.

지방공공서비스의 목표는 대부분의 경우 그 지역사회의 수요 및 주민의 욕구와 관련되므로 지방공공서비스의 효과성은 넓게는 지역사회의 수요 및 주민의 욕구에 부응하는 정도를 의미한다. 그러나 지방공공서비스에 있어서의 목표는 지역사회 전반에 걸친 광범위한 목표가 아니라, 해당 서비스의 프로그램에 포함된 목표만을 지칭한다. 그것은 지방공공서비스의 측정에 있어서 목표가 보다 구체적이고 상세하게 규정되어 그것이 달성의 책임과 연결되어야 하기 때문이다.

지방공공서비스 효과성의 측정에 있어서는 그 서비스 산출의 양과 질의 측면을 모두 포함하여야 한다. 예컨대 주민보건의료의 경우, 주민의 건강에 실질적으로 기여한 보건의료의 실적을 가지고 이를 당초의 목표량과 대비하여야 하는 것이다.

(3) 지방공공서비스의 정책적 지표

지방공공서비스의 정책적 측면에서 형평성과 대응성이 그 측정 지표가 된다.

(가) 형평성(equity)

형평성이란 서비스의 공평한 배분을 말하며, 이것은 배분적 정의의 실현 문제로서 매우 어려운 과제의 하나가 된다.

행정서비스의 형평성 측정에 있어서는 배분적 정의와 관련하여 최소한 다음과 같은 세 가지의 판단기준이 적용되어야 한다.

첫째, 균등한 서비스의 배분이다. 모든 사람은 법에 의하여 균등하게 보호를 받아야 하는 것이다.

둘째, 그러나 특성이 각기 다른 지역이나 조건이 각기 다른 사람에게 꼭 같은 수준의 서비스를 제공하게 되면 실질적 정의에 어긋나게 되므로 그 특성이나 조건에 따라 서비스의 제공수준이 달라야 한다. 이때에 어떠한 배분기준을 적용하느냐에 따라 형평성 확보가 상당히 달라지므로 이 또한 지극히 어려운 문제이다.

셋째, 그러나 여기에서 분명한 것은 누구에게나 최소한의 생활수준은 보장되어야 한다는 것이다. 그러기 때문에 서비스의 최저수준(minimum standard of service)의 설정이 필요하다.

(나) 대응성(responsiveness)

대응성이란 주민의 서비스 수요에의 부응을 말하며, 행정의 책임성과 관련되는 문제이다.

모든 행정은 그 수요에 부응하여야 한다. 그러나 행정에 있어서 실제 수요를 파악하는 데는 방법상 어려움이 많을 뿐만 아니라, 수요를 파악하여 이에 대응하기에는 인적·물적 제약이 많으므로 그 실현에 어려움이 많다. 현실적으로는 주민이 적극 요구하면 이를 검토하고 그렇지 않으면 그냥 두는 이른바 아담 스미스 규칙(Adam Smith's Rule)에 따르면서 주민의 요구를 비로소 서비스 수요로 인식하는 것이 일반적이다. 그러나 주민의 요구와 실제서비스 수요와는 상당한 차이가 있다.

주민의 요구를 서비스 공급의 목표 속에 포함시켜, 그 목표의 달성도인 효과성 측정에 이와 같은 대응성을 포함시키는 입장도 있으나, 엄밀히 말하여 이 대응성 측면은 구체적 서비스 프로그램상의 목표가 아닌 지역사회 전반에 걸친 광범위한 목표와 관계되는 것이므로, 효과성과 구분하여 측정되는 것이 바람직하다.

3 성과측정의 효용

지방공공서비스 성과측정의 결과는 다음과 같이 여러 면에서 유용하게 활용될 수 있다.

첫째로, 지방공공서비스의 성과를 매년 측정함으로써 서비스 수준의 변화경향을 검토할 수 있고, 서비스 수준에서의 문제점을 발견할 수 있다.

둘째로, 지방공공서비스 성과의 자료는 서비스 부문간 재원배분을 위한 지침을 제공해 주고, 구체적인 문제해결을 위한 관리정보를 제공해 준다.

셋째로, 성과의 자료는 지방의회와 주민에게 예산편성의 근거와 정당성을 제기해 줄 수 있게 한다.

넷째로, 성과의 정보는 행정부문 종사자들에게 성과향상을 위한 유인체계의 개발을 훨씬 실제적이고 의미있게 해 줄 수 있다.

다섯째로, 성과의 측정은 행정서비스를 민영화하고 있는 경우 그 민영화된 서비스의 질을 통제하는 데 유용하게 이용될 수 있다.

여섯째로, 성과의 측정은 주민의 의견을 수렴하고, 성과보고서를 통하여 주민에게 중요 정보를 정확히 제공하는 등 주민과 행정기관간의 의사소통을 증대시킨다.

지방공공서비스의 성과측정이 이상과 같은 여러 면에서 그 효용성이 높음에도 불구하고, 실제에 있어 그 성과측정이 실시되지 않는 경향이 있다. 그것은 성과측정이 매우 복잡하고 어려울 뿐만 아니라 성과측정의 결과가 좋지 않게 나오는 경우

책임문제가 발생하게 되고, 또한 즉각적인 정보가 아니면 사용할 수 없을 만큼 시간의 제약을 받는 경우가 많기 때문이다.

Ⅳ 지방공공서비스의 향상

세계 각국에서 행정서비스 향상을 위하여 많은 노력을 경주하고 있어, 그 방책은 수 없이 다양하지만, 자치행정에 있어 특히 중요한 것으로는 ㉠ 업무의 민간위탁, ㉡ 책임운영제, ㉢ 주민자치센터의 운영, ㉣ 행정서비스 헌장의 제정, ㉤ 종합적 행정품질관리를 들 수 있다.

1 행정서비스 민간화(민간위탁)

지방공공서비스의 향상을 위하여 각국에서는, 지방정부에서 공급하는 것보다는 민간이 맡아 공급하는 것이 더 효율적인 서비스 업무를 민간에 맡기는 경향이 늘어가고 있다. 이러한 민간화에 있어서 그 서비스를 완전히 민간에 이양하는 경우도 있지만, 지방정부와 민간이 협력하여 서비스를 공급하는 '위탁'의 방법을 이용하는 경우가 더 많다.[28)]

'민간위탁'은 그 기능을 민간에게 완전히 이양하지 아니하고 정부가 그에 관한 일정한 권한을 여전히 보유하고 있으면서, 민간으로 하여금 자기의 명의와 책임으로 해당 업무를 처리하게 함으로써, 정부와 민간이 해당 기능의 수행에 관하여 공

28) 지방자치법은, 지방자치단체장은 ① 그 보조기관, 소속 행정기관 또는 하부 행정기관에 그 사무의 일부를 위임할 수 있고(동법 제117조 제1항), ② 관할 지방자치단체나 공공단체 또는 그 기관(사업소·출장소를 포함)에 위임 또는 위탁할 수 있으며(동법 제117조 제2항), ③ 민간의 법인이나 단체 또는 그 기관이나 개인에게 위탁할 수 있다(동법 제117조 제3항)고 규정하고 있는데, 그 중 세 번째의 경우가 민간위탁이 된다.
위임·위탁에 관한 용어의 정의는 '행정권한의 위임 및 위탁에 관한 규정' 제2조에 규정되어 있다.
'위임'이란 법률에 규정된 행정기관장의 권한 중 일부를 그 보조기관 또는 하급행정기관장이나 자방자치단체장에게 맡겨 그의 권한과 책임아래 행사하도록 하는 것을 말한다.
'위탁'이란 법률에 규정된 행정기관장의 권한 중 일부를 다른 행정기관장에게 맡기는 것을 말한다.
민간위탁이란 법률에 규정된 행정기관장의 권한 중 일부를 지방자치단체가 아닌 법인단체 또는 그 기관이나 개인에게 맡겨 그의 명의로 그의 책임아래 행사하도록 하는 것을 말한다.

동으로 책임지고 긴밀히 협조하는 것을 말한다.

이를 법률적으로 정의하면, 정부가 그 권한에 속하는 사무의 일부 또는 전부를 민간법인・단체 또는 그 기관이나 개인에게 '위임'하여 그의 명의와 책임으로 처리하도록 하고 정부는 그 사무처리에 감독책임을 지는 것을 말한다.[29)]

(1) 민간위탁의 대두

19세기와는 달리 복지(봉사)국가를 지향하는 20세기에는 국민의 정부에 대한 기대의 폭발적인 상승으로 인하여 정부의 행정영역은 대대적으로 확대되었다. 그러나 이러한 행정기능의 무한정한 팽창에 대한 비판이 대두되고, 특히 20세기 말부터는 각국이 당면하게 된 경기퇴조, 자원난, 국제경쟁, 그리고 이에 따른 국가재정의 궁핍현상 등은 이러한 비판의 경향을 더욱 재촉하였다.

각국은 저성장, 감축 관리(cutback management)와 더불어 정부기능의 한계에 직면하여 민간위탁을 대대적으로 전개하게 되었다.

(2) 민간위탁의 이점

지방행정업무의 민간위탁의 이점에는 여러 가지가 있겠으나 그 가운데 중요한 것으로는 다음과 같은 것들을 들 수 있다.[30)]

첫째로, 민간위탁의 최대의 이점은 비용의 절감에 있다.[31)] 비용절감은 민간기업이 정부에 비하여 그 경영합리화와 과학적 관리를 통하여 보다 적극적으로 실현하는 특질을 가지고 있기 때문이다.

둘째로, 분야에 따라서는 민간위탁에 의하여 행정서비스의 향상을 기할 수 있다. 민간기업은 해당 업무에 관하여 보다 전문적인 지식과 기술 및 장비를 가지고 있을

---

29) 행정업무가 위임되면 해당 사무의 처리에 필요한 권한과 책임도 제한된 범위 안에서 수임자에게 이전된다. 즉, 위임된 행정업무는 수임자의 권한과 책임으로 처리되며, 그 처리의 법률효과도 일단은 수임자에게 귀속된다. 그러나 법적으로 위임자가 여전히 그 본래의 권한을 유보하고 수임자의 사무처리에 지휘・감독권을 가진다.
그러한 점에서 행정사무의 위임(delegation)은 사무처리에 관한 권한과 책임의 완전한 이전의 효과를 가져오는 행정사무의 이양(devolution)과 다르다.

30) 高寄昇三, 地方自治の經營(東京 : 學陽書房, 1978), pp. 188~189 ; 최창호, "행정사무의 민간위탁에 관한 연구", 연구논총 제12집(서울 : 건국대 행정대학원, 1985), pp. 182~183.

31) 일본에서 1998년도에 316개 지방자치단체의 결산에서 쓰레기 수거, 공공시설관리 등 26개 사업에 대한 정부직영과 민간위탁의 경비지출을 조사・비교하였던 바, 민간위탁의 경우가 정부직영 경우의 1/2 내지 1/5로 절감되었음이 밝혀졌다(한국행정연구원, 행정동향 2000년 6월호, p. 27).

뿐만 아니라, 같은 인력과 비용으로써 높은 서비스를 제공할 수가 있다.

셋째로, 민간위탁에 의하여 행정의 민주화를 구현할 수 있다. 민간위탁에 있어서는 행정을 정부가 독점하여 일방적으로 수행하지 않고 민간과 함께 긴밀히 협력하면서 공동적으로 책임을 지게 됨으로써 민간이 행정에 참여하고 그것에 통제력을 행사할 수 있게 된다. 뿐만 아니라 행정기관이 독점적으로 업무를 수행할 때 나타날 수 있는 고답적이고 독선적이며 비민주적인 풍토를 제거·쇄신하는 데 이바지할 수가 있게 된다.

넷째로, 민간위탁에 의하여 업무의 전문적 처리를 기할 수 있다. 일정한 행정업무를 민간에게 위탁할 때에는 수탁자의 전문적인 지식과 기술, 시설과 장치, 재정적 부담능력, 책임과 공신력 등을 종합적으로 검토하여 그와 같은 요건들을 가장 갖추고 있는 자에게 위탁하기 때문에, 민간위탁은 결과적으로 해당 업무를 보다 전문적으로 처리하는데에 도움이 될 수 있다.

(3) 민간위탁의 방식

지방행정업무를 민간에 위탁하는 방식에는 여러 가지가 있을 수 있겠으나, 그 가운데 중요한 것 몇 가지를 추려보면 대체로 다음과 같다.[32]

첫째로, 가장 보편적인 방식은 계약에 의한 방식이다. 이는 위탁기관과 수탁자 사이의 쌍무적 합의에 의하여 성립한다는 데에 그 특징이 있다. 연구조사, 청사관리, 오물수거, 수송, 보관 등 많은 업무의 민간위탁에 이 방식이 쓰인다.

둘째로, 위탁기관의 일방적 지정 또는 허가에 의하여 행정업무를 민간에 위탁하는 방식이다. 의료, 각종 시험·검사·측량, 변호, 판매, 운송, 요금징수 등에 그 예가 있다.

셋째로, 위탁업무를 처리할 법인 또는 단체가 없는 경우에 그러한 사업체를 설립하여 처리하게 하는 방식이다. 이에는 연구·시험·검정 등의 단체, 공공조합, 그리고 상법상의 회사와 특별법에 의한 공사의 설립 등이 포함된다.

넷째로, 지방정부가 사회내의 특정계층(예: 저소득층, 장애인, 노인 등)에게 재화 또는 역무의 구매권 또는 증서(voucher)를 발급하는 방식이다. 그 수혜자는 자신들이 원하는 업소에서 그 구매권 또는 증서로써 재화를 구입하거나 역무제공을 받고, 업소는 그 받은 구매권 등에 따라 정부로부터 환불받는다. 식품구매권, 교통권, 노

32) 최재영, 행정사무의 민간위탁모형정립에 관한 연구(수원 : 내무부 지방행정연수원, 1983), pp. 51~84.

인할인권 등이 그 예가 될 수 있다.

다섯째로, 지방정부가 서비스 생산자인 영리 또는 비영리 민간단체에게 재정지원을 함으로써 서비스 이용자가 무료 또는 저렴한 가격으로 서비스를 이용할 수 있도록 하는 방식이다. 농업보조금, 주택지원금, 운영보조금, 학비보조금 등이 그 예가 될 수 있다.

여섯째로, 각종 민간 자원봉사단체를 활용하는 방식이다. 각종 지도업무를 관련 민간조합을 통해 수행한다든가, 각종 복지업무를 민간복지단체를 통해 수행한다든가, 치안・소방업무를 방범대나 의용소방대를 통해 수행하는 것 등이 그 예가 될 수 있다.

(4) 한국의 민간위탁

우리나라에서도 지방자치단체에서 민간위탁하는 업무가 늘어가고 있는데, 각 분야의 위탁업무를 예시하면 다음과 같다.

- ○ 공공사업 분야 : 폐기물수거・처리, 분뇨수거・처리, 묘지관리, 청소사업
- ○ 도로・교통 분야 : 도로보수・관리, 주차장운영・요금징수, 버스운영・관리
- ○ 사회복지 분야 : 사회복지시설운영, 복지프로그램, 자원봉사센터 운영
- ○ 의료서비스 분야 : 공공보건프로그램, 병원운영・관리
- ○ 공원・레크레이션 : 레크레이션 서비스, 공원관리・운영, 문화재시설관리
- ○ 공공안전 분야 : 범죄예방・순찰, 교통통제・규제
- ○ 행정지원기능 : 건물・대지관리, 건물시공・감독・검사, 시장・판매장운영 등.

(5) 민간위탁의 한계

민간위탁에는 다음과 같은 문제를 야기하여 사회에 폐해를 가져올 위험성을 안고 있다.[33)]

첫째는 공공성과 책임성의 문제이다. 민간업자들은 흔히 수익성을 기준으로 활동하기 때문에 수익성이 좋은 고객과 그렇지 못한 고객을 차별하기 쉽다. 또한 주민의 편익보다는 위탁업체의 수익성을 더 중시한 결과 서비스의 질이 떨어질 수도 있다. 그리고 책임을 지지 않는 민간에 의한 재량적인 업무집행은 오히려 시민에

---

33) 하미승, "정부기능 민간이관의 논리와 추진전략", 한국행정연구 제3권 제2호(서울: 한국행정연구원, 1994), pp. 73~74.

의한 통제를 제약하는 것으로서 민주성을 약화시킬 우려도 있다.

둘째는 독점화의 문제이다. 민간위탁시에 단일 기관·업체를 지정함으로써 독점적인 권한을 부여하게 되거나, 그 사업의 성격상 독점이 자연적으로 발생할 경우에는 정부기능으로 존속할 때보다 더 심각한 비효율성이나 서비스 결여, 폭리 등의 결과를 초래할 수 있다.

셋째는 부패의 문제이다. 정부기능이 민간에게 이양되면서 부패문제가 해소될 것으로 기대하는 것은 성급한 판단이다. 어떤 면에서는 민간업체는 다수 시민과 언론의 집중적인 감시를 받는 정부기관보다 이권이나 청탁에 연루되어 업무를 불공정하게 처리할 소지를 더 많이 안고 있다고도 할 수 있다.

넷째는 행정상 비밀이나 개인 사생활(privacy) 보호의 문제이다. 정부기관의 경우에는 국가기밀에 관한 법령이나 공공기관의 개인정보보호에 관한 법령 등 보호장치가 강구되어 있는 데 반하여, 민간단체나 기업 등에 대하여는 그러한 제도의 적용이 어렵거나 배제되어 비밀누설 등 문제발생 가능성이 더 높다고 할 수 있다.

다섯째는 공동규범의 왜곡 문제이다. 민간은 민간주체들간의 상호경쟁과 갈등때문에 스스로 규칙을 만들기가 쉽지 않을 것이며, 약관 같은 것을 설정할 때에 고객이나 다수 국민의 입장보다 기업의 관점 우선적으로 반영할 우려가 크다. 따라서 사업의 집행을 민간에게 맡기더라도 적용할 기준·원칙은 정부가 부여해 주어야 한다.

여섯째는 민간부문의 능력 문제이다. 분야에 따라서는 민간부문이 정부부문보다 전문기술면에서 우수하다고 하지만, 시민의 권리·의무 또는 이해관계에 대한 조정능력에 한계가 있다. 그리고 파산되는 경우에는 사회에 큰 충격을 줄 수도 있다.

2 책임운영제

행정서비스 향상책의 하나로서 행정책임운영제의 실시를 고려할 수 있다.

1990년대부터 영국, 뉴질랜드, 캐나다. 미국, 일본 등에서 정부개혁의 일환으로써 정부기능 중에서 정책·기획 기능과 집행 또는 서비스 기능을 분리하여, 후자에 민간경영기법을 가미하여 수행하도록 책임운영기관(agency, 행정법인)을 설치하고 있다.[34] 우리나라에서도 1999년의 정부개혁에서 도입하여, '책임운영기관의 설치·

34) 외국에서의 책임운영기관의 설치·운영은 다음과 같다. ① 영국에서는 특허청, 운전면허사업소, 여권

운영에 관한 법률'을 제정함으로써 새로이 탄생하였다.

책임운영기관이란 정부가 수행하는 사무 중 공공성을 유지하면서도 경쟁원리에 따라 운영하는 것이 바람직하거나, 전문성과 성과관리를 강화할 필요가 있는 사무에 대하여 그 기관의 책임자에게 행정 및 재정상의 자율성을 부여하고 그 운영성과에 대하여 책임을 지도록 하는 행정기관을 말한다(책임운영기관의 설치·운영에 관한 법률 제2조 제1항).

책임운영기관은 2011년에 개정된 동법률에서 그 기관의 지위에 따라 ㉠ 중앙행정기관의 소속기관으로서 대통령령으로 설치된 기관인 소속책임운영기관, ㉡ 정부조직법에 따른 청(廳)으로서 대통령령으로 설치된 중앙책임운영기관이 있다.[35](동법 동조 제2항, 제3항).

우리나라 국가 수준에서는 책임운영기관을 이미 설치하고 있으며, 지방자치단체에서도 이를 설치하도록 권장하고 있다(동법 제6조).

관리청, 교통사업소, 기상대 등을 책임운영기관으로 하였고, ② 뉴질랜드에서는 해양안전청, 공공보건소, 공공재산관리공단, 관광위원회 등을, ③ 캐나다에서는 정부기록보존소, 여권관리국, 특허청, 훈련개발원 등을, ④ 미국에서는 특허청, 연금보험국, 조폐창, 주택청, 항로개발국 등을, ⑤ 일본에서는 박물관, 병원, 대학 등을 책임운영기관으로 하고 있다(최창호·하미승, 앞의 책, pp. 901~903).

35) 책임운영기관의 설치 예(동법시행령 제2조 제1항 관련 별표1)

책임운영기관의 설치 예

구분		소속책임운영기관(예)	중앙책임운영기관
조사연구형기관	조사 및 품질관리형기관	국립종자원, 화학물질안전원, 국토지리정보원 항공교통본부, 국립해양측위정보원, 항공기상청 각 지방통계청(경인·동북·동남·호남·충청)	
	연구형기관	국립재난안전연구원, 국립과학수사연구원, 국립소방연구원, 국립생물자원관, 국립수산과학원, 통계개발원, 국립문화재연구소, 국립해양문화재연구소, 국립원예특작과학원, 국립축산과학원, 국립산림과학원, 국립수목원, 국립기상과학원	
교육훈련형기관		국립국제교육원, 통일교육원, 한국농수산대학, 해양수산인재개발원, 관세국경관리연수원	
문화형기관		국립중앙과학관, 국립과천과학관, 국방홍보원, 국립중앙극장, 국립현대미술관, 한국정책방송원, 국립아시아문화전당, 궁능유적본부	
의료형기관		국립정신건강센터, 국립(나주·부곡·춘천·공주·마산·목포)병원, 국립재활원, 경찰병원	
시설관리형기관		해양경찰정비창, 국방전산정보원, 국가정보자원관리원, 국립자연휴양림관리소	
기타유형의 기관		고용노동부고객상담센터, 국세상담센터	특허청

(1) 책임운영제의 특성

책임운영기관의 특징은 그 기관장의 공개채용제와 계약에 의한 성과관리 및 책임운영 체제이다. 책임운영기관의 기관장은 공개모집을 통하여 관료조직 내·외부에서 경쟁으로 선발되어 임기제공무원(종전의 계약제)으로 임용되며, 임용된 기관장은 기관의 조직 및 운영에 관한 기본운영규정과 사업목표를 설정하여 소속 중앙행정기관의 장의 승인을 받아야 한다. 또한 성과계약을 체결하고, 그 사업의 성과에 따라 성과급을 받으며, 소속 중앙행정기관의 장에게 책임을 진다. 한편, 책임운영기관의 장은 그 조직의 조직편제, 인사, 예산·회계에 관한 권한과 기관의 운영에 관한 자율권을 보장받는다.

책임운영기관의 성격은 행정기관이면서 법인인 정부투자기관만큼의 독립성이 보장되는 기관이라고 하겠다.[36]

(2) 책임운영제의 채택과 운영

(가) 설치 및 해제

행정안전부장관은 기획재정부장관 및 해당 중앙행정기관의 장과 협의하여 책임운영기관을 설치하거나 해제할 수 있다(동법 제4조 제2항).

중앙행정기관장 및 지방자치단체장은 그 소관사무 중 책임운영제로 운영하는 것이 효율적이라고 인정되는 경우에는 행정안전부장관에게 그 기관설치의 승인을 요청할 수 있다(동법 제4조 제3항, 제6조).

책임운영기관을 설치할 때에는 임기제공무원의 채용, 조직·인사관리, 예산·회계관리, 책임한계, 성과관리방법 등을 명확히 정하여야 한다.

책임운영제의 대상이 될 수 있는 사무의 선정기준으로는 ㉠ 기관의 주된 사무가 사업적·집행적 성질의 행정서비스를 제공하는 사무업무로서 성과측정 기준을 개발하여 성과를 측정할 수 있는 사무, ㉡ 기관 운영에 필요한 재정수입의 전부 또는 일부를 자체적으로 확보할 수 있는 사무 등을 들 수 있다(동법 제4조 제1항).

지방자치단체에서도 책임운영기관으로 도서관, 박물관, 극장, 검역소, 연구소 등을 우선적으로 지정할 수 있을 것이다. 현재 서울시에서 서울교통방송, 서울시립미술관, 서울역사박물관 등을 책임운영기관으로 지정운영하고 있으며, 시·군·구에서 도서관을 책임운영기관으로 운영하고 있는 예가 있다.

---

36) 최창호·하미승, 새 행정학(서울 : 삼영사, 2006), pp. 899~901.

(나) 중기관리계획을 통한 체계적인 관리

행정안전부장관은 5년 단위로 책임운영기관의 관리 및 운영전반 관한 기본 계획을 수립하고 동 계획에 따른 연도별 운영지침을 수립하여야 한다(동법 제3조의2 제1항, 제3항). 중기관리계획에는 ㉠ 제도운영의 기본방향에 관한 사항, ㉡ 기관의 설치 및 해제에 관한 사항, ㉢ 운영점검 및 제도의 개선에 관한 사항이 포함되어야 한다(동조 제2항).

(다) 심의회 및 운영위원회의 설치 · 운영

소속책임운영기관의 사업성과를 평가하고 운영에 관한 중요사항을 심의하기 위하여 중앙행정기관 장의 소속으로 '소속책임운영기관 운영심의회'를 설치 · 운영하며(동법 제12조) 책임운영기관의 존속여부 및 제도의 개선 등 중요사항을 심의하기 위해 행정안전부장관 소속으로 책임운영기관운영위원회를 둔다(동법 제49조).

(라) 특별회계의 적용

책임운영기관은 공익성 및 효율성을 향상시키고 재정의 경제성을 제고하기 위하여 운영된다. 따라서 기획재정부장관이 필요하다고 인정하는 경우에 행정안전부장관과 해당 중앙행정기관의 장과 협의하여 책임운영기관 특별회계 계정을 설치하여(동법 제27조, 제28조), 각 중앙행정기관이 운용하고 기획재정부장관이 통합 관리한다(동법 제29조).

(3) 책임운영제의 효과

지방자치행정에 책임운영기관을 도입 · 채택함으로써 다음과 같은 효과를 거둘 수 있다.[37]

첫째로, 정부기능 중 집행 및 서비스 기능을 정책 · 기획기능으로부터 분리하여 집행 및 서비스 기능의 효율성을 보다 더 높일 수 있게 된다.

둘째로, 공공부문에 시장경제원리를 도입하여 서비스의 질을 개선함과 동시에 결과에 대한 책임을 강화하게 된다.

셋째는, 행정을 종래의 과정중심에서 결과중심으로 전환하여 조직의 생산성을 높일 수 있게 된다.

---

37) 위의 책, pp. 898~899.

넷째는, 정부의 개혁을 기구 통・폐합, 인력감축 등 하드웨어 측면보다는 기능재편, 운영시스템개선, 정보의 공동활용 등 소프트웨어 측면의 개혁을 추진할 수 있게 된다.

3 주민자치센터[38)]

최근 우리의 지역사회는 급격히 변하고 있다. 시간과 공간에 대한 관념이 바뀌면서 주민의 생활은 가상공간과 사이버공간을 포함해서 재구성되고 있다. 이동성과 가상화의 증대는 정주감각을 무디게 하고 있다. 특히 주민들의 생산활동공간과 생활공간이 분리되면서 지역공동체의 기반인 사회적 동질성, 비이동성, 협동의 필요성이 줄어들었다. 그 결과 근린 레벨에서 조차 공동체라는 감각이 사라지면서 일체감을 가진 지역공동체가 와해되고 있다.[39)]

지역구성원인 주민의 정주성(定住性)이 약화되면 주민간의 연대감이 줄어들고, 그 결과 지방자치의 기반도 취약하게 된다. 주민(inhabitant)이란 '관습(habit) 속으로 들어가는(in) 사람'을 말하는 것이다. 주민의 정주성이 약화되면 공동체의식이 약화되고 지방자치의 도덕적 기반이 흔들려 자율이 어렵게 되는 것이다. 자율은 그 사회의 구성원들 간에 공동의 규범이 공유되고 있을 때 비로소 가능해지는 것이기 때문이다.[40)] 주민이 단순한 거주자(dweller)가 되어버리면 자치를 위한 자율은 힘들어지게 된다.

한편 우리 주민들은 지방자치제가 실시되면 주민들이 지방정치를 통제하고 지방행정도 주민들의 수중에서 관리될 수 있다고 생각했다. 그러나 주민들은 지방선거에 참여할 뿐, 지방정치나 자치행정에 대한 판단은 전적으로 블랙박스(black box) 속에 넣어져 있는 현실에 놓여 있다.

주민간의 연대감이 줄어들고 주민자치의 기회와 가능성이 희박해진 상황이 될수록 오히려 우리에게는 연대하며 책임을 지는 근린자치의 무대설정이 필요하다. 주

38) 읍・면・동사무소는 크게 두 가지 상이한 요청에 부응해야할 상황에 놓여있다. 첫째는 주민자치의 거점으로서의 역할이며, 둘째는 폭증한 복지수요에의 대응이 그것이다. 지방자치분권 및 지방행정체제 개편에 관한 특별법에서 주민자치회를 규정하고 시범사업을 실시하고 있는 것이 첫 번째 요청에 대한 대응이라면 기존의 주민자치센터를 행정복지센터로 전환하는 것이 두 번째 요청에 대한 대응이라고 할 수 있다. 다만, 여기서는 통일된 명칭을 사용할 수 없어 주민자치센터로 표현한다.

39) 강형기, 지역창생학(서울 : 생각의 나무, 2010), p. 17.

40) 강형기, 논어의 자치학(서울 : 비봉출판사, 2006), pp. 269~270.

민자치센터는 일상생활의 현장에서 주민이 주체로 참여하고 자주적으로 경영하는 공간이며 시스템이다.[41]

(1) 주민자치센터와 지역공동체의 관계

주민자치센터는 읍・면・동을 단위로 주민들이 지역적 연대감에 기초하여 지역의 문제를 공통의 문제로 인식하고, 손을 모아 함께 해결해 나가는 주민자치의 일선 전당이다. 그러나 주민들이 지역의 문제를 공동의 문제로 인식하고 협조하려면 기본적으로 지역성(locality)과 공동체의식(community sentiment)을 공유하고 있어야 한다. 여기에서 지역성이란 동일한 지역에 살고 있다는 사실이다. 그리고 공동체의식이란 동일한 지역에 살고 있는 것을 바탕으로 생성된 우리의식(we-feeling)과 역할의식(role-feeling) 및 의존의식(dependency-feeling)으로 구성되는 것이다. 이처럼 지역공동체는 그 토지 위에서 사회적 상호작용과 공통의 연대(common tie)를 통해서 구성되고 작동되는 것이다.[42]

그런데 하나의 지역공동체가 구체적으로 기능하기 위해서는 첫째, 동일지역에서 생활하고 있는 주민들의 모임(주민조직)이 형성되어야 한다. 둘째, 그러한 주민들의 생활상 무언가의 상호관련이 있어야 한다. 셋째, 생활상의 상호관련활동을 일정한 지역에서 완수하려 할 때 필요한 시설과 능력이 있어야 한다. 넷째, 구성원들 간에 합의 내지는 행동의 통일성을 이끌어 낼 가능성이 있어야 한다.

상기의 가능성을 도출하는 의식의 토대를 지역공동체의식이라고 한다면 그러한 지역공동체의식은 ① 주민간에 동일지역에 거주하고 있는 「이웃사촌」이라고 하는 공속의식, ② 상호협력해 나가는 중에 구성원 각자가 무엇을 해야 할 것인가를 자각하는 역할의식, ③ 서로가 협력하면서 잘 살아가려는 공존의식(의존의식)으로 이루어지는 것이다.

이렇게 볼 때 주민자치센터는 주민상호간에 신뢰를 증폭시키는 거점이며, 주민으로서의 주체성과 연대감을 구축해 나가는 터전이다. 또한 주민들이 지역에서의 생활을 근거로 하여 지역문제에 관심을 모으고, 살기 좋은 생활환경의 창조와 주민주체의 지방자치를 위한 참여의 터전이다. 이처럼 주민자치센터는 주민으로서의

41) 주민자치센터는 민선자치제 실시이후 주민자치의 제도화를 위해 1999년부터 읍・면・동 행정기능 축소와 연계해 설치되었다. 1단계(1999~2000)로 동(洞)기능전환을 추진하였고 2단계(2000~2001)로 읍・면・동 기능전환을 추진하였다.

42) 강형기, “커뮤니티센터의 기능과 운영체제”, 사회과학연구 제15권 제1호(충북대학교 사회과학연구소, 1998), pp. 61~63.

자주성과 책임성을 배양해 나가는 교두보가 되어야 하는 것이다.

(2) 주민자치센터의 기능과 시설

주민자치센터에서 수행할 기능이 주민들의 순수한 공동체 활동으로 국한할 것인가, 아니면 부분적으로 행정적 기능도 병행하게 할 것인가에 따라서 그 시설구비가 달라져야 한다. 이러한 성격규정은 주민자치센터의 운영형태와 주민참여 및 행정관여의 폭을 결정하게 되는 사항이기도 하다.

우리나라에서 주민자치센터는 그 시작이 순수한 주민자치나 커뮤니티의 이념을 실천하려는 것이 아니라, 읍・면・동사무소의 기능전환과 공무원 수의 감축을 도모하려는 발상에서 비롯한 것이었다. 우리나라보다 먼저 주민자치센터를 설치하여 운영하고 있는 일본의 경우를 보면 그 형태가 「행정서비스병설형」과 「순수커뮤니티기능형」으로 대별할 수 있다. 그러나 현재 우리나라의 주민자치센터는, 종래의 읍・면・동사무소를 「주민센터」로 존치시키면서, 별도의 주민자치센터를 설치・운영하고 있어서, 순수커뮤니티기능형이라고 할 수 있다.

주민자치센터의 시설은 그 기능이 설정됨으로써 결정될 수 있는 문제이며, 동시에 그 기능은 시설에 의하여 제한을 받게된다. 그런데 주민자치센터에서의 활동내용과 기능은 일률적으로 설정하기 보다는 지역별 특성에 따라서 결정해야 한다. 지역공동체운동의 기본원칙이기도 한 「자주기획, 자주참여, 자주운영」의 원칙에 입각하여 참여할 주민이 기능을 설정하고 시설을 결정해야 한다. 예컨데, 공부방을 우선적으로 마련하는 곳이 있다면, 요리강습을 할 수 있는 공간을 우선적으로 배치하는 센터가 있을 수 있다. 그러나 지역공동체의 사랑방이라는 측면에서 볼 때, 일반적으로 다음과 같은 기능을 생각할 수 있다.

- ○ 생활환경개선 : 청소, 해충제거, 녹화운동, 공해대책운동, 환경보호
- ○ 사회복지활동 : 독거노인방문, 자원봉사활동
- ○ 소비자운동 : 물물교환, 일용품의 공동구입
- ○ 생활안전의 확보 : 교통안전운동, 의용소방대, 자율방범활동
- ○ 문화활동 : 요리교실, 취미활동, 학습활동
- ○ 스포츠・레크레이션활동 : 스포츠동호회 활동, 체력단련
- ○ 축제 등의 행사 개최
- ○ 각종의 단체활동 : 청년회, 부녀회, 노인회 활동

○ 기타의 인보활동 및 주민참여활동

주민자치센터에는 다음과 같은 시설들을 구비하는 것이 필요하다.

○ 집회시설 : 회의실, 강의실
○ 운동・오락시설 : 에어로빅코트, 체력단련장, 농구코트, 배구코트, (테니스코트, 실내체육관) 등.
○ 노인・아동시설 : 어린이 놀이터, 탁아소, 유치원, 노인정, (재활의료시설) 등.
○ 환경보전시설 : 화장실, 방화시설, 방범 등.
소공원, 광장, (도시공원) 등.
○ 사회교육시설 : 미니도서관, 청소년상담실, 홍보게시판, 멀티미디어실, 취미활동교실, (건강상담실) 등.
○ 쓰레기 수집시설 : 재활용 쓰레기 분리함, 깡통압축기 등.
○ 기타 인보시설 : 장의 시설, 소연회 시설 등.
○ 행정실

(3) 주민자치센터의 운영

주민자치센터의 운영을 위해 15~25명으로 구성된 주민자치위원회를 구성하고 있다. 주민자치위원회가 지역의 주민을 대표하고 대변하려면 주민에 의한 선출 또는 그 대표성을 확보해야 한다. 따라서 도시의 경우 통별(統別)로, 농촌의 경우 리별(里別)로 선출하는 방법이 있을 수 있다. 그리고 기존의 이장과 통장 및 노인회, 부녀회, 청년회 등의 대표를 주민자치위원으로 임명하는 것도 생각할 수 있으며, 방범위원회 등 기존 조직 대표자의 참여도 고려할 필요가 있다. 그러나 주민자치 관점에서 볼 때, 그 선출 방법도 일률적으로 정할 것이 아니라 지방자치단체마다 조례로 정할 필요가 있다.

주민자치센터운영의 기본원칙이 주민에 의한 「자주참여, 자주기획, 자주운영」이라고 한다면, 주민자치센터 운영에 지방자치단체는 「지원은 하되, 간섭은 하지 않는다」는 원칙을 지켜야 한다. 그러나 공무원이 주민자치센터의 운영에 개입하려는 경향이 나타날 수 있다. 물론 정보를 제공하는 등의 지원은 필요하지만, 그 주역은 주민의 활동 그 자체이어야 한다는 원칙을 침범해서는 안된다.

주민자치센터를 주민이 자주적으로 운영해야 할 근거와 이유는 다음 같이 정리할 수 있다.

첫째, 주민자치센터는 주민의, 주민에 의한, 주민을 위한 시설로서, 당해지역의 주민이 책임지고 자유롭게 운영해야 한다.

둘째, 주민자치센터는 주민자신이 근린감각을 체득하면서 그리고 장기에 걸친 자치활동의 과정에서 참여와 자율의 정신을 함양하는 터전이다. 따라서 행정이 제도적으로 강제할 성격의 것이 아니다.

셋째, 주민의식은 지역의 특성, 주민교류의 기회 등에 의하여 생성되는 것이다. 따라서 주민자치센터는 개방적인 공간을 지향하는 곳이어야 하며 행정에 좌우되는 폐쇄적인 공간이 되어서는 안된다.

넷째, 주민자치센터는 인보활동과 봉사활동 및 주민의 자조적 참여활동을 위한 거점이다. 그리고 상향적 참여를 위한 교두보로서의 기능을 수행하는 공간이며 시스템이다. 따라서 주민자치센터는 주민의 주도하에 운영되어 주민의 총의를 결집할 수 있어야 하고, 또한 상향적 주민참여의 출발점이 되어야 한다.

4 행정서비스 헌장

최근에 주민에 대한 행정서비스의 향상을 위하여 각종의 행정서비스 헌장을 제정・시행하는 경향이 높아가고 있다. 행정서비스 헌장(adminstrative service charter)이란 행정기관이 제공하는 서비스 중 주민생활과 밀접히 관련된 서비스를 선정하여 그 서비스의 이행기준과 내용, 이를 제공받을 수 있는 절차와 방법, 잘못된 서비스에 대한 시정 및 보상조치 등을 구체적으로 정하여 공표하고, 이의 실현을 주민에게 약속하는 문서를 말한다.

이러한 행정서비스 헌장은 종래의 공급자 중심의 행정서비스를 수요자 중심의 행정서비스로 전환하여, 서비스의 수요자이며 행정의 고객인 주민에게 보다 수준 높은 행정서비스를 제공하도록 행정기관에게 의무를 부과하고, 주민에게 그러한 서비스를 누릴 권리를 보장하여, 대민행정의 획기적인 발전을 도모하는 계약서라고 할 수 있다.

헌장제도는 1991년에 영국에서 행정개혁의 일환으로서 시민헌장(citizen's charter) 백서를 발간하고 시민헌장 제정을 추진한 결과, 국가 수준에서 승객헌장, 환자헌장, 학부모헌장 등 많은 헌장을 제정하고, 지방자치단체에서 시민헌장을 제정한 것이 그 전형이었다.[43]

그 후 각국에서 시민헌장 제도가 채택되었으며, 우리나라에서도 1998년에 도입하여 각 중앙행정기관 및 지방자치단체에서 소방서비스, 우편서비스, 경찰서비스, 철도고객서비스 등에 헌장을 제정·시행하고 있다.[44)]

(1) 행정서비스 헌장의 제정

지방자치단체와 법령에 의하여 행정권한을 가지고 있거나 위임 또는 위탁받은 법인·단체 및 그 기관은 그 업무의 성격이나 고객의 특성에 따라 부서별·업무분야별로 헌장을 제정할 수 있다. 헌장을 제정하거나 개선한 때에는 이를 주민이 충분히 알 수 있도록 관보 등에 게재·게시하여야 한다.

헌장을 제정·개선할 때에는 다음과 같은 원칙을 반영하여야 한다.

① 서비스는 고객의 입장과 편의를 최우선으로 고려한 것일 것.
② 제공되는 서비스 내용을 고객이 알 수 있도록 구체적으로 명시할 것.
③ 행정기관이 제공할 수 있는 최고수준의 서비스를 제시할 것.
④ 소요되는 비용과 고객의 편익이 조화된 서비스 기준을 설정할 것.
⑤ 잘못 제공된 서비스에 대한 시정 및 보상조치를 명확히 할 것.
⑥ 서비스에 대한 고객 반응과 근무자 의견에 따라 서비스를 개선할 것.

---

43) 총무처 직무분석기획단, 신정부혁신론(서울 : 1997), pp. 317~320.

44) 우리나라 '철도고객서비스헌장의 예를 보면 다음과 같다'(라휘문, 행정서비스 헌장, 한국지방행정연구원, 1999, pp. 4~8).

철도고객 서비스헌장

우리는 고객중심 경영의 목표 아래 우리의 정성과 혼을 담아서 고객 여러분을 친절하고 편안히 모실 것을 약속드립니다.

항 목	여행표준	항 목	여행표준
1. 정시성	여객열차의 95% 이상을 정해진 시간보다 10분 이상 지연되지 않도록 운행	5. 장애인 도우미제	휠체어 사용 장애인 고객이 1시간 전에 승차역에 통보하여 주면 도와 드림
2. 신뢰성	정기열차의 100%운행	6. 좌석중복시 보상	운임·요금전액을 돌려드림
3. 전화안내 및 예약	24시간 운행	7. 열차지연시 보상	50분 이상 지연시 약정된 금액을 돌려드림
4. 매표 대기시간	혼잡시간대를 제외하고 7분 이내	8. 결과 공표	이행상태를 분기별로 공표

(2) 행정서비스 헌장의 이행

행정서비스 헌장은 그것을 실제로 이행하는 데에 의의가 있는 것이다. 따라서 헌장에는 그 이행을 담보하는 다음과 같은 조치가 반드시 뒤따라야 한다.

첫째로, 헌장의 이행을 담보하는 가장 확실한 방법은 헌장을 조례로 제정하는 것이다.

둘째로, 헌장의 이행에 현저한 공로가 있는 부서 및 공무원에게 표창함으로써 그 이행의 인센티브를 부여하여야 한다.

셋째로, 서비스 고객의 의견 및 요구사항을 널리 수렴하고 근무자의 의견 및 애로사항을 계속 경청하여 이를 서비스의 개선에 항시 반영하여야 한다.

넷째로, 행정서비스가 잘못 제공되었거나 지연되었을 때에 주민은 그 시정 및 구제를 청구를 하여 그 피해를 보상받아야 한다.

다섯째로, 헌장의 제정 및 개선현황, 서비스 기준 설정현황, 서비스 결과의 확인 및 그 평가결과, 우수 부서 및 공무원 등에 관한 백서를 발간하여야 한다.

5 행정의 품질관리

한 사회가 생산적이려면 무엇보다도 먼저 그 사회의 행정부터 생산적이어야 한다. 마찬가지로 지방자치단체가 지역을 활성화시키기 위해서는 자치행정 그 자체가 먼저 생산적이고 활성화되어야 한다. 그러나 현실적으로 공공행정은 전례답습과 할거주의라는 모습에서 탈피하기 어렵고, 상하간 그리고 횡단적인 의사소통이 잘되지 못하는 한계를 노정하고 있다.

이러한 상황에서 도입된 행정혁신 기법의 하나가 행정의 품질관리운동이다.[45)] 행정의 품질관리운동은 변화와 혁신의 필요성을 공무원 스스로가 공감하고 공유하게 함으로써, 공무원이 가지고 있는 잠재능력을 최대한 발휘하게 하려는 것이다.[46)]

---

45) 충청북도에서는 민선단체장이 출현하기 이전인 1994년에 행정품질 개선운동을 전개하여 우리나라 지방자치단체 행정품질관리의 선구자 역할을 하였다. 그러나 민선지사 선임 6개월 전에 부임한 도지사가 취임당일 폐지선언을 하여 중단된 바 있다.
한편, 서울시 강동구에서도 민선자치 출범과 함께 1997년부터 행정품질관리연구팀을 구성하여 행정품질관리 성공사례, 벤치마킹 등을 연구하고, 27개 행정품질관리팀(구청 21팀, 동사무소 6팀)을 구성하여 행정품질관리를 시범 시행한 사례가 있다.

46) 강형기, "자치행정의 품질관리제도", 한국행정학보, 제28권 3호(1994), p. 1070.

품질관리활동은 그것이 문제해결을 추구하는 것이란 점에서 그 적용을 지방자치단체의 전부분에 걸쳐서 모든 대상영역으로 확대하여 적용할 수도 있고, 특정부분에만 소집단운동으로 적용할 수도 있다. 품질관리서어클이 전조직적인 규모로 확대되어, 참여멤버가 전원 또는 일정비율을 넘어서게된 것을 전조직적 품질관리운동(TQC: Total Quality Control)이라고 한다.47)

다음의 [그림 8-4]는 TQC의 의미를 정리한 것이다.48)

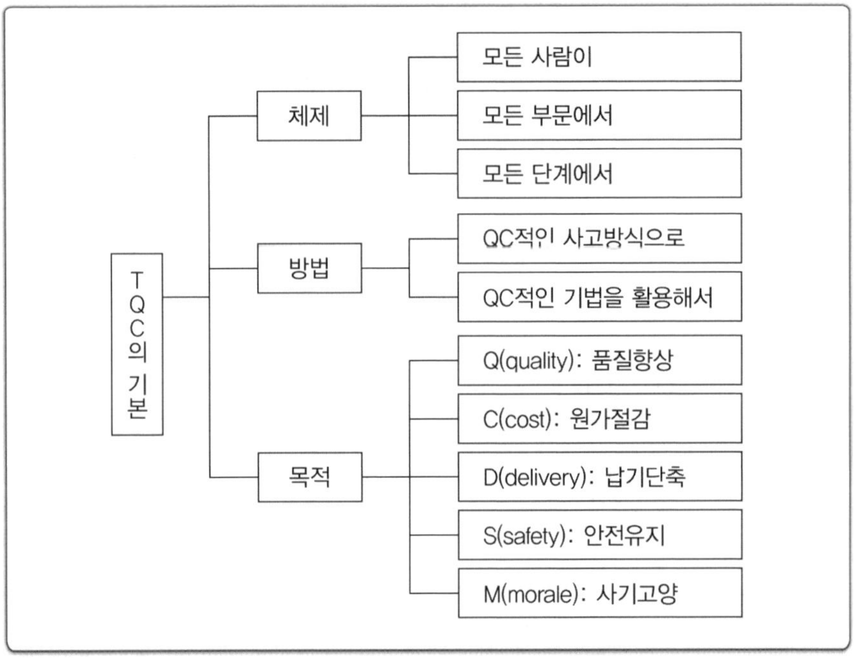

[그림 8-4 TQC의 개념체계]

(1) 생산품질관리와 행정품질관리

행정의 품질관리란 민간기업이 공장에서 생산하는 제품뿐만 아니라 서비스와 사업·사무의 질을 관리하는 것도 하나의 품질관리로 인식하고 그 개선을 위한 활동을 행정에 도입한 것이다. 즉, 지방자치행정에 있어서의 품질관리활동이란 지방자

47) TQC라는 용어는 1961년에 A.V.Feigenbaum이 처음 사용한 말이다.

48) 강형기, 앞의 논문, p. 1082.

치단체가 수행하는 각종의 서비스와 사무가 능률·비용·안전·사기·도덕성·환경 등의 측면에서 무리·무지·무용에 의해서 초래되는 각종의 비합리성을 소집단운동을 통하여 구성원 스스로가 인식하여 자발적으로 해결해야 나가려는 활동을 의미한다.[49]

이렇게 볼 때, 지방자치행정에서 전개하는 품질관리운동은 첫째, 관례주의에서의 탈피, 비용의식과 문제의식의 양성, 창조력의 개발 등을 도모함으로써 직원의 능력향상과 의식개혁을 도모하려는 것이다. 둘째, 각종 시책의 재편과 사무개선 그리고 사무의 합리화를 추구하여 행정능률을 향상시키려는 것이다.

이러한 행정품질관리활동의 관계사항을 정리한 것이 [그림 8-5]이다.

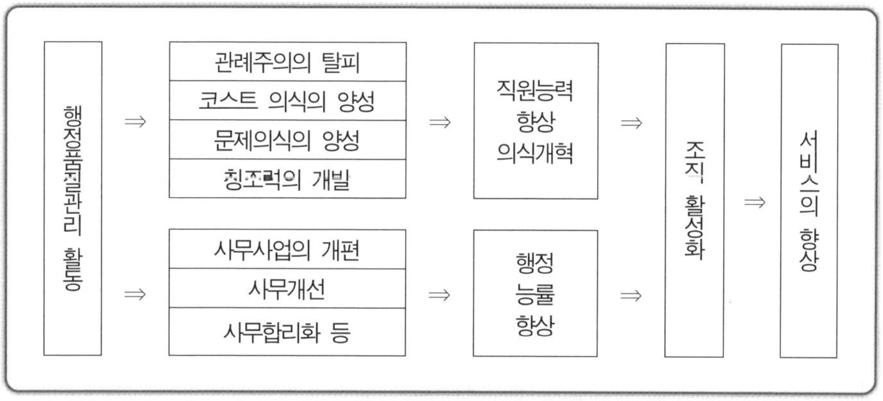

[그림 8-5 행정품질관리의 활동]

(2) 행정품질관리의 특징

행정의 품질관리운동은 〈표 8-3〉에서 보는 바와 같이 여러 가지 면에서 전통적인 행정관리와 다르다.

49) 위의 논문, p. 1069.

〈표 8-3〉 행정관리와 행정품질관리 비교

구 분	전통적 행정관리	행정품질관리
과오·낭비	기준 미초과 과오·낭비 허용	과오·낭비 불허
품질통제	사후적 통제	예방적 통제
의사결정	경험과 직감에 의한 결정	통계자료와 과학절차에 의한 결정
조직관리	개별적 개선	팀 웍
조직구조	수직적·집권적 구조	수평적·분권적 구조
고객요구측정	전문가들이 규정	고객이 실제적 규정

자료 : D. K. Carr and L. D. Limittman, *Excellence in Government: Total Quality Management in the 1990s*(Alington, : Coper & Lybrand,1990), p. 11 ; 제주도연구단, 행정품질관리 정착을 통한 혁신적 행정문화 구축(국가전문행정연수원, 1999), pp. 552~554.

(3) 품질관리활동의 절차

지방자치단체에 품질관리운동을 실천할 때의 관리란 PDCA(Plan → Do → Check → Action)의 4단계를 반복하는 「관리사이클의 순환」을 도모하는 것이다. 그러한 품질관리활동의 구체적인 절차는 다음과 같다.[50)]

① **서어클의 편성과 리더의 선정** : 품질관리활동은 7~8명, 많아도 10명 이내의 직원이 서어클을 편성하는 것으로서 시작된다. QC활동을 소집단운동이라고 하는 이유가 여기에 있다.

② **토론모임 등의 회의** : 품질관리활동을 위한 모임을 개최한다.

③ **테마의 선정** : 테마의 선정은 해결해야 할 문제점을 찾아내는 작업에서 시작한다.

④ **현상파악** : 현상파악을 위해서는 무엇보다도 객관적인 자료와 사실에 기초한 판단이 중요하다.

⑤ **원인분석** : 제시된 현상의 문제점은 어떤 원인에 의하여 발생하고 있는지를 분석한다.

⑥ **대책수립** : 대책에는 그것이 응급대책인지 항구적 대책인지를 분명히 해야 하며, 대책실현의 방법과 실천계획이 동시에 제시되어야 한다.

⑦ **효과의 확인** : 대책을 실시한 경우, 일정기간이 지나면 반드시 그 성과를 검토해야 한다.

50) 위의 논문, pp. 1078~1080.

⑧ **재발방지** : 대책을 실시하여 그 효과가 나타난 것도 다시 문제가 재발할 수 있다. 따라서 재발방지를 위하여 관련부문과 연대를 도모하고, 관리의 정착화·평준화를 도모한다.

⑨ **반성과 환류** : 하나의 테마나 문제가 해결되어도 품질관리운동은 그것으로 종료되는 것이 아니다. 활동의 방식, 팀워크, 활동방법 등이 제대로 이루어졌는지를 전원이 참여하여 검토하고 그 교훈을 다음 활동에 반영한다.

⑩ **발표와 표창** : 활동의 결과발표는 상호개발과 지혜의 공유를 도모한다는 점에서 중요한 기능을 수행한다.

제3절 행정정보공개

I 행정정보공개의 의의

1 지방자치와 행정정보공개

지방자치단체의 경영과 지역발전을 주민과의 공동작품으로 꾸려가기 위해서는 행정정보를 공개함과 아울러 주민이 필요로 하는 정보를 적극 제공해야 한다. 지방자치에 있어서 정보공개가 중요한 것은 행정의 비밀주의에 의하여 싹트는 부정·부패를 방지하려는 소극적인 필요성 때문만은 아니다. 지방자치행정에 주민이 참여하게 하려면 정보를 제공해야 하고, 주민이 협조하게 하려면 정보를 공유해야 한다. 민주적인 정부에게는 설명책임이 있다. 열심히 일하는 것이 전부가 아니다. 그 일에 왜 열심히 일해야 하는지를 설명하고 납득시킬 의무도 있다. 정보공개는 그러한 자세를 취하는 출발점인 것이다.[51)]

오늘날 행정정보공개는 민주주의와 지방자치의 발전 및 정보사회와 시민사회의 대두에 따라 그 공개의 요청이 나날이 절실해지고 있다. 따라서 세계 각국에서 이를 적극 채택·확대해 가는 경향을 보이고 있다[52)]. 그러나 행정정보의 공개가 지

51) 강형기, “지방자치를 위한 행정정보의 공개”, 충북대학교 논문집 제30집(1985), pp. 301~312.

방자치단체의 수준에서 먼저 시도되고, 국가 수준에서의 시도는 그 뒤를 따라가는 상황이다.

우리나라도 행정정보의 공개가 지방자치단체의 조례에서 먼저 채택되고, 국가 수준에서의 행정정보 공개는 그 뒤를 따랐다. 즉, 1991년에 청주시가 행정정보공개 조례를 국가입법의 미비 속에서 제정하여, 그것의 위법성 논란을 불러일으키고 제소되었다. 그러나 대법원으로부터 "전국적 통일을 요하는 사무가 아닌 지역적 사무에 관하여는 국가의 입법미비가 지방자치단체의 자주적인 조례제정을 방해할 수 없다"는 판결(1992. 6. 23.)을 받아냄으로써 그 합법성을 법원에 의하여 인정받았다. 이에 따라 전국의 거의 모든 지방자치단체에서 행정정보공개제도를 그 조례에서 채택하는 현상이 나타났다.[53)]

이와 같은 지방자치단체의 행정정보공개조례의 채택 현상을 지켜본 후에, 국가가 1996년에 '공공기관의 정보공개에 관한 법률'과 '행정절차법'을 제정하여 1998년부터 그 시행을 하게 되었다. 동 법률이 제정·시행된 이후 보다 사전적·적극적 정보공개를 위하여 2004년에는 사전공표제 도입과 함께 정보공개처리기간을 15일에서 10일로 단축하였으며, 2006년에는 비공개대상정보의 세부기준 수립 및 정보공개원스톱(one-stop)서비스체제를 구축하였다. 2011년에는 '사전 정보공개 활성화' 등을 주요내용으로 하는 동법 시행령을 개정하였으며, 2013년에는 '원문공개원칙(중앙-시·도-시·군·구-교육청-학교-공사·공단)'을 정하여 단계별로 추진하는 등 국민의 알권리를 충족하고 행정의 투명성을 높일 수 있도록 정보공개체제 운영상의 미비점을 보완함으로써 정보공개율이 95%를 넘어서게 되었다.[54)]

또한 2013년에 '공공데이터의 제공 및 이용 활성화에 관한 법률'을 제정하였다.

---

52) 本田 弘, 情報公開制度論(東京：北樹出版, 1988), p. 8；久禮義一, 現代地方自治論(東京：啓文社, 1989), pp. 1~37；松下圭一, "市民・情報・行政", 日本行政學會(編), 行政と情報(東京：ぎょうせい, 1981), p. 1.

53) 姜瑩基, "韓國淸州市の 行政情報公開條例", 情報公開・個人情報保護(東京 ：ジュリスト, 1994), pp. 183~188.

54) 행정정보공개 청구·처리상황

구분	정보공개청구건수			2014년 청구건수(기관별)비율				공개유무(381,496건)		
	1998	2009	2014	중앙부처	자치단체	공공기관	교육기관	전부공개	부분공개	비공개
건수	26,338건	398,163건	612,856건	23%	62%	12%	3%	86%	10%	4%

* 2014년의 경우 공개청구건수 중 231,360건(38.0%)은 정보부존재, 취하 또는 민원으로 처리
* 정보공개율 추이: 2007년(90.8%)-2009년(91.4%)-2013·2014(95%)
자료: 행정자치부, 2014정보공개연차보고서

이에 따라 정부 3.0추진계획을 수립하고, 추진체계를 정립하여, 민원인을 위한 생활정보안내, 각급 행정기관이 보유하고 있는 정보를 공유·연계하고, 그 지원체계를 강화시키고자 하였다.

2021년 지방자치법 전부개정에 제26조로서 정보공개 일반규정을 신설하였다. 주민의 알권리를 보장하고 지방의회 및 사무운영에 투명성을 제고해 궁극적으로 주민들의 정보접근성을 높이고 주민에 의한 견제와 통제의 기능을 강화하고자 하였다.

2 행정정보공개의 시각

행정정보공개에 대한 시각은 이를 크게 규범적 시각과 실천적 시각으로 나눌 수 있다.[55]

(가) 규범적 시각(당위성)

행정정보공개는 헌법이 보장하고 있는 기본적 권리에 포함되어 있는 국민의 알권리의 실현이라는 규범적인 접근을 필요로 하고 있다. 세계인권선언에서 인간의 표현의 자유와 정보구득의 권리를 선언하고 있고, 각국의 헌법도 국민의 이러한 '알 권리'를 보장하고 있다. 알 권리는 인간의 인격형성의 기본적 전제이며, 국민의 행복추구의 중요한 내용이다. 이러한 행정정보공개에 대한 규범적인 접근이 법학자들을 중심으로 추진되어 오고 있다.

(나) 실천적 시각(필요성)

행정정보의 공개에 관한 규범적 접근이 추상성을 면치 못하기 때문에, 보다 실천적인 접근을 필요로 한다.

행정정보공개의 실천적 접근에는 다음과 같은 사항이 중요하다.

첫째로, 행정정보의 공개를 요구하는 주민의 권리를 보호한다.

둘째로, 정보 없이는 참여가 있을 수 없는 것이므로 정보의 공개를 통하여 주민의 행정참여의 길을 확대한다.

셋째로, 행정정보의 공개를 통하여 행정처리의 공정·합법성을 확인하는 주민의

55) 한국지방행정연구원, 지방자치단체의 행정정보공개에 관한 연구(서울 : 1991), pp. 1~5.

통제력을 강화한다.

넷째로, 정보공개를 법적 의무나 강제된 행위가 아닌 자발적인 정보제공으로 향상시킨다.

다섯째로, 정보공개에 의한 자치운용의 투명성 제고로 주민의 신뢰성을 향상시킨다.

3 행정정보공개의 개념체계

행정정보공개는 가장 좁은 의미에서부터 가장 넓은 의미에 이르기까지 그 개념의 외연이 다양하다.

첫째로, 행정정보공개를 좁은 의미로 볼 때에는 정부 등 공공기관에서 보유하고 있는 정보를 주민이나 그 정보의 이해관계인의 청구에 의하여 공개하는 행위를 말한다. 이는 법적의무로서 행하여지는 정보공개, 즉 일반적인 정보공개청구제도이다.

둘째로, 행정정보공개를 중간적 의미로 볼 때에는 정부 등 공공기관이 그가 보유하고 있는 정보를 의무적으로 주민 등 외부인에게 제공하는 행위를 말한다. 즉, 공표제도(예: 공고, 공표, 고시 등)를 포함하는 개념이다.

셋째로, 행정정보공개(information disclosure)를 넓은 의미로 볼 때에는 "정부 등 공공기관이 보유하고 있는 정보를 주민 등 외부인에게 제공하는 일체의 행위"를 말한다.[56)]

이러한 의미의 행정정보공개에는 ㉠ 주민의 청구에 의한 공개행위(청구 공개), ㉡ 행정절차에 의한 공표행위(정보 공표), ㉢ 행정기관의 자발적 공개행위(정보 제공)가 모두 포함된다. 즉 법적의무로서 정보공개가 아니라 정부가 자발적으로 국민에게 정보를 제공해주는 것으로 행정홍보(PR)가 이에 해당한다.

이상의 행정정보공개의 개념체계를 그림으로 정리하여 보면 [그림 8-6]과 같다.

56) 하미승, 행정정보체계론(서울 : 법문사, 1996), pp. 635~639.

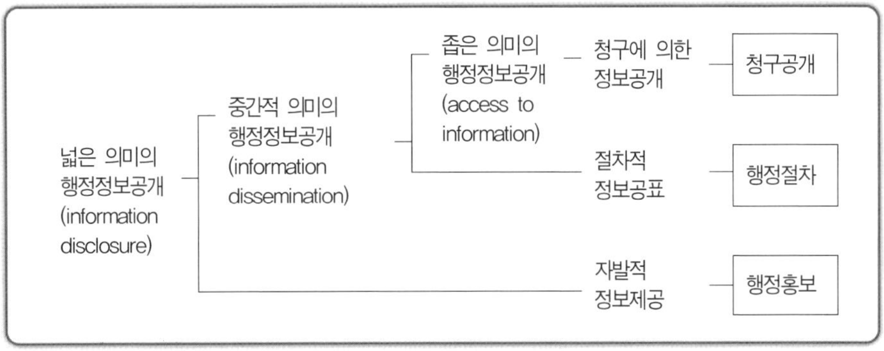

[그림 8-6 행정정보공개 개념체계]

Ⅱ 청구에 의한 정보공개(청구공개)

주민의 청구에 의한 행정정보공개(access to local government information)는 정부 등 공공기관이 보유하는 정보를 주민이나 그 정보의 이해관계인의 청구에 의하여 공개하는 것을 말한다. 이는 헌법이 보장하는 '알 권리'를 구체화한 제도로서, 주민이나 이해관계인에게 정보공개를 청구할 권리를 부여함과 동시에, 정부 등 공공기관에게 그 공개의 의무를 부과함으로써 성립한다.

이러한 청구에 의한 정보공개는 공공기관의 자발적 공개가 아니라 법적 의무에 의한 공개이고, 더구나 주민이나 이해관계인의 청구에 따라 공개하는 것이기 때문에 가장 소극적인 공개이다.

청구에 의한 공개는 법제도의 정립을 전제로 하여서만 이루어질 수 있는 것인데, 그 법제도의 정립이 우리나라의 경우 각 지방자치단체의 행정정보공개조례 및 국가의 공공기관의 정보공개에 관한 법률의 제정이 뒤늦게(1996년) 이루어졌기 때문에, 최근에야 보편화되고 있는 정보공개이다.

앞에서 본 바와 같이 행정정보공개를 좁은 의미로 볼 때에는 바로 이러한 청구공개를 의미하며, 따라서 행정정보공개의 논의에서는 바로 이러한 청구공개가 그 중심이 된다.

1 청구공개의 필요성과 한계

주민의 청구에 의한 행정정보공개는 다음과 같은 필요성과 동시에 한계를 지니고 있다.[57)]

(1) 청구공개의 필요성

첫째로, 주민의 자치운영 참여를 촉진하고, 자치행정에 대한 이해와 협력을 조장하여 행정과 주민의 협력 관계를 증진한다.

둘째로, 부패와 비리를 방지하고 정책형성과 정책결정의 합리성을 증진하며 정책집행의 과정을 감시・통제함으로써 행정의 책임성을 제고한다.

셋째로, 권위주의적 행정풍토를 쇄신하고 비밀주의의 폐습을 불식하여 행정개혁을 실현하고, 궁극적으로 간접민주제를 보완한다.

넷째로, 정부 등 공공기관이 보유하고 있는 방대한 정보를 주민의 생활이나 활동에 유효하게 활용하게 함으로써 주민의 개인적 발전과 지역사회의 경제・문화수준의 향상에 기여할 수 있다.

(2) 청구공개의 한계

첫째로, 개인정보(privacy) 또는 기밀사항을 침해할 가능성에 대비해야 한다.

둘째로, 공개청구 민원이 증가할 경우 행정부담이 증가하고, 경우에 따라서는 업무정체가 초래될 수 있다.

셋째로, 후일에 논란이 될 소지가 있거나 정치적으로 민감한 정보의 작성을 기피하거나 왜곡 작성할 우려가 있다.

넷째로, 공무원들의 소극적인 업무추진 자세를 조성할 우려가 있다.

2 청구공개의 대상정보 범위

청구에 의한 정보공개에 있어서 그 대상이 되는 정보는 원칙적으로 정부 등 공

57) 한국행정연구원, 행정정보공개제도에 관한 연구(서울 : 1992), pp. 23~27.

공기관이 보유·관리하고 있는 모든 정보이다. 그러나 정부 등 공공기관이 보유·관리하고 있는 정보 중에는 공개되어서는 안 되는 것도 많이 있으므로, 그 한계를 명백히 하여야 한다.

(1) 공개대상 정보

공개의 대상정보에 공공기관에서 작성·취득한 문서(전자문서를 포함)·도면·사진·필름·테이프·슬라이드 및 그 밖에 이에 준하는 매체 등에 기록된 사항을 말한다.

기관위임사무에 관한 정보도 공개대상에 포함시키느냐가 문제인데, 어느 법령이나 조례에서도 이를 명시하고 있지 않다. 대법원은 청주시의 행정정보공개 조례에 대한 판결에서 "국가위임사무가 아닌 자치사무에 관한 정보를 공개대상으로 하고 있다"고 해석하여, 기관위임사무를 제외한 행정정보공개를 용인한다는 판시를 하고 있다.

그러나 일본의 경우 과거 기관위임사무가 존지하던 시설에, 기관위임사무는 국가위임사무이지만 그 관리주체는 지방자치단체라는 관점에서 기관위임사무도 공개대상으로 포함한 사례를 참고할 필요가 있다.

(2) 공개적용 제외사항

행정정보공개의 제외사항에는 대체로 다음과 같은 것이 포함된다(공공기관의 정보공개에 관한 법률 제9조).

① 법령에 의해 비밀 또는 비공개로 되어 있는 사항
② 국가안보·국방·통일·외교 정책상 비밀을 유지하도록 정해진 사항
③ 공개될 경우 국민의 생명·신체·재산 보호에 지장을 초래할 우려가 있는 사항
④ 진행 중인 재판 등에 관련된 사항
⑤ 감사·검사·시험·입찰·내부검토·결정과정 사항
⑥ 개인 사생활에 관한 사항
⑦ 법인 등의 기업비밀에 관한 사항
⑧ 공개될 경우 매점매석·투기 등으로 공정한 집행에 지장을 초래할 우려가 있는 사항

그러나 이상과 같은 공개 제외사항의 행정정보라 하더라도 일정한 기간의 경과에 따라 비공개사유가 없어졌을 때에는 이를 공개하도록 하여야 한다(동법 동조 제2항).

3 청구공개의 방법

(1) 청구공개의 처리기본절차

청구에 의한 정보공개의 처리기본절차는 ㉠ 청구인이 정보공개청구서를 작성제출(직접제출, 우편, 팩스, 정보통신망 또는 구술(口述)도 가능)하면(공공기관의 정보공개에 관한 법률 제10조, 동법시행령 제6조 제1항) ㉡ 공공기관은 청구를 받은 날로부터 '10일' 이내에 공개여부를 결정(부득이한 경우는 10일 범위 내에서 연장가능)하여 청구인에게 통지한다(동법 제11조, 제13조).

(2) 공개 대상물에 따른 방법

청구에 의한 정보공개의 방법은 공개대상물에 따라 다르다. 미디어의 발달로 정보기록 매체가 다양해지고 있어 그 공개의 방법도 다양해지고 있다(동법 시행령 제14조).

① 문서 등 종이를 매개로 하는 정보의 경우 : 열람 또는 사본교부.
② 영화필름, 비디오테이프, 녹음테이프, 슬라이드 등의 경우 : 시・청취.
③ 자기테이프, 자기디스크, 광디스크 수록 정보 등의 경우 : 열람, 청취
④ 전자적형태의 경우 : 복제, 열람

(3) 부분공개와 한시공개

청구된 정보의 내용 중에 비공개대상 정보가 포함되어 있을 때에는 공개가 가능사항의 부분만을 분리하여 공개하며, 기술적으로 전부를 동시에 공개할 수 없는 때에는 부분적으로 또는 여러 차례 분리하여 공개할 수 있다(동법 제13조 제3항, 제14조).

청구된 정보 중에 일정 시점 이후에야 공개할 수 있는 정보(예: 시험・평가 정보 등)가 있는 경우에는 그때를 기다려 공개가 가능하게 된다.

4 청구공개의 구제절차

정보공개청구에 대한 부당한 거부처분(비공개, 부분공개 등)에 대하여 불복하는 경우에 그 구제절차가 필요하다.

정보공개청구의 불복절차로서는 ㉠ 일반적인 행정심판절차(이의신청 → 행정심판→ 행정소송)를 이용하게 하는 방법(공공기관의 정보공개에 관한 법률 제18조~제21조)과, ㉡ 지방자치단체의 부속기관으로서 제3의 심의기관을 설치하는 방법, ㉢ 옴부즈만(ombudsman)의 유사제도로서 독립적 시정조치기관을 두는 방법이 있는데, 일반적으로 ㉡의 방법을 택하고 있다. ㉡의 경우에도 그 심의기관 자신이 그 결정사항을 청구인에게 직접 통보하는 경우도 있다.

Ⅲ 절차적 정보공표(행정절차)

행정정보의 청구공개와 밀접한 관련이 있는 것이 절차적 정보공표이다. 그러나 청구공개가 청구인의 청구에 의하여 공개하는 데 비하여, 정보공표는 직접 법률의 규정에 의하여 공개하는 점에서 다르다. 이러한 정보공표는 행정절차상의 기본행위이기 때문에 이는 '행정절차'의 문제가 된다.

행정절차(administrative procedure)는 일정한 행정행위(행정처분이나 행정입법 또는 행정계획 등)를 행(확정)함에 있어서 그 이해관계인을 보호하기 위하여 사전에 통지・의견제출・청문・공청회 등 의견표시의 기회를 거치는 절차를 말한다.[58] 이 경우 정보공개의 상대방은 그 행정행위의 이해관계인이다.

행정절차는 일찍이 영・미에서 입법・사법의 적법절차(due process of law)와 관련하여 국민의 권익을 행정절차적으로 보호한다는 취지에서 발달하였으며, 제2차 세계대전 이후 유럽 대륙계 국가에서 이를 받아들였고, 일본과 한국에서도 이러한 절차를 대거 받아들이고 있다.

이러한 행정절차는 도시계획・영업정지처분 등에 관한 개별법에서도 통지・의견제출・청문 등의 절차를 둠으로써 채택될 수 있으나, 그러한 각종 행정행위에 관한 일반절차법인 '행정절차법'이 제정됨으로써 전체적으로 체계화되었는데, 그 일

58) 오준근, 행정절차법(서울 : 삼지원, 1998), pp. 24~27.

반절차법이 미국에서는 1946년에 제정되었고, 독일에서는 1977년, 일본에서는 1993년에, 한국에서는 1996년에 제정되었다. 행정절차와 청구공개는 상호보완의 관계에 있다고 할 수 있다.

1 행정절차의 필요성

행정절차가 과거에는 주로 행정의 사후구제제도를 보충하기 위하여 필요한 것으로 논의되었으나, 오늘날에는 국민의 능동적 행정참여 등 다방면에서 그 필요성이 강조되고 있다.59)

(1) 사전적 권익구제

행정행위가 행해지고 난 후의 사후적 구제는 그 시간과 비용의 과다뿐만 아니라 회복할 수 없는 침해를 가져오기 쉬우므로, 행정행위 이전에 그 행위요건의 구비여부 등에 대하여 그 상대방인 이해관계인에게 의견진술 및 반대의 증거·자료 등을 제출할 기회를 부여하여 개인의 권익을 사전에 보호하는 것이 필요하다.

(2) 행정작용의 적법화

행정처분이나 행정입법에 있어서 이를 예고하여 주민의 의견을 듣거나 참고자료 제출을 받아 행정기관의 판단오류를 시정하고 법령해석·적용을 적정하게 함으로써 행정작용의 적법성을 확보할 수 있게 한다.

(3) 행정에 대한 주민참여

일정한 행정행위가 행해지기 전에 이해관계인에게 의견진술 및 자료제출의 기회를 부여함은 주민의 행정참여를 확보하는 기능도 수행한다. 특히 다수인의 의견진술의 기회를 부여하는 공청회의 경우에는 주민의 행정참여 확보의 기능이 더욱 확대되는 것이다.

---

59) 박윤흔, 행정법강의, 상(서울 : 국민서관, 1992), pp. 472~475.

(4) 주민의 행정통제

행정절차를 통하여 행정기관의 판단·해석·적용을 바르게 하고, 행정절차를 표준화·간소화할 수 있게 함으로써, 긴 안목에서 행정에 대한 주민의 통제력 증진에 이바지하게 된다.

2 행정절차상의 고지(공표)행위

행정절차의 일반적 개요는 ㉠ 협의·준비, ㉡ 예고·통지·공고·열람, ㉢ 의견제출·청문 또는 공청회, ㉣ 결정의 순이다. 이 중에서 행정정보공개와 밀접한 관련을 가진 절차는 ㉡의 예고·통지·공고·열람 등 고지(공표)의 절차이다.

행정절차에 있어서 고지는 그 행정행위의 종류에 따라 다음과 같은 방법으로 행한다.

먼저, 행정처분에 있어서는 당사자·이해관계인 등에게 의무를 부과하거나 권리를 침해하는 처분(즉 불이익처분)을 하고자 할 때에는 미리 그 당사자와 이해관계인에게 그 처분의 내용과 이유를 알리고, 이에 대한 그들의 의견제출이나 청문신청의 기회가 있음을 알려야 한다. 이때에 그 알리는 방법이 통지 및 공고이다.

다음, 행정계획에 있어서는 행정계획안의 주요 내용, 열람의 실시(장소 및 기간), 그 계획안에 대한 의견제출(기관 및 기간)을 관보와 신문에 공고하고 열람을 실시하여야 한다.

그리고 입법 및 행정예고에 있어서는, 주민의 의견을 듣기 위하여 20일 이상 이를 예고하여야 한다.

이상과 같은 예고, 통지, 공고, 열람 등은 법령에 의하여 의무적으로 행해지는 것으로서, 이것이 이른바 '정보공표'에 해당한다.

Ⅳ 자발적 정보제공(행정홍보)

행정정보공개의 중요한 방식의 또 하나가 자발적 정보제공이다. 정보제공은 행정기관이 자발적으로 행정정보를 제공하는 것이라는 점에서 보다 적극적인 정보공개라고 할 수 있다.

이러한 자발적·적극적인 정보제공을 우리나라에서는 행정홍보라고 한다. 행정홍보(administrative public relations)는 정부 등 공공기관이 주민의 의견이나 태도를 수렴하고 주민에게 필요한 행정정보를 제공하여 공공기관과 주민 사이의 신뢰·협력적인 관계를 형성·증진하는 일련의 활동을 말한다.60)

행정홍보는 정부나 지방자치단체가 행하는 정책이나 시책·사업등에 관한 사실이나 견해를 주민에게 전달함으로써, 주민에게 판단의 자료를 제공하고, 정보를 통하여 행정과 주민사이의 관계를 매개함으로써, 주민의 참여(비판, 협조, 의견제시등)를 진작시키고 주민의 적극적인 활동을 지원하려는 것이다. 행정홍보는 행정기관 내부에서 의견을 정리함으로써 자기교정(自己矯正)을 도모하고, 외적으로는 행정내부에 보유한 정보를 다양한 표현수단을 통하여 주민에게 공급하려는 적극적인 서비스활동이다.

행정이 보유한 정보를 주민에게 적극적으로 제공해야 하는 이유는 명확하다. 행정이 보유하고 있는 정보는 그 자체가 '시민적 공유재산'이며, 공무원들은 시민의 재산을 관리하고 있는 전문관리자이다. 따라서 시민이 필요로 하는 정보를 적극적으로 제공하는 것이야 말로 자치행정의 기본이다.61)

행정홍보는 다음과 같은 두 가지의 발상으로 접근할 수 있다.

첫째, 공공광고(Public Advertizing)의 측면, 즉 광고나 선전에 관한 매체와 표현기법을 중심으로 생각하는 기술적 접근이다. 즉 선전이란 행정활동상의 특정요소를 특히 부각시켜서 고객의 인정과 관심을 이끌어내려는 단편적인 활동이다.

둘째, 대민관계(Public Relation)의 측면, 즉 주민의 호감·호의를 얻고 신뢰를 형성·유지·발전시키기 위한 관계성을 중심으로 하는 접근법이다.

지방자치단체에 있어서의 홍보란 광고·선전의 기술로서가 아니라 주민(고객)과의 관계형성이라는 차원에서 접근해야 한다. 물론 지방자치단체에 있어서도 효과적인 광고와 선전활동은 필요하고도 중요하다. 그러나 행정의 경우, 홍보의 본질적인 문제는 「어떻게 전달할까」에 앞서서 「무엇을, 왜 전달할 것인가」를 명확히 인식해야 한다.

이렇게 볼 때, 지방자치단체의 홍보전략이란 주민과 지방정부를 연결하는 커뮤니케이션 수단을 매개로 하며, 시민사회(주민)의 수요와 동향에 기초한 시책과 사업을 개발·집행하기 위한 일련의 활동을 의미한다. 그리고 지방자치단체가 실시하

60) 최창호·하미승, 새 행정학(서울 : 삼영사, 2000), p. 115.
61) 강형기, "지방자치를 위한 행정정보의 공개", 충북대학교 논문집 제3집(1985). pp. 302~304.

는 정책이 시민과의 공동작품이 되도록 구상된 지방자치단체의 체계적·통일적인 홍보활동의 지침을 의미한다.

1 행정홍보의 필요성과 발달요인

정부와 주민간의 신뢰·협력관계를 형성·발전시키려는 행정홍보는 정보공개의 다른 활동, 즉 청구공개나 정보공표보다 일찍 발전하였다.

현대행정에 있어서 행정홍보의 발달을 촉진한 요인은 다음과 같다.[62]

(가) 행정의 민주화 요청

현대 정부는 주민에게 보고의 의무를 지고 있고, 주민은 '알 권리'를 지고 있다. 또한 정부는 행정을 주민의 동의하에 수행할 의무를 가지고 있다. 이와 같은 행정에 있어서 민주적인 보고와 동의는 행정홍보에 크게 의존하는 것이다.

(나) 행정의 능률화 요청

행정에 있어 정확한 자료에 의하여 합리적인 의사결정을 하고, 주민의 진정한 이해와 협력에 의해 능률적인 집행을 하여야 하는데, 행정홍보는 이러한 능률적인 집행을 촉진하는 활동이다.

(다) 행정의 인간화 요청

현대행정의 복잡화·전문화·대규모화로 인하여 행정의 관료제화·비인간화가 더해가고 있다. 이러한 가운데 행정과 주민 사이의 신뢰·공감·협력관계의 형성을 통하여 행정의 온정화·인간화를 회복하는 것이 바로 행정홍보이다.

2 행정홍보의 기능

행정홍보가 수행하는 기능은 다음과 같다.[63]

62) 井出嘉憲, 行政廣報論(東京 : 勁草書房, 1967), pp. 20~25.
63) 최창호·정세욱, 행정학(서울 : 법문사, 1989), pp. 670~671.

(가) 주지기능

행정홍보는 지방자치단체가 구상하고 있는 행정계획이나 성취한 행정실적 또는 시민생활에 필요한 정보를 주민에 주지시킴으로써 주민의 신뢰를 쌓고 다음의 정책에 효과적인 후원을 얻게 한다.

(나) 방어기능

행정홍보는 공공기관이 의회, 정당, 이익단체, 언론기관 등에 사전에 필요한 정보를 제공함으로써 정보부재나 정보왜곡에서 촉발되는 불필요한 대립관계를 완화시키고, 공감과 공유를 통한 협조관계를 이끌어 낼 수 있다.

(다) 안정기능

행정홍보는 사회가 내·외의 돌발사태로 위험에 처할 때 민심을 수습하고 불안을 감소시기며, 주민들의 불안과 불민을 해소하여 주민생활의 안정을 도모하게 한다.

(라) 매개기능

행정홍보는 공공기관의 정책·계획을 설명하고 주민의 참여·통제를 유발하여 공공기관과 주민간 및 주민 상호간의 교류와 협력을 도모하는 매개기능을 수행한다.

3 한국 행정홍보의 현상과 과제

지방자치단체의 정책결정과정이 베일에 가려져, 일반시민의 눈에는 보이지 않게 되면 불신이 싹트게 되고, 행정에 대한 협력은 감소된다. 홍보는 그 주체가 시책이나 사업내용 등에 관해서, 관계자의 이해를 깊게 하고, 호의적 태도를 갖게 하려고 행하는 활동이다. 따라서 지방자치단체의 홍보는 지방자치단체 정책과 직결된 것이기도 하다.

그러나 현실적으로 우리나라에서 전개되고 있는 홍보의 실태를 보면, 다음과 같이 개선할 필요가 있다.

첫째, '알림' 즉 통보적 홍보가 대부분이다. 알리고 싶은 것만 알리고 피하고 싶은 것은 피하는 것을 홍보라고 생각하며, 그 내용도 계몽적 홍보와 아울러 사후의 결과보고서적인 것이 대부분이다. 지방자치단체의 시책에 주민의 소리를 반영하기 위한 홍보는 거의 이루어지고 있지 않고, 단지 결과를 통보하는 식의 홍보가 주류를 이루고 있다.

둘째, 주민이 알고 싶어하는 정보에 대한 파악에 소홀하다. 본래 쌍방간의 흐름이여야 할 정보의 흐름이 일방적이며, 주민의 수요를 파악하고 받아들이는 채널로서의 홍보활동이 이루어지고 있지 않다. 주민의 소리를 듣는 제도나 부서가 있는 경우에도 부서의 칸막이에 막혀, 수집된 정보가 전청적(全庁的)으로 유통되지 못하고 있다.

셋째, 이해조정기능이 결여되어 있다. 현대사회에는 다양한 이해가 각 그룹별 또는 조직이나 집단 그리고 한 집단의 내부에서도 대립을 하는 경우가 많다. 이러한 대립구조 속에서 토론과 조정을 거쳐 해결의 길을 모색함에 있어서 홍보의 기능은 결정적 역할을 하는 것이다. 그러나 우리의 홍보는 이러한 조정의 기능을 하는 매개역할을 하지 못하고 있다.

위와 같은 관점에서 볼 때, 홍보의 본질적 역할인 '관계자의 이해를 도모하여, 호의적 태도를 갖게 하는 것', 그리고 '공공문제에 관하여 공통의 인식을 갖게 하며, 문제해결의 당사자로 참여하게 하는 것'이 가능한 홍보로 발전해야 하는 것이다.

현재의 지역사회에는 해결해야 할 산적한 과제만이 문제가 되는 것이 아니다. 오히려 더욱 문제인 것은 문제를 해결해야 할 주체인 행정과 주민이 상호 불신과 무시 속에서 대립과 긴장이 커지고 있는 측면도 있다. 이처럼 현대사회에서는 시민과 행정의 대립양상도 증가하고 있는 상황에서 홍보의 기능은 더욱 중요해지고 있는 것이다.

지금까지 우리나라에서 주민이란 지방자치단체가 '상대하는' 사람들의 그룹, 그리고 커뮤니케이션의 대상으로 생각되어 왔다. 그러나 주민은 커뮤니케이션의 객체이면서 동시에 주체로서의 위상을 가진 존재다. 주민이란 지역사회에서 해결해야 할 문제가 발생했을 경우, 그것에 관해서 의논하고, 해결책을 제시하며, 때로는 스스로 '문제의 해결'을 추진하는 주체인 것이다. 그러나 우리나라에서 전개되고 있는 지방자치단체의 홍보행정을 살펴보면 시민과의 신뢰회복을 도모하고, 참여를 조성하려는 것보다는 단지 알리고 싶은 결과만 선전하거나, 비틀어진 민심 또는 왜곡된 보도를 방지하려는 차원의 공보가 주류를 이루고 있다.

제4절 자치행정의 경영화

I 자치행정 경영화의 의의

1 공공서비스 혁신과 행정의 경영화

오늘날의 치열한 국제경쟁 속에서 전통적인 관료행정 방식만으로는 공공서비스의 질을 향상시키는 것이 어렵다. 따라서 지방자치단체도 조직의 생존과 발전을 위해서는 혁신적으로 개혁을 도모하고 있는 민간기업의 경영마인드와 기법을 도입할 필요가 있다. 실제로 지방자치제를 실시하고 있는 대부분의 국가에서는 이미 지방자치의 정치화 단계를 넘어 지방자치의 경영화를 실천하고 있다. 그래서 오늘날을 '자치경영의 시대'라고도 하는 것이다.

우리나라에 있어서도 자치행정의 경영화는 이제 피할 수 없는 시대의 과제이다. 고령화와 저출산으로 인한 재정위기, 재정지원 감소, 급증하는 행정수요, 지역간의 치열한 경쟁이라는 압박에 직면하여 지방자치단체는 새로운 돌파구를 찾아야 하기 때문이다. 지방자치가 지역발전과 주민복지를 위한 시대의 소명에 부응하려면 경영혁신과 효율화를 도모해야 하며, 이러한 노력을 한마디로 지방행정의 경영화라고 할 수 있다.64)

2 자치행정 경영화의 의미

자치행정의 경영화를 의미하는 용어에는 도시경영, 지역경영, 지방자치경영, 지방행정경영 등 실로 다양하다. 이러한 사실은 지방자치의 경영화를 보는 시각이 다양하며, 그 실천형태도 다양하게 나타나고 있다는 것을 반증하는 것이다. 그러나 대체로 오늘날 자치행정의 경영화는 자치행정에 민간기업의 경영마인드와 기법을

64) 최창호, "지방자치와 지방경영", 자치경영(서울 : 지방자치경영협회), 1994년 신년호, p. 4.

도입하여 소극적으로는 조직경영의 생산성을 높이고, 적극적으로는 새로운 경영자원을 확보함으로써 공공서비스를 향상시켜 나가는 것을 지향하는 개념이다.

즉, 지방자치의 경영화란 지방자치단체를 경영체로 보고, 지역주민을 공공서비스의 고객으로 보면서, 지방자치단체가 고객중심의 경영을 통하여 주민의 복지를 향상시키고 지역을 발전시켜 나가는 현상 내지 그러한 경향을 지방자치의 경영화라고 말하는 것이다. 이러한 자치행정의 경영화에는 크게 두 가지의 다른 의미가 포함되어 있다고 하겠는데, 그 하나는 내부경영이고 다른 하나는 외부경영이다.

내부경영은 지방자치단체 내부의 조직과 행・재정을 혁신하여 행정관리의 효율화를 도모하는 것을 말하고, 외부경영은 재정수입의 증대를 통하여 지방재정의 한계를 극복하고 공공서비스 공급의 최대화를 도모하는 것을 말한다.[65] 이 두 가지는 서로가 긴밀히 결합되어 있으며, 모두가 자치행정 경영화의 기본내용이 되는 것이다.

3 자치행정 경영화의 중점과 수단

자치행정 경영화의 추진에 있어서 그 중점은 두 가지에 둔다. 그 하나는 비용을 절약하면서 최대의 효과를 가져오는 것이고, 다른 하나는 수익을 증대하여 서비스를 향상하는 것이다. 전자를 행정관리의 혁신이라고 한다면, 후자를 기업성의 강화라고 할 수 있다. 이와 같은 행정관리의 혁신과 기업성의 강화라는 두 측면의 노력이 결합될 때에 지방자치의 경영화가 제대로 이루어질 수 있는 것이다.

오늘날 행정관리의 혁신에 있어서 당면한 중요한 과제는 민간경영기법의 도입이고, 기업성의 강화에 있어서 중요한 것은 지방자치단체의 경영사업의 활성화이다. 이러한 지방자치 경영화의 중점과 그에 대한 수단의 관계를 요약하면 [그림 8-7]과 같다.

65) 오희환, "지방자치와 지방경영", 김안제 외, 지방자치의 발전전략(서울 : 박문사, 1994), pp. 178~179 ; 우동기, "지방경영의 개념과 실천적 접근", 지방행정(서울 : 대한지방공제회), 1994년 8월호, pp. 23~24 ; 염홍철, "지방행정의 과제와 대응방안", 지방행정(서울 : 대한지방공제회), 1994년 10월호, pp. 90~91.

	경영화의 중점	경영화의 주요 수단
① 비용의 절약 ② 최대의 효과	행정관리의 혁신	민간경영기법의 도입
③ 수익의 증대 ④ 서비스 향상	기업성의 강화	경영사업의 활성화

[그림 8-7 지방자치 경영화의 중점과 주요 수단]

4 자치행정의 경영화와 신공공관리론

공공서비스는 행정이 제공해야 한다는 종래의 전통적 관념을 뛰어 넘어, 정부와 민간부분이라는 공급 주체에 구애됨이 없이 효율적으로 공급하려는 노력이 여러 가지로 실천 되어왔다. 이러한 다양한 시도 중에서 영국에서 개발되고 발전된 신공공관리론(New Public Management)은 공공서비스의 혁신과 행정의 경영화 기법을 포괄적으로 함축하고 있는 제도이다.[66] 시민의 입장에서 볼 때, 중요한 것은 행정서비스를 누가 공급 하느냐의 문제가 아니라 질 높은 서비스를 보다 저렴하게 공급받는 것이다. 신공공관리론은 이러한 관점에서 행정의 경영화를 포함한 포괄적인 혁신을 도모하려는 개혁의 움직임이다.

(1) 신공공관리론(NPM)의 기본 요소

영국의 대처 정부에 의하여 발상되고 대처의 후임자들에 의하여 발전되어 온 신공공관리론의 기본 발상은 ㉠ 정부가 달성해야 할 목표를 명확히 하고, ㉡ 정책형성기능과 정책집행기능을 분리하여, ㉢ 현장에 권한을 이양하여 현장의 자율성을 확대하며, ㉣ 시민이 행정서비스를 받을 권리를 보증하는 서비스의 기준과 품질기준을 명시하고, ㉤ 경쟁의 원리와 고객선택의 원리를 확대도입 하며, ㉥ 성과와 업적을 평가하는 업적측정제도를 도입하여 성과에 의한 관리를 하며, ㉦ 업적과 성과

66) 吉田民雄, 都市行政學Ⅱ(東京 : 中央經濟史, 2008), pp. 95~102.

를 공표함으로써 시민에 대한 책임을 다하게 하며, ⓞ 행정측의 설명책임을 통하여 행정활동의 고객이며 납세자인 시민의 감독과 통제를 받게 하려는 것을 그 기본요소로 한다.

(2) 신공공관리론(NPM)의 특징

상기와 같은 요소를 그 내용으로 하고 있는 신공공관리론의 특징을 적출하여 보면 다음과 같이 요약할 수 있다.

(가) 시장메커니즘의 활용

신공공관리론은 규제완화와 민영화에 의한 시장메커니즘을 활용하려는 것을 그 특징으로 한다. 그리고 서비스 수요자의 자유로운 선택과 공급자의 자유로운 경쟁시스템을 정부의 업무에 가능한 한 도입하여 관료제를 개혁하려는 것이다. 즉, 정부부분이 독점해 온 행정서비스의 공급에 기업경영의 기법을 응용하고, 종래 정부가 해 오던 업무를 민간에게 위탁하거나 이양하는 방법을 추구하려는 것이다. 소유권에서 관리운영에 이르기까지 민간사업자에게 이관하는 공기업의 민영화, 위탁계약 등을 통하여 정부의 업무를 일부 또는 전부를 민간사업자에게 위탁하는 민간위탁, 시장성테스트(market-testing), PFI(Private Finance Initiative) 등의 민영화 기법을 도입하려는 것이다.

신공공관리론은 보다 적은 비용으로 보다 질 높은 서비스를 유지하려는 기법으로서 고객에 의한 선택과 경쟁원리를 중시하며, 정부경영에 기업경영의 원리와 기법을 응용함으로써 민민경쟁, 관민경쟁, 관관경쟁을 통해서 행정서비스의 질을 향상시키고 행정의 효율화를 도모하려는 것이다.

(나) 고객지향

신공공관리론은 고객지향을 그 특징으로 한다. 신공공관리론이란 시민을 행정서비스의 고객으로 간주하는 고객주의로의 전환을 지향하는 것이다. 시민을 참정권을 가진 존재이며 통치의 대상이라고 보는 것만이 아니라, 행정서비스를 받을 권리를 가진 고객으로 보려는 것이다. 따라서 시민의 권리를 명시하고 행정서비스의 제공에 있어서 고객지향에 철저하려는 사고방식을 가진 것이다.

고객으로서의 시민은 행정으로 부터 행정서비스와 규제에 대하여 구체적인 설명책임을 요구할 수 있으며, 행정은 고객이면서 동시에 주주인 시민의 만족감이 높은 행정서비스의 제공을 위하여 노력해야 한다. 영국의 시민헌장제도는 시민이란 행정서비스를 받을 권리를 가진 고객이라는 관점에서 행정이 달성해야 할 서비스의 수준을 명시한 것이다.

(다) 성과 · 결과지향

신공공관리론은 성과와 결과를 중시하는 지향이 있다. 종래의 행정은 예산이나 인원의 투입과 법령과 조례 등의 절차와 수속을 중시하였다. 그러나 신공공관리론은 업무의 결과로서 무엇을 달성해야 할 것인가 하는 성과와 결과를 중요시 하려는 것이다.

전통적으로 행정은 투입과 절차를 중시해 왔다. 그러나 신공공관리론은 명확한 목표의 설정에 의한 계약주의와 업적평가에 의한 성과주의를 기본으로 하며, 관성과 불투명한 요소를 배제하고, 행정활동이 산출한 업적과 성과에 의한 관리를 중시하려는 깃이다. 따라서 사전에 명확한 업석목표를 수치로 설정하고, 그 달성도를 객관적으로 평가하고 공표하여, 그 업적과 성과를 예산에 반영함과 동시에, 시민에게는 설명책임을 부여하려는 대표적인 정책평가제인 것이다.

(라) 분권화지향

신공공관리론은 정부부문에 있어서 정책형성부문과 정책집행부부문을 분리하고, 정책형성부문, 정책집행부문 각각의 조직목적을 명확히 하여, 각자의 사명달성에 집중하도록 하려는 것이다. 그리고 이를 위하여 정책집행조직에 권한을 이양하고 분권화를 도모하여 정책집행부분의 재량권을 확대하려는 지향을 가진다.

즉, 정책형성부문과 정책집행부문을 분리하여, 정책형성부문은 조타수의 기능에 전념하게 하고, 정책집행부문은 조직의 목적달성에 집중할 수 있도록 권한을 대폭 부여하려는 지향을 갖는다. 정책집행부문의 재량권을 높임으로써 현장의 자유로운 판단이 가능해지고 아울러 창의적 노력을 통하여 성과를 높이려는 발상인 것이다.

Ⅱ 자치행정 경영화의 내용

1 민간경영기법의 도입

지방자치단체의 경영혁신을 위해서는 조직을 개선하고 유능한 인재를 유치·활용하며 재정관리를 합리화하는 등의 방안이 강구되어야 한다. 그리고 이러한 방안을 실천하는 핵심적인 전략은 민간기업의 경영원리를 지방자치단체의 행정에 도입하는 것이다.

정부조직에 민간의 발상과 기법을 도입해야 한다는 주장은 일반적으로 정부조직과 민간기업은 다음과 같이 그 발상이 다르다는 점에 근거를 두고 있다. 관료제적 구조를 근간으로 하는 정부조직의 구성원이 독점의식 하에서 일을 한다면 민간은 경쟁의식 하에서 일을 한다. 공무원들은 신중처리를 중시하여 규제와 절차를 만들려 한다. 반면 민간은 신속처리를 중시하고 납기의식에 충실하면서 새로운 수요를 창출하려 한다. 정부조직이 예산을 만들고 이를 남김없이 쓰려는 생각을 할 때 민간은 대차대조표와 손익계산서를 통해서 나타나는 결산에 신경을 쓴다. 정부조직은 국민들이 정부가 혁신적이라는 것을 알아주도록 선전하는 것에 개혁의 목표를 둔다면 민간은 조직의 성과를 내는 것에 그 개혁의 목표를 둔다.[67)]

민간기법의 도입은 기존의 행정스타일인 운영형의 예산소화행정에서 경영형의 창조발전행정으로 진화하려는 것이다. 전통적으로 공무원들은 제도의 틀 속에서 발상하고, 예산을 전제로 사업을 구상하며, 권한을 근거로 활동을 해 왔다. 한 마디로 말하자면 예산소화적 운영을 행정이라고 생각해 왔던 것이다.

그러나 경영을 지향하는 행정은 근본적으로 그 발상이 바뀌어야 한다. 지역을 위한 상상과 발상을 통하여 새로운 제도를 구상해야 하며, 사업을 추진하기 위하여 예산을 만들어 나가야 한다. 그리고 새로운 관점에서 지역을 창조하기 위하여 새로운 권한도 창조해 나가야 하는 것이다. 따라서 민간기업의 발상을 도입한다는 것은 궁극적으로 '운영'에서 '경영'으로의 변환을 지향하는 것이다.

---

67) 강형기, 관의 논리 민의 논리(서울 : 비봉출판사, 1998), pp. 43~81.

(1) 민간기업의 경영혁신운동

오늘날 민간기업은 시장에서 살아남기 위하여 발상의 전환과 업무프로세스의 혁신 그리고 구조적 전환을 기동력 있게 추진하고 있다. 민간기업들은 시장에서 선택받아야 한다는 절박한 경쟁의식 속에서, 원가절감을 위한 비용의식, 고객의 만족을 위한 신속처리, 결산주의에 입각한 손익계산에 철저하다. 이러한 민간조직이 추진하고 있는 경영혁신의 특징을 요약하면 대체로 다음과 같다.

첫째로, 고객의 입장에서 사고하고 고객의 만족을 통해 조직의 생존을 도모한다.

둘째로, 급변하는 경영환경에 기민하게 대응하게 위해 탄력적인 조직체계를 구축하고 있다.

셋째로, 의사결정 구조를 중앙집권적 구조에서 분권적 현장결정 구조로 전환하고 있다.

넷째로, 생산전략에 있어 획일적인 제품의 공급을 탈피하고, 고객만족을 목표로 다품종 서비스의 제공을 도모하고 있다.

다섯째로, 생존전략적 차원에서 기술혁신에 총력을 기울이고 있다.

여섯째로, 업무처리 프로세스의 개선을 추구하여 시간과 경비의 최소화를 도모하고 있다.

(2) 행정에 응용 가능한 민간경영기법

경직되고 비효율적인 관료체제에 민간경영기법을 도입하여 기업경영체제를 구축함으로써 자치행정의 능률성을 향상시킬 수 있다.

(가) 원가개념 · 비용개념

전통적인 관료체제하에서는 주어진 법령과 예산의 범위 안에서 집행만이 능사이고 공공서비스의 원가와 성과의 평가를 제대로 하지 못하였다. 행정의 경영화가 제대로 되기 위해서는 원가개념, 비용개념이 도입되어야 한다.

(나) 경영적 조직구조

민간경제에서의 구조조정과 마찬가지로 지방정부에서도 각 부처간의 기능이 경영적 조직구조로 재조정될 필요가 있다. 특히 정부조직에 자율과 창의를 불어넣기 위해서는 집권적 · 계층제적 조직구조를 분권적 · 동태적인 구조로 바꾸어야 한다.

(다) 유인체계 · 경쟁체계

인사제도에 있어서 기존의 연공서열에 의한 승진방식과 보수체계를 실적과 능력에 입각한 것으로 바꾸어야 한다. 개별책임제, 개별보상제 등이 채택되어야 하는 것이다. 동시에 공무원 개인간 · 조직간에 시장경쟁원리에 의한 경쟁체계를 도입할 필요가 있다.

(라) 기업적 예산제도

기존의 통제중심적 예산제도를 기업적 예산제도로 전환하여야 한다. 기업적 예산제도는 예산의 집행에 있어서 매우 넓은 재량권과 신축성이 주어지는 대신에 그에 대해 책임을 지게 하는 예산제도이다.

(마) 결과를 중시하는 시스템

기존에 과정과 절차를 중시하던 조직풍토를 재설계하여 결과와 생산성을 중시하는 조직풍토를 만들어야 한다.

(바) 고객지향(수요자 중심)의 서비스 공급체계

기존의 공급자중심적 행정편의주의적 서비스 공급체계를 수요자인 주민중심적 봉사중심적 서비스 공급체계로 전환시켜야 한다.

(사) 벤치마킹(Bench-Marking) 전략

경쟁적 위치에 있는 최우수 지방자치단체의 목표수준과 성과, 조직과 기술 및 경영기법을 적극 받아들여, 경쟁 자치단체보다 앞서는 전략을 써야 한다.

(3) 행정에의 도입상 한계

민간기업에서 추진 · 발달하고 있는 경영기법들은 공공행정에 많은 참고가 될 수 있을 것이다. 더구나 오늘날과 같이 공공부문과 민간부문이 상호 교차하여 협력으로 또는 공동으로 국민에 봉사해 나가는 경향이 짙어가는 시대에 있어서는 민간부문에서 발달한 경영기법은 그대로 공공부문에 응용될 수 있는 소지가 많다.

그러나 공공사무에 민간의 경영기법을 적용하는 데에는 일정한 한계가 있다. 오늘날의 행정은 '시장의 실패'로부터 발생한 사회문제에 대처해야 하기 때문이며, 아무리 시장메카니즘을 최대한 활용하더라도 민간부문의 활동으로 대처할 수 없는 공공서비스도 있다. 즉, 공공부문은 민간부문과 유사한 측면도 많이 가지고 있지만, 근본적으로 그 추구하는 목적이 다르다. 민간의 목적은 이윤이지만 정부의 존재 목적은 복잡한 요소를 내포하고 있는 공익을 위한 것이다. 민간부문에서는 비용계산이 명백한 데 비하여 공공부문에서는 그 계산이 불명확하다. 또한 공공서비스는 비경합성·비배재성을 가지고 있고, 그 공급에 있어서 비용부담보다도 사회적 형평성이 깊이 고려되어야 한다. 따라서 민간부문에서 발달한 경영기법을 그대로 공행정에 도입하기는 어려운 것이다.

이러한 문제를 인식하면서도 오늘날 정부경영에 민간의 경영기법을 원용할 수 있는 범위는 점차 넓어지고 있다. 그리고 행정과 경영의 차이점에 유의하면서 행정에 유용한 민간 경영기법을 적극 도입할 때 정부경영의 경쟁력도 높아지는 시대에 우리는 살고 있는 것이다. 따라서 가능최대한의 범위 내에서 행정의 경영화를 추진하는 것이야 말로 행정의 효율성과 생산성을 높이는 길이다.

2 경영사업의 활성화

지방자치의 당면과제인 재정한계의 타개와 공공서비스의 향상을 위해 무엇보다 중요한 것은 경영사업의 활성화이다.

경영사업의 활성화 방안으로 여러 가지가 있지만, 그 중 중요한 것으로는 수익자부담원칙의 확대, 경영수익사업의 적극화, 지방공기업의 적정화, 제3섹터 방식의 활용 등을 통한 다원적인 재원확충을 들 수 있다.[68)]

(1) 수익자부담 원칙의 확대

수익자부담이란 지방자치단체가 제공하는 재화나 용역의 수혜자가 그 재화나 용역의 대가로서 부담하는 것을 말하는 바, 이에는 분담금, 사용료, 수수료, 공공요금 등이 포함된다.

우리나라는 공공서비스에 대한 대가는 지나치게 저렴하기 때문에 공공재정에 적자가 초래되고, 재원 및 소득의 합리적 배분이 저해되고 있다. 따라서 공공서비스

68) 배용수, "경영행정을 위한 자치단체의 기반구축", 지방행정(서울 : 대한지방행정공제회), 1994년 8월호, pp. 35~42.

의 성격에 따라 수익자부담의 원칙을 적용할 수 있는 분야에서 폭넓게 적용하여 수익과 대가를 합리적으로 대응시킬 필요가 있다. 그렇게 함으로써 주민이 필요로 하는 재화나 용역을 확대할 수 있고, 수익을 공평하게 배분하는 사회적 형평성도 높일 수 있게 된다.

(2) 경영수익사업의 적극화

경영수익사업이란 학문적으로나 실정법적으로 정립된 개념이 아니라 지방자치단체가 취약한 재정을 타개하기 위해 수입을 증대할 목적으로 사업을 추진하는 과정에서 형성된 것이다. 주로 토지개발·이용, 관광유원지개발, 건설자재공급, 재산관리 분야에서 수익사업의 경영이 이루어지고 있다. 이를 사업장수입이라고도 한다.

경영수익사업은 순공공재보다는 민간재적 성격이 큰 상품을 시장원리에 의하여 공급하는 사업으로서, 이에는 기업의 원리가 그대로 적용된다.

반면에 지방자치단체의 이러한 경영수익사업은 민간경제분야를 침해할 우려가 많기 때문에, 자치단체의 수입증대를 도모하면서도 공익의 증진을 동시에 고려하여 사경제를 침해하지 않는 범위 안에서 지역의 부존자원을 생산적으로 활용하는 방향으로 전개되어야 한다.

(3) 지방공기업의 적정화

지방공기업은 그 직접경영 방식과 간접경영 방식 모두 개선과 조화가 모색되어야 한다.

직접경영 방식은 그 조직·인사의 개선을 통해 경영체계를 정비하고, 자율적 책임경영제, 경영성과에 따른 인센티브 부여 등 효율적 운영자치를 마련하는 것을 필요로 한다.

간접경영 방식은 일반행정과의 연계성·종합성 유지, 서비스의 안정적 공급, 노조문제의 원만성, 적절한 통제, 경영책임의 확보 등이 중요한 과제로 되어 있다.

현재 직접경영기업 중 공공성이 그리 크지 않은 기업을 간접경영 방식으로 전환하고, 간접경영기업에 있어서는 전문경영인을 확보하는 등의 개선을 필요로 하고 있다고 하겠다.

(4) 제3섹터 방식의 활용

제3섹터란 공공부문(제1섹터)과 민간부문(제2섹터)의 혼합부문으로서, 민·관합동 부문을 말하며 주로 일본에서 발달한 방식이다.

우리나라에서도 자금과 인력, 기술 등에 관해 공공부문과 민간부문이 협력함으로써 공공부문에 민간의 능력을 도입하고, 민간부문에 공적 지원을 부여하여 공공부문과 민간부문을 모두 활성화하는 방법으로서 이러한 방식의 활용이 바람직하다. 이 방식은 특히 공영개발, 지역특산물개발, 관광·리조트개발 등의 사업에 활용될 수 있을 것이다.

3 서비스 공급의 민간참여

지방자치단체의 재화와 서비스의 공급에 경쟁원리에 입각하여 경영하는 민간을 참여시킴으로써 내부적으로는 공무원들이 원가의식과 비용의식을 함양하게 하고, 외적으로는 보다 저렴한 비용으로 재화와 서비스를 공급할 수가 있다. 이러한 제도의 대표적 방식은 민간위탁, 강제입찰제도, PFI 등이 있다.

(1) 민간 위탁

민간위탁(Contracting Out)이란 종래 정부조직에서 공급하던 서비스를 민간이 공급하게 하는 것이다. 즉, 민간위탁이란 종래 행정에 의하여 공급하던 재화와 서비스를 행정의 책임 하에 민간으로부터 조달하게 하는 것이지만, 그 서비스의 공급에 대한 최종적인 책임은 여전히 정부가 지는 것이다.[69]

이에 비하여 민영화란 재화와 서비스의 공급을 민간이 하게 하는 것만이 아니라 그 책임도 민간이 담당하는 것이다. 예컨대 정부가 건설회사에 위탁하여 교량을 건설할 경우 그 경비는 예산으로 지급해야 하고 그 운영에도 책임을 져야 한다. 그러나 민영화로 건설한다면 그 경비는 민간 회사가 부담하고 그 운영도 민간이 책임을 지고 하는 것이다.

많은 사례가 제시하듯이, 민간위탁에 의해 서비스를 공급한다면 작은 정부의 구현과 비용의 절감은 물론 서비스의 질적 향상 그리고 전문화를 도모할 수가 있다.

---

69) 강형기, 앞의 책, pp. 216~217.

실제로 미국에서 조사한 바에 의하면, 쓰레기 수거를 지방자치단체가 직영하기보다 민간과 계약하여 서비스를 공급하는 편이 그 비용을 68%나 절감했다.[70)]

(2) 강제경쟁입찰(CCT)

강제경쟁입찰제도(Compulsory Competitive Tendering)는 공공서비스의 독점적 제공에서 오는 한계를 불식하고 경쟁의식을 도입하기 위해, 1979년 대처정권에 의해 영국 지방정부의 일부 업무에 도입된 제도이다.[71)] 일정한 공공서비스를 공급하는 입찰에 민간기업뿐만 아니라 지방정부의 행정부서도 참가하도록 하는 제도이다. 법률 등에서 정한 업무는 반드시 입찰을 실시해야만 하며, 지방정부의 행정부서도 입찰에 참여하여 낙찰되지 못할 때는 민간에 그 업무를 빼앗기게 된다는 점에서 기존의 입찰제도와는 근본적으로 다르다.

입찰의 대상은 1980년 영국에서 도입 당초는 도로・하수도 등의 건설과 유지관리업무 등에 한정되었으나, 1988년에는 빌딩 등의 청소, 쓰레기 수집, 학교급식, 공원의 유지관리 등으로 확대되었다. 더욱이 1995년 이후, 법률관계사무, 건설설계, 정보처리, 인사, 재정 등에도 확대되었다.

그러나 강제경쟁입찰제도를 시행하면서 많은 문제점도 나타났다. 영국의 지방자치법에서는 의무경쟁입찰 대상사업을 긴급하지 않은 업무로 규정하고 있어, 긴급한 업무의 경우에는 경쟁입찰을 하지 않아도 상관 없었다. 이에 따라 많은 지방정부들은 그들의 사업 중 상당수를 긴급업무로 분류함으로써 경쟁입찰의 대상에서 제외시킨 것이다.

또한 여러 지방정부에서 계약의 규모와 크기를 아주 방대하게 만듦으로써 민간기업이 경쟁입찰에 참여하지 못하도록 하는 방법도 동원하였다. 학교급식처럼 같은 날 수백 개의 학교에서 동시에 급식을 제공해야 하는 사업에 지역의 작은 식품회사들이 입찰에 참여하기란 불가능하다. 공무원들은 이러한 점을 이용하여 학교급식의 대상범위를 광대하게 설정하여 현실적인 민간기업의 참여를 방해했고, 결국 자체의 집행부서가 사업을 획득하도록 만들었다.

이 밖에도 하나의 서비스를 또 다른 서비스와 동일한 계약으로 묶는 패키지화도 시도했다. 거리 청소와 쓰레기 수거, 차량유지와 관리, 레저시설의 관리와 급식 및

70) E. S. Savas, "How Much Do Government Services Costs?", *U'ban Affairs*, Vol. 15, No 1 (1979), pp. 32~34.

71) 강형기, 앞의 책, pp. 209~210.

청소 등이 그 예이다. 더욱이 일부 민간기업의 경영권을 매수하여 간접경영을 하거나 일종의 외곽단체인 기업을 설립하는 방법까지도 동원하였다.

(3) 공공자본 민간소유(PFI)

PFI(Private Finance Initiative)란 민간기업이 위험을 감수하고, 민간의 자금과 노하우를 사회자본정비에 활용하는 기법으로, 1992년 영국 메이저 정권에서 도입되었다. 그 실행은 다양한 방법으로 전개되고 있으며, 사업별로 그 특성을 감안하여 실시된다. 예컨대, 도로의 PFI에서 도로사업 설계, 건설, 자금조달, 운영 등을 민간이 맡아 실시하는 것이다.

지금까지는 주로 도로·항만·철도 등 대형교통시설위주로 사업이 추진되어 왔으나 최근 들어 사업의 안정성도 높고 국민생활과 밀접한 환경기초시설, 문화체육시설 등으로 확대 실시되고 있다. 사업추진방식도 BTO(건설-이전-운영), BTL(건설-이전-리스), BOT(건설-운영-이전), BOO(건설-소유-운영) 등 다양하다.[72]

PFI의 발상은 기본적으로 민간위탁의 논리에 근거를 둔 것이지만 민간위탁보다는 진보된 방식이다. 따라서 만약 더 효율적이고 효과적이라면 공공시설의 소유조차도 민간에 맡기고, 행정은 임대료를 지불하면서 빌려 쓰는 것도 가능하다. 한 마디로 공공자본의 민간소유를 촉진하는 것이 PFI의 본질인 것이다.

민영화, PFI, 민간위탁은 공공서비스를 정부가 직접 공급하지 않는다는 점에서 그 성격이 유사하다. 하지만 민영화의 경우 정부가 서비스를 공급해야 하는 책임조차도 포기[73]하는 것이라면, PFI는 민영화와 민간위탁의 중간적 성격을 가진다.

72) 추진방식에 의한 민간투자사업분류

추진방식	내 용
BTO방식 (Build-Transfer-Operate)	사회기반시설의 준공과 동시에 당해시설의 소유권이 국가 또는 지방자치단체에 귀속되며 사업시행자에게 일정기간 시설관리운영권을 인정하는 방식이다.
BTL방식 (Build-Transfer-Lease)	사업시행자가 사회기반시설을 준공한 후 국가 또는 지방자치단체로 소유권을 이전하고, 그 시설을 임대하여 투자비를 회수하는 방식이다.
BOT방식 (Build-Own-Transfer)	사회기반시설 준공 후 운영권을 일정기간 동안 사업시행자에게 그 시설의 소유권이 인정되며, 그 기간 만료시에 시설소유권을 국가 또는 지방자치단체에 귀속시키는 방식이다.
BOO방식 (Build-Own-Operate)	사회기반시설 준공과 동시에 사업시행자에게 당해시설의 소유권을 인정하는 방식이다.

73) 물론 민영화의 경우도 완전민영화인가, 부분민영화인가, 주식의 얼마만큼을 정부가 보유하고 있는가 등에 따라 정부가 서비스의 공급에 개입할 권한과 책임 소재가 다르다.

PART 5

지방자치의 재정적 기반

CHAPTER

9 지방자치재정

제1절 지방자치와 재정

I 지방자치재정의 의의

1 지방자치재정의 의미

공공재정(public finance or government finance)이란 국가, 지방자치단체 등의 통치단체가 그 기능의 수행에 필요한 재화를 획득·유지·사용하는 유기적이고 연속적이며 질서적인 활동의 총체라고 할 수 있다. 이 경우 재정의 원칙은 수지균형이고, 그 운용수단은 화폐이다.

공공재정 가운데 지방자치재정이란 지방자치단체의 자치활동을 재정적 측면에서 파악한 것으로서, 지방자치단체가 행하는 예산·결산·회계 및 기타 재물에 관한 활동의 총체를 말한다. 지방자치재정을 줄여서 지방재정(local public finance)이라고도 한다. 지방재정법은 제2조에서 "지방재정"이라 함은 지방자치단체의 수입·지출 활동과 지방자치단체의 자산 및 부채를 관리·처분하는 모든 활동을 말한다고 정의하고 있다.

우리나라는 지방재정에 관한 근거법으로 지방재정법(2005년 전문개정)[1]이 있고, 그 외에 지방자치단체를 당사자로 하는 계약에 관한 법률, 지방자치단체기금관리기본법, 공유재산 및 물품관리법, 지방세법(기존 지방세법이 2011년 1월 1일 지방세기

1) 1963년에 제정된 지방재정법이 2005년에 전문개정되어, 개정 전의 지방재정법이 ① 예산, 회계·지출, 채권 관련 내용만을 '지방재정법'에 담고, ② 계약 관련 내용은 '지방자치단체를 당사자로 하는 계약에 관한 법률'로, ③ 기금 관련 내용은 '지방자치단체기금관리기본법'으로, ④ 재산 및 물품관리 관련 내용은 '공유재산 및 물품관리기본법'으로 4분되었다.

본법, 지방세법, 지방세특례제한법으로 분법), 지방교부세법, 지방회계법, 국세와 지방세의 조정 등에 관한 법률, 지방공기업법, 지방교육재정교부금법 등이 있다.

2 지방재정과 지방자치 · 지역경제

(1) 지방재정과 지방자치의 관계

지방자치는 자주적인 지방재정을 기본조건으로 한다. 즉, 지방자치는 지방자치단체가 독립적인 재원을 갖고 독자적 판단으로 지출하는 것을 기본적 조건으로 하고 있다. 반대로 지방재정은 지방자치를 전제로 할 때 그 의미를 가진다. 지방자치 없는 지방재정이란 있을 수 없다. 미국 등 선진국가에서는 지방자치를 주로 자치재정 문제로 이해하고 있다.

(2) 지방재정과 지역경제의 관계

지방재정과 지역경제의 관계는 지방재정이 지역경제에 큰 영향을 미치고, 지역경제는 지방재정을 규정하는 모태가 된다는 점에서 명백해진다.

즉, 지방재정은 개발사업에의 투자, 공공서비스를 위한 물자의 구매 등을 통하여 지방의 산업기반 및 지역경제의 구조에 큰 영향을 주고, 반대로 지역경제는 지방세의 세원, 재정투자・융자수요 등을 통하여 지방재정의 규모를 규정한다.

3 지방자치재정의 특성

(1) 민간재정과의 차이

지방자치재정은 민간기업재정, 즉 민간재정과는 다른 다음과 같은 특성을 가진다.

(가) 공공성

지방자치재정은 지방자치단체의 공공수요에 충당할 공공재(public goods)를 생산・공급하기 위하여 재원을 확보하고 지출을 행한다.

(나) 강제성

지방자치재정에 있어서 수입은 강제적으로 징수하는 지방세 등을 기본으로 하고 있으며, 일체의 지출은 법규에 따라서 행해진다.

(다) 계획성

지방자치재정은 반드시 예산의 성립을 전제로 하며, 그 운용을 성립된 예산에 따라 계획적으로 그리고 질서 있게 행해진다.

(2) 국가재정과의 차이

지방재정은 국가재정에 비하여 다음과 같은 특성을 가진다.

(가) 다양성(복수성)

국가재정이 단일주체의 재정인 데 비하여, 지방재정은 다수 지방자치단체 재정의 총칭이다. 뿐만 아니라 지방자치단체들은 계층・규모・기능・산업구조 등에 있어서 천차만별하기 때문에 각 지방자치단체 재정의 규모나 내용이 매우 다양한 것이 특징이다.

따라서 지방재정의 총체적 고찰만으로는 각 단체의 재정을 파악할 수 없고, 반대로 개별적 고찰만으로는 지방재정 전모를 파악할 수 없다. 따라서 총체적 고찰과 개별적 고찰을 병행함으로써만 그 실체를 파악할 수 있다.

(나) 제약성(제한적 독립성)

지방재정은 국가에 의하여 일정한 제약을 받는 것이 특징이다. 즉, 지방자치단체도 국가의 통치조직의 일환으로 존재하는 것이므로 그 재정활동이 국가가 제정한 법규의 범위 안에서 이루어지며, 지방자치단체의 세원을 국가가 결정하고, 지역경제의 불균형 조정을 국가가 행하는 등 국가로부터 많은 영향을 받는다. 따라서 지방재정은 자율성을 원칙으로 하고 있지만 그것은 일정한 범위 안에서의 자율이며, 종속성을 전제로 한 자율이라고 보아야 한다.

(다) 응익성(생활관련성)

일반적으로 국가재정은 응능주의(조세의 부담능력에 의한 조세부담주의)가 지배적인데 비하여, 지방재정은 응익주의(행정서비스로부터 받은 이익에 따른 조세부담주의)가 강하게 지배한다.

지방자치단체는 주민의 일상생활과 복지의 향상을 위한 업무를 수행하며, 그러한 활동의 직접적인 수익자로부터 목적세나 사용료·수수료·부담금을 징수하게 되는데, 지방자치단체의 수입에는 이러한 응익주의에 의한 수입의 비중이 크다.

Ⅱ 국가재정과 지방재정

1 국가·지방재정 관계의 성격

(1) 밀접 불가분성

지방재정은 국가재정의 지원 아래에서 원활한 운용이 가능하고, 국가재정은 지방재정의 협조 위에서 그 목적달성이 가능하다. 오늘날과 같이 산업이 발달하고 주민의 경제·사회생활권역이 복잡하게 얽혀있는 시대에 있어서는 지방재정과 국가재정의 관계가 더욱 긴밀해지고 있다. 이러한 양자의 관계는 복지국가의 등장·발전과 더불어 더욱더 심화되어 가고 있다.

(2) 관계의 시각

지방재정과 국가재정의 이상적인 관계에 관하여는 서로 대립되는 두 가지의 논의가 있다. 그 하나는 지방재정의 국가재정에의 종속론이고, 다른 하나는 독립론(양자의 대등론)이다.

지방재정의 종속론은 오늘날과 같이 행정기능이 고도로 전문화·복잡화되어 가고 있고 통일성이 요구되고 있는 시대에 있어서는 엄밀한 의미의 지방재정의 독립성·자주성이란 있을 수 없고, 지방재정은 넓은 관점에서 볼 때에는 국가재정의 일부에 불과하다고 주장한다. 이 이론에서는 지방재정에 자주성을 부여하는 경우에 국민경제 전체에서 볼 때 자원의 효율적 사용을 저해하는 결과를 가져올 수 있다는 점을 들고 있다.

반대로 지방재정의 독립론은 국가재정과 지방재정은 서로 독립된 법인체의 재정이므로 그들의 관계는 대등한 것이다. 따라서 국가재정으로부터의 지방재정에 대한 지시나 간섭은 배제되어야 하며, 재원에 있어서 국가의 지분에 대립되는 지방의 지분이 확보되고, 지방재정의 독립적이고도 자율적인 운용이 보장되어야 한다고 주장한다. 이 이론은 국가에 대한 지방의 고유권을 주장하는 지방분권 사상을 기초로 하고 있다.

이상과 같은 대립적인 두 가지 이론에 대하여, 오늘날의 일반적 경향은 국가재정과 지방재정 사이의 종속성과 독립성의 논의보다는 둘 사이의 필연적인 협조관계의 필요성에 더 중점을 두고 있다. 즉, 오늘날과 같은 복지국가 시대에서는 국가와 지방자치단체는 국가발전과 주민복지의 실현을 위해 상호 존중적 입장에서 긴밀히 협조하지 않으면 안 된다는 것이다. 지방재정의 충실화 없이는 국가시책의 구현이 있을 수 없고, 국가시책의 기본적인 방침 없이는 지방재정의 능률적인 운용이 있을 수 없기 때문이다.

2 국가 · 지방재정 관계의 변수

국가재정과 지방재정의 관계는 여러 가지 변수에 따라 다양하게 나타난다.

첫째로, 해당 국가의 정치체제가 연방국가제냐 단일국가제냐에 따라 달라 진다. 대체로 연방제 아래에서는 지방자치단체의 과세권을 비롯한 재정권이 강한 데 비하여, 단일국가제 아래에서는 지방자치단체의 그것이 약한 것이 일반적이다.

둘째로, 사무배분 여하에 따라 국가재정과 지방재정의 관계가 달라진다. 오늘날과 같이 산업이 고도로 발달한 시대에는 많은 사무가 지방적이면서 동시에 전국적인 측면을 가지고 있기 때문에, 국가와 지방자치단체 간 사무배분의 한계를 명확하게 구분하기가 어렵다. 따라서 그 사무배분의 양상이 나라와 시대에 따라 다양할 수 밖에 없는데, 이러한 다양성이 국가와 지방의 재정관계에 중요한 변수로 작용하게 된다.

셋째로, 재원배분 여하에 따라 국가재정과 지방재정의 관계가 달라진다. 산업경제의 발달에 따라 지역 간 경제력 격차가 크게 나타나기 때문에 국가가 개입하여 지방적인 세원을 국세로 징수하고, 일정한 기준에 따라 지방에 배분하는 방식을 취하지 않을 수 없는데, 이러한 국가와 지방자치단체간 재원의 배분이 국가재정과 지방재정에 직접적으로 영향을 미친다.

3 지방재정에 대한 국가관여

지방자치단체의 재정에 대한 국가의 관여는 여러 가지 형태로 행해진다.

(1) 세입면에서의 관여

첫째로, 지방세의 세목·세율·과세표준·감면 등을 국가가 법률로써 정한다(지방자치법 제152조).

둘째로, 지방채 발행의 총액한도를 대통령령으로 정하고, 복권의 발행을 승인한다(동법 제139조, 지방재정법 제11조, 제88조).

셋째로, 지방교부세의 재원·교부율 등을 법률로써 정하고, 그 교부기준을 설정하여 각 지방자치단체별로 교부한다(지방교부세법).

넷째로, 국고보조금을 지급하며 그 비용용도를 규제 감독한다(지방재정법 제23조).

(2) 세출면에서의 관여

첫째로, 국가는 지방의 중기지방재정계획을 종합하여 국가의 중기지방재정계획을 수립한다(지방재정법 제33조).

둘째로, 국가가 지방의 예산편성에 있어 지방의 재정운용에 필요한 정보로서 지방자치단체 재정운용업무편람을 보급하고, 지방의 재정운용 균형화를 위한 예산편성기준을 행정안전부령으로 정한다(동법 제38조).

셋째로, 세출예산의 보고를 받는다(지방자치법 제149조 제2항).

넷째로, 국고보조금의 지급과 아울러 그에 대한 지방예산의 보충적 지출을 지시한다(지방재정법 제25조~제27조).

다섯째로, 국가적 사업에 대한 지방의 부담(지방부담금)을 법령이나 조례가 정하는 범위 내에서 부담하도록 유도한다(지방재정법 제25조~제27조).

Ⅲ 지방자치재정의 기본조건과 운용원칙

1 지방자치재정의 기본조건

명실상부한 지방자치재정이 성립하기 위해서는 다음과 같은 조건이 구비되어야 한다.

첫째는, 지방자치단체가 자치사무를 자기책임 아래 독자적으로 처리하는 자치제도가 없는 곳에서는 지방자치재정의 의미 자체가 없으므로 지방자치제의 시행이 전제되어야 한다.

둘째는, 지방자치재정은 지방자치단체 활동의 경제적 표현이므로 지방자치단체 활동의 범위가 명확히 정해져 있어야 한다. 지방자치단체 활동의 범위가 명확치 않고 국가의 지시나 명령에 의해서 유동적일 때에는 지방재정도 주체성 없이 뒤흔들리게 된다.

셋째는, 지방자치단체의 활동에 부응하는 충분한 재원이 확보되어 있고 그것의 자주적 사용이 보장되어 있어야 한다. 지방자치단체의 활동 수행에 필요한 재원이 현저하게 부족하여 국가의 보조에 의존하거나 재원의 사용에 국가의 간섭을 과도하게 받을 때에는 명실상부한 지방재정이라고 할 수 없다.

2 지방자치재정의 운용원칙

지방자치단체의 자주성에는 앞에서도 언급한 바와 같이 일정한 한계가 있으므로 지방자치재정도 이와 같은 자주성과 종속성의 양자를 조화하는 선에서 운용되어야 한다.

우리나라 지방자치법은 제137조(건전재정의 운영)에서 "지방자치단체는 그 재정을 수지균형의 원칙에 따라 건전하게 운영하여야 한다. 국가는 지방재정의 자주성과 건전한 운영을 조장하여야 하며, 국가의 부담을 지방자치단체에 넘겨서는 아니 된다"고 규정하고 있다. 특히 국가나 공공기관의 신설·확장·이전·운영과 관련하여 관련 비용을 부담시키거나, 입지조건으로 할 수 없도록 규정하였다. 또한 지방재정법은 제3조(지방재정운용의 기본원칙)에서 "지방자치단체는 주민의 복리증진을 위하여 그 재정을 건전하고 효율적으로 운용하여야 하며, 국가의 정책에 반하거나 국가 또는 다른 지방자치단체의 재정에 부당한 영향을 미치게 하여서는 아니 된다"고 규정하고 있다.

이 규정들은 지방자치재정 운용에 있어서의 원칙을 명시하고 지방자치단체의 의무와 책임을 명문으로 규정한 것이다.

(가) 건전재정의 원칙

지방자치재정을 건전하게 운용하여야 한다. 즉, ㉠ 수지(收支)에 있어 적자가 생기지 않게 할 뿐만 아니라, ㉡ 지방자치단체의 세출을 지방채 이외의 재원으로 충당하고, 일시차입금을 해당 회계연도의 수입으로 상환하여야 하며, ㉢ 최소의 경비로써 최대의 서비스를 행할 수 있도록 그 재정을 보다 합리적이고도 효율적으로 운용하여야 한다. ㉣ 지방재정위기관리단체의 지정·공표제, 재정건전화 계획의 수립이행 의무와 이행부진 지방자치단체에 대한 불이익을 부여하고 있다.

(나) 국가정책 준수의 원칙

국가정책에 반하는 재정운용을 하여서는 안 된다. 즉, ㉠ 지방자치단체는 지역주민의 공공복지 증진을 위하여 설치된 통치단체이므로 정책수준을 향상하고 지방재정을 공정하게 운용할 뿐만 아니라, ㉡ 국가시책의 구현을 위해 노력하며, 지방재정운용을 국가정책과 조화되는 한도 안에서 하여야 한다.

(다) 재정질서 유지의 원칙

국가 또는 다른 지방자치단체에 부당한 영향을 미치는 지방재정운용을 하여서는 안 된다. 즉, ㉠ 국가와 지방자치단체간, 지방자치단체 상호간 및 지방자치단체와 주민간의 경비부담이 법률이 규정한대로 지켜지지 않고 전가된다든가, ㉡ 한 지방자치단체의 부당한 재정운용이 국가 또는 다른 지방자치단체의 경비를 증가하게 하거나 수입의 감소를 초래해서는 안 되며, ㉢ 지방자치단체와 지방공기업·지방자치단체 출자·출연기관, 교육재정을 포함하는 '지역통합재정통계'를 작성하고(지방재정법 제59조), 지방재정 운용사항을 주민에게 공시하여야 한다(지방재정법 제60조).

(라) 장기적 재정안정의 원칙

지방재정을 장기적인 재정안정을 고려하여 운용하여야 한다. 즉, 예산의 편성·집행, 정책과 사업계획의 수립, 수지증감의 원인이 될 행위 등을 하고자 할 때에는 해당 연도는 물론, 그 다음 연도 이후의 재정사정을 충분히 고려하여 지방재정의 장기적인 안정이 유지되도록 하여야 한다.

Ⅳ 지방교육자치재정

우리나라의 지방교육자치는 전술(제4장 제4절 교육자치제)한 바와 같이 종전에는 시·도 수준에서만 실시되고 있다. 시·도에는 교육행정 자치기관(시·도의회, 교육감)이 설치되어 있어, 일반행정 자치기관(시·도의회, 시·도지사)과의 일정한 관계 속에서 교육·학예에 관한 사무를 처리하고 있다.

지방교육재정재원에는, 교육에 관한 특별부과금·수수료 및 사용료, 지방교육재정교부금, 해당지방자치단체의 일반회계로부터의 전입금, 유아교육지원특별회계에 따른 전입금, 이 외 수입으로서 교육·학예에 속하는 수입이 있다(지방교육자치에 관한 법률 제36조). 지방교육양여금은 2005년에 지방교육재정교부금에 흡수·통합되었다.

지방교육재정은 지방자치단체의 교육비특별회계예산으로 따로 편성·운용되고 있다(동법 제38조).

의무교육에 관련되는 경비는 교육비특별회계의 재원 중 주로 교부금과 일반회계로부터의 전입금으로 충당하고, 의무교육 외의 교육관련 경비는 교육비특별회계의 재원 중 교부금과 일반회계로부터의 전입금, 수업료, 입학금 등으로 충당한다(지방교육재정교부금법 제11조 제1항).

(1) 지방자치단체의 자체부담

지방자치단체(시·도)는 그 일반회계예산에 지방교육세 전액, 담배소비세의 일부(45%)에 해당하는 금액(도를 제외함) 및 시·도세 총액의 일정비율(특별시는 10%, 광역시 및 경기도는 5%, 그 밖의 도는 3.6%)의 금액을 계상하여 교육비특별회계로 전출하여야 한다(지방교육재정교부금법 제11조 제2항).

지방교육에 관한 지방의 자체수입을 수차의 제도개혁을 통하여 확충해 오고 있으나, 아직까지 지방교육은 주로 국가로부터의 지원에 의존하고 있다.

(2) 지방교육재정교부금

지방교육재정교부금의 재원은 해당 연도 내국세[2] 총액의 20.79%와 교육세[3]중 유아교육지원특별회계 편입분을 제외한 금액으로 구성된다. 추가경정예산에 따라 내국세나 교육세의 증감이 있는 경우에는 교부금도 함께 증감하여야 하는데, 내국세나 교육세가 줄어드는 경우에는 지방교육재정 여건 등을 고려하여 다음다음 회계연도까지 교부금을 조절할 수 있다. 또한 내국세 및 교육세의 예산액과 결산액의 차액으로 인한 교부금의 차액은 늦어도 다음다음 회계연도의 국가예산에 계상하여 정산하여야 한다(지방교육재정교부금법 제9조).

지방교육재정교부금에는 보통교부금과 특별교부금이 있는데, 보통교부금의 재원은 전체 교부금의 97%에 해당하는 금액이고, 특별교부금의 재원은 나머지 3%에 해당하는 금액이다(동법 제3조 제1항 · 제3항).

보통교부금은 기준재정수입액이 기준재정수요액에 미달하는 지방자치단체에 그 미달액을 기준으로 하여 총액으로 교부한다(동법 제5조).

특별교부금은 다음과 같은 경우로 구분하여 교부된다(동법 제5조의 2).

① 전국에 걸쳐 시행하는 교육관련 국가시책사업으로 따로 지원해야 할 특별한 재정수요가 있는 때(특별교부금의 60%에 해당하는 금액).

② 기준재정수요액의 산정방법으로 포착할 수 없는 특별한 지역교육현안 수요가 있는 때(특별교부금의 30%에 해당하는 금액).

③ 보통교부금 산정 후에 발생한 재해로 인한 특별한 재정수요 또는 수입 감소가 있는 때(특별교부금의 10%에 해당하는 금액).

2) 목적세 및 종합부동산세, 담배에 부과하는 개별소비세 총액의 100분의 45 및 다른 법률에 따라 특별회계의 재원으로 사용되는 세목의 해당 금액 제외

3) 금융 · 보험업자 수입금액의 0.5%, 개별소비세액의 30%(등 · 중유, 부탄 및 부산물 유류 15%), 교통세액(휘발유 · 경유)의 15%, 주세액의 10%(주세율 70% 초과 주류는 30%)

제2절 지방자치경비

I 지방자치경비의 의의와 분류

1 지방자치경비의 의의

(1) 지방자치경비의 의미

지방자치단체가 그 업무 수행을 위하여 지출하는 일정한 재화를 지방(자치)경비라 하고, 1 회계연도 지방경비의 지출을 지방세출(歲出)이라고 한다.

지방자치경비로서 지출되는 재화는 반드시 화폐일 필요는 없고, 피복·양곡 등의 현물일 수도 있다. 그러나 오늘날과 같은 화폐경제시대에는 화폐가 일반적인 지출수단으로 되어 있고, 현물도 지출의 예산·결산에는 화폐로 환산·표시된다.

지방자치경비는 경제적으로는 재화를 할당·분배 및 조정하여 주는 기능을 수행하고, 정치적으로는 주민의 욕구를 충족시켜 주는 기능을 수행함으로써, 결국 주민복리의 증진과 지역의 발전에 기여한다.

(2) 지방자치경비의 특징

지방자치경비는 대체로 다음과 같은 특징을 가지고 있다.[4)]

(가) 다양성

지방자치단체는 그 수도 많고 규모도 다양하며 또한 그 여건이나 상황이 다르기 때문에, 각 지역의 행정수요가 다를 수 밖에 없으므로 행정수요에 대응하기 위한 지방자치경비의 규모나 내용도 다양하다.

4) 이상희, 지방재정론(서울 : 계명사, 1992), pp. 77~80.

(나) 지역한계성

지방자치경비는 지방자치단체의 사무나 사업을 수행하기 위하여 필요한 지역적 또는 지역사회적인 경비이다. 그러나 오늘날 지방자치단체의 사무나 사업에는 국가나 상급 자치단체로부터 위임받은 것도 많고, 또한 그 자신의 사무·사업도 전국적으로 통일된 기준에서 수행되도록 요구되고 있으므로 지역한계성이 점차 약화되고 있다.

(다) 중앙의존성

지방자치경비는 원칙적으로 지방자치단체에 의하여 지출되지만, 실제로는 상당한 부분이 국가 또는 상급 자치단체로부터의 지원에 의하여 지출됨으로써 높은 의존성을 갖고 있다.

특히 오늘날에는 지방경비 지출효과의 구역외 확산, 국가와 지방간의 상호 보충성, 지방간 재정력 격차해소의 필요성 등으로 인하여 지방자치경비의 국가의존성이 큰 실정이다.

2 지방자치경비의 분류

(1) 분류기준과 경비분류

지방자치경비는 그 분류기준 여하에 따라 여러 가지로 분류될 수 있다.

(가) 생산적 경비와 비생산적 경비

이는 경비지출 결과의 생산성 여하에 의한 분류로서, 생산적 경비(productive expenditure)는 지출의 결과가 직접 또는 간접으로 생산력 증가를 가져오는 경비이고, 비생산적 경비(unproductive expenditure)는 저축력·투자력·생산력을 감소시키는 경비이다. 후자의 대표적인 예로서는 국방비·치안비 등을 들 수 있다.

그러나 생산적인 것과 비생산적인 것의 구분은 그 한계가 모호하여, 일정한 경비가 구체적으로 생산적 경비인가, 비생산적 경비인가가 명확하지 않은 경우가 있다.

(나) 투자적 경비와 소비적 경비

이는 경비지출의 자산적 효과 여하에 의한 분류로서, 투자적 경비(investment expenditure)는 그 지출이 자본형성에 기여하는 경비로서 건설사업비가 대표적 예이고, 소비적 경비(consumptive expenditure)는 그 지출의 효과가 단기간에 그쳐 자본형성에 기여하지 못하는 경비로서 구호비, 유지보수비 등이 대표적 예이다.

그러나 이 분류는 투자적인 것의 인식 여하에 따라 그 구분한계가 달라지기 때문에 이를 실제로 적용하는 경우에는 구체적인 분류에 차이가 있을 수 있다.

(다) 이전적 경비와 비이전(·실질)적 경비

이는 경비지출의 경제적 효과 여하에 의한 분류로서, 이전적 경비(transfer expenditure)는 구호비 등과 같이 경비지출이 직접적인 재화·서비스의 구입을 의미하지 않고 주민소득의 일부를 재배분하는 데 그치는 경비이고, 비이전(실질)적 경비(untransfer expenditure)는 인건비·물건비 등과 같이 직접적인 재화·서비스의 구입을 행하는 경비이다.

(라) 경상적 경비와 임시적 경비

이는 경비지출의 규칙성 여하에 의한 분류로서, 경상적 경비(ordinary expenditure)는 공공수요가 항구적이어서 매년 반복되는 경비이고, 임시적 경비(special expenditure)는 공공수요가 우발적·단기적이어서 지출원인행위의 발생시기와 지출규모가 예측되기 어렵고 또한 일정하지 않은 경비이다.

(마) 의무적 경비와 임의적 경비

이는 경비지출의 탄력성 여하에 의한 분류로서, 의무적 경비(compulsory expenditure)는 인건비 등과 같이 정책변경이나 사정변경과 관계없이 지출하지 않으면 안 되는 경비이고, 임의적 경비(optional expenditure)는 사정변경 등에 따라 지출 여부를 결정할 여지가 있는 경비이다. 지방재정구조에 있어서 전자의 비중이 낮을수록 재정의 건전성이 높은 것으로 해석된다.

(바) 인건비와 물건비

지출의 대상별로 경비를 나눌 때 중요한 것은 인건비와 물건비이다. 인건비(personnel expenditure)는 노무에 대한 급부로서 지출되는 경비이고, 물건비(commodity or material expenditure)는 물자를 구입하기 위한 경비이다. 전자는 직접 개인소득이 되고, 후자는 정부의 물자구입을 통하여 민간부문의 소득을 창출하게 된다.

(2) 지방자치경비의 기능(·목적)별 분류

지방자치단체가 어떠한 일을 어느 정도 하고 있는가를 파악하는 데에 가장 효과적인 분류는 지방경비의 기능별(또는 목적별) 분류의 방법이다. 이러한 분류방법은 지방경비를 단위 사업별로 정리·분류하는 것이기 때문에 중·장기계획과의 연계, 사업목표와 비용과의 대비, 국가예산과의 연계, 기존사업과 신규사업에 대한 충분한 우선순위 검토 등을 하는 데에 유용하다.

우리나라 지방자치단체의 세출예산도 이 방법이 사용되고 있다. 사업예산제도의 도입으로 기존 5장(일반행정비, 사회개발비, 경제개발비, 민방위비, 지원 및 기타경비) 16관(입법 및 선거관계, 일반행정비, 교육 및 문화비, 보건 및 생활행정개선비, 사회보장비, 주택 및 지역사회개발비, 농수산개발비, 지역경제개발비, 국토자원보존개발비, 교통관리비, 민방위관리비, 소방관리비, 지방채상환, 제지출금, 교부금, 예비비)을 중기지방재정계획, 세출예산, 통합재정분석 간 기능분류를 일치시키고, 재정환경 변화와 국제 기능분류 기준에 부합하도록 13개 분야 52개 부문으로 나누고 있다.[5)]

우리나라 지방예산의 기능별 분류 방식을 보면 〈표 9-1〉과 같다.

---

5) 지방정부세출의 기능별분류기준의 변천내용을 살펴보면 ① 1963년에 5장(일반행정비, 공익사업비, 사회복지비, 산업경제비, 기타) 15관을, ② 1968년에는 5장(기타 → 지원제비) 27관을, ③ 1974년에는 5장 29관을, ④ 1985년에는 6장(민방위운영비 신설) 17관을, ⑤ 1990년에는 8장(의회비, 공익사업비를 지역개발비로, 문화체육비 신설) 24관을, ⑥ 1996년에는 5장 16관을, ⑦ 2008. 1. 1 사업예산제도의 도입으로 13개분야 51개부문으로, ⑧ 2014. 7. 30 공공질서 및 안전분야의 재난방재·민방위 부문을 재난방재·민방위부문(025)과 소방(026) 부문으로 세분화하여 13개분야 52개 부문으로 분류하고 있다.

〈표 9-1〉 일반회계 기능별 지방경비

지방자치단체 기능분류 : 13개 분야 52개 부문

분야	부문	명 칭	분야	부문	명 칭	분야	부문	명 칭
010		**일반공공행정(4)**	**070**		**환경(6)**	**110**		**산업·중소기업 및 에너지(6)**
	011	입법 및 선거관리		071	상하수도·수질		111	산업금융지원
	013	지방행정·재정지원		072	폐기물		112	산업기술지원
	014	재정·금융		073	대기		113	무역 및 투자유치
	016	일반행정		074	자연		114	산업진흥·고도화
020		**공공질서 및 안전(3)**		075	해양		115	에너지 및 자원개발
	023	경찰		076	환경보호일반		116	산업·중소기업 일반
	025	재난방재.민방위	**080**		**사회복지(8)**	**120**		**교통 및 물류(5)**
	026	소방		081	기초생활보장		121	도로
050		**교육(3)**		082	취약계층지원		123	도시철도
	051	유아 및 초중등교육		084	보육·가족 및 여성		124	해운·항만
	052	고등교육		085	노인·청소년		125	항공·공항
	053	평생·직업교육		086	노동		126	대중교통·물류 등 기타
060		**문화 및 관광(5)**		087	보훈	**140**		**국토 및 지역개발(3)**
	061	문화예술		088	주택		141	수자원
	062	관광		089	사회복지 일반		142	지역 및 도시
	063	체육	**090**		**보건(2)**		143	산업단지
	064	문화재		091	보건의료	**150**		**과학기술(3)**
	065	문화 및 관광일반		093	식품의약안전		151	기술개발
			100		**농림해양수산(3)**		152	과학기술연구지원
				101	농업·농촌		153	과학기술일반
				102	임업·산촌	**160**		**예비비(1)**
900		**기타**		103	해양수산·어촌		161	예비비

※ 행정운영경비는 기타(900) 분야로 처리

자료 : 행정안전부, 2022년도 지방자치단체 예산편성 운영기준 및 기금운용계획 수립기준.

(3) 지방자치경비의 성질(·대상)별 분류

지방자치단체의 공공활동이 어떠한 형태로 민간경제에 유입하는가를 분석하는 데에 가장 효과적인 경비분류는 지방자치경비의 성질별 분류이다. 이러한 분류방법을 지방자치경비의 지출대상별 분류방법이라 할 수 있다. 왜냐하면 지방자치단체의 경비지출 대상에 따라 공공활동이 민간경제에 유입하는 형태가 달라지기 때문이다.

우리나라에서는 지방자치단체의 세출예산의 국민경제에서의 효과를 분석하기 위하여 이 분류방법을 사용하고 있다. 성질별 분류도 사업예산제도의 도입으로 국제과목분류 기준 및 회계과목과의 연계를 고려하여 8개 그룹, 38개 편성목으로 하고, 통계목은 140개 내외로 정하고 있다.

우리나라의 지방자치경비의 성질별 분류방식을 보면 〈표 9-2〉와 같다.

〈표 9-2〉 일반회계 성질별 지방경비

그룹(8)		편성목(38)		통계목(141)	
100	인건비	101	인건비	01-04	보수외 3개
200	물건비	201	일반운영비	01-05	사무관리비 외 4개
		202	여비	01-05	국내여비 외 4개
		203	업무추진비	01-04	기관운영업무추진비 외 3개
		204	직무수행경비	01-03	직책급업무수행경비 외 2개
		205	의회비	01-12	의정활동비 외 11개
		206	재료비	01	재료비
		207	연구개발비	01-03	연구용역비 외 2개
300	경상이전	301	일반보전금	01-12	사회보장적수혜금 외 11개
		302	이주및재해보상금	01-02	민간인이주보상금 외 1개
		303	포상금	01-02	포상금 외 1개
		304	연금부담금 등	01-04	연금부담금 외 3개
		305	배상금 등	01	배상금 등
		306	출연금	01	출연금

		307	민간이전	01–12	의료및구료비 외 11개
		308	자치단체등이전	01–12	자치단체경상보조금 외 11개
		309	전출금	01–02	공사・공단경상전출금 외 1개
		310	국외이전	01–02	국외경상이전 외 1개
		311	차입금이자상환	01–05	시군구지역개발기금차입금이자상환 외 4개
400	자본지출	401	시설비및부대비	01–04	시설비 외 3개
		402	민간자본이전	01–03	민간자본사업보조 외 3개
		403	자치단체등자본이전	01–03	자치단체자본보조 외 2개
		404	공사・공단자본전출금	01	공사・공단자본전출금
		405	자산취득비	01–02	자산및물품취득비 외 1개
		406	기타자본이전	01	기타자본이전
		407	국외자본이전	01	국외자본이전
500	융자 및 출자	501	융자금	01–04	민간융자금 외 3개
		502	출자금	01	출자금
600	보전재원	601	차입금원금상환	01–07	시군구지역개발기금차입금원금상환 외 6개
		602	예치금	01	예치금
700	내부거래	701	기타회계등 전출금	01–03	기타회계전출금 외 2개
		702	기금전출금	01	기금전출금
		703	교육비특별회계전출금	01–02	법정전출금 외 1개
		704	예탁금	01	예탁금
		705	예수금원리상환금	01–04	예수금원금상환금 외 3개
		706	기타내부거래	01–03	감가상각비 외 2개
800	예비비 및 기타	801	예비비	01–03	일반예비비 외 2개
		802	반환금기타	01–04	국고보조금반환금 외 3개

자료 : 행정자치부, 2022년도 지방자치단체 예산편성 운영기준 및 기금운용계획 수립기준.

Ⅱ 지방자치경비의 규모

1 지방자치경비 규모의 결정

지방자치단체는 그 기능을 수행하기 위하여 적정한 경비규모를 가지고 있어야 한다. 각 자치단체의 적정한 경비규모를 실제로 결정하는 것은 지극히 어려운 일이다. 그것은 각 자치단체가 처한 여러 여건과 특성 및 주민요구에 따라서 그 재정수요의 질과 양 및 그 가용재원이 다양하기 때문이다.

지방자치경비의 적정한 규모 결정에는 무엇보다 지방자치단체의 정확한 재정수요의 측정이 전제되어야 한다. 재정수요의 측정을 위하여 지금까지 여러 기법이 개발되어 왔으나, 어떠한 것도 복잡한 재정수요의 질과 양을 종합적으로 정확히 측정하는 방법이 되지 못하고 있다.

또한 지방자치경비의 적정규모의 결정에 있어서 재정수요가 가용재원보다 언제나 크고, 가용재원의 비도(費途)가 정하여진 경우가 많기 때문에 재원면(재정공급면)에 대한 고려가 불가피하다.

지방수입이 궁극적으로는 주민부담으로 귀착되므로, 주민의 부담능력의 한도 안에서 지방자치경비 규모가 결정되어야 한다. 그러나 주민부담능력이라는 것이 실제에 있어서 고정되어 있지도 않고 측정도 매우 어렵다.

지방자치경비 적정규모의 결정과 관련하여 또 하나 중요한 것은 지방재정에 있어서 적자재정(赤字財政)의 경제적 효과가 어떠한 것이냐, 그것이 허용되어도 되는 것이냐 하는 것도 고찰되어야 한다는 점이다. 결국, 이 문제는 적자재정의 경제적 효과란 획일적인 것이 아니라 그 지방경제의 상황, 지출의 내역 등에 따라 다른 것이므로 획일적으로 단언하기 어렵다.

2 지방자치경비 팽창의 법칙

지방자치경비 적정규모의 결정에 관하여 많은 논란이 전개되고 있는 가운데서도 부인할 수 없는 하나의 역사적 추세가 있는데, 그것은 지방자치경비 팽창의 경향이다. 재정학자들은 이러한 경향을 하나의 법칙이라고까지 하고 있거니와, 확실히 지방자치경비를 포함한 공공경비는 시대가 흐르고 사회가 발전함에 따라 계속적으로 팽창해 가고 있다.

공공경비팽창의 법칙(law of increasing public expenditure)은 공공경비의 외연과 내포에서 모두 일어나고 있다. 즉, 정부기능의 확대에 따라 공공경비의 지출범위가 늘어나고 또한 정부기능의 강화에 따라 공공경비의 지출액이 늘어나고 있다.

오늘날 지방자치경비가 계속 팽창해 가는 데에는 다음과 같은 원인이 있다.[6]

첫째로, 경제・사회정세의 변화를 들 수 있다. 즉, 경제의 성장에 따른 경제조정 업무의 증대, 산업의 발달에 따른 지역간 및 산업간 불균형의 확대, 도시화에 따른 도시시설의 부족, 기타 노사・사회복지・경기대책 문제의 대두 등이 지방자치경비의 팽창을 초래하고 있다.

둘째로, 오늘날 국가는 그 증대하는 사무를 모두 직접 처리하지 못하고 종합적 행정조직을 갖고 있는 지방자치단체에 위임해서 처리하는 경향이 있어, 이에 따라 지방자치단체의 행정업무량이 대폭적으로 증가함으로써 그 업무처리를 위한 지방자치경비가 팽창하고 있다.

셋째로, 행정수준의 향상을 들 수 있다. 즉, 경제의 성장에 따라 주민의 소득수준이 향상되고, 사회의 변천에 따라 주민의 생활구조가 개선되며, 문화의 발전에 따라 주민의 기대수준이 향상되어, 이에 대응하는 주민생활관련 행정의 수준도 높아지게 되었다.

Ⅲ 지방자치경비의 부담

국가와 지방자치단체간 또는 지방자치단체 상호간에 그 사무처리 소요경비를 어디에서 부담하도록 하느냐 하는 것이 문제된다. 이에 관하여 우리나라 지방재정법에서 다음과 같은 지방자치경비의 원칙을 규정(제2장 경비의 부담: 제20조~제32조)하고 있다.

6) 이상희, 앞의 책, pp. 97~100.

1 국가와 지방자치단체간 경비부담

(1) 부담구분

국가와 지방자치단체간의 경비부담 구분은 다음과 같이 한다.

첫째로, 지방자치단체의 자치사무에 필요한 경비는 해당 지방자치단체가 그 전액을 부담한다(지방자치법 제158141조, 지방재정법 제20조). 이는 경비부담에 관한 대원칙의 선언이다.

둘째로, 지방자치단체 또는 그 기관이 법령에 따라 처리하여야 할 사무로서 국가와 자치단체간에 이해관계가 있는 경우에, 국가가 부담하지 아니하면 아니 되는 경비는 국가가 그 전액 또는 일부를 부담한다(지방재정법 제21조 제1항, 제22조, 동법 시행령 제33조). 이는 국가의 이른바 부담금에 관한 선언이다.

셋째로, 국가가 스스로 수행하여야 할 사무를 지방자치단체 또는 그 기관에 위임하여 수행하는 경우에 그 소요되는 경비는 국가가 전액을 그 자치단체에 교부한다(지방자치법 제158141조, 지방재정법 제21조 제2항). 이는 국가의 이른바 교부금에 관한 선언이다.

넷째로, 국가는 정책상 또는 지방자치단체의 재정사정상 특히 필요하다고 인정될 때에는 예산의 범위 안에서 지방자치단체에 보조금을 교부할 수 있다(지방재정법 제23조 제1항). 이는 국가의 이른바 보조금에 관한 선언이다.

(2) 부담부과

국가는 그 부담을 지방자치단체에 전가하여서는 아니 된다(지방자치법 제158141조). 지방자치단체에 보조금을 교부할 때에 법령이나 조례에서 정하는 경우와 국가정책 상 부득이한 경우 외에는 지방자치단체에 재원부담의 지시를 할 수 없다(지방재정법 제23조 제3항). 지방자치단체의 부담을 수반하는 법령제정·경비·국고보조금 등을 결정할 때에는 지방재정부담심의위원회(위원장을 행정안전부자치부 차관에서 국무총리로 승격)의 심의 및 법령이 정하는 지방비부담률의 범위 안에서 일정한 절차를 거쳐서 행하여야 한다. 국고보조사업에 대한 이력관리·사업수행점검결과 공개, 지방재정영향평가제 등을 통해 체계적으로 관리하도록 규정하고 있다(동법 제25조~제27조의8).

2 지방자치단체 상호간 경비부담

(1) 부담구분

특별시 · 광역시 · 도와 시 · 군 · 자치구간의 경비부담구분은 다음과 같다.

첫째로, 시 · 도(또는 시 · 도지사)가 시 · 군 · 자치구(또는 시장 · 군수 · 자치구청장)로 하여금 그 사무를 집행하게 할 때에는 시 · 도가 사무집행에 소요되는 경비를 부담하여야 한다(지방자치법 제158조, 지방재정법 제28조).

둘째로, 시 · 도는 정책상 또는 시 · 군 · 자치구의 재정사정상 특히 필요하다고 인정될 때에는 예산의 범위 안에서 시 · 군 · 자치구에 보조금을 교부할 수 있다(지방재정법 제23조 제2항).

셋째로, 시 · 도지사는 그 관할구역의 시 · 군 및 자치구 간의 재정력격차를 조정하기 위하여 조정교부금(시군조정교부금(종전의 '재정보전금'을 말한다), 자치구 조정교부금)을 확보하여 배분하여야 한다. 조정교부금은 일반적 재정수요에 충당하기 위한 '일반조정교부금'과 특정한 재정수요에 충당하기 위한 '특별조정교부금'으로 구분 · 운영하되, 특별조정교부금은 민간에 지원하는 보조사업의 재원으로 사용할 수 없다(동법 제29조~제29조의3).

(2) 부담부과

상급 자치단체는 자기의 부담분을 하급 자치단체에 전가하여서는 아니 된다(지방자치법 제158조). 특히 시 · 도가 시 · 군 · 자치구에 보조금을 교부할 때에 법령 또는 조례가 정하는 경우와 시책상 부득이한 경우 외에는 시 · 군 · 자치구에 재원부담의 지시를 할 수 없다(지방재정법 제23조 제2항, 제3항).

3 기타 사용료 등의 부담

기타 지방경비 부담의 원칙으로 다음 사항을 들 수 있다.

첫째로, 지방자치단체(또는 그 장)가 국가의 공공시설을 관리할 때에 그 관리 소요경비를 부담하는 경우에는, 법령에 특별한 규정이 있는 경우를 제외하고는 그 공공시설의 사용료를 징수하여 지방자치단체의 수입으로 할 수 있다(지방재정법 제31조).

둘째로, 지방자치단체가 국가 또는 다른 자치단체의 위임사무에 대하여 법령이 정하는 바에 의하여 과태료 또는 과징금을 부과·징수하는 경우에는 다른 법령에 특별한 규정이 있는 경우를 제외하고는, 그 수입은 사무위임을 받은 지방자치단체의 수입으로 한다(동법 제32조).

제3절 지방자치예산

I 지방자치예산의 의의와 구조

1 지방자치예산의 의의

(1) 지방자치예산의 의미

(가) 지방자치예산의 개념

지방(자치)예산이란 지방자치단체의 1 회계연도의 수입과 지출의 예정적 계획서를 말한다. 지방자치단체의 1 회계연도의 사업계획과 수요경비가 지방예산에 요약 표시된다.

지방자치예산에 있어서, 세출은 사업의 소요경비로서 자치단체장에게 확실하게 지출권한을 부여하지만, 세입은 단순한 예측으로서 수입의 근거는 법령에 별도로 규정되어 있다. 따라서 지출은 예산에 편성되지 않으면 할 수 없지만, 수입은 법령의 규정에 의하여 예산 없이도 할 수 있다.

(나) 지방자치예산의 기능

지방자치예산은 지방자치단체의 활동계획으로서 다음과 같은 기능을 수행한다.

(a) 정치견제적 기능 : 지방자치예산은 지방정치의 중심축이 된다. 지방자치예산이 편성·의결되는 과정이야말로 지역주민, 이익집단, 정당, 집행당국의 정치적 갈등과 협상·타협 과정이다. 예산은 전통적으로 주민대표기관(의회)의 예산집행기관

에 대한 통제의 수단으로서 발전하였다.

(b) **정책형성적 기능** : 지방자치예산은 지역발전정책의 중요한 요소가 된다. 예산의 편성과 심의를 통하여 지역개발사업, 지역경제성장, 소득재분배 등의 정책형성이 보다 구체적으로 촉진된다.

(c) **계획추진적 기능** : 지방자치예산은 지방자치단체의 활동이 계획적으로 추진되도록 한다. 사업계획을 뒷받침하는 재정계획이 예산에 의하여 구체적으로 명시됨으로써 사업의 추진이 보다 조직적이고 능률적이며 확실하게 된다.

(2) 지방자치예산의 원칙

(가) 예산총계주의

1 회계연도의 모든 수입과 지출은 세입·세출예산에 계상되어야 한다. 다만 자치단체가 현물로 출자하는 경우와 일정한 기금을 운용하는 경우 및 일정한 사유로 보관의무가 있는 현금 또는 유가증권이 있는 경우에는 이를 세입·세출 외로 처리할 수 있다(지방재정법 제34조).

(나) 단일예산주의

예산의 편성과 운용은 단일화되어야 한다. 다만 지방공기업법에 따른 지방직영기업이나 그 밖의 특정사업의 운영이나 특정자금의 관리 등을 위하여 일반세입·세출과 구분하여 회계처리할 필요가 있는 때에만 법률이나 조례로써 특별회계의 예산을 따로 설치할 수 있다(동법 제9조 제2항).

(다) 단년예산주의(회계연도 독립의 원칙)

예산은 1 회계연도를 단위로 하는 바, 회계연도는 매년 1월 1일에 시작하여 그 해 12월 31일에 종료된다(지방자치법 제140조). 각 회계연도의 경비는 해당 연도의 세입으로 충당하여야 한다(지방재정법 제7조 제1항). 다만 계속비(동법 제42조)와 이월비(동법 제50조)의 예외가 있으며, 지난 회계연도 수입(지방회계법 제27조) 지난 회계연도 지출(동법 제37조)에 관한 별도의 조치가 인정되고 있다. 앞당겨 충당·사용하는 제도는 폐지(2014. 11. 29)되었다.

(라) 예산한정주의(예산의 목적외 사용금지)

세출예산에서 정한 목적 외의 용도로 경비를 사용하거나 세출예산에서 정한 각 정책사업간에 상호 이용(移用)할 수 없다(지방재정법 제47조). 다만 지방의회의 의결을 얻어 이용하거나, 기구개편이 있을 때 이체(移替)하거나, 일정한 범위 내에서 각 단위사업・세부사업・목의 금액을 전용(轉用)하는 것은 허용된다(동법 제47조의2 제2항, 제49조).

(마) 사전성립주의

예산안은 회계연도 개시 일정일 전까지 지방의회의 의결로써 성립되어야 한다(지방자치법 제142조). 이 원칙의 예외로써 준예산(準豫算)제도가 있다(동법 제146조).

(바) 공개주의

예산안은 편성・심의・집행・결산의 과정에서 공개되어야 하며, 예산이 성립하면 지방의회 의장은 3일이내에 지방자치단체의 장에게 이송토록 하고 있으며, 지방자치단체장은 그 내용을 지체 없이 고시하여야 한다(동법 제149조, 제150조). 재정운영상황을 공시・공개하여야 한다(지방재정법 제60조).

(사) 통일예산주의

모든 수입을 통일된 금고(수납기관)에 납입하고, 모든 지출을 이 금고에서 지출하며, 수입금을 직접 사용할 수 없다(지방회계법 제25조). 다만 수입대체경비(지출이 직접 수입을 수반하는 경비)의 경우에는 수입이 확보되는 범위 안에서 직접 사용할 수 있다(지방회계법 제26조).

2 지방자치예산의 구조

(1) 회계의 구분

지방자치예산은 그 회계를 기준으로 일반회계예산과 특별회계예산으로 구분된다(지방자치법 제141조, 지방재정법 제9조).

(가) 일반회계예산

지방자치단체의 경상적(규칙적・항구적)인 재정활동에 관한 회계의 예산으로, 지방자치단체의 원칙적인 회계예산이다.

(나) 특별회계예산

지방자치단체의 특별회계 예산은 ㉠ 지방공기업법에 따른 지방직영기업을 운영하거나, 기타 특정사업을 운영할 때, ㉡ 특정 자금이나 특정 세입·세출로서 일반세입·세출과 구분하여 회계처리할 필요가 있을 때에만 법률이나 조례로 설치되는 예외적인 회계예산이다(지방재정법 제9조 제2항).

2016회계년도부터는 목적세(지역자원시설세, 지방교육세)에 따른 세입·세출은 특별회계로 설치·운용하여야 한다. 지방자치단체가 특별회계를 설치하려면(지방재정계획심의위원회 심의 필요), 5년 이내의 범위에서 존속기한을 조례에 명시하여야 한다고(기설치 운영 중인 특별회계의 존속기한은 2018. 12. 31까지로 한다) 개정함으로써 사전·사후관리를 강화하였다.

(2) 예산의 종류

지방예산은 그 성립과정을 기준으로 본예산, 수정예산, 추가경정예산 및 준예산으로 나뉜다.

(가) 본예산

1 회계연도를 단위로, 정규의 기간에 정례의 편성·심의절차를 거쳐 성립하는 해당 연도의 기본이 되는 예산을 말한다(지방자치법 제142조 제1항·제2항).

(나) 수정예산

예산안의 의회제출 후 예산안이 의결되기 전 부득이한 사유로 그 내용의 일부를 수정하여 다시 제출되는 예산(안)을 말한다(동법 동조 제4항).

(다) 추가경정예산

이미 성립된 예산에 추후 변경할 필요가 있어 새로 편성하여 지방의회의 의결을 받아 성립하는 예산을 말한다(지방자치법 제145조, 지방재정법 제45조).

(라) 성립전 사용예산

추가경정예산이 성립되기 전에 예산을 집행한 후 같은 회계년도의 차기 추가경정예산에 계상(성립전 예산임을 명시)하여 의회의 승인절차를 거치는 예산을 말한다. 이에는 용도가 지정되고 소요경비 전액이 교부된 경비(지방교부세, 국비보조금)와 재난구호 및 복구와 관련하여 교부된 경비에 한하여 인정하고 있다(지방재정법 제45조 단서).

(마) 준예산

회계연도 개시일 전까지 예산이 성립하지 않을 때에, ㉠ 법령이나 조례에 의하여 설치된 기관 또는 시설의 유지·운영을 위한 경비, ㉡ 법령 또는 조례상의 지출의무의 이행을 위한 경비, ㉢ 이미 예산으로 승인된 사업의 계속을 위한 경비를 전년도에 준하여 집행할 수 있는 예산을 말한다(지방자치법 제146조, 지방재정법 제46조).

(3) 예산의 내용

지방자치예산은 예산총칙, 세입·세출예산, 계속비, 채무부담행위 및 명시이월비를 총칭한다(지방재정법 제40조 제1항).

(가) 예산총칙

예산총칙에는 세입·세출예산, 계속비, 채무부담행위 및 명시이월비에 관한 총괄적 규정과 지방채 및 일시차입금의 한도액, 그 밖의 예산집행에 필요한 사항을 정하여야 한다(동법 제40조 제2항).

(나) 세입·세출예산

예산의 가장 핵심적인 부분으로 ① 세입예산은 그 내용의 성질과 기능을 고려하여 장·관·항으로 구분하여 금액으로 표시한 것이다(동법 제41조 제1항). ② 세출예산은 그 내용의 기능별·사업별 또는 성질별로 주요항목 및 세부항목으로 구분한다. 주요항목은 분야·부문·정책사업으로 구분하고 세부항목은 단위사업·세부사업·목으로 구분한다(동조 제2항). 각 과목의 구분과 설정 등 지방자치단체의 예산과목운용에 필요한 사항은 대통령령으로 정하도록 규정하였다(동조 제3항). 이는 성과중심의 사업예산제도 도입의 근거이기도 하다.

(다) 계속비

그 완성에 수년을 요하는 사업의 소요경비의 총액과 연도별 금액에 대하여 지방의회의 의결을 얻어 5년 이내의 기간에 걸쳐 지출할 수 있도록 되어 있는 것을 말한다(지방자치법 제143조, 지방재정법 제42조). 계속비로 계상된 금액을 해당 연도에 지출하지 못하여도 계속비의 사업완성연도까지 차례로 이월하여 사용할 수 있도록 하고 있다(지방재정법 제50조).

(라) 채무부담행위

예산확보 없이 미리 채무를 부담하는 행위를 말한다. 세입·세출 외의 부담이 될 채무부담의 원인이 되는 행위를 하고자 할 때에 미리 예산으로 지방의회의 의결을 얻어 둔 것을 말한다(지방자치법 제139조 제2항 제3항, 지방재정법 제44조 제1항). 지방의회의 의결을 얻어 채무부담행위를 한 때에는 늦어도 다음다음 회계연도의 세출예산에 반드시 이를 계상하여야 한다(지방재정법 제44조 제4항).

(마) 명시이월비

세출예산 중 경비의 성질상 해당 연도 내에 그 지출을 끝내지 못할 것이 예상되어 특히 그 취지를 세입·세출예산에 명시하여 미리 지방의회의 의결을 얻어 다음 연도에 이월하여 사용할 수 있는 것을 말한다(동법 제50조).

Ⅱ 주요 지방예산·재정제도

우라나라 지방자치단체의 예산 및 회계에 관한 기본법은 지방재정법이다. 지방자치법은 지방재정운영의 기본원칙과 지방자치단체의 예산과 결산, 수입과 지출, 재산과 기금의 설치 등에 관하여 기본적인 사항만 규정하고(지방자치법 제7장) 지방재정법에서 이를 구체적으로 규정하고 있다.[7]

1 사업예산제도

사업예산제도는 중장기정책과 예산의 연계 및 재정성과 제고를 위해 도입된 지방자치단체 예산제도이다. 이는 전통적으로 운용되어 온 품목중심의 예산체계와는 상대되는 개념[8]으로서, 예산을 사업중심으로 운영함으로써 산출·결과·성과중심

7) 임성일 외, 새로운 지방예산제도(서울 : 박영사, 2013), pp. 42~85.

의 예산운영이 용이하도록 프로그램(사업)단위를 중심으로 예산체계를 구조화한 예산제도를 말한다.

사업예산제도 도입의 목적은 ① 전략적 재원배분, ② 성과목표에 의한 사업별 예산편성 및 성과관리, ③ 재정지출의 성과 제고에 있다.[9)]

사업예산의 기본구조는 지방자치단체의 전략과 정책을 체계적으로 반영하기 위하여, 기능수준으로 분야(13개)와 부문(52개)이, 그 기능수준 하위에 사업수준으로 정책사업, 단위사업, 세부사업이 각각 일정한 규칙에 따라 계층이 형성되도록 한다.

그리고 그 세부사업 하위에 집행수준으로 편성목(8그룹 38개)을 설정하고, 그 편성목 하위에 통계수준인 통계목을 설정하고, 그 통계목 하위에 산출근거를 설정한다. 이리하여 사업예산이 분야–부문–정책사업–단위사업–세부사업–편성목–통계목으로 계층체계를 이루어, 사업 내용이 전체적으로 일목요연하게 파악될 수 있게 된다.

---

8) 품목별예산체계와 사업예산체계 비교

〈세출예산 과목체계 구조〉

분류	품목별예산(2007년까지)	사업예산(2008년부터)	
기능별	장 (5개)	분야 (13개)	
	관 (16개)	부문 (52개)	
조직별	항 (자율)	정책사업	행정운영경비 · 재무활동
사업 목적별	세항 (자율)	단위사업	
경비 유형별	세세항 (대 4개 / 소8개)	세부사업	
성질별	목 (8그룹, 38개)	편성목(8그룹, 38개)	
	세목 (109개)	※ 통계목 (128개)	
(부기)	(산출기초)	(산출기초)	

자료 : 산출예산 과목체계 구조, (지방재정 365, https://lofin.mois.go.kr/)

9) 사업예산제도는 자원을 전략적으로 배분하고, 성과목표에 의한 사업별 예산편성 및 관리, 재정지출의 성과를 제고하기 위하여 2004년부터 시범도입, 2005년에 지방재정법상 성과중심의 사업예산제도 도입 근거 마련(동법 제41조), 2007년에 사업예산서 시범편성 등 도입준비를 한 후, 2008년 1월 1일부터 전면시행하게 되었다(임성일 외, 전게서, p. 45 : 2016년도 지방자치단체 예산편성기준 및 자금운용계획 수립기준).

2 성과예산제도

성과예산제도는 관리중심적 예산제도와 결과중심적 예산제도의 두 가지 의미가 있다. ㉠ 관리중심적 성과주의 예산제도는 1930년대 미국 뉴딜정책에서 예산을 프로그램 및 활동별로 관리한 예산제도이며 ㉡ 결과중심적 성과주의 예산제도는 1990년대 뉴질랜드, 오스트레일리아, 미국, 영국, 캐나다 등 각국에서 정부혁신을 추진하면서 성과를 지향하는 예산제도를 말한다.

성과예산제도는 구조화된 예산사업의 임무(Mission)－전략목표(조직의 목표・비전・전략)－성과목표－성과지표－성과평가 결과의 환류가 가능하도록 성과계획과 예산을 체계적으로 관리하기 위해 도입된 예산제도이다(지방재정법 제5조).[10)]

지방자치단체장은 예산의 '성과계획서'와 '성과보고서'를 작성하여 예산안 및 결산서를 제출할 때 함께 제출하여야 하며, 주요 재정사업을 평가[11)]하여 재정운영에 반영할 수 있도록 하는 등 성과관리체계를 구축하여야 한다(동법 제5조).

성과예산서의 기본체계와 내용을 간략히 살펴보면 다음과 같다.

첫째로, 조직의 임무(Mission: 조직의 존재이유와 사명)와 비전(Vision: 조직의 미래 모습)을 전제로 전략목표를 수립한다.

둘째로, 조직의 임무와 실・국(과)별 전략목표에 기여하는 프로그램(정책사업)별 성과목표를 설정한다. 성과계획서에는 조직부서의 목표, 성과지표, 검증방법, 단위사업, 예산액 등을 포함하도록 하여야 한다.

셋째로, 전략목표와 성과목표에 대한 달성여부와 사업평가를 할 수 있는 측정수단으로 성과지표를 설정하여야 한다. 성과예산서의 작성에는 BSC(Balanced Score Card)성과관리시스템[12)]과 사업예산체계와의 연계하는 것이 필요하며, 현행 성과예

---

10) 성과예산 관리제도의 도입과정은 ① 광역단체에서는 2008년에, 기초단체에서는 2012년에 선도기관으로 선정하고, ② 각각 연차적으로 성과예산서 시범작성, 정식작성, 성과보고서 작성을 거쳐, ③ 미비점 보완 및 지방재정법상의 법적근거 마련 후, ④ 2015 회계연도예산부터 모든 자치단체에서 시행하였다. ⑤ 지방자치단체예산편성운영기준(행정자치부훈령)에 의거 2015회계연도 예산안에 대한 성과계획서는 시범적으로 작성하고, 2016회계연도예산안부터 성과계획서를 의무적으로 작성하도록 규정하였다(임성일 외, 앞의 책, pp. 52~57).

11) 주요재정사업평가의 대상으로는 ① 시・도는 총사업비 5억원 이상의 투자사업과 5천만원 이상의 행사성사업을, ② 시・군・구는 총사업비 2억원 이상의 투자사업과 2천만원 이상의 행사성사업이다(지방재정법시행령 제1조의2).

12) BSC(Blanced Score Card : 균형성과표)성과관리시스템이란 기존의 조직평가 방식이 주로 재무적 관점(수익률, 도로포장률 등)에 한정하였던 것을 재무적 관점 이외의 비재무적 관점인 고객관점(시민만족도 등), 내부 프로세스관점(의사결정 과정, 주민참여 과정 등), 성장 및 학습관점(교육훈련, 조직의 혁신・발전 및 지속가능성 등)에서 균형있게 평가하는 방식이다.

산서는 조직부서(실·국·과)단위에서 정책사업을 중심으로 성과목표-성과지표를 제시하며 5년에 걸친 실적 및 목표치를 제시하고 있다.

3 성인지예산제도

성(性)인지예산제도는 예산의 편성·집행·관리과정에서 여성과 남성이라는 '성변수(gender variable)'의 특성을 인식하고 양성(兩性)평등의 관점을 예산에 투영시키는 새로운 예산운영방식이다.[13)]

성인지예산제도는 지방재정운용의 기본원칙이며(지방재정법 제3조 제2항) 지방자치단체장은 성인지 예산을 작성·제출하여야 하며, 성인지결산서를 작성·첨부하여야 한다(동법 제36조의2, 제60조).

성인지예산이 지방재정에 주는 의미는 다음과 같다.

첫째로, 지방자치단체의 예산운영에 성관점과 성인식이 투영되어 경제·재정적 양성평등이 추구될 수 있을 뿐만 아니라 재정활동의 책임성, 참여, 투명성을 제고시키는 제도적기반이 강화되는 것을 의미한다.

둘째로, 주민들의 일상생활과 밀접한 공공서비스(교육·노동·사회복지·보건·농림·수산 등) 분야에서 국가성인지예산에 비해 보다 동태적이고 주민 밀착적인 예산을 운영하게 될 것이다.

셋째로, 성인지예산사업(상당수가 국고보조사업으로 추진)의 중앙·지방간 연계성이 강화되고 재정이전의 운영방식에 영향을 미치게 될 것이라는 점 등을 들 수 있겠다.

이 제도는 MBO(목표관리제) 등 기존의 평가방식의 미흡한 점(재무평가 중심, 목표의 단기성·변형성·불명확성·가변성 등)을 보완하기 위해, 카플란과 노턴(kaplan & Norton)이 제시하였다. BSC평가제는 평가의 수행이 어렵고 평가지표의 객관성·계량화가 어렵다. 우리나라에서도 2005년부터 중앙부처에서 실시한 이후, 지방자치단체에서도 도입 실시하고 있다.

13) 성인지예산제도는 2006년도에 국가예산제도로 도입되어 2010회계년도부터 중앙정부차원에서 채택되어 국가성인지예산서가 국회에 제출되었다. 2011년 개정 지방재정법에서 2013년부터 모든 지방자치단체에서도 의무적으로 채택·시행되는 예산제도가 되었다(임성일 외, 앞의 책, pp. 62~69

4 주민참여예산제도

주민참여예산제도는 예산편성의 기능과 권한을 행정이 독점하지 않고 주민과 함께 협력하여 결정하는 분권화된 참여형 예산운영시스템이다.[14)]

지방자치단체장은 대통령령으로 정하는 바에 따라 지방예산편성과정에 주민이 참여할 수 있는 절차를 마련하여 시행하여야 하며, 수렴된 주민의 의견서를 예산안에 첨부하여야 한다고 규정하고 있다(동법 제39조 제1항, 제3항). 주민이 참여할 수 있는 방법으로는 ① 공청회 또는 간담회, ② 설문조사(서면 또는 인터넷), ③ 사업공모, ④ 그 밖에 주민의견수렴의 방법을 조례로 정하도록 규정하고 있다(동법 시행령 제46조 제1항, 제2항).

즉, 예산편성과정에 주민참여를 확대하고 '운영평가제'를 도입함으로써 지방재정운영의 투명성·공정성 및 효율성을 제고하고 궁극적으로는 재정민주주의의 이념을 구현하는데 목적이 있다. 그러나 지방자치단체의 잘못된 인식 및 소극적 행태, 참여주민의 대표성 한계, 지방의회와의 관계 등과 상충관계가 있으므로 이를 조화할 수 있는 운영의 묘를 살려가야 할 것이다.[15)]

5 지방보조금관리제도

지방보조금이란 지방자치단체가 법령 또는 조례에 따라 다른 지방자치단체, 법인·단체 또는 개인 등이 수행하는 사무 또는 사업 등을 조성하거나 이를 지원하기 위하여 교부하는 보조금 등을 말한다. 민간이 행사하는 사업 또는 사무에 지방자치단체가 이를 권장하기 위하여 교부하는 경비를 말한다. 지방보조금을 보다 효율적

14) 주민참여예산제도는 1989년에 브라질 포르트알레그레(Porto Alegre)시에서 처음 실시되어 브라질 및 남미 지역에서 활성화 되었다. 그 후 1990년 중반 이후 유럽을 비롯하여 아시아, 아프리카 등 전세계로 확산되고 있는 제도이다. 특히 브라질이나 유럽 등에서의 주민참여예산의 강조점은 사회적포용(social inclusion)으로 저소득층·여성·장애인 등 사회적 약자와 소외자의 적극적 참여를 강조하고 있으므로 이를 '빈곤자배려예산(pro-poor budgeting)'이라고 부르기도 한다(임성일 외, 앞의 책, pp. 78~82 : 2011 행정안전백서 pp. 471~472).

15) 주민참여예산제도의 도입은 ① 2003년 지방예산편성지침에 주민참여형 예산편성 제도를 권장하여 2003년 광주광역시 북구에서 최초로 도입된 이후 일부 자치구에서 실시하였다. ② 2006년 주민참여예산제 표준조례(안)을 통보한데 이어, 2010년 주민참여예산제 조례 모델안을 통보하는 등 활성화 방안을 모색해오다. ③ 2011년에 지방재정법을 개정하여 주민참여예산제 운용을 의무화 하였다.

이고 체계적으로 관리하기 위해 지방자치단체 보조금 관리에 관한 법률을 제정·시행하였다.

주요내용으로는 ① 지방보조금이 지급되는 대상사업, 경비의 종목, 보조율 및 금액은 매년 예산으로 정하고, 다른 지방자치단체에 대한 지방보조금의 경우 예산 계상 신청 및 예산 편성 시 지방보조사업별로 적용하는 기준이 되는 보조율은 특별시·광역시·도·특별자치도의 조례로 정하며, 지방자치단체의 지방보조금 예산편성 절차와 운영방향에 관한 사항, ② 지방자치단체의 지방보조사업자 선정 및 교부 결정, 교부결정 취소 등의 절차와 방법, 사유, ③ 지방보조금의 총액이 3억원 이상인 지방보조사업자는 감사인으로부터 실적보고서의 적정성에 대하여 검증을 받도록 하고, 회계연도 중 10억원 이상의 지방보조금을 교부받은 지방보조사업자는 감사인이 작성한 감사보고서를 제출하도록 규정, ④ 지방보조금으로 취득하였거나 효용이 증가된 중요재산은 지방자치단체의 장의 승인 없이 교부 목적 외 용도로 사용, 양도·교환, 대여 또는 담보의 제공을 하지 못하도록 하고, 중요재산 중 부동산은 소유권 등기 시에 부기등기(附記登記)를 하도록 하며, 부기등기일 이후에 법규정을 위반하여 중요재산을 교부 목적 외 용도로 사용 등을 한 경우 그 효력을 무효로 함, ⑤지방보조금에 관한 사항을 전문적으로 심의하기 위하여 지방자치단체의 장 소속으로 지방보조금관리위원회를 두며, 행정안전부장관 및 지방자치단체의 장은 지방보조금 부정수급 방지를 위한 지방보조금통합관리망을 구축하도록 하고, 지방보조금 부정수급자의 명단과 위반행위, 처분내용 등을 지방자치단체 인터넷 홈페이지에 공표, ⑥ 지방자치단체의 장은 이미 교부된 지방보조금의 교부결정을 취소한 경우에는 지방보조사업자에게 취소된 부분에 해당하는 지방보조금과 이자의 반환을 명하도록 하고, 부정한 방법으로 지방보조금을 교부·지급받은 사유로 반환명령을 1회 이상 받은 지방보조사업자 또는 지방보조금수령자 등은 지방보조사업의 수행 대상에서 배제하거나 교부·지급을 제한, ⑦ 지방보조금 반환을 명한 경우에는 반환하여야 할 지방보조금 총액의 5배 이내의 범위에서 제재부가금을 부과·징수하도록 하고, 제재부가금을 납부기한 내 납부하지 아니한 경우에는 체납된 금액의 100분의 5를 초과하지 아니하는 범위 내에서 가산금을 징수할 수 있도록 하며, 반환금, 제재부가금, 가산금을 기한 내에 납부하지 아니한 경우에는 강제징수할 수 있으며, ⑧ 거짓이나 부정한 방법으로 지방보조금을 교부받은 자와 그 사실을 알면서도 지방보조금을 교부한 자는 10년 이하의 징역 또는 1억원 이하의 벌금에 처하도록 하는 등의 벌칙 및 양벌규정을 규정하고 있다.

6 지방재정영향평가제도

지방자치제가 본격 실시된 이후 각 지방자치단체가 지역발전 및 지역경제 활성화 등을 위해 추진해 온 국내·국제경기대회, 지역축제, 공모사업 등이 당초의 취지와는 다르게 운영되거나 과도한 지방재정부담 증가를 초래하여 문제가 되는 경우가 발생할 수 있다. 따라서 지방재정의 건전성을 약화시키는 사업에 대하여는 사전에 지방재정에 미치는 영향을 평가('지방재정영향평가서'를 첨부하여 지방재정투자심사위원회의 심사)하도록 법제화하였다(지방재정법 제27조의6).

지방재정영향평가를 받아야 하는 사업 중 지방자치단체장이 평가하여야 하는 평가대상은 ㉠ 총사업비 30억원 이상의 국내·국제경기대회 및 공연, 축제 등 행사성 사업, ㉡ 공모사업으로 총사업비 100억원 이상이고 지방재정 부담이 50억원 이상인 사업이며(지방재정법 시행령 제35조의5), 중앙관서의 장이 평가하여 할 평가대상은 국가가 추진하는 총사업비 500억원 이상이고 지방재정 부담이 200억원 이상인 신규사업이 해당된다(동법 시행령 제35조의6).

이 제도는 그 취지상 지방재정투자사업에 대한 필요성이나 타당성 여부를 심사하는 지방재정투자심사제도와는 다른 것이다.

7 발생주의·복식부기제도

정부회계제도는 기장(記帳)방식(단식부기와 복식부기)과 인식기준(현금주의와 발생주의)에 따라 분류된다. 이중 ㉠ 현금주의·단식부기형은 가계부나 과거정부에서 사용하였으며, ㉡ 발생주의·복식부기형은 기업회계와 지방정부에서 2007년부터 시행(중앙정부는 2009년부터 시행)하고 있는 제도이다.

2016년 지방자치단체의 결산·수입·지출·현금 등 지방자치단체의 회계 및 자금관리에 관한 사항을 따로 분리하여 지방회계법을 따르도록 하였다. 이에 "지방재정활동에 따라 발생하는 경제적 거래 등을 발생사실에 따라 복식부기 방식으로 회계처리하는 데에 필요한 기준(이하 "지방회계기준"이라 한다)은 행정안전부장관이 기획재정부장관과 협의하여 행정안전부령으로 정한다."고 규정되어 있다(지방회계법 제12조).

또한, 지방자치단체의 장은 회계연도마다 일반회계·특별회계 및 기금을 통합한 결산서를 작성하여 「지방자치법」 제150조제1항에 따라 지방의회가 선임한 검사위원에게 검사를 의뢰하여야 한다(동법 제14조).

8 예산 · 기금의 불법지출 · 낭비에 대한 주민감시제도

지방자치단체의 예산이나 기금[16)]을 집행하는 자가 법령을 위반하여 예산을 집행함으로써 자치단체에 손해를 가(加)하였음이 명백한 때에는 누구든지 불법지출에 대한 증거를 제출하고 시정을 요구할 수 있다(지방재정법 제48조의2 제1항). 또한 예산절약 또는 수입증대와 관련한 의견이 있는 자는 그 의견을 제출할 수 있다(동조 제2항). 예산 또는 기금의 불법지출 · 낭비에 대한 시정요구사항을 처리한 결과 수입이 증대되거나 지출이 절약된 때에는 시정요구를 한 자(제안자 포함)에게 성과금을 지급할 수 있다(동조 제4항). 지방자치단체의 장은 이와 관련된 제안 등을 접수 · 처리하기 위하여 예산낭비신고센터를 설치 · 운영하여야 한다(동법 시행령 제54조의2 제1항).

9 조세지출예산제도(지방세 비과세 · 감면제도)

조세지출제도란 지방자치단체가 거두어들여야 할 세금을 비과세 · 감면 · 공제 등의 세제혜택을 받아 징수를 포기한 액수를 조세지출이라고 한다. 조세지출예산제도란 조세지출의 내용과 규모를 주기적으로 공표해 조세지출을 관리 · 통제하는 제도이다.

우리나라는 2010년도부터 지방세조세지출제도를 도입 · 실시하고 있다. 지방세 비과세 · 감면액의 비율을 일정율 이하가 되도록 노력하여야 하며(지방재정법 제28조의2, 동법 시행령 제35조의7), 지방세지출보고서를 예산안 및 결산안의 필수적 첨부서류로 규정하고 있다(동법 제44조의2).[17)]

---

16) 기금이란 지방자치법 제159조에 따라 예산과는 별도로 행정목적 달성 또는 공익상 필요에 따라 사업을 하기 위하여 설정한 특정한 자금을 말한다. 2005년 이전까지는 지방기금의 설치 · 운영에 관한 사항들은 지방자치단체의 조례로 정하도록 되어 있었다. 그러나 지방재정법이 4개의 법으로 분리(2005년)되면서 '지방자치단체기금관리기본법'이 별도로 제정되었다.

지방세에 대한 특례(세율의 경감, 세액감면, 세액공제, 과세표준공제 등)와 특례의 제한에 관하여는 지방세특례제한법과 조례에 따른 감면제도가 있다.

지방세특례제도를 효율적으로 운영하기 위하여 지방세감면 통합심사제, 지방세감면 총량제, 지방세감면 중기운용계획, 지방세심의위원회제, 지방세감면조례 가전허가제 폐지 등 다양한 제도를 도입·운영하고 있다.[18)]

10 지방재정분석·진단 및 공시제도

재정분석진단제도는 지방재정의 결산정보를 중심으로 한 지방재정건성에 대한 사후적 관리수단이다.

행정안전부장관은 지방자치단체의 장이 제출한 재정보고서의 내용(예산, 결산, 출자, 통합부채, 우발부채, 그밖의 재정상황)을 분석하여야 한다(지방재정법 제54조, 제55조 제1항, 동법 시행령 제65조).

지방재정분석결과 지방재정의 건전성과 효율성이 현저히 떨어지는 지방자치 단체에 대하여는 재정진단을 의무적으로 실시하도록 하고, 행정안전부장관이 매년 재정분석·진단을 실시한 후 3개월 이내에 국회 소관상임위원회에 보고하여야 한다(지방재정법 제55조의2, 동조의3).

이에 관하여는 후술 제4절 Ⅱ(지방재정의 분석·진단 및 공시)에서 자세히 설명한다.

---

17) (2017년까지는 100분의 15 이하로 하고, 연차별로 0.5%씩 증가, 2018년: 2017년의 지방세 비과세·감면율에 0.5%를 더한 비율, 2019년: 2017년과 2018년의 지방세 비과세·감면율 평균에 2019년: 2017년과 2018년의 지방세 비과세·감면율 평균에 0.5%를 더한 비율 더한 비율, 2020년 이후: 해당 연도의 직전 3년간 지방세 비과세·감면율 평균에 0.5%를 더한 비율)

18) 연도별 지방세 비과세 감면율 현황

연도	지방세징수액	비과세감면율
2020	103,625,632	11.01%
2019	91,757,161	11.5%
2018	85,480,490	11.78%
2017	81,483,661	12.09%
2016	76,513,480	12.34%

11 재정위기단체 · 긴급재정관리단체 지정 · 관리제도

재정분석과 진단 결과 등을 토대로 재정위험이 심각하다고 판단되는 지방자치단체에 대하여는 지방재정위기관리위원회의 심의를 거쳐 '재정위기단체'로 지정하고, 지방채발행과 일정규모 이상의 신규사업의 추진을 제한하는 등 필요한 조치를 취하도록 하고 있다(지방재정법 제55조의2~5).

특히, 지방자치단체가 '재정위기단체'로 지정된 후 3년간 재정건전화계획을 이행하였음에도 불구하고 재정위험수준이 현저히 악화된 경우 등 지방자치단체의 자력으로 그 재정위기상황을 극복하기 어려운 경우에 행정자치부 장관이 해당 지방자치단체를 '긴급재정관리단체'로 지정(지방자치단체장의 신청 또는 직권)하고, 선임된 '긴급재정관리인'을 파견하여 국가와 지방자치단체가 협력하여 재정위기를 극복하도록 하고 있다(동법 제63조의3~9).

이에 관하여는 후술 제4절 Ⅲ(재정위기단체 · 긴급재정관리단체 지정 · 관리제도)에서 자세히 설명한다.

Ⅲ 지방자치예산의 과정

지방자치 예산은 매년 지방자치단체의 장에 의하여 편성되고, 지방의회의 심의 · 의결을 거쳐 확정되며, 각 기관에 의하여 집행된다. 결산이 지방의회에 의하여 승인되면 예산집행의 책임이 해제되고, 예산의 기능은 완결된다. 이와 같이 지방자치 예산은 편성 · 심의 · 집행 · 결산의 4대 과정을 거쳐 운용된다. 예산의 과정은 예산 쟁취 투쟁의 정치적 과정이라고 할 수 있다.

1 예산의 편성

예산안의 편성권은 지방자치단체의 장에게만 있다. 지방의회가 사용할 각종 경비도 지방자치단체의 장이 지방의회의 의견을 들어 예산안을 편성한다.

(1) 편성의 준비

지방자치단체장이 예산을 편성할 때에는 중기지방재정계획[19]과 재정투자사업에 대한 심사결과(지방재정투자심사위원회)를 기초로 하여야 한다.

(가) 중기지방재정계획의 수립 및 제출

지방자치단체장은 지방재정을 계획성 있게 운용하기 위하여 매년 다음 회계연도부터 5회계연도 이상의 기간에 대한 중기지방재정계획을 수립하여 예산안과 함께 지방의회에 제출하고 이를 회계연도 개시 30일 전까지 행정안전부장관에게 제출하여야 한다(지방재정법 제33조).

행정안전부장관은 각 자치단체로부터 제출된 중기지방재정계획을 기초로, 관계 중앙행정기관장과 협의를 거쳐, 매년 종합적인 중기지방재정계획을 수립(지방재정계획심의위원회의 자문)하고 이를 국무회의에 보고하여야 한다(동법 제33조 제6항, 제7항).

중기지방재정계획에 반영되지 아니한 사업에 대해사여는 불가피한 사유가 있는 경우를 제외하고는 투자심사나 지방채 발행의 대상으로 해시는 인 된다(동법 동조 제11항). 이러한 중기지방재정계획은 주민의 기대수준은 높으나 재원에는 한계가 있어 중기의 계획적인 재정운용을 실현하고, 국토종합개발계획 등 국가계획 및 지역계획과 지방재정을 연계하며, 지방자치단체의 안정적 재원의 확보 및 그 사업계획과 예산편성을 연계하는 데 있어 매우 중요한 것이다.

중기지방재정계획이 성공적으로 운용되기 위해서는 지방재정에 미치는 여러 가지 여건 및 현황의 분석과 계획의 적정한 기준 및 지표설정, 세입 및 세출의 정확한 예측, 중기지방재정계획의 연동화(5년주기)강화 및 체계적인 평가체계 확립, 관련 지방재정제도(지방재정 투자심사(4~5월), 지방채발행계획(8월), 예산편성(8~10월), 지방

---

19) 중기지방재정계획이란 기획예산제도(PPBS)의 일종으로 5년정도를 계획기간으로 수립하는 수입지출계획으로서 연동식계획(rolling plan)이다.
중기지방재정계획의 내용(동법 제33조 제3항)으로는 ① 재정운용의 기본방향과 목표, ② 중장기재정여건과 재정규모 전망, ③ 관련 국가계획 및 지역계획 중 해당사항, ④ 분야별 재원 배분계획 ⑤ 예산과 기금별 운용현황, ⑥ 의무지출과 재량지출의 증가율과 산출내역, ⑦ 지역통합재정통계의 전망과 근거 및 관리계획, ⑧ 통합재정수지(일반회계+특별회계+기금의 순수입에서 순지출을 뺀 금액)의 전망과 관리방안, ⑨ 투자심사와 지방채 발행사업 등이 포함된다.
우리나라의 경우, 중앙정부는 1982년부터 예산요구서를 제출할 때 중기재정소요내역서를 첨부토록 함으로써 도입되었으며, 지방정부는 1982년에 내무부지침으로 지방중기재정계획을 수립한 이래, 1988년 지방재정법 전문개정으로 법정계획으로 되었다. 2007년부터는 이것이 사업예산제도운영과 연계하여 수립되고 있다(김동기, 한국지방재정학, 서울 : 법문사, 2008, pp. 333~347 : 전상경, 현대지방재정론, 서울 : 박영사, 2011, pp. 369~371).

재정공시제도(2월, 8월), 지방재정분석(12월)) 등과 연계를 강화해야 할 것이다.[20]

(나) 재정 투자사업의 심사

지방자치단체장이 재정 투자사업에 관한 예산을 편성하고자 하는 경우에는 사업의 필요성, 사업계획의 타당성 등에 대한 지방재정투자심사위원회의 심사(총사업비 500억원 이상은 전문기관의 사전타당성조사를 실시)를 거쳐야 하며,[21] 그 심사결과를 기초로 예산을 편성하여야 한다(지방재정법 제36조 제4항, 제37조의2). 또한 투자심사를 하거나 지방채를 발행하여 시행하는 사업에 대해서는 그 추진상황 및 담당자 명단을 공개하여야 한다(동법 제37조의3).

이는 지방예산의 계획적·효율적 운용을 기하고 각종 투자사업에 대한 무분별한 중복투자를 방지하기 위한 장치라 하겠다.

(다) 재정운용업무편람의 활용

지방자치단체의 예산편성에 있어, 종래에는 행정안전부장관이 '예산편성기본지침'을 작성하여 시달하는 제도가 실시되었으나, 2005년부터 이 제도가 폐지되고 행정안전부령으로 '지방자치단체 예산편성기준'을 정하고 행정안전부장관이 지방의 재정운용에 필요한 정보로 구성된 '지방자치단체 재정운용업무편람(지방재정의 운용여건, 지방재정제도의 개요 등 지방재정운용에 필요한 정보 등을 수록)'을 작성하여 보급하는 제도가 채택되었다(동법 제38조).

이는 종래의 지방에 대한 중앙통제가 강력한 상황에서 중앙의 예산편성기본지침 시달이 지방의 자율을 억제하여, 지방의 예산편성기본지침 준수의무 문제로 논란이 많았던 끝에, 이를 시정하고 지방의 자율을 확대한다는 의미를 가지고 있다.

(2) 편성의 절차

지방자치단체는 법령 및 조례가 정하는 범위 안에서 합리적인 기준에 따라 그 경비를 산정하여 예산에 계상하고, 모든 자료에 의하여 엄정하게 재원을 포착하고 경제의 현실에 적응하도록 수입을 산정하여 이를 예산에 계상하여야 한다(동법 제36조 제1항·제2항).

---

20) 손희준외, 지방재정론(서울 : 대영문화사, 2012), pp. 345~349.

21) 투자심사(종전의 투·융자심사)는 심사의 대상·규모(금액)에 따라 자체심사와 상급기관에 의뢰심사 방식으로 행해진다.

지방자치단체장은 중기지방재정계획과 재정 투자사업에 대한 심사결과를 기초로 하고, 행정안전부령으로 정해진 지방자치단체 예산편성기준(지방자치단체 예산편성 운용에 관한 규칙을 말한다)과 세입·세출예산의 내용의 성질과 기능을 고려한 예산의 과목구분[22](동법 제41조)에 따라 예산안을 편성(지방자치단체예산은 정책사업, 행정운영경비, 재무활동으로 구분하여 각 조직(실·국/실·과) 별로 편성한다)하여야 한다. 편성된 예산안은 시·도의 경우에는 회계연도 개시 50일전(11월 11일)까지, 시·군 및 자치구의 경우는 회계연도 개시 40일전(11월 21일)까지 지방의회에 제출[23]하여야 한다(지방자치법 제142조 제1항).

이러한 지방의 예산편성과정에 주민참여의 절차를 마련하여 시행하여야 한다(지방재정법 제39조). 주민이 참여할 수 있는 방법으로는 주요사업에 대한 공청회·간담회·설문조사 및 사업공모방식 등이 있다. 구체적인 사항은 조례로 정한다(동법 시행령 제46조).

22) ① 세입예산은 그 내용의 성질과 기능을 고려하여 장(章), 관(款), 항(項)으로 구분한다.
② 세출예산은 그 내용의 기능별·사업별 또는 성질별로 주요항목 및 세부항목으로 구분한다. 주요항목은 분야·부문·정책사업으로 구분하고, 세부항목은 단위사업·세부사업·목으로 구분한다.

23) 예산안의 첨부서류(지방재정법 제44조의2, 동법시행령 제49조의2, 제49조의3, 지방자치단체 예산편성운용에 관한 규칙 제10조)
(1) 지방재정법 제44조의2에 규정된 첨부서류(2014. 5. 28 신설)
① 재정운용상황개요서, ② 세입·세출예산사업별 설명서, ③ 계속비사업 및 채무부담행위에 대한 설명서, ④ 지방세지출보고서(추정액기준), ⑤ 지역통합재정통계보고서(예산액기준), ⑥ 성인지예산서, ⑦ 성과계획서, ⑧ 예산정원표 및 편성기준 단가, ⑨ 명시이월명세서, ⑩ 중기지방재정계획서, ⑪ 공유재산관련서류, ⑫ 회계와 기금간의 이전관련서류, ⑬ 그밖에 대통령령으로 정하는 서류(㉠ 예산편성기준, ㉡ 전전년도 결산의 총계표 및 순계표와 전년도 세입·세출결산 추정액의 총계표 및 순계표, ㉢ 지방채증권 및 차입금에 관한 전전년도 말의 발행 및 상환실적, 전전년도 말의 및 해당 연도말의 현재액의 추정액, ㉣ 지방채증권 및 차입금에 관한 연차별 상환계획에 관한 조서, ㉤ 지방세지출보고서, ㉥ 그밖에 예산의 내용을 명백히 하는데 필요한 서류)
(2) 재정운용상황개요서에 포함되어야하는 사항(동법 제44조의2 제2항)
① 재정지표, ② 통합부채(지방공기업부채와 출자·출연기관의 부채를 포함한 부채를 말한다), ③ 우발부채(보증·협약에 따라 지방자치단체 부채로 바뀔 가능성이 있는 것을 말한다), ④ 의무지출과 재량지출의 비중, ⑤ 재정운용관련 감사원 등의 감사결과, ⑥ 지방교부세 감액사항, ⑦ 재정분석 및 재정진단 내용, ⑧ 지방세 지출현황, ⑨ 그 밖에 대통령령으로 정하는 서류(㉠ 지방채발행사업의 현황 ㉡ 민간투자서업의 현황 및 재정부담액의 현황 ㉢ 지방공기업의 현황 ㉣ 지방세 및 세외수입의 체납현황 ㉤ 그밖에 행정안전부장관이 정하는 사항)

2 예산의 심의

예산심의란 지방의회가 예산안을 심사하여 이를 의결로써 확정하는 것을 말한다.

예산안이 지방자치단체장으로부터 제출되면, 지방의회는 집행기관의 제안설명 또는 업무보고를 들은 후, 각 상임위원회 및 예산·결산 특별위원회의 심의를 거쳐, 본회의에서 이를 확정하고, 지방자치단체의 장에게 이송한다.

(가) 상임위원회 및 예산·결산 특별위원회의 심의

지방의회에 예산안이 제출된 때에는 지방자치단체장으로부터 예산안에 대한 설명을 들은 후, 의장은 소관별 상임위원회에 회부하여 예비심사결과를 의장에게 보고하도록 한다. 의장은 이 보고서를 첨부하여 예산·결산 특별위원회에 회부하며, 종합심사가 끝난 후 본회의에 부의한다.

의장은 예산안과 결산을 소관별 상임위원회에 회부할 때에는 심사기간을 정할 수 있으며, 소관별 상임위원회가 이유 없이 그 기간 내에 심사를 마치지 아니한 때에는 이를 예산·결산 특별위원회에 바로 회부할 수 있다(각 지방의회 회의규칙).

(나) 본회의의 의결

각 상임위원회 및 예산·결산 특별위원회의 심의를 거친 예산안을 시·도의회에서는 회계연도 개시 15일 전(12월 16일)까지, 시·군 및 자치구 의회에서는 10일 전(12월 21일)까지 이를 의결하여야 한다(지방자치법 제142조 제2항). 지방의회는 자치단체장의 동의 없이 지출예산 각 항의 금액을 증액하거나 새 비목을 설치할 수 없다(동법 동조 제3항).

(다) 예산의 이송 및 고시

지방의회 의장은 예산안이 의결된 때에는 3일 이내에 이를 지방자치단체장에게 이송하여야 한다. 지방자치단체장은 예산의 이송을 받은 때에는 지체 없이, 시·도에서는 행정안전부장관에게, 시·군 및 자치구에서는 시·도지사에게 각각 보고하고, 그 내용을 고시하여야 한다(동법 제149조).

3 예산의 집행

예산의 집행이란 지방의회의 의결로써 확정된 예산에 따라 집행기관이 그 수입과 지출을 실행하는 모든 재정활동을 말한다. 예산의 집행에 있어서는 예산의 엄격성(통제)과 신축성(탄력)의 조화가 중요하다.

(1) 예산집행의 통제

지방의회가 승인한 1년간의 예산을 집행기관이 무계획적으로 집행하는 것은 허용되지 않는다. 예산의 집행은 의회가 확정한 예산내용대로 실행하여야 하며, 지역사회의 경제사정 및 국가전체의 경제사정, 특히 세입의 상태를 고려하여 계획적으로 하여야 한다.

(가) 예산의 배정과 지출

예산이 성립되면 지방자치단체장은 세입·세출·계속비·채무부담행위·명시이월비를 포함한 예산배정계획서를 작성하고, 이에 의하여 지방의회 사무기구, 자치단체장의 보조기관, 소속행정기관 및 하부행정기관에 예산을 월별 또는 분기별로 배정하여야 한다. 이때에 예산배정계획서는 세입예산 월별징수계획서와 세출예산 월별지출계획서를 근거로 작성하여야 한다(지방재정법 시행령 제56조).

지방자치단체장은 필요한 경우에는 회계연도 개시전이라도 성립된 예산에 따라 필요한 경비를 지출할 수 있다(동시행령 제57조).

지방자치단체장은 각 관서별로 분산되어 있는 재정지출을 통합하여 운용하도록 노력하여야 하며, 이를 위하여 통합지출관을 두어야 한다(지방회계법 제45조).

(나) 예비비의 지출

지방자치단체는 예측할 수 없는 예산 외의 지출 또는 예산초과지출에 충당하기 위하여 세입·세출예산에 예비비를 계상하여야 하고, 그 예비비의 지출은 다음 연도에 지방의회의 승인을 얻어야 한다(지방자치법 제144조, 지방재정법 제43조). 예비비는 일반회계예산 총액의 100분의 1 범위 내 금액을 세출예산에 계상하여야 한다. 다만, 교육비특별회계를 제외한 특별회계의 경우는 예비비를 계상하지 아니할 수 있으나, 재해·재난 관련 목적 예비비는 별도로 세출예산에 계상할 수 있다.

예비비는 예산안 심의 결과 폐지되거나 감액된 지출항목에 대해서는 사용할 수 없으며, 이를 보조금(긴급재해대책보조금은 제외), 업무추진비에 지출하여서는 아니 된다(동법 시행령 제48조).

(2) 예산집행의 탄력성

품목별 예산제하에서는 예산의 집행에 있어서 세출예산이 정한 목적 외의 경비를 사용하거나, 정책사업간에 상호 이용할 수 없고, 해당 연도의 경비를 다음 연도에 지출할 수 없다.

그러나 이 원칙을 지나치게 적용하는 경우에 도리어 예산집행의 효율성을 상실할 수 있기 때문에, 사업계획이나 여건의 변화에 따른 예산집행에 탄력성을 부여할 필요가 있어 현행 제도상 다음과 같은 예산집행 탄력성 부여장치가 마련되어 있다.

(가) 예산의 이용

세출예산에서 정한 정책사업간(분야-부문-정책사업간)에 상호융통하여 사용하는 것을 의미한다. 정책사업은 입법과목에 해당되어 원칙적으로 금지되며, 미리 예산으로서 지방의회의 의결을 거쳤을 때 이용(移用)할 수 있다(지방재정법 제47조의2 제1항).

(나) 예산의 전용

지방자치단체장은 필요에 따라 각 정책사업내의 예산액 범위에서 각 단위사업 또는 목(目)의 금액을 다시 조정할 수 있다. 이를 전용(轉用)이라고 하는데, 전용을 한 경비의 금액은 세입・세출예산서에 이를 명시하고 그 이유를 기재하여야 한다(지방재정법 제49조). 단 인건비, 시설비 및 부대비, 상환금(다만 원금과 이자는 상호전용할 수 있다), 업무추진비는 전용할 수 없다(동법시행령 제55조).

(다) 예산의 이체

지방자치단체의 기구・직제 또는 정원에 관한 법령이나 조례의 제정 또는 개폐로 인하여 관계기관 사이에 직무권한이나 그 밖의 사항이 변동되었을 때에는 그 예산을 상호 이체(移替)할 수 있다. 이 경우 지방자치단체의 장은 분기별로 그 내역을 지방의회에 제출하여야 한다(지방재정법 제47조의2 제2항).

(라) 예산의 이월

세출예산 중 경비의 성질상 해당 연도 안에 그 지출을 끝내지 못할 것이 예상되어, 명시이월비로서 특히 그 취지를 세입·세출예산에 명시하여 미리 지방의회의 의결을 얻은 금액은 이를 다음 회계연도에 이월하여 사용할 수 있다.

세출예산 중 해당 회계연도 내에 지출원인행위를 하고 불가피한 사유로 인하여 그 회계연도 내에 지출하지 못한 경비와 지출하지 않은 그 부대경비, 입찰공사 및 계약체결에 드는 경비와 재해복구사업에 소요되는 경비, 공익·공공사업의 시행에 필요한 손실보상비 등은 사고이월비로서 다음 연도에 이월하여 사용할 수 있다.

이에 의하여 예산을 이월하는 때에 그 이월하는 과목별 금액은 이월예산으로 배정된 것으로 본다(지방재정법 제50조).

(마) 계속비의 지출

지방자치단체장은 그 완성에 수년을 요하는 사업에 소요되는 경비의 총액과 연도별 금액에 대하여 지방의회의 의결을 얻은 계속비는 5년의 한도(지방의회 의결로 연장가능) 안에서 수년도에 걸쳐 지출할 수 있다(지방재정법 제42조).

계속비의 연도별 소요경비의 금액 중 해당 연도 안에 지출하지 못한 금액은 해당 계속비의 사업완성 연도까지 차례로 이월하여 이를 사용할 수 있다(동법 제50조 제3항).

(바) 예산성과금의 지급

지방자치단체장은 세출예산의 집행방법, 제도의 개선 등으로 예산이 절약되거나 수입이 증대 된 경우, 그 절약된 예산 또는 증대된 수입의 일부를 이에 기여한 자에게 성과금을 지급(예산성과금심사위원회의 심사)하거나 다른 사업에 사용할 수 있다(지방재정법 제48조).

4 검사와 결산

결산은 1 회계연도의 지방자치단체의 수입과 지출의 실적을 확정적 계수로써 표시하는 행위이다. 예산과 달리 지방재정활동을 규제하는 직접적이고 명백한 법적 성격을 가지는 것은 아니지만, 그 결산이 정당한 경우에 있어서 예산집행의 책임을 해제시킨다는 의미를 갖는다.

(가) 결산서의 작성

지방자치단체장은 출납폐쇄 후 80일 이내(3월 21일한)에 결산서 및 증빙서류를 작성하여 지방의회가 선임한 검사위원에게 검사를 의뢰하여야 한다(지방자치법 제150조).

결산서에는 ㉠ 결산개요, ㉡ 세입・세출결산, ㉢ 주석을 포함한 재무제표(재정상태표, 재정운영표, 순자산변동표), ㉣ 성과보고서로 구성되어야 한다(지방회계법 제15조).[24)]

(a) **결산개요**: 결산의 내용을 요약하여 예산의 집행결과, 재정의 운영내용과 재무상태를 명백하게 파악할 수 있도록 작성하여야 한다(동법 제16조, 동법 시행령 제12조 제1항).

(b) **세입・세출의 결산**: 세입・세출 결산에는 다음 사항을 명시 하여야 한다(동조 제16조 제2항).

첫째, 세입에 관하여는 ㉠ 세입예신액, ㉡ 이체 등 증감액, ㉢ 세입예산 현액, ㉣ 징수결정액, ㉤ 수납액, ㉥ 불납결손액, ㉦ 미수납액(동법 시행령 제12조 제2항).

둘째, 세출에 관하여는 ㉠ 세출예산액, ㉡ 전년도 이월액, ㉢ 예비비 사용액, ㉣ 전용 등 증감액, ㉤ 수입대체경비의 초과지출액, ㉥ 세출예산 현액, ㉦ 지출액, ㉧ 다음연도 이월액, ㉨ 집행잔액을 명시하여야 한다(동법 시행령 제12조 제2항).

(c) **재무제표**: 재무제표는 지방회계기준에 따라 작성하고, 공인회계사의 검토의견을 첨부한다. 성과보고서는 성과계획서에서 정한 성과목표와 실적을 대비하여 작성하고, 사업원가와 성과를 연계한다(동법 제16조 제3항)

(d) **성과보고서**: 성과계획서에서 정한 성과목표와 실적을 대비하여 작성하고, 사업원과와 성과를 연계할 수 있도록 작성(2016회계연도 결산부터 적용)한다(동법 제16조 제4항).

(e) **성인지결산서**: 성인지결산서를 작성(성인지결산개요, 집행실적, 성평등 효과분석 및 평가 등)하여 예산회계결산서에 첨부하여야 한다(동법 제18조, 동법 시행령 제15조).

(나) 결산의 검사

지방자치단체장이 작성한 결산서 및 증빙서류는 지방의회가 선임한 검사위원의

24) 결산에 첨부되는 서류(지방회계법 제17조 제1항에는 ㉠ 계속비 결산명세서, ㉡ 수입대체경비 사용명세서, ㉢ 이월명세서 및 명시이월비 집행명세서, ㉣ 성인지결산서, ㉤ 지방세지출보고서(실적기준), ㉥ 국고보조금 또는 시도비보조금의 반납명세서, ㉦ 지역통합재정통계보고서(결산액기준), ㉧ 지방채 발행보고서, ㉨ 지방공기업에 대한 출자출연보고서, ㉩ 지방자치단체 출자출연기관에 대한 출자출연 보고서, ㉪ 공유재산 및 물품관련 보고서, ㉫ 그밖에 대통령령으로 정하는 서류이다.

검사를 받아야 한다(지방자치법 제150조 제1항).

검사위원은 해당 지방의회의 의원이나 공인회계사 등 재무관리에 관한 경험을 가진 자 중에서 선임되며, 검사위원의 수는 시・도에서는 7인 이상 20인 이내, 시・군・자치구에서는 3인 이상 10인 이내로 한다(동법 시행령 제83조).

결산 검사위원의 검사사항은 ㉠ 결산개요, ㉡ 세입・세출의 결산, ㉢ 재무제표, ㉣ 성과보고서, ㉤ 결산서의 첨부서류, ㉥ 금고의 결산(동법 시행령 제84조 제1항).

검사위원은 지방자치단체장 및 금고(金庫)에 대하여 검사에 필요한 자료를 요구할 수 있으며, 검사종료 후 10일 이내에 검사의견서를 해당 지방자치단체장에게 제출하여야 한다(동법 시행령 제84조 제2, 3항).

(다) 결산의 승인

지방자치단체장은 출납 폐쇄 후 80일 이내에 결산서와 증명서류를 작성하고 지방의회가 선임한 검사위원의 검사의견서를 첨부하여 다음 회계연도 5월 31일까지 지방의회에 제출하여야 한다. 또한 계속비 결산명세서[25]를 그 계속비의 연부액의 마지막 지출이 속하는 연도의 세입・세출 결산서와 함께 제출하여야 한다(지방회계법 제17조).

지방의회로부터 결산을 승인 받지 못한다고 하여도 이미 지출된 경비의 합법성이 부인되는 것은 아니다. 그러나 그 경우에 정치적인 효과는 상당히 있다고 할 수 있다.

지방자치단체장이 지방의회로부터 결산의 승인을 얻은 때에는 5일 이내에, 시・도에서는 행정안전부장관에게, 시・군・자치구에서는 시・도지사에게 이를 보고하고 그 내용을 고시하여야 한다(지방자치법 제150조 제2항).

(라) 결산상 잉여금의 처리

지방자치단체는 매 회계연도의 세입・세출 결산상에 잉여금이 있을 때에는 일정한 경우 잉여금이 생긴 회계연도의 다음 회계연도까지 세출예산에 구애됨이 없이 지방채의 원리금의 상환에 사용할 수 있으며(지방회계법 제19조), 이 잉여금의 사용 후 잔액은 지방채의 원리금 상환 및 지방채 증권 또는 차입금의 상환해당액을 공제한 금액을 다음 연도의 세입에 이입하여야 한다(동법 시행령 제16조).

매 회계연도의 결산상 잉여금은 회계연도가 개시된 후 자금형편상 부득이한 때

25) 계속비 결산명세서의 첨부서류로는 ㉠ 채무관리보고서, ㉡ 채권현재액보고서, ㉢ 그밖에 행정안전부장관이 정하는 서류이다.

에는 일정한 경우 전년도 세입·세출의 결산 이전이라도 이를 해당 연도의 세입에 이입할 수 있다(동법 시행령 제17조).

제4절 지방자치재정력

I 현대 지방자치재정의 특성

1 현대 지방자치재정의 일반적 경향

국제지방자치단체협회(International Union of Local Authorities)에서 발간한 '각국의 지방자치재정'(Local Government Finance)은 현대 지방자치재정의 경향을 크게 지방자치단체의 주민복지에 대한 공헌의 증대와, 지방자치단체의 재정적 자율성의 저하로 나누어 설명하고 있다.[26)]

오늘날 지방자치단체는 한편으로는 재정수요가 폭발하고, 다른 편으로는 그 재원을 조달할 능력이 축소되어 국가에 재정적으로 예속되고 있다. 이러한 현상을 지방자치의 위기라고 한다.[27)] 따라서 지방재정의 건전성·효율성 확보를 위해 사전·사후적 지방재정관리제도[28)]를 확립·운영하고 있다.

지방재정수요의 폭발은 여러 가지 요인에 의하여 초래되고 있는데, 복지행정의 확대, 지역경제에 대한 정부관여의 확대, 서비스 수요의 다양화 등이 대표적인 요인이다. 한편, 지방의 재원조달 능력 축소는 지역경제의 침체와 지역간 불균형의 심화로 지방세입이 빈약하게 됨에 따른 것이다.

---

26) A. H. Marshall, *Local Government Finance*(The Hague : International Union of Local Authorities, 1969), pp. 33~34.

27) William A. Robson, *Local Government in Crisis*(London George Allen Uwin, 1966).

28) 사전(事前)적 지방재정관리제도로는 ㉠ 지방재정영향평가, ㉡ 중기지방재정계획, ㉢ 투자심사, ㉣ 지방채발행 한도액 설정 등이 있으며, 사후(事後)적 지방재정관리제도로는 ㉠ 주요재정사업 평가, ㉡ 재정분석 및 진단, ㉢ 지방재정위기관리제도 등이 있다.

지방자치단체의 재정적 중앙예속화는, 이러한 안팎의 요인에 의하여 지방재정의 국가보조에의 의존이 불가피하게 되고, 그 결과 지방자치단체의 세출에 대한 국가의 관여와 통제가 강화된 데에 연유한다. 이러한 지방자치단체에 대한 국가의 재정적 관여와 통제는 기관위임사무의 증대에 따라 더욱 강화되었다.

2 한국 지방자치재정의 특징

우리나라의 지방(자치)재정은 일본의 식민통치와 미군정을 거쳐 대한민국수립 후 국민국가의 수립과 경제성장, 국제적 지위향상, 중앙집권을 통한 국가발전이라는 조류 속에서 국가로부터의 교부세, 보조금 등에 의존하여 왔으며, 국가로부터의 많은 간섭과 통제를 받아왔다. 그리고 그러한 경향은 지방자치제가 실시된 이후에도 근본적인 변화 없이 지속되고 있다.

우리나라 지방자치재정의 특징은 여러 면에서 찾을 수 있다.[29]

첫째로, 중앙과 지방간 재정관계의 기본인 국세와 지방세의 배분에서 지방세가 전체 조세에서 차지하는 비중이 약 23%내외 수준에 머물고 있다.[30] 선진국(OECD 국가 평균 지방재정 중 지방세 비중 51%)에 비해 작을 뿐만 아니라 지방자치단체 간의 불균형도 심하다.[31]

둘째로, 세외수입이 불안정하고 지역편중이 심하다. 세외수입이 지방자치단체 예산에서 차지하는 비중이 상대적으로 낮은편이며(2021년의 경우 지방재정 총계규모의 9.2%), 특별회계가 대부분(59.6%)이어서 계속성·안정성이 확보되는 경상적 세

29) 행정자치부, 2014 통합재정개요 ; 김성호, 전게서 ; 임성일, "지방재정 20년의 평가와 향후과제", 2015년도 한국지방자치학회 학술대회발표논문집(서울 : 한국지방자치학회, 2015)

30) 국세와 지방세 규모의 비중도 비교(일반회계)

구 분	2017	2018	2019	2020	2021
지방세	23.3	22.3	23.6	26.6	24.7

자료 : 국회예산정책처, 「2021 대한민국 지방재정」

※ OECD 주요국가의 전체조세 중 지방세의 비중(2019년)은 일본 38.2%, 미국 47.8%, 독일 52.4% 프랑스 28.9, 영국 6.4%이다.: OECD, Revenue Statistics(2020)

31) 2021년 자치단체의 일반회계 당초예산 기준 세입예산액 중 지방세의 비중은 40.8% 수준이다. 특별시 70.9%, 특별자치시 56.2%, 광역시 41.2%, 도 35.0%, 특별자치도 31.1%이고 시 42.0%, 군 14.3%, 자치구 59.5%로, 광역단체 중 특별자치도와 기초단체 중 군의 지방세비중이 가장 낮다. 권역별로 보면, 수도권(서울, 경기, 인천) 자치단체는 지방세 비중이 58.7%이고, 비수도권 자치단체는 29.9%이다(자료 : 국회예산정책처, 「2021 대한민국 지방재정」)

외수입(22.5%)이 취약하고, 세외수입액이 감소추세를 보이고 있다.[32)]

셋째로, 이전재원 중심의 지방재정구조가 심화되고 있다.[33)] 이는 2005년 이후 지방재정의 규모확대가 사회복지사무의 지방이양과 관련된 필요재원의 대부분이 이전재원(지방교부세 · 국고보조금 · 지방양여금)으로 조달된 데에 연유하기도 한다.

넷째로, 민선자치제가 시작된 1995년 63.5%이던 지방자치단체의 재정자립도가 계속 낮아져 2021년에는 48.7% 수준으로 하락하고 있다.[34)] 또한 자치단체간에 불균형이 심한 데도,[35)] 이를 개선할 수 있는 체계가 정비되어 있지 않다.

다섯째로, 국가–지방자치단체(일반행정)–지방교육재정간의 재정관계가 매우 복잡하다. 지방교육은 대부분의 재원을 목적세와 지방자치단체의 일반회계로부터의 이전을 통해 마련하는데, 총 재정사용액의 국가–지방일반회계–지방교육 회계간 비중은 2021년 기준 42.8% : 44.0% : 13.2% 수준이다.[36)]

---

32) 세외수입 연도별 현황(순계) (단위: 억원)

연도	2016	2017	2018	2019	2020	2021
세외수입액	755,306	804,063	843,153	904,572	921,924	926,047

자료: 2021년 지방자치단체 통합재정개요, p. 43.

33) 자체수입(지방세+세외수입)과 이전수입(교부세+국고보조금)의 변화추이(단위: 억원, %)

구분	2019년	2020년	2021년
계	2,310,152	2,532,263	2,630,917
자체수입	1,044,104(45.2)	1,150,043(45.4)	1,167,479(44.4)
이전수입	982,652(42.5)	1,101,193(43.5)	1,187,213(45.1)
지방채	37,287(1.6)	55,605(2.2)	65,442(2.5)
보전수입 등 및 내부거래	246,108(10.7)	225,423(8.9)	210,783(8.0)

* 당초예산 기준
* '14년도 세입과목 개편에 따라 종전 세외수입(임시적세외수입)에 포함되던 이월금, 회계간 전입금, 예탁금및예수금 등의 보전수입 및 내부거래에 해당되는 과목을 세외수입에서 제외

34) 지방재정자립도추이

연도	1995	2016	2017	2018	2019	2020	2021
비중(%)	63.5	52.5	53.7	53.4	51.4	50.4	48.7

자료: 행정안전부.(2021).2021년도 지방자치단체 통합재정 개요.

35) 2021년도 전국 243개 지방자치단체 지방재정자립도는 전국 평균 48.7%(행정안전부, 2021지방자치단체통합재정개요)이다.
① 지방자치단체종류별 재정자립도(2021년)는 특별시 · 광역시 · 특별자치시 58.9%, 도 36.5%, 시 32.3%, 군 17.3%, 자치구 28.5%이다.
② 재정자립도 분포상황은 지방자치단체 중 재정자립도가 10%미만인 곳이 25곳, 10~30% 미만이 149곳, 30~50% 미만이 53곳, 50~70% 미만이 15곳, 70~90% 미만이 1곳이다.

36) 총재정사용액 중앙–자치단체–지방교육 사용비중(예산규모비중/사용액비중 기준)

Ⅱ 지방재정의 분석 · 진단 및 공시

1 지방재정 분석 및 진단제도

(1) 지방재정분석제도

(가) 지방재정분석의 의의

지방재정 분석(local finance analysis)은 지방자치단체의 재정수준 및 상태를 파악하고 지방재정운영상의 문제점을 도출하기 위한 활동이다. 일반적으로 지방재정분석 또는 지방재정평가란 지방행정수요를 충족하기 위해 자주재원으로 충당할 수 있는 능력 등 세입과 세출의 양측면을 고려한 지방재정규모의 적정성, 지방재정구조의 탄력성, 지방재정운용의 건전성 등을 평가하는 것으로 이해된다.[37)]

지방재정분석의 특성은 지방자치단체의 수입 · 지출 및 재정수지, 자산 · 부채와 관련 재정정책이 미칠 긍정 및 부정적 영향을 미리 예측하는 '사전적 활동'의 성격과 정책(예산)집행 이후 나타나는 상태와 결과를 측정한 '사후적 활동'의 성격을 가지고 있다는 점이다.

지방재정분석의 기본목적은 지방재정 운영의 건전성을 확보하기 위함이다(지방자치법 제137조, 지방재정법 제3조). 여기서 건전성이란 단순한 수지(收支)균형뿐만 아니라 지방재정지출의 효율성과 재원조달의 잠재력확보 등 재정의 계획성 등을 필요로 한다.

구분	2016	2017	2018	2019	2020	2021
중앙정부	55.1 / 41.9	54.6 / 40.0	54.4 / 39.5	54.5 / 38.5	54.1 / 40.7	55.5 / 42.8
자치단체	34.4 / 43.9	34.8 / 45.1	34.7 / 45.4	34.8 / 46.4	35.5 / 45.0	35.0 / 44.0
지방교육	10.5 / 14.2	10.6 / 14.9	10.9 / 15.1	10.7 / 15.1	10.4 / 14.3	9.5 / 13.2

자료: 2021 지방자치단체통합재정개요

37) 재정분석 또는 재정평가의 용어를 일본에서는 통칭 재정분석으로, 미국에서는 국제도시경영협회가 개발한 '재정동향분석체계(FTMS; financial trend monitoring system)'를 사용하는데 우리나라의 재정분석과 유사하다.
우리나라에서는 지방재정분석 · 평가와 지방재정진단을 구분한다. 지방재정분석평가는 인구와 산업구조가 비슷한 여러 지방자치단체간의 재정상태를 상대적으로 비교분석하는 것인데 비하여 지방재정진단은 지방재정분석이나 지방재정평가 결과 지방재정위기가 우려되는 지방자치단체를 선정하여 현지실사를 하고 지방재정위기를 초래한 요인을 추출하는 과정이다(김동기, 앞의 책, pp. 359~360 ;손희준 외, 앞의 책, pp. 377~378).

지방재정분석은 ① 지방재정 상태 및 운용상황을 종합적이고 체계적으로 분석·평가하여 그에 대한 적절한 대응조치 및 지방재정정책의 방향을 모색하고, ② 세입을 고려하지 않은 과다한 지출, 과다한 지방채사업, 선거를 의식한 방만한 재정운영 등으로 인한 재정위기 발생을 사전에 예방하며, ③ 재정정보를 공개하고 주민통제를 강화하기 위한 작업이다.

(나) 지방재정분석제도의 도입·운영

우리나라 지방재정분석제도는 민선 지방자치단체장의 지방재정의 건전운영을 촉진하기 위하여 1994년에 지방재정법을 개정하여 도입한 후, 분석지표의 연구, 시범실시 등의 준비단계를 거쳐 1998년부터 체계적인 재정분석이 실시되었다.

현행 지방재정분석제도는 각 지방자치단체장이 의무적으로 제출한 재정보고서[38](예산, 결산, 출자, 통합부채, 우발부채, 그 밖의 재정상황에 관한 재정보고서를 말한다)를 행정안전부장관이 분석·진단토록 의무화하고 있다(지방재정법 제54조, 제55조 제1항).

지방재정분석은 지방자치단체의 다양한 여건과 운영상황에 대한 객관적이며 통일된 기준인 재정분석지표를 정하여 분석하는데, 2013년부터는 기존의 지표중심의 지방재정상황분석과 함께 지방재정의 문제요인을 심층분석하여 대안을 제시하기 위해, 지방재정상황을 건전성, 효율성, 계획성 등에 대하여 객관적 지표를 마련하여 분석하고 있다. 지방재정분석(진단)의 객관성과 전문성을 확보하기 위하여 전문기관(단체)에 위탁·시행할 수 있다(동법 제55조 제6항, 동법 시행령 제65조의2 제5항).

행정안전부장관은 재정의 건전성과 효율성 등이 현저히 떨어지는 지방자치단체에 대하여 재정진단을 실시하여야 하고, 중요 사항에 대하여는 매년 재정분석·진단 실시 후 3개월 이내에 국회 소관 상임위원회 및 국무회의에 보고하여야 한다(동법 제55조). 또한, 행정안전부장관은 재정분석 결과 건전성과 효율성 등이 우수한 자치단체와 재정진단 결과를 토대로 한 재정건전화계획 수립·이행 권고 및 재정건전화를 위한 지도사항의 이행 결과가 우수 한 자치단체에 대하여는 특별교부세를 별도로 교부할 수 있다(동법 제57조). 재정분석 및 재정진단 결과 등을 토대로 재정위험 수준이 심각하다고 판단되는 자치단체를 지방재정위기관리위원회의 심의를

38) 재정보고서(재정운용에 관한 보고)에는 다음과 같은 보고서를 첨부하도록 되어 있다(동법 시행령 제64조).
예산보고서, 결산승인보고서, 지방채발행보고서, 보증채무부담행위보고서, 출자보고서, 지방비부담보고서, 중기지방재정계획보고서, 재정투자사업계획심사결과보고서, 채무부담행위보고서, 재무제표, 채권관리현황보고서, 기금운용계획서와 결과보고서 등.

거쳐 재정위기단체로 지정할 수 있으며(동법 제55조의 2), 재정주의등급단체에 대하여 지방재정위기관리위원회의 심의를 거쳐 재정건전화계획의 수립・이행 등을 권고하거나 재정건전화에 필요한 사항을 지도할 수 있다(동법 제55조의3 제8항).

(2) 지방재정진단제도

지방재정진단은 지방재정분석결과 건전성과 효율성이 현저히 떨어지는 단체를 대상으로 정밀분석을 실시하여 재정건전화를 위한 대책을 강구하는 것이다. 우리나라의 지방재정진단제도는 2010년 7월 20일 발표된 지방재정 건전성 강화방안을 기초로, 2011년 개정 지방재정법에서 도입하여, 2012년부터 본격적으로 시행하고 있다.

지방재정진단 대상단체의 선정은 ① 세입예산 중 채무비율이 행정안전부장관이 정하는 비율을 초과한 경우, ② 결산상 세입실적이 예산액보다 현저히 감소한 경우 , ③ 인건비 등 경상비 성격의 예산비율이 높아 재정운용의 건전성이 현저히 떨어지는 경우, ④ 재정보고서 분석결과 재정진단이 필요하다고 인정되는 경우 등에 행한다(동법 시행령 제65조의2, 동법 제55조).

오늘날 민선 지방자치단체장들의 가시적인 사업이나 전시성 행사등과 함께 복지예산수요의 급증으로 재정건전성이 악화될 우려가 있다. 따라서 지방재정의 건전성과 효율성확보를 위해 지방자치법, 지방재정법 등 관계법령에서 '지방재정영향평가', '중기지방재정계획', '투자심사', '지방채발행 한도액 설정', '주요재정사업 평가', '재정분석 및 진단', '지방재저위기관리제도' 등의 제도를 통해 재정관리를 엄격하게 추진해 오고 있다.

2 지방재정공시제도

지방재정공시제도는 주민의 알권리를 보장하고 재정의 투명성을 높이기 위하여 지방자치단체가 1년 동안 재정운영의 결과와 관심사항 등을 주민들에게 알려주는 공시행위를 제도적으로 확립하는 것을 말한다.[39] 지방재정공시제도는 1994년부터 운영되던 재정정보공개제도를 확대・개편하여 2006년도부터 도입되었다.

39) 손희준 외, 지방재정론(서울 : 대명문화사, 2012), p. 396.

지방자치단체장은 회계연도마다 예산서와 결산서를 기준으로 '지역통합재정통계(일반회계·특별회계(교육비특별회계 포함)·기금·지방공기업 및 지방자치단체 출자·출연 기관의 재정상황 등을 포함)'를 작성하여 행정안전부장관에게 제출하여야 하며(지방재정법 제59조), 지방재정운용상황을 예산 또는 결산의 확정 또는 승인 후 2개월 이내(2회: 2월과 8월)에 예산서와 결산서를 기준으로 주민에게 공시(지방재정공개심의위원회 심의)하여야 한다(동법 제60조).[40] 지방자치단체의 공시내용은 공통공시와 특수공시로 구분된다. ㉠ 공통공시의 내용은 지방재정법령에서 정한 일반적인 재정운용상황(지방재정법 제60조에서 정한 15개와 시행령 제68조에서 정한 지방재정분석·진단의 결과, 감사기관으로부터의 감사결과 등이다)이며, ㉡ 특수공시의 내용은 당해 지방자치단체의 특수한 재정운용상황이다. 각 자치단체별로 공시한 재정공시 결과를 보고받은 행정안전부장관은 각 지방자치단체별 재정공시 내용 중 중요한 항목을 '동종 자치단체' 및 인구와 재정여건이 비슷한 '유사 자치단체'와 비교하여 매년 1회 공표(재정고와 연계)할 수 있다(동법 제60조의2, 동법시행령 제67조).

40) 재정운용상황의 공시내용은 공통공시사항과 특수공시사항으로 구분된다(지방재정법시행령 제68조).
(1) 공통공시사항(법령으로 정하는 사항): ① 세입·세출예산의 운용상황(성과계획서와 성과보고서 포함), ② 재무제표, ③ 채권관리현황, ④ 기금운용현황, ⑤ 공유재산의 증감 및 현재액, ⑥지역통합재정통계, ⑦ 지방공기업 및 지방자치단체 출자·출연기관의 경영정보, ⑧ 중기지방재정계획, ⑨ 성인지예산 및 성인지결산서, ⑩ 예산편성기준별 운영상황, ⑪ 주민참여예산제도의 운영현황 및 주민의견서 ⑫ 재정운용상황개요서 ⑬ 재정진단실시결과에 따른 재정건전화계획 및 이행현황, ⑭ 재정건전성관리계획 및 이행현황, ⑮ 투자심사사업, 지방채발행사업, 민간자본유치사업, 보증채무 사업의 현황, ⑯ 지방보조금사항(교부현황, 성과평가결과, 지방보조금으로 취득한 중요재산의 변동사항, 교부결정의 취소 등 중요처분 내용) ⑰ 대통령령으로 정하는 사항(위 15가지 외에 지방재정분석·진단결과, 감사기관으로부터의 감사결과, 기타 행정안전부장관 지정사항)
(2) 특수공시사항: 지방재정공시심의위원회(동법시행령 제68조)에서 정하는 사항
(3) 2013년도 지방재정공시제는 정부 3.0의 실현과 신규 재정제도(성인지예산, 주민참여예산 등)의 반영, 주민들의 주요 관심사항을 반영한다는 입장에서 공통공시항목을 확대(11개분야 43개 세부항목)하였다. 2021년도 지방재공시(결산기준)항목은 공통공시항목 9개분야 41개지표를 분석하였다.

Ⅲ 재정위기단체 · 긴급재정관리단체 지정 · 관리제도

1 재정위기단체 지정 · 관리제도

중앙정부는 지방재정위기의 우려를 해소하고 지방재정의 건전성을 강화하기 위해 자치단체별 재정상황을 상시적으로 모니터링하고, 사전예측을 통해 재정위험수준이 심각하다고 판단되는 지방자치단체를 지방재정위기관리위원회의 심의를 거쳐 '재정위기단체'로 지정할 수 있다(지방재정법 제55조의2 제1항, 지방재정법 시행령 제65조의3 제1항).[41]

'재정위기단체'로 지정된 지방자치단체장은 아래와 같은 의무를 이행하여야 하며 재정상 일정한 제한을 받는다(동법 제55조의3, 동조의4).

첫째로, 재정건전화계획을 수립하여 당해 지방의회의 의결을 얻어, 행정안전부장관이 승인을 받아야 한다(동법 제55조의3 제1항~제3항).

둘째로, 재정건전화계획에 의한 예산편성, 계획이행사항의 보고 및 이행상황에 대한 행정안전부장관의 권고 · 지도를 받아야 하며, 그 이행사항을 매년 2회 이상 주민에게 공개하여야 한다(동조 제4항~제7항).

셋째로, 지방채발행 · 채무의 보증 · 일시차입 · 채무부담행위를 할 수 없으며, 재정투자사업에 관한 예산편성상 제한(시 · 도 40억원 이상, 시 · 군 · 구 20억원 이상 신규투자사업)을 받는다(동법 제55조의4, 동법시행령 제65조의54).

41) 재정위험판단지표(5개관점 7개지표: 지방재정법 시행령 제65조의3)

관점	재정지표	산정방식	주의	심각
재정수지	통합재정수지적자비율	(지출 및 순융자−세입)/ 통합재정규모	25% 초과 ~30% 이하	30% 초과
채무관리	예산대비채무비율	지방채무잔액/ 세출예산현액(총계)	25% 초과 ~40% 이하	40% 초과
	채무상환비 비율	미래4년 평균 관리채무 상환액/ 미래4년 평균 경상일반재원	12% 초과 ~17% 이하	17% 초과
세입관리	지방세 징수율	해당연도 분기말 수납액/ 최근3년 평균 분기말 수납액	70% 이상 ~80% 미만	70% 미만
자금관리	금고잔액현황	당해연도 분기말잔고/ 최근3년 평균분기말잔고	10% 이상 ~20% 미만	10% 미만
공기업	공기업부채비율	부채/순자산	400% 초과 ~600% 이하	600% 초과
	개별공기업부채비율			

넷째로, 재정건전화 이행 부진 지방자치단체에 대하여는 지방교부세를 감액하거나 재정상의 불이익을 부여할 수 있다(동법 제55조의5 제1항).

한편, 수시모니터링결과 심각한 수준에 해당되지는 아니하나 재정전전성・효율성 등이 현저히 떨어졌다고 판단되는 경우에도 지방재정위기관리위원회의 심의를 거쳐 재정건전화계획의 수립・이행, 그 밖의 조치를 취하도록 권고할 수 있도록 하였다(동법 시행령 제65조의32 제5항).

행정안전부에 '지방재정위기관리위원회'를 설치・운영하고 있는데(동법 제56조), 지방재정위기에 대한 경보시스템은 다음 [그림 9-1]과 같다.

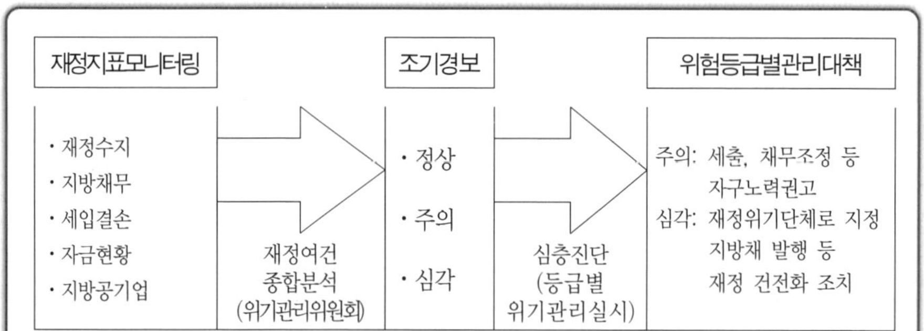

자료: 2010행정안전백서, p. 422 : 2011행정안전백서, p. 469.

[그림 9-1 지방재정사전경보 시스템 개요]

2 긴급재정관리단체의 지정・관리제도

'긴급재정관리단체의 지정・관리제도'는 '재정위기단체'로 지정된 후 3년간 재정건전화계획을 이행하였음에도 불구하고 자력으로는 그 재정위기상황을 극복하기 어려운 경우 등의 지방자치단체에 대하여 행정안전부장관이 지방재정위기관리위원회의 심의를 거쳐 지정하고, '긴급재정관리인'을 선임・파견하여 관리하는 제도이다(지방재정법 제5장의2).

한편, '지방자치단체의 파산제'에 관하여 지금까지 많은 논의가 진행되어 왔다.[42] 여러 연구결과를 종합하면, 그 논점과 입장의 차이는 있지만 대체로 ㉠ 도입을 찬성하는 입장에서는 방만한 재정운용으로 인하여 부채가 급증하고 있으므로 제도적인 제한장치를 두어야 한다는 입장이다. ㉡ 반대하는 입장에서는 현실적으로 지방재정의 문제는 파산제로 해결될 일이 아니고 국세와 지방세의 조정 등을 통한 지방재정의 확충이 우선되어야 한다는 입장이다. 그리고 또한 중앙정부가 지방정부의 활동에 사전개입을 다양하게 하고 있는 현실에서 지방재정 부실은 이미 중앙정부와 공동책임이라는 주장도 한다.

'긴급재정관리단체'로의 지정요건, 긴급재정관리인 및 긴급재정관리단체장이 이행하여야 할 사항과 제한사한은 다음과 같다.

첫째로, 다음과 같은 사항에 해당하는 지방자치단체는 긴급재정관리단체로 지정된다. ㉠ 재정위단체로 지정된 후 3년간 재정건전화계획을 이행하였음에도 불구하고 재정위험수준이 현저히 악화된 경우, ㉡ 소속공무원의 인건비를 30일이상 지급하지 못한 경우, ㉢ 상환일이 도래한 채무의 원금이나 이자에 대한 상환을 60일이상 이행하지 못한 경우이다(동법 제60조의3).

둘째로, 선임 · 파견된 '긴급재정관리인'은 ㉠ 긴급재정관리계획안의 작성 및 검토, ㉡ 동 관리계획의 이행상황에 대한 점검 및 보고 · 자료제출요구, ㉢ 그 밖의 새정위기극복을 위하여 필요한 업무를 담당한다(동법 제60조의4).

셋째로, 긴급재정관리단체의 장은 ㉠ 긴급재정관리계획(채무상환 · 감축계획, 경상비 및 사업비 등의 세출구조조정계획, 수입증대계획 등을 포함)을 수립하여 긴급재정관리인의 검토와 지방의회의 의결을 거친 후 행정안전부장관의 승인을 얻어야 하며(동법 제60조의5), ㉡ 동 관리계획을 성실히 이행하여야한다. ㉢ 행정안전부장관 또는 긴급재정관리인의 이행상황에 대한 점검 · 보고 · 자료제출요구에 대해 성실히 따라야 하며, ㉣ 동 관리계획 및 그 이행상황과 행정안전부장관의 이행평가 결과를 매년 2회 이상 주민에게 공개하여야 한다(동법 제60조의6). ㉤ 긴급재정관리계획에 따라 예산 또는 추가경정예산을 편성하여야 한다(동법 제60조의7).

넷째로, 긴급재정관리계획의 이행부진단체에 대하여는 지방교부세를 감액하거나 재정상 불이익을 부여할 수 있다(동법 제60조의6 제7항).

42) 지방자치단체 파산제 관련 선행연구를 정리해 보면 다음과 같다.

① 재정의 상태를 건전재정단계 → 수준 높은 행정서비스 제공 등으로 인한 재정압박의 단계→ 재정의 수입과 지출 간 불균형이 발생하는 재정위기의 단계 → 재정위기의 회복이 불가능한 재정파산의 단계로 구분하고 있다.

② 선진비교연구의 사례로는 미국 '연방파산법'과 일본의 '지방자치단체의 재정건전화에 관한 법률'(1955년의 '지방재정재건특별조치법'을 2007년에 전면개정 · 개칭한 법률임) 등이 있다.

③ 정부에서의 도입을 검토한 내용으로는 ㉠ 1995년 민선자치단체장 출범시에는 '지방재정위기관리법', ㉡ 1998년 IMF시기에는 '지방재정위기관리법'(재정분석 · 진단제도로 대체), ㉢ 2014년초 '지방자치단체 재정파산제'(긴급재정관리단체지정제도 도입 '확정') 등이 있다.

다섯째로, 긴급재정관리계획에 의하지 않고는 지방채의 발행, 채무의 보증, 일시차입, 채무부담행위를 할 수 없으며, 일정규모 이상의 재정투자사업에 관한 예산을 편성할 수 없다(동법 제60조의8).

여섯째로, 국가는 긴급재정관리단체가 긴급재정관리계획을 추진하는 데 필요한 행정적·재정적 사항을 지원할 수 있다(동법 제60조의9 제1항).

Ⅳ 지방자치재정력의 평가·분석모형

1 재정자립도와 지방자치재정력

(1) 지방(자치)재성자립도

(가) 지방(자치)재정자립도의 개념

지방자치재정에 관하여 지금까지 오랫동안 재정자립도라는 개념이 많이 사용되어 왔다. 지방자치재정자립도란 지방자치단체의 활동에 소요되는 전체 재원 중에 국가나 상급 지방자치단체 등 외부의 지원에 의존하지 않고 해당 지방자치단체의 자체능력으로써 조달할 수 있는 재원이 차지하는 비중을 말한다.

이 재정자립도는 지방자치단체의 일반회계 세입 가운데 그 자체수입(즉 지방세수입과 세외수입의 합)이 차지하는 비중으로 나타낸다.[43]

지방재정자립도 = 지방세수입 + 세외수입/ 자치단체 일반회계 예산규모

43) 지방재정자립도 추이(%)

연도별	전국평균	특별시·광역시 특별자치시	도 특별자치도	시	군	자치구
2016년	52.5	66.6	35.9	37.4	18.0	29.7
2017년	53.7	67.0	38.3	39.2	18.8	30.8
2018년	53.4	65.7	39.0	37.9	18.5	30.3
2019년	51.4	62.7	36.9	36.8	18.3	29.8
2020년	50.4	60.9	39.4	33.5	17.3	29.0
2021년	48.7	58.9	35.5	32.3	17.3	28.5

자료 : 행정안전부, 2021 지방자치단체 통합재정개요

지방자치의 자주적 통치권에는 재정적 자주성이 전제되어야 하기 때문에 지방자치단체의 재정자립도는 지방자치의 본질적 요소가 된다.

그러나 오늘날과 같이 경제가 국민경제화하여 지방경제가 국가경제에 통합됨에 따라 지방자치단체의 자체적 재원이 빈약해지고, 또한 지역간 재정적 불균형이 극심화되어 국가나 상급 지방자치단체로부터의 지원과 조정이 불가피해진 시대에 있어서는 100%의 재정자립도란 있을 수 없고, 또한 바람직하지도 않으므로 지방자치단체의 재정력을 이러한 재정자립도의 개념으로 측정・평가하는 것은 오늘날 의미가 없게 되었다.

(나) 지방(자치)재정자립도의 문제점

지방재정자립도에는 다음과 같은 많은 문제점이 내포되어 있다.[44)]

첫째로, 지방채 수입을 일률적으로 자체수입으로 파악하고 있는데, 지방채 수입은 앞으로 상환해야 할 부채이기 때문에 그 수입이 많아질수록 자주수입의 비중이 낮아지는 것이며, 그 상환이 지방세 수입 등 자체재원으로 이루어질 때에는 자체수입으로 볼 수 있겠으나, 국고보조금 등 의존수입으로 이루어질 때에는 의존수입으로 보아야 하는 것이다.

둘째로, 지방교부세 수입을 일률적으로 의존수입으로 파악하고 있는데, 지방교부세는 국세 수입의 일정 비율(법정교부율)을 반드시 지방자치단체에 교부하도록 하여 중앙정부의 자의성이 제한되어 있으므로, 지방자치단체의 의존수입이라기 보다는 지방세의 대체(對替)재원적 성격과 국가와의 공유재원적 성격을 띤 자주재원으로 해석할 여지가 많은 수입이다.

셋째로, 지방자치단체의 일반회계 세입 중 자주수입이 차지하는 비중만을 산정하여 표시하고 있는데, 지방자치단체의 재원에는 사업수업 등 특별회계의 비중도 높으며, 특별회계는 회계상의 효율성을 위하여 구분 계상되고 있을 뿐. 재정자립도의 고려에서 배제되어야 할 이유가 없는 회계이므로 이를 배제하는 것은 비합리적이다.

---

44) 2015년 중앙정부 대 지방정부 재정 구성비율

예산규모 순계 비교(합계 459조 5,528억원) (단위: 억원)

중앙정부 286조 2,938억원(62.3%)		지방자치단체 173조 2,590억원 (37.7%)					
		의존재원(42.4%)		자체재원(57.6%)			
국세	기타	교부세	보조금	지방세	세외수입	지방채	보전수입 등
2,211,421	651,517	315,849	417,917	594,523	202,489	48,207	153,605

넷째로, 그 외에 지방재정자립도에서는 투자비, 경상비 등 세출에 대한 고려는 없이 오직 세입만을 고려하고 있는데, 지방재정에 있어서 중요사항인 재정규모나 인구수 등 관련 사항과 무관하게 계산하고 있어, 지나치게 단순한 개념이 되고 있다.

다섯째로, 중앙정부와 지방자치단체 간의 역할 분담에 의해 자연스럽게 발생할 수 있는 현상을 무시하는 경향이 있다. 최근 복지사업의 증가 등에서 알 수 있듯이 중앙정부 정책의 집행을 지방자치단체에 의존할 수밖에 없어서 그 비용을 중앙정부가 분담하는 것은 지극히 당연한데, 이러한 예산은 지방자치단체 입장에서는 의존재원의 성격을 갖게 되어, 재정자립도를 떨어뜨리는 현상을 초래하게 된다.

여섯째로, 중앙정부와 국회에서 결정하는 지방세의 감면 조항의 영향이 있다. 2016년도 결산 기준으로 국세의 감면율은 13.4%인데 비해 지방세의 감면율은 14.6%이었다.[45] 지방세 감면 조항이 당사자인 지방자치단체가 결정하는 것이 아닌 중앙에서 결정된다는 점에서 문제가 크다.

(2) 지방재정자주도

지방재정자주도란 지방자치단체가 자주적으로 재량권을 가지고 사용할 수 있는 재원이 전체 세입 중에서 얼마나 되는가를 나타내는 지표를 말한다.[46] 지방재정자립도가 재원조달면에서의 자립정도를 나타내는 것이라면, 지방재정자주도는 재원사용면에서의 자주권·자율권을 나타내는 지표로서 지방자치단체의 실질적 재정력을 평가할 수 있는 지표라고 볼 수 있다.

지방재정자주도는 일반회계예산 중 자치단체 예산규모를 자체수입(지방세+세외수

---

45) 국회예산정책처. (2018). 지방세제의 현황과 이해. p.84.

46) 재정자립도와 재정자주도의 비교(연도별 당초예산)

	전국평균		특·광·자치시		도·자치도		시		군		자치구	
	재정 자립도	재정 자주도	재정 자립도	재정 자주도	재정 자립도	재정 자주도	재정 자립도	재정 자주도	재정 자립도	재정 자주도	재정 자립도	재정 자주도
2016년	52.5	74.2	66.6	74.4	35.9	47.3	37.4	65.9	18.0	62.9	29.7	47.0
2017년	53.7	74.9	67.0	74.6	38.3	49.1	39.2	67.2	18.8	64.1	30.8	48.7
2018년	53.4	75.3	65.7	73.4	39.0	50.2	37.9	66.4	18.5	65.2	30.3	47.5
2019년	51.4	74.2	62.7	71.8	36.9	48.9	36.8	64.8	18.3	65.3	29.8	46.1
2020년	50.4	73.9	60.9	69.8	39.4	50.6	33.5	63.8	17.3	64.9	29.0	45.5
2021년	48.7	70.8	58.9	67.4	35.5	46.5	32.3	60.9	17.3	61.2	28.5	44.8

※ 전국평균은 예산순계, 자치단체별은 예산총계기준임.
자료 : 행정안전부. 2021 지방자치단체 통합재정개요

입)과 자주재원(지방교부세+조정교부금)을 합한 금액이 차지하는 비중으로 산정하며 2008년 이후부터 지표로 활용하였다.

$$지방재정자주도=\frac{[자체수입+자주재원(지방교부세+조정교부금(종전의\ 재정보전금포함)]\times 100}{자치단체\ 예산규모일반회계\ 총계예산\ 규모}$$

(3) 지방자치재정력

지방(자치)재정력을 종합적으로 측정할 수 있는 새로운 모형이 정립되지 않으면 안 되게 되었다. 그러나 지방(자치)재정력 평가모형의 새로운 개발은 이론상으로나 실제상으로 매우 어려운 과제 가운데 하나이다.

지방(자치)재정력 평가모형의 개발을 어렵게 하는 이유들은 여러 면에서 찾아볼 수 있다.[47]

첫째로, 무엇보다 먼저 '지방재정력'이라는 개념이 확실하지 않다는 점을 들 수 있다. 지방(자치)재정력이라는 용어는 지방재정의 규모를 의미하는 경우, 행정수요에 대한 재정적 충족도를 의미하는 경우, 또 재정자립도와 대응하는 지방재정의 건전도를 의미하는 경우가 있다. 이러한 모호한 용어를 구체적 현상에 적용하려면 그 시각과 방법의 차이로 인하여 혼란을 조성하게 된다.

둘째로, 재정력의 결정변수가 다양하다는 점을 들 수 있다. 즉, 지방재정력은 지방자치단체 조직 내·외적인 여러 변수에 의하여 결정되는 것이다.

조직 내적으로는 예산결정 참여자들의 성향, 각 부서 사이의 경쟁·갈등, 조직 안의 의사결정의 역학관계 등 1차적인 변수 외에, 조직의 생산성이나 주민요구에의 대응성 등의 2차적인 변수가 작용한다.

조직 외적으로는 지역경제력, 조세구조, 담세율과 같은 경제적 변수 외에, 인구

통합재정자립도와 통합재정자주도 현황(2021)

(단위:%)

구분	전국평균	특별시·광역시·특별자치시	도·특별자치도	시	군	자치구
통합재정자립도	49.2	59.2	35.9	34.0	13.8	26.4
통합재정자주도	70.3	66.9	45.8	61.1	58.3	43.1

자료 : 국회예산정책처. 2021 대한민국 지방재정.

47) 경기도, 지방재정력지표모델개발, 1981, pp. 14~22 ; 인천시, 지방자치단체 지방재정력지표개발에 관한 연구, 1984, pp. 17~26 등).

수·밀도·이동, 취락구조 등 사회적 변수와, 자치체계, 중앙통제, 주민참여 등 정치적 변수가 작용한다.

셋째로, 지방재정력의 중요한 내용 가운데 하나가 되는 지방재정수요의 측정이 어렵다는 점을 들 수 있다. 지금까지는 기껏해야 통계적 방법에 의하여 재정규모의 미래추정치를 찾아 예측력을 높이는 것으로 만족하고 있고, 실무적으로는 주민이나 하부기관의 의견이나 요청사항을 조사하여 행정수요를 해석하고 그것을 재정수요로 확인하는 방법을 사용하고 있을 뿐이다.

2 지방자치재정력 평가모형의 개발

지방재정력 평가모형개발의 필요성과 곤란성의 이율배반 속에서 이를 극복하기 위하여 온갖 지혜와 노력을 경주하여야 한다. 지방재정력 평가모형을 개발하는 데에는 지방재정력 구성요소들의 개별적 지표를 개발하는 방법과, 각 요소들이 종합적 지표를 개발하는 방법이 있다. 두 방법은 각각 일장일단을 가지고 있어 어느 쪽이든 절대적일 수 없고, 양쪽 모두 필요하다고 할 수 있다.

지방재정력 평가모형은 미국과 일본 등에서도 개발 중에 있으며, 우리나라에 있어서는 1980년대부터 연구가 진행되어 오고 있다. 우리나라는 지금까지 많은 지방재정력 평가모형이 연구 개발되어,[48] 평가방법을 꾸준히 개선하여 시행해 왔다.

3 현행 지방재정분석지표

지방재정분석은 지방자치단체의 재정현황 및 성과를 객관적 자료에 근거하여 종합적으로 분석·평가함으로써 지방재정의 건전성과 효율성을 제고하기 위해 매년 지방자치단체의 결산자료에 근거한 재정분석을 수행하고 있다. 재정분석은 지방자

48) 유 훈, "지방재정력과 재정자립도", 지방재정, 1983년 7월호, pp. 22~26 ; 경기도, 지방재정력지표 모델개발, 1981, pp. 14~22 ; 인천시, 지방자치단체 지방재정력지표개발에 관한 연구, 1984, pp. 17~26 : 정세욱, 지방행정학, 1990, pp. 706~709 ; 한국지방행정연구원, 지방재정운영평가의 지표 개발 및 활용방안, 1993, pp. 5~28 ; 전상경, 앞의 책, pp. 455~459 ; 한국지방행정연구원, 2009·2012년도 지방자치단체 재정분석종합보고서.

치단체의 전년도 결산자료를 기초로 전국 243개 지방자치단체를 대상으로, 3개 분야, 13개 지표(재정건전성 4개, 재정효율성 6개, 재정계획성 3개)를 기준으로 나누어 분석 및 평가를 실시하고 있다.

(1) 재정운영 부문 평가지표

(가) 재정운영의 건전성 분석지표

재정운영의 건전성은 현재 및 중장기적 관점에서 건전재정원칙에 입각한 재정상태의 건전성 여부를 재정수지의 관점, 채무관리의 관점, 공기업의 관점에서 지표를 구성하고 있다.[49]

〈표 9-3〉 재정운영의 건전성 평가지표

분야/부문/재정분석지표		척도
재정 건전성	통합재정수지비율	{수입-(지출+순융자) } / (지출+순융자) × 100
	관리채무비율	[지방채무잔액(BTL지급잔액포함) / 세입결산액] × 100
	통합유동부채비율	(유동부채 / 유동자산) × 100
	공기업부채비율	(부채총액/자기자본) × 100

자료 : 국회예산정책처. 2021 대한민국 지방재정.

(나) 재정운영의 효율성 평가(분석)지표

재정운영의 효율성은 재원조달 및 재정지출효과 관점에서 세입관리, 세출관리의 효율성을 측정하는 지표로 구성되어 있다(세입확충노력분야, 세출절감노력분야).

〈표 9-4〉 재정운영의 효율성 평가지표

분야/부문/재정분석지표			척도
재정 효율성	세입 관리	자체수입비율[지방세]	세입결산액 대비 지방세수입의 비율
		자체수입증감률[지방세]	세입결산액 대비 지방세수입의 증감률
		자체수입비율[세외수입]	세입결산액 대비 세외수입의 비율
		자체수입증감률[세외수입]	세입결산액 대비 세외수입의 증감률

49) 행정자치부・한국지방행정연구원편, 2013년도・2014년도・2015년도 지방자치단체 재정분석편람

징수 관리	지방세징수율	지방세 징수결정액 대비 실제수납액의 비율
	지방세징수율제고율	지방세 징수결정액 대비 실제수납액 제고율
	체납액관리비율[지방세]	세입결산액과 지방세체납 누계액의 비율 및 증감률
	체납액증감률[지방세]	세입결산액과 지방세체납 누계액의 증감률
	체납액관리비율[세외수입]	세입결산액과 세외수입 체납 누계액의 비율 및 증감률
	체납액증감률[세외수입]	세입결산액과 세외수입 체납 누계액의 증감률
외부 지원 관리	지방보조금비율	세출결산대비 지방보조금의 비율
	지방보조금증감률	세출결산대비 지방보조금의 증감률
	출자·출연·전출금비율	세출결산액 대비 출자·출연·전출금 비율
	출자·출연·전출금증감률	세출결산액 대비 출자·출연·전출금 증감률
내부 경비 관리	자체경비비율	자체세입결산액 대비 자체경비 (내부경비관리용) 비율
	자체경비증감률	자체세입결산액 대비 자체경비 증감률

자료 : 국회예산정책처. 2021 대한민국 지방재정.

(다) 재정운영의 계획성 평가(분석)지표

재정운영의 계획성은 자치단체 재정운영에 대한 계획 능력 향상 유도 및 모니터링 지표로 구성되어 있다.

〈표 9-5〉 재정운영의 계획성 평가지표

분야/부문/재정분석지표			척도
재정 계획성	재정 계획	중기재정계획반영비율	(당초예산기준 정책사업비/ 중기지방재정계획심의 정책사업비)×100
		세수오차비율	{(지방세 당초예산액/지방세 세입결산액)×50} + {(지방세 최종예산액/지방세 세입결산액)×50}
	재정 집행	이불용액비율	{이불용액(사고이월비+불용액)/예산현액} ×100

자료 : 국회예산정책처. 2021 대한민국 지방재정.

(2) 재정통계관리 목적의 참고지표

위 (1)에서 자세히 설명한 재정운영부문의 주요평가지표 이외에, 재정통계관리 목적의 참고지표로 2020년 23개 지표(2013년은 15개 지표 활용)를 선정하여 관리하고 있다.[50]

4 지방자치재정력 평가의 문제점

지방재정 평가체계는 지방재정법에 의해 지방자치단체의 재정상황을 분석하고 그 결과를 보통교부세와 연계할 정도로 중요한 기능을 함에도 불구하고 현행의 지방재정분석은 다양한 문제점을 내포하고 있다.[51]

(1) 통제지향적 제도

지방재정분석・진단제도의 기본적인 문제점은 이 제도가 중앙정부의 지방자치단체에 대한 통제지향적인 제도라는 점이다.

이를 상세히 살펴보면 다음과 같은 점을 지적할 수 있다.

첫째로, 중앙정부가 재정진단을 통하여 지방자치단체의 재정운영에 대하여 지도・감독, 공개 등을 하기 때문에 재정통제의 일환으로 인식되고 있다.

둘째로, 지방재정분석・진단결과에 따른 지방자치단체의 조직개편, 채무상환, 신규사업 제한 등 조치(지방재정법 제55조, 동법 시행령 제65조 제4항)에 강한 반감이 야기되고 있다.

셋째로, 지방재정분석・진단제도가 지방자치단체의 재정위기감을 조성하고, 그것이 정치적 또는 행정편의적으로 운영될 경우 지방자치단체의 재정운영 효율성을 오히려 떨어뜨린다.

---

50) 2021년도 재정통제관리 참고지표: ① 관리채무부담비율, ② 관리채무상환비율, ③ 장래세대부담비율, ④ 의무지출비율(증감률), ⑤ 정책사업투자비비율, ⑥ 행정운영경비비율(증감률), ⑦ 자본시설지출비율(증감률), ⑧ 자본시설유지관리비비율(증감률), ⑨ 인건비집행률, ⑩ 실질수지비율, ⑪ 주민참여예산지출비율, ⑫ 탄력세율, ⑬ 행사축제경비비율(비용증감률), ⑭ 환금자산대비부채비율, ⑮ 민간위탁금비율증감률, ⑯ 예산집행률, ⑰ 일자리사업지출비율, ⑱ 순세계잉여금비율, ⑲ 연말지출비율, ⑳ 지방의회경비절감률, ㉑ 업무추진비절감률, ㉒ 경상수지비율, ㉓ 총자본대비영업이익률

51) 국회행정자치위원회, 지방자치단체의 재정분석평가를 통한 지방재정의 확충방안: 경기도내 기초자치단체를 중심으로(2005), pp. 53~54.

넷째로, 기존의 지방재정관리제도인 예산편성기본지침, 지방재정투·융자심사제도, 지방채승인제도 등에 문제가 있는 상황에서 지방재정분석·진단제도를 도입하는 것이 지방자치시대에 역행하는 면도 없지 않다.

다섯째로, 지방재정분석·진단이 중앙정부 주도로 운영되는 제도라는 데에 근본적인 문제가 있다.

여섯째로, 지방재정분석·진단 결과를 토대로 '재정위기단체'로 지정관리한 후 재정위기가 해소되지 않을 경우, '긴급재정관리단체'(긴급재정관리인 파견제 포함)로 지정하여 관리하도록 중앙정부의 관여를 강화하고 있다. 지방재정의 자율적 운영이라는 측면에서 볼 때 강력한 중앙통제가 행해지는 것이다.

(2) 구비요건의 미비

지방재정분석·진단의 각 단계별로 갖추어야 할 제도적 요건이 아직도 미흡하다.

첫째로, 재정보고서 양식작성·시달·제출단계에서 나타나는 문제점으로 재정보고대상의 범위, 재정보고서 양식의 불충분을 들 수 있다.

둘째로, 재정보고서 분석단계에서는 분석방법, 분석주체, 분석결과의 활용 및 재정정책에의 반영 미흡을 들 수 있다.

셋째로, 재정진단 대상단체 선정기준이 단편적이며, 자치단체의 구조적 문제를 기준으로 하고 있지 못하다.

넷째로, 재정진단 실시단계에서는 진단모형, 진단방법, 범위, 지도·지원의 내용, 재정건전화계획 수립 및 시행, 재정정책에의 반영 등이 확정되어 있지 않다.

CHAPTER

10 지방자치재원

제 1 절 자주적 재원(자체재원)

I 지방자치재원의 의의와 분류

1 지방자치재원의 의의

지방자치재원이란 지방자치단체가 그 경비에 충당하기 위한 수입의 근원으로서 조달하는 재화를 말한다.[1] 이를 보통 지방재원이라고 한다.

지방재원에는 지방자치단체가 법령에 의한 공권력으로써 강제징수하는 것도 있고, 사용의 대가 또는 반대급부로서 수납하는 것도 있으며, 재산을 처분해서 사경제로부터 수수(收受)하는 것도 있다. 지방수입 가운데 1 회계연도 안의 지방수입을 지방세입(歲入)이라고 한다.

지방재원은 민간기업재원 또는 국가재원과는 다른 다음과 같은 특징을 가지고 있다.

첫째로, 민간기업재원과는 달리 그 수입이 법적으로 보장되어 있고, 경우에 따라서는 공권력에 의한 강제징수가 허용된다.

둘째로, 국가재원과는 달리 ㉠ 조세수입 외에 지방교부세, 국고보조금 등 다원적인 수입으로 구성되어 있고(다원성), ㉡ 지방자치단체에 따라 규모나 구성에 차이가 많으며(다양성), ㉢ 사용료, 수수료 등 수익자부담을 포함하고 있다(응익성).

---

1) 지방자치단체의 경비에 충당하기 위하여 조달되지 않는 것(예 : 일시보관금)은 지방재원에 포함되지 않고, 경비에 충당하기 위하여 조달되는 한 그것이 본래의 목적이든 아니든 관계없으며, 오늘날의 화폐경제 시대에는 화폐적 재원이 대종을 이루나 현물재원도 배제되는 것이 아니다(다만 현물재원도 예산·결산에는 화폐적 재원으로 계상된다).

2 지방자치재원의 분류

지방자치재원은 그 분류기준 여하에 따라 여러 가지로 나뉜다.

(1) 자주재원과 의존재원

자주재원과 의존재원이라는 구분은 수입의 결정 및 실현의 주도성의 소재를 기준으로 한 것이다. 자주재원이란 해당 지방자치단체가 자주적으로 결정·실현하는 재원을 말하고, 의존재원이란 해당 지방자치단체 외의 주체, 즉 국가나 상급 지방자치단체에 의하여 결정·실현되는 재원을 말한다.

일반적으로 자주재원에는 지방세와 세외수입이 포함되고, 의존재원에는 지방교부세, 조정교부금, 재정보전금(2015년부터는 조정교부금으로 통일)과 국고보조금이 포함되는 것으로 이해되고 있다. 그러나 이러한 도식적 구분에는 논의의 여지가 많다.[2)]

지방자치단체의 총수입 가운데 자주재원이 차지하는 비중(이른바 재정자립도)이 클수록 바람직한 것으로 해석되고 있다. 그것은 자주재원은 수입의 안정성 및 재정운용의 독자성을 보장할 수 있는 데 비하여, 의존재원은 그것을 보장할 수 없기 때문이다.

그러나 수입의 안정성이 곧 재정운용의 건전성과 일치하는 것은 아니며, 지방재정은 본질상 100%의 독자성을 전제로 하고 있지 않기 때문에, 의존재원의 상대적 중요성도 인정되어야 한다. 즉, 지방교부세, 조정교부금과 재정보전금 및 국고보조

2) 자주재원과 의존재원의 도식적 구분에 문제가 있는 것은 다음과 같다.

첫째로, 지방채수입을 일괄적으로 자주재원으로 볼 수 있는가가 문제된다. 지방채수입은 앞으로 상환되어야 할 부채이기 때문에 지방수입 가운데 그것이 점하는 비중이 높을수록 자주재원의 비율이 오히려 낮아진다는 점에 유의하여야 한다. 물론 지방채 수입이 지방세 또는 세외수입 등 앞으로 지방자치단체의 경제력에 의하여 상환될 것인 때에는 자주재원으로 분류될 수도 있으나, 그것이 국고보조금 등으로 상환될 수도 있는 것이므로 반드시 자주재원으로만 분류될 수도 없는 것이다.

둘째로, 지방교부세와 조정교부금 및 재정보전금을 의존수입으로 보는 견해가 반드시 타당한가 하는 것이 문제된다. 지방교부세와 조정교부금 및 재정보전금은 재원배분의 수단으로서 편의상 국가에 의하여 징수되는 데 불과하다는 점에서 넓은 의미의 국세 또는 시·도세의 부가세와 같은 것으로서, 자주재원으로 볼 수 있는 여지가 많은 것이다. 그러나 이들은 지방자치단체의 필요성보다도 국가 또는 광역자치단체의 입장에서 자치단체간의 재정조정을 목적으로 한다는 점에서 의존재원으로 보아야 한다는 것이 다수설이다.

셋째로, 이월금을 세외수입으로 보아 이를 모두 자주재원으로 분류하는 데도 문제가 있다. 사업이월에 수반되는 이월금 가운데 국고보조금 상당액은 엄밀한 의미에서 의존재원인 것이다.

금에 의한 지방재정 불균형의 조정 및 사무 처리에 소요되는 경비의 조달은 필수적이다.

(2) 일반재원과 특정재원

비용용도의 한정성 여부를 기준으로 한 분류로서, 일반재원이란 지방자치단체가 어떠한 경비에도 자유롭게 지출할 수 있는 재원을 말하고, 특정재원이란 그 지출할 수 있는 비용용도가 한정되어 있는 재원을 말한다.

일반적으로 일반재원에는 지방세, 세외수입, 지방교부세, 조정교부금이 포함되고, 특정재원으로 국고보조금이 포함된다. 그러나 이러한 일반재원과 특정재원의 도식적 구분에도 논의의 여지가 많다.[3)]

지방자치단체의 총수입 가운데 일반재원의 비중이 클수록 바람직한 것으로 해석되고 있다. 일반재원이 지방자치단체의 재정운용의 독자성을 높이고, 따라서 재정의 탄력성을 보장할 수 있기 때문이다. 그러나 자치행정에 있어 본질적으로 그 재원을 국고에 의존하는 사무가 존재하는 한 비용용도가 한정되는 특정재원의 존립은 당연한 것이므로, 일반재원의 비중 문제는 어디까지나 지방자치단체의 사무종류의 구성과 관련하여 판단해야 한다.

(3) 경상재원과 임시재원

수입의 규칙성과 안정성을 기준으로 한 분류로서, 경상재원은 회계연도마다 계속하여 거의 규칙적으로 확보될 수 있는 재원이고, 임시재원은 회계연도에 따라 불규칙적으로 확보되는 재원을 말한다.

---

3) 일반재원과 특정재원의 도식적 구분에 문제가 있는 것은 다음과 같다.

첫째로, 목적세는 그 비용용도가 제한되어 있기는 하지만, 자치단체에 구체적인 비목 선택권이 부여되어 있으므로 일반재원으로 볼 수 있는 여지가 많다. 그러나 목적세에는 이러한 재량성에도 불구하고 정해진 비용용도 이외의 경비로 사용될 수 없다는 의미에서 특정재원으로 보아야 한다는 것이 다수설이다.

둘째로, 세외수입 가운데 그 비용용도가 제한되어 있는 재원(예컨대 하천점용료, 공원사용료, 목적특정기부금, 목적특정재산매각대금 등)은 이를 특정재원으로 보아야 한다.

셋째로, 지방채수입은 지방세의 감수(減收)를 보전하기 위한 일반재원적인 경우도 있으나, 특정 비용용도의 충당을 위한 특정재원적인 경우도 있다.

넷째로, 지방교부세는 일반적으로 일반재원이라고 할 수 있으나, 특별교부세는 특별재원이라 하지 않을 수 없으며, 반대로 국고보조금은 일반적으로 특정재원이라고 할 수 있으나, 일반보조금은 일반재원이라 하지 않을 수 없다.

일반적으로 경상재원으로 지방세, 사용료·수수료, 보통교부세 등을 들 수 있고, 임시재원으로 재산매각수입, 부담금, 분담금, 기부금, 변상금, 전입금, 이월금, 지방채 등을 들 수 있으나, 그 실제의 구분에는 해당 수입의 규칙성과 안정성의 여부에 대한 구체적인 분석을 필요로 한다.

지방자치단체의 총수입 가운데 경상재원의 비중이 클수록 지방재정의 건전성이 높은 것으로 판단된다. 즉, 경상재원으로써 경상적 경비에 충당하고도 남은 경우에는 그 재정을 건전하다고 판단할 수 있는 반면에, 임시재원까지 동원하여 경상적 경비를 충당하는 경우는 건전하다고 볼 수 없다.

3 지방자치재원의 세입예산과목 구분

지방자치재원의 세입예산과목은 그 내용의 성질과 기능을 고려하여 장(章)·관(款)·항(項)으로 구분된다. 2020년 시행되는 세입예산과목을 살펴보면 다음과 같다.

〈표 10-1〉 세입예산 과목구분과 설정

장	관	항	명 칭	장	관	항	명 칭
100			지방세수입	500			보조금
	100		지방세		510		국고보조금
		111	보통세(9목)			511	국고보조금등(3목)
		112	목적세(2목)		520		시도비보조금 등
		113	지난연도수입(1목)			521	시도비보조금 등(1목)
200			세외수입	600			지방채
	210		경상적세외수입		610		국내차입금
		211	재산임대수입(2목)			611	차입금(4목)
		212	사용료수입(9목)			612	지방채증권(3목)
		213	수수료수입(5목)			613	지역개발지금(1목)
		214	사업수입(5목)		620		국외차입금
		215	징수교부금수입(1목)			621	국외차입금(1목)
		216	이자수입(3목)	700			보전수입 등 내부거래
	220		임시적세외수입		710		보전수입 등
		221	재산매각수입(4목)			711	잉여금(2목)

		222	자치단체간 부담금(1목)
		223	보조금 반환수입(2목)
		224	기타수입(7목)
		225	지난년연도수입(1목)
	230		지방행정제재·부과금등
		231	과징금(1목)
		232	이행강제금(1목)
		233	변상금(1목)
		234	과태료(2목)
		235	환수금(1목)
		236	부담금(1목)
300			지방교부세
	310		지방교부세
		311	지방교부세(4목)
400			조정교부금 등
	410		자치구조정교부금 등
		411	자치구조정교부금 등(3목)
		712	전년도이월금(3목)
		713	융자금원금수입(4목)
		714	예치금회수(1목)
		715	보조금등 반환금(2목)
	720		내부거래
		721	전입금(5목)
		722	예탁금 및 예수금(4목)

자료: 2021년도 예산편성운영기준

Ⅱ 지방세

1 지방세의 의의와 과세권

(1) 지방세의 의의

(가) 지방세의 의미

지방세란 지방자치단체가 그 업무를 수행하는 데 소요되는 일반적 경비에 충당하기 위하여 그 구성원인 주민 또는 구역 안에서 일정한 행위를 하는 자로부터 직접적인 반대보상 없이 징수하는 재화를 말한다. 지방세는 국세와 더불어 한 나라의 조세체계를 형성한다.

지방자치단체는 그 재정지출에 충당하기 위하여 지방세 외에 사용료·수수료, 부담금·분담금, 재산수입, 기부금, 지방채, 공기업수입과 지방교부세 및 국고보조금 등 각종 수입을 확보하고 있으나, 그 가운데서도 지방세가 자주재원의 중추로서 지방재원의 대종을 이룸은 현재에도 그러하거니와 미래에도 변함없는 사실일 것이다. 이러한 사실은 지방자치단체의 재정적 자주성의 확보라는 면에서도 그러하지만, 지역주민의 복지를 위한 자기부담의 이념의 실현이라는 면에서도 그러하다.

(나) 지방세의 특성

지방세의 일반적 특성은 다음과 같다.

(a) **강제적 부과·징수** : 지방세는 지방자치단체가 과세권에 근거하여 강제적으로 부과·징수하는 재화이다. 그 부과·징수는 반드시 법률의 근거를 요하지만(조세법률주의, 헌법 제38조, 제59조, 지방자치법 제27조), 주민 개개인의 승낙의 의사표시를 요하지 않는다. 그러한 의미에서 지방세는 사용료·수수료, 지방채 등과 같이 관계 주민의 의사표시를 전제로 한 수입과 구별된다.

(b) **직접적인 반대보상 없는 징수** : 지방세는 개별적인 특정한 수익과 관계 없이 지방자치단체의 일반주민 또는 구역 안에서 일정한 행위를 하는 자로부터 징수되는 재화이다. 납세의무자가 동시에 수익자인 경우도 있으나, 그것은 어디까지나 간접적인 관계이고 납세와 수익 사이에 직접적인 대상관계는 없다. 그러한 의미에서 지방세는 특정한 서비스에 대한 반대급부로서 수익자가 부담하는 사용료·수수료나, 특정한 사업의 경비를 충당하기 위하여 그 사업의 수익자가 부담하는 수익자부담금과 구별된다.

(c) **일반적 경비의 조달을 위한 징수** : 지방세는 지방자치단체의 일반적 경비의 재원조달을 목적으로 징수되는 재화이다. 목적세의 경우와 같이 그 비용용도가 한정되어 있는 지방세도 있으나, 그 경우에도 그 사용(지출)과 징수(수입)가 개별적·구체적으로 연결되는 것은 아니며, 또한 수익자부담금의 경우처럼 수익과 부담 사이에 직접적인 대응관계가 있는 것도 아니다.

지방세는 재원조달을 목적으로 한 것이라는 점에서 위법행위에 대한 제재를 목적으로 징수되는 벌금이나 과료, 과태료 등과 구별된다.

(d) **금전으로 표시·징수** : 지방세는 금전으로 표시되고 금전으로 징수되는 것이 원칙이다. 옛날에는 물납조세가 행하여졌으나 화폐경제가 확립된 이후에는 원칙적으로 금전으로 납부하도록 되어 있다. 예외적으로 물납조세가 인정된다고 하더라도 물납이 그 물건의 사용가치에 착안된 것이 아니고 금전적 가치에 착안해서 인정

되는 것이므로, 물건의 사용가치에 착안해서 이루어지는 공용징수(예 : 토지사용)와 구별된다.

(다) 지방세 체계의 전면개편

우리나라의 지방세제는 그동안 단일법이었던 지방세법을 2011년에 전문개정하여 분야별・기능별로 3분하여, 이른바 분법(分法)체계로 전환하였다. 지방세제에 관한 기본적・공통적・절차적인 사항을 규정한 '지방세기본법'과, 지방세의 종류 및 세목체계를 규정한 '지방세법', 그리고 지방세 감면규정을 통합・정리한 '지방세특례제한법'으로 재편되어 현재에 이르고 있다.

(2) 지방세의 과세권

"과세권 없는 지방자치단체는 존재할 수 없다"는 말이 있듯이, 과세권은 지방자치의 본질적인 권한에 속한다. 지방자치단체의 과세권에는 세수결정권과 부과징수권이 포함된다. 즉, 지방자치단체는 세목・과세표준 및 세율의 결정과, 그에 따른 세액의 부과와 징수행위를 자주적으로 행할 수 있어야 한다.

그러나 과세권을 지방자치단체에 전적으로 일임할 수 없는 것이 또한 오늘날의 실정이다. 그것은, ㉠ 교통・통신수단이 고도로 발달하고 개인 또는 기업의 활동범위가 자치단체의 관할구역에 한정되지 아니하기 때문에 세원분리가 곤란한 점, ㉡ 조세부담의 지역적 격차를 방치할 수 없는 점, ㉢ 지방의 조세정책도 국가의 경제정책에 일치하여야 하는 점에 연유한다. 따라서 오늘날에는 지방자치단체의 과세권에도 일정한 제약이 가해지고 있다.

그러나 지방자치의 본질에서 볼 때에는 물론이려니와, 창의성 있는 재정운영을 통한 지방행정 효율화의 관점에서 볼 때에도 지방자치단체의 자주적인 과세권의 확립은 매우 중요하다. 따라서 지방자치단체의 과세권의 제약은 국가정책적 입장에서 특히 불가피한 경우에 한하여야 한다.

우리나라의 경우, 조세법률주의에 따라 지방세의 세목과 과세요건이 지방세법에 구체적으로 규정되어 있어, 지방자치단체의 자주적 과세권의 범위는 넓지 않다. 그러나 ㉠ 과세면제・불균일과세・조세감면의 조치(지방세특례제한법 제6조~제92조의 2), ㉡ 세율자율결정(지역자원시설세: 종전의 도시계획세, 공동시설세), ㉢ 표준세율과 제한세율 이용 등의 부분에서는 지방자치단체가 자주적 과세권을 가진다고 할 수 있다(표준세율과 제한세율의 뜻에 관하여는 뒤의 (4). '지방세의 세율' 부분 참조).

2 지방세의 적격성

(1) 지방세의 원칙

(가) 지방세 원칙의 의의

지방세에 있어서는 국세와는 다른 목적과 성격에 따르는 특유한 원칙이 있다. 이러한 지방세의 원칙은 어떠한 세원을 지방세로 배분하는 것이 타당한가 하는 지방세 적합성의 문제에 대한 판단기준이 될 수 있다.

지방세에 있어서 국세와 다른 그 특유의 원칙이 강조되는 이유는, ㉠ 많은 지방자치단체가 각기 다른 경제수준과 구조를 가지고 있다는 점, ㉡ 자치단체는 고유적이면서도 경제적으로 완전히 개방되어 있다는 점, ㉢ 자치단체의 행정은 보다 직접적인 대민생활행정이며 따라서 공공서비스에 의한 주민의 수익이 명확히 나타난다는 점 등에 있다.

그러나 지방세의 원칙은 고정불변의 가치를 지닌 절대적인 것이 못된다. 여러 원칙들 간에는 상호 모순되는 것이 있고, 상황의 변동에 따라 또는 자치단체의 차이에 따라 원칙이 일정할 수 없으며, 납세자·징세자·재정정책적 입장의 차이에 따라 그 원칙의 내용이나 중점이 달라질 수 있는 것이다. 따라서 오늘날에는 이러한 원칙들의 상대성을 인정하고 그것들을 일종의 '참고사항' 정도로만 인식하고 있다.

지방세의 원칙에 관하여 여러 측면에서 많은 원칙들이 제시되고 있는데,[4] 이를 정리하면 다음과 같다.

첫째로, 재정수입의 측면에서

① 그 수입이 각 지방자치단체에 보편적으로 존재할 것(보편성의 원칙)

② 연도 사이의 수입이 급격한 변화 없이 안정적일 것(안정성의 원칙)

둘째로, 주민부담의 측면에서

① 수익의 정도에 비례해서 지방세를 부담할 것(응익성의 원칙)

② 모든 주민이 널리 지방세를 부담할 것(분담성의 원칙)

---

4) 이상희 : ㉠ 보편성, ㉡ 안전성, ㉢ 정착성, ㉣ 응익성, ㉤ 부담분임성(이상희, 지방재정론, 서울 : 계명사, 1992, pp. 231~251).
김종순 : ㉠ 안정성, ㉡ 효율성, ㉢ 형평성, ㉣ 용이성(김종순, 지방재정학, 서울 : 삼영사, 1997, pp. 229~235).

셋째로, 징세행정의 측면에서

① 세원이 해당 구역 안에 정착하고 있을 것(정착성의 원칙)

② 징세행정에 자주성이 있을 것(자주성의 원칙)

(나) 지방세의 제원칙

이상과 같은 원칙들의 내용을 검토하면 다음과 같다.

(a) **보편성의 원칙** : 이는 지방세의 세목은 그 세원이 특정지역에 편재하지 않고 각 지방자치단체에 고루 분포되어 있는 것으로 하여야 하는 원칙이다. 이는 지방자치단체간의 재정수입 균형화를 위해서 필요한 원칙이다.

그러나 오늘날과 같은 산업경제의 발달과정에서는 경제력의 지방적 격차가 불가피하기 때문에 어떠한 세목의 지방세를 채택하든 세원의 보편화는 기하기 어렵다. 이러한 속에서 세원이 빈약한 지방자치단체가 그것이 풍부한 자치단체와 같은 수준의 행정서비스를 제공하려면 높은 세율의 과세를 해야 하는데, 그렇게 되면 납세자(개인 및 기업)가 세율이 보다 낮은 다른 지역으로 이전하게 되어 지역 사이의 경제력 격차는 더욱 가중되기 쉽다.

(b) **안정성의 원칙** : 이는 지방세의 세목은 경기 감수성이 적고 연도에 따라 세수의 변동이 심하지 않은 것으로 하여야 한다는 원칙이다. 이는 지방자치단체의 재정수입의 안정화를 위해서 필요한 원칙이다. 여기에서의 안정성은 고정성과와는 다른 것으로, 세수의 신장성, 신축성을 내포하고 있다.

안정성은 국세에서도 요구되지만 지방세에서 특히 요구되는데, 그 이유는 지방세는 국세보다 경기정책·재정정책의 수단으로서의 의의가 적고, 세출구조에 인건비 등 의무적 경비의 비중이 높으며, 경기변동에의 대응능력이 약하기 때문이다. 지방자치단체 가운데서도 기초자치단체의 경우에 안정성의 원칙이 더욱 중요하다.

(c) **응익성의 원칙** : 이는 지방세에 있어서는 국세의 경우에 비하여 능력에 상응한 부담(응능성)보다도 공공서비스로부터 이익을 받은 정도에 상응한 부담(응익성)이 더 필요하다는 원칙이다.

지방세에 있어서 응익성이 중시되어야 하는 이유는, 첫째로 자치단체는 그 수가 많으므로 어느 단체가 어느 대상에 과세권을 가지며, 납세자가 어느 단체에 납세의무를 지는가를 명확히 하여야 하고, 둘째로 자치단체의 행정에 주민의 일상생활과 관련된 서비스를 제공하고 이익을 제공하는 것이 많다는 데 있다.

그러나 이러한 응익성 원칙의 실제 적용에는, 부담능력이 없는 곳에는 세부담이 존재할 수가 없고 또한 수익을 정확히 계산할 수 없기 때문에 한계가 있다.

(d) **분담성의 원칙** : 지방자치단체의 구역 안에 거주하는 주민은 그 자치단체의 행정에 소요되는 경비를 널리 분담하여야 한다는 원칙이다.

지방세에 있어서 이러한 일반 분담성의 원칙이 강조되는 이유는, 첫째로 납세를 통하여 자치행정에 관한 관심을 높여서 자치의식을 제고하는 사회교육적 효과를 거둘 수 있고, 둘째로 지방자치단체의 업무는 주로 국민들의 일상생활과 관련되는 복지증진적 업무로서 주민에 이익을 제공하는 영역이 많을 뿐만 아니라, 셋째로 지역도 협소하여 수혜의 인식이 용이하다는 데 두고 있다.

이러한 일반 분담성 원칙의 현실적 구현형태로서 대표적인 예로는 주민세 균등할과 과세최저한도제 및 비례세율제를 들 수 있다.

(e) **정착성의 원칙** : 지방세의 과세객체는 가급적 해당 지방자치단체의 관할구역 안에 법률적 또는 기술적으로 정착하여 이동이 적음으로써 과세행정상 정확성이 보장되는 것이어야 한다는 원칙이다. 이를 국지성 또는 지역성의 원칙이라고도 한다.

지방세에 있어서 정착성의 원칙이 특히 강조되는 이유는, 첫째로 과세객체가 해당 지방자치단체의 관할구역 안에 정착하여 있을 때에만 그 세원의 완전한 포착이 가능하고, 둘째로 과세객체의 이동으로 인한 조세수입의 지역적 편재를 방지하고, 셋째로 주민생활 또는 민간경제활동 기반의 교란을 방지하는 것이 특히 요청되고 있기 때문이다. 오늘날 세계 각국에서 지방세의 과세객체로서 토지, 가옥 등과 같은 자산이 선정되고 있는 것도 이러한 이유에 기인하고 있다.

(f) **자주성의 원칙** : 지방세는 지방자치단체가 과세행정상 자치성을 보장할 수 있는 것이어야 한다는 원칙이다.

자주성이 보장되는 지방세제가 되기 위해서는 다음과 같은 조건이 충족되어야 한다. 첫째로 국가와 지방자치단체의 과세객체가 분리되어야 하고(따라서 부가세제보다는 독립세제가 더 바람직하다), 둘째로 지방세의 부과・징수에 관한 사무를 독자적으로 행하게 하여야 하며, 셋째로 세목, 비과세범위, 세율 등에 관하여 국책상 필요한 것 이외에는 가능한 한 지방자치단체의 자유로운 판단과 결정에 맡겨야 한다.

(2) 지방세의 적합성 검토

이상과 같은 지방세의 원칙에 비추어 볼 때 어떠한 세목이 지방세로서 적합한가를 검토해 볼 필요가 있다.

지방세 적합성의 문제는 오래전부터 논의되어 왔다. 일반적으로 그 부담이 국가적 규모로 확대되어 있는 조세는 국세로 하고, 그 부담이 지방에 한정될 수 있는 조세는 지방세로 하는 것이 마땅하다고 하는데, 대체로 소득과세와 소비과세는 전자에, 재산과세는 후자에 해당한다고 할 수 있으나, 그 각 과세의 내용을 분석하여 보면 그 성격이 한결같지 않다.

(가) 소득과세

소득과세는 소득원천에 대한 과세로서 '지방소득세'가 있다. 소득과세는 지역간 불균형성, 경기변동에 따른 세수변동 가능성이 있어 지방세로는 적합하지 않다. 그러나 소득과세 중에서도 개인소득과세는 지역정착성과 소득재배분 가능성이 다소 있으므로 지방세 적합성이 다소 있다고 할 것이다.

(나) 소비과세

소비과세는 지출 즉 소비에 대한 과세로서 레저세, 담배소비세, 지방소비세, 자동차세(자동차 주행에 대한 자동차세분)가 있다. 소비과세는 비정착성, 지역불균형성이 있기 때문에 지방세로서는 적합하지 않다. 그러나 소비과세 중에서도 직접소비(최종소비)과세는 구매자 가계측에 부과하는 것이어서 정착성이 있기 때문에 지방세 적합성이 다소 있다고 할 것이다.

(다) 재산과세

재산과세는 재산의 보유에 관련된 과세로서 재산세, 자동차세(자동차 보유에 대한 자동차세분), 지역자원시설세(기존공동시설세로 부과하던 특정부동산분), 재산의 이전과 관련된 과세로서 취득세가 있다. 재산과세는 정착성과 안정성이 있고 또한 징세의 간편성이 있기 때문에 지방세로 적합하다. 그러나 재산세 중에서도 상속세는 일정 시점의 개인의 재산을 지방자치단체 구역을 넘어 종합해서 과세해야 하고, 또한 누진세를 적용해야 하기 때문에 지방세로 하기에는 기술적으로 곤란한 점이 있다고 하겠다.[5)]

---

5) 라오연, 국가와 지방간 세원조정방안에 관한 연구(서울 : 국민대학교 경제연구소, 1985), pp. 161~167.

국세와 지방세의 적합성 문제는 어디까지나 상대적인 것이고 절대적인 것이 못된다. 실제의 지방세 체계는 각 나라의 정치·사회·경제·재정과 각 지방자치단체의 규모·성격, 그리고 주민의 가치관·납세의식 여하에 따라 달라질 수 있는 것이다.

3 지방세의 구성

(1) 지방세의 분류

지방세도 조세의 일반적 분류기준에 따라 여러 가지로 분류될 수 있다.[6] 그러나 지방세에 있어서 특히 분류의 의의가 있는 것을 보면 다음과 같다.

(가) 보통세와 목적세

이는 세수의 비용용도제한 여부를 기준으로 한 분류로서, 보통세는 비용용도에 제한이 없는 조세이고, 목적세는 비용용도에 제한이 있는 조세이다. 조세 일반의 경우와 마찬가지로 지방세에서도 보통세가 원칙이며, 목적세로는 지역자원시설세, 지방교육세 등 예외적으로 인정되고 있을 뿐이다.

(나) 독립세와 부가세

이는 과세표준의 독립 여부에 의한 분류로서, 독립세는 지방자치단체가 국가 또는 다른 자치단체에 의존하지 않고 독자적인 과표와 세율에 의해서 부과하는 조세이고, 부가세는 국가 또는 다른 자치단체에 의존하여 그 조세의 과표와 세율에 따라서 부과하는 조세이다. 지방재정의 자주성 확보를 위하여 독립세가 이상적이나, 징세행정의 간편화를 위해서 부가세를 시행하는 경우가 있다.

우리나라에서는 건국 후 부분적으로나마 부가세제도를 채택하여, 한 때에는 그 비중이 매우 높은 때도 있었는데, 1966년에 부가세제를 폐지하여 완전히 독립세제로 되었다. 다만 1973년에 신설된 주민세의 소득할(所得割)이 국세액을 과표로 삼고

---

6) ① 과세대상별 분류 : 소득세, 소비세, 재산세 등
② 과세목표별 분류 : 인세, 물세
③ 담세자 성격별 분류 : 직접세, 간접세
④ 비용용도제한 여부별 분류 : 보통세, 목적세
⑤ 과세독립 여부별 분류 : 독립세, 부가세

있는 것을 시작으로, 독립세제 중심으로 지방세가 되어 있지만 부분적으로 부가세가 방식으로 징세가 이루어지는 조세항목이 있다.

지방교육세(부동산, 기계장비, 항공기 및 선박의 취득세, 등록면허세 등록분(자동차 제외), 레저세, 주민세, 재산세, 비영업용승용자동차(비영업용 기타 승용자동차 포함)에 대한 자동차세, 담배소비세의 부가세), 지방소비세(국세 부가가치세의 일정비율(21%))가 현재 부가세로 과세 행정청이 1개 기관 이상으로 이루어져 과세 절차가 간편하고 징세비용이 절감이라는 장점을 가지고 있다.

(다) 법정세와 법정외세

이는 세목의 설정근거 여부에 의한 분류로서, 법정세는 세목이 법률에 의하여 설정되는 조세이고, 법정외세는 지방자치단체의 조례에 의하여 설정되는 조세이다. 조세법률주의에 입각하여 법정외세가 인정되지 아니하는 것이 원칙이나, 지역의 특수세원의 포착과 재정수요에의 신축적 대처를 위하여 그 인정이 필요한 경우도 있다.[7]

우리나라에서는 법정외세가 인정되지 않고 있는데, 조세법률주의와 관련하여 지방세법에 법정외세의 설치근거를 설정할 수 있느냐에 관하여, 헌법이 조세법률주의를 채택한 취지는 행정부의 행정입법으로 조세를 설치할 수 없도록 하려는 데 있는 것이지 지방자치단체의 자치입법을 제한하려는 데 있는 것이 아니며, 헌법이 지방자치를 인정한 취지로 보아 지방세법에 그 설치근거를 두고 지방자치단체의 조례에 구체적인 설치를 위임하는 것은 가능하다고 보는 견해가 있다.[8]

(라) 의무세와 임의세

이는 세목의 시행강제성 여부를 기준으로 한 분류로서, 의무세는 일단 설정된 세목은 모든 지방자치단체에서 반드시 시행되도록 강제하는 조세이고, 임의세는 그 시행 여부를 지방자치단체의 자주적 결정에 맡기는 조세이다. 지역 간의 경제·

---

7) 일본에서는 2008년 현재(결산기준) 법정외보통세(도부현 14개 단체, 시정촌 8개 단체)·법정외목적세(도부현 29개 단체, 시정촌 5개 단체)에서 적용하고 있다(總務省, 地方財政白書, 2010, 총무성 홈페이지).

道·府·縣 : 법정외보통세 ; 핵연료세(9개 단체), 석유가격조정세외 4개 각 1개 단체,
법정외목적세 ; 산업폐기물관계세 27개 단체, 숙박세외 1개 각 1개 단체.

市·町·村 : 법정외보통세 ; 사리(모래)채취세 2개 단체, 별장등소유세외 5개 각 1개 단체,
법정외목적세 ; 환경미래세 2개 단체, 환경협력세외 1개 각 1개 단체.

8) 이상희, 앞의 책, pp. 195~198 ; 오연천, 한국지방재정론(서울 : 박영사, 1987), p. 229 ; 정세욱, 지방자치학(서울 : 법문사, 2000), pp. 176~182.

사회·문화적 관계가 긴밀화되어 가고 있고 세목부담의 지역 간 균형화가 요청되고 있는 현실에 비추어 볼 때에는 과세의 균형성을 위하여 의무세제가 불가피하겠으나, 지방재정의 자주성을 강조하는 입장에서 볼 때에는 임의세제가 이상적이라 할 수 있다.[9)]

(마) 종가세와 종량세

이는 과세표준의 표시단위를 기준으로 한 분류로서, 종가세(從價稅)는 과세표준을 과세물건의 가치(가격)를 기준으로 표시하며, 지방소득세, 재산세 등이 그 예이고, 종량세(從量稅)는 과세물건의 수량·중량·부피 등을 기준으로 표시하며, 주민세 균등분, 자동차세, 담배소비세 등이 그 예이다.

(바) 정액세와 정률세

이는 세율에 따른 분류로서, 정액세는 세율이 일정한 금액으로 정해져 있는 조세로서 주민세 균등분, 자동차세, 담배소비세, 면허세가 있으며 정율세는 세율이 과세표준의 일정비율로 정해져 있는 조세로서 취득세, 등록면허세, 재산세, 지방소득세, 지방소비세, 레저세, 지역자원시설세, 지방교육세 등이 있다.

(2) 지방세의 구조

지방세의 구조는 나라마다 다르다. 그러나 이러한 다양한 지방세 구조를 집약하여 유형화하여 보면 ㉠ 소득·이윤과세 중심형, ㉡ 재산과세 중심형 및 ㉢ 혼합형의 세 유형으로 나눌 수 있다.[10)]

대체로 보아 소득·이윤과세 중심형은 조세부담의 응익성과 세수입의 신장성을 기할 수 있는 반면에 안정성이 약하고, 재산과세 중심형은 세원의 정착성과 세수입의 안정성을 기할 수 있는 반면에 신장성이 약하다.

---

9) 임의세제의 한 방법으로 지방세법에서 여러 가지 세목을 열거하고 지방자치단체가 해당 지역의 세원과 재정수요를 고려하여 일정한 세목을 선택하여 시행하도록 하는 이른바 선택세제를 채택할 수도 있다.
10) 소득·이윤과세 중심형 : 벨기에, 룩셈부르크, 덴마크, 스웨덴, 핀란드, 노르웨이, 독일, 이탈리아, 스위스, 포르투갈, 터키, 일본
재산과세 중심형 : 영국, 아일랜드, 뉴질랜드, 네덜란드, 한국
혼합형 : 미국, 캐나다, 프랑스, 스페인, 호주

우리나라에서는 재산세 중심제를 채택하고 있으므로 대체로 세원의 정착성과 세수의 안정성은 기할 수 있으나, 세수의 신장성이 약한 것이 문제가 되고 있다.

(3) 지방세의 세목

(가) 지방세의 최근 세목구조

우리나라의 지방세목은 보통세 9목, 목적세 2목, 합계 11목이다(2011년 1월 1일 지방세법 전면 개정·시행).

보통세에는 ㉠ 취득세(취득세+등록세[취득관련분]), ㉡ 등록면허세(등록세[취득무관분]+면허세), ㉢ 레저세, ㉣ 담배소비세, ㉤ 지방소비세, ㉥ 주민세, ㉦ 지방소득세, ㉧ 재산세(재산세+도시계획세), ㉨ 자동차세(자동차세+주행세)가 있고, 목적세에는 ㉠ 지역자원시설세(공동시설세+지역개발세), ㉡ 지방교육세가 있다.

위 각 세목의 지방자치단체 종류별 세목구조는 〈표 10-2〉와 같다.[11]

---

11) 2019년도 지방세 결산액은 90.5억원이다.

(단위: 조원, %)

성질별		세목	2019결산액	비중
소득과세(3)		지방소득세, 주민세(종업원분, 균등분)	19.3	21.3%
소비과세(6)		지방소비세, 담배소비세, 레저세, 자동차세 등록면허세(면허분), 지역자원시설세	23.9	26.4%
재산과세	보유과세(3)	재산세, 주민세(재산분), 지역자원시설세(부동산)	14.3	15.8%
	거래과세(2)	취득세, 등록면허세(등록분)	25.6	28.3%
		소계	39.9	44.1%
기타과세(2)		지방교육세, 지난연도 수입	7.4	8.2%
합계			90.5	100%

2021년 자치단체의 일반회계 당초예산 기준 세입예산액 중 지방세의 비중은 40.8% 수준으로, 특별시 70.9%, 특별자치시 56.2%, 광역시 41.2%, 도 35.0%, 특별자치도 31.1%, 시 42.0%, 군 14.3%, 자치구 59.5%

자료 : 국회예산정책처. 2021 대한민국 지방재정

<표 10-2> 지방자치단체 종류별 세목구조

자치단체 / 구분	자치구 지역		시 · 군 지역	
	특별시 · 광역시	자치구	시 · 도[1]	시 · 군
보통세	취득세, 레저세, 담배소비세, 지방소비세, 주민세, 지방소득세, 자동차세 (7)	등록면허세, 재산세[2] (2)	취득세, 등록면허세, 레저세, 지방소비세 (4)	담배소비세, 주민세, 지방소득세, 재산세, 자동차세 (5)
목적세	지역자원시설세, 지방교육세 (2)		지역자원시설세, 지방교육세 (2)	
계	11		11	

*서울특별시는 특별시와 자치구 간 재산세 공동과세임

(나) 세목별 기본내용

(a) 보통세 세목

① **취득세** : 재산의 취득사실을 포착하여 취득자에게 부과하는 조세로서 지방세 중 역사가 가장 긴 세목 중의 하나이며 시 · 도세의 중심을 이루는 세목이다. 과세대상은 부동산(토지 및 건축물을 말한다), 차량, 기계장비, 항공기, 선박, 입목, 광업권, 어업권, 골프(승마, 콘도미니엄, 종합체육시설이용)회원권의 취득자에게 부과하는 거래과세를 말한다. 종전의 취득관련 등록세를 통합하였다.

② **등록면허세** : 등록면허세는 '등록에 대한 등록면허세'와 '면허에 대한 등록면허세'로 구분된다. ㉠ 등록에 의한 등록면허세의 과세대상은 재산권과 기타권리의 설정 · 변경 또는 소멸에 관한 사항을 공부(公簿)에 등기하거나 등록하는 자에게 부과한다. ㉡ 면허에 대한 등록면허세는 면허(면허 · 허가 · 인가 · 등록 · 지정 · 검사 · 검열 · 심사 등을 포함)의 종류(제1종~제5종)에 따라 부과(정액세)한다.

③ **레저세** : 경륜(競輪: 자전거) · 경정(競艇: 보트) · 경마(競馬) 사업자의 승자투표권 · 승마투표권에 부과된다. 종전의 경주 · 마권세를 2010년부터 개편하고 과세 대상에 경륜과 경정을 포함한 세목이다.

④ **담배소비세** : 담배의 소비에 대해 부과하는 세금이다. 1989년부터 담배판매세(1984년 도입)가 담배소비세로 전환되었고, 2014년부터는 담배소비세액의 45%는 지

방교육재정부담으로 사용한다.

⑤ **지방소비세** : 지방소비세는 국세인 부가가치세의 일정률에 해당하는 금액이 재원인 지방세로서 2010년에 도입되었다. 도입 당시 부가가치세의 지방소비세 전환률은 5%였지만, 2014년부터 11%로 인상되었고, 2019년 15%, 2020년에는 21%로 인상되었다. 지방소비세는 2010년에 종합부동산세를 완화하면서 줄어든 지방세수를 보전할 목적으로 도입되었다. 지방소비세제 중 수도권(서울, 인천, 경기)의 지방소비세 일부를 '지역상생발전기금'으로 조성, 사용할 수 있도록 하였다. 지역상생발전기금은 신설 당시 2019년도 종료를 계획하였으나, 재정분권 방안 이행으로 지방소비세가 10%p 인상('18년 11% → '20년 21%)됨에 따라 재원에 대한 출연기한이 2029년까지로 연장되었으며, 지방소비세 추가 인상분(10%p)의 일부를 재원으로 하여 새롭게 개편되었다.

⑥ **주민세** : 지방정부의 공공서비스 공급비용을 주민에게 부담시키는 조세로서 '균등분'과 '재산분' 그리고 '종업원분'으로 구분된다. 균등분은 개인균등분(주소지분과 사업장분으로 세분)과 법인균등분으로 구분된다. 이러한 주민세는 고종 8년에 시행된 호별세(戶別稅)를 기원으로 볼 수 있으며 1973년 3월에 주민세로 신설되었고 2009년 개정시 '주민세 소득할'을 분리하여 지방소득세로 신설되었으며, 2010년 3월부터는 종전의 '사업소세 재산할'을, 2014년부터는 지방소득세 종업원분을 주민세로 통합운영하고 있다.

⑦ **지방소득세** : 종전의 '소득할 주민세'와 '종업원할 사업소세'를 통합하여 2010년에 도입한 지방소득세는 지금까지의 소득세 및 법인세의 부가세(소득세액과 법인세액의 10%)형태로 부과・징수하던 것을 독립세 방식으로 전환(표준세율: 개인분은 0.6~3.8%, 법인세분은 1~2.2%)하였다

지방소득세는 '개인지방소득분'[종합소득(이자・배당・사업・근로・연금・기타 소득을 합산), 퇴직소득, 양도소득으로 구분]과 '법인지방소득분'으로 구분된다. 지방소득세의 과세표준 및 부과・징수 등은 소득세법 및 법인세법과 동일하게 하되, 표준세율을 정하고 조례로써 100분의 50 범위 내에서 가감할 수 있도록 하였다.

⑧ **재산세** : 재산(토지・건축물・주택・항공기 및 선박)에 부과되는 세목으로서 보유함으로써 과세의 대상이 되는 보유과세이다. 재산세의 주요성격은 응익원칙에 입각한 조세이며, 재산보유세이며 순수한 대물세(對物稅)라 할 수 있다. 2010년 3월에 재산세와 중복과세하는 재산세부가세 성격을 갖는 도시계획세와 통합하였다.

⑨ **자동차세** : 자동차와 자동차주행에 대해 부과되는 세목이다. 자동차의 종류(승용・승합・화물), 용도(영업・비영업), 배기량과 크기에 따라 세액을 차등적으로

적용된다. 주행부분은 국세인 교통・에너지・환경세를 납부할 의무가 있는 사람에게 추가로 부과된다.

(b) 목적세 세목

① **지역자원시설세** : 종전의 지역개발세(지역의 균형개발 및 수질개선과 수자원보호 등에 소요되는 재원확보목적)와 공동시설세(소방시설, 오물처리시설, 수리시설 및 그 밖의 공공시설에 필요한 경비충당목적)를 2011년에 합친 세목이다. 지역자원시설세는 과세대상(발전용수, 지하수, 지하자원, 컨테이너, 원자력발전, 화력발전)과 세율등 기본적인 사항만 지방세법에서 규정하고 구체적인 과세권의 행사는 조례를 통해 실제 징수 여부 및 탄력세율을 결정하도록 선택세제도를 채택하고 있다.

② **지방교육세** : 지방교육의 질적 향상에 필요한 지방교육재정의 확충에 소요되는 재원을 확보하기 위하여 부과되는 세목이다. 지방교육세는 취득세, 등록에 대한 등록면허세, 레저세, 주민세균등분, 재산세, 자동차 소유에 대한(비영업용 승용 자동차에 대한)자동차세, 담배소비세 납세자의무자에게 추가로 부담된다.

(4) 지방세의 세율

세율이란 세액을 산출하기 위하여 과세표준에 적용되는 비율을 말한다.

지방세의 세율이 조세 일반의 그것에 비하여 특이한 점은, ㉠ 지역적으로 차등세율이 적용되는 경우가 많은 점, ㉡ 지방자치단체의 판단에 따라 일정한 범위 안의 세율조정이 가능하다는 점, ㉢ 누진세율을 적용하는 경우가 드물다는 점 등에 있다.[12)]

지방세제에서 적용되고 있는 세율로는 다음과 같은 것들을 들 수 있다.

(가) 표준세율과 제한세율

표준세율이란 법률에 일정한 세율을 정하여 놓고 지방자치단체의 장이 일정한 범위 안에서 세율을 가・감(조례로 50% 범위내) 결정할 수 있는 것을 말하고, 제한세율이란 법률에 세율의 상한을 정하여 놓고 그 한도 안에서 세율을 정할 수 있는 것을 말한다.

12) 이상희, 앞의 책, pp. 201~203.

(나) 일정세율과 임의세율

일정세율이란 지방자치단체가 지방세를 부과할 때 선택의 여지없이 반드시 그대로 적용하여야 하는 세율(이를 '법정세율'이라 한다)을 말하고, 임의세율이란 지방자치단체가 임의로 결정하여 적용할 수 있는 세율을 말한다. 오늘날 지방세에는 거의 모든 세목이 일정세율로 되어 있고, 임의세율은 극히 예외에 속한다.

(다) 탄력세율

탄력세율제도란 세법상 정해진 세율(기본세율 또는 표준세율)을 법령이나 조례로 다르게 정할 수 있도록 하는 제도로서 과세자주권 확충방안으로 1991년부터 도입·활용하고 있다.

현재 11개 지방세목 중 9개 세목(취득세, 등록에 대한 등록면허세, 지방소득세, 주민세, 재산세, 담배소비세, 자동차세, 지역자원시설세, 지방교육세)에 대해 탄력세율을 적용할 수 있도록 규정되어 있다. 그러나 이러한 탄력세율제도는 세율인상에 대한 비난 등을 이유로 거의 활용되고 있지 않고 있는 실정이다(현재 주민세균등분과 지역자원시설세의 일부에 적용하고 있다).

4 지방세의 세원배분

(1) 세원배분의 변수

세원배분의 문제는 국민의 조세부담을 국세와 지방세에 어떻게 할당할 것인가 하는 문제이다. 세원배분은 먼저 국민의 담세력을 감안한 조세총액을 결정하고 나서, 이를 국세와 지방세로 배분하는 순서에 의하여야 한다.

지방세액은 자치단체의 업무수행에 필요한 경비의 전액에 상당하는 액으로 하는 것이 바람직스럽다. 그러나 세원의 지역간 불균형을 시정하고 지방재정과 국가재정의 연계화를 위해서 지방세뿐만 아니라 지방교부세 및 국고보조금 등을 함께 자치단체에 배분하는 것이 오늘날 각국의 일반적인 양상이다.

세원을 지방자치단체에 배분하는 데에 영향을 주는 변수로는, ㉠ 해당 국가의 정치질서, ㉡ 국가와 지방자치단체간의 기능배분, ㉢ 지역경제력에 따르는 세원편재, ㉣ 지방세 적격성 등을 들 수 있다.

(2) 세원배분의 방식

국가와 지방자치단체간의 세원배분의 방식에는 분리방식, 중복방식 및 공동방식이 있다.[13)]

(가) 배분방식의 유형

(a) **분리방식** : 국가와 지방자치단체간에 세원을 분리하여 배분함으로써 상호 독립하여 침해할 수 없도록 하는 방식이다.

이러한 방식이 채택되는 이유는 ㉠ 지방자치단체 과세자주권의 보호, ㉡ 운용책임의 명확화, ㉢ 납세자의 자치에 대한 관심의 고취 등에 있다.

그러나 ㉠ 좋은 세원의 국가독점화, ㉡ 영세세원의 미이용으로 인한 징세능력의 감소, ㉢ 지방 사이의 조세부담의 불공평 확대 등의 단점이 있다.

(b) **중복방식** : 국가와 지방자치단체가 동일한 세원에 대하여 중복하여 과세하는 방식이다.

이러한 방식이 채택되는 이유는 ㉠ 적은 세목으로써 지방자치단체의 충분한 세수의 확보, ㉡ 세원에 대한 징세능력의 확대, ㉢ 국가의 경기변동에 따른 증·감세 정책효과의 확대 등에 있다.

그러나 ㉠ 국가과세권 우선에 의한 지방재정의 위축, ㉡ 납세자 부담의 과중화, ㉢ 세무행정의 번잡화 등의 단점이 있다.

(c) **공동방식** : 일정한 세목에 대하여 국가와 지방자치단체가 통일된 과세방식에 의하여 공동으로 과세하여 그 징수한 세수입을 일정한 비율에 따라 국가와 지방자치단체에 배분하는 방식이다. 동일한 세원을 국가와 지방자치단체가 공동으로 이용하는 점에서는 중복방식과 유사하나, 이용방식이 각자가 독자적으로 과세하는 것이 아니라 통일된 과세방식에 의하여 공동으로 과세하는 것이라는 점에서 중복방식과 다르다.

이러한 방식이 채택되는 이유는 ㉠ 신장성이 높은 국세의 지방세원으로의 이용, ㉡ 과세의 전국적 통일에 따른 중복방식 결함의 극복, ㉢ 국가와 지방자치단체 사이의 세원배분의 구체적 적정화 등에 있다.

그러나 ㉠ 자치단체의 과세자립성의 침해, ㉡ 세원배분에 국가우선의 위험, ㉢ 징세·배분 등 세무행정 번잡 등 여러 가지 단점이 있다.

13) 위의 책, pp. 215~221.

(d) **양여방식** : 중앙정부에서 일괄적으로 징수한 국세의 일정비율을 지방자치단체에 양여하는 방식이다.

(나) 배분방식의 선택

이상과 같이 각 방식은 모두 장·단점을 가지고 있으므로 어느 한 가지 방식만이 이상형이라고 할 수는 없다. 과세 자주성의 관점에서 보면 분리방식이 바람직하다고 생각되나, 지방재정수요가 높은 수준에 이른 오늘날에는 세원의 엄격한 분리는 비현실적인 것으로 인식되고 있으며, 따라서 세원의 중복적 또는 공동적 이용은 불가피하다고 할 수 있다.

오늘날 각국에 있어서 지방자치단체는 일반적으로 독립세를 갖고 있으나 부가세 내지 공동세[14]를 갖고 있는 경우도 적지 않다.

(3) 세원배분의 조정

세원배분에 있어서 중요한 것은 조세부담 조정 및 징세방법 소성이나. 물론 이것은 세원을 국가와 자치단체가 공동으로 이용하는 경우에는 더욱 중요한 문제가 된다.

(가) 조세부담의 조정

국가와 지방자치단체가 경합적으로 과세하는 경우의 조세부담 과중을 비롯한 여러 가지 폐단을 해소하기 위하여 이용되는 중요한 수단이 이른바 공제제도(deductibility)이다. 공제제도는 조세부담의 조정을 위하여 국가 또는 지방자치단체의 어느 한 쪽에 납부한 조세액의 전부 또는 일부를 다른 쪽에 납부할 조세의 세액 산출에서 빼는 제도이다.

이 공제제도는 어느 한 쪽에 납부한 조세액의 전부 또는 일부를 다른 쪽에 납부할 조세의 과세표준에서 공제(예: 기초공제, 배우자공제, 부양가족공제 등)하는 소득공제(tax deduction)와 그 세액에서 공제(예: 저축세액공제, 근로소득세액공제, 사업소득세액공제 등)하는 세액공제(tax credit)로 나누인다. 일반적으로 조세부담 경감의 효과는 전자의 경우보다 후자의 경우에 크며, 전자는 공제대상 조세가 누진세율구조를 가질 경우 고소득층에게 더 많은 혜택을 부여하게 된다.

---

14) 독일에서는 소득세, 법인세 및 부가가치세에 대하여 연방과 주가 공동과세하고 있고, 특히 소득세수입에 대하여는 연방과 주와 지방자치단체가 공동분배하고 있다(라오연, 앞의 책, pp. 187~188).

공제제도는 조세부담의 경감 외에, 지방세를 국세에서 공제하는 경우 지방재정의 확장, 지방 간 세율인하를 통한 납세자 유치경쟁 제거 등의 좋은 효과를 가져오나, 반면에 주민의 소득수준이 높은 지방에 보다 많은 보조금을 지급하는 것과 같은 역효과도 가져온다.

(나) 징세방법의 조정

국가와 자치단체가 각각 독자적으로 과세권을 행사하는 경우에 많은 징세비가 소요될 뿐만 아니라 납세자에게도 불편이 따르게 되므로 이러한 폐단들을 해소하기 위해서 과세방법의 조정이 필요하게 된다. 이러한 조정의 수단으로서 과세의 실제에 있어서 과세표준을 통일하거나 부가세 방식을 채택하거나 또는 공동세 방식을 채택하기도 한다.

(4) 세원배분의 실제

국가와 (주 및) 지방자치단체 사이의 세원배분 상황은 나라에 따라 다양하지만 연방제국가의 경우를 보면 대체로 33정도를 지방세에 배분하고 있다.

우리나라의 경우는 2019년도 결산기준으로 23.6(2021년도 24.7) 수준에 불과하다 (〈표 10-3〉 참조).

〈표 10-3〉 주요국가의 국가 · 지방간 세원배분(2019)

(단위 : %)

국가 / 비중	미국	독일	영국	프랑스	일본	한국		
						2019	2020	2021
국세	52.2	47.6	93.6	71.1	61.8	76.4	73.7	75.3
지방세	47.8	52.4	6.4	28.9	38.2	23.6	26.3	24.7

주: 한국은 2019년까지는 결산액, 2020년은 (가)결산액, 2021년은 당초예산액 순계기준
자료: OECD, Revenue Statistics(2020), 연방제 9개국, 비연방제 28개국
행정안전부(2021.5), 「2021년도 지방자치단체 통합재정개요」

국가와 지방자치단체간의 위와 같은 명목적 세원배분 상황이 실질적 배분으로 환산할 때(즉, 지방세수입에 지방교부세 및 국고보조금 수입을 합한 액을 가지고 볼 때)에는 그 배분의 상황은 다소 나아진다.

우리나라의 경우 실질적인 지방세원 배분상황은 2021년에는 지방교육(14.3%)을

포함하여 59.3 수준이다(〈표 10-4〉).

〈표 10-4〉 국세와 지방세의 배분(배분, 재정규모, 수입별)

(단위 : %)

배분 / 년도	명목적 배분		재정규모의 비교						수입별 비교			
			예산규모 기준			재정사용액 기준						
	국세	지방세	중앙정부	지방정부	지방교육	중앙정부	지방정부	지방교육	자체수입	이전수입	지방채	보전수입등 내부거래
2018	77.7	22.3	54.4	34.7	10.9	39.5	45.4	15.1	47.8	40.8	0.9	10.5
2019	77.5	22.5	54.5	34.8	10.7	38.5	46.4	15.1	45.2	42.5	1.6	10.7
2020	76.2	23.8	54.1	35.5	10.4	40.7	45.0	14.3	45.4	43.5	2.2	8.9

자료 : 행정안전부, 2020년도 지방자치단체통합재정개요.

Ⅲ 세외수입

1 세외수입의 의의

(1) 세외수입의 개념 범위

세외수입이란 매우 다의적인 개념으로서 그 쓰이는 경우마다 뜻이 다양하다.

(가) 최광의

세외수입은 가장 넓은 의미로는 지방재정수입 가운데 지방세 수입을 제외한 일체의 수입을 말하며, 이 수입에는 지방자치단체의 자체수입 외에 지방교부세, 조정교부금 및 국고보조금 수입 등 의존수입도 포함된다. 이러한 최광의의 세외수입 개념은 별로 사용되지 않는다.

(나) 광 의

세외수입이 넓은 의미로는 지방자치단체의 자체수입 가운데 지방세 이외의 수입을 총칭하는 개념으로 사용된다. 이 경우의 세외수입에는 지방채수입, 공기업수입도 포함된다.

(다) 협 의

세외수입을 좁은 의미로 볼 때에는 전술한 넓은 의미의 세외수입 가운데 수년에 걸치는 수입인 지방채수입과 특별회계에 의한 공기업수입(예 : 상수도사업, 지하철사업, 가스사업, 의료사업 등)을 제외한 수입, 즉 일반회계에 의한 수입만을 지칭한다.

(라) 최협의

세외수입을 가장 좁은 의미로 볼 때에는 전술한 협의의 세외수입 가운데 회계의 조작에 의한 명목적 수입(예 : 전입금, 이월금 등)과 특별한 사유로 그 연도에 한해서만 생기는 임시적 수입(예 : 지방채, 기부금, 부동산매각수입 등)을 제외한 수입을 의미한다.

이하에서는 세외수입의 개념을 협의의 의미로 파악하여, 지방채수입과 공기업수입을 제외한 수입을 고찰의 대상으로 한다.

(2) 세외수입의 특성

세외수입은 대체로 다음과 같은 특성을 가지고 있다.

(가) 자주적 재원

세외수입은 지방자치단체의 자주적 재원으로 자치단체의 자주적인 노력과 절차에 의한 수입이라는 점에서, 의존수입인 지방교부세나 조정교부금 또는 국고보조금과 다르다. 세외수입이 지방자치단체의 재정기반의 안정성과 재정활동의 자주성을 보장하는 자주적 재원이라는 점에서 그 확충의 필요성이 강조되고 있다.

(나) 반대보상적 성격

세외수입은 지방자치단체의 경제활동이나 행정서비스에 대한 반대보상적인 성격의 수입이라는 점에서, 특별한 서비스의 제공 없이 강제적으로 징수하는 지방세와 다르다. 세외수입은 지방세에 비하여 주민의 저항이 비교적 적으며, 노력 여하에 따라서 그 신장의 가능성이 높은 것이다.

(다) 다양한 수입

세외수입은 그 수입근거와 종류 및 형태가 매우 다양하다. 세외수입의 근거로는 법률·대통령령·부령·조례 또는 사법상의 계약 등 여러 가지가 있으며, 그 종류와 형태도 사용료·수수료 등 행정서비스에 의한 수입, 재산수입·사업장수입 등

경제활동에 의한 수입, 전입금 등 특별회계와의 전출입관계에서 생기는 수입, 과징금 등 행정질서 확보상 생기는 수입, 이월금 등 회계연도상 생기는 수입 등 다양하다.

(라) 불규칙한 수입

세외수입은 지방자치단체의 여건에 따라 불균형하며, 회계연도에 따라 불규칙하다. 따라서 지방자치단체의 재정력을 산정하거나 그 신장을 예측하는 데에 많은 어려움이 따른다.

(마) 비용용도의 특정

세외수입은 일반재원으로 분류되는 것도 있지만, 법령상 혹은 성격상 그 재원의 비용용도가 특정되는 경우가 많다. 사용료, 매각대금, 과징금 등에 그런 경우가 많다.

예를 들면, 공원사용료수입은 공원의 관리 · 개발사업에 충당, 주 · 정차위반 과태료는 주 · 정차시설의 정비 · 확충사업에 충당, 하천점용 · 사용료 수입은 하천관리사업에 사용하도록 지정되어 있다.

(바) 현금 · 증지수입

세외수입은 그 수입형태를 현금으로 하는 외에 수입증지로 하는 경우도 있다. 영세한 사용료 · 수수료 등에 대하여는 수입하는 경우가 많다(호적등 · 초본, 주민등록등 · 초본, 인감증명 등).

2 세외수입의 구성

세외수입은 그 기준 여하에 따라 여러 가지로 나눌 수 있다. 그러나 수입빈도를 기준으로 크게 경상적 수입과 임시적 수입으로 나누어, [그림 10-1]과 같이 정리할 수 있다.

물론 [그림 10-1]의 분류가 절대적일 수는 없으며, 관점 여하에 따라서는 얼마든지 다르게 분류할 수가 있다. 지방채를 과거에는 세외수입의 일종으로 하였으나, 그 수입의 성격이 특수하기 때문에 오늘날에는 이를 세외수입과 별도로 다루고 있다.

공기업수입도 크게는 세외수입에 속하나, 뒤에서 별도로 고찰한다.

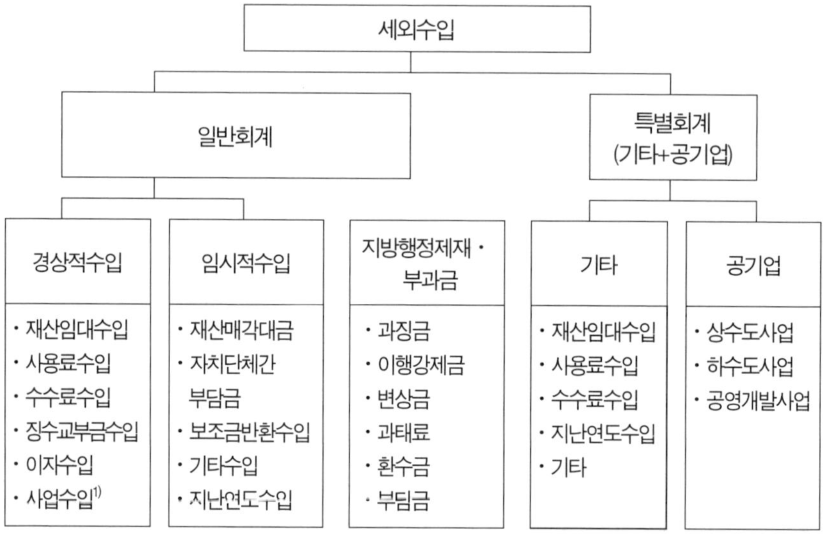

1) 사업수입 : 사업장 생산수입, 청산금 수입, 매각사업수입, 배당금 수입, 기타

※ 2014년부터 세입과목 개편에 따라 '잉여금', '전년도이월금', '전입금', '예탁금 및 예수금', '융자금원금수입'을 세외수입(임시적세외수입)에서 제외

※ 2021년부터 세외수입 과목 개편에 따라 지방행정제재·부과금 '관'을 신설하여 분류

자료 : 행정안전부. 2021년 지방자치단체 통합재정개요(상)

[그림 10-1 세외수입의 구성]

(1) 경상적 세외수입

경상적 세외수입이란 계속성과 안전성이 확보되고 매 회계연도마다 계속적으로 반복하여 조달되는 예측 가능한 수입으로 세외수입 중 수입원이 가장 많고 지방 자주재원 확충에 가장 기여를 많이 하는 수입으로 그 종류는 다음과 같다.

① 재산임대수입

재산임대수입이란 지방자치단체가 국·공유재산을 관리·운영함으로써 발생하는 수입으로서 국유재산임대료와 공유재산임대료로 구분된다. ㉠ 국유재산임대료는 지방자치단체가 관리하는 국유토지·임야 및 건물임대수입을 말하며, ㉡ 공유재산임대료는 공유재산 및 물품관리법령 및 조례에 의하여 부과·징수되는 행정재산의 사용료와 일반재산의 대부료를 말한다.

② 사용료수입

사용료란 공공시설의 이용 또는 재산의 사용에 대한 반대급부로서 이용자에게 부과·징수하는 수입을 말한다(지방자치법 제153조). 이 경우 공공시설이란 주민의 이용에 제공하기 위하여 지방자치단체가 설치한 시설을 말한다.

지방세입예산과목상 사용료수입은 ㉠ 도로·하천·하수도·상수도사용료, ㉡ 공설도매시장 및 가축시장 등 시장사용료, ㉢ 도축장사용료, ㉣ 운동장·공연장등 입장료, 공원·묘지·복지회관·시민회관·주차장 등의 공공시설 및 재산의 사용료 등의 기타사용료가 있다.

③ 수수료수입

수수료란 지방자치단체의 사무(자치사무와 위임사무 모두 포함)처리에 의하여 서비스를 제공받은 특정인으로부터 그 서비스의 반대보상으로서 징수하는 공과금을 의미한다(동법 제154조). ㉠ 각종 신고, 등록, 인·허가, 증명서 발급 등에 따르는 대금이 그 예이며, 보통 수입인지를 대금으로 지불된다(주민등록·인감 등 제증명에 관한 수수료, 각종사업 인·허가에 따른 증지수입 등) ㉡ 증지수입 외에 쓰레기처리봉투판매수입, 재활용품수거판매수입, 폐기물수거료 등 기타수수료가 있다.

수수료는 지방자치단체가 특정인에게 특수한 행정서비스를 제공한 경우에만 징수할 수 있으며, 지방자치단체가 의무적으로 사무를 처리하는 경우 또는 행정상의 필요에 의하여 사무를 처리하는 경우에는 이를 징수할 수 없다.

사용료와 수수료는 특히 이익을 받은 주민으로부터 개별적인 보상원칙에 따라 강제로 징수하되 실비의 한도 안에서 징수하는 점에서 서로 같으나, 사용료는 개인이 자치단체의 공공시설 또는 공공용재산을 이용함으로써 이익을 받은 데 대하여 부과하는 점에서, 수수료는 지방자치단체의 특별한 활동에 의하여 이익을 받은 경우에 부과하는 점에서 서로 구별된다. 이와 같이 사용료와 수수료는 개념상으로는 명백히 구별되지만, 실제로는 둘을 구별하기 곤란한 경우가 많기 때문에 둘을 포괄하여 사용되는 경우도 있다.

특정한 공공시설·재산 또는 행정서비스로부터 특수한 편익을 얻은 특정한 개인은 당연히 그 대가를 지불할 의무를 지게 되는데, 사용료와 수수료는 이러한 편익에 대한 반대보상이라는 의미를 가진다.

사용료와 수수료는 지방자치단체가 강제적으로 징수하는 점에서 조세와 다를 바 없으나, 조세는 일반보상의 원칙에 의하여 부과되는 데 비하여, 사용료와 수수료는 특수보상의 원칙에 의하여 부과되는 점에 차이가 있다.

④ 사업수입

사업수입은 지방자치단체가 각종 사업을 운영하면서 얻어지는 수입으로, ㉠ 사업장의 생산물 및 부산물의 매각수입(예: 잠종장의 잠종, 종축장의 우량종축, 원종장의 농산물, 임업시험장의 묘목, 공유림사업소의 임목 등), ㉡ 주차장 요금수입(주차장법 제9조, 제14조), ㉢ 법령 또는 조례의 규정에 의한 도로통행료 수입, ㉣ 환지청산금수입, ㉤ 공사완료지구 분담금 수입, ㉥ 주택·택지·공업용지·생산품 등의 매각수입, ㉦ 공사 등 출자금에 대한 이익배당금 수입, ㉧보건소·보건의료원 등의 의료사업 수입, ㉨ 타과목에 속하지 않는 기타 사업수입 등이다.

⑤ 징수교부금 수입

징수교부금은 국세, 시·도세(지방세), 하천사용료, 도로사용료 등을 시장·군수·구청장이 징수할 경우 징수위임기관인 국가 또는 시·도에서 교부하는 교부금 수입이다(지방재정법 제21조 제2항, 제28조).

이러한 징수교부금은 형식적으로는 위임한 사무의 처리에 소요되는 경비를 보상하는 의미를 가지지만, 실질적으로는 국가와 각급 자치단체간의 재원배분의 의미도 가지고 있다. 특히 광역시·도세 징수교부금의 교부율이 지난 1990년대에서와 같이 징수세액의 30%, 50%에 이를 때에는 그러한 의미를 더욱 강하게 내포한다(후술 제2절 Ⅲ '조정교부금' 부분 참조).

⑥ 이자수입

이자수입은 지방자치단체의 각종 수입금을 금고은행에 예치함에 따른 과실(果實)수입을 말한다. 예금에서 발생되는 공공예금이자수입, 민간융자금에 대한 이자수입, 세입·세출 외 현금관리에 따른 이자수입 등이 있다.

(2) 임시적(유동적) 세외수입

임시적 세외수입은 주로 공공부문 내부 또는 지방재정 내부에서의 단순한 재원이전 또는 회계조작상의 수입 등을 말한다. 그 수입의 발생이 임시적이고 불규칙적으로 발생하는 수입으로서 그 규모는 크나 수입원이 일회성에 그치는 경우가 많아 세입규모를 예측하기가 어렵다.

① 재산매각수입

지방자치단체가 공유재산을 매각·처분함으로써 발생하는 수입이다. 이에는 국유재산 매각귀속수입금, 시·도유재산 매각귀속수입금, 공유재산 매각수입금이 있다.

② **부담금**(분담금)**수입**

부담금은 국가와 지방자치단체간 또는 지방자치단체 상호간에 이해관계가 있는 사무를 법령에 의하여 지방자치단체가 처리하는 경우에 그 사무처리를 위하여 필요한 경비를 국가 또는 상급자치단체에게 부담시켜 수납하는 것을 말한다. 이에는 지방자치단체가 그 경비의 전부 또는 일부를 부담하는 경우(지방재정법 제21조)와 상급 자치단체가 처리한 사무에 대하여 하급자치단체가 그 경비의 전부 또는 일부를 부담하는 경우(지방재정법 제21조, 동법 제30조)가 있다.

지방자차단체가 수행하는 사업가운데는 당해 지방자치단체에게는 막대한 재정적 부담을 지우는 반면, 그 지역의 일부 주민 또는 다른 행정주체에게는 이익을 주는 경우가 적지 않다. 이러한 경우에 주민상호간의 부담의 공평을 기하기 위하여 분담금 또는 부담금을 부과하는 것이 필요하다.

한편, 분담금이란 지방자치단체의 재산 또는 공공시설의 설치로 인하여 주민의 일부가 특히 이익을 얻은 경우에 그 수익자로부터 그 수익의 범위 안에서 징수하는 공과금을 말한다(지방자치법 제155138조). 이에는 수익자부담금, 원인자부담금(예: 교통유발부담금), 손괴자부담금(예: 수도법 제72조 등), 오염자부담금(예: 환경개선부담금 등), 자치단체간 부담금 등이 있다. 이러한 분담금은 전술한 사용료・수수료와 조세의 중간적 성질을 가진 것이라고 할 수 있다.

③ **보조금 반환수입**

시・도에서 전년도에 시・군・구에 보조한 시・도비 보조금 중 시・군・구에서 사용하고 남은 보조금을 시・도에서 반환받은 금액을 말한다.

④ **기타수입이란 위의 각종 세외수입 이외의 것을 말한다.**

㉠ **불용품매각대** : 사무용비품, 차량, 기타 물품 등의 노후화로 그 용도를 폐기한 물품의 매각으로 인한 수입을 말한다.

㉡ **체납처분수입** : 지방자치단체가 지방세, 공과금 등의 체납자에 대하여 재산을 압류하고 공매(公賣)에 붙인 경우 체납처분비용으로 징수하는 수입을 말한다.

㉢ **보상금의 수납금** : 법령 및 조례의 규정에 의하여 지방자치단체에서 수납하는 보상금을 말한다.

㉣ **기부금수입** : 기부금이란 주민・기업 등 민간부문의 자발적 의사에 따라 일정한 금액이 그 비용용도의 지정 또는 지정 없이 지방자치단체에 납입되는 금품을 말한다. 용도가 지정된 것을 지정기부금, 지정되지 않은 것을 일반기부금이라고 한다. 기부금의 법적 성질은 지방자치단체에 대한 민간의 증여이기 때문에 원칙적으로 아무런 조건이 없어야 하지만, 반대급부와 같은 일정한 부담을 조건으로 하는

기부금도 있을 수 있는데, 그 경우에는 의회의 의결을 거쳐야 한다.

ⓜ **기타잡수입** : 기타 타과목에 속하지 않는 수입을 말한다.

⑤ 지난년도 수입

징수결정된 수입금이 당해 연도의 출납폐쇄기한(2월말)까지 수납되지 않고 그 후에 납부되었을 때에는 그 납부한 날이 속하는 연도의 수입으로 하고 이를 지난연도 수입으로 한다(지방회계법 제27조).

(3) 지방행정제재 · 부과금

① **과징금 및 이행강제금** : 과징금이란 일정한 행정법상의 의무를 위반한 사업자 또는 개인에 대하여 그 사업 또는 면허의 취소 · 정지처분에 갈음하여 부과함으로써 간접적으로 의무의 이행을 확보하는 금전적 제재를 말한다. 자동차 관련 사업, 관광사업, 식품업, 오염물질배출업 등에 그 예가 있다. 이러한 과징금은 다분히 이득 환수적 · 이득 몰수적이어서 행정벌인 벌금과는 다르다. 과징금 수입은 그 징수분야의 행정목적에 직접 사용되는 경우가 많다. 과징금은 해당 사무가 지방자치단체에 위임되어 있는 경우에는 원칙적으로 그 수임 자치단체의 수입으로 된다(지방재정법 제32조).

② **변상금 및 위약금** : 법규에서 정하는 바에 의하여 변상하거나 변상명령에 의하여 변상되는 수입 및 약정으로 인한 위약금 수입을 말한다.

③ **과태료** : 과태료는 개별법령과 조례상의 의무에 대하여 의무자가 그 의무나 질서를 이행하지 않거나 위반한 경우에 행정질서 유지 또는 의무이행을 강제하기 위해 부과하는 금전적 부담을 말한다. 이는 주민등록법 등 법령위반으로 인한 과태료, 기타특별회계의 주차장법 제30조에 의한 과태료, 도로교통법 제115조의 2에 의한 주정차위반 과태료, 기타 질서위반행위규제법(2008. 6. 22부터 시행)에 의한 과태료 등이 있다.

이외에 환수금과 부담금으로 구성되어 있다.

(4) 특별회계의 세외수입

① 공기업사업수입

사업수입은 지방자치단체가 지방공기업법에 의거 특별회계를 설치하여 직접 운영하는 사업의 수입을 말한다. 이는 일반회계(기타특별회계)의 경상적 세외수입과 유사한 개념으로, 상수도·하수도·공영개발사업(지하철·주택)·지역개발기금사업 등이 있다. 공기업형태로 운영되는 사업수입은 대부분 수익성보다 공공성이 강하기 때문에 일부사업을 제외하고 수입성이 없어 적자로 운영하는 경우가 많다(지방자치단체의 세외수입에 산입하지 않는다).

② 기타사업수입

특별회계의 사업외 수입은 일반회계의 임시적 세외수입과 유사한 성격을 가지는 것으로 재산임대수입, 사용료수입, 수수료수입, 지난연도수입, 기타 등으로 이루어져 있다.

3 세외수입의 실태

(1) 세입결산 중 세외수입 비중의 감소 및 변화

세입결산에서 세외수입이 차지하는 비중이 2010년 21.5%에서 계속하여 감소해오다가 2020년 기준 6.3%로 감소하였으며[15] 지방세외수입의 총규모 중 일반회계의 비중은 2017년도 비해 그 격차가 줄어 들었으나, 여전히 특별회계의 비중이 높다.[16]

(2) 세외수입의 문제점[17]

대표적 세외수입이라 할 수 있는 사용료·수수료의 요율운영이 지나치게 경직되어 적기에 물가변동이나 여건변동을 반영하지 못하고 있으며, 전반적으로 생산원

15) 세입결산중 세외수입 비중(%)

연 도	2010	2011	2012	2013	2014	2015	2016	2017	2018	2019	2020
비 율	21.5	20.9	21.2	20.4	9.8	8.9	8.8	8.4	7.9	7.2	6.3

자료: 지방재정 365 저자 재구성

16) 세외수입의 회계별(일반회계:특별회계) 구성비율(%)

연 도	2017	2018	2019	2020	2021	2022
일반회계	131,057	129,487	140,714	145,688	154,790	124,874
특별회계	154,055	155,084	153,155	168,218	168,218	143,658

자료: 행정안전부 2022 지방자치단체 통합재정개요(상) 저자 재구성

17) 유훈 외, 지방재정론(서울 : 법문사, 2015), pp. 149~151 : 행정자치부, 2014지방자치단체 통합재정개요.

가에도 미치지 못할 정도로 요율이 저렴하다. 또한 세외수입이 특별시·광역시와 시에 집중되어 있는 실정이다

세외수입은 그 종류가 많으며 성질과 기능이 복잡하고 다양하여 종합적인 시책 추진이 어려운 실정이며, 유사한 서비스의 사용요율이 각각 다른 법령의 적용을 받기 때문에 적기에 조정하기가 어려운 점도 많다(2000여개의 항목이 200여개의 법령이나 조례에 근거). 특히 세외수입이 징수율(75.9%)이 국세징수율(91.1%)이나 지방세 징수율(92.3%)보다 현저히 낮은 실정이다.

Ⅳ 지방채

1 지방채의 의의와 성격

(1) 지방채의 의의

지방채(local debt, public bond)란 지방자치단체가 재정수입의 부족액을 보전하기 위하여 그 과세권을 실질적인 담보로 하여 증권발행 또는 증서차입의 형식에 의하여 조달되는 차입자금으로서, 상환기간이 1 회계연도를 넘는 것을 말한다.

지방자치단체의 경비는 일반적으로 지방세, 지방교부세, 국고보조금, 사용료·수수료 등 해당 회계연도 안의 수입으로 충당되는 것이 원칙이다(지방재정법 제35조). 그러나 경비지출이 이른바 자본적 지출(capital outlays)에 해당하는 경우에는, 그 지출이 새로운 설비를 창조하고 계속적인 서비스를 생산하는 것이기 때문에, 지방자치단체가 지출에 충당하기 위하여 채무를 부담한다 할지라도 채무는 자산증가와 상응하게 되고 따라서 지방자치단체의 순자산(net assets)에 하등의 변동이 없을 뿐만 아니라, 장기차입을 통하여 해당 차입자금의 원·리금 상환의 부담을 해당 자금지출의 장래의 실수혜자에게 돌리는 것 또한 수혜와 부담의 일치화에도 맞다.

따라서 지방채는 지방재정에 있어서 극히 예외적인 것이지만, 자본투자사업의 시행에 있어서는 그 존립의 타당성이 충분히 있다.

지방채는 다음과 같은 특성을 가지고 있다.

첫째로, 지방채는 2년 이상에 걸쳐 상환되는 지방자치단체의 채무이다. 따라서 해당 연도의 세출예산의 집행에 있어서 일시적인 자금의 부족을 보전하고 해당 회

계연도의 수입으로 상환하는 일시차입금과 다르다.

둘째로, 지방채는 지방자치단체의 과세권이라는 신용을 담보로 한 채권발행 또는 증서차입의 형식에 의하여 발생하는 채무이다. 따라서 과세권을 담보로 하지 않는 민간회사의 사채나 공사·공단의 공사·공단채와 다르다.

셋째로, 지방채에 있어서는 기채(채권발행 또는 증서차입)행위에 의하여 자금의 이전이 발생한다.[18] 따라서 지방자치단체가 채무부담을 하는 시점에 있어서는 자금의 이전이 발생하지 않는 이른바 채무부담행위와 다르다.

넷째로, 지방채에 있어서는 그 매입 여부가 원칙적으로 응모자의 자유의사에 의하여 결정된다.[19] 따라서 법령에 의하여 강제적으로 징수되는 지방세와 다르다. 또한 지방채는 원·리금의 상환을 장래의 납세자에게 부담시킨다는 점에서도 현재의 납세자로부터 징수하는 지방세와 다르다.

다섯째로, 지방채는 재정수입의 부족을 보전하기 위하여 엄격한 통제 아래 발행한다. 따라서 경기조절 등 경제정책상의 필요에 의하여 탄력성 있게 발행되는 국채와 다르다.

(2) 지방채의 성격

이미 앞의 지방자치재원의 분류 부분에서 살펴보았듯이, 지방채 수입을 일괄적으로 자주재원으로 볼 수 있는가가 문제된다. 지방채 수입은 앞으로 상환되어야 할 부채로서, 지방채를 발행함으로써 외부자금의 자치재정으로의 유입액이 많아질수록 자주재원율은 낮아진다. 더구나 지방채의 상환이 국고보조금 등으로 이루어질 때에는 그것은 자주재원과는 거리가 멀어진다.

그러나 지방채는 지방자치단체의 과세권을 신용담보로 발행되고, 지방자치단체의 경제력에 의하여 상환되는 것을 기본원리로 하기 때문에, 당장은 자주재원이 아니지만 종국적으로는 자주재원으로 귀착됨을 목표로 하는 것으로서, 적어도 원리상으로는 자주재원임을 기본으로 하고 있다고 하여야 한다.

---

18) 다만 기채를 함에 있어서 자금의 이전이 발생하지 않는 특수한 경우가 있는데, 교부공채가 그 예이다. 즉, 교부공채에 있어서는 자금을 차입해서 지급해 충당하는 것이 아니고, 현금을 지급하는 대신 채권자에게 채권을 교부함으로써 현금의 지급에 대신하는 것이다.

19) 다만 지방채 가운데에는 지방자치단체가 권력에 의하여 강제적으로 일정한 자에게 지방채를 매입케 하는 이른바 강제공채도 있다(예 : 지하철도건설공채).

2 지방채의 종류와 발행

(1) 지방채의 종류

지방채는 그 기준 여하에 따라 여러 가지로 나누인다.

(가) 일반(회계)채와 공기업채

이는 대상사업에 의한 분류로서, 일반채는 일반회계의 각종 사업에 필요한 자금을 조달하기 위하여 발행되는 지방채이고, 공기업채는 공기업특별회계채로서 공기업에 필요한 자금을 조달하기 위하여 발행되는 지방채이다. 그 원・리금이 일반채에 있어서는 주로 지방세・지방교부세 등의 일반재원에서 상환되는 데 비하여, 공기업채에 있어서는 주로 해당 기업의 수입에서 상환된다. 일반채는 해당 자치단체의 과세권을 그 담보로 하는 데 비하여, 공기업채는 해당 기업의 수익능력(신용)을 담보로 한다.

(나) 정부자금채와 민간자금채

이는 인수자금에 의한 분류로서, 정부자금채는 주로 정부의 자금관리특별회계 등의 자금에 의하여 인수되는 지방채이고, 민간자금채는 정부자금 이외의 자금에 의하여 인수되는 지방채이다. 후자는 그 인수자에 따라 다시 시장공모채, 은행채, 외화채(차관) 등으로 분류된다.[20]

(다) 증권발행채와 증서차입채

이는 발행형식에 의한 분류로서, 증권발행채는 실제 지방채증권을 발행하는 지방채이고, 증서차입채는 증서대부의 방법에 의하여 행해지는 장기적 차입금이다.

증권의 발행방법에는 신규로 발행되는 유가증권의 취득청약을 모집하는 방법과, 이미 발행된 지방채 증권을 일정기간에 매출하는 방법, 그리고 자치단체가 채무이행에 가름하여 지방채 증권을 교부하는 방법의 세 가지가 있다. 증서차입채는 정부자금채의 전부와 은행채의 일부가 보통 이에 해당된다. 증권발행채는 일부의 기명채권을 제외하고는 무기명으로서 유통성이 있는데 비하여, 증서차입채는 지명채권이므로 유통성이 없다.

---

20) 지방채의 자금에는 정부자금, 지방공공자금, 민간자금, 은행자금, 국외자금 등이 있다.

(라) 기타 지방채

지방채는 이외에도 발행주체에 따라 시·도채와 시·군·자치구채, 채무의 순증가 여부에 따라 신규채와 차환채, 발행회계에 따라 일반회계채와 특별회계채, 발행목적 여하에 따라 건설채와 적자보전채, 그 용도 여하에 따라 생산채와 비생산채, 상환기간에 따라 장기채와 단기채, 상환방법 여하에 따라 일괄상환채와 원·리금균등상환채, 원금균등상환채 및 영구(불상환)채 등 여러 가지로 분류될 수 있다.

(2) 지방채의 발행

지방채는 후세대 주민에게 원·리금상환의 부담을 과하는 것이므로 그 발행의 조건을 법률로써 한정하고 있다(지방자치법 제139조, 지방재정법 제11조, 제11조의 2, 제12조).

(가) 적채조건

지방채를 발행할 수 있는 경우를 적채조건(適債條件)이라 하는 데, 이에는 자치단체의 조건과 사업의 조건이 있다.

첫째로, 지방자치단체장(교육감) 및 자치단체조합장에게 기채권능이 부여된다. 다만 적자인 단체, 원·리금상환을 연체한 단체, 지방세징수가 저조한 단체, 지방채를 과도하게 발행한 단체 등에는 기채가 제한된다.

둘째로, 지방채는 ㉠ 공유재산의 조성 등 재정투자사업, ㉡ 재해예방 및 복구사업, ㉢ 천재지변으로 발생한 예측할 수 없었던 세입결함의 보전, ㉣ 부채의 상환(차환채)을 위한 자금조달의 목적으로만 발행할 수 있다. 다만, 교육감은 지방교육재정교부금 차액의 보전, 교육공무원의 명예퇴직비용의 충당을 위해서만 발행할 수 있다.

셋째로, 지방채 발행의 근거를 '지방재정법' 외에 지방채발행근거가 있는 '지방공기업법', '도시철도법' 등 21개 법률로 한정하였다.

(나) 발행절차

지방채 발행의 절차는 ㉠ 지방채발행계획의 지침시달(행정자치부장관이 매년 7월 15일까지 통보) ㉡ 지방채발행계획안 제출(지방자치단체장이 8월 31일까지) ㉢ 관계 중앙행정기관의 장과 협의·승인 통보(10월 31일까지) ㉣ 당초예산에 편성하여 의회

의결을 얻어 발행한다.

(다) 발행한도

지방채는 지방자치단체의 책임 아래 발행되는 것이지만, 자금수요의 종합적 조정, 공평한 자금배분, 재정혼란 등의 방지를 위하여 국가의 일정한 조정과 통제를 받아야 하는데, 종래에는 사업별로 행정자치부장관(교육비특별회계에 있어서는 교육부장관)의 승인을 얻은 범위 안에서 지방의회의 의결을 얻어 발행하도록 되어 있던 것을 2006년부터 대통령령으로 정하는 지방채발행한도액의 범위[21] 안에서 지방의회의 의결을 얻어 발행하도록 하였다(지방재정법 제11조, 동법시행령 제10조). 증권발행방법에 의한 지방채(증권발행채)발행은 상법의 사채(私債)발행규정을 준용한다.

(라) 자금조건

지방채의 자금은 주민부담의 경감 및 응익분산을 위해서 저이율, 상환기간과 시설 내구년수의 일치, 거치기간과 건설기간의 일치, 연도간 원・리상환부담의 균일 등의 조건을 갖추어야 한다.

(3) 지방채 발행의 실태

우리나라에서의 지방채 발행은 2005년까지는 '지방채발행승인제'를, 2006년부터는 '지방채발행한도액제'를 도입・채택하는 등 억제책을 강구해오고 있다고 할 수 있겠다.

2021년 당초예산 순계 기준 지방채 규모(지방채 발행수입 계획액)는 6조 5,442억원으로, 지방채 의존율은 2.5%이다. 일반회계의 지방채 규모는 3조 6,081억원으로 지방채 의존율은 1.6%이며, 특별회계의 지방채 규모는 2조 9,361억원으로 지방채 의존율은 8.1%이다.

21) 지방채발행한도액산정기준(2020년도 발행기준)

구분		특・광역시 및 특별자치시・도	도	시・군	구
총한도액 (A+B)	기본한도액(A)	지방채자율발행가능지수×계층별발행가능비율×경상일반재원			
	자율발행가능지수	1−(일반채무(결산)+BTL임차료(결산)+우발채무(50%)/경상일반재원(결산)}			
	계층별산정비율	10%	8%	5%	2%
	별도한도액(B)	지역개발채권 및 도시철도채권 발행액 + 차환액 + 지역일자리사업 및 장기미집행 도시계획시설			

〈표 10-5〉 연도별 지방채 규모(순계 기준)

(단위 : 억원, %)

연도	총규모(일반회계+특별회계)			일반회계			특별회계		
	총규모 (일반+특별)	지방채	의존율	예산	지방채	의존율	예산	지방채	의존율
2014	1,808,754	49,120	2.7	1,492,245	10,184	0.7	316,510	38,936	12.3
2015	1,999,764	55,515	2.8	1,648,015	12,596	0.8	351,749	42,919	12.2
2016	2,147,816	40,573	1.9	1,767,01	7,503	0.4	380,805	33,070	8.7
2017	2,279,676	24,176	1.1	1,937,790	5,828	0.4	341,886	15,648	4.6
2018	2,431,210	20,631	0.8	2,064,893	9,479	0.5	366,317	11,152	3.0
2019	2,720,533	40,316	1.5	2,322,341	12,738	0.5	398,192	27,578	6.9
2020	3,061,095	68,026	2.2	2,642,072	33,575	1.3	419,023	34,451	8.2
2021	2,630,917	65,442	2.5	2,269,023	36,081	1.3	361,895	29,361	8.1

주 : 1. 의존율은 지방채를 총규모, 일반회계 규모, 특별회계 규모 등으로 나눈 값임
2. 2020년까지는 최종예산액, 2021년은 당초예산액

자료 : 행정안전부(2021.1.5.), 「2021년도 지방자치단체 통합재정개요」

지방채발행은 지나친 건전성지표 위주의 통제·제한 수준에서 벗어나 지하철 건설, 택지개발 등 대규모사업 뿐만 아니라 점차 늘어나고 있는 복지재정수요 충당을 위한 재원조달의 기능과 지방재정의 압박·위기관리수준의 범위 내에서 중장기적으로 체계적인 관리·조정이 필요하다고 하겠다.

제2절 의존적 재원(지방재원조정)

I 지방재원조정과 의존재원

재정조정제도는 지방재정법 및 지방교부세법에 근거하여 구체적으로 운용되고 있으나, 2021년 전부개정 지방자치법(제136조)에 "국가와 지방자치단체는 지역 간

재정불균형을 해소하기 위하여 국가와 지방자치단체 간, 지방자치단체 상호 간에 적절한 재정 조정을 하도록 노력하여야 한다"는 일반법상 근거규정이 마련됨으로써 보다 법체계적 완결성을 갖추었다.

국가와 지방자치단체가 지역 간 재정불균형을 해소하도록 노력의무를 규정한 것도 재정조정제도의 취지에서는 바람직한 변화라고 할 수 있을 것이다. 또한 국가와 지방자치단체 간, 자치단체 상호 간에서 재정조정이 이루어지는 점을 기본원칙으로 한 점에서도 의의를 찾을 수 있을 것이다.

지방재정에서는 국가(또는 광역자치단체)가 그 수입 중 일부를 지방자치단체에 교부하여 지방자치단체의 재정을 보강함과 동시에 지방재정의 지역 간 불균형을 시정하는 것이 큰 비중을 차지한다. 이러한 국가의 지방재원조정이 지방자치단체의 입장에서 보면 의존재원이 된다.

지방자치단체의 의존재원에는 ㉠ 국가가 교부하는 지방교부세와 국고보조금이 큰 몫을 차지하고, ㉡ 그 외에 지방자치단체들 간에 재원을 조정하는 제도로써 광역자치단체가 기초자치단체에 교부하는 조정교부금(시·군조정교부금, 자치구조정교부금)과 시·도비보조금이 있고, 광역자치단체 간의 재정조정제도로써 지역상생발전기금이 있다.

Ⅱ 지방교부세

1 지방교부세의 의의

(1) 지방교부세의 의미와 기능

(가) 지방교부세의 의미

지방교부세는 지방재정의 지역간 불균형을 시정하기 위하여 국가가 내국세액의 일정 비율을 일정한 기준에 따라 각 지방자치단체에 배분하여 교부하는 재화를 말한다.

지방교부세는 지방자치단체의 자주성을 저해함이 없이, 재정수요에 따른 배분을 통하여 자치단체간의 재원의 균형화를 도모하고 또한 교부기준의 설정 등을 통하여 지방행정의 계획적 운용을 보장함으로써, 지방자치의 증진에 기여하는 제도이다. 지방교부세의 직접목적은 자치단체간의 재원의 균형화와 자치단체의 계획적 행정운용의 보장에 있으나, 궁극목적은 지방자치단체의 자주성의 보장과 지방자치의 증진에 두고 있다.

지방교부세는 자치단체 재정수입의 성격면에서는 의존수입에 속하지만, 자치단체의 자주성을 보장하면서 재원균형화와 재원보장을 기함으로써 지방자치재정을 실질적으로 뒷받침한다는 데에 그 중요성이 인정되고 있다.

이러한 지방교부세의 특성은 다음과 같다.

첫째로, 지방교부세의 가장 기본적인 특성은 그것이 국가와 지방자치단체 간의 공유의 독립재원으로서의 성격을 가지고 있다는 점이다. 지방교부세가 내국세 총액의 일정비율을 그 법정재원으로 하고 있는 것은 그것이 단순히 국고로부터 교부되는 교부금이 아니라, 본래 자치단체가 공유하고 있는 독립재원의 뜻을 내포하고 있는 점이다. 지방교부세의 명칭 자체가 이미 그것은 지방세의 대체적 성격, 즉 간접과세형의 지방세임을 나타내고 있다.

둘째로, 지방교부세(특별교부세 제외)는 비용용도에 제한이 없는 것이 특징이다. 즉, 지방교부세는 국고에서 지출되는 것이기는 하지만, 일단 교부된 지방교부세는 그 비용의 용도를 지방자치단체가 자유로이 결정할 수 있는 일반재원이 되는 것이다. 이 점에 있어서 지방교부세는 국고보조금과 다르다. 그러나 지방교부세에 비용용도제한을 두지 않는 이유는 그 사용에 대한 국가의 부당한 간섭을 배제하려는 데 있는 것이고 지방자치단체에게 무제한의 자의적 결정을 허용하려는 것이 아니므로, 지방자치단체는 합리적이고도 타당한 사용의 의무를 지며, 지방자치단체가 의무를 태만할 때에 국가는 시정조치를 취할 수 있다.

(나) 지방교부세의 기능

지방교부세는 크게 두 가지 중요한 기능을 수행한다. 하나는 지방자치단체 사이의 재정을 조정하는 기능이고, 다른 하나는 국가재정과 지방재정을 조정하는 기능이다. 전자는 재원균형화의 기능이고, 후자는 지방재원보강의 기능이라 할 수 있다.

(a) **지방재원균형화 기능** : 산업・경제의 발전에 따른 세원의 편재를 시정하여 자치단체 사이의 재원의 균형화를 도모하는 것이 지방교부세의 본질적 기능이다. 재원균형화는 국고보조금이나 과거의 지방재정교부금, 지방분여세 등에서도 도모될 수 있지만, 그 가운데서도 지방교부세가 기준재정수요액 및 기준재정수입액의

산정방법을 통하여 철저한 재원균형화 기능을 수행한다.

(b) **지방재원보강 기능** : 지방재원을 보강하는 것이 지방교부세의 또 하나의 중요한 기능이다.

이러한 지방재원 보강기능에는 두 가지 측면이 있다. 그 하나는 지방재정 전체의 측면에서 이른바 총액으로서의 지방재원의 보강기능이고, 다른 하나는 각 자치단체별 지방재정의 측면에서 각 단체에 대한 교부액의 산정을 통한 개별적 지방재원의 보강기능이다. 총액으로서는 현재 내국세 총액의 100분의 19.24%가 지방재원으로 보장되어 있으며, 개별적으로는 각 자치단체에 대하여 업무항목별로 산정된 기준재정수요액과 조세종목별로 산정된 기준재정수입액에서 전자가 후자를 초과하는 액에 일정한 보정(補正)을 가한 수준이 그 단체의 재원으로 보강되고 있다.

(2) 지방교부세제도의 연혁

(가) 지방분여세

우리나라의 지방재정조정 제도는 1951년에 실시된 임시지방분여세법으로부터 비롯된다. 이 법은 국세 가운데 지세(地稅)와 영업세액의 일정비율을 그 재원으로 하여, 분여세의 종류를 일반분여세와 특별분여세로 나누고, 전자는 이를 제1종, 제2종, 제3종으로 나누어 각각 공무원수, 주민세, 재정사정을 기준으로 분여하고, 후자는 청사수리 등 특수사정을 고려하여 분여하되, 자치단체의 종류별로 배분율을 정하였다.

1952년에는 지방분여세법이 제정·실시되었다. 이 법은 토지수득세와 영업세(1954년부터는 유흥음식세)액의 일정비율을 재원으로 하여, 특별분여세를 폐지하여 이를 (일반)분여세의 제4종으로 하고, 제1, 2, 3, 4종의 분여율을 정하여 분여하였다.

(나) 지방재정교부금

지방분여세 제도는 그 재원이 빈약할 뿐만 아니라 분여방식의 비합리성으로 인하여 자치단체간 부익부·빈익빈의 결과를 가져왔다. 이에 모든 자치단체에게 최소한의 기본경비를 국고에서 보장하고 자치단체간의 균형있는 발전을 도모하기 위하여 1958년에 지방재정교부금법을 제정·실시하게 되었다.

지방재정교부금의 재원은 이를 제1, 2, 3호로 구분하여, 제1호에서는 유흥음식세와 영업세, 입장세 및 전기가스세액의 일정비율을, 제2호에서는 토지수득세액의 일정비율을, 제3호에서는 위 1, 2호의 재원으로써도 총 기준재정수요액에 미달하는 경우에 이를 보충하는 재원을 마련하여 그 재원으로 하였다.

교부금의 종류를 보통교부금과 특별교부금으로 나누어, 보통교부금은 각 자치단체의 기준재정수입액이 기준재정수요액에 미달하는 총액을 기초로 그것이 미달하는 자치단체에 교부하고, 특별교부금은 보통교부금 총액의 100분의 30에 해당하는 금액을 한도로 특별한 재정수요가 있을 때에 교부하였다.

(다) 지방교부세

1961년에 지방세제의 대폭적인 개혁이 단행됨과 아울러, 종래 빈약했던 지방재정 조정재원을 확보하고 불합리했던 조정방식을 개선하기 위하여 지방교부세법이 제정·실시되었다.

지방교부세를 보통교부세와 특별교부세로 나누어, 그 재원을 보통교부세에 있어서는 영업세, 입장세 및 전기가스세액의 100분의 40에 해당하는 액으로, 특별교부세에 있어서는 보통교부세 재원의 100분의 10에 해당하는 액으로 하고, 각 자치단체에 배분할 교부세액의 산정방법을 개선하였다.

이 법은 그 후 수차에 걸쳐 개정되었는데, 1963년에는 지방교육교부세법의 제정에 따라 그 재원조정이 있었고, 1965년에는 국가사무의 점차적인 지방이양에 따른 그 재원확장 및 예산액과 결산액 차이의 정산의무화가 있었다.

1968년에는 종래 국세 가운데 몇몇 세종(稅種)의 세액을 일정 비율로 교부세의 재원으로 하던 방식에서 탈피하여 내국세 총액의 일정비율을 그 재원으로 하는 방식으로 전환하였다(내국세 총액의 1,000분의 176을 그 재원으로 함).

1972년에는 이른바 8·3조치(경제의 안정과 성장에 관한 대통령의 긴급명령)에 의하여 지방교부세의 종래의 법정교부율제가 폐지되고, 교부세의 재원을 국가예산이 정하는 바에 따르도록 되었다. 그 후 교부세율이 격감되어 지방교부세 수입에 의존해 온 자치단체들이 큰 타격을 입게 되었다.

1982년에 문제의 8·3조치를 폐지하고 지방교부세법을 개정하여 법정교부율제로 환원함과 아울러, 그 재원을 해당 연도 내국세 총액의 100분의 13.27에 해당하는 액으로 하여, 1983년부터 시행하였다.

1999년에 주민의 욕구와 지역개발수요의 증대에 대응하기 위하여 지방교부세의 재원을 내국세총액의 100분의 15로 상향조정하였고, 2004년에 이를 내국세 총액의 100분의 18.3으로 상향조정하였다.

2005년에 지방양여금제 폐지에 따라 일부재원이 지방교부세로 전환되고, 국고보조금 사업의 지방이양에 따른 재원보전을 위해 분권교부세가 신설되면서 교부세율이 100분의 19.13(내국세총액의 18.3%+분권교부세율 0.83%)으로 인상되었고, 2006년에 분권교부세율이 1.1%인상됨으로써 교부세율이 100분의 19.24가 되었다.

2005년 신설된 분권교부세가 2015년부터 보통교부세에 통합 운용키로 되었으며,[22] 그동안 지방세였던 종합토지세의 일정한 가액(價額) 초과분이 국세인 종합부동산세의 대상으로 흡수되어 2010년에 부동산교부세가 신설되었다.

2015년부터는 담배값 인상분(1갑에 2,000원 인상)에 대하여 국세로 신설된 개별소비세의 20%에 해당하는 금액을 교부하는 소방안전교부세를 신설하였다.

2020년부터 소방안정교부세는 소방공무원의 신분이 국가직으로 전환됨에 담배에 부과되는 개발소비세 총액의 기존 20%에서 45%로 인상되었다.

(라) 지방양여금

한편, 1991년에 국가가 징수한 국세 일부세목의 세액을 지방의 특정사업비에 충당할 수 있도록 양여하는 지방양여금제[23]가 도입되었다가 문제가 있어,[24] 지방교부세, 국고보조금, 국가균형발전특별회계로 개편하면서 2004년에 폐지되었다.

2 지방교부세의 재원과 산정

(1) 지방교부세의 재원

지방교부세 교부재원의 계상 방식에는 그 배정비율을 법정화하는 방식과 법으로

22) 분권교부세가 2014년에 폐지되어 보통교부세로 통합되는 내용은 분권교부세를 교부하여 추진해온 3개사업(노인양로, 장애인, 정신요양시설)은 국고보조사업으로 환원하고, 나머지 사업은 보통교부세로 통합하되, 노인장기요양보험, 버스운송재정지원 등 대규모 사업의 경우는 보통교부세 내 이양사업 보전분을 신설하여 2019년까지 연차별 차등(매년 20% 차감)지원하는 것으로 계획되어 있었으나, 2020년 이후에도 재정여건을 감안하여 필요한 조치를 할 수 있도록 하였다.

23) 지방양여금제는 국세의 일부세원을 국가와 지방의 공동이용을 통하여 지방재원의 확충과 불균형시정을 도모하는 제도로서, ㉠ 일부 세액을 지방에 양여하는 점에서 내국세 총액을 재원으로 하는 지방교부세와 다르고, ㉡ 그 비용용도가 포괄적인 점에서 그것이 세밀히 한정되는 국고보조금과도 다르다.
지방양여금은 지방교부세와 국고보조금의 중간적 성격을 가지고 있다고 할 수 있다.
지방양여금은 일반지방양여금과 지방교육양여금의 두 종류로 분류되었다.

24) 지방양여금제는 도입 당초에는 지방도로사업에 한정했었는데, 그 후에 국가보조사업 성격의 농어촌개발사업, 수질오염방지사업, 청소년육성사업과, 지방교부세 성격의 지역개발사업에까지 확대 시행되어, 국가가 지방의 특정사업을 지정하여 지방비부담을 과하는 등 문제가 있어, 2004년에 이를 폐지하였다.

정하지 않고 예산에서 배정하는 방식이 있는데, 우리나라에서는 교부재원의 일부는 일정비율을 법정화하는 이른바 법정교부율 방식을 채택하고, 나머지 일부(부동산교부세)는 일정한 세목의 국세수입 실액으로 하고 있다.

지방교부세(부동산교부세 제외)의 재원은 ㉠ 해당 연도 내국세 총액(목적세 및 종합부동산세와, 담배에 부과하는 개별소비세 총액의 20% 및 다른 법률에 따라 특별회계의 재원(국가균형발전법에 의한 주세)으로 사용되는 세목의 금액을 제외한 금액)의 19.24%에 해당하는 금액 및 정산액과 ㉡ 종합부동산세 총액 및 정산액과 ㉢ 담배에 부과하는 개별소비세 총액의 45%에 해당하는 금액 및 정산액을 합한 금액이다(지방교부세법 제4조 제1항).

보통교부세의 재원은 분권교부세를 제외한 교부세 총액의 97%에 해당하는 금액이고, 특별교부세의 재원은 나머지 3%에 해당하는 금액이다(동법 제4조 제2항).

(2) 지방교부세의 산정

(가) 보통교부세의 신정

(a) **보통교부세 산정방법의 개요** : 보통교부세는 기준재정 수입액이 기준재정 수요액에 미달하는 지방자치단체에 대하여 그 미달액(재정부족액)을 기초로 산정하여 교부한다(동법 제6조). 다만, 자치구의 경우 해당 특별시 또는 광역시의 기준재정수요액 및 기준재정수입액과 합산하여 산정한 후 특별시 또는 광역시에 교부한다. 즉, 보통교부세 교부액은 재정부족액(=기준재정수요액−기준재정수입액)에 조정율을 곱하여 산정한다. 조정율은 보통교부세총액(제주특별자치도분 3%제외)을 재정부족액이 발생한 자치단체의 재정부족액 총액으로 나눈 값으로 산정한다. 보통교부세는 연 4기로 나누어 교부한다(동법 제10조).

(b) **기준재정수요액의 산정** : 기준재정수요액은 지방자치단체가 기본행정 수행을 위한 기본적인 경비를 말하는 것으로서 기초수요액에 보정수요액 및 수요자체노력 산정금액을 합산한 금액을 말한다(지방교부세법 제7조 제1항, 제3항, 동법 시행령 제7조, 동법 시행규칙 제5조). 이를 산식으로 표시하면 다음과 같다.

> 기준재정수요액 = 기초수요액 + 보정수요액 ± 수요자체노력
> = Σ항목별(측정단위수치×단위비용×보정계수)+보정수요액±수요 자체노력

① **기초수요액** : 지방교부세법 제7조 제1항에서 규정하는 기준재정수요액의 의미로서, 각 측정항목별로 설정된 각 측정단위수치에 단위비용과 보정계수를 곱하여 얻은 금액을 합산한 금액이다.

i) 측정항목 : 각 자치단체의 기준재정 수요액을 합리적으로 측정하기 위하여 기능별·성질별로 분류하여 설정한 표준적인 경비의 종류를 말한다. 현행 측정항목은 일반행정비·문화환경비·사회복지비·지역경제비 등 4개항목(16개 세항목)으로 구성되어 있다(지방교부세법 제2조 제5호, 시행령 제5조 제1항 별표1).

ii) 측정단위 : 기준재정 수요액을 합리적·객관적으로 측정하기 위한 각 측정항목의 단위를 말한다. 현재 측정단위는 16개 세항목별[25]로 재정운용현황에 대한 대표성과 설명력(상관관계)이 높은 단위 1개씩을 채택하였다. 현행 측정단위는 인건비(공무원수), 문화관광비(인구수), 기초생활비(국민기초생활보장수급권자수), 산업경제비(사업체종사자수), 농업비(경지면적), 임수산비(산림·어장·갯벌면적) 등 14개이다(동법 제2조 제6호, 시행령 제5조 제2항 별표2).

iii) 단위비용 : 기준재정 수요액을 산정하기 위한 각 측정단위별 1단위당 수치에 적용되는 표준적인 금액으로서, 특별시·광역시·특별자치시·도·특별자치도·시·군의 자치단체가 합리적이고 타당한 수준에서 16개 세부 측정항목별로 소요되는 경비의 단위당 금액을 말한다(동법 제2조 제7호, 동법시행령 제6조).

iv) 보정계수 : 기초수요액 산정시 단위비용의 획일적인 적용, 기타사유로 인해 기초수요액이 현저히 불합리할 때 일정한 방식에 의해 단위비용에 조정을 가하는 지수를 말한다.

② **보정수요액** : 위 기초수요액 산정을 위한 측정항목 및 측정단위로는 산정할 수 없는 행·재정상의 수요가 발생하는 경우 해당되는 경비를 가산해주는 방식이다. 현재의 보정수요반영 항목으로는 4가지(시군조정교부금 등, 통합지방자치단체재정보정, 임기만료에 따른 선거비용, 낙후지역 등 보정)가 있다.

i) 시·군조정교부금에 등에 대한 수요보정 : 법령으로 정한 금액과 전전년도 결산액 정산분의 80%를 보정한다.

첫째로, 시·군조정교부금 수요보정 : 군이 있는 광역시장과 도지사는 시·

---

25) 16개 세항목은 인건비, 일반관리비, 안전관리비, 문화관광비, 환경보호비, 기초생활보장비, 노인복지비, 아동복지비, 장애인복지비, 보건사회복지비, 농업비, 임수산비, 산업경제비, 도로관리비, 교통관리비, 지역관리비이다.

도세의 일정분 27%(인구 50만 이상의 시와 자치구가 아닌 구가 설치된 시의 경우는 47%)를 확보하고, 그 중 90%인 일반조정교부금으로(나머지 10%인 특별조정교부금은 제외한다) 하여 인구수(50%)・징수실적(20%)・재정력 역(逆)지수(30%)를 기준으로 산정하여 배분되는 금액의 80%를 반영한다(지방재정법 제29조, 동법시행령 제36조).

둘째로, 시・도세 징수교부금 수요보정 : 시・도에서 시・군으로 교부되는 시・도세징수교부금(시・도세 징수총액의 3%)도 시・군으로 정액(定額)이전되는 지출경비이므로 이를 시・도의 보정수요에 반영한다(지방세징수법 시행령 제24조).

셋째로, 대도시(인구 50만 이상시) 재정특례보전금 : 해당시에 징수하는 도세의 10% 범위 내에서 일정비율을 추가로 확보하여 보정한다(지방분권법 제43조).

ii) 통합 지방자치단체에 대한 수요보정 : 통합 당시 재정부족액이 있는 경우 통합 후 최초로 개시되는 회계연도부터 4년간 보정(지방분권법 제34조)

iii) 임기만료에 따른 지방선거 경비 및 정산분 80%에 해당하는 금액 보정(지방교부세법 시행규칙 제5조)

iv) 낙후지역개발 등(지방교부세법 시행규칙 제5조)

첫째, 지역균형 수요보정 : 도서・오지 등 낙후지역, 재난안전관리지역, 해안・댐 등의 특수지역, 문화재보호구역, 개발제한구역, 자연환경보전지역, 상수원보호구역, 수변구역, 지역경제활성화를 위한 산업단지조성, 지역특화발전특구지역보전, 접경지역개발, 폐광지역개발, 교통혼잡보전, 인구감소지역, 군인・전의경등 보정인구, 농어촌도로 등 구분산정이 필요한 경비를 보정한다.

둘째, 사회복지균형 수요보정 : 지역주민의 삶의 질 향상과 노령인구・장애인・영유아・한부모가족 등, 저소득층지원, 다문화지원, 저소득층 밀집 임대주택 등에 대한 복지수요액의 일부를 보정한다.

③ **수요자체노력** : 지방재정운영의 비효율성, 도덕적 해이를 제거하기 위한 조치로서 수요자체노력 항목(인건비, 지방의회경비, 업무추진비, 행사・축제성경비, 지방보조금, 예산집행노력)을 설정하여 가감하고 있다.

(c) **기준재정수입액의 산정** : 기준재정수입액이란 각 지방자치단체의 재정수입을 합리적으로 측정하기 위하여 지방교부세법 제8조에 따라 산정한 금액을 말한다(지방교부세법동법 제2조 제4호). 이를 산식으로 표시하면 다음과 같다.

기준재정수입액=기초수입액 + 보정수입액 ± 수입자체노력

① **기초수입액** : 기초수입액은 지방세법상 표준세율로서 산정한 보통세 수입액의 80%에 상당한 금액이다. 기준세율을 표준세율의 100%로 하지 않고 80%로 하는 이유는 지방교부세에 의한 재정균형화가 100% 이루어지면, 재정력의 격차는 해소되겠지만, 반면에 자치단체의 재정운영이 지방교부세의 배분기준에 얽매여 독자적인 시책추진의 여지가 없어지게 되기 때문이다.

② **보정수입액** : 위 기초수입액을 보정하기 위한 것으로는 경상세외수입(사용료, 수수료, 재산임대수입, 이자수입, 사업수입)·시군일반조정교부금·징수교부금, 지역상생발전교부금, 부동산교부세과 그 정산분이다.

③ **수입자체노력** : 세입과 관련하여 자치단체의 자구노력과 책임을 다하는 정도를 반영하는 것으로서 6개의 세입확충노력 항목(지방징수율 제고, 지방세체납액 축소, 경상세외수입 확충, 세외수입체납액 축소, 지방세감면액 축소, 적극적 세원발굴 및 관리) 등을 설정하여 가·감하고 있다.

(나) 특별교부세의 산정

특별교부세는 객관성과 합리성을 특히 중시하는 보통교부세의 산정에서 필연적으로 발생하는 획일성과, 시기적인 이유에서 보통교부세액의 산정에 반영할 수 없었던 구체적인 사정을 고려하여 교부하는 것으로서, 보통교부세의 기능을 보완하여 지방교부세 전체의 구체적 타당성을 제고하는 재원을 말한다.

이러한 특별교부세는 다음과 같은 경우에 교부한다(지방교부세법 제9조).

첫째로, 기준재정수요액의 산정방법으로는 파악할 수 없는 지역 현안에 대한 특별한 재정수요가 있는 경우 : 특별교부세 재원의 100분의 40에 해당하는 금액(지역현안수요)

둘째로, 보통교부세의 산정기일 후에 발생한 재난을 복구하거나 재난 및 안전관리를 위한 특별한 재정수요가 생기거나 재정수입이 감소한 경우 : 특별교부세 재원의 100분의 50에 해당하는 금액(재해대책수요)

셋째로, 국가적 장려사업, 국가와 지방자치단체 간에 시급한 협력이 필요한 사업, 지역 역점시책 또는 지방행정 및 재정운용 실적이 우수한 지방자치단체에 재정지원 등 특별한 재정수요가 있을 경우 : 특별교부세 재원의 100분의 10에 해당하는

금액(시책수요)

특별교부세는 해당 재정수요가 있는 사업이 차질 없이 수행될 수 있도록 연중 수시로 교부할 수 있다(지방교부세법 시행령 제9조의2 제3항). 특별교부세 재원 중 재난안전수요분에 대하여는 행정안전부에서 교부・운영한다.

(다) 부동산교부세의 산정

부동산교부세는 부동산세제 개편에 따른 지방자치단체의 세수감소분을 기초로 산정하되, 재정여건, 사회복지, 지역교육, 부동산교부세 규모 등을 감안하여 대통령령으로 정한다(동법 제9조의 3, 동법시행령 제10조의3). 부동산교부세는 특별자치시・시・군・구에 배분한다(제주특별자치도에 부동산교부세 총액의 1천분의 18을 교부한다). 종합부동산세액 전액 부동산교부세 재원으로 사용된다.

(라) 소방안전교부세의 산정

소방안전교부세는 국세인 개별소비세법에 따라 담배에 부과하는 개별소비세 총액의 100분의 20에 해당하는 금액과 그 결산액의 차액으로 인한 교부세의 차액(정산액이라 한다)으로 산정한다. 소방안전교부세의 교부기준은 지방자치단체의 소방 및 안전시설현황과 투자소요(40%), 재난예방 및 안전강화 노력(40%), 재정여건(20%) 등을 고려하여 정한다(동법 제4조, 제9조의 4, 동법시행령 제10조의4). 소방안전교부세는 행정안전부가 관장하며 시・도(100만명 이상의 시 포함)에 전액교부하여야 한다.

(마) 자치구에 대한 산정의 특례

자치구에 대하여는 기준재정수요액과 기준재정수입액을 각각 해당 특별시 또는 광역시의 기준재정수요액 및 기준재정수입액에 합산하여 산정하고, 이를 특별시 또는 광역시에 교부한다(동법 제6조 제1항 단서).

(3) 재정벌칙 등

지방자치단체의 재정운용이 법령에 위반하거나 방만한 경우에 국가가 지방교부세 등의 지원을 삭감하는 벌칙(fiscal penalty)제도가 있다.

미국에서 이 제도를 채택하고 있으며, 재정원조의 삭감뿐만 아니라 자치권의 일부제한 등을 행한다. 일본의 경우 지방자치단체(장)가 법령의 규정에 위반하거나 과다한 경비를 지출하거나 확보하여야 할 수입징수를 태만히 하는 경우에 총리대신은 지방재정심의회의 의견을 들어 지방교부세를 감액 또는 반환명령할 수 있으며, 이 경우 그 감액·반환분을 특별교부세 총액에 산입하도록 하고 있다.

우리나라도 2001년에 재정벌칙제를 도입하였고, 2005년에 재정분석 및 진단제를 채택하였다(지방재정법 제55조~57조, 지방교부세법 제11조). 즉, 행정안전부장관은 지방자치단체장의 재정보고서를 분석하여 재정의 건전성과 효율성이 현저히 열등한 자치단체에 대하여 재정진단을 실시하고, 재정분석과 재정진단에 따라 지도와 권고를 행하는데, 이러한 지도와 권고의 이행결과가 우수한 지방자치단체에 특별교부세를 별도로 교부하는 반면, 그 이행을 거부하거나 태만히 하여 재정의 부실화가 현저히 예상되는 지방자치단체에 보통교부세를 삭감할 수 있게 하고 있다.

보통교부세의 결정통지 내역에 이의가 있는 지방자치단체장은 30일 이내에 이의를 신청할 수 있으며, 행정안전부장관은 30일 이내에 이를 심사하여 타당하다고 인정하는 경우에 기준재정수요액 및 기준재정수입액을 가산하거나 감액하고 그 결과를 통지하여야한다(지방교부세법 제13조).

한편, 지방자치단체장은 세입·세출예산의 운용상황(성과계획서와 성과보고서를 포함한다), 채권·기금의 운용현황 등 해당 자치단체의 지방재정운용상황을 예산 또는 결산의 확정 또는 승인 후 2개월 이내에 주민에게 공시하여야 한다(지방재정법 제60조).

Ⅲ 지방자치단체간 재정조정제도

조정교부금과 재정보전금은 다 같이 광역자치단체가 그 관할구역 안에 있는 기초자치단체의 재원을 조정·보전하는 제도이었다. 그러나 전자는 특별시와 광역시가 그 관할구역 안에 있는 자치구의 재원을 조정하는 것이고, 후자는 광역시·도가 그 관할구역 안에 있는 시·군의 재원을 보전하는 점에서 구분하여 사용하였었다. 그러다가 광역지방자치단체가 재정력 격차를 완화하기 위하여 기초지방자치단체에 교부하는 재정보전금과 조정교부금의 명칭을 조정교부금으로 통일하였다(2014. 5. 28 지방재정법 개정). 조정교부금제 외에도 시·도비보조금제, 지역상생발전기금도 지방자치단체간 재정조정제도라 할 수 있다.

1 시 · 군 조정교부금

(1) 시 · 군 조정교부금의 의의

시 · 군 조정교부금은 광역 시 · 도가 관할 시 · 군이 징수한 도세의 일부를 해당 시 · 군에 배분하는 방식으로 운영되고 있다. 이는 시 · 군 조정교부금이 상위 자치단체가 하위 자치단체에 재원을 이전하는 수직적 재정조정의 역할을 하는 동시에, 시 · 군 간 재정력 격차를 완화하는 수평적 재정조정의 역할도 수행함을 의미한다.

시 · 군 조정교부금은 일반조정교부금과 특별조정교부금의 두 종류로 구분된다. 일반조정교부금은 시 · 군의 행정운영에 필요한 재원을 보전하는 등 일반적 재정수요에 충당하기 위한 것으로 조정교부금 총액의 90%를 재원으로 하고, 특별조정교부금은 시 · 군의 지역개발사업 같은 시책을 추진하는 등 특정한 재정수요에 충당하기 위한 것으로 나머지 10%를 재원으로 한다(지방재정법 시행령 제36조).

(2) 시 · 군 조정교부금의 재원과 배분

(가) 시 · 군 조정교부금의 재원

시 · 군 조정교부금은 시 · 군에서 징수하는 광역시세 · 도세의 27%(인구 50만 이상의 시와 자치구가 아닌 구가 설치되어 있는 시는 47%)를 재원으로 한다(지방재정법 제29조). 광역시세 · 도세는 ㉠ 시 · 군에서 징수하는 광역시세 · 도세(화력발전 · 원자력발전에 대한 지역자원시설세, 특정부동산에 대한 지역자원시설세 및 지방교육세 제외)의 총액과 ㉡ 해당 시 · 도(특별시 제외)의 지방소비세액을 전년도 말의 시 · 도 인구로 나눈 금액에 전년도 말의 시 · 군 인구를 곱한 금액으로 구성된다(동법 제29조 제1항).

(나) 시 · 군 조정교부금의 배분

광역 시 · 도는 시 · 군 조정교부금을 인구, 징수실적(지방소비세 제외), 해당 시 · 군의 재정사정 등을 기준으로 관할 시 · 군에 배분하며, 화력발전 · 원자력발전에 대한 각각의 지역자원시설세의 65%(징수교부금 교부시 해당 금액 제외)를 화력발전소 · 원자력발전소가 소재한 시 · 군에 각각 배분하여야 한다(동법 제29조 제3항). 일반조정교부금의 경우 총액의 50%는 해당 시 · 군의 인구수에 따라 배분하고, 20%는 해당 시 · 군의 광역시세 · 도세 징수실적에 따라 배분하며, 30%는 재정력지수(매년도 기준재정수입액을 기준재정수요액으로 나눈 값)가 1 미만인 시 · 군을 대상으로 1에서 해당 시·군의 재정력지수를 뺀 값(역재정력지수)을 기준으로 배분한다(지방재정법 시행령 제36조 제3항).

2 자치구 조정교부금

(1) 자치구 조정교부금의 의의

자치구 조정교부금은 특별·광역시별로 자치구간 세원 분포의 불균형에 따른 재원확보 능력의 차이를 시정(자치구간 재정력균등화 기능)하고, 모든 자치구가 일정 수준의 행정운영에 필요한 재원을 확보(재원보장 기능)할 수 있도록 돕는 역할을 수행한다.

자치구 조정교부금은 일반조정교부금과 특별조정교부금으로 구분된다. 일반조정교부금은 자치구의 행정운영에 필요한 재원을 보전하는 등 일반적 재정수요에 충당하기 위한 교부금이고, 특별조정교부금은 자치구 지역개발사업과 같은 시책을 추진하는 등 특정한 재정수요에 충당하기 위한 교부금이다(지방재정법 시행령 제36조의2).

(2) 자치구 조정교부금의 재원

특별·광역시는 보통세 수입의 일정액을 조정교부금으로 확보하여 조례로 정하는 바에 따라 관할 자치구 간 재정력 격차를 조정하여야 한다(지방재정법 제29조의2). 이에 따라 자치구 조정교부금 재원은 특별·광역시의 시세(市稅) 중 보통세(광역시의 경우 주민세 재산분 및 주민세 종업원분 제외)의 일정 비율이 된다. 2021년 현재 특별·광역시의 보통세 중 비율은 서울 22.6%, 부산 23.0%, 대구 22.29%, 인천 20.0%, 광주 23.9%, 대전 23.0%, 울산 20.0%이다.

자치구 조정교부금 총액의 90%는 일반조정교부금, 10%는 특별조정교부금으로 운영된다. 일반조정교부금은 매년도의 기준재정수입액이 기준재정수요액에 미달하는 자치구에 대하여 그 미달액(재정부족액)을 기초로 교부된다. 지방교부세의 경우와 비슷하게 일반교부금 총액이 재정부족액 총액에 미달하는 경우에 이를 일치시킬 목적으로 조정률을 적용한다.[26]

3 시 · 도비 보조금

시 · 도비보조금은 시 · 도가 정책상 관할 시 · 군 · 구의 재정사정상 필요하다고 인정할 때 예산의 범위에서 교부하는 재원으로서 광역자치단체에서 기초자치단체에 교부하는 재원이라는 점에서 조정교부금제와 유사하다.

그러나 ㉠ 용도지정여부와 관련하여 조정교부금은 용도지정이 없거나(일반조정교부금)교부조건이나 목적에 맞도록 사용하는 제한(특별조정교부금)은 있기는 하나, 시 · 도비 보조금은 특정한 지원대상사업의 재정수요에 충당하는 용도(用途)지정재원이라는 점에서 차이가 있으며, ㉡ 재원배분방법상 조정교부금은 재정부족액 등 정해진 기준에 따라 포괄배분을 원칙으로 하나 시 · 도비 보조금은 지원사업별 우선순위에 따라 지원한다는 점 등에서 차이가 있다.

현재 운영되고 있는 시 · 도비 보조금의 문제점으로는 ㉠ 규모 · 기준 · 운영방식 등의 제도화가 미진하며, ㉡ 조건부보조금으로 운영함에 따른 시군구에서 자체재원을 부담해야한다는 점, ㉢ 보조금이 규모가 영세하다는 점 등이다.

4 지역상생발전기금

지역상생발전기금은 지방소비세도입(2010년)에 따른 수도권과 타 지역간 재정격차를 우려하여 도입한 지방자치단체 간 상생발전을 위한 수평적 형평화 수단의 재정조정제도라 할 수 있다(지방자치단체 기금관리기본법 제17조).

지역상생발전기금은 서울 · 인천 · 경기도가 징수하는 지방소비세의 35%를 조성하여 비수도권 광역자치단체에 배분한다. 이 기금은 17개 광역자치단체가 조합원이 되는 지방자치단체 조합으로 만들어졌으며, 기금의 재원은 수도권 광역자치단체가 출연하는 지방소비세 35%뿐만 아니라 지방자치단체 통합관리기금, 지역개발기금, 출연금, 발전기금, 운용수익 등 다양하다(동법 제17조의2, 제19조).

지역상생발전기금은 신설 당시 2019년도 종료를 계획하였으나, 재정분권 방안 이행으로 지방소비세가 인상됨에 따라 재원에 대한 출연기한이 2029년까지로 연장되었으며, 지방소비세 추가 인상분(10%)의 일부를 재원으로 하여 새롭게 개편되었다.

26) 국회예산정책처. 2021 대한민국 지방재정

Ⅳ 국고보조금

1 국고보조금의 의의

(1) 국고보조금의 개념

국고보조금(grants-in-aid)이란 국가가 정책상 또는 지방자치단체의 재정사정상 필요하다고 인정할 때에 예산의 범위 안에서 지방자치단체에 교부하는 자금으로, 원칙적으로 반대급부를 요하지 아니하는 것을 말한다(지방재정법 제23조).

국고보조금은 일반적으로 국가가 지방자치단체에 대하여 교부하는 보조금을 의미하나, 상급 자치단체가 하급 자치단체에 대하여 교부하는 보조금도 그 원리나 성격 및 기능면에서 다를 바가 없으므로, 넓은 의미로는 이러한 지방자치단체 사이의 보조금도 포함하는 의미로 사용된다.[27)]

보조금이라는 용어에는 다음과 같은 여러 범위의 개념이 있다.[28)]

(가) 최광의

가장 넓은 의미의 개념에는 국가 또는 지방자치단체 이외의 자가 행하는 사무 또는 사업에 대하여 국가 또는 지방자치단체가 조장하거나 재정상 원조를 하기 위해 교부하는 자금까지도 포함된다.

(나) 광 의

넓은 의미의 개념은 전술한 넓은 의미의 개념 가운데에서 지방교부세를 제외한 기타 일체의 조장·원조적 자금을 의미한다. 지방교부세는 국가가 징수한 내국세 총액의 일부를 자치단체에 교부하는 것이므로 성격상 다른 조성·지원 자금들과는 다르다.

---

27) 실정법상 보조금이라는 용어 외에 교부금·부담금·출연금·급부금·조성금·장려금 등 여러 가지가 사용되고 있으나, 엄밀한 의미에서 전술한 개념에 해당되는 것만을 보조금(협의)이라고 할 수 있는 것이다.

28) 노융희, "국고보조금제도의 안팎", 지방행정, 1982년 9월호(서울 : 대한지방행정공제회, 1982), pp. 6~7 참조.

(다) 협 의

좁은 의미의 개념은 국가와 자치단체 사이의 관계에서 지급되는 지원목적의 일체의 자금을 의미한다. 이에는 보조금(최협의) 외에, 부담금・조성금・교부금 등이 포함된다.

(라) 최협의

가장 좁은 의미의 개념은 전술한 좁은 의미의 개념 중 부담금이나 교부금 등을 제외한 협의의 보조금만을 의미한다. 부담금이나 교부금은 국가와 자치단체간에 이해관계가 있거나 위임・위탁관계가 있어서 사무처리 경비를 국가 또는 상급 자치단체가 부담・교부하는 자금으로서, 여기에서 말하는 최협의의 순수한 조성・장려・지원적 자금으로서의 보조금과 다르다.

(2) 국고보조금의 특성

국고보조금은 다음과 같은 특성을 가지고 있다.

(가) 특정재원

국고보조금은 그 비용용도가 정해져 있는 특정재원이다. 즉, 국고보조금은 지방자치단체의 특정한 사무나 사업의 수행을 장려하기 위하여 그에 소요되는 경비에 충당하는 것을 조건으로 국가가 교부하는 자금이다. 그러한 의미에서 그것은 자치단체의 수입 가운데 그 비용용도에 제한이 없는 지방세(목적세 제외)・지방교부세(특별교부세 제외) 수입과 구별된다.

(나) 의존재원

국고보조금은 국가로부터 교부되는 자치단체의 의존재원이다. 의존재원 가운데서도 그 비용용도의 제한, 보조의 불예측성, 강력한 감독・통제성 등을 통하여 지방자치단체의 세입 중 가장 안정성과 자율성이 없는 재원이다. 그러한 의미에서 국고보조금은 지방세, 사용료・수수료 등과 같이 자치단체 자신이 징수하는 수입은 물론, 전술한 바와 같은 부담금・교부금 등의 세외수입과도 구별된다.

(다) 무상재원

국고보조금은 반대급부를 요하지 않는 무상재원이다. 즉, 국고보조금은 국가의 시책상 또는 자치단체의 재정사정상 필요하다고 인정될 때에 국가가 자치단체의 사무 또는 사업의 수행을 조장하거나 지원하기 위해 교부하는 장려적인 재원이다. 국가가 국고보조금을 교부할 때에는 법령 또는 조례가 정하는 경우와 국가정책상 부득이한 경우 외에는 자치단체에게 재정부담의 지시를 할 수 없고(지방재정법 제23조 제3항), 만약 자치단체에게 재정적 부담을 수반하는 국고보조금을 교부하는 때에는 해당 중앙관서의 장은 기획재정부장관 및 행정안전부장관과 협의하도록 하고 있다(동법 제27조). 특히 지방재정에 부담을 주는 주요안건(지방세관계법령의 제정・개정 등)을 심의하기 위하여 국무총리 소속으로 지방재정부담심의위원회를 두고 있다(동법 제273의2).

(3) 국고보조금의 유형

국고보조금은 그 분류기준 여하에 따라 다음과 같이 여러 가지로 나누인다.

(가) 부담금, 교부금, 보조금

이는 지출목적이나 경비의 성질을 기준으로 한 분류이다.

부담금(지방재정법 제21조 제1항)은 지방자치단체나 그 기관이 법령에 따라 처리해야할 사무로서 국가와 지방자치단체 간에 이해관계가 있는 경우에 원활한 사무처리를 위하여 그 성질상 국가의 책임정도에 따라 국가가 그 경비의 전부 또는 일부를 부담하는 경비를 말한다. 이 경우 지방자치단체가 부담할 경우의 종목 및 부담비율("기준부담률"이라 한다)에 관하여는 '지방자치단체 경비부담의 기준 등에 관한 규칙'(행정안전부령)으로 정한다. 주로 기초생활보장 등 사회복지사업분야, 재해복구사업 등에 지출된다(동법 시행령 제33조).

교부금(동조 제2항)은 국가가 스스로 집행해야할 사무를 지방자치단체 또는 그 기관에 위임하여 수행하는 경우 국가가 전액부담・교부하는 경비를 말한다. 국민투표, 선거, 징병, 민방위 등에 관한 경비에 지출된다.

보조금(동법 제23조 제1항)은 국가정책상 특정사업의 실시를 권장하거나 또는 지방재정사정상 특히 필요하다고 인정할 때 예산의 범위 안에서 교부하는 보조금으로 전자를 장려적보조금, 후자를 지방재정보조금이라고 한다. 농업시책에 대한 장려적보조금, 각종 사회복지시설에 관한 보조금 등이 있다.

(나) 정률보조금과 정액보조금

이는 보조형태를 기준으로 한 분류이다.

정률보조금은 지방자치단체가 지출하는 경비의 일정비율의 금액을 국가가 보조하는 것으로, 오늘날 국고보조금의 일반적인 유형이다. 정률보조금의 보조율 결정변수로는 국가의 재정사정, 지방자치단체의 지방비부담능력, 주민의 요구의 정도, 해당 사무·사업에 대한 국가의 관심도 등을 들 수 있다. 국가보조금지급대상 사업의 대부분이 정률보조금 사업이다.

한편 정액보조금은 특정한 사무 또는 사업의 실시에 대하여 일정한 금액의 보조금을 교부하는 것을 말한다. 정액보조금의 교부방법에는 보조대상인 사무·사업의 수량에 일정한 단가를 곱한 액을 교부하는 방법과, 사무·사업마다 일정액을 교부하는 방법의 두 가지가 있다. 이러한 보조금은 특정한 사무·사업에 대한 장려적 효과와 재정지원적 효과를 가져올 수 있다.

(다) 세목보조금과 포괄보조금

이는 보조조건을 기준으로 한 분류이다.

세목보조금은 보조금의 교부조건으로 그 비용용도를 세부적으로 지정하는 것을 말한다. 예컨대 급여·수용비·시설비에 지출하라고 지정하거나, 몇 건, 몇 사람, 몇 ㎢의 실적을 올리라고 지정하는 것 등이다. 이와 같이 지나치게 세부적인 보조조건을 붙이면 국가가 자치단체의 행정에 깊이 간여하게 되고 회계절차의 복잡화를 초래하며, 정세의 변동에 따르는 지방재정운용의 탄력성을 잃게 하여 보조금을 효율적으로 사용할 수 없게 한다.

한편 포괄보조금(block subsidy)은 보조금을 교부함에 있어 총액 및 비용용도의 범위만을 지정하고 보조금으로 충당할 경비의 세목·수량·단가, 지방비부담비율, 대상사업의 구성비율 등은 지방자치단체의 자유로운 선택에 맡기는 것을 말한다. 이는 보조금의 효율적인 사용을 도모하고 지방재정의 자립성을 강화하려는 데 목적을 두고 있다.

(라) 일률보조금과 차등보조금

이는 보조율을 기준으로 한 분류이다.

일률보조금은 모든 지방자치단체에 걸쳐서 동일한 보조율을 적용하는 것을 말한다. 즉, 자치단체 사이의 재정력이나 기타 필요성의 차이를 고려함이 없이 모든 자치단체에 일률적인 보조율을 적용하여 보조하는 것이다. 이러한 국고보조금을 받은 자치단체는 일반적으로 그 보조금에 따른 사무 또는 사업의 수행에 지방비를 부담하게 되기 때문에 그 재정력이 강한 자치단체는 이를 받아들일 수 있으나, 재정력이 약한 자치단체는 받아들이기 어려우며, 결국 부익부 빈익빈을 초래하여 자치단체 사이의 재정적 격차를 더욱 심화시키게 된다.

한편 차등보조금은 지방자치단체의 재정력이나 기타의 필요성에 따라 상이한 보조율을 적용하는 것을 말한다. 차등보조금에도 보조금이 교부되는 지방자치단체를 재정력지수에 따라 몇 개의 그룹으로 나누어 그룹별로 보조율을 정하는 방식과, 자치단체별로 재정력을 직접 고려하거나 자치단체의 사무·사업의 양이 조세수입 규모에서 차지하는 비중을 고려해서 보조율을 조절하는 방식이 있다. 지방자치단체 간의 재원균형화를 위해서 차등보조금 제도를 채택하는 것이 바람직하다는 견해와, 재원의 균형화는 지방교부세에 의해서 실현할 것이지 국고보조금에 의해서 실현할 것이 아니라는 견해가 있는데, 원칙적으로는 후자가 타당하다고 하겠다. 그러나 국고보조금에 있어서도 장려적 목적의 달성을 위해서 보조율에 차등을 설정하는 것이 필요한 때가 있다고 하겠다.

(마) 특별회계보조금

광역·지역특별회계국고보조금제도는 2005년도에 국가균형발전법제정과 함께 국고보조금을 균형발전 특별회계로 운영하게 되었다.[29)]

동 특별회계가 2009년에 '광역·지역특별회계'로 변경되어 지역개발계정, 광역발전계정, 제주특별자치도계정으로 구분 운용되어오다가 2018년 국가균형발전특별회계의 설치로 하여 지역자율계정, 지역지원계정, 제주특별자치도계정, 세종특별자치시계정으로 구분된다(국가균형발전특별법 제30조, 제34조~제35조의3).

지역자율계정은 주세의 40%, 수도권과밀부담금 등의 재원으로 지방의 지역개발사업(지역사회기반시설확충, 지역의 문화·예술·체육 및 관광자원의 개발·확충, 지역의 물류·유통기반확충 등)을 대상으로 한다.

지역지원계정은 주세의 60%, 개발제한구역보전부담금 등의 재원으로 초광역경제권활성화 및 지역경쟁력 강화를 위한 사업(교통·물류망확충, 지역선도산업·지역전략산업의 육성, 고용창출산업육성, 지역인적자원개발사업 등)을 대상으로 한다. 이 계정은 중앙부처가 예산을 편성한다.

---

29) 2005년에 국고보조금 제도를 크게 개편하였다. 2004년 당시 전체 국고보조사업 533개를 지방이양 164개, 일반국고보조사업유지 233개, 국가균형발전특별회계 운영 126개 사업으로 구분하였다(이달곤 외, 지방자치론(서울 : 박영사, 2012), p. 297).

제주특별자치도계정은 일반회계나 다른 특별회계의 전입금 등을 재원으로 지역 발전, 자치경찰 등과 관련된 사업을 대상으로 한다.

세종특별자치시계정은 일반회계나 다른 특별회계의 전입금 등을 재원으로 지역 발전과 관련된 사업을 대상으로 한다.

2 국고보조금의 효용과 폐해

(1) 국고보조금의 효용

지방자치의 기본취지에서 본다면 지방자치단체의 사무는 지방자치단체 스스로의 책임으로 고유의 재원에 의해서 수행되어야 하고, 비용용도가 특정되고 엄격한 통제가 뒤따르는 국고보조금은 가능한 한 배제되어야 한다.

그러나 국고보조금이 오늘까지 지방자치 본래의 취지와 충돌됨에도 불구하고 계속 교부되어 지방재정 가운데 뿌리를 깊이 박고 성장하여 왔고, 특히 근래에 와서 지방재정에 있어서의 지위를 더욱 높여가고 있는 데에는 다음과 같은 불가피한 사유 내지 효용성이 있기 때문이다.[30)]

(가) 통일적 행정수준의 확보

국고보조금의 가장 큰 효용성으로는 지방자치단체가 수행하는 행정의 규모나 수준을 국가적 차원에서 통일하는 데 크게 기여한다는 점을 들 수 있다. 이러한 자치행정수준의 전국적 통일성의 확보는 지방교부세를 통하여 실현될 수도 있다. 그러나 지방교부세는 지방자치단체에 대한 일반재원 보전의 기능을 수행하는 것이기 때문에, 하나하나의 행정에 대한 구체적인 규모나 수준을 확보하고 향상시키는 기능을 수행하는 국고보조금에 비길 바가 못 된다.

(나) 사회자본 등의 계획적 정비

국고보조금은 지방채와 더불어 지방의 공원・운동장・수도 등 공공시설과 도로・교량 등 사회자본의 계획적・적극적인 정비에 중요한 역할을 수행한다. 그 외에 새로운 사업을 적극 추진하는 수단으로서 국고보조금을 활용할 수가 있다.

---

30) 矢野浩一郎, 地方財政調整制度(東京 : 學陽書房, 1985), pp. 162~163 : 최창호, 지방자치제도론(서울 ; 삼영사, 1993), p. 408.

(다) **특수재정수요에의 대응**

국고보조금은 지방자치단체의 제한적이고 비탄력적인 수입구조로써 대처해 나갈 수 없는 시급하고도 규모가 큰 특수재정수요에 재원을 보전해 줌으로써 지방재정을 보호하는 역할을 수행한다.

(라) **행정서비스의 구역외 확산에 대한 보전**

국고보조금은 오늘날과 같이 한 자치단체의 행정서비스 효과가 그 자치단체의 영역을 넘어 인근 자치단체에까지 미치는 경향이 농후한 상황 아래서 그 서비스를 제공한 자치단체의 재원을 보전해 주어 형평을 유지하는 데에도 중요한 역할을 수행한다.

(2) 국고보조금의 폐해

국고보조금의 폐해로는 다음과 같은 것을 들 수 있다.[31]

(가) **지방 행·재정의 자주성 저해**

국고보조금의 폐해 가운데 가장 큰 것으로는 그것이 지방자치단체의 행·재정의 자주성을 저해한다는 점을 들 수 있다. 즉, 보조금의 교부조건에 의한 일방적이고도 획일적인 지시 내지 간섭에 의하여 지방 행·재정운용의 자율성을 저해하고 지방의 창의성을 억제하는 경향이 농후하다.

국고보조금에 있어서 지방자치단체 자신의 자세에도 문제가 있는데, 당연히 스스로 해결해야 할 것임에도 보조금을 요구하거나, 긴급한 상황임에도 보조금을 기다려 뒤로 미루거나, 또한 보조금이 있으면 반드시 긴요한 사항이 아닌 것도 무비판적으로 처리하는 등이 그 예라고 할 수 있다.

(나) **보조금의 영세화**

국고보조금 폐해의 또 하나는 규모의 영세화이다. 즉, 국고보조금을 교부하는 중앙정부 각 부처의 재정자금 증가가 용이하지 않은데, 기존 보조대상 사업에 보조금을 교부하지 않을 수 없어 신규 사업에 대해서 기존 보조대상사업 보조금의 일부를 할애해서 보조하는 경우가 있기 때문에 보조금의 종류는 증가하면서 건당 보조액은 영세화한다.

---

31) 矢野浩一郎, 위의 책, pp. 163~165.

(다) 교부절차의 복잡성

국고보조금 교부절차의 번잡성이다. 즉, 보조신청, 교부결정, 정산보고, 실지조사, 회계검사 등 보조금 관계절차가 복잡하기 때문에 재정자금의 효율적 이용이 저해됨은 물론, 중앙과 지방의 양측에 부대경비의 증가와 직원의 증원을 초래하게 된다. 이러한 교부절차의 번잡성은 전술한 보조금영세화의 상황 속에서는 교부액에 비하여 오히려 부대경비와 노력이 더 큰 결과를 가져오기 때문에 폐해가 더욱 크다.

(라) 지방비부담의 과중

국고보조금에 따른 지방자치단체의 재정적 부담이 과중하다.[32] 본래 국고보조금에 있어서는 법령 또는 조례가 정하는 경우와 국가시책상 부득이한 경우 외에는 지방자치단체에게 재정적 부담(지방비부담)을 과할 수 없게 되어 있으나(지방재정법 제23조 제3항), 실제에 있어서 국고보조금에 따른 지방비부담은 과중한 상황이다. 그러한 지방비부담이 지방자치단체의 다른 숙원사업의 재원까지 흡수할 때에는 지방재정을 크게 압박하게 된다.

32) 연도별 국고보조금 및 국고보조사업의 규모(순계예산)

[연도별 국비사업 현황]

(단위 : 억원, %)

구분	2016	구성비	2017	구성비	2018	구성비	2019	구성비	2020	구성비
국비사업	671,376 (692,986)	100 (100)	652,044 (665,437)	100 (100)	706,631 (720,236)	100 (100)	800,992 (815,960)	100 (100)	867,050 (883,660)	100 (100)
·국고보조금 등*	428,646 (428,646)	63.8 (61.9)	434,869 (434,869)	66.7 (65.4)	472,042 (472,042)	66.8 (65.5)	535,994 (535,994)	66.9 (65.7)	571,492 (581,492)	67.1 (65.8)
·지방비부담	242,729 (264,340)	36.2 (38.1)	217,175 (230,568)	33.3 (34.6)	234,589 (248,194)	33.2 (34.5)	264,998 (279,966)	33.1 (34.3)	285,558 (302,168)	32.9 (34.2)

※ 지방자치단체에서 당초예산에 편성한 금액, ( )는 세부사업 단위에서 국고보조사업을 판단

* 국고보조금, 균등보조금, 기금보조금, 특별교부세, 소방안전교부세 포함

제3절 지방공기업

I 지방공기업의 의의와 범위

1 지방공기업의 의의

(1) 지방공기업의 의미

지방자치단체는 일반행정활동 외에 기업을 경영하는 공기업활동도 수행한다(지방자치법 제163조, 지방공기업법 제1조).

지방공기업은 지방자치단체가 지역주민의 복리증진을 목적으로 직접 설치·경영하거나 법인을 설립하여 경영하는 기업을 말한다.[33] 원래 기업활동은 민간의 활동이지만, 민간자본의 부족, 필수재의 공급, 공익사업의 수행, 종합적 경영 등의 사정으로 인하여 정부가 이를 수행하게 된 것이며, 오늘날 범위가 확대되고 있다.

공기업과 유사한 개념으로서 경영수익사업이라는 것이 있다. 경영수익사업은 지방자치단체가 그 재원의 확보를 위하여 경영하는 순민간경제적인 사업으로서 직접적으로 주민복지의 증진과 관련 없는 것이며, 법적 근거도 지방공기업법이나 지방자치법에 있지 않고 상법이나 민법에 있다. 경영수익사업은 넓은 의미의 지방공기업의 개념에는 포함될 수 있을지라도, 일반적으로는 그와 별개의 사업이라고 하겠다.[34] 세외수입으로서의 사업장수입이 대체로 이에 해당한다.

공기업과 유사한 또 하나의 개념으로서 공공시설(또는 영조물)이라는 것이 있다

---

33) 지방공기업의 개념은, 넓게는 지방자치단체가 경영하는 모든 사업으로 보는 경우로부터, 중간개념으로서 지방자치단체가 주민의 복리증진을 목적으로 경영하는 사업으로 보는 경우(이에는 지방자치단체의 민간경제적인 순재정수입 목적의 이른바 경영수익사업은 제외됨), 좁게는 지방자치단체가 주민복리증진 목적으로 경영하는 사업 가운데 기업성을 가지는 것으로 보는 경우(이에는 주민복리증진 목적으로 하는 사업 가운데 박물관, 도서관 사업과 같이 수익성을 가지지 않는 것, 도로, 개방공원 사업과 같이 전혀 무상으로 일반주민에게 서비스를 제공하는 것은 제외됨)에 이르기 까지 다양하다.
이론적으로는 가장 좁은 의미의 지방공기업 개념이 타당하나, 실정법상의 지방공기업의 범위의 규정은 입법정책상의 문제로서, 우리나라에서는 중간개념까지 확대시키고 있는 것으로 보인다(지방공기업 제2조, 동법시행령 제2조 참조).

34) 지방자치단체의 경영수익사업은 전술한 세외수입에서 설명되었다.

(지방자치법 제161조). 공기업과 공공시설에 관하여 둘은 다른 것이라고 보는 견해와, 둘은 결국 같은 것이라는 견해가 대립되어 있다. 그러나 둘은 다른 점과 같은 점을 동시에 가지고 있으므로, 다른 것으로 보아야 할 경우와, 같은 것으로 보아야 할 경우가 있다 하겠다.[35] 공기업과 공공시설의 구분은 이론적으로는 가능하나, 실제에 있어서는 구분이 곤란한 경우가 많다. 예컨대 공원을 시설로 볼 수도 있고 기업으로 볼 수도 있는데, 이를 시설로 볼 때에는 그 입장료는 사용료(지방자치법 제153조)가 되고, 기업으로 볼 때에는 그것이 요금(지방공기업법 제22조)이 된다.[36]

(2) 지방공기업의 특성

지방공기업은 지방자치단체에 의하여 경영된다는 점에서 자치성을 가지고, 주민의 복리증진을 목적으로 경영된다는 점에서 공공성을 가지며, 기업이라는 점에서 영리성을 내용으로 하는 기업성을 가진다.

첫째로, 지방공기업의 경영주체는 지방자치단체이다. 지방공기업의 원활한 경영을 위하여 독립법인체(공사·공단)를 설립·운영하는 경우도 있으나, 그 경우에도 최종적인 경영주체는 지방자치단체인 것이다. 지방공기업이 지방자치단체에 의하여 경영되는 것이라는 점에서 국가에 의하여 경영되는 국영공기업과 다르다.[37]

둘째로, 지방공기업의 목적은 지역주민의 복리증진이다. 이 때문에 지방공기업은 공공성을 가진다. 지방공기업이 공공성을 가지기 때문에 자주성 외에 국가 또는 지방자치단체로부터 각종의 공공적 통제(democratic or public control)를 받는다. 지방공기업은 공공성을 가지는 점에서 민간기업과 다르다.

셋째로, 지방공기업의 사업성질은 기업이다. 이 때문에 지방공기업은 영리성 또

35) 공기업은 국가 또는 지방자치단체에 의하여 공익목적을 위하여 경영되는 기업인 데 비하여, 공공시설은 국가 또는 지방자치단체에 의하여 공익목적을 위하여 공용되고 있는 인적·물적 종합시설을 말하는 것으로, 전자는 공공성(공익성)과 동시에 영리성(수익성)을 고려하는 데 비하여, 후자는 오로지 공익성만을 고려할 뿐 수익성을 고려하지 않는 점(예 : 박물관, 도서관, 도로 등), 전자는 그것을 통하여 일정한 서비스를 제공하는 경영활동인 데 비하여 후자는 그 자체를 공공의 이용에 제공하는 인적·물적 종합시설이라는 점 등 이론적으로는 차이가 있다. 그러나 전자는 경영이라는 동적인 활동에 관점을 둔 것이고, 후자는 시설이라는 정적인 상태에 관점을 둔 것일 뿐, 실제에 있어서는 결국 양자는 같은 것이라고 보아야 할 경우가 있다.

36) 우리나라 지방공기업법에서는 공공시설 가운데 일정한 기준에 도달한 시설을 공기업에 포함시키고 있다(동법 제2조).

37) 지방공기업이 국가공기업과 구별되는 점으로는 ① 국가공기업은 철도·체신 등을 제외하고 대부분이 주식회사나 공사의 형태를 취하고 있으나 지방공기업은 대부분 사업소(지방직영기업)형태를 띠고 있다 ② 사업활동 범위의 넓고, 좁음 ③ 조직·인사상 독립성의 넓고 좁음 ④ 예산회계상 독립성의 높고·낮음 등을 들수 있다. ;손희준, 지방재정론(서울:대영문화사, 2012), p. 294.

는 경제성을 내용으로 하는 기업성을 가진다. 지방공기업이 일반행정과 구분되는 것은 바로 이러한 기업성에 있다. 일반행정에 있어서는 공공서비스의 제공이 일반 주민에게 미치며 따라서 서비스의 제공에 필요한 경비의 조달은 권력적인 조세징수에 의하는 데 비하여, 지방공기업의 서비스는 특정 주민에게만 제공되며 따라서 그 필요경비의 조달은 서비스 수혜자로부터 받은 대가로서의 요금수입에 의한다.

2 지방공기업의 범위

지방자치단체가 지방공기업으로 수행할 수 있는 사업의 범위가 어디까지냐에 관하여는 견해가 많다. 지방공기업으로서는 수도, 병원, 교통 등 이른바 공익사업[38] 만이 적합한 사업이라고 보는 견해가 있다. 그러나 지방공기업 사업의 범위를 이처럼 엄격하게 국한할 필요가 없다. 즉, 지역의 실정에 따라서 주민의 복리증진에 기여하는 사업이면 어떤 사업이든 지방공기업의 사업이 될 수 있는 것이다. 일반적으로는 민간에서 경영되는 것이 마땅한 사업일지라도 현실적으로 민간의 경영을 기대할 수 없거나 또한 민간의 경영으로써는 효율적인 서비스의 제공이 곤란한 경우에는 지방자치단체가 적극적으로 공기업을 경영하는 것이 바람직하다 하겠다.

오늘날 지방공기업의 범위는 확대되어가는 경향에 있다. 즉, 주민의 서비스수요가 다양해지고 있고, 경영환경이 악화되고 있으며 막대한 선행투자를 필요로 하기 때문에 영리성만을 추구하는 민간기업에 공공적인 서비스의 제공을 기대하기 어려우므로 지방자치단체가 직접 공기업을 경영하는 상황이 가중되고 있다.

우리나라 지방공기업법에서는 지방공기업을 법률로 정하는 10개의 법정 공기업 사업과, 조례로 정하는 바에 의하여 공기업으로 운영될 수 있는 사업을 규정하여 지방공기업의 범위를 명시하고 있다(지방공기업법 제2조).

지방공기업에 착수할 때에는 주민의 요구, 기업의 기대효과, 경영의 장래 전망, 기업의 위험도, 재정부담 등을 종합적으로 고려해서 하여야 한다.

---

38) 공익사업이란 주민의 일상생활에 필수·불가결한 서비스를 공급하는 사업을 말한다. 수도, 전기, 가스, 우편, 전신·전화, 철도, 도시교통 등의 사업이 그 예이다. 이러한 사업들은 공영될 수도 있고, 민영될 수도 있다. 다만 이러한 사업들은 공익성, 독점성이 강하고, 따라서 그에 대한 공공규칙의 필요성이 강하기 때문에 주민의 복지향상을 위하여 공영되기에 적절하다고 할 수 있다.

(1) 법정 지방공기업사업

지방공기업법 제2조 제1항 및 동법시행령 제2조가 규정하고 있는 지방공기업의 범위는 다음과 같다.

1. 수도사업(간이상수도사업 제외) : 1일 생산능력 1만톤 이상의 사업
2. 공업용 수도사업 : 1일 생산능력 1만톤 이상의 사업
3. 궤도사업(지하철도사업 포함) : 보유차량 50량 이상의 사업
4. 자동차운송사업 : 보유차량 30대 이상의 사업
5. 지방도로사업 : 도로관리연장 50㎞, 유료터널・교량 3개소 이상의 사업
6. 하수도사업 : 1일 처리능력 1만톤 이상의 사업
7. 주택사업 : 주택관리 연면적 또는 주택건설 면적 10만㎡ 이상의 사업
8. 토지개발사업 : 조성면적 10만㎡ 이상의 사업
9. 주택(대통령령으로 정하는 공공복리시설을 포함한다)・토지 또는 공용・공공용건축물의 관리 등의 수탁
10. 「도시 및 주거환경정비법」 제2조 제2호에 따른 공공재개발사업 및 공공재건축사업

지방공기업의 법정 사업으로서 과거에는 가스사업, 청소・위생사업, 매장・묘지등 사업, 주차장사업, 시장사업, 관광사업, 의료사업을 포함하고 있었는데, 1999년과 2005년의 지방공기업법의 개정에서 이를 제외하였다. 이는 지방공기업의 법정 사업범위가 너무 넓어 준수되지 않는 경우가 있고 또한 소규모사업을 지방공기업으로 하는 등 문제가 있어 이를 개선한 것이다.[39)]

---

39) 우리나라 지방공기업의 역사를 다음과 같이 4기로 구분하여 설명할 수 있다(김동기, 한국지방재정학, 2008).

① 지방공기업법 제정(1969) 이전은 '산발경영기'로, 도립병원과 상수도사업이 市마다 설립되어 산발적으로 운영되었다(도립병원은 1876년에 부산-청주・진주-춘천 순으로, 상수도사업은 1902년에 부산-서울-인천 순으로 설립).

② 지방공기업법 제정 후 1970~1980년대는 '직접경영기'로, 지방상수도사업, 지하철건설사업 등이 도입되었다.

③ 지방공사・공단에 관한 규정을 신설한 1981~1991년은 '간접경영기'로, 종전의 직영체제(ㅇㅇ본부 등)에서 간접경영체제(ㅇㅇ공사, ㅇㅇ관리공단 등)로 전환되고, 기업수가 크게 증가되었다.

④ 그 동안 민간영역이라고 하였던 영역을 민・관공동출자법인형태(제3섹터)를 제도화한 1992년이후를 '직・간접 합동경영기'로 본다.

(2) 조례로 정할 수 있는 지방공기업 사업

조례로 정할 수 있는 지방공기업의 사업은 경상경비의 5할 이상을 경상수입으로 충당할 수 있는 사업으로서, 다음과 같은 사업이다.

① 민간인의 경영참여가 어려운 사업으로 주민복리증진, 지역경제활성화 및 지역개발촉진에 기여할 수 있는 사업.

② 전술한 법정 지방공기업 사업 중 법정 기준에 미달하는 사업.

③ 체육시설업 및 관광사업(여행업 및 카지노업 제외).

Ⅱ 지방공기업의 경영형태

지방공기업의 경영형태로는 여러 가지를 생각할 수 있으나, 이를 크게 나누어 직접경영 방식과 간접경영 방식, 그리고 제3섹터 방식과 위탁경영 방식을 들 수 있다. 지방공기업의 개념을 가장 넓은 의미로 볼 때에는 위탁경영 방식이나 제3섹터 방식도 지방공기업에 포함시킬 수 있으나 일반적으로는 위탁경영 방식이나 제3섹터 방식은 제외된다. 그리고 지방공기업의 개념을 좁은 의미로 볼 때에는 간접경영 방식도 제외된다.[40)]

1 직접경영(정부기업) 방식

이는 지방자치단체가 지방공기업을 직접 그 직원과 조직을 통하여 경영하는 방식을 말한다. 협의의 지방공기업은 이러한 방식의 기업을 의미한다.

이러한 지방공기업에 대해서는 대체로 일반행정기관에 적용되는 법령이 그대로 적용된다. 예산은 특별회계로 설치하고 기업회계기준을 적용한다는 점에서 지방공

40) 지방공기업현황(2021.6.30.기준)

구분 / 계	직영(254)				간접(156)			
	상수도	하수도	공영개발	자동차운송	도시개발	도시철도	지방공단	기타공사
410	122	104	27	1	16	6	89	45

자료: 행정안전부, 지방공기업 설립현황

기업으로 분류되나 그 성립절차는 일반회계와 같다. 그러나 직원은 공무원이며, 조직은 일반행정기관의 국·과 또는 사업소 형태를 취하며 독립된 법인격을 갖지 않는다.

직접경영방식 지방공기업의 경영주체는 각 지방자치단체 및 자치단체조합이다(지방공기업법 제44조). 종래에는 지방공기업의 사업내용이 주로 주민의 일상생활과 밀접한 관련이 있어서 기초자치단체가 경영하는 지방공기업이 대부분이었으나, 점차 광역적 지방공기업의 수요가 늘고 있기 때문에 광역자치단체가 경영하는 공기업이 늘어나고 있는 추세이다.

직접경영 방식은 수익성보다 공익성이 강한 사업 또는 일반행정과 밀접한 관련이 있는 사업의 경영에 적합하다는 장점을 가지는 반면에, 자주성의 상실로 창의성을 기할 수 없고 운영이 관료주의화되어 탄력성을 기할 수 없다는 등의 단점을 가지고 있다. 우리나라는 상·하수도사업, 공영개발사업(예: 도시개발, 문화관광단지, 테크노벨리 등), 주택사업, 지역개발기금사업 등이 있다.

2 간접경영(법인체기업) 방식

이는 지방자치단체가 별개의 법인을 설립하여 그 법인을 통하여 지방공기업을 경영하는 방식을 말한다. 별개의 법인으로는 지방공사(지방공기업법 제3장) 및 지방공단(동법 제4장)을 들 수 있다. 법인의 설립근거로는 지방공기업법, 특별법(예 : 지하철도 건설촉진법 등), 기타 민법·상법을 들 수 있다.

지방공사(地方公社)는 그 자본금을 원칙적으로 설립단체(지방자치단체)가 전액 출자(현금 또는 현물)하는 것이지만, 필요한 경우에는 그 자본금을 주식으로 분할하여 자본금의 2분의 1을 초과하지 아니하는 범위 안에서 지방자치단체 이외의 자(외국인 및 외국법인을 포함)로 하여금 출자하게 하여 이익배당을 할 수 있는 법인(일종의 회사)이다(동법 제53조).[41] 지방자치단체가 공사를 설립하는 경우 주민복리 및 지역경제에 미치는 효과, 사업성 등 지방공기업으로서의 타당성을 미리 검토하고 그 결과를 공개하도록 규정하고 있다(동법 제49조 제3항).

지방공단(地方公團)은 원칙적으로 지방자치단체로부터 위탁받은 특정기능·사무

---

41) 따라서 지방공사는 국영기업에 있어서 자본금의 주식분할이 허용되지 아니하는 이른바 '공사'와는 그 성격이 다르다고 하여야 할 것이다.

를 처리하므로 지방자치단체가 100% 전액 출자하는 것을 원칙으로 한다. 따라서, 자본금의 주식배분이 허용되지 않는 법인이다(동법 제76조).

그 외에 손익금처리 등에 있어서 지방공사와 지방공단 사이에 차이가 있으나(손익금처리: 동법 제67조, 사채발생 및 외국차관: 제68조, 여유금의 운용: 제69조), 둘 사이의 본질적인 차이에 관해서는 법령에 구체적인 규정이 없어 이를 확실히 알 수가 없다.[42] 다만 지방공단을 지방자치단체의 특수하고 전문적인 행정서비스 사무의 일부를 위탁받아 처리하는 행정대집행 방식의 법인이라고 보는 견해가 있다.[43]

간접경영 방식은 민간자본의 도입, 창의성과 탄력성 있는 경영 등의 장점을 가지는 반면에, 공공적 통제의 미약으로 인한 사업의 공공성 보장의 곤란 등의 단점을 가지고 있다. 우리나라에는 의료, 지하철, 도시개발, 시설관리, 시장, 유통, 스포츠공원 등의 사업이 있다.

지방공사와 지방공단의 운영상 차이점을 〈표 10-6〉과 같이 정리해 볼 수 있다.

〈표 10-6〉 지방공사와 지방공단 운영상의 차이점

구분	지방공사	지방공단
성격	일종의 회사	일종의 공공업무 대행기관
성립	지방자치단체 단독 또는 민관합작	지방자치단체 단독(합작불가)
업무관계	독립사업 경영(융통성)	특정사무의 위・수탁(한정성)
경영비용	판매수입	수탁금 또는 수수료 수입
자본조달	사채발행, 증자(민간출자 가능)	공단채 발행, 증자(민간출자 불가)
경영자	사장, 부사장, 이사	이사장, 부이사장, 이사
자본처리	해산시 출자자에 귀속	해산시 설립단체에 귀속

3 제3섹터(민관공동출자) 방식

제3섹터 방식은 지방자치단체(제1섹터)와 민간(제2섹터)이 공동으로 자금을 출자하여 경영하는 기업 형태를 말한다.

42) 대체로 보아 지방공사는 사단법인이고, 지방공단은 기금・시설 등을 관리하는 재단법인이라고도 할 수 있겠으나, 그것이 전적으로 타당한지는 의문이다.

43) 이상희, 지방재정론(서울 : 계명사, 1992), pp. 696~697.

제3섹터(the third sector)라는 말이 나타난 것은 1970년대 초부터 미국과 일본에서였다. 그러나 그 의미하는 내용은 두 나라에서 다소 차이가 있다.[44] 또한 같은 나라 안에서도 그 사용하는 경우에 따라 한결같지 않다.

우리나라에서 이 제도가 처음 채택된 것은 1992년에 현행의 지방공기업법에 제77조의3(당시는 제79조의2)이 신설되면서부터이다. 이 조항에서 "지방자치단체는 자본금 또는 재산의 2분의 1 미만을 출자 또는 출연하여 지방자치단체 외의 자와 공동으로 상법에 의한 주식회사 또는 민법에 의한 재단법인을 설립, 운영할 수 있다"고 규정하였는데, 이것이 바로 이른바 제3섹터를 의미했다.

이러한 지방공기업법의 규정에 따라 제3섹터의 정의를 내려본다면, 제3섹터란 '지방자치단체와 민간이 공동으로 자금을 출자하여 경영하는 기업체로서, 지방자치단체가 자본금의 50% 미만을 출자 또는 출연한 상법상의 주식회사(출자법인) 또는 민법상의 재단법인(출연법안)'을 말한다고 할 수 있다.

이러한 지방공기업법의 제3섹터 규정을 2002년의 개정법에서 더욱 발전시켜 제4장의 2 '지방공사 지방공단 외의 출자법인'(제77조의3~제77조의7)을 신설하여 그 법인의 설립, 지도·감독, 사채발행 및 상환보증, 해산 등을 상세히 규정하였다.

이러한 제3섹터 설립의 배경은 공공부문의 자금부족, 민관협조영역의 확대, 공공영역의 기업화 경향 등에 있었다. 제3섹터는 공공부문과 민간부문 양쪽 모두 이를 필요로 함으로써 오늘날 더욱 촉진되었다. 즉, 공공부문에서는 재정난의 타개, 지역 민간사업 활성화, 민간경영 효율성의 활용 등을 기대할 수 있고, 민간부문에서는 투자안전의 보장, 보조·융자의 유리, 사업추진의 용이, 부대사업상의 이득 등을 기대할 수 있다.

우리나라에서는 1962년에 제3섹터가 설립되었으나 운영부실로 부진하다가, 1991년에 지방자치제가 부활된 후에 지방자치단체들이 지역개발의 효율적 추진과 부족한 재원의 확충을 위하여 이 방식을 활용하는 경향이 늘어났다.

이러한 제3섹터는 그 본질상 지방공기업과는 차이가 있음(설립목적, 운영방식 등)에도 불구하고 지방공기업법 체계에서 동일하게 규율하고 있었다. 즉, 지방자치단체 출자·출연기관은 지방공기업법을 적용받는 기관과 동법의 적용을 받지 않고 민법, 공익법인의 설립·운영에 관한 법률, 상법과 개별법률에 근거를 두거나 해당 지방자치단체의 조례로 정하여진 것 등으로, 다양하게 운영되어 오고 있었다.

44) 제3섹터를 미국과 영국에서는 비교적 공공부문에 가까운 것(자선봉사단체 등 주로 공익적 활동을 하는 단체)을 가리키는 데 비하여, 일본에서는 반대로 비교적 민간부문에 가까운 것(주로 민관공동출자사업체)을 가리킨다고 할 수 있다.

이러한 지방자치단체의 다양한 출자·출연기관의 운영과정에서 방만경영, 채용비리, 관리부실 등 문제가 속출하므로, 2014년에 지방자치단체 출자·출연기관들에 일관적·체계적으로 적용할 '지방자치단체 출자·출연기관의 운영에 관한 법률'을 제정하고, 지방공기업법상 제3섹터의 설립·운영의 근거규정이었던 그 제77조의3부터 제77조의7까지의 조문들(제4장의 2 지방공사 지방공단외의 출자법인)을 모두 삭제하였다. 따라서 제3섹터(지방공사·공단 이외의 민관공동출자)방식의 사업은 지방공기업에서 제외되었다.

2022년 현재 우리나라 지방공기업 및 지방자치단체 출자·출연기관을 분류한다면 〈표 10-7〉과 같다.

〈표 10-7〉 지방공기업 및 출자출연 기관의 분류

<table>
<tr><th>경영형태</th><th colspan="2">지방공기업유형</th><th>출자비율</th><th>설립근거</th><th>사례(예시)</th></tr>
<tr><td>직접경영</td><td colspan="2">지방직영기업
(251)</td><td>100%</td><td>지방공기업법,
지방자치법,
지방재정법</td><td>상수도·하수도·공영개발·
주택, 지역개발기금사업 등</td></tr>
<tr><td rowspan="5">간접경영</td><td colspan="2">지방공단(78)</td><td>100%</td><td rowspan="3">지방공기업법
(공사의 경우 상법일부 준용)</td><td>시설관리공단, 환경공단, 경륜공단 등</td></tr>
<tr><td rowspan="2">지방공사
(70)</td><td>전액출자</td><td>100%</td><td>서울메트로, 교통공사(부산·인천) 등</td></tr>
<tr><td>민관공동
출자</td><td>50% 이상</td><td>평택항만공사, 태백관광개발공사 등</td></tr>
<tr><td rowspan="2">지방공사·
공단외 출자
출연법인</td><td>출자기관
(95)</td><td rowspan="2">민간공동출자
(자치단체
10~50% 미만)</td><td rowspan="2">(지방공기업법)

지방자치단체출
자출연기관의 설립과
운영등에 관한 법률</td><td rowspan="2">서울관광마케팅(주), ㈜벡스코,
청주테크노폴리스</td></tr>
<tr><td>출연기관
(710)</td></tr>
</table>

자료 : 행정안전부 지방공기업 설립기준(2021); 행정안전부 지방 출자·출연 설립기준(2021); 행정안전부 지방공기업현황(2022.3.31.);지방자치단체 출자·출연 기관현황(2021.6.30.)

※ 2014년부터는 지방공사·공단외 출자·출연 법인에 대하여 지방공기업법이 아닌 '지방자치단체 출자·출연기관의 설립과 운영에 관한 법률을 적용토록 되었다

4 경영위탁(민간위탁) 방식

이는 공기업의 시설은 지방자치단체의 소유로 하되 그 관리는 민간기업에 위탁하여 경영하는 방식을 말한다(지방자치법 제117조 제4항). 이러한 경영위탁 방식은 일반적으로 경영에 있어서 전문적인 지식을 요하거나 숙련된 기술을 요하는 사업에 적합하다고 할 것이다.

경영위탁 방식에 있어서도 위탁기업의 효율적인 경영을 위하여 위탁자인 지방자치단체는 수탁자인 민간기업의 경영에 대하여 일정한 지휘·감독을 행한다(행정권한의 위임 및 위탁에 관한 규정 제14조).

Ⅲ 지방공기업의 경영관리와 보호·감독

1 지방공기업의 경영관리

지방공기업은 일반행정의 경우와는 다른 다음과 같은 경영의 원리와 기준을 가지고 있다.

(1) 경영관리의 기본원칙

지방공기업은 기업의 경제성(영리성)과 공공복리(공공성)를 증대하도록 운영되어야 한다(지방공기업법 제3조 제1항). 영리성의 증대와 공공성의 증대는 서로 모순되는 것이 아니라, 지방공기업이 효율적인 경영으로 이용자인 주민에게 최소의 경비로써 최대의 서비스를 제공하면 그것이 궁극적으로는 주민의 복리 증진에 기여할 수 있게 된다. 지방공기업을 경영함에 있어서 민간경제를 위축시키거나 공정하고 자유로운 경제질서를 저해하거나 훼손하여서는 안 된다.

(2) 기업예산회계제

공기업 예산·회계에는 일반행정의 경우와는 달리 민간기업의 경우에 가까운 다

음과 같은 특별한 예산회계 방식이 적용된다.[45)]

첫째로, 예산체계가 사업예산과 자본예산으로 구성된다(지방공기업법 제25조). 사업예산은 그 사업연도의 수익과 비용에 관한 수익적(收益的) 수입과 지출에 관한 예정계획을 말하고, 자본예산은 그 사업연도의 자산·부채·자본의 신규 증감액에 관한 자본적 수입과 지출에 관한 예정계획을 말한다.

둘째로, 예산집행에 있어서 탄력적 운영이 허용된다(동법 제29조, 제30조). 즉, 주민복리의 증진을 위하여 수요의 변동에 기동성 있게 대응할 수 있도록 예산 전용 및 예산 이월, 예비비, 경비지출의 특례 등의 폭이 넓게 인정되고 있다.

셋째로, 발생주의회계 방식을 채택한다(동법 제16조). 즉, 지방공기업은 그 사업연도의 사업성과 및 재정상태를 정확하게 평가하기 위하여 현금수지의 유무에 관계없이 경제활동의 발생(채권·채무의 발생)이라는 사실에 따라서 회계처리한다. 이를 위하여 대차대조표 계정(자산·자본·부채계정)과 손익계산 계정(수익·비용계정)을 설정하여 계리한다.

넷째로, 원가계산주의를 채택한다(동법 제21조, 제23조). 즉, 지방공기업은 사업능률과 경영관리 및 요금결정의 기초를 마련하기 위하여 기능별·급부별 원가계산을 하여야 한다.

(3) 독립채산제

간접경영의 경우는 물론, 직접경영의 경우에 있어서도 기업에는 독립채산제가 적용된다. 독립채산이란 그 기업의 경비는 기업의 수입으로 충당하는 것을 말한다(동법 제14조). 이러한 독립채산은 수지균형성, 자본의 자기조달성, 이익금의 자기처분성을 내용으로 한다. 지방공기업에 이와 같은 독립채산제를 적용하는 이유는 공기업재정을 일반재정으로부터 독립시켜 결국 두 재정의 건전화를 도모하려는 데 있다.

그런데 지방공기업의 독립채산제라고 해서 지방공기업의 모든 경비를 그 기업의 수입(즉, 이용자의 부담)으로 충당하는 것은 아니라는 점에 유의하여야 한다. 즉, 기업의 경비 가운데는 경비의 성질상 또는 지방직영기업의 성질상, 이용자의 부담으로 해서는 안 되는 것, 따라서 독립채산제를 적용해서는 안 되는 것이 있는데, 이러한 경비에 대하여는 독립채산제의 적용 외로 하여, 지방자치단체의 일반회계 또

45) 직접경영의 경우는 지방공기업의 사업성과 및 재정상태를 명확히 하기 위하여 사업마다 특별회계가 설치된다(지방공기업법 제13조).

는 다른 특별회계의 재원으로 부담하여야 한다(지방공기업법 제14조 제1항 단서). 또한 출자(동법 제17조), 장기대부(동법 제18조) 및 재해복구 등에 대한 재정지원(동법 제14조 제2항) 등이 행해진다.

2 지방공기업의 보호 · 감독

지방공기업의 목적을 달성하기 위하여 기업에는 여러 가지 보호와 동시에 감독이 행해진다.

(1) 지방공기업의 보호

지방공기업에는 제도상 또는 사실상의 독점권이 부여되는 경우가 많으며, 요금의 징수권이 부여되고(동법 제22조 제1항), 독립채산제가 적용되며(동법 제14조 제1항), 국고 또는 지방재정상의 지원(동법 제14조 제2항, 제79조)이 행하여지는 외에 재무회계상 각종의 자율성이 보장된다(동법 제27조~제43조).

(2) 지방공기업에 대한 감독

지방공기업에 대하여 지방자치단체장은 그 임원을 임면하고 업무감독을 행할 뿐만 아니라(동법 제7, 10, 49, 50, 73, 76조), 예산 · 결산상의 통제(제26, 35, 65, 66, 76조), 업무 · 회계 · 재산상의 보고요구 및 경영공시(공표)(제36, 46, 74, 76조), 경영평가 및 지도(제78조) 등을 행할 수 있다. 또한 감독기관(시 · 도지사, 행정안전부장관)도 사업조정과 사채발행한도설정 및 보고요구를 할 수 있고(동법 제47, 68, 74조), 부실 지방공기업에 대하여 경영진단, 임원 해임, 책임자 변상, 처벌 및 조직개편 등 필요한 조치를 할 수 있다(동법 제48, 78의2, 81~83조).

지방공기업은 공익적 성격에도 불구하고 개발사업 확대이후 무리한 사업확장에 따른 경영부실사례가 발생하면서 지방재정위기의 주요 요인으로 지목되고 있다.

지방공기업의 선진화를 위하여 관계법령 개정 및 정책을 추진하고 있다.

첫째로, 지방공기업의 부채관리[46]를 강화하기 위해 ㉠ 일정규모(광역 및 부채규모 3천억원 이상, 부채비율 100분의 200이상, 부채가 자산보다 큰 경우) 이상 지방공기업은 5개년 중장기재무관리계획작성 의무화, ㉡ 공사채발행한도 제한(주택·토지개발사업의 경우는 6배 이내 → 4배 이내로, 기타사업의 경우 4배 이내 → 2배 이내로), ㉢ 500억원(시·군·구는 300억원) 이상 신규사업의 경우 외부전문기관의 사업타당성조사 의무화, ㉣ 지방공사의 이익이 발생한 경우 이익배당에 앞서 감채적립금을 적립토록 의무화, ㉤ 특히, 지방재정에 심각한 부담을 초래하는 지방공기업(부채상환능력이 현저히 낮고, 회생지난, 설립목적 달성 불가능)에 대한 해산 요구권(행정안전부장관이 지방공기업정책위원회의 심의)을 인정하였다(동법 제78조의3, 동법 시행령 제58조의2).

둘째로, 경영의 책임성과 투명성을 높이기 위하여 ㉠ 지방공기업 직원의 공개채용제 원칙(행정안전부장관이 공공인사기준안 작성·통보), ㉡ 지방직영공기업관리자(지방상하수사업의 자산규모 1조원 이상, 부채규모 2천억원 이상)는 매년 해당연도를 포함한 5회계연도 이상의 중장기경영관리계획을 수립·제출토록 의무화, ㉢ 경영평가 등급의 세분화(3단계 : 우수·보통·미흡 → 5단계 : 가·나·다·라·마)조치, ㉣ 공사공단직원의 공금횡령·유용액의 5배 범위에서 징계부과금 부과, ㉤ 부채, 경영수지 등을 고려한 '건전화 대상 지방공기업' 지정·관리운영, ㉥ 지방공기업 '통합공시제'(공기업의 일반현황·조직·인사 등), ㉤ 시·도 지방공기업 및 출자·출연기관 설립시 행정안전부자치부와 사전협의하고 지방자치단체가 신규 출자·출연할 때 지방의회 의결 의무화 등을 추진하고 있다.

46) 지방공기업 부채비율(2020년도)

구분	총계	직영기업					지방공사·공단				
		소계	상수도	하수도	공영개발	자동차운송	소계	도시철도공사지하철	도시개발공사	기타공사	지방공단
비율	34.9	6.8	1.6	11.2	5.7	12.3	94.9	40.7	154.9	41.6	50.9

자료 : 지방공공기관통합공시(https://www.cleaneye.go.kr)

Ⅳ 지방공기업의 요금

1 요금의 성질

지방자치단체는 지방공기업의 급부에 대하여 조례가 정하는 바에 따라 요금을 징수할 수 있다(지방공기업법 제22조 제1항). 지방공기업의 요금은 지방공기업에 의해서 제공되는 재화 또는 서비스에 대한 대가라고 할 수 있다.

이러한 요금이 지방자치단체의 공공시설의 사용에 대한 대가로서의 사용료와 어떻게 다르냐가 문제된다. 이는 지방공기업과 지방자치단체의 공공시설과의 차이의 문제와 직결되는 것인데, 공기업과 공공시설은 전술한 바와 같이 이론적으로는 구분될 수 있는 것이지만, 실제에 있어서는 이를 명확히 구분할 수 없는 경우가 많으므로, 결국 요금과 사용료는 그 구분 한계가 모호한 것이라고 할 수밖에 없다. 다만 실정법상 지방공기업은 일정한 기준에 도달한 특정사업만을 의미하므로(동법 제2조), 그러한 조건에 해당하는 대상사업의 경우에만 요금을 징수할 수 있다.

또한 요금의 법적 성질에 관하여도 논의의 여지가 많다. 요금은 원칙적으로는 사법적인 것이나, 법규에 요금의 징수에 관한 행정상 강제집행방법 또는 행정상 쟁송수단이 규정되어 있을 때에는 공법적인 것으로 해석하는 것이 일반적이다. 지방공기업의 요금의 징수에 관하여 지방공기업법은 지방세징수의 예에 따른다는 일반적인 규정을 하고 있는데(동법 제22조 제5항), 이 규정만으로 보아서는 지방공기업의 요금은 모두 공법적인 것으로 해석되기 쉬우나, 지방공기업 가운데 민간인이 경영하는 공익기업과 하등 다를 바 없는 기업(예 : 시영버스 · 시립병원)의 요금까지도 일률적으로 공법적인 것으로 보아 이에도 행정상 강제집행과 행정상 쟁송이 인정되어야 할는지는 의문이다.

2 요금의 결정기준

지방공기업은 영리성도 추구하여야 하겠지만 공공성도 추구하여야 하며, 그 중에는 완전 시장경쟁적인 것도 있지만 제한경쟁적 내지 독점적인 것이 대부분이므로, 그 요금의 결정기준이 항상 문제된다. 즉, 공기업에 있어서는 기업측에게도 원가를 보상하여 생산을 계속해 나가는 데 만족스럽고, 이용자측에게도 해당 대가를 지불하고 재화 또는 서비스를 제공받는 데 만족스러울, 이른바 '적정한' 요금의 실현이 매우 중요하다.

공기업에 있어서 요금을 결정하는 데에는 여러 가지 원칙이 있는데,[47] ㉠ 제공되는 재화 또는 서비스의 비용을 기초로 결정해야 한다는 서비스비용 원칙(cost-of-service principle), ㉡ 제공되는 재화・서비스의 가치를 기초로 결정해야 한다는 서비스가치의 원칙(value-of-service principle), ㉢ 가상적인 경쟁가격을 기초로 결정해야 한다는 경쟁가격의 원칙(competitive price principle), ㉣ 이용자의 지불능력을 기초로 결정해야 한다는 지불능력의 원칙(ability-to-pay principle), ㉤ 제공되는 재화・서비스의 혜택을 보다 많은 주민들이 받도록 결정해야 한다는 편익확산의 원칙(diffusion-of-benefits principle), ㉥ 사업자산의 적정가치에 일정한 수익률을 곱하여 산출하여 결정해야 한다는 적정수익의 원칙(fair return principle)이 그것이다.

지방공기업 요금의 결정기준에 관하여 우리나라의 지방공기업법 제22조는 "지방공기업의 요금은 적정하여야 하고, 지역간 요금수준의 형평을 도모하여야 하며, 급부의 원가를 보상하면서 기업으로서 계속성을 유지할 수 있도록 결정되어야 한다"고 규정하고 있다. 이러한 지방공기업법의 규정은 지방공기업의 요금결정에 있어서 적정성과 형평성을 기본원칙으로 하고, 이를 위하여 원가주의와 기업유지를 그 결정기준으로 함을 선언한 것이라 할 수 있다.

이러한 원가주의와 기업유지의 선언은 전술한 요금결정에 관한 여러 원칙들 가운데 서비스비용의 원칙과 적정수익의 원칙을 조화해서 채택하고 있음을 보여주고 있다. 지방공기업요금의 결정에 있어 영업비용에 자본비용(자기자본×적정투자보수율+지급이자)을 가산하여 산정하도록 하고 있는 것이다(동법 제22조 제3항, 동법시행령 제18조).

---

47) 공기업 요금의 결정에 있어서 적정수익의 원칙에 의한 요금산정 방식은 다음과 같다.

$$R=E+(V-D)r$$

R : 공기업의 총수익　E : 영업의 총액　V : 당초 기업자산의 적정가치
D : 기업자산의 감가상각액　r : 수익률(공정자본 보수율)

여기에서 V-D는 기업자산의 공정가치(요금기저)이고, 이에 수익률을 곱한 것, 즉 (V-D)r이 곧 적정수익이 된다.

제4절 지방자치재정의 확충방향

Ⅰ 지방자치재정 개선의 기본방향

우리나라의 지방재정은 전술한 바와 같이(제9장 제4절 지방자치 재정력) 일본의 식민통치와 미군정을 거쳐 대한민국수립 후 국민단합과 경제성장 및 국제적 지위향상을 추구하는 과정에서 점점 그 자주성을 잃고 국가로부터의 많은 교부세·보조금 등에 의존하여 왔고, 따라서 국가로부터의 많은 간섭과 통제를 받아왔다.

우리나라 지방재정은 다음과 같은 기본방향 아래서 개선되어야 한다.

① 지방자치단체의 재정력 수준의 향상

② 지방자치단체간 재정력 불균형의 완화

③ 국가와의 관계에 있어서 재정적 자율성의 제고

이상과 같은 방향으로의 지방재정의 확충·발전을 위하여 다음과 같은 여러 방면에서의 개선이 있어야 하겠다.

Ⅱ 원천적 개선

지방(자치)재정력의 확충에 있어서는 부문별 재원확충방안에 앞서서 보다 원천적인 개선책이 강구되어야 한다.

1 반성과 재정립

(1) 행정영역(수비) 범위의 재검토

무엇보다 근본적으로는 지금까지 확대일로로만 걸어온 행정사무의 범위에 대하여 반성하고 이를 재검토해 볼 필요가 있다. 오늘날 복지국가시대에는 행정의 영역이 그 어느 때보다도 넓은 것이 사실이지만, 우리나라에 있어서는 그것이 특히 넓은 실정이다.

일정한 문제가 가족집단에 의하여 해결 가능한 것일 때에는 그 가족집단에 의하여 해결되고, 그것이 가족집단에 의해서 해결될 수 없을 때에는 민간집단에 의하여, 또 그것이 민간집단에 의해서도 해결될 수 없을 때에 정부에 의하여 해결되어야 하는 것인데도, 필요 이상으로 정부에 의해 해결되는 문제가 있다면 이들은 모두 과감히 민간부문으로 이양되어야 하겠다. 그리고 민간이양이 불가하여 정부가 관장하여야 할 사항일지라도 그것이 민간에 위탁하여 처리하는 편이 더 효과적일 때에는 이를 민간위탁으로 운영하여야 하겠다.[48]

(2) 기능배분의 재검토

국가 및 각급 지방자치단체 사이의 기능배분에 관하여 반성하고 이를 재검토할 필요가 있다. 오늘날의 국민경제 시대에는 국가와 지방자치단체의 공동노력에 의하여 처리되어야 할 사무의 양이 점차 증대되고 있어서 사무나 권한의 배분은 매우 복잡하고 어려운 문제가 되고 있다.

우리나라에 있어서는 특히 공공사무가 국가 주도적으로 처리되어 온 결과 형식상으로는 사무가 지방자치단체에 이양되었으나 실제에 있어서 그 사무처리의 권한은 이양되지 않고 사무처리의 책임과 부담만 이양되는 경우가 많았고, 뿐만 아니라 주민의 기대수준 향상으로 지방자치단체는 정도 이상의 과중한 재정부담을 안고 있는 실정이다.[49] 따라서 국가와 지방의 관계에 있어서 형식상의 사무배분뿐만 아니라 실제상의 권한·의무 및 부담의 한계도 명백히 하여야 한다.

(3) 수익자부담 방법의 확대

지방자치단체가 공급하는 서비스를 모두 지방자치단체의 경비로 수행하여야 하느냐에 대하여 재검토해 볼 필요가 있다.

지금까지 우리는 정부가 제공하는 서비스는 그것이 행정적 서비스이든 공기업적 서비스이든 민간서비스에 비해 수익자(이용자 또는 사용자)에게 적은 부담을 줌으로

48) 노융희, "지방행정과 지방재정력", 지방재정, 1983년 7월호(서울 : 대한지방행정공제회), pp. 13~16 ; 坂田期雄(編), 自治體における行政改革(東京 : ぎょうせい, 1982), pp. 90~96.

49) 이상배, "행정사무의 능률적 배분방안", 지방행정, 1976년 6월호(서울 : 대한지방행정공제회), pp. 31~36.

써 정부의 재정적 압박을 가해 온 것이 사실이다. 물론 주민생활에 필수적이고 기초적인 서비스에는 그것이 당연하지만, 선택적이고 응익적인 서비스에는 수익과 부담의 연계가 더 바람직하다.50)

이러한 방법을 수익자부담 또는 사용자부담(user charges)이라하며, 지방자치에 이 방법을 확대함으로써 다음과 같은 효과를 거둘 수 있다.51)

첫째로, 서비스 공급면에서 수혜를 원하는 주민의 실제수요에 응한 종류와 양의 서비스를 공급함으로써 실제 필요한 서비스를 제공하면서도 불필요한 서비스공급을 제거하여 예산낭비를 방지할 수 있다.

둘째로, 서비스 수요면에서 수혜에 따른 부담을 고려한 서비스 이용의 행위를 유발함으로써 불필요한 서비스 수요를 억제할 수 있다.

셋째로, 서비스 수급면에서 서비스 이용과 그에 대한 대가로서의 부담을 직접 연계하여 '수혜 만큼의 부담'을 실현함으로써 정의에 맞는 서비스 공급을 기할 수 있다.

2 지역경제력의 배양

지방재정력에 있어서 근본적인 문제는 지역경제력에 있다. 지방재정력 배양을 추진함에 있어서 중요한 사항으로는 그야말로 여러 가지가 있을 것이나, 그 가운데서도 중요한 것으로는 지역생산기반의 강화, 정부지원의 합리화, 주민・기업가의 자세확립을 들 수 있다.52)

(1) 지역산업기반의 강화

지역경제력을 배양하는 데 있어서는 지역산업기반의 강화가 필수적이다. 이러한 지역산업기반을 강화하는 데 중요한 것으로 다음과 같은 것을 들 수 있다.

---

50) 高寄昇三, 地方自治の財政學(東京 : 勁草書房, 1979), pp. 281~287.

51) 미국에서는 상수도, 가스, 전기 등 서비스공급에 따른 지방정부의 수입이 총 예산수입의 40%에 이르고, 유럽의 영국, 독일, 이탈리아, 노르웨이 스웨덴 등에서도 그것이 30%를 상회하고 있다(김원, "지방재정력의 제고방안", 지방행정 1983년 7월호, pp. 62~64).

52) 김안제, "지방경제활성화와 지방의 역할", 지방재정, 1984년 5월호(서울 : 대한지방행정공제회), pp. 14~18.

첫째로, 지역산업구조를 개편하여야 한다. 즉, 지역산업구조를 지역특화적 산업, 강한 경쟁력을 가진 산업, 고용확대를 가져올 산업, 높은 임금지불이 가능한 산업을 유치 · 육성하는 방향으로 개편하여야 한다.

둘째로, 지역자원을 선택적으로 개발하여야 한다. 즉, 각 지역의 특성에 맞추어 해당 지역 특정자원의 개발 또는 보전, 개발의 정도와 시기를 결정하여 개발하여야 한다.

셋째로, 생산능력의 향상을 도모하여야 한다. 즉, 산업의 영세성 탈피, 기술 · 인력 개발, 관리방법 개선 등을 통해 생산능력을 향상시켜야 한다.

(2) 정부지원의 합리화

지역경제력 배양을 위한 중앙 및 지방정부의 지원을 합리화해야 하는데, 그 지원에 있어서 중요한 것으로는 다음과 같은 것을 들 수 있다.

첫째로, 간접자본시설을 확충하여야 한다. 즉, 교통, 통신, 전기, 용수 등의 간접자본 시설에 관하여 정부가 지원해 주어야 한다.

둘째로, 각 산업의 기술개발과 인력개발을 지원해 주고, 시장개척과 수출증대에도 협력해 주어야 한다.

셋째로, 조세를 통하여 간접적으로 지원할 수도 있다. 대도시 공장의 지방이전과 입지지정업체에 대한 취득세, 재산세 등의 감면이 그 예가 될 수 있다.

(3) 주민 · 기업가의 자세확립

지역경제력의 배양에 있어서 주민과 기업가의 의식과 노력이 없이는 이를 이룰 수 없는 바, 특히 다음 사항들은 기본적인 요건이라 하겠다.

첫째로, 가장 중요한 것은 주민 및 기업가의 지역에 대한 귀속의식이다. 주민과 기업들의 지역에 대한 귀속의식이 밑받침되지 않고는 지역경제 뿐만 아니라 지역문화, 지역정치 등 모든 면에서 지역발전이 이룩될 수 없다.

둘째로, 그 지역에서 발생한 생산소득, 기업이윤 및 임금수입 등이 다른 지역으로 유출되기 보다는 그 지역에 재투자되도록 하여 지역경제의 성장에 기여하도록 하는 것도 중요하다.

셋째로, 기업들이 지역에서 구매활동을 하는 등 지역업체를 적극 활용하는 자세가 필요하다.

Ⅲ 부문별 개선

지방재정력의 확충에 있어서 이상과 같은 원천적 대응만으로는 그 간접적 효과밖에 거둘 수 없으며, 이에 다음과 같은 구체적인 부문별 대응책이 뒤따를 때에만 그 실제적인 효과를 거둘 수 있게 된다.

1 지방(자치)재원의 확충

먼저 지방(자치)재원을 확충하여야 한다. 지방재원의 확충은 여러 측면에서 강구될 수 있을 것이나, 지방세, 세외수입, 지방채, 지방교부세, 국고보조금의 다섯 부문으로 나누어 살펴보면 다음과 같다.

(1) 지방세원의 확충

지방(자치)재정수입의 대종을 이루는 지방세 제도를 개선하여야 한다.

지방세원의 확충을 위한 방법에는 지방세율의 인상, 신세원의 발굴 및 국세의 지방이양 등이 있는데, 이 가운데 어느 방법이 더 효과적인가는 그 나라의 조세체계와 국민경제 등을 종합적으로 고려하여 판단하여야 한다.

우리나라에 있어서는 세원의 신장성이 높은 소득과세와 소비과세는 국세로 배분되어 있는 반면에, 지방세는 세원의 신장성이 낮은 재산과세 중심으로 되어 있기 때문에 이러한 지방세의 세율인상에 의하여 지방세원을 확충하는 데에는 한계가 있다.

또한 신세원을 발굴하는 것도 현행 세제가 이용가능한 대부분의 세원을 활용하고 있기 때문에 그 여지에 크게 기대할 수 없을 뿐만 아니라 주민의 조세부담률의 인상을 가져올 것이므로, 이러한 방법에 의하여 지방세원을 확충하는 것은 삼가야 할 일이다. 따라서 지방세원의 확충을 위해서는 국세로 편중 배분되어 있는 세원의 일부를 지방세원으로 이양하는 방안을 강구하지 않을 수 없다.

국세와 지방세의 세원을 재배분함에 있어서 다음과 같은 문제점이 고려되어야 한다.

첫째로, 국세의 세원을 얼마만큼 지방세로 이양하는 것이 적정한가가 문제되는데, 이에 관하여 형식적인 지방세원 배분비율을 가능한 한 실질적인 지방세원 배분비율 수준으로 향상시키는 것이 바람직하다는 견해가 있다. 즉 형식상의 지방세뿐만 아니라 거기에 지방교부세 및 국고보조금을 통하여 지방자치단체의 수입으로 되는 전액을 거의 지방세원으로 개편하는 것이 타당하다고 보는 견해가 그것이다.[53)]

그러나 지방교부세나 국고보조금은 각각 지역간 재정불균형의 조정과 국가와 지방간의 사업상의 연계의 기능을 가지고 있는 것인데, 이를 지방세로 개편하면 지역간의 재정불균형을 확대하고 국가와 지방간의 사업상의 연계를 약화시킬 것이므로 한계가 있다. 이 문제는 국가가 처해 있는 상황, 국가의 산업・경제 상황, 국가가 추구하는 목표, 국가와 지방간의 기능배분 등 복합적인 요소들을 고려하여 결정하여야 할 문제이다. 국가와 지방자치단체간의 기능조정으로 기능이 국가로부터 지방단체에 이양되는 경우에는 그에 상응하는 세원이양이 있어야 함은 물론이다.

둘째로, 어떠한 세목을 지방세로 또는 국세로 하여야 하는가가 문제 되는데, 이는 지방세의 원칙을 규명하여 이에 입각한 각 세목의 지방세 적합성 검토를 통하여 결정되어야 한다.

아울러 세제개편의 결과 세원분포의 불균형으로 인하여 지방재정의 격차가 더욱 심화될 우려가 있으므로, 이와 같은 격차의 시정책으로서 각 지방자치단체별로 세목을 선택할 수 있게 하는 이른바 선택세 제도의 도입도 연구해 볼 가치가 있다고 본다.

셋째로, 어떠한 과세방식을 이용하는가가 문제 되는데, 이는 징세의 편의와 조세부담의 합리화를 위해서 필요하다. 세원배분의 방식은 지방자치단체의 과세자주성 존중의 견지에서 원칙적으로 독립세주의를 유지하여야 할 것이지만, 종류에 따라서는 독립세적인 지방세로 이양하는 것이 세정상 복잡하고 또한 중복과세의 결과를 초래하기 쉬운 경우도 있다.

예컨대 부가가치세의 경우 소매업을 지방세 대상으로 이양하는 것이 타당하다고 판단된다 할지라도, 연쇄적인 거래단계 사이의 부가가치산출 및 세금계산 등 어려움과 2중과세로 조세정의의 저해를 초래할 수 있으므로, 일종의 종합세종이라고 볼 수 있는 부가가치세 가운데 일부를 지방세로 간단히 이양할 수 없다고 하겠다.

이러한 경우에는 해당 조세를 국가가 징수하고 지방분에 해당하는 세액을 지방

53) 라오연, 국가와 지방간의 조세조정방안에 관한 연구(서울 : 국민대학교 경제연구소, 1985), pp. 173~174.

자치단체에 배정해 주는 (지방)환부세 방식을 채택하는 것도 강구해 볼 만하다. 더 나아가서 일정한 세원은 독립세 방식을 탈피하고 국가와 지방자치단체가 공동으로 이용하는 이른바 공동세 방식도 채택해 볼 만하다.[54]

(2) 세외수입의 확충

지방세 수입은 경직성이 높은 데 비하여, 사용료, 수수료, 재산수입, 분담금·부담금, 지방공기업 수입, 경영수익사업 등 세외수입은 신축성이 높기 때문에, 이러한 세외수입의 신장을 통하여 지방재원의 확충을 기하는 것이 매우 바람직하다.[55]

첫째로, 각 수입원의 합리적 운영은 서비스 질의 향상·비용절감의 기본원칙 아래 사용료 수준의 적정화, 수수료 제도의 개선, 수익사업 및 수입재산의 개발, 각종 분담금, 예컨대 수익자부담금, 원인자부담금, 소비자부담금, 오염자부담금 등 제도의 적극적 활용 및 개발 등을 통하여 이루어져야 한다.

둘째로, 지방공기업의 발전도 역시 서비스 질의 향상·비용절감·경영효율화의 기본원칙 아래 광역경영체제의 정비, 투자재원 조달의 다변화(융자금, 개발기금, 민간자금 등), 예산·결산의 효율적 운영, 주민편의시설(상·하수도, 지하철, 주택 등)의 확충 등을 통하여 이루어져야 한다.

(3) 지방채의 활용

지방재원의 확충에 있어서 물가, 재정자금, 경기 등 재정·경제상의 여러 요건만 잘 갖추어진다면 지방채(public bond)의 활용을 통하여 수입을 확대하고, 그 수입을 주민복지 및 지방개발에 사용함으로써 이익이 해당 지방에 귀착되게 하는 것이 바람직하다.[56] 공공복권(public lottery)[57]의 적극적인 활용도 필요하다.

---

54) 우리나라에서 과거에 지방자치단체가 국세부가세 및 도세부가세를 부과·징수할 수 있게 하였다. 현재 광역자치단체 조세를 기초자치단체가 징수해 준 데 대하여 광역자치단체가 기초자치단체에 징수교부금을 지급하고 있는 것도 이러한 세원공동이용 방식의 하나로 평가될 수 있다. 독일, 스웨덴, 덴마크 등에서 채택하고 있는 소득세, 법인세 및 부가가치세에 대한 국가와 지방자치단체의 공동과세 방식이 그 대표적인 예가 된다.

55) 조정제, "세외수입의 확대방안", 지방재정, 1983년 4월호, pp. 35~43.

56) 이관종, "지방공기업의 확대발전", 지방재정, 1984년 2월호(서울 : 대한지방행정공제회), pp. 36~48.

57) 복권 발행 및 운영은 ① 1991년부터 지방자치복권 발행의 법적 근거(지방재정법 제88조)가 마련되고, ② 1995년부터 시·도가 문화·예술·복지향상, 기타 공익을 목적으로 복권을 발행하였으며, ③ 2004년에 복권 및 복권기금법의 제정과 함께 기획재정부의 복권위원회에서 복권의 발행 및 복권수입

(4) 지방교부세제의 개선

지방교부세는 용도의 지정이 없는 보통교부세와 용도의 지정이 있는 특별교부세로 구분되지만, 보통교부세가 대종을 이루고 있다. 따라서 지방교부세는 지방자치단체의 일반재원으로서의 성격을 지닌다.

지방교부세제 제도의 개선방향은 다음과 같이 요약할 할 수 있다.

첫째로, 교부세율의 수준이 합리적으로 정해져야 한다. 현재 내국세의 19.24%와 부동산교부세, 소방안전교부세로 이루어진 교부세 총액이 폭증하는 지방행정수요에 알맞은 배분율인지에 대한 면밀한 분석이 필요하다. 지방교부세율은 지방세, 국고보조금의 경우와 함께 국가와 지방자치단체간 기능배분의 정확한 분석 후에 그에 대응한 재원배분의 실현이라는 관점에서 책정되어야 한다.

둘째로, 교부세의 배분방법이 개선되어야 한다. 현재는 기준재정수입액이 기준재정수요액에 미달하는 경우에 총교부세액의 범위 안에서 안배적으로 그 미달액을 보전해 주고 있다. 그러나 앞으로는 그것이 재정균등화에 더 기여하도록 하여야 한다. 아울러 부유한 자치단체의 여유재원을 빈곤한 자치단체에 재배분하는 독일의 역교부제도나, 캐나다 및 오스트레일리아의 형평화교부금제도[58]의 취지를 도입하는 방안도 검토해야 할 것이다.

셋째로, 자치단체의 징세노력을 유발할 수 있도록 개편되어야 한다. 현행 제도는 징세노력이 부족한 자치단체에 오히려 많은 교부세가 배분되는 결과를 낳고 있다. 미국이나 영국에서와 같이 자치단체의 징세노력과 교부세배분이 비례하도록 하는 방안을 검토하여야 할 것이다.

넷째로, 자치구에 대한 특별시·광역시의 조정교부금제도도 보다 적극화하는 방안이 검토되어야 할 것이다. 즉 지방교부세와 조정교부금 및 재정보전금의 연계가 더욱 강화되어야 할 것이다.

금을 통합관리하고 있다.
미국·일본·독일 등에서는 지방복권 중심체제로 발행하고 있다(김동기, 한국지방재정학, 서울 : 법문사, 2008, p. 133).

58) 형평화교부금제는 주민 1인당 과표가 전국평균을 초과하는 자치단체로부터 교부재원을 조성하여 전국평균에 미달하는 자치단체에 교부함으로써 자치단체간 재정력의 균형을 추구하는 재정제도이다. 캐나다, 독일 등 일부 연방제 국가와 덴마크, 스웨덴, 노르웨이 등 북유럽국가에서 채택하였다.

(5) 국고보조금제의 개선

국고보조금은 일반적으로 지방자치단체의 자주적 사용이 제약되고, 국가로부터 세밀한 통제를 받게 된다.

이러한 국고보조금은 지방자치단체의 전형적인 의존수입으로 지방자치단체를 국가에 예속시키는 중요한 요인이 되기 때문에, 이를 같은 의존수입이면서도 지방자치단체의 재정적 자주성을 저해하지 않는 지방교부세의 재원으로 개편하여야 한다는 의견도 있다.

그러나 국고보조금제가 완전히 폐지되면 국가재정과 지방재정의 연계성이 약화되고 국가의 지방에 대한 적극적인 지원의 길이 막히기 때문에 거기에는 한계가 있다. 오히려 오늘날에는 어느 나라에서나 지방자치단체에 대한 국고보조금의 지출을 확대해 가고 있다.

국고보조금제의 개선은 여러 측면에서 강구되어야 할 것이나, 그 가운데 중요한 것으로는 보조금 종류의 정리, 보조율의 합리화, 보조금 사무절차의 개선 등을 들 수 있다.[59)]

첫째로, 보조금 가운데 영세한 것, 사회・경제적 실정에 부적합한 것, 장려적 목적을 이미 달성한 것 등은 폐지하거나, 지방교부세로 개편하거나, 보조금끼리 통합하는 등 보조금 종류를 총 정리하여야 한다.

둘째로, 보조금의 책정에 있어서 보조율을 인상하여 지방비부담을 경감하고, 지방비 부담능력을 감안하여 지방자치단체에 따라 차등보조율제를 확대실시하며, 보조단가를 현실화하는 등 보조금 책정의 합리화를 기하여야 한다.

셋째로, 보조금의 사무절차에 있어서 교부시기의 조기화, 교부절차의 간소화, 교부계획의 정밀화, 교부협력의 원활화 등을 기하여야 한다.

2 서비스(・경비)와 재원의 연계

지방재정력의 확충에 있어서 지방정부 기능(서비스)의 유형에 따라 조달재원의 유형을 달리하는, 즉 경비(세출)의 종류와 재원(세입)의 유형을 연계시켜 지출과 수입의 효율성을 동시에 도모하는 것도 중요하다.

---

59) 박문옥, "지방자치단체의 자율성 제고를 위한 국고보조금제도 개선방안", 지방자치의 세원전략세미나 (서울 : 한국지방행정연구원, 1986), pp. 26~35.

서비스의 유형별 재원조달 방식은 대체로 다음과 같은 기준에 입각함이 바람직하다 하겠다.60)

첫째로, 서비스가 일정한 관할구역 안의 주민에게 일반적으로 제공되는 경우(예 : 치안)에는 그 비용을 지방세 수입으로써 조달하는 것이 타당하다.

둘째로, 도로, 교량 등 사회간접자본과 같은 공익시설의 설치에 있어서는, 그 서비스에 대한 세대 사이의 부담형평의 관점에서, 차입(세외수입)에 의한 재원조달이 가능하다.

셋째로, 서비스의 파급효과가 인접 관할구역에까지 미치는 사회복지사업(예 : 보건, 교육 등)의 경우에는 상급 자치단체 및 국가의 이전적 지출에 의한 재원조달이 바람직하다.

넷째로, 서비스가 일정한 관할구역 안에서 특정인에게 배타적으로 제공되는 경우(예 : 상수도, 공공주택 등)에는 사용자부담에 의한 재원조달이 가장 효율적이다.

이상의 기준을 정리하면 서비스와 재원의 연계에 관하여 개략적으로 [그림 10-2]와 같은 모형이 정립될 수 있다.

지출부문	세입부문
일반서비스 지출 ………	지방세 수입
공익서비스 지출 ………	세외수입(차입)
사회서비스 지출 ………	이전수입(지방교부세 및 보조금)
특별서비스 지출 ………	사용자부담

[그림 10-2 공공서비스와 재원의 연계모형]

3 지방자치예산 과정상의 개선

지방(자치)예산과정에서는 이익집단들이 이에 적극적으로 개입하고, 지방자치단체 안의 집행기관(자치단체장)과 지방의회간, 집행기관의 산하기관들 사이에서도 예산확보 경쟁이 전개된다.

60) 조정제, "지방재정력강화를 위한 재원배분의 기본방안", 지방재정, 1985년 여름호(서울 : 대한지방행정공제회), pp. 30~44.

이러한 과정에서는 경제적 합리성이 어느 정도 제약을 받을 수밖에 없으므로 예산결정과정의 합리화 방안이 강구될 필요가 있다.

첫째로, 예산기법의 개선이 필요하다. 즉, ㉠ 관리기능 및 기획기능의 중시(P.P.B.S., M.B.O.), ㉡ 체제분석 및 비용·효과분석 등 관리기법의 도입·활용, ㉢ 지방의회 의원 및 예산·결산특별위원회 위원의 전문성 확보 등이 모색되어야 하는 것이다.

둘째로, 예산사정 및 예산심의 기간의 적정화가 필요하다. 즉, 예산편성업무편람 보급이 있은 후 예산편성 요구서 제출까지의 기간이 너무 짧고, 예산심의기간이 지나치게 짧아 예산을 충분히 심의할 시간적 여유가 없다.

셋째로, 예산행태의 개선이 필요하다. 즉, ㉠ 지방의회 의원의 가치관 및 행태의 개혁, ㉡ 지방정부의 공무원의 책임성·윤리성의 확립, ㉢ 지역주민들의 예산과정에 대한 관심의 제고가 있어야 한다.

넷째로, 결산에 대한 깊은 인식이 필요하다. 즉, 주민, 지방의회 의원, 지방공무원이 결산의 중요성을 인식하고 적극 관심을 가져야 한다.

PART

6

지방자치의 광역적 협력

CHAPTER

11 중앙 · 지방간 관계

제 1 절 정부간 관계의 이론

I 정부간 관계의 의의

1 정부간 관계의 개념생성

정부간 관계(Intergovernmental Rerations, IGR)란 한 나라의 중앙정부와 다수의 지방정부 차원에 걸쳐 복수의 정부조직 사이에서 벌어지는 관계를 의미한다. 정부간 관계는 '국가와 지방의 관계', '중앙과 지방의 관계', '지방자치단체간의 관계'를 포괄하는 다양한 의미를 함축하고 있는 개념이다.

정부간 관계라는 용어가 공식적으로 사용되기 시작한 것은 1959년 미국연방정부에 설립된 정부간 관계 자문위원회(Advisory Commission on Intergovernmental Relations) 이후부터이다. 미국에서는 19세기 말부터 주(州)의 영역을 넘어서는 통상, 철도수송, 도로건설 등의 조정에 연방정부가 개입하는 빈도가 늘어남에 따라 '국제(국가간)'(international)에 준하는 용어로써 '주정부간'(interstate)라는 용어가 정착했다. 미합중국은 연방이기 때문에 주(州)가 주권(主權)국가였고, '주정부간'이라는 용어는 실질적으로도 '국제'에 준하는 개념으로 쓰여진 것이다. 정부간(intergovernmental)이라는 용어는 이러한 '주정부간'이라는 용어의 사용례에서 창출된 것으로 생각할 수 있다.[1)]

1) 西尾勝, 行政学の基礎概念 (東京: 東京大学出版会, 1990), pp. 393~395.

다만, 미국의 정부간 관계에 대한 연구는 주(州)의 주권(主權)이 헌법적으로 보장된 특수성을 내포하고 있다. 미합중국이 건국할 당시 13개의 주가 동맹을 형성하여 연방국가를 구성하였기 때문에, 미국은 '연방 안에서의 주인가, 주를 위한 연방인가', '주 중심의 지자체인가, 지자체를 위한 주인가' 등의 논의가 반복될 수밖에 없었다. '연방 안에서의 주인가, 주를 위한 연방인가'의 논의는 남북전쟁 이후, 주의 주권(主権)적 성격[2]이 희박해 지면서 종지부를 찍었고[3], '주 중심의 지자체인가, 지자체를 위한 주인가'의 논의는 '지자체가 주의 창조물'이라는 판례를 통해 양자의 위치가 명확해졌다. 그러나 연방정부의 권한이 확대된 지금도 연방정부가 주정부나 지방자치단체의 우위에 있거나 우월하다고 전제하지는 않는다.

즉, 미국에서의 '정부간 관계'는 '연방제'(federalism)와 혼재된 용어다. 그러나 연방제라는 용어는 연방과 주의 관계에 한정되는 경향이 있다. 따라서 우리나라와 같은 단방형 국가나 미국과는 성격이 다른 연방제 국가를 미국식 연방제와 동일한 시각에서 비교할 수는 없다.

이에 비해 정부간 관계는 보다 복잡·다양한 관계의 집합으로서 파악하는 가치중립적인 용어이다. 예를 들어 '국가간' 또는 '주정부간'이라는 용어는 각각 국가와 국가, 주와 주라는 동일한 레벨간의 관계를 나타낸 것임에 비해, '정부간'이라는 용어는 연방과 주 그리고 지방의 여러 관계의 조합을 모두 포괄할 수 있다. 그러나 많은 학자들은 '연방제'라는 분석의 시각과 '정부간 관계'라는 분석의 시각이 배타적이기보다는 보완적인 것으로 생각하고 있다[4].

---

2) 연방헌법이 갖는 주간(州間) 계약적 성격을 의미한다.

3) 링컨대통령은 노예제에 반대하여 남부와 전쟁을 일으킨 것이 아니다. 남부는 향후 새롭게 연방에 편입되는 주(州)는 자유주에 한정되어야 한다는 연방의 정책에 반대하였다. 그리고 남부는 '노예제를 인정할 것인가'하는 주에 부여된 헌법 상의 권한을 연방이 침해했기 때문에 계약위반이 발생했다고 판단하였고, 그 계약(연방)으로부터의 이탈을 선언한 것이다. 이러한 남부의 주장에 대해 링컨은 연방이 주와 주 사이의 계약이 아닌 국민과 국가 사이의 계약이었다고 주장하게 된다. 결국 연방(북부)과 남부의 갈등은 무력을 통해서 해결되게 되었다. 남북전쟁 종료 직후 미국 연방대법원은 주정부가 연방정부로부터 이탈하는 것이 불가능하다는 판결을 내렸다.

4) 정부간 관계의 대표적인 연구자인 라이트(*D. Wright*)는 연방제, 정부간 관계, 보다 발전된 형태로서의 정부간 매니지먼트(*management*)라고 하는 3개의 체계를 개념화하고 있다. 여기에서 중요한 점은 논의의 관점이 연방제에서 정부간 관계와 정부간 매니지먼트로 바뀌고 있지만 여전히 세 개의 체계가 미국의 정부간 통치시스템을 복합적으로 구성하고 있다고 지적하고 있다(Wright, Deil S., "Federalism Intergovernmental Relations, and Intergovernmental Management: Historical Reflection and Conceptual Comparisons", *Public Administration Review*, Vol. 50, No. 2, 1990 ; 秋月謙吾, 行政·地方自治, 東京:東京大學出版會, 2001, p. 103).

2 정부간 관계의 인식

최근 중앙·지방간의 관계라는 용어보다는 정부간 관계라는 용어가 많이 사용되고 있다. 그것은 정부간 관계라는 용어가 복수 당사자간의 관계를 보다 가치중립적으로 인식하고, 지방정부가 처해 있는 환경을 보다 폭넓게 파악할 수 있기 때문이다.[5)]

(1) 중앙·지방간 관계의 인식

첫째, 중앙·지방간 관계라는 말에는 중앙정부가 항상 중심에 위치하고 있는 듯한 인상을 유발시킬 염려가 있다. 또한 중앙을 중심으로 항상 일체성을 유지하고 있는 듯한 오해도 가질 수 있다. 일반적으로 어느 한 지방정부가 중앙정부 전체와 상대하는 상황은 매우 드물고, 하나 혹은 다수의 지방정부가 한 개 혹은 복수의 중앙부처와 관련을 갖는 경우가 많다.

둘째, 중앙·지방간 관계라는 말 속에는 지방정부 사이의 관계가 완전히 배제되어있다. 주와 주내의 지방자치단체, 시와 도의 관계, 구청장들 간의 모임, 인근 지방자치단체와 경계에 대한 다툼 등과 같은 지방정부 상호간의 다양한 관계가 배제되어 있는 것이다.

(2) 정부간 관계의 인식

첫째, 정부간 관계라는 용어를 사용할 경우 법·제도적인 틀에 구속되는 정도가 낮고, 정치적인 전략을 펼칠 수 있는 재량도 다양하다.

둘째, 정부간 관계라는 용어는 비교연구를 진행하는데 있어서 유용하다. 정부간 관계라는 비교의 틀로서 연방국가와 단일주권 국가라는 차이가 있을지라도 각각의 지방시스템을 동일한 틀에서 비교할 수 있다.

---

5) 정부간 관계라는 용어를 사용함으로써 잃게 되는 것도 있다. 장점에 비하여, "중앙 vs 지방"이라는 구도는 불명확해지기 쉽다. 특히, 학계 외에는 일반적으로 통용되지 않을 가능성이 있다.

Ⅱ 정부간 관계의 모형

1 정부간 관계의 모형들

나라에 따라서 국가와 각급 지방자치단체간의 관계, 즉 중앙정부와 각급 지방정부와의 관계는 다양하다. 따라서 많은 학자들에 의해 그 모형의 분류가 시도되었다.6)

(1) 라이트(Wright)의 모형

라이트는 정부간 관계를 포괄형(inclusive authority model)과 분리형(seperated authority model), 그리고 중첩형(overlapping authority model)의 세 유형으로 나누고, 각 유형별로 지방정부의 사무내용, 중앙·지방간 재정관계와 인사관계의 차이를 밝히고 있다([그림 11-1] 참조).

라이트의 정부간 관계유형 분류는 미국의 정부간 관계를 중심으로 한 것이지만, 그의 유형분류에 의거할 경우 다른 국가의 정부간 관계를 설명하는 데에도 유익하다. 그의 유형분류를 토대로 정부간 관계를 정리해 보면 [그림 11-1]과 같이 종속형과 독립형 및 상호의존형으로 볼 수 있다.

---

6) 정부간 관계의 유형분류

- D. S. Wright는 ㉠ 포괄형(inclusive authority model), ㉡ 분리형(seperated authority model), ㉢ 중첩형(overlapping authority model)으로 분류한다(Deil S. Wright, *Understanding Intergovernmental Relations*, Belmont : Cole Publishing Co., 1988, pp. 39~52).
- J.A.G.Criffith는 ㉠ 규제형(regulatory attitude), ㉡ 방임형(laissez·faire attitude), ㉢ 장려형(promotional attitude)으로 분류한다(Howard Elcock, *Local Government*, Cambridge ; Cambridge Univ., Press, 1994, pp. 54~56).
- D. C. Nice는 ㉠ 경쟁형(competitive model), ㉡ 상호의존형(interdependent model)으로 분류한다(David C. Nice, *Federalism*, New York : St, Martins Press, 1988, pp. 4~13).
- R.A.W. Rhodes는 이론상으로는 대등형과 의존형이 있을 수 있으나, 실제로는 다양안 수준의 상호의존형(inter-dependent)만이 존재한다고 하였다(R.A.W. Rhodes, Control and Power in *Central-Local Relations*, London: Sage, 1981, p. 18).
- 村松岐夫는 ㉠ 수직적 통제형, ㉡ 수평적 경쟁형으로 분류한다(村松岐夫, 地方自治, 東京 : 東京大學出版會, 1989, pp. 37~38).
- 天川晃는 ㉠ 집권·융합형, ㉡ 분권·융합형, ㉢ 집권·분리형, ㉣ 분권·분리형으로 분류한다(天川晃, "廣域行政と地方分權", ジュリスト增刊總合特集 제29호, 東京 : 有斐閣, 1983, p. 120).

1. 포괄형	2. 분리형	3. 중첩형

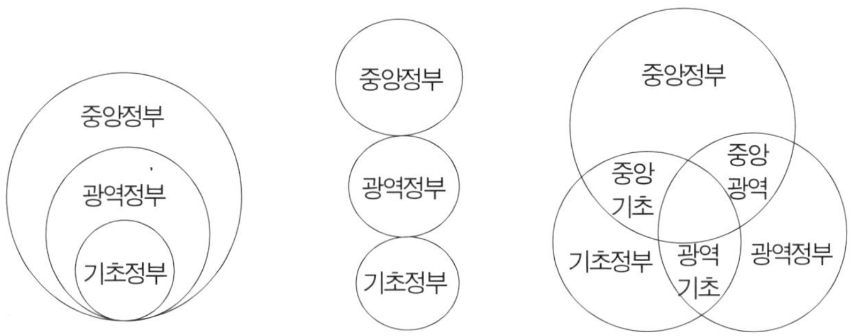

1. 포괄형	2. 분리형	3. 중첩형
관계 : 포괄 · 종속적	관계 : 분리 · 독립적	관계 : 상호의존적
권위 : 계층적	권위 : 독립적	권위 : 협상적
사무 : 기관위임사무 주종	사무 : 고유사무 주종	사무 : 고유〉기관위임사무
인사 : 완전 종속	인사 : 완전 분리	인사 : 상호 교류
재정 : 완전 종속	재정 : 완전 분리	재정 : 상호 의존

* 라이트는 연방제 하에서의 연방 · 주 · 지방정부의 관계를 설명하고 있는데, 여기에서는 이를 중앙 · 광역 · 기초정부의 관계로 수정하여 고찰함.

[그림 11-1 정부간 관계모형]

첫째로 정부간 관계가 포괄형에서는 포괄 · 종속적인 데 비하여, 분리형에서는 분리 · 독립적이고, 중첩형에서는 상호의존적이다.

둘째로, 정부의 권위가 포괄형에서는 계층적인 데 비하여, 분리형에서는 독립적이고, 중첩형에서는 협상적이다.

셋째로, 자치정부의 사무구성이 포괄형에서는 기관위임사무가 주종을 이루는 데 비하여, 분리에서는 고유사무가 주종을 이루고 있다. 그리고 중첩형에서는 고유사무와 기관위임사무가 공존하되 전자가 우세하다.

넷째로, 지방정부의 인사권은 포괄형의 경우 완전 종속적인 데 비하여, 분리형에서는 완전 분리적이고, 중첩형에서는 상호 교류적이다.

다섯째로, 지방정부의 재정도 포괄형에서는 완전 종속적인 데 비하여, 분리형에서는 완전 분리적이고, 중첩형에서는 상호 의존적이다.

라이트가 제시하고 있는 3가지 모형은 다분히 이념적인 성격이 강하다. 즉, 현존하는 국가 체제 속에서 지방자치가 아무리 보장되었다고 하더라도 완전한 분리형은 존재하기 힘들며, 반대로 매우 강력한 중앙집권국가라 하더라도 완전한 포괄형이 존재하기도 어려울 것이다. 다만, 라이트의 모형은 여러 국가와의 비교를 통해 상대적으로 어떠한 쪽에 가까운가를 확인할 수 있는 준거틀로 기능하는데 그 의의가 있다.

이러한 측면에서 우리나라는 선진국들과 비교할 때 포괄형에 가깝다고 평가할 수 있다. 그러나 우리나라와 같은 단방형 국가에서 분리형을 강하게 지향하는 것은 바람직하지 않다. 따라서 앞으로 우리나라의 정부간 관계가 지향해야 할 이상적인 형태는 중첩형이라고 할 수 있다.

(2) 아마카와(天川)의 모형

아마카와 아키라(天川晃)는 집권과 분권이라는 이데올로기에서 벗어나 중앙·지방간 관계를 설명할 수 있는 독특한 모형을 제시하였다. 그는 중앙과 지방이 상호의존을 하기 위해서는 반드시 분권화가 필요한 것이 아니라는 모델을 제시했다.

아마카와는 중앙정부와 지방정부의 관계를 단순히 집권과 분권이라는 일차원적 대립으로 설명하지 않고, 융합과 분리라고 하는 별도의 축을 교차시킴으로써 정부간 관계의 구조를 분석하는 틀을 설정한 것이다. 아마카와는 근대이후 일본의 제도를 시계열적으로 분석하는 것을 염두에 두고 이 모델을 설계했지만, 그의 모델은 복수의 국가시스템을 비교할 때에도 유용하게 사용할 수 있다.

집권과 분권은 다양한 정책결정의 권한이 중앙정부와 지방정부 어느 쪽에 주어져 있느냐에 중점을 둔 개념이다. 융합과 분리는 중앙이 내린 결정을 중앙의 특별지방행정관서에서 집행할 것인가, 지방자치단체에 분담시킬 것인가라는 사무배분에 기초하고 있다. 영미계 국가의 정부간 관계는 분리의 경향이 강한 반면, 지방자치단체를 중앙의 집행기관으로써 이용하는 대륙계 국가의 정부간 관계는 융합의 경향이 크다.

융합·분리를 단순히 사무배분으로 나누는 것은, 누가 집행하는가라는 제도의 한 측면만을 과도하게 중시하는 단점이 있다. 따라서 이를 보완하여 융합은 중앙과 지방 각자의 관심영역이 폭넓게 중복되어 있는 상태, 분리는 관심영역의 중복이 적은 상태를 의미한다고 볼 수 있다. [그림 11-2]를 보면, 집권·분리, 집권·융합, 분권·융합, 분권·분리의 4차원으로 나눌 수 있다.

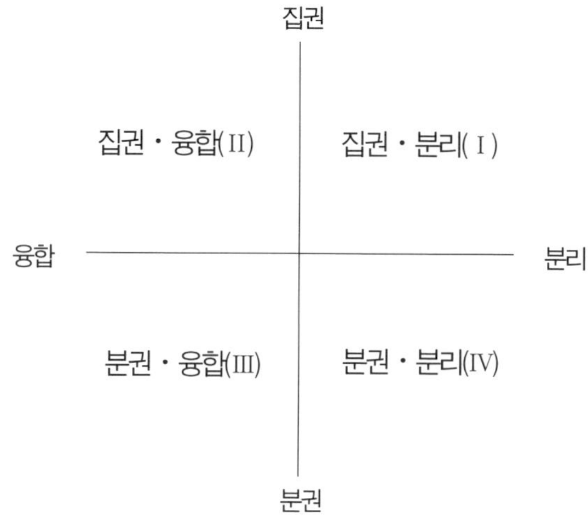

자료 : 天川晃, “廣域行政と地方分權”, ジュリスト增刊總合特集, 行政の轉換期(東京 : 有斐閣, 1983), pp. 120~121.

[그림 11-2 집권 · 분권/융합 · 분리 모형]

집권·분리(Ⅰ)는 중앙정부가 강한 권한을 갖고, 중앙과 지방의 관심영역은 중복되지 않는다. 협동이나 대립은 많지 않지만, 대립한다면 중앙에 유리한 형태로 해결된다.

집권·융합(Ⅱ)은 중앙정부가 강한 권한을 보유하고, 중앙과 지방의 관심영역이 중복된다. 중앙과 지방은 협동하면서도, 분쟁과 대립을 한다. 그러나 대립 시에는 중앙에 유리하게 결정된다.

분권·융합(Ⅲ)은 지방정부가 강한 권한을 보유하고, 중앙과 지방의 관심영역이 중복된다. 중앙과 지방은 자주 협동하지만, 분쟁과 대립도 많다. 대립할 때는 지방에 유리하게 결정된다.

분권·분리(Ⅳ)는 지방정부가 강한 권한을 보유하고, 중앙과 지방의 관심영역이 겹치지 않는다. 협동이나 대립은 많지 않지만, 대립한다면 지방에 유리한 형태로 해결된다.

어느 특정사업이나 정책영역이 중앙정부·지방정부 중 어느 곳의 사무인가가 명확한 경우는 분리적이고, 혼재해 있다면 융합적이다. 한 국가의 통치시스템이 융합적인가 분리적인가를 측정할 때는, 전체의 정책영역을 살펴보고 판단하는 것도 중요하다. 그러나 중요한 것은 중앙과 지방, 어느 쪽이 맡더라도 정당성이 있다고 판단되는 영역을 누가 맡고 있는가를 살펴보는 것이다.

아마카와 모델은 국가와 국가를 비교하는 틀로써 자주 이용되는데, 동 모델에 의하면 한국은 집권·융합에 속하고 영국은 분권·분리에 속한다고 평가할 수 있다. 또한 이 모델은 한 국가 안에서의 정부간 관계 전체, 또는 특정 정책영역을 분석하는 틀로써도 이용할 수 있다. 예를 들어, 아마카와는 메이지(明治) 국가의 시스템 변화를 강한 집권·융합에서 약한 분권·융합으로의 이행이라 분석했다.[7)]

(3) 로즈(Rhodes)의 모형

로즈(R. A. W. Rhodes)는 중앙정부와 지방정부의 관계는 정부가 필요로 하거나 소유하고 있는 또는 동원 가능한 자원을 중심으로 파악해야 한다고 주장했다. 로즈에 의하면 모든 조직은 부족한 '자원'이 있고, 각각의 활동목적을 달성하기 위해서 각 조직은 자원을 교환하는 과정을 통해서 상호의존적이 된다는 것이다.[8)]

로즈에 의하면 정부는 법적 자원, 재정적 자원, 조직자원, 정보자원을 가지고 있으며, 정부 간의 상호작용은 이러한 '자원의 교환과정'으로 다룰 수 있다는 것이다. 로즈는 이러한 자원의 교환에 있어서 중앙정부가 우월한 입장에 있다고 했다. 중앙정부는 지방정부에 비하여 재정적 자원을 더 많이 보유하고 있으며, 법률을 제정하는 법적 자원을 가지고 있기 때문이다. 그렇지만 지방이 전적으로 중앙에 예속되는 것도 아니다. 지방정부는 현장의 정보를 가지고 있고 또한 현장에 서비스를 공급할 수 있는 조직을 가지고 있다. 따라서 지방은 중앙에 완전히 예속되는 것도 아니고 완전히 동등한 관계가 되는 것도 아닌 상태에서 상호 의존한다. 그리고 그 의존의 정도는 다양하게 나타난다.

2 모형에 따른 중앙·지방간 관계

아마카와(天川)의 중앙·지방간 관계 이론은 집권과 분권이라는 단순한 개념을 이용해 중앙과 지방이 갈등을 빚을 때 어느 쪽이 주도권을 갖는지 간단히 살펴볼

---

7) 秋月謙吾, 行政·地方自治(東京 : 東京大學出版會, 2001), pp. 109~114.

8) R.A.W. Rhodes, *op. cit.*, p. 18.

수 있는 모형이다.

이에 비해 라이트의 정부간 관계 이론은 국가와 각급 지방자치단체간의 갈등관계에 관하여 보다 유용한 시사를 한다. 즉, 포괄형에 있어서는, 국가로부터 기초자치단체까지 계층적 구조가 형성되어 각급 정부 사이에 명령・복종관계가 엄격하고, 정책결정에 있어 지방자치단체의 의사가 받아들여지지 않으므로 국가와 지방간에는 갈등의 소지가 매우 크다. 그러나 엄격한 감독과 통제로 인하여 그 갈등이 표출되지 못하고 잠재하게 된다.

분리형에 있어서는, 지방자치단체는 국가로부터 독립되어 높은 자율성을 누리며, 국가와 지방자치단체는 원칙적으로 대등한 관계에서 기능영역을 별도로 가지고 있으므로 상호간에 충돌하거나 갈등할 이유가 적은 것이 특징이다. 다만 대등한 주체간의 이해갈등은 어디에서나 있게 마련이므로 그러한 의미의 갈등은 있을 수 있으며, 그 갈등의 표출이 용이한 만큼 갈등의 협상도 명백하게 이루어질 수 있는 것이다.

중첩형에 있어서는, 공공기능의 많은 부분이 국가와 지방자치단체에 의하여 중첩적으로 수행되고 있고, 각급 정부는 상호 의존적이다. 국가는 지방자치단체의 업무수행에 대하여 재정・기술 지원을 하게 되고, 지방자치단체는 국가의 정책수립과 사업추진에 협조하게 되므로, 상호간의 협력과 갈등이 공존하는 것이 특징이다. 이러한 경우의 갈등은 상호간의 교환관계를 통하여 해결되는 경향을 가진다.

제2절 중앙・지방간의 관계

I 중앙・지방간 관계의 의의

지방자치법 제9장에서는 국가와 지방자치단체 간의 관계를 규정하고 있다. 이 장은 기존 '국가의 지도・감독'이라는 제목으로 중앙과 지방 간의 수직적 관계를 내포하고 있었으나 '국가와 지방자치단체의 관계'라는 중립적이고 수평적인 표현으로 변경되었다. 우리나라와 같은 단방형 국가에서 중앙정부의 지방정부에 대한 개입을 현실적으로 배제할 수 없다는 점을 인정한다면, 수사적 의미로라도 수평적인 관계를 지향한다는 점은 바람직한 변화라 할 수 있을 것이다.

한편, 지방자치단체의 자율성 확대에 상응하여 중앙·지방 및 지방 상호간 협력관계를 정립하고 행정 능률성을 제고하기 위하여 국가와 지방자치단체의 협력의무를 규정하였다(지방자치법 제183조). 국가와 자치단체의 국정통합성 제고, 단일국가로서의 조화와 균형 추구, 내셔널미니멈을 위한 정책적 협력 등과 같은 개정 사유만 보더라도 이 조항은 지방정부의 자율성을 제약하는 요소로 기능할 수 있다. 지방자치단체의 사무에 대한 지도와 지원 조항에서 국가나 시·도의 일방적 조언·권고·지도에 대해 지방자치단체의 의견제출권을 부여함으로써 기존 중앙 지방간의 수직적인 소통관계를 쌍방향 의사소통에 기초한 동반자적 관계로 나아가려는 전환이 시도되고 있는 점(동법 제184조)도 자율성과 자기책임성이라는 측면에서 긍정적 변화라 할 수 있을 것이다.

Ⅱ 중앙집권과 지방분권

1 중앙집권과 지방분권의 의의

(1) 집권과 분권

정부간 관계에 있어서 가장 핵심적인 사항은 집권과 분권의 문제이다. 그런데 지방자치에 있어서의 집권과 분권이란 국민국가의 정부체계를 구성하는 정부간에 있어서의 집권·분권이며, 국가, 시·도, 시·군·구 사이의 관계가 그 전형이다. 그러한 의미에서 집권·분권은 지방자치제도상의 집권과 분권을 말하는 것이지만, 연방제에 있어서 연방과 주의 관계를 전적으로 고려대상에서 제외하는 것은 아니다.

왜냐하면 한마디로 연방제라고 하더라도, 권한유보의 정도에 크게 차이가 있고, 연방에 권한이 집중되어 있는 연방제에서 주(州)의 지위는 단일주권국가에서 자치권이 강한 지역과 그다지 차이가 없기 때문이다. 따라서 연방정부란 국민국가의 중앙정부와 그 직하(直下)의 지방정부와의 관계가 특히 분권적으로 구성되어 있는 형태의 지방자치제도라고도 말할 수 있다.

그러나 통상 지방자치에 있어서의 집권과 분권은 단일주권국가의 정부체계에 있어서 집권·분권의 문제를 고찰의 중심으로 한다. 또한 중앙집권과 지방분권이라고 말하지 않고, 단순히 집권과 분권이라고 표현할 경우, 그것은 국가와 지방간의 집권·분권만이 아니라 광역적인 지방정부와 협역적인 지방정부간의 집권·분권도 포함하고 있기 때문이다. 이렇게 볼 때, 집권·분권은 독립적인 정부간의 관계(지역주민의 민의를 정통으로 대표하는 정치기관을 갖춘 독립의 통치단체 간의 관계)에 관한 개념이다[9].

집권·분권의 문제는 지방자치제도의 존재 양식을 결정하는 문제이다. 따라서 집권·분권의 문제는 근대국가가 성립하는 시점에서부터 발생한 가장 오래된 문제이며 동시에 현안문제이다. 즉, 왕권이 지방에 활거하고 있던 봉건제하의 세력들을 타도하여 통일적인 국민국가를 형성해가는 과정에서 발생한 문제이며, 동시에 지방자치의 충실을 도모하려는 측면에서 지금도 추진 중인 현안의 문제이다.

(2) 중앙집권과 지방분권

집권과 분권은 국가와 지방자치단체간, 같은 정부 안의 상·하 행정기관간 또는 같은 기관 안의 상·하 행정계층간에서도 나타날 수 있는데 비하여[10] 국가와 지방자치단체간에 나타나는 현상을 특히 중앙집권과 지방분권 현상이라고 한다.

중앙집권은 권한이나 능력이 국가에 집중되어 있고, 지방정부에 대한 국가의 지도·감독(통제)이 강하여 지방정부의 자주성이 제약되어 있는 경우를 말한다. 반대로 지방분권은 권한이나 능력이 지방정부에 많이 배분되어 있고, 지방정부에 대한 국가의 지도·감독(통제)이 약하여 지방정부의 자주성이 높은 경우를 말한다.

중앙집권과 지방분권에 있어서 국가와 지방자치단체간 관계의 변수로서 우선 권한의 배분을 들 수 있다. 이때 그 배분의 대상이 되는 권한에는 의사결정권(decision-making)이 주류를 이루지만, 경우에 따라서는 집행권한도 그 대상에 포함된다. 그리고 그 의사결정권도 통치상의 의사결정권과 행정상의 의사결정권, 전략적 의사결정권과 기술적 의사결정권 등 그 성격 및 내용이 다종·다양하여 중앙집권과 지방분권의 개념규정이 매우 복잡하고 어렵다.

중앙집권과 지방분권이 일차적으로는 국가와 지방정부간 권한의 배분 여하를 기준으로 구분되지만, 실질적으로는 국가와 지방정부간의 능력의 배분 여하가 더 결

---

9) 西尾勝, 行政学の基礎概念 (東京: 東京大学出版会, 1990), p. 403.

10) 국가와 지방자치단체간의 분권을 지방분권(decentralization)이라 할 때에, 상·하 행정기관간 및 내부행정계층간의 분권을 행정권한분산(deconcentration)이라 할 수 있는데, 이 중 행정기관간의 분권을 권한분산, 행정계층간의 그것을 내부분산이라고도 할 수 있다.

정적인 변수가 될 수 있다. 국가와 지방정부간에 배분의 대상이 되는 능력 요소에는 재원과 정보 및 기술 등도 포함된다. 특히 재원의 배분 여하는 중앙집권과 지방분권 구분의 원천적인 바로미터가 된다.

그리고 중앙집권과 지방분권에 있어서 또 하나 중요한 변수로서 지방에 대한 국가의 통제를 들 수 있다. 즉, 지방자치단체에 대한 국가의 지도·지원이나 감독·조정 등의 관여가 현실적으로 중앙집권과 지방분권을 좌우할 수 있다.

이렇게 볼 때에 중앙집권과 지방분권의 문제는 지방자치권, 기능배분, 재원배분, 중앙통제 등을 포괄하는 광범위한 문제이다.[11]

그러나 중앙집권과 지방분권은 절대적 개념이 아니라 상대적인 개념이다. 실제에 있어서 100%의 절대적 집권이나 분권이란 어느 나라에도 존재하지 않으며, 엄밀한 의미의 50% 대 50%라는 절대적 균형상태를 지향할 수도 없다. 결국 이 두 개념은 대칭점을 잇는 연속선상의 위치에 이르는 정도의 문제이며, 그러한 정도는 상황의 변동에 따라 유동하는 가변적인 것이다.

우리나라 '지방자치분권 및 지방행정체제개편에 관한 특별법'에서는 ㉠ 지방자치분권의 개념을 "국가와 지방자치단체의 권한과 책임을 합리적으로 배분함으로서 국가와 지방자치단체의 기능이 서로 조화를 이루도록 하는 것을 말한다"고 규정하고(지방자치분권 및 지방행정체제개편에 관한 특별법 제2조), ㉡ 자치분권의 개념을 "주민의 자발적 참여를 통하여 지방자치단체가 그 지역에 관한 정책을 자율적으로 결정하고 자기의 책임하에 집행하도록 하며, 국가와 지방자치단체간 또는 지방자치단체 상호간에 역할을 합리적으로 분담하도록 함으로써 지방의 창의성 및 다양성이 존중되는 내실 있는 지방자치를 실현함에 둔다"고 규정하고 있다(동법 제7조).

(3) 지방분권 개념과 지방행정 방식

지방분권에 있어서 그 배분되는 권한의 성격 여하에 따라, 그 분권을 통치상의 분권과 행정상의 분권으로 나눌 수 있다. 전자에 있어서는 정치·행정적 권한이 분산되는 데 비하여, 후자에 있어서는 행정적 권한만 배분되는 것이다. 전자를 자치적 분권(autonomous decentralization)이라 한다면, 후자를 행정적 분권(administrative decentralization)이라고 할 수 있다. 그러나 엄밀히 말한다면 행정적 분권은 권

---

11) 그러기에 중앙집권과 지방분권의 문제는, 이 책에서의 제4장 제1절 '지방자치권', 제2절 '지방사무', 제3절 '기능배분', 제9장 제2절 '재원배분', 제11장 제4절 '중앙통제'를 포괄적으로 연구하여야 하는 문제이다.

한의 배분이라는 측면보다는 권한의 분산에 해당한다.

지방분권의 개념을 넓은 의미와 좁은 의미로 나눌 때에, 넓은 의미의 지방분권 개념에는 행정적 분권도 포함되나, 좁은 의미의 지방분권 개념에는 자치적 분권만 포함된다.[12)]

2 중앙집권과 지방분권의 측정

집권과 분권이 정도의 문제라는 것은 그것이 상호비교의 문제라는 의미이기도 하다. 그리고 상호비교로서 논의할 경우 그 대상이 되는 것은 과거와 비교하는 시계열적 비교, 다른 나라와 비교하는 체제간 비교, 평가자의 기대와 현실간의 비교이다. 특히 시계열비교는, 그 당시의 제도개혁이 그때까지의 상태에 비추어 볼 때, 집권화의 방향으로 향하고 있는지 아니면 분권화의 방향으로 향하고 있는가를 비교하는 것이다. 여기에서 집권화와 분권화란 역방향으로 작용하는 대항적인 힘의 벡타를 의미한다.

그러나 집권과 분권이 비교의 도구로서 유용하려면 명확한 개념정의가 전제되어야 하며, 그 정의를 조작가능하게 해야 한다. 그리고 그 측정척도를 확립해야 한다. 한편 중앙집권과 지방분권은 제도뿐만 아니고 그 제도의 운영행태, 그리고 그것을 둘러싸고 있는 환경, 문화, 역사 등 여러 요인에 의하여 그 실질을 달리하기 때문

12) 중앙집권과 지방분권의 개념을 지방행정의 관치행정 방식, 위임행정 방식 및 자치행정 방식과 결부시켜 그 관계를 정리하여 보면, 관치행정 방식이 전형적인 중앙집권의 경우에 해당되고, 자치행정 방식이 전형적인 지방분권의 경우에 해당되는 것은 명백하다.
그런데 위임행정 방식을 중앙집권·지방분권 어느 쪽으로 보느냐가 문제이다. 위임행정 방식에도 자치단체에 위임하는 단체위임방식과, 그 집행기관에 위임하는 기관위임방식의 두 가지가 있는데, 전자는 지방분권에, 후자는 중앙집권에 각각 가깝다고 볼 수 있겠다.
이러한 여러 개념들의 관계를 그림으로 나타내면 다음과 같다(그림에서 점선은 간접적인 관계를 나타낸다).

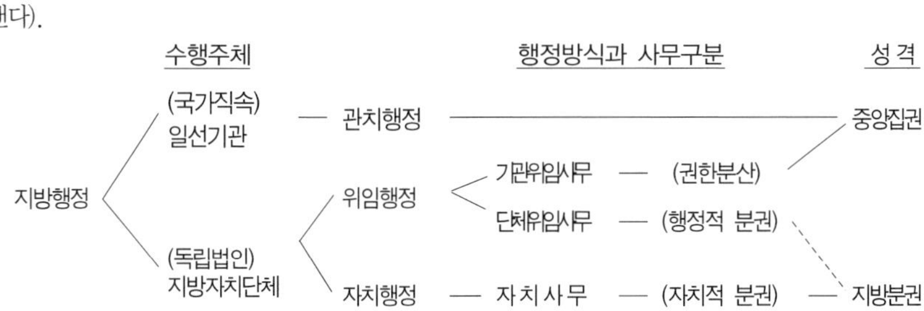

에 그 실태를 측정하기란 매우 어려운 일이다.

(1) 측정지표의 선정

중앙집권과 지방분권을 명확히 측정하기 위해서는 그 측정을 가능하게 하는 몇 가지의 지표(indicators)를 선정하여야 한다. 이러한 측정지표를 선정하는 데 있어서는 다음과 같은 몇 가지의 주의가 필요하다.[13)]

첫째로, 집권과 분권의 어느 한쪽과 밀접한 관계를 가지고 있는 사항을 지표로 선정하여야 한다. 집권과 분권의 양쪽과 모두 밀접한 관련을 가지는 사항을 지표로 삼을 때에는 집권과 분권의 현실적 비중을 파악할 수가 없는 것이다.

둘째로, 단일 내용을 가진 사항을 지표로 선정하여야 한다. 복합적인 내용을 가진 사항은 그 측정을 혼란에 빠뜨리며, 그 지표 자체가 새로운 다른 문제를 야기하는 것이다.

셋째로, 계량화가 가능한 사항을 지표로 선정하여야 한다. 측정은 계량을 기초로 하는 것이므로 계량 불가능한 지표는 결국 측정을 그 기초에서부터 불가능하게 하는 것이다.

넷째로, 지표의 수를 적정하게 선정하여야 한다. 지표의 수가 많을수록 그 측정은 정확해질 것이지만, 그 수가 지나치게 많으면 분석에 혼란을 가져오기 쉽다. 대체로 지표의 수로는 6~10개 정도가 적정하지 않을까 생각된다.

(2) 측정지표의 예시

중앙집권과 지방분권을 측정하기 위한 지표로는 여러 가지가 있을 수 있겠다. 이에 관하여 지방자치단체의 조직·인사를 지표로 제시하고 있고, 정부간 사무배분을 제시하기도 하며, 또 재정적 자율성을 제시하기도 한다.[14)]

그러나 전반적으로 볼 때 다음과 같은 사항들이 중앙집권과 지방분권의 측정을 위한 지표로서 중요할 것으로 생각되고 있다.[15)]

---

13) 안태백, "집권과 분권의 분석모형", 한국행정학회보 제13호(서울 : 한국행정학회, 1979), p. 288 참조.

14) 홍준현·하혜수·최영출, "지방분권수준 측정을 위한 지방분권 지표의 개발", 지방자치와 혁신 2004년 동계 학술대회 발표논문집(한국지방자치학회, 2005), pp. 53~100.

15) 강형기, 지방행정에 있어서 시민참여의 결정요인에 관한 연구(서울 : 건국대학교 대학원, 1984), pp. 174~191.

(가) 특별지방행정기관의 종류와 수

지방에 종합적 행정주체인 지방자치단체가 있음에도 불구하고 국가 직속의 특별지방행정기관이 많이 설치되어 있다는 것은 중앙집권성이 강하다는 것을 말한다. 물론 이 경우에는 각 나라의 정치문화의 특징과 시대의 일반적 조류 등을 감안하여 판단하여야 할 것이다.

(나) 지방자치단체 주요직위의 선임방식

지방자치단체의 장, 간부 공무원 등 주요 직위가 주민 또는 그 대표자들에 의하여 선출되고 있다는 것은 지방분권성이 강하다는 것을 의미한다. 그리고 각 집행부서의 주요 직위의 공무원이 중앙정부에 의하여 임명되는 국가공무원이라면 그것은 중앙집권성이 강하다는 것을 의미한다.

(다) 국가공무원과 지방공무원 수 대비

전국적으로 국가공무원과 지방공무원의 수의 대비도 중앙집권과 지방분권 측정의 한 지표가 될 수 있다. 또한 지방자치단체 안에 국가공무원의 비율이 높다는 것은 중앙집권성 파악의 중요한 지표가 될 수 있다.

(라) 국가재정과 지방재정 규모 대비

국가재정의 규모와 지방재정의 총규모를 비교해 보는 것도 집권·분권의 측정에 있어서 하나의 방법이 될 수 있다. 물론 이 경우는 각 재정의 총규모의 대비일 뿐 그 구체적인 구성내용의 분석이 결여되어 있기 때문에 보다 상세한 측정은 불가능하다.

(마) 국세와 지방세 수입 대비

국가와 지방 사이의 세원의 배분비율은 중앙집권과 지방분권 측정에 있어서 매우 중요한 지표가 될 수 있다. 왜냐하면 지방세야말로 지방자치단체의 자주재원의 근간이고, 지방의 자주재원이야말로 지방분권의 기본조건이 되기 때문이다.

(바) 국가의 지방예산통제 정도

지방자치단체의 예산편성·예산집행 및 회계에 대한 국가의 통제의 폭과 방식도 집권과 분권 측정의 중요한 지표가 된다. 즉, 예산편성기준·편람, 보조금액 내부시달, 예산성립보고, 지방비부담금 지출강제, 지방채발행 한도액규정 등을 통한 국가의 엄격한 지방예산통제는 중앙집권성의 명백한 증거가 될 수 있다.

(사) 지방자치단체의 사무구성비율

지방자치단체의 사무종류에 있어서 고유사무, 단체위임사무 및 기관위임사무의 구성비율도 중앙집권과 지방분권의 중요한 지표가 된다. 지방자치단체의 사무 가운데 고유사무의 비율이 높으면 지방분권성이 강하고, 기관위임사무의 비율이 높을 때에는 중앙집권성이 강함을 나타내는 것이다.

(아) 민원사무의 배분비율

행정사무 가운데 민원사무는 특수한 경우외에는 주민생활문제를 담당하는 지방자치단체에 배분하는 것이 원칙이다. 이러한 민원사무의 상당한 비율을 국가가 관장한다고 할 때에는 중앙집권성이 강함을 의미하게 된다. 민원사무 가운데 특히 인·허가 사무의 배분비율은 집권과 분권 측정의 중요한 지표가 될 수 있다.

(자) 감사 및 보고의 회수

지방자치단체의 사무처리에 대한 중앙정부의 각종 감사의 횟수가 많다든가, 지방자치단체의 국가에 대한 각종 보고의 횟수가 많다는 것은 국가의 지방자치단체에 대한 간섭·감독·통제의 도가 높다는 것을 의미한다. 따라서 중앙의 감사 및 중앙에 대한 보고의 회수 등도 중앙집권성의 명확한 지표가 될 수 있다.

(3) 측정지표의 해석

위에서 중앙집권과 지방분권의 측정을 위한 주요지표들을 살펴보았다. 여기에서 주의를 요하는 점은 각 지표를 통하여 산출된 수치가 곧 자동적으로 중앙집권과 지방분권의 정도를 밝혀주지는 않는다는 사실이다. 그러한 수치를 시대적 추세에 비추어 보고, 타국의 경우와 비교해 봄으로써만 그 해석이 가능해진다. 그리고 여러 지표의 수치를 분석·해석한 결과를 종합함으로써만 결론을 얻을 수 있게 된다.

3 중앙집권과 지방분권의 조화

(1) 집권 · 분권 조화의 필요성

오늘날과 같이 국제교류가 활발하고, 인간의 생활과 사회 · 경제의 구조가 복잡해져서 정치 · 행정기능이 고도로 확대되고 복잡해진 시대에 있어서, 국가가 전국토 안의 모든 정치 · 행정기능을 일괄해서 단독으로 관장 · 처리해 나간다는 것은 불가능하다. 그리하여 정치 · 행정상의 지방분권화가 보다 많이 필요해지고 있는 것이다.

그러나 각 지역의 복잡 · 다기한 정치 · 행정을 국민사회의 전체적 입장에서 종합하고 조정하여 국가의 통일성을 확보해 나가는 것도 중요하다. 따라서 오늘날에도 중앙집권화의 필요성은 여전히 존재한다. 따라서 오늘날에는 지방분권화와 중앙집권화의 요청이 동시에 존재함으로써, 중앙집권과 지방분권의 이상적인 조화점 내지 균형점(thc point of right balance between centralization and decentralization)의 모색이 필요하다.

(2) 집권 · 분권 균형점의 모색

여기에서 중앙집권과 지방분권의 이상적인 조화점 내지 균형점이 어떠한 것이겠느냐 하는 것이 문제된다. 이론적으로 말하면 행정의 능률화와 민주화를 도모하는 성과의 합이 최대치를 이루는 점([그림 11-3]에서 P′ 점)이 그러한 점이 될 것이다.[16)]

그러나 이러한 이론상의 점을 실제에서 찾기란 지극히 어려운 일이다. 이 점은 실제에 있어서는 각 나라의 정치 · 경제 · 사회 · 문화 등 여러 가지 여건과, 역사적 · 관습적으로 이어져 온 전통, 그리고 지향하는 이념 등 여러 가지 배경에 따라 다르게 나타날 것이다.

결국 중앙집권과 지방분권의 조화점 내지 균형점 문제는 시 · 공간상 달라질 수 있는 문제로서, 이에 관하여 그 절대점을 제시한다는 것은 불가능한 일이라 하겠다.

16) 안태백, 앞의 논문, p. 292 참조.

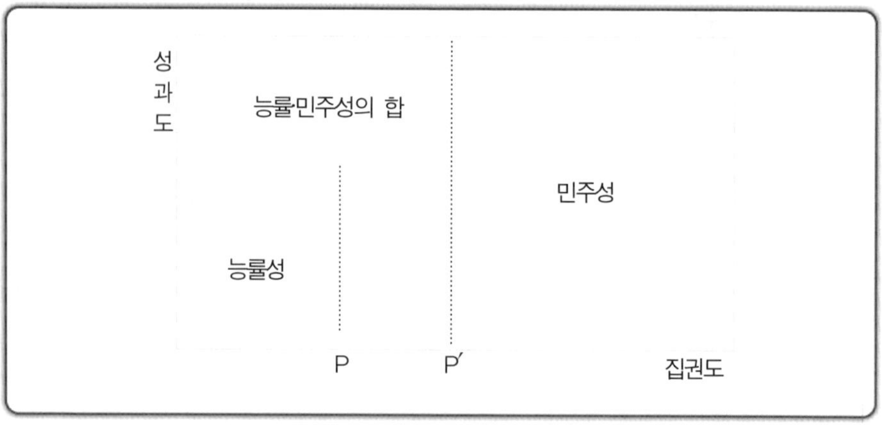

[그림 11-3　집권 · 분권의 조화점]

Ⅲ 한국의 중앙 · 지방간 관계

지방자치법 제9장에서는 국가와 지방자치단체 간의 관계를 규정하고 있다. 이 장은 기존 '국가의 지도 · 감독'이라는 제목으로 중앙과 지방 간의 수직적 관계를 내포하고 있었으나 '국가와 지방자치단체의 관계'라는 중립적이고 수평적인 표현으로 변경되었다. 우리나라와 같은 단방형 국가에서 중앙정부의 지방정부에 대한 개입을 현실적으로 배제할 수 없다는 점을 인정한다면, 수사적 의미로라도 수평적인 관계를 지향한다는 점은 바람직한 변화라 할 수 있을 것이다.

한편, 지방자치단체의 자율성 확대에 상응하여 중앙 · 지방 및 지방 상호간 협력관계를 정립하고 행정 능률성 제고하기 위하여 국가와 지방자치단체의 협력의무를 규정하였다(지방자치법 제183조). 국가와 자치단체의 국정통합성 제고, 단일국가로서의 조화와 균형 추구, 내셔널미니멈을 위한 정책적 협력 등과 같은 개정 사유만 보더라도 이 조항은 지방정부의 자율성을 제약하는 요소로 기능할 수 있다. 지방자치단체의 사무에 대한 지도와 지원 조항에서 국가나 시 · 도의 일방적 조언 · 권고 · 지도에 대해 지방자치단체의 의견제출권을 부여함으로써 기존 중앙 지방간의 수직적인 소통관계를 쌍방향 의사소통에 기초한 동반자적 관계로 나아가려는 전환이 시도되고 있는 점(동법 제184조)도 자율성과 자기책임성이라는 측면에서 긍정적 변화라 할 수 있을 것이다.

1 중앙 · 지방간 관계의 변천

우리나라에서는 일찍이 A.D. 1~4세기, 즉 삼국시대 초기에 중앙집권체제가 확립되어, 그 후 국력의 성·쇠에 따라 강약의 차이는 있었지만 중앙집권체제가 일관되게 시행되었다.

우리나라에서 근대적 지방자치제가 채택된 첫 시작은 19세기 말 갑오경장기에 향회(鄕會)제가 채택된 때라고 할 수 있다. 그러나 향회제도도 한·일 합방으로 폐지되고 말았고, 일제 강점기에 이른바 도회(道會)·부회(府會)·읍회(邑會)제로 형식상 지방자치의 흉내를 냈으나, 이는 모두 일본의 한반도 식민통치의 수단에 불과하였다. 결국 우리나라에서 민주적인 지방자치제가 채택된 것은 대한민국 성립 후 1949년에 지방자치법이 제정·공포된 때부터라고 하겠다.

그러나 지방자치법이 수차 개정되면서 국가와 지방의 관계가 일진일퇴하며 지방분권화가 추진되다가, 1961년에 군사정부가 지방자치에 관한 임시조치법을 제정하여 지방의회를 해산하고 그 권한을 상급 감독관청이 대행하면서 강력한 중앙집권의 시대로 회귀해 버렸다. 그리고 그러한 분위기는 1960년대와 1970년대 그리고 1980년대로 이어졌다.

1980년대에 국민의 민주화 요구에 따라 지방자치제 실시에 관하여 끈질긴 노력 끝에 지방자치법이 전문 개정되면서 다시 지방분권화 시대가 열렸다. 그러나 그 전문개정 지방자치법 제1조(목적규정)에서도 '민주화와 능률화의 조화'로 규정하고 있고, 실제 1990년대 이후의 지방분권화 추진상황도 미흡했다. 따라서 이 시기를 분권과 집권의 조화기로 보는 것이 더 정확하다고 하겠다.

1995년 제1회 전국동시지방선거가 실시된 후부터 현재에 이르기까지 분권의 폭이 얼마나 큰가는 차치하더라도 점진적으로 지방분권이 확대되었다는 점은 부정하기 어려우며, 때로는 답보상태에 있을지언정 제도적 후퇴가 일어나기는 사실상 불가능한 상태로까지 발전하였다.

특히 2022년 1월 13일부터 시행된 전부개정 지방자치법이 실시되면서 중앙·지방관계가 새로운 차원으로 변화하는 시점을 맞이하였다. 향후 지방자치가 어떻게 변화할 것인가에 대한 부분은 단순히 법률적 규정의 문제가 아닌, 지방자치단체 개별 또는 공동의 전략적 선택과 새롭고 참신한 아이디어가 더 중요한 상태로 변화한 것이다. 과거 지방자치법은 유사한 그릇에 비슷한 요리를 담도록 하는 형태였다면, 현행 지방자치법은 그릇도 부분적으로 바꿀 수 있으며, 요리에 있어서는 요리사 재량이 대폭 확대된 상태로 바뀐 것이다. 이는 지방자치의 실패를 집권적 구조 탓으로 치부할 수 없게 되었음을 의미하며, 지방정부가 스스로의 역량을 강화하지 못하면 스스로 책임져야 하는 제도적 기반이 형성되었다고 할 수 있다.

2 중앙 · 지방간 관계의 현황

(1) 지방의 자치권

(가) 자치입법

지방자치단체의 조례제정에 관하여 지방자치법 제28조에서 "지방자치단체는 법령의 범위 안에서 그 사무에 관하여 조례를 제정할 수 있다. 다만, 주민의 권리제한 또는 의무부과에 관한 사항이나 벌칙을 정할 때에는 법률의 위임이 있어야 한다"고 규정하고 있는데, 그 제정범위에 관한 '법령의 범위 안'의 의미가 모호하여 국가와 지방이 대립하는 경우가 많다.

(나) 지방조직 및 인사

지방자치단체의 조직 및 인사에 관하여 많은 사항들이 법령으로 규정되고, 조례 또는 규칙으로 정하는 경우에도 감독기관의 승인을 받거나 보고하는 등을 조건으로 하는 경우가 많아, 지방자치단체의 자치조직권이 매우 제한되어 있는 것이 특징이다.

(2) 기능 · 재원 배분

(가) 기능배분 · 자치사무

지방자치단체의 기능과 사무에 관하여는 지방자치법 제11조부터 제15조까지 상세히 규정되어 있으며, 이미 상세히 설명하였다(제4장 제2절 계층간 기능배분, 제4절 지방행정사무) 또한, 이를 국가와 지방간의 기능(사무)배분의 원칙과 기준을 '지방자치분권 및 지방행정체제개편에 관한 특별법(지방분권법)'에서 지역주민생활 관련 사무는 원칙적으로 시 · 군 · 자치구에 배분하고, 시 · 군 · 자치구가 처리하기 어려운 사무는 시 · 도에, 시 · 도가 처리하기 어려운 사무는 국가에 배분하도록 하고 있다

(지방분권법 제9조 제2항).

그러나 계층간 사무배분이 동일 종류의 사무를 그 종합기본사무는 상급자치단체에, 세부시행사무는 하급자치단체에 나누어 배분하여 서로 처리부분이 맞물리게 하고, 더구나 법문의 단서에 "다만, 법률에 이와 다른 규정 있으면 그러하지 아니하다"고 규정함으로써(지방자치법 제13조 제2항) 사무배분의 실효성이 증발되고 있다.

(나) 지방재원

2005년까지 지방예산의 편성에 있어 예산편성지침 시달제, 기채(起債)의 중앙정부 승인제를 시행하고, 예산편성과 결산 및 재정운용에 관한 중앙 감독기관의 보고제를 시행해 왔는데, 현재에는 예산편성지침 시달제를 지방자치단체 예산편성 기준과 재정운용업무편람 보급제로 바꾸고, 기채발행을 중앙정부 승인제에서 지방의회 의결사항으로 바꾸어 시행하고 있다.

국가와 지방간 세원배분에 있어 다른 나라에서는 지방세원이 50%(독일), 40%(일본, 미국) 수준에 이르는데 우리나라에서는 20%를 상회하는 수준이며, 지방교부세 교부율은 19% 수준이다.

(3) 중앙의 조정 · 통제

(가) 지방간 관계 조정

국가는 지방자치단체 상호간의 협력을 촉진하고, 그 상호간의 분쟁을 조정하며, 지방자치단체의 폐치분합시 사무 및 재산의 승계를 지정한다. 국가는 지방자치단체조합의 설립을 승인하고, 조합의 운영을 지도 · 감독하며, 협의사항을 조정할 수 있다.

(나) 중앙통제

지방자치단체장의 명령 · 처분이 법령위반 또는 부당하여 공익을 해친다고 인정되면 중앙(시 · 도) 감독기관이 시정을 명하고 그것을 취소하거나 정지할 수 있다. 또한 지방자치단체장이 위임사무의 관리 및 집행을 명백히 해태(懈怠)하는 경우에 그 이행을 명하고, 이를 이행하지 않을 때에 대집행 할 수 있다(동법 제188조, 제189조).

지방의회의 의결이 법령위반 또는 공익을 현저히 해친다고 판단되면 중앙 감독기관은 지방자치단체장으로 하여금 재의요구를 하게 할 수 있고, 지방의회가 그 위법한 의결을 재의결했을 때에 지방자치단체장에게 제소하도록 지시를 하거나 직접 제소할 수 있다(동법 제192조).

(4) 지방의 국가정책 참여

지방자치단체장, 지방의회의장 또는 교육감은 그 상호간의 교류와 협력을 증진하고 공동문제를 협의하기 위하여 전국적 협의체를 구성하고, 지방자치에 영향을 미치는 법령이나 정책 등에 관하여 의견을 제출할 수 있고, 국가는 그 의견을 국정에 반영하도록 되어 있으나 실제에 있어 그 효과는 미미한 상황이다.

3 중앙지방협력회의

지방자치법 전부개정을 통해 중앙·지방 관계에 큰 변화를 촉진할 수 있는 새로운 협의기구로 설치된 것이 '중앙지방협력회의'이다(지방자치법 제186조). 기존 대통령령에 근거한 '중앙행정기관·지방자치단체 정책협의회'를 통해 정책 협의를 할 수 있도록 하고 있었으나 대통령령이라는 한계와 행정안전부장관을 의장으로 하고 있어 중앙정부 전체와의 종합적인 정책협의에는 부족함이 있을 수밖에 없었다.

반면, 지방자치법 상 근거를 기초로 새롭게 제정된 중앙지방협력회의의 구성 및 운영에 관한 법률은 대통령을 의장으로 국무총리, 기획재정부장관, 교육부장관, 행정안전부장관, 국무조정실장, 법제처장, 시·도지사 및 소위 4단체로 불리는 전국적 협의체의 대표자 등을 회의의 구성원으로 정하고 있어 그 대표성이나 종합적인 정책 협의의 범위를 대폭 확장하였다.

이 회의의 주요 기능으로는 ① 국가와 지방자치단체 간 협력에 관한 사항, ② 국가와 지방자치단체의 권한, 사무 및 재원의 배분에 관한 사항, ③지역 간 균형발전에 관한 사항, ④ 지방자치단체의 재정 및 세제에 영향을 미치는 국가 정책에 관한 사항, ⑤ 그 밖에 지방자치 발전에 관한 사항으로 정하고 있어 사실상 지방정부의 영역만이 아닌 국정 전반을 심의할 수 있게 되었다(중앙지방협력회의법 제2조).

이 회의는 아직 시행 초기이고 구체적인 선례가 없어 차후 분석할 수 있는 사례나 선행연구가 축적되어야 확실한 기술이 가능하겠지만, 주요 기능으로 나열된 심의 대상만 보더라도 지방정부의 지위를 공고히 하는 역할을 할 것으로 예상된다.

우리나라의 많은 국가정책은 지방정부에 의존하여 집행되는 경향이 강하다. 따라서 지방정부의 이익을 대변하는 구성원들이 이 회의에서 거부권 행사자로 기능한다면, 대통령이나 중앙정부의 정책 의지가 일방적으로 반영되기 어려운 구조가 제도화되었다는 점은 쉽게 추측할 수 있다. 즉, 지방정부가 중앙정부와 대등한 관계에서 정치적·행정적 협력을 할 수 있는 중요한 제도로 기능할 수 있으며, 이 회의에서 협력과 갈등의 경험을 축적할수록 지방정부가 자신의 이익을 최대화할 수 있는 전략적 행동이 나타날 것으로 예상된다.

제3절 중앙·지방간 갈등관계

I 중앙·지방간 갈등관계의 대두와 요인

1 갈등문제의 대두

우리나라에 있어서, 국가와 지방자치단체간의 갈등이 1991년에 지방의회가 구성되고, 1995년에 지방자치단체장도 민선되어 지방자치가 본격 시행된 후에 현저히 증가하였다[17]. 원자력발전소 건설, 핵폐기장 건설, 종합부동산세(국세)의 신설, 공영제 선거운동 비용의 자치단체 부담, 지방의회 의원의 정당공천제 채택 등을 둘러싼 갈등이 모두 그것들이다.

이러한 지방정부 구성방법의 변화에 따라 국가와의 관계에서 뿐만 아니라 광역자치단체와 기초자치단체간, 대등한 지방자치단체간에 있어서도 대립과 갈등이 발생하는 경우가 많아졌다. 쓰레기분쟁, 물분쟁, 개발·환경분쟁, 경비부담분쟁 등이 그러한 사례이다.

이러한 지방자치단체 상호간, 자치단체와 국가간의 갈등·분쟁에 대비한 갈등·분쟁의 해결방법과 절차, 그리고 그러한 해결의 관례와 문화가 정립되어 있지 않아 지방자치의 발전에 상당한 저해가 초래되고 있으며, 이러한 현상들이 지방자치에 대한 회의를 불러일으키고 있다.

---

17) 1999년에 행정자치부, 국토연구원, 한국지방행정연구원이 발행한 지방자치시대의 분쟁사례집 I · II 에서 327개 분쟁사례(정부간 154개, 정부-주민간 173건)를 분쟁내용별로 정리하여 발간하였다.

2 갈등관계의 요인

국가와 지방자치단체간의 갈등관계도 본질적으로는 후술할(제12장) 지방자치단체 상호간의 갈등관계와 같다. 다만 국가와 지방자치단체간의 관계에는 우리나라의 두터운 수직문화의 특성에 따라, 그 발생요인에는 다음과 같은 특수한 요인이 작용한다.

(1) 상황적 요인

(가) 자치권의 범위

지방자치의 기본이 되는 지방자치권의 범위가 제약되어 지방자치단체가 그 행정기구, 공무원 정원, 행정운용을 자율적으로 처리해 나갈 수 없을 때에 국가와 충돌・갈등하게 된다.

(나) 기능배분

각급 정부간의 기능배분(사무배분)에 있어서 지역주민의 생활과 밀착된 사무를 국가가 관장하거나 국가의 일선기관에 배분하는 경우, 또한 그 사무배분을 2계층에 걸쳐서 중첩 배분하고 있는 경우에 국가와 지방간의 갈등과 분쟁이 발생한다.

(다) 재원배분

지방자치단체의 기능을 수행하는 데 필요한 재원(특히 세원)이 지방자치단체에 배분되어 있지 않거나, 지방자치단체에 사무를 이양하는 경우에 사무만 이양하고 그 처리 소요재원을 이양하지 않거나, 국가의 지방재정 지원이 원활하지 않거나, 지방자치단체의 재정운용에 대한 국가의 간섭이 심할 때에 충돌・갈등이 발생한다.

(2) 인식적 요인

(가) 권위주의

수직적 문화와 중앙집권적 전통의 영향으로 국가는 마땅히 지방자치단체에 지시할 수 있고, 지방자치단체는 마땅히 이에 복종해야 한다는 국가의 권위주의가 뿌리 깊을 때에 갈등이 발생한다.

(나) 지역이기주의

지방자치단체가 국가와 사회전체의 공동이익을 망각하고 자기 지역의 이익에만 집착하여 협상과 타협을 거부하는 지역이기주의에 빠져 있을 때에는 국가와 충돌·갈등하지 않을 수 없는 것이다.

(3) 행동적 요인

(가) 일방적 결정

정책이나 입지의 결정에 있어서 국가가 관계 지방자치단체와의 협의과정을 거치지 않고 일방적으로 결정하는 데에 갈등과 분쟁의 요인이 있다. 공익결정에 있어서 국가가 결정하는 것이 최선이라는 사고방식은 민주주의 국가에서는 통용되지 않으며, 토의와 협상을 거친 결정만이 공익에 부합된다는 사실에 유의하여야 한다.

(나) 비다협적 테도

한편 지방자치단체가 지역주민의 의사를 대변하고 주민의 이익에 따라 지방자치를 운용한다는 미명하에 국가의 정책과 운용방침에 비협조적이거나, 그 정책과 방침에 빈번히 이의를 제기하거나 과격한 항거조치를 취함으로써 국가와 충돌·갈등하기도 한다. 이는 주민의 지역주의적 의사와 요구를 여과 없이 수용하여 추진할 때에 더욱 야기되기 쉬운 현상이다.

Ⅱ 중앙·지방간 갈등의 조정

1 갈등조정의 특수성

지방자치단체 상호간의 갈등과 분쟁에 있어서는 국가가 그 제3자적 입장에서 중립적으로 중재와 조정의 역할을 수행할 수 있다. 그러나 국가와 지방자치단체간의 갈등·분쟁이 발생한 경우 중앙정부 자신이 그 갈등·분쟁의 당사자이기 때문에 그러한 제3자적 입장에서 중재·조정역할을 할 수 없다.

따라서 국가와 지방자치단체간의 갈등·분쟁에 있어서 각계의 전문가, 중립적인사들로 구성된 합의제의 조정위원회를 중앙정부로부터 어느 정도 독립적인 위치에 두고 갈등 및 분쟁의 조정을 독립적으로 행하도록 할 필요가 있다.

우리나라에서는 국가와 지방자치단체간의 갈등·분쟁을 협의·조정하기 위하여 1999년에 국무총리 소속하에 협의조정기구(행정협의조정위원회)를 두었다(지방자치법 제187조)[18]. 이는 직선 자치단체장이 등장하고 국가와 지방자치단체간의 갈등과 분쟁이 빈번해짐에 따라 그 갈등과 분쟁을 협의·조정하는 제도를 마련한 것이다. 이러한 방식은 일본에서 총리실 산하에 그러한 조정기구를 둔 것과 유사한 것이다.

그러나 일본의 총리실이란 우리나라의 대통령실에 해당하는 것이며, 우리나라에서는 지방자치법에 그러한 협의·조정 기구를 둔다는 규정만 두었을 뿐, 그 협의·조정의 절차와 조정결정에 대한 불복절차 등을 규정하지 않고 있다. 지방자치법시행령에 분쟁당사자의 서면 신청에 의하여 협의·조정하며, 조정결과의 통보를 받은 분쟁당사자는 이를 이행하여야 한다는 규정을 두고 있다(동법시행령 제106조). 그러나 협의·조정 결정사항에 대한 이행의무는 규정하고 있으나, 조정결과에 대한 불복절차 및 이행강제절차 규정은 전혀 두지 않고 있어, 효과적인 조정을 실현하는

---

18) 2000년 5월 13일 설치된 행정협의조정위원회의 운영상황은 2019년까지 총 18건이 신청되어 처리되었다.(조정 9건 각하 2건, 종결 1건, 취하 6건)

행정협의조정위원회의 사건별 처리·결정 내용

사건명	당사자	결정내용
① 군산개야도 어업권손실보상	군산시→건교부	조정(2001.11.17)
② 난지도 폐가전 처리시설보상	환경부→서울시	실물조정수용, 취하(2001.11.17)
③, ④ 포항 정치망 손실보상금 (1),(2)	포항시→해수부	실물조정수용, 취하(2003. 6. 4)
⑤ 지하철분당선 개포1,2역 사업비분담	철도청→서울시, 토지공사	조정(2003. 6. 4)
⑥ 경부고속철도 제4-1공구 역명칭 선정	아산시→건교부	각하(2003.8.26)
⑦ 경인2복선 전철사업비분담	철도청→부천시	실무조정, 취하(2004.10.19)
⑧ 녹산국가산업단지 해안변 방지대책	부산시→건교부, 산자부	조정(2005. 9. 14)
⑨ 신항만명칭	해수부→부산시, 경남도	각하(2005. 9. 14)
⑩ 제2롯데월드 신축(1)	국방부→서울시	조정(2007. 7. 26)
⑪ 제2롯데월드 신축(2)	서울시→국방부	조정(2009. 3. 31)
⑫ 포스코신제강공장 고도제한 완화	포항시→국방부	조정(2011. 1. 18)
⑬ 국유재산(구기무부대부지)도시계획 결정	국방부→청주시	취하(2011. 1. 27)
⑭ 안양교정시설 재건축협의불가처분취소	법무부→안양시	조정(2012. 1. 30)
⑮ 광화문 태극기 게양 분쟁	국가보훈처 → 서울특별시	취하 (2017. 6. 13)
⑯ 안산 사동 개발사업 주체 분쟁	경기 안산시 → 교육부	종결 (2018. 3. 5.)
⑰ 인천대학교 장기차입금 이자 상환주체 분쟁	교육부 → 인천광역시	조정 (2019. 1. 21.)
⑱ 세종시 예정지역 1단계 생활용수 기반시설 설치비용 부담 주체 분쟁	세종시 → 행복도시건설청	조정 (2019. 9. 19.)

자료: 지방자치단체 협력·갈등관리 업무편람(2019), 행정안전부.

데에 불충분하다.

이러한 규정들을 시행령에 두기보다는 법률에 두어야 할 것이므로 이 문제는 앞으로 더욱 보완・발전을 시켜나가야 할 부분이라고 하겠다.

2 갈등조정의 기본조건

국가와 지방자치단체간의 갈등・분쟁의 효과적인 조정을 도모하기 위해서는 다음과 같은 기본조건이 갖추어져야 한다.

첫째로, 인식의 전환이다. 국가는 권위주의를 버리고, 지방자치단체는 지역이기주의를 버려야 한다. 이러한 인식의 전환 없이는 어떠한 제도를 채택하더라도 효과를 거둘 수 없다.

둘째로, 상황의 전환이다. 지방자치단체의 자치권이 확대되고, 국가와 지방자치단체간의 기능배분과 재원배분이 적정하게 이루어져야 한다.

셋째로, 행동의 개선이다. 국가는 일방적인 정책 또는 입지의 결성을 삼가고, 지방자치단체는 주민의 의사라는 이유로 국가정책에 비협조적이거나 과격한 조치나 행동 등을 삼가야 한다.

제4절 지방에 대한 중앙통제

I 중앙통제의 의의

국가와 지방자치단체는 상호 의존적으로 작동한다. 국가는 지방자치단체의 업무수행에 관여하고, 지방자치단체는 국가의 정책수립에 영향을 미치는 등 상호 교호적으로 작용하면서 국정과 지방자치가 작동해 나가는 것이다.

지방자치단체의 업무수행에 대한 국가의 관여는 대부분의 나라에 있어서 국가의 '지도'의 형식으로 나타난다. 그러나 전술한 종속형적인 국가에 있어서는 이를 국가의 지방자치단체에 대한 '지도・감독'이라고 하고 있다.

국가의 지방자치단체에 대한 '지도·감독'을 한마디로 중앙통제(central control)라고 한다. 그러나 우리나라에서의 '통제'라는 용어와 영어의 'control'이라는 용어상의 뜻의 차이 때문에 오해가 초래될 우려가 있다. 영어에 있어서의 'control'에는 권력적인 강제작용 보다는 비권력적인 조정, 조절의 의미가 강하다. 우리나라 실정법상의 '지도'가 그 뜻에 해당한다고 할 수 있다.

따라서 여기에서의 '통제'는 국가의 권력적인 강제작용뿐만 아니라, 국가와 지방자치단체의 관계에 있어서 양자가 접촉·교섭·협의·협조하고, 지도·지원·조정·협조하는 모든 관여와 관계를 총괄하는 의미이다.

통제의 개념을 이와 같이 넓게 보는 것은 중앙통제를 지배·압박·강요라는 권력적인 것에서 지도·지원·협력 등의 비권력적인 것으로의 그 성격의 전환을 도모하는 데에 크게 기여하게 된다.

중앙통제는 국가가 우월한 힘(법규, 재정)을 가지고 지방자치단체를 일방적으로 지배·압바·강요히는 관점에서만 파악되어서는 안 된다. 국가는 전체적 입장에서 기능하고, 지방자치단체는 그 고유의 영역에서 개성있는 활동을 수행하는 가운데, 서로 부족한 점을 보완하고 협력함으로써 궁극적으로 국가전체의 발전을 도모하는, 이른바 '기능적 협력관계'라는 폭넓은 관점에서 파악하여야 한다.

한편, 중앙통제는 일반적으로는 지방자치단체에 대한 국가의 통제를 의미하지만, 넓게는 기초자치단체에 대한 광역자치단체의 통제도 포함하여 사용된다.

Ⅱ 중앙통제의 필요성과 경향

1 중앙통제의 필요성과 한계성

(1) 중앙통제의 필요성

현대국가에 있어서 지방자치도 어디까지나 국가운영의 일부이며, 그러한 국가운영의 범위 안에서 인정되는 것이다. 현대 지방자치의 본질에 따라 각 지방자치단체는 국가의 전체적 통일성을 유지하는 범위 안에서 자치행정을 독자적으로 수행해 나가는 지위에 있다. 따라서 국가로부터 완전히 분리되거나, 독자적으로 기능하는 지방자치란 있을 수 없으며, 국가의 통제로부터 완전히 벗어난 지방자치단체도 있을 수 없다.

국가와 지방자치단체는 모두 동일한 국민(주민)을 대상으로 업무를 수행할 뿐만 아니라, 지방자치단체의 모든 권한이 법령을 근거로 하므로, 국가는 지방자치단체의 업무수행에 다양한 방법으로 관여하게 된다.

지방자치단체의 기반이 되는 지역사회는 국가를 형성하고 있는 전체 국민사회의 한 부분을 이루고 있는 것이다. 그리고 부분사회로서의 지역사회의 안정과 발전 여하는 전체 국민사회의 안정과 발전을 좌우하게 된다. 따라서 지역사회의 복지・보호・위생・교육・환경 등의 수준에 관하여 국가가 이를 방임하고 있을 수는 없다.

지방자치단체가 전체 국가・사회의 규범인 법령을 위반한다든가, 꼭 하여야 할 공공서비스를 제공하지 않는다든가, 어느 한 지방에서의 공공서비스 수준이 다른 지방에서의 그것에 비하여 현저히 낮다든가, 어느 한 지역의 자치재정 운용이 지나치게 방만하다든가 하는 것 등은 그 지방의 문제에 그치지 않고 곧 국민전체의 문제와 직결된다.

따라서 국가는 반드시 유지하여야 할 국민적 최저수준(national minimum)을 보장・실현하기 위하여 지방자치단체에 대하여 지도・감독 등 통제를 행하게 된다. 특히 지방자치단체가 국가의 위임을 받아서 사무를 처리하거나 국가의 재정적 지원을 받아서 사무를 처리하는 경우에 중앙통제는 필수적으로 수반하게 된다.

우리 헌법 제117조에 "지방자치단체는 … 법령의 범위 안에서 자치에 관한 규정을 제정할 수 있다"고 규정하여 지방자치권을 보장하되, 제118조에서 "지방자치단체의 조직과 운영에 관한 사항은 법률로 정한다"고 규정하여 지방자치단체에 대한 중앙통제의 근거를 마련하고 있다. 그 중앙통제의 수단 및 정도는 지방자치법 등이 정하는 바에 의한다.

(2) 중앙통제의 한계

지방자치단체에 대한 국가의 관여는 필요한 것이지만, 그것이 무한정하게 인정될 수는 없다. 지방자치단체는 헌법이 보장하는 자치권을 행사하는 법인으로서, 자치사무에 대해서는 원칙적으로 국가나 기타 어떠한 외부단체 또는 기관 등에 의하여도 간섭이나 통제를 받지 않고 독자적으로 입법권, 조직권, 재정권, 행정운영권을 행사할 수 있다.

다만 오늘날과 같은 통일국가에 있어서 지방자치단체의 이러한 자치권의 행사가 국가의 전체적 통일성을 저해해서는 안된다. 따라서 지방자치단체의 독자성과 국가의 전체적 통일성의 조화를 위하여 국가의 지도와 감독을 허용하고 있다. 이렇게 볼 때에 지방자치단체의 대외적인 독자성의 보장이라는 것은 국가-지방관계의 기본원칙이고, 지방자치단체에 대한 국가의 지도·감독은 그 예외적인 것이다.

따라서 지방자치단체가 국가로부터 지도·감독을 받되, 그 지도·감독은 다음과 같은 조건하에서만 행사될 수 있다. 즉, 지방자치단체에 대한 국가의 지도·감독은 ㉠ 국가 전체의 통일성의 유지를 위하여 필요한 경우에 한하여, ㉡ 지방자치단체의 헌정상의 지위(독자성)를 저해하지 아니하는 범위 안에서, ㉢ 명백한 법적 근거에 따라서, ㉣ 일정한 법적 절차를 거쳐서만 행해지도록 되어 있다.

지방자치단체에 대한 국가의 지도·감독이 지나치게 되면 지방자치단체의 자주적인 활동의 영역이 좁아지게 되고, 주민의 의욕을 저하시키게 된다. 또한 지역의 개별성과 특수이익을 소홀히 하게 됨으로써 결국 정치·행정의 민주화와 능률화를 모두 저해하게 된다. 따라서 지방자치단체에 대한 국가의 지도·감독은 필요한 최소한도에 그치게 하는 것이 원칙이다.

지방자치단체에 대한 국가의 지도·감독은 정치·행정의 전국적 통일의 필요성과 지방자치단체의 자치권보장의 필요성이라는 상반되는 두 가지 필요성 사이의 적절한 조화점을 그 한계로 하여 행해져야 한다. 그러나 실제에 있어서 국가지도·감독의 한계는 명확하지도 않고 또한 일정하지도 않다. 지방자치단체에 대한 국가지도·감독의 한계는 나라에 따라, 시대에 따라, 이데올로기에 따라, 그리고 시각이나 관점에 따라 다르게 나타난다.

2 중앙통제의 경향

(1) 신중앙집권과 중앙통제

이미 앞의 제2장에서 살펴본 바와 같이 20세기에는 영국, 미국 등 선진국을 비롯하여 대부분의 나라에서 신중앙집권화의 경향을 보이고 있다. 이러한 신중앙집권화의 경향에 따라 지방자치단체에 대한 국가의 지도·감독도 이에 비례하여 재구축되는 경향을 보이고 있다.

이러한 신중앙집권화 경향 속에서 국가의 지도·감독이 재구축되는 이유는 다음과 같다.

첫째로, 공공기능의 양적 증가이다. 즉, 오늘날 산업사회의 발달은 국가와 지방을 막론하고 공공기능의 양적 증가를 초래하였는데, 국가의 경우보다도 지방의 경우 이에 적응해 나갈 행·재정능력이 부족하기 때문에 국가의 지도·지원을 절실히 필요로 하게 되었다.

둘째로, 공공기능의 질적 복잡화이다. 즉, 산업사회의 발달은 또한 공공기능의 질적 복잡화와 전문화를 초래하였는데, 지방은 이에 대응할 새로운 관리기술·능력을 충분히 갖추고 있지 못하기 때문에 자연히 국가의 지도와 지원을 받게 되었다.

셋째로, 공공기능의 전국적 이해관계화이다. 즉, 교통·통신수단의 발달은 주민의 생활권역을 확대시키고, 어느 한 지방에만 국한된 공공업무를 감소시키게 되었는데, 이에 따라 국가는 보다 광역적인 관점에서 지방자치단체의 기능수행을 조정하게 되었다.

이상과 같은 요인에 의하여 강화된 중앙통제는, 지방자치단체를 보호하고 그의 업무수행에 효율적으로 협력하려는 것이기 때문에, 국가의 우월성을 토대로 한 권력적인 것이 아니라 비권력적이고 협동적인 것이 특징이다. 말하자면 신중앙집권 아래에서의 중앙통제는 국가 전체의 균형을 확보하면서 지방자치단체의 독자성을 인정하는, 즉 집권과 분권의 공존·조화를 도모하는 것이라고 할 수 있다.

(2) 신지방분권과 중앙통제

제2장에서 살펴본 바와 같이 신중앙집권화의 거센 물결 속에서 오늘날 세계의 도처에서는 신중앙집권의 폐해를 시정하기 위한 운동으로서 이른바 신지방분권화의 경향이 나타나고 있고, 이러한 경향은 앞으로 시간이 흐를수록 더욱 뚜렷이 부각될 전망이다.

이러한 신지방분권화의 일반적인 특징은 국가와 지방자치단체의 병립적 대등관계의 형성, 국민의 생활관련 업무의 기초자치단체에의 배분, 국가의 정책에 대한 지방자치단체의 참여, 지방자치단체 상호간의 협력의 증대 등이 있다.[19)]

신지방분권화에 있어서의 지방자치단체에 대한 국가의 지도·감독은 가능한 한 그 양을 줄이되, 특히 권력적 통제를 최소화하고 이를 지식·기술적 지도와 지원(즉, 비권력적 통제)으로 대체하는 것을 그 특징으로 한다. 말하자면 신지방분권 아래에서의 중앙통제는 지방자치단체의 독자성을 인정하면서 국가전체의 균형을 확보하는, 즉 분권과 집권의 공존·조화를 도모하는 것이라고 할 수 있다.

---

19) 成田頼明, 現代社會と自治制度の變革(東京 : 學陽書房, 1976). pp. 37~38.

이러한 신지방분권 아래에서의 중앙통제는 오늘날의 지방자치단체에 대한 중앙통제의 기본성격을 규정하는 것이라고 하겠다.

Ⅲ 중앙통제의 방식

지방자치단체에 대한 국가 지도·감독의 방식은 그 분류기준 여하에 따라 여러 가지로 나눌 수 있다.

1 통제기관별 방식

국가의 지도·감독은 그 지도·감독기관을 기준으로 하여 입법적 통제와 사법적 통제 및 행정적 통제로 나뉜다.

(1) 입법적 통제

입법적 통제(legislative control)는 국가의 입법기관(국회)이 지방자치단체에 대하여 행하는 통제로서, 입법절차를 통하여 이루어지는 통제를 말한다. 이는 국가가 지방자치단체의 권한범위를 법령으로 정하여 그 범위 안에서 권한을 행사하도록 하는 것을 의미한다. 국회에서 제정된 법률을 명시적으로 수권하지 않는 한 지방자치단체는 어떠한 권한도 가질 수 없으며, 국가 또한 법령에 의하지 않고는 지방자치단체에 대하여 권한을 행사할 수 없다.

의회민주주의 하에서 이러한 입법통제는 중앙통제의 기본방식이다. 따라서 세계 각국에서 공통적으로 이 방식을 활용하고 있다. 그러나 현대에 이르러, 정도상의 차이는 있겠지만 모든 민주국가에서 입법적 통제가 약화되어 가고 있다.

입법적 통제가 약화되는 원인은 첫째 행정의 전문성이 높아가고 있다는 점, 둘째 행정의 재량권이 커가고 있다는 점, 셋째 행정에 관한 정보를 집행부가 보다 많이 가지고 있다는 점, 넷째 의회의원에 대한 정당의 통제로 인하여 의원의 활동에 제약이 있다는 점 등을 들 수 있다. 그러나 오늘날 입법적 통제가 약화되고 있지만, 그것이 중앙통제의 기본적인 방식이라는 데에는 변함이 없다.

입법적 통제와 관련하여 의회소속의 감사기관인 옴부즈만(ombudsman)제를 채택하고 있는 나라도 있다.[20]

우리나라의 경우 헌법 제118조 제2항에 "지방자치단체의 조직과 운영에 관한 사항은 법률로 정한다"고 규정한 것이 입법적 통제의 근거가 된다. 지방자치단체의 모든 권한과 의무는 법률로써 규정되고 있는데, 지방자치법을 비롯한 기타 관계법규가 그러한 법률들에 속한다.

(2) 사법적 통제

사법적 통제(judicial control)는 국가의 사법기관(법원)이 지방자치단체에 대하여 행하는 통제로서, 쟁송절차를 통하여 이루어지는 통제를 말한다. 이는 지방자치단체가 법률에 의하여 부여된 권한을 벗어나는 행위를 할 때 법원이 이를 무효로 하거나 취소 또는 정지시킴으로써 법질서를 유지하는 것을 의미한다. 지방자치단체는 업무를 수행함에 있어 주민의 권익을 침해하거나 위법하게 권한을 행사할 수 없다.

사법적 통제는 지방자치단체가 법률을 위반하는 경우에 그를 시정하기 위하여 취해지는 것이므로 입법적 통제와 상호 보완관계에 있다고 하겠다.

이러한 사법적 통제는 행정활동에 대한 사후적 통제로서 행정행위의 합법성을 보장하는 특징을 갖고 있다. 그럼에도 불구하고 오늘날 사법적 통제는 각국에서 중앙통제의 방식으로서 퇴색하는 추세에 있다고 할 수 있다.

오늘날 사법적 통제가 퇴색하는 이유는 첫째 그것이 사후적 · 소극적 통제방식으로 사후구제에 불과한 점, 둘째 그 수속 · 절차가 복잡하며 당사자에게 과중한 경비부담을 주는 점, 셋째 구제에 장시간을 요하는 점, 넷째 행정처분을 무효로 하거나 취소 · 정지시킬 수 있을 뿐이지 적극적으로 행정행위를 하도록 요구할 수 없는 점, 다섯째 고도의 전문기술이 요구되는 자치행정을 그 분야의 전문가가 아닌 법관이 판단하기 때문에 법의 형식논리에만 치우칠 우려가 있는 점 등에 있다.[21]

우리나라에서는 헌법 제107조 제2항에 "명령 · 규칙 · 처분이 헌법이나 법률에 위반되는 여부가 판결의 전제가 된 경우에는 대법원은 이를 최종적으로 심사할 권한을 가진다"고 규정한 것이 사법적 통제의 근거가 되고 있다. 지방자치단체에 대한 사법적 통제는 사법구제와 법규회복 등의 형태로 행해진다.[22]

---

20) 옴부즈만제는 스웨덴에서 채용되기 시작한 이래, 1950년대부터 다른 나라에서도 이를 채택하게 되었는데, 현재에는 북유럽 제국과 영국, 프랑스, 미국의 일부 주(예 ; 하와이주), 캐나다의 일부 주(예 ; Alberta 주), 뉴질랜드 등에서 채택되어 있다.

21) 정세욱, 지방행정학(서울: 법문사, 1984), p. 185.

(3) 행정적 통제

행정적 통제(administrative control)는 국가의 행정기관(행정부)이 지방자치단체에 대하여 행하는 통제로서, 행정절차를 통하여 이루어지는 통제를 말한다. 이는 지방자치단체의 활동이 국가 전체의 발전에 이바지하도록 중앙행정기관이 그 방향을 설정하고 진행을 유도하며 결과를 확인하는 것을 의미한다. 지방자치단체도 국가의 통치구조의 일부분이기 때문에 국가가 정립하여 추진하는 국가시책을 달성하기 위하여 노력하여야 한다(지방자치법 제138조).

이러한 행정적 통제는 오늘날 가장 일반적인 통제의 방식으로서 활용되고 있다. 그 원인은 입법적 통제가 융통성이 없고 환경의 변화에 대한 적응력이 약하다는 점, 사법적 통제가 원칙적으로 사후통제라는 점에서 입법적 통제와 마찬가지로 사태변화에 신속히 대응할 수 없는 데 비하여, 행정적 통제는 전문적인 지식과 기술을 수반할 뿐만 아니라 구체적이고 신속하기 때문에 지방자치단체의 행정활동을 적극 지도해 나가는 데에 가장 효과적이라는 점에 있다.

그러나 행정적 통제가 지나치면 지방자치의 본질을 해치고, 행정능률을 저하시키며, 주민의 의욕과 창의성을 저해할 우려가 있다. 특히 그 통제가 권력적일 때에는 더욱 그러하다.

우리나라에 있어서 지방자치단체에 대한 국가의 행정적 통제는 지방자치법 및 기타 각 개별법에 따라 행해진다. 지방자치단체에 대한 행정적 통제권은 대통령, 국무총리, 행정안전부장관을 비롯한 중앙행정관서의 장, 상급지방자치단체장 등에 의하여 행사된다.

국가의 일반감독기관은 특별시·광역시·특별자치시·도·특별자치도에 대하여는 행정안전부장관(교육·학예에 관하여는 교육부장관)이고, 시·군·자치구에 대하여는 1차적으로 시·도지사, 2차적으로는 행정안전부장관이다.

외국의 경우, 지방자치단체에 대한 중앙정부의 일반감독기관이 내무부로 되어 있는 나라(독일·프랑스), 환경부인 나라(영국), 자치부(성)인 나라(일본) 등 다양하다.

행정적 통제의 내용에도 여러 가지가 있을 수 있는데, 이를 크게 다음과 같이 분

22) 사법구제란 행정작용으로 인한 국민의 권리·이익 침해에 대하여 피해자의 구제청구가 있을 때에 법원이 이를 심판하는 것을 말하고, 법규회복이란 행정작용의 법률위반에 대하여 일반인 또는 관련기관의 시정청구가 있을 때에 법원이 심판하는 것을 말한다.
사법구제는 항고소송(행정소송법 제1조, 지방자치법 제63조)과 당사자소송(행정소송법 제1조)을 통하여, 법규회복은 선거소송(공직선거법 제222조)과 기관쟁송(지방자치법 제157조, 제157조의 2, 159조)을 통하여 행해진다.

류할 수 있다.

(가) 준입법적 통제

지방자치단체 행위준칙의 정립을 통한 통제로써 대통령령·총리령·부령의 제정 등이 그것이다.

(나) 준사법적 통제

사실의 인정, 법의 적용행위, 법령위반에 대한 구제 등을 통한 통제로써, 이의에 대한 결정·소원의 재결·소청의 심사·재심청구에 대한 재심사 등이 그것이다.

(다) 행정적 통제(협의)

중앙행정관서의 행정계획, 집행행위, 확인행위 등을 통한 통제 등이 그것이다.

2 통제성격별 방식

행정적 중앙통제는 그 통제의 성격에 따라 권력적 통제와 비권력적 통제로 나누인다. 물론 권력적 또는 비권력적의 구별은 상대적이다.

(1) 권력적 통제

권력적 통제란 각종 중앙통제 방식 가운데서 일방적·명령적·강제적인 방식을 말한다. 실정법상의 '지도·감독'이라는 표현 가운데 대체로 후자, 즉 감독이라는 것이 이러한 성격의 통제에 해당한다고 할 수 있다(지방자치법 제180조, 제185조). 이러한 중앙통제에는 대체로 다음과 같은 것들이 있다.

(가) 임면(appointment and removal)

행정관리의 책임자를 임명 또는 해임하는 방식이다. 우리 지방자치법상에는 시·도의 부지사 임명(동법 제123조), 지방자치단체의 폐치분합 또는 승격시의 그 장 직무의 임시대행자 지정(동법 제110조) 등이 규정되어 있다.

(나) 승인(approval)

지방자치단체의 행정행위의 법적 효력을 완성시키는 사전통제 방식이다. 실정법상으로는 인가, 동의 등 여러 용어가 사용된다. 우리 지방자치법상에는 구·읍·면·동의 명칭·구역변경과 폐치분합의 승인(동법 제7조), 지방자치단체 조합의 설립 및 해산의 승인(제176조) 등이 규정되어 있다.

(다) 처분(administrative act)

감독기관이 직접 지방자치단체의 행정사항에 관하여 행정처분을 행하는 방식이다. 우리 지방자치법상으로는 지방자치단체의 장의 위법 또는 부당한 명령·처분에 대한 시정명령 및 취소·정지처분(동법 제188조), 지방자치단체장의 직무해태시의 직무이행명령 및 대집행(제189조), 지방자치단체의 폐치분합시 사무 및 재산을 승계할 지방자치단체의 지정(제8조) 등이 규정되어 있다.

(라) 감사(inspection and audit)

지방자치단체의 행정행위의 합법 또는 타당성을 심사하여 시정조치를 취하는 사후통제방식이다. 우리 지방자치법에서도 사무 및 회계에 대한 감사를 규정하고 있다(동법 제190조). 또한 감사원의 회계감사 및 직무감찰도 물론 이루어진다.

(2) 비권력적 통제

비권력적 통제란 각종 중앙통제 방식 가운데서 장려적·유도적·조성적인 방식을 말한다. 실정법상 '지도·감독'이라는 표현 가운데 전자, 즉 지도라는 것이 이러한 성격의 통제에 해당한다고 할 수 있다(동법 제180조, 제184조, 제185조). 이러한 성격의 중앙통제에는 대체로 다음과 같은 것들이 포함된다.

(가) 계도(guidance)

감독기관이 지방자치단체의 행정의 방향을 제시하고 그 최저기준을 설정하며 질의에 응답하고 기법을 계몽하며 조언과 권고를 행하는 것 등을 통해서 행하는 통제이다. 우리나라에서도 지방자치단체의 사무에 대하여 조언 또는 권고하거나 지도하고 이를 위하여 필요한 때에는 자료제출을 요구할 수 있도록 규정하고 있다(동법 제184조 제1항).

(나) 지원(assistance)

지방자치단체의 업무수행에 필요한 사항에 대하여 원조를 행함으로써 행하는 통제이다. 우리나라에서도 지방자치단체의 사무처리에 필요하다고 인정되는 경우에 재정지원 및 기술지원 등을 할 수 있다고 규정하고 있다(동법 제184조 제2항).

(다) 정보제공(information)

지방자치단체의 업무수행에 필요한 정보와 자료를 제공함과 아울러, 지방자치단체로부터 중요한 사항에 관하여 보고를 받고, 필요한 경우 각종 정보와 자료의 제출을 요청함으로써 행하는 통제이다. 중앙정부가 업무수행에 관한 새로운 지식을 지방자치단체에 제공하고 지방자치단체로부터 자치업무의 현황과 실적을 보고받는 것은, 비단 통제를 위해서 뿐만 아니라 자치업무 처리의 개선·발전을 위해서도 매우 필요하고 중요한 것이다. 우리나라에서도 국가가 지방자치단체에 재정운용업무편람을 보급(지방재정법 제38조)하는 등 각종 정보제공을 하도록 함과 동시에, 조례·규칙의 제정이나 개·폐의 보고(지방자치법 제35조), 예산의결·결산 승인의 보고(동법 제149조, 제150조), 사무위탁의 보고(동법 제168조), 자치사무에 관한 보고(동법 제190조) 등을 규정하고 있다.

(라) 조정(coordination)

지방자치단체 또는 그 기관들의 업무수행을 하나의 통일된 노력으로 통합하고, 그들 사이에 부조화나 분쟁이 있을 때에 이를 조정함으로써 행하는 통제이다. 우리 지방자치법에서도 지방자치단체 사이의 행정협의회의 협의사항의 조정(동법 제173조), 지방자치단체 상호간의 분쟁사항에 대한 조정(동법 제165조), 중앙행정기관과 지방자치단체간의 협의조정(동법 제187조), 자치단체의 장과 의회 사이의 재의요구와 재의결 사항에의 개입(동법 제192조) 등을 규정하고 있다.

이 조정은 경우에 따라서는 권력적 통제의 성격을 가질 수 있다.

3 통제대상별 방식

(1) 지방자치단체의 장에 대한 통제

(가) 직무태만에 대한 통제

지방자치단체의 장이 그 직무를 태만히 할 때에 국가는 일반적인 지도・감독에 그칠 것인가 직무이행명령 및 대집행까지 할 것인가가 문제인데, 감독기관이 직무이행명령까지 할 수 있는 나라(예: 대만, 과거의 일본[23]), 직무이행명령에 불응할 때에는 법원이 대집행까지 할 수 있는 나라(예: 영국, 독일, 프랑스, 현재의 일본) 등 다양하다.

우리나라에서는 위임사무에 관한 직무태만에 대하여 감독기관의 직무이행명령과 대집행제도를 채택하고 있다(지방자치법 제189조). 즉, 지방자치단체장이 법령에 의하여 그 의무에 속하는 국가위임사무 또는 시・도위임사무의 관리 및 집행을 명백히 해태하고 있다고 인정되는 때에는 시・도에 대하여는 주무부장관이, 시・군・자치구에 대하여는 시・도지사가 기간을 정하여 그 이행을 명령할 수 있고, 지방자치단체장이 그 기간 내에 이를 이행하지 아니할 때에는 해당 자치단체의 비용으로 대집행하거나 필요한 행정・재정상 조치를 할 수 있다. 위의 이행명령에 자치단체장이 이의가 있을 때에는 그 명령서를 접수한 날로부터 15일 이내에 대법원에 제소할 수 있다.

(나) 위법・부당한 처분에 대한 통제

지방자치단체의 장이 명령이나 처분이 위법하거나 부당하다고 인정될 경우에 감독기관은 그 시정명령만 할 것인가, 더 나아가 취소・정지까지 할 것인가, 또한 대집행까지 할 것인가, 그리고 위법한 경우에만 그렇게 할 것인가, 부당한 경우에도 이를 허용할 것인가가 문제이다.

이에 관하여 위법한 명령・처분에 한하여 시정명령을 하고도 불응할 때에 취소・정지토록 하는 나라(예 : 영국), 대집행도 하도록 하는 나라(예 : 일본), 위법・부당한 명령・처분을 모두 감독기관이 사전적 또는 사후적으로 심사하여 취소・정지토록 하는 나라(예: 태국, 말레이시아) 등 다양하다.

---

23) 일본에서 기관위임사무제를 폐지하기 전에는 지방공공단체의 자치사무에 대하여는 국가에 시정요구권만 인정하지만, 국가위임사무에 대하여는 직무이행명령도 하고, 이행명령에 불응할 때에 법원에 제소도 하고, 또한 승소하는 경우에는 단체장에 대한 파면까지 행할 수 있었다.

지방자치단체에 대한 국가의 위법성 통제에 있어서 그 위법성 여부의 판단을 누가 하느냐에 관하여 프랑스의 신지방분권법(1982)에서는 행정재판소의 판결에 의하도록 하였는데, 이러한 제소절차를 거쳐서 행하는 국가의 행정적 통제는 그 통제의 실효성 면에서 지방자치단체에 대한 국가의 감독책임을 규정한 프랑스헌법에 위반된다는 헌법원의 판정을 받은 바 있다.

우리나라에서는 자치사무에 있어서는 위법한 경우에만, 위임사무에 있어서는 위법·부당한 경우 모두 감독기관이 1차적으로 시정명령을 하고 이에 불응할 때에 2차적으로 취소·정지할 수 있고, 위임사무 집행해태의 경우에는 1차적으로 시정명령을 하고 이에 불응할 때에 대집행할 수 있는데, 이 경우 지방자치단체의 장은 자치사무에 관한 취소·정지처분에 이의가 있을 때에 대법원에 제소할 수 있도록 하고 있다(동법 제188조, 제189조).

(다) 지방자치단체장의 신분에 대한 통제

지방자치단체의 장이 법령위반, 직무위배, 품위손상 행위를 하였거나 기타 그 직위를 유지할 수 없는 사유가 발생하였을 때에 퇴직, 해직, 파면 등 신분변경을 가져오게 하는 중앙통제의 방식의 문제가 있다.

첫째로, 지방자치단체장 당연퇴직(실직)제가 있다. 일본을 위시하여 외국에서도 이 제도를 채택하고 있고, 우리나라에서도 피선거권이 없게 된 때, 겸직금지 대상직에 취임한 때, 지방자치단체가 폐치분합된 때에 이를 채택하고 있다(동법 제112조).

둘째로, 지방자치단체장 징계제도가 있다. 지방자치단체장의 임명제 하에서는 단체장을 일반직 공무원 징계절차에 따라 징계할 수 있다.

지방자치단체장의 간접선거제에서는 지방자치단체장을 선임한 지방의회가 불신임 의결로써 지방자치단체장을 해임할 수 있다.

단체장 직접선거제에서는 지방자치단체장을 선출한 주민이 주민소환 투표로써 단체장을 해임하는 것이 본연의 방법이고, 일반감독기관이 징계로 그를 해임하는 것은 특별한 경우에 해당한다. 우리나라의 경우 지방자치단체장에 대한 주민소환제는 2007년부터 시행(주민소환에 관한 법률 제23조)되고 있으나, 일반감독기관에 의한 징계제도가 마련되어 있지 않다.

그러나 우리나라의 구 지방자치법에서는 감독기관이 의회에 시·읍·면장 신임투표를 요구하고 탄핵재판소에 탄핵을 요구할 수 있도록 한 바 있고, 또한 지방자치단체장에 대한 징계제도가 채택된 바 있었다. 일본에서도 과거에 지방자치단체장이 법원의 직무이행명령 판결에도 불응할 때에는 감독기관이 파면할 수 있도록 하고 있었으며, 대만에서는 자치단체의 장에게 일정한 사유가 발생하였을 때에 감독기관이 그를 해직·정직·면직 처분을 할 수 있게 하고 있다.[24)]

(2) 지방의회에 대한 통제

지방의회의 직무태만이나 월권 또는 위법행위에 대하여 이를 자치단체장의 견제적 행위 또는 주민의 해산청구권 행사 등 지방자치단체의 내부의 자율에 맡기느냐 감독관청이 직접 통제하느냐의 문제가 있는데, 자치단체의 장의 재의요구권, 주민의 의원소환권이나 의회해산청구권 등 그 내부의 자율에 맡기는 나라(예: 미국, 일본), 감독기관이 취소·정지권을 가지는 나라(예: 독일, 프랑스, 이탈리아), 지방의회 해산권을 가지는 나라(예: 태국) 등 다양하다.

우리나라에서는 지방의회의 의결이 위법 또는 현저히 부당할 때에 지방자치단체장이 재의요구할 수 있고, 감독기관이 지방자치단체장에게 그 재의를 요구하도록 지시할 수 있으며, 그 재의요구사항이 의회에서 재의결된 때에 지방자치단체장이 대법원에 제소할 수 있고, 감독기관이 지방자치단체장에게 대법원에 제소하도록 지시하거나, 직접 제소할 수 있도록 하고 있다(지방자치법 제192조).

지방의회 의원에 대한 주민소환제가 채택되고 있으나, 지방의회해산청구제는 채택되고 있지 않다.

4 기타 통제방식

(1) 사전적·사후적 통제

지방자치단체의 업무수행이 이루어지기 전에 중앙통제가 행해질 때 이를 사전적 통제라 하고, 그것이 이루어진 후에 행해질 때 이를 사후적 통제라고 한다. 사전적 통제를 예방적 통제라 하고, 사후적 통제를 교정적 통제라 하기도 한다.

일반적으로 볼 때에는 사후적 통제보다는 사전적 통제가 효과적이다. 그러나 지방자치단체의 자율성의 확보의 면에서는 사전에는 일정한 기준만 제시하여 지방자치단체가 그 기준에 따라 자율적으로 업무를 수행하도록 하고, 그 수행이 있은 후

---

24) 최창호, "지방자치단체장에 대한 통제", 자치행정(서울:한국지방행정연구소), 1995년 6월호, pp. 29~30.

에 그것이 기준대로 되었는가를 확인하고 시정조치를 강구하는 것이 바람직하다. 말하자면 능률과 효과의 면에서는 사전적 통제가, 민주와 자율의 면에서는 사후적 통제가 더 바람직하다고 할 수 있다.[25)]

(2) 합법성 · 합목적성 통제

사무처리 기타 업무수행이 위법 또는 월권하는 것을 방지하는 데 중점을 두는 통제를 합법성 통제라 하고, 그것이 부당하거나 비효율적으로 이루어지는 것을 방지하는 데 중점을 두는 통제를 합목적성 통제라고 한다. 합법성 통제를 적법성 통제라 하고, 합목적성 통제를 효과성 통제라고 하기도 한다.

업무수행에 있어서 합법성(또는 적법성)의 확보도 중요하지만 합목적성(또는 효과성)의 확보도 중요하다. 왜냐하면, 법에 어긋나지 않았다고 해서 그 업무수행이 모두 다 잘된 것은 아니기 때문이다. 위법이나 월권은 아닐지라도 목표의 달성을 위해서 창의성을 발휘하여 보다 적극적이고 능동적으로 업무를 수행하지 아니한 경우도 있기 때문이다. 또한 경우에 따라서는 합법성에 집착하다 보면 합목적성이 소홀해지고, 반대로 합목적성에 집착하다 보면 합법성이 소홀해지는 때도 있을 수 있다.

지방업무수행에 대한 중앙통제가 합법성 통제에 중점을 두느냐, 합목적성 통제에 중점을 두느냐에 따라 업무수행의 풍토가 전연 달라질 수 있다.

---

25) 프랑스에서 1982년에 지방제도를 개혁할 때에 지방자치단체에 대한 국가의 사전적 통제를 폐지한 데 대하여 헌법원(conseil constitutionnel)이 위헌판결을 내린 바 있다. 그 위헌판단의 이유는 지방자치단체에 대한 국가의 통제가 사후통제의 방법에만 의존할 때에는 문제되는 지방자치단체의 행위에 집행력이 발생하는 시점에서 중앙정부가 그 행위의 내용을 알 수 없고, 또한 명백히 위법한 행위까지 지방자치단체로부터 통지를 받고 행정재판소에 제소하여 그 판결을 받을 때까지 국가가 아무런 대처를 할 수 없게 하는 것은 지방자치단체에 대한 감독의 책임을 국가에 부과한 헌법의 규정에 위반한다는 것이다.

Ⅳ 중앙통제의 실상과 개선

1 한국 중앙통제의 특징과 요인

(1) 한국 중앙통제의 특징

우리나라에서 지방자치단체에 대한 국가의 통제는 매우 엄격하고 철저하며 강력하다. 전통적으로 중앙집권체제가 유지되어 온 관계로 아직도 국가와 지방자치단체는 수평적 관계보다도 상・하 수직적 관계를 가지는 경우가 많으며, 양자 사이에는 협력적 관계보다도 지배・복종적 관계가 주종을 이루고 있다. 또한 중앙통제는 권력적・관료주의적으로 운용되고 있고, 거의 모든 업무사항에 대하여 사전・사후적, 합법・합목적성 통제가 체계적으로 이루어지지 못하고 있다.[26)]

(2) 한국 중앙통제의 요인

우리나라에서 중앙통제가 이처럼 강력한 이유 내지 배경은 여러 가지 측면에서 찾아볼 수 있다.

첫째로, 우리나라의 오랜 중앙집권적 전통을 들 수 있다. 이러한 전통 속에서 국가의 강력한 통치권력을 당연한 것으로 알고 그 강력한 중앙통제를 무비판적으로 수용하고 행사하는 문화가 형성된 것이다.

둘째로, 지방자치를 육성・수호할 수 있는 사회・경제적인 기반의 결여를 들 수 있다. 자립적인 지역경제도 성립되지 않았고 고유한 지방문화도 형성되지 않았으며, 공동관심사에 적극 참여하고 협력하는 공민정신도 계발되지 못하고 있다.

셋째로, 제도적 요인도 들 수 있다. 지방자치단체의 자치단체적・국가기관적 성격의 이중성, 국가와 지방자치단체간의 사무배분의 포괄・모호성, 국세・지방세의 국가편중적 배분 등 법제적 요인이 강력한 중앙통제의 직접적인 요인으로 작용하고 있다.

---

26) 김규정, 신행정학원론(서울 : 법문사, 1973), p. 204.

2 일본의 중앙통제 개선 사례

일본에서는 1999년의 지방분권화추진일괄법(지방분권의 추진을 위한 관계법률의 조정 등에 관한 법률)에 의하여 지방자치단체가 처리하는 사무를 자치사무와 법정수탁사무로 재구성하고, 지방자치단체에 대한 국가의 관여에 있어서 1999년부터 개별적 관여를 폐지 또는 축소하고 포괄적인 관여를 기본적 방식으로 하되, 사무의 종류에 따라 관여의 유형을 달리하여, 그 관여를 최소화 하도록 하였다([그림 11-4] 참조).

자치사무에 대한 관여	법정수탁사무에 대한 관여
① 조언 또는 권고	① 조언 또는 권고
② 자료제출 요구	② 자료제출 요구
③ 협 의	③ 협 의
④ 시정요구 · 권고	④ 동 의
	⑤ 허가 · 인가 또는 승인
	⑥ 지 시
	⑦ 대집행

[그림 11-4 일본의 지방자치단체 사무별 국가관여 유형]

일본에서의 지방자치단체에 대한 국가(또는 도 · 도 · 부 · 현) 관여의 개선내용을 보면 다음과 같다. 이 개선의 요점은 과거 기관위임사무를 빌미로 이른바 통달(법률에 근거 또는 근거하지 아니한 관여방식)에 의한 다양한 간섭을 배제하고, 합법적이고도 최소한적인 관여체제를 정립한 것이다.[27)]

(a) **법정주의** : 지방자치단체에 대한 국가(또는 도 · 도 · 부 · 현)의 관여는 법률 또는 그에 따르는 정령의 규정이 있는 경우가 아니면 행할 수 없다.

(b) **최소주의** : 국가(또는 도 · 도 · 부 · 현)의 관여는 그 목적달성을 위하여 필요한 최소한도에 그치며, 동시에 지방자치단체의 자주성 및 자립성을 배려한 것이 아니면 안 된다.

27) 이케가미히로미치(池上洋通), "일본의 지방분권개혁와 지방자치법개정", 자치의정(서울: 지방의회발전연구원), 2000년, 1, 2월호, pp. 52~62.

(c) **관여형식의 유형화** : 국가(또는 도·도·부·현)의 관여를 지방자치단체의 사무종류별로 유형화한다. 종래에 행해져 오던 명령, 지휘, 감독 등은 조언·권고, 시정조치, 지시에 의하는 것으로 본다.

(d) **기준설정** : 국가(또는 도·도·부·현)의 관여를 법률 또는 정령으로 그 사무처리의 목적달성에 필요한 기준을 정하여 행하여야 한다.

(e) **절차주의** : 국가(또는 도·도·부·현)의 관여를 법률 또는 그에 따른 정령의 규정에 의한 소정의 절차를 거쳐 행하여야 한다. 특히 대집행의 경우는 권고·지시 등의 사전절차를 거쳐 재판청구를 통해서만 할 수 있다.

3 한국 중앙통제 개선의 방향

(1) 개선의 이념과 기준

(가) 개선이념

오늘날과 같은 산업사회에 있어서는 국가와 지방자치단체는 상호 복잡하고도 긴밀한 관계로 얽혀 있으므로 어떠한 지방자치단체도 고립적으로 활동할 수는 없다. 오늘날 지방자치단체가 수행하는 업무는 국민적 관심의 대상이 되고, 국가적 관여의 밖에 있을 수 없다.

그러나 그 수행업무가 국민적 관심의 대상이 되고 국가가 관여할 수 있다고 해서 그것이 곧 현지의 구체적 사정을 잘 아는 지방자치단체에 의한 사무처리를 배제할 이유가 되지 않는다. 국가와 지방자치단체는 사무나 사업의 종류와 성질에 따라 기능을 분담하여 하나의 목적을 향하여 공동적으로 노력하는 기능적 협력관계에 있다. 이러한 상호협력의 관계가 확립되기 위해서는 양자 사이에 후견적인 지배·복종관계가 아닌 상호 대등적인 수평관계가 형성되고, 적정한 분업체계가 정립되어야 한다.

따라서 지방자치에 대한 중앙통제 개선의 이념은 국가와 지방자치단체간의 대등관계를 전제로 한 적정하고도 명백한 분업체계가 정립되고, 그 위에서 양자 사이의 긴밀한 기능적 협력관계가 이루어질 수 있도록 하는 데에 두어야 한다.[28)]

---

28) 小瀧敏之, 政府間關係論(東京 : 第一法規, 1983), pp. 288~303.

(나) 방향설정 기준

오늘날 우리나라를 포함한 발전도상국에 있어서는 일반적으로 중앙통제가 지나치게 강력하여 지방자치단체 및 주민의 능력과 사기를 저해하고 업무처리의 능률을 저하시키고 있다. 그러나 이와 반대로 그 국가의 여건과 국민의 정치의식수준을 고려하지 않고 지나치게 분권화를 기함으로써 비능률과 혼란을 겪는 경우도 있다.

따라서 중앙통제의 개선은 지나치게 집권적이거나 지나치게 분권적이어서는 안 되며, 국가적 여건과 국민의 정치의식수준을 토대로 한 실제적이고도 효과적인 방법을 끊임없이 모색하고 발전시켜 나가는 데에 그 기준을 두어야 한다.

(2) 개선의 선결조건

중앙통제가 보다 이상적으로 개선되기 위해서는 먼저 일정한 선결조건들이 개선되어야 한다. 그 선결조건들로는 여러 가지를 들 수 있겠으나, 그 가운데서도 가장 중요한 것으로는 사무배분의 적정화와 재정자주성의 확립을 들 수 있다.[29)]

첫째로, 중앙통제의 개선은 국가와 지방자치단체간의 사무배분의 적정화를 선결조건으로 한다. 사무배분이 합리적으로 안 되어 있다든가, 그것이 명확치 아니할 때에는 불필요한 중앙통제가 행해지게 되고 그 운용과정에서 중앙통제가 날로 가중되는 결과를 초래하게 된다.

둘째로, 중앙통제의 개선은 지방자치단체의 재정적 자주성의 확립을 선결조건으로 한다. 세원배분, 교부세의 산정과 지급, 보조금의 지급, 예산·결산의 절차 등에 있어서 지방자치단체의 국가 의존성 내지 예속성이 강한 한 아무리 형식적이고 공식적인 중앙통제의 개선이 있을지라도 그 실질적인 효과를 거둘 수 없다.

(3) 통제방식의 개선

이상과 같은 통제개선의 이념과 기준 및 선결조건 정립의 바탕 위에서 중앙통제는 그 통제 방식의 면에서 다음과 같은 개선이 이루어져야 한다.

(가) 입법 및 사법통제의 활성화

오늘날 행정국가 시대에는 행정권의 강화경향에 따라 행정적 통제에 비하여 입

29) 久世公堯, 地方自治制度(東京 : 第一法規, 1983), pp. 265~267.

법적 통제 및 사법적 통제가 약화되고 있는 것이 일반적인 현상인데, 중앙통제를 국민의 대표기관인 입법부의 입법활동을 통하여 행하고, 법해석기관인 사법부의 판단활동을 통하여 행하게 함으로써 상호 견제를 통한 지방자치단체의 보호에 기여하도록 하여야 한다.[30)]

첫째로, 입법부는 입법, 예산과 집행감시 등 그 고유기능의 적극적 수행, 입법수행능력의 향상, 입법수행태도의 개선 등을 통하여 그 통제를 활성화하여야 한다.[31)]

둘째로, 사법부는 사법부 독립성의 제고, 행정소송기구 및 인력의 보강, 사법정의구현 기준의 확립, 사법기능의 강화 등을 통하여 그 통제를 활성화하여야 한다.[32)]

(나) 비권력적 통제의 확대

중앙통제에 있어서 권력적 통제인 승인·처분 등은 공공서비스의 균형화 등을 위하여 필요한 최소한도로 제한하고, 이를 가능한 한 지도·지원 등의 비권력적 통제로 전환하여야 하며,[33)] 특히 아래와 같은 지원의 방식을 확대해 나가야 할 것이다.[34)]

첫째로, 지방자치단체 행정수준의 향상을 위한 지식 및 기술의 지원(technical assistance)을 확대해 나가야 한다. 지방자치단체는 재원의 부족으로 대규모의 조사·연구·실험의 시설이나 기관을 갖추기 어렵고, 또한 고도의 전문적인 지식인이나 기술인을 확보하기 어렵기 때문에 이에 관한 국가의 지원은 항상 필요한 것이며, 특히 앞으로 고도로 전문화될 행정을 수행하는 데 있어서는 더욱 그러하리라고 전망되고 있다.

둘째로, 국민적 최저수준의 확보를 위한 재정적 지원(financial assistance)을 확대해 나가야 한다. 산업화와 도시화의 진전에 따라 산업간 그리고 지역간에 생산력과 경제력에 격차가 발생하여, 어떤 지방자치단체는 고도의 문화행정을 수행해 나가는 데 비하여 어떤 지방자치단체는 주민의 기본적 수요도 제대로 충족시키지 못하는 실정인데, 이에 국가는 '균형있는 국민경제의 성장·안정과 … 지역 간의 균형

---

30) 한국지방행정연구원, 2000년을 향한 지방행정 좌표(서울 : 1986), pp. 530~532.

31) 지방자치단체에 대한 입법부의 통제기능의 보강에 관하여 이른바 ombudsman(입법부 소속의 감사관) 제도의 도입을 주장하는 견해도 있다(위의 책, p. 537).

32) 지방자치단체에 대한 사법적 통제의 활성화를 위하여 행정법원제가 주장되기도 한다(위의 책, p. 531).

33) 地方自治制度研究會, 地方制度調査答申集(東京 : ぎょうせい, 1980), pp. 146~151.

34) 한국지방행정연구원, 앞의 책, pp. 529~530.

있는 발전을 위하여'(헌법 제119조 제2항, 제123조 제2항) 지방자치단체에 재정적 지원을 하여야 한다.

(다) 통제범위의 한정

지방자치단체에 일단 배분된 사무·사업에 대하여는 그것이 지방자치단체의 책임 아래 수행되도록 하고, 이에 대한 국가의 관여는 가능한 한 배제하여 지방자치단체의 자주성을 높여야 한다.

영·미계 국가에서는 지방자치단체에 광범위한 자치입법권, 자치조직권, 자치재정권, 자치실행권이 부여되고 있음은 전술한 바와 같거니와, 이러한 광범위한 자치권의 부여와 아울러 중앙통제는 행정의 균형화 등을 위하여 필요한 최소범위·한도로 제한되어 있다.

이에 우리나라에서도 지방자치단체의 조례 및 규칙 제정사항의 확대, 조직·인사의 자주성 확대, 재정운용 및 행정수행의 자율성 제고, 계획고권의 확립 등을 기하는 한편, 중앙통제는 필요한 최소한의 범위와 한도로 제한하여야 한다.

(라) 통제진폭의 조절

뿐만 아니라, 그 통제를 사전·사후적, 그리고 합법·합목적성의 면에서 조절하고 체계화하여야 할 것이다.

첫째로, 사전적·사후적 통제를 조절한다. 지방자치단체는 그 사무·사업을 수행함에 있어서 특수한 경우 외에는 사전에 국가의 승인을 받음이 없이 국가가 제시한 일정한 기준에 따라 자주적으로 수행하고, 이러한 기준에 따라 사무·사업을 처리하지 아니하였을 때에 국가가 사후적으로 이를 시정하는 것이 바람직하다고 하겠다.[35]

사전적 통제(예방적 감독)는 사무·사업의 수행에 관하여 일반적인 기준을 설정하기 어려운 경우에, 취소·정지 등의 사후적 시정조치로써는 사회의 질서를 저해할 우려가 있거나 또는 회복할 수 없는 손해를 발생시킬 것이 예견될 때에 한하여 행한다.

사후적 시정조치(교정적 감독)는 다음과 같은 경우에 행하도록 한다. 즉, 국가는 ㉠ 지방자치단체의 사무·사업수행이 부당하여 공익을 해치는 경우에는 해당 지방자치단체에 대하여 그 시정을 위하여 필요한 조치를 취할 것을 요청하는 데 그치도록 하고, ㉡ 그 사무·사업의 수행이 법령에 위반하는 경우에는 해당 지방자치단체

35) 地方自治制度硏究會, 앞의 책, p. 147.

에 대하여 그 시정조치를 요청하고 그래도 그 위법상태가 시정되지 않을 때에는 취소, 정지, 대집행 등의 유효한 시정조치를 취할 수 있도록 한다.

둘째로, 합법성·합목적성 통제를 조절한다. 지방자치단체에 대한 중앙통제는 자치단체의 모든 사무에 획일적으로 행할 것이 아니라, 그 사무·사업의 법적 성격, 즉 고유사무, 단체위임사무, 기관위임사무에 따라, 그 합법성 통제 또는 합목적성 통제의 문제와 사전적 통제 또는 사후적 통제의 문제를 종합적으로 고려하여, 체계적으로 행사되어야 한다.

즉, 고유사무에 대하여는 그 수행의 합법성에 관한 교정적 감독, 즉 적법성에 관한 사후적 중앙통제만이 허용되어야 한다. 이러한 합법성·교정적 감독은 소극적인 통제의 성격을 가지는 것이 특징이다.

단체위임사무에 대하여는 그 수행의 합법성과 합목적성에 관한 교정적 감독, 즉 적법성뿐만 아니라 타당성에 관한 감독도 허용하되, 그 사후적 중앙통제만 허용되어야 한다.

기관위임사무에 대하여는 그 수행의 전반에 걸친 직무감독이 허용되며, 따라서 그 합법성과 합목적성에 관하여 교정적 감독뿐만 아니라 예방적 감독도 허용되어야 한다. 즉, 적법성뿐만 아니라 타당성에 관하여, 그리고 사후적뿐만 아니라 사전적인 중앙통제가 모두 허용될 수 있다고 보는 것이다. 이리하여 기관위임사무에 대하여는 이른바 후견적 감독이 허용된다고 할 것이다.[36)]

이상과 같이 지방자치단체에 대한 중앙통제는 지방자치단체의 사무·사업의 법적 성격에 따라 그 행사의 진폭이 달라져야 한다. 그러나 실제에 있어서는 오늘날의 지방자치단체의 사무와 사업의 법적 성격이 명백히 구분되지 않기 때문에, 중앙통제의 진폭이 이론대로 체계화될 수 없는 데에 문제의 심각성이 있다.

36) 후견적 감독이란 국가가 지방자치단체의 후견인과 같은 지위에서 지방자치단체의 기능수행의 모든 영역과 모든 과정에서 관여, 간섭, 통제하는 것으로서, 따라서 구체적·사전적 감독을 포함하며, 오히려 그것을 중심으로 하는 것이다.

CHAPTER

12 지방자치단체의 상호간 관계

제 1 절 지방자치단체의 대외관계

I 지방자치단체 대외관계의 원리

지방자치단체는 일정한 지역 안의 주민과 사물에 대하여 통치권(governmental power)을 행사하는 공법인이다. 지방자치단체는 법인이기 때문에 독립된 의사의 주체가 되고 법률상의 행위능력을 가진다. 지방자치단체는 법률상 권리·의무의 주체가 되며, 다른 주체에 종속되거나, 그의 지배를 받지 아니하는 독립적인 지위를 가지는 것이다. 따라서 지방자치단체의 대외관계는 독립적이고 자주적인 것을 원칙으로 한다.[1)]

지방자치단체는 공법인으로서, 그 설립·해산과 분합·구역변경 등이 모두 법률의 규정에 의하여 정하여지고, 통치단체로서 공권력이 부여되는 반면에, 공공업무의 수행의무를 부여받으며, 국가로부터 특별한 감독을 받는 지위에 있다. 그러므로 지방자치단체는 국가 법률의 규정에 따라 그 지위와 권한의 제한을 받을 수 있다. 또한 법률은 그 구체적 사항에 관하여 행정명령에 위임하는 경우가 있으므로, 지방자치단체는 국가의 법률뿐만 아니라 위임입법(대통령령 등)에 의하여도 그 지위와 권한의 제한을 받는 경우가 있다. 이러한 지방자치단체의 대외관계는 각 국가의 제도 여하에 따라서 그 내용이 다르다.

1) 지방자치단체의 대외관계 문제는 지방행정기관의 대외관계 문제와는 다른 것이다. 지방행정기관은 국가 내부에서 국가의 지방적 사무를 처리하기 위해 지역에 설치된 하나의 기관으로서, 국가의 행정계층제의 한 부분이며, 독립적인 법인격을 갖고 있지 않기 때문에 그 대외적인 독립이나 자주성은 처음부터 문제가 되지 아니하는 것이다.

Ⅱ 지방자치단체 대외관계의 유형

1 대외관계의 대상별 유형

지방자치단체의 대외관계는 크게 지방자치단체와 국가간의 관계와 지방자치단체 상호간의 관계로 나누어 볼 수 있다.

(1) 국가와 지방자치단체간의 관계

국가와 지방자치단체간의 관계에 관하여는 전술한 자치권 사상(제1장 제2절 Ⅱ)에서 본 바와 같이 그 견해가 일치하지 않고 있다. 즉, 지방자치단체의 자치권을 지방권(pouvoir municipal)으로 보는 견해에서는 지방자치단체의 지위와 권한은 국가 성립 이전부터 지방이 가지고 있던 고유의 것으로서 국가권력에 의해서 침해될 수 없는 절대적인 것임을 강조하고 있는 데 비하여, 자치권을 국권(pouvoir national)으로 보는 견해에서는 지방자치단체라는 것 자체가 국가법률에 의하여 창조된 것이며 그의 지위와 권한은 국가로부터 전래된 것으로서 국가가 허용하는 범위 안에서만 인정되는 것임을 강조하고 있다.

이러한 대립되는 두 사상에 있어서, 전자는 지방자치단체의 독립성을 강조한 이론적 의의는 가지고 있으나 국가의 전체적 통일성을 소홀히 하고 있다는 점에서 정당하다고 할 수 없다. 후자는 지방자치단체의 국가권력구조 속에서의 지위를 강조한 현실적 의의는 가지고 있으나 지방자치의 헌정적 중요성을 소홀히 하고 있다는 점에서 지방자치권을 정당하게 이해하지 못하고 있다. 따라서 지방자치단체는 국가의 전체적 통일성을 유지하는 범위 안에서, 공공사무를 독자적으로 처리해 나가는 지위에 있다고 할 수 있다.

지방자치단체의 지위는 결국 국가와의 관계에 있어서, 한편에서는 자율성을 가지면서, 다른 한편에 있어서는 국가로부터 일정한 지도와 감독을 받는 복합적인 것이다. 즉, 지방자치단체의 자율성에도 일정한 한도가 있고, 국가의 지도・감독에도 일정한 한도가 있어, 자율과 지도・감독은 서로 조화되어야 한다.[2)]

이러한 지방자치단체의 국가와의 관계는 중앙집권과 지방분권의 조류 변동과 더

2) 片岡寬光, 國と地方(東京 : 早稻田大學 出版部, 1985), pp. i~ii.

불어 다소의 차이를 나타낸다. 즉, 중앙집권화의 조류 속에서는 중앙통제가 강화되어 지방자치단체의 자율성이 약화되게 되고, 지방분권화의 조류 속에서는 지방자치단체의 자율성이 강화되어 중앙통제가 약화되는 상관관계를 보인다.

그러나 중앙집권화든 지방분권화든 어떤 경우에도 지방자치단체의 자율성이 전적으로 도외시되거나 중앙통제가 전적으로 부인될 수는 없고, 항상 지방의 자율성 보존과 중앙의 관여・통제 간에 적정한 조화가 강구되게 마련이다.

어떠한 의미에서는 우리 인류의 정치・행정사는 국가의 통제와 지방의 자율성 사이의 조화점 탐색의 역사라고 할 수 있을 것이다.

(2) 지방자치단체 상호간의 관계

지방자치단체는 헌법에 의하여 보장된 자치권을 가진 독립된 법인이다. 따라서 자치단체간의 관계는 엄연히 대등한 관계이고, 그들간에는 원칙적으로 상・하의 관계나 감독・피감독의 관계가 성립하지 않는다.

그러나 기초자치단체와 광역자치단체간의 관계는 원칙적으로 대등한 관계이지만, 법령의 특별한 규정에 의하여 상・하 또는 감독・피감독의 비대등한 관계가 성립하는 경우가 있다.

(가) 대등관계

기초자치단체 상호간, 광역자치단체 상호간은 물론, 기초자치단체와 광역자치단체간의 관계도 대등한 것이 원칙이다. 즉, 각 자치단체는 다른 자치단체의 자치활동을 존중하고 그 자치활동에 적극 협력하는 관계에 있다.

광역자치단체는 주민 및 구역의 면에서 기초자치단체를 포괄하는 관계에 있고, 국가와 기초자치단체의 중간에서 연락・조정에 관한 사무를 처리하고 있는데, 그것은 광역자치단체가 기초자치단체의 상위에 있기 때문이 아니다. 기초자치단체가 담당할 수 없거나 담당해서는 안 될 업무 중 광역자치단체만이 수행할 수 있는 사무를 분담하여 처리하기 위한 것일 뿐이다.

영국의 카운티(county)와 디스트릭트(district), 독일의 클라이스(Kreis)와 게마인데(Gemeinde), 프랑스의 레지옹(région)과 데파르트망(département)과 코뮌(commune), 미국의 카운티(county)와 시티(city), 일본의 도・도・부・현과 시・정・촌 사이의 기능배분도 그러한 원리에 따라 명확히 이루어져 있다. 즉, 서로 상대편의 자치활동을 존중하고 그 자치활동에 적극 협력하고 있는 것이다.

우리나라에 있어서도, 특별시·광역시·특별자치시·도·특별자치도와 시·군·자치구(기초자치단체)는 다 같이 대등한 법인이다. 따라서 그 사이에는 원칙적으로 상·하관계가 존재하지 않는다. 지방자치법에서 "시는 도의 관할구역 안에, 군은 광역시, 특별자치시나 도의 관할구역안에 두며, 자치구는 특별시와 광역시, 특별자치시의 관할구역 안에 둔다"고 규정하고 있는 것은(지방자치법 제3조 제2항) 특별시·광역시·특별자치시·도와 시·군·자치구가 행정계층구조상 상·하의 관계에 있다는 뜻이 아니다. 그것은 시·군·자치구의 관할구역이 특별시·광역시·특별자치시·도의 관할구역 안에 위치한다는 뜻에 불과하다.

다만 우리나라의 특별시·광역시·도와 시·군·자치구간에는 기능배분의 관계가 명백하지 않고, 각 법령에서 특별시·광역시·도에 시·군·자치구의 사무처리에 대한 지도·감독권을 부여하는 경우가 많아 그 원칙적인 대등관계에 의문이 가는 경우가 많다.

(나) 비대등관계

지방자치단체 상호간, 특히 기초자치단체와 광역자치단체간에는 비대등관계가 성립하는 때가 있다. 물론 이것은 이론상으로는 예외적이지만 실제상으로는 오히려 통상적이라고 할 수 있으며, 특히 우리나라에 있어서 그러하다 할 수 있다.

대부분의 나라에서도 기초자치단체에 대한 국가(또는 주)의 지도·감독은 광역자치단체를 통하여 계통적으로 행하고 있다. 우리나라도 이러한 계통제 유형의 예에 속한다. 국가와 각급 지방자치단체간의 관계에 계통제를 채택하고 있는 나라에서, 광역자치단체와 기초자치단체의 관계는 주로 비대등관계가 발생하게 되는 것이다.

우리나라에 있어서 특별시·광역시·도와 시·군·자치구의 비대등관계는 다음과 같이 나타난다.

첫째로, 시·군 및 자치구의 조례나 규칙은 시·도의 조례나 규칙에 위반해서는 안 된다(동법 제30조).

둘째로, 시·도지사는 시·군·자치구의 자치사무에 관하여 조언 또는 권고하거나 지도할 수 있으며, 이를 위하여 필요하면 자료의 제출을 요구할 수 있다. 또한 필요할 경우 재정지원이나 기술지원을 할 수 있다(동법 제184조).

셋째로, 시·도지사는 시·군·자치구 또는 그 장이 위임받아 처리하는 국가사무 및 시·도사무에 관하여는 시·군·자치구 및 그 장을 지도·감독한다(동법 제185조).

넷째로, 시·도지사는 시·군·자치구청장의 명령이나 처분이, 자치사무에 있어서는 법령에 위반한다고 인정될 때에, 위임사무에 있어서는 법령에 위반되거나 현저히 부당하여 공익을 해친다고 인정되면, 기간을 정하여 서면으로 시정할 것을 명하고, 그 기간 안에 이행하지 아니하면 명령이나 처분을 취소하거나 정지할 수 있다(동법 제188조 제1항).

다섯째로, 시・도지사는 시・군・자치구의 장이 법령의 규정에 따라 그 의무에 속하는 국가위임사무 또는 시・도위임사무의 관리와 집행을 명백히 게을리하고 있다고 인정되면 기간을 정하여 서면으로 그 이행을 명령할 수 있고, 그러고도 이를 이행하지 아니하면 해당 지방자치단체의 비용부담으로 대집행하거나 행・재정상 필요한 조치를 취할 수 있다(동법 제189조).

여섯째로, 시・도지사는 시・군・자치구의 자치사무에 관하여 보고를 받거나 서류, 장부 또는 회계를 감사할 수 있다(동법 제190조).

일곱째로, 시・도지사는 시・군・자치구 의회의 의결이 법령에 위반되거나 공익을 현저히 해친다고 판단되면 시장・군수・자치구청장으로 하여금 의회에 그 재의를 요구하게 할 수 있고, 그것이 의회에 의하여 재의결된 사항이 법령에 위반된다고 판단됨에도 해당 자치단체의 장이 소(訴)를 제기하지 아니하면 그 자치단체상에게 대법원에 제소할 것을 지시하거나 직접 제소할 수 있다(동법 제192조 제1항, 제4항, 제7항).

여덟째로, 시장・군수・자치구청장은 조례나 규칙을 제정・개정・폐지하거나, 예산・결산이 의회로부터 확정 또는 승인되었을 때에 이를 일정기간 안에 시・도지사에게 보고하여야 한다(동법 제35조, 제149조, 제150조).

아홉째로, 시・도지사는 시・군・자치구의 폐치분합에 따른 사무 또는 재산을 승계할 자치단체, 폐치분합 및 승격에 따른 자치단체장의 직무대행자를 지정할 수 있다(동법 제8조, 제110조).

열째로, 그 외에 시・도지사는 시・군・자치구 조합의 설립 및 해산을 승인하고, 그 운영을 지도・감독하며(동법 제176조, 제180조, 제181조), 시・군・자치구 행정협의회의 협의사항을 조정할 수 있다(동법 제173조).

2 대외관계의 성격별 유형

지방자치단체의 대외관계는 갈등관계와 협력관계의 양면으로 나누어 볼 수 있다.

(1) 지방자치단체의 갈등관계

지방자치단체의 자율성이 확대되는 한편 지방자치단체 상호간 또는 지방자치단체와 국가와의 이해관계가 얽힌 사항이 증가함에 따라 그 상호간의 갈등관계가 증대될 수가 있다.

이러한 잠재적인 갈등은 현재화하여 분쟁으로 발전한다. 쓰레기 처리장과 같은 비선호시설이나 핵폐기물 처리장과 같은 위험시설은 말할 것도 없고, 도로・교통・상하수도 등의 기반시설의 설치를 둘러싸고 관련 지방자치단체 상호간과 국가와의 사이에 분쟁이 일어나서 사업이 무산되거나 지연되는 경우가 그러한 경우이다.

(2) 지방자치단체의 협력관계

오늘날의 지방자치단체 업무에는 해당 지방자치단체가 단독적으로 처리하기 보다는 관련 지방사치단체 또는 국가와 상호협력을 통하여 공동적으로 처리하여야 할 업무가 계속 증가하고 있다.

이러한 지방자치단체 업무의 체계적・효율적 수행을 위하여 각 나라에서 지방자치단체간의 협력방식을 강구하여 발달시키고 있는데, 그것이 광역협력체제이다. 지방자치단체간 협력방식은 전술한 지방자치단체의 갈등관계를 해소하고 분쟁을 예방하기 위하여 각 나라에서 의도적으로 적극 발전시키고 있는 제도이다.

따라서 지방자치단체의 협력관계는 갈등관계를 전제로 한다. 갈등과 협력은 동전의 양면과 같은 관계에 있다. 즉, 협력은 갈등을 전제로 하고 있는 것이고, 협력하는 속에서도 갈등이 내재하고 있다. 그러기에 갈등과 협력은 실은 하나라고 하여야 할 것이다.

3 지방자치단체 국제교류 및 협력

전부개정 지방자치법에서는 법적인 근거가 미약하지만 암묵적으로 많은 지방자치단체에서 추진해왔던 국제교류 및 협력에 관한 규정을 신설하였다.

지방자치단체의 사무범위에 국제교류 및 협렵 조항을 추가하여 국제기구・행사・대회의 유치・지원, 외국 지방자치단체와의 교류・협력을 예시로 들고 있으며, 지방자치법에 제10장을 별도로 신설하여 국제교류・협력에 관한 주요 내용을 기술하고 있다.

이 장에서 국제교류·협력에 관한 지방자치단체의 역할과 국제기구 지원, 해외사무소 설치·운영이 가능하도록 규정하였다. 과거에도 사실상 다양하게 이루어지고 있던 지방자치단체의 국제교류 및 협력에 관한 사항을 명확한 근거 설정을 통해 현실을 인정함과 동시에 투명하고 효율적으로 추진되도록 명확히 하였다는 점에서 큰 의미가 있다고 하겠다.

제2절 지역이기주의

I 지역이기주의의 의의

1 지역이기주의의 의미

지방자치에 있어서 심각한 문제 중의 하나가 지역이기주의이다. 지역이기주의는 특정지역에 대한 애착심 및 지역의식을 토대로 국가 전체 또는 공동의 이익보다 그 지역의 이익만을 추구하는 것을 말한다.

사회에 있어 개인의 가치와 개성을 토대로 개인의 발전을 도모하는 개인주의(individualism)와 개인의 이익만을 배타적으로 추구하는 이기주의(egoism)가 다르듯이, 지역에 있어 지역주의(localism)와 지역이기주의(local egoism)는 다르다. 지역주의가 지역의 귀중성과 특수성을 토대로 지역의 발전을 도모하는 것이라고 한다면, 지역이기주의는 전체나 공동의 이익보다는 그 지역의 이익만을 배타적으로 추구하는 것을 말한다고 하겠다.

지역주의가 있음으로써 각 지역의 경쟁적 노력이 승화되어 국가가 발전할 수 있는 것이므로, 각 지역의 지역주의는 당연하고 필요한 것이다.[3] 그러나 배타주의와

3) 지역주의와 지방자치는 같은 뿌리에서 자란 것이라 할 수 있다. 지역주의가 없는 지방자치는 마치 사랑이 없는 결혼생활과 같은 것이라 할 수 있다. 지역주의는 사람들이 한 지역에서 오랜동안 생활을 같이 하는 동안 공동체의식을 가지게 되고, 타 지역과 차별성을 형성하게 되면서, 자기 지역의 정체성을 확고히 하는 것이다. 이러한 지역주의는 지방자치의 원동력이며, 지역정체성의 근원이라고 하겠

편협주의를 그 바탕으로 하는 지역이기주의가 팽배할 때에는 국가 전체의 조화롭고 순조로운 발전이 저해될 수 밖에 없다.

그러나 지역의 발전을 도모하여 지역적 노력을 경주하다 보면, 그것이 국가·사회 전체의 차원에서 볼 때에는 지역이기주의로 오해되기도 한다. 이 때문에 지역주의와 지역이기주의는 현실적으로 그 구분한계가 모호하다.

지역이기주의는 다른 사회문제와는 구별되는 다음과 같은 특징을 가지고 있으며,[4] 이러한 특징이 오늘날 지역이기주의를 심각한 사회문제로 몰아가고 있다. 쓰레기 매립장, 화장장 등 혐오시설은 물론, 보육원, 양로원 등 사회복지시설까지도 지역이기주의로 인하여 입지를 정하지 못하고 심각한 사회문제·환경문제를 야기하고 있는 것이다.

(가) 복잡성

지역이기주의는 매우 복잡한 양상과 성질을 가진 것이 특징이다. 그 관련 이해당사자들이 다양하고, 이들이 서로 다른 유인에 의하여 행동하는 데서 지역이기주의의 복잡성을 볼 수 있다. 뿐만 아니라 그 지역이기주의의 원인도 다원적이고 이질적이어서 그것을 해결하는 방법 또한 복잡할 수밖에 없다. 거기에다 이러한 지역이기주의를 보는 시각도 부정적 시각과 긍정적 시각이 양분되어 그것에 대한 인식도 복잡하게 얽혀 있다.

(나) 불확실성

지역이기주의는 불확실성을 토대로 전개된다. 예컨대 혐오시설이 인간의 건강에 얼마만큼 해악을 끼치는가에 대한 정보나 과학적 근거가 불확실한 속에서 지역이기주의적인 운동 내지 활동이 전개된다. 그 시설의 위해성 여부와 그 위해 정도에 대하여 전문가들의 견해도 일치하지 아니할 뿐만 아니라, 그 위해시설을 관리하는 기관의 위해방지 관리능력 또한 불확실하므로, 그에 대한 불안감에서 지역이기주의는 증폭될 수 밖에 없다.

(다) 해결곤란성

지역이기주의는 현대사회가 당면하고 있는 문제들 중에서 특히 다루기 어려운 사회문제로 되어 있다. 지역이기주의가 전술한 바와 같이 불확실성 속에서 전개되

다.(최상철, "지방자치와 지역주의", 자치 발전 2001년 9월호, pp. 28~31).

4) 한국지방행정연구원, 지역이기주의 극복을 위한 정책연구(서울 : 1993), pp. 25~35.

기 때문에 그 문제를 해결하기란 근본적으로 어렵다. 또한 지역이기주의의 대상이 되는 혐오시설의 경우, 그 불이익은 특정지역에 집중되어 있는 반면에 그 혜택은 전체사회에 분산되어 있어서, 반대자측의 응집력에 비해 이에 대응할 찬성자측의 대응력이 약한 데다가, 그 입지정책 결정자측은 무사안일을 지향하기 때문에 문제의 정당한 해결이 어렵다.

2 지역이기주의에 대한 시각

지역이기주의에 대하여는 이를 부정적으로 보는 시각과, 긍정적으로 보는 시각이 대립되어 있다.

부정적 시각에서는 최대다수의 최대행복이라는 공리주의적 윤리관에 입각하여, 지역이기주의를 국가 전체나 사회공동의 이익을 희생시켜가면서 자기 지역의 이익을 앞세우는 것으로 보고, 실제 사회에서 지역이기주의로 인하여 야기되는 공공시설입지 확보의 곤란, 환경문제의 악화, 각종 갈등과 분열의 증폭, 물리적 행동의 만연, 정부공신력의 저하 등 각종 역기능들을 지적한다.

반대로, 긍정적 시각에서는 정의론에 입각하여, 소수의 정당한 권리는 그것이 다수의 이익에 상반되더라도 반드시 보호되어야 한다고 주장하고, 실제 사회에서 일어나고 있는 지역이기주의는 부당한 입지선정, 주민 의견수렴의 미흡, 과도한 희생의 강요, 보상의 미흡, 정부의 불성실한 태도 등 원천적으로 그것을 야기시킬 원인이 있었기 때문임을 지적한다.

이 두 시각은 전자는 지역이기주의의 결과에 중점을 두고 있고, 후자는 지역이기주의의 원인에 중점을 두고 있는데 둘 다 지역이기주의의 전개·발전과정의 문제를 소홀히 하고 있다. 지역이기주의의 속성을 규명하려면 그 전개의 동기와 방법, 정도 등을 종합적으로 검토하여야 한다.

지역이기주의는 그 동기가 국가 전체나 사회 공동의 이익을 희생시키면서 자기 지역의 이익만을 주장하는데 있다. 그리고 그 방법이 대화와 협상과 타협을 거부하며, 그 요구가 정당한 주장의 수준을 넘는 과격하고 비합법적이며 폭력적일 때에는 이를 부정적으로 볼 수밖에 없다. 그러나 지역에 대한 애착심이나 이익을 보호하기 위한 것일 때 이를 긍정적으로 볼 수도 있다.

이는 지역이기주의를 그 전개과정 여하에 따라서 부정적인 지역이기주의도 되고, 긍정적인 지역주의도 될 수 있다고 보는 것으로서, 전술한 지역주의와 지역이기주의의 구별견해와 일맥상통한다.

Ⅱ 지역이기주의의 형태

지역이기주의의 형태는 그 분류기준 여하에 따라 이를 여러 가지로 나눌 수 있으나, 그 중 중요한 것만 고찰하면 다음과 같다.

1 주체에 의한 분류

지역이기주의는 그 주장하는 주체에 따라 지방자치단체가 다른 지방자치단체나 국가에 대하여 주장하는 것과, 주민이 해당 지방자치단체나 다른 지방자치단체 또는 국가에 대하여 주장하는 것으로 나눌 수 있다.

2 지향에 의한 분류

지역이기주의는 그 주장의 성격에 따라 이를 기피적 지역이기주의와, 유치적 지역이기주의로 나눌 수 있다. 전자를 혐오적 지역이기주의(NIMBY: never in my back yard)[5]라 하고, 후자를 선호적 지역이기주의(PIMFY: please in my front yard)라고도 한다.

기피적 지역이기주의는 지방자치단체 또는 주민들이 그 지역내의 일정한 시설의 설치, 일정한 계획의 추진 등을 반대하면서 전개하는 지역이기주의이다. 우리나라에서의 지금까지의 대부분의 지역이기주의 현상은 바로 이러한 기피적 이기주의에 해당하는 것이었다.

5) NIMBY(never in my back yard 또는 not in my back yard)는 자기 지역에 비선호시설이 설치되어서는 안된다는 정서 또는 주장을 표현하는 용어로서, 1977년에 미국의 어느 학자가 이 용어를 사용한 이래 널리 사용되기 시작했으며, 우리나라에서는 1980년대 말에 환경문제와 더불어 부각된 후 이제는 친숙한 용어가 되었다.

여기에서 설치반대, 즉 기피의 대상이 되는 시설에는 쓰레기 처리장 등의 혐오시설 외에, 유류저장 시설 등의 위험시설, 보육원 등의 공익시설 등도 포함되고 있다. 따라서 이들을 모두 혐오시설이라고 하기 보다는 널리 비선호시설이라고 하는 것이 타당하다.[6)]

비선호의 대상이 되는 사업에는 위와 같은 시설계획 외에도 개발제한구역 지정, 상수도 보호구역 지정 등의 경제계획, 인구·주택·사회보장 등의 사회계획, 교육사업·성역화 사업 등의 문화계획 등도 있다.

유치적 지역이기주의는 지방자치단체 또는 주민이 이익이 되는 조치나 시설의 설치를 적극 요구하면서 전개하는 지역이기주의이다. 우리나라에서는 이러한 유치적 지역이기주의도 빈번히 나타나고 있다. 도청·군청 유치, 광역시 승격, 구역·경계변경 요구, 고속전철 유치, 국제항만 유치 등이 그러한 사례이다.

Ⅲ 지역이기주의의 발생요인

지역이기주의 현상은 천태만상이고, 따라서 그 발생요인 또한 다양하기 때문에, 이를 간단히 정리하기란 어렵다. 지역이기주의 현상 중 비선호시설을 중심으로 한 지역이기주의의 발생요인을 밝혀보면 다음과 같다.

---

6) 비선호시설에는 다음과 같은 것들이 포함된다.
① 혐오시설 : 시설이 불쾌감, 더러움 등의 거부반응을 일으키고 주변지역에 여러 가지 부정적 영향을 주는 것, 예 : 쓰레기 매립장, 분뇨 처리장, 화장장, 하수종말 처리장 등.
② 위험시설 : 그 시설의 운영이 잘못되었을 경우에 주변지역에 엄청난 인적·물적 피해를 주거나 그 자체가 총기 또는 폭력 등을 연상시킴으로써 거부반응을 일으키게 하는 것, 예 : 유류저장시설, 원자력발전소, 군부대시설, 핵폐기물처리장, 교도소, 구치소 등
③ 공공시설 : 혐오시설이나 위험시설과는 달리 시설 그 자체가 주는 혐오성이나 위험성은 없거나 있다 하더라도 비교적 약하고 사회복지의 측면이나 기타 국가지방자치단체의 정책목적상 설치되는 시설, 예 : 양로원, 아동복지시설, 부녀보호시설, 정신병원, 장애인시설 등.

1 직접적 요인

(1) 비선호시설 특성상의 요인

비선호시설의 특성 자체에 내재해 있는 요인이 있다. 이는 지역이기주의의 필요조건으로서, 그 자체로서는 지역이기주의를 발동시키지는 않으나 그 발동요인을 잠재적으로 보유하고 있는 조건이다.

(가) 인체에 대한 직접적인 위험

쓰레기 매립장 등의 혐오시설은 수질오염·대기오염·토양오염 등을 통하여 매우 다양하게 인체에 피해를 주고, 핵폐기물 처리장 등의 위험시설은 인체에 치명적인 피해를 줄 우려가 있기 때문에, 그러한 시설의 입지를 반대하게 된다.

(나) 비용과 편익의 불공평성

비선호시설은 인체에 대한 피해 외에도 해당 지역에 소음·악취·공해 등 부정적인 외부효과를 집중적으로 발생시키고, 시설 인근지역의 재산가치를 하락시켜 막대한 희생과 불이익을 가져온다. 반면에 그 시설의 설치로 인하여 얻는 혜택은 다른 지역들에 골고루 퍼지게 된다. 이에, 그 시설이 입지하는 지역은 다른 지역을 위하여 피해를 입게 되므로 이에 대한 적절한 보상이 없는 한 반대가 있는 것은 당연하다.

(2) 입지결정과정상의 요인

이상과 같은 지역이기주의의 필요조건에 이하와 같은 조건들이 충분조건으로 작용할 때에 지역이기주의가 발동하게 된다.

(가) 입지선정 절차상의 잘못

입지선정 절차에 있어서 해당 지역의 주민이나 자치단체가 배제된 채 다분히 정책입안자 중심의 폐쇄적 결정방식이 시행된 경우에 이에 소외되고 피해만 보는 지역이 강하게 반대하게 된다.

(나) 피해보상의 미흡

비선호시설의 설치로 해당 지역이 부담하는 비용과 피해가 막중한데, 이러한 비용과 피해에 대한 보상책이 충분하게 마련되어 있지 않은 상태에서 그 시설의 설치를 추진하는 경우에 그 지역의 반발을 사게 된다.

2 간접적 요인

(1) 행정체계상의 미비

(가) 정부간 기능 · 권한의 모호성

국가와 광역지방자치단체간, 광역자치단체와 기초자치단체간의 기능배분 및 권한범위가 명확치 못하여 비선호시설의 입지선정을 둘러싸고 정부간 갈등이 일어나는 경우가 있다.

(나) 갈등조정 활동의 저조

정부간의 갈등 또는 정부와 주민간의 갈등을 적극적으로 조정하는 정부의 활동이 저조한 경우에 지역이기주의는 더욱 맹위를 떨치게 된다. 현재 지방자치단체간 분쟁조정위원회제가 있으나 그 활동이 활발하지 못하며, 더구나 그것은 정부와 주민간의 갈등 조정기구는 아니다.

(2) 의식 · 행태상의 문제

(가) 공동의식의 취약

제1차집단을 우선시하고 전체의 공동체의식이 미약하여 배타주의가 팽배하고, 의무보다는 권리를 주장하는 사고가 만연하여 지역이기주의는 더욱 강하게 발동한다.

(나) 행정에 대한 불신

권위주의적 정치체제 하에서 폐쇄적인 행정이 자행됨으로 인하여 행정에 대한 불신의식이 조성되어 이것이 지역이기주의로 발전하기도 한다.

(다) 환경에 대한 관심의 고조

산업성장을 위한 개발추구의 결과 심각한 환경문제가 대두됨에 따라 환경오염과 인체위험에 대한 의식이 고조되어 혐오시설이나 위험시설에 대한 거부심리가 강력해진다.

Ⅳ 지역이기주의의 극복

1 지역이기주의 요인에의 대응

지역이기주의를 극복하려면 그 지역이기주의의 형태와 발생요인별 대응이 필요한데, 지역이기주의 형태도 다양하고 그 발생요인도 다원적이어서 그 대응이 매우 어렵다.

지금까지 지역이기주의의 극복방안으로 제기된 것을 보면, ㉠ 비선호시설의 인체유해성 방지, ㉡ 입지선정의 합리화, ㉢ 피해보상체계의 정비, ㉣ 정부간 기능 및 권한의 명확화, ㉤ 갈등조정활동의 강화, ㉥ 행정체계의 정비, ㉦ 공동의식 수준의 향상을 들 수 있다. 그러나 이러한 방안들에는 모두 어려움이 따르기 때문에 한계가 있다.

2 지역이기주의 극복에 있어서의 기본문제

종래의 지역이기주의 극복방안에는 한계가 있기 때문에 이 문제를 효율적으로 해결하기 위해서는 법적 강제력의 사용과, 입지분쟁조정위원회의 설치 등이 제안되기도 한다.[7)]

지역이기주의의 극복을 위해서는 비선호시설이 어느 지역에만 편중되지 않도록 형평성을 확보하고, 개별 시설입지선정에 있어서 참여와 협상 및 보상이 충분이 이루어지도록 하는 전략이 적용되어야 한다.

---

7) 한국지방행정연구원, 앞의 책, pp. 140~155.

(1) 지역형평성의 확보

입지선정에 있어서 지역적 형평성의 확보는 처리기술의 발전, 입지선정 절차의 합리화, 보상에 의한 해결에 앞서 가장 중요한 요소로 취급되어야 한다. 지역적 형평성이 확보되지 않는 한 입지 대상지역의 반대는 끊이지 않게 될 것이다. 물론 각 지역의 폐기물 발생량, 기타 요인 등을 고려하여 지역간의 협상을 통해 입지결정이 되도록 하여야 한다.

(2) 참 여

비선호시설로 인해 영향을 받는 주민들의 참여는 지역간 갈등을 예방하고 입지 결정을 합리화하는 데에 중요한 요소라는 것은 재론의 여지가 없다. 입지선정 과정에 주민들을 참여시키고자 하는 경우에 그로 인해 영향을 받을 모든 당사자들이 균형있게 참여하여야 결정과정의 정당성을 인정받을 수 있을 것이다.

(3) 협 상

지역문제와 관련된 다양한 형태의 갈등을 해결하기 위하여 협상방식이 많이 이용된다. 협상이란 갈등 당사자간의 이해관계를 조절하기 위하여 직접 교섭하는 것을 말하며, 그러한 뜻에서 제3자에 의한 중재와 구별된다. 협상에 의하여 얻어지는 해결은 당사자간의 상충되는 주장을 절충하여 이루어진 것이기 때문에 어느 당사자에게도 최적의 해결이 될 수 없지만, 어느 당사자도 완전한 승자도 패자도 아닌, 서로가 조금씩 얻은 해결이 된다.

(4) 보 상

비선호시설에 대해 지역주민들이 반대하여 지방자치단체간 갈등을 야기하는 가장 중요한 이유는 시설로 인한 피해에 대한 보상이 충분하지 않다는 데 있다.

물론 보상을 위한 재원이 충분하지 않고, 보상할 수 없는 정신적·신체적 피해가 발생하기도 하므로 충분한 보상이 이루어지지 못하는 경우가 많다. 그러나 소수의 비용부담과 피해의 대가로 다수가 혜택을 보는 것은 큰 문제이다. 사회정의의 확보 및 소수의 권리보호를 위해서 비용부담 및 피해에 대한 충분한 보상은 반드시 필요하다.

제3절 지방자치단체간 갈등관계

I 지방자치단체 상호간의 갈등관계

1 갈등관계의 의의

어떠한 조직이든 그 상위(전체)체계를 하나의 하위(부분)체계로서, 그 전체체계와의 관계, 다른 조직과의 관계, 그리고 그 내부의 하위체계와 갈등이 있을 수 있다. 어떠한 조직이나 집단도 조직간 또는 상·하 체계간의 경쟁과 권한 및 책임의 마찰, 이해관계의 충돌 등이 존재하는 한 잠재적이든 현재적이든 갈등이 존재하는 것이다.[8] 그러나 중요한 것은 그 갈등의 존재가 아니라, 그러한 갈등을 쇄신과 창조의 원동력으로 활용하고, 전체적인 조화를 도모하는 태도와 능력이다.

갈등(conflict)이란 복수의 행동주체간의 대립적 내지 적대적인 교호작용을 말한다. 이러한 갈등은 조직 내의 개인간 또는 집단간 관계에서 발생하며, 나아가서 조직간 관계, 더 나아가서 국가간 관계에서도 발생한다.

그런데 지방자치단체의 대외적 갈등이란 다른 지방자치단체 또는 국가와의 대립적 내지 적대적인 교호관계를 의미한다. 이러한 지방자치단체의 갈등관계의 노출에 의하여 현실적으로 문제가 되는 것은 지방자치단체간의 분쟁이다. 따라서 갈등의 본질을 고찰한 후에 지방자치단체간 분쟁의 양상과 그 조정의 문제를 중점적으로 살펴보기로 한다.

2 갈등관계의 유형

갈등관계의 유형은 그 분류기준 여하에 따라 여러 가지로 나뉠 수 있다. 그러나

8) 갈등과 경쟁은 서로 가까우면서도 서로 다른 특징을 가지고 있다. 즉, 싸움과 경주의 차이에서 보는 바와 같이, 전자에 있어서는 주체들간의 활동에 상호 대립성이 있고 일방이 타방의 활동에 간섭하는 데 비하여, 후자에 있어서는 각자가 타방의 활동에 간섭하지 않고 평행적으로 노력을 겨루기만 한다. 그러나 경주에서도 타방의 활동을 방해할 가능성이 있듯이, 둘 사이의 구별이 어려워지는 경우도 있다.

가장 중요한 것은 다른 지방자치단체와의 갈등과 국가와의 갈등이다. 이러한 지방자치단체의 갈등관계에는 해당 주민들이 가담함으로써 복잡한 양상을 나타내기도 한다.

그 양상을 그림으로 정리하면 [그림 12-1]과 같이 분류할 수 있다.

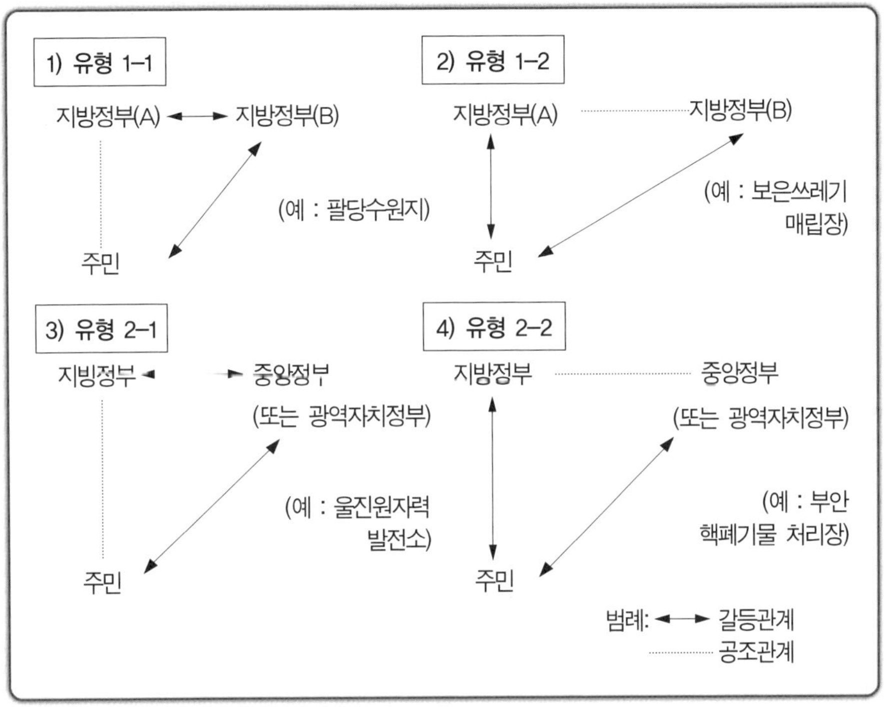

[그림 12-1 지방자치단체의 갈등유형]

위 갈등유형 (1-1)과 (1-2)는 B지방자치단체의 행위에 A지방의 주민과 정부가 공동으로 반발하거나 A주민이 A·B지방정부에 반발함으로써 야기되는 갈등유형이고, (2-1)과 (2-2)는 중앙정부(또는 광역자치정부)의 행위에 해당 지방의 주민과 정부가 공동으로 반발하거나 A주민이 A지방정부와 중앙정부에 반발함으로써 야기되는 갈등유형이다.

3 갈등관계의 시각

갈등을 보는 시각은 과거 전통적 시각에서부터 많은 변천을 거듭하여 오늘에 이르고 있다. 갈등의 기능을 보는 시각은 크게 세 가지로 나눌 수 있다.[9]

첫째는 전통적 시각으로서, 갈등은 언제나 비용을 초래하고 비합리성이 초래되고, 업무를 지체시키는 것으로서 결코 바람직하지 못할 뿐더러 해로운 것으로 보는 입장이다.

둘째는 행태적 시각으로서, 갈등은 불가피한 것이기 때문에 이를 받아들일 수 밖에 없다고 보지만, 적극적으로 갈등을 조장하는 데 까지는 이르지 아니한 입장이다.

셋째는 상호작용적 시각으로서, 갈등을 받아들이는 데 그치지 않고, 갈등을 새로운 아이디어의 촉발, 더 훌륭한 결정의 도출, 조직업적의 향상 등을 도모하는 이점을 가지고 있는 것으로 보고, 더 나아가 갈등을 적극 조장하고자 하는 입장이다.

이상과 같은 시각들은 모두 일면의 진리를 가지고 있으며, 갈등을 획일적으로 말하기는 어려우며, 대체로 적당한 정도의 갈등일 때에는 그 효과성이 높을 수 있다고 할 수 있다.[10] 갈등이란 조직에 순기능적 측면과 동시에 역기능적 측면을 가지고 있는 것으로서, 그 갈등의 조성 내지 선용도 필요한 경우가 있다.

Ⅱ 지방자치단체 상호간의 분쟁관계

1 분쟁관계의 의의

(1) 분쟁관계의 의미

복수의 행동주체간의 갈등관계가 구체적인 쟁점을 중심으로 발전하여 어떤 장애가 형성된 상태를 분쟁관계라고 한다. 따라서 분쟁은 갈등관계가 구체적인 쟁점을

9) Stephen P. Robbins, *Managing Organizational Conflict*(Englewood Cliffs : Prentice Hall, 1974), pp. 11~20.

10) Stephen, P. Robbins, *Organization Theory*(Englwood Clipps : Prentice · Hall, 1983), p. 291.

중심으로 현재화하여 어떤 새로운 국면의 전개가 없는 한 위기나 파국으로 치달을 수 있는 심각한 상태를 의미한다.

이러한 분쟁의 개념을 지방자치단체간의 분쟁(자치단체와 국가간 분쟁 포함)에 한정하여 볼 때에는, 지방자치단체간에 권한·이해관계 등이 서로 얽혀 각자의 목표성취의 기회가 상대방에 의하여 장애를 받음으로써 새로운 국면전개가 없는 한 위기나 파국에 직면하게 될 심각한 상태를 의미한다고 할 수 있다.

(2) 분쟁관계의 특징

지역간 분쟁에는 여러 가지 특징이 있으나, 그 중 중요한 것만 몇 가지 지적하면 다음과 같다.[11)]

(가) 다양성

지방자치단체간 분쟁이라고 하지만 그 실제에 있어서는 기초자치단체 간의 분쟁, 광역자치단체간의 분쟁, 기초자치단체와 광역자치단체 간의 분쟁, 광역자치단체와 국가 간의 분쟁, 기초자치단체와 국가 간의 분쟁 등 다양하다. 뿐만 아니라 지방자치단체의 이익추구의 내용에 따라 분쟁의 내용이 다양하며, 지방자치의 사무와 기능이 전문화함에 따라 이러한 지방자치단체간 분쟁의 양상은 더욱 복잡해진다.

(나) 필연성

국민의 생활권역의 확대와 경제의 국민경제로의 발전에 따라 오늘날의 지방사무는 하나의 지방자치단체의 능력만으로는 효율적으로 처리할 수 없는 경우가 많다. 따라서 여러 지방자치단체가 상호 연계하여 공동적으로 처리하지 않으면 안 되는 사무가 계속 증가하고 있기 때문에 지방자치단체 상호간의 협력은 필수불가결하다. 이러한 협력해야 할 과제를 놓고 상호간의 갈등이 발생하게 됨으로써 이것이 분쟁으로 이어지게 된다.

(다) 해결곤란성

지방자치단체간의 분쟁은 그 발생원인이 다원적이고 이질적이어서 그 해결방법이 매우 어렵다. 뿐만 아니라 지방자치의 사무와 기능이 전문화되어 감에 따라 제

---

11) 한국지방행정연구원, 지방자치단체간 분쟁조정방안(서울 : 1994), pp. 8~11.

기되는 지방자치단체간의 분쟁의 대상도 전문적 지식과 연관되어 있기 때문에 그 해결에 다양한 전문적 지식을 요한다.

2 분쟁관계의 유형

지방자치단체간 분쟁은 그 분류기준 여하에 따라 여러 가지로 나눌 수 있지만, 그 중 중요한 것을 정리하면 다음과 같다.[12)]

(1) 분쟁주체에 의한 분류

(가) 지방자치단체간 분쟁

분쟁의 당사자를 크게 국가와 지방자치단체로 나누고, 지방자치단체를 광역자치단체와 기초자치단체로 나눌 때에, 그 분쟁은 전술한 바와 같이 국가·광역간의 분쟁, 국가·기초간의 분쟁, 광역·기초간의 분쟁, 광역 상호간의 분쟁, 기초 상호간의 분쟁의 5개 유형으로 나눌 수 있다.

이를 지방자치단체 사이의 분쟁으로 한정할 때에는 광역·기초자치단체간, 광역자치단체 상호간의 분쟁, 기초자치단체 상호간의 분쟁의 3개 유형으로 나눌 수 있게 된다.

(나) 지방자치단체장간 분쟁

지방자치단체간의 분쟁에는 자치단체 상호간의 분쟁도 있지만, 현실적으로는 자치단체장 상호간의 분쟁도 있으며, 실제에 있어서는 후자가 더 빈발할 수도 있다. 그러기에 우리나라 지방자치법에서는 지방자치단체 상호간의 분쟁과 지방자치단체장 상호간의 분쟁관계를 함께 규정하고 있다(지방자치법 제165조).

(다) 지역주민간 분쟁

지방 간 분쟁이 지방자치단체나 자치단체장간 분쟁이라기보다는 현지에서 생존·생활하고 있는 주민(집단)간의 분쟁인 경우가 있다. 이러한 분쟁은 교통(소통), 수질(오염), 시설(입지), 기업(유치), 공기(오염), 소음 등을 둘러싸고 지역주민간 이해가

---

12) 위의 책, pp. 20~28.

엇갈리는 때에 발생하는 경우가 많다.

(2) 분쟁내용에 의한 분류

(가) 권한분쟁

지방자치단체 사이에 권한의 존재 여부 또는 범위·한계에 관하여 분쟁이 야기되기도 한다. 이에는 자기의 권한이 상대방에 의하여 침해되는 경우에 그 권한을 주장하는 이른바 적극적 권한쟁의가 일반적이지만, 경우에 따라서는 일정한 사항이 자기의 권한·책임 사항이 아니라는 이른바 소극적 권한쟁의도 있을 수 있다.

(나) 이익분쟁

지방자치단체 사이에 각자 이익을 추구하는 과정에서 분쟁이 발생하기도 한다. 오늘날 지방자치단체간의 분쟁은 대부분 이러한 이익분쟁에 속하며, 권한분쟁도 종국에는 이익분쟁이 된다고 할 수 있다. 이익분쟁에 있어서 그 추구하는 이익에는 적극적으로 일정한 이익을 주장하는 경우와, 소극적으로 상대방의 이익추구로부터 오는 손실을 방지하고자 하는 경우가 있다.

(3) 분쟁원인에 의한 분류

(가) 유치분쟁

이른바 핌피(PIMFY)적 이기주의에 의하여 자치단체 사이에 분쟁이 전개되기도 한다. 도청·군청과 같은 기관이나 고속전철역과 같은 사회간접자본 시설을 서로 자기 관할구역 안에 유치하려는 데서 야기되는 분쟁이다.

(나) 기피분쟁

이른바 님비(NIMBY)적 이기주의에 의하여 지방자치단체 사이에 분쟁이 전개되기도 한다. 쓰레기 매립장·하수처리장·화장장과 같은 혐오시설이나, 핵폐기물처리장·유류저장시설·가스저장소와 같은 위험시설, 교도소·정신병원·농아학교와 같은 공공시설을 서로 자기 관할구역 안에 두지 않으려는 데서 야기되는 분쟁이다. 오늘날 지방자치단체 간의 분쟁의 대부분은 이러한 기피분쟁이라고 할 수 있다.

3 분쟁관계의 요인

지역간 분쟁의 요인에는 여러 가지가 있겠으나, 그 중 중요한 것 몇 가지만 살펴보기로 한다.

(1) 상황적 요인

(가) 상호의존성의 증가

자치업무의 광역적 처리 필요성이 커짐에 따라 지방자치단체간의 상호 의존성이 커지고, 상호 의존성의 증가에 따라 자원의 효율적 이용, 외부경제 효과의 분담 등의 문제에 있어 분쟁발생의 가능성이 커진다.

(나) 자원의 제한

지방자치단체들이 제한된 자원에 공동으로 의존하면서 어떤 자원을 동원할 것인가, 그리고 제한된 자원을 누가 더 이용할 것인가 등을 놓고 갈등이 조성되어, 그것이 조정되지 않음으로써 분쟁으로 이어지기도 한다.

(다) 자율성과 능력의 불균형

지방분권화의 추진에 따라 지방자치단체의 자율성이 강화되면 그 자율성에 상응하는 책임과 의무도 강화되게 되는데, 지방자치단체가 그에 부응하는 능력을 구비하지 못하고 자율성만 강조함으로써 갈등과 분쟁이 발생하기도 한다.

(2) 인식적 요인

(가) 목표의 상반성

둘 이상의 지방자치단체가 상반되는 목표를 추구할 때에 한 쪽의 목표달성이 다른 쪽의 목표달성을 방해하는 것으로 받아들여짐으로써 승・패의 상황이 조성되어 갈등과 분쟁이 야기되기도 한다.

(나) 지역이기주의

지방자치단체들이 국가 전체 또는 사회공동의 이익보다는 자기 지역의 이익을 우선시하는 지역이기주의에 젖어 있을 때에는 시설의 입지나 계획의 추진을 둘러싸고 갈등이 심화되어 분쟁으로 발전하게 된다.

(다) 인식의 차이

지방자치단체간에 공동으로 의사결정을 할 대상사안에 대한 인식의 차이가 있는 경우에 그것이 분쟁으로 발전할 수 있다. 각 자치단체는 환경여건이나 재정력의 차이에 따라 구체적인 정책수행에 있어 그 정책이나 계획의 우선순위에 대한 인식의 차이가 있게 마련이다.

(3) 행동적 요인

이상과 같은 상황적 요인과 인식적 요인에 의하여 지방자치단체간에 갈등과 분쟁의 요건이 성숙되어 있는 데에, 어떤 특정의 현안에 관한 지방자치단체의 행동적 요인이 가세할 때에는 갈등과 분쟁이 현재화하여 격렬해지게 된다.

즉, 특정의 현안 사안에 관하여 지방자치단체가 회피적인 태도(예컨대, 비수락, 비타협 등)를 취하거나, 이의제기(예컨대, 항의, 논쟁, 중재신청 등)를 하거나, 과격조치(예컨대, 폐쇄, 금지, 보복 등)를 할 때에는 지방자치단체간의 분쟁은 돌이킬 수 없는 상황에 이르게 된다.

4 지방자치단체간 분쟁의 해결

(1) 분쟁해결의 의의

지방자치단체간의 분쟁은 정책수행의 왜곡과 지연, 행정능률의 저하 뿐만 아니라 사회통합의 저하, 국가발전의 저해를 가져오므로, 어떻게 하여서든 해결되어야 한다.

그런데 분쟁의 해결에는 두 가지 의미가 있다. 하나는 분쟁의 처리(dispute settlement)이고, 다른 하나는 분쟁의 해소(dispute resolution)이다. 전자는 해결책이 분쟁 당사자들에게 강요되어 분쟁이 외형상으로만 해결되는 것이고, 후자는 해결책이 분쟁 당사자들에 의하여 자발적으로 수용되어 분쟁이 외형뿐만 아니라 실질적으로 해결되는 것이다.

이상적으로 말하면 분쟁은 실질적으로 해소수준에까지 이르러야 하겠으나, 현실적으로는 외형적으로 처리되는 수준에 만족하는 수밖에 없는 경우가 많다.

(2) 당사자에 의한 해결과 제3자에 의한 해결

분쟁을 해결하는 주체는 제1차적으로 분쟁 당사자이고, 당사자간에 해결이 안될 때에는 제3자가 이에 개입하게 된다. 당사자간 분쟁해결방법은 분쟁 당사자들이 직접 협상을 통하여 분쟁을 해결하는 방법으로서, 그 해결책의 수용가능성과 분쟁의 실질적 해소에 더 접근할 수 있다는 점에서 보다 바람직한 방법이라고 할 수 있다.

제3자에 의한 분쟁해결방법은 분쟁에 제3자가 개입하여 당사자간의 협상을 돕거나, 독자적인 해결책을 제시하여 이를 당사자들이 받아들이도록 함으로써 분쟁을 해결하는 방법으로서, 이를 넓은 의미의 조정방법이라 한다. 이 중 제3자가 독자적 해결책을 제시하여 이를 당사자들이 받아들이도록 하는 방법에는 소송제도와 협의의 조정(調整)제도[13)]가 있다.

(3) 사전적 해결과 사후적 해결

분쟁을 해결하는 시기는 빠를수록 좋다. 갈등이 구체화되어 분쟁으로 번져 그 해결의 실마리를 찾기 어려워지기 전에 해결하여 분쟁을 예방하는 것이 가장 이상적이다.

그러나 분쟁의 특성상 분쟁을 예방한다는 것은 사실상 어렵기 때문에 이를 사후적으로 해결할 수밖에 없다. 그러나 사후적 해결에 있어서도 그 해결은 분쟁이 돌이킬 수 없는 심각한 상황이 되고 파국에 이르기 전에 이루어지도록 하여야 한다.

(4) 협력문화의 형성

지방자치단체간의 분쟁문제가 근원적으로 해결되려면 궁극적으로는 협력문화(associative culture)가 형성되어야 한다. 자신의 이익에만 집착하고 목전의 이익을 위해서 수단과 방법을 가리지 않는 문화풍토 속에서는 아무리 협력을 강조하고 분쟁해결 방법을 제도화 하더라도 효력이 없다.

---

13) 협의의 조정제도, 즉 강제성을 가지는 중재제도를 '대체적(代替的) 분쟁조정제도'(alternative dispute resolution)라고 한다. 그것은 법원의 소송절차에 대체하여 그와 같은 효력의 분쟁해결을 할 수 있는 제도라는 뜻이다.

선진국가에 있어서 소규모의 다수 자치단체들이 협력하여 광역적 자치업무를 능률적으로 처리해 나가는 것을 우리는 부럽게 보고 있다. 그것은 그 사회에 협력문화의 뒷받침이 튼튼히 깔려 있기 때문이다.

Ⅲ 분쟁조정제도

1 분쟁조정제도의 의의

분쟁조정이란 제3자에 의한 객관적인 견지에서의 분쟁의 해결을 말한다.[14] 따라서 지방자치단체간의 분쟁조정제도는 지방자치단체간의 분쟁에 제3자가 개입하여 객관적 견지에서 이를 해결하는 제도를 말한다고 하겠다.

지방화, 지방분권화 시대에 지방자치단체간에 분쟁이 많이 발생하고 있으며, 특히 주민직선 자치단체장이 출현한 이후에 더 많은 분쟁이 발생하고 있으므로 지방자치단체간, 지방자치단체장간의 분쟁의 조정문제는 매우 중요한 현안 문제로 등장하고 있다.

2 한국의 분쟁조정제도

(1) 분쟁조정제도

우리나라에서는 지방자치단체간 분쟁의 제3자적 조정제도로서 1988년의 전문개정 지방자치법 제148조에서 감독기관의 분쟁조정권을 규정하였고, 1990년에 제정된 환경분쟁조정법에서 재정기관으로서의 환경분쟁조정위원회를 규정하였다. 이어 1994년의 개정 지방자치법에서 심의・의결기관으로서의 지방자치단체분쟁조정위

14) 법적 용어로서의 조정(調整)은 이해관계를 달리하는 당사자 사이에서 행위나 상태를 객관적 견지에서 해결하는 행위를 말한다. 노동법에서는 조정을 알선과 조정과 재정을 포괄하는 의미로 규정하고 있다. 알선(斡旋)은 당사자간의 해결을 유도하는 것이고, 조정(調停)은 제3자가 해결안을 작성하여 당사자들의 수락을 권고하는 것이며, 재정(裁定)은 제3자가 결정한 해결책이 당사자들을 기속하는 것이다(법문사, 법률학사전, 1964, pp. 608, 860, 897).

원회 설치를 규정하였다. 그리고 헌법과 헌법재판소법의 규정에 의한 지방자치단체간 권한쟁송제도가 있다.

(가) 감독기관의 분쟁조정

지방자치단체간 분쟁에 있어 시·도 또는 그 장이 그 분쟁 당사자인 때에는 행정자치부장관이, 시·군·자치구 또는 그 장이 당사자인 때에는 시·도지사(시·도를 달리하는 시·군·자치구 또는 그 장이 당사자인 때에는 행정안전부장관)가 이를 조정할 수 있다(지방자치법 제165조).

이러한 감독기관에 의한 분쟁의 조정은 분쟁당사자의 신청 또는 감독기관의 직권으로 할 수 있고, 조정을 하고자 할 때에는 중앙행정기관의 장과의 협의를 거쳐 지방자치단체분쟁조정위원회의 의결에 따라 행하여야 한다.

감독기관의 조정결정 통보를 받은 분쟁 당사자인 지방자치단체장은 그 조정결정사항을 이행하여야 하며, 거기에 예산이 수반되는 경우에는 그 필요한 예산을 우선적으로 편성하여야 한다.

분쟁조정을 하는 감독기관은 그 결정에 의해 시설의 설치 또는 역무의 제공으로 이익을 받거나 분쟁의 원인을 야기한 지방자치단체에 대하여 그 시설·운영비 등의 전부 또는 일부를 부담하게 할 수 있다.

이상과 같은 분쟁조정 결정사항이 성실히 이행되지 않은 때에는 그 조정결정기관은 기간을 정하여 그 이행을 명령할 수 있고, 그 기간 안에 이를 이행하지 않은 때에는 해당 지방자치단체의 비용부담으로 대집행할 수 있다.

(나) 지방자치단체 분쟁조정위원회(심의·의결)

지방자치단체간의 분쟁의 조정과 행정협의회의 협의사항의 조정에 필요한 사항을 심의·의결하기 위하여 행정안전부 소속하에 중앙분쟁조정위원회를, 시·도 소속하에 지방분쟁조정위원회를 두고 있다(동법 제166조 제1항).

중앙분쟁조정위원회의 심의·의결사항으로는 ㉠ 시·도간 또는 그 장간의 분쟁 ㉡ 시·도를 달리하는 시·군·구간 또는 그 장간의 분쟁 ㉢ 시·도와 시·군·구간 또는 그 장간의 분쟁 ㉣ 시·도와 지방자치단체조합 또는 그 장간의 분쟁 ㉤ 시·도를 달리하는 시·군·구와 지방자치단체조합간 또는 그 장간의 분쟁 ㉥ 시·도를 달리하는 지방자치단체조합간 또는 그 장간의 분쟁을 심의·의결한다(동법 동조 제2항).[15]

15) 2000년 지방자치단체분쟁조정위원회 설치 이후 2019년까지 총 24건이 신청되어(조정 14건, 기각

한편, 지방분쟁조정위원회는 중앙분쟁조정위원회의 권한에 해당하지 않는 지방자치단체·지방자치단체조합간 또는 그 장간의 분쟁을 심의·의결한다(동법 동조 제3항).[16]

이 위원회는 분쟁에 관하여 최종적인 결정을 할 수 있는 재정기관(裁定機關, 이른바 대체적 분쟁조정기관)이 아니라, 행정안전부장관 또는 시·도지사가 조정결정을 하는 데에 필수적인 절차로서 심의·의결만을 하는 기관이다.

1건, 각하 4건, 취하 5건) 처리하였다.

중앙분쟁조정위원회 분쟁·조정실적

사건명	당사자	결정내용
아산만국가공단항만 매립지 경계	평택시→당진군	각하(2001. 1. 31)
경전철 노선변경에 따른 환승역사 건립부담금	의정부시→서울시	조정(2001. 1 .31)
행정구역 개편에 따른 잡종재산 인계	김포시→인천 계양·서구	각하(2001. 1. 31)
아산만 방조제 및 담수호 경계	평택시→아산시	조정(2001. 7. 6)
자동차액화가스충전소 설치	인천 계양구·부천시→김포시	실무조정, 취하(2001. 7. 6)
자동차액화가스충전소 설치	서울 강동구·송파구→하남시	실무조정, 취하(2001. 11. 23)
사설납골시설 공설화	화성시→종로구 등 7개구	조정종결(2008. 6. 17)
신항만1-1단계 시설관할권(1차분)	경남도→부산시	조정종결(2008. 6. 17)
신항만1-1단계 시설관할권(2차분)	부산시→경남도	조정종결(2008. 6. 17)
칠곡 재래시장 소유권	대구 북구→대구시	실무조정, 취하(2008. 12. 10)
강남순환도시고속도로 도시계획시설 결정	서울시→과천시	조정(2011. 12. 20)
행정구역명칭변경관련	충북단양→경북영주시	조정(2012. 6. 14)
읍내어린이공원 소유권분쟁	대구북구→대구광역시	기각(2013. 1. 31)
지역상생발전기금법정출연금납입분쟁	13개비수도권 시·도→서울시	조정(2014. 6. 16)
자동차등록사무소분소운영분쟁	서울 강남구→경남 함안군	취하(2014. 12. 15)
창원-부산 도로건설 손실부담금 분담 분쟁	경상남도 → 부산광역시	조정 (2016. 4. 25)
전남교육청사 도시관리계획변경 분쟁	전남교육청 → 광주광역시	조정 (2016. 12. 12)
개화천변 침수방지 협약 위반에 따른 분담금 분쟁	경기 광명시 → 서울특별시	취하(2017. 2. 13)
자동차면허세 감소분 보전 분쟁조정	인천 8개 자치구 → 인천광역시	조정 (2017. 4. 10)
舊 전남교육청 매매분담금 이자율 분쟁	광주교육청 → 전남교육청	조정 (2017. 11. 30)
부산 부전시립도서관 개발사업 관련 분쟁	부산 부산진구 → 부산시	각하 (2018. 8. 27.)
성내유수지 소유권 반환 신청	서울 강동구→서울시	조정 (2019. 2. 18.)
가족길교 유지관리기관 결정 분쟁	서울시→경기 부천시	조정 (2019. 4. 15.)
까치울터널 유지관리기관 결정 분쟁	경기 부천시→서울시	각하 (2019. 4. 15.)

※ 매립지 등 신규 토지 관할 결정(269건)은 제외

자료: 행정안전부. 2019. 행정자치부, 지방자치단체 협력·갈등관리 업무 편람

16) 지방분쟁조정위원회 운영실적은 지방분쟁조정위원회가 구성된 이후 총 9건이 신청되어 처리된 결과는 조정 5건, 기각 2건, 취하 1건, 각하 1건이다.(자료: 행정안전부. 2019. 행정자치부, 지방자치단체 협력·갈등관리 업무 편람)

분쟁조정위원회는 위원장을 포함한 11명 이내의 위원으로 구성되며, 위원장과 위원 중 5명은 학계·법조계, 지방자치사무에 관한 학식과 경험이 풍부한 자 중 임명 또는 위촉되는 위원으로서, 중앙분쟁조정위원회에서는 행정안전부장관의 제청으로 대통령이, 지방분쟁조정위원회에서는 시·도지사가 임명 또는 위촉한다(동법 동조 제4항~6항).

(다) 환경분쟁조정위원회(대체적 조정)

환경오염의 피해로 인한 분쟁의 조정을 하기 위하여 환경부와 시·도에 환경분쟁조정위원회를 둔다.

환경분쟁조정위원회는 알선(斡旋 : 당사자간 분쟁의 자주적 해결을 유도)과 조정(調停 : 위원회가 조정안을 작성하여 당사자들의 수락을 권고) 및 재정(裁定 : 위원회가 재판에 준하는 판정을 내려 당사자들을 이에 기속시킴)을 행한다. 이 환경분쟁조정위원회는 알선과 조정뿐만 아니라 분쟁의 해결에 관한 최종적 확정결정(재정)까지 할 수 있다는 점에서 이른바 대체적(代替的) 분쟁조정기관이라고 할 수 있다(환경분쟁조정법).[17]

환경분쟁조정위원회는 분쟁조정을 위하여 필요하다고 인정하는 때에는 당사자·참고인·감정인의 출석·진술과 참고자료의 제출을 요구할 수 있고, 현지조사를 할 수 있다. 알선과 조정에 있어서는 대체로 당사자 신청주의가 적용되나, 재정에 있어서는 이에 직권주의도 가미된다. 알선은 사건별로 지명된 3명의 조정위원이, 조정과 재정은 각각 3인 또는 5인의 위원으로 구성되는 사건별 조정위원회와 재정위원회에서 행한다.

(라) 헌법재판소(권한쟁의조정)

헌법 제111조 제1항 4호에 의하여 지방자치단체간의 권한쟁의 사항을 헌법재판소가 심판하도록 되어 있고, 헌법재판소법 제61조 제1항은 지방자치단체 상호간에 권한과 의무의 존재 여부 또는 범위·내용에 관하여 분쟁이 발생한 경우에는 헌법재판소가 유권적으로 해석·심판함으로써 분쟁을 해결하게 하고 있다.

---

17) 중앙환경분쟁조정위원회가 설립된 1991년 7월부터 2020년 12월 31일까지 총 5,355건을 접수하여 4,557건을 처리(재정, 조정, 합의)하였으며, 610건은 자진 철회 등으로 종결되었고, 163건은 처리 중이다. 처리된 4,557건은 ① 피해내용별로는 소음·진동이 3,840건(84.3%), 대기오염 227건(5%), 수질오염 102건(2.2%), 일조 284건(6.2%) 기타 104건(2.3%)이다(중앙환경분쟁조정위원회, 정보자료-통계자료, 2020. 12. 31, 현재 환경분쟁조정 처리 현황).

(마) 지방자치단체장 등의 협의체

1999년에 구성된 시・도지사 협의회, 시장・군수・구청장 협의회, 시・도의회의장 협의회, 시・군・구의회의장 협의회 및 그 4개 협의체의 연합체(지방자치법 제182조)가 그 상호간의 교류・협력증진과 공동문제협의 기능을 통하여 자치단체간의 분쟁조정에 일익을 담당할 수 있다.

(2) 분쟁조정의 발전방향

우리나라 지방자치단체간의 분쟁에 관하여, 그 사전적 조정제도라 할 수 있는 행정협의회, 지방자치단체조합, 사무위탁 등의 제도는 잘 정립되어 있음에도 불구하고, 협력문화의 미성숙으로 제대로 활용되지 않고 있다.

분쟁의 사후적 조정도 분쟁당사자간의 대화와 협상, 참여에 의한 자율적 해결을 적극 유도하지 않고 행정적・강제적 조정에 주로 의존하고 있어, 단순한 분쟁의 처리(dispute settlement)에 그치고 진정한 분쟁의 해결(dispute resolution)에 이르지 못하는 경우가 많다.

진정한 분쟁해소를 위해서는 분쟁을 병리현상으로 보는 편협한 시각에서 탈피하여 분쟁원인에 대한 폭넓은 조사・연구와 체계적인 대책강구에 주력하여야 한다. 아울러 분쟁 유형별 조정의 절차와 모델의 개발도 있어야 한다.

분쟁조정의 중요한 기법으로 비용지역과 편익지역의 비용과 편익을 정확히 비교・분석하여 대등한 거래(give and take)를 주선하는 이른바 '비용–편익거래법'을 적극 활용할 필요가 있다.

이상과 같은 분쟁원인의 조사・연구, 분쟁조정과 절차와 모형의 개발, 분쟁조정기법의 활용 등을 도모하기 위하여 분쟁조정 전문가를 양성하는 교육・훈련프로그램의 개발, 교육기관의 설치도 필요하다고 하겠다.

제4절 광역행정체계(협력관계)

I 광역행정의 의의

1 광역행정의 의미와 성격

(1) 광역행정의 의미

오늘날의 지방행정수요는 기존의 고정된 자치구역을 넘어서 발생하고 있다. 따라서 기존의 좁은 구역을 관할하는 지방자치단체들이 상호협력하여 그 수요에 대처하지 않으면 안 되게 되었다.

광역행정이란 둘 이상의 지방자치단체의 관할구역에 걸쳐서 공동적 내지 통일적으로 수행되는 행정을 말하고, 광역행정체계란 그러한 광역행정이 효율적으로 수행될 수 있도록 마련된 조직 및 관리제도를 말한다.

지방자치단체의 관할구역은 제도에 의하여 고정되어 있는 데 반하여, 사회의 행정수요는 산업·경제의 발전, 교통·통신망의 확충 등에 따라 보다 광역적으로 발생하는 경향이 늘고 있기 때문에, 기존 자치단체의 관할구역을 넘어서 행정사무를 광역적으로 처리할 수 있는 제도가 필요해진 것이다.

(2) 광역행정의 성격

이러한 광역행정의 성격은 다음과 같다.

(가) 집권과 분권의 조화

광역행정은 기존 지방자치단체의 관할구역을 넘는 행정수요에 대응하되, 중앙정부가 직접 이를 담당하는 데 이르지 않도록 지방자치단체들이 스스로 협력하여 문제를 해결하는 것으로서, 중앙집권과 지방분권을 절충·조화하는 성격을 가진다.

(나) 지방자치의 구역 · 계층 · 기능배분의 재편성

광역행정은 기존 자치단체의 관할구역을 넘는 넓은 구역에서, 새로운 협력행정단위를 형성하여 그 협력행정단위와 기존 지방자치단체 사이의 기능의 재분담을 도모하는 것이므로, 지방자치단체의 구역과 계층구조 및 기능배분 재편성의 결과를 가져온다.

(다) 제도와 사회변화의 조화

광역행정은 사회 · 경제 · 문화 환경여건은 급변하고 있는데, 지방자치의 구역 · 계층구조 · 기능배분 등은 제도적으로 고정되어 있어 환경변화에 민첩히 적응해 가지 못하는 병폐를 자치단체간의 협력에 의하여 해결하는 수단으로써의 성격을 가진다.

(라) 협력과 갈등의 공존

광역행정은 갈등과 분쟁을 해소하고 협력관계를 증진하기 위해 발전되었다. 이러한 광역행정의 협력체계 속에는 갈등과 분쟁이 항상 함께하고 있다. 예컨대 쓰레기 소각장 등을 협력하여 건설하는 경우에도 그 입지선정이나 비용부담 등을 둘러싸고 갈등이 내재해 있다. 그러므로 협력과 갈등(· 분쟁)은 동전의 양면과 같은 관계에 있다고 하겠다.

2 광역행정의 발전

오래 전에 획정된 소규모적인 지방자치단체의 구역으로써는 오늘날 나날이 복잡화, 광역화되고 있는 행정수요에 효율적으로 대응해 나갈 수 없기 때문에 지방자치단체간 협력체계의 형성이 중대한 문제로 대두되고 있다.

이러한 광역행정 문제는 도시권역에서 더욱 심각한 실정이다. 즉, 오늘날 급진적인 도시화의 진행에 따라서 실질적인 도시지역이 제도적인 시 구역을 넘어 주변지역에 까지 확대되고, 도시의 문제가 광대한 주변 배후지역에도 연계되는 문제로 되고 있기 때문에 광역행정화가 도시권역에서 더욱 절실하다.

(1) 광역행정의 일반적 촉진요인

광역행정을 촉진시킨 일반적 요인은 다음과 같다.[18] 이 촉진요인은 중앙집권화의 촉진요인과 대체로 일치하나, 광역화이기는 하면서도 중앙집권화까지 이르지 않고 지역적 수준에서 행정을 처리하게 한다는 점에 그 특색이 있다.

(가) 사회 · 경제권역의 확대

교통 · 통신수단의 발달에 의하여 통근권, 통학권, 의료권, 시장권, 금융권 등 사회적 · 경제적 권역의 범위가 급격히 확대되고 있다. 그 뿐만 아니라 매스컴의 보급과 교육수준의 향상 등에 의하여 지역사회의 공동체의식, 향토의식 등 이른바 지역성(locality)이 약화되고 사회의 균질화가 촉진되고 있다. 이에 따라 행정수요도 광역적으로 발생하게 되었으므로, 이러한 행정수요에 따른 광역행정이 필요하게 되었다.

(나) 산업 · 경제의 고도성장

산업 · 경제가 고도로 성장함에 따라 산업 및 인구의 지역적 편재, 지역간 격차가 발생하였다. 여기에서 산업입지 및 인구의 균형적 배치 · 분산이 필요하게 되었고, 이에 따라 각 지역에서는 입지조건의 최대한의 개발, 토지이용의 극대화를 꾀하게 되었다. 이와 같은 산업과 인구의 배치를 위한 정책은 광역적인 정책이 되지 않을 수 없고, 지역개발사업은 광역적인 사업이 되지 않을 수 없다.

(다) 규모경제의 요청

기업에 있어서 대량생산이 일정한 단계까지는 한계생산비용을 절감시키고 기술혁신과 경영합리화를 통하여 생산성을 향상시킬 수 있듯이, 행정에 있어서도 막대한 투자재원을 필요로 하는 시설(예컨대 분뇨처리장 등)을 각 지방자치단체별로 설치 · 운영하는 것보다 몇 개의 지방자치단체가 합동으로 설치 · 운영하면 규모의 경제(economy of scale)를 누릴 수 있다. 이에 지방자치단체 사이의 중복투자, 행정서비스의 구역외 누출, 소규모투자의 비경제성 등을 해소하기 위하여 광역행정체제가 발전하였다.

---

18) 村田敬次郎, 新廣域行政論(東京 : 第一法規, 1965), pp. 40~53.

(라) 행정수준 평준화의 요청

지방자치단체 사이의 행・재정력의 격차로 인하여 어떤 지방자치단체에서는 행정서비스의 수준이 낮은 데도 주민부담은 높고, 반대로 어떤 지방자치단체에서는 행정서비스의 수준이 높은 데도 주민부담은 낮은 불균형 현상을 나타내는 것이 전통적인 지방자치의 문제점이다. 이에 행・재정력이 다른 지방자치단체를 포괄하는 광역적 단위에서 행정서비스의 지역간 균질화와 주민복지의 평준화를 기하는 방법이 강구된 것이다.

(마) 행정능력 향상의 요청

전술한 산업・경제정책 및 지역개발사업을 능률적으로 수행해 나가기 위해서는 고도의 행정능력이 절실히 필요하게 되었다. 소규모의 지방자치단체는 인재・재정력・행정기술 등을 제대로 구비하기 어렵기 때문에, 행정능력강화를 위하여 보다 광역을 관할하는 지방자치단체로 체계를 바꾸어야 했다. 일본에서의 시・정・촌 합병 등도 그러한 이유에서 추진되고 있는 것이다.

(2) 도시권 광역행정의 촉진요인

도시권의 광역행정은 도시권의 특성에 근거하는 요인을 가지고 있다.[19)]

(가) 대도시화의 급격한 진전

도시화, 특히 대도시화에 따라 중심도시는 그 위성도시 및 근교지역을 흡수하여 일종의 집합도시(conurbation)를 이룸으로써 광역행정권을 형성한다.

이러한 광역행정권이 형성되는 과정을 보면, 농・어촌 등 배후지역 인구의 도시집중에 따른 도시의 과밀화와 도시권의 확대, 도심부에서의 주거환경 악화, 근교지역의 주택난, 고속교통 수단의 발달 등에 따른 도심부 인구의 인접 주변지역으로의 확산, 위성도시의 발달 등을 거치면서 광역도시권이 형성된다.

(나) 광역적 행정수요의 증대

대도시권에 있어서의 공공사무에는 특히 대도시와 주변지역간에 광역적으로 처리되지 않으면 안 되는 것이 많다. 상・하수도, 도로・교통, 쓰레기・오물처리, 도시계획, 보건・복지시설, 운동장・공원 등이 모두 그러한 것들이다. 이러한 사항들

---

19) 한원택, 도시행정론(서울 : 법문사, 1976), pp. 158~159 참조.

은 대도시권 안의 여러 지방자치단체의 관할구역에 걸쳐서 광역적으로, 여러 지방자치단체의 협력에 의하여 처리되지 않으면 안 되는 것들이다.

(다) 대도시권 내 지역간 기능적 밀접성

대도시의 주변(중·소도시나 농촌)지역은 문화기능, 중추경제기능, 고급 의료기능, 정보기능 등 일정한 고도의 도시기능을 대도시에 의존한다. 반대로 대도시도 모든 도시기능을 완전무결하게 수행할 수 없어, 일정한 기능은 주변지역에 의존하지 않을 수 없다. 자연과의 접촉을 통한 휴양·위락의 기능이 그 대표적인 예가 될 수 있다.

이와 같은 요인들이 도시권 안 지역간 광역행정을 촉진한다.

(라) 대도시권 내 지역간 행·재정력 격차

대도시권에 있어서 중심도시와 주변지역 사이에는 인적자원, 재정상황, 행성관리기술 등에 있어서 현격한 차이가 존재한다. 이러한 지방자치단체 사이의 행·재정적 격차를 완화하고 행정서비스의 평준화를 도모하여 주민복지의 균형적 향상을 기하기 위하여 행·재정력이 빈약한 주변지역을 대도시행정권에 포함시키는 광역행정체제가 발전하였다.

3 광역행정의 유형

(1) 광역행정 유형의 분류

각 국가에서 발생하고 있는 광역행정의 양상은 그야말로 다종·다양하기 때문에 이를 몇 가지로 유형화하기란 어려운 일이다. 그러나 이를 몇 가지 기준에 따라 정리하면 다음과 같이 분류할 수 있다.

(가) 광역행정 계층수준별 분류

광역행정이 기초자치단체 수준에서의 것인가, 광역자치단체 수준에서의 것인가 등에 따라 이를 다음과 같이 나눌 수 있다.

ⓐ **기초자치단체 수준에서의 광역행정** : 일본의 시·정·촌 합병, 우리나라의 시·군조합 등에서와 같이 기초자치단체 수준에서의 광역행정이다.

(b) **광역자치단체 수준에서의 광역행정** : 일본의 도・도・부・현이나 우리나라의 시・도의 수준에서의 광역행정이다. 어떤 의미에서는 광역행정의 본질적 의미는 이 수준에 있는 것이라고 볼 수 있다.

(c) **국가의 일선기관에 의한 광역행정** : 우리나라 지방국토건설청, 지방산림청, 지방해운항만청 등 국가의 지방행정기관에 의한 광역행정이다.

일본에서는 지방에 지방행정기관(일선기관)들이 다종으로 난설되어 있어 이를 종합・일체화한 광역지방청(예 : 관동지방청, 동해지방청 등)의 설치가 구상된 바 있는데, 이것도 국가의 지방행정기관에 의한 광역행정의 좋은 예가 된다.

(나) 광역행정 사업별 분류

광역행정은 그 사업의 처리를 특정사업 중심으로 하느냐, 종합사업 중심으로 하느냐에 따라 특정사업주의 방식과 종합사업주의 방식으로 나뉜다. 전자에 사무위탁, 특별구역 설치 등의 방식이 있고, 후자에 연합, 합병 등의 방식이 있다.

(2) 주요국가의 광역행정

광역행정의 근거로서의 광역주의(regionalism : 광역제, 광역방식, 광역체계)의 특성은 나라에 따라 다르다.[20)]

영국에서는 공동처리(joint arrangement)와 위탁처리(agency arrangement)방식이 일반적으로 채택되고 있고, 그 외에 전통적으로 특별지방자치단체(ad hoc authority)방식도 채택되어 왔다. 지방자치단체는 필요에 따라 지방자치단체 상호간의 공동위원회(joint committee) 또는 공동협의회(joint board)를 설치하여 사무의 공동처리를 도모한다. 합동경찰청, 항만보건청, 교육청, 소방청 등이 이에 포함된다.

미국에서는 지방자치제도가 다양한 만큼 지방자치단체 간의 협력방식도 다양하며, 지금도 새로운 방식이 창안되고 있는데, 그 중에서 특히 중요한 것은 도시권협의회(metropolitan council of government), 사업의 공동실시・상호협조・위탁처리(cooperative arrangements), 구역 외의 권한행사(extraterritorial jurisdiction), 특별구역(special district), 연합(federation) 등을 들 수 있다.

---

20) 각 국가에서 발달한 광역주의(regionalism)의 특성은 다음과 같다.
미국에서는 개발단위적 regionalism이 발달하였다.
영국에서는 지역사회 재편성적 regionalism의 성격이 강하다.
프랑스에서는 중앙권한 지방분산적 regionalism이 발달하였다.
일본에서는 지방자치제 재편성적 regionalism이 시행되고 있다.

프랑스에서는 코뮌조합(syndicats des communes), 도시공동체(communauté urbaine), 행정협의회(la conférence adminisfratif), 그리고 과거의 레지옹(région)제 등의 방식이 행해져오고 있다.

독일에서는 각종 연합(Gemeinde연합, Kreis-Kreisfreie Stadt연합), 목적조합(Zweckverband), 공동기관(zusammen Organisation), 행정협정(Verwal tungsabkommen) 등의 방식이 행해지고 있다.

일본에서는 지방자치단체조합, 협의회, 사무위탁, 연락회의, 공동기관, 지방개발사업단, 광역연합, 합병, 권한흡수, 특별지방행정관서 등의 방식이 채택되고 있다.

Ⅱ 광역행정의 방식

세계 각국에서 사용되고 있는 다종·다양한 광역행정 방식을 그 조직의 강도에 따라, ㉠ 공동처리 방식, ㉡ 연합 방식, ㉢ 통합 방식으로 대분류할 수 있다. 그리고 특이성이 있는 방식으로 ㉣ 특별구역 방식을 또 하나의 유형으로 볼 수 있다.[21]

1 공동처리 방식

공동처리방식은 둘 이상의 지방자치단체가 상호 협력관계를 형성하여 광역적 행정사무를 공동으로 처리하는 방식(joint arrangement)이다.

이러한 방식은 각 지방자치단체가 단독으로 처리할 수 없는 사무나 사업 또는 시설을 굳이 연합 또는 합병하지 않고서도 상호 제휴·협력으로 처리함으로써 사무처리의 융통성과 효과성을 높일 수 있는 장점을 가지고 있는 반면에, 그 연대성이 약하고 특히 비용부담·이해관계로 대립하는 경우 협력관계가 유지되기 곤란한 단점을 가지고 있다.

이 공동처리방식에는 다음과 같은 여러 가지 방식이 있다.

---

21) 佐藤 竺, "廣域制·府縣制", 和田英夫 外 現代地方自治論(東京 : 評論社, 1965), pp. 140~150.

(가) 협의회협의회는 여러 자치단체가 상호 연락·조정, 광역사무 공동처리를 위하여 협의기관(council of governments)을 설치하는 방식이다. 일본의 자치단체협의회, 미국의 워싱턴대도시권협의회(Metropolitan Washington Council of Governments) 등이 그 예이며, 우리나라에서도 이를 채택하고 있다.

이러한 협의회는 법인격을 갖고 있지 않기 때문에 사무처리의 효과가 그 구성원인 각 자치단체에 귀속하며, 협력의 실질적 효과는 그리 크지 못하다고 할 수 있다.

(나) 일부사무조합

일부사무조합은 지방자치단체의 사무의 일부를 공동처리하기 위하여 둘 이상의 자치단체가 계약에 의하여 새로운 법인(조합)을 설치하는 방식이다. 많은 나라에서 이 방식을 채택하고 있으며, 우리나라에서도 이를 채택하고 있다.

이러한 조합은 법인격을 가지고 있어서 그 사무처리의 효과가 조합에 귀속하며, 협력의 효과가 협의회의 경우보다도 크다고 할 수 있다.

(다) 공동기관

둘 이상의 자치단체가 그 기관의 간소화, 전문직원 확보, 재정절약 등을 위하여 계약에 의하여 기관장, 위원, 직원, 부속기관 등을 공동으로 두는 방식이다. 일본, 독일, 영국 등에서 이 방식을 채택하고 있다.

(라) 사무위탁

둘 이상의 자치단체가 계약에 의하여 자기 사무의 일부를 상대방에 위탁하여 처리하는 방식이다. 우리나라에서도 이를 채택하고 있다.

(마) 직원파견

다른 자치단체의 직원을 파견 받아서 그의 협력을 얻어 사무를 처리하는 방식이다.

(바) 연락회의

둘 이상의 자치단체가 일정한 상호관련적 사무에 관한 연락을 원활히 하기 위하여 각 자치단체의 대표들로써 구성되는 연락회의를 두는 방식이다. 이러한 회의는 조정권이 없는 단순한 대화·연락의 기구에 불과한 점에서 협의회 방식보다도 실효성이 약하다.

연락회의의 예로서는 일본의 지방 6단체가 유명하다. 즉, 일본에서는 전국 지사회, 도·도·부·현 의회의장회, 전국 시장회, 시의회 의장회, 전국 정·촌장회, 정·촌의회 의장회가 조직되어, 상호간의 긴밀한 연락, 공동문제의 협의·처리, 중앙정부에의 의견제출 등을 행하고 있다.

우리나라에도 이른바 지방4단체와 그 연합체 및 교육감협의체가 있다(이에 관하여 뒤의 Ⅳ. '한국의 광역행정의 실재' 부분에서 설명).

2 연합 방식

연합방식은 둘 이상의 지방자치단체가 그 고유의 독립적인 법인격을 그대로 가지면서 그 전역에 걸친 단체(federation)를 새로 창설하여 광역행정에 관한 사무를 처리하는 방식이다. 이러한 연합체는 기존 지방자치단체의 독자성을 존중하면서 스스로 사업의 주체가 된다는 점에서 앞에서 살펴본 공동처리의 방식과 구별된다.

연합방식은 공동처리(특히 협의회) 방식의 취약성을 극복하고 연합체 자체의 사업주체성을 확보하기 위하여 고안된 방식이다. 다만 이 방식에 대하여는 연합체의 지도성을 강조한 나머지 기존 지방자치단체의 자주성을 침해하고 옥상옥을 형성한다는 비판이 있다.[22] 그러나 이 연합방식에 대한 가장 일반적인 비판은 연합체라는 것이 기존 지방자치단체의 상위에 있는 강력한 조직이 되지 못한다는 점(과세권, 실제적 집행능력이 없음)에 있다.[23]

이 연합방식에도 다음과 같은 여러 가지 방식이 있다.

(가) 지방자치단체 연합체

일정한 광역권 안에 있는 여러 지방자치단체가 연합하여 특별자치단체적 성격을 가진 연합체(federation of governments)를 구성하여, 상·하수도, 도로·교통, 도시·지역계획, 주택·공원·운동장, 보건·위생, 교육·사회복지, 경찰 등의 일정한 사무를 그 연합체에서 처리하도록 하고, 각 지방자치단체는 그 고유사무를 계속 처리하는 방식이다.

이러한 연합체 방식은 특히 도시권에 많이 채택되었는데, 캐나다의 토론토 도시

22) 佐藤 竺, 앞의 논문, p. 128.

23) 村田敬次郎, 앞의 책, p. 71.

연합(Toronoto's Metropolitan Federation), 大위니펙 도시연합(Great Winnipeg Metropolitan Corporation), 독일의 大하노버연합(The Greater Hanover Federation), 네덜란드의 아인도벤연합(Metropolitan Federation of Eindhoven), 독일의 게마인데(Gemeinde)연합(Amt, Samtgemeinde), 클라이스(Kreis : 광역지방정부, 도) - 클라이스프라이에 슈타트(Kreisfreie Stadt : 도시형 자치시, 특별시)연합(Landschaftverband, Bezirkverband), 그리고 일본의 광역연합 등이 그 예에 속한다.

(나) 도시공동체

대도시권에 있는 기초자치단체인 시(市)들이 광역적인 도시계획의 실시, 공공시설의 설치 등을 보다 체계적·능률적으로 추진하기 위하여 광역적 자치단체 내지 행정단위(communautés urbaines)를 구성하는 방식이다.

이 방식은 프랑스와 캐나다에서 채택되고 있는데, 프랑스의 도시공동체는 하나의 행정단위에 불과한 데 비하여, 캐나다의 도시공동체는 자치단체이다.

(다) 복합사무조합

둘 이상의 지방자치단체가 계약에 의하여 몇 가지 광역적 사무를 동시에 처리하는 별도의 법인인 조합(multi-union)을 설립하여 광역행정을 수행하는 방식이다.

이 방식은 각 사무마다 전술한 바와 같은 일부사무조합이 설립되어 책임소재의 다원화, 연락조정의 곤란, 사무처리의 중복이 발생하는 등의 폐단을 제거하고, 하나의 조합에서 복수의 사무를 복합적으로 처리함으로써 사무처리의 종합성을 도모함과 아울러 조합의 주체성을 더 높여 준다. 그러나 이 방식에서는 조합에 가입한 각 지방자치단체의 독자성이 그대로 보존되기 때문에, 그 조합의 통합성이 후술하는 전부사무조합의 수준에 이르지는 못한다.

이러한 복합사무조합은 프랑스와 일본에서 채택되고 있으며, 우리나라에서도 채택하고 있다.

3 통합 방식

통합방식은 일정한 광역권 안에 여러 자치단체를 포괄하는 단일의 정부(an integrated government)를 설립하여 그 정부의 주도로 잡다한 광역사무를 처리하는 방식이다.

이 통합정부는 광역사무에 관하여 주도적으로 계획하고 집행한다는 점에서 앞에서 살펴본 연합의 방식과 구별된다. 그러나 연합체도 그 사업의 주체성이 강하여 여기에서 말하는 통합정부와 유사할 경우가 있을 수 있고, 반대로 통합정부도 그 주도성이 약할 때에는 연합체와 다름없을 수가 있다.

이 통합방식은 광역권 안의 여러 자치단체를 통합하여 광역사무를 능률적·경제적으로 해결해 나가며, 광역권 안에 불균형하게 분포된 자원을 균형있게 배분할 수 있는 등의 장점을 가진다. 그러나 이 방식에 의하면 각 자치단체의 개별적 특수성이 무시된 가운데 중앙집권화가 촉진되며, 주민참여가 어려워지는 등의 폐단이 초래될 우려가 있다.[24] 이러한 통합방식은 발전도상국에서 많이 채택되는 경향이 있다.

이 통합방식에도 다음과 같은 여러 가지의 세부 방식들이 있다.

(가) 합 병

합병은 몇 개의 자치단체를 폐합하여 하나의 법인격을 가진 새로운 자치단체를 신설(annexation)하는 방식이다.

일본에서는 1953년에 시·정·촌 합병촉진법을 제정하여 정·촌을 폐합하는 작업을 계속한 결과, 전국적으로 약 1만개에 달하던 시·정·촌이 3,900여개로 감소되었고, 1999년 지방분권화추진일괄법 제정 이후에도 꾸준히 그 폐합을 계속하여 2006년에 1,800개 정도로 감소하였다.[25] 또한 1960년대 이후 영국, 독일, 벨기에, 덴마크, 스웨덴 등 세계 각국에서 자치단체 합병이 대대적으로 단행된 바 있다.[26]

이러한 합병과 유사한 방식으로 구역확장(expansion)방식이 있는데, 이것은 인접 영역의 부분적 흡수라는 점에서 그 전면적 흡수를 의미하는 합병과 다르나, 그 근본은 합병과 같은 것이라고 할 수 있다. 이 방식은 광역사무의 처리가 신속·용이

---

24) 김 원, 도시행정론(서울 : 박영사, 1987), pp. 133~134.

25) 田中 健, "日本市町村合併と地域自治組織", 주민자치시대 동네자치와 읍면동제의 개혁(지방행정연구소 주최, 자치제도발전 정책토론회 발표논문, 2005. 11. 3), p. 21.

26) 1960년대에서 2000년대 사이의 각 나라 지방자치단체 수의 변동 상황은 다음과 같다.
〈기초자치단체〉
독일: 24,282→14,805, 스페인: 9,241→8,082, 스웨덴: 1,037→278, 네덜란드: 1,015→647
일본: 1,0443→1,822, 벨기에: 2,359→589, 핀란드: 547→460, 노르웨이: 744→439
영국: 1,827→431, 덴마크: 1,097→273, 오스트리아: 3,999→2,301
〈광역자치단체〉
영국: 123→54 , 독일: 425→230, 덴마크: 15→13

하고 비용이 절약되는 장점을 가지고 있으나, 주민의 세금증가 우려 등으로 반대운동이 일어나는 경우가 많기 때문에, 그 채택에 특히 신중을 기하여야 한다.

(나) 흡수통합

흡수통합은 하급자치단체가 가지고 있던 권한 또는 지위를 흡수통합(consolidation)하는 방식이다.

(a) **기능의 흡수통합** : 하급 자치단체의 기능을 상급 자치단체 또는 국가가 흡수하는 방식(functional consolidation)이다. 하급단체의 사무를 상급단체가 흡수해 간다는 것은 집권화로서 우려할만한 일이다.

(b) **지위의 흡수통합** : 지위의 흡수통합은 상급단체가 하급단체의 기능뿐만 아니라 그 자치단체로서의 지위까지도 흡수하는 방식이다. 우리나라에서 1960년대에 읍·면자치제가 군자치제로 개편된 것이 그 대표적인 예가 될 수 있다.

(다) 전부사무조합

이는 둘 이상의 지방자치단체가 계약에 의하여 그 자치단체들의 모든 사무를 종합적으로 처리할 조합을 설치하여 기존의 각 자치단체를 사실상 소멸시키는 방식이다. 이는 일종의 자연스러운 합병방식이라고 할 수 있다.[27]

전부사무조합은 일본에서 채택되고 있으나 실제로 구성된 일은 없으며, 우리나라의 경우는 후술하는 바와 같이 과거에는 채택된 바 있으나, 현재에는 채택되고 있지 않다.

(라) 광역자치단체

지방자치단체 사이의 광역사무를 처리하기 위하여 해당 자치단체 전체를 관할하는 광역자치단체(regional government)를 새로 설립하는 방식이다. 이 방식은 그 나라의 지방제도에 있어서 자치계층의 증설을 초래한다는 점에서 다른 방식과 다른 특징을 가지고 있다.

프랑스의 1980년대 지방제도개혁에서 종래의 2층자치제에 새로운 광역자치계층인 레지옹(région)을 추가로 증설하여 3층자치제를 채택한 것, 캐나다의 1998년 지방제도개혁에서 토론토와 그 주변 자치단체를 통폐합하여 하나의 광역도시를 구성한 것 등이 그 좋은 예가 된다.

---

27) A. F. Leemans, *Changing Patterns of Local Government*(The Hague : International Union of Local Authorities, 1970), p. 137.

4 특별구역 방식

특별구역방식은 특수한 광역적 사무를 수행하기 위하여 일반행정구역 또는 자치구역과는 별도의 구역(special district)을 정하는 방식이다. 항만관리구, 하수처리구, 홍수대책구, 산불방지대책구, 공원구 등이 그 예가 될 수 있다.[28)]

Ⅲ 광역행정의 시행

1 광역행정 사무의 적격요건

(1) 광역행정 사무의 기준

광역행정사무의 적격기준으로는 다음과 같은 다섯 가지를 들 수 있다.[29)]

(가) 이해관계성

지역 상호간에 이해관계가 직결되어 있는 업무들은 광역적(area wide)으로 처리한다는 기준이다. 즉, 교통・상수도・하수도 등 지역기반시설과, 치산・치수 등 지역개발에 관한 사항들은 광역성을 지니고 있어 광역권 속에 포함시켜 해결하는 것이 타당하다.

(나) 환경체계성

물계통(watershed), 대기권(airshed) 등 자연자원이나 환경체계는 여러 지방자치단체의 구역에 걸쳐있기 때문에 이들에 관한 문제들은 광역권 차원에서 해결하는 것이 좋다. 오늘날 각 지방에서 해결의 어려움을 겪고 있는 수질・대기오염, 상하수도, 자연경관 등의 문제가 그것이다.

---

28) 일부사무조합 방식도 결국 특별구역을 설치하는 결과가 되나, 그것은 둘 이상의 자치단체 사이의 협력에 의하여 발생되는 것인 데 비하여, 이 특별구역 방식은 법령 등에 의하여 지방자치구역 자체를 그렇게 정하는 것인 점에 차이가 있다.

29) 김 원, 앞의 책, pp. 125~126.

(다) 협력효과성

행정서비스 가운데 여러 지방자치단체가 서로 협조를 하면 이를 더 능률적으로 처리할 수 있는 것들이 있는데, 광역권 안에서의 특수 경찰업무(마약, 범죄), 쓰레기 등이 그 좋은 예들이다. 대부분의 경우 지방자치단체 사이의 이해관계 때문에 협력체제를 구성하는 것이 어려울 때가 많다.

(라) 형평성

광역권 안에 있어서 조세, 서비스, 소득 등이 각 지역 사이에 고르지 못하면 인구의 집중 등 많은 문제가 발생하게 된다. 형평의 원리를 기준으로 광역행정이 시행될 때 그와 같은 지역격차를 없애고, 문제를 공평하게 해결할 수 있는 것이다.

(2) 광역행정 사무의 선정

광역사무의 선정에 있어서는 특히 다음 사항을 준수하여야 한다.
첫째로, 관계 자치단체의 행정서비스 공급실태를 명확히 파악하여야 한다.
둘째로, 관계 자치단체의 장래 행정서비스 수요를 정확히 예측하여야 한다.
셋째로, 달성하고자 하는 행정서비스 목표수준을 명확히 설정하여야 한다.

2 광역행정 계획상의 고려점

(1) 광역행정의 목표와 시행계층

광역행정의 목표가 무엇인가, 광역행정을 지방자치 계층의 어느 수준에서 시행할 것인가를 면밀히 검토하여야 한다.

(가) 목 표

광역행정은 지방자치를 옹호할 수도 있고 제약할 수도 있는 양면적 가능성을 가지고 있으므로 그 목적을 명확히 하여야 한다.

(나) 시행계층

광역행정은 그 시행계층에 따라 그 효과가 다르므로 이를 상급 자치단체의 수준에서 할 것인가, 하급 자치단체의 수준에서 할 것인가를 결정하여야 한다.

(2) 광역행정의 방식과 운용원칙

(가) 처리방식

광역행정은 그 처리방식에 따라 효과가 다르므로 일정한 광역적 사무 문제를 공동처리의 방식에 의하여 해결할 것인가, 연합방식에 의할 것인가, 아니면 통합방식에 의할 것인가 등을 신중히 검토, 결정하여야 한다.

(나) 운용원칙

광역행정체의 운용절차뿐만 아니라, 경비부담의 원칙, 주요 시설의 입지선정, 주민참여의 방식, 중앙통제의 범위, 광역행정체의 해산절차 등을 면밀하고도 공정하게 정하여야 한다.

3 광역행정 시행의 성공조건

(가) 협력제도의 정립

광역행정의 수요에 직면하여 그 수요에 가장 효과적으로 대응할 수 있는 협력방식을 강구하여, 이에 관한 체계적인 광역행정 제도를 정립하여 계속 발전시켜 나가야 한다. 이 경우에 주어진 여건과 장래전망을 정확히 판단하여 그 나라의 실정에 가장 알맞은 제도를 정립하여야 한다.

(나) 협력문화의 형성

세계적으로 광역행정의 시행에 성공한 나라들을 살펴보면 예외 없이 참여문화(participative culture) 또는 협력문화(associative culture)가 고도로 발달한 나라들이다. 광역행정이 성공적으로 수행되려면 원천적으로 관계 공무원과 자치단체장, 의회의원 및 지역주민들의 행태에서부터 참여·협력문화가 형성되어야 한다.

Ⅳ 한국의 광역행정의 실제

1 광역행정의 발전

(1) 광역행정 수요가 미미했던 이유

우리나라에서는 광역행정의 문제가 최근까지 크게 대두되지 않았다. 그 이유는 대체로 다음과 같다.

첫째로, 우리나라는 국토면적 자체가 좁다. 이런 상황 아래서는 광역화 문제는 곧 중앙집권화로 해결될 수가 있다.

둘째로, 우리나라는 전통적으로 중앙집권제가 채택·발달되어 왔다. 이미 중앙집권화가 많이 진행된 사회에서는 광역화를 요하는 업무는 이미 해결되어 있는 것이다.

셋째로, 광역자치단체인 도의 규모가 외국의 그것들에 비하여 크다. 즉, 우리나라의 광역시와 도의 평균인구는 약 280만명 수준이며, 면적 약 1만 1천 5백㎢의 규모인데, 이것은 일본의 현(인구 200만, 면적 8천㎢), 프랑스의 데파르트망(département: 인구 50만, 면적 6천 ㎢) 등에 비하여 훨씬 크다.

넷째로, 우리나라에서는 기초자치단체의 규모가 세계에서 유례없이 크다. 외국의 기초자치단체는 대개 인구 1~3천명의 규모이며, 심지어는 인구 500명인 곳도 있는데, 우리나라의 군은 인구 5만 5천명, 면적 670㎢의 규모이며, 더구나 최근의 시·군통합 추진에 따라 기초자치단체의 규모는 놀라울 정도로 확대되어 있다. 이렇게 넓은 면적과 많은 인구를 배경으로 자치구를 제외한 시·군은 독립적이고 독자적으로 대주민 행정서비스를 제공하도록 제도와 관행이 축적되어왔다. 둘 이상의 기초자치단체가 협력적으로 행정서비스를 제공하는 모습이 낯설 수밖에 없는 상황이다.

(2) 최근의 광역행정수요 대두

우리나라에서는 광역행정체계가 다른 나라에 비하여 그리 활발하지는 않지만, 대대적인 경제성장에 따른 사회·경제의 변화, 특히 고속도로망의 확충에 따른 생활권역의 확대 등에 따라, 지방자치의 광역화 요청이 두드러지게 나타나기 시작하였고, 특히 최근에는 수도권을 비롯한 대도시권에서 상수도와 하수처리, 도로와 교통, 도시계획과 각종 시설, 쓰레기와 분뇨의 처리, 공원, 화장장 등을 중심으로 광역적 협력의 문제가 심각한 문제로 대두되고 있다.

그리하여 지방자치법에서는 지방행정협의회와 지방자치단체조합, 특별지방자치단체에 관하여 상세한 규정을 함과 아울러 지방자치단체간의 사무위탁과 공동지방공사·공단에 관하여도 명문의 규정을 두기에 이르렀다.

2 광역행정의 방식

우리나라에도 광역행정의 수행방식에는 여러 가지가 있다. 이를 지방자치법상 정규적인 광역행정 방식과 기타 방식으로 나누어 고찰하기로 한다.

(1) 법규상 정규적인 광역행정 방식(지방자치단체간 협력방식)

(가) 지방행정협의회

지방자치법에 명문으로 규정된 정규적인 광역행정의 첫번째 방식은 지방자치단체 사이의 협의회 방식이다(지방자치법 제169조~제175조). 행정협의회는 2개 이상의 지방자치단체가 관련사무를 공동으로 처리하기 위하여 1973년 지방자치법 개정으로 법적근거가 마련되었고, 1988년 전문개정된 지방자치법에서 협의회의 구성·조직·규약·협의 및 조정 등에 관하여 상세히 규정되었다.[30)]

현재 전국의 각 도시권에 도시행정협의회가 조직되어 있다.

(나) 사무위탁

사무위탁은 지방자치단체가 계약에 의해 자기사무의 일부를 다른 지방자치단체에게 위탁하여 처리하는 방식을 말한다.[31)] 광역행정의 문제가 대두되기 이전부터

---

30) 행정협의회는 2019년 9월 30일 기준 권역별 38개(광역권 4, 기초권 34), 기능별 54개 총 92개의 행정협의회가 설치·운영되고 있다. 지방자치단체가 분쟁의 사전예방과 공동관심 사안을 공공으로 해결하는데 크게 유용한 제도적 장치로서 활용되고 있는 협력기구라 할 수 있겠다. :2014행정안전백서.

31) 1995년부터 2014년까지 총57건의 사무위탁이 이루어졌다. ①위탁분야별로는 상하수처리 25건, 쓰레기처리 16건, 도로건설 5건, 기타 11건 등이며, ②위탁기관별로는 광역간 14건, 기초간 35건, 광역-

행정응원의 한 방식으로 많이 이용되어 오던 사무위탁을 1988년의 지방자치법 개정에서 명문화하였다(동법 제168조).

(다) 지방자치단체조합

지방자치단체조합에 관하여 과거에는 지방자치단체의 사무의 일부 또는 전부에 관한 조합을 인정하여 전부사무조합의 실제적 기능에 의문을 야기한 바 있었는데, 1989년 개정 지방자치법에서 이를 '하나 또는 둘 이상의 사무'에 관한 조합으로 규정함으로써 일부사무조합과 복합사무조합만을 인정함을 명백히 하였다(동법 제2조, 제176조). 지방자치단체 조합은 법인의 성격을 갖는 점에서 행정협의회와 다르며, 지방자치단체의 자율성을 보장하면서도 다양한 광역사무를 효과적으로 처리할 수 있는 협력방식으로 활용되고 있다.

최초의 조합으로 1991년에 서울・인천・경기도가 참여하여 설립된 '수도권 매립지 운영관리조합(2000년에 수도권매립지공사로 전환)', 2003년에 전 시・도가 참여하여 설립된 '자치정보화조합(2008년에 한국지역정보개발원으로 전환)'을 시작으로 하여 2018년말 현재 8개가 설립・운영 중에 있다.[32)]

(라) 지방자치단체장 등의 협의체

1999년에 시・도지사 상호간, 시장・군수・자치구청장 상호간, 시・도의회의장 상호간, 시・군・자치구의회의장 상호간에 그 교류와 협력의 증진 및 공동문제의 협의를 위한 협의체(지방4단체) 구성이 허용되었고, 2006년에 그 협의체의 연합체 구성도 허용되었다(지방자치법 제182조).

이러한 협의체는 지방자치에 직접적인 영향을 미치는 법령이나 정책 등에 관하여 중앙정부에 강력히 의견을 제시하고 있다. 이는 일본의 이른바 '지방 6단체'와 비슷한 조직이다.

기초간 8건이다. 사무위탁은 민간위탁과는 달리 사무위탁에 따른 권한축소, 재정적부담 우려 등으로 크게 활성화 되지 못하고 있다(2014행정자치백서).

32) 지방자치단체조합 설립・운영현황은 2003년 부산-거제간 연결도로 건설조합(부산-경남도 해산), 2004년 부산-진해 경제자유구역청, 광양만권 경제자유구역청, 부산-김해 경량전철조합(2011.12.29. 해산), 2005년 수도권 교통본부, 2008년 황해경제자유구역청(2014.12.30. 해산), 대구-경북경제자유구역청, 지리산권관광개발조합(남원・장수・곡성・구례・하동・산청・함양), 2010년 지역상생발전기금조합(비수도권에 지원할 기금관리・운용을 위해 16개 시・도 참여), 2017년 천안・아산 상생협력 센터 관리조합(천안아산상생협력센터 운영의 효율성 및 독자성 확보), 2018년 강원 남부권 관광개발 조합(강원남부권 광역 관광개발사업의 효율적 추진)이 설립・운영되고 있다.

2006년 전문개정 지방교육에 관한 법률에 의하여 교육행정 분야의 교육감협의체 구성도 허용되었다(지방교육자치에 관한 법률 제42조).

국가는 지방자치단체장 등 협의체의 의견을 수렴하여 지방분권추진·지원정책을 수립·시행하고 이에 필요한 행·재정상의 법·제도적 조치를 마련하여야 하며(지방자치분권 및 행정체제개편에 관한 특별법 제3조 제1항), 협의체와 관련 지방자치단체의 의견이 국정에 적극 반영(건의내용에 대하여 2개월 내에 타당성검토결과를 통보: 지방자치법 제182조)될 수 있도록 한다(동특별법 제17조).

(마) 기업조합 및 공동기업체 설치

지방자치단체조합의 일종으로 법률이 특히 규정하고 있는 것으로서 지방직영공기업의 경영에 관한 지방자치단체조합이 있다(지방공기업법 제44조, 제45조). 또한 여러 지방자치단체가 공동으로 설치하여 광역적으로 지방공기업 업무를 수행해 나가는 이른바 공동지방공사도 있다(동법 제50조).

(바) 특별지방자치단체

앞서 한국의 특별지방자치단체를 설명하면서 특별지방자치단체라는 새로운 광역행정의 기틀이 만들어졌음을 소개하였다. 지방자치법상 신설된 특별지방자치단체는 기존의 지방자치단체조합과 유사하면서도 상당히 다른 특징을 갖는다.

2개 이상의 지방자치단체가 공동으로 특정한 목적을 위하여 광역적으로 사무를 처리할 필요가 있을 때 법인으로 설치하고, 구성 지방자치단체[33] 상호 협의에 따른 규약을 정하며, 각 지방자치단체 지방의회의 의결을 거쳐 행정안전부장관의 승인을 받아야 한다는 점(지방자치법 제199조) 등에서 지방자치단체조합과 유사성이 많다.

하지만 지방자치단체조합은 하나 또는 둘 이상의 (지방자치단체의) 사무를 공동으로 처리할 필요가 있을 때 설립하지만, 특별지방자치단체는 국가 또는 시·도 사무의 위임을 요청하고, 이를 광역행정 속에서 처리할 수 있다는 점에서 매우 큰 차이점을 지닌다고 할 수 있다.

특별지방자치단체와 관련해서는 기존 설치 근거만 있고, 설치 및 운영에 관한 입법이 불비했던 상황을 해소하면서, 정치적 수사로 활용되어 왔던 광역경제권, 인구감소로 인한 규모의 경제 확보 필요성과 같은 문제를 법과 제도, 지방자치단체의 협력적 노력을 통해 해결할 수 있는 단초를 제공하였다고 평가할 수 있다. 하지만,

33) 특별지방자치단체를 구성하는 지방자치단체를 '구성 지방자치단체'라 한다.

얼마나 적극적으로 활용될 수 있을지, 이 조항의 가능성과 한계는 무엇인지에 관해서는 추후 다양한 사례를 살펴본 후에 제대로 평가할 수 있을 것이다.

(2) 기타 방식

(가) 지위흡수

우리나라 광역행정의 방식 중 특기할 만한 것은 과거에 기초자치단체였던 읍·면의 자치단체적 지위를 그 상급계층인 군이 흡수한 방식이다. 이 군은 기초자치단체로서는 세계에서 그 유례가 없을 만큼 큰 기초자치단체가 되었다.

(나) 구역확장(편입)

우리나라에서 전통적으로 빈번히 사용되어 오던 방식으로 구역확장을 들 수 있다. 특히 도시권에서는 도시구역의 확장을 통하여 주변지역을 도시권에 편입함으로써 광역행정문제를 처리하였다. 이는 부분적 합병이라 할 수 있다.

(다) 시·군통합

우리나라에 있어서 1990년대부터 시·군통합을 통한 이른바 '통합시'를 설치하는 경향이 나타났다. 이를 보통 도·농통합이라 하지만, 도·농통합은 일정한 도시를 중심점으로 한 주변의 농촌지역이 하나의 생활권역을 이룰 때에 그 생활권역의 범위를 하나의 구역으로 통합하는 것인 데 비하여, 시·군통합은 시와 그 주변의 군을 기계적으로 통합하는 점에서 같은 것이 아니다.

(라) 연락회의 및 직원파견

그 외에 사실상 수시로 행해질 수 있는 광역행정의 방식으로는 관련 자치단체 사이의 연락회의 및 직원파견을 들 수 있다.

3 광역행정의 발전방향

우리나라에서는 국가 정책에 의한 지위흡수나 구역확장, 그리고 시·군통합 등의 국가주도적인 방법 외에, 지방자치단체 스스로에 의한 정통적 협력방식인 지방행정협의회 · 지방자치단체조합 · 사무위탁 방식 등의 활용은 부진한 실정이다. 지방자치단체 스스로에 의한 협력의 부진은, 광역행정의 수요를 국가가 관여하여 중앙집권적으로 해결해 나감으로써 중앙집권화의 길을 열어주게 된다.

이처럼 광역행정이 부진한 근본요인은 협력문화의 미숙에 있다고 볼 수 있다. 지방자치단체의 장과 의회의원, 그리고 공무원과 주민이 지역의 문제를 주체적으로 처리하고자 하는 정신과 자세를 확립할 때 비로소 광역행정이 발전하게 된다.

부 록

지방자치헌장

[부 록]

지방자치헌장

제헌헌법에 의하여 도입되어 1952년에 비로소 실시된 지방자치는 1961년 군사정권에 의해 중단되었다가 1991년에 지방의회가 구성되고 1995년에 지방정부의 장이 주민에 의해 선출되어 부활하였다.

주민자치는 주민의 생활문제를 주민들의 참여를 통하여 지방정부가 자기책임하에 해결하도록 함으로써 주민이 자유롭고 평화로운 삶을 영위하도록 하기 위한 민주적 정치원리이다.

중앙정부는 국방·외교와 같은 전국적인 문세에 전념하고 지방정부는 주민들의 일상적인 생활에 책임을 지도록 역할을 분담하고 상호간의 협조관계를 이루도록 하여야 한다.

지방정부는 업무를 수행함에 있어서 중앙정부의 간섭을 받지 않고, 자율적인 결정을 할 수 있어야 하며 이를 위해 필요한 재원과 인력 및 권한을 가져야 한다.

중앙정부는 지방정부가 그의 업무를 원만하게 수행할 수 있도록 지원하여야 한다.

주민은 지방정부의 업무수행과정에 적극적이고 능동적으로 참여하여 주권자로서의 역할과 책임을 다할 수 있어야 한다.

지방자치가 부활된 이후 지방정부는 어려운 여건 속에서도 우리의 생활 문제를 지방에서 해결하는 가까운 정부로 뿌리를 내리고 있다.

중방정부의 권력과잉으로 국정이 경직되고 기능이 마비되어 민생이 외면당하는 일이 빈발하는 작금의 현실에 비추어 지방정부가 주민의 생활문제를 해결하는 정치의 중심이 되어야한다.

시민사회는 주민참여를 통해 생활 중심의 정치를 실현하고 이에 역행하는 중앙정치권과 중앙정부의 반자치적 활동을 저지하기 위하여 이 헌장을 제정하게 되었다.

이는 지방이 생활의 중심이 되게 하고자 하는 시민사회의 관심과 의지의 표명이며 지방자치를 활성화하기 위한 시민사회의 대안이다.

헌장의 정신과 내용이 중앙정부와 지방정부, 시민사회 모두에 의해 존중되고 실현되기를 바란다.

2001년 3월 22일

헌장제정 자치헌장제정선포를 위한 시민사회네트워크

헌장비건립 전국시장·군수·구청장협의회·청주시

제1조 지방자치의 원칙
① 지방자치의 주체는 주민이다.
중앙정부와 지방정부는 주민자치의 원칙을 존중하고 주민참여를 최대한 보장하여야 한다.
② 중앙정부와 지방정부는 주민자치의 원칙의 실현을 위해 주민소환, 주민투표, 주민소송 등을 제도화하고 이를 실시하는데 필요한 여건을 조성하여야 한다.

제2조 주민의 권리와 책무
① 주민은 지방정부의 의사결정과정과 행정집행과정에서 생성된 다양한 정보를 신속하고도 충분하게 제공 받을 권리를 가진다.
② 지방정부는 주민의 자치의식과 자치능력을 향상시키기 위한 학습의 기회를 제공하여야 하며 주민은 스스로 학습의 장을 형성하고 참여하여야 한다.
③ 주민은 지차능력을 길러 지방자치의 주체로서 그 권리를 행사하며 지방자치의 발전에 적극적으로 기여할 책무를 진다.

제3조 중앙정부와 지방정부 및 지방정부 상호간의 관계
① 중앙정부와 지방정부는 그 업무를 수행함에 있어서 원칙적으로 대등한 지위를 지닌다.
② 중앙정부는 국방·외교·통일 등 지방정부가 처리하는 것이 현저히 곤란하거나 부적합한 사무를 처리하며 주민들의 실생활에 관한 사무는 원칙적으로 지방정부의 사무로 한다.
③ 기초지방정부와 광역지방정부간에는 기초지방정부 우선의 원칙을 존중하여 상호간에 합리적인 사무배분이 이루어지도록 해야 한다.
④ 지방정부는 지역사회에 영향을 미치는 국가의 정책결정과정에 참여할 권리를 가진다.

제4조 중앙정부의 책무
① 중앙정부는 지방정부가 자율적으로 그 사무를 수행하는데 필요한 제도와 기반을 정비하여야 한다.
② 중앙정부는 지방정부가 그 사무를 수행하기 위해 필요한 행정 및 재정적인 지원을 하여야 한다.

제5조 지방정부의 책무
① 지방정부는 주민의 인간다운 삶을 보장하고 주민의 복리를 증진하기 위해 끊임없이 노력하여야 한다.
② 지방정부는 부단한 자기혁신을 통하여 창의적이고 합리적인 정책을 실현하여야 한다.
③ 지방정부는 분권과 자치를 확대하기 위한 노력을 하여야 한다.

제6조 지방정부의 장의 책무
① 지방정부의 장은 주민의 복리증진을 위한 봉사자로서 주민자치의 원칙을 존중하여야 한다.
② 지방정부의 장은 그 업무를 수행함에 있어서 지방의회를 존중하여야 한다.
③ 지방정부의 장은 청렴하고 성실하게 그 책무를 수행하여야 하며 합리적인 행정운영을 통하여 지방정치 및 지방행정의 발전에 기여해야 한다.

제7조 지방의원의 책무
① 지방의원은 주민의 대표자로서 주민자치의 원칙에 따라 주민의 의사를 민주적으로 반영하기 위해 노력하여야 한다.
② 지방의원은 청렴하고 성실하게 그 직무를 수행하여 지방정치 및 지방행정의 발전에 기여해야 한다.

제8조 시민사회와 지방자치단체의 저항권
중앙정부가 부당하게 지방정부의 자치권을 침해하거나 자치권을 축소 또는 왜곡하는 제도를 도입하고자 하는 경우에 시민사회와 지방정부는 이에 항의하고 저항할 권리와 책무를 가진다.

제9조 연대행동
이 헌장의 취지에 동의한 개인과 단체는 이 헌장의 정신과 내용이 구현될 수 있도록 연대하여 공동의 노력과 행동을 한다.

참고문헌

[한국문헌]

강인재 외, 지방재정론, 서울: 대영문화사, 1993.
강용기, 현대지방자치론, 서울: 대영문화사, 2008.
강형기, 관의 논리, 민의 논리, 서울: 비봉출판사, 1998.
강형기, 논어의 자치학 서울: 비봉출판사, 2006.
강형기, 지방자치 가슴으로 해야 합니다, 서울: 지방자치연구원, 1997.
강형기, 지방행정에 있어서 시민참여의 결정요인에 관한 연구, 서울 : 건국대 대학원, 1983.
강형기, 지역창생학, 서울: 생각의 나무, 2010.
강형기, 향부론, 서울: 비봉출판사, 2001.
강형기, 혁신과 진단, 서울: 한국지방자치연구소, 1997.
권영성, 헌법학원론, 서울: 법문사, 2010.
권오철, 중앙정부・지방자치단체간 갈등해소방안, 한국지방행정연구원, 1996.
김규정, 신판 행정학원론, 서울: 법문사, 1997.
김남진, 행정법 II, 서울: 법문사, 1992.
김도창, 일반 행정법 (상), (하), 서울: 청운사, 1981.
김동기, 한국지방재정학, 서울: 법문사, 2008
김동훈, 지방의회론, 서울: 박영사, 1995.
김동훈 외, 민선 지방자치단체장, 서울: 대영문화사, 1995.
김병국 외, 중국 지방정부의 이해, 서울: 대영문화사, 2003.
김병준, 지방자치론, 서울: 법문사, 2013.
김보현・김용래, 지방행정의 이론과 실제, 서울: 법문사, 1981.
김석태, 지방자치 구역개편의 정치경제학, 서울: 한국학술정보, 2012.
김성호, 조례의 법적지위 및 제정범위 입법정책방안, 한국지방행정연구원, 1995.
김성호 외, 자치경찰제의 준거틀과 모형설계, 한국지방행정연구원, 1998.
김안제, 한국지방자치발전론, 서울: 대명출판사, 1995.
김안제, 지역개발과 지방자치행정, 서울: 대명출판사, 1989.
김안제 외, 지방자치의 발전전략, 서울: 박영사, 1994.
김안제 외, 한국의 지방자치와 지역개발, 서울: 박문사, 1993.
김영기, 지방자치행정론, 서울: 대명문화사, 1997.
김영수, 중앙・지방정부간 사무배분 입법화방안, 한국지방행정연구원, 1995.
김영수, 지방자치단체간 분쟁조정방안, 서울: 한국지방행정연구원, 1994.
김 원, 도시행정론, 서울: 박영사, 1987.
김재훈, 지방화시대의 정부간 협력체제 구축방안, 서울: 한국행정연구원, 1995.
김재훈, 중앙과 지방간 기능 재배분에 관한 연구, 서울: 한국행정연구원, 1993.
김종순, 지방재정론, 서울: 삼영사, 1997.

김종철, 교육행정의 이론과 실제, 서울: 교육과학사, 1983.
김　철・신해룡, 지방재정학, 서울: 세명서관, 1990.
김철수, 헌법학, 서울: 박영사, 2013.
김철용, 행정법 II, 서울: 박영사, 2001.
김학로, 도시화시대의 지방행정론, 서울: 박영사, 1998.
김학로, 지방행정의 이론과 실제, 서울: 박영사, 1997.
김홍기, 행정국가와 시민참여, 서울: 대왕사, 1987.
김홍대, 지방자치입법론, 서울: 박영사, 2001.
김홍식, 지역이기주의 극복을 위한 정책연구, 서울 한국지방행정연구원, 1993.
노융희, 한국의 지방자치, 서울: 녹원출판사, 1987.
노융희 외, 지방자치론, 서울: 서울대 출판부, 1980.
노정현, 지방자치시대의 도시행정론, 서울: 나남, 1992.
노종희, 교육행정학, 서울: 문음사, 1994.
라오연, 국가와 지방간 세원조정방안 연구, 서울: 국민대 경제연구소, 1985.
라휘문, 행정서비스헌장, 서울: 한국지방행정연구원, 1999.
박봉국, 조례입법의 이론과 실제, 서울: 장원출판사, 1991.
박윤흔, 행정법강의 (상), (하), 서울: 국민서관, 1992, 2000.
박응격, 지방자치론, 서울: 신조사. 2011.
박재희, 행정서비스 제공방식의 다원화방안, 서울: 한국행정연구원, 1997.
배용수, 지방경영론, 서울: 법문사, 1996.
배용수, 제3섹터의 이해, 서울: 지방자치경영협회, 1995.
배행식, 세계의 선거제도, 서울: 홍익출판사, 2012.
백승주 지방자치쟁송법, 서울: 동방문화사, 2010.
백승주 외, 지방자치법 현안문제, 서울: 동방문화사, 2013.
부만근, 한국지방자치론, 제주: 제주대 출판부, 1999.
서우선, 지방의회운영방법론, 서울: 법문사, 1992.
서정섭, 지방재정지표의 합리적 개선방안, 서울: 한국지방행정연구원, 1996.
서정화, 교육행정제도의 발전, 서울: 한국교육개발원, 1985.
석종현, 일반행정법 (하), 서울: 삼영사, 1990.
손봉숙, 한국지방자치연구, 서울: 삼영사, 1987.
손재식, 한국지방자치론, 서울: 박영사, 1995.
손재식, 현대지방행정론, 서울: 박영사, 1991.
손희준, 지방재정론, 서울: 대영문화사, 2012.
손희준, 공공서비스의 공・사간 비용분석, 서울: 한국지방행정연구원, 1994.
안성호, "한국의 지방자치체제 개편과 방향: 정치권 지방자치체제 개편안의 문제점과 과제", 지방정부연구 제14권 제1호, 2010.
안순철, 선거제도비교, 서율: 법문사, 1998
오연천, 한국지방재정론, 서울: 박영사, 1987.
오준근, 행정절차법, 서울: 삼영사, 1998.

오희환, 한국의 정부간 기능배분 평가와 발전방안 연구, 서울 건국대 대학원, 1993.
유봉영, 한국 지방자치의 발전정책론, 서울: 녹원출판사, 1991.
유　훈 외, 지방재정론, 서울: 법문사, 2015.
이계탁, 지방행정론, 서울: 고려원, 1984.
이규환, 한국지방행정학, 서울: 법문사, 2013.
이규환, 도시행정론, 서울: 녹원출판사, 1990.
이기우, 지방자치행정법, 서울: 법문사, 1991.
이달곤 외, 지방자치론, 서울: 박영사, 2012.
이상규, 신행정법론 (상), 서울: 법문사 1978.
이상안, 현대경찰행정학, 서울: 형설출판사, 1992.
이상용, 지방재정 운영평가 지표개발 · 활용방안, 한국지방행정연구원, 1993.
이상희, 지방재정론, 서울: 계명사, 1992.
이성덕(역), 지방정부개혁론, 서울: 법문사, 1978.
이승종, 지방화시대의 주민참여, 서울: 한국지방행정연구원, 1994.
이은구, 로컬거버넌스, 서울: 법문사, 2003.
이주희, 주민만족 행정서비스혁명, 서울: 무한, 1994.
이한빈, 국가발전의 이론과 실제, 서울: 박영사, 1969.
이황우, 경찰하, 서울: 법문시, 1994.
임경호, 지방의회론, 서울: 대영문화사, 1991.
임성일, 지방자치단체의 재정력측정모델개발, 서울: 한국지방행정연구원, 1997.
임성일 외, 새로운 지방예산제도, 서울: 박영사, 2013.
임승빈, 지방자치론, 서울: 법문사, 2012.
임채주, 정치관계법, 서울: 박영사, 2008.
장문학 · 하상군, 지방자치행정론, 서울: 대영문화사, 2013.
장병구, 지방재정론, 서울: 형성출판사, 1993.
장지호, 지방행정론, 서울: 대왕사, 1982.
장태주, 행정법개론, 서울: 법문사, 2009.
전상경, 현대지방재정론, 서울: 박영사, 2011.
전용주(옮김), 선거제도의 이해, 서울: 한울, 2012.
정균환, 자치경찰, 서울: 신유영사, 1996.
정문화 외, 지방자치 이것을 아십니까? 서울: 다산미디어, 1995.
정요섭, 선거론, 서울: 박영사, 1984.
정일섭, 지방자치사례연구, 서울: 대영문화사, 2012.
정병욱, 선거법, 서울 : 박영사, 2002.
정세욱, 지방자치학, 서울: 법문사, 2000.
정세욱, 한국지방자치의 과제, 서울: 법문사, 1997.
정시채, 한국관료제도사, 서울: 화신출판사, 1978.
정재욱 · 안성수, 한국지방 자치의 이해, 서울: 피앤씨미디어, 2013.
조기현 · 신두섭, 지방재정관리제도 운영실태와 개선방안, 한국지방행정연구원, 2008

조재승, 지방자치의 기초이론, 서울: 세문사, 1955.
조창현, 지방자치론, 서울: 박영사, 1993.
최외출 · 이성환(역), 중앙과 지방관계론, 서울: 대영문화사, 1991.
최외출 · 박노보 · 김문식(편역), 지방자치경영, 대구: 지역발전연구센터, 1996.
최인기 · 이봉섭, 지방의회론, 서울: 법문사, 1993.
최재영, 행정사무의 민간위탁 모형정립 연구, 내무부 지방행정연수원, 1983.
최창호, 지방자치제도론, 서울: 삼영사, 1993.
최창호, 지역사회개발행정론, 삼영사, 1989.
최창호, 한국지방행정의 재인식, 서울: 삼영사, 1985.
최창호, 지방행정구역론, 서울: 법문사, 1980.
최창호 · 정세욱, 행정학, 서울: 법문사, 1989.
최창호 · 하미승, 새 행정학, 서울: 삼영사, 2006.
최호준, 참가와 능률의 행적학, 서울: 삼영사, 1984.
하미승, 행정정보체계론, 서울 : 법문사, 1996.
하종근, 지방자치단체의 경영: 제3섹터의 이론과 실제, 서울: 형설출판사, 1993.
한원택, 지방행정론, 서울: 법문시, 1995.
한원택, 도시행정론, 서울: 법문사, 1976.
한태연, 헌법학, 서울: 법문사, 1983.
홍정선, 지방자치법론, 서울: 법영사, 1991.
홍정선, 신지방자치법, 서울: 박영사, 2013
황명찬, 지역개발론, 서울: 법문사, 1989.
황아란, 지방선거제도 개선에 관한 연구, 서울: 한국지방행정연구원, 1996.
경기도, 지방자치제하에서의 지방행정 전문화에 관한 연구, 1991.
경기도, 지방재정력지표모델 개발, 1981.
국회 입법조사국, 최근 각국의 지방행정제도, 1971.
국회 입법조사국, 각국의 지방행정제도, 서울: 1966.
국회 행정자치위원회, 지방자치단체의 재정분석평가를 통한 지방재정의 확충방안, 2005
기획재정부, 2013나라살림예산개요.
내무부, 외국 지방선거제도 및 운영실태, 1992.
내무부, 지방정주생활권의 설정 및 개발에 관한 연구,1981.
내무부, 지방행정구역발전사, 1979.
내무부, 한국지방행정사, 1966.
내무부(행정자치부), 지방자치단체의 재의 · 제소조례 모음집 (I), (II), (Ⅲ), 1996, 1997, 1999.
대구직할시, 대도시 행정체제정립에 관한 연구, 1981.
삼성경제연구소(역), 정부혁신의 길, 1996.
안전행정부 · 한국지방행정연구원, 선진지방자치제도, 2012.
안전행정부, 2010전자정부법의 이해와 해설, 2010.
안전행정부, 2010행정안전백서. 2011

안전행정부, 2011행정안전백서. 2012
안전행정부, 2011지방세정연감, 2011.
안전행정부, 2012지방세외수입연감, 2012.
안전행정부, 2012지방자치단체 재정분석편람, 2012
인천시, 지방자치단체 지방재정력지수개발에 관한 연구, 1984.
중앙선거관리위원회, 외국의 선거제도 비교분석집, 2008.
지방행정체제개편추진위원회, 선진외국의 지방행정개편사례, 2012.
지방행정체제개편추진위원회, 지방행정체제개편정책자료집, 2012.
총무처 직무분석기획단, 신정부혁신론, 서울: 동명사, 1997.
통계청, 한국의 사회지표, 2012.
한국농촌경제연구원, 행정구역의 합리적 조정방안, 1988.
한국지방자치학회, 한국지방자치론, 서울: 삼영사, 1999.
한국지방자치학회, 지방자치 부활 20년의 성과와 발전과제, 2011.
한국지방자치학회, 지방자치 부활 20년의 성과평가와 지역발전, 2011.
한국지방행정연구원, 외국 지방자치 주민투표제도, 1997.
한국지방행정연구원, 외국의 지방선거제도, 1996.
한국지방행정연구원, 지방화시대의 주민참여, 1994.
한국지방행정연구원, 지방자치단체간 분쟁조정방안, 1994.
한국지방행정연구원, 지방자치단체의 부단체장제도 연구, 1991.
한국지방행정연구원, 지방자치단체의 행정정보공개에 관한 연구, 1991.
한국지방행정연구원, 지방행정기능분석에 관한 연구, 1992.
한국지방행정연구원, 자치단체 도시행정의 문제점과 지원기능 강화방안, 2012.
한국지방행정연구원, 외국의 지방자치제도 비교연구, 1986.
한국지방행정연구원, 2009・2012년도 지방자치단체 재정분석 종합보고서
한국행정연구원, 중앙과 지방간 행정사무배분 기준 및 지표 개발, 1992.
행정자치부, 2013지방채발행계획, 2013.
행정자치부, 2013안전행정통계연보, 2013.
행정자치부, 2013지방공무원 인사실무, 2013.
행정자치부, 2013・2014・2015지방자치단체 재정분석편람, 2015.
행정자치부, 2013지방자치단체 통합재정개요(上・下), 2013.
행정자치부・한국지방행정연구원, 2013년도 지방자치단체 재정분석 편람.
행정자치부, 2014지방교부세 산정해설, 2014.
행정자치부, 2014・2015・2016예산편성 운영기준 및 기금운용계획 수립기준, 2013~2216.
행정자치부, 2014정보공개연차보고서, 2015
행정자치부, 2014행정자치백서.
행정자치부, 정부3.0, 2013.
행정자치부, 통계로 본 행정자치의 1년의 변화, 2015

[동양문헌]

- 중국어 -

高應篤, 地方自治學, 臺北: 臺灣中華書局, 1982.

管 歌, 地方自治論, 臺北: 五南圖書出版公司, 1977.

- 일본어 -

青木 保, 文化の否定性, 東京：中央公論社, 1997.

萩田 保(譯), 廣域行政, 東京: 鹿島出版會, 1970.

秋月謙吾, 行政・地方自治, 東京：東京大學出版會, 2001.

秋山陽一郎, 選擧, 東京: 第一法規, 1976.

池田均, 地域開発と地域経済, 東京: 日本経済評論社, 2001.

井出嘉憲, 行政廣報論, 東京: 勁草書房, 1967.

石原信雄, 地方財政調整制度論, 東京: ぎょせい,1984.

磯村英一, 都市學, 東京: 良書普及會, 1982.

磯村英一, コミュニティと地方自治, 東京: ぎょうせい, 1980.

磯村英一・星野光男, 地方自治讀本, 東京: 東洋經濟新報, 1968.

伊藤勳, 近代政治學の基本問題, 東京：成友堂書店, 1963.

伊東光晴(編), 現代都市政策(II): 住民參加, 東京: 岩波書店, 1973.

生田勉訳, 都市の文化, 東京: 鹿島出版會, 1995.

岩崎忠夫, 住民參加論, 東京: 第一法規, 1984.

植村福七, 地域開發, 東京: 法政大出版局, 1966.

遠藤文夫, 地方行政論, 東京: 良書普及會, 1988.

大原光憲, 都市自治の革新, 東京: 中央大出版部, 1975.

沖田哲野, 地方自治要論, 東京: 評論社, 1968.

小塩隆士, 再分配の厚生分析, 東京: 日本評論社, 2010.

小滝敏之, 地方自治の歴史と概念, 東京: 公人社, 2005.

鹿兒島重治, 人事管理, 東京: 學陽書房, 1984.

鹿兒島重治, 地方公務員制度, 東京: 第一法規, 1975.

和田英夫, 現代地方自治論, 東京: 評論社, 1965.

片岡寬光(編), 國と地方, 東京: 早稻田大出版部, 1985.

加藤一明, 現代行政と市民參加, 東京: 學陽書房, 1978.

金子 淸, アメリカの地方自治, 東京: 良書普及會, 1969.

兼子 仁, 新地方自治法, 東京: 岩波新書, 1999.

兼子 仁 外(編), 地方自治法, 東京: 學陽書房, 1989.

木岡伸夫(編), 都市の風土学, 京都: ミネルヴァ書房, 2009.

木岡伸夫(編), 風土への論理, 京都: ミネルヴァ書房, 2011.

橘川武郎・連合総合生活開発研究所(編), 地域川の経済再生, 東京: 有斐閣, 2005.

京都造形芸術大学(編), 地域学への招待, 東京: 角川学芸出版, 2005.

久世公堯, 地方自治制度, 東京: 學陽書房, 1985.
久世公堯・濱田 一成, 議會, 東京: 第一法規, 1976.
久禮義一, 現代地方自治論, 京都: 啓文社, 1989.
黑川紀章, 都市學入門, 東京: 祥傳社, 1973.
小高 剛 外, 地方自治法入門, 東京: 有斐閣, 1987.
小瀧敏之, 政府間關係論, 東京: 第一法規, 1983.
小林敏章, コミュニテイ論, 東京: 第一法規, 1983.
古農文雄, 事務量測定と定員算定の實務, 東京: 日本經營出版會, 1976.
小林浩二, 地域研究とは何か, 東京: 古今書院, 2012.
坂 弘二, 職業人としての地方公務員, 東京: 第一法規, 1982.
坂田期雄, 地方制度の構造と實態, 東京: ぎょうせい, 1979.
坂田期雄(編), 自治體における行政改革, 東京: ぎょうせい, 1982.
佐久間 彊, 地方自治制度講義, 東京: 良書普及會, 1966.
佐藤 竺, 地方自治と民主主義, 東京: 大藏省印刷局, 1991.
佐藤 竺・渡邊保男, 住民參加の實踐, 東京: 學陽書房, 1975.
柴田啓次, 經營·管理, 東京: 第一法規, 1975.
鈴木正明·中川浩明·橋本 昌, 地方自治法, 東京: 良書普及會, 1985.,
鈴木 武, 地方行財政制度と政策, 東京: 教育出版, 1971.
清水康之, 地方制度の多様化, 東京: 第一法規, 1983.
銭廣雅之,「地域」の哲学, 東京: 北樹出版, 2004.
徐龍達(編), 定住外国人の地方参政権, 東京: 日本評論社, 1992.
高寄昇三, 都市經營論, 東京: ぎょうせい, 1985.
高寄昇三, 地方自治の經營, 東京: 學陽書房, 1979.
高寄昇三, 地方自治の財政學, 東京: 學陽書房, 1979.
竹下 讓, 世界の地方自治制度, 東京: イマジン出版, 1999.
田中 守・加藤富子, 地方行政管理の新動向, 東京: 第一法規, 1970.
谷合 靖夫, 選擧制度論, 東京: 第一法規, 1983.
玉城哲・旗手勲, 風土, 東京: 平凡社, 1987.
田村德治, 理論行政學, 東京: 中央書房, 1971.
中村尚司, 地域自立の経済学, 東京: 日本評論社, 2003.
成田頼明, 現代社會と自治制度の變革, 東京: 學陽書房, 1974.
鳴海正泰, 地方自治體入門, 東京: 日本經濟新聞社, 1981.
南部鶴彦・江藤勝, 歐美の規制緩和と民營化, 東京: 規制緩和研究會, 1994.
新藤宗幸(編), 自治體の政府間關係, 東京: 學陽書房, 1988.
西尾 勝, 未完の分權改革, 東京: 岩波書店, 1999.
西尾勝, 自治・分権再考, 東京: ぎょうせい, 2013.
西村弘一, 地方議會, 東京: 學陽書房, 1987.
西村睦男, 中心地と勢力圏, 東京: 大明社, 1981.
嬪田一成・川村仁弘, 今日の地方議會, 東京: 第一法規, 1984.

原龍之助, 地方制度改革の諸問題, 東京: 評論社, 1957.
星野光男, 地方自治論, 東京: ぎょうせい, 1982.
星野光男, 地方自治の理論と構造, 東京: 評論社, 1970.
堀部正男(編), 情報公開・個人情報保護, 東京: 有斐閣, 1994.
本田 弘, 平成時代と地方自治, 東京: 北樹出版, 1993.
本田 弘, 現代地方自治の機能と役割, 東京: ぎょうせい, 1990.
本田 弘, 情報公開制度論, 東京: 北樹出版, 1988.
本田 弘, 市民參加の政治學, 東京: 日本評論社, 1975.
松原治郎・似田貝香門(編), 住民運動の論理, 東京: 學陽書房, 1976.
水木惚太郎, 選擧制度論, 東京: 有信堂, 1967.
宮本憲一, 環境と開發, 東京: 岩波書店, 1992.
村田敬次郎, 新廣域行政論, 東京: 第一法規, 1965.
村松崎夫, 地方自治, 東京: 東京大出版會, 1988.
室井 力, 行政事務再配分の理論と現狀, 東京: 勁草書房, 1980.
矢野浩一郎, 地方財政調整制度, 東京: 學陽書房, 1985.
山崎宏一郎・木下英敏, 地方公務員の人事管理, 東京: ぎょうせい: , 1977.
山下 武・谷 聖美・川村 毅, 比較地方自治, 東京: 第一法規, 1992.
吉田雅彦, 外國の地方制度, 東京: ぎょうせい, 1977.
吉富重夫, 地方自治, 東京: 勁草書房, 1960.
吉富重夫・田村浩一, 都市と行政, 東京: 大明堂, 1971.
渡邊保男, 住民參加の實踐, 東京: 學陽書房, 1975.
自治大學研究部, 住民參加と行政, 東京: 第一法規, 1976.
總務廳, 規制緩和推進の現況, 東京: 1995.
日本政治學會(編), 近代政治における中央と地方, 東京: 岩波書店, 1984.
日本政治學會(編), 行政情報, 東京: ぎょうせい, 1981.
良書普及會, 地方自治辭典, 東京: 1986.
中島正郎・石山一男, 地方議會用語辭典, 東京: ぎょうせい, 1987.
柴田啓次(編), 地方自治診斷辭典, 東京: ぎょうせい, 1974.

[서양문헌]

- 독일어 -

König, Klaus und Heinrich Siedentopf(Hrsg.), *Öffentliche Verwaltung in Deutchland*, Baden-Baden: Nomos Verlagsgeselschaft, 1997.

Vogelgesang, Klaus, Uwe Lubling und Helga Jahn, *Kommunale Selbstverwaltung*, Berlin: Erich Schnidt Verlag, 1991.

- 영 어 -

Adrian, Charles R., *State and Local Governments*, New York: McGraw-Hill, 1976.

Alderfer, Harold F., *Local Government in Developing Countries*, New York: McGraw-Hill, 1964.

Alderfer, Harold F., *American Local Government and Administration*, New York: Macmillan: 1956.

Alexander, Alan, *Local Government in Britain since Reorganigation*, London: George Allen and Unwin, 1982.

Barber, Daniel M., *Citizen Participation in American Communities*, Dubuque, Ia: Kenndal and Hunt Publishing Co., 1981.

Bennet, Robert J., *Decentralization, Local Governments, and Markets*, Oxford: Oxford Univ. Press, 1990.

Benson, Gerage C. S., *The New Centralization*, New York: Holt Rinehart and Winston, 1941.

Brooke, Michael Z., *Centralization and Autonomy*, New York: Praeger, 1984.

Burns, Danny, et al., *The Politics of Decentralization: Revitalizing Local Democracy*, London: Macmillan, 1994.

Campbell, Alan K. and Roy W. Bahl, *State and Local Government*, New York: Free Press, 1976.

Carr, D. K. and L. D. Limitman, *Excellece in Government: Total Quality Management in the 1990s*, Allington: Coper and Lybrand, 1960.

Cochrane, Glynn, *Policies for Strengthening Local Government in Developing Countries*, Washington, D. C.: The World Bank, 1983.

Cohen, Steven and Brand Ronald, *Total Quality Management in Government*, San Fransisco: Jossey-Brass, 1993.

Cole, Alistair and John Peter, *Local Government in England and France*, New York: Routlege, 2001.

Dahl, Robert A. and Edward R. Tufte, *Size and Democracy*, Stanford: Stanford Univ. Press, 1973.

Elcock, Howard, *Local Government*, London: Routledge, 1994.

Gargan, John J.(ed.), *Handbook of Local Government Administration*, New York:

Marcel Dekker, 1997.

Goldsmith, Michael(ed.), *New Research in Central-Local Relations,* Brookfield, Vt.: Gower Publishing Co., 1986.

Grouch, Winston W., *Local Government Personnel Administration,* Washington, D. C.: International City Management Association, 1976.

Gunlicks, Arthur, B., *Local Government Reform and Reorganization,* Port Washington, N. Y.: Kennikat Press, 1981.

Hallman, Howard W., *Neighbourhood,* London: Sage Publications, 1987.

Harris, G. H., *Comparative Local Government,* London: Hutchinson's Univ. Library, 1948.

Henderson, Gregory, *Korea - The Politics of the Vortex,* Boston: Harvard University Press, 1968.

Henry, Nicholas, *Governing at the Grassroots: State and Local Politics,* Englewood Cliffs, N. J.: Prentice-Hall, 1980.

Hepburn, Lawrence R., *State Government in Georgia,* Athens: Carl Vinson Inst. of Government, 1986.

Hepburn, Mary A., *Local Government in Georgia,* Athens: Carl Vinson Inst. of Government, 1986.

Hill, Dilys M., *Democratic Theory and Local Government,* London: George Allen and Unwin, 1974.

Holzer, M., et ai., *Literature Review and Analysis Related to Optimal Municipal Size and Efficiency,* The School of Public Affairs and Administration at Rutgers University, 1977.

Humes, Samuel and Eileen Martin, *The Structure of Local Government: A Comparative Survey of 81 Countries,* The Hague: International Union of Local Authorities, 1969.

Humes, Samuel and Eileen Martin, *The Structure of Local Governments throughout the World,* The Hague: IULA, 1961.

Jones, George William(ed.), *New Approaches to the Study of Central-Local Government Relationship,* London: Gower Publishing, 1985.

Keith-Lucas, Bryan and Peter G. Richards, *A History of Local Government in the Twentieth Century,* London: George Allen and Unwin, 1978.

Kohen, Manfred and Karl W. Deutsch, *Decentralization,* Cambridge, Mass.: Oelgeschlager, Gunn and Hain, 1980.

Kotler, Milton, *Neighbourhood Government,* New York: The Bobbs-Merrill, 1969.

Laffin, Martin, *Professionalism and Policy,* Brookfield, Vt.: Gower Publishing, 1986.

Leach, Richard H. and Timothy G. O'Rourke, *State and Local Government,* Englewood Cliffs, N. J.: Prentice-Hall, 1988.

Leemans, A. F., *Changing Patterns of Local Government*, The Hague: International Union of Local Authorities, 1970.

Lundquist, Lennart, *Means and Goals of Political Decentraization*, Malmoe, Sweden: Student Slitteraur, 1972.

Mawhood, Phillip, *Local Government in the Third World*, New York: John Wiley and Sons, 1983.

Moore, Barbara H., *The Enterpreneur in Local Government*, Washington, D. C.: International City Management Association, 1983.

Morphet, J., *The Role of Chief Executives in Local Government*, London: Longman Group U.K. Ltd., 1993.

Mumford, Lewis, *The City of History*, New York: Harcourt Brace & World, 1961.

Nalbandian, John, *Professinalism in Local Government*, San Fransisco: Jossey-Bass Publications, 1991.

Nice C. D., *Feseralism*, New York: St. Martins Press, 1987..

Osborne, David and Ted Gaebler, *Reinventing Government*, New York: Addison-Wesley Publishing Co., 1992.

Page, E. C. and M. J. Goldsmith, *Central and Local Government Relations*, Bevery Hills, Ca.: Sage Publications, 1987.

Pateman, C., *Participation and Democratic Theory*, Cambridge: Cambridge Univ. Press, 1970.

Pierre, Jon(ed.), *Debating Governance, London*: Oxford University Press, 2000.

Press, Charles and Kenneth VerBurg, *State and Community Governments in Federal System*, New York: John Wiley and Sons Inc., 1979.

Presthus, Robert, *Public Administration*, New York: Ronald Press, 1971.

Rawls, John, *A Theory of Justice*, Cambridge: Harvard Univ. Press, 1971.Richards, Peter G., *The Local Government System*, London: George Allen and Unwin, 1983.

Robbins, Stephen P., *Organization Theory*, Englewood Cliffs, N. J.: Prentice- Hall, 1983.

Robbins, Stephen P., *Managing Organizational Conflict*, Englewood Cliffs, N. J.: Prentice-Hall, 1974.

Robson, W. A., *Local Government in Crisis*, London: George Allen and Unwin, 1966.

Rhodes, R. A. W., *Control and Power in Central-Local Government Relations*, London: Sage, 1981.

Rondinelli, Dennis A., et al., *Decentralization in Developing Countries*, Washington, D. C.: The World Bank, 1983.

Rowat, Donald(ed.), *International Handbook in Local Government Reorganization*, Westport, Conn: Greenwood Press, 1980.

Savas, Emanuel S., *Participation,* Chatham: Chatham House, 1987.

Savitch, H. V. and Madeleine Adler, *Decentralization at the Grass Roots*, London: Sage Publications, 1974.

Sills, David L.(ed.), *International Encycropedia in Social Sciences*, New York: Macmillan, 1969.

Smith, Abel Brian and Key Titmus(ed.), *The Philosophy of Welfare,* London: George Allen and Unwin, 1987.

Stewart, Debra W., *Woman in Local Politics*, Metuchen, N.J.: The Scarecrow Press, 1980.

Stewart, D. J., *The Responsible Local Authority*, London: Charles Knight and Co., 1974.

Stewart, John and Gerry Stocker(ed.), *The Future of Local Government,* London: Macmillan, 1989.

Stocker, Gerry, *The Politics of Local Government,* London: Macmillan, 1991.

Stoher, Walter B.(ed.), *Global Challenge and Local Response*, New York: The United Nations Univ., 1990.

Thompson, F. J., *Revitalizing State and Local Public Service*, San Fransisco: Jossey-Bass, 1993.

Toqueville, Alexis de, *Democracy in America*, Phillips Bradley(tr.), New York: Alpred A. Knope, inc., 1960.

Wright, Deil S., *Understanding Intergovernmental Relations*, Pacific Grove, Ca.: Book/Cole Publishing Co., 1988.

Zimmerman, Joseph F., *Contemporary American Federalism*, New York: Praeger, 1992.

Zimmerman, Joseph F., *State and Local Government,* New York: Reinhart and Winston, 1965.

Central Office of Information, *Local Government in Britain*, London: Government of United Kingdom, 1975.

International City Management Association, *The Essential Community: Local Government in the Year 2000*, Washington, D. C.: 1980.

Lyndon B. Johnson School of Public Affairs, *Local Government Election System*, Austin: The Univ. of Texas, 1984.

찾아보기

ㅅ

ㅇ

A~Z

최 창 호(崔昌浩)

- 현, 건국대학교 행정학과 명예교수
- 서울대학교 법과대학 졸업
- 서울대학교 대학원 법학석사
- 행정학 박사(건국대학교)
- 미국 죠지아대학 연구
- 건국대학교 조교수·부교수·교수
- 건국대학교 정치대학장·대학원장
- 행정고등고시 위원, 공무원 승진시험 위원
- 내무부·감사원 정책자문위원
- 한국지방자치학회 회장

저서 및 논문

- 행정학(공저), 법문사
- 지역사회개발행정론, 삼영사
- 지방행정구역론, 법문사
- 한국지방행정의 재인식, 삼영사
- 지방자치제도론, 삼영사
- 한국지방자치론(공저), 삼영사
- 새 행정학(공저), 삼영사
- 새행정학개론(공저), 삼영사
- 지방정부기능론(편), 삼영사
- 한국지방자치의 허와 실, 삼영사
- 지방자치학(공저), 삼영사

강 형 기(姜瑩基)

- 현, 충북대학교 행정학과 명예교수
- 건국대학교 행정학과졸업(행정학 박사)
- 일본 국립이바라키대학 조교수
- 일본 도시샤대학 객원교수
- 충북대학교 사회과학대학장·행정대학원장
- 한국지방자치학회 회장
- 대통령자문 중앙권한지방이양위원회 위원
- 대통령자문 정부혁신지방분권위원회 위원
- 대통령소속 지방행정체제 개편추진위원회 위원
- 대통령소속 지방자치발전위원회 위원

저서 및 역서

- 지역창생학(생각의 나무)
- 논어의 자치학(비봉출판사, 북경대학출판사)
- 향부론(비봉출판사)
- 관의 논리 민의논리(비봉출판사)
- 혁신과 진단(한국지방자치경영연구소)
- 지방자치 가슴으로 해야 한다(비봉출판사)
- 地域社會の歷史と構造(공저 : 御茶の水書房)
- 행정학의 이론과 역사(편역 : 대왕사)
- 공익과 사익(공역 : 박영사)
- 전자정부(공역 : 비봉출판사)
- 지방자치학(공저), 삼영사

■ 이 민 규(李敏揆)

- 현, 충북대학교 행정학과 교수
- 충북대학교 행정학과 졸업
- 일본 국립교토대학 법학부 석·박사(행정학)
- 4단계 BK21 플랫폼 시대 공공거버넌스 미래인재양성팀장
- 교육부 지방교육행정기관 조직분석·진단 위원

▌저서 및 논문

- 한일 지방자치 비교(공저), 대영문화사
- 지방자치 사용설명서 200문 200답(공저), 조선뉴스프레스
- The Political Analysis of Tax Items Exchange between Local Governments: The Political Process over Exchange of Tobacco Consumption and Aggregate Land Tax between Seoul Metropolitan Government and Self-Governing Districts, 일본행정학회보
- The Political Analysis of the Intergovernmental Governance: The Political Process of 'Real Estate Excise Tax' in Korea, 일본정치학회보

저자와의
협의하에
인지생략

지방자치학 [제4판]

2011년 2월 25일 1판 1쇄 발행
2014년 8월 20일 2판 1쇄 발행
2016년 2월 23일 3판 1쇄 발행
2022년 9월 2일 4판 1쇄 인쇄
2022년 9월 8일 4판 1쇄 발행

저 자 최 창 호·강 형 기·이민규
발행인 고 성 익

05027
발행처 서울특별시 광진구 아차산로 335 삼영빌딩
도서출판 三 英 社
등 록 1972년 4월 27일 제2013-21호
전 화 737-1052·734-8979 FAX 739-2386

정가 45,000원

ISBN 978-89-445-0550-8-93350